汇集十年精华
展现裁判思维
促进适法统一

《中国法院年度案例集成丛书》

主　　编　胡田野　国家法官学院副院长

副 主 编　刘　畅　最高人民法院司法案例研究院规划部主任

　　　　　　李晓果　最高人民法院司法案例研究院研究部副主任

主编助理　赵文轩　最高人民法院司法案例研究院规划部编辑

编审人员（按姓氏笔画为序）

王晓梅　王　锐　王蓓蓓　王　曦　朱志磊　朱建伟

朱　琳　刘　畅　安慧中　李迎昌　李明桓　李　彦

李　洋　李晓果　李　婧　李　谦　李想成　张智颖

陈佳艺　周丽华　赵文轩　荣学磊　胡田野　胡　岩

姜子佳　姜　丹　费嘉荣　徐万佳　唐世银　唐墨华

唐鑫鑫　梁　欣　程　瑛　焦明静　童启鑫　熊　燕

潘园园

本书编审人员　荣学磊　李　彦　李　洋　李迎昌

　　　　　　　　王晓梅　唐墨华　王蓓蓓　王　曦

　　　　　　　　熊　燕　焦明静　朱志磊

中国法院年度案例集成丛书

合同纠纷

裁判规则
理解与适用

国家法官学院
最高人民法院司法案例研究院
—— 编 ——

中国法制出版社
CHINA LEGAL PUBLISHING HOUSE

序

党的十八大以来，以习近平同志为核心的党中央高度重视依法治国，明确提出全面依法治国，坚持在法治轨道上推进国家治理体系和治理能力现代化。党的二十大报告指出，要坚持走中国特色社会主义法治道路，建设中国特色社会主义法治体系、建设社会主义法治国家，围绕保障和促进社会公平正义，坚持依法治国、依法执政、依法行政共同推进，坚持法治国家、法治政府、法治社会一体建设，全面推进科学立法、严格执法、公正司法、全民守法，全面推进国家各方面工作法治化。人民法院始终坚持以习近平新时代中国特色社会主义思想为指导，深入贯彻落实习近平法治思想，把加强案例指导和研究作为助力推进全面依法治国的重要途径，通过制定司法解释、发布指导性案例、提炼裁判要旨、推行类案检索等系列举措，深入推进法律适用统一，不断提升司法质量、效率和公信力，努力让人民群众在每一个司法案件中感受到公平正义。

“中国法院年度案例丛书”是国家法官学院于2012年开始编辑出版的一套大型案例丛书，每年年初定期出版。截至2022年，已经连续出版11年。2020年起，丛书由国家法官学院和最高人民法院司法案例研究院共同编著。丛书编辑始终坚持以习近平新时代中国特色社会主义思想为指导，深入贯彻落实习近平法治思想，深化成果运用，认真总结案例积累的审判执行经验做法，积极回应人民群众多元司法需求，记录我国司法审判执行工作发展进程，助力丰富司法审判理论，构建中国法治话语体系。该丛书案例涵盖人民法院刑事、民事、商事、行政、知产、环资和执行各业务领域，按照业务领域和案由层级设计分册及纲目，目前汇编案例合计1.2万余篇。丛书严格遵循案例选编要求，突出争议焦点、裁判规则和法律适用分析，追求“好读有用”，已经形成品牌效应。为总结十余年的案例编选和研究经验，在全国各级人民法院的大力支持下，国家法官学院与最高人民法院司法案例研究院经全面梳理丛书的1.2万余篇案例，以新法新规为依据，对于其中“判得好且写得好”的案例进行再次深度加工，编辑出版“中国法院年度案例集成丛书”。

“中国法院年度案例集成丛书”坚决贯彻落实党的二十大报告关于坚持全面依法治国，推进法治中国建设的部署要求，深度挖掘优秀案例在完善裁判规则体系、促进统一法律适用、促进民法典等新法新规正确实施和应用法学研究等方面的法治价值、学术价值和时代价值，探索体系化提炼和编纂裁判规则的新思路，发挥司法案例的规范、指导、评价、引领作用，展现新时代我国法治建设成就，大力弘扬社会主义核心价值观，助推全民法治意识和法治素养提升。

“中国法院年度案例集成丛书”共15个分册：《物权纠纷裁判规则理解与适用》《合同纠纷裁判规则理解与适用》《借款担保纠纷裁判规则理解与适用》《人格权纠纷裁判规则理解与适用》《婚姻家庭与继承纠纷裁判规则理解与适用》《侵权纠纷裁判规则

理解与适用》《道路交通纠纷裁判规则理解与适用》《保险纠纷裁判规则理解与适用》《劳动纠纷裁判规则理解与适用》《公司纠纷裁判规则理解与适用》《金融纠纷裁判规则理解与适用》《知识产权纠纷裁判规则理解与适用》《行政纠纷裁判规则理解与适用》《刑事案例裁判规则理解与适用》《执行纠纷裁判规则理解与适用》。丛书在编辑工作中坚持以下原则：一是突出裁判规则价值。以历年“中国法院年度案例丛书”采用的1.2万余篇案例为精选基础，优中选优，提供给读者十余年积累的多类型、多视角的疑难新型典型性案例，概览人民法院的类型化裁判规则。二是方便读者检索。为体现以读者为本的理念，丛书分卷细化，每卷根据最新的案由、法律适用问题分类编排案例，以裁判规则、裁判思路或案件焦点的核心内容作为主标题，让读者一目了然，迅速找到目标案例。三是注重案例分析的实用性。根据最新的法律法规以及司法解释对原“法官后语”进行完善，高度提炼案例对理解和适用新法新规的参考价值，为新型疑难法律适用问题提供解决方案，为司法工作提供借鉴，为法学研究提供启迪。

中国法制出版社始终全力支持“中国法院年度案例集成丛书”的出版，给了作者和编辑们巨大的鼓励。该丛书还提供了数据库增值服务，内附精美书签，扫描其中二维码，即可免费查阅往年同类案例数据库。我们在此谨表谢忱，并希望通过共同努力，臻于至善，真正探索出一条编辑案例书籍、挖掘案例价值的新路，不断增强丛书案例的代表性、时代性、权威性，丰富案例类型，细化裁判规则，提升分析质量，以更好服务于社会主义法治国家建设、服务于司法审判执行工作、服务于学习研究法律的广大读者。

“中国法院年度案例集成丛书”既是法官、检察官、律师等法律工作者的办案参考和司法人员培训的实用教材，也是社会大众学法用法的经典案例读本，同时是教学科研机构案例研究的良好素材。当然，我们难以一步到位实现初衷，该丛书还存在各种不足甚至错误，欢迎读者批评指正。我们愿听取各方建议，不断拓宽司法案例研究领域，有效发挥类案裁判规则功能，立足新发展阶段，实现中国特色司法案例研究事业的高质量发展。

国家法官学院

最高人民法院司法案例研究院

2023年2月

目 录

Contents

一、预约合同纠纷

二、确认合同效力纠纷

三、债权人代位权纠纷

四、债权人撤销权纠纷

五、债权转让合同纠纷

六、悬赏广告纠纷

七、买卖合同纠纷

（一）分期付款买卖合同纠纷

（二）信息网络买卖合同纠纷

（四）买卖合同的订立

（五）买卖合同的效力

（七）买卖合同的变更、转让和解除

九、采矿权转让合同纠纷

十、房屋买卖合同纠纷

（一）商品房预约合同纠纷

（二）商品房预售合同纠纷

（三）商品房销售合同纠纷

1. 合同的生效

2. 订立、变更与解除

3. 合同的履行

4. 违约金与违约责任

5. 拆迁安置房买卖

6. 其　他

十一、民事主体间房屋拆迁补偿合同纠纷

十二、供用电、水、气、热力合同纠纷

十三、赠与合同纠纷

十四、借款合同纠纷

（一）金融借款合同纠纷

（二）民间借贷纠纷

十五、保证合同纠纷

十六、储蓄存款合同纠纷

十七、银行卡纠纷

十八、租赁合同纠纷

（一）房屋租赁合同纠纷

二十一、建设工程合同纠纷

（一）建设工程施工合同纠纷

二十六、委托理财合同纠纷

二十七、物业服务合同纠纷

二十八、中介合同纠纷

二十九、合伙合同纠纷

三十、农业承包合同纠纷

三十一、服务合同纠纷

（一）医疗服务合同纠纷

一、预约合同纠纷

001 契约型合伙合同的成立要件及预约合同的认定

——顾某诉杨某伟预约合同案

【案件基本信息】

1. 裁判书字号

江苏省无锡市滨湖区人民法院（2020）苏0211民初5084号民事判决书

2. 案由：预约合同纠纷

3. 当事人

原告（反诉被告）：顾某

被告（反诉原告）：杨某伟

【基本案情】

2020年4月12日，顾某与杨某伟约定，如果杨某伟能在一周内生产出90+规格的特定布，顾某便与杨某伟合伙生产。同日，双方拟定《合伙协议》一份，约定顾某出资50万元，杨某伟以技术、设备出资，出资比例各占50%，该协议另对出资方式、出资期限、退伙清算等具体事项作出约定，但双方均未在该合伙协议上签字。4月23日，顾某向杨某伟支付14万元，用于采购特定布生产设备等，按照约定，如后期开展合伙，则该14万元算作顾某的出资款。4月底，杨某伟采购设备开始生产特定布，但未能达到双方约定要求的标准，顾某遂将前述约定的“一周”期限宽限至一个月，后因生产的产品始终未能达到要求的标准，顾某于5月11日向杨某伟表示无法合伙，双方发生纠纷。顾某提起本诉，主张杨某伟返还14万元。杨某伟则认为双方已形成合伙关系，顾某支付的14万元属于出资，系合伙财产，在合伙关系未解除前，顾某无权主张返还出资款；况且杨某伟采购设备花费87万余元，根据合伙协议约定的出资比例，顾某应当承担该费用的50%，而顾某仅支付了14万元，故提起反诉，请求判令顾某继续出资，支付其按出资比例应当承担的设备购置款29万余元。

【案件焦点】

1. 顾某、杨某伟之间有无成立合伙关系；2. “若一周内生产出90+特定布则签订合伙协议”的约定是否构成预约合同。

【法院裁判要旨】①

江苏省无锡市滨湖区人民法院经审理认为：顾某、杨某伟为合作生产特定布，而以合同形式成立的契约型合伙关系，系民事合伙。民事合伙合同原则上应采用书面形式订立，但认定合伙关系是否成立，订立书面合伙合同并不是实质要件，即使没有书面合伙合同，只要双方具备合伙共同出资、共同经营的基本条件，又有口头合伙合同，也可成立合伙关系。据此，顾某与杨某伟之间尚未成立合伙关系，理由如下：首先，顾某、杨某伟并未在《合伙协议》上签字，书面合伙协议尚未成立；其次，之所以顾某支付给杨某伟14万元价款购买设备、生产特定布，并因未产出90+特定布而停工，是因为

① 本书【法院裁判要旨】适用的法律法规等条文均为案件裁判当时有效，下文不再对此进行提示。

“若一周内生产出90+特定布则订立合伙合同”的约定，该约定要求双方在未来一定条件下签订合伙合同，属于具有合伙意向的预约合同，顾某、杨某伟前述行为系履行预约合同，双方未达成口头合伙合同。因此，顾某、杨某伟之间尚未成立合伙关系，而仅就合伙意向形成预约合同关系。经顾某催告，杨某伟仍未在一个月宽限期内产出90+特定布，顾某有权解除预约合同，其向杨某伟明确表示无法合伙，双方预约合同解除。预约合同解除后，顾某向杨某伟支付的14万元价款，杨某伟应予以返还，扣除杨某伟已付的10650元，仍应返还129350元，杨某伟所购设备自行取回。关于杨某伟的反诉诉请，鉴于90+特定布未能产出，根据双方约定，无须再签订合伙合同，双方既无合伙关系，顾某自然无须按比例承担设备采购费。

综上，江苏省无锡市滨湖区人民法院依照《中华人民共和国民法典》第四百九十五条、第九百六十七条规定，作出如下判决：

一、本诉被告杨某伟立即返还本诉原告顾某129350元；

二、本诉被告杨某伟自行取回相关设备；

三、驳回本诉原告顾某的其他诉讼请求；

四、驳回反诉原告杨某伟的诉讼请求。

判决后，双方当事人均未上诉，本判决现已生效。

【法官后语】[1]

通常来说，按照合伙是否具备协议性、组织性和营利性三个特点，可将合伙分为商事合伙与民事合伙。所谓商事合伙，是指以营利为目的而设立的，具有一定组织性和持续性的主体；而民事合伙

---

① 本书【法官后语】对相关法律问题涉及的法律法规等进行了时效性更新，下文不再对此进行提示。

(或契约型合伙)通常是指以非营利为目的设立的，且不具有较强组织性的民事合同关系。民事合伙比较强调合伙人之间的权利义务关系，即将合伙视为当事人之间的一种合同关系；而商事合伙更加注重合伙人之间的集合性，将合伙视为合伙人之间基于合伙合同而成立的享有某种特定权利和承担相应义务的组织体。

合伙具有组织性、契约性的双重属性。合伙以组织体形式为存在常态，然而在一般民事活动中，自然人之间大量存在以完成某一特定民事行为或实现特定目的，而以合同形式成立、但不具有稳定组织的契约型合伙，该种合伙属于民事合同关系，《中华人民共和国民法典》将合伙合同新增为典型合同，对契约型合伙合同进行规范，从而与《中华人民共和国合伙企业法》形成对合伙制度的分别调整模式。

合伙合同原则上应当采用书面形式，但对于不具有民事主体地位的契约型合伙合同而言，并非要式合同，是否签订书面合伙合同不是合伙关系成立的实质要件。合伙关系成立的实质要件为当事人对共同出资、共同经营、盈亏承担等重要事项进行明确约定，在没有书面合同的情况下，只要达成口头合同，也可认定成立合伙关系。本案中，虽然案涉协议已对上述重要事项作出约定，但顾某与杨某伟均未签字，书面合伙合同尚未成立。此外，顾某虽向杨某伟支付部分出资款项，但该行为不可视为顾某履行合伙协议中的主要出资义务、杨某伟予以接受，进而认定双方达成口头合伙合同，原因在于双方明确约定开展合伙的前提条件为“一周内生产出90+特定布”，故上述行为只可说明双方为实现合伙条件而各自投入进行生产试验，不得认定双方已达成立口头合伙合同。因此，双方既未签订书面合同，也未达成口头合同，双方合伙合同关系尚未成立。

关于“一周内生产出90+特定布则签订合伙合同”的约定能否构成预约合同，《中华人民共和国民法典》第四百九十五条关于预约合同的规定也属新增条款，一种意见认为该条对预约合同的构成规定为“在将来一定期限内”，而一周内产出90+特定布不是“期限”，属于“条件”，因此，该约定不能认定为预约合同，而是双方订立合伙合同时所附生效条件；另一种意见则认为，可对该条款规定的“期限”作扩张解释，当事人约定在将来一定条件下订立合同的意思表示，也可构成预约合同。笔者同意第二种意见，首先，附生效条件的合同是指合同成立后，当所附条件成就时合同生效，当条件不成就时合同不生效，本案中顾某、杨某伟之间的合伙合同关系尚未成立，若一周内生产出90+特定布的条件成就，并不当然产生合伙合同生效的法律后果，按照双方约定，此时应当签订合伙协议，合伙关系方成立生效；其次，预约合同与合同所附条件、期限的本质区别在于意思表示不同，预约合同的意思表示旨在对未来签订合同作出安排，而合同所附条件、期限则是双方对已成立的合同效力所作附加约定，顾某、杨某伟约定在条件成就时才签订合伙协议，属于对未来签订合同所作安排，具有预备性，应认定为预约合同，故可对《中华人民共和国民法典》第四百九十五条中的“期限”进行类推解释，既包括“期限”，也应当包括“条件”，即当事人约定在将来一定期限内，或一定条件成就时，订立合同的认购书、订购书、预订书等，构成预约合同。

编写人：江苏省无锡市滨湖区人民法院　杨洋　徐业青

002 违约责任与缔约过失责任的区分与适用

——S 公司诉 H 石材厂买卖合同案

【案件基本信息】

1. 裁判书字号

福建省泉州市中级人民法院（2019）闽 05 民终 1159 号民事判决书

2. 案由：买卖合同纠纷

3. 当事人

原告（被上诉人）：S 公司

被告（上诉人）：H 石材厂

【基本案情】

2015 年 7 月 10 日，原告 S 公司与被告 H 石材厂签订《石材采购合同》，双方在合同中明确约定：被告向原告提供花岗岩石板材，货物总价款为 51.5 万元，被告应于 2015 年 10 月 13 日供货完毕。原告于 2015 年 7 月 13 日以电汇的方式向原告支付货款 51.5 万元，但被告一直没有履行交货义务。

【案件焦点】

如何判定《石材采购合同》的法律效力，如何确定当事人应承担的民事责任。

【法院裁判要旨】

福建省南安市人民法院经审理认为：《最高人民法院关于适用〈中华人民共和国合同法〉若干问题的解释（二）》第一条第一款

规定："当事人对合同是否成立存在争议，人民法院能够确定当事人名称或者姓名、标的和数量的，一般应当认定合同成立。但法律另有规定或者当事人另有约定的除外。"买卖合同成立的必备要素之一即为买卖标的，而标的的确定应当具有唯一性和排他性。S公司与H石材厂签订的《石材采购合同》所约定的买卖标的是"花岗岩石板材"，即仅约定石板材的品种为"花岗岩"，但关于石板材的型号等其他参数未作明确约定，该合同标的不具备唯一性和排他性，且无S公司与H石材厂共同确认的货物清单，亦不能依据双方其他证据推定合同标的物的型号，故诉争合同的买卖标的尚未确定。因此，S公司、H石材厂签订的买卖合同不成立。S公司在买卖合同尚未成立之时即向H石材厂给付了款项，而H石材厂收取的该51.5万元因买卖合同尚未成立而无合同依据，故应予以返还。因《石材采购合同》约定按S公司挑选的石材供应，即在《石材采购合同》签订后，S公司负有履行选定合同标的物并及时通知H石材厂的义务，但S公司并未履行上述义务，导致合同不成立，故S公司对此负有缔约过失责任。

福建省南安市人民法院依照《中华人民共和国合同法》第五条、第六条，《最高人民法院关于适用〈中华人民共和国合同法〉若干问题的解释（二）》第一条第一款，《最高人民法院关于民事诉讼证据的若干规定》第五条第一款，《最高人民法院关于适用〈中华人民共和国民事诉讼法〉的解释》第九十条及参照《中华人民共和国合同法》第九十七条之规定，作出如下判决：

H石材厂应于本判决生效之日起十日内返还给S公司货款51.5万元。

H石材厂不服一审判决，提出上诉。

福建省泉州市中级人民法院经审理认为：一审法院认定事实清楚，适用法律正确，同意一审法院的裁判意见，依照《中华人民共和国民事诉讼法》第一百七十条第一款第一项的规定，作出如下判决：

驳回上诉，维持原判。

【法官后语】

本案是因买卖合同引起的争议，当事人签订的《石材采购合同》是否成立是本案的争议焦点。笔者由此拓展出几个相关的法律问题：合同成立的条件；合同生效的条件；若不成立或不生效，则民事责任如何划分。

《中华人民共和国民法典》第四百七十条规定："合同的内容由当事人约定，一般包括下列条款：（一）当事人的姓名或者名称和住所；（二）标的；（三）数量；（四）质量；（五）价款或者报酬；（六）履行期限、地点和方式；（七）违约责任；（八）解决争议的方法。当事人可以参照各类合同的示范文本订立合同。"2021 年 1 月 1 日实施的《中华人民共和国民法典》第五百九十六条增加了买卖合同内容的列举，规定了"买卖合同的内容一般包括标的物的名称、数量、质量、价款、履行期限、履行地点和方式、包装方式、检验标准和方法、结算方式、合同使用的文字及其效力等条款"。再结合其他法律规定，可见合同的成立需要满足以下条件：（1）订约主体存在双方或多方当事人；（2）对主要条款达成合意；（3）合同的成立应具备要约和承诺阶段。合同的生效需要满足以下条件：（1）行为人具有相应的民事行为能力；（2）行为人意思表示真实；（3）不违反法律和社会公共利益；（4）合同具备法律所要求的形式。S 公司与H石材厂均认为《石材采购合同》成立并生效，故S公司与H石材厂均应对买卖合同的成立负举证责任。本案中，《石材采购合同》中约定的标的物品种、型号无法确定，不具备唯一性、排他性，导致合同无法实际履行，双方当事人均主张合同成立但均未能举证证明，应承担举证不能的不利后果，故案涉合同不成立。且本案中并未发现原、被告双方在订立合同的过程中有应当承担损害赔偿责任的情况。合同不成立排除了以上应承担损害赔偿责任的情况，可从缔约过失的角度探究当事人可能需要承担的责任。缔约过失责任是指在合同订立过程中，一方因违背其依据的诚实信用原则所产生的义务，而致另一方的信赖利益的损失，并应承担损害赔偿责任。缔约过失责任采取的是过错责任原则，构成要件应当包括客观要件和主观要件两个方面。缔约过失责任构成要件：第一，缔约一方当事人有违反法律规定附随义务或先合同义务的行为。在缔约阶段，当事人为缔结契约而接触协商之际，已由原来的普通关系进入信赖关系，双方均应依诚实信用原则互负一定的义务，一般称之为附随义务，即互相协助、互相照顾、互相告知、互相诚实等义务。第二，违反法定附随义务或先合同义务的行为给对方造成信赖利益的损失。所为信赖利益损失，是指相对人因信赖合同会有效成立却由于合同最终不成立或无效而受到的利益损失，即在缔约阶段因一方的行为已使另一方足以相信合同能成立或生效。第三，违反法定附随义务或先合同义务一方缔约人在主观上必须存在过错或过失。第四，缔约人一方当事人违反法定附随义务或先合同义务的行为与对方所受到的损失之间必须存在因果关系。本案中，S公司未履行选定合同标的物并及时通知H石材厂的义务，导致合同不成立，故应负缔约过失责任。另外，需要注意区分违约责任与缔约过失责任，违约责任是指当事人不履行合同义务或者履行合同义务不符合合同约定而依法应当承担的民事责任。违约责任的成立以有效的合同存在为前提，区别于缔约过失责任和无效合同的责任。缔约过失责任与违约责任的区别：第一，发生的时间不同。缔约过失责任发生在合同缔结阶段，违约责任则发生在合同有效成立后。第二，性质不同。缔约过失责任是一种法定的损害赔偿责任，其目的是解决没有合同关系的情况下因一方的过错而造成另一方信赖利益损失的问题；违约责任则可以由当事人自行约定，如当事人可以约定违约金、损害赔偿金的计算方法和数额等。第三，赔偿范围不同。缔约过失责任赔偿当事人的信赖利益损失，以求恢复到先前的状态；违约责任则赔偿当事人的期待利益损失，目的在于达到犹如合同全部履行的状态；在具体的责任形式上，缔约过失责任表现为单一的损害赔偿责任，而违约责任表现为支付违约金、赔偿损失和实际履行等。第四，损害赔偿的限度不同。基于违约责任而产生的损失赔偿原则上不能超过违反合同的一方在订立合同时应当预见到的因违约可能造成的损失；在缔约过失责任中则不存在这样的限制性规定。具体到本案，双方当事人因未能明确买卖标的而导致合同不成立不生效，并未涉及合同成立生效后的相关违约责任，而系S公司未履行选定合同标的物并及时通知H石材厂的义务，导致合同不成立，所应负担的缔约过失责任。

编写人：福建省南安市人民法院　姚聪晓　黄振东

二、确认合同效力纠纷

003 合同通知解除行为效力的认定需审查合同效力及解除权行使人是否享有解除权

——童某明诉甲村村民委员会、乙村村民委员会合同案

【案件基本信息】

1. 裁判书字号

浙江省绍兴市中级人民法院（2020）浙 06 民终 4074 号民事裁定书

2. 案由：合同纠纷

3. 当事人

原告（被上诉人）：童某明

被告（上诉人）：甲村村民委员会

被告：乙村村民委员会

【基本案情】

某水库建于 20 世纪 50 年代末，原由甲村、乙村、丙村、丁村共有，建成后由各村成立水库管委会进行管理，管委会成员由各村选出代表担任。1999 年 2 月 1 日，各村立有协议："经讨论决定对丁村享受优惠等，一次性付清 1000 元整。今后按比例享受负担，不再翻复立此合同，共五本各村一份。比例：甲村 63%、乙村 16%、丙村 14%、丁村 7%。"2008 年 12 月 23 日，在各村干部在场的情况下，某水库管委会（甲方）与原告（乙方）签订《某水库承包合同》，约定："为了更好地发展农村经济，某水库所及的

几个村对水库进行了公开的投标承包，乙方在投标中以承包款每年人民币2550元的最高标中标，标的规定了如下条款：（1）承包期20年，自2008年12月30日至2028年12月30日（农历）；（2）承包办法：押金2万元（分20年抵作承包款，每年1000元），押金不计息；（3）承包款为每年2550元，在每年的元月一日前交清，其中1000元在2万元的押金中抵销承包款，其余每年交纳1550元整。”同日，原告向某水库管委会交纳了2万元押金，之后一直使用水库至今。2020年4月13日，两被告向原告发出《关于终止某水库承包合同的通知》，载明：“兹因从前某水库合同存在不规范，截至今日我村尚未收到任何关于该水库的租金，经研究决定：此合同做作废处理，应立即终止承包。”原告于2020年4月15日收到上述通知。

【案件焦点】

该通知是否具有解除《某水库承包合同》的效力。

【法院裁判要旨】

浙江省嵊州市人民法院经审理认为：双方当事人在审理过程中均未能提供某水库的权属登记信息或相关查询线索，法院通过水利局等水库管理单位亦未能查得其具体信息，故有关其权属问题以及管委会情况只能根据现有证据判断。某水库自建成以来，一直由各村共同成立水库管委会进行管理，水库管委会刻有自己的印章并遵循自收自支的财务制度，可见，水库管委会在其职能范围内作出的行为可以代表各村的共同意思。本案中，某水库管委会在各村干部在场的情况下与原告签订《某水库承包合同》，原告根据该合同使用水库已有十余年，各村从未提出异议，足以表明各村对水库管委会行为的认可，该合同依法成立并生效，对各村具有约束力。

关于该通知是否具有解除《某水库承包合同》的效力。从两个方面予以评析：

第一，关于解除权的行使主体。《某水库承包合同》系某水库管委会代表各村与原告签订，根据合同相对性原则，各村如需解除合同，也应通过水库管委会作出意思表示，或者经各村讨论形成最终意见后取代水库管委会作出意思表示。本案中，两被告既未通过水库管委会，也未先行与白沙地村讨论即发出解除合同通知，无论是否符合《中华人民共和国物权法》规定的多数意见，都不能体现各村的共同意思，该解除通知不符合形式要件。

第二，关于解除事由。本案中，两被告提出的解除事由为合同不规范和两被告未收到原告交纳的承包款。合同不规范不属于合同解除事由。关于承包款问题，根据某水库自收自支的财务原则，两被告本非承包款的接收主体，原告没有向其交纳承包款的义务；关于原告是否向水库管委会交纳过承包款，虽然原告未能就其主张的“已交纳 2008 年至 2014 年承包款”这一事实举证证明，但甲村村委会在庭审中同样未明确否认该事实，由于水库管委会账目遗失等问题，该事实目前仍处于真伪不明的状态，而 2015 年后的承包款，甲村村委会虽称曾多次向原告催讨，但直至第二次庭审仍不能明确回答该款应该向谁交纳的问题，可见本案迟延交款问题并不能完全归因于原告。况且，原告在签订承包合同时交有 2 万元押金，水库管委会可视情况以此抵充承包款，庭审中，原告又明确表示无论之前的承包款是否已经交纳，其均愿意再行交纳一次，并将 2015 年至今的承包款一并付清，可见其迟延付款之行为并非不可补救。综上所述，本案未达到《中华人民共和国合同法》第九十四条规定的各项合同解除条件。

浙江省嵊州市人民法院依照《中华人民共和国合同法》第九十六条,《最高人民法院关于适用〈中华人民共和国合同法〉若干问题的解释（二）》第二十四条，《中华人民共和国民事诉讼法》第一百四十四条之规定，作出如下判决：

甲村村民委员会和乙村村民委员会于 2020 年 4 月 13 日发出的《关于终止某水库承包合同的通知》不产生解除《某水库承包合同》的效力。

甲村村民委员会不服，提起上诉。但未在指定的期限内交纳上诉费，浙江省绍兴市中级人民法院依照《中华人民共和国民事诉讼法》第一百五十四条第一款第十一项、《最高人民法院关于适用〈中华人民共和国民事诉讼法〉的解释》第三百二十条之规定，作出如下裁定：

按上诉人甲村村民委员会自动撤回上诉处理。

【法官后语】

本案涉及的《某水库承包合同》系甲方某水库管委会、乙方本案原告，在各村干部在场下签订，水库（山塘）由各村按份共有。签订之时该合同已经成立。合同是否生效需要确定合同是否合法、是否受法律保护。集体所有的土地承包行为受《中华人民共和国农村土地承包法》调整，该法第二十条规定：“土地承包应当按照以下程序进行：（一）本集体经济组织成员的村民会议选举产生承包工作小组；（二）承包工作小组依照法律、法规的规定拟订并公布承包方案；（三）依法召开本集体经济组织成员的村民会议，讨论通过承包方案；（四）公开组织实施承包方案；（五）签订承包合同。”第十九条第三项规定：“承包方案应当按照本法第十三条的规定，依法经本集体经济组织成员的村民会议三分之二以上成员或者三分之二以上村民代表的同意。”第十三条第一款规定：“农民集体所有的土地依法属于村农民集体所有的，由村集体经济组织或者村民委员会发包；已经分别属于村内两个以上农村集体经济组织的农民集体所有的，由村内各该农村集体经济组织或者村民小组发包。村集体经济组织或者村民委员会发包的，不得改变村内各集体经济组织农民集体所有的土地的所有权。”《中华人民共和国民法典》第三百零一条规定：“处分共有的不动产或者动产以及对共有的不动产或者动产作重大修缮、变更性质或者用途的，应当经占份额三分之二以上的按份共有人或者全体共同共有人同意，但是共有人之间另有约定的除外。”本案涉及的水库系分别属于两个以上农村集体按份共同所有，应当由各村集体经济组织或村民委员会作为发包人。但，原告根据《某水库承包合同》使用水库已有十余年，各村集体经济组织或村民委员会未对水库的承包情况提出异议，足以表明各村对承包情况及水库管委会的行为的认可。《中华人民共和国农村土地承包法》第二十三条规定：“承包合同自成立之日起生效。承包方自承包合同生效时取得土地承包经营权。”承包合同的生效无须经过特别的批准、登记程序。故《某水库承包合同》依法成立并生效，对各方当事人具有法律约束力。

在确定合同有效的前提下，通知解除的行为效力认定：

第一，审查通知解除行为提出人应为合同当事人。当相对方对合同解除有异议，一方当事人请求确认解除合同行为的效力时，《中华人民共和国民法典》第五百六十五条第一款规定：“当事人一方依法主张解除合同的，应当通知对方。合同自通知到达对方时解除；通知载明债务人在一定期限内不履行债务则合同自动解除，债务人在该期限内未履行债务的，合同自通知载明的期限届满时解除。对方对解除合同有异议的，任何一方当事人均可以请求人民法院或者仲裁机构确认解除行为的效力。”第五百六十二条第二款对约定解除进行规定：“当事人可以约定一方解除合同的事由。解除合同的事由发生时，解除权人可以解除合同。”第五百六十三条对法定解除进行规定：“有下列情形之一的，当事人可以解除合同：（一）因不可抗力致使不能实现合同目的；（二）在履行期限届满前，当事人一方明确表示或者以自己的行为表明不履行主要债务；（三）当事人一方迟延履行主要债务，经催告后在合理期限内仍未履行；（四）当事人一方迟延履行债务或者有其他违约行为致使不能实现合同目的；（五）法律规定的其他情形。以持续履行的债务为内容的不定期合同，当事人可以随时解除合同，但是应当在合理期限之前通知对方。”故依据以上合同解除相关法律的文义解释，当事人应当为合同的当事人，即对合同享有解除权的当事人。

第二，解除权的行使需要符合解除合同的构成要件：（1）当事人有解除合同的明确的意思表示；（2）以明示的方式作出；（3）该通知到达合同相对方。解除权行使符合构成要件的，一经行使即发生效力。解除权行使不符合构成要件的，解除权效力不发生。

编写人：浙江省嵊州市人民法院　王伊文

004 “一房多卖”案件中恶意串通签订的房屋买卖合同无效

——赵某兰诉陆某元、吴某文确认合同无效案

【案件基本信息】

1. 裁判书字号

北京市第三中级人民法院（2019）京03民终14982号民事判决书

2. 案由：确认合同无效纠纷

3. 当事人

原告（被上诉人）：赵某兰

被告（上诉人）：吴某文

被告：陆某元

【基本案情】

2007年9月5日，陆某元夫妇与赵某兰签订协议约定：陆某元夫妇将案涉房屋作价90万元卖给赵某兰。房款结清后，案涉房屋的买卖合同及收据、房屋所有权证、房屋租赁合同、物业服务合同等原件均由赵某兰保管，案涉房屋由赵某兰管理使用。赵某兰就案涉房屋与物业公司、供暖公司分别签署了《临时管理规约》《北京市居民供热采暖合同》，但房屋一直未办理过户登记手续。

2016年9月，赵某兰起诉陆某元及其家人，要求确认陆某元夫妇与赵某兰签订的房屋买卖协议有效。在案件审理过程中，陆某元与吴某文于2017年3月5日签订房屋买卖合同，陆某元将案涉房屋卖给吴某文，交易价款为480万元。案涉房屋于2017年3月31日过户至吴某文名下，后吴某文强行换锁致使赵某兰一家搬

离案涉房屋。

赵某兰起诉陆某元、吴某文至法院，要求确认该二人签订的房屋买卖合同无效，并将案涉房屋恢复登记至陆某元名下。经审理查明，2017年3月5日，陆某元、吴某文与经纪公司签订《居间服务合同》，与方源公司签订《房屋交易保障服务合同》，同日，陆某元与吴某文签订房屋买卖合同，案涉房屋成交周期仅为1天，且吴某文在签订合同前，并未实际进入案涉房屋看房。

根据吴某文、陆某元的银行交易记录，吴某文向陆某元支付房款前，案外人李某华向吴某文多次转账，数额近400万元。2017年3月31日，陆某元向吴某文转账50万元，向宋甲转账150万元，宋甲又向陆某元转账20万元。经核实，李某华与宋乙系夫妻关系（已于2017年年底离婚），宋乙与宋甲系姐妹关系，李某华系借用宋甲的银行账户。

另查，关于陆某元与吴某文签订的《买卖定金协议书》、房屋买卖合同中所留联系方式，根据电信业务专用收据及法院核实情况，该电话号码系为李某华所有。

【案件焦点】

陆某元与吴某文签订房屋买卖合同时是否存在恶意串通的情形。

【法院裁判要旨】

北京市平谷区人民法院经审理认为：恶意串通，损害国家、集体或者第三人利益的合同无效。当事人对恶意串通事实的证明，人民法院确信该待证事实存在的可能性能够排除合理怀疑的，应当认定该事实存在。

本案中，吴某文与陆某元之间的交易过程存在多处有悖常理之处，诸如未实地看房，成交周期极短，成交价格明显低于当时当地的市场价，交易前后吴某文、陆某元及其他案外人银行账户之间存在频繁款项往来且不能提供合理解释等情况，综合全案情况，能够确认吴某文与陆某元之间存在恶意串通之事实，故陆某元与吴某文之间签订的房屋买卖合同应属无效。

另外，因北京市西城区人民法院的生效判决确认赵某兰与陆某元夫妇签订的房屋买卖合同有效，且陆某元如不到案涉房屋的房屋登记机关，案涉房屋就无法恢复登记至陆某元名下，故赵某兰请求将案涉房屋恢复登记至陆某元名下的诉求，无法得到支持。

北京市平谷区人民法院依照《中华人民共和国合同法》第五十二条、《最高人民法院关于适用〈中华人民共和国民事诉讼法〉的解释》第一百零九条、《中华人民共和国民事诉讼法》第一百四十四条之规定，判决如下：

一、确认被告陆某元与被告吴某文于2017年3月5日签订的以案涉房屋为标的物的房屋买卖合同无效；

二、驳回原告赵某兰的其他诉讼请求。

吴某文不服一审判决，提出上诉。

北京市第三中级人民法院经审理认为：恶意串通，损害国家、集体或者第三人利益的合同无效。当事人对恶意串通事实的证明，人民法院确信该待证事实存在的可能性能够排除合理怀疑的，应当认定该事实存在。根据查明的事实，陆某元在其与赵某兰等人就案涉房屋买卖合同纠纷的诉讼期间，补办房产证后将案涉房屋售予吴某文，而吴某文在购房过程中未实际看房即与陆某元签订相关合同。买卖期间，陆某元、吴某文、李某华之间，陆某元与宋甲之间存在多笔大额转账，吴某文称其协助陆某元转款还债，李某华表示其与陆某元存在借贷关系，但吴某文、李某华等人与陆某元此前并无交集，相识时间很短即出现上述交易情形，而陆某元在《买卖定金协议书》和房屋买卖合同中所留联系方式均为李某华的手机号码，与交易习惯及日常生活经验法则明显不符，而上述人员未能对此情形作出充分合理的解释。陆某元与吴某文签署并履行了关于案涉房屋买卖的相关合同，客观上损害了赵某兰的利益。

综上，北京市平谷区人民法院综合考虑上述情况及其他相关事实，认定陆某元、吴某文存在恶意串通事实，并据此判决陆某元、吴某文签订的房屋买卖合同无效，并无不当，应予维持。

北京市第三中级人民法院依照《中华人民共和国民事诉讼法》第一百七十条第一款第一项之规定，判决如下：

驳回上诉，维持原判。

【法官后语】

本案审查的重点在于陆某元与吴某文之间是否存在恶意串通之行为，2017年3月15日，《中华人民共和国民法总则》颁布，其中第一百五十四条继续保留了《中华人民共和国民法通则》和《中华人民共和国合同法》的相关条款，规定："行为人与相对人恶意串通，损害他人合法权益的民事法律行为无效。"2020年5月28日，《中华人民共和国民法典》出台，继续保留该条款的规定。司法实践中认定"恶意串通"存在一定困难，主要原因如下：

一、主观评价要件无法通过直接证据予以证明

"恶意串通"的构成要件有三个：其一，恶意，即合同双方当事人均对合同损害特定权益具有明知或应知的主观态度；其二，串通，合同双方当事人明确以侵犯特定利益为共谋意思（明示的恶意串通）

或者一方作出意思表示，对方明知该行为会损害他人权益，而用默示的方式表示接受（默示的恶意串通）；其三，损害他人合法权益。以上三个构成要件均属于主观评价要件，很难通过直接证据予以证明，只能通过间接证据加以证明。

二、“恶意串通”行为隐蔽性强，当事人信息不对称，举证困难

“恶意串通”行为本来就是私下苟且，出卖人与后手买受人往往互相包庇、隐藏真实意图，作出虚伪陈述或提供虚假证明。在以“恶意串通”为由提起的确认合同无效的案件中，原告对出卖人与后手买受人之间的交易细节不了解，存在信息不对称的情况，其作为信息弱势方很难进行充分举证。

三、“恶意串通”之证明标准缺乏行之有效的审查规则

《最高人民法院关于适用〈中华人民共和国民事诉讼法〉的解释》第一百零九条规定：“当事人对欺诈、胁迫、恶意串通事实的证明，以及对口头遗嘱或者赠与事实的证明，人民法院确信该待证事实存在的可能性能够排除合理怀疑的，应当认定该事实存在。”该规定确定了“恶意串通”的证明标准是“排除合理怀疑”，但通过何种审查规则运用“排除合理怀疑”标准呢？

本案例的典型意义即在于提供了运用“排除合理怀疑”标准认定“恶意串通”的审查规则，即“要素式审查+基本可能性+无相反证明”，具体审查过程如下：

1. 通过“要素式审查”查明案件基本事实

“恶意串通”是人的行为，属于主体行为要件，所以“恶意串通”的认定应以出卖人和后手买受人的行为过程为线索进行“要素式审查”。

首先，身份关系要素。着重审查出卖人与后手买受人之间是否存在亲属、同学、朋友、控股、出资等可能影响交易真实性的特殊

身份关系。其次，合同履行要素。着重审查交易周期、成交价格、是否通过中介公司交易、房款支付情况、银行转账及存取款记录是否存在异常等情况。最后，后手买受人应尽之义务要素。房屋买卖属生活重大事项，应审查后手买受人是否实地看房、是否核实房屋权属状况、装修及居住使用状况等。

2. 结合日常经验法则判断是否存在“基本可能性”

经验法则是人类以经验归纳抽象后所获得的关于事物属性及事物之间常态联系的一般性知识。《最高人民法院关于民事诉讼证据的若干规定》第十条规定，根据法律规定推定的事实，或者根据已知的事实和日常生活经验法则推定出的另一事实，当事人无须举证证明。这一规定明确了日常经验法则在事实认定中的作用。在“一房多卖”案件中，应根据审查确认的事实，结合日常经验法则判断出卖人与后手买受人之间的交易行为是否严重违背生活常理及交易惯例，进而确定是否存在“恶意串通”的“基本可能性”。

3. 以出卖人、后手买受人是否提供相反证明作为认定“恶意串通”之事实的最后“关卡”

日常经验法则具有相对性、地域性等特点，如果仅依靠日常经验法则判断是否存在“恶意串通”，很有可能误伤善意行为人。故利益受损方证明存在“恶意串通”的可能性之后，证明责任发生转移，给予出卖人和后手买受人辩解、提供相反证明的权利，以达到“排除合理怀疑”的效果。如出卖人和后手买受人针对有违生活常理、交易惯例之行为不能提供有效辩解及充分反证，则可认定存在“恶意串通”之事实。

编写人：北京市平谷区人民法院　苏建莹　朱政

005 无权处分后共有人追回房屋之救济路径选择

——张某珍诉杨某忠、杨某确认合同无效案

【案件基本信息】

1. 裁判书字号

北京市第二中级人民法院（2018）京02民终10552号民事判决书

2. 案由：确认合同无效纠纷

3. 当事人

原告（上诉人）：张某珍

被告（被上诉人）：杨某忠、杨某

第三人：杨某敏

【基本案情】

杨某忠与张某珍系夫妻关系，于1979年3月20日登记结婚。杨某敏与杜某生系夫妻关系，育有杨某。杨某敏与杨某忠系兄弟关系。案涉房屋建筑面积76.51平方米，原系杨某忠向北京铁路分局购买的公有住房。案涉房屋在2001年已经交付杨某敏、杜某生一家并居住至今。2014年5月6日，杨某忠与杨某进行网签过户，签订案涉合同，约定出卖人杨某忠出售案涉房屋。该房屋成交价格为100万元。案涉合同就房屋交付、定金支付、违约责任等约定均为空白，杨某于2014年5月7日取得产权证。

张某珍主张杨某忠与杨某存在恶意串通，其对售房情况并不知情。关于购房主体，张某珍主张案涉合同的签约主体为杨某忠和

杨某。杨某忠予以认可。杨某及杨某敏、杜某生均主张签订2014年案涉合同只是为了完成2001年口头买卖合同的过户，杨某只是代杨某敏、杜某生持有房屋。

【案件焦点】

1. 杨某忠与杨某敏、杜某生之间就案涉房屋是否成立有效的房屋买卖合同；2. 案涉房屋价款的认定问题；3. 如果杨某忠与杨某敏、杜某生之间成立有效的房屋买卖合同，该合同对张某珍是否具有约束力；4. 案涉合同的性质；5. 张某珍的诉讼请求应否得到支持。

【法院裁判要旨】

北京市东城区人民法院经审理认为：张某珍虽主张不知情交易，但其家庭在密云区购买房屋前将家庭唯一住房长期无偿由杨某一家借住，由后者装修并持有相关房屋资料的原件，不符常理。有鉴于此，结合双方之间亲属关系、经济往来情况及杨某忠在继承纠纷中陈述，张某珍关于案涉合同存在恶意串通应无效的诉讼请求，证据不足，法院不予支持。综上，一审法院作出如下判决：

驳回张某珍的全部诉讼请求。

判决后，张某珍不服一审判决，上诉至北京市第二中级人民法院。

北京市第二中级人民法院经审理认为：结合杨某、杨某忠以及杨某敏、杜某生的答辩意见，本案的争议焦点为：（1）杨某忠与杨某敏、杜某生之间就案涉房屋是否成立有效的房屋买卖合同；（2）案涉房屋价款的认定问题；（3）如果杨某忠与杨某敏、杜某生之间成立有效的房屋买卖合同，该合同对张某珍是否具有约束力；（4）案涉合同的性质；（5）张某珍的诉讼请求应否得到支持。

关于争议焦点一，杨某忠与杨某敏、杜某生之间就案涉房屋是否成立有效的房屋买卖合同一节，杨某敏、杜某生称2001年杨某忠将案涉房屋出卖给杨某敏、杜某生，并且案涉房屋已交付占有，房价款20万元金额已经支付。从各方陈述的情况看，2001年杨某敏一家入住案涉房屋并进行了装修当无异议。张某珍与杨某忠夫妇反驳意见为案涉房屋系借住给杨某敏一家居住，该陈述虽为证据之一种，但其未提供其他证据支持，张某珍与杨某忠为纠纷实际一方，具有共同利益，其仅为陈述，对此认定较难。从案涉房屋来源及各方当事人除案涉房屋各自具有居住条件看，从杨某敏、杜某生夫妇曾代杨某忠、张某珍炒股，争议各方具有正常经济往来并具有亲属关系看，未显示2001年时各方当事人之间发生矛盾抑或纠纷。在前述基础上，杨某敏、杜某生对房屋装修做了较大投入且杨某忠、张某珍未予反对，各方系对案涉房屋于2001年仅争议为借住抑或买卖，而没有其他法律关系存在，杨某忠与杨某敏兄弟于该时存在买卖关系虽不能认定，但也不能排除。

关于争议焦点二，证人杨某华、杨某兰所作证言，虽然包括证人在内的杨某忠、杨某敏等曾发生继承纠纷，但杨某忠、张某珍没有证实证人与杨某忠、张某珍之相对方有相关利益关系，从证人证言角度、细节等分析，具有相应证明力。因此，从案涉房屋争议各方具有亲属关系且家庭成员关系和睦，购房事项已向家庭成员周知，案涉房屋已交付并入住装修，除案涉房屋购房各方各有住处等情节考虑外，杨某敏、杜某生于2001年从杨某忠、张某珍处购买案涉房屋，应认为达到盖然程度。从相关法律规定来看，杨某敏、杜某生与杨某忠、张某珍之间已交付案涉房屋且支付了20万元购房款，履行了主要权利义务内容，不违背相关合同成立要件，可以初步认定各方就案涉房屋成立了有效合同。

关于争议焦点三，根据当事人陈述及证人证言，杨某忠与张某珍系夫妻，二人共同居住生活。杨某忠称，2001 年借房给杨某敏、杜某生住时，张某珍不同意，是劝说后张某珍才勉强同意，如果对张某珍说卖房，事情就办不成了，借此说明卖房给杨某敏、杜某生的事项，张某珍并未参与且不知情。从生活习惯来看，杨某忠、张某珍夫妇在处理家庭重大事项时并非相互隐瞒，如其夫妇均主张将案涉房屋借给杨某敏、杜某生，夫妇之间即做过协商；如杨某忠主张 60 万元为相对方支付的房款，而张某珍主张将 60 万元房款退还给杨某，其夫妇二人对 60 万元性质陈述一致，即使为诉讼而沟通，也说明其夫妇关于夫妻生活重大事项沟通协商为正常。并且张某珍明知案涉房屋存在，在其子女长大后可能需要使用案涉房屋。其主张案涉房屋长期借给他人而未能由自己居住使用不闻不问亦非常理所在。由此看来，其述称对案涉房屋买卖不知情难以置信。况且，相应证人证言等已证明 2001 年案涉房屋达成房屋买卖合同时，张某珍知情且表示认可，所以，应认定张某珍是案涉房屋在 2001 年买卖合同中与杨某忠同为一方的当事人，该房屋 2001 年买卖合同对张某珍具有约束力。

关于争议焦点四，案涉合同即杨某忠与杨某之间的网签合同的性质。本案各方当事人均承认该合同系办理房屋所有权过户之用，该合同属于现阶段办理产权登记所必需手续。对于本案各方当事人而言，案涉房屋在 2001 年买卖合同成就并履行主要义务后，一直未办理过户手续，2014 年，杨某忠和杨某敏、杜某生同意将房屋所有权过户至杨某名下，案涉合同具有补充合同约定向第三人履行性质。

应当看到，2001年案涉房屋买卖合同约定有主要权利义务，因为案涉房屋政策等因素长期未能办理过户登记，案涉合同虽然导致由向杨某敏、杜某生过户而转为向杨某过户，但该案涉合同不属于具有独立性的负担合同，仅系表明双方同意2001年案涉房屋买卖合同向第三人履行。杨某忠、张某珍均陈述2014年杨某忠与杨某签订了以市场价为房价款的案涉合同，但该陈述被杨某一方否认，杨某忠、张某珍一方未有充分证据，法院对杨某忠、张某珍的此项陈述不予采信。

关于争议焦点五，通过对争议焦点三分析可知，2001年关于案涉房屋的买卖合同成立并有效，该合同对张某珍亦具有约束力，即该合同主体为卖房人杨某忠、张某珍，买房人为杨某敏、杜某生。双方在2001年合同成就后，卖房人交付房屋，买房人支付了20万元房价款，双方履行了主要权利义务，依据《中华人民共和国合同法》相关规定，该合同应当继续履行。

对于案涉合同，如前述争议焦点四之分析，该合同性质一为办理案涉房屋过户所必需手续，二为2001年合同的补充合同。过户手续系依赖于补充合同而办理，张某珍单独主张过户手续无效，没有道理。从案涉合同为2001年买卖合同之补充合同的角度看，杨某一方陈述2014年案涉房屋过户至其名下时，张某珍知道并同意，因其未提交充足证据，不应予以采信。但是案涉合同不属于具有独立性的负担合同，其为2001年案涉房屋买卖合同的补充，内容仅为将案涉房屋过户给杨某即向2001年案涉房屋买卖合同之第三人履行，作为2001年案涉房屋买卖合同一方，张某珍在合同目的能够实现的情况下，也不能拒绝履行。事实上，杨某忠已将案涉房屋过户给杨某，2001年案涉房屋买卖合同与2014年补充合同性质的案涉合同已完全履行。从效力上讲，因为2001年案涉房屋买卖合同系有效合同并对张某珍具有约束力，故张某珍无权主张案涉合同无效。

如果张某珍依据《中华人民共和国物权法》第一百零六条主张杨某非善意取得而主张追回权，判断张某珍是否具有追回权的前提是杨某忠对案涉房屋是否进行了无权处分。从前述事实和分析来看，以2001年案涉房屋买卖合同为基础，以案涉合同为补充的案涉房屋买卖行为，张某珍是案涉房屋的2001年买卖合同一方当事人，案涉房屋系其与杨某忠共同处分，因此张某珍受合同约束没有追回权利，其诉讼请求仍不能得到支持。其主张退还60万元房款在权利属性上属于杨某敏、杜某生的请求权，张某珍要求退还没有道理，也不应予以支持。

综上所述，张某珍的全部诉讼请求没有事实和法律依据，北京市第二中级人民法院作出如下判决：

驳回上诉，维持原判。

【法官后语】

本案是典型的家庭成员之间因房屋买卖而产生的确认合同无效纠纷案件，司法实践中，该类案件的特点在于买卖双方存在亲属关系、交易环节缺乏书面证据而双方各执一词、时间跨度久远案件事实难以还原。

本案是案涉房屋的原共有权人要求确认网签合同无效的纠纷，二审判决总结了本案的五大争议焦点，实则着力于三个方面：一是当事人行使请求权的权利基础的分析，即依《中华人民共和国民法典》第三百一十一条主张买受人非善意取得，抑或依原《中华人民共和国合同法》第五十二条主张买卖双方存在恶意串通、损害第三人利益从而导致合同无效；二是在缺乏书面证据的情况下，综合双方家庭情况、日常往来、关联案件的先后陈述等证据，对房屋买卖合同成立与否、效力问题及房价款等事实认定的分析；三是案涉网签合同性质的分析。

一、请求权基础的分析

本案原告作为案涉房屋的原隐名共有权人，其主张案涉合同无效的理由主要有二：一是现产权人并非善意取得；二是买卖双方存在恶意串通，损害了第三人即原隐名共有权人的利益。此二理由也是司法实践中大量此类案件的原告主张合同无效之理由。从法律适用上分析，上述两个理由的请求权基础并不相同，实则是两种权利路径的选择。理由一之请求权基础系原共有权人行使物上追及权，其法律依据是《中华人民共和国民法典》第三百一十一条规定的善意取得制度，而理由二之请求权基础系《中华人民共和国合同法》第五十二条第二项规定的导致合同无效之情形。当事人同时提出上述两项意见时，法院应依据其不同的请求权基础分别予以判断。

我国善意取得制度的适用条件主要有四：一是无权处分人将动产或不动产转让给受让人；二是受让人受让该财产时是善意的；三是受让人支付了合理的对价；四是转让的动产或不动产依照法律规定应当登记的已登记，不需要登记的已交付。由此可见，转让人无权处分是善意取得制度的前提，而原因行为是否有效并非善意取得之法定要件。善意取得制度是在保护静态的财产安全和动态的交易安全中，在真正的权利人的利益和善意第三人的利益间作出博弈和权衡的结果，只要转让人实施了无权处分行为，受让人基于交易行为取得了物权，在符合法定要件的情形下，则可构成善意取得，不应再追问合同效力，即转让合同本身有效或无效不影响善意取得的构成。回到本案中，其一，原审原告即上诉人的诉讼请求是要求确认案涉合同无效，从上文的分析中可以看出，是否构成善意取得与合同是否无效之间并无直接的因果关系；其二，结合本案证据可以认定二被上诉人之间的买卖合同成立并生效，该合同对上诉人亦具有约束力，故出卖人并不构成无权处分，上诉人亦不享有追回的权利。

而关于上诉人依《中华人民共和国合同法》第五十二条第二项主张的合同无效之理由，因认定上诉人受双方合同约束，即上诉人也是合同一方当事人，故其无权依据该条款主张合同无效。

此系本案二审最终判令维持一审驳回其诉讼请求之判决的思维路径。

二、证据认定的分析

从上文分析可以看出，无论上诉人依照何种请求权基础寻求权利救济，本案的关键事实都在于双方是否成立了合法有效的房屋买卖合同，若成立，其对上诉人是否具有法律拘束力，即出卖人是否构成无权处分。本案纠纷所涉事实较为久远，又发生在亲属之间，在缺乏书面证据的情况下，需要综合分析才能认定。二审判决对此进行了充分的论述，在此不再赘述。

三、案涉合同性质的分析

关于案涉网签合同的性质问题，因上诉人坚持主张其对案涉网签合同并不知情，并要求确认该合同无效，故对该合同性质的认定直接关系到该网签合同对上诉人是否亦具有法律拘束力。二审判决从两个维度对此进行了分析。从形式上看，网签合同是办理案涉房屋转移登记的必要手续，从内容上看，案涉网签合同是双方2001年房屋买卖合同的补充合同，其不属于具有独立性的负担合同。因此，根据上文的分析，上诉人系2001年房屋买卖合同的一方当事人，则案涉网签合同亦应对其具有法律拘束力。

综上所述，二审法院最终认定上诉人要求确认案涉网签合同无效缺乏依据，应予驳回。综合来看，本案的难点有二：一是法律适用，即不同请求权基础的救济途径交叉下的规则适用；二是证据的综合认定，即在没有书面合同的情况下，运用其他证据综合分析后对关键事实做出认定，从而对法律适用做出判断。同时，本案又是实践中此类案件的典型，本案虽是二审维持原判的案件，但在一审的基础上，二审判决无论是案件事实的查明还是论理都更为翔实，尤其对证据认定的分析以及法律适用的阐述都更加透彻明晰，对此类案件的审理具有参考意义。

本案判决于《中华人民共和国民法典》出台之前，《中华人民共和国民法典》第三百一十一条对于善意取得制度的规定及第一百五十四条对于无效法律行为的规定与原《中华人民共和国物权法》《中华人民共和国合同法》之规定保持了一致。

编写人：北京市第二中级人民法院　陈雨菡

006 房屋买卖合同中受让人"善意取得"的认定标准

——卢甲诉卢乙、崔某云确认合同无效案

【案件基本信息】

1. 裁判书字号

北京市第二中级人民法院（2018）京02民终6593号民事判决书

2. 案由：确认合同无效纠纷

3. 当事人

原告（上诉人）：卢甲

被告（被上诉人）：卢乙

被告（被上诉人）：崔某云

【基本案情】

卢甲、卢乙系艾某兰之子。案外人娄某会、娄某永系崔某云之子。位于北京市房山区甲小区2-××号房屋（以下简称涉案房屋）原登记在案外人艾某兰名下。2010年12月7日，艾某兰与卢甲签订了涉案房屋的过户协议，约定将该房产过户于卢乙名下，作为卢乙买卖其妻子李某位于海淀区乙小区房产（以下简称乙房屋）证明所用，不得出售、不得他用；在卢乙与李某将乙房屋过户后，再将涉案房屋过户回艾某兰名下。2010年12月23日，李某、卢乙（出卖人）与娄某永（买受人）签订了关于乙房屋的买卖合同。2012年6月1日、2014年1月12日，李某、卢乙（甲方、卖房人）与娄某会（乙方、买房人）就乙房屋签订《优先购房协议书》《协议书》，约定甲方同意将乙房屋转让给乙方，并以涉案房屋作为抵押保证协议的履行。在此期间，娄某永、娄某会陆续就乙房屋向卢乙、李某支付房屋款共计30万元。2016年4月1日，卢乙与崔某云签订了关于涉案房屋的买卖合同，约定卢乙将该房屋出售给崔某云，同年4月26日完成过户登记。艾某兰于2011年5月24日去世，涉案房屋现由卢甲居住，卢甲曾将卢乙诉至法院要求继承涉案房屋，后撤回起诉。现卢甲诉至法院，认为卢乙与崔某云恶意串通买卖涉案房屋的行为严重损害了自己的合法权利，要求确认卢乙与崔某云就涉案房屋签订的《存量房屋买卖合同》无效。娄某会、娄某永均表示不参加诉讼，认可崔某云系涉案房屋的买受人。对于卢甲的诉讼请求，卢乙、崔某云均不认可。

【案件焦点】

1. 卢乙对涉案房屋的“无权处分”行为是否影响房屋买卖合同的效力；2. 崔某云是否“善意取得”了涉案房屋的所有权。

【法院裁判要旨】

北京市房山区人民法院经审理认为：根据庭审中查明的事实，本案涉案房屋原登记在艾某兰名下，该房屋于2010年12月7日过户至卢乙名下时，卢乙系涉案房屋的登记所有权人，艾某兰系涉案房屋的实际所有权人。艾某兰于2011年5月24日去世后，该房屋作为艾某兰的遗产，在继承完成前，应当由艾某兰的各继承人共同共有。卢乙作为艾某兰的继承人之一，在未取得其他继承人同意的情况下，与崔某云签订房屋买卖合同处分涉案房屋，其行为构成无权处分。但根据《最高人民法院关于审理买卖合同纠纷案件适用法律问题的解释》第三条第一款的规定，当事人一方以出卖人在缔约时对标的物没有所有权或处分权为由主张合同无效的，人民法院不予支持。因此，卢甲以涉案房屋系艾某兰的遗产，卢乙在与崔某云签订房屋买卖合同时系无权处分主张合同无效，缺乏法律依据，法院不予采信。

根据《中华人民共和国合同法》第五十二条之规定，有下列情形之一的，合同无效：其一，一方以欺诈、胁迫的手段订立合同，损害国家利益；其二，恶意串通，损害国家、集体或者第三人利益；其三，以合法形式掩盖非法目的；其四，损害社会公共利益；其五，违反法律、行政法规的强制性规定。就本案而言，卢乙、崔某云自愿签署了房屋买卖合同，不存在一方以欺诈、胁迫的手段订立合同，损害国家利益的情形；卢乙作为涉案房屋的登记所有权人，崔某云有理由信赖卢乙有权处分涉案房屋，庭审中双方亦无证据显示崔某云等对卢乙并非涉案房屋的实际所有权人知情，且结合娄某永、娄某会已经陆续向卢乙支付了购房款30万元，在前述合同迟迟不能履行的情况下，崔某云与卢乙签订了房屋买卖合同，以娄某永、娄某会已支付的30万元作为对价购买本案涉案房屋，符合情理，故卢乙、崔某云亦不存在恶意串通，损害国家、集体或者第三人利益的情形；现有证据亦不能证明卢乙和崔某云之间存在以合法形式掩盖非法目的、损害社会公共利益等其他法定合同无效情形。因此，卢甲主张卢乙、崔某云签订的《存量房屋买卖合同》无效的诉讼请求，缺乏事实和法律依据，法院不予支持。综上，依照《中华人民共和国合同法》第五十二条，《最高人民法院关于审理买卖合同纠纷案件适用法律问题的解释》第三条之规定，作出如下判决：

驳回卢甲的诉讼请求。

卢甲不服一审判决，向北京市第二中级人民法院提起上诉。

北京市第二中级人民法院经审理认为：《最高人民法院关于审理买卖合同纠纷案件适用法律问题的解释》第三条第一款之规定，当事人一方以出卖人在缔约时对标的物没有所有权或处分权为由主张合同无效的，人民法院不予支持。涉案房屋原登记在艾某兰名下，该房虽于2010年12月7日过户至卢乙名下，但双方协议艾某兰仍为该房屋的实际产权人。故在艾某兰去世后，该房应作为其遗产，由艾某兰的各继承人共同共有。在此前提下，卢乙作为艾某兰的继承人之一与崔某云签订房屋买卖合同，在未取得卢甲同意的前提下，属于无权处分行为，但该行为依据上述司法解释之规定，已非导致合同无效之情形。

关于卢甲上诉主张的卢乙与崔某云系恶意缔约，损害其利益一节，当事人对自己提出的诉讼请求所依据的事实或者反驳对方诉讼请求所依据的事实有责任提供证据加以证明。没有证据或者证据不足以证明当事人的事实主张的，由负有举证责任的当事人承担不利后果。本案中，卢乙与崔某云在前述涉案房屋买卖合同时卢乙作为买卖标的的房屋的登记所有权人，且卢甲并未提供证据证明崔某云对该房的实际所有权人并非卢乙一事知情；崔某云信赖登记购买房屋，应属善意。至于房屋的交易价格问题，考虑到娄某永、娄某会曾就乙小区回迁房与卢乙签订一系列房屋买卖合同，且已经陆续向卢乙支付了购房款30万元，在购买乙小区回迁房之合同迟迟不能履行及合同目的无法实现的前提下，崔某云与卢乙签订涉案房屋买卖合同，以娄某永、娄某会支付的30万元作为对价购买涉案房屋，具备其合理性，仅凭此不足以认定卢乙与崔某云存在恶意串通之情形，故卢甲据此主张合同无效，缺乏事实依据，法院亦不予支持。综上所述，卢甲的上诉请求及理由，缺乏法律依据，法院不予支持。一审判决认定事实清楚，适用法律正确，应予维持。依照《中华人民共和国民事诉讼法》第一百七十条第一款第一项之规定，作出如下判决：

驳回上诉，维持原判。

【法官后语】

作为现代民法体系中的一项重要制度，善意取得制度在保护交易秩序安全、促进交易发展方面具有重要意义。原《中华人民共和国物权法》第一百零六条和《中华人民共和国民法典》第三百一十一条规定都对善意取得制度进行了明确规定，且法律条文完全一致。即对不动产的善意取得，需要满足：受让人受让该不动产时是善意的；以合理的价格受让；转让的不动产依照法律规定应当登记的已登记，不需要登记的已交付给受让人三个要件。一般而言，后两个要件在理论和实践中都能够很好把握，如何判断受让人善意则成为决定善意取得成立的关键。

善意，作为一个民法学概念，根据《最高人民法院关于适用〈中华人民共和国民法典〉物权编的解释（一）》相关规定，是指非明知或因重大过失而不知。一般而言，司法裁判者在受让人善意信赖标的物权利外观的情况下，推定受让人为善意，由原权利人对其非善意负担举证责任。然而，也有观点认为鉴于不动产的高价值性，在不动产交易中，应通过不动产的占有状态认定买受人的“知情或善意”更为合理，即“崔某云对于涉案房屋的占有状态没有尽到注意义务”是否属于重大过失？笔者认为，对于善意的判断，不仅涉及如何用客观化的外在行为去判断当事人内心的主观状态，还涉及善意判断中如何解释法律以及当事人之间举证责任如何承担的问题。因为善意取得制度并非仅仅旨在维护交易安全，保障受让人对登记或占有等权利外观的信赖，还有平衡原权利人与受让人之间利益的功能。为此，应该严格遵循法律法规的明确规定，增强对受让人群体的同情式理解，避免将法律职业群体的认识程度与普通当事人的认识程度相混同，无形中提高善意的认定标准，使司法裁判中认定的一般人之注意义务与实际情况存在较大偏差。本案中，涉案房屋登记所有人为卢乙，且卢甲并未提供证据证明崔某云对该房的实际所有权人并非卢乙一事知情，崔某云信赖登记购买房屋，应属善意。

编写人：北京市房山区人民法院　陈自喜

三、债权人代位权纠纷

007 债务人怠于行使债权，债权人为实现自身债权有权代位行使债务人对相对人的债权

——刘某海诉文化旅游公司债权人代位权案

【案件基本信息】

1. 裁判书字号

黑龙江省高级人民法院（2020）黑民终512号民事判决书

2. 案由：债权人代位权纠纷

3. 当事人

原告（被上诉人）：刘某海

被告（上诉人）：文化旅游公司

第三人：周某栋、孙某、建设工程公司

【基本案情】

黑龙江省佳木斯市中级人民法院（2018）黑08民初131号生效民事判决确认刘某海对周某栋、孙某享有1200万元本金及利息的到期债权。在执行过程中因周某栋、孙某其财产不足以清偿刘某海的债务，因周某栋对文化旅游公司享有到期债权，刘某海作为债权人有权在债权限额内以自己的名义行使代位权提起本案诉讼。在本案审理过程中，刘某海提供周某栋应自计划开工日期即2018年10月30日起按月向监理人提交进度付款申请单并主张进度工程款，现周某栋完成了案涉工程的主要部分并且已经投入使用，

但文化旅游公司尚未支付该款项，在本案诉讼过程中，文化旅游公司拒绝提供其主张已给付工程款的付款凭证和财务账册等证据，根据证据规则其应当承担举证不能的法律后果，文化旅游公司应在2000万元的范围内对刘某海的债权承担责任。

【案件焦点】

1. 周某栋是否具有案涉工程的实际施工人身份，以此能否认定其对文化旅游公司享有主张工程款的权利；2. 刘某海代位行使主张案涉工程款是否具备代位权行使的要件。

【法院裁判要旨】

黑龙江省佳木斯市中级人民法院经审理认为：代位权设立的目的就是保护债权的实现。刘某海依据法院判决申请执行周某栋、孙某，周某栋、孙某作为被执行人其财产不足以清偿债务时，周某栋提出其对文化旅游公司享有债权，文化旅游公司提出异议后，执行程序无法实体审查文化旅游公司作为次债务人提出的异议，刘某海作为债权人有权请求以自己的名义在其债权限额内行使代位权。该院于2018年11月27日向文化旅游公司送达停止支付工程款裁定时，肖某瑾以董事长的名义认可周某栋是实际施工人，欠款应该有2000万元，该院要求肖某瑾到庭接受询问，文化旅游公司以其离职为由未提供，肖某瑾未到庭说明如此陈述的原因。周某栋在执行部门提出文化旅游公司欠其工程款2400万元，要求执行该笔欠款时文化旅游公司提出了异议。庭审中，文化旅游公司提出根据《建设工程施工合同》的约定，施工单位为建设工程公司，周某栋只是委托代理人，而文化旅游公司和建设工程公司掌握着案涉工程的相关资料，建设工程公司没有到庭参加诉讼，在该院责令其提供施工内业资料、工程预决算报告，在施工过程中支付相关费用的凭证（银行明细），包括工人工资、建筑材料款、设备租赁费、监理费的凭证等资料，责令文化旅游公司提交工程的付款凭证和财务账册时，建设工程公司没有提供其直接参与工程施工和实际施工的证据。从文化旅游公司与建设工程公司签订的《建设工程施工合同》来看，工程价款为固定价 44251069 元，文化旅游公司对已付和尚欠工程款均以没有结算和工程存在质量问题为由未予说清。该院责令文化旅游公司提供给付工程款的付款凭证和财务账册，文化旅游公司未提供财务账册，仅提供了没有记载任何数额的工资表，建设工程公司和文化旅游公司应承担未能举证的不利后果。结合周某栋的分包合同、证人证言及周某栋、孙某的陈述，应当认定周某栋是案涉工程的实际施工人，文化旅游公司应在 2000 万元范围内对刘某海的债权承担责任，但刘某海已经执行部分应当扣除。由于建设工程公司未参加诉讼，文化旅游公司在庭审中也未提供相关证据，为了查清本案的客观事实，刘某海的申请虽然超过举证期限，该院同意其要求文化旅游公司和建设工程公司提供其掌握的书证的申请。本案工程款的性质是债权，周某栋完成了工程的主要部分并且工程已经投入使用，刘某海有权代位取得相应的工程款，并且刘某海取得代位权没有损害发包人文化旅游公司的权利，根据建设工程款具有优先受偿的性质，债权代位权人应当享有该工程款的优先受偿权。

黑龙江省佳木斯市中级人民法院依照《中华人民共和国合同法》第七十三条，《最高人民法院关于审理建设工程施工合同纠纷案件适用法律问题的解释》第十四条、第二十六条第二款，《最高人民法院关于民事诉讼证据的若干规定》第四十六条、第四十七条、第四十八条、第六十四条，《最高人民法院关于建设工程价款优先受偿权问题的批复》第四条，《中华人民共和国民事诉讼法》第一百四十二条、第一百四十四条之规定，作出如下判决：

一、文化旅游公司于判决生效之日起十日内在2000万元范围内给付刘某海欠款1200万元及自2018年11月23日起至实际清偿完毕之日止按月利率1%计算的逾期利息［扣除（2018）黑08民初131号民事判决书已经执行的部分］；

二、刘某海在上述债权范围内对案涉工程款享有优先受偿权；

三、驳回刘某海的其他诉讼请求。

文化旅游公司一审判决不服，提出上诉。

黑龙江省高级人民法院经审理认为：案涉纠纷为债权人代位权之诉，根据《中华人民共和国民法典》第五百三十五条第一款“因债务人怠于行使其债权或者与该债权有关的从权利，影响债权人的到期债权实现的，债权人可以向人民法院请求以自己的名义代位行使债务人对相对人的权利，但是该权利专属于债务人自身的除外”的规定，债权人代位权成立应具备如下要件：（1）债权人对债务人存在合法有效的到期债权；（2）债务人对次债务人存在合法有效的到期债权；（3）债务人的怠于行使权利影响债权人债权的实现；（4）代位标的为非专属于债务人自身的权利。本案中，黑龙江省佳木斯市中级人民法院（2018）黑08民初131号生效民事判决已确认刘某海对周某栋、孙某享有1200万元本金及利息的债权，该债权已到期且合法、有效。虽然文化旅游公司主张其系与建设工程公司签订《建设工程施工合同》，否认周某栋实际施工人的身份，但是建设工程公司自认没有参与工程管理施工、没有投资、没有提供建筑材料、没有用该公司账户收取工程款，并主张周某栋为案涉工程的实际施工人，认可由周某栋享有承包人的权利和履行其义务，包括主张工程款的权利。结合周某栋以个人名义对外签订该工程的分包合同，证人连某冬、韩某友的证言以及周某栋、孙某的陈述，一审判决认定周某栋是案涉工程的实际施工人，享有向文化旅游公司主张案涉工程款的权利正确。在债权人代位权之诉中，如苛求债权人必须逐一提供债务人对相对人的债权是否到期、履行情况等证据，债权人多力有未逮，故债权人一般只需证明债务人对相对人有权利即可，相对人抗辩反驳的，应当提供相应证据。根据《建设工程施工合同》的约定，文化旅游公司应按月工程进度在监理人收到进度付款申请单后的 28 天内，将进度应付款支付给周某栋。现案涉工程已经投入使用，但周某栋未提供证据证明已经收到全部工程进度款，亦未提供证据证明其主张给付工程进度款或对工程款进行结算。文化旅游公司在一审法院向其释明后拒不提供支付工程款的证据，二审中仍未提供，故可以认定周某栋对文化旅游公司享有到期债权且怠于行使权利，侵害了刘某海的权益。案涉工程款性质为债权，且非专属于周某栋自身的权利，综上刘某海有权代位周某栋向文化旅游公司主张其债权数额的工程款。

关于文化旅游公司欠付工程款数额确定问题。《建设工程施工合同》约定工程价款为固定价 44251069 元，文化旅游公司诉讼中一直未能提供证据证明已付工程款的数额，尽管文化旅游公司对肖某瑾陈述的欠款 2000 万元不认可，但不论工程总价款 44251069 元，还是该 2000 万元，均超过了刘某海诉讼的范围，一审判决文化旅游公司在 2000 万元的范围内给付刘某海欠款及逾期利息（扣除已执行部分）亦无不当。

至于文化旅游公司主张的工程质量问题，不是拒付工程款的法定或约定理由，其可另行主张权利。另外，关于刘某海一审中超出举证期限申请文化旅游公司提交证据的问题。根据《最高人民法院关于适用〈中华人民共和国民事诉讼法〉的解释》第一百零二条第二款关于“当事人非因故意或者重大过失逾期提供的证据，人民法院应当采纳，并对当事人予以训诫”的规定，一审法院为了查清本案的基本事实，同意刘某海要求文化旅游公司提供其掌握的书证的申请是适当的。

综上所述，文化旅游公司的上诉请求不能成立，应予驳回；一审判决认定事实清楚，适用法律正确，应予维持。黑龙江省高级人民法院依照《中华人民共和国民事诉讼法》第一百七十条第一款第一项之规定，作出如下判决：

驳回上诉，维持原判。

【法官后语】

虽然刘某海对周某栋的债权、周某栋对文化旅游公司的债权形成所依据的事实均在《中华人民共和国民法典》实施之前，但是民法典关于债权人代位权的规定更有利于保护债权人的合法权益，对债务人的抗辩权亦作出更有力的保护，依据《最高人民法院关于适用〈中华人民共和国民法典〉时间效力的若干规定》第二条之规定，本案应当适用《中华人民共和国民法典》的相关规定。

《中华人民共和国民法典》第五百三十五条第一款规定：“因债务人怠于行使其债权或者与该债权有关的从权利，影响债权人的到期债权实现的，债权人可以向人民法院请求以自己的名义代位行使债务人对相对人的权利，但是该权利专属于债务人自身的除外。”债权人代位权的成立应具备如下要件：（1）债权人与债务人之间存在着合法的债权债务关系；（2）债务人对其债务人享有的债权已经到期；（3）债务人怠于行使其到期债权，对债权人造成损害；（4）债权人代位权的范围应当以债权人的债权为限。本案中，刘某海代位周某栋向文化旅游公司主张权利，因该债权通过一审查明的事实确认已属到期债权，且周某栋不能举示充分的证据证实自身未怠于行使权利，依据代位权制度设立的现实意义，是为了保护债权人的合法权益，满足债权人债权的实现，一审法院判决支持刘某海的诉讼请求，其可以代位周某栋向文化旅游公司主张权利。

该案件作为债权人代位权纠纷案件，通过一、二审法院对案件事实的审理，以实体判决的形式保障了债权人的债权实现，支持了一审原告的诉请。该案的现实意义在于人民法院对债务人合法到期债权认定方面，应根据民事诉讼法及其司法解释，还有民事证据规则对举证责任的规定合理分配各方当事人的举证责任，并根据证据规则确定各方因举证不能而承担相应的法律后果。本案中，二审法院在一审法院查明事实的基础上，针对上诉人的上诉请求，进一步对本案的实体法律关系进行了梳理，明确了债务人该合法到期债权的性质属于可代位债权，并驳回了上诉人的诉请，保障了一审原告债权的实现。合理运用证据规则进行案件审理对本案债权人代位主张债权的实现具有重要意义，一方面，明确了债务人债权的属性；另一方面，确定了债务人债权到期且怠于主张权利，满足代位权行使的要件，人民法院依据代位权行使的相关法律规定合法合理判决，进而保全了债权人债权的实现。

编写人：黑龙江省高级人民法院　赵璞

四、债权人撤销权纠纷

008 夫妻财产约定不属于债权人可撤销的标的

——朱某尧诉周某军、王某债权人撤销权案

【案件基本信息】

1. 裁判书字号

浙江省绍兴市中级人民法院（2020）浙06民终2827号民事判决书

2. 案由：债权人撤销权纠纷

3. 当事人

原告（被上诉人）：朱某尧

被告（上诉人）：周某军、王某

【基本案情】

生效民事判决认定，2009年4月，周某军向朱某尧借款35万元，后未予归还。截至本案起诉之日，上述借款尚未清偿。

2017年8月16日，周某军与妻子王某向案外人购买了位于浙江省绍兴市上虞区602室的房屋。2017年9月1日，周某军与王某签订了夫妻财产约定协议书，协议第一条约定上述房产归王某单独所有，并对该协议书进行了公证。2017年9月6日，该房产登记于王某名下。

朱某尧起诉请求撤销周某军与王某将位于百官街道某小区602室的房地产登记至王某个人名下的行为。

【案件焦点】

夫妻财产约定是否属于债权人可撤销的标的。

【法院裁判要旨】

浙江省绍兴市上虞区人民法院经审理认为：案涉房产系周某军与王某在婚姻关系存续期间共同购买，本应属于夫妻共同财产。现周某军与王某约定了案涉房产归王某单独所有，但在周某军对朱某尧负有债务的情况下，该约定降低了其债务清偿能力，对朱某尧造成损害，应予撤销。依照《中华人民共和国合同法》第七十四条规定，作出如下判决：

撤销2017年9月1日周某军与王某签订的夫妻财产约定协议书关于浙江省绍兴市上虞区602室的不动产一处归王某单独所有的约定。

周某军、王某不服，提起上诉。

浙江省绍兴市中级人民法院经审理认为：朱某尧的一审诉请略有不明，但结合其起诉理由等来看，基本可以明确是要求撤销周某军、王某将两人共有房产变更为王某个人所有的行为，因此首先应当审查案涉房产是否存在权属发生变动的情况。

案涉房产自始登记在王某名下，根据我国物权法第九条第一款的规定，不动产物权的设立、变更、转让和消灭，经依法登记，发生效力，未经登记，不发生效力，但法律另有规定的除外，因此从登记情况来看该房产的权属从未发生变化；王某与周某军虽然在2017年9月1日签订夫妻财产约定协议书约定案涉房产约定归王某单独所有，但《中华人民共和国婚姻法》第十九条第二款、第三款规定，夫妻对婚姻关系存续期间所得的财产以及婚前财产的约定，对双方具有约束力。夫妻对婚姻关系存续期间所得的财产约定归各自所有的，夫或妻一方对外所负的债务，第三人知道该约定的，以夫或妻一方所有的财产清偿。因此，在第三人不知道夫妻财产约定的情况下，财产约定仅对夫妻双方有约束力，对第三人不具有约束力。据此可知，周某军、王某之间的财产约定及所谓的登记行为等对朱某尧而言，没有且不会发生财产变动的效果。

债权人撤销权所针对的是债务人不当减少责任财产的行为，财产没有变动也就不存在减少债务人责任财产的问题，自然也不存在撤销的基础，故朱某尧的诉请，于法无据，不应支持。至于该房产究竟是王某的个人财产还是王某与周某军的夫妻共有财产、王某与周某军有关房产归属的约定能否排除执行等问题不属于本案的审查范围，应当在执行及相关程序中判断。

依照《中华人民共和国民事诉讼法》第一百七十条第一款第二项之规定，作出如下判决：

一、撤销浙江省绍兴市上虞区人民法院（2020）浙 0604 民初 3898 号民事判决；

二、驳回朱某尧的诉讼请求。

【法官后语】

《中华人民共和国民法典》第五百三十八条、第五百三十九条、第五百四十条规定了债权人撤销权制度，其规范意旨在于制止债务人不当减少自己责任财产、损害债权人的行为；如果债务人的财产没有变动，也就不存在减少其责任财产的问题，自然也不存在撤销的基础，本案就属于该种情况。

两被告在夫妻关系存续期间购买了案涉房屋，自始登记在妻子名下，双方同时约定房屋属于妻子单独所有。根据我国婚姻法第十九条第二款、第三款的规定，夫妻对婚姻关系存续期间所得的财产以及婚前财产的约定，对双方具有约束力。夫妻对婚姻关系存续期间所得的财产约定归各自所有的，夫或妻一方对外所负的债务，第三人知道该约定的，以夫或妻一方所有的财产清偿。因此，在第三人不知道夫妻财产约定的情况下，财产约定仅对夫妻双方有约束力，对第三人不具有约束力。正如二审裁判理由所言，两被告的上述行为对债权人而言，不会发生债务人财产权属变动的效果，显然也就不属于债权人可以撤销的标的。

本案症结实际上在于案涉房产是属于两被告夫妻共有，还是属于妻子单独所有的问题，也就是两被告的行为是否会导致案涉房产排除执行的问题。原告提起本案诉讼，显然是因为执行部门认为案涉房产属于妻子单独所有，拒绝执行，因此寄希望于通过债权人撤销权之诉来明确房产作为夫妻共同共有的属性，但这一救济途径显然是错误的。本质问题在于债权人对执行行为有异议，即其认为案涉房产属于夫妻共有财产，应当予以执行，而执行部门认为案涉房产不属于夫妻共有财产，不应当执行。经过这样的分析，正确的救济途径也就呼之欲出了，即应当通过执行异议程序来解决，债权人可以对执行部门的不作为提出异议，通过执行异议来最终确定房产的权属以及能否执行的问题。

有一种意见认为，执行异议是针对积极执行行为，对消极执行行为不能提异议，这显然是不正确的。我国民事诉讼法第二百二十五条规定，当事人、利害关系人认为执行行为违反法律规定的，可以向负责执行的人民法院提出书面异议。该法条规定的“执行行为”并未限定为执行法院在执行程序中的积极作为。《最高人民法院关于人民法院办理执行异议和复议案件若干问题的规定》第七条进一步规定，“当事人、利害关系人对人民法院作出的侵害当事人、利害关系人合法权益的其他行为提出异议的，人民法院应当依照《中华人民共和国民事诉讼法》第二百二十五条规定进行审查”。即不作为完全在民事诉讼法及司法解释关于执行行为定义的涵盖范围内，可以适用执行异议程序。

综上所述，婚姻关系存续期间的夫妻财产约定，不属于债权人可以撤销的标的，对于财产是否属于夫妻共有、其约定能否排除执行的问题，应当通过执行异议程序解决。

编写人：浙江省绍兴市中级人民法院　王刚斌

009　债务人无偿转让不动产后再次发生转让不影响债权人撤销权的行使

——许某井诉谢某满、邱某柳债权人撤销权案

【案件基本信息】

1. 裁判书字号

福建省泉州市中级人民法院（2019）闽05民终4795号民事裁定书

2. 案由：债权人撤销权纠纷

3. 当事人

原告（被上诉人）：许某井

被告（上诉人）：邱某柳

被告：谢某满

【基本案情】

谢某满与邱某柳于1992年3月4日办理结婚登记，婚后生育邱某乙、邱某甲。后因夫妻感情破裂，于2018年1月10日到石狮市民政局办理离婚登记，并签订《离婚协议书》，约定："一、双方自愿办理协议离婚手续；二、婚生子邱某甲与婚生女邱某乙已成年，随男方共同生活；三、址于石狮市锦尚镇的房屋归男方邱某柳所有；四、财产安排：双方共同确认在婚姻关系存续期间没有其他共同的财产；五、双方在婚姻关系存续期间各自经手的债权债务由双方各自享有和承担；以上协议双方自愿订立，共同遵守，协议书一式三份，双方申请人各执一份，石狮市民政局婚姻登记处存档一份。"案涉房屋于2000年9月7日办理权属登记，产权人为邱某柳。2018年7月30日，案涉房屋变更登记至邱某丙名下。

许某井与谢某满、邱某柳民间借贷纠纷一案，法院于2018年7月31日作出（2018）闽0581民初1276号民事判决书，判决：(1）谢某满应在本判决生效后10日内偿还许某井借款本金27.8万元，并支付自2018年1月29日起至实际还款之日止的利息（7.8万元本金按月利率1.9%计算，20万元本金按月利率1.15%计算）；（2）驳回许某井的其他诉讼请求。判决生效后，许某井于2018年10月22日向法院申请强制执行。在执行过程中，谢某满下落不明且名下没有可供执行的财产。许某井认为，该房屋是谢某满、邱某柳婚姻关系存续期间所建，属夫妻共同财产，谢某满对该房产享有一半份额。离婚时谢某满放弃其应当享有的房产份额，将案涉房产全部归属于邱某柳所有，而谢某满自身又无其他财产用以偿还所欠的债务，该约定已侵犯了许某井的合法权益，故请求撤销谢某满、邱某柳于2018年1月10日签订的《离婚协议书》中第三条关于财产分割的约定（案涉房屋归邱某柳所有），并要求谢某满、邱某柳承担许某井为行使撤销权所支付的律师代理费6000元。

【案件焦点】

谢某满、邱某柳在签订《离婚协议书》时将案涉不动产约定归邱某柳后，邱某柳又将该不动产变更登记到案外人名下，是否影响本案债权人许某井行使撤销权。

【法院裁判要旨】

福建省石狮市人民法院经审理认为：本案系债权人撤销权纠纷，主要应审查债务人是否存在无偿转让财产的行为，以及该行为是否对债权人造成损害。案涉房屋系谢某满与邱某柳在婚姻关系存续期间所得，属于夫妻共同财产。谢某满与邱某柳在《离婚协议书》中约定将案涉房屋归邱某柳所有，未取得相应对价，该行为应认定为无偿转让财产的行为。谢某满、邱某柳均称邱某柳代谢某满偿还信用卡借款60余万元，但其证据不足以证明其主张，且与双方在《离婚协议书》中关于财产、债务的约定相矛盾，对其辩解，不予采信。许某井与谢某满之间的借贷关系，已经生效法律文书所确认，但谢某满至今未足额偿还借款本息。谢某满将财产无偿转让给邱某柳，损及许某井债权的实现。案涉房屋已变更登记至案外人邱某丙名下，不影响许某井行使撤销权。根据《中华人民共和国合同法》第七十四条第一款“因债务人放弃其到期债权或者无偿转让财产，对债权人造成损害的，债权人可以请求人民法院撤销债务人的行为……”的规定，许某井请求撤销谢某满与邱某柳在《离婚协议书》中将案涉房屋归邱某柳所有的约定，合法有据，予以支持。债权人撤销权纠纷审查的是债务人是否存在无偿转让财产的行为，以及该行为是否对债权人造成损害。离婚协议的日期是否早于许某井起诉日期以及谢某满、邱某柳是否恶意转移财产，并不影响债权人行使撤销权。邱某柳关于《离婚协议书》签订的日期早于许某井起诉日期，不能证明邱某柳与谢某满在签订《离婚协议书》时恶意转移财产逃避债务的辩解，不予采纳。许某井因本案支出律师费 6000 元，根据《中华人民共和国合同法》第七十四条第二款“撤销权的行使范围以债权人的债权为限。债权人行使撤销权的必要费用，由债务人负担”的规定，该律师费应由谢某满负担。许某井请求邱某柳共同负担，不予支持。

福建省石狮市人民法院依照《中华人民共和国婚姻法》第十七条，《中华人民共和国合同法》第七十四条、第七十五条，《中华人民共和国民事诉讼法》第六十四条、第一百四十四条，《最高人民法院关于适用〈中华人民共和国民事诉讼法〉的解释》第九十条规定之规定，作出如下判决：

一、撤销谢某满与邱某柳于 2018 年 1 月 10 日在《离婚协议书》中约定将址于石狮市锦尚镇的案涉房屋归邱某柳所有的行为；

二、谢某满应于本判决生效之日起十日内支付许某井为本案支出的律师代理费 6000 元；

三、驳回许某井的其他诉讼请求。

邱某柳不服一审判决，提出上诉。

福建省泉州市中级人民法院经审理认为：一审法院认定谢某满与邱某柳离婚协议中约定案涉房产归邱某柳所有是无偿转让正确，予以确认。许某井与谢某满民间借贷一案仍在执行阶段，谢某满尚未履行生效判决所确定的义务，谢某满经法院传票传唤未到庭参加诉讼，未提供证据证明其尚有其他可供执行的财产，应当认定其无偿转让案涉房产的行为对债权人许某井造成损害，许某井有权请求人民法院撤销债务人谢某满的转让行为。一审法院判决谢某满支付许某井支出的律师代理费6000元，有事实和法律依据，谢某满未提出上诉，予以确认。

福建省泉州市中级人民法院依照《中华人民共和国民事诉讼法》第一百七十条第一款第一项之规定，作出如下判决：

驳回上诉，维持原判。

【法官后语】

对于本案谢某满、邱某柳在签订《离婚协议书》时将案涉不动产约定归邱某柳所有的行为是否属无偿转让财产的问题，一、二审均认为，本案的证据无法体现邱某柳取得案涉不动产有支付相应对价，上述行为应认定为无偿转让财产的行为。本案争议较大的焦点在于：谢某满、邱某柳在签订《离婚协议书》时将案涉不动产约定归邱某柳后，邱某柳又将该不动产变更登记到案外人的名下，是否影响本案债权人许某井行使撤销权。对此，存在两种不同观点。

第一种观点认为，法律构建债权人撤销权之诉的目的在于让被债务人不当处置的财产得以恢复，保障债权人债权的实现。本案中，案涉不动产已再次发生物权变动，无法恢复登记至债务人名下。因此，本案债权人提起撤销权诉讼，失去事实基础和法律依据，其目的已不能实现，其诉讼请求应予驳回。

第二种观点认为，因债务人无偿转让不动产，对债权人造成损害的，债权人可以请求人民法院撤销债务人的行为。该不动产无偿转让后又发生设定抵押权、赠与、再次转让等情形并已办理物权登记的，不影响债权人行使撤销权。

笔者同意第二种观点。理由如下：

一、从构成要件而言，责任财产具备可返还性并非债权人撤销权行使的必要条件

第一种观点显然混淆了债权人撤销权的构成要件和法律后果。撤销权发生的要件主要是有损害债权的行为。依据《中华人民共和国民法典》第五百三十八条、第五百三十九条及第五百四十一条的规定，债权人行使撤销权必须具备以下三个条件：一是债务人使自己的财产不当减少的行为；二是债务人的相关行为对债权人造成损害；三是在规定时间内行使。其中，撤销无偿转让行为并不以第三人主观上是否存在过错为构成要件，只要债务人存在无偿转让行为，并造成债权人损害的，债权人均有权撤销行为，以保护债务人的责任财产。当前法律本身并没有规定债权人撤销权必须以责任财产具备恢复原状的现实可能性作为发生要件。反观，倘若将财产具备返还性作为撤销权的行使条件，由于债务人进行的是积极的损害债权的行为，极有可能发生责任财产不可恢复的后果，这显然不利于债权人债权的保护，反而鼓励不诚信债务人唆使转得人或受益人尽快转移财产，企图通过这种方式逃避债务，损害债权人利益。

二、从法律效果而言，行为被撤销后自始无效，责任财产无法恢复，撤销权的行使目的仍可实现

债权人撤销权是债权人保全债权的一种方式，其目的在于保全债务人责任财产以备债权清偿，进而保护债权人利益。行为一经撤销自始无效，在债务人与受让人之间应当产生无效行为的法律后果。

我国法律并未规定债权人行使撤销权的结果就是让被转让财产得以恢复，因此，裁判者在审判中不得任意对撤销行为法律后果作限缩解释，而应当依据《中华人民共和国民法典》合同编的规定进行处理。尽管责任财产已发生物权变动结果，因债权行为或赠与行为与物权行为均为无效，债权人应以物上请求权请求恢复原状、返还该财产，但由于责任财产在转让后发生被设定抵押等权利负担，或再次被转让等情形时，客观上已发生无法恢复原状或返还财产的法律效果。从平衡保护善意取得第三人利益以维护市场交易安全和稳定的角度出发，在这种情形下，赔偿损失（价格赔偿）作为民事法律行为无效的法律后果之一，应当予以适用，这也是恢复债权人处分财产之前的资力，保护债权人利益的重要途径，不影响撤销权保全债权目的之实现。因此，责任财产无法恢复不会导致撤销权丧失其权利请求基础。

三、从权利救济而言，对债务人在转让行为被撤销后，怠于行使债权的，债权人可依法行使代位权，保障自身债权的实现

在债权人撤销之诉中，考量债权人利益保障问题，是当前司法审判中遇到的共性问题，也是本案所引发值得思考的问题。当前，债权人能否在撤销之诉中直接对财产提出恢复或赔偿损失请求，各地法院判法不一。

根据《中华人民共和国民法典》第五百四十一条之规定，可体现撤销权行使期间属除斥期间，从法律体系解释来看，债权人撤销权应定性为形成权。我国作为成文法国家，当前法律未明确规定债权人有权在撤销权之诉中直接要求受让人将财产直接返还给债务人，因此，不宜在债权人撤销之诉中对此进行处理。同时，虽债权人撤销权目的在于保全债权，并非实现债权的方式，但债权人行使撤销

权的最终落脚点基本在于其自身债权的实现。然而，债权人撤销权的立法目的在于保全债务人责任财产，以防止债务人财产不当减少或应增加而未增加，给债权人债权带来损害，因此，为避免不公平受偿及司法秩序混乱、司法资源浪费之乱象产生，撤销利益应归属于全体债权人，个别债权不宜享有优先受偿权。换言之，债权人在撤销之诉中不应享有债权清偿之效果，否则，有扭曲撤销权性质及立法初衷之嫌疑。因债权人撤销效力仅发生债务人与受让人之间，债务人作为财产返还或恢复原状请求权主体，极易出现怠于行使权利损害债权人利益之情形。有鉴于此，在转让行为或赠与行为经生效判决被撤销后，债务人怠于行使财产返还、恢复原状或赔偿损失请求的，应认为符合我国关于代位权的法律规定，债权人有权提起代位权诉讼，保障自身合法权益的维护和债权的实现。但由于撤销权与代位权在制度功能、行使条件、法律效果等方面存在较大差别，因此，债权人应另行提起代位权诉讼。

编写人：福建省石狮市人民法院　邱堂寅　蔡燕瑜

010　夫妻间通过赠与方式办理产权变更登记的性质认定

——王某莹诉林某、马某萍债权人撤销权案

【案件基本信息】

1. 裁判书字号

福建省厦门市中级人民法院（2019）闽02民终1350号民事判决书

2. 案由：债权人撤销权纠纷

3. 当事人

原告（上诉人）：王某莹

被告（被上诉人）：林某、马某萍

【基本案情】

2006年7月4日，林某向案外人Z公司购买了H花园一套房屋（案涉房屋），总价款为813418.2元，其中首付款253418.2元，余款56万元通过按揭支付。2006年8月14日，林某又向案外人振嵘公司购买了H花园一处车库（讼争车位），总价款为12万元。此后，该车位产权登记在林某名下。2009年11月9日，林某与马某萍登记结婚。2015年10月15日，林某与马某萍签订了一份《夫妻财产约定》，约定讼争车位归马某萍个人所有，不再作为夫妻共同财产；次日，双方在房屋权属登记机关依据上述《夫妻财产约定》办理了产权过户登记手续，将讼争车位产权变更登记至马某萍名下，产权来源登记为“赠与”。2015年11月17日，林某与马某萍签署《离婚协议书》并办理离婚登记手续；前述《离婚协议书》约定：1. 女儿林某安、儿子林某骞由女方抚养，随同女方生活，抚养费由男、女双方分摊；2. 存款：双方名下现有银行存款共10万元，双方各分一半，为5万元；3. 房屋：（1）夫妻共同所有的位于泉州市安溪县城的房屋的所有权归男方所有；（2）女方名下位于厦门市思明区房屋为女方个人财产，属女方所有；（3）女方名下位于厦门市思明区案涉车位为女方个人财产，属女方所有；（4）其他财产：双方各自名下的其他财产归各自所有，双方各自的私人生活用品及首饰归各自所有；（5）债务的处理：男方和女方共同对晋江百应公司有500万元的债务，该债务本金和利息由双方共同偿还，男方和女方共同对李某有900万元的债务，该债务本金和利息由女方负责偿还，其他如有被认定为共同债务的债务，由男方承担，除上述债务外，如任何一方对外负有个人债务的，则由负债方自行承担。另查明，林某因需于2011年10月22日向王某莹借款100万元，约定借款期限3个月，借款月利率2%。嗣后，林某支付利息至2015年9月后未再还本付息，王某莹催讨未果后于2018年2月5日将林某起诉至晋江市人民法院，诉请判令林某偿付借款本金及相应利息。2018年4月10日，晋江市人民法院作出（2018）闽0582民初2572号民事判决，判令林某于判决生效之日起10日内偿付王某莹借款本金100万元及支付相应利息。后林某提起上诉，泉州市中级人民法院于2018年8月29日作出（2018）闽05民终4468号民事判决，判决驳回上诉，维持原判，该判决已于2018年9月13日发生法律效力。还查明，林某自2010年开始陆续向案外人王某村借款，双方于2016年1月1日签署一份《欠款协议》，约定“林某现欠王某村先生1300万元整，经双方协商，同意林某将C广场的铺位过户给王某村，同时扣除500万元债务，余额800万元今年再安排200万元（包括D商城店面100万元工程款抵押房款。剩余600万元整年后根据实际情况分期付款，利息按银行贷款利率支付，原借款协议作废）”。《欠款协议》签订后，林某以其于2012年以6342806元购买的B公寓抵偿王某村借款本金500万元，马某萍亦配合办理了该房屋产权变更登记手续。2017年4月17日，王某村将林某、马某萍起诉至晋江市人民法院，诉请判令林某、马某萍共同偿还借款本金640万元及相应借款利息。该案中，王某村因财产保全需要于2017年4月12日向厦门市国土房产测绘档案管理中心申请调取了讼争车位的土地房屋登记卡。2017年12月18日，晋江市人民法院作出（2017）闽0582民初3470号民事判决，判令林某、马某萍于判决生效之日起10日内返还王某村借款本金646万元及支付相应利息。后林某、马某萍提起上诉，泉州市中级人民法院于2018年6月21日作出（2018）闽05民终2244号民事判决，撤销了前述一审判决，改判林某于判决生效之日起10日内日返还王某村借款本金646万元及支付相应利息，该判决已于2018年6月29日发生法律效力。该判决认定“由于本案借条未经马某萍共同签字或事后追认，王某村在诉讼中未能提供证据证明本案债务系用于林某与马某萍夫妻共同生活，共同生产经营或者基于夫妻双方共同意思表示，故马某萍对本案借款不属于夫妻共同债务的上诉主张，理由成立，予以采纳”。另查明，该案王某村的委托诉讼代理人与上述王某莹诉林某民间借贷纠纷案的委托诉讼代理人为同一人。

【案件焦点】

1. 王某莹行使债权人撤销权是否已超过除斥期间；2. 林某将讼争车位产权变更登记至马某萍名下的行为属何种法律性质。

【法院裁判要旨】

福建省厦门市思明区人民法院经审理认为：关于王某莹行使债权人撤销权是否已超过除斥期间。根据《中华人民共和国合同法》第七十五条之规定，债权人撤销权自债权人知道或者应当知道撤销事由之日起一年内行使。双方当事人对王某莹行使撤销权是否已超过除斥期间存在争议，系源于对“撤销事由”存在不同理解。《中华人民共和国合同法》第七十四条第一款规定："因债务人放弃其到期债权或者无偿转让财产，对债权人造成损害的，债权人可以请求人民法院撤销债务人的行为。债务人以明显不合理的低价转让财产，对债权人造成损害，并且受让人知道该情形的，债权人也可以请求人民法院撤销债务人的行为。"根据该条文中关于债权人撤销权行使条件的规定，"对债权人造成损害"系撤销权成立的必要条件，因此前述"撤销事由"也应包括"对债权人造成损害"的要素。虽然王某莹另案的委托诉讼代理人吴某康在代理王某村诉林某、马某萍民间借贷纠纷案中，于2017年4月12日即已知晓讼争车位产权变更登记至马某萍名下，但因王某莹并非该案的当事人，不能推定其代理人应在当时就将相关情况告知王某莹，也未有证据显示其代理人在代理王某莹诉林某案前即对王某莹与林某之间的债权债务性质知悉，所以不宜认定王某莹在此时已经知道或应当知道该产权变更登记将对其债权实现造成损害。王某莹作为普通民事主体，且其对林某的债权亦系一般债权，在其于2018年2月5日通过起诉向林某主张债权前，如要求其主动调查林某的责任财产范围、婚姻财产变动状况等，无疑是一种苛责。所以，本案除斥期间最早应自2018年2月5日起算，王某莹行使债权人撤销权并未超过一年的除斥期间。关于林某将讼争车位产权变更登记至马某萍名下的行为属何种法律性质。讼争车位虽在2015年10月16日以"赠与"方式办理了产权变更登记，但林某与马某萍此后业已于2015年11月17日办理了离婚手续，并在《离婚协议书》中再次就讼争车位进行分割；双方在较短时间内完成前述产权变更登记及协议离婚手续，变更登记内容也与离婚协议内容相符，且客观上协议离婚的过程具有持续性，夫妻通过"赠与"方式办理产权变更登记亦符合常理，因此应认定该变更登记系对离婚协议内容的实际履行，林某和马某萍在办理讼争车位产权变更登记时的真实意思表示系分割双方离婚时的财产。综上，王某莹提起本案债权人撤销权诉讼并未超过一年除斥期间，但其诉求能否得到支持还应根据讼争车位产权变更是否对其造成损害进行判定。首先，如前所述，林某将讼争车位产权变更登记至马某萍名下的行为属于双方离婚时对财产进行分割，马某萍虽然分得讼争车位及案外房屋，但林某亦分得婚后购买的B公寓。其次，讼争车位及案外房屋虽系林某在婚前购买，但部分按揭款项确在婚后偿还，而且也无证据证明马某萍与林某各自分得的前述房产在价值上存在巨大差距，因此双方《离婚协议书》在财产分配上并未存在明显不公。最后，双方《离婚协议书》在债务分担上也不存在逃避债务的故意，马某萍在离婚后也还配合办理了将B公寓抵偿给案外人王某村的过户手续。因此，林某与马某萍签订的《离婚协议书》并不存在恶意逃避债务之情形，林某将讼争车位产权变更登记至马某萍名下的行为也未损害王某莹的债权，故对王某莹提出的各项诉讼请求，不予支持。

福建省厦门市思明区人民法院依照《中华人民共和国合同法》第七十四条、第七十五条，《中华人民共和国民事诉讼法》第六十四条第一款之规定，作出如下判决：

驳回王某莹的诉讼请求。

宣判后，王某莹对判决结果不服提起上诉。

福建省厦门市中级人民法院经审理认为：关于林某将讼争房屋及车位产权登记到马某萍名下的行为是否属于无偿赠与问题。虽然林某系以赠与为由将讼争房屋及车位产权过户登记于马某萍名下，但该过户行为系依据双方签订的《夫妻财产约定》所办理，此后双方就包括讼争房产及车位在内的相关财产及夫妻共同债务的处分达成《离婚协议书》并据此解除婚姻关系。根据法律规定，离婚时，夫妻共同财产由双方协议处理。林某与马某萍在短期内完成签订《夫妻财产约定》《离婚协议书》、办理产权过户、离婚手续等一系列行为，一审法院根据上述行为的内容及持续性认为林某、马某萍通过“赠与”方式办理产权变更登记符合常理，因此认定该变更登记系对离婚协议内容的实际履行，林某和马某萍在办理讼争房屋产权变更登记时的真实意思表示系分割双方离婚时的财产并无不当。根据《离婚协议书》的约定，马某萍分得讼争房产及车位并负担夫妻共同债务 900 万元，林某分得于婚后以 6342806 元购得的 B 公寓商铺并负担夫妻共同债务 500 万元。虽讼争车位为林某婚前购买，因林某购买讼争房产签约时仅支付首期款 253418.2 元，余款 56 万元由林某通过按揭借款予以偿还（还款期限自 2007 年 3 月起至 2021 年 7 月止），无证据证明林某在婚前已将讼争房产按揭贷款还清之事实，一审法院认定讼争房产存在婚后偿还按揭款项情形并无不当，而讼争车位系作为讼争房产配套所购买，从使用便利角度一并分配给马某萍亦无不当。王某莹上诉主张林某所取得 B 公寓商铺系用于偿还林某、马某萍所欠王某村夫妻共同债务，但生效判决已认定该笔债务系林某个人债务，故一审法院据此认定《离婚协议书》在财产分配上并未存在明显不公正确。由于王某莹对于本案所涉债务在林某、马某萍离婚数年后才对林某提起诉讼，要求林某承担还款责任，其并未能举证证明马某萍在签订《离婚协议书》时知道案涉债务存在且性质为夫妻共同债务。同时，马某萍在林某将讼争房产及车位已过户至其名下及双方签订《离婚协议书》后，作为 B 公寓铺位原共有人协助林某将商铺过户给王某村抵偿其个人债务亦合乎常理，故王某莹关于林某、马某萍恶意串通降低林某的责任财产的上诉主张缺乏依据，不予采信。如上分析，由于林某并非无偿赠与马某萍讼争房产及车位，《离婚协议书》在财产分配上并未存在明显不公情形，也无证据证明林某与马某萍存在恶意串通逃避债务的情形，故一审法院据此认定林某将讼争房产及车位过户到马某萍名下的行为并未损害王某莹的债权，据此驳回王某莹的诉讼请求并无不当，亦予以维持。

福建省厦门市中级人民法院依照《中华人民共和国民事诉讼法》第一百七十条第一款第一项之规定，作出如下判决：

驳回上诉，维持原判。

【法官后语】

本案处理的关键有二：一是如何认定债权人行使债权人撤销权除斥期间的起算时间；二是如何认定夫妻间通过“赠与”的方式办理产权变更登记的性质及是否损害了债权人的权益。

一、如何认定债权人行使债权人撤销权除斥期间的起算时间

根据《中华人民共和国民法典》第五百四十一条之规定，债权人撤销权自债权人知道或者应当知道撤销事由之日起一年内行使。自债务人的行为发生之日起五年内没有行使撤销权的，该撤销权消灭。本案当事人对债权人行使撤销权是否已超过除斥期间存在争议，系源于对“撤销事由”存在不同理解，而所谓“撤销事由”即为《中华人民共和国民法典》规定内容。根据第五百三十九条“债务人以明显不合理的低价转让财产、以明显不合理的高价受让他人财产或者为他人的债务提供担保，影响债权人的债权实现，债务人的相对人知道或者应当知道该情形的，债权人可以请求人民法院撤销

债务人的行为”之规定，又根据该条文中关于债权人撤销权行使条件的规定，“对债权人造成损害”系撤销权成立的必要条件，因此前述“撤销事由”不应仅仅限于债务人的行为发生，也应包括“对债权人造成损害”的判定要素。当然，从促使债权人尽快行使权利以维护法律秩序的角度，还应兼顾公平、诚信和效率的原则进行综合判定。

二、如何认定夫妻间通过“赠与”的方式办理产权变更登记的性质及是否损害了债权人的权益

根据法律规定，夫妻共同财产由双方协商处理。夫妻通过签订《夫妻财产约定》《离婚协议书》对夫妻共有财产进行分割，系兼顾人身关系处理及财产分割的综合性协议，不同于其他民事法律关系财产的交易和转让行为。司法实践中对夫妻共同债务的认定较为慎重和严格。在不能认定夫妻共同责任的情形下，也使得债权人起诉撤销夫妻财产约定或分割的撤销权纠纷案件有所上升。但基于夫妻财产关系的人合性质，在该类案件中，债权人往往负有更难的举证责任，也更不容易进行识别。如夫妻通过“赠与”的方式办理产权变更登记，对该行为的性质不能简单理解为无偿转让，债务人不仅要证明该赠与是否系无偿赠与，夫妻双方关于共有财产的分配是否明显失衡，还要证明债务人夫妻不存在串通帮助债务人逃避债务的恶意，并导致了债务人责任财产的减少。法官在审理该类案件中还要结合债务人的其他债务情况，债务人夫妻分割财产所涉及的各种考量因素等进行综合判定。可以说，该类案件债权人的举证较为困难，对法官的识别能力和经验法则的要求也高。

具体到本案，关于林某将案涉车位和房屋的产权登记到马某萍名下的行为是否属于无偿赠与。虽然产权过户登记系以“赠与”的

形式进行，夫妻婚内财产约定的“赠与”行为与其他民事主体间的赠与行为无异，但该过户行为系依据双方签订的《夫妻财产约定》办理，且是在《夫妻财产约定》签订并办理完产权登记后双方在短期内签订《离婚协议书》并办理了离婚登记，因此双方实际是履行离婚协议的约定的内容。实践中，出于税费和便利的角度考虑，夫妻间通过“婚内赠与”方式来对离婚时的财产进行分割也是常见和符合生活常理的。除前述认定外，还应审查债务人夫妻的离婚财产分割是否存在明显失衡。根据《离婚协议书》的约定，马某萍分得案涉车位及房屋并负担夫妻共同债务 900 万元，林某分得婚后以 6342806 元购得的 B 公寓商铺并负担夫妻共同债务 500 万元，虽然案涉车位和房屋为林某婚前购买，但因有按揭贷款，债权人并未举证证明林某在婚前已还清按揭贷款，且车位属房屋的配套设施，从便利角度一并分配给马某萍也是合理的。此外，还应考虑到子女抚养，双方的婚生子女随马某萍生活，出于维护子女生活稳定的角度考虑，将家庭共同生活之住所分配给抚养孩子的一方，也更符合情理。当然，夫妻间的财产分割有时还会考虑一方对家庭的付出等。值得注意的是，夫妻财产的约定虽是夫妻双方对共有财产的自由处分，但任何自由都是有界限的，即不能损害案外第三人的合法权益，要审查夫妻二人是否存在恶意串通即通过离婚协议安排达到逃避债务，从而造成债务人责任财产的减少。本案中，由于林某对王某村的债务被生效判决认定为个人债务，而非共同债务，马某萍在案涉车位和房屋过户至其名下及双方签订《离婚协议书》后，作为 B 公寓铺位原共有人协助林某将该商铺过户给王某村抵偿林某的个人债务而非夫妻共同债务，可推定马某萍并不存在恶意串通逃避债务的情形。且由于王某莹就案涉债务在林某、马某萍离婚数年后才提起诉讼，要求林某承担还款责任，也未举证证明马某萍在签订《离婚协议书》时知道案涉债务存在且性质为夫妻共同债务，所以无证据证明林某与马某萍存在恶意串通逃避债务的情形，并未损害王某莹的债权，对王某莹的诉请不予支持。

编写人：福建省厦门市思明区人民法院　冯莉平

五、债权转让合同纠纷

011 权利概括转让的风险承担

——田某峰、王某科诉展某林债权转让合同案

【案件基本信息】

1. 裁判书字号

北京市第三中级人民法院（2013）三中民终字第493号民事判决书

2. 案由：债权转让合同纠纷

3. 当事人

原告（被上诉人）：田某峰、王某科

被告（上诉人）：展某林

【基本案情】

原告田某峰、王某科合伙经营位于北京市密云县J商行，系某酒业公司生产的某系列酒密云地区营销总代理。2010年5月，二原告将商店的下游客户名单、某系列酒的营销代理权及债权转让给被告展某林。双方约定，对于客户名单及某系列酒的密云地区营销代理权不再另行计价，仅对转让给被告的对外债权单独计价，经核算对外债权总计922119元，扣除呆账及不实债权160632元，债权转让总额为761487元。协议签订当日，被告向原告支付700000元，尚欠61477元。被告于2010年5月25日给二原告出具借据（欠条），其内容为："今有展某林借（欠）到田某峰、王某

科转来账据、票额922119元减去退据160632元。已付田某峰、王某科现金700000元，目前账面欠款61477元，本款待同客户核实，如有误差，可从总款内增减，双方共同承认。同客户确认票面金额无误，自今日起3月内用现金付给田某峰、王某科。”欠据出具后，被告既未向原告付款，亦未对下游客户债权真实与否提出异议。

【案件焦点】

1. 原、被告之间签订的“借据”性质如何认定；2. 双方协议是否存在显失公平的情形；3. 债权转让后的风险应由谁承担。

【法院裁判要旨】

北京市密云县人民法院经审理认为：被告给二原告出具的欠据，虽名为借据，但其内容包含下游客户名单的披露、某系列酒营销代理权转让及债权转让三个法律关系。根据《最高人民法院关于印发修改后的〈民事案件案由规定〉的通知》第三条第一款、第三款之规定，对于转让代理权和客户名单披露的法律关系应定为合同纠纷，对于债权转让的法律关系应定为债权转让合同纠纷，故本案案由应为合同纠纷、债权转让合同纠纷。原、被告达成的某系列酒营销代理权及债权转让协议，是双方当事人的真实意思表示，其内容不违反法律、行政法规的强制性规定，应为合法有效。原、被告双方协议的标的为原告经营酒期间发生的对外债权、某系列酒的代理经营权及销售客户名单。被告取得营销代理权后，能够享受某系列酒销售较大的价格优惠。原告虽仅以对外债权数额作为双方转让对价，但其隐含了购买客户名单及营销代理权的价值。转让后债权固然存有无法收回的风险，对此被告应属明知但仍为承诺，对此应推定为其为获得客户名单和营销代理权而自愿承担的风险。被告出具的欠据载明付款义务的三个月履行期限，应视为被告向原告提出对债权票面金额真实与否的异议期间。被告在欠据出具后近三年时间，既未履行付款义务，又未对债权票面金额提出异议，应视为被告对转让后债权票面金额的认可，对此应认定为被告单方违约。现被告以部分债权无法收回为由拒绝付款，于法无据，不予采信。故对原告要求被告给付债权转让款 61477 元的诉讼请求，予以支持。

北京市密云区人民法院依据《中华人民共和国合同法》第五百零九条、第五百七十七条之规定，作出如下判决：

被告展某林于本判决生效后十日内给付原告田某峰、王某科债权转让款 61477 元。

展某林不服一审判决提起上诉。

北京市第三中级人民法院经审理认为：本案中，展某林出具的欠据系其与田某峰、王某科达成的某系列酒营销代理权及债权转让协议的具体表现形式，该转让协议是双方当事人的真实意思表示，其内容不违反法律、行政法规的强制性规定，应为合法有效。展某林出具的欠据载明付款义务的三个月履行期限，应视为展某林向田某峰、王某科提出对债权票面金额真实与否的异议期间。展某林在该期限内，即未履行付款义务，又未对债权票面金额提出异议，应视为展某林对转让后债权票面金额的认可。展某林在诉讼过程中所提交的证据不能证明其在三个月的异议期间向田某峰、王某科表示异议，且展某林以部分债权无法收回为由拒绝付款，于法无据，法院不予采信。综上，一审法院判决认定事实清楚，适用法律正确，处理结果并无不当，应予维持。

北京市第三中级人民法院依照《中华人民共和国民事诉讼法》第一百七十条第一款第一项之规定，作出如下判决：

驳回上诉，维持原判。

【法官后语】

一、本案中“欠款”的性质问题：名为借据，实为权利概括转让

本案中，经过审理，我们发现借贷关系并未成立，虽然名为借据，但实际内容包含的是下游客户名单的披露、某系列酒营销代理权转让及债权转让三个法律关系。通过双方对基础法律关系的效力和履行事实的证明，本案案由应定为合同纠纷、债权转让合同纠纷。

二、债权金额隐含的价值问题：是否包含隐性利益是确定协议有效与否的关键

单从双方的欠条内容来看，展某林以761487元的现金受让了田某峰、王某科价值761487元的对外债权。这在如今要账难的现实社会上来看可以说这笔受让是不对等的，展某林处于不利地位。法官在审理过程中认为双方是否成立合理对价系确立协议有效与否的关键。展某林认可除了收到转来账据、票额总额761487元，还接收了田某峰、王某科转让的客户名单及营销代理权。有这一事实，就能确立双方在签订协议时系处于平等的地位。展某林不仅获取了客户名单，而且在取得营销代理权后，还能够享受销售较大的价格优惠。为此，可推定展某林在继受田某峰、王某科的对外债权时已经获得了合理的对价，甚至可以认为展某林属于低价继受该笔权利，并不存在展某林对合同有重大误解或对其有显失公平的情形，双方合同合法有效。

三、风险预判及承担主体问题：权利概括低价转让确立了受让人风险自担规则

展某林作为一个理性人，应该有基本的风险预判能力，在其自愿继受该笔债权后，就应接受风险自担规则。这不仅包含展某林对不实债权、瑕疵债权的风险自担，而且确立了展某林需单方积极履行核对的义务，而非期冀田某峰、王某科与其共同履行核对义务。本案中，欠条签订的时间即为双方约定的转让债权的风险转移时间。这个基准日之后，债权权益已经由展某林享有，债权灭失、贬损的风险也由展某林一并承担，包括本案中无法收回的风险。虽然欠条上有约定3个月的履行期间，但这个期间并非双方约定风险转移的时间，也不属于双方共同核对金额准确与否的履行期间，而是展某林向田某峰、王某科提出对债权票面金额真实与否的异议期间。由于展某林在欠条出具后近三年时间里，既未履行付款义务，又未对债权票面金额提出异议，视为展某林对转让后债权票面金额的认可，其亦认可在欠条签订之日起就应承受债权的灭失或是贬损等风险，同时基于其怠于行使异议权的情形，对此应认定为展某林单方违约。为此，展某林以债权无法收回拒绝付款的抗辩是不成立的。

编写人：北京市密云区人民法院　周静　常玉倩

六、悬赏广告纠纷

012 “人工刷量”行为不应得到支持和鼓励

——钱某诉H公司网络悬赏广告案

【案件基本信息】

1. 裁判书字号

广州互联网法院（2019）粤0192民初789号民事判决书

2. 案由：网络悬赏广告纠纷

3. 当事人

原告：钱某

被告：H公司

【基本案情】

A视频平台是由H公司运营的一款手机应用软件（App），主要内容是网络直播、网络视频等。自2018年4月起，H公司在该软件客户端的界面公示“邀请好友立赚”活动，即用户邀请一位好友下载该App并进行符合一定规则的使用后，邀请者和被邀请者均可获得一定金额（该金额不定期变动，如7元、5.5元等）的现金。具体的邀请方式包括，用户将包含其自己“邀请码”的链接或二维码通过微信、朋友圈、短信、面对面扫码等方式发送给他人，他人点击该链接、二维码下载该App并注册为用户后，邀请者和被邀请者即可获得一定红包奖励（如1元、1.5元、3元等），此后被邀请者通过该App观看直播1天、2天、3天（每天至少观看5分钟）后，邀请者可获得相应的更多红包奖励（如每天1元、2元等）。该奖励会存入邀请和被邀请用户在该App中的“我的零钱”中，“我的零钱”可以“提现”即兑换为现金支付到用户的支付宝账户，但“提现”前须经H公司审核。H公司在“提现”页面公示了一份“说明”，内容包括“若平台检测到账号进行刷量等违规、违法操作，会进行冻结处理。被冻结账号无法进行提现操作”。钱某对该“说明”的真实性没有异议。

钱某使用其名下的手机号码注册并绑定了视频平台账号，使用该账号邀请了9404个新账号注册，其账号中的“我的零钱”余额达到了30678.57元。钱某在诉讼中陈述，其长期服务于网络推广行业，有上百个覆盖全国社群、高校的群资源和任务制下载平台资源，这些群、平台内的成员均是专门为了通过下载App获得邀请者的奖励而进群或参与平台任务。钱某邀请新用户的主要方式为，将邀请链接、二维码和下载注册的教学视频、文档等发到客户资源群和上述平台内，或者将邀请二维码打印出来贴在朋友的实体店铺内，该链接、二维码可以被多次转发，如果完成下载、注册、使用任务，钱某会给对方一定金额的红包（如每次1元等），即将自己因邀请新用户获得的红包分一部分给被邀请者，或者委托店铺经营者给被邀请者一些小礼物。

2018年12月，钱某在进行提现操作时，该软件显示其提现申请未能通过。经钱某向H公司的客服人员咨询，客服人员回复称其因进行了违规操作，故收益无效，且被冻结兑换/提现操作。钱某认为其并未违规，主张H公司侵犯其财产权而诉至法院成讼。

另查明，H公司与Y公司于2018年8月14日签订了合作协议，约定由Y公司为H公司提供“业务风险感知情报平台”产品及服务，用于感知业务风险（恶意注册、虚假养号等）、鉴别恶意手机号码、识别恶意IP等。诉讼中，H公司提交了Y公司于2019年2月26日出具的《情况说明》及附件，内容包括认定8个A视频平台账号注册时使用的手机号为“猫池”手机号码等。庭审中，钱某认可该8个A视频平台号的注册用户是其邀请的，但否认其知情或参与任何数据造假或黑产活动，认为这可能是被邀请者的行为，“猫池”手机号码数据未必实时更新，且该8个号码在其邀请的客户总数中比例很小。

再查明，钱某另向本院提起（2019）粤0192民初790号案诉讼，要求H公司向其支付A视频平台账号内应予提现的金额12344.7元。经该案审理查明，钱某使用其名下的手机号码注册并绑定了A视频平台账号，使用该账号邀请了2922个新账号注册，该账号中的“我的零钱”余额达到了12344.7元。

诉讼中，H公司陈述，正常用户仅能拉新5人至6人，1万余名被邀请人已超出正常人的社交能力范围，且钱某邀请的大部分用户仅满足获得红包的条件即不再使用，这是一种经营行为，不符合其开展活动的初衷。钱某确认H公司陈述的普通用户拉新数量，确认其拉新数量确实远高于普通用户，但认为其属于具有推广能力和资源的推广人员，其运用自身资源为H公司拉新并无不当。

【案件焦点】

1. 钱某的行为是否属于“刷量”操作；2. 钱某的行为是否符合H公司“邀请好友立赚”活动的规则；3. 钱某是否有权要求H公司支付“拉新”报酬。

【法院裁判要旨】

广州互联网法院经审理认为：H 公司开展“邀请好友立赚”活动，用户按活动规则“邀请好友”后，即可获得一定的现金，该活动在法律上应当定性为网络悬赏广告。钱某因无法从“我的零钱”中提现，以 H 公司侵权为由向本院起诉，因该争议本质上属网络悬赏广告的履行问题，故本案不是网络侵权纠纷，而是网络悬赏广告纠纷。第一，钱某的行为是否属于“刷量”操作。钱某组建或参与专为获得邀请者的奖励而组建的众多微信群，采用另行给被邀请者金钱等物质奖励的方式邀请了近万名涉案 App 新用户。上述微信群成员注册成为新用户的目的是获取相应的奖励，而非真正使用涉案 App。H 公司通过专业公司监测到钱某邀请的新用户中，有的使用“猫池”手机号码注册涉案 App，对于此类通过技术手段伪造手机号码、伪造新用户的行为属于“刷量”操作，双方均无异议。对于被邀请用户使用真实手机号码的情形，表面上看，钱某为涉案 App 邀请了大量新用户，但这些用户属专门赚取网络红包等利益的群体，通常不能形成真正意义上的用户，钱某邀请其注册涉案 App 的目的是刷高“拉新”的数量，以从 H 公司获取更多的红包奖励。H 公司认为钱某的行为属“刷量”操作，符合本案事实，法院予以采纳。

第二，钱某的行为是否符合 H 公司“邀请好友立赚”活动的规则。钱某主张，其为涉案 App 邀请了大量新用户，H 公司应按“邀请好友立赚”活动规则支付奖励，H 公司则认为，钱某的“刷量”行为，不符合活动规则。双方产生分歧的主要原因，是对通过“刷量”邀请的新用户是否属于上述活动中要求邀请的“好友”有不同理解。

《中华人民共和国合同法》第一百二十五条第一款规定：“当事

人对合同条款的理解有争议的，应当按照合同所使用的词句、合同的有关条款、合同的目的、交易习惯以及诚实信用原则，确定该条款的真实意思。”“好友”属社交概念，“邀请好友”应当理解为邀请好朋友或邀请与邀请人有一定社交联系的人，在电子商务交易习惯中，常被商家用作挖掘用户社交资源发展新用户的营销手段，本案“邀请好友立赚”活动亦不例外。H公司开展该活动的目的是挖掘用户的社交资源，吸引更多的用户使用A视频平台App，以提供更多的消费，进而增加营收。也就是说，H公司将用户的好友作为可能使用涉案App的群体予以开发。但钱某通过“刷量”邀请的“好友”，属于专门以赚取商家营销活动奖励为目的的群体，其注册并完成可获得红包的使用行为后一般不会再继续使用相关App，将之纳入“邀请好友立赚”活动中的“好友”范围，显然不符合H公司的真实意思表示，这在H公司提现页面关于对刷量操作将冻结提现的说明中也得到印证。因此，钱某通过“刷量”邀请的所谓“好友”，不应当认定为属于“邀请好友立赚”活动中“好友”的范围，否则，就会违背“邀请好友立赚”活动的目的。当事人应当善意、合理地理解合同条款。钱某应当清楚地意识到上述活动中“好友”的含义、范围以及“刷量”操作的不良影响，如果把通过“刷量”邀请来的所谓“好友”认定为符合活动规则的“好友”，则有违诚实信用原则。由上可见，钱某的行为不符合H公司“邀请好友立赚”活动的规则。

第三，钱某是否有权要求H公司支付“拉新”报酬。本案所涉“邀请好友立赚”属悬赏活动，根据《最高人民法院关于适用〈中华人民共和国合同法〉若干问题的解释（二）》第三条关于“悬赏人以公开方式声明对完成一定行为的人支付报酬，完成特定行为的人请求悬赏人支付报酬的，人民法院依法予以支持”的规定，钱某只有在完成活动规则要求的“邀请好友”这一特定行为后才能要求支付报酬。因钱某“刷量”不符合活动规则，故其没有完成上述特定行为，其请求H公司向其支付报酬，法院不予支持。尽管钱某的App账户“我的零钱”显示了奖励金额，但在没有提现前，该奖励金额仍属H公司的财产，其有权禁止提现。

综上所述，钱某的“刷量”行为看似完成了H公司悬赏广告活动中的特定行为，但实际上是采用欺骗方法制造完成特定行为的假象，进而利用悬赏活动牟利，违反了诚实信用原则。“刷量”行为扰乱了电子商务活动的正常秩序、损害了互联网企业的合法权益，不应得到支持和鼓励。钱某的诉讼请求，于法无据，法院予以驳回。广州互联网法院依照《中华人民共和国合同法》第五条、第六条、第一百二十五条第一款及《最高人民法院关于适用〈中华人民共和国合同法〉若干问题的解释（二）》第三条的规定，作出如下判决：

驳回原告钱某的全部诉讼请求。

判决后，双方当事人均未上诉，本判决现已生效。

【法官后语】

在互联网经济中，用户和流量是各家互联网企业竞相争取的对象。在扩大用户量的过程中，一些互联网企业采用发放现金红包的方式对邀请好友注册的用户进行奖励，此类悬赏活动在一定程度上达到了提高用户量的目的，但同时也让“羊毛党”嗅到了“商机”。

在互联网语境下，“羊毛党”是指关注与热衷于“薅羊毛”的群体，即专门选择互联网企业的营销活动，以低成本甚至零成本换取高额奖励的人。他们最初从对互联网优惠活动的关注和操作中零星获利，其后逐渐向组织化、集群化发展，参与人员日益庞大，操作方法日渐多样，发展出了完整、成熟的产业利益链，其中不少与网络黑、灰产存在关联，对互联网企业产生了明显的影响，成为互联网经济中不可忽视的一类群体。对于这类群体的行为，社会上有不少人认为属于合理利用规则、并无不当；互联网企业则对其态度复杂。此类行为合法、合规与否，很有讨论和澄清的必要。

“技术刷量”和“人工刷量”是“羊毛党”们提高用户量、流量等通常采用的两种手段。对于“技术刷量”即利用计算机软、硬件如“猫池”设备等伪造用户信息的方法，因所得数据明显虚假，且可能涉嫌刑事犯罪，此类行为不符合互联网企业的悬赏目的和活动规则，通常没有争议。但是，对于“人工刷量”即用户采用额外的金钱、物质等利诱手段聚集大量专待领取奖励和额外奖励的人群，以他们完成特定任务为条件支付奖励的操作手段是否符合活动规则的问题，其答案并非一目了然。有的“羊毛党”成员被互联网企业拒绝支付悬赏费用后坚持要求企业兑现承诺，甚至诉至法院，本案即是其中一例。

本案中，钱某组建或参与了数百个专为获得邀请者的奖励而组建的微信群，其采用在这些微信群中发放任务、向完成任务者支付额外奖励的方法邀请了数千倍于普通用户邀请量的“新用户”。本案判决首先明确利用技术手段邀请的虚假“新用户”应予排除，然后从此种操作方式带来的其他“新用户”的行为目的、特征和钱某的主观意图方面，得出此种操作方式属于“刷量”操作的结论，进而从H公司此次活动的名称“邀请好友立赚”和“刷量冻结提现”的规则出发，分析H公司发布悬赏广告的目的和“好友”的含义，论述钱某的“刷量”操作不符合活动规则，认为钱某没有完成悬赏广告要求的特定行为，故判定其无权要求H公司支付奖励金额。

本案判决对“人工刷量”明确表明了态度，即该类操作不符合悬赏目的，实际上是采用欺骗方法制造完成特定行为的假象，进而利用悬赏活动牟利，违反了诚实信用原则。此种行为扰乱了电子商务活动的正常秩序、损害了互联网企业和其他用户的合法权益，且容易滋生和助长犯罪行为，不应得到支持和鼓励。

用户量、流量不必然等于商业价值，而用户的商业价值才是互联网企业真正关心和追求的。要防治“羊毛党”对互联网企业合法权益的损害，需要从多方面入手。首先，互联网企业在开展此类旨在增加用户量、流量的悬赏活动时，要制定更加合理、有针对性的规则，设定必要的限制如单个用户邀请好友数量的上限、每次“提现”金额的上限，明确发放报酬前企业的审核权和对“刷量”用户的惩戒规则等，并依法公示，提高“羊毛党”“薅羊毛”的成本；其次，互联网企业应积极加大技术投入，提高识别和防范黑、灰产用户和相应行为的能力；再次，互联网企业应加强与工信部门、电信运营商的合作，积极配合公安、司法部门，强化数据共享和联动，加大对“羊毛党”中涉及刑事犯罪行为的打击力度；最后，互联网企业应注重进行产业升级，利用大数据分析等手段依法进行精准营销，而非依靠原始的“拉人头”数量来获取用户，这样才能减少“羊毛党”不当获利的机会。

编写人：广州互联网法院　曹钰

七、买卖合同纠纷

（一）分期付款买卖合同纠纷

013 分期购车合同“车贷服务费”收取的依据及其合理性的认定

——王某华诉销售公司买卖合同案

【案件基本信息】

1. 裁判书字号

北京市第三中级人民法院（2016）京03民终10080号民事判决书

2. 案由：买卖合同纠纷

3. 当事人

原告（上诉人）：王某华

被告（被上诉人）：销售公司

【基本案情】

2013年11月16日，王某华向某银行申请办理车购易业务及信用卡，为涉案车辆办理贷款。某银行北京分行信用卡部出具《关于某银行车购易业务情况的说明》，内容为：某银行车购易业务是我行针对信用卡持卡客户开展的一项消费金融业务，持卡客户在我行合作汽车经销商处购买指定车型可享受分期购车服务，具体办理流程为：（1）申请人提出分期购车。（2）我行对申请人进行资格审核和分期额度审核，告知审批通过的申请人在我行合作经销商处购买指定车型才能使用审批额度。(3) 审批通过的客户选定经销商。(4) 我行给经销商发审批通过函，载明审批额度及经销商名称。(5) 经销商凭我行的审批通过函给客户办理交首付款、投保相关保险、开具购车发票等业务。(6) 由经销商向我行提交购车发票和车辆保险单。(7) 我行向经销商拨付分期款项。(8) 我行给经销商发交易确认函，告知已放款，经销商确认收款。(9) 经销商为客户办理提车、验车等业务。

2014 年 2 月 12 日，王某华在销售公司处购买了奥迪轿车一辆，双方签订《整车销售明细单》，约定，客户王某华以二手车置换+分期的方式购车，车贷银行为某银行，费用明细为：客户车贷服务费 5000 元；商品车商业险 8898.33 元；商品车交强险 950 元；代收车船税 366.67 元；代收购置税 25400 元；商品车验车费 1000 元；客户车贷服务费 9100 元；续保保证金 8000 元。同日，销售公司向王某华开具了包含贷款服务费 14100 元的发票。后，王某华表示贷款是其自行办理的，所以销售公司应该退还贷款手续费。销售公司认可王某华自行去银行办理的贷款手续，但销售公司表示，贷款本身就是销售公司和银行的合作项目。销售公司就整车销售明细单中载明的二项车贷服务费解释如下：对于涉案的 5000 元属于销售公司为王某华办理相关车贷服务流程收取的服务费用；9100 元为车辆贷款应由客户补交的利息。

【案件焦点】

销售公司所收取的车贷服务费是否应予退还的问题。

【法院裁判要旨】

北京市朝阳区人民法院经审理认为：首先，双方就贷款手续费的服务具体事项未进行约定，且王某华未提交证据证明经销商有义务为其办理申请贷款的全部手续；其次，王某华在2013年11月去银行申请贷款并办理成功，在2014年2月与销售公司签订销售单时，就贷款手续费未提出异议。

北京市朝阳区人民法院依照《中华人民共和国合同法》第六十条之规定，作出如下判决：

驳回原告王某华的诉讼请求。

王某华持原审起诉意见提起上诉。

北京市第三中级人民法院经审理认为：车购易贷款业务本身是经销商和银行之间的合作项目，前提为持卡客户购买合作经销商的指定车型。本案中，双方均认可王某华办理的贷款为车购易业务，且王某华在销售公司处购买了车辆，某银行向销售公司出具了车购易业务说明。需要说明的是，王某华之所以能够使用某银行提供的贷款购买涉案车辆是基于销售公司与某银行之间合作的车购易业务平台，而平台本身就系销售公司所提供服务的组成部分，故王某华要求退还5000元车贷服务费的主张，缺乏事实依据，本院不予支持。

根据销售公司对9100元车贷服务费性质的解释，该9100元实质上系消费者本人应负担的车辆贷款的利息，对于销售公司所收取的该项费用缺乏合同依据，且虽然王某华在整车销售明细单上签字予以确认，但亦不能证明销售公司已向王某华就收取的9100元进行了充分说明，现王某华要求退还该笔费用的主张，理由正当，本院应予支持。但其要求支付相应利息的请求，缺乏依据，本院不予支持。

综上所述，王某华的部分上诉请求成立。

北京市第三中级人民法院依照《中华人民共和国合同法》第六十条、《中华人民共和国民事诉讼法》第一百七十条第一款第二项、《最高人民法院关于适用〈中华人民共和国民事诉讼法〉的解释》第九十条之规定，作出如下判决：

一、撤销北京市朝阳区人民法院（2015）朝民（商）初字第11743号民事判决；

二、销售公司退还王某华车贷服务费人民币9100元，于本判决生效之日起七日内执行；

三、驳回王某华的其他诉讼请求。

【法官后语】

本案涉及的主要争议焦点为经销商已经根据分期购车合同约定收取消费者车贷服务费后，消费者是否可以主张返还该服务费。对此一、二审法院观点截然不同。一审法院认为消费者在约定有服务费的买卖合同中签字确认时并未提出异议，且因买卖合同中未约定服务具体事项内容，消费者亦未举证证明商家需履行全部贷款服务手续，故驳回消费者返还服务费的请求。而二审法院则认为，消费者主张返还服务费的请求能否得到支持不仅涉及车贷服务费收取是否存在明确合同依据，同时也涉及服务费的收取是否具备合理性的判断。

在消费领域内，消费者与商家之间往往存在双方掌握的信息不对称、签订合同时商家提供格式合同消费者直接签字确认的情形，在这种情形下，意思自治原则的当事人地位平等、缔约自由的假设不复存在。故基于诚实信用原则而衍生的格式条款解释规则以及消费者权益保护法中对消费者知情权的规定应运而生。就车贷服务费收取问题上，商家仅以双方在约定由车贷服务费的买卖合同上签字为依据主张收取该费用是不够的，商家有义务对买卖合同中服务费约定的具体事项对消费者进行解释说明，同时亦有责任全面履行其服务义务。

对于车贷服务费合理性的判断应根据服务费条款是否向消费者进行解释说明、合同履行过程中是否实施相应的服务内容来综合判断。实践中，分期购车合同多为制式合同，以销售明细单等形式表现不在少数，此种销售明细单多为商家提供的格式合同，对商家的义务多语焉不详甚至没有规定，对消费者享有的权利亦约定不足，故若因此消费者与商家对格式合同的条文产生争议时，应严格依照《中华人民共和国民法典》的规定①，对上述条文的理解存在歧义的情况作有利于消费者的解释，同时商家亦有义务在销售单签订时向消费者详细说明服务费的具体内容、履行方式、履行期间等。作为消费者，其有权知悉自己支付的相关费用实际享受的是何种服务内容。在举证责任的分配上，商家亦承担自身是否履行服务义务的举证责任。如果该费用名为“车贷服务费”，实为贷款利息及其他非服务性费用，则实际上侵害了消费者的知情权，在签订合同时消费者的意思表示并不真实的情况下，事后消费者又未就该笔费用享受相

---

① 《中华人民共和国民法典》有关格式条款的规定是第四百九十六条、第四百九十七条、第四百九十八条，上述规定基本维持了《中华人民共和国合同法》对格式合同的相关规定，其中比较重要的修改有：《中华人民共和国民法典》第四百九十六条对格式合同的提示说明义务从《中华人民共和国合同法》第三十九条的“免除或者限制其责任的条款”，扩大到了“免除或者减轻其责任等与对方有重大利害关系的条款”，因此，民法典对格式合同的控制比合同法的范围要广泛。

应的服务，则消费者有权主张经销商返还已收取的不合理费用。本案中，销售公司认可该9100元服务费为贷款利息，而某银行与销售公司合作的车易购业务平台相较于普通的贷款购车的特点就在于其贷款无息，如销售公司在销售单以服务费名义将利息列入，则实际上是对消费者的误导，亦难言公平，故该笔费用与车贷服务并没有关联，王某华有权主张返还该笔费用。

编写人：北京市第三中级人民法院　王黎　唐大利

（二）信息网络买卖合同纠纷

014　“七天无理由”退货权利不得滥用
——高某华诉科技公司、某银行网络购物合同案

【案件基本信息】

1. 裁判书字号

北京互联网法院（2020）京0491民初7489号民事判决书

2. 案由：网络购物合同纠纷

3. 当事人

原告：高某华

被告：科技公司、某银行

【基本案情】

2019年11月21日，原告高某华通过科技公司在案涉银行运营的购物商城上开设的店铺下单购买黑色全网通手机（以下简称案涉商品），优惠后，原告使用其该银行信用卡支付货款6698.96元。

原告收到案涉商品后，已将其开封使用，并在手机生产商公司的官方网站上输入序列号，对手机进行激活操作。原告开封使用后，将案涉商品挂在二手商品平台上出售，并对手机进行数据抹除操作，后原告于2019年11月27日向科技公司的客服人员申请退货，退货的理由为："你好，我购买的手机，用了几天，太不适应这个系统了，我申请退货该怎么办。"客服人员答复："亲，如果您的设备已经激活了，无质量问题是不符合国家三包的退换要求的。三包：退换修，均是建立在产品有非质量问题基础上发生性能故障。产品没有质量问题的话，电子产品，尤其如果激活完毕就是二手的了，确实没法退货。除该品牌直营店可以，其他的经销商都无法做到无理由退换。"

本案审理过程中，经当庭演示，在手机生产商公司的官网上，在"您的保障服务和支持期限"中，输入案涉商品的序列号，显示：案涉商品的"维修和服务保障情况：有效，我们会根据有限保修中关于符合条件的硬件维修和服务的规定，为您的产品提供保障，预计到期日2020年11月21日。在中国购买电脑产品中的所有重要部件，均可享受中国法律规定的2年保修期"。

科技公司提交了案涉商品交易页面的截屏，显示：在案涉商品的介绍页面有"温馨提示"栏目："已激活的机器无质量问题不支持七天无理由退换货、已拆封的机器不支持七天无理由退换货、外观损已激活的机器不支持七天无理由退换货。"

案涉银行提交了案涉商品的交易快照及录屏，亦显示："温馨提示：已激活的机器无质量问题不支持七天无理由退换货、已拆封的机器不支持七天无理由退换货、外观损已激活的机器不支持七天无理由退换货。”原告高某华质证时称，不否认购买时官网有提示，对其真实性认可，但认为案涉银行为了自己的利益以格式条款排除限制消费者权利，不公平不合理，属于霸王条款。

科技公司提交了其与电脑贸易公司签订的《授权经销商协议》，其中第1.2条约定，手机经销商不得将开箱手机和配件返还给电脑贸易公司。未经电脑贸易公司事先批准，经销商不得维修、销毁、翻新和转售任何退回的手机。

科技公司还提交了其在多个平台店铺销售该品牌手机的页面截图，以证明各经销商均提示已拆封激活的手机不支持七天无理由退货。

【案件焦点】

原告收到案涉商品手机后已激活，此种情况是否适用七天无理由退货。

【法院裁判要旨】

北京互联网法院经审理认为：原告通过科技公司在购物商城上开设的店铺下单购买案涉商品，原告与科技公司之间形成买卖合同关系。

“七天无理由退货”系对消费者合法权益的保护措施，但消费者行使该权利并非毫无限制。根据商品性质并经消费者在购买时确认不宜退货的商品，不适用无理由退货。

消费者在进行手机激活操作时，手机生产商公司后台会记录产品激活的时间，并据以计算维修和服务保障的期限，已经激活的产品退回再进行销售的，将影响商品的价值，进而影响后续消费者的权利，故在科技公司与电脑贸易公司签订的《授权经销商协议》中，限制被告转售退回的商品，亦不得将开箱的产品退回。且科技公司在销售案涉商品时，已向原告作出了明确提示，原告作为具有完全民事行为能力的成年人，足以理解相关提示的含义，了解下单的法律后果，其仍下单购买即表明其对相关提示内容予以确认和接受。原告购买案涉商品后，已将案涉商品开封使用，进行了激活操作，再以“七天无理由退货”为由，要求退货退款，没有依据。

针对原告关于手机生产商公司官网退货的政策主张，该品牌手机的销售渠道包含：官网直营销售、通过经销商渠道销售。即便手机生产商公司在其直营销售渠道提供更优惠的退换货政策，相关政策亦仅适用通过其直营通道购买手机的消费者，对其他经销商无约束力。

某银行作为电子商务平台的经营者，并非买卖合同的一方，在交易过程中，未作出更有利于消费者的承诺。在案涉商品的交易过程中，二被告并未损害原告的合法权益，原告针对二被告的各项请求均于法无据，法院不予支持。

北京互联网法院依照《中华人民共和国消费者权益保护法》第二十五条第二款、《中华人民共和国民事诉讼法》第六十四条之规定，作出如下判决：

驳回原告高某华的诉讼请求。

一审宣判后，双方当事人未上诉，现判决已发生法律效力。

【法官后语】

诚实信用原则和公平原则是合同法的基本原则，也是民事主体从事市场活动的重要行为规则。在市场活动中，市场主体必须以诚实信用原则规范自己的行为，以公平原则确定各方的权利和义务，不得损害社会和第三人的利益。

根据《中华人民共和国消费者权益保护法》第二十五条的规定，经营者采用网络、电视、电话、邮购等方式销售商品，消费者有权自收到商品之日起七日内退货，且无需说明理由，但下列商品除外：(1) 消费者定作的；(2) 鲜活易腐的；(3) 在线下载或者消费者拆封的音像制品、计算机软件等数字化商品；(4) 交付的报纸、期刊。除前款所列商品外，其他根据商品性质并经消费者在购买时确认不宜退货的商品，不适用无理由退货。消费者退货的商品应当完好。经营者应当自收到退回商品之日起七日内返还消费者支付的商品价款。退回商品的运费由消费者承担；经营者和消费者另有约定的，按照约定。

国家市场监督管理总局发布的《网络购买商品七日无理由退货暂行办法》对该条的适用作出了更具可操作性的具体规定。该办法第六条规定，下列商品不适用七日无理由退货规定：(1) 消费者定作的商品；(2) 鲜活易腐的商品；(3) 在线下载或者消费者拆封的音像制品、计算机软件等数字化商品；(4) 交付的报纸、期刊。第七条规定，下列性质的商品经消费者在购买时确认，可以不适用七日无理由退货规定：(1) 拆封后易影响人身安全或者生命健康的商品，或者拆封后易导致商品品质发生改变的商品；(2) 一经激活或者试用后价值贬损较大的商品；(3) 销售时已明示的临近保质期的商品、有瑕疵的商品。第八条规定，消费者退回的商品应当完好。商品能够保持原有品质、功能，商品本身、配件、商标标识齐全的，视为商品完好。消费者基于查验需要而打开商品包装，或者为确认商品的品质、功能而进行合理的调试不影响商品的完好。第九条规定，对超出查验和确认商品品质、功能需要而使用商品，导致商品价值贬损较大的，视为商品不完好。具体判定标准如下：（1）食品（含保健食品）、化妆品、医疗器械、计生用品：必要的一次性密封包装被损坏；（2）电子电器类：进行未经授权的维修、改动，破坏、涂改强制性产品认证标志、指示标贴、机器序列号等，有难以恢复原状的外观类使用痕迹，或者产生激活、授权信息、不合理的个人使用数据留存等数据类使用痕迹；（3）服装、鞋帽、箱包、玩具、家纺、家居类：商标标识被摘、标识被剪，商品受污、受损。

可见《中华人民共和国消费者权益保护法》在保护消费者退货权利的同时，也对无理由退货进行了限制。消费者的七天无理由退货的权利不是没有限制的，不能滥用。本案中，案涉商品属于电子电器类：在原告收到货后产生了激活、授权信息、不合理的个人使用数据留存等数据类使用痕迹，一经激活或者试用后价值贬损较大。故需要通过《中华人民共和国消费者权益保护法》的规则防止消费者滥用退货权利，保护交易的安全稳定。本案适用根据公平原则和诚实信用原则，并依据《中华人民共和国消费者权益保护法》作出判决，维护了电子商务平台正常的交易秩序和七天无理由退货规则的公平适用。

编写人：北京互联网法院　王然

015 网络购物合同纠纷中能否以《中华人民共和国食品安全法》为依据请求“十倍赔偿”

——夏某诉茶叶贸易公司、茶叶经营部网络购物合同案

【案件基本信息】

1. 裁判书字号

湖北省武汉市中级人民法院（2020）鄂 01 民终 898 号民事判决书

2. 案由：网络购物合同纠纷

3. 当事人

原告（上诉人）：夏某

被告（被上诉人）：茶叶贸易公司、茶叶经营部

【基本案情】

茶叶贸易公司在网络销售平台上经营网店。2018 年 10 月 12 日，夏某在看到茶叶贸易公司发布的商品信息“2002 年 Y 茶厂康砖藏茶 500 克”后，与茶叶贸易公司达成购买该康砖藏茶 40 包（单价为 88 元）的协议，并支付了优惠后的货款 3500 元。当日，茶叶贸易公司通过物流向夏某发送了该 40 包康砖藏茶，茶叶经营部向夏某开具了发票。2018 年 10 月 14 日，夏某收到康砖藏茶后，进行冲泡饮用，并发现该康砖藏茶的保质期为一年、生产日期为 2002 年 4 月 27 日。夏某向东莞市食品药品监督管理局投诉举报茶叶贸易公司、茶叶经营部销售霉变过期茶叶。该管理局经调查后，于 2019 年 1 月 11 日向夏某答复：茶叶经营部没有向夏某销售前述

的康砖藏茶，因夏某要求当天开具发票，而茶叶贸易公司的发票刚好用完了，所以借用了茶叶经营部的名义开具发票；茶叶贸易公司经营前述康砖藏茶是超过保质期的食品，其进货时未查验许可证和相关证明文件及经营超过保质期食品的行为，违反了《中华人民共和国食品安全法》的相关规定，对茶叶贸易公司予以责令改正，给予警告、没收违法所得和罚款的行政处罚；夏某提出的索赔要求属于消费者与经营者之间的纠纷，不属于该管理局职能。

【案件焦点】

夏某要求茶叶贸易公司、茶叶经营部十倍赔偿的诉讼请求能否依法得到支持。

【法院裁判要旨】

湖北省武汉市洪山区人民法院经审理认为：夏某要求“十倍赔偿”的法律依据属于《中华人民共和国食品安全法》第一百四十八条规定的赔偿范围，而夏某选择以合同之诉进行诉讼，所以应适用《中华人民共和国合同法》关于违约损害赔偿的规定。同时，由于夏某并未举证证明其所遭受的损失，其因二被告违约造成的损失赔偿额为其支付的货款，所以在二被告退还货款之后，已能弥补其损失。故夏某提出“十倍赔偿”的诉讼请求，不予支持。

湖北省武汉市洪山区人民法院根据《中华人民共和国民法总则》第一百一十九条、第一百七十六条、第一百七十九条，《中华人民共和国合同法》第八条、第六十条第一款、第九十四条、第九十七条、第一百一十三条、第一百三十条之规定，作出如下判决：

一、解除夏某与茶叶贸易公司于2018年10月12日订立的买卖合同；

二、夏某于判决生效之日起十日内向茶叶贸易公司退还其所购买的“2002年Y茶厂康砖藏茶500克”40包，茶叶贸易公司于判决生效之日起十日内向夏某返还货款3500元；若不能如数退货，退款则按照每包88元的标准予以扣减；

三、驳回夏某的其他诉讼请求。

夏某不服一审判决，提出上诉。

湖北省武汉市中级人民法院经审理认为：东莞市食品药品监督管理局认定茶叶贸易公司在进货时未尽到应尽的查验义务，出售的案涉茶叶系超过保质期的产品，违反了《中华人民共和国食品安全法》第三十四条和第五十三条的规定，对其作出行政处罚，证实涉案茶叶违反食品安全标准，夏某要求退货退款和十倍赔偿的上诉主张，符合《中华人民共和国食品安全法》第一百四十八条第二款的规定，应予支持。

湖北省武汉市中级人民法院依照《中华人民共和国民事诉讼法》第一百七十条第一款第二项的规定，作出如下判决：

一、维持湖北省武汉市洪山区人民法院（2019）鄂0111民初4766号民事判决第一项、第二项、第三项；

二、茶叶贸易公司于本判决生效之日起十日内赔偿夏某3.5万元。

【法官后语】

食品安全关乎人民群众身体健康和生命安全。以网络购物合同纠纷案件为典型，当事人对食品安全法领域“十倍赔偿”这一惩罚性赔偿制度的广泛运用，要求人民法院正确适用法律，妥善处理此类案件。

本案系网络购物合同纠纷，原告以合同纠纷起诉，要求以《中华人民共和国食品安全法》为依据，对销售过期食品的经营者提出“十倍赔偿”的诉讼请求，该诉讼请求能否得到支持？针对这一焦点问题，一审法院认为，原告要求“十倍赔偿”的法律依据属于《中华人民共和国食品安全法》第一百四十八条规定的赔偿范围，而其选择以合同之诉进行诉讼，所以应适用关于违约损害赔偿的规定，故对“十倍赔偿”的诉讼请求不予支持。二审法院则认为，被告销售的过期茶叶违反了食品安全标准，符合《中华人民共和国食品安全法》第一百四十八条第二款的规定，对原告提出“十倍赔偿”的诉讼请求应予支持。

笔者认为，即使在合同纠纷中，当事人仍能以《中华人民共和国食品安全法》为依据请求销售不符合食品安全标准的食品销售者进行“十倍赔偿”。原《中华人民共和国民法总则》和《中华人民共和国民法典》总则编并没有对惩罚性赔偿的具体适用范围作出规定，而是将这一事项留给了《中华人民共和国民法典》的其他编（侵权责任编）和其他法律，即“法律规定惩罚性赔偿的，依照其规定”。《中华人民共和国食品安全法》作为除民法外的其他法律，对惩罚性赔偿的规定主要体现在该法第一百四十八条第二款之规定。该条第二款规定：“生产不符合食品安全标准的食品或者经营明知是不符合食品安全标准的食品，消费者除要求赔偿损失外，还可以向生产者或者经营者要求支付价款十倍或者损失三倍的赔偿金……”其中“要求赔偿损失”即违约责任，具有填补性功能，旨在填补当事人的损失；而“要求支付价款十倍或者损失三倍的赔偿金”则具有赔偿性功能，是对超出实际损失的赔偿。由此可见，当事人可同时主张违约责任，要求赔偿损失；还可以要求生产者或者经营者支付价款十倍或者损失三倍的赔偿金。

本案中，茶叶贸易公司销售的涉案茶叶在出售时已超过保质期，东莞市食品药品监督管理局亦认定茶叶贸易公司在进货时未尽到应尽的查验义务，出售的涉案茶叶系超过保质期的产品，违反了《中华人民共和国食品安全法》第三十四条和第五十三条的规定，对茶叶贸易公司作出行政处罚，进一步证实涉案茶叶违反食品安全标准，应当适用《中华人民共和国食品安全法》第一百四十八条第二款之规定，对夏某提出退货退款和“十倍赔偿”的诉讼请求应予以支持。即便销售的涉案茶叶并未造成夏某人身损害后果，但根据《最高人民法院关于审理食品安全民事纠纷案件适用法律若干问题的解释（一）》第十条之规定，惩罚性赔偿不以消费者人身权益遭受损害为前提，“十倍赔偿”的诉讼请求仍应得到支持。

编写人：湖北省武汉市洪山区人民法院　李惠

016　未经许可生产的食品能否认定为不符合食品安全标准

——富某诉H公司网络购物合同案

【案件基本信息】

1. 裁判书字号

北京市第二中级人民法院（2019）京02民终6779号民事判决书

2. 案由：网络购物合同纠纷

3. 当事人

原告（上诉人）：富某

被告（被上诉人）：H公司

【基本案情】

2018年5月8日，原告在被告微信平台开设的公众号“铁皮石斛酒”中下订单，购买铁皮石斛酒（蓝瓶）10盒，每盒798元，每盒2瓶，共计付款7980元。收货后，原告发现涉案商品没有商品标签标识，在国家食品药品监督管理总局网站查询食品生产许可获证企业（SC）和食品生产许可获证企业（QS），输入被告名称，均无查询结果，在特殊食品——国产保健食品栏目输入被告名称，亦无查询结果。涉案产品说明书记载“H公司是一家专业的铁皮石斛培育及铁皮石斛相关产品技术研发的公司。经浙江省医学科学院检测，本品铁皮石斛多糖含量为61.6mg/100ml，铁皮石斛多糖含量是普通浸泡酒的3倍至5倍，是名副其实的保健佳品。本公司正申请保健产品生产许可证和一对一的产品保健号，自主研发生产的铁皮石斛酒仅供圈内好友及有缘人品尝”。原告饮用了1瓶，剩余19瓶未使用。经原告查询得知，“铁皮石斛”为非普通食品原料，被告在未依法取得相应生产许可资质的情况下，生产销售不符合法律规定的商品，应当承担相应责任。故要求被告退还货款7980元，依《中华人民共和国食品安全法》第一百四十八条的规定判令被告支付十倍惩罚性赔偿。被告未到庭参加诉讼，亦未提交书面答辩状。

【案件焦点】

未经许可生产的食品能否认定为不符合食品安全标准。

【法院裁判要旨】

北京市房山区人民法院经审理认为：双方对于网络购买产品的事实没有争议，法院予以确认。关于原告主张铁皮石斛原料问题，石斛可以用于保健食品，被告在涉案产品附随的说明书中亦称涉案产品属于保健品。关于保健食品生产许可证问题。原告主张被告生产涉案产品系无证生产，根据《中华人民共和国食品安全法》的相关规定，国家对食品生产经营实行许可制度，并对于未取得许可从事食品生产经营活动规定了行政处罚措施。生产许可制度是管理制度，不是国家标准，原告依据《中华人民共和国食品安全法》第一百四十八条第二款主张十倍赔偿的请求权基础不能成立。因涉案产品违反了法律规定，故原告主张退货退款，法院予以支持。因原告饮用 1 瓶，可退还 19 瓶，原告将涉诉商品退还被告后，被告不得再将该商品上架销售。被告经法院公告送达未到庭参加诉讼，视为放弃相关诉讼权利，法院依法缺席判决。

综上，北京市房山区人民法院依照《中华人民共和国食品安全法》第二十七条第一款、第一百四十八条第二款，《中华人民共和国民事诉讼法》第一百四十四条规定，作出如下判决：

一、被告 H 公司于本判决生效后十日内退还原告富某价款 7980 元，原告富某退还被告 H 公司“铁皮石斛酒（蓝瓶）” 19 瓶；

二、驳回原告富某的其他诉讼请求。

富某不服一审判决，提起上诉。

北京市第二中级人民法院经审理认为：本案中，富某主张涉案产品不符合食品安全标准，根据《中华人民共和国食品安全法》第三十四条的规定及国家质检总局及卫生部的有关规定，石斛作为原料仅能用于保健食品，本案涉案产品未标明保健食品批号，且在涉案产品说明书中亦标明“本公司正申请保健产品生产许可证和一对一的产品保健号”，综上可以认定涉案产品不属于保健食品。涉案产品将铁皮石斛作为食品原料，违反了食品安全标准。

此外，涉案产品未标注生产日期、保质期、生产者信息、生产许可证编号等基本信息，违反《中华人民共和国食品安全法》第六十七条第一款的规定，不符合食品安全标准，亦不属于标签瑕疵。

综上，H公司作为涉案产品的销售者，向富某销售不符合食品安全标准的涉案产品，富某据此要求H公司退货退款并进行十倍赔偿符合法律规定。一审法院认定涉案产品违反法律规定，对富某退货退款的主张予以支持并无不当，法院予以维持。但一审判决关于富某主张十倍赔偿的请求权基础不能成立的认定有误，法院予以纠正。

综上所述，富某的上诉请求成立，予以支持。北京市第二中级人民法院依照《中华人民共和国食品安全法》第三十四条、第六十七条、第一百一十八条，《中华人民共和国民事诉讼法》第一百七十条第一款第二项之规定，作出如下判决：

一、维持北京市房山区人民法院（2018）京0111民初13799号民事判决第一项；

二、撤销北京市房山区人民法院（2018）京0111民初13799号民事判决第二项；

三、H公司于本判决生效之日起十日内向富某支付赔偿金7.98万元。

【法官后语】

本案争议之处在于，食品生产许可与食品安全标准之间的关系如何界定；未经许可生产经营的食品能否直接认定为不符合食品安全标准。

一、食品生产许可与食品安全标准之间的区别

《中华人民共和国食品安全法》第三十五条第一款规定，对食品

生产经营实行许可制度，从事食品生产应当依法取得食品生产许可。食品生产许可属于行政管理的范畴，与食品安全标准性质不同，二者不能偷换概念。至于认定食品是否属于无证生产，属于行政机关的职权范围，法院不得对此作出裁量。

未经许可从事食品经营活动与生产不符合食品安全标准的食品所应承担的法律责任不同。民事侵权领域以损害填补为原则，以惩罚性赔偿为例外，惩罚性赔偿的适用应严格囿于法定。食品生产者未经许可从事食品经营活动，确系违反法律强制性规定的行为，应承担相应的法律责任，但应承担何种法律责任，则应严格依法认定。《中华人民共和国食品安全法》第一百二十二条规定了行政处罚措施，但并未将消费者可主张的惩罚性赔偿纳入其中，其他法律亦未作此规定。而对于生产不符合食品安全标准食品的行为，消费者则可依据《中华人民共和国食品安全法》第一百四十八条第二款的规定，要求生产者支付十倍价款的赔偿金。一审判决就是基于这一思路作出的。

二、未取得食品生产许可对认定食品不符合安全标准有何影响

既然食品生产许可与食品安全标准性质不同，所对应的法律责任也不同，因此不宜简单地以食品生产者是否取得食品生产许可为依据断定食品是否符合食品安全标准，即未取得食品生产许可而生产的食品未必都是不安全的食品，反之亦然，取得食品生产许可的食品也未必都是符合食品安全标准的食品。因此在审理此类案件时要做综合考量，《中华人民共和国食品安全法》第三章专门规定了“食品安全标准”，其中第二十六条列举了7类，并用兜底条款对未明文列举的食品安全标准作出弹性规定，可见我国《中华人民共和国食品安全法》的规定采纳的食品安全标准并非狭义的“食品安全

标准”，即并非只要是“无毒、无害、有营养”食品就是符合食品安全标准的食品，而是一个广义的概念，包括卫生标准、营养标准、标签标准等多个方面的强制性标准，只有符合全部强制性标准的食品才属于符合《中华人民共和国食品安全法》规定的安全食品，而这也符合《中华人民共和国食品安全法》和《中华人民共和国消费者权益保护法》的立法本意。

生产许可证是食品符合食品安全标准的一项重要表征，是从事食品生产和流通的前提和门槛，与食品安全密切相关，在涉及食品安全问题上须坚持适度从严的考量。对于食品未经过生产许可即生产并销售的，生产、经营者应对未取得食品生产许可的理由进行合理说明，并对食品实质上符合食品安全标准承担举证证明责任。本案中，涉案产品未标注保健食品生产许可证号、保健食品批准文号，虽然实质上未必属于不安全食品，但H公司始终未能证明涉案产品实质上是安全的并符合获得生产许可的安全生产要求，故其应承担不利后果。

而且综观本案，涉案产品不属于保健食品，却将仅能用于保健食品中的石斛作为原料，违反了国家质检总局及卫生部的相关规定，属于违反《中华人民共和国食品安全法》第三十四条之禁止性规定的情形，且未标注生产日期、保质期、生产者信息、生产许可证编号等基本信息，违反了《中华人民共和国食品安全法》第六十七条第一款关于预包装食品的标签规定，从形式上违反了食品安全标准，故涉案产品属于《中华人民共和国食品安全法》规定的不符合食品安全标准的食品。消费者除要求赔偿损失外，还可以向生产者或者销售者要求支付商品价款十倍的赔偿金。因此原告要求生产者退还货款并进行十倍赔偿的诉讼请求，于法有据，应予以支持。

编写人：北京市房山区人民法院　安蔚

017 限时免单规则系合同的附条件履行条款

——张某新诉周某华信息网络买卖合同案

【案件基本信息】

1. 裁判书字号

北京互联网法院（2019）京0491民初3463号民事判决书

2. 案由：信息网络买卖合同纠纷

3. 当事人

原告：张某新

被告：周某华

第三人：T公司

【基本案情】

2017年12月12日，周某华在自己经营的网络店铺举办限时免单活动，店铺网页上显示0点、10点、22点三个时间节点对“整点第一位免单”，因为认为店铺对活动规则表述不明确，张某新在当晚21点16分28秒时将店铺网页截图给该店铺客服，询问“这个活动可以提前拍下，然后整点付款吗”，客服回复“是的呢，亲亲”，张某新追问“是什么?”，客服回复“付款为准呢亲亲”，后张某新又问“你们‘双11’的活动不是必须整点之后下单并且付款吗，而且出的中奖名单也是整点后下单并付款的”，客服回复“是的呢，亲亲”，张某新要求客服“你要不清楚去问问你们出名单的运营啊”，客服回复“亲亲，整点下单付款”。张某新继续问，“方法A和B哪个是对的”，“方法A：我在21点23分下单，等到22点0分0秒付款；方法B：我在22点0分0秒下单，

22点05秒付款，哪个是正确的”，客服回复“付款为准的呢”。

当晚22点，张某新从周某华经营的店铺下单购买了女士运动鞋一双，单价898元，实付款898元，订单详情显示成交时间为当日22点0秒，付款时间为22点1秒。

2017年12月19日，张某新向周某华店铺的客服询问“22点我中了吗”，客服给张某新发送了一个被免单者信息截图，截图显示被免单者的订单创建时间为22点整，付款时间为22点3秒。在随后的交流中客服回复称“先以拍下时间为主的亲”“我们都是按照实际下单时间来决定免单第一位的”。店铺公布的整点免单中奖公告中载明的活动规则为“12月12日当天的0点、10点、22点三个时间段分别抽取整点下单的第一位用户免单”。

张某新认为周某华的店铺在限时免单活动前公布的规则为“以付款时间为准”，活动后直接篡改活动规则，改为以“下单时间为准”，是利用店铺页面的广告宣传形式对商品作引人误解的虚假宣传、欺诈活动，严重误导和欺骗消费者，构成了事实上的欺诈。因此起诉至法院，请求法院判令周某华退赔购鞋款898元，并且3倍赔偿其人民币2694元。

【案件焦点】

1. 涉案限时免单规则的法律性质；2. 如何认定本案被告设定的限时免单规则；3. 被告之行为是否应当承担法律责任及应当承担什么法律责任。

【法院裁判要旨】

北京互联网法院经审理认为：平台内经营者在店铺内发布其销售的具备商品名称、价格等内容商品信息，符合《中华人民共和国合同法》中关于要约的规定。经营者发布的免单规则系经营者向消费者要约的组成部分。原告在活动期间下单并付款，双方的买卖合同成立并生效，免单规则成为对双方具有约束力的约定条款。该约定属于附条件履行合同义务的条款，当消费者符合免单规则时条件成就，被告须免除货款。综上，被告制定的涉案免单规则系双方买卖合同内容的组成部分。

原告提交的限时免单活动的公示截图，并未标识下单优先还是付款优先，询问客服后得知为付款优先。被告虽提交了“整点下单第一位免单”的网页截图，但原告不认可其真实性且无法确认是原告参与涉案免单活动时被告公示规则的截图，被告应承担举证不能的责任。被告称其根据店铺所在平台的数据确定被免单资格，但平台经营者T公司表示未参与涉案活动，故被告无证据证明原告的下单时间晚于实际被免单者。综上，法院认定，涉案限时免单活动的规则应为在整点起先后下单的消费者中，付款在先者为被免单者。

根据现有证据，被告的限时免单活动中设定的规则为实际付款在先为准，原告付款时间确实在先。被告未认定原告为被免单人，属违约行为，故法院支持原告要求退还货款的主张。关于原告主张被告之涉案行为系欺诈消费者，应当承担三倍赔偿的诉讼请求。法院认为，原告未证明其购买的涉案商品在质量、性能等方面存在问题或者被告存在引人误解的宣传等情形。且并无证据表明被告的免单活动系以欺骗消费者为目的的虚假活动。且实际被免单者真实存在。故被告之涉案行为不构成欺诈，因此不予支持该项诉讼请求。

北京互联网法院依照《中华人民共和国合同法》第十四条、第四十四条、第六十条,《中华人民共和国电子商务法》第四十九条第一款,《中华人民共和国消费者权益保护法》第五十五条之规定,作出如下判决:

一、被告周某华退还原告张某新购货款898元;

二、驳回原告张某新的其他诉讼请求。

判决后,双方当事人均未上诉,本判决现已生效。

【法官后语】

随着电子商务的蓬勃发展,各种形式的促销手段层出不穷,但网购行为产生的买卖合同本质并无变化,要约与承诺是信息网络买卖合同中必不可少的成立条件。本案中,平台内经营者在店铺中制定并公布的限时免单规则系宣传内容,虽然根据当时适用的《中华人民共和国合同法》并无将宣传的内容认定为要约的规定,当时法院综合考量,认定经营者公布的免单规则具体确定,且经受要约人承诺,要约人即受该意思表示约束,符合要约的构成要件,故法院将限时免单规则认定为经营者发出的要约,法院的这一认定与2021年起施行的《中华人民共和国民法典》第四百七十三条关于要约的规定一致。在信息网络买卖合同成立并生效前,属于平台内经营者要约的组成部分,在合同成立并生效后,限时免单规则成为双方买卖合同的约定条款,系双方买卖合同的组成部分,对当事人双方均具有约束力。限时免单的约定条款属于附条件履行合同义务的条款,一旦消费者符合免单规则的要求即条件成就,则免除消费者该单货款是销售者须履行的合同义务。

如果平台内经营者未按照其公示的规则确定被免单人,对于符合免单规则的消费者构成违约行为,应当承担违约责任,退还消费者购货款。维护消费者利益的同时也应当注意维护平台内经营者的利益，不能随意认定经营者的行为存在欺诈。本案中，一方面，原告未证明其购买的涉案商品在质量、性能等方面存在问题或者被告存在引人误解的宣传等情形；另一方面，原告没有提交证据证明被告的免单活动系以欺骗消费者为目的的虚假活动，且实际被免单者真实存在。因此未认定被告的行为存在欺诈。

需要强调的是，虽然该案中法院认定被告的涉案行为不构成欺诈，但被告作为经营者，在经营的网上店铺中举办限时免单活动，消费者基于对经营者商誉的信赖参与活动，经营者应坚持公平、透明、诚信的原则制定并公布规则，对于符合活动规则的消费者积极履行合同义务。若制定的规则存在歧义或者不按照规则履行，则会严重影响消费者的切身利益和交易安全，损害经营者及所依托的电子商务平台的商誉和信誉，动摇诚信社会的根基。

最后，T公司作为电子商务平台经营者，已经意识到平台内经营者自行开展的诸如此类限时免单、全额退款的优惠活动存在违反约定或者侵害消费者合法权益的行为，更应进一步通过加强平台规则建设及经营者自律，对于出现的此类纠纷应积极帮助协商解决，对于平台内经营者自行开展的类似活动应当进一步加强监管，督促其遵守法律和商业道德，公平参与市场竞争，切实履行消费者权益保护等方面的义务。

编写人：北京互联网法院　张连勇　赵琪

018 网络商户出售以旧充新商品构成消费欺诈应承担惩罚性赔偿

——史某杰诉甲商务公司买卖合同案

【案件基本信息】

1. 裁判书字号

江苏省常州市中级人民法院（2018）苏04民终1663号民事判决书

2. 案由：买卖合同纠纷

3. 当事人

原告（被上诉人）：史某杰

被告（上诉人）：甲商务公司

【基本案情】

2017年5月18日，史某杰向甲商务公司经营的网店内购买电脑主机游戏D5独立显卡及其他配件，其中该显卡价格为6312.73元，双方未记录显卡序列号。2017年5月21日，史某杰以甲商务公司承诺的“七天无理由退货”为由，让其母亲姜某萍将上述显卡等邮寄退还给甲商务公司。甲商务公司接到快递时，以显卡存在一处撞角为由拒收该显卡，其余配件按退货处理，将显卡退回给史某杰。双方对撞角产生的原因及出现花屏的问题至此发生争议。

史某杰将显卡检查后发现出现花屏现象，进行维权，由史某杰委托其母亲姜某萍处理相关事宜。2017年6月17日，史某杰被告知需要提供货物存在质量问题的凭证，如检测报告等。2017年

6月19日，史某杰经咨询后，前往南京的科技公司对显卡进行检测，该公司对显卡进行检测后，向史某杰出具《配件类产品检修记录单》一份，记录了检修产品型号，故障描述为：花屏，其他故障：有撞角，检测结果为：经检测有花屏、有撞角。史某杰据此检修报告向购物网站维权，因存在显卡撞角，购物网站告知史某杰，甲商务公司作为商家据此不同意退货。史某杰委托其母亲姜某萍到甲商务公司处要求处理。因双方发生争执，未能形成协商意见。

后史某杰到杭州就该显卡问题进行交涉，经协调，甲商务公司同意为该显卡进行维修。2017年8月9日左右，史某杰将显卡邮寄给甲商务公司，甲商务公司于2017年8月15日签收显卡包裹。后不久，史某杰到甲商务公司处询问修理情况，甲商务公司告知显卡已经报废，没法修了，当时史某杰发现显卡外包装盒印刷序列号处被裁剪掉，但机器上当时是否有序列号并未查看，史某杰遂将显卡取回。史某杰将显卡送至科技公司进行维修，但该公司提出没有序列号不能保修，经沟通，原告出具之前登记的序列号进行维修。2017年10月16日，经查询，史某杰被告知：该序列号的显卡产品于2017年5月6日送修，2017年5月8日完修，送修时显卡磕角；8月第二次送修，无SN序列号无法保修退回。所以此次无法保修。

2017年10月20日左右，史某杰母亲姜某萍带着显卡及上述维修记录至甲商务公司处，由甲商务公司负责售后的员工邱某彬负责接待，其表示需要核实。2017年10月30日，甲商务公司员工邱某彬与姜某萍短信联系，内容为："那个显卡我们和生产商那边核实了，是他们渠道出货问题，发回我们退款或者换货，他们今天很晚才回复的，这个时间您可能休息了，发条短信和您说明一下。”史某杰收到短信后，未将显卡退回甲商务公司，现该显卡在史某杰处。

【案件焦点】

1. 史某杰所诉显卡是否为甲商务公司销售的产品；2. 甲商务公司是否存在欺诈行为。

【法院裁判要旨】

江苏省常州市溧阳市人民法院经审理认为：第一，关于史某杰所诉显卡的关联性问题。根据史某杰提供的证据及双方的庭审陈述显示：（1）史某杰共向甲商务公司购买显卡一个，史某杰作为普通消费者未对序列号进行记录，而提供相应的销售发票、网购记录已能够证明其向甲商务公司购买该产品的事实，甲商务公司辩解未销售该序列号产品给史某杰，其作为专门的显卡销售商，明知对该类产品具有序列号作为身份识别标记的情况下，应当在出售时予以记录以示区别。在史某杰无理由退货，甲商务公司收到该显卡发现有撞角后，甲商务公司仍未对序列号进行登记。甲商务公司对其辩解意见负有举证责任。（2）史某杰起诉要求退货显卡存在撞角，而史某杰向甲商务公司进行线下、线上沟通，向淘宝网进行维权，向第三方宁硕科技有限公司进行检测时，均确认出售给史某杰的显卡存在撞角，庭审经双方查看，史某杰所诉显卡确存在一处撞角。双方争议从发生的过程也显示，史某杰起诉要求退还显卡与甲商务公司所售显卡存在逻辑上的关联性。（3）显卡纠纷发生初期，史某杰让南京的科技公司对显卡进行正式检修，该公司在检修记录单上载明的产品型号同史某杰向甲商务公司购买的显卡型号一致，且为第一次明确记录了序列号，当时双方争议为撞角、花屏质量问题，未对序列号一事产生争议，此时该第三方记录的内容证据真实性较强。（4）在双方就显卡问题交涉时间长达5个多月且未果的情况下，史某杰就讼争显卡在2017年5月6日存在维修记录向甲商务公司当面反映时，甲商务公司售后人员邱某彬在核实后，于2017年10月30日晚向史某杰方明确告知显卡系出货渠道有问题，同意退款或退货。该事实再次表明，甲商务公司在本案诉讼发生前，已确认其出售的产品存在质量问题。结合上述意见，根据史某杰提供的证据，能够证明史某杰所诉显卡系被告出售，甲商务公司的辩解意见没有依据，法院不予采信。

第二，关于甲商务公司是否存在欺诈行为。经营者与销售者进行交易，应当遵循诚实信用原则，经营者应当将出售商品的质量、性能等信息全面、真实地告知消费者，不得提供虚假信息，经营者提供商品有欺诈行为的，造成消费者损失的，应当承担退货民事责任，并按照消费者的要求增加赔偿受到的损失，增加赔偿的金额为消费者购买商品价格的三倍。本案中，甲商务公司向史某杰出售显卡，其作为经营者应当如实告知史某杰该显卡的真实信息，甲商务公司明知其出售的显卡在出售给史某杰前已因撞角等质量问题进行维修，仍以全新产品出售给史某杰，故意隐瞒产品的质量信息，使作为消费者的原告未能全面知悉所购产品的真实信息，甲商务公司已构成欺诈，存在违约行为，应承担相应的民事责任。因该显卡存在质量缺陷，导致史某杰无法正常使用，史某杰有权要求甲商务公司退货，甲商务公司返还相应的价款6312.73元。又因甲商务公司在销售过程中存在欺诈行为，史某杰作为消费者有权依法要求甲商务公司根据该货款的三倍予以赔偿，即 18938.19 元。

综上，依照《中华人民共和国合同法》第一百零七条、第一百一十一条，《中华人民共和国消费者权益保护法》第八条、第二十条、第五十五条第一款之规定，作出如下判决：

一、被告甲商务公司于本判决生效之日起十日内返还原告史某杰 6312.73 元；同时，原告史某杰将讼争的显卡退还给被告甲商务公司；

二、被告甲商务公司于本判决生效之日起十日内赔偿原告史某杰 18938.19 元。

甲商务公司不服一审判决，提起上诉。

江苏省常州市中级人民法院经审理认为：第一，史某杰为证明其向甲商务公司购买了案涉显卡向法院提供了订单、销售出库单、发票、显卡包装盒等证据材料，其已完成相应的举证责任，甲商务公司现不认可案涉显卡由其向史某杰出售并无充分证据证明，而其单位作为专业销售电脑产品的商家，在出售时未向史某杰告知具体序列号及其重要内容，在收到史某杰退货后也未记载显卡序列号，且在此后双方交涉过程中将显卡包装盒上的序列号作为史某杰所购显卡的序列号，在甲商务公司未对其主张提供相应证据的情况下，应认定史某杰向甲商务公司所购显卡即案涉显卡。

第二，关于甲商务公司是否存在欺诈行为。甲商务公司作为专业销售电脑配件产品的商家在向史某杰出售案涉显卡时并未告知该显卡的真实信息，将曾维修过的显卡作为全新显卡向史某杰出售，而该显卡因质量问题无法实现保修，亦无法正常使用，经品牌电脑定点维修服务中心检修确认此前曾维修的情况，且甲商务公司与史某杰沟通时亦认可出货渠道出现问题，故一审判决其单位承担三倍货款的赔偿责任等并无不当。综上所述，甲商务公司的上诉请求不能成立，应予驳回；一审判决认定事实清楚，适用法律正确，应予维持。依照《中华人民共和国民事诉讼法》第一百七十条第一款第一项的规定，作出如下判决：

驳回上诉，维持原判。

【法官后语】

第一，消费者对网购商品系由网络商户出售的主张负有举证责任，消费者在网购行为中应注意保存相应证据。传统买卖方式往往由双方当面商谈，现场完成货物、价款的交割；而时下流行的网购通过线上操作，买卖双方不需要会面即可完成交易，在带来便利的同时，也造成了消费者维权难度加大。根据我国民事诉讼法有关举证责任分配规则的规定，适用“谁主张，谁举证”的原则。消费者作为买受方，在货物出现质量问题向出售人主张权利时，经营者往往会提出非其出卖的货物，而消费者此时对其货物的关联性负有举证责任。消费者在对该类关联证据的收集上，应当贯穿在整个交易过程中，如在买卖合同的成立方面，消费者保存好网络电子交易信息、聊天记录、付款记录、发货清单和快递单，及时索要相应发票等，该证据能够证明双方交易行为的成立及合同履行的事实；在签收货物时，确认货物外观、数量的完整，如出现不一致情形，应当拒收快件或及时和经营者沟通；在商品使用过程中，如出现质量问题，对货物质量呈现的质量状况可以通过拍照、录制视频等方式留存相应证据，及时与经营者沟通，并保存聊天记录、电话录音等证据；在提请网络平台第三方、消费者组织或市场监管部门对质量问题介入处理时，保留相应的往来材料。

法院在审理该类案件时，应结合消费者提供的全部证据材料，审查关联证据能否形成证据锁链，结合案件事实作出综合认定。

第二，网络商户出售商品而未告知消费者存在维修记录的，即构成欺诈，应承担惩罚性赔偿。网络商户作为出卖人、经营者，对其向消费者提供的商品价格、产地、生产者、用途、性能、规格、等级、主要成分、生产日期、有效期限、检验合格证明、使用方法说明书、售后服务等信息，应当真实、全面，不得隐瞒或作虚假表示。而消费者在购买商品时，享有知情权，有权要求经营者如实提供商品的上述信息。经营者的经营行为应当遵守诚实信用原则，出售商品时告知虚假情况和隐瞒真实情况，均系欺诈行为的表现形式，应依法承担相应的惩罚性赔偿责任。本案中，网络商户明知其出售给消费者的显卡存在维修的情况，而故意隐瞒该事实，以全新商品的价格出售给消费者，消费者得不到对价的货物质量，违背诚实信用原则，严重侵犯消费者的合法权益，该违法行为应依法受到法律的制裁。

网络不是法外之地，网络经营行为应当依法遵守法律规定。消费者权益受损时，法院应引导消费者提供相应证据，以查明案件事实，对经营者的不法行为应当依法予以制裁，以维护消费者的合法权益，净化网络交易市场。

《中华人民共和国民法典》第一百四十八条对欺诈行为及法律后果进行了明确的规定："一方以欺诈手段，使对方在违背真实意思的情况下实施的民事法律行为，受欺诈方有权请求人民法院或者仲裁机构予以撤销。"此处需要注意的是，《中华人民共和国民法典》没有延续原《中华人民共和国合同法》对欺诈行为可变更的规定，仅规定了可撤销；欺诈行为被撤销后，行为人应依法承担赔偿损失等民事责任。

编写人：江苏省常州市溧阳市人民法院　刘金文

019 二手车销售隐瞒涉水事故构成欺诈适用三倍赔偿

——王某刚诉网络科技公司买卖合同案

【案件基本信息】

1. 裁判书字号

河北省石家庄市中级人民法院（2019）冀01民终2796号民事判决书

2. 案由：买卖合同纠纷

3. 当事人

原告（被上诉人）：王某刚

被告（上诉人）：网络科技公司

【基本案情】

被告网络科技公司经营范围为网络技术开发、技术推广、汽车销售、汽车租赁、二手汽车销售、旧机动车鉴定、评估、互联网信息服务等。2017年11月3日，原告王某刚向被告出具《定车协议书》，并向被告支付了5000元定金。2017年11月14日，原告（乙方）与被告（甲方）签订了《车辆买卖合同》，合同约定："一、甲方将宝马车卖给乙方，颜色为黑色，价格为395000元。二、甲方必须保证该车无盗抢、无诈骗、无经济纠纷、无私自改动车架号和发动机号，如有盗抢、诈骗、经济纠纷、私自改动车架号和发动机号，甲方给退车退款。三、付款方式：乙方在2017年11月14日前一次性付清购车款。……五、车辆在2017年11月14日前出现的事故由甲方负责，在2017年11月14日之后出现的事故由乙方负责。……九、补充协议：如有事故、泡水，原价退还乙方。”原告于当日向被告交付购车首付款280900元和保险保证金2000元，并向银行贷款128900元。当日，被告网络科技公司将案涉车辆交付给原告王某刚使用。

另，案涉车辆原所有人为朱某，于2017年5月19日进行了注册登记。在开票日期为2017年10月23日的二手车销售统一发票显示，朱某将车辆出售给某新能源汽车销售公司石家庄桥西区分公司，2017年11月14日，案涉车辆由该公司转移登记至原告名下，车牌号变更为冀AY×××S。2018年8月12日19时，原告驾驶案涉车辆发生涉水道路交通事故后，了解到车辆在买卖之前曾发生过涉水事故。根据原、被告的调证申请，本院依法调取了案涉车辆在A财产保险公司、B保险集团公司保险理赔记录及理赔档案材料和石家庄铁路运输法院（2018）冀8601民初140号的卷宗材料。上述材料显示案涉车辆曾于2017年4月5日发生涉水事故，原车主朱某于2017年4月17日委托旧机动车评估公司对车辆损失进行了定损评估，损失评估金额为300920元。后朱某起诉A财产保险公司石家庄市分公司要求其赔偿各项损失311020元，2018年1月22日在石家庄铁路运输法院主持下，双方自愿达成调解，A财产保险股份有限公司石家庄市分公司给付朱某保险金28万元。

【案件焦点】

是否构成欺诈，应否适用三倍赔偿。

【法院裁判要旨】

河北省石家庄市裕华区人民法院经审理认为：原告王某刚与被告网络科技公司签订《车辆买卖合同》，双方形成买卖合同关系，本院予以确认。原告从被告处以39.5万元购买宝马车，并足额支付了购车款，被告应告知原告该车辆的全部基本情况，但被告在向原告出售案涉车辆时未告知原告该车辆曾发生过重大涉水事故的事实，而该事实足以影响或改变原告购买该车辆的意思表示。虽然被告称其通过查询保险公司、汽车销售4S店，没有发现车辆发生涉水事故的情况，但其作为专业的二手车销售公司应对车辆的来源、是否有过维修、是否发生过事故等重要信息进行全面的核查、检测，并将信息如实告知消费者。案涉车辆曾于2017年4月5日发生过重大涉水事故，车损金额高达30余万元，而被告在检车时仅通过询问、目测，而未进行实质检测即将车辆出售给原告，程序明显存在瑕疵。对于上述涉水事故，被告应当通过检测掌握情况，但被告未尽到告知义务，其行为构成欺诈。根据《中华人民共和国合同法》第五十四条第二款规定，“一方以欺诈、胁迫的手段或者乘人之危，使对方在违背真实意思的情况下订立的合同，受损害方有权请求人民法院或者仲裁机构变更或者撤销”。故原告要求撤销双方签订的《车辆买卖合同》，本院予以支持。合同被撤销后，因合同取得的财产，应当予以返还，故被告应返还原告购车款39.5万元，原告应将案涉车辆返还被告。虽然《车辆买卖合同》中约定“如有事故、泡水，原价退还乙方”，但根据《中华人民共和国消费者权益保护法》第五十五条第一款的规定，经营者提供商品或者服务有欺诈行为的，应当按照消费者的要求增加赔偿其受到的损失，增加赔偿的金额为消费者购买商品的价款或者接受服务的费用的三倍。本案被告网络科技公司的行为构成欺诈，原告要求被告赔偿购车款的三倍损失118.5万元，符合法律规定，本院予以支持。原告采用贷款方式购买案涉车辆，是原告选择的支付方式，《车辆买卖合同》被撤销后被告返还其全部购车款且进行三倍赔偿损失，故对其主张的贷款利息损失本院不予支持。原告主张的因车辆保养花费及添置导航的费用是原告在使用车辆过程中的选择性支出，属于正常消耗，对该项主张本院不予支持。关于被告要求原告赔偿案涉车辆二次涉水造成的损失，双方可另行解决。

故作出如下判决：

一、撤销双方的《车辆买卖合同》；

二、被告返还原告购车款39.5万元且进行三倍赔偿其损失；

三、原告返还被告案涉车辆。

网络科技公司不服一审判决，提出上诉。

河北省石家庄市中级人民法院经审理认为：本案争议焦点为是否构成欺诈，应否适用三倍赔偿。根据《中华人民共和国消费者权益保护法》第五十五条第一款“经营者提供商品或者服务有欺诈行为的，应当按照消费者的要求增加其受到的损失，增加赔偿的金额为消费者购买商品的价款或者接受服务的费用的三倍；增加赔偿的金额不足五百元的，为五百元。法律另有规定的，依照其规定”的规定，本案中，上诉人作为二手车市场的经营者，有专门的检车机构，在其收购二手车时，理应对车辆状况进行全面查验，车辆的事故及维修情况系购买二手车时的重要考量事项，属于决定购买人对车辆性价比衡量的因素之一，故，上诉人在出售涉案车辆时，未就案涉车辆存在重大水淹事故告知被上诉人王某刚，足以构成被上诉人王某刚基于获知的信息不全面而造成错误的意思表示。尽管上诉人称其对案涉车辆的水淹事故并不知情，但消费者权益保护法规定消费者获得三倍赔偿的前提是经营者存在“欺诈行为”，并不要求经营者具备欺诈消费者的主观故意。主观故意上的故意欺诈是一种心理状态，消费者难以就经营者的主观心理状态作出判断。上诉人销售车辆时就车辆出售前的事故及维修项目未对被上诉人进行告知，对被上诉人王某刚而言上诉人存在欺诈行为，已构成《中华人民共和国消费者权益保护法》规定的经营者的“欺诈”，应当承担赔偿责任。综上，上诉人网络科技公司的上诉请求不能成立，应予驳回；一审认定事实清楚，适用法律正确。

河北省石家庄市中级人民法院依照《中华人民共和国民事诉讼法》第一百七十条第一款第一项之规定，作出如下判决：

驳回上诉，维持原判。

【法官后语】

近几年，二手车买卖市场逐渐兴盛，不仅方便了广大群众多渠道购车的需求，也促进了市场繁荣。但二手车交易市场较为复杂，各个交易公司水平参差不齐。消费者作为普通人购买二手车时并不掌握所购车辆的整体状况，仅能依靠自己对车辆情况的朴素认知，更主要的是依赖二手车交易公司的披露，再根据自己的需求选择适合自己的车辆。二手车交易公司在收购车辆时应运用专业检测手段对车辆进行整体检测，确定出售价格，尤其对车辆是否涉水、是否发生过交通事故、何时发生过何种事故的情况应着重核实、检测，这是首要应该披露的内容，也是消费者在选购车辆时的首要考量因素。如果二手车交易公司仅凭微信查询、肉眼查看即对交易车辆状况作出判断，使消费者作出购车的意思表示，不利于二手车交易的稳定发展。本案消费者在使用车辆过程中发现车辆在购买前曾发生涉水事故，二手车交易公司以经过检测未发现该种情况、已尽到告知义务的抗辩理由并不成立，不能免除其三倍赔偿责任。

总之，消费者在购买二手车时，消费者和二手车交易公司对车辆的状况信息地位不对等，消费者依赖于二手车交易公司的信息披露而作出是否购车的意思表示，二手车交易公司应严格尽到检测义务，否则可能要承担赔偿责任。本案是对二手车交易公司的一个警醒。

编写人：河北省石家庄市裕华区人民法院　陈慧

020　职业打假人知假买假不应支持其十倍赔偿请求

——苏某诉贸易公司网络购物合同案

【案件基本信息】

1. 裁判书字号

福建省厦门市中级人民法院（2018）闽02民终3304号民事判决书

2. 案由：网络购物合同纠纷

3. 当事人

原告（被上诉人）：苏某

被告（上诉人）：贸易公司

【基本案情】

2017年2月21日，苏某在网络购物平台上从贸易公司经营的网店购买了7罐鲜炖浓缩燕窝、30克马来西亚原生态燕窝，其中鲜炖浓缩燕窝单价为390元，马来西亚原生态燕窝单价为38元，苏某已预付货款3870元。2017年2月23日，苏某收到贸易公司寄来的商品，规格及数量相符，但无质量合格证，外包装上也未标明生产厂家、厂址、保质期等内容；2017年2月27日，苏某因质量问题申请退款，并退款成功。

2017 年 4 月 12 日，苏某向上海市宝山区市场监督管理局反映，其向贸易公司购买的鲜炖浓缩燕窝为三无产品，存在食品安全隐患，要求查处并回复。上海市宝山区市场监督管理局经调查未在注册地址查见贸易公司，已经将贸易公司列入异常经营名录。

贸易公司确认其为涉讼商品的销售者，而非生产者。

自 2016 年 8 月至今，苏某以经营者产品质量、产品标识不规范等为由，在厦门市两级法院起诉的网络购物合同纠纷、买卖合同纠纷一审案件共 96 件。

【案件焦点】

1. 讼争网络购物合同关系是否已经解除；2. 贸易公司是否应向苏某退一赔十。

【法院裁判要旨】

福建省厦门市思明区人民法院经审理认为：苏某在贸易公司经营的网络购物平台上购买食品并支付货款，属于生活消费范畴，其合法权益应受法律保护。双方当事人成立网络购物合同关系。依照《中华人民共和国产品质量法》第二十七条、第三十六条规定，销售者销售的产品的标识必须真实，并符合相关要求，其中包括产品质量检验合格证明，中文标明的产品名称、生产厂厂名和厂址。《中华人民共和国食品安全法》第二十六条第四项规定，食品安全标准应当包括对与卫生、营养等食品安全要求有关的标签、标志、说明书的要求。第六十七条第一款规定，预包装食品的包装上应当有标签。标签应当标明下列事项：（一）名称、规格、净含量、生产日期；

（二）成分或者配料表；（三）生产者的名称、地址、联系方式……（九）法律、法规或者食品安全标准规定应当标明的其他事项。可见，向消费者提供产品质量合格证明以及与食品安全有关的标签、标志、说明书，系食品生产者、经营者的法律义务。违反该义务的，不仅侵害了消费者的知情权，对消费者依法维权也会构成妨碍。基于公平原则，对由此引起的产品质量争议，应由生产者、经营者承担举证责任。涉讼燕窝属于预包装食品，其既无产品质量合格证明，也无与卫生、营养等食品安全要求有关的标签、标志或说明书，违反法律规定，贸易公司未能举证证明该产品的进货渠道合法正当，经检验合格，并有卫生许可，应承担不利的后果，因此，认定涉讼燕窝不符合食品安全标准。依照《中华人民共和国食品安全法》第一百四十八条第二款规定，生产不符合食品安全标准的食品或者经营明知是不符合食品安全标准的食品，消费者除要求赔偿损失外，还可以向生产者或者经营者要求支付价款十倍或者损失三倍的赔偿金。因此，苏某要求贸易公司支付十倍价款的赔偿金 38700 元，有事实和法律依据，予以支持。贸易公司已将货款全部退还给苏某，苏某也应将剩余的食品退还贸易公司，以便贸易公司依据法律规定对涉讼产品作出相应处理。

福建省厦门市思明区人民法院依照《中华人民共和国食品安全法》第一百四十八条第二款、《中华人民共和国民事诉讼法》第六十四条第一款之规定，作出如下判决：

贸易公司应于判决生效之日起十日内支付苏某赔偿金 38700 元。

贸易公司不服一审判决，提起上诉。

福建省厦门市中级人民法院经审理认为：本案为网络购物合同纠纷，依照最高人民法院《民事案件案由规定》的规定，属买卖合同纠纷的下一级案由，应具备买卖合同的法律特征。所谓买卖合同，是指出卖人转移标的物所有权于买受人，买受人支付价款的合同。本案中，贸易公司作为出卖人将涉案产品在互联网上展示并发出要约，买受人苏某通过互联网检索信息并作出购买承诺，双方形成合意而订立了买卖合同。苏某依照约定向互联网平台支付了相应款项后，贸易公司通过互联网平台获悉苏某购买了涉案产品，依照约定将该产品通过邮寄方式送达苏某处，双方间的买卖合同关系已成立，但苏某收到货物后，以涉案产品存在质量问题为由，通过互联网平台请求退款且已收到了退款，至此讼争买卖合同已依法解除。根据另查明的事实，自2016年8月至今，仅厦门市两级法院已立案受理96件苏某作为原告的买卖合同、网络购物合同纠纷一审案件，苏某以经营者存在产品质量、产品标识不规范等为由提起诉讼，要求经营者依照《中华人民共和国消费者权益保护法》的规定赔偿其三倍或者十倍损失。由此可见，苏某并非单纯为生活消费需要而购买、使用商品，而是为了获取高额赔偿，并以此牟利，其并非《中华人民共和国消费者权益保护法》及《中华人民共和国食品安全法》所规定的消费者，不应受该法保护，苏某的诉讼请求依法应予以驳回。一审法院在讼争合同已解除的情形下，仍以双方存在买卖合同，以致认定事实错误；没有正确评判苏某的身份，即给予购买价款十倍的赔偿，属适用法律错误。

福建省厦门市中级人民法院依照《中华人民共和国合同法》第九十七条，《中华人民共和国消费者权益保护法》第二条，《中华人民共和国民事诉讼法》第一百四十四条、第一百七十条第一款第二项之规定，作出如下判决：

一、撤销福建省厦门市湖里区人民法院（2017）闽0206民初

3377号民事判决；

二、驳回苏某的全部诉讼请求。

【法官后语】

职业打假人自出现以来，对于增强消费者的权利意识，鼓励百姓运用惩罚性赔偿机制打假，打击经营者的违法侵权行为产生了一定的积极性作用。但就现阶段情况看，职业打假人群体及其引发的诉讼出现了许多新的发展和变化，其负面影响日益凸显。

从目前消费维权司法实践中，知假买假行为有形成商业化的趋势，出现了越来越多的职业打假人，其动机并非为了净化市场，而是利用惩罚性赔偿为自身牟利或借机对商家进行敲诈勒索，背离了社会监督的初心。

本案中苏某已经在电商平台通过退款申请，收回货款，却又转而提起诉讼要求十倍赔偿。苏某通过网络购物要求赔偿的方式，提起近百起诉讼，牟利目的明显。上述行为严重违背诚实信用原则，无视司法权威，浪费司法资源，我们不应支持这种“以恶惩恶”“饮鸩止渴”的治理模式。针对职业打假人的“知假买假”行为，应作为普通民事合同行为，受《中华人民共和国民法典》调整，而不适用《中华人民共和国消费者权益保护法》的惩罚性赔偿。职业打假人的法律地位是民事合同的一方，可以一般买卖合同的违约责任主张相应的民事权利。

编写人：福建省厦门市中级人民法院　龚妍

021 网络电商平台商品销售价格欺诈行为的司法认定

——古某诉商务公司买卖合同案

【案件基本信息】

1. 裁判书字号

北京市海淀区人民法院（2017）京0108民初45886号民事判决书

2. 案由：买卖合同纠纷

3. 当事人

原告：古某

被告：商务公司

【基本案情】

2015年10月16日至18日，古某于商务公司上以每台799元的价格购买商品家用碗筷消毒柜2台。2016年10月10日，北京市发展和改革委员会向商务公司出具了行政处罚决定书，其中行政处罚决定书载明："根据群众举报和投诉提供线索，我委于2015年10月至2016年6月，对你单位的价格行为进行了检查，经查实，存在利用虚假的或者使人误解的价格手段，诱骗消费者或者其他经营者与其进行交易的价格违法行为。2015年10月16日至10月18日，销售家用碗筷消毒柜，商品编号1106670612，页面标示'699震撼开团！重磅引爆！10.16~10.18，仅此3天！￥799已降300元'。经查，本次促销活动的原价为799元。该商品10月28日销售价格为699元。"据此，古某诉至法院，要求判令商务公司给予三倍货款即4794元的赔偿。

商务公司认为，该公司既没有欺诈的故意，消费者也不可能因标价行为陷入错误的意思表示，不符合欺诈的构成要件。即便宣传有所不符，不能简单等同于故意告知对方虚假情况，或者故意隐瞒真实情况。页面设置中出现了价格方面的问题，是因为进行页面设置的均为业务人员，将降价的基准价设置为了厂商供货的指导价。从古某角度来说，其非普通消费者，购买行为不属于消费者权益保护法调整的范围。首先，古某有大量对经营者提起的、要求获得惩罚性赔偿的买卖合同纠纷案件，其购物行为实质是以“消费”为手段、以诉讼为方法、以牟利为目的的非消费行为。其次，商务公司的标价行为，并未让古某陷入错误的意思表示，做出错误判断。网络购物过程中，作为正常的消费者，购买商品是经过综合比较后筛选出商品，不可能仅因为看见了并没有价格优势的降价标注就做出购买意愿。古某所购买的产品不存在质量问题，销售价格是市场价格，并未给古某造成任何损失。最后，行政处罚中的欺诈不必然等同于民事欺诈，古某以行政处罚为依据认定公司构成欺诈的主张不成立。

【案件焦点】

1. 职业打假人因自身需要购买消费品时，是否能够适用《中华人民共和国消费者权益保护法》主张自身权益；2. 网络电商平台在商品促销页面上将产品的降价价格设置为厂商供货指导价，是否对销售者构成了价格欺诈，消费者能否据此主张三倍赔偿。

【法院裁判要旨】

北京市海淀区人民法院经审理认为：依据双方的诉辩主张，本案争议焦点主要为以下两项：一是古某是否属于《中华人民共和国消费者权益保护法》中的消费者；二是商务公司在销售涉案商品过程中是否存在欺诈。

一、古某是否属于《中华人民共和国消费者权益保护法》中的消费者

《中华人民共和国消费者权益保护法》第二条规定："消费者为生活消费需要购买、使用商品或者接受服务，其权益受本法保护；本法未作规定的，受其他有关法律、法规保护。"第三条规定："经营者为消费者提供其生产、销售的商品或者提供服务，应当遵守本法；本法未作规定的，应当遵守其他有关法律、法规。"可见，消费者是相对于经营者即生产者和销售者的概念，只要在市场交易中购买和使用商品不是为了生产经营需要，而是为了生活消费的，就应当认定为消费者。本案中，古某购买涉案碗筷消毒柜2台并已经实际使用，其应属于《中华人民共和国消费者权益保护法》中的消费者。

二、商务公司在销售涉案商品过程中是否存在欺诈

商务公司销售家用碗筷消毒柜时，页面标示"699震撼开团！重磅引爆！10.16~10.18，仅此3天！￥799已降300元"。根据普通消费者的通常理解，此表述是指原销售价格为1099元，799元的销售价格已经实际降价300元，699元的价格仅存在于2017年10月16日至18日这三天期间。而经北京市发展和改革委员会查实，商品促销活动的原价为799元，2017年10月28日销售价格为699元。商品的价格和优惠情况是消费者决定购买商品的重要因素。在促销活动中，商务公司存在虚假标注原销售价格、优惠幅度、优惠期间的行为，此行为足以使消费者对优惠信息产生错误认识而产生购买意愿，且导致古某实际购买了促销商品。因此，商务公司的上述行为涉及虚假宣传、价格欺诈，已经构成欺诈。

综上所述，北京市海淀区人民法院依照《中华人民共和国合同法》第八条，《中华人民共和国消费者权益保护法》第二十条第一款、第五十五条，《中华人民共和国民事诉讼法》第六十四条第一款之规定，作出如下判决：

商务公司于本判决生效之日起十日内支付古某赔偿金4794元。

判决后，双方当事人均未上诉，本判决现已生效。

【法官后语】

近年来，随着职业打假行为的不断出现，大量职业打假维权案件涌现，如何区分职业打假者与正当的消费者成为社会关注热点。就本案而言，双方争议焦点主要为在职业打假人、消费者二者之间的身份确定以及民事法律关系中“价格欺诈”的认定标准。

一、“消费者”身份的认定标准

《中华人民共和国消费者权益保护法》第二条规定，消费者为生活消费需要购买、使用商品或者接受服务，其权益受本法保护；本法未作规定的，受其他法律、法规保护。该法对消费者的含义进行了定义，显而易见，如果欺诈关系所涉及的主体不是消费者，则不能适用该法处理。结合法律规定，消费者需要具备如下四个条件：第一，消费者应当是为生活目的而进行的消费，如果消费的目的是用于生产或者其他目的，则不属于消费者范畴；第二，消费者应当是商品或服务的受用者；第三，消费的客体既包括商品，也包括服务；第四，消费者主要是指个人消费。

就本案而言，古某虽在多地有大量针对经营者提起的要求获得惩罚性赔偿的案件，但并不能据此否定其为自身生活消费需要而购买生活用品的民事行为。消费者是相对于经营者即生产者和销售者的概念，只要在市场交易中购买和使用商品不是为了生产经营需要，而是为了生活消费的，就应属消费者范畴。本案中，古某购买涉案碗筷消毒柜2台并已经实际使用，其属于《中华人民共和国消费者权益保护法》中的消费者。

二、销售价格欺诈行为的司法认定标准

本案中，商务公司另一抗辩主张认为，其所销售产品价格是市场价格，涉案交易并未给古某造成任何损失，且行政处罚中的欺诈并不等同于民事欺诈。行政处罚上的欺诈处罚能否在民事案件中适用，需要区分二者的认定角度和构成要件。民事法律行为上的消费欺诈应包含以下四个方面：第一，经营者具有主观故意；第二，经营者实施了欺诈行为；第三，消费者做出了错误的意思表示；第四，经营者的欺诈行为和消费者的购买意思之间具有因果关系。行政法律关系上的“欺诈”与民事法律关系上的“欺诈”有所区别。就行政处罚上的“欺诈”而言，首先，其构成要件与民事法律关系有所区别，即不以消费者遭受损害为前提，只要经营者实施了欺诈行为，就认定为违法。其次，从法律关系主体上看，民事法律关系中主张惩罚性赔偿的主体须为消费者，即其购买产品是出于生活消费需要。而行政处罚上的主体则较为宽泛，并不以消费者为限。但二者在认定中亦存在一定的共通性，最为明显的特征便是均存有故意虚假宣传、销售误导等行为。可见，在民事法律关系领域能否适用行政处罚中认定的“欺诈”行为，最关键的因素在于其主体是否为消费者，且消费者是否因虚假、误导等行为造成了实际损失。

就本案而言，商品的价格和优惠情况是消费者决定购买商品的重要因素。作为消费者不可能在纷繁复杂的商品中，对每一类别或每一款式的产品销售价格予以准确了解。商务公司虚假标注原销售价格、优惠幅度、优惠期间的行为，足以对消费者选择产品产生重大的诱导和误解，进而做出错误意思表示，符合民事法律关系中的“欺诈”行为。消费者最终购买的价格虽然未高出市场指导价，但该种行为直接侵犯了消费者的选择权，涉案商品的货值即应视为其损失。据此，古某有权依据《行政处罚决定书》认定内容，向经营者主张产品价款的三倍惩罚性赔偿金。

编写人：北京市海淀区人民法院　宋硕

022 《中华人民共和国食品安全法》第一百四十八条“但书”的理解与适用

——金某然诉贸易公司网络购物合同案

【案件基本信息】

1. 裁判书字号

北京市第三中级人民法院（2017）京03民终7986号民事判决书

2. 案由：网络购物合同纠纷

3. 当事人

原告（上诉人）：金某然

被告（被上诉人）：贸易公司

【基本案情】

2016年5月19日，金某然在贸易公司开设的网店购买进口辅酶Q10软胶囊（80粒）10盒，单价285元，货款合计2850元；购买大豆异黄酮胶囊（90粒）11盒，单价183元，货款合计2013

元，运费35元（已退还金某然）。上述两个订单的提交时间分别为当日13点11分和13点14分，付款时间分别为13点12分和13点14分；贸易公司于5月22日将两笔订单所涉商品通过顺丰快递由湖南长沙邮寄给金某然，金某然于5月24日签收。

2016年5月30日，金某然在贸易公司开设的网店购买辅酶Q10软胶囊10盒（60粒），单价276元，大豆卵磷脂软胶囊15盒（100粒），单价157元，大豆异黄酮胶囊（90粒）21盒，单价183元，以上货款合计8958元，运费105元（已退还金某然）。该笔订单的提交时间为当日10点49分，付款时间为10点50分；贸易公司于6月8日通过快递由湖南长沙邮寄给金某然，金某然于6月10日签收。

同日15点14分，贸易公司客服向金某然发送微信“你好，金总，我们是代购的，如果没问题我就个人给你安排国外最快的速度给你订货回来，我们是没有中文标签的，所以想再次和你确认一下，等到您的答复我就尽快给您安排，谢谢您的信任”，金某然称“……你还是继续发货吧”。

另查，贸易公司对涉案商品在其网店网页上标识了名称、价格、规格、原产国等信息，并进行了如下描述：进口辅酶Q10软胶囊，物流由湖南长沙发出，原装进口，保证正品支持专柜验货，背面有中文的产品基本信息；辅酶Q10软胶囊，物流自湖南长沙发出，是进口产品；大豆异黄酮胶囊物流自湖南长沙发出，原装进口；大豆卵磷脂软胶囊，物流自湖南长沙发出，进口口岸为青保税区，货物清关状态为已清关中国大陆境内。上述商品的网页宣传中均并未标识海外代购相关字样。

诉讼中，贸易公司认可涉案商品是在金某然下单后其自境内第三人处购买、均未粘贴中文标签，均未取得国内保健品批号属于食品。

【案件焦点】

贸易公司在发货前已告知金某然涉案产品无中文标签，金某然是否有权以无中文标签为由要求十倍赔偿。

【法院裁判要旨】

北京市朝阳区人民法院经审理认为：关于 2016 年 5 月 19 日两笔订单。该两笔订单项下商品，贸易公司在网页中明确标识为进口商品，作为进口食品没有粘贴中文标签，不符合食品安全标准的要求。金某然要求退款退货并十倍赔偿于法有据。

关于 5 月 30 日一笔订单。该笔订单在发货前，贸易公司明确告知金某然订单下商品无中文标签和商品来源情况，按照常理金某然应该知晓购自该订单下商品不会具备国内保健品的批号且在食用剂量上应与国内标准不同。金某然未取消订单且要求贸易公司继续发货，表明金某然确认商品的状态，金某然收到商品后又以其事前明知的理由主张要求贸易公司退款、退货和十倍赔偿缺乏事实和法律依据。

北京市朝阳区人民法院依照《中华人民共和国食品安全法》第二十六条、第九十七条，《中华人民共和国消费者权益保护法》第一百四十八条之规定，作出如下判决：

一、被告贸易公司于本判决生效之日起七日内返还原告金某然货款 4863 元，同时原告金某然向被告贸易公司返还进口辅酶 Q10 软胶囊（80 粒）10 盒和大豆异黄酮胶囊（90 粒）11 盒（如不能返还则按相应单价折价）；

二、被告贸易公司于本判决生效之日起七日内赔偿原告金某然48630元；

三、驳回原告金某然的其他诉讼请求。

金某然不服一审判决，提出上诉。

北京市第三中级人民法院经审理认为：一审法院认定事实清楚，适用法律正确，作出如下判决：

驳回上诉，维持原判。

【法官后语】

《中华人民共和国食品安全法》第一百四十八条第二款规定，生产不符合食品安全标准的食品或者经营明知是不符合食品安全标准的食品，消费者除要求赔偿损失外，还可以向生产者或者经营者要求支付价款十倍或者损失三倍的赔偿金；增加赔偿的金额不足一千元的，为一千元。但是，食品的标签、说明书存在不影响食品安全且不会对消费者造成误导的瑕疵的除外。该条明确了对食品生产者和经营者的惩罚性赔偿机制。惩罚性赔偿不一定是在消费者有实际损害的情况下才可以主张，即使消费者购买后尚未食用不符合食品安全标准的食品，也仍可要求生产经营者支付价款十倍的赔偿金。立法之所以这样规定，很大程度上是考虑到我国食品安全问题的严峻性。实践中食品标签、说明书中的一些瑕疵，如错别字或计量单位使用不规范等，虽然不符合有关食品安全标准但是并不影响食品安全，也不会对消费者造成误导，此类情况下生产经营者，不应承担惩罚性赔偿责任。正因如此，该条增加了但书规定。

具体到但书的规定来看，如何理解和认定“不影响食品安全且不会对消费者造成误导的瑕疵”存在不同意见。具体到本案，《中华人民共和国食品安全法》第九十七条规定，进口的预包装食品、食品添加剂应当有中文标签。贸易公司宣称产品为进口商品，进口商品未粘贴中文标签违反了《中华人民共和国食品安全法》第二十六条的规定，属于不符合食品安全标准的食品，应当适用惩罚性赔偿的规定。但是，发货前贸易公司已经就涉案商品的来源、质量、性能及有无中文标签的情况告知金某然，金某然对商品的上述信息是明知的。涉案商品尽管没有按照食品安全法的规定粘贴中文标签，存在标签上的瑕疵，但因为贸易公司已经尽到了必要的提示义务，并未对金某然构成误导，应当属于《中华人民共和国食品安全法》第一百四十八条第二款但书规定的情形。

值得指出的是，食品标签存在瑕疵，本质上也属于一种违法行为，只不过由于瑕疵不影响食品安全且不会对消费者造成误导，按照“过罚相当”原则，给予了食品生产者和经营者更正或者补救的救济途径，不能因此而弱化对食品标签的监管。

编写人：北京市朝阳区人民法院　薛泓

023 不适用“七天无理由”退货的网络销售产品应有显著的确认程序且经消费者单次购买时确认

——杨某诉销售公司买卖合同案

【案件基本信息】

1. 裁判书字号

北京市丰台区人民法院（2017）京0106民初17361号民事判决书

2. 案由：买卖合同纠纷

3. 当事人

原告：杨某

被告：销售公司

【基本案情】

2017年5月5日，原告在被告网站购买手机一部，支付价款2679.79元。当月16日被告送货至原告处，后原告向被告发起七天无理由退货后屡次遭被告拒绝。原告认为涉案手机因不断弹出“新条款与条件”影响使用，属于产品质量问题。故认为被告存在欺诈。为此原告向法院起诉产生了交通费、误工费等损失，另外主张被告构成欺诈，依照消费者权益保护法的规定应三倍赔偿。故原告请求判令被告：（1）退还手机价款2679.79元；（2）赔偿原告经济损失交通费140元；（3）被告按照货款三倍赔偿7100元；（4）被告承担本案诉讼费。

被告认为：第一，原告购买手机后使用并激活，不符合七天无理由退货的条件。根据《中华人民共和国消费者权益保护法》第二十五条以及《网络购买商品七日无理由退货暂行办法》第七条，已经激活或者贬值金额较大的商品不适用七天无理由退货。第二，被告不存在任何欺诈行为，涉案手机弹出“新条款与条件”属于手机的正常现象，不构成欺诈。

【案件焦点】

1. 涉案手机是否符合七日无理由退货；2. 被告是否存在欺诈。

【法院裁判要旨】

北京市丰台区人民法院经审理认为：关于焦点一，《中华人民共和国消费者权益保护法》（2013 年修正）第二十五条规定：经营者采用网络、电视、电话、邮购等方式销售商品，消费者有权自收到商品之日起七日内退货，且无需说明理由，但下列商品除外：（一）消费者定作的；（二）鲜活易腐的；（三）在线下载或者消费者拆封的音像制品、计算机软件等数字化商品；（四）交付的报纸、期刊。除前款所列商品外，其他根据商品性质并经消费者在购买时确认不宜退货的商品，不适用无理由退货。消费者退货的商品应当完好。经营者应当自收到退回商品之日起七日内返还消费者支付的商品价款。退回商品的运费由消费者承担；经营者和消费者另有约定的，按照约定。《网络购买商品七日无理由退货暂行办法》第七条规定：下列性质的商品经消费者在购买时确认，可以不适用七日无理由退货规定：（一）拆封后易影响人身安全或者生命健康的商品，或者拆封后易导致商品品质发生改变的商品；（二）一经激活或者试用后价值贬损较大的商品；（三）销售时已明示的临近保质期的商品、有瑕疵的商品。第二十条规定：网络商品销售者应当采取技术手段或者其他措施，对于本办法第六条规定的不适用七日无理由退货的商品进行明确标注。符合本办法第七条规定的商品，网络商品销售者应当在商品销售必经流程中设置显著的确认程序，供消费者对单次购买行为进行确认。如无确认，网络商品销售者不得拒绝七日无理由退货。综合以上法律规定，应当认为，某一商品如果同时符合下列条件，其不适用无理由退货的规定：（一）一经激活或者试用，价值贬损较大；（二）网络商品销售者在商品销售必经流程中设置了显著的确认程序，供消费者对单次购买行为进行确认。本案中，销售公司作为网络商品销售者，其主张诉争商品不适用无理由退货的规定，应就以上事实承担举证责任。然而，第一，本案双方虽认可涉案手机已经激活，但，销售公司未举证证明价值贬损较大；第二，网络商品销售者所设置的“显著的确认程序，供消费者对单次购买行为进行确认”显然应当与消费者点击购买行为形成两个独立完成的流程。销售公司主张其在非首页位置进行了提示并且消费者进行了点击购买即构成网络商品销售者完成了该项义务，混淆了“确认不适用无理由退货”与“确认购买”两个行为，与法律规定相悖，故法院对被告辩称意见不予采信。

关于焦点二，原告主张涉案手机不断弹出“新条款与条件”对话框构成质量问题的意见。法院认为，众所周知，手机的软硬件具有一体性，杨某所称的“新条款与条件”提示条款系该款手机软件部分使用中所必须查看、接受或查看并不予接受的提示性对话框。对此，杨某可以选择查看并选择接受或者不接受该条款，承受使用或不使用特定软件的后果，该提示性对话框不构成产品质量问题。杨某据此主张销售公司存在欺诈，缺乏事实与法律依据，法院不予支持。

综上，北京市丰台区人民法院判决：

一、销售公司于本判决生效之日起十日内退还杨某手机价款2679.79元；

二、杨某于本判决生效之日起十日内将其于2016年5月18日在销售公司网络购物平台购买的价格为2688元的手机1部退还给销售公司；

三、销售公司于本判决生效之日起十日内赔偿杨某交通费损失140元；

四、驳回杨某其他诉讼请求。

判决后，双方当事人均未上诉，本判决现已生效。

【法官后语】

该案值得思考的问题有以下两个方面：

一、涉诉手机是否符合七日无理由退货条件

《中华人民共和国消费者权益保护法》中明确列明了四类产品不适用七日内无理由退货的特殊类别产品，手机并未被列入其中。但根据《网络购买商品七日无理由退货暂行办法》的规定，通过网络购买的商品，除了《中华人民共和国消费者权益保护法》中列明的四类产品之外，还有三类产品属于可以不适用七日无理由退货。

但是，《网络购买商品七日无理由退货暂行办法》对不适用无理由退货予以了明确的限制，即对该类产品应当在商品销售必经流程中设置显著的确认程序供消费者对单次购买行为进行确认。如无确认则不得适用七日无理由退货。因此本案的手机是否符合七日内无理由退货，需要符合两个要件：第一，属于《网络购买商品七日无理由退货暂行办法》中明确规定的产品；第二，需对该产品的销售程序设置显著的确认程序供消费者对单次购买行为进行确认。

对于第一要件，需要判断手机是否属于《网络购买商品七日无理由退货暂行办法》中明确规定的产品。根据《网络购买商品七日无理由退货暂行办法》，一经激活或者试用后价值贬损较大的商品属于可以不适用七日无理由退货的产品。通常而言，手机一旦被激活即不再属于全新产品，故其具有激活后价值贬损较大这一特征。由此可以判断，通过网络购买的手机属于可以不适用七日无理由退货的产品，符合第一要件。

对于第二要件，如何认定网络销售者对销售程序设置了显著的确认程序供消费者对单次购买行为进行确认？法院认为，就该规定设置的目的而言，其在于能够让消费者在该次购买过程中明确知道将购买的该商品不适用七日无理由退货。要达到该效果，网络商家至少应当在消费者从选购到付款的过程中向消费者发出一个该商品不适用七日无理由退货的明确告知，并且要求消费者点击确认已阅读该告知之后才可完成付款。而本案中的被告显然没有在购买程序中为消费者设置该种确认程序，其辩称消费者点击确认购买即表示已方完成了设置该确认程序的义务，属于误读《退货办法》中关于显著确认程序的规定。点击购买只能证明消费者同意购买该产品，并不能证明其已经知晓并同意该产品不适用七日无理由退货。因此，由于网络销售者未履行其设置确认程序的义务导致涉案手机不符合七日无理由退货的第二要件，故在本案中所涉的手机不应适用七日内无理由退货，被告有义务为原告退货。

二、手机等电子产品软件更新提示所引发的“困扰”是否构成质量问题及欺诈

关于手机产品更新提示是否属于质量问题，目前的法律法规及相关司法解释均未予以明确的表述。故应根据《中华人民共和国民事诉讼法》规定的“众所周知的事实”进行论述。所谓“众所周知的事实”，即该事实能达到社会中一般民众凭常识和生活经验即可确信。根据公民的常识和生活经验，当前阶段的智能手机在正常状态下的使用过程中均会不定期出现提示系统或软件更新。而手机系统或软件更新是手机优化自身性能的一种方式，其属于手机厂商提供的一种售后服务。并且该种更新并非强制性的行为，使用者自身可以决定接受或者不接受更新甚至可以永久性地禁止手机自动更新以达到不再收到软件更新提示的效果。因此根据上述依据认定，手机的更新提示属于“众所周知的事实”，不属于产品

质量问题，被告据此不构成欺诈。故对于原告要求被告因欺诈承担三倍赔偿的诉讼请求未能予以支持。

编写人：北京市丰台区人民法院　李佳　黄昊

024　网购《购物须知》中管辖条款的效力问题

——王某诉J公司网络购物合同管辖异议案

【案件基本信息】

1. 裁判书字号

北京市第三中级人民法院（2016）京03民辖终1336号民事裁定书

2. 案由：网络购物合同管辖异议纠纷

3. 当事人

原告（上诉人）：王某

被告（被上诉人）：J公司

【基本案情】

2014年9月18日，王某在官方旗舰店购买J公司山地车4等3种商品。王某认为J公司销售的商品页面存在价格欺诈及虚假宣传行为，严重侵犯消费者的知情权，故起诉至北京市朝阳区人民法院，请求判令J公司三倍赔偿，并支付王某误工费、交通费、公证费等。

一审法院向J公司送达起诉状后，J公司在法定答辩期内向一审法院提出了管辖权异议，认为网购《购物须知》中已明确约定：

"如无法协商解决，则由卖家所在地法院管辖"，J公司作为卖方其住所地位于江苏省昆山市，申请将案件移送至江苏省昆山市人民法院审理。

【案件焦点】

网购《购物须知》中"如无法协商解决，则由卖家所在地法院管辖"的协议管辖条款是否有效。

【法院裁判要旨】

北京市朝阳区人民法院经审理认为：王某选择网络购物，J公司在其销售页面明确载明与产品有关的任何问题，若无法协商解决，则由卖家所在地法院管辖。该约定明确、具体，也不违反法律关于级别管辖和专属管辖的规定，应属合法有效。J公司作为卖方其住所地位于江苏省昆山市，故本案应移送江苏省昆山市人民法院审理。据此，北京市朝阳区人民法院裁定如下：

J公司对本案管辖权异议成立，本案移送江苏省昆山市人民法院审理。

王某持原审意见提起上诉。

北京市第三中级人民法院经审理认为：王某在J公司官方旗舰店购物流程为：点击网络购物平台相关网站——→输入王某的账号和密码登录网站——→点击商品，进入J公司店铺，点击进入该商品的宣传页面，浏览该商品的信息——→加入购物车——→下单付款，完成交易。J公司的代理人认可上述购物流程。关于本案所涉商品的配送。J公司的代理人在法庭上陈述，自行车是一种特殊的商品，要去门店组装才能给消费者，所以消费者购买时要选择一个提车的门店。从王某购物订单信息看，王某选择的线下提货门店为：定福庄专卖店，地址为北京市朝阳区定福庄。

根据上述查明的购物流程，二审法院认为，管辖协议条款必须经过双方当事人协商一致。即便是管辖协议格式条款，亦应在合同签订前由合同拟订方给予对方合理提示。本案所涉《购物须知》虽然植于购物网页中，但从实际购物流程看，查看《购物须知》并非交易相对方购物的必经程序，也就是说，交易相对方可以不用查看《购物须知》，亦可购物成功。因此，《购物须知》的管辖条款在整个购物流程中，未能体现“经过双方当事人协商”之特点，因此，本案所涉《购物须知》中的管辖条款对交易相对方应属无效。本案应当依照《中华人民共和国民事诉讼法》第二十三条，《最高人民法院关于适用〈中华人民共和国民事诉讼法〉的解释》第二十条的规定确定管辖法院。本案中，王某所诉之交易系买卖双方通过互联网买卖商品，买卖双方在本案王某所诉之 4 个订单中约定的线下提货门店地址均为“北京市朝阳区定福庄”，该地址即为本案合同履行地。因本案的合同履行地位于北京市朝阳区，北京市朝阳区人民法院作为合同履行地人民法院依法对本案有管辖权。

综上，王某的上诉理由成立，其上诉请求应予支持。一审裁定认定事实和适用法律有误，应予纠正。依照《中华人民共和国民事诉讼法》第一百七十条第一款第二项、第一百七十一条、第一百七十五条之规定，裁定如下：

一、撤销北京市朝阳区人民法院（2015）朝民（商）初字第 68300 号管辖权异议民事裁定；

二、本案由北京市朝阳区人民法院处理。

【法官后语】

随着网络购物的日益普遍，因网络购物引发的纠纷亦日益增多。为此，最高人民法院《关于适用〈中华人民共和国民事诉讼法〉的解释》第二十条专门对网络购物引发纠纷的管辖问题作出的规定：以信息网络方式订立的买卖合同，通过信息网络交付标的的，以买受人住所地为合同履行地；通过其他方式交付标的的，收货地为合同履行地。合同对履行地有约定的，从其约定。

本案中，J公司主张其在《购物须知》中对管辖有明确约定，但该约定因系格式条款，还应当符合《最高人民法院关于适用〈中华人民共和国民事诉讼法〉的解释》第三十一条的规定，即经营者使用格式条款与消费者订立管辖协议，未采取合理方式提请消费者注意，消费者主张无效的，人民法院应予支持。

本案双方争议焦点在于：《购物须知》中的管辖约定虽然用红色字体醒目标识，是否意味着经营者已经向消费者尽到了合理的提示义务？

本案处理的重点在于：抛开协议订立的多种方式，从协议的最本质的特点即“经过双方当事人协商”出发，在进一步查明了王某网络购物详细流程的基础上，深入分析出从实际购物流程看，查看《购物须知》并非交易相对方购物的必经程序，也就是说，交易相对方可以不用查看《购物须知》，亦可购物成功。因此，本案所涉《购物须知》中的管辖条款未能体现“经过双方当事人协商”之特点，亦不能反映经营者已经向消费者尽到合理的提示义务。

追本溯源，从购物流程中去分析《购物须知》中的管辖条款是否具备协议的本质特点，然后作出准确的判断，让双方当事人心服口服。

编写人：北京市第三中级人民法院　陈学芹

025 网络交易平台的责任

——陈某诉商务公司买卖合同案

【案件基本信息】

1. 裁判书字号

北京市第三中级人民法院（2016）京 03 民终 4409 号民事判决书

2. 案由：买卖合同纠纷

3. 当事人

原告（被上诉人）：陈某

被告（上诉人）：商务公司

【基本案情】

2014 年 7 月 26 日，陈某在商务平台上购买 1 盒鹿胎膏，价格 3980 元，1 瓶红景天蜜，价格 85 元。双方确认上述商品系由平台上的商家旗舰店销售。平台显示旗舰店的经营者为 Y 公司，且显示了 Y 公司的地址以及营业执照。陈某称由于其根据平台提供的 Y 公司联系方式无法找到 Y 公司，故要求商务平台承担相应责任。经询，商务公司表示其自 2014 年 1 月 8 日至 11 月 5 日与 Y 公司合作，终止合作后，商务公司也无法联系上 Y 公司。

经查，鹿胎膏显示的制造商为生态公司，主要成分包括梅花鹿胎、西洋参、当归、益母草等。红景天蜜的制造商为生态公司，配料包括椴树蜜、红景天萃取物，生产日期为 2013 年 8 月 26 日。陈某向食品药品举报中心（以下简称举报中心）投诉涉案产品存在问题，举报中心答复称，经查，生态公司从未生产过任何鹿产品，自2009年1月以后未生产过红景天蜜；Y公司非生态公司签约代理商，Y公司在网站设立的旗舰店也非生态公司授权经营。陈某向工商局举报Y公司销售不安全食品，工商局答复称：经调查核实发现陈某举报的Y公司销售的涉案两种产品违规添加"鹿胎、鹿茸、益母草、当归、红景天"等非普通食品原料情况属实，由于后期该公司搬离注册地址，且无法联系到相关负责人，导致案件无法继续办理。截至本判决书书写时，承办人登录全国企业信用信息公示系统查询Y公司，显示为暂未查询到相关记录。

商务公司系本案诉争商品销售的电子服务平台，商务公司陈述其在与Y公司签约时审查了其公司营业执照、组织机构代码证和税务登记证等主体资质材料，其他材料未审核。

【案件焦点】

商务公司作为电子商务平台是否应当对消费者承担责任。

【法院裁判要旨】

北京市朝阳区人民法院经审理认为：本案陈某购物与提起诉讼均发生在《中华人民共和国食品安全法》修订之前，故应适用修订之前的《中华人民共和国食品安全法》。本案的争议焦点在于商务公司作为电子商务平台是否应当对消费者承担责任。根据法律规定，网络交易平台提供者不能提供销售者的真实名称、地址和有效联系方式的，消费者可以向网络交易平台提供者要求赔偿。本案中，虽然商务公司在其网站上公示了销售者Y公司的名称、地址以及营业执照等信息，但在陈某购买的产品出现问题向工商局投诉后，其经过调查已无法联系到Y公司，且在本案诉讼过程中，商务公司亦称其无法联系到Y公司，现全国企业信用信息公示系统中已无法查询到Y公司信息，商务公司作为电子平台提供者不能提供销售者的有效信息，故陈某在所购产品出现质量问题的情况下，以商务公司为被告主张权利，于法有据，本院予以支持。根据法律规定，陈某购买的两种食品中均添加了法律规定不得作为普通商品使用的成分，且根据陈某的举报结果，相关行政机关亦认定上述两种食品存在违规添加非普通食品原料的情况。陈某购买的两种食品均不符合食品标准，其有权要求商务公司退还货款并给付十倍赔偿金。陈某的诉讼请求于法有据，本院予以支持。鉴于上述食品不符合食品安全标准，故上述食品由法庭收缴后予以销毁。

北京市朝阳区人民法院依照《中华人民共和国消费者权益保护法》第四十四条、《中华人民共和国食品安全法》第九十六条之规定，作出如下判决：

一、被告商务公司于本判决生效之日起十日内退还原告陈某货款4080元；

二、被告商务公司于本判决生效之日起十日内给付原告陈某赔偿金40800元。

商务公司不服判决，提起上诉。

北京市第三中级人民法院经审理认为：《中华人民共和国消费者权益保护法》第四十四条规定："消费者通过网络交易平台购买商品或者接受服务，其合法权益受到损害的，可以向销售者或者服务者要求赔偿。网络交易平台提供者不能提供销售者或者服务者的真实名称、地址和有效联系方式的，消费者也可以向网络交易平台提供者要求赔偿；网络交易平台提供者作出更有利于消费者的承诺的，应当履行承诺。网络交易平台提供者赔偿后，有权向销售者或者服务者追偿。网络交易平台提供者明知或者应知销售者或者服务者利用其平台侵害消费者合法权益，未采取必要措施的，依法与该销售者或者服务者承担连带责任。”本案买卖合同关系发生于2014年7月，故本案应当适用《中华人民共和国食品安全法》（2009年）。该法第二十八条规定：“禁止生产经营下列食品：（一）用非食品原料生产的食品或者添加食品添加剂以外的化学物质和其他可能危害人体健康物质的食品，或者用回收食品作为原料生产的食品……”，涉案产品中添加的鹿胎、鹿茸、益母草、当归、红景天均属于非普通食品原料，2014年8月陈某已向客服投诉，2014年9月陈某向举报中心投诉涉案产品，商务公司已知悉涉案产品不符合食品安全标准，但未采取必要措施。此后，Y公司注销，在诉讼中陈某无法向Y公司主张权利，故商务公司作为食品的经营者依法应当与销售者承担连带赔偿责任。《中华人民共和国食品安全法》（2009年）第九十六条规定：“违反本法规定，造成人身、财产或者其他损害的，依法承担赔偿责任。生产不符合食品安全标准的食品或者销售明知是不符合食品安全标准的食品，消费者除要求赔偿损失外，还可以向生产者或者销售者要求支付价款十倍的赔偿金。”本案陈某购买的食品中添加了非普通食品原料，故一审法院判决商务公司退还陈某货款并十倍赔偿并无不当。

北京市第三中级人民法院依照《中华人民共和国民事诉讼法》第一百七十条第一款第一项之规定，作出如下判决：

驳回上诉，维持原判。

【法官后语】

本案涉及的是网络交易平台的责任承担问题。《中华人民共和国消费者权益保护法》第四十四条第一款规定“消费者通过网络交易平台购买商品或者接受服务，其合法权益受到损害的，可以向销售者或者服务者要求赔偿。网络交易平台提供者不能提供销售者或者服务者的真实名称、地址和有效联系方式的，消费者也可以向网络交易平台提供者要求赔偿；网络交易平台提供者作出更有利于消费者的承诺的，应当履行承诺。网络交易平台提供者赔偿后，有权向销售者或者服务者追偿”。《中华人民共和国食品安全法》第一百三十一条第二款也规定“消费者通过网络食品交易第三方平台购买食品，其合法权益受到损害的，可以向入网食品经营者或者食品生产者要求赔偿。网络食品交易第三方平台提供者不能提供入网食品经营者的真实名称、地址和有效联系方式的，由网络食品交易第三方平台提供者赔偿。网络食品交易第三方平台提供者赔偿后，有权向入网食品经营者或者食品生产者追偿。网络食品交易第三方平台提供者作出更有利于消费者承诺的，应当履行其承诺”。从买卖合同的主体来看，网络交易平台不参与具体的签约过程，并非交易的任何一方主体，法律之所以规定网络交易平台在特定条件下需要对消费者承担赔偿责任，一方面是考虑到对消费者权利的保护。由于网络交易的虚拟性，网络平台上的销售者往往资质、信誉良莠不齐，发生纠纷后，消费者的权益难以保障。另一方面是从技术角度考虑。网络交易平台从技术上对于销售者具有一定的控制能力，通过审查销售者的身份、资质、证照等能够在其能力范围内降低交易风险。因此，从以上角度考虑，法律规定了网络交易平台的提供者在一定的条件下需要对消费者承担责任。从以上法律规定可以看出，网络交易平台在以下几种情形下需要承担责任：一是网络交易平台不能提供销售者或者服务者的真实名称、地址和有效联系方式的；二是网络交易平台作出更有利于消费者的承诺的；三是网络交易平台提供者明知或者应知销售者或者服务者利用其平台侵害消费者合法权益，未采取必要措施的。本案属于第一种情形，需要强调的是，本案被告提出其提供了销售者的真实名称、地址和有效联系方式，在销售者入驻网络交易平台和消费者购买产品当时，网络交易平台提供的销售者信息均真实、合法、有效，只是在消费者维权时经营者注销，不应当由网络交易平台承担责任。笔者认为，法律之所以规定网络交易平台提供销售者的有效信息，就是为了消费者在维权时可以找到正确的相对方，因此即使在消费者购物时提供的经营者信息有效，如果在发生争议时，无法提供有效的经营者信息，网络交易平台仍然应当承担先行赔偿责任。

编写人：北京市朝阳区人民法院　孙国荣

026　网络经营者主体分离应承担赔偿责任

——靳某诉销售公司买卖合同案

【案件基本信息】

1. 裁判书字号

北京市第二中级人民法院（2016）京 02 民终 8660 号民事判决书

2. 案由：买卖合同纠纷

3. 当事人

原告（上诉人）：靳某

被告（被上诉人）：销售公司

【基本案情】

2015年9月19日，靳某通过购网下单购买了2台无线打印一体机，并支付货款1398元，销售公司向其开具了发票。收货后，靳某认为该商品存在消费欺诈，于2015年10月11日向南京市玄武区市场监督管理局（以下简称玄武市场监管局）举报购物网站。2016年3月16日，玄武市场监管局对南京电子商务公司作出行政处罚，内容为："经查，你（单位）在购物网站中销售的'无线打印一体机'的网页宣传中称'传真类型：激光式'及'无边距无线照片打印'，实际并无该功能，上述行为违反了《中华人民共和国广告法》第四条的规定，构成了误导消费者的行为，根据《中华人民共和国广告法》第五十五条的规定，责令你（单位）改正上述违法行为，并作出如下2项处罚：1. 警告；2. 罚款人民币玖佰元整。"

另，销售公司和江苏电子商务公司是云商集团控股的子公司。南京电子商务公司是江苏电子商务公司的全资子公司。购物网站的经营者是江苏电子商务公司，购物网站上自营的商品并未注明具体的销售方，只有在发票上才能看出是哪个地区的电子商务公司销售的商品。

【案件焦点】

销售公司作为向靳某交付涉案商品并开具发票的主体，是否应当就购物网站上关于涉案商品发布宣传信息的行为承担《中华人民共和国消费者权益保护法》规定的惩罚性赔偿责任。

【法院裁判要旨】

北京市丰台区人民法院经审理认为：本案争议焦点为交易发生

时，销售公司是否提供了虚假的商品网络参数信息。首先，靳某提交的网络购物截图系其自行采集，截图时间并非交易发生的时间，且靳某在起诉时亦表示该商品的网页参数已经进行了修改，现已无法查明交易发生时商品的网络参数信息；其次，靳某提交的处罚决定书系针对南京电子商务公司做出，与本案不具有关联性。综上，靳某提供的证据不足以证明销售公司在销售过程中故意向其告知了虚假情况或故意隐瞒了真实情况，其主张销售公司存在欺诈的理由不能成立，故对于其要求销售公司返还购机款并三倍赔偿的诉讼请求，一审法院不予支持。

北京市丰台区人民法院根据《中华人民共和国民事诉讼法》第六十四条第一款、《最高人民法院关于民事诉讼证据的若干规定》第二条之规定，作出如下判决：

驳回靳某的全部诉讼请求。

靳某不服一审判决，提起上诉。

北京市第二中级人民法院经审理认为：靳某系在购物网站上选择自营商品下单购买的涉案打印机，销售公司向其交付打印机、开具发票。在这种网上购物交易中，销售者的销售行为具有不同于传统实体店销售的显著特征。本案中，自营商品由云商集团或其关联公司销售，具体销售方以销售发票记载的开票主体为准，而发布自营商品宣传信息的购物网站是由云商集团的控股子公司江苏电子商务公司经营的，购物网站的管理者南京电子商务公司是江苏电子商务公司的全资子公司，向靳某交付涉案打印机并开具发票的是云商集团的控股子公司北京销售公司。由此可见，云商集团及其关联公司的销售行为是通过云商集团各个子公司和关联公司分工合作来完成的。购物网站发布自营商品宣传信息，但不向消费者交付商品、开具发票，北京销售公司等云商集团的子公司或关联企业向消费者交付商品、开具发票，但不发布自营商品宣传信息。基于此，对于购物网站发布的自营商品宣传信息，消费者有理由相信是云商集团及其关联公司发布的。因此，法院认定购物网站发布的自营商品宣传信息应当视为云商集团及其关联公司发布的商品宣传信息。本案中，南京电子商务公司作为购物网站的管理者，在购物网站就涉案打印机发布与打印机实际功能不符的宣传信息，玄武市场监管局对南京电子商务公司的虚假宣传行为进行了认定和行政处罚。因此，南京电子商务公司对涉案打印机的虚假宣传行为应当视为销售公司的虚假宣传行为。本案中，销售公司通过南京电子商务公司实施的虚假宣传行为，误导了靳某购买了涉案打印机，销售公司的上述行为应当认定为欺诈行为。本案中，销售公司在销售涉案打印机给靳某的过程中存在欺诈行为，靳某主张北京销售公司返还涉案打印机货款 1398 元并三倍赔偿货款 4194 元，具有事实和法律依据。

北京市第二中级人民法院依照《中华人民共和国消费者权益保护法》第五十五条第一款、《最高人民法院关于贯彻执行〈中华人民共和国民法通则〉若干问题的意见（试行）》第六十七条、《中华人民共和国民事诉讼法》第一百七十条第一款第二项之规定，作出如下判决：

一、撤销北京市丰台区人民法院（2016）京 0106 民初 259 号民事判决；

二、销售公司于判决生效之日起七日内退还靳某货款 1398 元并赔偿靳某 4194 元；

三、靳某于判决生效之日起七日内退还销售公司 2 台无线打印一体机；

四、驳回靳某的其他诉讼请求。

【法官后语】

《中华人民共和国消费者权益保护法》第五十五条规定的惩罚性赔偿，其适用条件为经营者提供商品有欺诈行为。一般认为，惩罚性赔偿是指当被告以恶意、故意、欺诈或放任的方式施加加害行为而致原告受损时，原告可以获得实际损害赔偿之外的增加赔偿。由此可知，惩罚性赔偿的性质要求其适用必须有严格条件。网络购物消费尤其在电商“自营”类商品销售过程中，随着电商平台覆盖地域范围的不断扩大，逐渐出现了经营者主体分离的现象，即由电商集团或总公司旗下的若干分公司、子公司或关联公司分别完成向消费者承担宣传、订单确认、结算、送货、开票、维保等一系列卖方权利义务，导致消费者在进行维权诉讼过程中，出现若干经营者主体各自独立或分立的情形。

在出现经营者分离现象的消费者维权案件中，对经营者销售行为的统一认定是审理案件的重点和难点所在。首先，应当审查并明确对涉案商品分别进行宣传和送货、开票的主体；其次，应当审查宣传主体即广告信息的发布者、网购平台的运营公司与实际交付主体即向消费者供货、开发票的区域公司之间的关联关系；再次，应当在原、被告之间合理分配举证责任，消费者提供购物清单网页截屏或者发票等证据证明被告已履行合同义务，但被告仍否认买卖合同关系存在的，应由被告举证证明各主体之间不存在关联；最后，应当准确适用表见代理制度，消费者购买“自营”商品时，其关于合同相对人的真实意思表示应为网络交易平台，消费者有理由相信实际交付主体系有权代理，其行为的法律后果应由网络交易平台承担。

本案中，二审法院通过补充查明事实的方式，认定了销售公司与购物网站的经营者江苏电子商务公司、管理者南京电子商务公司，同属于云商集团旗下的控股公司或关联公司，由此认为购物网站发布的自营商品宣传信息应当视为销售公司发布的商品宣传信息，故涉案商品的虚假宣传行为应当视为销售公司的虚假宣传行为，通过对各“分离”的经营者主体之间的关联关系的认定，“刺破”了各主体之间关于无须承担商品欺诈的经营者责任的“面纱”，从而判决销售公司应就购物网站的虚假宣传行为承担惩罚性赔偿责任。

编写人：北京市第二中级人民法院　李诚

027 符合买卖合同特性的网上“代购”双方之间不是委托代理关系

——朱某慧诉王某泉、王某冉买卖合同案

【案件基本信息】

1. 裁判书字号

江苏省无锡市中级人民法院（2016）苏02民申108号民事裁定书

2. 案由：买卖合同纠纷

3. 当事人

原告（被上诉人、再审被申请人）：朱某慧

被告（上诉人、再审申请人）：王某泉、王某冉

【基本案情】

2014 年，王某冉发朋友圈称：可以“代购”便宜的某品牌手机，朱某慧与其联系“代购”64 台手机，并向其转账 325200 元。因一直未交货，2014 年 10 月 7 日，朱某慧到上海找王某冉，要求交付手机，经朱某慧、王某冉与王某交涉，朱某慧从王某的朋友处拿到某品牌手机 2 部。同月 11 日，朱某慧再次到上海与王某冉一起去找王某协商交货或退款事宜，次日在当地派出所的协调下，王某向王某冉出具了欠条，确认王某冉向其转账 1326200 元用于购买某品牌两个型号的手机，因无法按期交货，承诺归还王某冉购机款 1326200 元。同日，王某冉出具收条 1 张给朱某慧，确认收到朱某慧款项 314400 元，同时出具欠条 1 张给朱某慧，确认其欠朱某慧用于购买某品牌两款手机的款项 314400 元，因其无法如期交货，朱某慧要求全额退款，故确认分批退还购机款 314400 元，王某泉承诺承担连带保证责任。后王某冉仅向朱某慧支付了 20000 元。2015 年 3 月 18 日，朱某慧诉至法院，要求王某冉、王某泉共同归还欠款 294400 元并支付逾期付款利息。

诉讼中，王某冉、王某泉称：与朱某慧之间仅是代理关系，其在收到朱某慧的款项后全部转汇给了王某，由王某供应手机，实际购买手机的双方是朱某慧与王某，在供应出现问题后，王某冉业已将王某披露给了朱某慧，朱某慧也直接与王某联系交货或者退款。其向朱某慧写收条及欠条是因王某承诺其会还款，其根据王某所写的收条及欠条约定的还款时间给朱某慧所写的只是承诺王某付款后会按比例将一定的款项转交给朱某慧。现王某因合同诈骗被判刑，朱某慧的该 291440 元包含在王某的合同诈骗金额中。

另查明：上海市宝山区人民法院（2015）宝刑初字第1554号刑事判决书中确认：被告人王某骗取被害人王某冉某品牌手机的订货款共计140余万元，构成合同诈骗罪。

【案件焦点】

网上“代购”双方是委托代理关系，还是买卖合同关系。

【法院裁判要旨】

江苏省无锡市高新技术产业开发区人民法院经审理认为：本案中王某冉出具收条，确认了收到朱某慧购买手机款项314400元，又出具了欠条确认分批向朱某慧退款。王某冉、王某泉提出其与朱某慧系代理关系，只是代理朱某慧向王某购买某品牌手机，直接发生买卖手机关系的是朱某慧与王某，其不负有向朱某慧付款义务的答辩意见，因王某冉向朱某慧出具的欠条中载明系因王某冉无法如期交货同意向朱某慧全额退款，且王某冉所提供的（2015）宝刑初字第1554号刑事判决书中也载明王某合同诈骗所指向的被害人是王某冉，且法院已经判决王某向各被害人退赔损失，王某冉所提供的证据不足以推翻该刑事判决书确认的事实，亦无法证明其与朱某慧之间是代理关系，所写欠条只是承诺待王某还款后向朱某慧转交。现王某冉未按约向朱某慧返还款项，故对于朱某慧要求王某冉立即归还货款294400元的请求，法院予以支持。王某泉系王某冉欠款的连带保证责任人，对王某冉的付款承担连带保证责任。对于利息，朱某慧的主张符合法律规定，法院予以支持。

一审法院遂判决：

一、王某冉于该判决发生法律效力之日起十日内归还朱某慧货款294400元及利息；

二、王某泉对王某冉的上述付款义务承担连带责任；

三、驳回朱某慧的其他诉讼请求。

被告不服一审判决提出上诉，二审法院同意一审法院的裁判意见，作出如下判决：

驳回上诉，维持原判。

王某冉、王某泉不服，向江苏省无锡市中级人民法院提出再审申请。

江苏省无锡市中级人民法院经审理认为：网络上“代购”一词的含义并不等同于法律术语“委托代理”购买的含义，故不能仅凭出现了“代购”一词就确认双方之间系委托代理合同关系。原判并未直接认定王某冉与朱某慧之间系买卖合同关系，而是认定双方之间不是委托代理合同关系，及王某冉、王某泉应按上述欠条履行义务。原审作出这一认定的依据是：第一，王某冉未能举证证明其与朱某慧之间系委托代理合同关系。第二，以下证据足以证明双方之间不是委托代理合同关系：1. 王某冉于 2004 年 10 月 12 日出具给朱某慧的《欠条》（王某泉在担保人一栏具名），载明：王某冉欠朱某慧 314400 元，此款用于购置某品牌两个型号的手机，因王某冉无法如期交货，现同意分期偿还给朱某慧。2. 王某冉于同日出具给朱某慧的《收条》，载明：王某冉收到朱某慧打款 314400 元，此款已由朱某慧打入王某冉指定账户，用于购置某品牌两个型号的手机。3. 刑事判决书确认：王某在不能保证手机货源的情况下，仍收取王某冉订货款共计 140 余万元，至案发，大部分手机未交付，造成货款损失 117 万余元，判决王某构成合同诈骗罪，并责令王某退赔包括王某冉在内的被害人的损失。

江苏省无锡市中级人民法院裁定：

驳回王某冉、王某泉的再审申请。

【法官后语】

自从网购兴起后，就出现了网上“代购”这种交易方式，但是网上“代购”并不等同于法律术语“委托代理”购买，不能当然地认定“代购”双方之间为委托代理关系，而是应当根据双方达成协议或者合意的具体内容来确定法律关系的性质。“代购”人以自己的名义向上家购买商品后，转手出售给“购买”人的，具备买卖合同的基本特征，应当认定双方之间构成买卖合同关系，而不是委托代理关系。

本案中“代购”双方之间的法律关系不是委托代理关系，而是买卖合同关系。理由如下：1. 本案中，王某冉首先在微信朋友圈发布了“可以便宜代购某品牌手机”的信息，这个发布应当属于商业广告性质，是要约邀请，因为它并不包含交易的价格、商品的数量等明确的合同内容，只是提出希望他人向自己发出要约的表示。朱某慧看到这个广告后，与王某冉联系要求购买。至于两人当时如何达成协议，因未保存证据，过程现已不得而知。但是从后来王某冉及王某出具的收条与欠条、朱某慧的汇款记录，可以看出王某冉与朱某慧当时达成的合意内容应为：朱某慧有义务向王某冉支付手机款325200元，而王某冉有义务及时交付给朱某慧手机64台，交易的主体双方为王某冉和朱某慧。从以上合意内容来看，该合意包括了货物的名称、价格、数量、买方的付款义务、卖方的交货义务，具备买卖合同成立的主要内容，完全符合货物买卖合同的基本特征。2. 从上海市宝山区人民法院的刑事判决确认的事实可以看出，王某冉也是以自己的名义而不是朱某慧的名义，向上家王某支付了购机款，最终认定的合同诈骗的被害人亦为王某冉，故王某冉并未作为代理人以被代理人朱某慧名义实施购买手机的民事法律行为，不符合代理的特征，双方之间不存在代理关系。3. 至于王某冉和朱某慧之间是否存在委托合同关系的问题。综观整个交易环节和流程，王某冉和朱某慧之间没有明确的委托购买手机等约定。在交涉交付手机事宜并知晓手机货源来源于王某之后，各方之间就退款相继由王某和王某冉分别出具了欠条、收条，其中王某向王某冉出具欠条，承诺归还王某冉购机款1326200元，即该次交易的主体双方为王某和王某冉，王某冉则向朱某慧出具收条、欠条，确认王某冉结欠朱某慧购机款314400元，由王某冉分批退还，即本次交易的主体双方为王某冉和朱某慧，应当认定属于王某冉以自己的名义向上家王某购买商品后转手出售给朱某慧的情形，故王某冉和朱某慧之间也不存在委托合同关系。

综上，这次微信朋友圈“代购”双方之间存在的是买卖合同关系，而不是委托代理关系。

编写人：江苏省无锡市中级人民法院　李海林　申富军

028 网络经营者将不能享受专柜保修服务的商品承诺为“行货”构成欺诈

——唐某忠诉技术公司网络购物合同案

【案件基本信息】

1. 裁判书字号

北京市第三中级人民法院（2015）三中民（商）终字第03660号民事判决书

2. 案由：网络购物合同纠纷

3. 当事人

原告（上诉人）：唐某忠

被告（被上诉人）：技术公司

【基本案情】

2012年9月1日，唐某忠通过技术公司经营的购物网站下单购买机械男表一只，优惠后价格为12228元。2012年9月3日，唐某忠收到该货品并支付了上述价款。

唐某忠表示上述产品的保修卡上的销售商为一家手表店，没有正规的报关手续的进口产品都是水货，而购物网站曾经承诺其出售产品为正品行货，故技术公司存在欺诈行为。为证明其网站出售的手表为正品，技术公司提供了该手表的供货商商贸公司与有关公司签订的《商品采购合同》及附件一商务条款、声明以及进口货物报关单证据予以佐证。

手表生产商官网提示："本公司建议客户不要在网上购买本品牌手表，在网上销售的本品牌手表可能是仿制、二手或来历不明的商品，本品牌手表保修对此类产品也不适用；为了保护本公司客户的利益不受盗版或劣质产品侵害，我们强烈建议只向特约经销商购买本品牌手表。"

针对保修的情况，技术公司表示其出售的产品无法参加国际保修，但网站承诺提供保修的期限，这是实体购物与网络购物的区别，技术公司并没有隐瞒相关事实。

唐某忠诉至法院，要求：（1）判令技术公司退货并三倍赔偿损失36684元；（2）技术公司赔礼道歉；（3）技术公司承担一审案件诉讼费并赔偿其他费用共计5000元。

【案件焦点】

1. 技术公司将不能享受专柜保修服务的手表承诺为"行货"是否构成欺诈；2. 如果构成欺诈，技术公司应当承担何种责任。

【法院裁判要旨】

北京市朝阳区人民法院经审理认为：唐某忠表示由于购物网站在出售手表时声称为“正品行货”，但实际是无法享受国内保修等服务的“水货”，故认定技术公司存在欺诈行为。但依据现有证据可知，技术公司出售的产品系供货商商贸公司提供，并且有合法的报关手续，因此可以看出技术公司在购物网站出售的产品系有合法的来源，且进行了合法的征税，故该货物并非假货或“水货”。且唐某忠在购买前无论是通过实体店介绍还是官方网站介绍均有渠道了解到网络购物可能存在的售后服务的风险，而后自主选择在购物网站购买，故技术公司并不存在欺诈的行为，该院对唐某忠的诉讼请求不予支持。

北京市朝阳区人民法院依据《中华人民共和国民事诉讼法》第六十四条之规定，作出如下判决：

驳回原告唐某忠的全部诉讼请求。

唐某忠持原审起诉意见提起上诉。

北京市第三中级人民法院经审理认为：第一，“行货”一词并非法律上的术语，亦非标准行业术语，双方也未对其含义进行约定，故应依照交易习惯对其进行理解。依据当前市场的交易习惯，“行货”系经过合法的报关手续等正规渠道进入国内市场的境外商品，其能在国内市场享受售后服务及质量保证。依据普通消费者的通常认知，能够享受国内特约经销商和特约维修点的保养、保修等售后服务是“行货”的重要特征。技术公司作为网站经营者，其明知手表不能参加全球联保，却仍将商品描述为“行货”，应当认定技术公司的行为构成欺诈。第二，唐某忠的购买行为发生于 2012 年 9 月 1 日，故应适用《中华人民共和国消费者权益保护法》（2009 年修正），该法第四十九条规定了经营者欺诈应当返还货款并进行一倍赔偿。第三，一审法院对本案进行审理是否属于程序违法。一审法院基于福建省漳州市中级人民法院作出的生效裁定对本案进行管辖，并无不当。

北京市第三中级人民法院依照《中华人民共和国民事诉讼法》第一百七十条第一款第二项，《最高人民法院关于贯彻执行〈中华人民共和国民法通则〉若干问题的意见》第六十七条，《中华人民共和国消费者权益保护法》（2009年修正）第四十九条之规定，作出如下判决：

一、撤销北京市朝阳区人民法院（2014）朝民（商）初字第37891号民事判决；

二、技术公司于本判决生效之日起十日内退还唐某忠货款12228元，并向唐某忠支付赔偿款12228元；

三、唐某忠于本判决生效之日起十日内将其于2012年9月1日从技术公司购买的价格为12228元的机械男表一只退还技术公司；

四、驳回唐某忠的其他诉讼请求。

【法官后语】

本案处理的重点问题在于对“行货”以及销售者欺诈的认定，一、二审出现分歧是在于对此问题认识不一致。

关于“行货”与“水货”的法律认定。“行货”和“水货”的称谓并非法律上的术语，国家标准与行业标准中也没有“行货”与“水货”的定义，在词典中亦无法查明其含义，但“行货”一词已成为市场上的常用词语，可通过交易习惯对其进行理解。理解“行货”和“水货”需要明确的前提就是其并不是依据产品质量区分，并不是“行货”就能确保高质量，也并不是“水货”就是高仿品或者山寨品。“行货”和“水货”的主要区别应该在于地域的发卖及其售后的分歧，也正是这种区别造成了价格的差异。依据当前的市场交易习惯，“行货”不仅是经过合法的报关手续等正规渠道进入国内市场的境外商品，根据普通消费者的理解，其还应是能够享受国内特约经销商和特约维修点的保养、保修等售后服务的商品，其应与在专柜内购买的商品享有同样的售后服务和质量保证。本案中技术公司承诺商品是“正品行货”，但消费者购买后发现该商品并不能享受与在专柜内购买的同品牌、同款式商品相同的售后服务和质量保证，只能由技术公司提供售后服务，与社会一般人对“行货”的理解不符，因此涉案商品不应该认定为行货。

关于销售者欺诈的认定。本案中，技术公司以积极作为的方式将商品描述为“行货”，属于对商品的质量和售后服务进行优于实际的描述和承诺，且这种行为可能促进成交量，使经营者享受更多的利益，故可推定技术公司存在欺诈的故意。技术公司在网站上承诺涉诉商品为“正品行货”，属于告知消费者虚假情况的行为，消费者基于对该承诺的信任，购买了涉诉商品，则本案中技术公司的销售行为符合了欺诈的构成要件，应认定其存在欺诈行为。

编写人：北京市第三中级人民法院　郑慧媛　张元

029　网购“七天无理由退换货”条款的理解与适用

——邓某华诉商务公司买卖合同案

【案件基本信息】

1. 裁判书字号

广东省广州市中级人民法院（2015）穗中法民二终字第 922 号民事判决书

2. 案由：买卖合同纠纷

3. 当事人

原告（上诉人）：邓某华

被告（被上诉人）：商务公司

【基本案情】

2013年1月9日，邓某华通过某网络购物平台向商务公司经营的店铺以940元的价格购买手机一台。根据某网络购物平台的记载，该商品享受七天无理由退换货服务。2013年1月10日，商务公司通过快递将涉案手机交付给邓某华使用。当日，邓某华在使用手机过程中发现该手机存在质量问题。经邓某华向品牌电子服务中心授权的通信设备公司进行检测，确认该手机存在不读卡及不能照相等问题。2013年1月15日，邓某华通过快递将涉案手机及手机检测单等一并寄给商务公司，邮费22元由收件方支付。商务公司收到手机后，于2013年1月17日通过快递向邓某华邮寄新的手机，邮费22元由寄件方支付。2013年1月18日，招某代邓某华签收了商务公司邮寄的新手机。邓某华收到该手机后，要求商务公司按七天无理由退换货承诺退货。经协商，商务公司在2013年1月22日同意退款。邓某华遂于2013年1月25日将手机寄给商务公司，邮费22元由寄件方支付，但商务公司拒绝接收，也拒绝退款。邓某华遂起诉主张商务公司退还货款940元、邮费66元，并自起诉之日起按中国人民银行同期贷款利率计付上述款项的利息损失。诉讼中，邓某华确认商务公司给其更换的手机未发现存在质量问题。

【案件焦点】

邓某华第二次向商务公司退还手机是否已超出七天无理由退换货期间。

【法院裁判要旨】

广东省广州市天河区人民法院经审理认为：虽邓某华所购买的手机适用某网络购物平台七天无理由退换货服务条款，但其于2013年1月10日收到手机后发现存在质量问题，仅是要求更换，并未要求退货，直至收到商务公司提供的新手机后，于2013年1月22日才提出退货的要求，已超过七天无理由退换货的期间，且邓某华也表示商务公司更换的手机未发现存在质量问题。故邓某华诉请商务公司退还货款及邮费于法无据。广东省广州市天河区人民法院遂作出判决：

驳回原告邓某华的诉讼请求。

邓某华上诉主张七天无理由退货期限应自其第二次收到手机时重新起算。

广东省广州市中级人民法院审理认为：邓某华与商务公司之间形成买卖合同关系，商务公司应向邓某华提供质量合格的商品。因商务公司第一次交付给邓某华的手机存在质量问题，商务公司应承担违约责任，邓某华有权要求更换手机，故邓某华第一次更换手机并非适用七天无理由退换货条款。邓某华于2013年1月18日收到商务公司更换的新手机后要求商务公司根据七天无理由退换货的承诺退货，是其依约行使权利的行为，也符合《中华人民共和国消费者权益保护法》第二十五条的规定，七天无理由退换货的期限应从2013年1月18日起计算。商务公司于1月22日同意退货，邓某华于1月25日将新手机邮寄给商务公司，其退货行为没有超出七天期限。因此，邓某华要求商务公司退还货款并从起诉之日起按照中国人民银行同期贷款利率支付利息，本院依法予以支持。适用七天无理由退货的，消费者应当承担运输费用，故邓某华要求商务公司向其支付运费66元及利息，本院不予支持。

广东省广州市中级人民法院作出如下判决：

一、撤销广东省广州市天河区人民法院（2013）穗天法民二初字第4909号民事判决；

二、商务公司于本判决书送达之日起十日内向邓某华退还货款940元及利息（按照中国人民银行同期贷款利率自2013年11月7日计付至本判决确定的支付之日止）；

三、驳回邓某华的其余诉讼请求。

【法官后语】

本案审理焦点在于如何理解适用网购七天无理由退换货条款，包括七天期间的起算点以及适用该条款有无次数限制问题。

根据《中华人民共和国消费者权益保护法》第二十五条的规定以及网络购物平台对七天无理由退换货服务的定义，七天无理由退换货中“七天”的起算点是消费者收到货物之日。但该规则应有一个隐含前提，即消费者收到了质量合格的商品。理由在于：首先，从七天无理由退换货条款的设置目的来看，该条款是为使网络购物时难以接触商品实物的消费者得以在收货后七天内充分了解其所购商品，进而作出是否购买的决定；若消费者收到质量不合格的商品，则其无法了解该商品的完好适用状态，七天无理由退换货条款的设置目的将落空。其次，从七天无理由退换货条款的性质而言，是法律及合同赋予消费者的反悔权，强调的是消费者对其购买商品的主观意愿，而非商品的客观状态，即七天无理由退换货应是消费者在经营者完全履行其合同义务之余所享有的自主选择权，而交付质量合格的商品正是经营者应履行的法定义务。最后，当经营者交付的商品质量不合格时，消费者享有要求更换、退货的法定权利，并不受七天的期间限制，该权利与七天无理由退换货的权利属不同性质。综上，只有在消费者已经收到质量合格的商品的前提下，才应起算七天无理由退换货的期限，故本案中七天的期间应从邓某华第二次收到商品之日起算。

值得注意的是，在适用七天无理由退换货条款时，不应对退换货次数作出额外限制，即在经营者与消费者之间无其他约定的情况下，消费者在收到合格商品后七天内可以多次主张更换或退货。首先，七天无理由退换货从字面上并未体现出次数上的限制。其次，七天无理由退换货往往是网络平台或销售者提供的格式条款，根据《中华人民共和国民法典》第四百九十八条规定，对格式条款有两种以上解释的，应当作出不利于提供格式条款一方的解释。故对于未明确约定退换货次数的该条款，应解释为允许消费者多次主张退换货。再次，消费者申请七天无理由退换货的前提是商品不影响二次销售，而运费原则上也由消费者自行承担。可见在一般情况下，即便允许消费者多次无理由退换货，经营者亦不会就此遭受额外损失。最后，七天无理由退换货条款已经对消费者主张退换货作出时间上的限制，故即便在理论上不限制权利主张次数，现实中消费者在七天期限内可能实际进行的退换货次数也不会过多。

编写人：广东省广州市中级人民法院　马莉　廖嘉娴

（三）买卖合同的标的物质量

030 买受人收货后未在约定质保期内或法定期间内提出质量异议，在出卖人催缴货款时再以质量问题主张先履行抗辩权的，不予支持

——商贸公司诉建设公司买卖合同案

【案件基本信息】

1. 裁判书字号

广西壮族自治区玉林市中级人民法院（2021）桂09民终2407号民事判决书

2. 案由：买卖合同纠纷

3. 当事人

原告（反诉被告、被上诉人）：商贸公司

被告（反诉原告、上诉人）：建设公司

【基本案情】

2017年6月15日，建设公司（购货单位甲方）与商贸公司（供货单位乙方）签订了《建设公司门购销合同》以及《建设公司食堂综合楼门购销合同》，两份合同对购销的货品、货品的交货方法、时间、到货地点、验收方法、货品验收标准、方法和提出异议的期限，预付款、货款支付方式及结算，双方账户以及税票的约定、双方的违约责任、其他不可抗力及其他约定均作了具体约定。其中，合同对货品验收标准、方法和提出异议的期限：验收标准：国家标准，行业标准、企业标准、约定标准。货物质量以

甲方签字确认样品为验收标准。验收时间：以约定收货后2天内应验收完毕。提出异议的期限：甲方收货后，应当在发现不合格的合理期间内通知乙方，未在合理期间内通知或收货后2年内未通知的，视为合格。双方还约定货款支付方式，按下列第（1）项执行：防火、防盗门按栋分批安装完成后甲方向乙方支付至总工程款的80%，工程竣工验收后支付至总工程款的98%，2%留作质量保修金，满2年后，无质量问题付清，合同签订后3个工作日是甲方付2万元定金给乙方。工程款支付时乙方需提供17%增值税专用发票，且甲方每次支付工程款前乙方必须先提供增值税专用发票。乙方的违约责任：乙方所交货品品种、型号、规格、花色、质量等不符合规定的，如甲方同意使用，由双方按质论价；如甲方不同意使用的，由乙方负责包换、包退或修理，承担更换、退货或修理产生的实际费用，并承担由此造成甲方的一切损失。签订合同后，原告已按照合同约定将两个购销合同门产品供应给被告指定的某中学工程使用，并提供门产品出厂合格证、检验报告、送货单交给被告。被告已对原告提供产品进行竣工验收。2018年6月4日，双方经结算确认，商贸公司供应给建设公司的门总货款为581377.5元，建设公司分7次支付商贸公司货款46.76万元，尚欠113777.5元。经商贸公司向建设公司追款未果，特向法院提起诉讼，请求如诉请。在诉讼过程中，建设公司向法院提出反诉，认为商贸公司提供门及食堂综合楼门存在开裂、无法关闭、五金件故障等质量问题，要求商贸公司赔偿产品质量维修费40万元。

另查明，商贸公司是领取营业执照的有限责任公司，营业期限为2014年9月5日至2034年9月4日。经营范围：批发兼零售、防火防盗门窗、橱柜、家具、建筑材料、五金配件、水暖器材、日用百货、金属门窗加工，防盗门安装与维修、木制门的安装及销售。

【案件焦点】

1. 商贸公司主张的剩余货款的支付条件是否成就；2. 商贸公司应否赔偿建设公司主张的维修费损失40万元。

【法院裁判要旨】

广西壮族自治区北流市人民法院经审理认为：商贸公司与建设公司签订两份购销合同，是双方当事人自愿签订的，意思表示真实，合同内容并没有违反法律强制性或禁止性规定，是合法有效的合同，双方均无异议，法院予以确认，依法应当受到国家法律保护。双方必须按照合同约定履行各自权利义务。商贸公司按照合同约定履行供货及安装义务，建设公司必须按照合同约定履行支付货款义务。在履行合同过程中，商贸公司供应门是否存在质量问题，应否承担产品质量问题维修义务，则是本案争议问题。根据《中华人民共和国合同法》第一百五十八条“当事人约定检验期间的，买受人应当在检验期间内将标的物的数量或者质量不符合约定的情形通知出卖人。买受人怠于通知的，视为标的物的数量或质量符合约定。当事人没有约定检验期间的，买受人应当在发现或者应当发现标的物的数量或者质量不符合约定的合理期间内通知出卖人。买受人在合理期间内未通知或者自标的物收到之日起两年内未通知出卖人的，视为标的物的数量或者质量符合约定，但对标的物有质量保证期的，适用质量保证期，不适用该两年的规定。出卖人知道或者应当知道提供的标的物不符合约定的，买受人不受前两款规定的通知时间的限制”的规定，又根据《最高人民法院关于审理买卖合同纠纷案件适用法律问题的解释》第十五条“当事人对标的物的检验期间未作约定，买受人签收的送货单、确认单等载明标的物数量、型号、规格的，人民法院应当根据合同法第一百五十七条的规定，认定买受人已对数量和外观瑕疵进行了检验，但有相反证据足以推翻的除外”的规定，以及第十七条“人民法院具体认定合同法第一百五十八条第二款规定的‘合理期间’时，应当综合当事人之间的交易性质、交易目的、交易方式、交易习惯、标的物的种类、数量、性质、安装和使用情况、瑕疵的性质、买受人应尽的合理注意义务、检验方法和难易程度、买受人或者检验人所处的具体环境、自身技能以及其他合理因素，依据诚实信用原则进行判断。合同法第一百五十八条第二款规定的‘两年’是最长的合理期间。该期间为不变期间，不适用诉讼时效中止、中断或者延长的规定”的规定，以及第二十条“合同法第一百五十八条规定的检验期间、合理期间、两年期间经过后，买受人主张标的物的数量或者质量不符合约定的，人民法院不予支持。出卖人自愿承担违约责任后，又以上述期间经过为由反悔的，人民法院不予支持”的规定，此外，双方在购销合同中明确约定，甲方收货后 2 天内验收完毕。提出产品质量异议的期限为甲方收货后，应当在发现不合格的合理期间内通知乙方，未在合理期间内通知或收货后 2 年内未通知的，视为合格，建设公司从 2017 年 7 月、8 月收到商贸公司提供的门产品之后，既没有在法律规定的期限内，也没有在合同约定期限内通知商贸公司，而只是在商贸公司向法院提起买卖合同纠纷诉讼过程中，于 2020 年 5 月 18 日才向法院提出产品质量存在问题，既超过法律规定异议期限，又超过合同约定收货后 2 年期限，因此，商贸公司提供给建设公司的门依法应当认定是合格的，商贸公司依法不应承担产品质量存在问题维修义务。建设公司无故拖欠商贸公司的货款，已构成违约行为，依法应当承担违约责任。商贸公司请求建设公司支付货款 113777.5 元，事实清楚，证据充分，理由成立，法院依法应予支持。本案双方在合同中约定建设公司支付工程款时商贸公司需提供增值税专用发票且建设公司每次支付工程款前商贸公司必须先提供增值税专用发票，但并没有约定商贸公司不开具发票，建设公司就可以拒绝付款，建设公司抗辩，因商贸公司没有开具增值税专用发票，建设公司有理由拒绝付款，理由不成立，法院依法不予采纳。建设公司反诉主张商贸公司提供的门存在开裂、无法关闭、五金件故障等质量问题，因商贸公司不承认，建设公司也没有提供充分有效证据证明其主张，根据《中华人民共和国民事诉讼法》第六十四条第一款“当事人对自己提出的主张，有责任提供证据”和《最高人民法院关于适用〈中华人民共和国民事诉讼法〉的解释》第九十条“当事人对自己提出的诉讼请求所依据的事实或者反驳对方诉讼请求所依据的事实，应当提供证据加以证明，但法律另有规定的除外。在作出判决前，当事人未能提供证据或者证据不足以证明其事实主张的，由负有举证证明责任的当事人承担不利的后果”的规定，建设公司应承担举证不能的法律后果。建设公司反诉要求告商贸公司赔偿产品质量存在问题维修费 40 万元，因缺乏事实依据和法律依据，理由不成立，依法不予支持。原告商贸公司抗辩，被告建设公司主张原告商贸公司提供的产品存在质量问题，既没有提供证据，也没有在法律规定或合同约定期限内通知商贸公司，应视为商贸公司提供的产品为合格产品，依法不应承担产品质量存在问题维修责任，理由成立，法院依法予以采纳。

综上，广西壮族自治区北流市人民法院依照《中华人民共和国合同法》第一百三十条、第一百五十八条，《最高人民法院关于审理买卖合同纠纷案件适用法律问题的解释》第十五条、第十七条、第二十条、《中华人民共和国民法通则》第八十四条、第一百零八条，《中华人民共和国民法总则》第一百七十六条，《中华人民共和国民事诉讼法》第六十四条，《最高人民法院关于适用〈中华人民共和国民事诉讼法〉的解释》第九十条之规定，作出如下判决：

一、建设公司应当支付货款113777.5元给商贸公司；

二、驳回建设公司的反诉请求。

建设公司不服，提起上诉。

广西壮族自治区玉林市中级人民法院经审理认为：根据已查明事实，2019年2月1日，商贸公司向建设公司出具一份《承诺书》，载明建设公司尚欠其工程款141123元。建设公司又向商贸公司付款3万元，尚欠商贸公司111123元。第一，关于商贸公司主张的剩余货款的支付条件是否成就的问题。合同约定，建设公司支付货款的条件需要商贸公司提供增值税专用发票，故建设公司辩称商贸公司尚未交付增值税专用发票而不付款。建设公司的抗辩理由源于先履行抗辩权，但先履行抗辩权的构成要件之一是双方当事人因同一合同互负债务，在履行上存在关联性，形成对价关系。本案中，商贸公司按时交付合格货物和建设公司按时支付货款是买卖合同双方应负的合同对价义务。提供增值税专用发票只是商贸公司应履行的附随义务而非主要义务，附随义务的迟延履行并未直接影响到合同目的的实现。建设公司的付款义务与商贸公司提供增值税专用发票并不具有合同的对价关系。建设公司接收了商贸公司交付的货物，也未提出质量异议，由此证明商贸公司已完成其主要合同义务，建设公司也应按照合同约定的价款履行付款义务。因此，应当认定建设公司支付货款的条件已经成就。《中华人民共和国合同法》第六十条第一款规定“当事人应当按照约定全面履行自己的义务”，包括主要义务和附随义务。本案中，为保证合同的有序履行、避免再次产生纠纷，减少当事人的讼累，商贸公司应当在建设公司履行付款义务的同时向建设公司交付与建设公司支付货款数额等值的增值税专用发票。

第二，关于商贸公司应否赔偿建设公司主张的维修费损失 40 万元的问题。首先，《中华人民共和国合同法》第一百一十一条规定：“质量不符合约定的，应当按照当事人的约定承担违约责任。对违约责任没有约定或者约定不明确，依照本法第六十一条的规定仍不能确定的，受损害方根据标的的性质以及损失的大小，可以合理选择要求对方承担修理、更换、重作、退货、减少价款或者报酬等违约责任。”第一百五十五条规定：“出卖人交付的标的物不符合质量要求的，买受人可以依照本法第一百一十一条的规定要求承担违约责任。”建设公司要求商贸公司赔偿维修费损失的前提是，商贸公司供应的货物存在质量问题且在约定期限内建设公司履行了通知义务。案涉货物于 2017 年 7 月、8 月交付，建设公司没有提供证据证明其在收货后 2 年内向商贸公司提出质量异议。即使案涉货物存在质量问题，但建设公司怠于通知，依照《中华人民共和国合同法》第一百五十八条的规定，视为案涉货物质量符合约定。建设公司提出的质量鉴定申请对证明待证事实已无意义，一审法院不予准许，并无不当。合同第三条第二点载明的“防火、防盗门按栋分批安装完成后甲方向乙方支付至总工程款的 80%，工程竣工验收后支付至总工程款的98%，2%留作质量保修金，满2年后，无质量问题付清”系双方对付款方式的约定，建设公司主张保修期从整体工程于2018年12月通过总评验收时起算无依据，法院依法不予采纳。对建设公司要求商贸公司赔偿维修费损失40万元的反诉请求，法院依法不予支持。

综上，建设公司的上诉请求部分成立。广西壮族自治区玉林市中级人民法院依照《中华人民共和国民事诉讼法》第一百七十条第一款第一项、第二项之规定，作出如下判决：

一、维持北流市人民法院（2020）桂0981民初1713号民事判决第二项；

二、变更北流市人民法院（2020）桂0981民初1713号民事判决第一项为：建设公司支付货款111123元给商贸公司；

三、商贸公司交付与建设公司支付上述第二项货款数额等值的增值税专用发票给建设公司。

【法官后语】

买卖合同纠纷案件中提出质量异议时有发生。如何处理质量异议案件，质量检验期间如何界定，是否准许启动质量鉴定程序，因质量问题而引起的赔偿范围是什么？笔者对上述问题进行初步分析并提出解决买卖合同纠纷案件中质量异议问题的可行思路，以期对该类案件的审理有所裨益。

第一，买卖合同涉及质量异议的问题，当事人往往矛盾尖锐，货款给付和质量问题并存，违约先后及违约赔偿问题各执己见。正确处理买卖合同纠纷案件质量异议，应先理顺当事人之间复杂的法律关系，分清双方当事人之间的责任，作出正确的判决。

诚信要求在买卖合同中，当事人相互信任，坦诚相待，不互相欺诈，适当履行自己的合同义务，促进公平交易安全。卖方有义务及时适当的交付，符合约定或法定的质量要求，当货物出现质量问题时，出卖方有义务及时采取修理、重作或更换，赔偿违约金等补救措施，来弥补对方损失。买受方有义务给付货款，如果对方即出卖方提供的货物存在质量问题，要及时与对方沟通，寻求解决办法，防止损失扩大。法院应通过司法手段，强制不诚信方的当事人履行自己应尽义务。

第二，《中华人民共和国民法典》对质量异议规定了不同期间，同时又规定了约定期间，酌情期间、诉讼时效期间，特殊期间，在司法实践中，当事人及法官对适用何种期间存在不同的看法，导致诉讼结果不同。根据《中华人民共和国民法典》第六百二十一条“当事人约定检验期间的，买受人应当在检验期间内将标的物的数量或者质量不符合约定的情形通知出卖人。买受人怠于通知的，视为标的物的数量或者质量符合约定。当事人没有约定检验期间的，买受人应当在发现或者应当发现标的物的数量或者质量不符合约定的合理期间内通知出卖人。买受人在合理期间内未通知或者自标的物收到之日起两年内未通知出卖人的，视为标的物的数量或者质量符合约定，但对标的物有质量保证期的，适用质量保证期，不适用该两年的规定。出卖人知道或者应当知道提供的标的物不符合约定的，买受人不受前两款规定的通知时间的限制”、《最高人民法院关于审理买卖合同纠纷案件适用法律问题的解释》第十五条“当事人对标的物的检验期间未作约定，买受人签收的送货单、确认单等载明标的物数量、型号、规格的，人民法院应当根据合同法第一百五十七条的规定，认定买受人已对数量和外观瑕疵进行了检验，但有相反证据足以推翻的除外”、第十七条“人民法院具体认定合同法第一百五十八条第二款规定的‘合理期间’时，应当综合当事人之间的交易性质、交易目的、交易方式、交易习惯、标的物的种类、数量、性质、安装和使用情况、瑕疵的性质、买受人应尽的合理注意义务、检验方法和难易程度、买受人或者检验人所处的具体环境、自身技能以及其他合理因素，依据诚实信用原则进行判断。合同法第一百五十八条第二款规定的‘两年’是最长的合理期间。该期间为不变期间，不适用诉讼时效中止、中断或者延长的规定”、第二十条“合同法第一百五十八条规定的检验期间、合理期间、两年期间经过后，买受人主张标的物的数量或者质量不符合约定的，人民法院不予支持。出卖人自愿承担违约责任后，又以上述期间经过为由翻悔的，人民法院不予支持”的规定，本案双方在购销合同中明确约定，甲方收货后2天内验收完毕。提出产品质量异议的期限为甲方收货后，应当在发现不合格的合理期间内通知乙方，未在合理期间内通知或收货后2年内未通知的，视为合格，买受方从2017年7月、8月收到出卖方提供的产品之后，既没有在法律规定2年期限内提出异议，也没有在双方约定2年期限内向出卖方提出产品存在质量问题，直到2020年5月18日出卖方向买受方追缴货款时才向出卖方提出质量异议，既超过法律规定异议期限，又超过合同约定收货后2年期限，因此，法院依法认定出卖方提供产品符合产品质量要求，买受方提出产品存在质量异议，理由不成立，依法不予采纳。

本案买受方以出卖方提供货物存在质量问题拒绝货款，出卖方主张货款支付条件是否成就问题，则成为本案争议问题。本案双方在合同中约定，支付货款条件需要出卖方提供增值税专用发票。买受方认为出卖方尚未交付增值税专用发票而不付款，理由源于先履行抗辩权，但先履行抗辩权构成要件之一是双方当事人因同一合同互负债务，在履行上存在关联性，形成对价关系。本案中，出卖方按时交付合格货物和买受方按照约定支付货款是买卖合同双方应负的主要义务而非附随义务，附随义务的迟延履行并未直接影响到合同目的实现。买受人的付款义务与出卖方提供增值税专用发票并不具有合同对价关系。买受人接收了出卖方的货物，也未提出质量异议，证明出卖方已完成其主要合同义务，买受方也应按照约定的价款履行付款义务。因此，买受方支付货款条件已经成就。

本案出卖方提供的货物是否存在质量问题，应否赔偿买受方主张的维修费问题。根据《中华人民共和国合同法》第一百一十一条“质量不符合约定的，应当按照当事人的约定承担违约责任。对违约责任没有约定或者约定不明确，依照本法第六十一条的规定仍不能确定的，受损害方根据标的的性质以及损失的大小，可以合理选择要求对方承担修理、更换、重作、退货、减少价款或者报酬等违约责任”、第一百五十五条“出卖人交付的标的物不符合质量要求的，买受人可以依照本法第一百一十一条的规定要求承担违约责任”的规定，买受方要求出卖方赔偿维修费损失前提是，出卖方提供的货物存在质量问题且在约定或法定期限内履行了通知义务。本案案涉货物于 2017 年 7 月、8 月交付，买受方没有证据证明其在收货后 2 年内曾向出卖方提出质量异议。即使案涉货物存在质量问题，但买受方怠于通知，依照《中华人民共和国合同法》第一百五十八条的规定，视为案涉货物质量符合约定。因此，买受方超过约定或法定期间提出质量鉴定申请对证明待证事实已无意义，对买受方提出赔偿维修费损失，理由不成立，依法不予支持。因此，一、二审法院认为出卖方提供产品即使存在质量问题，买受方必须在合同约定期限内或者法律规定期限内提出，否则，对其怠于提出质量异议，嗣后再以此为由提出拒绝支付货款，法院依法不予支持。

人民法院审理买卖合同纠纷案件，买受人提出质量异议，法院应如何处理？笔者认为，根据长期以来司法审判实践和《中华人民共和国民法典》有关规定，审理买卖合同纠纷案件，买受人提出质量异议期限，法院应当遵循以下审判原则：合同有约定的按照约定；合同没有约定或者约定不明确的，应当适用“两年”期限规定；其他法律有特别规定，依照其规定。超过合同约定或者法律规定以及其他法律规定的，买受人再提出质量异议，法院依法不予支持。

编写人：广西壮族自治区北流市人民法院　李棍麟

031　买卖关系与中介关系的区分与认定

——程某军诉史某华买卖合同案

【案件基本信息】

1. 裁判书字号

湖北省荆州市中级人民法院（2020）鄂10民终2000号民事判决书

2. 案由：买卖合同纠纷

3. 当事人

原告（被上诉人）：程某军

被告（上诉人）：史某华

【基本案情】

2018年5月8日，史某华与程某军就购买涵管事宜进行了协商，后史某华向程某军的手机发送短信，内容为："付款方式：供货方送完第一批货后，在送第二批货之前，付清第一批货的货款，以此类推，供货方开具增值税专用发票后，付清供货方的最后一批货款，此短信作为供货方结账的依据。"5月12日，史某华就购买涵管事宜，又向程某军的手机发送短信，内容为："承插式混凝土涵管，价格：1. DN1000：560元/根；2. DN1200：780元/根，此短信作为供货方结账的依据。"程某军收到上述短信内容后，累计向史某华指定的工地现场送货规格为DN1000的10根，规格为DN1200的113根，该数量经史某华确认。2018年6月13日，程某军按照史某华的要求，委托荆州市经济技术开发区国家税务局代开一张增值税专用发票，发票载明：购买方名称为某控股集团，货物名称为承插涵管，规格数量为1200×2000的113根、1000×2000的10根，发票金额（价税合计）100820元。史某华收到该发票后，一直未向程某军支付相应货款。程某军认为，史某华应当根据双方通过短信约定的价格支付货款，货款为93740元（780元/根×113根+560元/根×10根）。

【案件焦点】

1. 案涉涵管买卖合同是否成立；2. 史某华主张其为涵管买卖合同的中介人的抗辩是否成立。

【法院裁判要旨】

湖北省荆州市沙市区人民法院经审理认为：当事人应当遵循诚实信用原则，按照约定全面履行自己的合同义务。程某军、史某华双方就购买涵管事宜经协商后，对涵管的价格和付款方式达成一致意见，并形成双方确认的手机短信内容，系以手机短信的形式订立合同的行为。该合同系当事人之间的真实意思表示，且不违反国家法律、行政法规的强制性规定，合法有效。双方当事人应当按照合同约定全面履行自己的义务。程某军向史某华指定的工地现场运送双方约定的涵管，并经史某华确认，史某华应当按照约定的价格向程某军支付涵管货款。史某华主张其系程某军与某控股集团之间买卖合同的介绍人，并非本案买卖合同的买方。法院认为，本案中与程某军协商货物价款及付款方式的均系史某华本人，并非该控股集团的有权代表，且史某华对程某军的送货数量进行了确认。同时，史某华在本案所涉涵管买卖事宜的协商过程中，并未出示其系受该控股集团的委托或指派，代表该控股集团与程某军进行协商的相应证据材料，也未提交其系本案所涉买卖合同介绍人的相应证据材料。故对史某华主张其系本案所涉买卖合同的介绍人意见，因证据不足，不予采信。

湖北省荆州市沙市区人民法院依照《中华人民共和国合同法》第六十条第一款、第一百零七条，《中华人民共和国民事诉讼法》第六十四条第一款、第一百四十二条，《最高人民法院关于适用〈中华人民共和国民事诉讼法〉的解释》第九十条之规定，作出如下判决：

史某华于本判决生效之日起十日内向程某军支付货款93740元。

史某华不服一审判决，提起上诉。

湖北省荆州市中级人民法院经审理认为：史某华没有证据证明是受案外人某控股集团委托，向程某军购买涵管；程某军按史某华的要求开具发票，并将该发票交给史某华的行为，也不能表明史某华不是案涉涵管的买受人。综上所述，史志华的上诉请求不能成立，应予驳回；一审判决事实清楚，适用法律正确，依照《中华人民共和国民事诉讼法》第一百七十条第一款第一项之规定，作出如下判决：

驳回上诉，维持原判。

【法官后语】

《中华人民共和国民法典》沿袭并完善原《中华人民共和国合同法》“居间合同”一章，新增“中介合同”一章，将“居间”的表述调整为“中介”，相应地，“居间人盖”为“中介人”。然其本质一致，“居间”的称谓是从主体的地位进行描述，顾名思义就是处于合同当事人的“中间”，强调其中间人的角色；而“中介”的称谓是从功能层面考量，强调“居间介绍”。《中华人民共和国民法典》的这一修改是从行业层面出发，与实践中通常称谓一致，易于理解。实践中，由于中介人需要介入合同当事人的协商过程，甚至协助当事人履行合同义务，对其身份地位也会发生争议。本案的争议就表现为，当事人一方是买卖合同的买受人还是买卖合同的中介人。解决此争议的前提是确认当事人之间产生的法律关系的性质，进一步而言，应当厘清在涉案买卖合同关系之外当事人是否还存在中介合同关系。

上述案例中，史某华认为其系与他人之间买卖合同的介绍人，并非买卖合同的买方，理由系开具案涉产品增值税发票载明的购买方名称为湖北中欣控股集团有限公司，并非本人。但是根据法院的审理，史某华在本案所涉涵管买卖事宜的协商过程中，并没有出示其系受该控股集团的委托或指派，代表该控股集团与其进行协商的相应证据材料，也未提交其系本案所涉买卖合同的介绍人的相应证据材料，因此，从买卖合同的成立、生效到最终的履行来看，双方应当是买卖合同当事人，而不是受委托的中介人。

一、买卖合同关系与中介合同关系的区分

在实务中，认定买卖合同的买受人与中介人，其实就是对买卖合同关系和中介合同关系的区分和认定。二者主要有以下区别：

1. 合同主体不同

《中华人民共和国民法典》第五百九十五条规定，“买卖合同是出卖人转移标的物的所有权于买受人，买受人支付价款的合同。”可见买卖合同只涉及出卖人和买受人双方，所以合同主体只有双方当事人；但是根据《中华人民共和国民法典》第九百六十一条的规定，“中介合同是中介人向委托人报告订立合同的机会或者提供订立合同的媒介服务，委托人支付报酬的合同。”可知中介合同本身也是双方主体，即中介人和委托人，但是因合同目的是向委托人报告订立合同的机会或者提供订立合同的媒介服务，所以在履行中会涉及待订合同的另一方当事人，比如在委托人是买受方的情况下，就会涉及出卖人。本案中，从合同成立、履行的全过程看，该合同的当事人只见于原、被告双方，虽然案涉发票记载的购买方为案外人，但是该记载是应被告的要求所写，不足以证明实际买方是第三方主体。

2. 是否具有委托关系不同

买卖合同的成立、生效及履行，都是买卖双方以各自的名义作出意思表示、就物的买卖达成一致，直接受该活动所达成的合同的约束，是以自己的名义向对方履行合同义务，并就违约行为向对方承担责任；根据《中华人民共和国民法典》第九百六十三条至九百六十五条的规定，可见中介合同的成立、生效及履行，是中介人按照委托人的意思表示，通过向委托人报告订立合同的机会或者提供订立合同的媒介服务，协助、促成委托人与待订买卖合同的另一方当事人订立合同、完成合同的履行，中介人根据中介合同约定从委托人获得报酬。从这个意义上而言，中介合同涉及的三方存在两类合同，首先是中介人和委托人之间的委托合同关系，其次是中介人促成签订的委托人与另一方的买卖合同。本案中，被告不能举证证明其与涉案发票记载的购买方存在委托关系，这是本案不支持其存在中介关系的理由之一。

3. 是否当事人直接达成一致不同

买卖合同由双方当事人直接缔约，所以一旦双方协商一致，合同即成立；而存在中介合同的情况下，中介人只是提供订立合同的机会或者报告订立合同的机会，是向买卖合同双方表达签订合同的意向性意见，不具有意思表示的性质和效力，对合同的成立仅具有促成作用，而非合同的缔约方。本案中，对标的物的规格和数量、价格、交货的时间和地点等买卖合同的主要条款，都是由原、被告双方直接向对方进行意思表示，履约中由被告进行收货确认，难以认定涉案发票记载的购买方在订立合同的过程进行了意思表示。

二、对买卖合同关系和中介合同关系的认定

从买卖合同关系和中介合同关系的区别，结合本案审理思路，在买卖合同涉及买卖双方以外的当事人的情况下，对二者的区分认定可以采用以下判断标准：

1. 是否由买卖合同当事人直接参与合同主要条款的商谈

买卖合同的买受人一般直接参与合同的标的、数量、价款等合同主要条款的商谈，直接向对方进行意思表示，追求己方利润最大化的前提下促成意思表示一致。而合同的中介人仅为合同当事人提供订立合同的机会或者媒介服务，即使直接参与合同主要条款的商谈之中，也仅是提供意向性参考，促成当事人达成一致，不能代替当事人进行意思表示，其目的在于促成合同订立，通过提供相应的服务以获取委托人支付的报酬，至于买卖合同内容对于当事人利益的影响不是其最关心的问题。

2. 是否存在协助合同订立的第三方

一般情况下，合同出卖人或买受人没有委托他人促成合同订立，而是以自己的名义从事民事活动，即直接向相对方表达意思表示并达成一致，直接接受该活动所达成的合同的约束，那么双方就是买卖合同关系，应当各自承担合同义务，一方依约交付标的物，另一方依约支付价款。如果买卖合同的一方委托第三人促成合同成立，该方根据委托为委托人报告订立合同的机会或者提供订立合同的媒介服务，则该第三人即为中介人，其与委托人成立中介合同关系，委托人应当依约向其支付报酬。

3. 存在与买卖合同相关第三方的能否排除其中介人的地位

买卖合同中常存在相关第三方，但并不能就此认定该第三方系中介人地位，还需要根据具体案情进行判断。比如本案所涉发票记载的购买方控股集团，虽是与案涉买卖合同双方相关的第三方，但是史某华在本案所涉涵管买卖事宜的协商过程中，无法证明其系受该控股集团的委托或指派，代表该控股集团进行协商，也未提交其系本案所涉买卖合同介绍人的相应证据材料，买卖合同的双方仍是程某军和史某华，史某华与控股集团之间不存在委托关系，则此种情况下可以排除史某华作为第三方中介人的地位。其他诸如代履行、向第三人履行等涉及合同第三方的法律行为，能否排除某一涉案当事人的中介地位需结合具体案情进行判断。

综上所述，在认定买卖合同关系权利义务的过程中，对于就是否存在中介合同关系而产生争议的，可结合以上要点综合判定。

编写人：湖北省荆州市沙市区人民法院　许子彪

最高人民法院司法案例研究院与复旦大学联合培养实习生　徐汛

032 因己方原因造成票据拒付的，债权人无权向债务人主张原因债权

——管道公司诉王某良买卖合同案

【案件基本信息】

1. 裁判书字号

江苏省无锡市中级人民法院（2020）苏02民终947号民事判决书

2. 案由：买卖合同纠纷

3. 当事人

原告（上诉人）：管道公司

被告（被上诉人）：王某良

【基本案情】

2016年5月5日，甲方生产商管道系统公司与乙方经销商王某良（或以王某良为法人代表的合法公司）签订一份经销合同，约定：管道系统公司授权王某良经销该公司品牌的不锈钢水管和管件，以及相关的安装工具和配件。该协议落款处，乙方由王某良个人签字。2016年8月26日，贸易公司成立，公司类型为有限责任公司（自然人独资）；王某良认缴出资200万元。2017年12月4日，管道系统公司企业名称经工商变更登记为管道公司。经销合同签订后，贸易公司陆续向管道公司下订单，管道公司确认后向贸易公司发货。之后，管道公司向贸易公司开具相应的增值税专用发票。贸易公司为支付货款，先后向管道公司背书转让16

张电子银行承兑汇票，票据金额共计785万元。16张电子银行承兑汇票到期后，管道公司经提示付款均未获得付款。2019年1月3日，管道公司致通知函给贸易公司，载明："贵司自2016年5月5日开始成为我司江苏/广东地区的经销商，销售我司不锈钢水管/管件等产品，截至2019年1月3日，贵司合计结欠我司货款7843973.34元。我司自2018年1月初陆续收到贵司提供的银行承兑汇票共16张，合计金额为785万元。贵司提供的前述汇票所涉款项现存在全部不能兑付的巨大风险，我司拒绝接受前述贵司提供的所有承兑汇票。鉴于贵司并未实际履行付款义务，我司敦请贵司务必于2019年1月10日前付清拖欠我司的全部货款7843973.34元，并请贵司于2019年1月5日之前签收我司背书给贵司的所有前述承兑汇票。"贸易公司既未付清货款又未收回承兑汇票。

【案件焦点】

1. 管道公司在案涉15张电子银行承兑汇票未被付款的情况下，能否依据基础法律关系要求相对方支付合同价款；2. 管道公司是否有权依照《最高人民法院关于适用〈中华人民共和国公司法〉若干问题的规定（三）》第二条的规定，在公司发起人以自己名义签订合同的情况下，请求王某良承担合同责任。

【法院裁判要旨】

江苏省无锡市锡山区人民法院经审理认为：管道公司在案涉承兑汇票未被付款后转而依据基础法律关系主张合同价款，即为主张原因债权。以票据转让支付款项仅是当事人之间的一种结算方式，转让票据本身不能认为债务已经履行完毕。本案中，贸易公司向管道公司背书转让案涉16张电子银行承兑汇票，但是管道公司作为最后持票人在提示付款后有15张票据并未获得付款：其一，尾号为4945的票据，票据状态显示逾期提示付款待签收，对此，法院认为，管道公司作为最后持票人，其系因己方原因即逾期提示而未被付款，则该票据相应的票据追索权等票据权利将相应受限，其亦无权再行主张原因债权；其二，尾号为3886、6432、2343、2062、8044、8678、2266的7张电子银行承兑汇票，在贸易公司背书转让给管道公司后，管道公司又背书转让给他人并经回头背书后成为最后持票人，该些票据流转行为均发生在票据到期日前，故并不妨碍管道公司在提示付款而未被付款的情况下主张原因债权；其三，案涉管道公司在有效期内提示付款且未获得付款的14张电子银行承兑汇票，管道公司作为最后持票人在票据到期且提示付款后，承兑人并未兑付票款，票据状态始终显示提示付款待签收。对此，法院认为，根据《电子商业汇票业务管理办法》第六十条第一款的规定，持票人在提示付款期内提示付款的，承兑人应在收到提示付款请求的当日至迟次日付款或拒绝付款。本案中，案涉票据的承兑人在线上收到管道公司的提示付款请求后既未付款又未拒绝付款，其行为应视为拒绝付款。根据前述分析，案涉部分债务并未履行完毕，则债权人管道公司有权向相对人主张原因债权，同时将相应的14张电子银行承兑汇票的票据权利让渡给相对人。

关于管道公司行使原因债权时，能否行使选择权请求王某良承担合同责任。法院认为，《最高人民法院关于适用〈中华人民共和国公司法〉若干问题的规定（三）》第二条规定，发起人为设立公司以自己名义对外签订合同，合同相对人请求该发起人承担合同责任的，人民法院应予支持。公司成立后对前款规定的合同予以确认，或者已经实际享有合同权利或者履行合同义务，合同相对人请求公司承担合同责任的，人民法院应予支持。根据该条规定，法院认为，公司成立后对上述合同进行确认或者已经实际享有合同权利的，合同相对人在知道该事实后有权选择公司或该发起人主张权利，但是一经选定不得变更。本案中，王某良在贸易公司成立前以公司发起人的身份与管道公司签订经销合同，贸易公司成立后即由贸易公司履行案涉经销合同，贸易公司向管道公司下订单、管道公司向贸易公司发货并开具增值税发票、管道公司向贸易公司发送对账单核对欠付货款数额亦于2019年1月3日发通知函催讨货款、贸易公司付款，从贸易公司和管道公司履行合同的行为来看，贸易公司已实际履行合同义务并享有合同权利，管道公司亦已选定贸易公司作为合同相对人及付款义务人。至此，法院认为，管道公司无权再行变更选择王某良作为合同相对人承担合同付款责任。综上所述，管道公司的诉讼请求于法无据，法院不予支持。

江苏省无锡市锡山区人民法院依照《最高人民法院关于适用〈中华人民共和国公司法〉若干问题的规定（三）》第二条、《最高人民法院关于适用〈中华人民共和国民事诉讼法〉的解释》第九十条之规定，作出如下判决：

驳回管道公司的诉讼请求。

管道公司不服，提起上诉。

江苏省无锡市中级人民法院经审理认为：二审法院同意一审法院裁判意见，认为一审判决认定事实清楚，适用法律正确，应予维持。依照《中华人民共和国民事诉讼法》第一百七十条第一款第一项之规定，作出如下判决：

驳回上诉，维持原判。

【法官后语】

票据是经济生活中重要的支付和结算工具。债务人为支付合同价款而将商业承兑汇票背书转让给债权人，债权人同时享有原因债权（合同价款请求权）和票据债权（票据上的付款请求权及追索权）。债权人应先行使票据上的付款请求权，该请求权实现则消灭合同价款请求权。当债权人行使票据付款请求权遭拒时，可从有利于自身利益实现的角度选择向票据义务人主张票据权利，或选择向合同相对方的债务人主张原因债权。又因票据的特殊性，债权人行使原因债权时应当注意以下事项：

一、如债权人因己方原因造成票据被拒付的，债权人无权向债务人行使原因债权

债权人从债务人处受让电子承兑汇票并最终成为最后持票人，其如未注意票据到期日期而逾期提示付款导致票据未被付款，票据状态会显示逾期提示付款被拒付。《电子商业汇票业务管理办法》第六十六条规定："持票人在票据到期日前被拒付的，不得拒付追索。持票人在提示付款期内被拒付的，可向所有前手拒付追索。持票人超过提示付款期提示付款被拒付的，若持票人在提示付款期内曾发出过提示付款，则可向所有前手拒付追索；若未在提示付款期内发出过提示付款，则只可向出票人、承兑人拒付追索。"据此，债权人在行使该票据的追索权时，仅能向出票人或承兑人进行拒付追索，而丧失了向其他前手追索的权利。如仍允许债权人向债务人主张该票据对应的原因债权，则债务人在取得该票据后亦仅能向出票人或承兑人进行追索而无权行使向所有前手追索的完整的追索权，这对债务人显然是不公平的。债权人因己方原因造成票据拒付的，相应的票据权利必将相应受限，该受限后果应由债权人自行承担，在此情况下不允许债权人选择向债务人主张原因债权。

二、债权人选择向债务人主张原因债权后，应及时将票据权利转移给债务人

债权人因向债务人主张原因债权而将票据退回给债务人，债务人持有该票据后必将面临如何向前手主张权利的问题。票据的时效性是票据的重要特性，票据追索权和再追索权等票据权利均有严格的时效限制，如果在允许债权人选择行使原因债权的情况下又不对债权人退回票据作时间规制，则可能因债权人怠于向债务人退回票据而导致债务人行使票据权利的受限，也不排除债权人双重受偿的可能。司法实践中就出现债权人在票据被拒绝付款后选择行使合同权利，又因为双方产生争议或诉讼未决等主客观原因未及时行使票据权利或者未及时退回票据，导致票据因时效届满而失权的情况。承办法官在办理此类案件时，一定要时刻关注案涉票据权利的时效问题，未能立即结案的亦应当在诉讼中向当事人双方进行释明，要求持票人及时交接票据或主张权利，以免出现票据失权的情况；结案时如确认债权人选择原因债权的，应明确债权人同时向债务人退回案涉票据。

编写人：江苏省无锡市锡山区人民法院　蔡永芳

033 非食药同源中药材不适用《中华人民共和国食品安全法》，存在欺诈行为的可另行解决

——王某力诉Y公司买卖合同案

【案件基本信息】

1. 裁判书字号

北京市第三中级人民法院（2019）京03民终7041号民事判决书

2. 案由：买卖合同纠纷

3. 当事人

原告（被上诉人）：王某力

被告（上诉人）：Y公司

【基本案情】

2017年10月25日，王某力在Y公司处购买"鹿茸（血片精选）"四盒共计5032.1元，Y公司向王某力开具发票载明货物名称为食品，上有手写"鹿茸"及"梅花鹿茸"字样，手写部分加盖Y公司发票专用章。

后王某力向北京市通州区食品药品监督管理局（以下简称食药监局）投诉涉案商品属于"三无食品"。2018年5月10日，食药监局出具举报登记单回复，载明鹿茸列在《中国药典》2015年版目录中，且不属于食药同源物品，举报的鹿茸片未违反《中华人民共和国食品安全法》《预包装食品标签通则》的相关规定，故不予立案。此外，该登记单还就退赔请求、举报奖励等内容进行了回复。

2018年6月26日，食药监局再次出具调查结果，载明：(1)涉案"鹿茸（血片精选）"，由Y公司自供货商处购入；(2)经"鹿茸（血片精选）"上级供货商所在属地食品药品监督管理部门核查，该"鹿茸（血片精选）"为进口马鹿鹿茸，属于中药材；(3)该"鹿茸（血片精选）"系中药材，不适用《中华人民共和国食品安全法》和《预包装食品标签通则》的规定，该鹿茸合格证、标签上已标明产地，但产地标注错误，不符合规定；(4)Y公司销售中药材无须取得药品经营许可证。故王某力举报的内容，违法事实不成立，食药监局对Y公司标签不符合规定的行为已经进行立案处罚。

案件审理中，Y公司对发票的手写内容不认可，称当时开发票的系统只能开具食品或保健品，故开具了名称为食品的发票，其认为鹿茸属于食药同源物品，销售鹿茸不需要取得药品经营许可证。王某力认为Y公司将案涉鹿茸当食品出售，不标注用法用量及注意事项，且属于三无产品。故诉至法院要求Y公司赔偿王某力货款10倍的赔偿金50321元并承担诉讼费用。

【案件焦点】

涉案商品是否应适用《中华人民共和国食品安全法》的规定以及Y公司是否应承担货款10倍的赔偿责任。

【法院裁判要旨】

北京市通州区人民法院经审理认为：王某力从Y公司处购买鹿茸，并提交购物小票及发票予以证明，双方之间成立事实上的买卖合同关系。虽然发票显示为食品，但其上有手写的“鹿茸”“梅花鹿茸”字样，并加盖了Y公司的发票专用章。食药监局在调查结果及举报登记单回复中认定，虽然发票写明涉案商品为“鹿茸”“梅花鹿茸”，实为新西兰进口马鹿鹿茸，属于中药材。鹿茸不属于食药同源物品，Y公司的行为违反了《中华人民共和国食品安全法》关于食品中不得添加药品的相关规定，故根据《中华人民共和国食品安全法》第三十八条、第一百四十八条之规定，作出如下判决：

Y公司给付王某力10倍赔偿金50321元并承担诉讼费用。

Y公司不服一审判决，提起上诉。

北京市第三中级人民法院经审理认为：首先，根据相关规定，在商超、超市等非药品经营单位销售未实行批准文号管理的人参、鹿茸等滋补保健类中药材，不需要领取药品经营许可证；其次，根据食药监局调查结果，涉案商品并不属于三无食品，有合法的进货来源及手续；最后，涉案商品虽发票载明为食品，但手写标明为鹿茸，且根据食药监局认定结果，鹿茸列在《中国药典》2015 年版目录中，系中药材，且不属于食药同源物品，故涉案商品不属于食品，不应当适用《中华人民共和国食品安全法》的相关规定，亦不应当以“食品中不得添加药品”为由认定涉案商品违反《中华人民共和国食品安全法》的相关规定。故王某力以 Y 公司将鹿茸当食品出售，不标注用法用量及注意事项，且属于“三无”产品，违反了《中华人民共和国食品安全法》的相关规定为由要求 Y 公司给付 10 倍赔偿金的诉讼请求，缺乏依据。如王某力认为 Y 公司将马鹿鹿茸作为梅花鹿茸出售存在欺诈行为，其可另行解决。

北京市第三中级人民法院依照《中华人民共和国民事诉讼法》第一百七十条第一款第二项之规定，作出如下判决：

一、撤销北京市通州区人民法院（2019）京 0112 民初 1745 号民事判决；

二、驳回王某力的诉讼请求。

【法官后语】

食品是指各种供人食用或者饮用的成品和原料，以及按照传统既是食品又是中药材的物品，但是不包括以治疗为目的的物品，只有属于食品的才应纳入《中华人民共和国食品安全法》的质量安全管理。在本案处理中，首先要确定涉案产品是食品还是食药同源中药材抑或仅作为药品的中药材。

我国民间习惯将鹿茸作为滋补保健品进食，但在《中国药典》中鹿茸属于中药材，并不属于食药同源物品，也不属于食品。根据

《中华人民共和国食品安全法》第三十八条及第一百五十条的相关规定，食药同源的物品属于食品，食品中可以添加食药同源物质，不可添加药品，相关物质目录由国务院卫生行政部门会同国务院食品安全监督管理部门制定公布。本案中，Y公司售卖涉案“鹿茸（血片精选）”，系售卖鹿茸，并非将鹿茸作为食品原料添加到普通食品中，故不能认为Y公司违反了上述规定。此外，Y公司售卖的鹿茸并未改变鹿茸作为中药材的性状，虽然Y公司开具的发票种类上载明是食品，但不能改变鹿茸作为中药材的本质。

根据《中华人民共和国药品管理法》第一百条第一款的规定，中药材属于药品。该法第七条及第十四条分别规定了药品生产和经营实行药品生产许可证制度和药品经营许可证制度。但根据第三十一条第一款的规定，除实施批准文号管理的中药材外，中药材的生产和经营并不实行许可证制度。故认定商家售卖非食药同源中药材是否违法并不以其取得药品经营许可证为前提。认定商家售卖非食药同源中药材是否违法，首先，要确定该中药材是否属于实施批准文号管理的中药材。药品批准文号是表明药品法律属性的身份证，目前中药材未强制实施文号管理，对于无须批准文号的中药材，药品经营许可证并非经营者所必需的，除此之外的中药材售卖需要取得药品经营许可证。其次，需要查明涉案中药材是否符合包装上注明了品名、规格、产地、批号、包装日期、生产单位，并附有质量合格的标志的规定。最后，要举证证明涉案中药材存在质量问题。故在本案中，Y公司售卖的鹿茸系中药材，王某力不能以Y公司售卖鹿茸违反《中华人民共和国食品安全法》要求Y公司进行赔偿，Y公司将马鹿鹿茸当成梅花鹿鹿茸进行售卖，其中的欺诈行为，王某力可另行解决。

编写人：北京市通州区人民法院 刘紫微

034 标的物隐蔽瑕疵的认定及违约责任范围的厘清

——J 公司诉 H 公司买卖合同案

【案件基本信息】

1. 裁判书字号

北京市第一中级人民法院（2019）京 01 民终 6396 号民事判决书

2. 案由：买卖合同纠纷

3. 当事人

原告（上诉人）：J 公司

被告（上诉人）：H 公司

【基本案情】

2013 年 12 月 10 日，J 公司与 H 公司签订《产品供货合同》一份，约定购买存储主机设备十套等货物，标的物适用产品制造商制定的质量技术标准，该合同还对合同价款、价款的支付、货物的签收、验收标准及书面异议期间等事项作出了明确约定。关于合同设备的保修情况，双方当事人均认可三年保修期，保修政策为提供 3 年技术支持加 24 小时服务，具体保修政策以惠普产品保修卡载明事项为准，即产品的保修起始日为发票购机日期，但如果发票购机日期晚于系统发货日期加该类产品的宽限期，则以系统发货日期加产品的宽限期作为产品的保修起始日期，宽限期最长不超过 3 个月。合同签订后，H 公司向 J 公司交付了合同约定的货物，J 公司支付了全部合同价款。

经查明，本案涉及的十套存储主机设备在 H 公司支持中心查询的基本保修期起始日期在2013年1月29日至2013年4月28日，结束日期在2016年2月27日至2016年7月26日。J公司认为H公司提供的十套合同设备保修期均不足三年，构成缺保，不符合合同约定，存在质量瑕疵，导致其下游客户退货。2015年1月至10月，J公司与H公司就存储主机设备的延保问题及相应费用负担情况进行了邮件沟通，邮件往来提及标的物入库时不足保的情形及每套2.4万元/年的保修费用承担问题。J公司就上述十套存储主机设备自行向案外人购买了原厂保修结束日期起维护一年的服务，合同总价款为28万元；并将存储主机设备进行了折价销售。J公司认为H公司在明知惠普相关售后政策的情况下提供了产品保修期不足的合同设备，故起诉至法院要求判令H公司减少收取合同价款28万元、赔偿经济损失22.6万元。

【案件焦点】

1. H公司向J公司供应的存储主机设备是否存在保修期不足三年的质量瑕疵；2. H公司是否应该就相应质量瑕疵承担违约责任以及需要承担何种违约责任。

【法院裁判要旨】

北京市海淀区人民法院经审理认为：J公司与H公司签订的《产品供货合同》系各方当事人真实意思表示，应属合法有效，各方当事人均应按照合同约定及相关法律规定严格遵守并履行各自的义务。H公司产品支持中心对存储主机设备保修期限的记录情况属于上述设备的客观状态，标的物这一客观状态是否符合合同约定、能否实现合同目的，则需要结合合同条款及相关法律规定予以认定。从《产品供货合同》有关保修条款约定看，J公司与H公司之间并未针对合同设备明确约定保修期的起止日期，亦未就此达成补充协议，在此种情况下，应当结合行业惯例和双方的交易习惯予以确定。依据双方当事人的邮件往来记录可以判断，H 公司作为合同设备的专业代理商，在其与包括 J 公司在内的下游客户交易过程中，已有确定的行业惯例并形成了相对固定的交易习惯，即正常交付的货物保修期的起始时间与合同的签订及履行时间应当保持大体一致，从而确保设备在合理的期限内交付给下游客户或最终用户时能够享受到惠普 3 年技术支持的保修服务，不应存在保修期不足的质量瑕疵。而本案中，H 公司发货时，合同设备的保修期即已经超过近八个月到一年不等，显然不能满足合同中有关惠普 3 年技术支持加 24 小时服务的保修条款约定，因此，法院认定 H 公司交付的十套存储主机设备存在隐蔽质量瑕疵，H 公司的瑕疵担保责任不因 J 公司未在合同约定的期间内完成检验而免除。H 公司作为卖方，向 J 公司提供存在质量瑕疵的合同设备，其行为已经构成违约，应当承担相应的违约责任。

H 公司供应的合同货物存在质量瑕疵，但由于《产品供货合同》并未明确约定相应违约责任，双方亦未达成补充协议，J 公司可依据法律规定结合合同实际履行情况提出违约责任主张。本案中，J 公司要求 H 公司减少价款的前提是让步接受瑕疵设备从而核减商品价值，但其同时又要求赔偿以设备原价为基数进行折价销售的损失，显然缺乏合理依据；另外，如减少价款可以弥补产品瑕疵，则设备的后续销售问题应属 J 公司自担风险的商业行为。综上，法院依法支持 J 公司减少价款的诉讼请求，对于其要求支付折价销售产生的实际损失的诉讼请求，予以驳回。

北京市海淀区人民法院依照《中华人民共和国民法通则》第一

百三十五条等规定，作出如下判决：

一、H公司于本判决生效之日起十日内向J公司返还货款24万元；

二、驳回J公司的其他诉讼请求。

J公司、H公司不服一审判决，提出上诉。H公司在二审审理期间申请撤回上诉。北京市第一中级人民法院作出如下判决：

驳回上诉，维持原判。

【法官后语】

标的物质量问题是引发买卖合同纠纷的主要诱因，而标的物瑕疵性质的认定以及出卖方瑕疵担保责任的厘清，一直是买卖合同纠纷案件审理中的重点及难点所在。

依据《最高人民法院关于审理买卖合同纠纷案件适用法律问题的解释》的规定，标的物瑕疵的类型明确包括数量瑕疵、外观瑕疵和隐蔽瑕疵。在司法实践中，判断买卖合同标的物是否构成质量瑕疵以及构成何种质量瑕疵，是法律事实认定层面的问题。当诉争标的物是专业属性较强、科技含量较高的产品时，对于专业知识相对欠缺的法官来说，瑕疵的认定无疑是个难题，即便其能够借助司法鉴定程序辅助判断，也难保万无一失。因此，需要法官在法庭调查过程中对于产品的性质、合同订立的背景以及交易习惯、行业惯例等内容进行全面审查，最终结合合同订立时双方当事人的地位、合同目的，合同条款的具体约定等方面进行分析，从而判断出标的物的使用效果是否能够达到出卖人承诺的效果。

本案中，双方在买卖合同中约定货物质保期限为“提供惠普3年技术支持加24小时服务，具体保修政策以H公司产品保修卡载明事项为准”，且产品保修卡中载明“产品的保修起始日为发票购机日期，但如果发票购机日期晚于惠普系统发货日期加该类产品的宽限期，则以H公司系统发货日期加产品的宽限期作为产品的保修起始日期。宽限期是指机器从工厂发货之日起，至产品被最终交货或安装的一段时间，最长不超过3个月”。而涉案产品有关保修期的客观状态是，在H公司支持中心查询的保修期起始日期早于发货日期近八个月到一年不等。双方在沟通过程中对于“缺保”情形的补足以及相应费用的评估问题协商得出了明确的解决方案。因此，可以认定被告作为合同设备的专业代理商，在其与包括J公司在内的下游客户交易过程中，已有确定的行业惯例并形成了相对固定的交易习惯，应当保证正常交付的货物保修期的起始时间与合同的签订及履行时间保持大致一致，从而确保合同设备在合理的期限内交付给下游客户或最终用户时能够享受惠普3年技术支持的保修服务，不应存在保修期不足的“缺保”情形。而涉案产品有关保修期的客观状态显然不符合上述情形，应当认定该产品存在质量瑕疵。由于该瑕疵的检验需要依托产品的序列号以及第三方提供的信息服务方能确定，通过感官检验显然无法发现，因此应将其定性为隐蔽瑕疵。

现实生活中出卖人往往以质量异议期的约定为由规避对标的物隐蔽瑕疵的瑕疵担保责任，由于隐蔽瑕疵难以被发现，合同约定的检验期间只能作为数量和外观瑕疵的质量异议期而不应作为隐蔽瑕疵的质量异议期。

对于相应违约责任的承担，《中华人民共和国民法典》第五百八十二条规定，质量不符合约定的，应当按照当事人的约定承担违约责任。对违约责任没有约定或者约定不明确，又没有达成补充协议的，受损方有权依据标的的性质以及损失的大小合理选择要求对方承担修理、更换、重作、退货、减少价款或报酬等违约责任，还有其他损失的，应当赔偿损失。上述违约救济方式可以单独适用，也可以合并适用，但应基于守约方的实际损失，厘定违约责任的合理范围。本案中，J公司既主张减少价款以弥补其自行购买延保服务产生的费用，又主张赔偿因产品缺保导致其降价销售产生的差价损失。上述请求是否合理，两项救济方式是否有并行的必要，则应以标的物价值实际减少的范围，或守约方为修复标的物瑕疵而支出的费用为标准进行判断。J公司要求H公司减少价款，其请求基础是已自行购买延保服务修复产品瑕疵，从而以减少价款的形式要求H公司承担修复费用。此时，减少价款已经足以修复产品瑕疵，使产品相应性能符合合同约定，则J公司后续对合同设备的折价销售行为应属自担风险的商业行为。因此，法院以弥补J公司的损失为限，参照双方认可的购买一年延保服务的合理金额，确定了H公司违约责任的具体范围。

编写人：北京市海淀区人民法院　陈聪慧　陈玲玉

035　买卖合同中买受人提出的质量异议超过检验期间的不予支持

——X公司诉J公司买卖合同案

【案件基本信息】

1. 裁判书字号

重庆市第五中级人民法院（2019）渝05民终5004号民事判决书

2. 案由：买卖合同纠纷

3. 当事人

原告（上诉人）：X 公司

被告（被上诉人）：J 公司

【基本案情】

2014 年 11 月，X 公司与 J 公司签订《产品订购合同砌块（GBF 蜂巢芯）》，约定：X 公司向 J 公司采购渝兴产业基地拓展区 A 标段全部蜂巢芯产品，双方按照合同条款及具体数量进行卸货并验收，如有异议，当场提出（如因叠装无法验收的质量有瑕疵的产品除外）。蜂巢芯产品质量符合企业标准的要求，买方如发现不符，可拒绝收货。

合同签订后，2014 年 12 月 2 日至 2015 年 7 月 20 日，J 公司向 X 公司供应了货款总金额为 1432861 元的蜂巢芯产品，X 公司于 2015 年 7 月 24 日安装完蜂巢芯。

2014 年 12 月 5 日，X 公司委托重庆市建设工程质量检验测试中心对 2 万个送样基数的顶面局部抗压荷载和侧向局部抗压荷载进行检测，符合质量标准。

2016 年 7 月 13 日，J 公司曾以 X 公司未付清货款为由提起诉讼，X 公司在该案中曾以产品存在质量问题提出反诉，请求 J 公司承担损失，其后又撤回反诉，另行提起本案诉讼。

2016 年 9 月 7 日，重庆市两江新区建设管理局向 X 公司发出《工程质量整改通知书》，称涉案工程 6 号楼 7F、8F、9F 的部分空心楼盖芯模底板不密实，存在开裂现象，部分模芯与肋梁底部平整度不符合要求。2017 年 5 月 4 日，再次向 X 公司发出《工程质量整改通知书》，称6号楼25层部分空心楼盖芯模存在开裂、漏筋和蜂窝麻面的情况。

2016年10月31日，X公司委托重庆市建设工程质量检验测试中心对涉案工程6号楼4F、20F、24F空心楼盖板中蜂巢芯底板外观质量进行鉴定，检测结论为6号楼4F、20F、24F空心楼盖板中蜂巢芯底板存在裂缝（部分为贯通性裂缝）、表面蜂窝麻面，其外观质量不符合有关规范要求。

X公司分别于2016年9月30日、2017年5月10日两次向J公司发函要求其对所供应的有产品质量缺陷的空心楼盖芯模进行整改，并于2017年5月24日发送律师函，要求接函后5日内进行整改，否则X公司将自行整改，费用由J公司承担。

【案件焦点】

X公司提出的质量异议是否超出检验期间。

【法院裁判要旨】

重庆市渝中区人民法院经审理认为：X公司与J公司签订的《产品订购合同砌块（GBF蜂巢芯）》系双方当事人真实意思表示，未违反法律、行政性法规的强制性规定，合法有效。合同约定交货时验收，如有异议当场提出（因叠装无法验收的质量有瑕疵的除外），并且其可拒绝收货。合同签订后，J公司于2014年12月2日至2015年7月20日向X公司供应了GBF蜂巢芯，X公司于2015年7月24日安装完毕。本案中，X公司提出的“裂缝”“风窝”和“麻面”“露筋”等缺陷，均属产品外观质量方面的问题，应当是显而易见的，如存在问题，X公司在收货时就应当发现，即使是因为产品叠装不能被及时发现，也能够在安装时发现，但X公司在收货和安装时均未提出异议，而是在所有产品均安装完成，在J公司提起关于支付货款的诉讼后，才提出关于产品质量的异议。X公司怠于通知，应视为J公司提供的产品质量符合约定。X公司提交的检测报告、工程质量整改通知、现场照片不足以证明产品交付时即存在质量问题。

重庆市渝中区人民法院依照《中华人民共和国合同法》第一百五十八条，《最高人民法院关于审理买卖合同纠纷案件适用法律问题的解释》第十七条，《中华人民共和国民事诉讼法》第六十四条、第一百四十二条之规定，作出如下判决：

驳回X公司的诉讼请求。

X公司不服一审判决，提起上诉。

重庆市第五中级人民法院经审理认为：X公司并未举示证据证明其曾在收货和安装完毕之后的合理期间内就J公司供应的产品存在质量问题向J公司提出过异议。根据本案现有证据，并不足以认定J公司供应的产品不符合双方合同约定的产品质量标准，也不足以认定X公司的损失是因为J公司供应的产品不符合双方合同约定而造成的，故X公司要求J公司进行赔偿的诉讼请求不能成立。

重庆市第五中级人民法院依照《中华人民共和国民事诉讼法》第一百七十条第一款第一项之规定，作出如下判决：

驳回上诉，维持原判。

【法官后语】

在现代买卖法瑕疵担保责任制度框架下，出卖人负有瑕疵担保义务，买受人也因此对产品瑕疵享有救济权利，但该权利并非无限制地存在，在未及时履行检验义务及通知义务的情况下，买受人的瑕疵权利将受到限制甚至被排除行使。买受人的检验义务及通知义务正是法律为了平衡买卖双方的利益，防止买受人受到过度倾斜的保护从而给出卖人造成不利益，危及商品交易秩序稳定的规范手段。对于买受人超出检验期间未履行检验通知义务的法律后果，理论界有“丧失合同权利救济说”与“初步证据说”两种观点，前者是指买受人不得再以标的物的数量或质量不符合约定向出卖人主张合同救济权利，后者是指初步认定标的物的数量或质量符合约定，当买受人有证据证明标的物于出卖人交付时确有数量或质量瑕疵的，可以推翻前面的初步认定。我国现行法律采用的是“丧失合同权利救济说”。

本案的争议焦点在于，买受人是否及时履行了检验义务及通知义务。而这一争议焦点的核心又在于对检验期间的认定。本案中，买受人主张的质量瑕疵属于蜂巢芯的底部，双方合同中未对底部的外观瑕疵检验作出约定。如此，如何准确把握买受人检验的“合理期间”是困扰审判实践的主要难题之一。个别法院不再适用或最小化适用“合理期间”标准来确定检验期间，而统一适用两年的最长时间规定，司法实践中部分法院在认定“合理期间”时倾向于作出对买受人有利的解释，将审查的重点放在产品是否存在质量瑕疵、瑕疵程度及违约责任等方面，这类做法不仅不利于保护善意出卖人的权益，也违背了以“合理期间”的瑕疵通知制度加快经济流转、迅速解决纷争的立法目的。合理期间是一个非常难以确定的期间，根据《最高人民法院关于审理买卖合同纠纷案件适用法律问题的解释》的规定，应综合当事人之间的交易性质、交易目的、交易方式、交易习惯、标的物的种类、数量、性质、安装和使用情况、瑕疵的性质、买受人应尽的合理注意义务、检验方法和难易程度、买受人或者检验人所处的具体环境、自身技能以及其他合理因素，依据诚实信用原则进行判断。本案属于分批次的大宗商品买卖，历时较长，买受人主张的“裂缝”“风窝”和“麻面”“露筋”等缺陷属于外观质量瑕疵，易于发现，但直到买卖标的物已经全部实际使用，买受人才在出卖人提起关于支付货款的诉讼后提出关于产品质量的异议，此时离第一批标的物的交付已经过了2年多，离最后一批标的物的交付和安装完毕也已经过去了1年，应认定超过合理期间。

买受人的及时检验义务是其权利，也是其间接义务，无论当事人是否在合同中作出特别约定抑或存在交易习惯，买受人都应当负担此项义务。买受人未及时履行检验和通知义务的，将丧失要求出卖人承担瑕疵担保责任的权利。对于产品外观瑕疵的质量检验期间，双方当事人有明确约定的，买受人一方未在约定的检验期间提出外观瑕疵异议，应认定检验期间已过。对于双方没有约定检验期限但易于发现的外观瑕疵，买受人一方未提出外观瑕疵异议且已经实际长期持续投入使用的，可以认定检验期间已过。即使未长期持续实际投入使用的，法官亦可依据具体情形自由裁量确定检验期间，不必适用二年的最长异议通知期限。

编写人：重庆市渝中区人民法院　张威

036　买受人应合理选择产品质量瑕疵责任的承担方式

——S公司诉R公司买卖合同案

【案件基本信息】

1. 裁判书字号

北京市第二中级人民法院（2019）京02民终7241号民事判决书

2. 案由：买卖合同纠纷

3. 当事人

原告（上诉人）：S 公司

被告（被上诉人）：R 公司

【基本案情】

2017 年 11 月 19 日，S 公司与 R 公司签订《输配电设备销售合同》，合同标的物系 2 台 1600kVA 箱式变电站和 1 台 1000kVA 箱式变电站。质量要求以国家标准及双方约定的图纸为准。出卖人对标的物质量负责的期限为自产品出厂之日起质保期 1 年。该合同后附图纸中载明变压器的型号为 1600kVA 和 1000kVA，未载明材质为铜箔或铝箔。2017 年 12 月 24 日，R 公司向 S 公司交付了涉案设备。S 公司认为，按照合同载明的型号，变压器应当为铜箔，但 R 公司提供的变压器系铝箔，造成变压器在使用过程中升温异常，升温快、温度高，不能满负荷运行，故诉至法院要求 R 公司提供全站设备国家级产品检验试验合格报告并更换变压器，同时承担更换期间的损失，另向 S 公司支付违约金 50 万元。

【案件焦点】

1. 涉案变电站中的变压器应当为铜箔还是铝箔；2. 如果涉案变压器质量有瑕疵，R 公司是否应当承担更换责任。

【法院裁判要旨】

北京市大兴区人民法院经审理认为：关于涉案 3 台变压器应为铝箔还是铜箔，由于涉案合同和设计图纸中都未以文字形式对此作出明确约定，在双方存在争议的情况下，按照相关行业标准的规定，涉案 3 台变压器应为铜箔。R 公司交付 S 公司的涉案变压器均为铝箔，不符合约定。

涉案变压器以铝箔代替铜箔确实不符合约定，R 公司因此构成违约。《中华人民共和国合同法》第一百一十一条规定：“质量不符合约定的，应当按照当事人的约定承担违约责任。对违约责任没有约定或者约定不明确，依照本法第六十一条的规定仍不能确定的，受损害方根据标的的性质以及损失的大小，可以合理选择要求对方承担修理、更换、重作、退货、减少价款或者报酬等违约责任。”从质量问题来说，涉案变压器主要表现在升温方面，而国家亦未禁止变压器使用铝箔。从使用状态来说，箱式变电站投入使用至今已超过 1 年时间，而且目前仍在使用中。从相关费用来说，如果更换变压器，必然产生停电、拆卸、安装等高昂费用。基于以上因素，在当事人未作出特别约定、合同亦未解除的情况下，更换变压器不属于解决本案纠纷的合理方式。S 公司可通过减少价款等合理方式另行主张权利。因此，法院对 S 公司要求更换变压器的诉讼请求不予支持。

由于变电站已经处于使用中，对 S 公司要求提供全站设备国家级产品检验试验合格报告的诉讼请求，法院不予支持。R 公司履行了供货义务，只是该履行行为属于不完全给付，与合同约定的违约金责任的情形不符，对 S 公司的违约金请求不予支持。

北京市大兴区人民法院依照《中华人民共和国合同法》第六十二条、第一百一十一条，《最高人民法院关于适用〈中华人民共和国民事诉讼法〉的解释》第九十条之规定，作出如下判决：

驳回 S 公司的全部诉讼请求。

S 公司不服一审判决，提出上诉。

北京市第二中级人民法院经审理认为：原审法院认定 R 公司提供的产品与合同约定不符并无不当。但因涉案标的物质量问题主要体现在升温方面，且根据箱式变电站已投入使用，更换标的物成本亦较高。综合本案情况，原审法院认定更换变压器不属于解决本案纠纷的合理方式亦无不妥。另外，变电站已经处于使用过程中，S公司要求R公司提供全站设备国家级产品检验试验合格报告，还要求R公司给付50万元违约金，没有合同依据，法院均不予支持。原审判决认定事实清楚，适用法律正确，应予维持。

北京市第二中级人民法院依照《中华人民共和国民事诉讼法》第一百七十条第一款第一项之规定，作出如下判决：

驳回上诉，维持原判。

【法官后语】

关于质量是否合格的判断，应遵循以下顺序：首先，出卖人应当按照约定的质量要求交付标的物。出卖人提供有关标的物质量说明的，交付的标的物应当符合该说明的质量要求。其次，如果当事人对标的物的质量要求没有约定或者约定不明确，则可以签订补充协议；不能达成补充协议的，按照合同有关条款或者交易习惯确定。最后，通过以上方式仍不能确定质量标准的，则按照国家标准、行业标准履行；没有国家标准、行业标准的，按照通常标准或者符合合同目的的特定标准履行。

如果标的物质量不符合约定，从而构成质量瑕疵，那么，买受人享有以下法律救济方式：第一，因标的物不符合质量要求，致使不能实现合同目的的，买受人可以拒绝接受标的物或者解除合同。第二，买受人要求出卖人按照合同约定承担违约责任。第三，如果买受人没有解除合同，而且合同也没有约定质量不合格时违约责任的承担方式，则买受人可以根据标的的性质以及损失的大小，合理选择要求对方承担修理、更换、重作、退货、减少价款或者报酬等违约责任。所谓"合理选择"，是指综合考虑质量瑕疵的程度、不同补救方式的成本等确定相应的责任承担方式。具体来说，能通过修理解决的，应当避免更换或重作；能通过外部方式加以改善的，应当通过减少价款、赔偿损失等方式予以解决，以贯彻权利救济中的比例原则。对于以上救济方式，本案所适用的《中华人民共和国合同法》第一百一十一条、第一百四十八条有明确规定，《中华人民共和国民法典》第五百八十二条、第六百一十条予以延续。

本案中，关于箱式变电站中的变压器应当系铜箔还是铝箔的问题，双方并未作出约定。虽然涉案箱式变压器未采用铜箔，但其所采用的铝箔亦为国家所允许，而由此导致的发热问题，实际上可以通过在变电站内容增加降温设备（如空调、风扇）等方式予以解决，这也不影响 S 公司要求 R 公司承担减价责任或赔偿损失。如果采取更换的方式，将会带来高昂的成本，不利于各方利益的最大化，因此，更换变压器不属于解决本案纠纷的合理方式，法院不予支持。

编写人：北京市大兴区人民法院　马超雄

037 出卖人分批交付标的物的，可采取前后批次对比的方法认定质量合格与否

——G 公司诉 X 公司买卖合同案

【案件基本信息】

1. 裁判书字号

北京市第一中级人民法院（2019）京 01 民终 4359 号民事判决书

2. 案由：买卖合同纠纷

3. 当事人

原告（上诉人）：G公司

被告（被上诉人）：X公司

【基本案情】

2013年，X公司承包了由H公司发包的部分地块、别墅及商业工程，并从H公司指定的供应商G公司处采购外墙文化砖、文化石。

2013年11月1日，X公司与G公司签订《采购合同》，双方约定，X公司从G公司处采购文化砖、文化石、文化砖（拐角）、文化石（拐角），总价为143.5万元；G公司应保证产品符合国家及行业相关的强行标准，产品质量标准为合格，是全新、未使用过的原装合格正品，并完全符合合同规定或X公司事前封样的质量、规格和性能要求，产品质量标准为合格；中标材料应符合现行国家规范标准、本行业规范标准以及本合同约定的技术参数；质保期1年。其后，G公司在《采购合同》项下分多次向X公司交付了价值共计1111707.48元的货物（其中的文化砖简称旧砖）。

2015年4月30日，由于工程进度需要，X公司与G公司签订《补充合同》，补充采购文化砖、文化石、文化砖（拐角）、文化石（拐角）。其后，G公司在《补充合同》项下分多次向X公司交付了价值共计541422.9元的货物（其中的文化砖简称新砖）。

2015年6月1日，X公司发现新砖存在质量问题，并通知G公司召开会议，会议记载：2015年5月19日后进场7批砖共计8660.4平方米，背面有膜状物，凹凸感不明显，滴水后吸水缓慢，外墙黏结后脱落，黏结剂大部分仍附着外墙，砖背留存很少。

2015年6月3日至9日，双方在施工现场进行新旧文化砖对比试验并拍摄录像。6月3日至4日，由相同的两名工人进行文化砖铺贴操作，在施工工艺一致的情况下，使用同一种黏结剂将新砖和旧砖在工地外墙上进行铺贴。6月9日，由同一名工人进行墙砖验证，对于新砖墙面，仅徒手拍打即出现砖头脱落现象，且脱落的新砖背面几乎无粘结剂，而对于旧砖墙面，徒手拍打及使用木棍敲打均无砖头脱落，使用钢筋撬掉一块旧砖，砖背面附有大量粘结剂。

诉讼中，X公司申请对新砖的质量是否符合国家相关标准进行鉴定，但因质保期已过，故鉴定未能进行。经询，G公司与X公司均称《采购合同》未约定产品的技术参数，双方亦未于事前封存样品。

【案件焦点】

1. 如何认定新砖质量是否合格；2. 能否以X公司所做的墙砖对比试验来评价。

【法院裁判要旨】

北京市海淀区人民法院经审理认为：在《补充合同》项下，双方的争议焦点在于G公司供应的文化砖是否存在质量问题。本案中，双方对于《采购合同》项下文化砖的质量并无异议，X公司亦是基于此向G公司订购了第二批文化砖并签订了《补充合同》，因此，G公司应当保证其所提供的第二批文化砖与第一批文化砖的质量具有一致性和稳定性。通过对比试验可以看出，在同一时间、地点，由相同的人员使用同种粘结剂，采用同样的铺贴手法和施工工艺进行铺贴，几日后由同一名工人使用相同的方法进行敲打，试验结果出现显著差异，新、旧文化砖在墙砖脱落的难易程度以及墙砖与粘结剂的结合度方面存在较大差异，新砖的质量标准较旧砖已出现显著降低。因此，对于X公司称新砖存在质量问题的抗辩意见，法院予以采纳。扣除不合格的新砖以及配套拐角的货款，X公司应向G公司支付货款328075.12元。北京市海淀区人民法院依照《中华人民共和国合同法》第八条、第一百零七条、第一百五十九条、第一百六十一条，《最高人民法院关于审理买卖合同纠纷案件适用法律问题的解释》第二十四条第四款，《最高人民法院关于适用〈中华人民共和国民事诉讼法〉的解释》第一百零八条第一款之规定，作出如下判决：

一、X公司于判决生效之日起十日内向G公司支付货款328075.12元并赔偿逾期付款损失（以328075.12元为计算本金，自2016年1月1日起至判决生效之日止，按照年利率6%的标准计算）；

二、驳回G公司的其他诉讼请求。

G公司不服一审判决，提出上诉。

北京市第一中级人民法院经审理认为：同意一审法院关于认定新砖（平面）存在质量问题的裁判意见，但认为X公司未对新砖（拐角）的质量提出异议，故该部分货款的价值应计入X公司应向G公司支付的货款数额中。一审法院认定事实清楚，适用法律正确，处理结果部分有误，二审法院予以纠正。

北京市第一中级人民法院依照《中华人民共和国民事诉讼法》第一百七十条第一款第三项之规定，作出如下判决：

一、撤销北京市海淀区人民法院（2015）海民（商）初字第42690号民事判决；

二、X公司于判决生效之日起十日内支付G公司货款333874.87元；

三、X 公司于判决生效之日起十日内赔偿 G 公司逾期付款利息损失（以 333874.87 元为基数，自 2016 年 1 月 1 日起至判决生效之日止，按照年利率 6%的标准计算）；

四、驳回 G 公司的其他诉讼请求。

【法官后语】

货物质量问题系买卖合同纠纷中常见的争议焦点，亦为审判实务中的难点问题。本案中，买受人自出卖人处采购了用于铺贴别墅外立面的墙砖，现其主张后一批次的墙砖质量不合格，并拒绝支付货款。一般而言，认定货物质量合格与否的裁判路径主要有：

首先，检索质量条款。本案中，买卖双方之间签订的《采购合同》载明，货物应符合约定的技术参数，应符合事前封样的质量、规格和性能要求，但双方在诉讼中均表示合同并未约定产品的技术参数，双方亦未于事前封存样品。案涉交易是由业主指定供应商的交易，虽然业主与买受人签订的《甲指乙供通知单》中记载了墙砖应当满足的抗压强度、抗冻性、吸水率等技术性能指标，但因出卖人并非该合同的当事人，故不能以《甲指乙供通知单》列明的技术条款约束出卖人。

其次，启动司法鉴定。对产品质量的判断属于事实查明的“专门性问题”，可由鉴定人运用科学技术或者专门知识对质量问题进行鉴别和判断。本案中，因墙砖的质保期只有 1 年，而买受人在诉讼中提起鉴定申请时已过产品质保期，且鉴定机构仅能针对现状材料进行分析，即使相关数据不符合国家标准和行业标准，亦不能推断产品在质保期内存在质量问题。

再次，尊重双方合意。争议发生后，若双方同意采取试验的方式判断产品质量是否合格，则法院可依据试验结论直接作出评判，但该前提是试验的时间、地点、程序、步骤、方法等环节均得到了双方的确认。本案中，买受人称其所做的墙砖试验已征得出卖人的同意，但提交的会议记录并无出卖人的签字确认，并不能由此推定出卖人认可相关内容，继而不能直接将试验结果与墙砖质量相关联。

最后，参考行业惯例。即使买受人在争议发生后所做试验未得到出卖人的认可，但若该试验符合行业技术规范，也可以作为产品质量的认定标准。据了解，行业内一般采取拉拔试验检测外墙砖的粘贴强度。该试验要求铺贴墙砖后进行勾缝，而且需等28天之后进行拉拔测试。本案中的试验并无勾缝环节，且在铺贴后一周（买受人解释称工期紧张不允许等待28天）即对墙砖进行敲打验证。因此，此次试验并不符合业界普遍认可的取样标准、施工工序和时间要求，即使争议墙砖存在大面积脱落，也不能据此认定墙砖存在质量问题。

那么，本案中买受人所做试验是否可以作为评判产品质量的依据？笔者认为，采取对比的视角，通过比较合格墙砖与争议墙砖的试验结果，能够看出两者存在显著差异。即在相同的施工环境和试验条件下，试验结果出现了显著差异，后一批次墙砖的质量较前批次墙砖出现了显著下降。此时，社会效果和法律效果产生了冲突，此种冲突促使裁判者进一步审视该证据是否已达到证明标准。

本案一、二审判决都作出了争议墙砖的质量不符合合同约定的认定。这是因为本案买卖合同具有其特殊性，与一次性交易的买卖合同不同，本案双方之间的合同系持续供货合同，出卖人向买受人分批交付标的物。基于该特点，在双方对前一批次标的物质量无异议的情况下，前一批次标的物的功能和效用已为后一批次标的物的质量评判提供了标准和参照。出卖人应当保证其所提供的不同批次标的物的质量具有一致性和稳定性，相较前一批次标的物而言，后一批次标的物的功能和效用不应出现明显下降或偏差，否则可以认定后一批次标的物不符合双方约定。此种裁判思路即为本案所采用，买受人已举证证明后一批次货物的质量明显劣于前一批次货物的质量，可据此认定争议货物的质量不合格。此后举证责任发生转移，在出卖人仍有异议的情况下，应由出卖人承担产品质量符合合同约定的举证责任。

编写人：北京市海淀区人民法院　王哲

038　合同未约定的事项，不得无故加重当事人的义务

——制药公司诉科技公司买卖合同案

【案件基本信息】

1. 裁判书字号

福建省厦门市中级人民法院（2019）闽 02 民终 124 号民事判决书

2. 案由：买卖合同纠纷

3. 当事人

原告（上诉人）：制药公司

被告（被上诉人）：科技公司

【基本案情】

2016年12月22日，制药公司（甲方）和科技公司（乙方）签署一份《产品供销合同》，约定制药公司向科技公司购买L-盐酸半胱氨酸（-水合物）1500千克，第七条验收：(1) 初步验收：对本合同规定的产品货物的种类、规格、产品批号、数量、包装、有效期进行检验，初步检验不符合要求，甲方电话通知乙方并提供相关证据（书面提交），乙方收到电话或书面异议后应在3个工作日内给予无条件退换货，乙方承担因此发生的费用。对不符合要求的货物，甲有代为保管的义务，但保管费用和风险由乙方承担。(2) 如初步验收合格、甲方按双方确认的供货质量标准验收。经检验不合格，甲方向乙方发出书面退换货通知（附检验结果）；(3) 如乙方对甲方的检验结果有异议的，需在以到甲方通知的2个工作日内提供有异议的书面意见、若乙方不在规定的日期内提出异议，则视为乙方对检验结果无异议。第十条单据和相关文件：乙方应向甲方提供所供货物检验报告单，该报告单须加盖红章；货到检验合格后10日内乙方给甲方开具与合同金额相应的17%增值税专用发票；乙方应向甲方提供全套资质文件（首次合作），须加盖红章。2017年1月7日，制药公司收到科技公司提供的L-盐酸半胱氨酸（-水合物）1500千克，该批货物外包装袋显示有效期是2018年11月12日。制药公司出具的《入库单》载明："检验结果：无异常合格；备注：其中50千克包装破损退回，重新补货，该供应商无现审资料，待审计完后合格，方可放行使用。"2017年1月17日，科技公司向制药公司补发50千克案涉货物。

后制药公司两次向科技公司邮寄《法务函》，要求科技公司配合对相关物料质量体系进行现场质量审计，否则追究法律责任。

【案件焦点】

1. 买卖合同双方在履行合同的过程中已通过合同对货物的质量做出过明确约定并曾依照此质量标准履行；2. 要认定标的物质量是否存在问题，应按照合同约定检验，合同未约定的事项，不得无故加重当事人的义务。

【法院裁判要旨】

福建省厦门市海沧区人民法院经审理认为：制药公司与科技公司于2016年8月12日签订的《质量保证协议书》和于2016年12月22日签订的《产品供销合同》合法有效，双方均应依约履行。双方在《产品供销合同》中约定“产品质量标准和有效期：乙方销售的产品质量须符合AJI92标准；到货时产品的剩余有效期不得少于物料总有效期的80%”，科技公司向制药公司交付的案涉货物的总有效期符合案涉买卖合同约定。制药公司主张交付验收时因科技公司未提供现场质量审计文件，案涉货物属于质量不合格产品。对此，法院认为，现场质量审计是质量管理部门对药品供应商人员机构、厂房设施和设备、物料管理、生产工艺流程和生产管理、质量控制实验室的设备、仪器、文件管理等进行检查，以全面评估其质量保证系统。本案中，案涉货物为L-盐酸半胱氨酸（-水合物），属于食品添加剂范畴，科技公司仅是案涉货物供应商，不是案涉货物生产单位，《质量保证协议书》和案涉买卖合同中均未明确约定双方可对案涉货物生产单位进行现场质量审计或提供现场质量审计文件。合同未约定的事项，不得无故加重当事人的义务。根据查明的事实，在签订案涉买卖合同之前，双方已两次进行了L-盐酸半胱氨酸（-水合物）买卖交易。科技公司的案涉货物的交货流程、交货方式等也符合双方前两次相关物品买卖的交易习惯。况且，制药公司并未提供证据证明案涉货物存在不符合合同约定的AJI92质量标准的情形。因此，制药公司主张案涉货物为质量不合格产品，要求解除合同并赔偿损失，缺乏事实依据，法院不予采纳。依照《中华人民共和国合同法》第八条、第六十条、第六十一条、第一百三十条，《中华人民共和国民事诉讼法》第六十四条第一款之规定，作出如下判决：

驳回原告制药公司的全部诉讼请求。

制药公司不服一审判决，提起上诉，福建省厦门市中级人民法院经审理同意一审法院裁判意见，作出如下判决：

驳回上诉，维持原判。

【法官后语】

一、现场质量审计并非案涉合同约定的质量检验手段

现场质量审计是质量管理部门对药品供应商人员机构、厂房设施和设备、物料管理、生产工艺流程和生产管理、质量控制实验室的设备、仪器、文件管理等进行检查，以全面评估其质量保证系统。本案中，案涉货物为L-盐酸半胱氨酸（-水合物），属于食品添加剂范畴，科技公司仅是案涉货物供应商，不是案涉货物生产单位，《质量保证协议书》和案涉买卖合同中均未明确约定双方可对案涉货物生产单位进行现场质量审计或提供现场质量审计文件。合同未约定的事项，不得无故加重当事人的义务。

二、提出质量异议的合理期间

质量检验期间分为约定期间、合理期间、两年期间和质量保证

期间。本案买卖合同的双方订立了书面合同，但双方仅仅约定了初步验收和供货质量标准验收，没有约定具体的检验期间。本案案涉产品药品具有保质期，应适用质量保证期间。

三、提出异议期间经过后的法律后果

买受人未在检验期间内提出标的物瑕疵异议的，按照《中华人民共和国民法典》第六百二十一条的规定，视为标的物的数量和质量合格，出卖人知道或者应当知道提供的标的物不符合约定的除外。这里的“视为”属法律拟制，而非事实推定，上述期间一旦经过买受人即丧失法律救济权和期限利益。只要买受人有证据证明瑕疵的存在，买受人都丧失救济权和抗辩权。

编写人：福建省厦门市海沧区人民法院　李庆东　许晔

039 买卖合同中买受人及时检验、异议和通知义务的履行以及法院对隐蔽瑕疵鉴定申请的审查

——医药公司诉药业公司买卖合同案

【案件基本信息】

1. 裁判书字号

广东省广州市中级人民法院（2018）粤01民终267号民事判决书

2. 案由：买卖合同纠纷

3. 当事人

原告（被上诉人）：医药公司

被告（上诉人）：药业公司

【基本案情】

2016年11月24日，医药公司（甲方）和H公司（乙方）签订的《购销合同》约定：H公司向医药公司采购600公斤血竭，规格是进口，单价2050元/公斤，金额1230000元；质量要求约定为本合同项下商品应符合2015版药典标准及国家有关产品质量标准，乙方对合同项下产品的质量无特殊要求，甲方向乙方提供合乎要求的“药材进口批件”和“进口药材检验报告书”；货物验收约定为乙方应于收到本合同项下商品之日起15个工作日内，依据本合同第1条、第2条约定完成货物验收，并向甲方出具书面收货证明和货物验收报告，乙方在规定期限内未向甲方出具收货证明和验收报告的，视为乙方已收到本合同项下商品且认定该商品符合本合同约定，如出现货物质量不合格，甲方负责退换货；结算方式及期限约定为乙方检验本合同货物合格后，甲方按照乙方验收货物数量开具增值税发票向乙方收款，乙方收到甲方的增值税发票后7天内，向甲方支付不少于本合同总额30%的款项，乙方须在甲方交货之日起90天内分批将剩余部分货款以现金汇款方式付清给甲方；违约责任约定为甲方未依据本合同约定交付合同项下商品的，甲方应承担相应的违约责任，赔偿乙方损失，乙方未依据本合同约定的期限向甲方支付货款的，自逾期之日起，乙方应按合同金额的5%向甲方支付违约金，造成甲方其他损失的，乙方应承担赔偿责任。

同日，H公司向医药公司出具授权委托书，委托赵某庆前往医药公司处采购血竭，并载明赵某庆从事与该事项有关的行为，所产生的法律后果由H公司负责。

2016年11月30日，医药公司销售出库单上记载，收货单位是H公司，货物名称是血竭，产地是印度尼西亚，件数30，件重20公斤，数量是600公斤，单价2050元，金额1230000元，收货单位处有赵某庆签名。

2016年12月8日，医药公司开具11张广东增值税专用发票给H公司，金额合计1230000元。

2017年1月9日，医药公司（甲方）和H公司（乙方）签订合同的《购销合同》约定：H公司向医药公司采购800公斤血竭，规格是进口，单价1980元/公斤，金额1584000元；质量要求约定为本合同项下商品应符合2015版药典标准及国家有关产品质量标准，乙方对合同项下产品的质量无特殊要求，甲方向乙方提供合乎要求的“药材进口批件”和“进口药材检验报告书”；货物验收约定为乙方应于收到本合同项下商品之日起15个工作日内，依据本合同第1条、第2条约定完成货物验收，并向甲方出具书面收货证明和货物验收报告，乙方在规定期限内未向甲方出具收货证明和验收报告的，视为乙方已收到本合同项下商品且认定该商品符合本合同约定，如出现货物质量不合格，甲方负责退换货；结算方式及期限约定为乙方检验本合同货物合格后，甲方按照乙方验收货物数量开具增值税发票向乙方收款，乙方收到甲方的增值税发票后7天内，向甲方支付不少于本合同总额30%的款项，乙方须在甲方交货之日起90天内分批将剩余部分货款以现金汇款方式付清给甲方；违约责任约定为甲方未依据本合同约定交付合同项下商品的，甲方应承担相应的违约责任，赔偿乙方损失，乙方未依据本合同约定的期限向甲方支付货款的，自逾期之日起，乙方应按合同金额的5%向甲方支付违约金，造成甲方其他损失的，乙方应承担赔偿责任。

2017年1月11日的《医药公司销售出库单》记载，收货单位是H公司，货物名称是血竭，产地是印度尼西亚，件数40，件重20公斤，数量800公斤，单价1980元，金额1584000元，收货单位处有赵某庆签名。

2017年1月16日，赵某庆在物流单上收货人处签名。

2017年1月16日，医药公司开具15张广东增值税专用发票给H公司，金额合计1584000元。

2017年6月15日，H公司经核准名称变更为药业公司。药业公司在此期间向医药公司支付了400000元货款。

2017年6月16日，药业公司向医药公司出具的《企业询证函》载明：药业公司聘请会计师事务所（特殊普通合伙）正在对药业公司2016年度财务报表进行审计，按照中国注册会计师审计准则的要求，应当询证药业公司与医药公司的往来账项等事项；下列信息出自药业公司账簿记录，如与医药公司记录相符，请在本函下端“信息证明无误”处签章证明，如有不符，请在“信息不符”处列明不符项目；如存在与药业公司有关的未列入本函的其他项目，也请在“信息不符”处列出这些项目的金额及详细资料；回函请直接寄至会计师事务所（特殊普通合伙）；药业公司与医药公司往来账项列明，截至2016年12月31日，该期采购金额1230000元，欠医药公司830000元；截至2017年4月30日，该期采购金额1584000元，欠医药公司2414000元，备注均为应付账款。医药公司在结论信息证明无误处盖章确认。

2017年6月29日、7月17日和7月19日，医药公司先后向药业公司出具《催款函》，催告药业公司清偿拖欠的货款2414000元。

【案件焦点】

1. 药业公司是否需要支付双方于2017年1月9日签订的购销合同项下货款1584000元；2. 药业公司是否需要支付违约金。

【法院裁判要旨】

广东省广州市荔湾区人民法院经审理认为：药业公司认为该合同项下医药公司所供货物是假药，理由是该批货物混杂了龙血竭，不是血竭，属于假药。药业公司为证明其主张，提交了其自行制作的检测图和检测说明，但药业公司提交的证据不足以证明所检测的血竭是医药公司所供之货物，故法院对该组证据不予采纳。药业公司又向法院申请鉴定该货物是血竭或龙血竭或血竭和龙血竭的混合物。法院认为，双方当事人在交易过程中没有对讼争的血竭封存样本以备检验，从药业公司提供的其主张为讼争货物的照片来看，该些货物的包装箱和包装袋可随意打开，无法确认存放于该些包装箱和包装袋内的货物即为医药公司所供之货物，从药业公司提供的单个血竭的照片来看，该血竭上的标志已不完整，是否为医药公司所供之货物难以核实，且药业公司收到该货物至今已长达10个月之久，在此期间药业公司如何保管、存放讼争货物现已无法确认，故是否存在与其他货物混淆、交叉污染的情况无法查明。综上，由于药业公司主张进行抽样鉴定的货物无法核实是否为医药公司所供之货物及是否存在交叉污染等情况，鉴定所需之检材无法确认，故法院对药业公司的鉴定申请不予接纳。涉案《购销合同》明确约定了检验期间，根据《中华人民共和国民法典》第六百二十条和第六百二十一条第一款的规定，药业公司收到讼争货物后应当在约定的检验期间内检验，并将讼争货物的数量或者质量不符合约定的情形通知医药公司，药业公司怠于通知的，视为讼争货物的数量或质量符合约定。药业公司抗辩其验收是对产品包装和外观的验收，与涉案合同货物验收部分所提及的质量表述不符，亦与药业公司作为生产、销售经批准药剂的企业应有的专业态度不符。药业公司在庭审中自认已经使用其中130公斤的讼争货物生产药品，并于生产药品后自行检测发现医药公司所供之货物是假药，药业公司作为药品生产企业，没有对药品的原材料进行质量检查便将原材料大量投入生产有悖常理。药业公司没有在约定的检验期间内对讼争货物的质量提出异议，并于收货近半年后出具《企业询证函》明确应付医药公司2414000元，却于医药公司提起本案诉讼后对讼争货物的质量提出异议，根据《最高人民法院关于审理买卖合同纠纷案件适用法律问题的解释》第十四条的规定，法院对药业公司的该项主张不予支持。综上，药业公司应按约定向医药公司支付该部分货款1584000元。

医药公司依约供货后，药业公司理应按照合同约定在付款期限内支付货款。药业公司逾期付款，已经构成违约。涉案两份《购销合同》均约定，药业公司未依据合同约定的期限向医药公司支付货款的，自逾期之日起，按合同金额的5%向医药公司支付违约金。现医药公司主张按照合同约定计收违约金140700元，药业公司经法院释明后没有对违约金的计算标准提出异议，且该约定亦合理合法，故广东省广州市荔湾区人民法院对医药公司的该项主张予以支持。综上所述，依照《中华人民共和国民法典》第五百零九条第一款、第五百七十七条、第五百八十五条、第六百二十条、第六百二十一条第一款,《最高人民法院关于审理买卖合同纠纷案件适用法律问题的解释》第十四条,《中华人民共和国民事诉讼法》第六十七条第一款的规定,作出如下判决:

一、药业公司于判决发生法律效力之日起十日内向医药公司支付货款 83000 元;

二、药业公司于判决发生法律效力之日起十日内向医药公司支付货款 1584000 元;

三、药业公司于判决发生法律效力之日起十日内向医药公司支付违约金 140700 元。

药业公司不服一审判决,提起上诉。

广东省广州市中级人民法院审理同意一审法院裁判意见,依照《中华人民共和国民事诉讼法》第一百七十七条第一款第一项的规定,作出如下判决:

驳回上诉,维持原判。

【法官后语】

买卖合同,是商品社会最典型、最基础、最普遍的合同类别。出卖人需将标的物的所有权转移给买受人,买受人则需支付价款,但在履行合同过程中,因标的物质量存在争议而产生的纠纷不在少数。为了保护买受人的利益,法律规定当出卖人交付的标的物不符合约定、交易习惯或行业标准时,买受人可要求出卖人按照约定承担违约责任,或在对违约责任没有约定或约定不明确时,要求出卖人承担修理、更换、退货、减少价款或者报酬等违约责任。同时,当出卖人交货不符时,买受人亦应及时检验并通知出卖人。根据《中华人民共和国民法典》和买卖合同司法解释的规定,买受人是否及时履行检验、异议和通知义务，直接关乎法院对标的物是否存在质量问题的认定。

一、买受人的及时检验、异议和通知义务

检验，是买受人对出卖人所交付的买卖合同标的物是否符合合同约定的数量、质量、包装等内容的验证行为。《中华人民共和国民法典》第六百二十条规定："买受人收到标的物时应当在约定的检验期限内检验。没有约定检验期限的，应当及时检验。"第六百二十一条第一款亦规定"买受人怠于通知的，视为标的物的数量或者质量符合约定"。从该法律条文可知，我国民法典将买受人对合同标的物的检验、异议和通知义务规定为买受人的法定义务，即便当事人未就此进行约定，买受人亦负有该义务。

（一）法律规定该义务之理由

科以买受人及时检验、异议和通知义务，是诚实信用原则使然。究其原因，一是为了保护善意出卖人的合法权益。出卖人交付货物存在瑕疵，相较于没有交货或拒绝交货而言，过错程度稍轻。而且实际上，由于商品社会货物流通的频繁，出卖人在交付货物前可能存在无法检查货物是否存在瑕疵的情形，亦即出卖人对货物瑕疵属于善意。因此，应当规定买受人瑕疵通知义务以保护善意出卖人的合法权益。若出卖人明知或应当知道货物存在瑕疵，则买受人不受检验期间的限制。二是便于出卖人及时采取补救措施。若买受人及时通知出卖人货物不符，出卖人可及时采取修理、更换、重作、退货等补救措施，否则，善意出卖人无法知晓货物的瑕疵情况，并可能基于信赖而继续实施一定行为，导致买受人告知货物不符时，使出卖人无法采取补救措施，增加额外成本。三是有利于证据保存。出卖人需要确保标的物在交付前没有瑕疵，在标的物转移占有至买受人或买受人指定的收货人处时，则由买受人对交付后产生的货物瑕疵承担责任。因此，及时通知可以避免嗣后发生无谓争执。买受人在收货后有必要及时检验货物，确定货物是否存在瑕疵并及时通知出卖人，若双方对货物的数量和质量等存在争议，双方尚可对标的物进行检验，并及时对有争议的标的物封样保存。

（二）约定检验期间是否过短之认定

《中华人民共和国民法典》第六百二十二条第一款规定："当事人约定的检验期限过短，根据标的物的性质和交易习惯，买受人在检验期限内难以完成全面检验的，该期限仅视为买受人对标的物的外观瑕疵提出异议的期限。"但在司法实践中，如何认定约定的检验期间是否过短，本文认为应当从以下两个方面予以考量：第一，根据货物的性质和交易习惯予以判断，特别是该期间是否足够买受人对货物的隐蔽瑕疵进行检验。第二，买受人对未能及时发现标的物瑕疵是否存在过错。本案中，药业公司是生产、销售经批准药剂的企业，其拥有对涉案标的物进行隐蔽瑕疵检验的条件和技能，双方约定的收货后15个工作日的货物检验期间足够药业公司对涉案货物的质量进行检验，故本案不存在约定检验期间过短的情形。

（三）检验期间经过后之法律后果

根据《最高人民法院关于审理买卖合同纠纷案件适用法律问题的解释》第十四条的规定："民法典第六百二十一条规定的检验期限、合理期限、二年期限经过后，买受人主张标的物的数量或者质量不符合约定的，人民法院不予支持。出卖人自愿承担违约责任后，又以上述期限经过为由翻悔的，人民法院不予支持。"由此可见，《中华人民共和国民法典》第六百二十一条的规定属于法律拟制，即只要买受人在检验期间内没有向出卖人发出异议通知，即从法律层面上认为买受人确认了标的物，而无论该标的物事实上是否存在瑕疵。

本案中，双方签订的《购销合同》约定了“货物验收”的条款，即药业公司应于收到本合同项下商品之日起15个工作日内，依据本合同约定的数量和质量条件完成货物验收，并向医药公司出具书面收货证明和货物验收报告，药业公司在规定期限内未向医药公司出具收货证明和验收报告的，视为药业公司已收到本合同项下商品且认定该商品符合本合同约定，如出现货物质量不合格，医药公司负责退换货。根据双方前述约定，药业公司除非能证明药业公司知道或应当知道货物不符合约定，否则其应当在收货后15个工作日内对涉案标的物的数量和质量完成检验并将异议情况通知医药公司，但其一，药业公司没有在该期间内向医药公司发出异议通知；其二，药业公司自认未对涉案标的物进行检查便将其大量投入药品生产，有悖常理；其三，药业公司在收货半年后仍向医药公司出具函件确认包含争议标的物价款在内的债务；其四，药业公司提交的证据不足以证明涉案货物存在质量问题且医药公司知道或应当知道该货物瑕疵，医药公司亦已经提交国家食品药品监督管理总局《药材进口批件》及广州市药品检验所的《检验报告》，证明涉案标的物符合双方约定的质量标准。综上，法院依法不予支持药业公司关于涉案标的物存在质量问题的主张。

二、法院对隐蔽瑕疵鉴定申请的审查

鉴定系为辅助法官对事物之判断能力，命有特别学识经验之第三人，本于其专门知识、技能经验、陈述特别经验法则依据一定证据法则而对某事物关系为判断结果之证据调查程序。亦即乃以鉴定人为证据方法，而以鉴定人之鉴定意见为证据资料，以证明待证事实者。因此，在对买卖合同中的标的物是否存在质量问题存在争议时，当事人可以申请法院委托鉴定人就标的物的质量问题进行鉴定。但是，当事人有权申请鉴定不等于法院因此必须对该鉴定申请予以准许。

笔者认为，法院对当事人的鉴定申请，应当从以下几个方面予以审查：第一，鉴定事项是否与待证事实有关；第二，鉴定事项对于证明案件事实是否有意义；第三，该鉴定是否能进行。例如，本案中，虽然双方当事人对涉案货物是否存在质量问题存在争议，但如前所述，买受人即药业公司没有在双方约定的检验期间内对标的物的瑕疵提出异议，根据法律规定，视为药业公司认可了涉案货物，故即便涉案货物质量确实存在问题，在药业公司无法证明医药公司知道或应当知道该质量问题的情况下，人民法院仍应对药业公司有关货物质量问题的主张不予支持，故药业公司关于货物质量问题的鉴定申请实际上无法推翻法律拟制的结果，该鉴定对于案件的实体处理并无意义。退一步讲，即便货物是否存在质量问题是本案需要查明的案件事实，但鉴定的前提是存在双方确认的检材，一审法院综合诉争货物交付的时间，货物保管及存放等情况，认为鉴定检材难以确定，该鉴定申请事实上无法进行，故未予准许当事人的鉴定申请。

编写人：广东省广州市荔湾区人民法院　邓咏诗

040 未约定质量标准的合同漏洞填补及鉴定申请的处理

——机械公司诉科技公司、C公司买卖合同案

【案件基本信息】

1. 裁判书字号

福建省厦门市中级人民法院（2018）闽02民终4601号民事判决书

2. 案由：买卖合同纠纷

3. 当事人

原告（反诉被告、被上诉人）：机械公司

被告（反诉原告、上诉人）：科技公司

被告：C公司

第三人：J公司

【基本案情】

2016年5月31日，机械公司与C公司签订的《合同》约定：C公司向机械公司购买“300型数控旋压机含刀具模具”7套及模具7套，总价为923000元。付款方式为，30%预付款，40%出货前支付，20%生产调试合格后3日内支付，10%安装验收合格后90天内支付。验收方式为依双方约定的检验标准进行验收。该合同未对数控旋压机的技术参数进行约定，亦无相关的附件。

同日，C公司与J公司签订的《合同》约定：C公司向J公司购买2套“80T钢架精密冲床APA-80”、1套“110T钢架精密冲床APA-110”、1套“二合一材料架GO-300+收料机”、1套“数控送料机NC-300”，价款共计416000元。

2016年11月17日，机械公司作为甲方，C公司作为乙方，科技公司作为丙方，共同签订《关于草帽灯灯座生产线验收的补充协议》。该协议载明："2016年5月，甲方委托乙方向丙方采购草帽灯灯座生产线；甲、乙双方签订了产品购销合同，乙、丙双方签订了合同，合同总价为：人民币1339000元整。"该协议约定，甲方委托乙方向丙方采购的草帽灯灯座生产线，验收条件和验收方式由甲、丙双方自行协商确定，与乙方无关。甲方全力配合丙方进行样品试制工作，生产出的样品壁厚最薄处的厚度要求由甲、丙双方在样品试制后再协商决定。该协议签订后，本次生产线采购的所有争议均由甲、丙双方协商解决，协商不妥时，由甲、丙双方采用代位诉讼方式解决，所产生的一切经济和法律责任与乙方无关，但乙方须协助甲、丙双方办理代位诉讼的相关事宜。甲、丙双方协商期至2016年12月10日，逾期视同放弃或验收。

机械公司提交的1份《机械公司联系函》载明："TO：C公司……贵司2016年6月初采购的7台旋压机、3台冲床及配套设备（合同总金额人民币1339000元整，发票金额1338986元），我司已按时按合同约定地点时间于2016年7月2日全部交付至科技公司安装验收，并积极派驻2人协助使用单位对人员进行培训、协助生产。贵司已支付合同70%款项924000元。未支付合同30%款项414986元。以上内容双方确认无误。"C公司在该联系函上加盖印章。

2016年11月4日，机械公司向C公司发送1份联系函，载明："……合同签订后我司收到使用单位科技公司的产品样品和图纸，但样品和图纸不一样，我司使用旋压的方式加工样品并提供给科技公司……"

J公司就案涉设备销售已向C公司开具金额为416000元的增值税发票，机械公司就案涉设备销售已向C公司开具金额为922986元的增值税发票。机械公司确认C公司就两份设备销售合同已支付货款为924000元。

科技公司法定代表人廖某陈述称案涉J公司的设备由J公司提供给C公司，C公司再交付给科技公司使用，该部分设备不存在质量问题，货款尚有30%未付清，计划在2017年12月底付清。双方当事人均确认：案涉设备没有国家标准、行业标准、企业标准，双方对设备的技术标准、验收方式、验收标准以及设备所生产的产品的公差、强度均没有具体约定。科技公司在签订合同后有向机械公司提供草帽灯灯座样品及图纸，但图纸未经机械公司确认，机械公司亦未按照图纸生产设备，双方未将图纸和样品作为合同的附件，也未共同封存样品。设备发货前，机械公司用案涉设备生产样品发给科技公司，该样品符合科技公司要求。案涉设备送到科技公司后，经安装调试，设备可以正常开机生产草帽灯灯座，但是科技公司认为草帽灯灯座拐角处厚度无法达到要求，双方经过多次协商未能就验收方式、验收标准达成一致意见。

本案审理过程中，科技公司提出鉴定申请，申请对案涉草帽灯灯座生产线生产出的产品是否为合格产品进行司法鉴定，机械公司认为产品的品质受设备、工艺、原材料等多方面的影响，不同意该鉴定申请。之后，科技公司调整鉴定事项，申请对案涉旋压机数控系统输入的需加工的产品参数信息与实际加工的产品参数是否一致进行司法鉴定。机械公司认为实际加工产品的参数受工艺特性、加工原材料、气温及湿度等多方面因素的影响，不同意该鉴定申请。之后，科技公司又调整鉴定事项，申请对案涉草帽灯灯座生产线生产出的产品的一致性和强度进行鉴定，法院未批准该鉴定申请。

本案审理过程中，J公司与机械公司于2018年1月19日签订《债权转让协议》，约定J公司将其基于与C公司签订的《合同》对C公司、科技公司享有的剩余138600元货款及违约金债权转让给机械公司。J公司依法制作了《债权转让通知书》并作为证据提交给法院，由法院送达给科技公司、C公司。

【案件焦点】

1. 机械公司是否有权就J公司销售给C公司的设备的剩余货款向科技公司主张权利；2. 机械公司主张的货款付款条件是否成就。

【法院裁判要旨】

福建省厦门市集美区人民法院经审理认为：第一，关于机械公司是否有权就J公司销售给C公司的设备的剩余货款向科技公司主张权利的问题。虽然机械公司、J公司分别与C公司签订合同，但科技公司确认J公司销售给C公司的设备亦是提供给科技公司，科技公司已计划向J公司付款。在机械公司、科技公司、C公司三方签订的《关于草帽灯灯座生产线验收的补充协议》中确认的合同总价款为1339000元，在金额上正好是机械公司与C公司、J公司与C公司签订的两份合同金额之和。在机械公司发给C公司的联系函中，机械公司与C公司对账的设备数量、货款金额亦与两份合同之和相对应。综合以上事实，可以认定科技公司、C公司、机械公司已经协商一致确认机械公司可通过代位诉讼方式就J公司与C公司签订的合同向科技公司主张权利。J公司已将其基于与C公司签订的合同享有的剩余货款本金及违约金债权转让给机械公司，且债权转让通知已作为本案的证据材料送达给 C 公司、科技公司，通知已生效。因此，机械公司有权在本案中就 J 公司销售给 C 公司的设备的剩余货款向科技公司主张权利。

第二，关于机械公司主张的货款付款条件是否成就的问题。案涉的两份合同均约定，剩余 30%的货款中，20%应于生产调试合格后 3 日内支付，10%应于安装验收合格后 90 天内支付。科技公司确认，案涉设备送到科技公司后，经安装调试，设备可以正常开机生产草帽灯灯座。因此，从“生产调试合格”的字面意义理解，应认定案涉的设备已经生产调试合格，剩余 20%的货款付款条件已经成就。

科技公司认为草帽灯灯座拐角处厚度无法达到要求，双方经过多次协商未能就验收方式、验收标准达成一致意见，案涉设备未验收合格。但是，双方当事人均确认，双方对设备的技术标准、验收方式、验收标准以及设备所生产的产品的公差、强度均没有具体约定，科技公司在 C 公司与机械公司签订合同后虽有向机械公司提供草帽灯灯座样品及图纸，但图纸未经机械公司确认，机械公司亦未按照图纸生产设备，双方未将图纸和样品作为合同的附件，也未共同封存样品。并且，双方当事人均确认案涉设备没有国家标准、行业标准、企业标准。根据我国合同法关于合同漏洞填补的规则，合同生效后，当事人就质量没有约定或约定不明确的，可以协议补充，不能达成补充协议的，按照合同有关条款或者交易习惯确定，仍不能确定的，按照国家标准、行业标准履行；没有国家标准、行业标准的，按照通常标准或者符合合同目的的特定标准履行。本案中，案涉合同对设备的质量没有约定，双方当事人未能协商达成补充约定，亦无法按照合同有关条款或者交易习惯确定。案涉设备没有国家标准、行业标准，科技公司、C 公司亦未提交证据证明该设备有相应的通常标准。科技公司虽提出鉴定申请，但无论是针对设备本身或设备生产的产品，由于缺乏鉴定所能依据的标准和基准，鉴定不仅难以开展，也不能达到科技公司的证明目的，因此法院未批准科技公司的鉴定申请。科技公司购买案涉设备系为了生产草帽灯灯座，在双方未就草帽灯灯座的具体要求进行约定的情况下，案涉设备能正常开机生产草帽灯灯座，应视为符合合同目的的特定标准。并且《关于草帽灯灯座生产线验收的补充协议》约定，案涉草帽灯灯座生产线的验收条件和验收方式由机械公司、科技公司自行协商确定，协商期至 2016 年 12 月 10 日，逾期视同放弃或验收。该条款中“逾期视同放弃”的表述，双方当事人在理解上存在分歧，且从字面上看确实难以明确其含义，但该条款同时约定“逾期视同验收”，与“逾期视同放弃”为选择关系，在“逾期视同放弃”的含义存在歧义的情况下，选择“逾期视同验收”并不违反双方当事人的真实意思表示。因此，根据该约定，双方至今未能协商达成一致意见，案涉草帽灯灯座生产线应视同验收。另外，科技公司确认由 J 公司提供的设备均不存在质量问题。因此，应认定机械公司主张的货款付款条件已成就。

科技公司委托 C 公司向机械公司购买草帽灯灯座生产线，科技公司与 C 公司之间形成买卖合同关系，C 公司分别与机械公司、J 公司形成买卖合同关系。科技公司、C 公司、机械公司已经协商一致确认机械公司可通过代位诉讼方式就机械公司、J 公司分别与 C 公司签订的合同向科技公司主张权利，J 公司亦已将其对 C 公司的相应债权转让给机械公司，因此机械公司有权就讼争的货款向科技公司主张权利。机械公司、J公司分别与C公司签订的设备采购合同总价款共计1339000元，机械公司确认C公司已支付货款924000元，C公司、科技公司均未证明C公司已支付的货款有超过该金额，因此法院对机械公司自认的已付款金额予以确认。剩余货款415000元，机械公司根据已开票金额主动调整为414986元，法院予以准许。根据机械公司、C公司、科技公司的共同约定，该414986元货款机械公司以诉讼方式主张时应直接向科技公司主张，机械公司主张C公司对该货款承担连带责任，缺乏事实及法律依据，法院不予支持。该414986元货款的付款条件已成就，因此，机械公司主张科技公司支付货款414986元的诉讼请求，有事实及法律依据，法院予以支持。

机械公司还主张科技公司支付违约金267800元。从本案事实来看，科技公司未支付剩余货款的原因系案涉合同存在漏洞，科技公司与机械公司一直就验收方式、验收标准进行协商，双方对合同及补充协议的约定均存在理解上的分歧，对付款条件是否成就的判断客观上存在争议。因此，科技公司在法院对付款条件是否成就作出认定前就未支付剩余货款的行为不应认定为违约行为，法院对机械公司主张科技公司支付违约金的诉讼请求不予支持。

福建省厦门市集美区人民法院依照《中华人民共和国合同法》第六十条第一款、第六十一条、第六十二条第一项、第一百五十九条、第一百六十一条，《中华人民共和国民事诉讼法》第六十四条第一款，《最高人民法院关于适用〈中华人民共和国民事诉讼法〉的解释》第九十条之规定，作出如下判决：

一、科技公司应于本判决生效之日起十日内向机械公司支付货款414986元；

二、驳回机械公司的其他诉讼请求。

科技公司不服一审判决，提起上诉。

福建省厦门市中级人民法院经审理认为：由于案涉合同对于设备的质量未作明确约定，双方当事人也未能协商达成补充约定，亦无法按照合同有关条款或者交易习惯确定，且案涉设备没有国家标准、行业标准、企业标准，科技公司、C 公司亦未提交证据证明该设备有相应的通常标准。鉴于无论是针对设备本身或设备生产的产品，因本案缺乏鉴定所能依据的标准和基准，科技公司多次变更申请事项所要求进行的鉴定都是难以开展的，也不能达到科技公司的证明目的，而科技公司最后一次就鉴定问题向一审法院提交的相关工艺编制原则针对的是工艺编制原则，并非针对设备本身或设备生产的产品的强制性标准，因此，一审法院未予准许科技公司的鉴定申请并无不当。科技公司购买案涉设备系为了生产草帽灯灯座，在双方当事人未就草帽灯灯座的具体要求进行约定的情况下，一审法院认为案涉设备能够正常开机生产草帽灯灯座，应当视为符合合同目的的特定标准，该认定亦无不当，依法予以确认。科技公司上诉认为一审法院对其鉴定未予准许属于审判程序违法，缺乏依据，不能成立。

虽然机械公司、J 公司分别与 C 公司签订合同，但科技公司确认 J 公司销售给 C 公司的设备亦已交付给科技公司且其计划向 J 公司付款，而且，上述三方当事人达成的补充协议中确认的合同总价款为 1339000 元，该金额系机械公司与 C 公司、J 公司与 C 公司签订的两份合同金额之和，在机械公司发给 C 公司的联系函中，机械公司与 C 公司对账的设备数量、货款金额亦与两份合同之和相对应，况且 J 公司业已将其基于与 C 公司签订的合同享有的剩余货款本金、违约金的债权转让给机械公司，因此，一审法院综合以上事实，认定科技公司、C公司、机械公司已经协商一致确认机械公司可通过代位诉讼方式就J公司与C公司签订的合同向科技公司主张权利，合法有据，应予确认。科技公司以其与机械公司不存在任何经济往来、其与J公司也从未发生任何买卖关系为由要求驳回机械公司对科技公司的全部诉讼请求，依据不足，不能成立。机械公司认可C公司已经向其支付货款924000元，故一审法院判令科技公司还需向机械公司支付剩余货款415000元是正确的。依照《中华人民共和国民事诉讼法》第一百七十条第一款第一项规定，作出如下判决：

驳回上诉，维持原判。

【法官后语】

合同中如果缺少关于质量标准的约定，或者引用的标准客观上不存在，又无经济合同双方共同确认的技术参数、技术图纸、样品的，应认定就质量标准存在合同漏洞，则需运用合同漏洞填补规则予以填补。此种情形下，如果一方当事人申请质量鉴定，但经过合同漏洞填补仍不能得出一个具体的技术参数标准的，则鉴定没有实质意义，不应批准鉴定申请。

一、合同未就产品质量标准进行约定，可通过合同漏洞填补规则确定

关于合同漏洞的填补规则，原《中华人民共和国合同法》第六十一条、第六十二条进行了较为细致的规定，《中华人民共和国民法典》第五百一十条、第五百一十一条关于合同漏洞填补规则的规定基本上承继了合同法的规定。根据合同漏洞的填补规则，在买卖合同法律关系中，当事人就质量没有约定或约定不明确的，可以协议

补充，不能达成补充协议的，按照合同有关条款或者交易习惯确定；仍不能确定的，依照法律关于买卖合同的相关规定处理；没有相关规定的，按照强制性国家标准履行；没有强制性国家标准的，按照推荐性国家标准履行；没有推荐性国家标准的，按照行业标准履行；没有国家标准、行业标准的，按照通常标准或者符合合同目的的特定标准履行。

本案中，案涉合同对设备的质量没有约定，双方当事人未能协商达成补充约定，亦无法按照合同有关条款或者交易习惯确定，合同法分则或其他法律亦没有相应规定。案涉设备没有国家标准、行业标准，科技公司、C 公司亦未提交证据证明该设备有相应的通常标准。科技公司购买案涉设备系为了生产草帽灯灯座，在双方未就草帽灯灯座的具体要求进行约定的情况下，案涉设备能正常开机生产草帽灯灯座，应视为符合合同目的的特定标准。

二、经合同漏洞填补仍难以确定具体质量标准的，应不予批准当事人提出的质量鉴定申请

对标的物质量瑕疵的认定，常需通过第三方鉴定机构的鉴定来确定。但是，即使确有必要通过鉴定来查明标的物是否存在质量瑕疵，法院对于当事人提出的鉴定申请也不是一概予以批准的，还必须考虑鉴定是否具有可行性。鉴定的可行性通常要考虑两个方面的问题：一是鉴定对象能否确定，如果买受人提交鉴定的对象无法确定为出卖人交付的标的物，则鉴定无法开展。二是鉴定标准能否确定，如果用于判断产品是否符合合同约定或是否合格、是否符合产品安全标准的具体依据无法确定，则鉴定也无法开展。

本案中，科技公司虽提出鉴定申请，但无论是针对设备本身或设备生产的产品，由于缺乏鉴定所能依据的标准和基准，鉴定不仅

难以开展，也不能达到科技公司的证明目的，因此法院未批准科技公司的鉴定申请。

三、合同中属于选择关系的两个用语之一存在歧义时，可依据不存在歧义的另一用语确定当事人真实意思

合同文本中使用“或”“或是”“要么……要么”等表示选择关系的用语时，如果可选择的前后两个用语意思均确定无歧义且没有互相矛盾的，则任选一个用语都不违反当事人的真实意思表示。如果属于选择关系的几个用语含义都无法确定或者相互矛盾的，则该条款属于约定不明确条款，则需要通过合同文本解释的其他规则来确定当事人的真实意思。如果有其中一个用语存在歧义，含义无法确定的，则应选择另一个不存在歧义的用语来确定当事人的真实意思。

本案中，《关于草帽灯灯座生产线验收的补充协议》约定，案涉草帽灯灯座生产线的验收条件和验收方式由机械公司、科技公司自行协商确定，协商期至2016年12月10日，逾期视同放弃或验收。该条款中“逾期视同放弃”的表述，双方当事人在理解上存在分歧，且从字面上看确实难以明确其含义，但该条款同时约定“逾期视同验收”，与“逾期视同放弃”为选择关系，在“逾期视同放弃”的含义存在歧义的情况下，选择“逾期视同验收”并不违反双方当事人的真实意思表示。因此，根据该约定，双方至今未能协商达成一致意见，案涉草帽灯灯座生产线应视同验收。

编写人：福建省厦门市集美区人民法院　李乐

041 销售者故意隐瞒真实情况销售瑕疵车辆，应承担法律责任

——张某静诉销售公司买卖合同案

【案件基本信息】

1. 裁判书字号

广东省江门市中级人民法院（2018）粤07民终2232号民事判决书

2. 案由：买卖合同纠纷

3. 当事人

原告（被上诉人）：张某静

被告（上诉人）：销售公司

【基本案情】

2017年9月15日，张某静从销售公司购买一辆白色新骐达1.6L酷动版轿车，并于次日向销售公司一次性支付了全部购车款（车辆净价款为94672元）。2017年9月27日，销售公司将新车交付给张某静（已办理了机动车登记手续）。2017年9月29日，张某静在为新车配置GPS及进行装饰时，得知“该新车天窗周围有被喷过车漆的痕迹”，张某静与销售公司联系，双方经多次协商，张某静要求销售公司赔偿未果，遂提起本案诉讼。L公司是销售公司的股东。诉讼中，销售公司表示涉案车辆是由L公司调拨提取的新车，L公司在诉讼中出具一份《情况说明》，表示2017年9月7日，L公司在新车检查时发现涉案车辆的车顶有手指甲般大小

的细微划痕（估计运输过程石子溅落或台风天气引起飘来物造成），L公司立即对细微划痕进行微小范围的漆面修复；2017年9月12日，销售公司向L公司申请调拨新车，L公司于2017年9月13日将涉案车辆交付给销售公司，L公司在调车时没向销售公司说明有上述修复情况，表示“在调车时，我司无向销售公司说明有上述修复，因涉案车辆已恢复新车状态，无须另外说明”。

【案件焦点】

销售公司在涉案车辆销售过程中是否存在欺诈。

【法院裁判要旨】

广东省江门市开平市人民法院经审理认为：首先，按通常交易理解，张某静从销售公司处购买的新车应是一辆未使用过、未维修过的新车，而销售公司所销售给张某静的车辆在交付前已经过维修。销售公司辩解因事先不知涉案车辆曾维修的情况，不存在故意隐瞒，并提交L公司出具的《情况说明》佐证，但从销售公司在本案中提交的证据及其陈述可知，销售公司与L公司之间存在利害关系，L公司向销售公司调拨车辆应当将车辆包括维修记录等的相关资料一并交割，L公司在本案诉讼期间出具的《情况说明》仅为其单方意思表示，缺乏其他证据相互认证。即使调车时L公司未告知涉案车辆维修情况，销售公司作为专业汽车销售公司，在接收车辆检查时应当知道车辆的真实状况，故对其辩解不予采信。销售公司隐瞒车辆维修情况的行为显然为了追求或放任张某静与其订立汽车买卖合同的结果，其主观故意明显，故认定销售公司的行为构成销售欺诈。其次，张某静购买涉案车辆为生活自用，属于生活消费行为，故本案受《中华人民共和国消费者权益保护法》调整。现张某静为避免再次购车麻烦而同意保留涉案车辆，仅主张销售公司按涉案车辆销售价的一倍即94672元赔偿购车损失，合法有据，应予支持。广东省江门市开平市人民法院依照《中华人民共和国消费者权益保护法》第五十五条第一款，《最高人民法院关于贯彻〈中华人民共和国民法通则〉若干问题的意见（试行）》第六十八条的规定，作出如下判决：

销售公司应自本判决生效之日起十日内赔偿购车款94672元给张某静。

销售公司不服一审判决，提起上诉。

广东省江门市中级人民法院经审理认为：根据《中华人民共和国消费者权益保护法》关于保护消费者的知情权、选择权的有关规定及销售公司承诺交付新车的合同义务，销售公司应当向张某静交付全新、未经使用、未经维修的车辆。一旦交付的车辆存在瑕疵并经过维修，销售公司应在交付前向消费者主动披露车辆瑕疵及维修情况。本案中，张某静、销售公司对于涉案车辆在销售前曾进行车顶漆面修复的事实并无异议，但对于销售公司在交付车辆前是否明知该事实存在争议。销售公司辩解因事先不知涉案车辆在调拨之前进行过漆面修复的情况，不存在欺诈，但销售公司提供的证据并不足以证明其事实主张。即使涉案车辆漆面修复事实发生于L公司进行PDI（交车后检查）操作阶段且L公司未能将该情况告知销售公司，但从张某静提供的照片可以看出，涉案车辆车顶喷漆痕迹系外观可见明显问题，属于汽车销售商销售公司应知能知的范畴；销售公司在将车辆销售给张某静前，亦有售前检查义务。在此情况下，不论该车辆漆面修复行为是否发生调拨之前，均应认定销售公司对于涉案车辆的瑕疵及维修事实处于明知状态。涉案车辆由于交付前进行过漆面修复，已非通常意义和一般交易习惯上所述的“新车”，对消费者是否仍愿意购买系争车辆具有重大影响，对此经销商负有如实告知和说明的义务。销售公司未将涉案车辆瑕疵及维修情况如实告知张某静，侵犯了张某静的知情权、选择权，使其陷入错误认识并作出意思表示，属于故意隐瞒真实情况，构成销售欺诈。据此，一审法院结合张某静的诉请，适用消费者权益保护法的规定判令销售公司应向张某静赔偿其购买涉案车辆价款的一倍即 94672 元，于法有据，并无不当。广东省江门市中级人民法院依照《中华人民共和国民事诉讼法》第一百七十条第一款第一项之规定，作出如下判决：

驳回上诉，维持原判。

【法官后语】

在实践当中，销售者将二手车或维修过的车当作新车出售的情况常有发生。通常维修过的车辆相对于未经过维修的车辆车价较低，而从消费者的购车意愿来说，除明确购买二手车的，消费者一般在经汽车销售商处购买的车辆都要求为新车。销售者应当遵循诚实信用的原则，向消费者交付全新、未经使用、未经维修的车辆，并且需将自己知道的有关汽车质量的信息完整、全面地告知消费者。目前本案所涉技术检测是全球汽车行业公认的技术规程，是汽车销售行业客观存在的行业惯例。相关操作的内容是否属于消费者知情权的范围，应根据一般消费者的认知能力、消费心理及相关信息是否影响一般消费者的购买选择来综合判断，而行业规则本身不能作为免除汽车经销商履行告知义务的法定依据。如果操作过程会影响消费者购买选择的，销售者应主动向消费者告知，否则违反了法律科以销售者的告知义务。销售者违反告知义务损害消费者的知情权、选择权，消费者可以选择适用消费者权益保护法、合同法的相关规定来主张权利，如果构成销售欺诈，消费者还可以依据消费者权益保护法第五十五条的规定要求销售者承担惩罚性赔偿责任。

而判定销售者违反告知义务的行为是否构成欺诈是审理这类案件的难点，在审判实务中也有不同意见。最高人民法院第17号指导案例张某诉汽车服务公司买卖合同纠纷案，该案中，汽车服务公司出售给张某价格为13.8万元的汽车（约定新车）曾在运输途中造成划伤，在出售前进行过右前叶子板喷漆、右前门喷漆、右后叶子板喷漆、右前门钣金、右后叶子板钣金、右前叶子板钣金以及更换底大边卡扣、油箱门及前叶子板灯总成等维修。该案一审、二审判决认定汽车服务公司在售车时隐瞒了车辆存在维修的瑕疵，有欺诈行为，最终判令退车还款并加倍赔偿张某购车款。最高人民法院就“豪车天价赔偿案”[①] 作出终审判决，撤销一审判决，酌定经销商赔偿消费者11万元。最高人民法院审理认为，汽车销售公司销售给杨某宝的汽车漆面瑕疵仅有车辆左前门下方一处，面积不大，其处理不涉及钣金，不涉及喷漆，仅经抛光打蜡即得到妥善处理。汽车销售公司对漆面瑕疵所采取的轻微处理措施属于经营者新车交付前合理的整理行为，其未予告知不构成对消费者知情权的侵犯。而汽车销售公司对右后窗帘总成的处理属于对新车局部轻微问题的修复行为，其未履行告知义务虽侵犯消费者的知情权，但尚不构成欺

① 参见《“豪车天价赔偿案”最高人民法院作出终审判决》，载最高人民法院网站，http：//courtapp. chinacourt. org/zixun-xiangqing-133931. html，最后访问时间：2023年1月10日。

诈，不应适用“退一赔三”的惩罚性赔偿规定。从这两个案件的事实来看，由于车辆受损程度和维修项目、范围的不同，两个案件存在截然不同的判决结果。由此可见，在判定销售者违反告知义务是否构成欺诈时，应从销售者隐瞒的信息是否属于影响消费者缔约根本目的的重要信息、销售者隐瞒信息的主观恶性程度等方面加以综合考虑。

编写人：广东省江门市开平市人民法院　谭玉媚

042 未告知售前检查处理信息且售前检查处理不当的法律责任

——何某诉销售公司买卖合同案

【案件基本信息】

1. 裁判书字号

重庆市第一中级人民法院（2018）渝01民终584号民事判决书

2. 案由：买卖合同纠纷

3. 当事人

原告（被上诉人）：何某

被告（上诉人）：销售公司

【基本案情】

2016年12月21日，何某与销售公司签订《新车定购单》，约定何某订购车辆一台，车辆价格266800元。销售公司向何某开具机动车销售统一发票并交付涉案车辆。后何某办理了涉案车辆的付款手续并缴纳了保险费、车辆购置税。2017年1月3日，何某委托案外人黄某办理涉案车辆机动车注册登记手续，但未办理成功，涉案车辆至一审庭审辩论终结前未办理机动车注册登记手续。生产厂家的《PDS 交车前服务手册》载明了 PDS（交车前服务）的相关信息。

2017 年 1 月 9 日，何某委托鉴定机构鉴定，结论是所购车辆后行李箱盖有拆卸痕迹，原车机械钥匙无法开启后行李箱盖锁。案外人张某所购车辆与何某所购车辆系同款同型同颜色，发票载明购买价格与何某购车价一致。

关于涉案车辆的行李箱盖有过拆卸痕迹且机械锁不能代开行李箱盖，何某称涉案车辆发生过事故且销售公司未告知车辆有过拆卸行为，故其销售行为构成欺诈；销售公司称此事属于其售前检查操作失误所致，其不存在欺诈的故意。

【案件焦点】

1. 销售公司在销售涉案车辆过程中是否存在欺诈行为并应承担购车价款三倍的惩罚性赔偿责任；2. 销售公司是否应退还货款并赔偿因购车产生的相关损失。

【法院裁判要旨】

重庆市江北区人民法院经审理认为：首先，销售公司在销售时未告知何某涉案车辆曾拆卸并更换行李箱盖的事实。其次，何某未办理车辆登记手续的原因系后备厢缺失车辆识别代号。最后，销售公司作为专业公司，其关于工作失误的辩称难以让人采信。故法院最终认定销售公司的销售行为构成欺诈，支持何某“撤销合同，销售公司退还何某购车款以及赔偿相应损失，并承担三倍赔偿责任”的诉讼请求。据此依照《中华人民共和国合同法》第五十四条、第五十八条、第一百一十三条第二款，《中华人民共和国消费者权益保护法》第二条、第八条第一款、第九条、第五十五条第一款，《中华人民共和国仲裁法》第二十六条，《中华人民共和国民事诉讼法》第六十四条第二款、第一百四十二条之规定，作出如下判决：

一、撤销原告何某与被告销售公司于 2016 年 12 月 21 日签订的《新车定购单》；

二、被告销售公司于本判决生效之日起十日内返还原告何某购车款 266800 元；

三、被告销售公司于本判决生效之日起十日内赔偿原告何某车辆购置税 22803 元、保险费 7913. 21 元、鉴定费 700 元；

四、被告销售公司于本判决生效之日起十日内赔偿原告何某购车款 800400 元；

五、驳回原告何某的其他诉讼请求。

销售公司不服一审判决，提起上诉。

重庆市第一中级人民法院经审理认为：现有证据不能证明销售公司为获利而故意将两车后备厢盖进行互换。虽然销售公司在 PDS 检测调试中存在过失，但对售出车辆因此存在瑕疵并不知情，没有制造假象或者隐瞒真实情况的故意。同时，销售公司对涉案车辆进行 PDS 检测，应按照生产厂家要求，向何某告知检测清单所涉及相应调校内容，其未进行告知，客观上侵犯了何某对购买车辆真实情况的知情权，但 PDS 检测中对后备厢盖缝隙、错位进行拆卸调校的操作本身不足以影响涉案汽车质量及其综合性能，不会让消费者陷入错误认识而作出错误意思表示。故销售公司虽未履行涉案车辆 PDS 检测情况的告知义务，但其行为并不构成消费欺诈，故何某请求销售公司承担购车价款三倍的惩罚性赔偿责任缺乏相应事实依据。但因销售公司的过错，造成涉案车辆因后备厢盖被换装而缺失车辆识别代号，致使涉案车辆未能办理登记，无法上路行驶，无法实现车辆基本使用性能从而满足何某购车目的，此系因销售公司的过错导致存在质量问题，应承担相应责任。法院依据新查证的事实，对一审判决予以改判，依照《中华人民共和国消费者权益保护法》第二条、第八条第一款、第四十条第一款，《中华人民共和国产品质量法》第四十条第一款第一项，《最高人民法院关于贯彻执行若干问题的意见（试行）》第六十八条，《中华人民共和国民事诉讼法》第六十四条第二款、第一百四十二条、第一百七十条第一款第二项之规定，作出如下判决：

一、撤销重庆市江北区人民法院（2017）渝 0105 民初 3266 号民事判决；

二、销售公司在本判决生效之日起十日内返还何某购车款 266800 元；

三、销售公司在本判决生效之日起十日内赔偿何某车辆购置税 22803 元、保险费 7913.21 元、鉴定费 700 元；

四、何某于本判决生效之日起十日内将其购买的皇冠车辆退还给销售公司；

五、驳回何某的其他诉讼请求。

【法官后语】

本案处理难点主要在于对“汽车销售者未向消费者告知售前检查处理信息且售前检查处理不当”行为性质的理解。

售前检查系汽车行业对乘用新车售前检查的通称，指的是汽车供应商要求其授权销售者在将新车交付给购车者前，对新车进行全面检查和矫正的一项必经检测程序。因现行法律没有对售前检查作出具体规定，当消费者发现所购汽车有修理痕迹而主张汽车销售者构成欺诈要求赔偿时，汽车销售者通常抗辩该痕迹是售前检查处理痕迹，且抗辩售前检查是汽车行业向消费者交付新车前的行业惯例。针对汽车销售者的抗辩，法院面临认定售前检查是否是行业惯例的难题。本案根据汽车行业协会的《乘用车新车售前检查服务指引（试行）》的规定，明确汽车销售者在向消费者交付新车前进行售前检查是长期通行做法；同时认为售前检查程序平等保护了消费者与经营者利益，其目的是给消费者提供更好的服务，其结果是使交付的车辆达到原厂出厂检验标准，故该程序不违背公序良俗。因此，最终生效判决认定售前检查是汽车行业通行的行业惯例。

但对“汽车销售者未向消费者告知售前检查处理信息且售前检查处理不当”行为的定性，是本案一、二审不一致的主要分歧点，涉及认定该行为是合法行为、欺诈行为或侵犯消费者知情权行为。销售者所提供的汽车信息应从一般消费者认知能力和消费心理出发，以相关信息是否足以影响到一般消费者的消费选择为判断依据。本案销售公司按照售前检查这一行业惯例对消费者所购汽车进行了修复或者拆卸行为，但其未告知消费者售前检查处理结果以及查询途径。销售公司的前述行为虽然主观上没有实施欺诈行为的故意，但因该售前检查处理涉及拆卸等影响消费者消费选择信息，其未告知行为客观上侵犯了消费者对所购汽车真实情况的知情权。同时销售公司在售前检查过程中，因销售公司的过错，造成涉案车辆因后备厢盖被换装，从而导致原车机械钥匙不能开启后备厢门以及后备厢门缺失车辆识别代号，致使涉案车辆未能办理登记，无法上路行驶，无法实现车辆基本使用性能从而满足消费者购车目的，此系因销售公司的过错导致存在质量问题，应向消费者承担退货责任并赔偿相应损失。

销售者向消费者交付新车前进行售前检查是一种行业惯例，该种行业惯例应得到尊重。但销售者进行售前检查发现问题时，应将其对汽车局部的修复或拆卸行为等影响消费者消费选择的信息告知消费者，否则将侵犯消费者知情权而承担相应责任；同时汽车销售者因售前检查问题处理不当造成车辆质量问题应向消费者承担相应责任。这种裁判思路最终实现了尊重汽车行业惯例促进汽车行业繁荣发展与保护消费者合法权益之间的平衡。

编写人：重庆市第一中级人民法院　李立新　王美阳

043　产品责任纠纷中产品质量缺陷的认定不以鉴定为前提

——张某英等诉电动车公司、经贸公司产品责任案

【案件基本信息】

1. 裁判书字号

北京市第二中级人民法院（2017）京02民终12653号民事判决书

2. 案由：产品责任纠纷

3. 当事人

原告（上诉人）：张某英、张某丽、张某

被告（上诉人）：电动车公司、经贸公司

【基本案情】

电动车公司是A牌电动车的生产商，持有A商标。2015年5月13日，张某忠在经贸公司处花费3680元购买A牌电动折叠车1辆。同年6月18日零时许，张某忠正常骑该车行驶至北京市西城区阜外大街南礼士路北侧辅路时，该车大梁突然断裂，致张某忠摔倒在地失去知觉、严重受伤，后被路人发现报警，派出所民警出警后，报急救中心送医院抢救治疗，经该医院诊断为高位颈脊椎损伤，高位截瘫。后在北京市西城区照料中心护理。2015年10月16日，张某忠因心源性猝死在照料中心离世。张某英、张某丽、张某认为张某忠所受伤害直至身故，完全是因所购A牌折叠电动自行车产品缺陷等严重质量问题导致，张某忠无任何责任。生产厂家和销售商应依法负民事责任，赔偿相关损失。因目前本案属于产品生产者的责任还是属于销售者的责任，并不是很清楚，故张某英、张某丽、张某起诉至法院，请求法院判令电动车公司、经贸公司共同赔偿医疗费449146.97元、护理费11755元、死亡赔偿金1057180元、丧葬费42516元、精神损害抚慰金20000元。

【案件焦点】

1. 涉案电动车是否存在产品质量缺陷；2. 赔偿主体的确定及赔偿责任比例问题。

【法院裁判要旨】

北京市西城区人民法院经审理认为：电动车前轮与后轮之间第一根连杆前端开裂是客观事实，张某忠在驾驶该车过程中摔倒受伤，有公安机关的出警记录、证明以及医疗机构的病历为证，证据之间互相印证，据此应认定是因电动车公司生产的上述电动车存在缺陷，造成张某忠损害。电动车公司虽然主张对张某忠死亡与其摔伤之间有无因果关系申请鉴定，但因张某忠死亡后未行尸检，无法进行相关鉴定，张某忠因驾驶电动车摔倒受伤后一直在医院治疗，现有证据无法排除张某忠死亡与其因使用电动车摔伤之间不存在因果关系，故综合本案相关事实，应认定电动车公司、经贸公司应对张某忠的死亡后果承担50%的赔偿责任。

北京市西城区人民法院依照《中华人民共和国侵权责任法》第四十一条、第四十三条，《最高人民法院关于审理人身损害赔偿案件适用法律若干问题的解释》第十七条、第十八条、第十九条、第二十一条、第二十七条、第二十九条，《最高人民法院关于确定民事侵权精神损害赔偿责任若干问题的解释》第八条、第十条之规定，作出如下判决：

一、判决生效后七日内，电动车公司、经贸公司赔偿张某英、张某丽、张某医疗费120619.62元、护理费11755元、死亡赔偿金528590元、丧葬费212580元、精神损害抚慰金20000元；

二、驳回张某英、张某丽、张某其他诉讼请求。

张某英、张某丽、张某、电动车公司、经贸公司均不服一审判决，提出上诉。

北京市第二中级人民法院经审理认为：关于电动车是否存在产品质量缺陷，消费者自接受商品或者服务之日起六个月内发现瑕疵发生争议的，由经营者承担有关瑕疵的举证责任。举轻以明重，以上规定针对产品瑕疵，缺陷比瑕疵更为严重，故产品缺陷的举证责任分配自然亦同。从电动车购买票据显示，事发时电动车购买仅月余。因经贸公司和电动车公司未能充分举证涉案电动车不存在产品质量缺陷，故一审法院认定涉案电动车存在产品质量缺陷，有事实依据。

关于赔偿主体的确定，因产品存在缺陷造成他人损害的，生产者应当承担侵权责任。虽我国法律规定销售者亦有可能成为产品质量责任承担主体，但一般仅限于两种情形：其一为因销售者的过错使产品存在缺陷；其二为销售者不能指明缺陷产品的生产者，也不能指明缺陷产品的供货者。经贸公司和电动车公司均认可，经贸公司所有 A 牌电动车均从电动车公司进货。电动车公司和张某英、张某丽、张某在一审、二审均未提出任何关于经贸公司存在过错的主张。一审法院判令经贸公司和电动车公司共同承担赔偿责任无法律依据，应予以改正。关于赔偿责任比例的确定，本案合议庭认为，一个普通家庭在维持高位截瘫病人重症监护室治疗条件并承担高昂费用，和适当降低医疗条件或执意出院以降低负担之间抉择之艰难。但张某忠家属未听从医院关于"尚不能出院，应继续治疗"的建议坚持要求出院的行为，在客观上对张某忠病情发展的影响，仍无法被完全忽略。本案合议庭对丧葬风俗习惯予以尊重，但张某忠去世后并未进行尸检，客观上确实导致了鉴定机构无法进行死因鉴定。张某忠的医学证明（推断）书注明的死亡原因虽为心源性猝死，但因张某忠并未进行尸检，该死亡原因仅为推断，故可参考性较低。对造成张某忠死亡的原因，根据医院入院记录、住院病历、出院记录，结合医学常识和"110"接处警记录证据记载的情况综合认定，张某忠摔伤后的脊髓损伤，应为导致其数月后去世的主要原因。一审法院关于电动车公司对张某忠死亡后果应当承担的责任比例酌定略低，根据本案具体情况将电动车公司对张某忠死亡后果的责任比例调整为 80%。北京市第二中级人民法院依照《中华人民共和国民事诉讼法》第一百七十条第一款第二项之规定，作出如下判决：

一、撤销北京市西城区人民法院（2016）京 0102 民初 2368 号民事判决；

二、本判决生效后七日内，电动车公司赔偿张某英、张某丽、张某医疗费120619.62元、护理费11755元、死亡赔偿金845744元、丧葬费34012.8元、精神损害抚慰金20000元，以上共计1032131.42元；

三、驳回张某英、张某丽、张某的其他诉讼请求。

【法官后语】

本案当事人在骑行电动自行车时因电动车故障（前轮与后轮之间第一根连杆前端开裂）摔倒受伤，案件有两个争议焦点：其一是涉案电动车是否存在产品质量缺陷；其二为赔偿主体的确定及赔偿责任比例问题。

针对第一个争议焦点，是否有必要对涉案产品进行鉴定，存在两种意见。第一种意见，即产品责任的认定涉及某方面专业领域，产品质量是否存在问题，应由鉴定机构最终认定。如果无法进行鉴定，再按照举证责任进行判决。第二种意见为，产品是否存在瑕疵或质量问题，应首先结合具体案件以及常理进行判断，如果不能得出结论，再进行鉴定。即鉴定并非在产品责任案件中认定产品责任和瑕疵之必然程序。二审合议庭最终的意见为第二种意见。根据法律规定，产品存在缺陷是产品提供者承担产品责任的首要条件。所谓缺陷是指产品存在危及人身、他人财产安全的不合理的危险。不合理的危险是指产品存在明显或者潜在的，以及被社会普遍公认不应当具有的危险。电动车作为居民日常出行的交通工具之一，首先应当具有安全性。从涉案电动车的现状照片来看，车轮和车把等车身部位并未发生明显形变或损坏，但大梁与车头焊接处发生断裂。需要指出的是，电动车大梁起着承前启后以构成车辆支撑结构的作用，对车辆安全稳定行驶不可或缺。本院认为，涉案电动车在行驶过程中大梁出现断裂，可能会使车辆支撑结构在具有一定速度的条件下突然发生变化，从而给电动车使用者带来严重的人身和财产损害。故从以上几个方面分析，本案涉案车辆具有产品缺陷，无须再进行鉴定。

针对第二个争议焦点，受害人死亡原因之认定亦有两种意见。第一种意见为，张某忠的医学证明（推断）书注明的死亡原因为心源性猝死，而根据医学常识，心源性猝死均由本人本身疾病导致。故受害人死亡与侵权行为无关。第二种意见为，张某忠居民医学证明（推断）书注明的死亡原因虽为心源性猝死，但因张某忠并未进行尸检，该死亡原因仅为推断，故可参考性较低。对造成张某忠死亡的原因，法院将根据医院入院记录、住院病历、出院记录，结合医学常识和“110”接处警记录证据记载的情况综合认定。合议庭最终的意见为第二种意见。在此基础上，并对张某忠家属未听从医院关于“尚不能出院，应继续治疗”的建议坚持要求出院的行为和张某忠去世后家属拒绝进行尸检的行为进行了评估。如果不对以上行为对死亡结果和因果关系查明的影响进行正确评估，可能会产生不好的社会导向。故经过反复斟酌后，合议庭对该问题给予了正面回应。一个普通家庭在维持高位截瘫病人重症监护室治疗条件并承担高昂费用，和适当降低医疗条件或执意出院以降低负担之间抉择之艰难。但张某忠家属未听从医院关于“尚不能出院，应继续治疗”的建议坚持要求出院的行为，在客观上对张某忠病情发展的影响，仍无法被完全忽略。本案合议庭对丧葬风俗习惯予以尊重，但张某忠去世后并未进行尸检，客观上确实导致了鉴定机构无法进行死因鉴定。

关于侵权行为和死亡结果之间的因果关系，合议庭通过医院诊断结论，通过分析受害人就医过程、存在疾病及死亡证明记载进行分析，最终厘定受害人死亡与该起事故之间存在因果关系，对侵权人的责任比例进行改判。

编写人：北京市第二中级人民法院　石磊

（四）买卖合同的订立

044　单位占有、使用买卖合同标的物应视为对无权代理人签订买卖合同行为的追认

——付某军诉L公司买卖合同案

【案件基本信息】

1. 裁判书字号

湖南省常德市中级人民法院（2019）湘07民终2469号民事判决书

2. 案由：买卖合同纠纷

3. 当事人

原告（上诉人）：付某军

被告（被上诉人）：L公司

【基本案情】

2014年7月1日至2016年12月31日，付某军在L公司担任技术负责人。2016年6月，付某军将一批机修加工设备运输至L公司厂房，L公司对相关设备有偿使用。2017年10月19日，付某军再次进入L公司工作，任设备总监一职。

2014年7月1日，付某军与L公司签订劳动合同，担任技术负责人，月基本工资为2000元，效益工资为4000元。因L公司需付某军的机修设备并对相关磨具进行日常维修维护，付某军于2016年6月将一批机修加工设备运输至L公司厂房安装并进行使用，L公司除向付某军支付技术负责人工资外，未给付机修设备的使用费用。同年7月3日，付某军与L公司总经理龙某庆签订机修设备收购协议，协议约定付某军整套机加工设备以30万元的总价卖给L公司，付某军负责设备吊装、运输、设备安装、电线照明灯安装、机修车间大门扩大、安装电动卷闸门所有费用，做好调机试机准备工作，能保证各种机械设备正常运行。

【案件焦点】

付某军与L公司之间是否存在买卖合同关系。

【法院裁判要旨】

湖南省常德市石门县人民法院经审理认为：《最高人民法院关于适用〈中华人民共和国民事诉讼法〉的解释》第九十一条第一项规定："人民法院应当依照下列原则确定举证证明责任的承担，但法律另有规定的除外：（一）主张法律关系存在的当事人，应当对产生该法律关系的基本事实承担举证证明责任……"《中华人民共和国合同法》第十条第一款规定："当事人订立合同，有书面形式、口头形式和其他形式。"据此，付某军应当就其与L公司订立有关买卖机修加工设备的书面形式或口头形式或其他形式的合同承担举证责任。如前所述，案涉《机修设备收购协议》不能认定为本案当事人订立买卖合同的书面载体，仅为不具有证据效力的证人书面证言。即使该协议系龙某庆代表L公司与付某军签订的买卖合同，在付某军未提交证据证明龙某庆有权代理L公司的情况下，案涉《机修设备收购协议》亦对L公司不发生效力。且付某军提出的证据亦不足以证明其与L公司订立有关买卖机修加工设备的口头形式或其他形式的合同。综上，付某军要求L公司支付设备转让款30万元的诉讼请求没有事实依据。法院不予支持。湖南省常德市石门县人民法院依照《最高人民法院关于适用〈中华人民共和国民事诉讼法〉的解释》第九十条、第九十一条第一项之规定，作出如下判决：

驳回付某军的诉讼请求。

原告不服一审判决，提起上诉。

湖南省常德市中级人民法院经审理认为：《机修设备收购协议》及所附《柴零机械厂设备清单》明确了买卖的设备名称、数量及价款等内容，龙某庆和付某军在该协议上签字，具备合同的基本要素。付某军提供了L公司会议纪要证明龙某庆系该公司总经理，L公司对龙某庆签字的真实性及职位有异议，但未提交任何证据予以反证，应承担举证不能的后果。虽然龙某庆并非法定代表人，其签订设备收购协议也未经L公司明确授权，但是根据《中华人民共和国合同法》第四十八条第一款之规定，该协议在被代理人追认的情况下发生效力。付某军按照协议约定将设备运输、安装至L公司，已履行完合同义务，L公司对此未提出异议并对设备进行多次使用，已享受了合同权利，应认定L公司的行为构成了对合同的追认，该协议对L公司发生效力。L公司辩称付某军安装设备不是履行涉案协议，而是因窑炉建设或是因其他法律关系需无偿使用付某军的机修设备，但L公司并未主张具体为何种法律关系。且从双方签订的劳动合同看，付某军作为技术负责人每月基本工资加绩效为6000元，其无任何理由将价值30万元的设备无偿提供给L公司使用。从涉案设备的用途看，涉案设备系用于生产线修模，符合L公司的需求。综上，法院对其辩称意见不予采纳。一审法院认定收购协议仅系不具有证据效力的书面证词错误，应予以纠正。付某军与L公司之间买卖合同关系成立并有效，L公司应按照协议约定向付某军支付购买设备款项。湖南省常德市中级人民法院依照《中华人民共和国合同法》第四十八条第一款、第一百六十一条及《中华人民共和国民事诉讼法》第一百七十条第一款第二项之规定，作出如下判决：

一、撤销湖南省常德市石门县人民法院（2019）湘0726民初1456号民事判决；

二、L公司于本判决生效后十日内支付给付某军设备款30万元。

【法官后语】

本案一审判决驳回原告付某军的诉讼请求，二审判决撤销一审民事判决，L公司支付付某军设备款30万元。一审判决驳回原告的诉讼请求的理由为：付某军不能举证证明案涉的《机修设备收购协议》为本案当事人订立的买卖合同的书面载体，仅为不具有证据效力的证人书面证言。即使该协议系龙某庆代表L公司与付某军签订的买卖合同，在付某军未提交证据证明龙某庆有权代理L公司的情况下不发生效力。付某军要求L公司支付设备转让款30万元的诉讼请求没有事实依据，不予支持。二审判决支持付某军的诉请，判决L公司支付付某军设备款30万元的理由为：《机修设备收购协议》上有龙某庆和付某军的签名，具备合同的基本要素，龙某庆系L公司总经理，虽龙某庆并非法定代表人，其签订设备收购协议也未经L公司的明确授权，但该协议在被代理人追认的情况下发生效力，付某军按照协议约定将设备运输安装至L公司，已履行完合同义务，L公司对此未提出异议并对设备进行多次使用，已经享受了合同的权利，构成了对合同的追认，该协议对L公司发生效力，故判决L公司支付付某军设备款30万元。

本案中，一、二审法院认为付某军并没有直接与L公司签订设备转让合同，龙某庆与付某军签订的设备转让协议效力待定，在这方面的认定是一致的。付某军虽系L公司的总经理，但其并非该公司的法定代表人，要代表公司对外签订合同，必须有公司的明确授权，但在本案中，龙某庆并没有L公司的授权却代表公司与原告付某军签订了设备转让协议。《中华人民共和国民法总则》第一百七十一条规定："行为人没有代理权、超越代理权或者代理权终止后，仍然实施代理行为，未经被代理人追认的，对被代理人不发生效力。相对人可以催告被代理人自收到通知之日起一个月内予以追认。被代理人未作表示的，视为拒绝追认。行为人实施的行为被追认前，善意相对人有撤销的权利。撤销应当以通知的方式作出。行为人实施的行为未被追认的，善意相对人有权请求行为人履行债务或者就其受到的损害请求行为人赔偿，但是赔偿的范围不得超过被代理人追认时相对人所能获得的利益。相对人知道或者应当知道行为人无权代理的，相对人和行为人按照各自的过错承担责任。"《中华人民共和国民法典》第一百七十条将"一个月"的表述改为了"三十日"。

本案中，龙某庆属于没有代理权的无权代理人，故其与付某军签订的合同属于效力待定的合同，此处的效力待定，是指被代理人与合同相对人签订的合同效力待定，即指L公司和付某军之间的设备转让合同效力待定，欲使该合同生效，必须经被代理人L公司的追认。

那么本案，L公司有没有对设备转让协议进行追认呢？一、二审法院存在不同的观点，这也是导致裁判结果不同的关键所在。一审法院认为，付某军的证据不足以证明L公司对该协议进行追认，L公司与付某军之间没有直接的设备购买合同，故判决驳回了付某军的诉讼请求。二审法院认为，付某军已经在L公司全部安装，且L公司已多次使用，对此并没有提出异议，且从案涉设备的用途看，设备用于生产线修模，符合L公司的需要，故认定L公司已经进行了追认，应当支付付某军设备转让款。那么该案的关键在于L公司已经对设备进行了占有使用，是否构成对设备转让协议的追认。追认，是指本人接受无权代理人行为效果的意思表示。《中华人民共和国民法典》规定了本人的追认权和拒绝权，追认权与拒绝权只需要被代理人一方作出意思表示即可，故追认权与拒绝权都是形成权。两部法律亦均规定作出意思表示的方式有两种，明示或者默示，故追认的形式有明示和默示两种方式，而默示只有在法律规定、当事人约定或者符合当事人之间的交易习惯时，才可以被视为意思表示。其中《中华人民共和国民法典》第五百零三条规定："无权代理人以被代理人的名义订立合同，被代理人已经开始履行合同义务或者接受相对人履行的，视为对合同的追认。"即是对默示追认的规定。本案中，L公司虽没有明确表示接受设备转让协议的约束，但并未对付某军运至该公司的机械设备提出异议，并且对该设备还进行了多次使用，依据付某军与L公司签订的劳动合同，付某军也没有为公司提供案涉机械设备的义务，而该机械设备也是L公司生产所需的。综上，L公司对机械设备进行占有使用的行为，依据交易习惯，应当认定视为接受了付某军对合同义务的履行，即对付某军与龙某庆签订的设备转让协议的默示追认，应当支付合同约定的设备转让款，故单位占有、使用买卖合同标的物应视为对无权代理人签订买卖合同行为的追认。

编写人：湖南省常德市石门县人民法院　胡静

045 通过电子邮件沟通的“合作方案”，能否认定成立新的合作协议

——L公司诉F公司买卖合同案

【案件基本信息】

1. 裁判书字号

广东省广州市中级人民法院（2019）粤01民终2816号民事判决书

2. 案由：买卖合同纠纷

3. 当事人

原告（上诉人）：L公司

被告（上诉人）：F公司

【基本案情】

原告L公司（乙方）与被告F公司（甲方）于2017年1月1日签订了《中国进口产品经销合同》，就产品经销内容、订货方式、结算方式等进行约定。又于2017年7月10日签订了《〈中国进口产品经销合同〉补充协议》，约定：“一、乙方为KRAFT 100% GRATED PARMENSAN CHEESE 24/85G芝士粉的全国（出于本合同目的，不包括我国香港特别行政区、我国澳门特别行政区和我国台湾地区）独家经销商。二、对《经销商销售任务分解

表》修改。”原告与被告签订上述协议后，双方通过电子邮件的方式确定订单数额、订单的时间及订单的履行，经销商促销方案等。2017年9月13日，被告的员工陈某杰向原告的员工郭某等发出“合作方案”的电子邮件，对全年总支持额度进行协商确认。原告按照《中国进口产品经销合同》约定，通过电子邮件下订单32条货柜，对于其中的21条货柜已经履行完毕，而未履行的11条货柜存在以下问题：其中2017年9月6日到港的5条货柜，因不能办理清关进口，原、被告双方对于不能清关的5条货柜一直通过电子邮件进行沟通解决，直至2017年11月24日，原、被告双方达成《关于芝士粉的处理协议》。对于剩余的6条货柜，其中4条已经生产的货柜，原告要求暂缓发货，最后的2条未生产的货柜，原告要求暂缓生产，原告要求暂缓发货的理由是前面的5条货柜不能清关。2017年10月30日，原告要求被告重新交付2条货柜的货物，并要求按照使用一体化标签进行生产，被告于2017年11月27日明确表示不予确认。

根据原告提交的《商标代理公司出具的调查水货线索的核实报告》二份及被告提交的《2018年1月8日对广州市海珠区三家销售芝士粉水货店铺的行政打击报告书》《2017年12月15日对广州市白云区二家销售芝士粉水货店铺的行政打击报告书》，证明水货确实存在。

原告提交中华人民共和国广东省深圳市盐田公证处出具的公证书，证明原告存在库存。原告认为因水货导致其损失达到1143.74万元。

【案件焦点】

1. 原、被告双方通过电子邮件沟通形成的“合作方案”，能否认定达成新的合同；2. 附条件的合同在履行过程中，条件不成就时，能否酌情履行部分合同。

【法院裁判要旨】

广东省广州市从化区人民法院经审理认为：原告与被告于 2017 年 1 月 1 日签订的《中国进口产品经销合同》及于 2017 年 7 月 10 日签订的《〈中国进口产品经销合同〉补充协议》，是双方真实意思表示，内容没有违反法律、行政法规的强制性规定，系合法有效的，双方应当按照合同的约定享有权利及谨慎地履行义务。

对于被告是否应当支付原告补偿金 1200 万元的问题，法院认为被告应当支付原告含税 900 万元免费货（油卡）及含税 300 万元的费用，理由如下：（1）原告与被告达成新的合作协议。①被告员工陈某杰于 2017 年 9 月 13 日及 2017 年 9 月 15 日向原告员工发出“合作方案”电子邮件，符合要约的形式要件，内容具体确定，在电子邮件上未注明以书面签订为准。②原告员工郭某等于 2017 年 9 月 14 日及 2017 年 9 月 15 日下午及时答复被告员工发送的电子邮件，符合承诺的要件，原告的承诺对要约的内容未作出实质性变更，且被告未及时表示反对，该承诺有效。故原告与被告达成新的合作协议。（2）原告已完成 2017 年的订单任务。①原告按照《中国进口产品经销合同》约定通过电子邮件下订单 32 条货柜，对于其中的 21 条货柜已经履行完毕，而未履行的 11 条货柜存在以下问题：其中 2017 年 9 月 6 日到港的 5 条货柜，因不能办理清关进口，于 2017 年 11 月 24 日，原、被告双方达成《关于芝士粉的处理协议》，将 5 条货柜转让给第三方。对于剩余的6条货柜，原告以不能清关为由，暂缓发货4条货柜及暂缓生产2条货柜。根据被告的当庭陈述，2017年10月26日前信息更新后，清关不会受阻，同时，被告表示重新下订单要提前3个月。可以看出剩余的6条货柜原告在10月26日后下单，被告也不能安排送货。故未履行的11条货柜应当是被告的原因所导致，原告的2017年的订单任务视为已完成。②合作方案约定的原告完成2017年的订单任务，被告应当支付含税600万元的免费货（油卡）。（3）被告应支付含税300万元的费用及含税300万元的免费货（油卡）。根据双方的合作协议，被告在2018年的给付义务属于附条件的给予义务，只有原告在2018年达到了约定的订单任务，被告才支付含税300万元的费用及含税300万元的免费货（油卡）。根据《中华人民共和国民法总则》第一百五十九条“附条件的民事法律行为，当事人为自己的利益不正当地阻止条件成就的，视为条件已成就；不正当地促成条件成就的，视为条件不成就”之规定，被告没有按照合作协议约定与原告签订2018年芝士粉的全国独家代理授权，阻碍了条件的成就，视为条件已成就即原告已经完成了2018年的订单任务，被告应支付含税300万元的费用及含税300万元的免费货（油卡）。

对于被告是否应当赔偿原告因市场水货泛滥导致的损失1143.74万元的问题，法院认为被告不需赔偿原告因市场水货泛滥导致的损失1143.74万元。理由如下：（1）被告没有违反《中国进口产品经销合同》及《〈中国进口产品经销合同〉补充协议》，将产品销售至原告经销区域。（2）原告提供的证据不能证明市场存在水货泛滥。（3）根据“水货”含义，“水货”并非假货，是第三方通过非法途径带入原告的经销区域进行销售的被告生产的产品。综上所述，市场存在水货不是被告的行为导致的，而是第三方造成的。根据《中华人民共和国侵权责任法》第二十八条“损害是因第三人造成的，第三人应当承担侵权责任”的规定，原告的损失，应当由第三人承担。

对于原告主张的违约金413万元，没有合同的约定，法院不予准许。对于原告主张的被告未授予2018年独家代理权导致的损失596万元，原告没有提供证据证明其损失，法院不予支持。对于原告主张垫付费用50万元，原告没有提供证据予以证明，法院不予支持。

综上所述，广东省广州市从化区人民法院依据《中华人民共和国民法总则》第一百五十九条，《中华人民共和国合同法》第十三条、第十四条、第十六条、第二十五条、第三十一条、第六十条，《中华人民共和国侵权责任法》第二十八条，《中华人民共和国民事诉讼法》第六十四条的规定，作出如下判决：

一、被告F公司在本判决生效之日起十日内支付300万元及含税900万元免费货（油卡）给原告L公司；

二、驳回原告L公司其他诉讼请求。

F公司和L公司均不服一审判决，提起上诉。

广东省广州市中级人民法院经审理认为：本案争议焦点主要有三：一是L公司请求赔偿因水货泛滥造成的损失是否成立以及损失金额的认定；二是L公司请求赔偿因未授予芝士粉2018年独家代理权造成的损失是否成立以及金额的认定；三是双方有无就补偿1200万元或货物达成合意，补偿条件是否成就的问题。

关于争议焦点一。结合L公司提交的《商标代理公司出具的调查水货线索的核实报告》、F公司提交的《2018年1月8日对广州市海珠区三家销售芝士粉水货店铺的行政打击报告书》《2017年12月15日对广州市白云区二家销售芝士粉水货店铺的行政打击报告书》，可见商标代理公司于 2017 年 8 月 29 日就市场上芝士粉水货问题进行摸查，于 2017 年 12 月 15 日、2018 年 1 月 8 日对 5 店铺实施打击行动，并于 2017 年 12 月 15 日的行动中查扣芝士粉水货产品 17 支。上述事实显然未达到 L 公司在本案中主张的市场“水货泛滥”以至于造成 L 公司损失 1143.74 万元的程度，且亦无证据证实是因 F 公司的过错导致水货产生，故 L 公司该项上诉请求，法院不予支持。

关于争议焦点二。首先，《中国进口产品经销合同》约定的合同期限至 2017 年 12 月 31 日止，F 公司出具的《经销商证明》亦载明经销期限至 2017 年 12 月 31 日止，上述文件并未约定合同期限或经销商资格到期后应当自动延展，或 F 公司应当继续授予 L 公司下一年度独家代理权。其次，审查双方 2017 年 9 月期间的往来邮件，双方在邮件中仅载明 F 公司提供“2018 年芝士粉的全国独家代理授权，预计 2017 年 10 月提供”，除此之外，双方并未就 2018 年经销合同和代理权授予问题进行实质性磋商。且结合 F 公司提交的 2018 年 1 月 3 日邮件及《关于产品进口模式调整的通知函》，双方后续是因无法就合作模式达成一致，致使无法继续在 2018 年进行经销合作。故此，并无证据证实 F 公司是为自己的利益不正当阻却授予代理权的条件成就。L 公司认为 F 公司违约未授予其独家代理权应赔偿损失，缺乏事实依据，法院不予支持。

关于争议焦点三。第一，关于 2018 年支持 300 万元费用及含税 300 万元免费货（油卡）部分。如前所述，在案证据不足以证实 F 公司是为自己的利益不正当阻却条件成就，一审判决径行认定 L 公司已经完成 2018 年订单任务缺乏充分事实依据，F 公司上诉认为不应支付 2018 年 300 万元费用及含税 300 万元免费货（油卡）部分，符合双方磋商实际过程，法院予以支持。

第二，关于2017年度600万免费货（油卡）部分。F公司上诉认为支持费用须经由书面协议予以确认，对此，双方通过邮件对全年总支持额度进行协商确认，与该总体额度实现过程中各次实际付款须通过书面协议予以确定，并非截然对立，该项抗辩理由，法院不予支持。

第三，关于双方争议订单部分。关于已到港货柜（5条柜），双方已达成《关于芝士粉的处理协议》，该部分订单的履行障碍不能归责于L公司。关于已下单未生产订单（2条柜），L公司在2017年9月20日要求暂停生产后，已于2017年11月重新发出交货指令，F公司回复称因清关工作受阻、多方面事项需要紧密协调、对该两张订单不能确认，故该部分未能实际履行不能归责于L公司原因造成。关于已生产未发货订单，该部分订单L公司在要求暂缓发货后，并未再次发出交货指令。L公司提交的2017年10月至12月邮件仅对未生产的2条货柜要求安排生产，并无证据证实已经重新下达其他订单的发货指令。二审中L公司称该部分货物无法进口，没有证据足以证实，且退一步说，即使该已生产未交付的货物确实无法进口，但L公司后续对已下单未生产的2条货柜要求安排生产交货，可见彼时进口障碍已可消除，但L公司仍未再另行下达订单以完成全年订货总额要求。综上，法院认定前述已生产未发货订单（4.25条柜）部分未能实际履行是因L公司的原因导致，其余订单未能实际履行并非L公司的原因导致。

此外，虽然在后续履行中因L公司原因导致部分订单未能实际履行，但考虑到双方合作后期曾一度出现进口障碍，影响了双方履约意愿及实际履约耗时，同时亦鉴于2017年度支持费用属于对L公司全年订单完成量的综合奖励，按比例分配更符合公平合理的原则。

故法院酌情认定在扣除该4.25条柜所占总支持费用相应比例781969元（4.25÷32.61×600万元）后，对于其他部分予以支持。另外，二审中，双方认可2017年支持费用部分中已经实际履行了644787元，该部分亦应予以扣除。

综上，F公司应以油卡形式向L公司支付2017年度支持费用4573244元（6000000元-781969元-644787元），对于L公司请求的超出部分，法院予以驳回。

关于F公司上诉认为一审法院现场勘验程序存在瑕疵，因一审判决并未依据勘验笔录作出事实认定，该项理由法院不予采信。关于F公司上诉认为一审法院判决支付“免费货（油卡）”属于判非所请，对此，一审该项判决金额没有超出L公司请求范围，以实物补偿的方式且与邮件约定相符，法院予以确认。

综上所述，一审判决认定事实部分不清，适用法律有失妥当，法院予以纠正。L公司的上诉请求和理由缺乏事实和法律依据，法院依法予以驳回。F公司的上诉请求和理由部分有理，对其有理部分法院予以支持，其他部分依法予以驳回。广东省广州市中级人民法院依照《中华人民共和国合同法》第三十条、第六十条、第一百三十条，《中华人民共和国民事诉讼法》第一百七十条第一款第二项的规定，作出如下判决：

一、撤销广东省广州市从化区人民法院（2018）粤0117民初141号民事判决第二项；

二、变更广东省广州市从化区人民法院（2018）粤0117民初141号民事判决第一项为：上诉人F公司在判决生效之日起十日内支付含税4573244元免费货（油卡）给L公司；

三、驳回L公司的其他诉讼请求。

【法官后语】

一、F公司与L公司之间通过电子邮件沟通的“合作方案”，能否认定成立新的合作协议

对于F公司首先发给L公司的“合作方案”（电子邮件），是否能够认定为合同订立过程中的“要约”。首先，对电子邮件的认定，根据《最高人民法院关于适用〈中华人民共和国民事诉讼法〉的解释》第一百一十六条第二款“电子数据是指通过电子邮件、电子数据交换、网上聊天记录、博客、微博客、手机短信、电子签名、域名等形成或者存储在电子介质中的信息”的规定，电子邮件属于证据的一种。因电子信息容易被复制、篡改，难以保证电子数据的完整真实，对于电子数据比较难以认定。本案中，原、被告双方当事人对电子邮件（合作方案）均予以认可，法院依法采纳作为证据使用。其次，双方有通过电子邮件来确定交易的习惯。原、被告在签订《中国进口产品经销合同》后，对订单的数额、订单的时间及订单的履行、经销商促销方案等，双方都是通过电子邮件来完成。最后，电子邮件“合作方案”的内容的具体确定，不可能是公司员工个人的想法，只能是F公司集体意志的体现。同时根据《中华人民共和国民法典》第四百六十九条第二款、第三款（基本沿袭了《中华人民共和国合同法》第十条、第十条的规定）“书面形式是合同书、信件、电报、电传、传真等可以有形地表现所载内容的形式。以电子数据交换、电子邮件等方式能够有形地表现所载内容，并可以随时调取查用的数据电文，视为书面形式”的规定，电子邮件是视为书面形式的一种。法院综合考虑以上情况，认定F公司发给L公司的“合作方案”（电子邮件）就是合同订立过程中的“要约”。

对于L公司对F公司“合作方案”的及时答复，是否能够认定

订立合同中的“承诺”。从L公司的答复来看，并没有对“要约”的内容进行实质性变更，《中华人民共和国合同法》第三十一条规定：“承诺对要约的内容作出非实质性变更的，除要约人及时表示反对或者要约表明承诺不得对要约的内容作出任何变更的以外，该承诺有效，合同的内容以承诺的内容为准。”《中华人民共和国民法典》第四百八十九条基本沿袭了改规定。本案中，对于L公司最后的答复，F公司并没有作出反对，故法院认定L公司针对“合作方案”对F公司的答复就是合同订立过程中的“承诺”。

对于采用数据电文订立的合同，是否需要以内部审批作为合同成立前提的问题。《中华人民共和国民法典》第四百九十一条第一款基本沿袭了《中华人民共和国合同法》第三十三条的规定，明确：“当事人采用信件、数据电文等形式订立合同要求签订确认书的，签订确认书时合同成立。”本案中，F公司发出的电子邮件“合作方案”的内容并没有要求双方需要签订确认书，故合同的订立应当从L公司的答复到达F公司员工的邮箱为合同成立的时间，而不以内部审批作为合同成立的前提。

综上所述，F公司与L公司之间通过电子邮件沟通的“合作方案”，可以认定成立新的合作协议。

二、附生效条件的合同，在条件不成就时，能否酌情履行部分合同

第一，合同的性质。F公司与L公司之间成立新的合作协议中F公司要求L公司完成下列条件：“完成9月订的10640箱（2条大柜），2017全年合计32.61柜，即6.21mm USD”，才支持600万元的免费货（油卡），属于何种性质，根据《中华人民共和国民法总则》第一百五十八条（《中华人民共和国民法典》第一百五十八条

与此规定一致。）“民事法律行为可以附条件，但是根据其性质不得附条件的除外。附生效条件的民事法律行为，自条件成就时生效。附解除条件的民事法律行为，自条件成就时失效”之规定，本案中，合同属于民事法律行为，且不存在不得附条件的除外情形，应当属于附生效条件的合同。

第二，合同的效力。附条件的合同属于未生效的合同。生效条件成就，合同生效，产生当事人合意追求的特定私法效果。生效条件不成就，合同终局不生效，不产生当事人合意追求的特定私法效果。本案中，二审法院在查明L公司未完成2017年全年合计32.61柜，且L公司有过错的情形下，F公司与L公司约定的生效条件未成就，合同终局不生效，合同的内容不具有履行效力。二审法院酌情要求F公司履行L公司完成部分条件所对应的合同内容，实际上变更了F公司与L公司约定的“条件”，实质上是以审判权来调整当事人的意思自治。

编写人：广东省广州市从化区人民法院　张杞欢

046 发票出票人与实际出卖人不一致时应对合同相对方进行实质审查

——司某华诉D饭店买卖合同案

【案件基本信息】

1. 裁判书字号

北京市第二中级人民法院（2018）京02民终11949号民事判决书

2. 案由：买卖合同纠纷

3. 当事人

原告（上诉人）：司某华

被告（被上诉人）：D 饭店

【基本案情】

司某华主张 D 饭店是涉案商品的销售人，并向法院出示了北京市长安公证处出具的《公证书》一份及《北京增值税普通发票》一张、北京市中信公证处出具的《公证书》一份及《北京增值税普通发票》一张。公证处出具的《公证书》记载，公证事项为保全证据公证，过程为 2017 年 11 月 2 日上午，公证员与司某华来到 D 饭店，在公证员的见证下，司某华以刷卡方式在 D 饭店首层商场购买了外包装盒写有 A 品牌字样的酒 2 箱共计 12 瓶，并当场取得《北京增值税普通发票》一张。增值税发票显示，购买人为个人，服务名称为餐费，价税合计金额为 19400 元，开票时间为 2017 年 11 月 2 日。北京市中信公证处出具的《公证书》记载，公证事项为保全证据公证，过程为 2017 年 11 月 23 日上午，公证员与司某华来到 D 饭店，在公证员的见证下，司某华以刷卡方式在 D 饭店首层商场购买了外包装盒写有 A 品牌字样的酒 4 箱，并当场取得《北京增值税普通发票》一张。增值税发票显示，购买人为个人，服务名称为餐费，价税合计金额为 36000 元，开票时间为 2017 年 11 月 23 日。

D 饭店主张其不是案涉商品的销售人，其已经于 2015 年 10 月 13 日将 D 饭店一层出租给商贸中心并签订了《租赁合同》。双方在《租赁合同》中约定，租赁物位于 D 饭店一层，使用面积约为38平方米，租赁期限自2016年1月1日起至2017年12月31日止；经营范围包含北京特产、烟酒、礼品等内容。2016年11月1日，D饭店与商贸中心、科技公司签订《补充协议》，将商贸中心租赁的上述房屋由科技公司承租。2018年2月9日，食品药品监督管理部门对科技公司出具行政处罚决定书，载明“你单位经营的A品牌酒经酒厂（集团）有限责任公司及酒厂股份有限公司认定为正品，经测试公司检测，符合食品安全标准要求，检验结果合格。经查，你单位存在经营上述食品及其他食品过程中未存留供货方许可证和相关证明文件的行为，以及未按规定遵守进货查验记录制度，未如实记录食品的供货者名称、地址、联系方式、验收人等内容的行为”。

【案件焦点】

仅凭D饭店出具的发票能否认定其为案涉买卖合同关系的相对方。

【法院裁判要旨】

北京市丰台区人民法院经审理认为：当事人之间没有书面合同，一方以送货单、收货单、结算单、发票等主张存在买卖合同关系的，人民法院应当结合当事人之间的交易方式、交易习惯以及其他相关证据，对买卖合同是否成立作出认定。本案中，争议的焦点为D饭店是否是案涉商品的销售人。根据公证书的记载，司某华是在D饭店首层商场购买的案涉商品。D饭店就此出示了租赁合同及补充协议，上述租赁合同显示科技公司是上述区域的承租人，同时根据行政处罚决定书，也认定经营者为科技公司。对此法院认为，司某华的公证书仅能证明购买过程及购买地点，现D饭店已经证明其不是相关地点的经营人，故仅凭公证书不能证明D饭店是该场所的经营人。现有证据不能证明司某华与D饭店之间存在买卖合同关系，司某华的诉讼请求证据不足，法院不予支持。

北京市丰台区人民法院依据《最高人民法院关于审理买卖合同纠纷案件适用法律问题的解释》第一条之规定，作出如下判决：

驳回原告司某华的诉讼请求。

司某华不服一审判决，提起上诉。

北京市第二中级人民法院经审理认为：本案中，没有证据证明涉案商品的所有权属于D饭店，亦无证据证明在司某华购买涉案商品时，D饭店对涉案商品具有处分权。虽然，涉案商品的销售地点在D饭店内，但并不等于涉案商品的销售人必然是D饭店。因此，司某华自称涉案商品是从D饭店购买、其与D饭店之间存在买卖合同关系的上诉理由没有事实根据和法律依据。在没有直接证据进行佐证的情况下，一审法院认定涉案商品的销售人不是D饭店并无不当。

依照《最高人民法院关于审理买卖合同纠纷案件适用法律问题的解释》第一条第一款之规定，仅凭一方向另一方开具发票的行为，并不意味着涉事双方之间必然存在买卖合同关系，况且在案两张发票在“服务名称”项内均写明为“餐费”。据此，一审法院认定在D饭店已经提交证据证明涉案场地由他人承租经营并对开具发票的行为予以解释的情况下，该两张发票不能直接证明D饭店就是涉案商品的实际销售者。对一审法院这一认定法院予以支持。

司某华诉请D饭店承担涉案商品销售价款十倍的赔偿责任，并退还购货款、承担相关费用支出，其诉讼请求成立的事实基础在于D饭店应当是涉案商品的销售者。一审法院经审理后认定司某华所提交的证据不能证明D饭店是涉案商品的销售者，并依照法律规定判决驳回了司某华的诉讼请求，并不存在适用法律错误的问题。法院对司某华的这一上诉理由不予支持。

北京市第二中级人民法院依据《中华人民共和国食品安全法》第一百四十八条第二款，《中华人民共和国合同法》第一百三十条、第一百三十二条，《中华人民共和国民事诉讼法》第一百七十条第一款第一项之规定，作出如下判决：

驳回上诉，维持原判。

【法官后语】

确认合同相对方是审理买卖合同纠纷案件的基石，只有正确认定买卖合同的相对方才能保证审判结果的公平公正。理论上，买卖合同的出卖方应当向买受人出具发票，因此人们通常都将发票的出票人视为买卖合同的相对方。在认定本案所涉买卖合同关系时，也曾有一部分人主张，应按照案涉发票的出票人确认D饭店为合同相对方。持该种观点的人认为，司某华作为自然人，并没有能力分辨出卖人的身份，因此其主张按照发票出票人身份来确认买卖合同的相对方应当被支持。笔者认为这种观点并不妥当。

首先，司某华并非一般意义的消费者，从其在购买商品的同时还邀请公证人员到场取证这一行为分析，司某华很可能在购买商品前就对商品的销售者进行过调查，再结合其在购买过程中积极取证以及在之后的诉讼行为中索要高额赔偿等情形分析，司某华试图通过诉讼手段牟取个人利益的目的十分明显。事实上，D饭店在答辩中也多次表示，司某华并非普通的消费者，而是职业打假人。我们认为，在审理涉及此类人员的买卖合同案件时，应将之与一般的消费者加以区分。第 ，此类人员通常具备较高的诉讼能力，他们比一般消费者更了解法律的相关规定；第二，此类人员对商品的辨别能力也较一般消费者高，其之后往往有一个团队辅助其工作；第三，此类人员通常不会盲目选择被告，在确定诉讼对象前通常都会进行事前调查，力图做到一击必中。因此，我们认为将此类群体理解为一般消费者极其不妥当。

其次，仅仅以发票确认合同相对方，实际上是将发票与合同画等号，属于机械理解法律规定，并不可取。诚然，在日常交易中，绝大多数交易均可以通过发票来确认交易的相对方，但如果我们仔细分析便会发现，此类交易的出卖人与发票的出票人都是同一主体。也就是说，只有当出卖人（或合同相对方）与发票出票人均为同一主体时，发票才能作为确认合同相对方的依据。本案的特殊性在于，D饭店抗辩认为自己并非合同相对方，此时为了确认发票出票人与合同相对方是否是同一主体，就需要法官对买卖合同关系进行实质审查。

本案中，一审、二审法官对买卖关系进行的实质审查经历了一个完整、严密的逻辑判断过程。首先，法官并没有仅因D饭店抗辩其并非买卖合同主体就对事实进行认定，而是要求D饭店就此举证证明；D饭店就向法院出示了《租赁合同》及《补充协议》；该租赁合同显示科技公司是上述区域的承租人。其次，法官通过审查司某华的证据发现，司某华出示的公证书内容仅能证明其从科技公司承租的区域购买了案涉商品。最后，D饭店提供的行政处罚决定书中，也认定经营者为科技公司。通过上述证据我们可以看出这样一个逻辑顺序：司某华能够证明其从案涉区域购买了A品牌酒；D饭店证明了该案涉区域已经租给科技公司；而行政处罚更进一步佐证了科技公司在案涉区域销售A品牌酒。通过这一系列严谨的逻辑判断，法官才能得出D饭店并非案涉买卖关系相对方的结论。

除逻辑判断外，现行法律体系也对类似情形有过规定。《最高人民法院关于审理买卖合同纠纷案件适用法律问题的解释》第一条第一款规定，当事人之间没有书面合同，一方以送货单、收货单、结算单、发票等主张存在买卖合同关系的，人民法院应当结合当事人之间的交易方式、交易习惯以及其他相关证据，对买卖合同是否成立作出认定。本案事实发生在《中华人民共和国民法典》施行之前，应当适用当时的法律和相关司法解释。本案涉及的法律规范在《中华人民共和国民法典》中得以延续和保留。因此笔者认为，法官在审理买卖合同纠纷时，特别是不能直接确认发票出票人与合同相对方是同一主体时，应当结合具体交易方式等相关证据认定买卖关系是否成立。通过调查，我们发现本案的双方当事人之间并不成立买卖合同关系，因此司某华的主张不能得到支持。

编写人：北京市丰台区人民法院　汪成明

（五）买卖合同的效力

047　有权代理或表见代理情形下，行为人用印瑕疵不影响合同效力

——饲料公司诉种猪公司等买卖合同案

【案件基本信息】

1. 裁判书字号

湖北省武汉市中级人民法院（2020）鄂01民终11122号民事判决书

2. 案由：买卖合同纠纷

3. 当事人

原告（被上诉人）：饲料公司

被告（上诉人）：种猪公司

被告：钱某娟、杨某

【基本案情】

饲料公司与种猪公司于2018年1月10日、2019年1月5日签订《直供猪场饲料购销协议》，约定由饲料公司向种猪公司提供该饲料公司生产的某一系列饲料。2019年1月7日，种猪公司向饲料公司出具《欠条》，内容为，种猪公司欠饲料公司饲料款人民币100万元，并承诺全部欠款于2019年12月25日付清，否则欠款人自愿从实际欠款之日起按所欠金额每月2%计付利息至欠款本息最后全部付清之日止。钱某娟、杨某为上述欠款提供连带保证责任，并出具担保书。2019年6月30日，种猪公司与饲料公司对账，确认截至2019年6月30日，种猪公司欠饲料公司1047175元。被告支付了部分欠款后，对剩下欠款74.68万元未予支付。另查明，2017年9月14日，种猪公司与钱某娟签订《种猪公司承包经营协议》，将种猪公司的经营权承包给钱某娟。承包经营期限为5年，即2017年9月18日至2022年9月30日。《种猪公司承包经营协议》第二条第九项约定，乙方（钱某娟）使用甲方（种猪公司）公章，必须向甲方资产管理部申请登记。

【案件焦点】

1. 关于饲料公司与种猪公司是否成立买卖合同关系；2. 种猪公司是否有支付义务。

【法院裁判要旨】

湖北省武汉市江夏区人民法院经审理认为：种猪公司是本案的适格主体，应承担对饲料公司付款的责任。具体理由如下：（1）种猪公司与钱某娟签订承包协议，种猪公司将经营权承包给钱某娟并约定钱某娟使用种猪公司公章，必须向种猪公司申请登记。钱某娟在承包经营期间与饲料公司签订购销协议，并加盖种猪公司的印章，系以种猪公司的名义对外进行商业活动，故合同的主体系种猪公司，由其承担合同义务。（2）钱某娟称《直供猪场饲料购销协议》《欠条》上的印章，是种猪公司的合同专用章，在使用时将合同专用章几个字进行了遮盖，上述用印瑕疵问题系种猪公司与钱某娟之间的问题，对《直供猪场饲料购销协议》《欠条》的效力不产生影响。钱某娟、杨某出具担保书，并以保证人身份在《欠条》上签字，与饲料公司形成保证合同关系，在种猪公司不履行债务时，钱某娟、杨某应按照约定履行债务。饲料公司与种猪公司约定欠款于 2019 年 12 月 25 日付清，因此，逾期利息应从 2019 年 12 月 26 日起计算。由于双方约定按所欠金额按每月 2%计付利息过高，故确认种猪公司按中国人民银行授权全国银行间同业拆借中心每月 20 日发布的一年期贷款市场报价利率计算的利息的四倍向饲料公司支付逾期利息。

湖北省武汉市江夏区人民法院依照《中华人民共和国合同法》第八条、第一百零七条，《中华人民共和国担保法》第六条、第十八条之规定，作出如下判决：

一、由被告种猪公司于本判决生效之日起十日内向原告饲料公司支付货款 74.68 万元；

二、由被告种猪公司于本判决生效之日起十日内向原告饲料公司支付自 2019 年 12 月 26 日起，以货款 74.68 万元为基数，按中国人民银行授权全国银行间同业拆借中心每月20日发布的一年期贷款市场报价利率的四倍计算利息；

三、被告钱某娟、杨某对上述债务承担连带保证责任；

四、驳回原告饲料公司的其他诉讼请求。

种猪公司不服原审判决，提起上诉。

湖北省武汉市中级人民法院同意一审裁判意见，认为种猪公司的上诉请求不成立，依照《中华人民共和国民事诉讼法》第一百七十条第一款第一项之规定，作出如下判决：

驳回上诉，维持原判。

【法官后语】

公司作为法人组织，其意思表示必然要通过特定自然人的签字或者盖章才能得以实现。公司的公章是公司为了从事经营活动，在公司成立之时，经工商行政部门登记备案的具有公司全称的唯一印章，用以代表公司意志，是公司对外意思表示最为有效直观的凭证之一。公司的公章一般由公司的法定代表人或其授权之人掌握。公司内部管理规定一般规定公司进行意思表示行为需要公司法定代表人和公司公章同时使用。《国务院关于国家行政机关和企业事业单位社会团体印章管理的规定》（国发〔1999〕25号）（以下简称《印章管理规定》）第二十三条规定："印章制发机关应规范和加强印章制发的管理，严格办理程序和审批手续。国家行政机关和企业事业单位、社会团体刻制印章，应到当地公安机关指定的刻章单位刻制。"根据上述规定，刻制印章需要公安机关出具准刻证明之后到指定地点进行刻制。一般而言，印章刻制完成后，需经工商管理部门备案、公安机关登记后方可使用。

但是在实践中，很可能存在公章增刻、补刻的情形，所以部分公司会存在同时持有两枚以上备案公章的可能性。因此，便存在用印瑕疵问题。用印瑕疵一般表现为：(1) 法人不认可真实公章的意思表示效力；(2) 法人曾对外使用多枚公章；(3) 行为人私刻虚假公章以法人名义对外作出意思表示。针对上述用印问题，应当结合行为人的身份、代理权限综合判断其法律效果：

首先，当行为人使用真实印章，但法人不认可其表意效力。从盖章行为本质来看，意在表明盖章的经办人从事的是职务行为，有代表权或代理权的人盖章确认的合同，对公司具有约束力。从裁判思路上，应当审查行为人的行为是否属于职务行为，其行为是否属于授权范围内。《中华人民共和国民法典》第一百七十条规定："执行法人或者非法人组织工作任务的人员，就其职权范围内的事项，以法人或者非法人组织的名义实施的民事法律行为，对法人或者非法人组织发生效力。法人或者非法人组织对执行其工作任务的人员职权范围的限制，不得对抗善意相对人。"根据上述法律规定，如果属于职权范围内的职务行为，即使法人不认可其表意效力，亦可认定盖章行为效果由法人承担。如果行为人没有代理权、代表权，或超越代理权范围、代理权终止后仍然实施代理行为而未经追认的，相对人为善意，不发生表见代理时，则盖章行为对法人不产生拘束力。

其次，如若法人对外曾使用多枚"公章"进行活动，《印章管理规定》第二十四条规定："国家行政机关和企业事业单位、社会团体的印章，如因单位撤销、名称改变或换用新印章而停止使用时，应及时送交印章制发机关封存或销毁"。虽然法人该种行为违反了该规定，原则上不具有对外代表法人的效力，但是该规定并非效力性规定，不必然导致民事法律行为的无效。实践中，若法人使用非备案公章从事民事活动，法人认可或接受该行为效力的，之后再次使用该公章时，应视为法人的意思表示的体现，法人不认可非备案公章效力的意见，应当不予支持。

最后，行为人私刻虚假公章以法人名义对外作出意思表示。《中华人民共和国民法典》第一百七十二条沿袭《中华人民共和国民法总则》第一百七十二条的规定："行为人没有代理权、超越代理权或者代理权终止后，仍然实施代理行为，相对人有理由相信行为人有代理权的，代理行为有效。"此时裁判思路是应审查盖章经办人是否具有代表权或代理权，从而根据代表或代理的相关规则来确定合同效力，而不能将审查重点放在公章真伪上。本案中，钱某娟与种猪公司之间签订承包协议，种猪公司将经营权承包给钱某娟。双方签订的承包合同还约定，钱某娟使用种猪公司公章，必须向种猪公司资产管理部申请登记。因此，钱某娟有权使用种猪公司的印章，代理种猪公司对外进行民事活动。至于公章如何使用，种猪公司内部有何种规定，对于饲料公司来讲着实难以了解。对于公章真伪、是否为备案印章，一般民事活动主体难以甄别，从保护信赖利益和交易安全的角度，只能以一般人的标准进行识别，只要饲料公司已尽到一般性的审慎义务即可。饲料公司与种猪公司长期的饲料购销、账款流水情况以及《欠条》、担保书构成完整的权利外观表象，饲料公司已尽到一般性的审慎义务，属于善意第三人。故案涉购销协议印章虽存在瑕疵，但是对饲料公司及种猪公司仍然发生拘束力，种猪公司应当承担相应合同义务。

编写人：湖北省武汉市江夏区人民法院　徐笙

048 非法获取个人信息的产品代销协议无效

——甲科技实业公司诉乙科技实业公司、丙科技实业公司买卖合同案

【案件基本信息】

1. 裁判书字号

天津市第一中级人民法院（2020）津01民终3291号民事判决书

2. 案由：买卖合同纠纷

3. 当事人

原告（上诉人）：甲科技实业公司

被告（被上诉人）：乙科技实业公司、丙科技实业公司

【基本案情】

2017年以来，被告丙科技实业公司与原告甲科技实业公司就代理分销某款“招财宝”产品，签订了5份分销协议及补充协议，约定被告授权原告在武汉、南京等区域销售该产品，如合作期内该产品与国家法律法规冲突不能销售，否则被告应当按照双方约定价格回购未售出商品并全额退还保证金。协议签订后，原告依约支付了货款及履约保证金，并销售了部分产品。2018年，经双方协商，被告已向原告退还部分货款及保证金。尚有276套“招财宝”产品未售出，故原告至法院，请求被告回购剩余产品，退还履约保证金。

经查，“招财宝”产品系软件系统，内置于“招财喵”硬件产品中。2019年，中央电视台“3·15”晚会针对“招财喵”等探针盒子获取用户信息的情况进行了报道，称：“该款招财喵等探

针盒子，不仅可以收集用户手机号码，甚至可以对用户进行精准画像。当手机用户寻找无线网络的信号时，探针盒子能迅速识别出手机的 MAC 地址，通过大数据进行匹配，即可转换出用户的手机号码，实现拨打骚扰电话等功能。”本案中，“招财宝”产品具有收集不特定人手机 MAC 地址的功能，而 MAC 地址如同身份证上的身份证号码一样，具有唯一性。

【案件焦点】

1. 案涉招财宝产品是否违法；2. 甲科技实业公司请求判令丙科技实业公司、乙科技实业公司回购招财宝产品并返还保证金的意见应否得到支持。

【法院裁判要旨】

天津市武清区人民法院经审理认为：被告丙科技实业公司虽对原告提交的《招财宝产品分销协议补充协议条款》不认可，但在提出司法鉴定申请后撤回了鉴定申请，法院对《招财宝产品分销协议补充协议条款》的真实性予以确认。原告与丙科技实业公司签订的 5 份《招财宝产品分销协议》《招财宝产品分销协议补充协议条款》《退款协议书》，与乙科技实业公司签订的《“招财宝产品分销协议”补充协议》分别为合同签订人真实意思表示，不违反法律、行政法规的强制性规定，合法有效，对协议相对方具有约束力。《退款协议书》系原告与丙科技实业公司友好协商达成且已实际履行，不能证明招财宝产品属于违法产品，也不能以此作为被告承担退货退款责任的依据。依据原告与丙科技实业公司签订的《招财宝产品分销协议补充协议条款》约定，如果合作期内因政府限制使用等政策原因导致合同不能继续，以及法律和司法问题不能正常在市场销售，丙科技实业公司就应按照签约价回购原告的招财宝产品并退还履约保证金，原告提交的“3·15日”报道发生于2019年3月15日期间，当时《招财宝产品分销协议》有效期已经届满，且“3·15”报道不能实现因政策原因合同不能继续履行或法律和司法问题不能正常在市场销售的证明目的，原告要求丙科技实业公司回购产品并退还保证金理由不成立，不予支持。原告与乙科技实业公司签订的《“招财宝产品分销协议”补充协议》约定双方合作期间为2018年10月1日至2018年12月31日，合作期内若产品与国家法律法规冲突导致原告不能销售，乙科技实业公司按照《招财宝产品分销协议》分销价格原价回购未售出商品并全额退还保证金，原告提交的“3·15”报道发生于2019年3月15日期间，当时《“招财宝产品分销协议”补充协议》合作期已经届满，且“3·15”报道不能实现产品与国家法律法规冲突导致原告不能销售的证明目的，原告要求乙科技实业公司回购产品并退还保证金理由不成立，亦不予支持。

天津市武清区人民法院依照《中华人民共和国合同法》第四十四条、第六十条第一款、第一百零七条，《最高人民法院关于适用〈中华人民共和国民事诉讼法〉的解释》第九十条之规定，作出如下判决：

驳回原告甲科技实业公司的诉讼请求。

甲科技实业公司不服一审判决，提出上诉。

天津市第一中级人民法院经审理认为：本案的焦点问题是招财宝产品是否违法。招财宝产品可以不经用户同意收集不特定人手机MAC地址信息，关于手机MAC地址信息是否属于公民个人信息的问题，根据《中华人民共和国网络安全法》第七十六条第五项的规定，个人信息，是指以电子或者其他方式记录的能够单独或者与其他信息结合识别自然人个人身份的各种信息，包括但不限于自然人的姓名、出生日期、身份证件号码、个人生物识别信息、住址、电话号码等。虽然被上诉人称收集到的手机 MAC 地址信息为一串代码没有价值，但手机 MAC 地址信息与其他信息结合可以获取该手机用户的电话号码，因此，手机 MAC 地址信息属于个人信息。

关于如何规范收集个人信息，《中华人民共和国网络安全法》第二十二条第三款、第四十四条[①]有明确规定，招财宝产品收集用户手机 MAC 地址信息可以不经过用户同意，属于用于非法获取公民个人信息的工具，招财宝产品为违法产品。一审法院未认定招财宝产品的违法性，属认定事实错误，法院予以纠正。

甲科技实业公司与丙科技实业公司签订的 5 份《招财宝产品分销协议》及《招财宝产品分销协议补充协议条款》《退款协议书》，与乙科技实业公司签订的《“招财宝产品分销协议”补充协议》，其内容为买卖非法获取不特定人的个人信息的产品，违反了《中华人民共和国网络安全法》等法律的强制性规定，并构成对社会公共利益的损害。根据《中华人民共和国合同法》第五十二条规定，甲科技实业公司与丙科技实业公司签订的《招财宝产品分销协议》《招财宝产品分销协议补充协议条款》，甲科技实业公司与乙科技实业公司签订的《“招财宝产品分销协议”补充协议》均属无效。一审法院认定涉案合同有效，属适用法律错误，法院亦予以纠正。

关于甲科技实业公司请求判令丙科技实业公司、乙科技实业公

---

① 《中华人民共和国网络安全法》第二十二条第三款：网络产品、服务具有收集用户信息功能的，其提供者应当向用户明示并取得同意；涉及用户个人信息的，还应当遵守本法和有关法律、行政法规关于个人信息保护的规定。第四十四条：任何个人和组织不得窃取或者以其他非法方式获取个人信息，不得非法出售或者非法向他人提供个人信息。

司回购招财宝产品并返还保证金的意见应否得到支持的问题。法院认为，虽然丙科技实业公司、乙科技实业公司坚称招财宝产品不违法，甲科技实业公司坚称订立合同时不清楚产品违法，但是，首先，从产品的功能来看，招财宝产品收集用户手机 MAC 地址信息可以不经过用户同意，属于用于非法获取公民个人信息的工具，包括甲科技实业公司在内的双方当事人在签订合同时应当明知；其次，从合同的内容来看，案涉合同中“若因政府限制使用等政策原因导致合同不能继续，以及法律和司法问题不能正常在市场销售”“甲方及甲方子公司提供的招财宝产品与相关法律法规冲突的一切责任，由甲方及甲方子公司全责承担，与乙方无关”等内容可以体现，双方当事人在订立合同时均已意识到产品可能会涉嫌违法，双方继续订立并履行合同的行为实为一种试法行为。在其该种行为被认定为违法并损害社会公共利益的情况下，任何一方欲通过诉讼得到司法保护的请求均不应得到支持。因此，法院对甲科技实业公司要求丙科技实业公司、乙科技实业公司回购产品并返还保证金的上诉请求不予支持。

在公民私人生活安宁频繁被垃圾短信和营销电话侵扰，又不知个人信息如何被泄露的困惑之下，国家打击非法收集个人信息行为的态度更加坚决。司法审判应积极发挥引导示范作用，对侵犯公民个人信息的行为予以否定。本案中，法院对丙科技实业公司、乙科技实业公司以及甲科技实业公司销售违法产品并损害社会公共利益的行为均予以否定，对丙科技实业公司因出售招财宝产品所取得的货款 325680 元、保证金 5 万元以及甲科技实业公司购买的 276 套招财宝产品均予以收缴。

综上所述，甲科技实业公司的上诉请求不能成立，法院不予支持；一审判决认定事实及适用法律有误，但判决不予返还货款和保证金的结果正确，法院予以维持；对于丙科技实业公司、甲科技实业公司销售违法产品取得的财产，法院判决予以收缴。

天津市第一中级人民法院依照《中华人民共和国合同法》第五十二条、第五十九条，《中华人民共和国民事诉讼法》第一百七十条第一款第一项，《最高人民法院关于适用〈中华人民共和国民事诉讼法〉的解释》第三百三十四条之规定，作出如下判决：

一、维持天津市武清区人民法院（2019）津0114民初10664号民事判决；

二、上诉人甲科技实业公司持有的276套招财宝产品予以收缴；

三、被上诉人丙科技实业公司收取的货款325680元及保证金5万元均予以收缴。

【法官后语】

现代社会是信息社会，要维护私生活的安宁不受侵害，就必须保护个人信息不被随意收集、公开或被滥用。因此，保护个人信息是现代信息社会的一项重要任务。在立法构建上，对个人信息保护的法律包括《中华人民共和国民法典》《中华人民共和国个人信息保护法》《中华人民共和国网络安全法》《中华人民共和国数据安全法》等，尤其是《中华人民共和国个人信息保护法》的出台，更进一步地从立法上回应了个人信息保护领域的突出问题和人民群众的重大关切，是审理裁判相关纠纷的最直接法律依据之一。本案系涉及个人信息保护的买卖合同纠纷，涉案事实虽发生在《中华人民共和国民法典》《中华人民共和国个人信息保护法》施行前，但相关裁判理念与新法亦契合，具有典型性。本案的焦点问题是涉案招财宝产品是否违法，若属于违法产品，则依据《中华人民共和国合同法》第五十二条之规定，诉争合同属无效合同。

其一，关于涉案招财宝产品是否违法的问题。对此，判断要点在于该产品是否未经同意非法搜集个人信息。诉辩双方均认可招财宝产品可以不经用户同意收集不特定人手机 MAC 地址，但对手机 MAC 地址是否属于个人信息意见不一。根据《中华人民共和国网络安全法》第七十六条第五项的规定，个人信息，是指以电子或者其他方式记录的能够单独或者与其他信息结合识别自然人个人身份的各种信息，包括但不限于自然人的姓名、出生日期、身份证件号码、个人生物识别信息、住址、电话号码等。在传统意义上，自然人的姓名、身份证号码、家庭住址等就已存在，并被政府、企业等主体收集、保管、分析和使用。随着网络科技尤其是大数据与人工智能的发展，个人信息的产生、收集、存储和利用等方面发生了巨大的变化，个人信息被滥用的可能性极大增加。例如，各种网络平台通过分析和利用海量的个人信息，对目标群体做人格画像，实施精准营销。

虽然个人信息的概念本身内涵广阔、边界模糊，但从相关规定的定义看，“直接或间接可识别性的认定”可以体现个人信息概念的根本特征。所谓直接可识别个人信息，是指能够较容易地识别特定个人的信息；间接可识别个人信息，是指通过互联网或移动通信技术手段等综合分析和核对相关个人信息内容后，可以间接识别该特定个人或者特定群体的信息。这类信息的特点是，虽然不能直接体现具体的信息主体是谁，但是可以反映出该信息主体何时何地以何种方式从事了何种行为，还可以由此分析其兴趣爱好、活动范围、消费能力、消费需求、行为方式等，并通过数据分析为个人提供个性化的服务，如互联网定向广告服务、个人生活记录服务、个人定位服务等。此类信息也具有身份识别属性，与个人人格、身份有一定的联系。[①] 经查询，手机 MAC 地址也叫物理地址，是用来确认网络设备位置的地址，如同居民身份证号码一般具有唯一性。虽然被上诉人称收集到的手机 MAC 地址信息是一串代码，没有价值，但手机 MAC 地址信息与其他信息相结合可以获取该手机用户的电话号码，经第三方平台匹配后进行广告精准投放。因此，手机 MAC 地址信息具有身份识别属性，属于个人信息。

结合在案证据，可以证明招财宝产品收集不特定人手机 MAC 地址信息可以不经过同意，且该产品的功能主要就是收集信息后用于短信、电话、广告投放等，属于用于非法获取公民个人信息的工具，违反《中华人民共和国网络安全法》的相关规定，系违法产品。依照《中华人民共和国合同法》第五十二条之规定，案涉合同属无效合同。

其二，关于甲科技实业公司请求判令对方回购招财宝产品并返还保证金的意见是否应得到支持的问题。如前所述，案涉合同系无效合同，从合同订立时起自始无效。一般而言，在合同无效的情况下，对于已经履行的，应通过返还财产、赔偿损失等方式使当事人的财产恢复到合同订立前的状态。而对于订约双方订立合同系为牟取不法利益，损害第三人合法权益的，此类合同在被确认无效后，应由有关国家机关依法收缴双方所得的财产，收归国家所有或返还集体、第三人。原因在于当事人之间相互勾结实施损害他人合法权益的行为，具有明显的不法性，亦与社会主义核心价值观不符，应

---

① 参见陶盈：《我国网络信息化进程中新型个人信息的合理利用与法律规制》，载《山东大学学报（哲学社会科学版）》2016 年第 2 期。

当给予否定性评价，从而保护受到侵害的第三人的合法权益，维持正常的市场经济秩序。案涉合同中“若因政府限制使用等政策原因导致合同不能继续，以及法律和司法问题不能正常在市场销售”“甲方及甲方子公司提供的招财宝产品与相关法律法规冲突的一切责任，由甲方及甲方子公司全责承担，与乙方无关”等内容可以体现，双方当事人在订立合同时均已意识到招财宝产品可能违法，双方继续订立并履行合同的行为实际是一种试法行为，且损害社会公共利益，故此任何一方意欲通过诉讼得到司法保护的请求均不应得到支持。对合同双方因销售违法产品取得的财产，依法予以收缴。

需要说明的是，本案系民法典施行前的法律事实引起的民事纠纷案件，依法适用当时的法律、司法解释的规定，故本案依照《中华人民共和国合同法》第五十九条之规定，收缴当事人违法所得。虽然《中华人民共和国民法典》对于收缴违法所得未再予以规定，但考察民法典相关立法原意，系因民事制裁方式是国家对不法行为人采取的强制处罚措施，目的在于制裁行为人，而非救济受害人，不属于民事责任承担方式，故不在此予以规定。但是，这并不意味着人民法院不可以对不法的行为人采取民事制裁方式，对符合适用条件的，人民法院仍可以采用民事制裁方式制裁不法行为人。① 对于不宜适用民事制裁的案件，可及时将违法线索移送相关行政机关，通过共同治理的方式维护个人信息安全。

本案依法认定案涉产品的代理分销协议无效，并收缴双方当事人违法所得和涉案产品，通过对侵害个人信息的行为予以否定，彰

---

① 参见最高人民法院民法典贯彻实施工作领导小组主编：《中华人民共和国民法典总则编理解与适用（下）》，人民法院出版社 2020 年版，第 896 页。

显打击非法收集个人信息行为的鲜明态度，起到了司法审判积极的引导示范作用。

编写人：天津市第一中级人民法院　刘文　王珊

049　买卖合同中消费者身份及欺诈行为的认定标准

——工程咨询公司诉汽车销售公司买卖合同案

【案件基本信息】

1. 裁判书字号

湖北省武汉市中级人民法院（2020）鄂 01 民终 3277 号民事判决书

2. 案由：买卖合同纠纷

3. 当事人

原告（上诉人）：工程咨询公司

被告（被上诉人）：汽车销售公司

【基本案情】

2019 年 1 月 5 日，工程咨询公司与汽车销售公司签订《汽车定购合约书》，由工程咨询公司向汽车销售公司购买某品牌某款汽车。部分购车款由工程咨询公司账户支付，另一部分购车款以工程咨询公司法定代表人王某的名义贷款支付。工程咨询公司提车后认为案涉车辆系展厅车，且经过 PDI 检测，不认可其为新车，遂要求汽车销售公司退车。双方协商未果后，工程咨询公司认为所购车辆为公私两用故其系消费者，汽车销售公司在销售车辆时存在欺诈。

【案件焦点】

1. 如何认定购买者是否具备法律规定的消费者身份；2. 如何认定销售者是否存在欺诈行为。

【法院裁判要旨】

湖北省武汉市汉阳区人民法院经审理认为：工程咨询公司与汽车销售公司签订的《汽车定购合约书》系双方真实意思表示，双方应按合约书的约定履行各自的合同义务。案件主要争议焦点：（1）汽车销售公司交付的车辆是否符合合同约定；（2）工程咨询公司是否具备消费者身份；（3）汽车销售公司是否构成欺诈，以及应承担何种责任。

第一，根据《汽车定购合约书》，工程咨询公司与汽车销售公司未明确约定车身号码（VIN 号）和引擎号码，只对车辆定购进行了种类约定，汽车销售公司交付的车辆虽系展厅车，但也属于约定的某品牌某款车辆，且该车辆首次登记在工程咨询公司名下，并无证据证明其系销售过的旧车；双方在提车发生争议时，已对拟交付车辆进行了确认并签订附加内容，并无违反双方合同约定之处，故案涉车辆的交付符合合同约定。

第二，根据《中华人民共和国消费者权益保护法》第二条的规定，消费者应定义为为生活需要而购买、使用商品。工程咨询公司购买车辆系公私两用，并非为生活消费需要而购买、使用商品，其在本案中不具备消费者身份，不适用该法的相关规定。如其权益受到侵犯，可适用合同法的规定来维护其权益。

第三，汽车销售公司未向工程咨询公司告知案涉车辆的售前 PDI 检测情况，但未予告知的信息并不属于影响工程咨询公司缔约根本目的的重要信息，汽车销售公司不存在隐瞒相关信息的主观故意，未履行告知义务虽一定程度上侵犯了工程咨询公司的知情权，但尚不构成欺诈。对此汽车销售公司应承担相应的赔偿责任。因无证据证明该问题涉及车辆安全性能、主要功能、基本用途，未给工程咨询公司造成较大不利影响，根据案件的具体情况，酌定汽车销售公司向工程咨询公司赔偿1万元。

湖北省武汉市汉阳区人民法院依照《中华人民共和国合同法》第六条，《中华人民共和国民事诉讼法》第六十四条、第一百四十二条之规定，作出如下判决：

一、被告汽车销售公司向原告工程咨询公司赔偿1万元，此款于本判决发生法律效力之日起十日内付清；

二、驳回原告工程咨询公司的其他诉讼请求。

工程咨询公司不服一审判决，提出上诉。

湖北省武汉市中级人民法院经审理认为：二审法院同意一审法院裁判意见，工程咨询公司既无直接证据证实汽车销售公司采取了暴力手段或以限制其公司相关人员人身自由等方式为要挟而迫使工程咨询公司提取车辆及缴纳相关费用，又无实质证据证明汽车销售公司存有故意提供虚假情况而强制其缔约的事实客观存在，工程咨询公司的上诉请求均不能成立，不予支持。原审认定事实清楚，适用法律正确，二审法院予以维持。

湖北省武汉市中级人民法院依照《中华人民共和国民事诉讼法》第一百七十条第一款第一项之规定，作出如下判决：

驳回上诉，维持原判。

【法官后语】

第一，合同约定应当清晰明了。本案发案原因主要是买卖双方没有在书面合同中明确约定并记载交易车辆翔实的具体情况，尤其在买方有特殊要求的情形下，则更加需要将个性化要求明确、清晰地载入书面合同中，如签订合同时已确定交易某具体车辆，则应在合同中载明该车辆的发动机号等可识别身份的信息，或如工程咨询公司“不要展厅车”的这类个性化要求，也需要明确载入合同，如此才不至于在合同履行过程中产生纠纷。

第二，消费者身份的认定在我国有重要意义。我国法律对消费者群体设置有较一般购买者更加严格的保护措施，相应地，法律对消费者的定义也有明确的规定，需要严格遵守，不能轻易将该范围进行扩大解释。根据《中华人民共和国消费者权益保护法》第二条之规定，我国法律界定的消费者，是指为达到个人生活消费使用目的而购置各种产品与服务的个人，或最终产品的个人使用者，即由国家专门法律所确认的消费者仅属具有自然人属性的个人，法人或非法人组织不具备自然人属性，则不受消费者权益保护法之特别法相关规定的调整。现实生活中，为达到某些特殊目的，常出现个人出资购买资产，却将该资产注册登记在公司名下的操作方式，其中尤以所谓“家族企业”更甚，常会出现个人资产与公司资产发生混同的情形。此时，当因这些资产发生纠纷时，明确其购买主体的身份是个人还是法人（或非法人组织）具有重要意义，主要在于：以个人身份作为消费者购买的产品受到包含惩罚性赔偿机制的《中华人民共和国消费者权益保护法》的保护，而以法人（或非法人组织）身份购买产品则只受到合同相关法律规定的调整。

第三，本案中侵犯知情权与欺诈的认定问题。司法实践中，一方当事人故意告知对方虚假情况，或者故意隐瞒真实情况，诱使对方当事人作出错误意思表示的，可以认定为欺诈行为。本案中，汽车销售公司是否对工程咨询公司进行欺诈是双方争议焦点之一，法院认定汽车销售公司侵犯了工程咨询公司的知情权，并未构成欺诈，原因在于汽车销售公司已将售前 PDI 检测信息如实记录并上传至购买者可通过相关途径查询的网络，不能认为其有隐瞒相关信息的主观故意，虽然汽车销售公司未主动向工程咨询公司告知该情况，但是该情况的存在并不影响工程咨询公司缔约的根本目的，也未给工程咨询公司造成较大不利影响。故法院综合认定汽车销售公司一定程度上侵犯了工程咨询公司的知情权，但尚不构成欺诈。

第四，本案举证责任的分配问题。本案中，工程咨询公司提出了多项诉讼请求，主张案涉车辆是个人消费者购买、汽车销售公司在履行合同过程中存在欺诈、强迫交易行为等，依法应当承担相关的举证责任。其中，工程咨询公司以看不懂车辆 PDI 检测记录，其属于车辆维修记录为由，要求汽车销售公司承担车辆存在更换零部件信息的举证责任，该行为实质是表明该份记录内容失真而否认车辆 PDI 检测记录的完整性，工程咨询公司理应就其反驳的事实负有举证责任，并不能以试图转嫁该责任风险的方式来规避其举证不能的法律后果。总体来说，审判过程中无论当事人以怎样的理由和表面行为来规避举证责任，法院都要从核心问题由谁主张或进行反驳的实质性角度，来进行举证责任分配。

第五，新旧法的衔接问题。本案判决生效时间在 2020 年，适用当时的法律规定：1. 关于欺诈行为的认定标准，依据是《最高人民法院关于贯彻执行〈中华人民共和国民法通则〉若干问题的意见（试行）》第六十八条的规定；2. 最终裁判适用的法律依据系《中华人民共和国合同法》第六条关于诚实信用原则的规定。而在 2021 年 1 月 1 日起《中华人民共和国民法典》施行后，前述法律法规及司法解释失效，民法典中对受欺诈而实施的民事法律行为的效力，在第一百四十八条和第一百四十九条中进行了规定；而关于欺诈的认定标准，则在2022年3月1日起施行的《最高人民法院关于适用〈中华人民共和国民法典〉总则编若干问题的解释》第二十一条中进行了规定；关于诚实信用原则，民法典在第七条中进行了规定。总体而言，民法典及其司法解释关于欺诈的认定标准及法律后果的规定，与之前《合同法》及《最高人民法院关于贯彻执行〈中华人民共和国民法通则〉若干问题的意见（试行）》中的相关规定一脉相承，且相关阐述更符合当下的时代背景。新法施行后，对与本案类似的案件进行审判，适用的法律条款有所变化，但所遵循的保护民事主体的合法权益等立法精神及价值取向依然不变。

编写人：湖北省武汉市汉阳区人民法院　卢少达

050 基于通谋虚伪意思表示签订的合同不发生法律效力

——甲洗涤公司诉甲洗涤设备公司买卖合同案

【案件基本信息】

1. 裁判书字号

北京市第三中级人民法院（2020）京03民终11924号民事判决书

2. 案由：买卖合同纠纷

3. 当事人

原告（上诉人）：甲洗涤公司

被告（被上诉人）：甲洗涤设备公司

第三人：乙洗涤公司

【基本案情】

2015年6月29日，甲洗涤设备公司与乙洗涤公司就买卖干洗机设备事宜进行邮件沟通，对合同条款进行了磋商，邮件所涉合同的买方为乙洗涤公司、卖方为甲洗涤设备公司，合同金额为348万元，合同标的为干洗机设备12台，乙洗涤公司在邮件中表示如甲洗涤设备公司无异议就按邮件所涉合同来签订，但双方最终未签订书面买卖合同。6月30日，乙洗涤公司向甲洗涤设备公司转账20万元。8月24日，甲洗涤公司向甲洗涤设备公司转账174万元，甲洗涤设备公司向乙洗涤公司转账20万元；9月24日，案外人丙洗涤公司向甲洗涤设备公司转账174万元。2015年8月，甲洗涤设备公司向甲洗涤公司邮寄一份加盖己方公章且经委托代理人签字的《设备购销合同》，合同主要条款同甲洗涤设备公司与乙洗涤公司邮件磋商所涉合同的条款基本一致。9月，甲洗涤设备公司向案外人丙洗涤公司发了7台干洗机设备，向乙洗涤公司发了4台干洗机设备。甲洗涤公司主张甲洗涤设备公司未依约向其交付干洗机设备，构成违约，故起诉要求解除合同，请求法院判令甲洗涤设备公司返还货款174万元并支付17.4万元的违约金。甲洗涤设备公司表示其向甲洗涤公司邮寄合同是为了使甲洗涤公司支付款项行为合规，甲洗涤公司向其支付174万元实际是代替乙洗涤公司（乙洗涤公司当时系甲洗涤公司及案外人丙洗涤公司的控股股东）支付款项，其与甲洗涤公司并不存在真实买卖合同关系，乙洗涤公司才是干洗机买卖合同的相对人，且甲洗涤设备公司已经依据乙洗涤公司指示将干洗机设备发送至指定地点。

【案件焦点】

1. 甲洗涤公司与甲洗涤设备公司有无建立买卖合同关系的真实意思表示；2. 案涉《设备购销合同》对双方当事人是否发生法律效力。

【法院裁判要旨】

北京市顺义区人民法院经审理认为：民事法律行为生效的前提之一是行为人具有真实的意思表示，在双方法律行为中，需行为人、相对人达成真实且一致的意思表示，行为人与相对人通谋而以虚假意思表示实施的民事法律行为无效，以虚假的意思表示隐藏的民事法律行为的效力，依有关规定处理。行为人与相对人实施的通谋虚伪行为往往包括表面的伪装行为（共同作出的与真实意思不一的行为）及内部的隐藏行为（被掩盖于表面行为之下，代表行为人与相对人的真实意思的行为）。在通谋虚伪行为中，行为人对表意行为与内心真实意思不一致是明知的，且行为人与相对人具有共同作出虚假意思表示的通谋，在此情况下，行为人与相对人实施的伪装行为无效，其内部隐藏行为的效力需要结合隐藏行为的性质本身及相关的法律规定来认定。甲洗涤公司虽提交了加盖甲洗涤设备公司公司印章的《设备购销合同》及付款凭证，但根据双方当事人提交的证据、当庭陈述，无法认定甲洗涤设备公司具有签订案涉《设备购销合同》的真实意思，且甲洗涤公司在合同签订、货款支付、权利行使等方面存在诸多与常理不符之处，如案涉《设备购销合同》上加盖的公章系甲洗涤公司 2017 年 7 月 7 日更名后的公章、甲洗涤公司在未收到甲洗涤设备公司调试检验通知的情况下径行向甲洗涤设备公司支付了全部货款、甲洗涤公司在甲洗涤设备公司违约交付设备长达 3 年多的时间中未向甲洗涤设备公司主张过交货或者其他违约责任等，综合上述情况，法院认为双方当事人对于签署合同但不建立真实买卖合同关系、甲洗涤公司支付款项但不是履行涉诉设备购销合同项下付款义务均是明知的，双方构成通谋虚伪意思表示，甲洗涤设备公司在合同上盖章并向甲洗涤公司邮寄合同的行为系伪装行为，掩盖于该伪装行为之下反映双方真意的行为是甲洗涤公司代乙洗涤公司向甲洗涤设备公司付款。双方以虚假的意思表示实施的民事法律行为无效，甲洗涤公司的诉讼请求没有法律依据。

北京市顺义区人民法院依照《中华人民共和国民法总则》第一百四十六条，《最高人民法院关于适用〈中华人民共和国民事诉讼法〉的解释》第九十条、第一百零八条、第二百四十条之规定，作出如下判决：

驳回甲洗涤公司的全部诉讼请求。

甲洗涤公司不服一审判决，提起上诉。

北京市第三中级人民法院经审理同意一审法院裁判意见，认为一审法院判决认定事实清楚，适用法律正确，应予维持。依照《中华人民共和国民事诉讼法》第一百七十条第一款第一项之规定，作出如下判决：

驳回上诉，维持原判。

【法官后语】

通谋虚伪意思表示，是指各方合意作出的与其内心真实意思不一致的对外表示。各方基于该虚伪意思共同实施的法律行为即通谋虚伪行为，通谋虚伪行为往往包括伪装行为（表面行为）和隐藏行为（与内心真实意思一致的行为），具有以下特点：（1）通谋虚伪行为必有目的，但不一定是非法目的，应与《中华人民共和国合同法》第五十二条第三项“以合法形式掩盖非法目的”之行为相区分；（2）通谋虚伪行为必存在伪装行为，与“恶意串通，损害国家、集体或者第三人利益”并不完全重合，后者可能存在意思表示均为真实之情形；（3）通谋合意不一定通过书面形式体现，该情况下需要法院对当事人实施的行为进行分析解释从而得出结论。

《中华人民共和国民法典》沿袭《中华人民共和国民法总则》的内容，重构了原《中华人民共和国合同法》实施以来确立的以第五十二条为核心的合同无效制度，将“以合法形式掩盖非法目的”合同无效之情形予以删除，并融合至《中华人民共和国民法典》第一百四十六条和第一百五十四条的规定，确立了以虚假意思表示实施的民事法律行为无效以及恶意串通损害他人合法权益的民事法律行为无效的相关制度。

司法实践中，与通谋虚伪意思表示相关的案件数量呈增加趋势，法院认定的理由主要是当事人自认存在通谋虚伪意思表示，如保理纠纷中债权人和债务人为了自身诉讼利益自认签署的合同为虚假。但法院主动依据《中华人民共和国民法典》第一百四十六条来确认民事法律行为效力的案件数量并不多，主要原因在于：（1）当事人一方否认存在虚伪意思表示的情况下，对于其内心真实意思的探究难度较大；（2）无隐藏行为或隐藏行为不明显的情况下，对行为人与相对人具有通谋合意的审查难度较高。

具体到本案，甲洗涤公司提交了有甲洗涤设备公司员工签名及甲洗涤设备公司盖章的《设备购销合同》原件、与合同金额一致的付款凭证，且甲洗涤公司在案件审理过程中主张其具有购买洗涤设备的真实意思，否认存在与甲洗涤设备公司签署虚假合同的情形。根据双方提交的证据，无法直接得出双方存在合意签署虚假合同的结论。但法院考虑到隐藏行为的隐蔽性以及商事交易主体自利性（出于利己考虑而否认对己不利事实）的特点，从合同签订主体、合同内容的具体约定、合同实际履行、交易惯例等细节问题出发，对于当事人不具有建立真实买卖合同关系的一系列行为作出分析，并最终对双方签署《设备购销合同》及付款行为的真实意图作出认定。

《中华人民共和国民法典》第一百四十六条对于民商事交易实践中经常出现的通谋虚伪行为效力的认定具有重要意义，解决了各类“名实不符”合同效力的问题。在该条法律规定仅为一般性、框架性规定，而法律法规或司法解释对于通谋虚伪行为构成要件尚未有更详细具体规定的情况下，本案是对该条法律规定具体适用情形的细化。

编写人：北京市顺义区人民法院　幸江　余冬梅

051　“显失公平”的认定标准

——Z 公司诉 H 公司买卖合同案

【案件基本信息】

1. 裁判书字号

北京市第一中级人民法院（2019）京 01 民终 4660 号民事判决书

2. 案由：买卖合同纠纷

3. 当事人

原告（上诉人）：Z 公司

被告（被上诉人）：H 公司

【基本案情】

2015年8月28日，Z公司（乙方）与H公司（甲方）签订原合同及《补充协议（一）》。约定甲方向乙方采购500套蓝印工程图纸打印系统V2.0软件，货款总计1000万元。本合同自签订之日起5个工作日内，甲方向乙方支付定金900万元。乙方按照本合同完成交货、培训等服务，且甲方验收无误后，甲方将不晚于自本合同签订之日起一年内支付剩余尾款100万元。乙方每月向甲方提供50套合同规定的产品，总数量共计450套，剩余50套在甲方支付尾款后一次性提供。

2015年9月2日，H公司向Z公司汇款900万元。此后，Z公司按月向H公司提供了450套软件。H公司未按期支付合同尾款。

2017年7月3日，H公司的经理赵甲通过电子邮件向Z公司的总经理赵乙发送补充协议文本。赵乙修改后又发送给赵甲。赵甲表示对修改后的协议不认同。同年7月29日，赵甲向赵乙发送补充协议文本，并在邮件中写道："打印软件的补充协议，已按照约定进行了完善，您看看可以吗？如果没有问题，您就盖章给我快递，我们收到后盖章给您，并准备付款。"H公司先在《补充协议（二）》中加盖合同专用章。

同年8月2日，Z公司在《补充协议（二）》中加盖合同专用章。《补充协议（二）》写明，乙方应根据甲方的需要按期、保质地完成已交付的500套软件的升级。双方签署合同后，甲方收到乙方开具的增值税发票后10个工作日内，应向乙方支付50万元。甲方验收合格后10个工作日内，应向乙方支付50万元。违约条款为：如果乙方未能完成500套软件的升级，应按照原合同金额的70%赔偿甲方的损失。同年8月4日，H公司向Z公司汇款50万元。

【案件焦点】

《补充协议（二）》是否因显失公平可撤销。

【法院裁判要旨】

北京市海淀区人民法院经审理认为：Z公司在本案中提出的诉讼请求是要求撤销其与H公司在履行买卖合同过程中签署的《补充协议（二）》，故法院对原合同和《补充协议（二）》的履行情况不做全面审查。Z公司与H公司签订的《补充协议（二）》，未违反国家法律、行政法规的强制性规定，应属有效。依法成立的合同，受法律保护。《中华人民共和国合同法》第五十四条第一款规定："下列合同，当事人一方有权请求人民法院或者仲裁机构变更或者撤销：（一）因重大误解订立的；（二）在订立合同时显失公平的。"Z公司据此提出了《补充协议（二）》显失公平的主张，并要求法院对《补充协议（二）》予以撤销。签订《补充协议（二）》的目的是提升H公司数码蓝图打印机在市场的竞争力，同时解决H公司的尾款支付问题。《补充协议（二）》在签订之前，Z公司和H公司的相关人员已进行过磋商和文本的修改，Z公司作为从事打印软件销售的商事主体，对合同签署后自身利益及应承担的风险具有判断能力和注意义务，故Z公司对于合同的签订，并非属于迫不得已。《补充协议（二）》第六条设定了双方的违约责任，该条款中为Z公司设定的违约责任较高，但《中华人民共和国合同法》第一百一十四条已为当事人提供了对于高额违约金的救济途径，故法院对Z

公司提出撤销合同的诉讼请求，不予支持。

综上，北京市海淀区人民法院依照《中华人民共和国合同法》第八条之规定，作出如下判决：

驳回原告Z公司的诉讼请求。

Z公司不服原审判决，提起上诉。

北京市第一中级人民法院经审理认为：H公司与Z公司之间签订的原合同、《补充协议（一）》及《补充协议（二）》系双方当事人真实意思表示，其内容未违反国家法律、行政法规的强制性规定，应属合法有效。本案争议焦点为《补充协议（二）》是否显失公平。《中华人民共和国民法总则》第一百五十一条规定："一方利用对方处于危困状态、缺乏判断能力等情形，致使民事法律行为成立时显失公平的，受损害方有权请求人民法院或者仲裁机构予以撤销。"依据上述规定，并结合相关民法原理，构成显失公平的民事法律行为须同时具备以下要件：一是一方有利用对方处于危困状态或缺乏判断能力等情形；二是一方有牟取不当利益的故意；三是一方利用对方处于危困状态或缺乏判断能力等情形与民事法律行为的作出具有因果关系；四是民事法律行为成立时显失公平。本案中，首先，原合同明确约定了剩余100万元尾款的支付条件，在该条件成就后，Z公司有权依约要求H公司支付剩余的100万元尾款，在条件成就后支付100万元尾款系H公司义务，而非Z公司所称的H公司所具有的优势，故Z公司并非处于危困状态。其次，《补充协议（二）》设定了双方权利义务，Z公司虽认为《补充协议（二）》为其约定了较高的违约责任，但《中华人民共和国合同法》第一百一十四条第二款规定了高额违约金的救济途径，不能仅因合同约定的违约金过高便认定双方权利义务不对等。基于以上论述，Z公司主张《补充协议（二）》显失公平，并请求撤销缺乏依据，法院不予支持。综上所述，Z公司的上诉请求与理由无法律及事实依据，不予支持。原审判决认定事实清楚，适用法律正确，应予维持。综上，北京市第一中级人民法院依据《中华人民共和国民事诉讼法》第一百七十条第一款第一项之规定，作出如下判决：

驳回上诉，维持原判。

【法官后语】

《中华人民共和国民法典》第一百五十一条规定，一方利用对方处于危困状态、缺乏判断能力等情形，致使民事法律行为成立时显失公平的，受损害方有权请求人民法院或者仲裁机构予以撤销。显失公平，是指一方当事人利用自己的优势或者利用对方没有经验，致使双方的权利与义务明显违反公平、等价有偿原则。在司法实践中，判断显失公平的关键在于推知当事人签订合同时的意思表示，订立合同时，双方地位是平等的，均处于自由表达，不存在显失公平的问题。与之相反，合同签订时一方是在不利的条件下作出的意思表示，合同当事人利益的不平衡则构成显失公平的客观表象，无法实现实质正义。法官在案件审理过程中，可以综合如下条件判断：

一、显失公平的主观要件

法官在判断“显失公平”的主观要件时，可以从利益受损方和加害方两个角度分别判断。首先，对于利益受损方，其在签订合同时应处于不利的状态，这种不利状态包括但不限于危困状态、缺乏判断能力等情形。危困状态是指受损方出于困难处境或急迫心理，缺乏判断能力是指受损方缺乏作为一个理性人本应具备的认识、判断和选择的能力。其次，利益加害方对受损方的不利状态是明知的，并出于故意，具有谋取不正当利益的目的。但并非只要加害方处于“相对优势”的地位即造成显失公平，其主观判断的关键在于具有优势地位的一方是否利用了该优势地位，迫使受损方在失去理性的、意思自由的情况下作出错误的、违背意志的表示。

二、显失公平的客观要件

该要件条件可以从“显失公平”的范围与程度两个维度进行考量，在显失公平的情况下，意思自治遭到破坏，势必无法产生结果公平的客观。因此显失公平的范围，可以考虑对价是否合理，一方面要判断合同对价是否与市场价格大体相当，另一方面要考察当事人是否愿意接受该对价。合同当事人利益的重大不平衡构成了显失公平的程度。

三、显失公平的除外情形

首先，正常的商业风险所涉及的商业判断失误或市场价格波动并非“显失公平”，外观上确有利益的不平衡，但双方签订合同时，意思表示是自由的，一方不存在明显的优劣势地位。其次，为生产、经营需要所签订的法律允许范围的高利借款合同、为还贷签订的低价出售合同应除外，此类判例虽然受损方遭受了较重的合同对价，但不存在一方利用明显优势地位的恶意，无法构成显失公平。最后，“人身自由受限”状况下签订的合同不一定属于显失公平的合同，如受羁押的合同当事人依然可以自由地表达意志，或者合同仅存在轻微的不公平，该合同亦不属于显失公平。

综上所述，对显失公平的判断要以主观要件为主，客观要件为辅，以意思自治为判断核心。在判断标准上可以综合考虑价格、租金、利率、违约金等多种要素，但更应关注双方当事人的权利义务是否失衡，从而在意思自治与公平价值之间做好取舍。

编写人：北京市海淀区人民法院　张建文　刘金霞

052　欺诈、诱导未成年人大额消费的交易行为效力认定

——服装店诉司某情等买卖合同案

【案件基本信息】

1. 裁判书字号

河南省洛阳市中级人民法院（2019）豫03民终2118号民事判决书

2. 案由：买卖合同纠纷

3. 当事人

原告（反诉被告、被上诉人）：服装店

被告（反诉原告、上诉人）：司某情、司某勋、李某丽

【基本案情】

自2016年11月至2018年2月，司某情（出生于2005年）长期在某服装店购买服装，2018年3月，该服装店老板赵某珠认为司某情信誉良好，同意司某情进行赊欠，此后司某情常一次性购买多件服装，仅2018年4月28日就购买了19件。经司某情的同学、班主任、校长证实，很多时候并不是司某情主动购买，而是该服装店老板赵某珠强行往司某情身上比对、强行打包给她。截至2018年5月，司某情赊购服装款上万元，司某情产生巨大心理压力，于2018年5月26日手写遗书，表示不想拖累父母。2018

年6月11日，在赵某珠的催促下，司某情向赵某珠出具欠款59550元的欠条，其中价值18146元的衣服并未取走。2018年7月12日，司某情被某医院诊断为“创伤后应激障碍”。由于司某情未清偿欠条上的款项，其父母司某勋、李某丽不愿意承担该项债务，服装店老板赵某珠起诉便请求司某情、司某勋、李某丽归还剩余服装款41404元。

【案件焦点】

1. 服装店老板赵某珠向年仅13岁的司某情强行推销服装，允许其赊购款项上万元，且并未将此事告知在相距20米处开店的司某情父母，是否属于欺诈未成年人大额消费；2. 司某情购买服装的消费行为是否有效；3. 司某情是否应向服装店老板偿还剩余41404元服装款项。

【法院裁判要旨】

河南省洛阳市孟津县人民法院经审理认为：（1）原告提供的进货单据，被告提出了诸多疑点，认为并不能证明原告进货的真实情况，原告对此所作的解释并不能说明这些进货单据与司某情购买衣物具有关联性，故对原告主张的证明目的不予认可。（2）对司某情于2018年6月11日给原告出具的欠条，被告方对其真实性无异议，对证明方向有异议。按照相关法律规定，限制民事行为能力人订立的合同需经法定代理人追认后才具有法律效力；司某情打欠条的行为是对自己陆续“购买”原告衣服总金额的确认，司某情与原告之间存在事实上的买卖合同关系；因司某情系限制民事行为能力人，该买卖（合同）没有得到其父母的追认，原告也并未在法定期限内催告李某丽、司某勋追认，审理情况也反映出司某情父母得知后拒绝追认并报警，故涉诉的买卖（合同）是无效的。（3）原告认为司某情从2017年10月到2018年5月从原告处取衣物的总价值为59550元，被告对此不予认可。司某情虽为限制民事行为能力人，但其年龄、智力状况，对每次购买衣服的数量及价格情况是有基本认知能力的；原告称“每次赊账都是赵某珠当着司某情的面记账并记上日期、没有让司某情签名”“司某情所打的59550元欠条中包括尚未取的18146元的衣服”，此情况不符合日常生活中的一般经验法则，故不能确定原告主张的欠款数额是客观真实的。（4）原告提供的聊天记录截图被告无异议，可以证明司某情从原告处取走衣物的事实，只是取走衣物的数量、金额争议较大；该截图反映出到司某情父母发现其赊购衣物情况时，从宿舍及老家收集到的衣物尚有60件左右。（5）被告方以庭审中提供的一系列证据来说明“原告强行把衣物打包给并赊给司某情”，被告否认存在此种情况。双方虽各执己见，但能够反映出司某情长期持续从原告处赊欠衣物的事实。被告在庭审后提供的证据也能够说明司某情长期持续从原告处大量赊欠衣物的事实，但被告方认为赊欠衣物的数量金额频率不符合常理、存在强买强卖、胁迫等情形。（6）合同无效的法律后果：双方因合同而取得的财产，应互相全部返还，有过错方应赔偿对方，双方均有过错的各自承担相应的责任。本案中，原告对司某情是未成年人的情况是知晓的，司某情长期持续赊欠大量衣物，原告从未告知被告李某丽、司某勋，其放任司某情的不正常行为，致使赊欠数量金额大量累积，导致纠纷的发生，有一定的过错；李某丽、司某勋作为司某情的父母，对女儿长期持续赊欠大量衣物的行为，一直没有发现，未尽到监护人的职责，导致原告的损失难以挽回，对造成本案纠纷具有较大过错。原、被告双方对各自的过错应当承担相应的责任。司某情所赊欠的衣物量远远超过被告方现存的衣物，且现存衣物的状况已不适合再正常买卖，故不宜退给原告。综合司某情长期持续赊欠原告大量衣物的实际情况，以其赔偿原告 2.8 万元损失认定较妥，该赔偿责任由被告李某丽、司某勋承担，原告的其余损失自负。综上，原告诉讼请求中的合理部分应予支持，其余部分不予支持；被告反诉请求中的合理部分也予支持，其余部分不能支持。河南省洛阳市孟津县人民法院依照《中华人民共和国合同法》第四十七条、第五十八条，《中华人民共和国民事诉讼法》第六十四条之规定，作出如下判决：

一、李某丽、司某勋赔偿服装店 2.8 万元，限判决生效后十日内履行完毕；

二、驳回服装店的其他诉讼请求；

三、司某情与服装店的服装买卖（合同）无效；

四、驳回司某情、李某丽、司某勋的其他反诉请求。如果未按判决指定的期间履行给付金钱义务，应当依照《中华人民共和国民事诉讼法》第二百五十三条的规定，加倍支付迟延履行期间的债务利息。

被告不服一审判决，提起上诉。

河南省洛阳市中级人民法院经审理认为：本案系服装店持司某情出具的欠条，诉求司某情、李某丽、司某勋归还服装款 41404 元引发的纠纷。服装店主张司某情赊购衣物总价值 59550 元，其中 18146 元的衣服未取走，并提交进货单据予以证明，经法院核实，赵某珠提交的进货单系其从进货商处取得空白销售单后，自行填写，且填写的衣物价格远高出实际进货价格，法院对其提交的进货单据的证明力不予认定，服装店依据提交的进货单不能证明司某情所取衣物总价值为 59550 元。服装店让司某情书写 59550 元的欠条时，司某情系13岁的未成年人，依据我国法律规定，限制民事行为能力人实施的与其年龄、智力、精神健康状况相适应的民事法律行为有效。服装店在与司某情的服装买卖关系中，让未成年人司某情赊购大量衣物，按照服装店单方记录单日购买衣物数量几十件，金额达数千元，已严重脱离中学生购买衣物的实际需求及使用价值，且对同处一条街经营商铺的司某情父母不予告知，属恶意诱导、欺诈未成年人消费。因欠条金额已达59550元，其中给司某情的定价高于进价数倍，涉嫌商业欺诈行为，且出具欠条没有取得司某情父母李某丽、司某勋的同意及追认，故司某情出具欠条的民事行为应依法认定为无效。青少年是国家的未来和希望，全社会应当树立尊重、保护、教育未成年人的良好风尚，不得侵害未成年人的身心健康，应保障未成年人的合法权益不受侵害。综上，服装店未能提交有效证据证明交给司某情的衣物数量、价格及未清偿服装款损失，法院对其要求司某勋、李某丽、司某情归还41404元服装款的诉讼请求予以驳回。鉴于双方共同认可尚存60余件衣物未穿用，故应由司某情方予以返还。一审认定事实有误，处理欠妥，应予纠正。

河南省洛阳市中级人民法院依照《中华人民共和国民法总则》第十九条、第一百四十五条，《中华人民共和国民事诉讼法》第六十四条之规定，作出如下判决：

一、撤销河南省孟津县人民法院（2018）豫0322民初1572号民事判决书；

二、驳回原告赵某珠的诉讼请求；

三、司某情、司某勋、李某丽于本判决生效之日起十日内归还其现存从服装店处所购衣物60件；

四、驳回司某情、李某丽、司某勋的其他反诉请求。

【法官后语】

《中华人民共和国消费者权益保护法》第四条规定：“经营者与消费者进行交易，应当遵循自愿、平等、公平、诚实信用的原则。”赵某珠从进货商处取得空白销售单后，自行填写价格，填写价格远高出实际进货价格，如二审期间法院到郑州商贸城相关服装经营店铺进行调查询问，据相关店铺原始进货价目表显示韩衣舍每件单价50元，万韵衣秀每件单价45元，依之源每件单价40元，伊相伴每件单价35元。但服装店提供的进货单载明上述衣物单价分别为220元、230元、235元、240元，该价格远高出原始进价，相差3倍以上，且店主称服装店提交的进货单并非该店出。因此服装店伪造进货单据，涉嫌欺诈。此外，司某情自2018年3月开始在服装店赊购衣物，每次金额都较大，服装店与司某情父母所开的孕婴商店距离仅20米，赵某珠完全有条件将此事告知司某情的父母，但她并未告知，反而多次强行将衣服在司某情身上对比、打包给她，属恶意诱导、欺诈未成年人消费。

关于未成年人订立合同的效力认定问题，在《中华人民共和国民法典》生效之前，主要见于《中华人民共和国民法总则》第十九条、《中华人民共和国合同法》第四十七条之规定，前者规定了八岁以上的未成年人为限制民事行为能力人，除纯获利益的民事法律行为或者与其年龄、智力相适应的民事法律行为外，其所实施的其他民事法律行为要经法定代理人同意、追认后生效；后者进一步明确了追认的时间和方式。2021年1月1日，《中华人民共和国民法典》开始施行后，《中华人民共和国民法总则》和《中华人民共和国合同法》即废止。《中华人民共和国民法典》通过以下两个法条对未成年人订立的合同效力进行明确：第十九条规定：“八周岁以上的未成年人为限制民事行为能力人，实施民事法律行为由其法定代理人代理或者经其法定代理人同意、追认；但是，可以独立实施纯获利益的民事法律行为或者与其年龄、智力相适应的民事法律行为。”第一百四十五条第二款规定：“相对人可以催告法定代理人自收到通知之日起三十日内予以追认。法定代理人未作表示的，视为拒绝追认。民事法律行为被追认前，善意相对人有撤销的权利。撤销应当以通知的方式作出。”本案中，司某情赊购衣物、书写欠条时仅 13 岁，金额高达 59550 元，已然明显超出中学生的实际需求及使用价值，其父母在得知后拒绝追认并报警，因此涉诉的买卖合同无效。

随着消费水平的提高，孩子们的零用钱也越来越多，但他们在生理上和心理上还不成熟，尚未形成正确的消费观念，面对大额消费缺乏选择力和判断力，很容易掉入商家的“陷阱”成为被侵害的对象。保护未成年人健康成长是全社会的共同责任，司法保护更是关键力量。在本案中，司某情受服装店老板赵某珠诱导、欺骗进行大额消费，承受了巨大的心理压力，甚至产生轻生的念头，说明服装店老板赵某珠的行为已经对未成年人的健康成长造成不利影响。本案二审判决认定服装店与司某情之间的交易行为及所出具的欠条无效，既保护了未成年人的合法权益，也有利于在全社会弘扬尊重、保护、教育未成年人的良好风尚，同时，也有利于引导各类民商事主体坚持诚信经营，在营利活动中遵守公序良俗，合力营造平等自愿、诚实守信的市场交易环境。

编写人：河南省洛阳市中级人民法院　邢蕾　赵金金

053 以向卖方出具欠条方式促成交易买卖合同当事人的认定

——F公司诉王某买卖合同案

【案件基本信息】

1. 裁判书字号

山东省威海市中级人民法院（2019）鲁10民终1620号民事判决书

2. 案由：买卖合同纠纷

3. 当事人

原告（被上诉人）：F公司

被告（上诉人）：王某

【基本案情】

林某君作为T公司附属办公楼项目的施工方欲从F公司采购钢材，但因其无法满足F公司即时付款要求，双方未能达成买卖协议。2013年10月19日，王某作为时任工业园项目推进工作组组长，为了使辖区内上述施工项目能够顺利推进，迎接项目观摩活动，遂带领建设单位及施工方人员到F公司处协调购买钢材。当日，王某向F公司出具欠条一份，内容为"今欠钢材款20万元。（以发货单实数为准）（由T公司高压变频施工方林某君代收）"。后F公司累计发货价值190050.36元的钢材，由林某君签字收货。林某君于2017年7月因病死亡，案涉钢材款一直未能支付给F公司，F公司遂持欠条及发货清单于2018年11月21日将王某诉至法院，请求法院判令王某支付钢材款190050.36元及相应利息。

【案件焦点】

1. 向卖方出具欠条的是否是买卖合同的一方当事人；2. 如何确定未载明付款时间的欠条的诉讼时效期间。

【法院裁判要旨】

山东省威海市文登区人民法院经审理认为：王某辩称其出具的欠条系受林某君的委托对林某君与F公司之间买卖行为的见证，但欠条所载内容与王某所述见证的形式不符，也体现不出见证的内容。另外，林某君实际接收钢材行为与欠条中载明由林某君代收货物内容相一致，在没有证据显示F公司与林某君建立了直接的买卖合同关系的情况下，应认定F公司与王某之间的买卖合同关系成立，王某应当承担付款义务。至于王某提出系受林某君委托而签字，根据《中华人民共和国合同法》第四百零三条第二款的规定，F公司作为第三人，也可以选择王某作为相对人主张权利。鉴于本案实际情况，王某承担责任后，可向林某君追偿。

王某向F公司出具欠条系在交易事实发生之前，欠条中未约定付款时间，不能依据《中华人民共和国合同法》第一百六十一条的规定，买受人应当以付款的时间作为诉讼时效期间开始的时间，在付款时间未明确约定情况下，根据合同法第六十二条的规定，F公司作为债权人可以随时要求债务人履行付款义务。F公司的起诉并未超过诉讼时效期间。

山东省威海市文登区人民法院依照《中华人民共和国民法通则》第一百三十七条、第一百四十条，《中华人民共和国合同法》第六十二条、第一百零九条、第一百三十条、第一百五十九条、第一百六十一条、第四百零三条，《最高人民法院关于审理买卖合同纠纷案件适用法律问题的解释》第一条之规定，作出如下判决：

王某于判决生效之日起十日内向 F 公司支付钢材款 190050.36 元，并以 190050.36 元为基数，自 2018 年 11 月 21 日起至王某实际履行付款义务之日止，按中国人民银行同期贷款利率支付利息。

王某不服一审判决，提起上诉。

山东省威海市中级人民法院经审理认为：从欠条内容看，欠条并不能体现由王某见证并促成 F 公司与林某君成立买卖合同关系的事实，且 F 公司对此亦不认可，王某也未提交相关证据予以证实。从当事人的意思表示看，F 公司虽知道王某的身份以及钢材的实际使用人为林某君，但 F 公司不允许赊账，故未与林某君达成买卖协议，王某作为政府工作人员，为推进项目，前往协调并出具欠条，F 公司才同意赊购钢材，而王某在上诉状中亦陈述，因林某君没有立即付款的能力，王某才以政府工作人员的身份出具欠条并指定林某君为代收人，王某亦认可 F 公司要求必须由王某签字才赊购钢材的事实。故 F 公司出售钢材的意思表示系指向王某而非林某君。从买卖合同的履行情况看，欠条由王某以个人的名义出具，并明确由林某君代收货物，F 公司将货物交付给王某指定的代收人，就已履行了供货义务。因此一审法院认为王某为案涉买卖钢材的一方当事人并无不当。

王某出具欠条时，F 公司尚未供货，王某主张自欠条出具之日 F 公司即应知道其权利受到侵害无事实和法律依据，王某出具的欠条并未约定付款期限，F 公司可以随时主张权利。王某主张欠条出具之日，建设方与施工方向 F 公司承诺，将在 15 日内付款，但对此并未提交证据证实，F 公司也不认可存在该约定，王某亦未提供证据证实 F 公司第一次向其主张权利时其明确表示不履行义务，王某主张 F 公司的起诉已过诉讼时效期间无事实和法律依据。

综上，山东省威海市中级人民法院依照《中华人民共和国民事诉讼法》第一百七十条第一款第一项之规定，作出如下判决：

驳回上诉，维持原判。

【法官后语】

在日常生活中，买卖交易主体之间的义务履行并非绝对限制在甲方和乙方两者之间，交易的形式及内容的复杂化可能会使交易中出现多方当事人，如交易的洽谈方、货物的交接方、款项的收付方等，上述各方可能并非同一主体。在一方当事人不能履行相应义务的情况下，如何判断交易的主体、合同关系是否成立及向哪一方主张权利的问题因而凸显。

根据《最高人民法院关于审理买卖合同纠纷案件适用法律问题的解释》第一条第一款“当事人之间没有书面合同，一方以送货单、收货单、结算单、发票等主张存在买卖合同关系的，人民法院应当结合当事人之间的交易方式、交易习惯以及其他相关证据，对买卖合同是否成立作出认定”的规定，买卖合同关系是否成立需要考虑交易方式、习惯等，并应有相关证据予以佐证。在交易方式、习惯不具有参考价值时，还应当考虑当事人之间的真实意思表示，并结合合同履行情况来综合认定。在现实生活中，买方存在指示交付的情况，即买方要求卖方将货物交付给第三方，此时接收货物一方并非买卖合同的相对方。另外，也存在买方基于种种原因并无使用其所交易货物需求的情况，因此，交易的实际使用方或者是否存在购买货物的实际需要并不是认定买卖关系是否成立的必要条件。具体到本案，王某作为政府工作人员，为施工方能够按时完成施工进度而向F公司出具购买钢材的欠条，其本人的身份及工作内容上并没有购买钢材的需求，王某也没有实际使用F公司交付的钢材，但王某出具欠条的行为是为了使交易能够完成。从出售方F公司交易时的意思表示来看，其认定的交易对象是王某并非其他人，也正是基于王某的身份，F公司才同意以赊欠的方式进行交易。此时，双方就达成交易的意思表示是一致的，买卖合同的主体也就是F公司与王某，而并非F公司与钢材的指定收货方或实际使用方。基于此考虑，F公司要求王某履行付款义务的主张，应当予以支持。

以赊购货物方式进行交易，在购买方未付款的情况下，也存在以起诉超过了诉讼时效期间为由进行抗辩，以求达到免除付款义务的效果。诉讼时效制度具有督促权利人及时行使权利的目的，诉讼时效因提起诉讼、当事人一方提出要求或者同意履行义务而中断，从中断时，诉讼时效期间重新计算。因此，在买卖合同中买方出具欠条但未约定付款时间的情况下，诉讼时效期间并不当然从欠条出具之日或货物交付之日开始计算，而应从买方明确拒绝付款，卖方债权受到侵害之日起开始计算。在此也提醒交易各方，权利应当及时行使，避免超过诉讼时效，丧失胜诉权利。同时，买卖合同当事人交易时也最好订立书面合同，将交易货物种类、数量、价格、付款时间、收货时间、违约责任等进行明确约定，以减少纷争或发生纠纷时有据可循。另外，债权人应当及时催收债务并保留证据，防止债权因时效问题损害自身权益。《中华人民共和国民法典》中的相关规定与本案适用的法律规定内容一致，根据新法规定，对本案中的情形亦应作出相同处理。

编写人：山东省威海市文登区人民法院　周力

054 超越代理权范围权益不受法律保护

——黎某霞诉李某雄、H公司买卖合同案

【案件基本信息】

1. 裁判书字号

广西壮族自治区贵港市中级人民法院（2019）桂08民终975号民事判决书

2. 案由：买卖合同纠纷

3. 当事人

原告（上诉人）：黎某霞

被告（被上诉人）：H公司

被告：李某雄

【基本案情】

李某雄是H公司在广西的销售推广人员，H公司将盖有公司印章的《食用盐买卖合同》交给李某雄进行业务推广使用，《食盐买卖合同》的内容是："出卖人：H公司，买受人：（空白），合同编号：精盐销售，签订地点：天津市滨海新区，日期：2017年 月 日，经办科室：精制盐销售科，第一条：标的、数量、价款见《配送单》。第二条：质量标准，海水自然晶盐标准：Q/12A22935-2015；海水自然食用盐：QB2446-1999；海水低钠盐：QB2019-2005；粒粒海盐：GB/T5461-2016；粒晶海盐：GB/T5461-2016。第三条：包装标准、包装物的供应与回收：400g/袋，包装物不回收。第四条：交（提）货时间及地点：以买受人电话或传真通知唯一送货地点为准。第五条：此批盐只能零售或自用，不允许二次批发，如有违约自行承担。第六条：违约责任及解决纠纷方式：协商解决，协商不成可提起诉讼。第七条：合同履行地：天津市滨海新区。第八条：从合同生效之日起至2017年12月31日止。第九条：此合同一式两份，双方代表签字盖章后生效，传真件同样具有法律效力。出卖人：H公司，开户银行：某银行汉沽新开北路支行，账号：3020××××××××××5736。”

2017年10月8日，黎某霞与李某雄经协商后决定，由李某雄负责把H公司在桂平市的食盐销售代理权授权给黎某霞，黎某霞需预付24万元货款给李某雄，双方分别在《食盐买卖合同》上签字，合同上的买受人是黎某霞，在合同的第九条后手写以下内容：“第十条：乙方支付的货款转入甲方指定人张某敏或李某会的账户有效。第十一条：甲方在3个月内未能授权乙方作为甲方的桂平市总代理的，退回已收的货款给乙方。”合同签订后，黎某霞于2017年10月28日将20万元汇到张某敏账户，转账4万元到李某会账户。后因黎某霞未能取得H公司在桂平市的销售代理权，李某雄于2018年4月30日出具《承诺书》，内容是：“本人李某雄必须在2018年5月10日前归还清黎某霞（H公司A品牌）盐未发货的货款20万元，货款到账已6个月，逾期不归还清该笔款，按日违约金1%来计算利息，特立此据。”

【案件焦点】

1. 委托代理人与相对人签订合同而对被代理人的格式合同条款进行修改是否对被代理人有约束力；2. 如何区分要约邀请与合同行为。

【法院裁判要旨】

广西壮族自治区桂平市人民法院经审理认为：关于《食盐买卖合同》的性质是要约邀请还是买卖合同，《中华人民共和国合同法》第十二条第一款规定："合同的内容由当事人约定，一般包括以下条款：（一）当事人的名称或者姓名和住所；（二）标的；（三）数量；（四）质量；（五）价款或者报酬；（六）履行期限、地点和方式；（七）违约责任；（八）解决争议的方法。"第十四条规定："要约是希望和他人订立合同的意思表示，该意思表示应当符合以下规定：（一）内容具体明确；（二）表明经受要约人承诺，要约人即受该意思表示约束。"第十五条第一款规定："要约邀请是希望他人向自己发出要约的意思表示。寄送的价目表、拍卖公告、招标公告、招股说明书、商业广告等为要约邀请。"从《食盐买卖合同》看，合同已对买卖标的、时间、质量、履行期限、地点和方式、违约责任以及解决争议的方法等作了具体约定，内容符合合同的构成要件，其性质属于买卖合同而不是要约或要约邀请，至于买卖的数量和价款等合同已明确在《配送单》上，本案中虽然双方未能提供《配送单》，但不影响合同的成立。

关于黎某霞与李某雄之间是买卖关系还是委托关系以及 24 万元款项的性质，《食盐买卖合同》中已约定 3 个月内未取得代理权的，退回货款，而且李某雄出具的《承诺书》中亦承认收取的是货款，因此黎某霞与李某雄之间构成买卖关系，李某雄辩称其是接受黎某霞的请托，收取的是活动经费的意见没有证据证实，法院不予采纳。

关于 H 公司是否承担还款责任，法院认为，依法成立的合同对当事人具有法律约束力，《食盐买卖合同》的格式条款对 H 公司具有约束力。H 公司将盖有公章的格式合同交给李某雄进行业务推广，双方形成被代理和代理关系，李某雄应当按照《食盐买卖合同》的格式合同条款开展业务，但李某雄超越代理权限，与黎某霞约定以预付货款的方式作为取得H公司在桂平市的销售代理权的条件，而且对收取货款的账户进行了更改，这些行为没有得到H公司的追认，对H公司不发生效力，由此产生的争议和后果应由李某雄承担，与H公司无关，因此，黎某霞诉请要求H公司返还货款没有法律依据，法院不予支持。

广西壮族自治区桂平市人民法院依照《中华人民共和国合同法》第八条、第十二条、第四十八条、第六十条、第一百三十条以及《中华人民共和国民事诉讼法》第六十四条之规定，作出如下判决：

一、被告李某雄应当返还货款24万元给原告黎某霞；

二、被告李某雄应当支付利息（以24万元为基数，按年利率24%从2018年5月11日起计算至货款付清之日止）给原告黎某霞；

三、驳回原告黎某霞的其他诉讼请求。

黎某霞不服一审判决，提出上诉。

广西壮族自治区贵港市中级人民法院经审理认为：H公司提供给李某雄的盖有H公司公章的《食盐买卖合同》，是一种事先拟定好的可重复使用的格式合同，合同各条款及落款处的内容都是固定的。《食盐买卖合同》已经载明出卖人的开户银行和账户，从《食盐买卖合同》的版面布局看，并未留有足够的空白处可以在格式合同中增加补充条款，且该格式合同是食盐买卖合同，不应涉及代理权的授予内容。而《食盐买卖合同》中手写的补充条款“第十条”实质上是将甲方的收款账户变更为李某雄的妻子张某敏的账户和李某雄的朋友李某会的账户；手写的补充条款“第十一条”则是将买卖合同的性质变更为代理权授予合同。手写的这两条补充条款约定的收款人账户及合同性质与《食盐买卖合同》明显不同，在没有得到H公司追认的情况下，这两条补充条款对H公司不发生法律效力。因补充条款不符合原格式合同《食盐买卖合同》的约定，系李某雄与黎某霞之间的新约定，收款人账户也是李某雄提供，且李某雄还以个人名义出具了归还货款的《承诺书》，合同当事人实则是李某雄与黎某霞，故24万元的货款应由李某雄返还。黎某霞在签订合同过程中，没有注意核查李某雄的代理权限，签订《食盐买卖合同》也没有尽到审慎审查义务，所产生的不利后果应由黎某霞自行承担。

广西壮族自治区贵港市中级人民法院依照《中华人民共和国民事诉讼法》第一百七十条第一款第一项的规定，作出如下判决：

驳回上诉，维持原判。

【法官后语】

一、如何区分要约邀请与合同行为

《中华人民共和国民法典》第四百七十条基本沿袭了《中华人民共和国合同法》第十二条的规定，仅作个别文字修改，其具体规定："合同的内容由当事人约定，一般包括下列条款：（一）当事人的姓名或者名称和住所；（二）标的；（三）数量；（四）质量；（五）价款或者报酬；（六）履行期限、地点和方式；（七）违约责任；（八）解决争议的方法。"《中华人民共和国民法典》第五百九十六条增加了买卖合同内容的列举，规定了"买卖合同的内容一般包括标的物的名称、数量、质量、价款、履行期限、履行地点和方式、包装方式、检验标准和方法、结算方式、合同使用的文字及其效力等条款"。《中华人民共和国民法典》第二百七十二条规定：

“要约是希望与他人订立合同的意思表示，该意思表示应当符合以下条件：（一）内容具体明确；（二）表明经受要约人承诺，要约人即受该意思表示约束。”第四百七十三条第一款规定：“要约邀请是希望他人向自己发出要约的表示。拍卖公告、招标公告、招股说明书、债券募集办法、基金招募说明书、商业广告和宣传、寄送的价目表等为要约邀请。”本案中，从《食盐买卖合同》看，合同已对买卖标的、时间、质量、履行期限、地点和方式、违约责任以及解决争议的方法等作了具体约定，内容符合合同的构成要件，其性质属于买卖合同而不是要约或要约邀请。

二、委托代理人与相对人签订合同而对被代理人的格式合同条款进行修改是否对被代理人有约束力

依法成立的合同对当事人具有法律约束力，《食盐买卖合同》的格式条款对H公司具有约束力。H公司将盖有公章的格式合同交给李某雄进行业务推广，双方形成被代理和代理关系，李某雄应当按照《食盐买卖合同》的格式合同条款开展业务，但李某雄超越代理权限，与黎某霞约定以预付货款的方式作为取得H公司在桂平市的销售代理权的条件，而且对收取货款的账户进行了更改，这些行为没有得到H公司的追认，对H公司不发生效力，由此产生的争议和后果应由李某雄承担，与H公司无关，因此黎某霞诉请要求H公司返还货款没有法律依据。

编写人：广西壮族自治区桂平市人民法院　高添华

055 “背靠背”合同条款应认定为附期限条款

——光电公司诉科技公司买卖合同案

【案件基本信息】

1. 裁判书字号

四川省成都市中级人民法院（2018）川01民终8215号民事判决书

2. 案由：买卖合同纠纷

3. 当事人

原告（反诉被告、被上诉人）：光电公司

被告（反诉原告、上诉人）：科技公司

【基本案情】

光电公司（卖方、乙方）与科技公司（买方、甲方，后名称变更为科技公司）签订《销售合同》，约定甲方向乙方购买分布式光纤测温系统用于成都地铁4号线110KV变电站新建工程，总价195万元。交货时间：双方协商。付款方式：甲方收到总承包单位工程款后同比例向乙方支付本合同价款，每次付款前乙方应提交相应金额的发票，甲方审核无误后支付相应款项。甲方在收到总承包单位支付的工程预付款后同比例向乙方支付本合同价款的10%作为预付款，甲方按总承包单位支付工程项目比例累计支付至90%，留5%审计预留金（根据回款支付），留5%作为质量保证金，产品质量保证期间乙方产品未发生质量问题或已经修复的，在质保期满且乙方提交等额发票后，结清剩余质保金（不计息），质保期两年，质保期起算时间为项目整体投运时间起算。乙方对合同项下产品的保修期为：自甲方验收合格之日起24个月或货到现场28个月，以先到日期为准。若因甲方原因延迟付款，每延迟一日，甲方须支付延迟支付款项的1%作为违约金，但违约金总价不超过合同总价的5%。违约金不足以弥补乙方损失的，甲方应当就不足部分向乙方承担赔偿责任。合同签订后，原告（反诉被告）履行了供货义务（其中“测温光缆”100千米，变更为12千米），被告（反诉原告）支付19.5万元货款。2013年12月1日被告（反诉原告）向原告（反诉被告）出具工程验收单，确认设备运行正常、短信报警正常及时。

另查明，成都地铁4号线已于2014年12月26日运行。

【案件焦点】

买卖合同中“甲方收到总承包单位工程款后同比例向乙方支付本合同价款”（通常称之为“背靠背”条款）的规定是附条件还是附期限条款。

【法院裁判要旨】

四川省成都市武侯区人民法院经审理认为：双方当事人买卖合同关系成立，内容不违反法律、行政法规的强制性规定，合法有效。本案中，科技公司尚欠货款149.1万元（合同总价195万元，扣减已付款19.5万元，此外，双方认可争议的100千米光缆总价30万元，按变更后12千米计算，应折算为3.6万元，总价合计149.1万元），应履行支付货款的合同义务。科技公司辩称支付货款的条件未成就、履行期限未届满，理由不成立。首先，地铁4号线于2014年12月26日运营，根据双方合同约定，质保期已经届满。其次，关于按业主方付款比例付款的抗辩意见。对该约定应依据诚实信用原则进行解释和理解，从交易的性质和目的来看，双方真实意思是通过合同约定将业主迟延付款的商业风险，部分转嫁给材料供应商，但该约定不宜理解为付款条件，实际上双方并没有“条件如不成就，被告即可永不付款的意思”，综合市场一般情况和经验常识、常理，在经过合理期间后，光电公司应履行付款义务。本案中，从科技公司出具验收材料起算，光电公司履行义务已近四年半时间，从地铁投入运营起算也近三年半时间，应认为履行期限届满。

关于违约金和其他损失的诉讼请求，光电公司主张违约金 9.75 万元以及因科技公司逾期给原告造成的超过逾期付款违约金的损失。同时主张违约金及损失，无法律依据且损失主张内容不明确，故逾期损失主张依法不予支持，违约金 9.75 万元的主张，符合合同约定，法院予以支持。

关于反诉主张违约金 9.75 万元的诉讼请求，根据庭审查明的事实，双方已协商变更合同履行内容，光电公司并未违约，故对反诉请求不予支持。

四川省成都市武侯区人民法院依照《中华人民共和国合同法》第一百五十九条之规定，作出如下判决：

一、被告科技公司自本判决生效之日起七日内向原告光电公司支付货款 149.1 万元及违约金 9.75 万元；

二、驳回原告光电公司的其他诉讼请求；

三、驳回科技公司的反诉请求。

科技公司不服一审判决，提起上诉。

四川省成都市中级人民法院经审理依照《中华人民共和国民事诉讼法》第一百七十条第一款第一项之规定，判决如下：

驳回上诉，维持原判。

【法官后语】

期限与条件都是当事人约定的限制合同效力的方式，但二者有重要的区别，期限是将来确定要发生的事实，是可知的；而附条件，将来可能发生，也可能不发生，是不确定的事实。按照判断附期限与附条件的四大原则，即：A. 时期确定，到来亦确定，为期限，如某年某月某日。B. 时期确定，到来不确定，为条件，如某年某月某一日发生地震。C. 时期不确定，到来确定，为期限，如某人死亡。D. 时期不确定，到来亦不确定，为条件，如某人结婚。本案买卖合同中“甲方收到总承包单位工程款后同比例向乙方支付本合同价款”的约定属于附期限，原因在于：合同中的权利义务是确定的，总承包单位付款是确定会发生的，支付价款的义务是确定的，并未对付款义务的生效与否作出特别约定。该合同约定的价款也具有确定性、恒定性。总承包单位向甲方履行付款义务，甲方向乙方履行付款义务的到来是确定的，只是时期不确定，故应为附期限的约定。本案中，双方真实意思是通过合同约定将总承包方迟延付款的商业风险部分转嫁给材料供应商，双方没有“条件如不成就，科技公司就永远不付款”的意思。从这个角度看，这个约定是一个附期限的约定。无论总承包方是否向甲方清偿，甲方都按照买卖合同向乙方付款的义务是确定不变的。如双方未就期限作出明确的时间约定，那么在经过合理期间后，科技公司应履行付款义务。

编写人：四川省成都市武侯区人民法院　于磊

056 超出经营范围售卖机动车的并不一定构成销售欺诈

——肖某勇诉电动车商行买卖合同案

【案件基本信息】

1. 裁判书字号

江苏省无锡市中级人民法院（2018）苏02民终4859号民事判决书

2. 案由：买卖合同纠纷

3. 当事人

原告（上诉人）：肖某勇

被告（被上诉人）：电动车商行

【基本案情】

肖某勇因年纪大、腿脚不便，想购买一辆电动车（非机动车）代步。2016年2月14日，肖某勇在电动车商行以3.2万元价格购买了型号为GD04A的“A牌电动车”1辆，并购买电瓶6只计0.42万元，共计3.62万元。2018年4月2日，肖某勇驾驶该车在无锡市建筑路鸿桥路口公路上行驶时（未挂车辆牌照），因涉案车辆未贴保险标志和未携带行驶证，被滨湖交警部门拦下，并作出了扣留涉案车辆的强制措施。现仍未发还。2018年6月7日，肖某勇因对交警部门的强制措施不服，向无锡市梁溪区人民法院提出行政诉讼，同月27日撤诉。2018年6月25日交警部门出具车辆类型确认意见书，确认涉案车辆为机动车。

另查明：涉案车辆的《合格证》中载明型号GD04A的A牌蓄电池电动观光车，“本产品经过检验，符合GB/T21268-2007观光车要求，准予出厂”。涉案车辆的《用户手册》第二页“特别声明”部分明确载明：“我公司生产的型号为GD04A、GD04B的车辆，是仅在《特种设备安全监察条例》所规定的工厂厂区、旅游景区、游乐场所等特定区域使用的场（厂）内专用机动车辆。”《用户告知书》载明：“请您驾驶前务必仔细阅读随车配套的《用户手册》及《蓄电池观光车保修手册》……”肖某勇于2016年2月14日在该用户告知书上签名。

【案件焦点】

涉案车辆被交警部门认定为机动车后，肖某勇能否据此认定电动车商行的行为构成欺诈并要求退一赔三的惩罚性赔偿。

【法院裁判要旨】

江苏省无锡市滨湖区人民法院经审理认为：惩罚性赔偿的构成要件是经营者提供商品或者服务有欺诈行为。关于欺诈的认定，应当符合《最高人民法院关于贯彻执行〈中华人民共和国民法通则〉若干问题的意见（试行）》第六十八条的规定，即“一方当事人故意告知对方虚假情况，或者故意隐瞒真实情况，诱使对方当事人作出错误意思表示的，可以认定为欺诈行为”。

本案中，肖某勇到电动车商行选购涉案车辆，从涉案车辆的外形尺寸来看，对于所购的车辆是否为非机动车、是否为其需要购买的车辆类型，肖某勇应尽审慎的注意义务。肖某勇认为电动车商行的经营范围是电动车销售和修理，没有机动车的经营范围。因此，就认定电动车商行所销售的车辆均为非机动车，是其认识错误，不能因此证明电动车商行有“故意告知虚假情况或者故意隐瞒真实情况的行为”。涉案车辆是否被认定为机动车，仅能说明电动车商行是否超范围经营，现未发现电动车商行有法律强制性规范规定的应认定为合同无效的情形。因此，肖某勇、电动车商行双方之间的买卖合同仍然应当认定为有效。

电动车商行提供的有肖某勇本人签字的《用户告知书》上明确载明，肖某勇所购买的为电动观光车，并要求购买人在驾驶前务必仔细阅读随车配带的《用户手册》及《蓄电池观光车保修手册》。该《用户手册》中明确载明：型号GD04A的A牌四轮蓄电池电动观光车，只能在规定的工厂厂区、旅游景区、游乐场所等特种场所内使用，即不能在城市道路行驶。因此，电动车商行对于涉案车辆不能在城市道路行驶以及在哪些范围行驶，已尽到合理的告知义务。根据法律规定，涉案车辆不管是否为机动车，均应办理牌照和行驶证后方能上路行驶。肖某勇在未办妥上述手续就将涉案车辆开至城市道路并被扣留，是因肖某勇未按用户手册规定的范围使用、未遵守法律法规的规定所致，故涉案车辆是否被交警部门扣留并非认定欺诈的必要条件。综上，肖某勇主张电动车商行的行为构成欺诈，证据不足，依法不予采信。

据此，依照《中华人民共和国消费者权益保护法》第四十八条第一款第一项和第二项、第五十二条、第五十五条第一款，《最高人民法院关于适用〈中华人民共和国民事诉讼法〉的解释》第九十条之规定，作出如下判决：

驳回肖某勇的诉讼请求。

肖某勇不服一审判决，提起上诉。

江苏省无锡市中级人民法院经审理认为：当事人对自己提出的诉讼请求所依据的事实或反驳对方诉讼请求所依据的事实，应当提供证据加以证明。当事人未能提供证据或者证据不足以证明其事实主张的，由负有举证证明责任的当事人承担不利的后果。本案中，首先，当事人超越经营范围订立合同，法院不因此认定合同无效，但违反国家限制经营、特许经营以及法律、行政法规禁止经营规定的除外。本案不具有除外情形，肖某勇、电动车商行双方之间的买卖合同有效。依法成立的合同，对当事人具有法律约束力。肖某勇自涉案车辆交付至被扣留期间超过2年，从未向电动车商行就选购的车辆型号、性质提出异议，结合本案中涉案车辆性质的检验方法和难易程度，一审法院认定涉案车辆是肖某勇自行选购，其应当尽审慎注意义务，并无不当。电动车商行向肖某勇交付了《用户手册》《合格证》《用户告知书》等资料，其中《用户告知书》由肖某勇本人签字，肖某勇主张电动车商行未按照规定将商品详细信息告知消费者，与事实不符，不予支持。涉案车辆随车配备的车辆编号与车牌的编排方式、外观等明显不一致，肖某勇误将车辆编号当作涉案车辆的牌照，系其自身认识错误，肖某勇关于其因年龄大，电动车商行又未尽到告知义务，肖某勇有理由相信车牌合理性的主张，法院不予采信。据此，肖某勇主张双方购车合意是非机动车，电动车商行的销售行为存在过错，但其未提供相应的证据，法院不予支持。

综上所述，肖某勇的上诉请求不能成立，应予驳回；一审判决认定事实清楚，适用法律正确，应予维持。依照《中华人民共和国民事诉讼法》第一百七十条第一款第一项之规定，作出如下判决：

驳回上诉，维持原判。

【法官后语】

《中华人民共和国消费者权益保护法》第五十五条第一款规定，经营者提供商品或者服务有欺诈行为的，应当按照消费者的要求增加赔偿其受到的损失，增加赔偿的金额为消费者购买商品的价款或者接受服务的费用的三倍。因此，正确认定民事欺诈对于经营者和消费者均具有重要意义。民事欺诈是指民事法律行为一方当事人故意告知对方虚假情况，或者故意隐瞒真实情况，诱使对方当事人作出错误意思表示的行为。《中华人民共和国民法典》第一百四十八条规定，“一方以欺诈手段，使对方在违背真实意思的情况下实施的民事法律行为，受欺诈方有权请求人民法院或者仲裁机构予以撤销”。《最高人民法院关于适用〈中华人民共和国民法典〉总则编若干问题的解释》第二十一条规定，“故意告知虚假情况，或者负有告知义务的人故意隐瞒真实情况，致使当事人基于错误认识作出意思表示的，人民法院可以认定为民法典第一百四十八条、第一百四十九条规定的欺诈”。因此，民事诉讼中的欺诈行为可以分为积极欺诈和消极欺诈两种。所谓积极欺诈，是指以积极的言辞，主动提供虚假信息，使对方当事人在意思形成过程中，因受到自身以外的因素影响而产生错误认识，并且基于此错误认识作出意思表示。如将不具有医疗功效的产品描述为包治百病的灵丹妙药，将普通的推拿描述为无所不能的气功疗法等。所谓消极欺诈，是指行为人根据法律规定、双方约定或者诚实信用原则，负有对相关事实进行说明的义务，但行为人违反该义务，故意不作说明，致使对方当事人认为自己的行为建立在真实的基础上，从而作出判断并进行意思表示。不论是积极欺诈还是消极欺诈，本质上都剥夺了对方的知情权，令对方无法作出真实的意思表示。

一般认为，民事欺诈行为的构成要件包括以下几个方面。首先，欺诈方应有欺诈的主观故意。所谓欺诈的主观故意，是指欺诈的一方明知自己告知虚假情况或者隐瞒真实情况会使对方陷入错误认识，仍希望或者放任该结果的发生。其次，欺诈方应有欺诈的行为。所谓欺诈行为，是指欺诈方将其欺诈故意展示于外的客观行为，如故意陈述虚假事实，故意隐瞒产品的使用方法、功效、隐蔽瑕疵等真实情况。再次，被欺诈的一方因欺诈行为而陷入错误认识，即欺诈行为与错误意思表示之间具有因果关系。最后，被欺诈人因错误认识作出了意思表示并实施了民事法律行为。

本案中，电动车商行在出售机动车时，不仅提供了有肖某勇本人签字的《用户告知书》，上面明确记载了肖某勇所购买的系电动观光车，而且要求购买人在驾驶前务必仔细阅读随车配带的《用户手册》及《蓄电池观光车保修手册》。该《用户手册》中明确载明：型号 GD04A A 牌四轮蓄电池电动观光车，只能在规定的工厂厂区、旅游景区、游乐场所等特种场所内使用，即不能在城市道路行驶。因此，电动车商行对于涉案车辆不能在城市道路行驶以及在哪些范围行驶，已尽到合理的告知义务，并不存在故意欺诈或者刻意隐瞒的主观故意和客观行为。根据法律规定，涉案车辆不论是机动车还是非机动车，均应办理牌照和行驶证后方能上路行驶。肖某勇在未办妥上述手续时，就将涉案车辆开至城市道路并因此被扣留，是肖某勇未按用户手册规定的范围使用、未遵守法律规定的结果，不能因此认为是电动车商行的欺诈所致，涉案车辆是否被交警部门扣留与民事欺诈之间并无必然的因果关系。

综上，电动车商行的销售行为并不涉嫌欺诈，不应承担退一赔三的惩罚性赔偿责任。

编写人：江苏省无锡市中级人民法院　王星光　缪星

057 合同意思表示真实的认定标准

——H 公司诉 J 公司买卖合同案

【案件基本信息】

1. 裁判书字号

北京市第一中级人民法院（2018）京 01 民终 4930 号民事判决书

2. 案由：买卖合同纠纷

3. 当事人

原告（反诉被告、被上诉人）：H 公司

被告（反诉原告，上诉人）：J 公司

【基本案情】

2013 年 7 月 24 日，买方 J 公司与卖方 H 公司签订了供货合同，总金额为 963678.89 元。合同约定：由 H 公司向 J 公司提供 TB631AAE 等产品；交货时间为在买方实际提货之前，买卖双方应根据具体项目签订补充协议，交货时间以补充协议中的约定为准执行；买方提货时付款，买方应于每次卖方发货前 3 日交付货物对应货款的自到货之日起算延期 30 日的延期转账支票；买方在接到卖方预计发货通知后两日内未向卖方提供收货人和联系地址的，视为买方逾期接收货物；合同还对双方其他权利义务进行了约定。2013 年 8 月 1 日，买方 J 公司与卖方 H 公司签订产品供货合同之补充协议，原合同配置发生变更，原合同金额 963678.89 元变更为 891363.96 元。2014 年 12 月 16 日、2015 年 3 月 12 日 H 公司分别向 J 公司发送催提货函，要求 J 公司尽快告知送货时间和地址以便发货。2015年4月8日，J公司与H公司通过邮件方式对涉案合同在内的两份合同的减配清单达成一致。但J公司一直没有提出发货请求，至今未付货款，故H公司诉至法院。

【案件焦点】

合同一方当事人要求另一方当事人履行合同义务，而另一方当事人能否以合同并非真实意思表示为由进行抗辩。

【法院裁判要旨】

北京市海淀区人民法院经审理认为：H公司与J公司所签订的供货合同及补充协议均系双方当事人的真实意思表示，未违反国家法律、行政法规的强制性规定，应属合法有效，对双方当事人均具有约束力。双方当事人均应按照合同履行各自的合同义务。J公司辩称供货合同及补充协议是J公司为配合H公司向生产商冲刺经销商报量业绩而签署的框架协议，并非真实意思表示，且对于未明确的合同构成要素，需签署补充协议明确。法院认为，根据《中华人民共和国民事诉讼法》的相关规定，当事人对自己提出的诉讼请求所依据的事实或者反驳对方诉讼请求所依据的事实，应当提供证据加以证明。在做出判决前，当事人未能提供证据或者证据不足以证明其事实主张的，由负有举证证明责任的当事人承担不利的后果。本案中，J公司对于其抗辩主张并未提供有效证据证明，应承担举证不能的法律后果。J公司已就H公司提出的减配需求同意做减配变更处理，表明双方就涉案供货合同减配达成合意，双方均应按照减配后的合同履行。供货合同约定的付款条件为J公司提货时付款，现H公司已向J公司发送两份催提货函的情况下，H公司应在收到J公司货款的同时向J公司交付全部货物，现合同金额已变更为

488590.17元，故对于H公司要求J公司支付货款中的488590.17元的诉讼请求，法院予以支持，对于超出部分，不予支持。J公司答辩及反诉称，H公司并未进行备货、发货且已丧失代理商资格，故其不具备履行合同的能力，属于根本违约。法院认为，首先，在供货合同并未对双方履行顺序进行约定的情况下，J公司无权要求H公司先履行发货义务；其次，现H公司是否备货以及其是否丧失总代理商资格，均与供货合同后续的实际履行无关，不能得出H公司履行不能的结论。故法院对J公司的上述答辩意见不予采信，对其反诉请求，不予支持。

综上，北京市海淀区人民法院依照《中华人民共和国合同法》第八条、第一百零七条之规定，作出如下判决：

一、J公司于本判决生效之日起十日内给付H公司货款488590.17元；

二、H公司在收到上述第一项确定的全部货款的同时向J公司交付本判决附件一中的全部货物；

三、驳回H公司的其他诉讼请求；

四、驳回J公司的全部反诉请求。

J公司不服一审判决，提起上诉。

北京市第一中级人民法院经审理同意一审法院裁判意见，依照《中华人民共和国民事诉讼法》第一百七十条第一款第一项之规定，作出如下判决：

驳回上诉，维持原判。

【法官后语】

本案中，H公司要求J公司继续履行合同，J公司却认为双方订立的合同并非双方真实意思表示，请求法院解除该合同。根据《中华人民共和国民法典》第五百零九条规定的依合同履行义务原则，法院认定本案双方当事人签订的供货合同以及补充协议成立并生效，对双方当事人均具有约束力，双方当事人应当按照合同履行各自的义务。因此，本案争议焦点是能否以意思表示不真实为由进行抗辩解除合同。

在《中华人民共和国民法典》合同编中，合同成立的标志是合同双方意思表示一致，即合同双方达成“合意”，这不仅是合同具有拘束力的基本要求，而且是合同法律关系的基础和核心。合意作为意思自治的表现，是缔约当事人对自身权利和义务的衡量和肯定。判定当事人是否已达成“合意”极其关键，不仅涉及合同的成立，也关系到违约责任的承担问题。在比较法上，对于合意是当事人内在意思一致还是外在表示一致的争执由来已久，前者被称为意思主义或主观主义，后者被称为表示主义或客观主义。为了鼓励市场交易、稳定市场秩序、实现资源的有效配置，客观主义的合意说逐渐成为支配地位的学说。依据客观主义的合意说，通过对当事人所确定的并达成一致的意思表示进行解释，这对于合意的成立具有重要意义。反之，当事人内在意思的一致并不具有决定性作用。因此，合意应是对合同当事人的意思表示进行规范性解释的结果，而不能仅仅基于当事人使用了相同的措辞来理解他们的意思表示。因为当事人可能对该词会有不同的理解。相反，虽然当事人事实上所表达的意思表示不一致，但是如果该意思表示能够通过规范性解释得以确定的，那么该可确定的结果便是当事人意思表示的合意。既然合意与否是对当事人的意思表示进行解释以获得其规范意义的过程，而具备什么情况才可以被认为达成合意取决于立法者的意志，因此合意的判定应属于立法者价值取向的规范判断，而非事实判断。

我国民法典合同编没有规定合同有效的一般有效要件，但由于合同当事人的缔约行为属于民事法律行为，所以民事法律行为一般有效要件的规定也适用于合同。按照《中华人民共和国民法典》第一百四十三条规定，“具备下列条件的民事法律行为有效：（一）行为人具有相应的民事行为能力；（二）意思表示真实；（三）不违反法律、行政法规的强制性规定，不违背公序良俗”，这三项条件可作为合同有效的一般要件。本案中，货物买卖合同双方当事人均是公司法人，具有完全民事行为能力，货物买卖本身也不违反国家法律、行政法规的强制性规定，故判断涉案合同效力的关键在于判定双方的意思表示是否是真实的。

在签订合同过程中，经过要约、承诺、双方当事人意思表示一致，合同即可成立。当事人在合同书上的签字、盖章的效力，除非有相反证据表明意思表示瑕疵外，应当表明合同内容为当事人的真实意思表示，当事人据此享有合同权利、履行合同义务。根据《中华人民共和国民法典》第四百九十条第一款基本沿袭了《中华人民共和国合同法》第三十二条的规定，明确规定：“当事人采用合同书形式订立合同的，自当事人均签名、盖章或者按指印时合同成立。”此处签字盖章的效力是表明合同内容为签字或盖章当事人的意思表示，尤其具有使合同相对人确信交易对方、从而确定合同当事人的作用。J公司作为法人，是具有民事权利能力和民事行为能力，依法独立享有民事权利和承担民事义务的组织，在与H公司订立合同时，应当对签署合同的后果是明知的，即签署该合同J公司要承担采购义务，并且H公司有可能要求其履行合同项下义务。再者，

《中华人民共和国民法典》第五百六十三条确立了合同法定解除权制度。该制度的首要之意虽然在于授予非违约方以合同解除权，使其能够获得以解除合同为补救方式的特殊救济；但法定解除权制度作为合同法项下的制度，必然须以维护意思自治、鼓励市场交易、稳定市场秩序、实现资源的有效配置的合同法立法宗旨和价值取向为依归，故对合同法定解除权的使用条件予以严格限定才是这一制度的主要方面和价值侧重。意思表示瑕疵并不是合同法定解除的条件，H公司没有发货以及丧失代理权并不能得出其实际履行不能的结果。

因此，为了保护商业秩序和鼓励交易，签字、盖章的效力足以表明合同当事人的真实意思表示，而且以意思表示瑕疵为由抗辩合同可解除，并不符合《中华人民共和国民法典》第五百六十三条所规定的合同法定解除条件。

编写人：北京市海淀区人民法院 陈明 赵颖华

058 买卖、变相买卖小客车指标合同的效力认定及法律后果

——王某锋诉王某磊买卖合同案

【案件基本信息】

1. 裁判书字号

北京市第一中级人民法院（2017）京01民终9377号民事判决书

2. 案由：买卖合同纠纷

3. 当事人

原告（上诉人）：王某锋

被告（上诉人）：王某磊

【基本案情】

2011年10月14日，王某锋（甲方）与王某磊（乙方）签订车辆买卖备案协议一份，约定王某锋将其A牌小型轿车（以下简称A轿车）车牌号及车辆的终身使用权转让给王某磊所有，即日起车辆所发生的一切事故与违章与王某锋无任何关系；王某锋今后有义务协助车辆实际拥有人王某磊办理变更过程中所需的身份证；待政府部门可过户时及时过户。庭审中，双方当事人均认可A轿车及购车款18000元均已交付完毕。

其后，王某磊将A轿车转卖。2012年9月14日，王某磊出资购买了B牌小型轿车（以下简称B轿车），并继续使用王某锋的小客车指标及身份证等材料办理了变更手续。目前，B轿车登记在王某锋名下，并一直由王某磊占有、使用。王某锋向法院提出诉讼请求要求确认王某锋与王某磊的车辆买卖备案协议无效，王某磊返还B轿车及行驶本。

【案件焦点】

1. 本案买卖、变相买卖小客车指标的合同法律效力如何认定；2. 当事人就买卖、变相买卖小客车指标的行为承担何种法律后果；3. 王某磊就涉案B轿车是否应当予以返还。

【法院裁判要旨】

北京市海淀区人民法院经审理认为：《北京市小客车数量调控暂

行规定实施细则》明确规定，小客车指标不得转让，小客车指标确认通知书仅限指标所有人使用，对于买卖、变相买卖、出租或者出借小客车指标确认通知书的，由指标管理机构收回已取得的配置指标或更新指标，三年内不再受理该申请人提出的指标申请。本案中，根据王某锋与王某磊签订车辆买卖备案协议内容及当事人的当庭陈述，足以认定该协议系双方当事人转让车辆及相应小客车指标的协议，因违反现行法律规定，应属无效。登记在王某锋名下的 B 轿车对应的小客车指标，应由车辆管理部门依据相关规定作出处理，本院将在本判决生效后依法向车辆管理部门发送相应司法建议。

合同无效后，因该合同取得的财产，应当予以返还，不能返还或者没有必要返还的，应当折价补偿，有过错的一方应当赔偿对方因此所受到的损失，双方都有过错的，应各自承担相应的责任。本案中，双方当事人明知涉案车辆因上述北京市现行政策无法办理过户依然签订相关协议，均存在过错，应当各自承担相应的责任，现涉案车辆 A 轿车已经客观上无法返还，故王某磊已交付的相应价款 18000 元应依法认定为折价补偿，无须返还。对于王某锋要求返还 B 轿车的诉讼请求，根据本案已查明的事实，B 轿车系王某磊出资购买，与车辆买卖协议并无关联，不属于“因该合同取得的财产”，故本院对王某锋的上述诉讼请求，不予支持。

综上所述，北京市海淀区人民法院依照《中华人民共和国合同法》第五十二条、第五十八条之规定，作出如下判决：

一、确认王某锋与王某磊于 2011 年 10 月 14 日签订的车辆买卖备案协议无效；

二、驳回王某锋的其他诉讼请求。

王某锋、王某磊均不服一审判决，向北京市第一中级人民法院提起上诉。二审法院同意一审法院裁判意见，依照《中华人民共和国民事诉讼法》第一百七十条第一款第一项之规定，作出如下判决：

驳回上诉，维持原判。

【法官后语】

本案在审理与裁判过程中，需要考量三个问题，一是如何将“小客车指标”理解为一项公共利益从而认定本案协议无效；二是协议认定无效后，小客车及相应指标相分离的情况如何处理；三是如何从根本上恢复被侵害的公共利益及公共秩序。

第一，通常情况下，社会公共利益与公序良俗一样，具有普遍社会认同性与稳定的适用范围，同时也随着特定地域发展的需要及公民认知水平不断提高作相应的变化。近年来，由于北京市交通压力的不断增大，以及空气质量问题等面对的节能减排需求，控制小客车的数量是一项有效的应对举措，其中限制小客车指标分配着实能有效控制小客车数量的急速增加。北京市政府于2010年年底以后相继出台《北京市小客车数量调控暂行规定》《北京市小客车数量调控暂行规定实施细则》，明确小客车配置指标需按照公开、公平、公正的原则，以摇号方式无偿分配；指标有效期为6个月，不得转让等内容，因而小客车指标的获取就此成为北京市特定地域内的公共利益。若本案当事人双方的车辆转让协议发生在此地域之外，并非需要约定小客车的过户问题，亦不会侵害到社会公共秩序。据此，对违反法律、行政法规的强制性规定的小客车指标转让协议认定无效。

第二，实质上，动产物权以交付取得的法律规则使得车辆所有权的转让与车牌所对应的小客车指标相分离的情形是引发本案争议的关键矛盾。就本案涉及的B轿车王某磊是否应当予以返还，按照合同法关于合同无效后涉案合同财产返还的规定，B轿车系王某磊出资购买，与车辆买卖协议并无关联，不属于“因该合同取得的财产”，当属不予返还。但是，王某锋却对B轿车登记在其名下却并非由其所有的事实不予认可，车辆登记公示制度本是一种“确权”，否则是否造成一种法律悖论？实则，要结合北京市现行相关限号政策来理解，车辆登记公示制度不仅应当是对车辆这一动产物权的所有权公示，还应当包括对车辆对应的小客车牌照指标“独占”的公示，而且针对限号环境下部分有购车需求的人群在没有中签的情况下，假借车辆买卖合同名义，实施买卖、变相买卖小客车指标的行为，后者更具有公示的现实意义。

第三，恢复本案中被侵害的社会公共秩序从根本上需要通过相应的联动机制，即相关小客车指标调控管理部门对违法行为作出后续处理，否则生效判决没有产生应有的法律惩罚效果及社会示范效果。若生效的法律判决得不到有效的执行，无疑会削弱司法的公信力，而事实上，这种买卖、变相买卖、出租或者出借小客车指标导致车辆的实际所有人与在车辆管理部门登记的所有人不一致的情形进入司法程序的案件大量存在，又会进一步引发新的法律问题，即涉案车辆一旦出现违章、交通事故等问题，车辆的实际所有人与登记权利人都会面临涉诉及承担连带赔偿责任的法律风险。从一定意义上讲，亦是一种对司法资源预设的浪费。故我院在本判决生效后根据《北京市小客车数量调控暂行规定实施细则》第三十一条第二款向北京市交通委员会发送了司法建议，建议收回王某锋名下的配置指标或更新指标，三年内不再受理其指标申请，对王某磊的违法行为亦作出相应处理。以期通过相关部门的进一步处理使得生效的法律文书真正发挥司法作用。

编写人：北京市海淀区人民法院　陈聪慧　范志云

（六）买卖合同的履行

059　预约合同履行中选择权的转移
——钻具公司诉钢管公司买卖合同案

【案件基本信息】

1. 裁判书字号

江苏省无锡市中级人民法院（2020）苏02民终1587号民事判决书

2. 案由：买卖合同纠纷

3. 当事人

原告（被上诉人）：钻具公司

被告（上诉人）：钢管公司

【基本案情】

2013年7月1日，钻具公司与钢管公司签订《工业品买卖合同》一份，约定：钢管公司向钻具公司购买多种规格的芯棒400支，并约定了各个型号芯棒单价，但未标注各个规格的具体数量，待正式合同计划下达时再具体列出规格和数量，分批次3个月内全部交完。合同生效后，钢管公司须支付40万元作为预付款，货物到钢管公司验收合格后支付货款总额的50%作为验收款，钻具公司同时开具增值税发票，余款作为质保金3个月内结算完毕等。2013年7月2日16时13分，钻具公司员工李某向钢管公司范某宜通过电子邮件发送合同编号为20130702《工业品买卖合同》1份，并附言："范厂长，请见所附合同文档，404支中，大口径安排数量稍多些，以便贵厂稍后减径使用。"当日16时27分，范某宜回复邮件，内容为："合同支数及规格已看，可以按上述规格备料，如遇我分厂合同变更对某些规格支数作出调整时，我分厂会及时通知，请转达朱总及付总，请尽快安排采购原料。"邮件中所附20130702《工业品买卖合同》约定供货数量404支，并对各个型号及数量进行了明确，约定交货时间：根据买受方需要分批次交货。其余内容包括每种型号的单价、结算方式、交货方式等与合同编号20130510-2的《工业品买卖合同》内容一致。2013年7月4日，钢管公司向钻具公司支付40万元。范某宜为钢管公司员工，曾作为代表钢管公司与钻具公司签订其他合同。诉讼时，钻具公司仓库存有合同约定型号的芯棒186支。

钻具公司至法院起诉请求：要求钢管公司支付186支芯棒对应价款392.02万元，钻具公司在钢管公司付款后予以发货。

【案件焦点】

钻具公司是否有权要求钢管公司继续履行购买186支芯棒的合同义务。

【法院裁判要旨】

江苏省无锡市惠山区人民法院经审理认为，双方签订的20130510-2的《工业品买卖合同》约定，待正式合同计划下达时再具体列出规格及数量，即表明钻具公司后续备货及供货的芯棒规格、数量应按照双方另行确定的合同计划进行明确。2013 年 7 月 2 日，钻具公司向钢管公司的范某宜通过电子邮件发送了编号为 20130702 的《工业品买卖合同》，其上对芯棒的规格及型号进行了明确，其余内容与 20130510-2 的《工业品买卖合同》基本一致，范某宜亦回复钻具公司按照上述规格备料，双方对于 20130510-2 的《工业品买卖合同》项下的供货规格及数量的补充约定已经达成合意，该合同对双方均有约束力。钻具公司早已经按照双方的约定完成案涉芯棒的生产，至今已超过 6 年，而钢管公司以明示及默示的方式拒绝钻具公司供货、拒绝验收，系其为自身利益不正当阻止付款条件成就，应视为付款条件已经成就。

江苏省无锡市惠山区人民法院依照《中华人民共和国合同法》第十条、第十三条、第二十一条、第二十二条、第四十五条、第四十九条、第六十条、第六十一条、第一百零七条、第一百零八条、第一百零九条之规定，作出如下判决：

一、钢管公司于判决生效后十日内支付钻具公司货款 835450 元及逾期付款利息损失（以 835450 元为基数，自 2017 年 3 月 2 日起至 2019 年 8 月 19 日止，按照中国人民银行同期同类贷款利率计算；自 2019 年 8 月 20 日起至实际给付之日止，按照全国银行间同业拆借中心公布的贷款市场报价利率计算）；

二、钢管公司于判决生效后十日内支付钻具公司货款 392.02 万元；

三、钻具公司于判决生效后十日内将编号 20130510-2《工业品买卖合同》项下的 186 支芯棒（规格直径 58.4 的数量 56 支、规格直径 61.1 的数量 4 支、规格直径 63.8 的数量 28 支、规格直径 66.1 的数量 12 支、规格直径 68.2 的数量 20 支、规格直径 69.9 的数量 12 支、规格直径 71.3 的数量 12 支、规格直径 74 的数量 12 支、规格直径 76.5 的数量 4 支、规格直径 78.8 的数量 12 支、规格直径 80.8 的数量 14 支）运送至钢管公司，并开具金额为 392.02 万元的增值税发票；

四、驳回钻具公司的其他诉讼请求。如果未按判决指定的时间履行给付金钱义务，应当依照《中华人民共和国民事诉讼法》第二百五十三条之规定，加倍支付迟延履行期间的债务利息。

钢管公司持原审答辩意见提起上诉。

江苏省无锡市中级人民法院经审理认为：第一，编号为 20130510-2 的《工业品买卖合同》中对于各个规格芯棒的具体数量没有进行确定，因此，钢管公司有权在约定的期限内进行选择，合同约定了“3 个月内全部交完”，故钢管公司有权在 3 个月的期限内进行选择，但客观上，钢管公司在选择履行部分采购义务后，便拒绝履行合同，也未在合同约定的期限内再行使选择权，那么选择权便转移至钻具公司，钻具公司有权在合同约定的各个规格中选择向钢管公司交付的具体数量，而目前钻具公司要求向钢管公司交付的 186 支芯棒的规格型号均在双方合同约定的范围内。2013 年 7 月 2 日，钻具公司向钢管公司的范某宜通过电子邮件发送了编号为 20130702 的《工业品买卖合同》，其中对各种规格型号芯棒的数量进行了明确，属于向钢管公司催告行使选择权。钢管公司怠于行使选择权，阻却其合同义务履行条件的成就，故应当视为相应的付款条件成就，钻具公司有权要求钢管公司支付 186 支芯棒的全部货款 392.02 万元。

江苏省无锡市中级人民法院依照《中华人民共和国民事诉讼法》第一百七十条第一款第一项之规定，作出如下判决：

驳回上诉，维持原判。

【法官后语】

一、对于预约合同的违约救济之争

本案中，双方签订的是预约合同，即双方约定将来为一定行为的合同，其来源于罗马法为了缓和要物契约的刚性，给契约双方均留有一定的余地。预约合同的效力等同于一般合同，在合同双方产生债权债务的效力，但在违反预约合同的责任认定上，学理上存在两个分歧，一种观点认为预约义务人违反预约合同的责任，在性质上属于违约责任，承担责任的方式与一般违约一致，包括实际履行和赔偿损失，这里的赔偿损失又分存在赔偿信赖利益或履行利益的分歧。另一种观点认为预约义务人违约的，债权人仅能要求赔偿损失，无权强制预约义务人履行。在立法上，本案判决之时，仅有《最高人民法院关于审理商品房买卖合同纠纷案件适用法律若干问题的解释》及《最高人民法院关于买卖合同纠纷案件适用法律问题的解释》涉及预约合同。前者第五条规定，商品房的认购、订购、预订等协议具备《商品房销售管理办法》第十六条规定的商品房买卖合同的主要内容，并且出卖人已经按照约定收受购房款的，该协议应当认定为商品房买卖合同。依照该条规定，如果预约合同具备了本约合同的主要要素，并且已经实际履行，则可以视为本约合同强制履行。后者第二条规定，当事人签订认购书、订购书、预订书、意向书、备忘录等预约合同，约定在将来一定期限内订立买卖合同，一方不履行订立买卖合同的义务，对方请求其承担预约合同违约责任或者要求解除预约合同并主张损害赔偿的，人民法院应予支持。该条仅规定了违反预约合同要承担违约责任，并未涉及预约合同能否强制履行的问题。在司法实践中，对于违反预约合同的责任认定，一些判决支持守约方的强制缔约请求，一些判决认为守约方仅能要求违约方进一步磋商订立合同，还有一些判决仅支持赔偿损失。笔者认为，如果预约合同已经具备了本约合同的主要要素即标的和数量，且预约一方表达了在将来必然缔约的承诺，应当赋予预约合同强制履行力。对于缺失的其他合同要素这里可以参考合同约定不明时的处理，这样更有利于保护交易稳定以及守约方利益。本案中，钢管公司与钻具公司签订框架合同，承诺在未来3个月内向钻具公司购买400支芯棒，并约定了钢管公司可选择的型号及价格，实际以钢管公司的订单为准。但钢管公司在履行了一部分合同之后，拒绝继续提货。钻具公司向钢管公司的员工以发送本约合同的方式进行催告，并告知钢管公司拟生产并交付的产品，但钢管公司并未与之签订本约合同。在此情形下，钻具公司起诉要求钢管公司按照其催告时发送的本约合同进行履行，应以支持。

二、预约合同中选择权的转移

本案中，双方在预约合同中约定了交付的货物型号和数量，但对于何时交付，每批次交付何种型号和数量约定了由钢管公司在3个月内进行指定，即赋予了钢管公司合同履行的选择权。但客观上钢管公司在选择履行了部分采购义务后便拒绝履行合同，也未在合同约定的期限内再行使选择权。在钻具公司选择继续履行合同的情况下，如何履行，笔者认为，享有选择权的当事人应当在约定期限内或者履行期限届满前行使选择权，以便债的标的能够最终确定，基于此，当事人才能对该特定给付享有权利和承担义务，合同才能真正得以实际履行。如果该当事人未能在约定期限内或者履行期限届满前行使选择权，属于怠于行使选择权，其不作为构成违约，在此情况下，违约方在选择期届满，或者未约定选择期经催告合理期间内未行使选择权的，选择权转移给守约方，守约方作出选择并进行通知后，合同才得以继续履行。本案中，在合同约定的选择期届满后，选择权应当转移至钻具公司，钻具公司有权在合同约定的各个规格中选择向钢管公司交付的具体数量，而目前钻具公司要求向钢管公司交付的186支芯棒的规格型号均是在双方合同约定的范围内，依法应予支持。本案判决之后，新颁布的《中华人民共和国民法典》第五百一十五条、第五百一十六条第一款规定对本案的裁判思路进行了印证。第五百一十五条规定，标的有多项而债务人只需履行其中一项的，债务人享有选择权；但是，法律另有规定、当事人另有约定或者另有交易习惯的除外。享有选择权的当事人在约定期限内或者履行期限届满未作选择，经催告后在合理期限内仍未选择的，选择权转移至对方。第五百一十六条第一款规定，当事人行使选择权应当及时通知对方，通知到达对方时，标的确定。标的确定后不得变更，但是经对方同意的除外。

编写人：江苏省无锡市中级人民法院　缪凌　尹慧

060 因抵押权人扣押车辆导致合同履行不能，买受人有权解除合同

——陆某诉黄某毅、二手车交易公司买卖合同案

【案件基本信息】

1\. 裁判书字号

广西壮族自治区河池市中级人民法院（2020）桂12民终1594号民事判决书

2\. 案由：买卖合同纠纷

3. 当事人

原告（被上诉人）：陆某

被告（上诉人）：二手车交易公司

被告：黄某毅

【基本案情】

2017年11月11日，被告黄某毅代表被告二手车交易公司与原告陆某签订《车辆转让协议书》，约定出让一辆越野小型汽车给原告，转让费用为3.28万元，并约定被告保证此车来源正当，手续真实有效，无偷抢及经济纠纷与违章等，保证此车能正常过户，被告要积极协助原告进行车辆的过户并且提供过户手续及有效证件。当日，原告将购车款3.28万元支付给二手车交易公司，二手车交易公司将车辆交付原告使用。2018年4月29日，原告胞兄将案涉车辆停放在自家门口，次日发现案涉车辆丢失，经派出所侦查核实，案涉车辆已被车辆抵押权人扣押。案涉车辆所有权人为罗某某，罗某某于2016年9月27日已将案涉车辆抵押给杭州某公司，并办理了抵押登记。2017年4月12日，罗某某又将车辆质押给被告二手车交易公司负责人韦某某。

案件审理过程中，原告陆某于2020年4月15日申请撤回对第三人罗某某、杭州某公司的起诉，都安法院于2020年4月22日裁定准许撤诉。

【案件焦点】

1. 原告是否享有合同解除权及要求被告返还购车款3.28万元；2. 是否应当准予原告陆某申请撤回对第三人罗某某、杭州某公司的起诉。

【法院裁判要旨】

广西壮族自治区都安瑶族自治县人民法院经审理认为：第一，关于原告是否享有合同解除权及要求返还购车款的问题。被告黄某毅代表被告二手车交易公司与原告签订的《车辆转让协议书》，系双方当事人的真实意思表示，内容不违反法律的强制性规定，为合法有效合同。根据《中华人民共和国合同法》第九十四条的规定，被告二手车交易公司明知涉案车辆存在已登记的抵押权仍将车辆出售给原告，导致涉案车辆被抵押权人扣押，原告购买车辆而无法使用、支配，被告的行为已构成根本违约。因此，原告要求解除车辆转让合同，依法有据，应予以支持。合同解除后，原告请求被告二手车交易公司退还购车款 3.28 万元，理由充分，应予以支持。

第二，关于是否应当准予原告陆某申请撤回对第三人罗某某、杭州某公司起诉的问题，原告和二手车交易公司是《车辆转让协议》的合同双方，根据合同相对性原则，罗某某、杭州某公司无须作为第三人参加诉讼，且本案的处理结果实际与第三人并无利害关系。

广西壮族自治区都安瑶族自治县人民法院依照《中华人民共和国民法总则》第一百六十一条、第一百六十二条，《中华人民共和国合同法》第六十条、第九十四条、第九十七条，《最高人民法院关于审理买卖合同纠纷案件适用法律问题的解释》第三条之规定，作出如下判决：

一、解除原告陆某与被告二手车交易公司于 2017 年 11 月 11 日签订的《车辆转让协议书》；

二、被告二手车交易公司于本案判决生效之日起十日内退还原告陆某购车款 3.28 万元；

三、驳回原告陆某对被告黄某毅的诉讼请求；

四、驳回原告陆某于本案的其他诉讼请求。

二手车交易公司不服，提出上诉。

广西壮族自治区河池市中级人民法院经审理认为：原审认定事实清楚，适用法律正确，依照《中华人民共和国民事诉讼法》第一百七十条第一款第一项的规定，作出如下判决：

驳回上诉，维持原判。

【法官后语】

合同只在合同主体之间有效，约束合同双方当事人，对合同外第三人没有约束力。本案原告根据买卖合同起诉，要求被告返还购车款，起诉主体清楚，诉讼请求明确，根据合同相对性原则，本案无须追加车辆抵押权人与实际车主参加诉讼，且本案的处理结果亦与抵押权人及实际车主无利害关系。案涉车辆丢失后，公安机关介入侦查，查明案涉车辆并非被盗，而是被抵押权人行使抵押权而扣押，对于抵押权人扣押是否合法，不属于本案审查范围，与本案不同属于同一法律关系，本案不应一并审理。故原告陆某申请撤回对第三人罗某某、杭州某公司的起诉，依法有据，应当予以准许。

原告与被告黄某毅签订的《车辆转让协议书》，系双方当事人的真实意思表示，内容不违反法律、法规的强制性规定，为合法有效合同。虽然《车辆转让协议书》上未盖有被告二手车交易公司的公章，但是被告黄某毅是协议的实际签订人，其作为被告二手车交易公司的职工，代表公司履行职务行为，其行为所产生的法律后果应由二手车交易公司承担，且在案件审理过程中被告二手车交易公司认可被告黄某毅系履行职务行为，并认可购车款由公司收取，车辆由公司交付买受人使用，因此，本案实际合同主体应为二手车交易公司。但本案中，被告二手车交易公司作为专门从事车辆买卖的主体，在明知车辆存在瑕疵的情况下将车辆出卖给原告，且车辆交付后未办理过户手续，亦未进行所有权人变更登记，导致车辆被抵押权人扣押后，原告又丧失了对车辆的使用权，从而导致原告购买车辆的目的无法实现。根据《中华人民共和国民法典》第五百六十三条（基本沿袭了《中华人民共和国合同法》第九十四条的规定）的规定："有下列情形之一的，当事人可以解除合同：（一）因不可抗力致使不能实现合同目的；（二）在履行期限届满之前，当事人一方明确表示或者以自己的行为表明不履行主要债务；（三）当事人一方迟延履行主要债务，经催告后在合理期限内仍未履行；（四）当事人一方迟延履行债务或者有其他违约行为致使不能实现合同目的；（五）法律规定的其他情形"，被告二手车交易公司的行为已构成根本违约，故原告作为买受人可以依法要求解除合同。被告二手车交易公司作为专门从事二手车辆出售的公司，应当有着高于普通购买人的注意义务，在其未尽到高度注意义务的情况下，产生的后果应由其自行承担。因此，被告二手车交易公司应自行承担返还车辆款的责任。在此也提醒广大消费者，购车时务必弄清车辆来源，审查车辆权属，仔细查阅相关证件、权利凭证，必要时与出售方共同前往机动车登记管理部门，查验交易车辆是否存在抵押、司法查封等权利瑕疵问题，避免购买多次转让、权属不清的车辆。

编写人：广西壮族自治区都安瑶族自治县人民法院　韦璐璐

061 合同当事人应为对方利益，按照约定和交易习惯适当全面履行合同义务

——电梯公司诉房地产公司买卖合同案

【案件基本信息】

1. 裁判书字号

河南省平顶山市中级人民法院（2020）豫04民终3374号民事判决书

2. 案由：买卖合同纠纷

3. 当事人

原告（上诉人）：电梯公司

被告（被上诉人）：房地产公司

第三人：王某常

【基本案情】

2014年7月7日，电梯公司委托王某常（委托权限为：以电梯公司的名义，参与房地产公司组织的某项目电梯设备采购项目的谈判活动和主要业务联系）与该房地产公司签订《电梯设备销售合同》一份，合同约定房地产公司向电梯公司采购电梯6台，总价款98.4万元。付款方式为：（1）合同签订后3天内房地产公司支付合同成立金4.92万元；（2）提货前30天房地产公司支付总价款20%的定金即19.68万元；（3）产品交货前7个工作日房地产公司支付合同总价款的50%即49.2万元；（4）产品安装通过验收合格7天内房地产公司支付合同总价款的20%即19.68万元；（5）剩余价款4.92万元于一年保质期满后7日内支付。双方在履

行合同的过程中，房地产公司分别于2014年7月25日向电梯公司银行账户转账4.92万元、2015年9月11日转账19.68万元、2015年10月16日转账49.2万元，以上共计73.8万元。2016年8月10日，王某常与房地产公司通过结算，在电梯设备工程结算单上注明，电梯价款为98.4万元，借支73.8万元，扣除质保金4.92万元后余下货款19.68万元。2016年10月18日，房地产公司董事长在该结算单上签了"可支4.68万元"。2016年10月24日，房地产公司将该4.68万元转入王某常在某银行的个人账户。2017年1月25日，王某常收到房地产公司设备款7万元后出具收到条一份，其内容为"今收到电梯设备款柒万元整（70000元）王某常2017.1.25"。2017年4月11日王某常出具收到条一份，其内容为"今收到房地产公司某项目电梯设备款8万元整。王某常开户银行：某银行平顶山新华支行：注：电梯款转至王某常，如发生经济由我承担。王某常2017.4.11"。2017年4月12日，房地产公司将该8万元转入王某常在某银行的个人账户。2017年7月4日，原审法院在执行案外人王某春与王某常民间借贷纠纷一案中，王某春与王某常达成执行和解协议，协议约定王某常交付王某春一张面值4.92万元条子一张，王某常协助王某春讨要条子上的债权等内容。2017年10月24日，王某春将该条子交付给房地产公司后，房地产公司将质保金4.92万元支付给王某春，王某春出具了收到条一张，其内容为"今收到房地产公司某项目电梯质保金4.92万元，王某春2017.10.24"。

【案件焦点】

电梯公司要求房地产公司支付货款24.6万元是否具有事实和法律依据。

【法院裁判要旨】

河南省郏县人民法院经审理认为：依法成立的合同，对当事人具有法律约束力。本案中，电梯公司与房地产公司所签订的《电梯设备销售合同》系双方真实意思表示，且不违反相关法律规定，系有效合同。合同签订后，房地产公司将前期电梯设备款73.8万元转入电梯公司的银行账户，剩余电梯设备款24.6万元支付给了电梯公司授权代表王某常（电梯公司给王某常出具的授权委托书中授权王某常参与项目谈判活动和主要业务联系，王某常作为电梯公司方的业务代表和业务对接人参与了整个电梯销售及验收、结算的全过程），且王某常收到上述款项后向房地产公司承诺如发生经济（纠纷）由其承担责任，故电梯公司要求房地产公司支付剩余货款的诉讼请求证据不足，法院不予支持。

河南省郏县人民法院依照《中华人民共和国民事诉讼法》第六十四条之规定，作出如下判决：

驳回电梯公司的诉讼请求。

电梯公司不服，提起上诉。

河南省平顶山市中级人民法院经审理认为：本案中，房地产公司与电梯公司签订的《电梯设备销售合同》中约定了电梯公司开户银行及账户，在合同签订后，房地产公司亦按照合同约定的付款比例向电梯公司该账户分3笔支付货款共计73.8万元。虽然电梯公司与房地产公司签订的案涉《电梯设备销售合同》中乙方（电梯公司）签字处及工程结算单中班组长签字处有“王某常”的签字，但电梯公司向房地产公司出具的授权委托书中仅授权“王某常以电梯公司名义，参与房地产公司组织的河南省平顶山市郏县某项目电梯设备采购项目的谈判活动和主要业务联系”，并未明确授权王某常收取案涉电梯款，房地产公司擅自将余下的24.6万元货款支付王某常及王某常的债权人王某春，侵害了电梯公司的合法权益，故电梯公司要求房地产公司支付货款24.6万元的上诉请求具有事实和法律依据，法院予以支持。电梯公司要求房地产公司支付逾期付款损失2.46万元的请求并未超出合同约定及法律规定，法院予以支持。王某常在收取房地产公司的款项后作出的如发生经济纠纷由其承担的承诺，对电梯公司不产生效力。房地产公司与王某常之间的纠纷，可另行解决。

河南省平顶山市中级人民法院依照《中华人民共和国合同法》第六十条第一款、《中华人民共和国民事诉讼法》第一百七十条第一款第二项之规定，作出如下判决：

一、撤销河南省郏县人民法院（2019）豫0425民初2521号民事判决；

二、房地产公司于本判决生效之日起十日内向电梯公司支付货款24.6万元及逾期付款损失2.46万元。

【法官后语】

一、合同当事人在履行合同义务时应为对方利益考虑，不得擅自改变履行方式

合同中当事人均应完全适当履行义务，任何一方不适当的履行行为均会给对方造成损失。双方当事人既然能够签订合同，说明彼此之间存在信任，那么一方在履行合同义务时应为对方利益考虑，全面履行合同义务，令对方当事人获得预期的合同利益，若有合同约定应按照约定履行，若无约定，应遵照交易习惯履行，切不可只图自己方便，在未征得对方当事人同意的情况下，擅自改变履行方

式。本案中，案涉合同中载明有电梯公司的开户行和银行账户，且合同签订后，房地产公司将前期电梯设备款73.8万元转入电梯公司在该银行的账户，但剩余电梯设备款24.6万元却支付给了电梯公司授权代表王某常，虽然房地产公司辩称王某常为电梯公司的授权代表，但是电梯公司为王某常出具的授权书中并未明确授权由王某常收取案涉电梯款。因此，不论是依照合同约定，还是交易习惯，房地产公司均应将剩余的24.6万元电梯款支付给电梯公司，而非擅自改变履行方式将剩余案涉电梯款支付给王某常。

二、一方当事人擅自改变履行方式履行义务的，应视为未履行，应根据合同的性质和对方当事人的请求承担相应的违约责任

当事人签订合同的目的是获得合同利益，但一方当事人擅自改变履行方式的履行行为却有违对方当事人的预期，无疑会给对方当事人造成损失，对于该损失，履行义务的当事人应当承担相应的违约责任，向对方当事人进行弥补。因一方当事人未按照合同约定或者交易习惯履行义务的行为，未让对方当事人获得应得的合同利益，故应视为该当事人履行行为无效。按照合同的性质，若该当事人的义务可以继续履行的，则对方当事人有权要求该当事人继续履行义务，并承担迟延履行责任；若该当事人继续履行义务已经没有意义，则对方当事人可以请求该当事人承担违约责任。本案中，因房地产公司擅自改变履行方式，未适当完全履行合同义务，房地产公司应当向电梯公司承担迟延履行责任，考虑到房地产公司所负义务为支付货款，该义务依据性质可以继续履行，故房地产公司应继续向电梯公司支付剩余的电梯款，并赔偿电梯公司逾期付款损失。

编写人：河南省平顶山市中级人民法院　朱斐斐

062 合同约定的行权条件因客观因素难以实现时应允许当事人行使权利

——电缆公司诉电力建设公司买卖合同案

【案件基本信息】

1. 裁判书字号

北京市第二中级人民法院（2020）京02民终3305号民事判决书

2. 案由：买卖合同纠纷

3. 当事人

原告（被上诉人）：电缆公司

被告（上诉人）：电力建设公司

【基本案情】

2016年10月至2017年4月，电缆公司与电力建设公司就案涉小区工程先后签订三份采购合同。约定电缆公司向电力建设公司供应电缆；电力建设公司于合同签订后7日内付款30%，于货到现场后7日内付40%，经正式发电运行验收合格后7日内付25%，剩余5%在质保期届满且无质量问题后30天内付清；质保期为产品正式验收合格之日起24个月；电缆无法通过项目所在地供电局验收，电力建设公司有权要求电缆公司承担合同价款的25%作为违约金，并承担电力建设公司因此所受直接经济损失。三份合同除金额外其他条款基本相同。

后电缆公司于2016年11月将前两份合同约定的电缆供应完

毕。电力建设公司亦给付了这两份合同约定的第一笔及第二笔货款。第三份合同亦于2017年供货完毕。电力建设公司前后共计向电缆公司付款3680779.75元，尚欠1012918元。

2017年12月，案涉小区工程竣工。此后该小区使用临时电源。

合同履行中，该小区正式点电源点所涉电力隧道工程开工，因需穿越铁路而迟迟未能完工。后工程开发商通知被告于2018年10月停工。

【案件焦点】

合同约定一方当事人行使权利应满足特定条件，但在合同未能正常履行致使该条件难以成就时，能否允许该方当事人主张其权利。

【法院裁判要旨】

北京市房山区人民法院经审理认为：案涉合同约定被告于电缆经正式发电运行验收合格后7日内付第三笔货款。故电缆经正式通电并竣工验收合格是被告给付第三笔货款的前提条件，被告以条件尚未成就为由未付款并不违反合同约定。但仍应注意的是，双方在约定上述合同条款时应是以涉案电缆敷设工程的正常进行为前提。即在工程顺利施工并完工的情况下，双方均同意适用上述付款条件。而在实际履行中，电缆敷设工程因相关电力隧道的修建而暂停施工，进而影响了正式通电、项目报竣及电缆验收。双方对此均无过错。但《中华人民共和国合同法》规定当事人应当遵循公平原则确定各方权利和义务。即合同的签订和履行均应遵循公平原则。本案中，如机械适用合同约定的付款条件，将导致在已履行完全部供货义务长达三年的情况下，原告基于合同所应获得的第三笔货款因为上述电力隧道迟迟未能修建完毕而将一直处于悬而未决的状态，有悖公平原则。而即使案涉电缆将来经供电部门验收确实存在质量问题，被告亦可基于质保金条款及违约条款保护其相关权利。故综合考虑全案情况尤其是合同的签订和履行情况，原告要求被告给付第三笔货款，理由正当，证据充分，应予支持。但原告主张的逾期付款利息，如前所述，被告并无违约，故该项诉求不应支持。

据此，北京市房山区人民法院依照《中华人民共和国合同法》第五条、第一百五十九条之规定，作出如下判决：

一、被告电力建设公司于本判决生效之日起十日内给付原告电缆公司货款 1012918 元；

二、驳回原告电缆公司的其他诉讼请求。

电力建设公司不服一审判决，提出上诉。

北京市第二中级人民法院经审理认为：电力建设公司与电缆公司签订的《合同一》《合同二》《合同三》系双方当事人的真实意思表示，且未违反国家有关法律、法规的强制性规定，应认定为有效，签约各方均应依约履行各自义务。在本案中虽《合同一》《合同二》均约定经正式发电运行验收合格后甲方于 7 日内付合同总额的 25%，但因现相关电力隧道的修建迟延而暂停施工，进而影响了正式通电、项目报竣及电缆验收，因此，在《合同一》《合同二》的履行过程中虽电力建设公司和电缆公司对此均无过错，但鉴于《中华人民共和国合同法》第五条亦规定：当事人应当遵循公平原则确定各方的权利和义务，因此一审法院认为如机械地适用《合同一》《合同二》约定的付款条件，将导致在已履行完全部供货义务长达三年的情况下，电缆公司基于《合同一》《合同二》所应获得的第三笔货款因为上述电力隧道迟迟未能修建完毕而将一直处于悬而未决的状态，有悖于上述公平原则并无不妥。如果案涉电缆将来经供电部门验收确实存在质量问题，电力建设公司可通过质保金条款及违约条款保护其相关权利。据此，一审法院综合考虑全案情况尤其是《合同一》《合同二》的签订和履行情况，对电缆公司要求电力建设公司给付第三笔货款予以支持并无不当。故电力建设公司的上诉理由不能成立，应予驳回。一审法院判决认定事实清楚，适用法律正确，应予维持。

北京市第二中级人民法院依照《中华人民共和国民事诉讼法》第一百七十条第一款第一项之规定，作出如下判决：

驳回上诉，维持原判。

【法官后语】

本案争议焦点在于合同约定一方当事人行使权利应满足特定条件，但在合同未能正常履行致使该条件难以成就时，能否允许该方当事人主张其权利。

对此，存在两种观点。

一种观点认为，合同是双方当事人对彼此权利义务经自由协商达成的合意。双方在缔约时即应预测到合同履行中可能遇到的各种风险，但经过衡量，仍对相关权利的行使设定了特定条件。这属于当事人的意思自治，当事人均应受此约束，否则将使合同履行处于不确定状态，也有悖诚信原则。故不应支持原告的诉求。

另一种观点则认为，合同是双方经磋商达成的合意，通常情况下，双方当事人的确应该严格按照合同约定履行义务、行使权利。但在合同履行中，如出现了特殊情形，合同实际上已无法正常履行，进而导致合同约定的行权条件迟迟难以成就，此时如果仍然坚持按照合同原来设定的条件，阻止当事人主张其权利，将可能导致双方当事人的权利出现失衡，有违公平原则。公平原则作为合同法的基本原则之一，强调交易双方在缔约及履约过程中应获得均等的机会、互惠互利，在权利义务的设置上不应出现严重失衡。基于该原则，应支持原告诉求。

是否有失公平，具体到个案，还应从三个层面进行考量。

一是合同约定的行权条件不能成就的原因。如果行权条件不能成就是因为当事人自身原因造成的，则应依据其过错承担相应责任。本案中，因相关市政工程迟迟未能完工导致案涉项目无法通电验收，被告据此拒付原告货款。可见，原告索要货款条件未能成就的原因并非双方的过错，而是因为客观因素所致。如果是原告自身原因如迟延供货、货物有瑕疵等造成无法验收，则应由原告自行承担无法收取货款的责任。

二是行权条件不能成就的持续时间。如果行权条件只是暂时不能成就，通常情况下不会对一方当事人的权益造成过大的影响或损害，此时该方当事人仍应遵循合同约定，待条件成就时才能主张权利。反之，如阻止条件成就的客观情形会持续较长时间，已经超出双方在缔约时的合理预期，此时如果机械地适用合同条款，将导致一方当事人的合同权利长期处于落空状态，显然有失公平。本案中，原告早已完成全部供货义务，但直至数年后仍未能获得第三笔货款，被告也未提出过质量异议。案涉项目所在小区都已竣工交付使用，只是因为关联市政工程的迟延竣工而未能通电验收，而该市政工程的完工时间尚难以确定。原告迟迟未能收到第三笔货款也会对其自身的现金流和正常运营带来不利影响。因此有必要适度突破合同此前设定的付款条件，允许原告及时获得其应得货款。

三是一方当事人的权益是否会因对方行权受损。毕竟双方在缔约时约定了原告获得第三笔货款的条件。如允许原告突破上述条件获得该笔货款，需要考虑到双方在设定上述条件时的目的以及被告的合同权益是否会因原告获得该笔货款而受损。双方约定被告应在原告所供电缆完成通电验收后付款，这是为了确保电缆的质量。而本案中，原告早已完成供货，使用原告所供电缆的小区还实际通过了临时电源，且被告至今未提出过质量异议。虽然临时电源可能并未经过全部电缆，对全部电缆的质量暂时不能作出最终判定。但合同亦约定了质保金条款和违约金条款。这样即使被告此时支付了第三笔货款，如果将来该项目正式通电后电缆确实存在质量问题，被告仍可适用质保金条款和违约金条款向原告主张相关权利，即被告作为合同相对方的权益仍然可以通过上述补救措施得到充分保障。

综上，承办人认为合同履行中固然应当遵循诚信原则，但不应机械地理解合同约定和法律规定，因为确保双方当事人之间合同权利义务的整体公平才是诚信原则真正的应有之义。司法裁判中应灵活适用公平原则等基本原则，以更周全地保护当事人的合法权益。

需说明的是，本案审结于《中华人民共和国民法典》施行之前。而《中华人民共和国民法典》关于类似问题的规定主要在于第六条、第六百二十六条，即可考虑适用这两条规定处理同类案件。

编写人：北京市房山区人民法院　孙静波

063 管辖权异议中合同履行地的认定

——L 公司诉 D 公司买卖合同案

【案件基本信息】

1. 裁判书字号

天津市第一中级人民法院（2019）津 01 民辖终 129 号民事裁定书

2. 案由：买卖合同纠纷

3. 当事人

原告（被上诉人）：L 公司

被告（上诉人）：D 公司

【基本案情】

原告 L 公司与被告 D 公司曾签订了编号为 LZDH80921 的《购销合同》，合同第六条约定原告将货物运送至被告院内。合同签订后，被告支付了定金，提走了部分货物，并给付了提走货物的部分货款，尚欠原告部分货款。原告按照合同约定期限，将剩余货物生产完毕，存放在原告处，并催促被告提货，被告无故拒不提货。原告就此向法院提起诉讼。

【案件焦点】

在当事人因同一合同项下不同种类的合同义务发生争议进而产生多个履行地的情况下，如何确定案件管辖法院。

【法院裁判要旨】

天津市静海区人民法院经审理认为：根据《中华人民共和国民

事诉讼法》第二十三条及《最高人民法院关于适用〈中华人民共和国民事诉讼法〉的解释》第十八条第二款的规定，L公司起诉请求D公司给付货款，争议标的为给付货币，L公司为接收货币一方，其住所地天津市静海区为合同履行地，L公司选择向其住所地法院起诉，符合法律规定。裁定如下：驳回D公司对本案管辖权提出的异议。

D公司不服一审判决，持原审意见提起上诉。

天津市第一中级人民法院经审理认为：本案为买卖合同纠纷。《中华人民共和国民事诉讼法》第三十四条规定："合同或者其他财产权益纠纷的当事人可以书面协议选择被告住所地、合同履行地、合同签订地、原告住所地、标的物所在地等与争议有实际联系的地点的人民法院管辖，但不得违反本法对级别管辖和专属管辖的规定。"双方签订的《购销合同》中约定"因合同履行发生争议，由双方当事人协商解决或者申请调解解决；协商或调解不成的，依法向人民法院起诉"。该管辖条款约定，约定不明，应属无效。

《中华人民共和国民事诉讼法》第二十三条规定："因合同纠纷提起的诉讼，由被告住所地或者合同履行地人民法院管辖。"《最高人民法院关于适用〈中华人民共和国民事诉讼法〉的解释》第十八条规定："合同约定履行地点的，以约定的履行地点为合同履行地。合同对履行地点没有约定或者约定不明确，争议标的为给付货币的，接收货币一方所在地为合同履行地；交付不动产的，不动产所在地为合同履行地；其他标的，履行义务一方所在地为合同履行地。即时结清的合同，交易行为地为合同履行地……"因被上诉人有多个诉讼请求，本案存在多种诉讼类型和多个争议标的，各诉讼类型有管辖权的人民法院和各争议标的履行地的人民法院对本案均有管辖权。其中，被上诉人起诉请求上诉人给付货款，争议标的为给付货币，被上诉人为接收货币一方，其所在地为合同履行地；被上诉人起诉请求上诉人赔偿逾期提货损失和保管费用，争议标的为其他标的，上诉人为履行义务一方，其所在地为合同履行地。故上诉人和被上诉人的所在地均为涉案合同履行地，该两地人民法院对本案均有管辖权。

《中华人民共和国民事诉讼法》第三十五条规定：“两个以上人民法院都有管辖权的诉讼，原告可以向其中一个人民法院起诉；原告向两个以上有管辖权的人民法院起诉的，由最先立案的人民法院管辖。”因被上诉人住所地位于天津市静海区，故天津市静海区人民法院对本案具有管辖权。综上，上诉人的上诉主张，理据不足，法院不予支持。一审裁定认定事实清楚，适用法律正确，法院应予维持。依照《中华人民共和国民事诉讼法》第一百七十条第一款第一项、第一百七十一条之规定，作出如下裁定：

驳回上诉，维持原裁定。

【法官后语】

一、合同约定的“送货地、到货地、验收地、安装地”不能认定为双方约定的“合同履行地”

《最高人民法院关于适用〈中华人民共和国民事诉讼法〉的解释》第十八条第一款规定：“合同约定履行地点的，以约定的履行地点为合同履行地。”我们认为，如将合同约定的送货地、到货地、验收地、安装地等均认定为“约定履行地点”，势必出现多个“约定履行地点”，需要额外增加系列规则以确定数个义务中的主要义务或者特征义务，又将重新面临难以确定合同履行地的困境，与该司法解释确立的简便主旨相悖。

本案中，被告D公司依据《购销合同》第六条“原告将货物运送至被告院内”，主张合同履行地为被告处，但约定的货物交付地不能认定为约定的合同履行地，且该合同未明确约定合同履行地点，故本案不适用上述司法解释第十八条第一款的规定，依据该司法解释第十八条第二款的规定，对被告的主张不予支持。

二、多个合同义务并存时，应当以原告主张的主要合同义务确定合同履行地，主要合同义务无法确定的，依照《中华人民共和国民事诉讼法》第三十五条的规定确定管辖法院

《最高人民法院关于适用〈中华人民共和国民事诉讼法〉的解释》第十八条第二款规定，合同对履行地点没有约定或者约定不明确，争议标的为给付货币的，接收货币一方所在地为合同履行地；交付不动产的，不动产所在地为合同履行地；其他标的，履行义务一方所在地为合同履行地。即时结清的合同，交易行为地为合同履行地。合同纠纷中，诉讼请求是基于合同关系主张对方承担合同责任的声明，针对的是违反约定义务形成的责任。违反非货币义务形成的违约金、定金、赔偿损失等请求均为货币给付性质，如果将“争议标的”扩张理解为诉讼请求，将导致违反非货币义务形成纠纷的地域管辖规则虚化。“争议标的”应当理解为原告起诉主张的合同义务，而非当事人实际争议的合同义务，原因在于起诉主张的合同义务是否存在履行争议，以及当事人之间是否还存在其他义务履行争议，均属于实体审理范围，并非确定管辖形式审查对象。《最高人民法院关于适用〈中华人民共和国民事诉讼法〉的解释》第十八条第二款关于“争议标的为给付货币的，接收货币一方所在地为合同

履行地”的规定不仅适用借款合同纠纷，起诉主张的不履行或违约履行合同义务为给付货币的其他合同纠纷，也可以适用该规定。例如，在买卖合同关系中，买方未按照约定支付货款，卖方起诉要求买方支付货款的，争议标的即为给付货币，合同未约定履行地点的，卖方作为接收货币一方，住所地应认定为合同履行地。

本案原告L公司主张被告D公司给付其货款212962元、赔偿其因逾期提货造成的经济损失4113750元、赔偿其因逾期付款及提货造成的保管费用损失132148.6元。因未经法院实体判决支持原告诉讼请求前，原告的诉讼请求并非确定的债权，不宜以诉讼请求金额的多少作为主次给付义务的区分标准，应当以原告起诉主张的合同义务，确定管辖形式审查对象。综上，接收货币一方的原告所在地和履行义务一方的被告所在地均可作为涉案合同的履行地，该两地法院对本案均具有管辖权。原告可以向其中一个法院起诉，因此原告所在地法院即天津市静海区人民法院对本案具有管辖权。

编写人：天津市第一中级人民法院　张红星

064　仅以他人转账凭证无法认定已履行债务

——商贸公司诉薛某朋、柳某买卖合同案

【案件基本信息】

1. 裁判书字号

安徽省马鞍山市中级人民法院（2019）皖0521民终1258号民事判决书

2. 案由：买卖合同纠纷

3. 当事人

原告（被上诉人）：商贸公司

被告（上诉人）：薛某朋

被告（被上诉人）：柳某

【基本案情】

2016 年度，商贸公司多次向薛某朋购买石子，应薛某朋要求，商贸公司缴纳押金 15 万元，其中部分押金根据薛某朋要求汇入柳某的账户，交易过程中，部分货款也根据薛某朋要求汇入柳某账户。商贸公司与薛某朋石子买卖合同履行过程中，商贸公司由杨某旭、案外人陶某宏（音）负责现场、联系船只等事务。双方买卖结束后，经商贸公司催要，薛某朋于 2016 年 11 月 16 日通过柳某向杨某旭转账 5 万元，2017 年 12 月 7 日向商贸公司法人王某林转账 5 万元。

本案庭审过程中，薛某朋申请证人杨某旭出庭作证，杨某旭庭审中陈述，其与商贸公司是合作关系，由商贸公司出资，其与陶某宏（音）跑现场和货源。2016 年度，商贸公司向薛某朋购买石子，由其负责现场以及双方资金的往来，2016 年 11 月 16 日薛某朋向其转账 5 万元，收到薛某朋的转账之后，在一个月内就分两次转给了王某林，转账用以退还押金。另外，其中有 5 万元的押金以押金折抵货款方式随船抵扣，比如说 11 万元的货只给 10 万元，货的数量不变，将押金折抵一部分货款，每次随船抵扣的数额在 3000 元至 7000 元左右。

【案件焦点】

薛某朋 15 万元押金退还了多少，以何种方式退还。

【法院裁判要旨】

安徽省马鞍山市当涂县人民法院经审理认为：

1. 薛某朋要求商贸公司交付押金，旨在保障其与商贸公司之间的石子买卖合同有效履行，保障其交易安全。双方买卖合同按约履行完毕后，薛某朋应当及时退还押金。结合双方陈述，双方的石子买卖仅在2016年度的几个月的时间，双方对货物的数量、质量、价格等均未产生过争议，且商贸公司亦结清货款，则薛某朋在合理期限内，应及时归还押金15万元。

2. 商贸公司对薛某朋通过转账给法定代表人王某林5万元以及通过转账给杨某旭5万元，再由杨某旭转给王某林的事实不持异议，法院依法确认薛某朋通过转账的方式共退还押金10万元。

3. 关于另外5万元押金是否已经退还的问题。薛某朋陈述其通过每次交易时多发货物的形式来退还押金，而其申请出庭的证人杨某旭陈述为每次以扣减货款数额的方式退还押金，二人关于押金退还的方式陈述不一致。另外，根据商贸公司提供的2016年11月3日含有杨某旭的签名付款通知单中货款金额与王某林的汇款金额一致，则可推定杨某旭关于随船扣减货款数额用押金折抵的陈述与事实不符。综上，薛某朋关于尚欠的5万元押金已经退还的证据不足，法院对其抗辩不予支持。

综上，安徽省马鞍山市当涂县人民法院依照《中华人民共和国合同法》第六十条、第一百零八条，《中华人民共和国民事诉讼法》第六十四条第一款、第一百四十二条的规定，作出如下判决：

一、被告薛某朋于本判决生效后十日内退还原告商贸公司押金5万元；并按年利率4.75%支付自2017年1月1日至生效判决确定的给付之日利息。若未按本判决指定的期限履行给付金钱义务，应当按照《中华人民共和国民事诉讼法》第二百五十三条的规定，加倍支付延迟履行期间的债务利息；

二、驳回原告其他诉讼请求。

薛某朋不服一审判决，持一审答辩意见提起上诉。

安徽省马鞍山市中级人民法院经审理认为：薛某朋是否已全额归还商贸公司押金 15 万元，因双方对薛某朋向王某林转账 5 万元以及通过柳某账户于 2017 年 1 月 25 日转账给杨某旭 5 万元，再由杨某旭转给王某林的事实不持异议，法院对此予以确认。关于另 5 万元押金问题，法院认为薛某朋所举证据，不足以证明其已经退还，理由如下：薛某朋与证人杨某旭就如何退还押金陈述并不一致，甚至在一、二审中薛某朋对如何退还押金陈述了完全不一样的两种方式。其在一审陈述，是以随船每次多发部分货冲抵押金的方式抵扣，证人杨某旭一审陈述是随船少发部分货的方式进行抵扣。在二审中，薛某朋又称其是以柳某账户于 2018 年 7 月 22 日，向杨某旭汇款 5 万元，退还了剩余 5 万元押金。二审中，杨某旭亦作证陈述 2018 年 7 月 22 日收到柳某的 5 万元转款是向商贸公司退还的押金。而此次汇款距离商贸公司起诉尚不到一年，薛某朋对如何退还押金的记忆发生如此大的偏差，与常理不合。而证人杨某旭的记忆在一、二审中亦同时发生与薛某朋基本一致的偏离，更无法解释。且杨某旭在收到柳某 2018 年 7 月 22 日的汇款后并未将该款转汇给商贸公司。因此，法院对薛某朋的陈述及证人杨某旭的证言，不予采信。因薛某朋与杨某旭之间尚有其他经济往来，故仅凭柳某向杨某旭汇款 5 万元的银行流水，不足以证明该款项即为薛某朋向商贸公司返还的押金。

综上，薛某朋的上诉请求不能成立，应予驳回；一审判决查明事实清楚，适用法律正确，应予维持。依照《中华人民共和国民事诉讼法》第一百七十条第一款第一项之规定，作出如下判决：

驳回上诉，维持原判。

【法官后语】

随着社会的快速发展，微信、支付宝等支付方式的快速发展，支付方式呈现多样化、便捷化，交易方式呈现多元化。对于一些企业或者个人而言，交易对象要求其接受第三方代付款或者直接使用第三方账户付款的情况司空见惯，代为付款的第三方，最为常见的是交易对象的关联企业、债务人、投资人、代收货人、现场的工作人员等。由第三方代为付款往往会有诸多合理的理由，也使交易变得便捷、高效，符合现阶段经济高质量发展的需要。

这种被广泛使用的支付方式，对于付款方或接受付款方均存在风险。(1) 付款方委托其债务人付款，若债务人与接受付款方有其他交易往来，在产生纠纷时很难认定债务人的付款行为是为自己履行付款义务还是为付款人履行付款义务。(2) 作为接收付款方，因与第三方没有法律上或者合同上的权利、义务关系。若第三方事后声称汇款错误，要求返还“不当得利”，收款方将面临举证的困难。(3) 实践中，收款企业往往向第三方开具发票，事后很难辨别收款企业是否依据交易合同向付款方履行开具发票义务。

本案中，一、二审法院对薛某朋、商贸公司之间的往来习惯、付款方式以及双方与第三方杨某旭之间是否存在交易往来均进行了比较详细的审查。薛某朋与商贸公司就如何退还押金、通过哪种方式、哪个账户或者由某一个人代为退还等问题，事先并未达成合意；在一审审理过程中，薛某朋以及杨某旭对其中5万元的押金的退还方式陈述并不一致，但二人在二审过程中退还押金的方式作了一致的颠覆性的陈述，安徽省马鞍山市中级人民法院结合庭审调查，认为薛某朋与杨某旭、杨某旭与商贸公司之间尚有其他经济往来，仅凭其向杨某旭的汇款，以及杨某旭向商贸公司的汇款，不足以证明两笔汇款的关联性以及该汇款用于退还押金。本案中，薛某朋向杨某旭汇款的本意可能是用来退还押金，鉴于三方之间均有频繁的交易往来，无其他证据佐证杨某旭向商贸公司汇款是代薛某朋退还押金，故薛某朋败诉。

为合理防范第三方支付可能给交易双方带来的风险，交易双方可以采取的措施有：第一，付款前，交易双方以及第三方达成由第三方付款的合意，并签订书面的约定；第二，付款后，交易双方将对第三方支付的数额、时间等及时对账形成书面的对账单并保存。鉴于现有的通信方式比较发达，若有第三方支付的情况，交易双方在微信、QQ、电子邮件中可以对相关细节及时沟通，便于留痕，避免将来因此产生纠纷而可能败诉的风险。

编写人：安徽省马鞍山市当涂县人民法院　王成玲

065 因他国禁止性规定而履行不能的买卖合同之准据法确定

——冯某驰诉吕某兴、黄某峰买卖合同案

【案件基本信息】

1. 裁判书字号

广东省东莞市中级人民法院（2019）粤19民终3129号民事判决书

2. 案由：买卖合同纠纷

3. 当事人

原告（被上诉人）：冯某驰

被告（上诉人）：吕某兴

被告（被上诉人）：黄某峰

【基本案情】

原告冯某弛与被告吕某兴、黄某峰均系中华人民共和国公民。原告冯某弛与被告黄某峰居住在国内，被告吕某兴持个人签证暂住巴基斯坦。原告从事进口生意，偶然之机得知被告吕某兴有驴皮的获取渠道，便于2016年12月与被告吕某兴委托的代理人即被告黄某峰在国内签订了一份有关驴皮的《买卖合同》，由原告冯某弛向被告吕某兴订购盐湿驴皮2000张，每张110美元，合计22万美元。被告黄某峰为被告吕某兴的交易提供保证。在2015年9月3日前，巴基斯坦作为驴皮的生产国，允许出口驴皮。然而，该国政府在2015年9月3日颁布禁令，禁止出口驴皮。涉案驴皮买卖合同签订后，经原告冯某弛多番要求前往验货和催促交货，被告吕某兴始终未能如期提供货物。原告遂提起诉讼，要求：（1）解除原告与两被告于2016年12月15日签订的买卖合同；（2）被告吕某兴向原告返还定金人民币18万元（下文未特别说明的，均指人民币）；（3）被告吕某兴向原告支付违约金18万元；（4）被告吕某兴向原告支付律师费2.6万元；（5）被告黄某峰对上述债务承担连带责任；（6）本案诉讼费由两被告承担。本案未有证据显示被告吕某兴在巴基斯坦有经营任何经济实体。原告冯某弛提交了一份中国质量监督检验检疫总局关于《允许进境非食用动物产品国家或地区及产品种类名单》的政府公开信息，以证明中华人民共和国允许从巴基斯坦进口马属动物皮张，涉案合同属于合法有效的合同。涉案买卖合同未约定法律适用问题。

【案件焦点】

1. 关于涉案买卖合同是否可以解除；2. 如解除合同，两被告该如何承担责任。

【法院裁判要旨】

广东省东莞市第一人民法院经审理认为：被告吕某兴经法院合法传唤，无正当理由拒不到庭参加诉讼，应视为其放弃对原告主张的事实和提交的证据进行抗辩和质证的权利。因涉案《买卖合同》有记载因乙方吕某兴签订合同期间未在中华人民共和国境内，乙方授权他人代签本合同的内容，以及被告吕某兴在买卖合同补签其名字以确认，涉案《收据》有被告吕某兴的签名，再结合被告黄某峰提交的授权书、银行转账记录作为证据链，法院认定涉案买卖合同关系的买方为原告，卖方为被告吕某兴，被告黄某峰系代被告吕某兴签合同与收款，以及原告向被告吕某兴交付了18万元的事实。另外，因被告黄某峰作为担保人在《买卖合同》卖方落款处签名，故其应作为卖方债务的担保人。涉案《买卖合同》有含“定金”的措辞，亦含“订金”的措辞，原告在其诉讼请求中主张其向被告吕某兴交付的18万元是定金，但由于《收据》明确记载原告支付的款项的性质为“订金”，故法院认定原告向被告吕某兴交付的18万元是订金。

第一，涉案《买卖合同》是否可以解除。首先，关于涉案《买卖合同》的效力。因本案纠纷适用中华人民共和国的法律，本案中原告与两被告均具有相应的民事权利能力和民事行为能力，且双方是按自身意思自治自愿签订，内容符合原《中华人民共和国合同法》第九条规定的合同要素，未违反国家法律法规的规定，故法院依据《中华人民共和国合同法》第四十四条的规定，认定涉案《买卖合同》合法有效。其次，关于原告请求解除其与被告吕某兴之间的买卖合同是否有依据。根据审理查明的情况，涉案合同的卖方即被告吕某兴未按合同的约定向原告交货，经原告催告，被告吕某兴依然没有履行合同。本案中亦没有证据能证明被告吕某兴有履约的可能性，依据《中华人民共和国合同法》第九十四条第一款第三项的规定，被告吕某兴迟延履行债务，经催告后在合理期限内仍未履行，原告可要求解除合同。因此，原告诉请解除其与被告吕某兴之间的买卖合同，法院予以支持。

第二，被告吕某兴的责任承担。原告与被告吕某兴之间的买卖合同解除后，依据《中华人民共和国合同法》第九十七条的规定，原告可要求被告吕某兴返还订金 18 万元及赔偿损失。至于损失的计算，原告主张被告吕某兴支付律师费 2.6 万元，但未提交其支付律师费的凭证予以证明。考虑本案纠纷系因被告吕某兴的过错而导致，原告确有委托律师代理诉讼，且《买卖合同》约定了律师费由违约方承担，故法院酌情判令被告吕某兴向原告支付律师费 1.3 万元，对于原告主张的超出该部分的律师费，法院不予支持。至于违约金，因《买卖合同》约定如被告吕某兴私自终止履行合同，原告有权单方解除合同，被告吕某兴需赔偿合同订金金额的一倍即 18 万元作为违约金。该约定是合同双方自愿、真实的意思表示，原告据此请求被告吕某兴赔偿违约金 18 万元，法院予以支持。

第三，被告黄某峰的责任承担。《买卖合同》没有约定被告黄某峰的担保方式，根据原《中华人民共和国担保法》第十九条的规定，被告黄某峰应按照连带责任保证方式承担担保责任。因被告黄某峰的保证责任属于连带责任保证，在合同未约定保证期间的情况下，根据《中华人民共和国担保法》第二十六条的规定，原告有权自主债权履行届满之日起6个月内要求被告黄某峰承担保证责任。由于《买卖合同》约定原告支付18万元后，被告吕某兴立即提供合同要求的数量和质量的货物给原告验货，前述款项到账后5天至7天内安排船运出港，并确保运输时间在40天内完税运至被告吕某兴中华人民共和国境内仓库，原告到被告吕某兴中华人民共和国境内仓库验收，而原告系2016年12月15日向被告吕某兴交付18万元，故被告吕某兴的交货期间于2017年1月31日届满。原告有权自2017年2月1日起6个月内（即2017年7月31日前）向被告黄某峰主张担保债权。被告黄某峰提出涉案担保债权的主张已经过保证期间的抗辩，但法院认为，原告曾于2017年5月18日发微信给被告黄某峰要求退款，被告黄某峰虽称原告未直接向其主张担保债权，但原告一直有向被告黄某峰催促履行合同，且被告黄某峰既作为被告吕某兴的代理人与原告进行交易，也作为担保人对被告吕某兴的合同义务作担保，原告于2017年5月18日的催款应涵括了对被告黄某峰的担保债权主张，进而法院认定原告对被告黄某峰的担保债权主张系发生在保证期间内。另外，根据原《最高人民法院关于适用〈中华人民共和国担保法〉若干问题的解释》第三十四条第二款的规定，原告在保证期间届满前要求被告黄某峰承担保证责任的，从原告要求被告黄某峰承担保证责任之日起开始计算保证合同的诉讼时效。而原告又曾于2017年8月23日、2017年8月27日、2017年9月8日、2017年9月23日均有积极联系被告黄某峰询问情况及催促退款等，可见原告一直有向被告黄某峰主张权利。2018 年 3 月 19 日，原告以与两被告存在纠纷为由，向法院申请立案。依据原《中华人民共和国民法总则》第一百八十八条、第一百九十五条及《最高人民法院关于适用〈中华人民共和国民法总则〉诉讼时效制度若干问题的解释》第二条的规定，原告对被告黄某峰主张权利系在诉讼时效内进行。综上，被告黄某峰应为被告吕某兴的涉案债务承担连带清偿责任。依据《中华人民共和国担保法》第三十一条的规定，被告黄某峰承担连带保证责任后，有权向被告吕某兴追偿。

综上，依照前述援引的法律条文及原《中华人民共和国合同法》第六十条、第一百零七条，《中华人民共和国担保法》第二十一条，《最高人民法院关于适用〈中华人民共和国担保法〉若干问题的解释》第十条，《最高人民法院关于民事诉讼证据的若干规定》第二条，《中华人民共和国民事诉讼法》第六十四条、第一百四十二条、第一百四十四条的规定，作出如下判决：

一、解除原告冯某驰与被告吕某兴于 2016 年 12 月 15 日签订的买卖合同；

二、被告吕某兴应于本判决发生法律效力之日起五日内向原告冯某驰返还订金 18 万元；

三、被告吕某兴应于本判决发生法律效力之日起五日内向原告冯某驰支付违约金 18 万元；

四、被告吕某兴应于本判决发生法律效力之日起五日内向原告冯某驰支付律师费 1. 3 万元；

五、被告黄某峰对上述第二项、第三项、第四项中的债务承担连带清偿责任；

六、驳回原告冯某驰的其他诉讼请求。

被告吕某兴不服原审判决，提起上诉。

广东省东莞市中级人民法院经审理认为：二审争议焦点为吕某兴是否应当对案涉交易承担责任。原审判决认定事实清楚，适用法律正确，应予以维持。依据原《中华人民共和国民事诉讼法》第一百六十九条第一款、第一百七十条第一款第一项、第一百七十五条的规定，作出如下判决：

驳回上诉，维持原判。

【法官后语】

本案是典型的标的物具有涉外因素的国际商事案件。首先，本案明确中巴之间未从事固定经营的个人间的买卖不适用《联合国国际货物销售合同公约》。一方面，虽然巴基斯坦在国际贸易实践中多以选择适用《联合国国际货物销售合同公约》，但因纠纷发生时其未正式加入《联合国国际货物销售合同公约》，在未有当事人明确意思表示的情况下，合同不应适用该公约。另一方面，本案未有证据反映被告吕某兴在巴基斯坦从事固定经营，即使遵循巴基斯坦国际贸易实践和做法，也因交易缺乏营业要件和具有偶发性而不符合该公约规定的适用条件。其次，明确国际货物买卖民事法律活动连接因素中“合同订立地”比“标的物所在地”更具有密切联系性。涉案合同未约定法律适用问题，依照《中华人民共和国涉外民事关系法律适用法》的规定，应以“最密切联系原则”确定合同的准据法。因巴基斯坦国内禁止出口驴皮，准据法的确定影响着合同的效力。本案结合了当事人的合同目的以及是否有交易习惯等因素考虑，认为合同签订地的法律（中华人民共和国法律）系与合同具有最密切联系的法律，进而适用中华人民共和国法律对案件作出判决。最后，本案警示从事跨国交往的商事主体应注意法律冲突问题。被告吕某兴最后的损失源于其不知晓巴基斯坦的法律法规，本案作为范例，为法律冲突的法律适用规则提供了指引。

需要注意的是，本案中涉及的两个法律要点在2021年1月1日施行的《中华人民共和国民法典》中有了根本性变化。其一是关于“推定保证方式”的颠覆性改变。原《中华人民共和国担保法》第十九条规定：“当事人对保证方式没有约定或者约定不明确的，按照连带责任保证承担保证责任。”《中华人民共和国民法典》第六百八十六条规定：“保证的方式包括一般保证和连带责任保证。当事人在保证合同中对保证方式没有约定或者约定不明确的，按照一般保证承担保证责任。”《中华人民共和国民法典》第六百八十六条第二款与《中华人民共和国担保法》第十九条作出了完全相反的规定，即：对于没有约定保证方式或约定不明的，不再将保证人的保证方式推定为连带责任保证，而推定为一般保证。基于此规定，债权人在不与保证人约定保证方式的情况下，将面临保证人责任减轻、追索债权难度加大的不利局面。如本案《买卖合同》中没有约定被告黄某峰的担保方式，在以后的判案中，依照《中华人民共和国民法典》第六百八十六条的规定，被告黄某峰应承担一般保证责任，而非连带保证责任。

其二是《中华人民共和国民法典》对“没有约定或约定不明的保证期间”进行了统一规定。《最高人民法院关于适用〈中华人民共和国担保法〉若干问题的解释》第三十二条规定：“保证合同约定的保证期间早于或者等于主债务履行期限的，视为没有约定，保证期间为主债务履行期届满之日起六个月。保证合同约定保证人承担保证责任直至主债务本息还清时为止等类似内容的，视为约定不明，保证期间为主债务履行期届满之日起二年。”将保证期间区分为没有约定和约定不明二种情形，且分别规定了保证期间，易产生混淆。《中华人民共和国民法典》第六百九十二条第二款规定：“债权人与保证人可以约定保证期间，但是约定的保证期间早于主债务履行期限或者与主债务履行期限同时届满的，视为没有约定；没有约定或者约定不明确的，保证期间为主债务履行期限届满之日起六个月。”统一规定了没有约定或者约定不明确的，保证期间为主债务履行期限届满之日起6个月，清晰明确，有利于法律的适用。

编写人：广东省东莞市第一人民法院　香玉芳

066　合同履行期不明确的履行规则

——鞋业公司诉实业公司买卖合同案

【案件基本信息】

1. 裁判书字号

福建省泉州市中级人民法院（2018）闽05民终2684号民事判决书

2. 案由：买卖合同纠纷

3. 当事人

原告（反诉被告、被上诉人）：鞋业公司

被告（反诉原告、上诉人）：实业公司

【基本案情】

2015年8月31日，鞋业公司与实业公司签订一份《产品购销合同》约定：鞋业公司向实业公司提供154920双休闲鞋，单价为38元/双，总价为5886960元，交货时间为2015年12月20日；分批出货，交货地点为天津港；货物从供方到交货地点的运输及运杂费等由供方承担；发货后45天支付货款；供方必须严格按照提供的样品、订单生产资料进行生产；等等。2015年10月7日，鞋业公司与实业公司签订《产品购销合同补充协议》，对《产品购销合同》的部分内容作出变更：单价变更为38.3元/双，总金额变更为5933436元。2015年10月16日，鞋业公司与实业公司签订一份《协议》，约定就涉案订单通过BSCI认证（一种商界遵守社会责任合规倡议）事宜双方约定为：实业公司负责联系认证公司，协助鞋业公司完成BSCI的认证，认证费用共计57810元由实业公司垫付，在鞋业公司承接实业公司的BSCI认证的订单中按0.2元/双扣除。合同签订后，实业公司指定材料供应商向鞋业公司提供生产资料，三方共同签订合同，除约定鞋业公司向材料供应商购买材料并支付价款外，还约定材料物性测试费用的第一次测试费用由实业公司负责，若首次测试未通过，再次测试费用由供应商承担。

后鞋业公司依约进行生产，其与实业公司通过邮件往来对生产进度进行沟通，并约定由实业公司负责对确认样鞋及楦头进行制作。2015年11月6日，实业公司向鞋业公司发送粉色和深蓝色两个配色的量产通知书。2015年11月9日，实业公司称楦头有细微修改正在重做，需重打确认样，所有材料的颜色都已确认。2015年12月9日，实业公司称之前的深蓝色样鞋要退回，会提供正确样鞋给鞋业公司，剩下配色的样鞋要待客人确认，修改后的楦头会寄给鞋业公司。2015 年 12 月 14 日，鞋业公司收到实业公司提供的深蓝色确认样鞋和楦头。2015 年 12 月 20 日，鞋业公司收到实业公司提供的其余 3 个配色的确认样鞋。2016 年 1 月 13 日，实业公司要求鞋业公司在当月 28 日完成 8 万双。2016 年 1 月 18 日，实业公司再次就交货期发送邮件，要求 1 月 28 日应出货 6 万双，3 月 10 日应出货 94920 双。

鞋业公司于 2016 年 1 月 30 日、3 月 8 日、3 月 24 日、3 月 27 日分别交付 60000 双、18000 双、67940 双、5980 双鞋子，共计交付 151920 双。实业公司已向鞋业公司支付货款 5242714 元，并支付运杂费 11000 元、BSCT 认证费 30984 元。

鞋业公司提起诉讼，要求：判令 1. 实业公司给付货款 575822 元及逾期付款利息；2. 实业公司赔偿鞋业公司 3000 双鞋的材料费、加工费 114900 元。实业公司提出反诉请求：判令 1. 鞋业公司支付逾期交货违约金 1424024.64 元；2. 鞋业公司赔偿运输费用 364000 元。

【案件焦点】

在合同履行期间不明确的时候，有何履行规则。

【法院裁判要旨】

福建省泉州市鲤城区人民法院经审理认为：根据双方签订的《产品购销合同》的约定，交货时间为 2015 年 12 月 20 日，该期限届满后，鞋业公司并未履行交货义务，双方就生产事宜继续沟通，可见双方均同意变更原定交货时间，而新的交货时间尚未明确。后实业公司通过邮件告知鞋业公司交货时间变更为 2016 年 1 月 28 日、

3 月 10 日，系要求对合同交货时间进行变更。合同内容变更要经合同当事人协商一致，并且有明确的约定。现无证据证明鞋业公司明确同意实业公司要求的交货时间。实业公司主张涉诉合同所约定的交货日期为 2016 年 1 月 28 日、3 月 10 日，没有事实及法律依据，应不予采纳，双方对交货时间并未进行明确约定。《中华人民共和国合同法》第六十二条第四项规定："履行期限不明确的，债务人可以随时履行，债权人也可以随时要求履行，但应当给对方必要的准备时间。"本案处理的关键在于认定鞋业公司是否在合理期限内交付货物，结合合同的履行情况，对该问题分析、认定如下：第一，涉诉合同的确认样鞋及楦头的制作系由实业公司负责，实业公司对确认样鞋及楦头进行多次修改，致使鞋业公司于原定的交货期即 2015 年 12 月 20 日才收到最终确定的样鞋及楦头，至此鞋业公司方可进行量产，可见，致使鞋业公司无法按照约定的交货时间交货的原因在于实业公司。第二，双方合同签订于 2015 年 8 月 31 日，原定的交货时间为 2015 年 12 月 20 日，原生产工期为 111 天。而鞋业公司于 2015 年 12 月 20 日具备量产条件起至其最后一次交货时间 2016 年 3 月 27 日，期间为 98 天，前后生产工期差距不大，且鞋业公司在最后一次交货时间前已经交付大部分货物，即使按照实业公司单方要求的交货期限 2016 年 3 月 10 日计算，鞋业公司也仅仅逾期了 17 天。同时，由于实业公司的原因造成鞋业公司的生产期从 2015 年 8 月至 12 月延至 2016 年 1 月至 3 月，应考虑到 2016 年 2 月恰逢农历春节，鞋业公司的工人需春节节前返乡、节后返工的实际情况应认定鞋业公司在合理期限内履行了交付义务。实业公司主张鞋业公司逾期交付货物应承担违约金并赔偿运输费用，与事实不符，应不予支持。

福建省泉州市鲤城区人民法院依照《中华人民共和国合同法》

相关规定，作出如下判决：

一、实业公司应于本判决生效之日起十五日内支付鞋业公司533838元及其利息（自2016年5月11日起按中国人民银行同期同类贷款利率计算至实际付清之日止）；

二、驳回鞋业公司的其他诉讼请求；

三、驳回实业公司的反诉请求。

实业公司不服一审判决，提起上诉。

福建省泉州市中级人民法院经审理认为：第一，对于鞋业公司是否存在逾期交货的问题。由于实业公司确认鞋样等原因，鞋业公司开始全面量产的时间已经推迟到合同约定的交货时间之后。在双方没有对交货期进行明确约定的情况下，不能脱离合同约定原履行期限，而加重合同履行方的没有对交货期进行明确约定的情况下，不能脱离合同约定原履行期限，而加重合同履行方的责任和义务，故合同的履行期限应当相应顺延，在其后顺延的履行期限内，鞋业公司实际履行了相关的交货义务。实业公司在邮件中的交货期是其单方意思表示，并未得到鞋业公司的认可。第二，实业公司主张的运杂费中46361元有注明为运费、运杂费的增值税发票三份为证，三份发票反映的运费、运杂费支付内容能够与本案的货物运输时间、地点等相印证，且系必要及合理支出，鞋业公司虽不予认可，但未能提供相应反证，故对实业公司代付的运杂费46361元的事实应予以认定。故实业公司尚欠的货物为487477元。

福建省泉州市中级人民法院依照《中华人民共和国民事诉讼法》第一百七十条第一款第二项之规定，作出如下判决：

一、维持原审判决第三项；

二、撤销原审判决第二项；

三、变更原审判决第一项为：实业公司应于本判决生效之日起十五日内支付鞋业公司487477元及其利息（自2016年5月11日起按中国人民银行同期同类贷款利率计算至实际付清之日止）；

四、驳回鞋业公司的其他本诉请求。

【法官后语】

本案中由于需方的原因，供方开始量产的时间已经推迟到原合同约定的交货时间之后了，而双方还继续就生产事宜进行沟通，可见双方事实上还是要继续履行合同。而按照原定交货时间交货客观上已无法实现。需方虽然单方提出新的交货时间，但并未得到供方的确认，也就是说，供需双方对交货时间并未进行明确约定。在合同履行期间不明确的时候，应当遵循如下履行规则：

第一，当事人协议补充原则。是指当事人对没有约定或者约定不明确的合同内容通过协商的办法订立补充协议，使合同具体化和明确化，并与原合同共同构成一份完整的合同。当事人协议补充原则源于《中华人民共和国民法典》第五百一十条所规定的"合同生效后，当事人就质量、价款或者报酬、履行地点等内容没有约定或者约定不明确的，可以协议补充"。

第二，按照合同有关条款或交易习惯确定原则。约定不明合同在履行中形成纷争时，首先，应当适用当事人协议补充原则。其次，当不能达成补充协议时，应按《中华人民共和国民法典》第五百一十条后段"按照合同相关条款或者交易习惯确定"的原则进行。

第三，法定补充原则。当事人就有关合同内容约定不明确，在适用当事人协商补充原则、按照合同有关条款确定原则、按照交易习惯确定原则仍不能确定时，就应当适用法定补充原则。所谓法定补充原则，又称合同的补缺规则，是指法律规定的，适用主要条款欠缺或合同条款约定不明确，但并不影响其效力的合同，以弥补当事人所欠缺或未明确表示的意思，使合同内容合理、确定，便于履行的法律条款具体可以按照《中华人民共和国民法典》第五百一十一条的规定。

本案买卖合同因需方的原因造成供方全面量产的时间已经推迟到合同约定交货时间之后，双方也没有另行对交货期进行明确约定的情况下，按照合同履行期间不明确时的履行规则，应按照双方签订的原合同条款或者交易习惯来确定履行期。按照双方签订的原合同有关履行期限的条款可以推定原生产工期为111天，双方不能脱离合同约定的原履行期限，加重合同履行方的责任和义务，故合同的履行期限应当顺延。而鞋业公司自具备量产条件起至最后一次交货时间的期间为98天，也就是说鞋业公司在顺延的履行期限内，履行了相关的交货义务。

编写人：福建省泉州市鲤城区人民法院　黄细芬

067　买卖合同履行过程中“先履行抗辩权”的正确认定

——环保公司诉科技公司、刘某买卖合同案

【案件基本信息】

1. 裁判书字号

山东省淄博市中级人民法院（2018）鲁03民终3758号民事判决书

2. 案由：买卖合同纠纷

3. 当事人

原告（上诉人）：环保公司

被告（被上诉人）：科技公司、刘某

【基本案情】

环保公司（甲方）和科技公司（乙方）于2014年3月10日签订《YT-MPSA型复印墙板生产线购销合同》，甲方向乙方购买YT-MPSA型轻质高强复合墙板生产线一台，合同约定自设备购销合同签订之日起120天内，乙方完成设备生产及在甲方厂区内的运行调试，即交货日期为2014年7月8日，乙方将设备送达甲方指定地点（东营开发区），运费由乙方承担。双方另约定：如果乙方没能在规定的期限内交货，则由乙方承担相应的违约金。如果延期一个月，仍不能提交双方约定的合格产品，甲方有权向乙方提出退货，同时乙方需在3日内向甲方支付已付的全部费用，并按照合同总额10%支付甲方违约金；乙方负责前往甲方厂区进行设备的安装调试，30天内完成安装调试工作，达到正常生产运行的要求。如超出30天仍未调试出合格的产品，之后的所有试产材料由乙方全部承担，直至调试出合格产品，乙方并向甲方支付违约金，按每天2000元计算，从乙方的设备款中扣减；甲方未按照合同约定支付乙方资金而延误的时间及产生的影响，均由甲方承担。合同约定设备价款支付进度为：设备总价款为262万元，总价款包含设备所有的材料费、人工费、外协费、关联的不可预见性的费用，乙方及所雇用的其他员工在合同期限内的工资和乙方的利润收益。（1）合同签订后2日内，支付合同总额的40%，即104.80万元。（2）甲方按乙方分期提供设备的价款支付设备款，设备全部到达甲方指定地点后累计支付设备总价款的50%（即131万元），每次支付时间为甲方收货后的2日内。（3）待乙方如期完成在甲方厂区内的安装调试后，甲方3日内支付余款26.2万元。第五条约定，环保公司自主研发的YT-MPSA型轻质高强复合墙板生产线相关设备、工艺及产品均已申请国家专利，上述知识产权及由此衍生的相关知识产权均归属环保公司所有。科技公司对本合同项下的设备的所有信息，负有保密义务。合同签订后，双方于2014年3月19日签订《YT-MPSA型复合墙板生产线购销合同变更协议》，将原购销合同中设备价款支付进度变更为：（1）合同签订后2日内，支付合同总额的40%，即104.8万元。（2）4月5日，甲方支付设备总价款的20%，即52.4万元。4月25日，甲方支付设备总价款的15%，即39.3万元。5月10日，甲方支付设备总价款的15%，即39.3万元。（3）待乙方如期完成在甲方厂区内的安装调试后，甲方3日内支付余款26.2万元。合同签订后，环保公司于2014年3月13日向科技公司付款104.8万元，2014年4月11日付款30万元，2014年4月30日付款20万元，2014年5月8日付款40万元。因环保公司未按协议约定设备价款进度和金额支付货款，科技公司遂未交付货物。刘某系原某能源科技有限公司的生产厂长，个人不具备生产YT-MPSA型复合墙板生产线的能力，为环保公司提供生产线的实际是某能源科技有限公司。经法院现场勘查，科技公司处存放有涉案设备，但环保公司对此未予确认。环保公司起诉要求解除《YT-MPSA型复合墙板生产线购销合同》及《YT-MPSA型复合墙板生产线购销合同变更协议》并判令科技公司、刘某返还设备款194.8万元和支付违约金26.2万元。

【案件焦点】

涉案合同应否解除，科技公司、刘某应否返还已付设备款和支付违约金。

【法院裁判要旨】

山东省淄博市临淄区人民法院经审理认为：双方原购销合同明确约定“甲方未按照合同约定支付乙方资金而延误的时间及产生的影响，均由甲方承担”，环保公司未按规定的设备价款支付进度及金额付款，导致合同无法正常履行，科技公司未交付设备有其正当理由，并未违背合同履行应当遵循的诚实信用原则和全面履行原则，原告主张解除合同的理由不能成立。经现场勘查，科技公司处现存有生产线设备，虽然环保公司对该设备是否为合同约定的设备有疑问，但根据原购销合同约定，科技公司在环保公司按约定付清相应货款的情况下，有义务将设备交付环保公司并负责安装调试生产出合格产品，因此该合同有继续履行的可能性，因环保公司主张解除合同的理由不能成立，故该合同应该按照合同约定继续履行，对环保公司的诉求不予支持。刘某签订合同属职务行为，环保公司要求刘某同时承担返还设备款并支付违约金的诉求依法不能成立。依照《中华人民共和国合同法》第六条、第六十条、第六十七条、第六十八条、第六十九条、第九十三条、第九十四条、第九十六条、第九十八条、第一百零七条，《最高人民法院关于适用〈中华人民共和国合同法〉若干问题的解释（二）》第二十四条，《中华人民共和国民事诉讼法》第六十四条的规定，作出如下判决：

驳回环保公司的诉讼请求。

环保公司不服一审判决，提起上诉。

山东省淄博市中级人民法院经审理认为：双方签订购销合同后，又签订变更协议，对设备价款支付进度作出变更，改变了原合同中分批支付已供设备价款的约定，仅规定了付款时间，未约定交货时间。环保公司未按约付款，科技公司未交付货物并不违背合同约定。依照《中华人民共和国民事诉讼法》第一百七十条第一款第一项规定，作出如下判决：

驳回上诉，维持原判。

【法官后语】

本案主要涉及买卖合同履行过程中“先履行抗辩权”的正确认定问题。

先履行抗辩权是指在当事人互负债务且有先后履行顺序的情况下，后履行一方在先履行一方未依约履行前所享有的拒绝其相应履行请求的抗辩权。从概念和内涵来看，先履行抗辩权，本质上是对先期违约的抗辩。先期违约是指一方当事人首先违约且该违约系另一方不履行合同的原因。先履行抗辩权是对负有先履行义务一方违约的抗辩，亦即对先期违约的抗辩。对此《中华人民共和国民法典》第五百二十六条作出了明确规定：“当事人互负债务，有先后履行顺序，先履行一方未履行的，后履行一方有权拒绝其履行要求。先履行一方履行债务不符合约定的，后履行一方有权拒绝其相应的履行要求。”审判实务中先履行抗辩权的认定需具备以下条件：一是需基于同一双务合同；二是该合同需由一方当事人先为履行；三是应当先履行的当事人不履行合同或者不适当履行合同。具备上述条件，发生先履行抗辩权，即没有先履行义务但已到履行期的对方当事人享有不履行或者部分履行的权利。

先履行抗辩权在买卖合同纠纷中相对出现较多，而本案即适用先履行抗辩权从而对案件作出了正确的认定。本案中，涉案购销合同约定了合同解除的条件和违约金的支付标准，但适用该条款的前提是科技公司确实违约。根据变更协议，环保公司未按照双方约定的设备价款支付进度支付科技公司相应的合同价款，致使科技公司未能及时交付货物，环保公司明确违约在先。尽管环保公司主张已履行大部分付款义务，而科技公司任何设备均未交付，因此科技公司不能按照《中华人民共和国合同法》第六十七条（《中华人民共和国民法典》第五百二十六条基本沿袭了该规定）规定的先履行抗辩权来拒绝交付设备。但涉案生产线设备为整体交付，环保公司应当按约定先支付设备款，在其没有按时按约定数额（尚欠 41 万元）支付设备款的情况下，科技公司有权拒绝交付设备。环保公司主张其拒绝支付剩余 41 万元，一是因为科技公司未分批分期交付设备，如前所述这显然不能成立；二是因为科技公司未开具增值税发票，但双方对此并未约定每付一次款就要开具发票，环保公司也无证据证明因科技公司未开具发票导致其经济损失，且科技公司承诺付清全部设备款后开具总的发票，故环保公司的该拒付理由也不能成立；三是因为科技公司丧失商业信用，环保公司行使不安抗辩权。但环保公司无证据证实科技公司已丧失商业信用，且根据合同法规定，环保公司也未履行相应的通知义务，其该拒付理由同样不能成立。双方原购销合同明确约定“甲方未按照合同约定支付乙方资金而延误的时间及产生的影响，均由甲方承担”，科技公司未交付设备有其正当理由，并未违背合同履行应当遵循的诚实信用原则和全面履行原则。故本案中科技公司享有先履行抗辩权，环保公司不能依据合同约定行使约定解除权和法定解除权。涉案合同有继续履行的可能性，环保公司主张解除合同并返还已付设备款和支付违约金的诉求依法不能成立，一审、二审法院驳回环保公司诉求具有事实和法律依据，无疑是正确的。

编写人：山东省淄博市中级人民法院　荣明潇

山东省淄博市临淄区人民法院　刘海红

068 违反合同附随义务不足以构成欺诈

——谭某安诉销售公司买卖合同案

【案件基本信息】

1. 裁判书字号

福建省泉州市中级人民法院（2018）闽05民终7110号民事判决书

2. 案由：买卖合同纠纷

3. 当事人

原告（上诉人）：谭某安

被告（被上诉人）：销售公司

【基本案情】

2015年1月14日，谭某安向销售公司购买一辆A牌越野车。该车售价76万元，谭某安已通过蔡某春支付销售公司车辆价款并提车，销售公司也向谭某安交付涉案车辆机动车销售统一发票、《货物进口证明书》《进口机动车辆随车检验单》。上述车辆已在福建省泉州市公安局交通警察支队车辆管理所办理注册登记。2017年3月29日，谭某安将涉案车辆开至大长江公司修理，因无法免费保修，谭某安支出修理费6881.5元。后谭某安与销售公司经泉州市工商行政管理局泉州经济技术开发区分局调解并达成调解协议，销售公司同意支付谭某安保修费用6881.5元。后销售公司向谭某安出具一份《承诺书》，该承诺书载明因涉案车辆不能联保，保修期内（至2018年1月13日）在外地涉及保修，谭某安告知销售公司后，销售公司为谭某安承担保修费用。

另查，截至一审法庭辩论结束前，涉案车辆已经行驶了11万多千米。涉案车辆系销售公司自行进口销售，无法在奔驰中国公司授权的全国各地网点进行质保期内的免费保修。审理中，谭某安明确系以销售公司提供的商品或服务存在缺陷，主张销售公司存在《中华人民共和国消费者权益保护法》第五十五条的欺诈行为。

【案件焦点】

1. 销售公司是否向谭某安披露涉案车辆无法在奔驰中国公司授权的全国各地网点进行质保期内的免费保修；2. 若未披露，销售公司的行为是否构成欺诈。

【法院裁判要旨】

福建省泉州市鲤城区人民法院经审理认为：谭某安与销售公司关于涉案车辆的买卖合同关系依法成立有效。本案中，销售公司确认涉案车辆系其自行进口，无法在奔驰中国公司授权的全国各地网点进行质保期内的免费保修。但根据查明的事实，销售公司销售的涉案车辆来源合法，已办理车辆的注册登记手续，谭某安提供的证据不足以证明销售公司销售涉案车辆存在欺诈行为。涉案车辆无法在奔驰中国公司授权的全国各地网点进行质保期内的免费保修，属于车辆保养维护问题，并不涉及性能和质量，不属谭某安主张的

“商品或服务存在缺陷”的情形，且销售公司已承诺承担谭某安质保期内无法免费保修的费用。同时，本案亦无证据证明涉案车辆存在质量问题，也无证据证明销售公司以次充好、以质量不合格的车辆冒充合格的车辆或夸大、隐瞒所提供车辆的质量、性能等与消费者有重大利害关系的信息误导等情形。故谭某安主张销售公司销售涉案车辆时存在欺诈行为，于法无据，不予采纳。依照《中华人民共和国民事诉讼法》《最高人民法院关于民事诉讼证据的若干规定》的规定，作出如下判决：

驳回谭某安的诉讼请求。

谭某安不服一审判决，提起上诉。

福建省泉州市中级人民法院经审理认为：关于是否披露车辆保修信息的问题。对于购车时是否有披露前述事项，销售公司作为专业的车辆经销商，其在销售车辆时，负有主动向消费者及时、完整披露车辆相关信息的义务，故在购车时是否披露相关信息，销售公司负有举证证明责任。销售公司无法提供证据证实其主张，应承担举证不能的责任，即销售公司未能在购车时向谭某安披露涉案车辆无法在奔驰中国公司授权的全国各地网点进行质保期内的免费保修。关于销售公司没有披露前述信息的行为是否构成欺诈的问题。根据销售公司在工商局的调解下与谭某安达成由销售公司承担保修费用及销售公司出具给谭某安《承诺书》承担保修期的保修费用可知，涉案车辆质保期内在全国范围的免费保修是销售公司应负的合同主要义务之一。因此，因涉案车辆无法享有质保期内在全国范围的免费保修，销售公司已违反合同义务，构成违约。但是销售公司又通过《承诺书》的形式给予谭某安承担保修期内保修费用的承诺，该承诺足以弥补因销售公司的前述违约行为而导致谭某安可能遭受的损失。有鉴于此，可以认定销售公司以替代履行的方式承担其合同义务，已对其违约行为进行纠正，补救并完善合同义务。另外，相较于承担涉案车辆质保期内在全国范围的免费保修是合同的主要义务，是否披露涉案车辆的维保信息应是合同的附随义务。在前述合同主要义务已通过替代履行的方式得以实现的情况下，是否披露涉案车辆的维保信息这一合同的附随义务亦不足以对合同相对人即谭某安造成实质性的损害，其所主张的欺诈亦无法成立。综上，一审法院认定事实清楚，适用法律正确，应予维持。据此，依照《中华人民共和国民事诉讼法》的规定，作出如下判决：

驳回上诉，维持原判。

【法官后语】

一、披露车辆保修信息应属合同附随义务

《中华人民共和国合同法》第六十条规定："当事人应当按照约定全面履行自己的义务。当事人应当遵循诚实信用原则，根据合同的性质、目的和交易习惯履行通知、协助、保密等义务。"《中华人民共和国民法典》第五百零九条基本沿袭了该规定，并增加一款，具体规定："当事人应当按照约定全面履行自己的义务。当事人应当遵循诚信原则，根据合同的性质、目的和交易习惯履行通知、协助、保密等义务。当事人在履行合同过程中，应当避免浪费资源、污染环境和破坏生态。从合同义务分类来看，该条款既规定了合同的主合同义务，也规定了合同的附随义务。就理论基础而言，合同的附随义务是基于诚实信用原则而产生的，贯穿于合同的订立、生效、履行、终止等各个阶段。本案中，谭某安订立买卖合同的目的在于取得各项性能完备、质量合格的奔驰汽车。相应地，销售公司的主合同义务应在于提供质量合格的车辆及承担应尽的保修义务。同时，在车辆销售前，销售公司亦有义务告知买受人包括保修信息在内的车辆各项信息。因此，相较于承担车辆质保期内全国范围的免费保修是主合同义务，是否披露车辆的保修信息应是合同的附随义务。该附随义务产生于合同订立过程中，作为买卖合同一方当事人，买受人有权全面知悉所购车辆的各项信息。基于此，销售公司在双方买卖合同正式订立前，负有及时全面披露车辆各项信息的附随义务。

二、违反合同附随义务不足以构成欺诈

所谓“欺诈”，《最高人民法院关于贯彻执行〈中华人民共和国民法通则〉若干问题的意见（试行）》第六十八条规定“一方当事人故意告知对方虚假情况，或者故意隐瞒真实情况，诱使对方当事人作出错误意思表示的，可以认定为欺诈行为”。依据该规定，欺诈行为的构成至少包含两方面的要素，即一方“故意告知对方虚假情况，或者隐瞒真实情况”，另一方“作出错误意思表示”，二者缺一不可。一般而言，在买卖合同中，出卖人故意向买受人就买卖标的的质量、功能、价格等足以影响买受人订约的关键因素作虚假陈述或隐瞒真实情况，从而导致买受人错误理解而订立买卖合约的，应予认定构成欺诈。具体到本案中，谭某安购买案涉奔驰车辆，更多的是受到车辆的品牌、性能、价格等因素的影响，而非仅仅是车辆的保修情况。同时，在销售公司作为销售者的保修义务可以通过替代履行方式承担的情况下，保修信息披露与否尚不足以构成影响买受人订立合约的决定性因素。基于此，即使销售公司存在“隐瞒真实情况”，即未及时披露车辆保修信息；谭某安也不会因此受到误解而“作出错误意思表示”，即购买案涉奔驰汽车。因此，虽然存在销售公司未履行披露车辆保修信息这一合同附随义务的事实存在，但其未履行该附随义务并不必然导致谭某安作出错误意思表示，谭某安据此主张销售公司构成欺诈，缺乏成立要件，不应支持。

编写人：福建省泉州市中级人民法院　赖世耀

069　卖方迟延交货时实际损失的认定与违约金调整的标准

——科技公司诉风机公司买卖合同案

【案件基本信息】

1. 裁判书字号

北京市第三中级人民法院（2017）京03民终6708号民事判决书

2. 案由：买卖合同纠纷

3. 当事人

原告（上诉人）：科技公司

被告（被上诉人）：风机公司

【基本案情】

2016年9月23日，科技公司同风机公司签订《购销合同》，约定科技公司向风机公司采购风机，合同总价款13万元，全款付清后18天内到货；合同签订付清全部货款，风机公司收到100%合同款18天内到科技公司指定地点交货，如风机公司未按指定时间到货，风机公司按每天支付合同总额5%的违约金给科技公司。合同签订当日，科技公司通过转账方式将13万元货款支付给风机公司。风机公司于2016年10月10日发货，于10月16日将货物送至合同约定地点。

科技公司向一审法院起诉请求：1. 判令风机公司支付违约金32500元；2. 判令风机公司承担本案诉讼费。

一审中，科技公司陈述由于风机公司迟延交货，导致其额外发生了人工劳务费用，但未提交证据证明该项损失。二审期间，科技公司提交了与案外人工程项目部之间的买卖合同，工程项目部向科技公司发出的催货函、违约告知函，向科技公司出具的收到违约金80000元的收据，汇款人丁某杰向收款人田某军汇款80000元的银行业务凭证等证据，欲证明科技公司因风机公司逾期交货而向第三方实际支付了违约金，产生了经济损失80000元。二审另查明：汇款人丁某杰向收款人田某军汇款80000元的银行业务凭证中，附言一栏注明："支付工程项目部通风管道防火阀……"

【案件焦点】

1. 非违约方主张发生实际损失的证明标准如何界定；2. 支付约定违约金是否须以损失的实际发生为前提；3. 迟延交货违约金的调整标准如何掌握。

【法院裁判要旨】

北京市朝阳区人民法院经审理认为：风机公司于2016年10月16日到货，逾期5天交货，构成违约。科技公司有权要求风机公司支付违约金，但双方在合同中约定的违约金过高，且科技公司未提交证据证明风机公司的违约行为对其造成的具体损失。法院对违约金比例予以调整，即风机公司按照延迟交货货款年息24%的标准向科技公司支付违约金。

北京市朝阳区人民法院作出如下判决：

一、风机公司于判决生效之日起十日内向科技公司支付逾期交货违约金427元；

二、驳回科技公司的其他诉讼请求。

科技公司不服一审判决，提起上诉。

北京市第三中级人民法院经审理认为：科技公司提交了向工程项目部支付违约金的转账凭证，但转账凭证的附言中标明转账系支付通风管道、防火阀费用，并不能证明该80000元系科技公司所称的支付违约金，与工程项目部出具的收据中写明的“违约金”不一致，两份证据无法相互印证。此外，结合科技公司提供的其他证据形式与提交时间，法院认为其提交的现有证据不足以证明其所主张的已经产生了80000元违约金损失。一审法院依风机公司答辩意见对风机公司应支付的违约金数额予以调整，即按照延迟交货货款年息24%的标准向科技公司支付违约金，并无不当，法院予以认可。

北京市第三中级人民法院作出如下判决：

驳回上诉，维持原判。

【法官后语】

一、非违约方主张发生实际损失的证明标准如何界定

虽然对违约金约定过高的初步举证责任在于违约一方，但是在违约方对于违约金约定过高之举证达到一定证明程度后，举证证明责任转移至非违约方。根据《最高人民法院关于适用〈中华人民共和国民事诉讼法〉的解释》第九十一条，非违约方主张发生实际损失、存在违约损害赔偿法律关系的，应当按照上述司法解释第一百零八条第一款关于本证的证明标准进行审查，即对负有举证证明责任的当事人提供的证据，人民法院经审查并结合相关事实，确信待证事实的存在具有高度可能性的，应当认定该事实存在。本案中，

科技公司就其产生80000元实际损失这一事实举证尚未达到具有高度可能性的标准。

二、支付约定违约金是否须以损失的实际发生为前提

观点一认为，支付约定违约金应以损失的实际发生为前提，违约金是否过高的参照标准即为实际发生的损失。观点二认为，不必以实际损失发生为前提，约定违约金的调整标准不取决于法定损害赔偿中的损失，而是重在对约定违约金“合理性”的判断上。观点三认为，需要以存在损失为前提，但是该损失是指同类合同、同类违约情况下的典型损害，不限于守约方实际产生的具体的损害。例如，就迟延付款的损害，通常是银行贷款利息，而不需要守约方证明其收到货款后款项的实际用途。

本案采用第三种观点。一是约定违约金的意义在于对损害赔偿总额的预定，避免证明损害和计算损害的困难。当事人主张约定的违约金过高请求予以适当减少的，法院应当以实际损失为基础，兼顾合同的履行情况、当事人的过错程度以及预期利益等综合因素，根据公平原则和诚实信用原则予以衡量。从立法和司法解释的精神来看，违约金尚未脱离以损失为基础的原则，但实际损失并非唯一的衡量标准，在个案中，即使违约金超过了损失，也可能是适当的。二是就违约金功能而言，在于给债务人心理上制造压力，促使其积极履行债务，在债务不履行时，则表现为对违约行为的惩罚，因此违约金既要体现赔偿性，亦要适度体现一定的惩罚性。

三、迟延交货违约金的调整标准如何掌握

本案中在非违约方不能证明其遭受实际损失的情况下，法院有权依当事人申请酌定调整违约金。一审法院判决违约方按照延迟交货货款年息24%的标准支付违约金，二审法院予以认可，主要基于

以下考量：一是迟延交货情况下的典型损害认定。买方已按照合同约定支付了全部价款，基于买卖双方之间系公平自由交易而达成合同价款的推定，以买方需要支付的对价数额来作为违约金计算基数较为合理，可预期性更强。二是以法律所保护的民间借贷利率的标准确定违约金为宜。调整后的违约金一般不应超过年利率24%的标准，既与其他民事法律关系的要求保持体系性的一致，不至于因此导致利用买卖合同关系规避民间借贷利息上限规定的情况，也能适度发挥违约金的担保和惩罚功能。考虑本案合同的履行情况、当事人的过错程度等综合因素，买方严格按照合同约定支付了货款，而卖方迟延交货没有提交任何证据证明有正当理由。在商事交易活动中，恪守契约是一项重要准则，在不违反法律和公平原则、诚实信用原则的情况下，可以将违约金标准调整到年利率24%。三是对于调整违约金数额，法官具有自由裁量权。在一审法院酌定数额不违反法律、行政法规的强制性规定且不违反公平原则的场合，二审法院应当谨慎予以再次酌定。

编写人：北京市第三中级人民法院　邢军　张雅霖

070 合同先履行方部分履行义务的，后履行方不得对已受领部分行使后履行抗辩权

——通信公司诉设备公司买卖合同案

【案件基本信息】

1. 裁判书字号

北京市第二中级人民法院（2017）京02民终9870号民事判决书

2. 案由：买卖合同纠纷

3. 当事人

原告（反诉被告、被上诉人）：通信公司

被告（反诉原告、上诉人）：设备公司

【基本案情】

2015年11月9日，甲方设备公司与乙方通信公司签订《销售合同》，约定：甲方向乙方购买船载红外热像仪1个，价款1121000元；配件转接盒、30米标准延长线各1个，价款“0”元，上述货物的厂商均为FLIR；货款签订合同时预付560500元，剩余货款货到甲方后立即支付；乙方于收到预付款后63日内向甲方发货；甲乙双方逾期履行义务的，每迟延一日，违约方支付守约方合同总货款2%的违约金。

2015年11月16日，设备公司支付预付款560500元。2016年1月19日，通信公司寄给设备公司船载红外热像仪，设备公司于2016年1月21日收到，该货物为FLIR出厂原包装产品，包装中不含转接盒、延长线，设备公司未提出异议。2016年2月22日，通信公司寄给设备公司配件转接盒、30米延长线（均非厂商FLIR的产品），设备公司于2016年2月23日收到。2016年3月至5月，设备公司通过电子邮件向通信公司表示因延长线等配件质量太差，需另行购买；通信公司表示同意承担费用4650元。此后，设备公司向通信公司寄回该公司提供的配件。2016年3月16日，设备公司向通信公司付款35万元，剩余210500元一直未付。

2017年1月，通信公司起诉，要求设备公司给付剩余货款210500元并赔偿利息损失。设备公司辩称，同意支付货款，但不同意赔偿利息损失，理由是配件转接盒、30 米延长线是合同约定的货物一部分，虽然通信公司交付了船载红外热像仪，但未提供同品牌的配件，未履行合同约定的交货义务，违约在先。设备公司有权拒绝支付货款，故不存在逾期付款的违约行为。同时，设备公司另提起反诉，要求通信公司承担逾期供货违约金、另购配件损失费及开具发票等责任义务。

【案件焦点】

1. 设备公司于 2016 年 1 月 21 日收到船载红外热像仪后是否发生付款义务；2. 设备公司能否以通信公司未提供符合合同约定的配件为由拒绝付款；3. 设备公司是否应承担逾期付款的违约责任。

【法院裁判要旨】

北京市西城区人民法院经审理认为：合同约定剩余货款需货到甲方后立即支付。根据合同文义，此处的“货”指船载红外热像仪。设备公司于 2016 年 1 月 21 日收到船载红外热像仪，应立即支付剩余货款，其未付清货款，构成违约，应向通信公司支付剩余货款并赔偿利息损失。通信公司应向设备公司开具发票、支付另购配件费用以及延期一日交付船载红外热像仪的违约金。

北京市西城区人民法院依照《中华人民共和国合同法》第六十二条第四项、第一百零七条、第一百一十四条，《中华人民共和国民事诉讼法》第六十四条第一款规定，作出如下判决：

一、设备公司于判决生效后七日内向通信公司支付剩余货款 210500 元及逾期付款利息损失（以 210500 元为基数，按照中国人民银行同期贷款基准利率上浮 50%的标准，自 2016 年 1 月 22 日计算至实际付清货款之日），通信公司收到货款后七日内向设备公司开具金额为 1121000 元的增值税专用发票；

二、通信公司于判决生效后七日内向设备公司支付逾期交货违约金 5000 元及购买配件费用 4650 元；

三、驳回设备公司的其他反诉诉讼请求。

设备公司不服一审判决，提出上诉。

北京市第二中级人民法院经审理认为：设备公司主张自己不承担逾期付款的违约责任，实质系主张在通信公司未履行交付货物的先合同义务的情况下，自己享有拒绝付款的后履行抗辩权。《中华人民共和国合同法》第六十七条规定，先履行一方履行债务不符合约定的，后履行一方有权拒绝其相应的履行要求。据此，在先履行一方部分履行的情况下，后履行一方只享有相应的后履行抗辩权，并不当然享有拒绝履行己方全部义务的抗辩权。通信公司交付船载红外热像仪后，设备公司已予以受领，未提出异议。即便如设备公司理解，合同约定“货到甲方”中的“货”包括相关配件，在设备公司对通信公司的履行行为予以受领后，设备公司对已受领的部分并不享有后履行抗辩权，而是负有对待给付义务。故设备公司应自收到船载红外热像仪时付款，其逾期付款应赔偿利息损失。关于其他争议问题，一审法院处理正确。

北京市第二中级人民法院依照《中华人民共和国民事诉讼法》第一百七十条第一款第一项规定，作出如下判决：

驳回上诉，维持原判。

【法官后语】

本案的典型问题是双务合同约定先后履行顺序，在先履行一方部分履行且后履行一方予以受领的情况下，后履行一方能否以先履行一方未完全履行义务为由，主张行使后履行抗辩权，拒绝履行己方的全部义务。本案对该问题的处理具有参考意义。

后履行抗辩权是双务合同抗辩权的一种，指在约定了先后履行顺序的双务合同中，后履行一方当事人享有的在先履行一方未履行或者履行债务不符合约定时，得拒绝其履行请求权的权利。先履行一方未履行合同义务，后履行一方有权拒绝履行己方义务，对此并无争议。但通常遇到的情况是，先履行一方部分履行了合同义务，但未全部履行，此时后履行一方能否拒绝履行己方的全部义务。对此，一种观点认为，后履行抗辩权的产生是因为合同约定了双方义务的先后履行顺序，先履行一方未完全履行在先义务，意味着未达到能够请求后履行一方履行义务的条件，故在先履行一方部分履行的情况下，后履行一方有权行使后履行抗辩权，拒绝履行己方全部义务。另一种观点则认为，如果先履行一方部分履行了合同义务，而后履行一方予以受领的，此时后履行一方就对已受领的部分负有对待履行的给付义务，只能对未受领的部分行使后履行抗辩权。

笔者同意第二种观点。首先，《中华人民共和国合同法》第六十七条[①]规定，当事人互负债务，有先后履行顺序，先履行一方未履行的，后履行一方有权拒绝其履行要求。先履行一方履行债务不符合约定的，后履行一方有权拒绝其相应的履行要求。此处规定了拒绝“相应”的履行要求，说明后履行一方并不必然具有拒绝履行全部义

---

① 该条是关于后履行抗辩权的规定。《中华人民共和国民法典》第五百二十六条吸收了该条并将其中“先履行债务一方未履行的”，明确表述为“应当先履行债务一方未履行的”，强调后履行抗辩权的成立需具备先履行一方到期未履行债务或未适当履行债务之情形，避免产生原条文表述存在的歧义，就条文主旨和理解无变动之处。

务的抗辩权。其次，《中华人民共和国合同法》第六条①规定，当事人行使权利、履行义务应当遵循诚实信用原则。当事人行使后履行抗辩权，也应当符合该原则。先履行一方部分履行而后履行一方予以受领的，此时部分履行并不影响合同目的的实现，后履行一方拒绝履行全部义务，实系滥用后履行抗辩权，有悖诚实信用原则。最后，后履行一方对部分履行予以受领，系对部分履行的认可，此时后履行一方即对已受领部分产生了支付相应对价的对待给付义务，对该义务先履行一方享有请求权，后履行一方并不享有抗辩权。综上，对于先履行一方的部分履行，后履行一方予以受领的，后履行一方仅享有相应的后履行抗辩权，不得拒绝履行己方全部义务。

本案中，通信公司虽然仅交付了船载红外热像仪，未交付约定配件，属于未履行完毕合同义务，但设备公司已受领了船载红外热像仪，且未提出质量异议。故设备公司对已交付部分不享有后履行抗辩权，应当支付相应的对价。设备公司逾期未支付货款，构成违约，应承担违约责任。因此，本案裁判结果是正确的。

编写人：北京市第二中级人民法院　孙盈

---

① 该条是关于合同法基本原则之一诚信原则的规定。《中华人民共和国民法典》第七条亦将诚信原则规定为民法的基本原则，并将诚信原则的内容规定为“民事主体从事民事活动，应当遵循诚信原则，秉持诚实，恪守承诺”，要求民事主体在行使权利、履行义务过程中，讲诚实、重诺言、守信用。

071 合同未约定付款期限时，诉讼时效期间的起算

——五金公司诉仪表公司买卖合同案

【案件基本信息】

1. 裁判书字号

北京市第二中级人民法院（2017）京 02 民终 1206 号民事判决书

2. 案由：买卖合同纠纷

3. 当事人

原告（被上诉人）：五金公司

被告（上诉人）：仪表公司

【基本案情】

五金公司与仪表公司存在买卖合同关系，双方未签订书面买卖合同。五金公司陈述 2005 年开始向仪表公司销售钢接头、车轮螺母等产品并履行了交货义务，但仪表公司至今未足额支付销售货款，截至 2012 年 8 月 29 日，仪表公司尚欠五金公司货款 336755.55 元。

仪表公司曾于 2012 年 8 月 29 日向五金公司发出《企业询证函》，内容为："五金公司：本公司聘请的会计师事务所正在对本公司 2012 年 5 月 31 日财务报表进行审计，按照中国注册会计师审计准则的要求，应当询证本公司与贵公司的往来账项等事项，下列信息出自本公司账簿记录，如与贵公司记录相符，请在本函下端'信息证明无误'处签章证明；如有不符，请在'信息不符'处列出这些项目的金额及详细资料……截至 2012 年 5 月 31 日，欠贵公司 336755.55 元。本函仅为复核账目之用，并非催款结算"，在该

企业询证函上加盖了仪表公司的公章。五金公司在《企业询证函》"结论：1. 信息证明无误"处加盖了其公章。因仪表公司一直未偿还欠款，故五金公司诉至法院，请求判令：1. 仪表公司给付五金公司货款336755.55元；2. 诉讼费由仪表公司承担。

【案件焦点】

买卖合同未约定付款期限时诉讼时效期间的起算。

【法院裁判要旨】

北京市大兴区人民法院经审理认为：五金公司向仪表公司出售货物，仪表公司应当及时支付货款，现仪表公司尚欠五金公司货款336755.55元，应予以支持。仪表公司提出五金公司的主张已经过了诉讼时效的抗辩，根据《最高人民法院关于审理民事案件适用诉讼时效制度若干问题的规定》第六条规定，五金公司与仪表公司并未约定付款时间，五金公司可以随时要求仪表公司履行，诉讼时效期间从五金公司要求仪表公司履行义务的宽限期届满之日起计算，故五金公司提起本案诉讼未超过诉讼时效。

北京市大兴区人民法院依照《中华人民共和国合同法》第一百零九条、第一百五十九条之规定，作出如下判决：

仪表公司于判决生效后十日内支付原告五金公司货款336755.55元。

仪表公司不服一审判决，提出上诉。

北京市第二中级人民法院经审理认为：《中华人民共和国合同法》第六十二条和第一百六十一条均系在适用《中华人民共和国合同法》第六十一条的规定仍不能确定履行期限的情况下，对确定合同履行期限方式的规定。结合《中华人民共和国合同法》第六十二条第四项"履行期限不明确的，债务人可以随时履行，债权人也可以随时要求履行”的规定，《中华人民共和国合同法》第一百六十一条规定的是买受人随时履行付款义务或出卖人随时要求履行付款义务的开始时间，而非是对出卖人主张诉讼权利期间的约束，故五金公司提出本案诉讼并未超过诉讼时效期间。

北京市第二中级人民法院依据《中华人民共和国民事诉讼法》第一百七十条第一款第一项之规定，作出如下判决：

驳回上诉，维持原判。

【法官后语】

本案是一起关于买卖合同中未约定付款期限时，付款请求权诉讼时效期间起算点的典型案件。

本案中，双方就买卖合同并未约定付款期限，在事后也没有达成关于付款期限的补充约定，双方之间也未形成交易习惯，在不能根据《中华人民共和国合同法》第六十一条的规定来确定合同履行期限时，对于合同履行期限和诉讼时效如何起算，有观点认为，依据《中华人民共和国合同法》第六十二条第四项的规定，当事人就有关合同内容约定不明确，依照本法第六十一条的规定仍不能确定的，履行期限不明确的，债务人可以随时履行，债权人也可以随时要求履行。因此，本案五金公司可以随时要求仪表公司支付货款，其起诉并未超过诉讼时效。另有观点认为，《中华人民共和国合同法》第一百六十一条规定，买受人应当按照约定的时间支付价款，对支付时间没有约定或者约定不明确的，依照本法第六十一条的规定仍不能确定的，买受人应当在收到标的物或者提取标的物单证的同时支付。因此，五金公司在交货之时仪表公司就应该立即付款，由于双方交易发生在2005年，故五金公司的债权已经超过诉讼时效期间。

从《中华人民共和国合同法》的结构安排来看，《中华人民共和国合同法》第六十一条位于总则，适用于所有合同；《中华人民共和国合同法》第一百六十一条位于分则，属于对买卖合同的特别规定。若依“特别规定优于一般规定”的基本原则，在第六十一条和第一百六十一条的规定之间，应适用第一百六十一条的规定。但同时，《最高人民法院关于审理民事案件适用诉讼时效制度若干问题的规定》（2008 年）属于适用诉讼时效制度的特别规定，在处理涉及诉讼时效的相关问题时应该优先适用，而该法的第六条恰恰排除了第一百六十条的适用，认为只要依据第六十一条、第六十二条的规定不能确定合同履行期限的，债权人可以随时主张其债权。因此，本案的法律适用并不能简单依据“特别优于一般”的原则予以确定，而是应该结合立法目的和客观法律事实，进行利益衡量。

一是从立法目的来看，当事人对付款时间没有约定时，买受人应当在收取标的物的同时付款，这和“一手交钱一手交货”的习惯相符，《中华人民共和国合同法》第一百六十一条的立法目的是保护债权人的利益，即纵使买卖双方未约定付款期限，买受人在接收货物后即具有立即付款义务。

二是从《中华人民共和国合同法》第一百六十一条的文义解读，也能得出前述结论。“买受人应当在收到标的物或者提取标的物单证的同时支付”，是从规范买受人付款时间的角度出发所作的规定，实际上是为了防止买受人怠于履行付款义务，保护出卖人的权利。即该条实际规定的是买受人随时履行付款义务或出卖人随时要求履行付款义务的开始时间，而非是对出卖人主张诉讼权利期间的约束。

三是从本案的实际情况来看，双方之间存在多笔滚动交易且并未就付款期间形成交易习惯，也不存在“一手交钱一手交货”的情形，如果从收货时即起算诉讼时效，也和双方交易的实际情况不符。

因此，如果本案以《中华人民共和国合同法》第一百六十一条的规定来确定诉讼时效期间的起算点，和该条的立法背景及目的均相悖，亦不符合本案双方交易的实际情况。本案应该适用《中华人民共和国合同法》第六十二条和《最高人民法院关于审理民事案件适用诉讼时效制度若干问题的规定》（2008 年）第六条的规定，买受人得随时主张其付款请求权。

需要说明的是，《中华人民共和国合同法》第六十一条对应《中华人民共和国民法典》第五百一十条；《中华人民共和国合同法》第六十二条第四项对应《中华人民共和国民法典》第五百一十一条第四项；《中华人民共和国合同法》第一百六十一条对应《中华人民共和国民法典》第六百二十八条；《最高人民法院关于审理民事案件适用诉讼时效制度若干问题的规定》（2008 年）经 2020 年修订后，原第六条对应现第四条。

编写人：北京市第二中级人民法院　王玉

（七）买卖合同的变更、转让和解除

072　拒绝交付随车文件可导致车辆买卖合同解除

——翟某迪诉汽车销售服务公司买卖合同案

【案件基本信息】

1. 裁判书字号

北京市昌平区人民法院（2020）京 0114 民初 853 号民事判决书

2. 案由：买卖合同纠纷

3. 当事人

原告：翟某迪

被告：汽车销售服务公司

【基本案情】

2019年7月11日，翟某迪与汽车销售服务公司签订《汽车代购合同》，约定翟某迪购买红色汽车一辆，成交价格为21万元，尾款19.1万元，2019年7月18日前在北京交付车辆。合同约定供方所提供车辆必须符合国家颁布的汽车质量标准，保证手续（销售发票、车辆合格证、保养手册、车辆使用说明书、随车工具及备胎）齐全，双方指定工作人员在特定场地按照交车清单进行车辆和手续、随车工具等检验，检验无误后，双方签字确定；需方须在协议时间内将车辆订金汇入供方指定账号，协议合同中如出现紧急改动情况须及时和供方沟通，违约导致合同解除的，需方无权要求返还订金。合同甲方联系人王某雨签字并加盖汽车销售服务公司公章，乙方翟某迪签字。同日，翟某迪以线上支付的方式支付汽车销售服务公司1.9万元。

2019年7月15日，汽车销售服务公司员工王某环陪同翟某迪前往验车。翟某迪称验车未能通过，原因是前左门车漆颜色与车身不一致，且汽车销售服务公司未提供任何随车文件。汽车销售服务公司对此予以否认，称翟某迪未提出过前左门车漆颜色不一致的问题，翟某迪只支付了定金，未支付剩余购车款，且不配合提供身份证复印件，导致汽车销售服务公司无法办理车辆手续。

2019年7月16日，王某雨要求翟某迪另行签署《购车协议》，因翟某迪对验车情况有异议，翟某迪未签署该协议。同日，王某环要求翟某迪签署《特殊商品车销售协议》，因协议中约定随车工具有不同程度的缺失、随车文件残缺、该批车辆不提供完整的商品车质量担保、不享受《中华人民共和国消费者权益保护法》“三包”中的退换服务、仅享有质保服务等条款，翟某迪未签署该协议。汽车销售服务公司以此拒绝向翟某迪提供车辆，在合同约定2019年7月18日交车期限内，未向翟某迪提供车辆及相关车辆手续。

【案件焦点】

1. 翟某迪与汽车销售服务公司签订的合同属于买卖合同还是委托合同；2. 拒绝交付随车文件能否导致车辆买卖合同解除；3. 合同定金的性质如何认定。

【法院裁判要旨】

北京市昌平区人民法院经审理认为：根据翟某迪与汽车销售服务公司签订的《汽车代购合同》的约定，翟某迪直接向汽车销售服务公司支付车款、汽车销售服务公司向翟某迪交付车辆，能够证明双方之间存在车辆买卖合同关系，该买卖合同系双方当事人的真实意思表示，并未违反法律、行政法规的强制性规定，应属合法有效，双方均应按照约定全面履行自己的义务。汽车销售服务公司主张与翟某迪系委托合同关系，但其未向翟某迪提供厂家账户等相关信息，庭审中明确表示未将赚取的差价告知过翟某迪，亦未提供证据证明双方约定了委托费用，故汽车销售服务公司的该项主张，于法无据，法院不予采信。

出卖人应当按照约定或者交易习惯向买受人交付提取标的物单

证以外的有关单证和资料。本案中，汽车销售服务公司未能按照合同约定向翟某迪提供车辆的完整随车文件，而车辆作为交通工具，完整的随车文件对车辆及驾车人员的人身安全具有重要的意义，故翟某迪享有解除合同的权利。2019 年 7 月 17 日，翟某迪通过微信向汽车销售服务公司主张解除合同，故翟某迪关于《汽车代购合同》于 2019 年 7 月 17 日解除的主张，于法有据，法院予以支持。

当事人可以约定一方向对方给付定金作为债权的担保。债务人履行债务后，定金应当抵作价款或者收回。给付定金的一方不履行约定的债务的，无权要求返还定金；收受定金的一方不履行约定的债务的，应当双倍返还定金。关于翟某迪向汽车销售服务公司支付的 1.9 万元“订金”的性质一节，《汽车代购合同》中约定“需方须在协议时间里将车辆订金款汇入供方指定账号，协议合同中如出现紧急改动情况须及时和供方沟通，违约导致合同解除，需方无权要求返还订金”，根据该条约定，双方约定的“订金”具有担保债权的作用，因此具有定金性质。故翟某迪要求汽车销售服务公司双倍返还定金 3.8 万元，于法有据，法院予以支持。

北京市昌平区人民法院依据《中华人民共和国合同法》第九十四条、第一百一十五条、第一百三十条、第一百三十五条、第一百三十六条、第三百九十八条，《中华人民共和国担保法》第八十九条，《最高人民法院关于适用〈中华人民共和国担保法〉若干问题的解释》第一百一十八条，《最高人民法院关于审理买卖合同纠纷案件适用法律问题的解释》第二十五条，《中华人民共和国民事诉讼法》第六十四条之规定，作出如下判决：

一、翟某迪与汽车销售服务公司 2019 年 7 月 11 日签订的《汽车代购合同》于 2019 年 7 月 17 日解除；

二、汽车销售服务公司于本判决生效后十日内双倍返还翟某迪定金共计3.8万元。

判决后，双方当事人均未上诉，本判决现已生效。

【法官后语】

一、主给付义务与从给付义务的区别

根据双务合同中各个给付义务之间的关系，给付义务可以划分为主给付义务和从给付义务。主给付义务是合同关系中所固有的、必备的、自始确定的，能够决定合同类型的基本义务。从给付义务本身没有独立意义，而是具有补助主给付义务的功能，用于确保债权人的利益能够获得最大满足。《中华人民共和国合同法》第一百三十六条和《中华人民共和国民法典》第五百九十九条规定的出卖人向买受人交付提取标的物单证以外的有关单证和资料的义务，即为典型的从给付义务。

从给付义务本质上从属于主给付义务，但二者最根本的区别不在于其来自法律规定或者当事人约定，而在于该义务在合同中所处的地位以及起到的作用。在合同中，关于主给付义务的规定总是处于最重要的地位，直接影响到当事人订立合同的目的。从给付义务则处于次要地位，其功能是保障主给付义务的完整履行，从而使当事人获得最佳的合同履行效果，对于从给付义务的讨论应当建立在主给付义务的基础上。

二、违反从给付义务导致的合同解除

《中华人民共和国合同法》第九十四条和《中华人民共和国民法典》第五百六十三条规定了合同解除的法定条件，其中第四项规定，“当事人一方迟延履行债务或者有其他违约行为致使不能实现合同目的”。《最高人民法院关于审理买卖合同纠纷案件适用法律问题的解释》第二十五条规定：“出卖人没有履行或者不当履行从给付义务，致使买受人不能实现合同目的，买受人主张解除合同的，人民法院应当根据民法典第五百六十三条第一款第四项的规定，予以支持。”因此，立法中对于违反从给付义务能否导致合同解除的认定主要包括两个要素，一是从给付义务的识别，二是合同目的不能实现。

关于“从给付义务的识别”。从给付义务作为合同义务群中的一类，按照其辅助主给付义务实现的具体方式，主要可以分为以下四类：交付发票、说明书、资料的义务；交付标的物来源证明材料的义务；交付行政管理证书的义务；保养、检查、维修义务。

关于“合同目的不能实现”。首先，依据客观主义兼主观主义的合同解释原则，不同于仅为内心意思的动机，合同目的应当为合同的直接目的，有表示于外部的意思才能认定其成立。其次，合同目的不能实现一般指当事人无法得到其订立合同时所欲达到的直接目的，该目的已经体现在合同中，为外界以及合同对方当事人可知或者可以推知，同时符合客观第三人对于该类型合同目的的正常理解与期待。

通常，从给付义务的履行结果不属于合同目的，但部分从给付义务的适当履行对于实现合同目的存在重大影响。本案中，原、被告的买卖合同标的是车辆，属于特殊动产，买受人不仅是要取得车辆的所有权，其订立合同的目的是将所购车辆作为交通工具进行使用。随车文件的缺失会导致无法办理车辆登记手续、车辆无法上路行驶，违反该从给付义务会导致合同目的落空，从而使无过错方获得合同解除权。

编写人：北京市昌平区人民法院　李笑

073 债权转让中受让人申请替代当事人承担诉讼损害他人合法权益的，应不予准许

——汽车公司诉电池公司买卖合同案

【案件基本信息】

1. 裁判书字号

北京市第二中级人民法院（2020）京 02 民终 1840 号民事判决书

2. 案由：买卖合同纠纷

3. 当事人

原告（上诉人）：汽车公司

被告（被上诉人）：电池公司

第三人：新能源公司、新能源企业

【基本案情】

2017 年至 2018 年，电池公司（乙方）与汽车公司（甲方）签订了 5 份《购销合同》，就特定型号车辆的磷酸铁锂电池系统及锂离子蓄电池产品达成买卖协议，合同就产品名称、型号、规格、数量及金额等事项进行了约定，5 份合同总价款为 5205119 元。5 份合同在质保期与质保期内提供的服务部分均约定，乙方质保期为 5 年或 20 万公里。甲方在按照产品使用说明书、《技术协议》所规定的正确安装和使用装置的前提下，乙方为产品提供为期 5 年或 20 万公里的质保（以先到为准），在质保期内，电池芯出现故障后，甲方应向乙方第一时间提供出现故障时的使用情况，乙方

须在接到通知后48小时之内到现场服务，并进行维修，直至故障完全排除，设备完全恢复正常为止。合同签订后，电池公司最晚于2017年12月向汽车公司进行供货，汽车公司向电池公司付款共计1936192.1元，后电池公司向汽车公司开具了6张增值税专用发票，票面金额为5205119.4元。根据国家税务总局张家港市税务局出具的《认证情况证明》显示，该6张发票已进行认证。

【案件焦点】

当事人主张争议的民事权利转移的，受让人能否替代当事人享有诉讼权利。

【法院裁判要旨】

北京市房山区人民法院经审理认为：因案涉电池属于特定型号车辆专用电池，案涉5份合同及汽车公司与案外人签订的《购销合同》可证明案涉电池销售后安装在由案外人投入运营的新能源汽车上，案外人出具的电池故障修复函等证据可以证明案涉电池在车辆运营中出现了故障导致车辆需要维修却未得到维修的事实。电池公司虽然否认汽车公司提交的证据材料的真实性及证明目的，但是未向北京市房山区人民法院提交证据予以反驳，故对于汽车公司有关涉案电池运行安装后出现故障及电池公司未对电池进行售后服务的辩称，北京市房山区人民法院予以采信。

汽车公司、电池公司之间买卖合同关系成立，双方均应依据合同约定履行义务。电池公司有按时交货及提供售后服务的义务，汽车公司有按时交纳货款的义务。电池公司提交银行汇款凭证可以证明汽车公司目前尚欠付电池公司货款3268927.3元，因汽车公司对已付金额予以认可，北京市房山区人民法院对此不持异议。一审诉讼中，汽车公司辩称电池公司停止售后服务对其造成损失，故不同意支付质保金，并提出减价请求，要求减少价款3130050元。对此，该院认为，合同依约保留部分价款作为质保金的，电池公司在质量保证期间未及时解决质量问题而影响标的物价值或使用效果，其主张支付该部分价款的，人民法院不予支持。故对于汽车公司要求扣减质保金的辩称予以采信。对于电池公司要求汽车公司支付未付货款的诉讼请求，扣减质保金部分，该院予以支持。对于电池公司要求汽车公司支付逾期货款利息损失的诉讼请求，合理部分，该院亦予以支持。此外，标的物质量不符合约定，买受人要求减少价款的，人民法院应予支持。价款已经支付的，买受人主张返还减价后多出部分价款的，人民法院亦应予以支持。然而，依据法律规定，当事人对自己提出的诉讼请求所依据的事实或者反驳对方诉讼请求所依据的事实，应当提供证据加以证明，在作出判决前，当事人未能提供证据或者证据不足以证明其事实主张的，由负有举证责任的当事人承担不利后果。因汽车公司提供的证据不足以证明减价金额，故该院对其减少价款的辩称不予采信。

北京市房山区人民法院依照《中华人民共和国合同法》第六十条、第一百零九条、第一百一十一条，《最高人民法院关于适用〈中华人民共和国民事诉讼法〉的解释》第九十条之规定，作出如下判决：

一、汽车公司于判决生效之日起十日内给付电池公司货款2768840.3元；

二、汽车公司于判决生效之日起十日内给付电池公司逾期付款利息（以2768840.3元为基数，自2019年6月13日起至款项付清之日止，按中国人民银行同期贷款计算）；

三、驳回电池公司的其他诉讼请求。

汽车公司不服一审判决，提起上诉。

北京市第二中级人民法院经审理认为：本案的主要争议焦点为：（1）电池公司是否为本案适格的原告；（2）是否需要追加电池产品实际使用方为本案有独立请求权第三人；（3）汽车公司所主张的损失是否应当在货款中直接予以扣减。

对于争议焦点一，《最高人民法院关于适用〈中华人民共和国民事诉讼法〉的解释》第二百四十九条规定："在诉讼中，争议的民事权利义务转移的，不影响当事人的诉讼主体资格和诉讼地位。人民法院作出的发生法律效力的判决、裁定对受让人具有拘束力。受让人申请以无独立请求权的第三人身份参加诉讼的，人民法院可予准许。受让人申请替代当事人承担诉讼的，人民法院可以根据案件的具体情况决定是否准许；不予准许的，可以追加其为无独立请求权的第三人。"依据前述规定，即便汽车公司所主张的债权转让属实，也不影响电池公司在本案中的主体资格和诉讼地位，且法院已经依申请追加债权转让通知书及说明所载的两手"受让人"作为无独立请求权第三人参加诉讼，至于新能源公司、新能源企业（有限合伙）是否具有真实的债权受让人身份不影响本案继续审理，法院对此问题不作认定。

对于争议焦点二，《中华人民共和国民事诉讼法》第五十六条第一款规定，对当事人双方的诉讼标的，第三人认为有独立请求权的，有权提起诉讼。依据前述规定，作为有独立请求权的第三人参加诉讼的条件有两个，其一，第三人对诉讼标的具有独立请求权；其二，由第三人提起诉讼。本案中，电池公司基于其与汽车公司之前签订的《购销合同》而形成的买卖合同关系提起诉讼，本案所处理的是两者之间的权利义务关系，对于本案的诉讼标的，电池产品的实际使用方并不具有独立请求权，汽车公司关于追加实际使用方为本案有独立请求权的第三人的上诉主张缺乏法律依据，法院不予采纳。

对于争议焦点三，《最高人民法院关于审理买卖合同纠纷案件适用法律问题的解释》第四十四条第二项规定，出卖人履行交付义务后诉请买受人支付价款，买受人以出卖人违约在先为由提出异议的，买受人主张出卖人应支付违约金、赔偿损失或者要求解除合同的，应当提起反诉。依据前述规定，汽车公司以电池公司停止售后服务给汽车公司造成损失为由，要求从货款中对相应款项进行扣减，应属于反诉的范围。汽车公司在一审审理期间未提起该项反诉请求，其要求直接以损失金额为减价处理，缺乏法律依据，法院对其相应上诉请求不予采纳。

综上所述，汽车公司的上诉请求不能成立，应予驳回；一审判决认定事实清楚，适用法律正确，应予维持。

北京市第二中级人民法院依照《中华人民共和国民事诉讼法》第一百七十条第一款第一项之规定，作出如下判决：

驳回上诉，维持原判。

【法官后语】

《最高人民法院关于适用〈中华人民共和国民事诉讼法〉的解释》第二百四十九条规定："在诉讼中，争议的民事权利义务转移的，不影响当事人的诉讼主体资格和诉讼地位。人民法院作出的发生法律效力的判决、裁定对受让人具有拘束力。受让人申请以无独立请求权的第三人身份参加诉讼的，人民法院可予准许。受让人申请替代当事人承担诉讼的，人民法院可以根据案件的具体情况决定是否准许；不予准许的，可以追加其为无独立请求权的第三人。”

在诉讼过程中，争议的民事权利义务发生转移，不影响当事人的诉讼主体资格和诉讼地位，但是在何种情况下法院可以准许受让人替代当事人承担诉讼呢？法律规定并没有限制在诉讼或者执行程序中的债权债务转移，但案外人在案件审理过程中申请替代当事人承担诉讼，在执行过程中申请变更申请执行人，存在虚假诉讼、规避应收账款执行等多种可能性。对于债权转让，《中华人民共和国民法典》第五百四十五条规定：“债权人可以将债权的全部或者部分转让给第三人，但是有下列情形之一的除外：（一）根据债权性质不得转让；（二）按照当事人约定不得转让；（三）依照法律规定不得转让。当事人约定非金钱债权不得转让的，不得对抗善意第三人。当事人约定金钱债权不得转让的，不得对抗第三人。”前述规定是对债权是否属于可转让债权的识别，而不是对转让债权的民事法律行为效力的识别。笔者认为，受让债权的主体能否替代当事人承担诉讼，应具有两个层次的分析：第一个层次为争议的民事权利是否属于可以转让的权利；第二个层次为转让行为是否有效。本案主要解决的是第二个层次的问题。

本案中，已存在多起以电池公司为被执行人的终结本次执行案件，两份债权转让通知书及说明除加盖公章的字样和所载债权受让主体不同外，在行文方式与内容上完全一致，且新能源公司、新能源企业（有限合伙）共同委托了电池公司的委托诉讼代理人丁某参加本案诉讼，基于前述情况，有合理的理由认为当事人主张的债权转让行为系作为债权人的电池公司为了转移其名下的应收账款、规避执行的手段，应属于无效的民事法律行为。在涉嫌虚构债权转让的情况下，各方又自行达成和解协议，在和解协议中实质确认了新能源公司、新能源企业（有限合伙）替代电池公司享有诉讼利益。根据2015年《最高人民法院关于适用〈中华人民共和国民事诉讼法〉的解释》第一百四十四条“人民法院审理民事案件，发现当事人之间恶意串通，企图通过和解、调解方式侵害他人合法权益的，应当依照民事诉讼法第一百一十二条的规定处理”① 的规定，法院对当事人请求确认和解协议的请求予以驳回，依法作出了判决。

本案在债权转让协议的真实性存疑，且可能存在损害案外人利益的情况下，对于受让人申请替代当事人承担诉讼的申请，不予准许。该案也体现了诚实信用的社会主义核心价值观。此类审判思路亦可以适用于执行程序中申请执行人变更的审查。

编写人：北京市第二中级人民法院　张某

074　合同一方违反从合同义务和附随义务的，对方可以解除合同

——魏某诉范某刚、R公司买卖合同案

【案件基本信息】

1. 裁判书字号

北京市第三中级人民法院（2019）京03民终12029号民事判决书

2. 案由：买卖合同纠纷

① 2022年4月10日修正后，对应第一百四十四条：“人民法院审理民事案件，发现当事人之间恶意串通，企图通过和解、调解方式侵害他人合法权益的，应当依照民事诉讼法第一百一十五条的规定处理。”

3. 当事人

原告（被上诉人）：魏某

被告（上诉人）：范某刚

被告（被上诉人）：R 公司

【基本案情】

2016 年 11 月，魏某开始装修房屋，2016 年 11 月 19 日，魏某委托李某华从经销商范某刚处购买空气源热泵热水器两台，单价为 1.9 万元，购买总花费 3.8 万元。魏某房屋装修完成时间为 2017 年夏季，热水器未使用，直至 2017 年 10 月初才初次使用热水器，使用时发现产品显示故障，无法启动。后多次联系范某刚，无法解决，遂于 2017 年 12 月 9 日通过物流将热水器退回原厂。厂家回复称是断电引起的损坏，因为天气寒冷冻坏了，要求魏某另付 1.4 万元修理机器。魏某认为该产品应有相应的使用须知告知使用者，但厂家并未做到，厂家及经销商也没有告知使用的注意事项。魏某认为二被告存在虚假宣传、故意隐瞒欺诈行为，违反《中华人民共和国消费者权益保护法》《中华人民共和国产品质量法》等规定，故起诉至法院，请求法院判令：(1) 解除魏某、范某刚之间的买卖合同；(2) 范某刚退还魏某货款 3 万元，赔偿魏某损失 11.4 万元，R 公司对上述款项支付承担连带责任；(3) 诉讼费由范某刚、R 公司承担。

【案件焦点】

1. 当事人能否以对方违反从给付义务和附随义务为由解除合同；2. 如果能，需要满足什么条件。

【法院裁判要旨】

北京市顺义区人民法院经审理认为：当事人的违约行为致使不能实现合同目的的，可以解除合同。范某刚主张其在安装热水器时将产品的使用说明书、保修卡交给了李某华，并告知李某华如何使用及注意事项，魏某对此不予认可，范某刚就其主张未提交证据予以证实，故法院对于范某刚的辩解意见不予采信。在范某刚并未告知李某华及魏某热水器怕冻、不能断电等注意事项并向魏某交付产品使用说明书的情况下，热水器因断电损坏，范某刚的违约行为导致魏某购买产品的合同目的无法实现，符合法定解除条件，故对于魏某要求解除双方买卖合同的请求，予以支持，合同解除时间为范某刚收到魏某的起诉书之日，即 2019 年 3 月 5 日。

对于魏某要求退还货款的诉讼请求，双方认可魏某已向范某刚支付 2.8 万元，范某刚应将该部分货款退还魏某。范某刚与 R 公司并非代理销售关系，魏某的产品系从范某刚处购买，魏某并未举证证明产品的质量存在缺陷，本案也并非因产品缺陷造成人身、财产损害的情形，故魏某要求 R 公司连带返还货款的诉讼请求缺乏事实和法律依据，不予支持。

魏某要求二被告赔偿 11.4 万元，但未提交证据证明魏某存在欺诈行为，故对魏某的该项诉讼请求，不予支持。关于辅材费用和运费损失，魏某未提交充分的证据，仅有微信记录显示支付运费 700 元，对于该 700 元法院予以支持，其余主张不予支持。

北京市顺义区人民法院依据《中华人民共和国合同法》第九十四条、第一百三十六条，《中华人民共和国消费者权益保护法》第八条，《中华人民共和国民事诉讼法》第一百四十四条，《最高人民法院关于适用〈中华人民共和国民事诉讼法〉的解释》第九十条之规定，作出如下判决：

一、确认原告魏某与被告范某刚于 2016 年 11 月 19 日形成的买卖合同关系于 2019 年 3 月 5 日解除；

二、被告范某刚于本判决生效后七日内退还原告魏某货款 2.8 万元并支付运费损失 700 元；

三、驳回原告魏某的其他诉讼请求。

范某刚不服一审判决，提出上诉。

北京市第三中级人民法院经审理认为：一审事实认定清楚，法律适用准确。北京市第三中级人民法院依照《中华人民共和国民事诉讼法》第一百七十条第一款第一项之规定，作出如下判决：

驳回上诉，维持原判。

【法官后语】

《中华人民共和国合同法》第九十四条规定了法定解除合同的五种情形（这五种情形直接被纳入《中华人民共和国民法典》第五百六十三条，没有变化），根据该条规定，违反主给付义务，原则上相对人可以解除合同，但违反从给付义务、附随义务，能否依据该条第四项的规定要求解除合同，即本案的焦点问题。具体认定时需从该条文的解释入手，先对“其他违约行为”进行考量，再对个案的“合同目的”进行探明，并结合举证责任把握违约行为与合同目的不能实现之间的因果关系和原因力大小，从而作出是否解除合同的判决。

一、其他违约行为是否包含从给付义务及附随义务之违反

《中华人民共和国合同法》第九十四条第四项（现为《中华人民共和国民法典》第五百六十三条第一款第四项）未详细列出“其他违约行为”的具体内容，从文义解释和体系解释的角度看，“其

他”是除拒绝履行、延迟履行和不可抗力以外的其他违约行为。从学理上讲，“违约行为”是指一方不履行合同义务或履行合同义务不符合约定的行为，而合同义务包括主给付义务、从给付义务和附随义务，因此，不履行从给付义务和附随义务属于不履行合同义务的行为，符合违约行为的含义，应列入前述规定的“其他违约行为”的行列。范某刚应按照交易习惯将有关单证和资料（包括使用说明书、质量保证书等）交付给魏某（从给付义务），并告知魏某机器怕冻、不能断电等注意事项（附随义务），范某刚违反上述从给付义务及附随义务的行为属于前述条文中的“其他违约行为”。

二、具体案件中“交易目的”的探明

合同目的是指当事人根据约定希望达成的法律效果。要探明合同目的，可以从以下几个方面着手：首先，审查合同文本，这是针对双方签订书面合同的情况，合同中一般都有“为了”“鉴于”等表明目的的字眼；其次，考虑典型交易目的，如本案是典型的买卖合同，买受人的目的在于获得标的物的所有权，所有权的权能包括占有、使用、收益、处分；最后，推定当事人的主观目的，即站在一个理性人的角度，结合具体案情和双方证据情况推定当事人的交易目的。具体到本案，双方没有签订书面买卖合同，结合本案双方陈述和证据可知，魏某购买热水器的主要目的是使用，通过热水器给房屋供暖，当范某刚的违约行为导致魏某的使用权能无法实现时，符合法定解除条件。

三、关于违约行为与合同目的不能实现两者之间的因果关系的判定

从给付义务和附随义务的违反，一般在达到严重程度时，才会

导致合同目的不能实现，两者之间需具备因果关系，具体需结合举证责任、合同履行程度、违约行为对合同目的的影响程度等予以考虑。热水器的操作说明及怕冻、不能断电等注意事项的告知、提示直接关系到热水器能否正常使用，前者对后者影响程度较大。从举证责任的分配看，魏某已经举证证明热水器无法正常使用，并提出范某刚未交付使用说明书亦未告知其注意事项，两者存在因果关系，范某刚如要反驳，应提供证据证明其履行了重要信息的告知、提示义务或热水器的损坏是由其他原因造成的，范某刚虽然主张热水器损坏是李某华的不当使用导致，但并未提交任何证据进行反证，范某刚应当就此承担不利的法律后果。

编写人：北京市顺义区人民法院　王雅菲

075　以格式合同变更原合同约定的效力认定

——Y 公司诉蒋某林买卖合同案

【案件基本信息】

1. 裁判书字号

浙江省绍兴市中级人民法院（2019）浙 06 民终 3998 号民事判决书

2. 案由：买卖合同纠纷

3. 当事人

原告（上诉人）：Y 公司

被告（被上诉人）：蒋某林

【基本案情】

2018年5月18日，蒋某林（乙方）与C公司（甲方）签订《销售合同》一份，约定由该公司向蒋某林提供用户光伏发电系统，产品组件111块，单价为7.5元，总金额合计224775元；付款时间为并网成功后以银行发放贷款时间为准（乙方应配合甲方完成贷款签订），付款方式为银行发放贷款。合同签订后，Y公司于2018年6月10日前将上述系统安装于被告处。

2018年6月22日，C公司作为供应方（甲方）、Y公司作为经销方（乙方）、蒋某林作为购买方（丙方）签订《用户光伏发电系统销售安装合同》一份，合同第一条第四款约定：现款合同签订之后3天内丙方付给乙方全款，否则乙方不予配送物料及施工；第九条约定：(1) 丙方承诺在贷款未还清之前，本套光伏发电系统所发的电量被丙方消耗的部分，丙方必须按照等额电量根据国家电价核算出所耗电费，并将上述电费存入贷款银行的账户。(2) 甲方承诺在贷款未还清之前，丙方只需要把上述电费存入银行贷款账户上，如有不足部分由甲方来偿还。

2018年6月22日，蒋某林与供电公司签订《居民光伏发电项目发用电合同》，将Y公司所安装的用户光伏发电系统接入国家电网。

Y公司认为案涉货款已满足支付条件，蒋某林拒不支付货款的行为侵犯了其合法权益，故起诉至法院，请求法院判令蒋某林支付货款224775元及相应利息损失。

【案件焦点】

以格式合同变更原合同约定，效力如何认定。

【法院裁判要旨】

浙江省诸暨市人民法院经审理认为：本案争议焦点在于蒋某林购买的用户光伏发电系统付款方式如何确定。蒋某林与C公司签订的《销售合同》约定，货款由C公司负责贷款，蒋某林（乙方）负责配合完成贷款签订，根据居民光伏用电系统安装惯例，货款支付方式、时间是合同的重要组成部分，如何支付货款的约定足以影响用户是否决定安装光伏发电系统，现Y公司主张《用户光伏发电系统销售安装合同》第四条对付款方式进行变更，根据庭审查明的事实，该合同系由Y公司提供的格式合同，但未能提供证据证实Y公司对货款支付方式变更的内容向蒋某林进行了提示或明确告知，合同第九条仍有关于贷款期限内责任的约定，蒋某林有理由相信付款方式未作出变更，且Y公司亦未能提供被告不予配合完成贷款签订的证据，故应由Y公司承担举证不能的法律责任。鉴于《销售合同》对货款支付时间进行了明确约定，即银行贷款发放后，Y公司提供的证据不足以证实双方对货款支付时间进行变更，或被告阻却付款条件成就，故货款支付条件尚未成就。

浙江省诸暨市人民法院依据《中华人民共和国合同法》第一百六十一条，《最高人民法院关于适用〈中华人民共和国民事诉讼法〉的解释》第九十条的规定，作出如下判决：

驳回Y公司的全部诉讼请求。

Y公司不服一审判决，提出上诉。

浙江省绍兴市中级人民法院经审理认为：本案争议的主要焦点是双方当事人对于涉案的光伏发电系统的付款方式有无进行过变更。蒋某林与C公司于2018年5月18日签订的《销售合同》中明确约定蒋某林的付款方式为银行发放贷款。在诉讼过程中，双方一致确认Y公司于2018年6月10日将涉案的光伏发电系统安装完毕。嗣后，Y公司、C公司又与蒋某林于2018年6月22日签订了《用户光伏发电系统销售安装合同》，在该合同的第一条第四款约定“现款合同签订之后3天内丙方付给乙方全款，否则乙方不予配送物料及施工”，同时在合同第九条又有关于贷款期限内责任的约定。据此，作为现款合同明确约定需蒋某林付清全款后，Y公司再行安装，否则Y公司可以拒绝施工。而本案中，从蒋某林与C公司第一次签约约定的付款方式为银行贷款，在安装完成后蒋某林与C公司及Y公司又进行第二次签约且同时约定贷款期限内的责任的实际情形来看，Y公司主张双方对于货款支付方式进行了变更，依据不足，一审判决不予支持，并无不当。

浙江省绍兴市中级人民法院依照《中华人民共和国民事诉讼法》第一百七十条第一款第一项之规定，作出如下判决：

驳回上诉，维持原判。

【法官后语】

本案中，面对无法收到货款的困境，Y公司的对策是与蒋某林签订新的格式合同来变更货款支付方式，而对于该格式合同的效力，应从以下两个角度来进行分析认定。

第一，当事人变更合同约定应当协商一致，且意思表示明确。根据《中华人民共和国合同法》第七十七条第一款（现《中华人民共和国民法典》第五百四十三条）的规定，当事人协商一致，可以变更合同。该法第七十八条（现《中华人民共和国民法典》第五百四十四条）同时规定，当事人对合同变更的内容约定不明确的，推定为未变更，所以当事人可以变更合同约定，但前提是协商一致，且变更内容要明确。而本案中，根据双方当事人的庭审陈述可知，双方当事人并未就变更货款支付方式达成一致，很明显，全款支付并不符合蒋某林签订合同的初衷，其目的在于“免费使用”光伏发电设备来获取收益，当然这也符合光伏发电设备安装的惯例，以及此前国家政策的价值导向。同时，《用户光伏发电系统销售安装合同》对贷款支付和全款支付均进行了约定，二者相互矛盾，属于对变更内容的约定不明。

第二，判断合同内容是否属于格式条款，若属于格式条款，则应履行必要的提示义务。本案中，若如Y公司所述，其与蒋某林签订《用户光伏发电系统销售安装合同》系为了将货款支付方式由银行贷款变为全款支付，这显然单方加重了蒋某林的义务，故该合同中关于变更货款支付方式的条款应判断为格式条款为宜，作为合同的提供方，Y公司有义务对蒋某林履行必要的提示义务，然并无证据证明Y公司已履行上述义务，故即便《用户光伏发电系统销售安装合同》中关于格式条款的约定内容明确，亦不发生变更合同的效力。

厂商在开展业务时，如确因情势变更导致合同无法继续履行或者合同目的无法实现，应当以协商自愿为前提，谋求变更或者解除合同，减少损失维护权益，同时应当合理开展宣传，以避免客户群体不必要的误解；对于投资者，要警惕“免费的午餐”，要结合自身经济实力，选择适合自己的投资渠道，对于那些看似一本万利，不需要成本投入的投资项目尤其要审慎理性地进行判断，结合营商环境，合理评估收益情况，以降低投资风险。

编写人：浙江省诸暨市人民法院　赵镥杰

076 出售不能上牌农用车，支持购车者返款还车主张

——曾某均诉S公司买卖合同案

【案件基本信息】

1. 裁判书字号

四川省泸州市中级人民法院（2019）川05民终894号民事判决书

2. 案由：买卖合同纠纷

3. 当事人

原告（被上诉人）：曾某均

被告（上诉人）：S公司

第三人：F公司、贺某群

【基本案情】

曾某均与S公司的员工陈某系老乡，S公司是F公司的销售商。2015年8月，曾某均在S公司工作人员陈某的手里购买了F公司生产的多功能拖拉机一辆，双方协商了包括购车款、车子登记上户、保险等费用共13.68万元，曾某均当时支付了定金。9月底，S公司通知曾某均提车，曾某均支付了大部分款项。10月4日，曾某均委托S公司为其办理拖拉机入籍、转户、保险的相关手续；后S公司委托贺某群（贺某群又委托他人）为曾某均办理了农用车牌照、拖拉机行驶证、道路运输证、拖拉机定期检验合格证，S公司自己为曾某均办理了车辆保险。11月，S公司将农用车牌照、行驶证等交给曾某均，曾某均付清了余款。后S公司

交给曾某均由F公司出具的机动车销售统一发票，发票上显示购车款为115150元。2018年7月，派出所在办理罗某林非法采伐国家重点保护植物一案时，发现该案中曾某均为罗某林运输木材时驾驶上述大中型拖拉机的号牌及行驶证涉嫌伪造、变造。后委托农机监理站核查，确认曾某均所驾驶的该大中型拖拉机所使用的号牌、行驶证、检验合格标志无注册登记信息，号牌、行驶证、检验合格标志均为伪造。2018年9月，派出所介绍曾某均携带车辆注册登记相关材料到该县农机监理站为车辆登记上户。2018年10月，叙永县农机监理站出具该“机动车不符合拖拉机注册登记标准，不能予以登记注册”的证明。后曾某均与S公司多次协商未果，故曾某均于2019年提起诉讼，请求判决解除曾某均与S公司之间的农用车买卖合同；S公司立即退还曾某均购车款13.68万元，曾某均退还S公司拖拉机；S公司赔偿曾某均保险费和年审费损失。

【案件焦点】

1. S公司是否是买卖合同相对人；2. 本案讼争的买卖合同关系应否解除；3. 原审判令合同解除后曾某均将旧损车辆予以返还是否恰当。

【法院裁判要旨】

四川省叙永县人民法院经审理认为：曾某均在S公司选购车辆，曾某均将购车款交给S公司，S公司将车交付曾某均，双方已经建立起买卖合同关系。虽然S公司交给曾某均的机动车销售统一发票是由F公司出具的，但是S公司系F公司的销售商，故这不能否认曾某均与S公司之间的买卖合同关系，本案拖拉机买卖的双方当事人为曾某均与S公司。车辆行驶证是准予机动车在我国境内道路上行驶的法定证件。曾某均在S公司处购买车辆，双方协商了包括购车款、车子登记上户、办道路运输证等费用共计13.68万元，S公司收取曾某均的办证费并由S公司托人办理该车证照，曾某均从S公司处得到相关证照后付清余款，但S公司交给曾某均的农机私人户（案涉拖拉机行驶证）系假牌照，已导致曾某均购买车辆的目的不能实现，故曾某均请求解除双方之间的农用车买卖合同符合法律规定。根据《中华人民共和国合同法》第九十七条“合同解除后，尚未履行的，终止履行；已经履行的，根据履行情况和合同性质，当事人可以要求恢复原状、采取其他补救措施，并有权要求赔偿损失”的规定，曾某均与S公司订立的买卖合同因无法实现合同目的而解除，根据双方的履行情况，以及S公司对于造成解除合同的原因具有故意的过错，且为牟利，故对曾某均要求S公司退还曾某均购车款、曾某均退还S公司讼争拖拉机的诉讼请求，法院依法予以支持。

四川省叙永县人民法院依照《中华人民共和国合同法》第九条、第六十条、第九十四条第四项、第九十七条、第一百零七条，《中华人民共和国民事诉讼法》第六十四条之规定，作出如下判决：

一、解除曾某均与S公司之间的买卖合同；

二、S公司于本判决生效后十日内返还曾某均13.68万元，同时，曾某均将福达牌拖拉机一辆返还给S公司；

三、驳回曾某均的其他诉讼请求。

S公司不服一审判决，提起上诉。

四川省泸州市中级人民法院经审理认为：原审法院认定事实清楚，适用法律正确，同意一审法院裁判意见，依照《中华人民共和国民事诉讼法》第一百七十条第一项之规定，作出如下判决：

驳回上诉，维持原判。

【法官后语】

本案反映了两个问题：一是生产商代销售商向购车者出具购车发票的情况下，应认定何者为买卖合同的当事人；二是在拖拉机不符合农用车上牌规定的情况下，购车者能否以此为由诉请解除合同，解除合同导致的损失应如何承担。本案为此类案件处理提供了一个范本。

首先，在认定合同相对方的问题上，不应简单地认定发票出具人即合同相对方，而应根据达成买卖合意的双方是谁、购车人向谁付款、谁向买车人交付货物等情况综合认定。本案讼争车辆的买卖系S公司与曾某均之间达成的意思合意，由S公司向曾某均出售讼争车辆，由曾某均向S公司支付货款，买卖合同双方系曾某均与S公司。F公司与S公司之间签订的销售合同，系F公司向S公司出售福达牌车辆，供S公司对外销售，S公司向F公司支付货款的销售合同，而并非F公司委托S公司代为销售福达牌车辆并向S公司支付报酬的委托销售合同。F公司虽然向曾某均出具了发票，但是双方并无意思联络，F公司是应S公司的要求出具该发票，不能据此认定F公司与曾某均之间存在买卖关系。

其次，若出售的拖拉机不符合农用车上牌规定导致车辆不能上路运行，则合同目的不能实现，可以解除合同，并由违约方承担相应损失。《中华人民共和国民法典》第五百六十三条第一款第四项（《中华人民共和国合同法》第九十四条第四项）规定，当事人一方迟延履行债务或者有其他违约行为致使不能实现合同目的，可以解除合同。本案中，因S公司出售的讼争车辆不属于拖拉机注册登记管理目录内的农用拖拉机，依照规定不能办理登记注册并发放牌照，致使该车不能上路运行。S公司的违约行为导致曾某均购买该车的合同目的无法实现，依照上述规定，曾某均有权要求解除合同。依照《中华人民共和国民法典》第五百六十六条第一款（《中华人民共和国合同法》第九十七条）“合同解除后，尚未履行的，终止履行；已经履行的，根据履行情况和合同性质，当事人可以请求恢复原状或者采取其他补救措施，并有权请求赔偿损失”之规定，本案中，因S公司的违约行为导致合同解除，曾某均有权要求S公司收回车辆并返还购车款。虽然该车已交付购车者使用3年，存在磨损，但合同解除系S公司的过错所致，相应损失应由S公司自行承担。因此法院判令支持购车者退款还车的请求，由此也可督促销售商诚信经营。

编写人：四川省叙永县人民法院　饶兰兰

077　协议终止，结算条款未成就，不必然阻却支付剩余货款义务

——Z公司诉B公司买卖合同案

【案件基本信息】

1. 裁判书字号

青海省西宁市中级人民法院（2019）青01民终1730号民事判决书

2. 案由：买卖合同纠纷

3. 当事人

原告（上诉人）：Z公司

被告（被上诉人）：B公司

【基本案情】

2018年4月25日，Z公司（卖方）与B公司（买方）签订《预拌混凝土购销合同》，约定Z公司分批次向B公司供应混凝土，双方以签证结果为结算依据及付款方式等。在合同履行过程中，B公司发现Z公司供应的某项目5号楼第9层标号为C30泵送的混凝土、第10层标号为C30泵送的混凝土质量存在问题，进而导致不合格而拆除重建。2018年10月31日，B公司与Z公司签订《混凝土购销补充协议》，将供货付款方式变更为“先货后款”，同时约定“未结算的剩余混凝土货款等法院就关于此次质量事故，应由乙方（Z公司）承担的施工单位和建设单位全部损失赔偿与违约金责任作出判（裁）决，依据判（裁）决书里的判（裁）决金额在本项目竣工验收后进行实际结算”。在合同继续履行过程中，双方因供货付款产生纠纷，2019年4月19日，B公司向Z公司发出《终止合同函》后联系其他公司向其继续供应混凝土，Z公司亦未再向其供应混凝土。Z公司遂向西宁市城东区人民法院诉请B公司支付剩余混凝土货款致纠纷产生。

【案件焦点】

案涉工程项目并未竣工验收，结算付款条件是否成就。

【法院裁判要旨】

青海省西宁市城东区人民法院经审理认为：依法成立的合同，对当事人具有法律约束力，合同履行中，当事人可以就民事法律行为附条件。Z公司与B公司先后签订的《预拌混凝土购销合同》和《混凝土购销补充协议》，系双方真实意思表示，且不违反有关法律法规规定，合法有效，对双方当事人均具有约束力。在《混凝土购销补充协议》中明确约定双方就未结算的剩余混凝土款进行结算附有条件，结算条件为双方就关于此次质量事故，应由Z公司承担的施工单位和建设单位的全部损失赔偿与违约金责任经法院作出判（裁）决，依据判（裁）决书里的判（裁）决金额在本项目竣工验收后进行实际结算。经庭审核实，双方现并未就案涉质量事故损失赔偿问题通过诉讼或者其他方式予以解决且案涉工程项目并未竣工验收，故结算条件不成就，双方应就损失赔偿问题另行解决，竣工验收后再行对未付混凝土款进行结算。故对Z公司诉求B公司支付欠付混凝土款，不予支持。对Z公司提出的B公司发出《终止合同函》，即视为对《预拌混凝土购销合同》和《混凝土购销补充协议》均予以终止，不应再适用《混凝土购销补充协议》中关于结算部分约定的意见，《中华人民共和国合同法》第九十八条明确规定合同的权利义务终止，不影响合同中结算和清理条款的效力，《混凝土购销补充协议》第二条系双方对未付款项结算的约定，不受合同权利义务终止的影响，对双方均具有约束力，故对此部分意见，不予支持。

青海省西宁市城东区人民法院依照《中华人民共和国民法总则》第一百五十八条，《中华人民共和国合同法》第八条、第九十八条，《中华人民共和国民事诉讼法》第一百三十四条第一款、第一百四十二条，《最高人民法院关于适用〈中华人民共和国民事诉讼法〉的解释》第九十条之规定，作出如下判决：

驳回原告Z公司的全部诉讼请求。

Z公司不服一审判决，提出上诉。

青海省西宁市中级人民法院经审理认为：Z公司与B公司于2018年10月31日签订的《混凝土购销补充协议》，由双方签字且加盖印章进行确认，系双方真实意思表示，且不违反有关法律规定，合法有效，对双方当事人均具有约束力。现Z公司主张支付剩余货款，B公司抗辩认为因涉案过程未竣工验收，混凝土质量问题导致的建筑物拆除、重作及工期延误等损失无法计算，需待明确损失后提起诉讼，由法院判决确认损失后达到结算条件。但B公司在2019年4月19日的《终止合同函》中称“按照合同第十条违约责任中的第3项，你公司已违约，同时给我公司造成直接经济损失4331635.72元”，证明其自认因混凝土质量问题造成其公司直接经济损失是明确的，其应及时向Z公司主张权利，且在本案一审中亦未对质量问题造成的损失提起反诉，属怠于行使权利，阻却本案纠纷的解决，故基于公平原则、诚实信用原则，应视为付款条件已成就。依据《中华人民共和国合同法》第一百零九条之规定，当事人一方未支付价款或者报酬的，对方可以要求其支付价款或者报酬，B公司应承担支付剩余货款的民事责任。

二审中，双方确认涉案合同发生混凝土货款总计10921805元，B公司已付800万元，剩余2921805元未付。双方对扣减有质量问题的混凝土货款103180元意见一致。B公司还提出Z公司供应的混凝土方量存在误差，应扣除3万元的误差费用。Z公司认为双方在每个月的建筑工程分栋预（结）算书（共计18张）中均对供应的混凝土标号、数量、单价、金额予以签字确认，故对扣除3万元的混凝土方量误差费用不予认可。对于扣减因质量问题拆除重建的混凝土货款103180元，双方意见一致，予以确认。在履行合同的过程中，双方对于供应的混凝土方量及价款在建筑工程分栋预（结）算书中签字确认，应视为对每次供货数量及价款的最终确认，故对B公司扣减3万元的主张，不予支持。故本案欠付货款为2818625元

（10921805 元-已付 800 万元-103180 元=2818625 元）。

青海省西宁市中级人民法院依照《中华人民共和国合同法》第六十条、第一百零九条、第一百三十条、第一百五十七条、第一百五十九条，《中华人民共和国民事诉讼法》第一百七十条第一款第二项之规定，作出如下判决：

一、撤销西宁市城东区人民法院民事判决；

二、B 公司于判决生效之日起十五日内支付 Z 公司货款 2818625 元。

【法官后语】

本案中，《混凝土购销补充协议》对剩余工程款结算条件约定为“双方就关于此次质量事故，应由 Z 公司承担的施工单位和建设单位的全部损失赔偿与违约金责任经法院作出判（裁）决，依据判（裁）决书里的判（裁）决金额在本项目竣工验收后进行实际结算”。同时约定了 Z 公司每供应 300 万元的混凝土时押款 200 万元，以此类推，B 公司可以未达到结算条件为由拒付剩余货款。单从双方自愿原则分析，可以视为双方对剩余货款结算条件的约定，但存在几种可能性：（1）本案因混凝土质量造成的损失计算若以施工单位和建设单位的全部损失赔偿与违约金责任由出卖方负担，势必会造成出卖方责任承担扩大化，毕竟本案混凝土质量问题的范围为买受方建设的一栋楼一个单元的两层（有质量问题的混凝土货款 103180 元），两层混凝土出现问题导致的损失应当及时固定证据，主张损失，另外，造成全部损失的情形还有其他可能性；（2）施工单位和建设单位的工程进度，出卖人在协议终止后，掌握工程进度存在一定的难度，若施工单位和建设单位不通过诉讼途径解决，结算条件也很难实现；（3）项目是否能够按时通过竣工验收，出卖人在协议终止后，掌握竣工验收情况有一定难度，并且是否顺利竣工验收存在其他因素。《最高人民法院关于审理买卖合同纠纷案件适用法律问题的解释》第四十四条（该解释2020年修正，该条款已修正为第三十一条）规定："出卖人履行交付义务后诉请买受人支付价款，买受人以出卖人违约在先为由提出异议的，人民法院应当按照下列情况分别处理：（一）买受人拒绝支付违约金、拒绝赔偿损失或者主张出卖人应当采取减少价款等补救措施的，属于提出抗辩；（二）买受人主张出卖人应支付违约金、赔偿损失或者要求解除合同的，应当提起反诉。"

在二审庭审中，被上诉人B公司举证拟证明上诉人Z公司违约在先，为避免诉累，在上诉人Z公司作为出卖人起诉请求支付价款时，如被上诉人B公司作为买受人主张因质量问题造成损失与违约金，应尽量在一审中通过反诉一并解决，而一审法院向B公司释明反诉权利后，B公司未向一审法院提出反诉。本案中，被上诉人B公司在2019年4月19日的《终止合同函》中称"按照合同第十条违约责任中的第3项，你公司已违约，同时给我公司造成直接经济损失4331635.72元"，即在自认为因混凝土质量事故造成其公司直接经济损失4331635.72元大于Z公司主张的价款2921805元的情形下，应及时主张权利。被上诉人B公司仅函至上诉人Z公司，亦未在一审法院释明其在Z公司主张支付价款诉讼中通过反诉维护其合法权益，虽然是其权利的自由处分，但客观上通过补充协议的形式阻却了Z公司对支付价款权利的主张，拖延了其自身的支付货款的义务，怠于纠纷解决。基于公平原则、诚实信用原则，应视为付款条件已成就，买受人可就混凝土质量问题造成的损失另诉主张。

通过此案旨在，一方面，引导买受人应在发现出卖人供应的混凝土存在质量问题时，及时固定证据、计算损失、主张权利，避免因怠于行使权利扩大损失；另一方面，为避免诉累，应积极释明权利，促使买卖双方尽可能地在一个案件中解决争议，基于公平原则、诚实信用原则，营造良好的营商环境。

因案例中引用的《中华人民共和国民法通则》《中华人民共和国合同法》已吸纳为《中华人民共和国民法典》，《中华人民共和国民事诉讼法》亦有修正。故对此说明如下：1.《中华人民共和国民法总则》第一百五十八条现为《中华人民共和国民法典》第一百五十八条；2.《中华人民共和国合同法》第八条现为《中华人民共和国民法典》第四百六十五条；3.《中华人民共和国合同法》第六十条现为《中华人民共和国民法典》第五百零九条；4.《中华人民共和国合同法》第九十八条现为《中华人民共和国民法典》第五百六十七条；5.《中华人民共和国合同法》第一百零九条现为《中华人民共和国民法典》第五百七十九条；6.《中华人民共和国合同法》第一百三十条现为《中华人民共和国民法典》第五百九十五条；7.《中华人民共和国合同法》第一百五十七条现为《中华人民共和国民法典》第六百二十条；8.《中华人民共和国合同法》第一百五十九条现为《中华人民共和国民法典》第六百二十六条；9.《中华人民共和国民事诉讼法》第一百三十四条修正为第一百三十七条、第一百四十二条修正为第一百四十五条、第一百七十条修正为第一百七十七条。

编写人：青海省西宁市中级人民法院　孙丰虎

078 间接代理内部关系不能约束善意第三人
——贾某良诉制衣公司买卖合同案

【案件基本信息】

1. 裁判书字号

江苏省无锡市中级人民法院（2018）苏02民终528号民事判决书

2. 案由：买卖合同纠纷

3. 当事人

原告（上诉人）：贾某良

被告（被上诉人）：制衣公司

第三人：戴某度

【基本案情】

2008年起，贾某良与戴某度合作经营煤炭，由贾某良组织货源，戴某度负责销售收款，2011年借用R公司名义向制衣公司销售煤炭。2011年至2012年，制衣公司共收到由戴某度经手供给并开具R公司发票的煤炭计款3033796.78元，已向戴某度支付相应煤款293.5万元。上述款项大部分系戴某度从制衣公司领取银行承兑汇票，小部分采用现金支付，其中115000元由R公司出具现金收据。其间R公司曾于2012年1月17日向戴某度出具收款委托书，委托戴某度向制衣公司收取煤款（注明：有效期至2012年1月26日）。

2011年4月至2012年12月，R公司共向制衣公司开具发票29份，价税金额合计3033796.78元。

R公司与制衣公司于2011年7月15日签订工矿产品购销合同一份，载明R公司向制衣公司供煤769.58吨，单价930元/吨，计款715709.4元，交货地点、方式：江阴市祝塘镇，运输方式及费用负担：均由供方负责，结算方式及期限：按实际吨位开票一次性结清，上述合同无人签字。双方于2011年8月5日又签订合同一份，载明R公司向制衣公司供煤5540吨，单价900元/吨，计款4986000元，贾某良在R公司栏签名，戴某度在鉴（公）证机关经办人栏签名。2011年8月10日，双方又签订合同一份，载明R公司向制衣公司供煤800吨，单价930元/吨，计款744000元。

2011年，R公司与贾某良签订合作协议一份，载明：贾某良（乙方）用R公司（甲方）开拓贸易业务，R公司提供贾某良业务所需增值税发票等票据，不干涉贾某良经营活动，也不干涉留用贾某良的进出增值税发票；贾某良自负盈亏，自主经营，独立核算，代表R公司签署合同，负责收款，收款出现问题由贾某良负责，银行账户自行管理使用，自负业务所产生的税费，且经营中造成的纠纷、损失或法律责任均由贾某良负责，与R公司无关；贾某良每年上交R公司管理费10000元。

2014年11月26日，贾某良向江阴市公安局报案，就本案相同事实要求追究制衣公司、戴某度等的刑事责任。公安机关以制衣公司涉嫌合同诈骗立案调查，并形成讯问笔录，经调查后，因没有犯罪事实而撤销此案。

贾某良与R公司出具落款时间为2017年3月13日的债权转让协议，载明将R公司对制衣公司享有的3303404.78元债权转让给贾某良，并于2017年3月13日将债权转让协议和债权转让通知书邮寄制衣公司，制衣公司收到上述材料。

贾某良认为2011年4月27日至2012年12月25日，R公司根据合同约定按实际发货数量开具了价税合计为3803404.78元的增值税专用发票，但制衣公司仅向R公司支付了货款500000元，尚欠3303404.78元，其有权向制衣公司收取货款，故起诉至法院，要求制衣公司给付货款3303404.78元并承担利息。

【案件焦点】

1. 本案是否已过诉讼时效；2. 案涉煤炭是谁与制衣公司发生的买卖关系，R公司与贾某良的债权转让协议是否有效；3. 戴某度和贾某良是什么法律关系；4. 贾某良是否有权向制衣公司主张诉争煤款，制衣公司是否已付清应付款项。

【法院裁判要旨】

江苏省无锡市江阴市人民法院经审理认为：第一，本案未过诉讼时效。制衣公司所提供的已抵扣发票最后开具时间为2012年7月，贾某良向公安机关报案时间为2014年11月。从贾某良、戴某度、制衣公司法定代表人及会计陈述和制衣公司付款情况（2013年制衣公司还曾支付煤款）综合分析，应认定贾某良主张权利未过诉讼时效。

第二，本案诉争煤炭是贾某良借用R公司名义与制衣公司发生的买卖关系。贾某良与R公司的债权转让协议，其实质是借用人与被借用人就对外发生债权的归属达成的协议。贾某良不是R公司员工，仅挂靠在R公司，R公司按贾某良要求开具发票，并由贾某良向R公司支付开票税金、缴纳管理费，贾某良自行经营和收款，自行承担经营中产生的损失或法律责任。R公司向贾某良提供加盖公司印章的空白合同，根据贾某良要求开具发票，且不过问业务，对贾某良向制衣公司供应煤炭的运输、发货、价格、数量、付款、开票金额等交易基本情况都不清楚。案涉3份合同均为开票结算需要补签，其约定的交易金额、数量、时间均不与真实交易对应，发票亦是因贾某良不具有煤炭经营资质需借用R公司名义而为结算货款开具。虽然债权转让协议未真实反映贾某良借用R公司名义与制衣公司发生买卖关系这一事实，但属于借用人与被借用人内部对外部债权归属作出处分，不违反法律规定，是有效的。

第三，戴某度与贾某良在贾某良借用R公司名义与制衣公司进行煤炭交易中是代理与被代理关系。其一，在公安机关笔录中，贾某良陈述戴某度是代表他去和制衣公司谈生意的，理论上戴某度的签字应该在供方一栏，他不清楚戴某度是否是制衣公司的员工，2008年开始他和戴某度一起合伙做生意，把煤炭供应给制衣公司，戴某度负责和制衣公司联系和收款。其二，戴某度曾持R公司收款委托书到制衣公司收款，且除银行承兑汇票外，还持R公司现金收据向制衣公司收款。其三，在公安机关笔录中，R公司法定代表人李某陈述她听贾某良讲过他和戴某度是合伙做煤炭生意的，由贾某良联系货源，由戴某度销售到江阴市并负责收款，由于戴某度还有很多煤炭货款没有支付给贾某良，故2013年贾某良带她去江阴市要过货款，但没有要到钱。其四，2015年6月29日公安机关笔录中，当公安机关提问“既然你说自2011年之后你和戴某度没有合作关系了，那2011年之后你卖给制衣公司的煤炭具体数量和单价是谁和制衣公司谈的”，贾某良陈述“有时候是我去谈的，有时候是我委托戴某度去谈的”。上述陈述可以相互印证，可证实：2011年之后，贾某良仍委托戴某度以 R 公司名义向制衣公司销售煤炭并收取煤款。综上，可认定贾某良委托戴某度借用 R 公司名义向制衣公司销售煤炭并收款，诉争煤炭的交易流程使制衣公司有充分理由相信戴某度是有权收取上述煤款的。

第四，本案诉争煤炭是贾某良借用 R 公司名义与制衣公司发生的买卖合同关系，且 R 公司以债权转让方式同意贾某良主张诉争煤款，故贾某良有权向制衣公司主张诉争煤款，制衣公司认为贾某良无权主张诉争煤款，证据不足，不予支持。但戴某度受贾某良委托以 R 公司名义向制衣公司销售煤炭并收款，故无论制衣公司向贾某良、戴某度或 R 公司付款，均应视为履行了给付货款义务。本案中，贾某良借用 R 公司名义向制衣公司供煤共计价款根据现有证据可认定为 3033796.78 元，同时制衣公司主张已向戴某度支付诉争煤款 2935000 元，戴某度对此予以认可。因戴某度是受贾某良委托以 R 公司名义向制衣公司销售煤炭、收取货款的，戴某度收取上述煤款的行为，其民事责任应由贾某良（R 公司）承担。对尚余货款 98796.78 元，制衣公司应给付贾某良。贾某良关于戴某度是代表制衣公司一方，不能代表其或 R 公司收款的主张，因与其本人、R 公司法定代表人李某及戴某度在公安机关的陈述、收款委托书及 R 公司现金收据明显矛盾，故不予支持。

综上，本案系贾某良借用 R 公司名义与制衣公司发生煤炭买卖合同关系，戴某度受贾某良委托以 R 公司名义向制衣公司销售煤炭并收款，戴某度从制衣公司收取货款的行为，其民事责任应由贾某良承担，制衣公司应归还尚欠货款并偿付该款自起诉之日起至实际给付之日止的利息损失。

江苏省无锡市江阴市人民法院依照《中华人民共和国合同法》

第一百零七条、第一百零九条之规定，作出如下判决：

一、被告制衣公司应于本判决发生法律效力之日起十日内向原告贾某良支付货款 98796.78 元，并偿付该款自 2017 年 3 月 22 日起至实际给付之日止按中国人民银行同期同类贷款基准利率计算的利息损失；

二、驳回原告贾某良的其他诉讼请求。

贾某良不服一审判决，提起上诉。

江苏省无锡市中级人民法院经审理认为：本案二审争议焦点为：一是依据 2012 年 12 月 R 公司开具给制衣公司的 7 份发票是否能认定发生煤炭往来共计 769608 元；二是戴某度是否有权向制衣公司收取诉争煤炭的货款。

关于争议焦点一，仅凭 2012 年 12 月 R 公司向制衣公司开具的 7 张增值税发票不能认定真实发生煤炭往来共计 769608 元。上述 7 张发票曾由戴某度交到制衣公司，制衣公司审核认为与实际不符即将发票退还给戴某度，充分说明这 7 张发票项下的供货存在争议，对此情形，根据《最高人民法院关于审理买卖合同纠纷案件适用法律问题的解释》第八条规定，即使对于已经认证抵扣的增值税发票，出卖人尚且应当提供其他证据证明交付标的物的事实，何况本案中制衣公司并未收下发票，更不能仅凭 R 公司单方开具的增值税发票即认定供货金额，因贾某良不能提供上述发票项下对应的供货凭证，故对这部分供货金额，缺乏事实证据而不能予以认定。

关于争议焦点二，戴某度有权向制衣公司收取诉争煤炭的货款。其一，R 公司与贾某良之间系挂靠关系，R 公司仅为贾某良代开发票，并非货物的真实卖方，则 R 公司出具的收款委托书，其作用也仅在形式上满足和完善收付款手续的财务需要，并不具有真正的授权作用，故本案中不应以有无R公司的收款委托书作为审核戴某度收款权的依据，而应当结合戴某度在交易中的身份、作用、权限以及付款人制衣公司善意与否等因素综合考量认定。其二，贾某良与戴某度自2008年起合伙销售煤炭，两人的分工为贾某良组织货源、戴某度负责销售与收款，对本案制衣公司的交易模式亦如此，在合伙关系之下，无论从戴某度的合伙人身份还是合伙中的分工权限看，戴某度均有权向制衣公司收取货款。贾某良虽称自2011年起已与戴某度终止合伙关系，但对此未能提供充分证据证明，戴某度也不予认可。且即使贾某良所述属实，根据其在公安机关和本案诉讼中的陈述可知，2011年起与制衣公司的交易模式未有任何变动，在商谈生意、送货交接、过磅确认、交付发票这些交易环节中，戴某度仍然全程参与，且贾某良并不掌握交货凭证，因此，就贾某良一方而言，戴某度即使不再合伙也至少是贾某良委托的交易代理人，且属于未对外披露代理关系的隐名代理；就制衣公司一方而言，根据一如既往的交易模式完全有理由相信戴某度仍为交易相对方，故制衣公司向戴某度支付货款，并无不当，不受贾某良与戴某度是否已终止合伙关系的影响。其三，制衣公司向戴某度已支付货款2935000元，除戴某度予以认可外，制衣公司还提供了所有付款凭证，证据确凿，应予认定。其中明显非戴某度本人签字的，是戴某度委托其妻浦某英代为领款（浦某英同时签署了自己和戴某度的名字），此事实在公安机关询问笔录中戴某度和制衣公司会计均有提及，故这部分代领款应当认定为本案付款。又，制衣公司向戴度良的付款方式中有13万元是将制衣公司应付戴某度的煤款、戴某度应付案外人的借款、案外人应付制衣公司的染色费相互抵扣，贾某良对此有异议，但如前所述，制衣公司有充分理由相信戴某度为交易相对方，故制衣公司向戴某度的付款应当得到认定，上述13万元采用债权债务抵销方式进行清偿，与以承兑汇票或现金支付，并无区别，也不存在恶意协助戴某度清偿个人债务的情形。至于另一笔戴某度借款三四十万元，根据戴某度在公安机关的陈述，是收到制衣公司付款后，戴某度归还给了出借人王某林，则此为戴某度自己在收到制衣公司货款后的使用行为，与制衣公司无关。

综上所述，贾某良的上诉请求不能成立，应予驳回。一审判决认定事实清楚，适用法律正确，应予维持。

江苏省无锡市中级人民法院依照《中华人民共和国民事诉讼法》第一百七十条第一款第一项之规定，作出如下判决：

驳回上诉，维持原判。

【法官后语】

一、间接代理关系的认定

间接代理，是指代理人为被代理人的利益，以自己的名义与第三人实施法律行为，该法律行为的效果首先对代理人发生，然后再依其与被代理人的内部关系移转于被代理人的代理。《中华人民共和国合同法》第四百零三条对间接代理中委托人与第三人的权利义务关系作了相应的规定。《中华人民共和国民法典》第九百二十六条延续了上述规定。根据上述法律的规定，间接代理的构成要件有三，一是委托人与受托人之间存在委托代理关系；二是受托人以自己名义与第三人实施法律行为；三是第三人不知道委托人与受托人之间的委托代理关系。在委托人与受托人之间委托代理关系的认定上，实践中委托人与受托人之间往往没有书面的委托合同或授权委托书，委托代理关系的认定需综合考虑两者之间的内部关系以及对外交易中的身份、作用、权限等因素予以认定。在本案中，诉争煤炭均由戴某度以R公司名义与制衣公司发生买卖关系，制衣公司认为煤炭是戴某度所供，只不过结算开票需要戴某度借用R公司的名义，但事实上戴某度与贾某良长期合伙经营煤炭，两人的分工为贾某良组织货源、戴某度负责销售与收款，对本案制衣公司的交易模式亦如此，由贾某良借用R公司名义开具发票，由戴某度出面负责与制衣公司的销售和收款业务，戴某度应是基于其与贾某良之间的合伙关系作为交易代理人与制衣公司发生煤炭买卖合同关系。在第三人是否知道委托人与受托人的委托代理关系的认定上，除有证据证明存在第三人在订立合同时知道或应当知道的客观情况，应认定第三人不知道委托人与受托人之间的委托关系。在本案的煤炭买卖合同关系中，制衣公司系与戴某度协商缔约、履行交货及付款义务，并无证据表明制衣公司事先知道戴某度与贾某良之间的关系，贾某良、戴某度、制衣公司之间应系间接代理关系。

二、委托人与受托人之间的内部关系不影响受托人与善意第三人之间法律行为的效力

任何人只得为自己接受约束并以自己名义订立契约，契约仅于缔约当事人之间发生效力，这是意思自治原则的应有之义，也是合同相对性原则的具体体现。在间接代理关系中，尽管委托人与受托人在内部关系中就受托人与第三人之间发生法律行为的权限作了约定，但是该约定对不知道委托人与受托人之间内部约定的第三人而言并无拘束力。对第三人而言，与其订立合同的相对人系受托人，其对受托人有信赖利益，仅受受托人与其订立的合同的约束。在本案中，戴某度负责出面与制衣公司处理煤炭销售和收款业务，戴某度向制衣公司出具过R公司的收款授权委托书，并向制衣公司提供

R公司名义的发票，制衣公司知道戴某度系借用R公司名义向其销售煤炭，制衣公司的真实意思表示系与戴某度发生煤炭买卖关系，本案煤炭买卖合同应系在制衣公司与戴某度之间成立。由此产生了这样一种冲突：煤炭实际供方是贾某良，制衣公司却认为是戴某度，矛盾的焦点在于制衣公司因认为戴某度是煤炭供方而将大部分煤款支付给戴某度，此行为对贾某良是否有拘束力，相应的民事责任是否应由贾某良承担。制衣公司并不知晓戴某度与贾某良之间的内部约定，即使如贾某良所述戴某度与其后来终止了合伙关系，但其与制衣公司的交易模式未有任何变动，戴某度仍然全程参与制衣公司的交易环节，制衣公司有合理理由相信戴某度仍系煤炭买卖合同的交易相对方，戴某度仍应视为接受贾某良的委托与制衣公司发生煤炭交易往来，贾某良与戴某度之间内部关系的约定对制衣公司并无拘束力，制衣公司向戴某度支付货款应系履行本案煤炭买卖合同项下的付款义务，该付款行为应对委托人贾某良有拘束力。

三、第三人不履行义务时委托人可直接向第三人行使权利

法律规定了受托人的披露义务和委托人的介入权，受托人因第三人的原因对委托人不履行义务，受托人应当向委托人披露第三人，委托人因此可以行使受托人对第三人的权利。鉴于委托人的介入行为系对受托人与第三人之间合同相对性的突破，委托人介入权的行使必须有严格的条件限制。具体而言，委托人介入权的行使须具备三个条件：一是受托人对委托人不履行义务，此种不履行义务的行为必须达到预期违约或根本违约的程度，不能仅因受托人的瑕疵履行而直接行使介入权；二是受托人不履行义务系第三人的原因，如果不是第三人的原因，那么就不应当由第三人承担相应的责任；三

是受托人向委托人披露了第三人。在本案中，戴某度未按照双方约定向贾某良及时交付全部货款，戴某度已对贾某良构成违约，该违约行为系由制衣公司未向戴某度付清全部货款造成的，而贾某良知道戴某度煤炭买卖合同的交易相对人系制衣公司，贾某良作为间接代理的委托人，其享有介入权，行使收取货款的权利，同时贾某良与R公司签订了债权转让协议，并通知了制衣公司，制衣公司应当知道贾某良享有收取本案所涉煤款的权利，故对制衣公司而言，无论制衣公司是否知晓贾某良与戴某度之间的关系，贾某良也应有权向制衣公司请求支付剩余货款。

编写人：江苏省无锡市江阴市人民法院　陈忠宇　高雅静

079　涉嫌盗抢、诈骗的二手车买卖合同中买方享有法定解除权

——常某伟诉经纪公司、交易公司买卖合同案

【案件基本信息】

1. 裁判书字号

北京市第二中级人民法院（2017）京02民终9757号民事判决书

2. 案由：买卖合同纠纷

3. 当事人

原告（被上诉人）：常某伟

被告（上诉人）：经纪公司

被告（被上诉人）：交易公司

【基本案情】

2016 年 8 月 30 日，常某伟与经纪公司签订协议书一份，约定常某伟依现状购买经纪公司二手车一辆，价格 28.2 万元。同日，常某伟向经纪公司支付 28.2 万元购车款，经纪公司向常某伟交付了诉争车辆。双方在交易公司办理了车辆过户手续，诉争车辆由续某名下过户到于某顺名下。

2016 年 10 月 9 日，常某伟驾驶汽车在某路口停车后，四名男子强行上车将其驾驶车辆抢走。经派出所调查，诉争车辆系常某伟于 2016 年 8 月 26 日在二手车市场购买，该车真实车主为杨某平，2016 年 7 月其通过德某汽车贸易公司向外出租，租期到期后该车一直无法找到，杨某平证实 2016 年 10 月 9 日其在某路口发现该车，并辨认出该车就是其出租的车辆，与当时驾驶人常某伟协商未果后将车开走，故该所排除常某伟所报被抢车辆一事所反映的违法事实，对常某伟被抢劫汽车案不予立案。同日，王某胜向公安局报案称：2016 年 7 月 11 日，张某韩来其汽车贸易公司，租走一辆黑色汽车，约定租期一个月，到期后公司联系不上对方，今年 10 月初，该公司根据车辆安装的 GPS 将该车收回，但该车的车架号及发动机号已经被更改，经查询，该车车主登记为于某顺。张某韩涉嫌诈骗，被骗汽车价值 30 万元左右。2016 年 10 月 11 日，公安局对王某胜被诈骗一案立案侦查。

2016 年 10 月 23 日，刑侦支队侦查员通过当地公安机关找到该车，并与杨某平一起对该车进行鉴定。经工作人员读取该车车载电脑内原始车架号及在该车后备厢备胎处发现的汽车配置表显示，该车架号确实被更改。

【案件焦点】

1. 涉案车辆应否认定为盗抢、诈骗车辆；2. 经纪公司与交易公司在交易过程中是否尽到了审慎审查的义务；3. 合同应否解除。

【法院裁判要旨】

北京市丰台区人民法院经审理认为：原告常某伟向被告经纪公司购买涉案车辆，经纪公司应当保证涉案车辆合法且权利上不存在瑕疵，但经公安机关认定，涉争车辆与案外人杨某平丢失的车辆为同一车辆，现该车辆已由杨某平取回，导致常某伟无法继续使用车辆，购买并使用车辆的合同目的无法实现，故支持双方解除购车协议。

合同解除后，已经履行的，根据履行情况和合同性质，当事人有权要求赔偿损失。考虑到原告常某伟购买车辆后使用时间较短，故应支持原告返还购车款的诉讼请求。常某伟主张的保险损失及收入损失，于法无据，不予支持。因该车辆在办理过户时，原车主杨某平当时并未报警，且该车辆办理过户时所提交的手续均为真实有效，因此交易公司在为诉争车辆办理过户过程中不存在过错，对此不应承担连带责任。

北京市丰台区人民法院依据《中华人民共和国合同法》第九十四条、第九十七条之规定，作出如下判决：

一、解除原告常某伟与被告经纪公司于 2016 年 8 月 30 日签订的协议书；

二、被告经纪公司于本判决生效后十日内返还原告常某伟购车款 282000 元；

三、驳回原告的其他诉讼请求。

经纪公司不服一审判决，提出上诉。

北京市第二中级人民法院经审理认为：本案买卖协议是双方的真实意思表示，且不违反法律、行政法规的强制性规定，应属合法有效，双方均应恪守履行。依据《中华人民共和国合同法》第一百五十条的规定，出卖人就交付的标的物，负有保证第三人不得向买受人主张任何权利的义务，但法律另有规定的除外。经纪公司应当保证涉案车辆权利上不存在瑕疵，但经公安机关认定，该车辆系案外人杨某平丢失之车，现其已将车辆取回，致使常某伟无法继续使用该车辆，常某伟购买并使用车辆的合同目的无法实现，属于《中华人民共和国合同法》第九十四条第四项当事人可以解除合同的情形。另，因常某伟购车与车辆被取回之间时间相隔较短，且常某伟不具有过错，故其要求返还购车款的请求应予支持。

北京市第二中级人民法院依照《中华人民共和国民事诉讼法》第一百七十条第一款第一项之规定，作出如下判决：

驳回上诉，维持原判。

【法官后语】

物权是指权利人依法对特定的物享有直接支配和排他的权利。物权人对物享有支配权和绝对权，物权具有追及效力，物权的标的物无论辗转落入何人之手，除法律另有规定外，物权人均可追及至物的所在行使物权的法律效力。物权人直接向侵害人提出物上请求权是一种自我保护措施，是物上请求权实现的有效途径。在情况紧急、来不及请求公力救济的情况下，在法律允许的范围内，物权人直接采取一定的自我保护措施，有利于避免或减轻自己财产遭受的损害。本案中，经公安机关认定，涉案车辆与案外人杨某平丢失的车辆为同一车辆，其作为原车辆所有人，在发现车辆后，在与常某伟协商未果的情况下，带人强行将车辆开走的行为应认定为行使物上请求权、自力救济的行为，是物权追及效力的体现，并非盗抢行为，因此派出所并未立案。

本案车辆涉及两起报案，虽然常某伟购车后车辆被抢一事并未认定为盗抢行为，但在原车主杨某平对外出租过程中，张某韩从汽车贸易公司租车后到期失联，之后车辆才经过多手流通被常某伟购买，现派出所已经就王某胜被诈骗一案立案侦查，可推知本案交易车辆应为涉嫌诈骗车辆。但因为派出所尚未出具认定结论，故本案中不宜直接加以认定。

2005年《二手车流通管理办法》第十五条第一款规定："二手车卖方应当拥有车辆的所有权或者处置权。二手车交易市场经营者和二手车经营主体应当确认卖方的身份证明，车辆的号牌、《机动车登记证书》、《机动车行驶证》，有效的机动车安全技术检验合格标志、车辆保险单、交纳税费凭证等。"① 《二手车交易规范》第五条规定："二手车交易市场经营者和二手车经营主体应按下列项目确认卖方的身份及车辆的合法性：（一）卖方身份证明或者机构代码证书原件合法有效；（二）车辆号牌、机动车登记证书、机动车行驶证、机动车安全技术检验合格标志真实、合法、有效；（三）交易车辆不属于《二手车流通管理办法》第二十三条规定禁止交易的车辆。"本案中交易公司提供了车辆注册登记信息、二手车销售统一发票、二手车买卖双方身份证明、小客车更新指标确认书、车辆检验记录

① 2017年9月14日修正后，对应《二手车流通管理办法》第十二条第一款："二手车卖方应当拥有车辆的所有权或者处置权。二手车交易市场经营者和二手车经营主体应当确认卖方的身份证明，车辆的号牌、《机动车登记证书》、《机动车行驶证》，有效的机动车安全技术检验合格标志、车辆保险单、交纳税费凭证等。"

表，上述证据显示续某与于某顺的身份证及续某的行驶证复印在同一张纸上，且涉案车辆首任车主和第二任车主均是通过购买这一合法途径获得车辆。此外，交易公司答辩称其在查验车辆时已经对车架号进行拓印，拓印时未发现车架号存在伪造等异常情况，且其单位除了从盗抢网查询涉案车辆是否涉嫌违法之外无其他途径防范，涉案车辆当时并不在盗抢网登记备案之列。考虑到车辆在办理过户时原车主杨某平并未报警，且该车辆办理过户时提交的手续均真实、全面、有效，因此应认定交易公司在为诉争车辆办理交易过户过程中尽到了审慎审查的义务，并无过错。

经纪公司在本次诉讼中并未提交证据，但其陈述涉案车辆是其从姚某园二手车经纪公司购买，并有完整购车协议，一审法院针对其所述向看守所档案室进行了调查取证，经取证，经纪公司所述属实，且通过二手车交易市场提供证据显示，应认定经纪公司在交易过程中也已经尽到审慎审查义务。

《中华人民共和国民法典》第六百一十二条规定："出卖人就交付的标的物，负有保证第三人对该标的物不享有任何权利的义务，但是法律另有规定的除外。"本案中，虽然经纪公司在购车过程中尽到了审慎审查义务，但其作为卖方应当保证涉案车辆权利上不存在瑕疵，现经公安机关认定，涉案车辆是案外人杨某平丢失的车辆，其已将涉案车辆取回，致使常某伟无法继续使用该车辆，常某伟购买并使用车辆的合同目的无法实现，符合《中华人民共和国民法典》第五百六十三条第一款第四项当事人可以解除合同的情形，故合同应予解除，常某伟享有法定解除权。

编写人：北京市丰台区人民法院　柳艾青

（八）买卖合同的违约责任

080 买卖合同中违约金调整规则

——混凝土公司诉建筑公司、建筑公司北京分公司买卖合同案

【案件基本信息】

1. 裁判书字号

北京市第二中级人民法院（2020）京02民终1927号民事判决书

2. 案由：买卖合同纠纷

3. 当事人

原告（上诉人）：混凝土公司

被告（上诉人）：建筑公司、建筑公司北京分公司

【基本案情】

2013年11月6日，原告（乙方）与被告（甲方）签订《预拌混凝土采购合同》一份，约定由原告向被告的“大厦A、B”项目供应混凝土，工程地点在河北省石家庄市。预拌混凝土的计量方式：（1）甲、乙双方约定，对于工程结构部分的混凝土采用按甲方现场验收签认的混凝土发货单载明的数量为准，甲方可随时派人进行抽检，并按抽检的实际量结算该批次预拌混凝土的工程量。（2）对混凝土砂浆、基础桩、垫层、防水保护层、塔机基础、施工现场路面、临时设施等非工程结构部位的混凝土均以甲方现场验收签认的混凝土发货单载明的数量为准。价款支付方式：

上月21日至本月20日为一个对账结算周期。主体结构负三层完工次月底，付结算货款的75%；之后每个次月月底付上月所送货款的75%，本工程每个单体工程主体结构封顶后3个月内付至总货款的90%，6个月内付至总货款的95%，余款在主体封顶一年内付清，每次付款前，乙方应向甲方提供正规合法的发票。同时双方对其他权利义务也做了约定。2015年4月21日，双方签订《商品混凝土采购调价协议》，约定自2015年4月21日起商品混凝土执行新的价格。原告依照合同履行合同义务，自2013年12月4日至2016年11月8日，原告至少向被告供应商品混凝土合计11386815.14元。被告从2014年11月18日至2017年1月25日付款共计6793769.36元，欠款4593045.78元。

【案件焦点】

1. 本案是否存在货款漏算问题；2. 如何确定主体封顶的时间；3. 如何确定违约金损失。

【法院裁判要旨】

北京市丰台区人民法院经审理认为：依法订立的合同对当事人具有约束力，双方当事人均应全面履行合同。混凝土公司与建筑公司北京分公司之间签订的《预拌混凝土采购合同》及《商品混凝土采购调价协议》系双方当事人的真实意思表示，不违反法律、行政法规的强制性规定，双方均应遵照履行。现混凝土公司主张建筑公司及建筑公司北京分公司共同支付剩余货款，具有合同依据，符合法律规定，法院予以支持。关于建筑公司及建筑公司北京分公司应支付的货款总额，双方于2016年11月16日签订的《结算单》中对最终结算金额予以确认，故货款总额应以《结算单》为准，混凝土公司称2014年6月9日及2015年5月22日结算单上存在漏算情况，但并未在双方最终结算前提出，故法院确定货款总额为11372185.14元。建筑公司及建筑公司北京分公司辩称混凝土公司未开具足额发票，但支付货款作为其主合同义务，其不能以混凝土公司未开具发票为由拒绝付款，故对其抗辩法院不予采纳。

关于原告混凝土公司主张违约损失一节，当事人一方不履行合同义务或者履行合同义务不符合约定，给对方造成损失的，损失赔偿额应当相当于因违约所造成的损失，包括合同履行后可以获得的利益，但不得超过违反合同一方订立合同时预见到或者应当预见到的因违反合同可能造成的损失。因双方在合同中对未付款的违约责任存在约定，故原告混凝土公司要求按照月利率2.5%支付违约损失，无法律依据，法院依法予以调整，关于主体封顶时间，因双方存在分歧且原告混凝土公司未提交证据予以证明，故应以建筑公司、建筑公司北京分公司所述时间为准。

北京市丰台区人民法院依照《中华人民共和国合同法》第六十条、第一百零七条、第一百一十三条之规定，作出如下判决：

一、被告建筑公司、被告建筑公司北京分公司于本判决生效之日起七日内共同支付原告混凝土公司货款4464710.22元；

二、被告建筑公司、被告建筑公司北京分公司于本判决生效之日起七日内共同支付原告混凝土公司违约损失（以4415772.72元为基数，自2016年10月31日起至2017年1月30日止；以4464710.22元为基数，自2017年1月31日起至实际付清之日止，均按照中国人民银行同期存款利率计算）；

三、驳回原告混凝土公司的其他诉讼请求。

混凝土公司、建筑公司、建筑公司北京分公司不服一审判决，提起上诉。

北京市第二中级人民法院经审理认为：关于混凝土公司上诉提出漏算货款的问题。双方于2016年11月16日签订的《结算单》中对最终结算金额予以确认，故货款总额应以《结算单》为准。

关于混凝土公司上诉提出主体封顶时间的问题。双方在采购合同中约定，"每个单体工程主体结构封顶后三个月内付至总货款的90%，六个月内付至总货款的95%，余款在主体封顶一年内付清"。如何界定"主体结构封顶"时间，对此双方解释不一致，混凝土公司主张以最后一层梁板楼梯浇筑时间为准，建筑公司、建筑公司北京分公司主张应当以主体竣工验收时间为准。鉴于合同中约定不明确，现已无法探究双方在签订合同时的真实意思，双方的主张均缺乏充分证据支持，而双方签订总结算单时间为2016年11月16日，混凝土公司的最后供货时间亦为2016年11月，所以一审法院以建筑公司、建筑公司北京分公司认可的2016年7月为主体结构封顶时间，比较符合公平原则。

关于混凝土公司上诉提出违约损失的问题。双方所签合同中约定，未按合同约定给付价款的，自应付价款之日起按银行同期存款利率支付所欠价款的利息。混凝土公司主张因对方违约造成直接损失和间接损失，因此，要求对方按照更高的标准赔偿损失。根据《中华人民共和国合同法》第一百一十四条第二款之规定，约定的违约金低于造成的损失的，当事人可以请求人民法院或者仲裁机构予以增加。建筑公司、建筑公司北京分公司长时间拖欠混凝土公司货款，给混凝土公司造成的资金占用损失远远高于银行同期存款利率的标准，法院予以酌情调整。

关于建筑公司、建筑公司北京分公司上诉提出混凝土公司未提供发票故拒绝付款，因支付货款是建筑公司、建筑公司北京分公司的主要合同义务，提供发票是混凝土公司的附随义务，合同中约定混凝土公司应当在付款前提供发票并不能理解为不提供发票即有权拒绝付款，建筑公司、建筑公司北京分公司该上诉理由不能成立，其上诉请求法院不予支持。

综上所述，一审判决认定事实清楚，但适用法律有误，二审法院予以纠正。

北京市第二中级人民法院依照《中华人民共和国民事诉讼法》第一百七十条第一款第二项之规定，作出如下判决：

一、维持北京市丰台区人民法院民事判决第一项；

二、撤销北京市丰台区人民法院民事判决第三项；

三、变更北京市丰台区人民法院民事判决第二项为：建筑公司、建筑公司北京分公司于本判决生效之日起七日内共同支付混凝土公司违约损失（以4415772.72元为基数，自2016年10月31日起至2017年1月30日止，按照中国人民银行同期贷款利率两倍计算；以4464710.22元为基数，自2017年1月31日起至实际付清之日止，2019年8月19日之前按照中国人民银行同期贷款利率两倍计算，2019年8月20日之后按照一年期贷款市场报价利率两倍计算)；

四、驳回混凝土公司其他诉讼请求。

【法官后语】

本案的争议焦点之一为二被告违约责任的承担。双方在《预拌混凝土采购合同》中明确约定了违约金的计算方式，一审法院据此判决被告承担相应的违约责任，原告认为其间接损失远超上述合同约定，并提交相应证据，二审法院据此改判。

《中华人民共和国民法典》对违约金计算标准进行了规定，指出履行不符合约定的，应当按照当事人的约定承担违约责任。对违约责任没有约定或者约定不明确，依据本法第五百一十条的规定仍不能确定的，受损害方根据标的的性质以及损失的大小，可以合理选择请求对方承担修理、重作、更换、退货、减少价款或者报酬等违约责任。当事人可以约定一方违约时应当根据违约情况向对方支付一定数额的违约金，也可以约定因违约产生的损失赔偿额的计算方法。约定的违约金低于造成的损失的，人民法院或者仲裁机构可以根据当事人的请求予以增加；约定的违约金过分高于造成的损失的，人民法院或者仲裁机构可以根据当事人的请求予以适当减少。

违约金系当事人意思自治的结果，在督促合同主体积极履行义务方面有不可替代的作用。约定的违约金低于造成的损失的，人民法院或者仲裁机构可以根据当事人的请求予以增加，这正是违约金用来弥补损失这一主要功能的体现。

违约金条款除具有对违约行为的惩罚性和对守约方的补偿性功能外，还应体现预先确定性和效率原则。约定违约金降低了发生纠纷时合同主体的举证成本，使合同主体在订立合同时即明确违约后果，从而做到慎重订约、适当履约。签订违约金条款的当事人对自身违约所需承担的违约责任存在明确预见，人民法院不应主动调整。但当事人另有主张时，人民法院对违约金的调整应遵循以下几点：

一、与实际损失相适应

违约金调整应当以实际损失为基础同时兼顾其他因素。因此违约金调减幅度的确立，首先必须考量违约行为给守约方所造成的实际损失，这也可以说是确立违约金调减幅度最为关键的因素。

二、与履约情况、违约程度相适应

《最高人民法院关于适用〈中华人民共和国合同法〉若干问题的解释（二）》明确了人民法院调减违约金在以实际损失为基础的同时，所兼顾的综合因素中包含了合同的履行情况，其中包含履约情况和违约程度两个方面：一方面，同样是未依约履行合同，具体的履行情况显然将影响到违约金具体调幅的确定；另一方面，合同具体履行到何种程度事实上也体现了违约行为的违约程度，除此之外，违约程度有个最突出的表现就是逾期履行中的逾期时间。

三、与当事人过错相适应

《最高人民法院关于适用〈中华人民共和国合同法〉若干问题的解释（二）》明确了法院调减违约金在以实际损失为基础的同时，所兼顾的综合因素中还包含当事人过错。其中，当事人过错既包含了违约方的过错也包含了守约方的过错两个方面：一方面，违约方的过错影响违约金调减幅度的确立意味着违约方是故意违约还是过失违约抑或无过错违约，将直接决定体现违约金所具有的惩罚性功能的程度，即在当事人是故意违约的情况下，人民法院在考虑是否调整违约金、如何确定违约金幅度等问题上都将出现倾向于惩罚违约方的价值导向。另一方面，守约方是否采取积极措施来维护自身的合法权益也应当包含在违约金调减幅度确定时所考量的因素之中。若守约方作为权利人未采取积极措施来维护其自身合法权益，从而导致损失扩大，也应当承担一定的责任。

编写人：北京市丰台区人民法院　杨铂　岳娟

081 违约后如何适用定金罚则

——G 公司诉 B 公司买卖合同案

【案件基本信息】

1. 裁判书字号

广西壮族自治区崇左市中级人民法院（2019）桂 14 民终 1104 号民事判决书

2. 案由：买卖合同纠纷

3. 当事人

原告（反诉被告、上诉人）：G 公司

被告（反诉原告、被上诉人）：B 公司

【基本案情】

G 公司与 B 公司于 2017 年 4 月 9 日经协商签订了《材料购销合同》，约定 G 公司向 B 公司购买乙牌喷涂钛金属聚合物涂料碳钢玻璃钢复合管，用于 G 公司管网工程项目。双方约定购买数量 3500 米，规格为 DN600，单价为每米 700 元，货款总额为 245 万元。关于结算方式，双方约定：甲方（G 公司）支付总货款的 20%作为定金，之后每三车结一次货款。关于交货方式、时间、地点，合同第四条约定乙方（B 公司）按甲方供应计划组织发货。甲方所需材料须提前 5 天以传真、电话、短信方式通知乙方供应数量、供应时间，以便乙方及时组织发货。关于违约责任，约定甲、乙双方应严格履行合同规定的各项条款，如合同一方违约，由违约方承担责任，并参照合同法及双方商定的有关条款赔偿经济损失。合同签订后，G 公司于 2017 年 4 月 14 日通过银行转账方式向B公司支付定金50万元，同年4月28日支付货款75.6万元。B公司先后于2017年4月19日至5月3日，向G公司供应9车管材，并于2017年5月10日出具材料发票金额113.53万元。后G公司要求B公司继续供货，B公司以合同有约定每三车结一次货款，要求G公司按约定先结货款后供货。G公司遂于2017年5月15日向B公司发出《停止供货通知书》，要求停止供货，并要求B公司在收到通知书后10日内结清货款及退还剩余货款。B公司收到通知后未退款。2018年7月18日，G公司委托律师事务所向B公司发出《律师函》，要求B公司退还剩余款项。次日，B公司收到通知后，也没有配合办理结清货款手续。另查明，涉案项目工程已于2017年12月完工。

【案件焦点】

本案是否适用定金罚则。

【法院裁判要旨】

广西壮族自治区崇左市江州区人民法院经审理认为：双方签订的《材料购销合同》系双方真实意思表示，未违反法律的规定，属合法有效合同，对双方均有约束力，双方应当按照合同约定全面履行自己的义务。合同约定，G公司购买材料数量为3500米，货款总额为245万元，G公司按照合同约定向B公司支付了50万元作为定金。整个项目实际所需管道数量为3000米，双方签订的合同管道数量为3500米，由此可知，双方签订涉案合同是为G公司提供整个工程项目所需的管道。但在合同履行过程中，G公司实际只购买了9车货值113.53万元的货物（管道数量为1620米+1个管道接头），与合同约定的管道数量3500米尚差1880米，在合同尚未完全履行，双方未协商一致的情况下，G 公司即单方向 B 公司发出《停止供货通知书》，致使双方签订的合同目的不能完全实现，G 公司构成违约，应承担违约责任。双方签订的合同标的为 245 万元，约定的 50 万元定金超过了主合同标的额 20%的规定，因此只有 49 万元定金适用定金罚则，多出的 1 万元可抵作货款。G 公司部分履行合同，依照《最高人民法院关于适用〈中华人民共和国担保法〉若干问题的解释》第一百二十条的规定，实际履行部分所占的定金为 22.706 万元（113.53 万元/245 万元×49 万元），未履行部分所占的定金为 26.294 万元（49 万元-22.706 万元），这部分定金 G 公司不能抵作价款或者收回。G 公司购买 9 车价值 113.53 万元的材料，扣除可以抵作价款的 22.706 万元定金及定金超出标的额 20%部分的 1 万元，G 公司实际尚应支付 B 公司货款 14.224 万元。

广西壮族自治区崇左市江州区人民法院依照《中华人民共和国合同法》第六十条第一款、第九十四条、第一百零七条、第一百三十条，《中华人民共和国担保法》第八十九条，《最高人民法院关于适用〈中华人民共和国担保法〉若干问题的解释》第一百二十条、第一百二十一条的规定，作出如下判决：

一、解除原告（反诉被告）G 公司与被告（反诉原告）B 公司于 2017 年 4 月 9 日签订的《材料购销合同》；

二、驳回原告（反诉被告）G 公司的诉讼请求；

三、原告（反诉被告）G 公司支付被告（反诉原告）B 公司货款 14.224 万元；

四、驳回被告（反诉原告）B 公司的其他反诉请求。

G 公司不服一审判决，提起上诉。

广西壮族自治区崇左市中级人民法院经审理认为：一审法院认定事实清楚，适用法律正确，同意一审法院裁判意见。依照《中华人民共和国民事诉讼法》第一百七十条第一款第一项之规定，作出如下判决：

驳回上诉，维持原判。

【法官后语】

定金罚则只有在违约行为和无法实现合同目的两个条件同时存在才能适用，当事人一方不完全履行合同的，应当按照未履行部分所占合同内容的比例，适用定金罚则。定金数额的约定不能超过主合同标的额的20%，超过的部分，可抵作货款。《中华人民共和国担保法》中规定的担保方式有保证、抵押、质押、留置和定金。定金作为债权担保的一种，类型有立约定金、解约订金、成约定金、证约定金、违约定金等。《中华人民共和国担保法》第八十九条“当事人可以约定一方向对方给付定金作为债权的担保。债务人履行债务后，定金应当抵作价款或者收回。给付定金的一方不履行约定的债务的，无权要求返还定金；收受定金的一方不履行约定的债务的，应当双倍返还定金”及《最高人民法院关于适用〈中华人民共和国担保法〉若干问题的解释》第一百二十条是对违约定金的规定。2021年1月1日实施的《中华人民共和国民法典》对上述规定在文字上略作调整，主要体现在第五百八十六条“当事人可以约定一方向对方给付定金作为债权的担保。定金合同自实际交付定金时成立。定金的数额由当事人约定；但是，不得超过主合同标的额的百分之二十，超过部分不产生定金的效力。实际交付的定金数额多于或者少于约定数额的，视为变更约定的定金数额”和第五百八十七条“债务人履行债务的，定金应当抵作价款或者收回。给付定金的一方不履行债务或者履行债务不符合约定，致使不能实现合同目的的，无权请求返还定金；收受定金的一方不履行债务或者履行债务不符合约定，致使不能实现合同目的的，应当双倍返还定金”的规定。

本案中，G公司与B公司为约束双方全面履行合同内容，签订的《材料购销合同》约定由G公司向B公司购买3500米的乙牌喷涂钛金属聚合物涂料碳钢玻璃钢复合管，合同总价款为245万元，并由G公司向B公司支付50万元作为定金。在合同的实际履行过程中G公司向B公司购买1620米管道+1个管道接头后便向B公司发出《停止供货通知书》，G公司的解约行为，导致B公司签订合同的目的落空。G公司实际购买数与合同所约定的3500米管道相差1880米，致使B公司不能实现合同的目的，故本案符合适用定金罚则的规定。从适用定金的结果来看，这种担保功能的核心是对违约者的惩罚，惩罚的目的是平衡当事人之间的利益，尽可能实现当事人之间的公平。本案中，G公司购买1620米管道，已履行将至合同的一半，如将49万元的定金全部不返还，则显然有损G公司的利益，造成新的不公，故按照未履行部分的比例计算定金返还数额，既体现对守约者的维护，亦起到对违约者的惩罚。

编写人：广西壮族自治区崇左市江州区人民法院　黄洁

082 当事人遵守合约却因不可抗力致标的物毁损的法律后果

——田某怀诉汪某召买卖合同案

【案件基本信息】

1. 裁判书字号

湖南省湘西土家族苗族自治州中级人民法院（2019）湘31民终1034号民事判决书

2. 案由：买卖合同纠纷

3. 当事人

原告（上诉人）：田某怀

被告（被上诉人）：汪某召

第三人：岩某

【基本案情】

原、被告经第三人介绍，于2018年11月28日签订《收柑子协议书》一份，主要内容是：原告收购被告柑橘（带叶的鲜果），原告给被告支付定金1.5万元，定于腊月二十六前采完，价格为0.72元每斤，规格为60起步，大公路上认货。协议签订后，在下第一场雪后，被告给原告打过电话，要原告来提货，以免柑橘被冻坏，原告要求被告降价，被告不同意，原告说那就按照合同约定，在腊月二十六前采完。原告没有来提货。第三人和原告亲戚到被告柑橘园看了树上的柑橘，认为影响不大。在下第二场雪后，被告家树上柑橘全被冻坏。原告要求被告返还定金1.5万元未果而诉至法院。

【案件焦点】

当事人遵守合约却因不可抗力致标的物毁损，能否要求退还定金。

【法院裁判要旨】

湖南省永顺县人民法院经审理认为：本案标的物是被告家柑橘树上60以上带叶的鲜果，被告不得事先采摘，存放在家里等原告来收购，否则势必造成被告违约。被告必须按照原告指定的时间临时采摘，摘后即由原告装车运走。本案中，原告没有通知被告采摘柑橘，被告没有违约行为。双方约定于2018年腊月二十六前采摘完柑橘，约定的履行期间尚未届满，原告未提货也不为违约。本案双方均无违约行为，故不适用定金罚则。本案两次下雪均发生在双方约定的履行期间内，履行期间届满前，柑橘已全部冻坏在树上而引发纠纷。当地冬季很可能会下雪，双方应当预见，但双方在合同中未对此风险的负担作出约定。下雪是自然天气原因，是当事人意志以外的因素，但应当预见而没有预见、没有约定下雪的风险负担，该风险造成标的物毁损灭失双方均有责任。现实中橘农销售柑橘，经常属于弱势的一方，本案原告要求被告按照原告指定的时间临时采摘，采摘前下雪造成柑橘毁损灭失的风险不应完全归结于被告一方。下第一场雪后，被告给原告打过电话，要求原告及时提货，以免柑橘被冻坏，即被告已向原告明确提示了标的物面临的风险，第三人和原告亲戚到被告柑橘园看了树上的柑橘，认为影响不大，原告鉴于当时市场价格低而没有及时提货，导致树上的柑橘因第二场雪全部毁损灭失，此处责任在原告。原告在电话中要求被告降价，即要求变更合同，被告未同意，原告表示按合同办，即放弃了要求变更合同的请求。被告已向原告明确提示了标的物面临的风险，原告没有通知被告采摘，被告信守合同，没有采摘柑橘，不为过错。现原告有定金损失，被告有柑橘损失（被告述有 5 万斤，第三人述有 3 万斤至 4 万斤），本案应适用公平原则进行处理。原告收到被告电话，已明知标的物面临的风险，而没有及时提货以规避风险，对标的物的毁损灭失，原告的责任大于被告。权衡双方的损失，从公平原则出发，本案不予返还定金较为合理。

湖南省永顺县人民法院依照《中华人民共和国合同法》第一百一十五条、第一百三十条，《中华人民共和国民法总则》第六条之规定，作出如下判决：

驳回原告田某怀要求被告汪某召返还定金 1.5 万元的诉讼请求。

田某怀不服该判决，提起上诉。

湖南省湘西土家族苗族自治州中级人民法院经审理认为：一审判决认定事实清楚，适用法律正确，应予维持。依照《中华人民共和国民事诉讼法》第一百七十条第一款第一项的规定，作出如下判决：

驳回上诉，维持原判。

【法官后语】

本案原、被告原籍均是当地，对于当地冬季很可能会下雪从而导致树上的柑橘被冻坏，双方都应当预见却在合同中未对此风险负担作出任何约定。本案中，冬季下雪依法不属于“不可抗力”事件，自无争议。本案合同中，明确约定原告给被告支付定金 1.5 万元。这是处理本案必须注意的事项。

对于本案处理，以下两点有必要作进一步阐述。

第一，严格来说，本案原、被告都不构成违约，不存在适用定金罚则的前提条件。原告于当年农历腊月二十六前通知被告采摘树上的柑橘并运到大公路上，被告接到原告通知后及时安排采摘树上的柑橘，都符合本案合同的明确约定。因而严格说来双方都不构成违约，也就不存在适用定金罚则的前提条件。

第二，本案不应适用关于“标的物的风险负担”的一般性规定和具体规定。《中华人民共和国合同法》（以下简称《合同法》）第一百四十二条规定：“标的物毁损、灭失的风险，在标的物交付之前由出卖人承担，交付之后由买受人承担，但法律另有规定或者当事人另有约定的除外。”这是关于“标的物的风险负担”最基本的规定。该法关于“标的物的风险负担”其他规定及《最高人民法院关于审理买卖合同纠纷案件适用法律问题的解释》（以下简称《买卖合同司法解释》）关于“标的物的风险负担”的具体规定，应该认为都源自该最基本规定。它们共同构成《合同法》及《买卖合同司法解释》关于“标的物的风险负担”的一般规定。

本案中，因为买卖合同标的物是带叶的新鲜柑橘，被告如果在没有接到原告要货通知时即将树上的柑橘提前摘下储存，必然不能按合同约定交付原告所要的柑橘，从而构成违约。所以，如果径直按照《合同法》第一百四十二条的规定判令被告承担“标的物的风险负担”的后果，必然严重显失公平，因而应该认为是错误适用该法条。又因为原、被告均不构成违约，也就不存在适用该法相关的其他规定及《买卖合同司法解释》相关具体规定的前提条件。因此，本案不能径直适用该法及《买卖合同司法解释》关于“标的物的风险负担”的一般规定。

第三，本案应该适用公平原则和诚实信用原则，判令原、被告分担因为自然原因造成标的物毁损灭失的后果。

公平原则和诚实信用原则是民事法律基本原则。在法律对案件所涉情形没有具体规定的，可以直接依据该两项基本原则来裁判。若适用法律具体规定进行裁判的结果，严重违背该两项基本原则要求，应该对法律具体规定不予适用，改为按该两项基本原则来裁判，这已成通识。

本案中，原、被告对于因为自然原因造成标的物毁损灭失的后果没有约定。法律法规及司法解释关于“标的物的风险负担”的规定如果径直适用于本案，必然造成严重违背公平原则和诚实信用原则的后果。因此，对于本案因为自然原因造成标的物毁损灭失的后果，应该适用该两项基本原则，判令原、被告进行分担。

第四，原告本可以在不违约情况下主动避免标的物毁损灭失的后果，却拒绝主动采取措施，应该承担标的物毁损灭失的主要后果。

首先，合同纠纷领域适用公平原则进行裁判，不要求双方当事人均无过错。这与侵权责任法领域的公平原则适用条件，明显不同。

其次，在不违约的情况下主动避免标的物毁损灭失的后果，本案中只有原告才能够做到。原告为了实现其利益最大化，在被告已经明确提示的情况下，仍然拒不及时通知被告采摘树上的柑橘以规避自然风险，以致树上的柑橘因第二场雪全部毁损灭失。此时，显然应该认为原告的行为明显不符合诚实信用原则之要求，有较大过错。

最后，可以适当参考《合同法》第一百四十三条的规定。该条规定：“因买受人的原因致使标的物不能按照约定的期限交付的，买受人应当自违反约定之日起承担标的物毁损、灭失的风险。”本案原告虽然不构成违约，但只有原告在不违约的情况下才能主动避免标的物毁损灭失的后果。判令原告承担在被告已经明确提示自然灾害风险后的标的物毁损灭失的风险，应认为符合该法条规定的精神实质。

需要说明的是，《合同法》第一百四十二条对应《中华人民共和国民法典》第六百零四条；《合同法》第一百四十三条对应《中华人民共和国民法典》第六百零五条。

编写人：湖南省湘西土家族苗族自治州中级人民法院　胡基厚

湖南省永顺县人民法院　彭学军

083　专业性合同当事人双方的注意义务对违约责任的影响

——L公司诉F公司买卖合同案

【案件基本信息】

1. 裁判书字号

湖北省宜昌市中级人民法院（2019）鄂05民终2170号民事判决书

2. 案由：买卖合同纠纷

3. 当事人

原告（被上诉人）：L公司

被告（上诉人）：F公司

【基本案情】

原告系从事植物提取物生产的企业，被告系从事污水处理设备的研发和制造的企业，经营范围包括环保设备生产销售、环保工程设计施工、水污染治理等。2017年原告因污染防治需要，向被告定制污水处理设备，双方经过沟通协商后，确定最终设计方案。2017年11月10日，原、被告双方签订《设备采购合同》一份，约定原告向被告购买污水处理一体化设备一套，价款为37.64万元，Q235材质，质保金为总货款的3%，即11292元，一年质保期满后设备无任何质量问题，原告向被告一次性支付剩余货款；

合同中约定，被告必须保证原告废水经处理后达到一级B排放标准，若达不到一级B标准，由被告全权负责，被告所供设备不符合合同约定的要求或认定为质量不合格的，原告有权单方面解除本合同，并要求被告退还所收取的款项。合同签订后，原告依约定支付货款，被告进行设备制造，于2017年12月18日向原告送货，于2018年5月20日左右将设备安装完毕，同月28日试运行。2018年7月24日，原、被告共同将污水样品送至污水处理公司进行检验，该公司于2018年8月13日出具检验结果，其中COD①原水为823mg/L，出水为303.4mg/L。因出水不能达到合同约定排放标准，原告认为被告所提供的设备质量不合格，遂委托律师向被告发出律师函，通知被告解除双方的《设备采购合同》，并要求被告返还已收取合同约定97%的货款365108元，支付合同约定的违约金37640元。2018年8月16日，被告向原告复函，否认其设备存在质量问题，该复函第二条写明："按贵公司环评来看，废水来源主要为车间洗灌水、卫生间水和厨房生活废水……"

同时查明，原告提交的项目《环境影响报告书》中载明了项目回用废水执行《农田灌溉水质标准》(GB 5084-2005)，该标准COD最高允许排放浓度为200mg/L，并对主要污染源进行了分析，主要包括生产废水和生活污水，在拟定的污染防治措施中对污水处理工艺进行了建议，其中经公司污水处理装置预处理后主要污染物浓度情况表分析为COD处理前浓度为750mg/L，处理后为150mg/L。

① COD (Chemical Oxygen Demand)，指化学需氧量，是以化学方法测量水样中需要被氧化的还原性物质的量。

【案件焦点】

专业性合同缔约过程中当事人双方的注意义务对违约责任的影响。

【法院裁判要旨】

湖北省宜都市人民法院经审理认为：定作合同是由承揽人根据定作人要求的品种、数量、质量及规格，使用自己的原材料、设备、劳动为定作人加工特定的产品，定作人给付相应报酬的协议。根据原、被告签订的《设备采购合同》及附件《设计方案》，双方成立定作合同关系，被告有依照原告的合同目的为原告设计污水处理方案、制作、安装、调试污水处理设备的义务，原告签订合同的目的是达到《环境影响报告书》中载明的污水处理标准，从而经过环评验收，而该《环境影响报告书》对于原告的废水进行了分析，写明了其主要污染物浓度，其中 COD 处理前的浓度为 750mg/L，在处理后应达到《农田灌溉水质标准》要求的 COD 浓度 200mg/L，而按照被告提供的设计方案中确定的原水浓度数据 COD150-180，原告完全没有必要定制污水处理设备，明显与原告的合同目的不符。虽然双方在磋商的过程中，原告签章认可了设计方案中对原水浓度 COD150-180 的描述，但从被告向原告发出的复函第二条内容看，被告是有原告的《环境影响报告书》的，应该结合原告的实际需求为原告制作能够实现其合同目的的方案，其作为专业从事污水处理设备的研发和制造的企业，在双方合同关系中具有优势地位，其应该结合其专业知识在协商过程中对该关键数据进行确认，明确原告是否认识到了自己的实际需求，但被告提交的证据不能证明其尽到了上述义务。所以，根据《中华人民共和国合同法》第九十四条“有下列情形之一的，当事人可以解除合同：（一）因不可抗力致使不能实现合同目的；（二）在履行期限届满之前，当事人一方明确表示或者以自己的行为表明不履行主要债务；（三）当事人一方迟延履行主要债务，经催告后在合理期限内仍未履行；（四）当事人一方迟延履行债务或者有其他违约行为致使不能实现合同目的；（五）法律规定的其他情形”的规定，应认定被告有违约行为导致不能实现合同目的的情形，原告已在 2018 年 8 月通知被告解除双方签订的《设备采购合同》，又根据《中华人民共和国合同法》第九十六条第一款“当事人一方依照本法第九十三条第二款、第九十四条的规定主张解除合同的，应当通知对方。合同自通知到达对方时解除。对方有异议的，可以请求人民法院或者仲裁机构确认解除合同的效力”的规定，法院确认《设备采购合同》已经于 2018 年 8 月解除。同时，原告对于其合同目的应该是明确的，即使不具备关于污水处理的专业知识，但其持有的《环境影响报告书》进行了专业的分析，可能对具体处理工艺不能明确，但关键数据应该能够清楚理解，从而对于被告的设计方案是否合理作出判断，所以，原告在对设计方案的确认过程中也未尽到自身的审慎注意义务，其应该对合同目的不能实现承担相应的责任。原告诉称被告提供的设备还存在其他质量问题，但未提交有效的证据予以证明，法院对该项主张不予支持。根据《中华人民共和国合同法》第九十七条“合同解除后，尚未履行的，终止履行；已经履行的，根据履行情况和合同性质，当事人可以要求恢复原状、采取其他补救措施，并有权要求赔偿损失”的规定，法院确定对于原告的损失，原、被告各承担 50%的责任，被告应该返还原告价款 176908 元（365108 元-376400 元×50%）。对于原告要求被告承担违约金的诉讼请求，因原告自身存在责任，法院不予支持。

湖北省宜都市人民法院依照《中华人民共和国合同法》第六十条、第九十四条、第九十六条、第九十七条、第二百五十一条、第二百五十二条，《中华人民共和国民事诉讼法》第六十四条第一款，《最高人民法院关于适用〈中华人民共和国民事诉讼法〉的解释》第九十条的规定，作出如下判决：

一、确认原告L公司与被告F公司在2017年11月10日签订的《设备采购合同》于2018年8月解除；

二、被告F公司于本判决生效之日起十日内向原告L公司返还价款176908元；

三、驳回原告L公司的其他诉讼请求。

F公司不服一审判决，提起上诉。

湖北省宜昌市中级人民经审理认为：一审判决认定事实清楚，适用法律、法规正确，应予维持。依照《中华人民共和国民事诉讼法》第一百七十条第一款第一项的规定，作出如下判决：

驳回上诉，维持原判。

【法官后语】

定作合同是承揽合同的表现形式之一，其广泛存在于日常生活及生产领域，是社会经济生活中非常普遍的一类合同。定作合同区别于其他合同的显著特征就在于承揽人按照定作人的要求完成并交付工作成果，该工作成果是按照定作人的特定要求为满足定作人的特殊需要由承揽人完成的。承揽人的首要义务是按照约定完成工作。那么，在缔约过程中，承揽人和定作人有无其他义务呢？定作合同的标的物一般具有专业性，而承揽人在该领域具有专业性，其在合同的缔约过程中是具有一定优势地位的。故在缔约过程中，承揽人应该本着诚实信用原则尽到相应的说明义务，即合同当事人对合同相对方利益有着重大影响的事项负有说明义务。而定作人虽然不具备相关专业知识，但是也应该尽到审慎注意义务，即尽到条件允许的应尽注意。

本案中，合同双方在洽谈定作事宜时就合同目的即为达到定作人L公司通过环评验收、正常经营的状态。双方曾进行了口头协商，且承揽人F公司持有定作人L公司的《环境影响报告书》，故在缔约过程中承揽人F公司应该尽到相应说明义务，就关键数据向定作人L公司进行确认，明确定作人L公司是否认知到自己的实际需求。而定作人L公司虽然不具备关于污水处理的专业知识，但其持有的《环境影响报告书》进行了专业的分析，对于关键数据应该能够清楚理解，从而对承揽人的设计方案是否合理作出判断，而定作人L公司在对设计方案确认过程中未尽到审慎注意义务。合同双方当事人都未尽到相应的合同附随义务，以至于合同目的不能实现，故均应承担相应的责任。

编写人：湖北省宜都市人民法院　李清滢

084　买卖合同中同时约定逾期付款利息与违约金的适用与调整

——材料公司诉板业公司买卖合同案

【案件基本信息】

1. 裁判书字号

江苏省无锡市中级人民法院（2018）苏02民终2483号民事判决书

2. 案由：买卖合同纠纷

3. 当事人

原告（被上诉人）：材料公司

被告（上诉人）：板业公司

【基本案情】

材料公司与板业公司分别于2017年3月1日、10日、21日、31日签订产品购销合同各一份，由材料公司向板业公司供货。产品购销合同第六条约定：需方未按约付款，合同项下的标的物仍归供方所有，且供方有权单方书面终止合同，并追究需方的违约责任（需方以现金或现汇履行违约责任），逾期付款，每逾一日按照未付款项3‰的标准支付逾期付款利息。第七条约定违约责任：违约方应向守约方支付合同标的的实际应付额的10%的违约金，若实际经济损失超过违约金的，违约方还应以现金或现汇赔偿守约方的相应经济损失。违约方支付守约方为实现债权产生的诉讼费、律师费、差旅费等。

2017年3月1日、10日签订的两份产品购销合同均已履行完毕。对于2017年3月21日合同项下的货物，材料公司实际送货29.744吨，价值668347.68元，板业公司尚未支付该笔货款。材料公司遂诉至法院。

【案件焦点】

合同中约定的逾期付款利息与违约金是否应选择适用。

【法院裁判要旨】

江苏省无锡市惠山区人民法院经审理认为：双方签订产品购销

合同第六条约定，需方未按约付款需要支付逾期付款利息；第七条约定，合同一方当事人违约时需要向守约方支付违约金，二者均是对违约责任的约定。当事人可以约定一方违约时应当根据违约情况向对方支付一定数额的违约金，也可以约定因违约产生的损失赔偿额的计算方法。材料公司主张板业公司应按照合同约定支付逾期付款利息、违约金，系基于双方在合同中对于违约责任的约定，该约定系双方当事人真实意思表示，且法律并未予以禁止，故法院认为材料公司可以主张逾期付款利息、违约金同时适用。当事人主张约定的违约金过高请求予以适当减少的，人民法院应当以实际损失为基础，兼顾合同的履行情况、当事人的过错程度以及预期利益等综合因素，根据公平原则和诚实信用原则予以衡量，并作出裁决。法院认为：买卖合同中违约方逾期付款给守约方所造成的实际损失主要体现在违约方占用货款资金期间的利息损失以及守约方为了实现债权的合理费用等，与民间借贷合同中借款方逾期归还借款给贷款方造成的占用借款资金期间的利息损失以及为实现债权的合理费用相类似，故若守约方未提供证据证明逾期付款行为造成其他实际损失，基于公平原则，对于违约金的认定应当以实际损失为基础予以衡量，可以类比参照《最高人民法院关于审理民间借贷案件适用法律若干问题的规定》第三十条予以处理。本案中，材料公司主张的逾期付款利息（以逾期付款总额为基数，自逾期之日起至实际支付之日止，按3‰/日计算，截至2017年11月29日违约金合计830715.31元）及逾期付款违约金135953.6元总额过高，应当予以调整。故法院认为材料公司主张的逾期付款利息、违约金二者总额应不超过以未支付货款为基数，按照年利率24%计算的数额。

江苏省无锡市惠山区人民法院依照《中华人民共和国合同法》第一百零七条、第一百零九条、第一百一十四条第一款和第二款，《最高人民法院关于适用〈中华人民共和国合同法〉若干问题的解释（二）》第二十七条、第二十九条第一款，《最高人民法院关于审理民间借贷纠纷案件适用法律若干问题的规定》第三十条，《中华人民共和国民事诉讼法》第六十四条第一款之规定，作出如下判决：

一、板业公司于本判决生效之日起立即支付材料公司货款1359536.18元；

二、板业公司于本判决生效之日起立即支付材料公司逾期付款利息及违约金（以668347.68元为基数，自2017年4月1日起计算至实际支付之日止，按照年利率24%计算；以691188.5元为基数，自2017年7月1日起计算至实际支付之日止，按照年利率24%计算）；

三、驳回材料公司的其他诉讼请求。

板业公司不服一审判决，提起上诉。

江苏省无锡市中级人民法院经审理认为：关于违约金的调整。我国法律对违约金的性质明确界定为具有补偿和惩罚之双重性质。违约金从本质意义而言，在于补偿守约方的损失，但如果违约金只有补偿性而无惩罚性，则违约金的作用等同于约定的损害赔偿金，不能有效制裁违约行为，充分保护守约方的利益，所以违约金在补偿损失的同时又以其所固有的惩罚性体现与损害赔偿之间的不同。正因违约金的功能以补偿为主，以惩罚为辅，故而在当事人约定的违约金低于违约所造成的损失或过分高于违约所造成的损失时，当事人依法可以请求人民法院或仲裁机构予以增加或适当减少。至于违约金过低或过高的认定标准，则应以实际损失为基础，兼顾合同履行情况、当事人的过错程度以及预期利益等因素予以衡量。本案中，板业公司未按约向材料公司支付货款，所造成的资金占用损失，应当结合当前市场融资成本予以衡量，占用货款资金的行为与民间借贷相类似，案涉合同约定的逾期付款利息及违约金与民间借贷双方约定的逾期还款利息、违约金也相类似，故一审法院参照《最高人民法院关于审理民间借贷案件适用法律若干问题的规定》第三十条之规定，将本案合同约定的逾期付款利息和违约金的合并计算标准下降为年利率24%，并无不当。

江苏省无锡市中级人民法院依照《中华人民共和国民事诉讼法》第一百七十条第一款第一项之规定，作出如下判决：

驳回上诉，维持原判。

【法官后语】

本案中涉及约定逾期付款利息与违约金的适用和调整问题，为司法实践中审理此类型案件提供了一些思路和参考。

一是既约定了逾期付款利息（包括计算方式或者金额）又约定了违约金，二者能否同时适用的问题。在民商事领域，法无禁止皆自由。根据《中华人民共和国民法典》第五百八十五条第一款规定："当事人可以约定一方违约时应当根据违约情况向对方支付一定数额的违约金，也可以约定因违约产生的损失赔偿额的计算方法。"上述系对违约金标准的规定，即当事人可以自行约定违约时的违约金具体数额或者因违约产生的损失赔偿额的计算方法，由此可见我国法律并未对在合同中当事人同时约定逾期付款利息和违约金加以禁止，因此，若双方当事人既约定逾期付款利息又约定违约金，系基于双方在合同中对于违约责任的约定，该约定系双方当事人的真实意思表示，在不违反法律规定的情况下，应为有效。若当事人主张同时适用，应当可以一并主张。

二是一方当事人主张对违约金进行调整，法院应当如何调整的问题。根据《中华人民共和国民法典》第五百八十五条第二款规定："约定的违约金低于造成的损失的，人民法院或者仲裁机构可以根据当事人的请求予以增加；约定的违约金过分高于造成的损失的，人民法院或者仲裁机构可以根据当事人的请求予以适当减少。"我国法律对违约金的性质明确界定为具有补偿和惩罚之双重性质，因此法律赋予了一方当事人认为违约金过高或过低，可以请求法院予以适当增加或减少的权利。在当事人认为违约金过低时，请求法院予以增加从而利于弥补守约方的损失，在当事人认为违约金过高时，请求法院予以减少从而防止受害人获得不正当的利益，也会在相当程度上对违约方财产状况的恶化起到一定的阻止作用，还利于防止当事人故意约定高额违约金来获取高额利益等行为。对于违约金调整的标准，《中华人民共和国民法典》第五百八十五条第二款规定也体现了系以实际损失作为基础进行调整。因此，法院在调整的时候应以实际损失为基础，兼顾合同履行情况、当事人的过错程度等综合因素，根据公平原则和诚信原则予以衡量。在本案中，买卖合同中违约方逾期付款给守约方所造成的实际损失主要体现在违约方占用货款资金期间的利息损失以及守约方为了实现债权的合理费用等，与民间借贷合同中借款方逾期归还借款给贷款方造成的占用借款资金期间的利息损失以及为实现债权的合理费用相类似。违约方请求法院适当减少违约金时，若守约方未提供证据证明逾期付款行为造成其他实际损失或约定的违约金金额存在合理性的情况下，基于公平原则，对于违约金的认定应当以实际损失为基础予以衡量，可以类比参照民间借贷的相关规定，故法院将标准调整为24%①，既起到了弥补当事人损失的作用，也起到了对违约方的惩罚作用，相对较为公平。需要注意的是，在司法实践中，违约金的调整并不以受法律保护的民间借贷利率的上限作为判断违约金是否过高的标准，而是应当在遵循上述原则的基础上，由法院根据具体案情具体分析进而予以调整。

编写人：江苏省无锡市惠山区人民法院　司林林

085　违约方对签约时已预见的损失应承担赔偿责任

——建设公司诉金属公司买卖合同案

【案件基本信息】

1. 裁判书字号

浙江省绍兴市中级人民法院（2018）浙06民终1634号民事判决书

2. 案由：买卖合同纠纷

3. 当事人

原告（上诉人）：建设公司

被告（被上诉人）：金属公司

---

①《最高人民法院关于审理民间借贷案件适用法律若干问题的规定》已于2020年12月23日修订，第二十九条规定："出借人与借款人既约定了逾期利率，又约定了违约金或者其他费用，出借人可以选择主张逾期利息、违约金或者其他费用，也可以一并主张，但是总计超过合同成立时一年期贷款市场报价利率四倍的部分，人民法院不予支持。"

【基本案情】

2016年4月19日，建设公司与金属公司签订《产品购销合同》一份，约定：建设公司为需方，金属公司为供方，产品为钢材，规格为Φ6.5—32，金额为100万元，数量、单价和金额以提货单数据为准。结算价格：所供钢材的结算价格参照2016年4月19日中午“××钢铁网”（附件作为合同单价的支付条款）。付款方式和期限：建设公司预付100万元，于2016年4月20日汇入金属公司指定账户。双方还就其他事项进行了约定。合同最下方载明合同有效期自2016年4月19日起至12月31日止。后双方签订《合同补充条款》一份，约定将《产品购销合同》的有效期延长至2017年12月31日。

建设公司于2016年4月20日向金属公司银行转账100万元。建设公司自认已收到金属公司供应的价款为354131.52元的钢材。

2017年12月21日，建设公司向金属公司发函一份，要求金属公司于2017年12月25日前将合同约定的价值645868.48元的剩余钢筋全部送达建设公司。金属公司收函后未发货，建设公司遂于2018年1月2日通知金属公司解除合同并赔偿损失。金属公司收函后未予回复。建设公司遂向法院提起诉讼。

【案件焦点】

如何判断违约方在签订合同时是否已经或者应当预见到因标的物价格涨跌而产生的利润损失。

【法院裁判要旨】

浙江省绍兴市越城区人民法院经审理认为：建设公司与金属公司之间的买卖合同关系合法有效。建设公司要求解除《产品购销合同》及补充条款，要求金属公司返还剩余货款及支付相应利息损失的诉请予以支持。就建设公司提出的赔偿问题，因不符合《中华人民共和国合同法》第一百一十三条规定的可预见规则，且建设公司并未举证证明金属公司在签订合同时即已预见到案涉钢材在将来的价格变动情况，故对建设公司该项诉请不予支持。

浙江省绍兴市越城区人民法院依照《中华人民共和国合同法》第六十二条第一款第四项、第九十四条、第九十六条、第九十七条、第一百零七条、第一百一十二条、第一百一十三条和《中华人民共和国民事诉讼法》第一百四十四条之规定，作出如下判决：

一、确认建设公司与金属公司于 2016 年 4 月 19 日签订的《产品购销合同》及《合同补充条款》于 2018 年 1 月 3 日解除；

二、金属公司应于本判决生效之日起十日内返还给建设公司预付款 645868.48 元，并支付该款自 2018 年 1 月 1 日起至款清之日止按年利率 6%计算的利息损失；

三、驳回建设公司的其他诉讼请求。

建设公司不服一审判决，提起上诉。

浙江省绍兴市中级人民法院经审理认为：二审中需要审查的是一审判决未支持建设公司提出的金属公司赔偿损失 458630 元的诉讼请求是否正确。守约方可以要求违约方赔偿可得利益损失，但应受可预见规则的限制。本案中，根据《产品购销合同》《合同补充条款》的约定，以及建设公司要求金属公司交货未果的事实，因此而产生的差价损失即为建设公司的可得利益损失，应予认定。综合金属公司系钢材交易市场主体、合同中已明确钢材价格的涨跌情形及对钢材市场价格行情的分析、交易中金属公司的获利可能性本身等因素，金属公司在签约时即可完全预见违反合同可能造成的损失。

浙江省绍兴市中级人民法院依照《中华人民共和国合同法》第九十四条、第九十七条、第一百一十三条第一款，《最高人民法院关于审理买卖合同纠纷案件适用法律问题的解释》第三十一条，《中华人民共和国民事诉讼法》第一百四十四条、第一百七十条第一款第一项和第二项规定，作出如下判决：

一、维持浙江省绍兴市越城区人民法院民事判决第一项，即确认双方签订的《产品购销合同》及《合同补充条款》于2018年1月3日解除；

二、撤销浙江省绍兴市越城区人民法院民事判决第二项、第三项及案件受理费负担部分；

三、金属公司应返还建设公司款项645868.48元，并赔偿损失40万元，合计1045868.48元，限于判决送达之日起十日内付清；

四、驳回建设公司的其他诉讼请求。

【法官后语】

本案的难点主要在于违约损失中可预见规则的适用问题。就可预见规则的问题，《中华人民共和国合同法》第一百一十三条第一款已有明文规定，认为赔偿守约方的违约损失时，“不得超过违反合同一方订立合同时预见到或者应当预见到的因违反合同可能造成的损失”。该法废止后，《中华人民共和国民法典》第五百八十四条仍沿用了可预见规则，本条第二句同样规定，一方违约造成对方损失需要赔偿时，损失“不得超过违约一方订立合同时预见到或者应当预见到的因违约可能造成的损失”。但是，在《中华人民共和国民法典》生效前后，就可预见规则的具体适用上，特别是有关预见内容、预见标准等问题，实有加以分析检讨之必要。

对于预见标准的判断，通说都是以客观标准进行，也就是说，对于具体的损失，需结合违约方对具体的案情或情事进行的举证，在特定的情境下，以一个抽象的“理性人”“常人”等标准进行判断。

“一般理性人”标准强调了损失判断的客观性，有助于在是否可预见的主观判断领域规范法官的自由裁量权。但是如果机械地以该标准判断所有的可预见性，则可能偏离可预见规则的价值目标。合同自由的基本内容之一为相对人自由，即与何人缔结契约由当事人自由选择决定。因此合同自由原则在可预见规则的构建中，不但应当体现为违约下可能造成的损失后果之预见，而且也应当体现所选择的合同主体的不同状况，完美客观状态下的理性人难以体现合同主体的特殊身份对合同自由原则的影响。从经济分析和风险激励的视角，虽然一个像违约方这样的一般人可能不会预见一项具体的损失，守约方也未因此给予违约方一定的代价，但如果这项损失相对于违约方的特殊身份而言，是其容易知晓甚至已经知晓的，在合同中就没有风险激励原则适用的空间了。

因此，判断一项具体的损失能否为违约方所预见，可以以一般理性人标准为原则，同时以诚实信用原则为基础，兼顾订立合同当事人的具体情况，进行适当的修正，构建一种“一般理性人+特殊身份”的判断标准。具体为：如果一项损失是一般理性人在缔约时能够预见到，就视为违约方已经预见到或者应当预见到，即使违约方的实际预见能力低于一般理性人，也应当按照一般理性人的标准进行判断，以保护守约方的合理信赖，除非守约方对此是明知的；如果一项损失虽然是一般人难以预见的，但由于当事人的身份、职业及双方特殊关系决定了违约方可能比一般人更为了解非违约方缔约的目的以及缔约和履行过程中可能获得的利益，从而更为了解在违约后守约方可能遭受的实际损失，就应当按照实际预见能力来确定损害范围，即当违约方实际预见能力超过一般理性人的，应当按照实际预见能力判断预见范围。当然对违约方的特殊预见能力，应由守约方举证证明，如果守约方不能证明违约方具有高于一般人的预见能力时，则应当以一般理性人的预见能力为准。这一判断标准，既坚持了客观原则，较好地解决了对主观预见难以具体衡量的难题，又坚持了诚信原则，平衡了违约方和守约方的利益。本案中，金属公司系出卖人，从市场交易主体的“一般理性人”角度，其对于买卖过程中标的物价格涨跌情形当然有所预知，同时，从金属公司系钢材经营商这一“特殊身份”看，其也完全可以预见其不交货的违约行为可能给建设公司造成的利润损失。其在签订合同时对于建设公司的前述可得利益损失完全可以预见。

编写人：浙江省绍兴市中级人民法院　袁小梁

086　柜台出租者对消费者应依法承担赔偿责任

——刘某玉诉G公司、文化公司买卖合同案

【案件基本信息】

1. 裁判书字号

北京市第二中级人民法院（2018）京02民终8350号民事判决书

2. 案由：买卖合同纠纷

3. 当事人

原告（被上诉人）：刘某玉

被告（上诉人）：G 公司

被告：文化公司

【基本案情】

文化公司与 G 公司签订柜台租赁合同，由文化公司承租 G 公司的柜台。2015 年 7 月 6 日，刘某玉在 G 公司的文化公司柜台预订手包两件，价款 79600 元，并向 G 公司刷卡交费。文化公司向刘某玉出具预订单，约定作为提货凭据。该预订单上盖有文化公司印章，并明确载明供货单位为文化公司。之后，刘某玉未提货。2017 年年初，文化公司于租赁合同到期后从 G 公司撤柜，此后停止经营。刘某玉起诉要求解除与文化公司之间的买卖合同，文化公司返还货款 79600 元并支付利息，G 公司对文化公司的还款义务承担连带责任。

【案件焦点】

1. 产品销售者是柜台出租者还是柜台承租者；2. 柜台出租者对消费者是否承担法律责任。

【法院裁判要旨】

北京市东城区人民法院经审理认为：文化公司在 G 公司内设立柜台，刘某玉作为消费者，在文化公司柜台选中商品后，向 G 公司支付全部货款，柜台经营者文化公司向刘某玉出具预订单承诺履行供货义务，故买卖合同关系成立于刘某玉和文化公司之间。G 公司统一收取各柜台的货款，系作为商场管理者行使管理职责。刘某玉与文化公司之间的买卖合同非现货交易，刘某玉已履行付款义务，文化公司直至撤柜也未履行交付义务，致使合同目的无法实现，刘某玉有权解除合同，并要求文化公司返还货款、赔偿利息损失。《中华人民共和国消费者权益保护法》规定，消费者在展销会、租赁柜台购买商品或者接受服务，其合法权益受到损害的，可以向销售者或者服务者要求赔偿。展销会结束或者柜台租赁期满后，也可以向展销会的举办者、柜台的出租者要求赔偿。展销会的举办者、柜台的出租者赔偿后，有权向销售者或者服务者追偿。刘某玉在G公司向文化公司购买商品，货款由G公司收取。刘某玉作为消费者到商场购物，商场的信誉和影响力是其作出消费决定的重要考量因素。文化公司未及时履行买卖合同导致刘某玉的合法权益受到损害，G公司作为管理者应当承担连带赔偿责任，其承担赔偿责任后可向文化公司追偿。

北京市东城区人民法院依照《中华人民共和国消费者权益保护法》第四十三条，《中华人民共和国合同法》第九十四条第四项之规定，作出如下判决：

一、刘某玉与文化公司之间的买卖合同关系于2018年6月1日解除；

二、文化公司于判决生效后十日内退还刘某玉货款79600元并赔偿该笔款项自2015年7月7日起至实际付清之日止的利息损失（按照中国人民银行同期贷款基准利率计算）；

三、G公司对判决主文第二项文化公司的付款义务向刘某玉承担连带清偿责任，G公司承担连带清偿责任后，有权向文化公司追偿；

G公司不服一审判决，提起上诉。

北京市第二中级人民法院经审理同意一审法院裁判意见，依照《中华人民共和国民事诉讼法》第一百七十条第一款第一项之规定，作出如下判决：

驳回上诉，维持原判。

【法官后语】

本案的争议焦点在于柜台出租者是否对消费者承担法律责任。具体包括两个问题：一是与消费者发生买卖合同关系的销售者如何认定，是柜台出租者还是柜台承租者；二是如果柜台出租者不是销售者，是否仍需对消费者承担法律责任。

一、在柜台租赁情况下，销售者如何认定

在商业经营中，柜台租赁的情况十分普遍。在与消费者发生纠纷后，常常出现柜台出租者与承租者之间相互推诿，均不承认自己是销售者的情况。此时如何确定产品销售者是司法实践中的难题之一。笔者认为，应当考虑以下方面进行认定：

首先，应当依据交易时向消费者出具的书面凭证确定。销售者在履行合同义务后应当向消费者出具证明合同履行完毕的书面凭证，一般表现形式有发票、收据、购物小票和订货单等。这些书面凭证是证明销售者与消费者之间合同关系的最直接证明。一般情况下，应当根据上述书面凭证载明的或者盖章的主体确定销售者。

其次，如果柜台承租者交易时已经向消费者明示自己作为销售者的身份，即便与收取货款、开具发票的主体不一致，亦应确定柜台承租者系销售者。这主要是针对采取柜台租赁模式运用管理的大型零售商场。大型零售商场将柜台分别对外出租，承租者在自己的专柜上标明自己真实名称和标记并雇用店员以承租者自己的名义对外销售。消费者与承租者达成交易后，通常统一向商场交款并由商场统一开具发票。此时，消费者在发生交易时对于交易对象是专柜的承租者为明知，应当认定承租者是销售者。商场收取货款和开具发票的行为只是履行出租者的管理行为，不能据此认定商场是销售者。

最后，对于名为租赁、实为挂靠经营的情况，应当认定柜台出租者是销售者。柜台出租者与承租者之间虽然内部有租赁合同关系，但对外承租者以出租者的名义经营，并未向消费者明示承租者自己的名称及标记，甚至承租者根本不具有相关合法经营证照。此时，应认定柜台出租者与承租者是内部挂靠关系，对外应由柜台出租者作为销售者向消费者承担责任。不能仅根据租赁合同就确定承租者为销售者。

本案中，G公司作为大型商场将专柜出租给文化公司，二者是柜台租赁关系。文化公司在专柜上明确标示了自己的名称，出具的预订单上加盖自己印章并表示自己为供货单位，刘某玉在交易时能够明确分辨出交易对象是文化公司。故应当认定文化公司是销售者。G公司虽然收取了刘某玉的货款，但其行为是商场管理行为，不能认定G公司为销售者。

二、柜台出租者是否应承担法律责任

《中华人民共和国消费者权益保护法》第四十三条规定，柜台租赁期满后，消费者也可以向柜台出租者要求赔偿；柜台出租者赔偿后，有权向销售者追偿。关于上述赔偿责任的性质，笔者认为，《中华人民共和国消费者权益保护法》第四十三条规定的柜台出租者的赔偿责任是法定的附条件不真正连带责任。不真正连带责任是指多数责任人基于不同发生原因而偶然产生的同一内容的给付，各负全部履行的义务，并因债务人之一的履行而使全体债务人的债务均归于消灭的一种责任方式，本质上属于请求权竞合。柜台出租者对承租柜台的销售者负有监督管理责任。销售者在租赁期间违法损害消费者的权利，柜台出租者对此应当负有监管责任。因此，在租赁期满、销售者撤柜这一客观条件下，柜台出租者对消费者的保护责任与销售者对消费者的损害赔偿责任基于《中华人民共和国消费者权益保护法》第四十三条的特别规定而发生竞合，因而产生不真正连带责任。

关于柜台出租者承担赔偿责任的范围，有一种观点认为，柜台出租者只对销售者给消费者造成的侵权损害承担赔偿责任。笔者认为，这一观点失之偏颇。《中华人民共和国消费者权益保护法》第四十三条规定消费者“合法权益受到损害的”，在柜台租赁期满后，可以向柜台出租者要求赔偿。该规定并未限定消费者的损害范围。消费者既可能因销售者的违约行为受到损害，也可能因产品缺陷而受到人身或财产的侵权损害。无论是违约损害还是侵权损害，在符合《中华人民共和国消费者权益保护法》第四十三条规定的情况下，消费者都有权要求柜台出租者承担责任。柜台出租者承担责任后，有权向销售者追偿。

本案中，文化公司在租赁期满后已撤柜。因此，对于文化公司向刘某玉承担的返还货款及赔偿利息损失的违约责任，刘某玉有权要求 G 公司承担连带责任。G 公司承担责任后可向文化公司追偿。

编写人：北京市第二中级人民法院　孙盈　贾凯迪

087 可得利益损失应以一般理性人作为认定标准

——李某玲诉包装公司买卖合同案

【案件基本信息】

1. 裁判书字号

福建省泉州市中级人民法院（2018）闽05民终3119号民事判决书

2. 案由：买卖合同纠纷

3. 当事人

原告（上诉人）：李某玲

被告（被上诉人）：包装公司

【基本案情】

2017年7月25日，李某玲通过购物平台与包装公司就定制购买茶叶包装铁罐8000个，单价每个2.5元，付款后25天左右发货达成买卖合意。李某玲分别于2017年7月27日、7月31日通过线上交易方式汇款给包装公司定制购买茶叶包装铁罐预交金各5000元，合计10000元。包装公司分别于2017年9月16日、21日通过快递向李某玲发货茶叶包装铁罐样品120个。2017年9月24日，李某玲收到该铁罐样品后，以该铁罐样品不符合要求，要求包装公司给予全部退款并称不要该铁罐产品，包装公司同意退款10000元。双方因损失赔偿问题协商未果。李某玲于2017年11月24日向法院提起诉讼。

【案件焦点】

预期利益是否属于违约赔偿范围。

【法院裁判要旨】

福建省泉州市安溪县人民法院经审理认为：李某玲与包装公司通过购物平台网上联系，双方就定制购买茶叶包装铁罐产品达成买卖合意，该买卖合同系双方当事人的真实意思表示，双方应按买卖合同约定全面履行义务。包装公司按约定两次通过快递向李某玲发货茶叶包装铁罐样品。李某玲收到该铁罐样品后，以该铁罐样品不符合要求，要求包装公司给予全部退款并称不要该铁罐产品，包装公司同意退给货款 10000 元，双方的行为应视为协商一致同意解除买卖合同，予以认可。李某玲请求包装公司赔偿造成的直接损失 174809 元，因双方在达成买卖合意时没有约定具体的交货期限、违约责任等。虽然李某玲提供了与相关公司、单位业务往来而支出费用的票据，但其无法证明所支出的费用是包装公司造成的损失，包装公司对此费用予以否认，与本案不具有关联性，故李某玲请求包装公司赔偿损失 174809 元，依据不足，不予支持。李某玲请求包装公司承担本案律师费 5000 元及差旅成本，因双方在达成买卖合意时没有约定发生纠纷而支出的律师费及差旅成本应由包装公司承担，故李某玲请求包装公司承担本案律师费 5000 元及差旅成本，于法无据，不予支持。包装公司辩解李某玲汇给的预交金 10000 元应抵作造成的生产成本损失，李某玲还应支付邮寄铁罐样品的成本及相关运费共计约 1000 元，因包装公司未提出反诉请求，故包装公司的辩解意见，不予采纳。李某玲请求包装公司返还货款 10000 元，予以支持。

福建省泉州市安溪县人民法院依照《中华人民共和国合同法》第六十条、第七十七条第一款、第九十七条、第一百一十一条、第一百四十八条，《中华人民共和国民事诉讼法》第六十四条第一款，《最高人民法院关于适用〈中华人民共和国民事诉讼法〉的解释》第九十条之规定，作出如下判决：

一、包装公司应在判决生效之日起十日内返还李某玲货款10000元；

二、驳回李某玲的其他诉讼请求。

李某玲不服一审判决，提起上诉。

福建省泉州市中级人民法院经审理认为：李某玲与包装公司就定制茶叶包装铁罐达成买卖合意，虽未签订书面买卖合同，但协商达成的内容系双方真实意思表示，内容合法，应确认合同有效，双方当事人应当遵循诚信原则，秉承诚实，恪守承诺，按照约定全面履行自己的义务。2017年7月26日，双方当事人约定“25天左右发货”，但包装公司未能在履行期限内发货，在李某玲的不断催促下，包装公司才于2017年9月16日、21日邮寄部分铁罐样品，致使李某玲订立该买卖合同的目的不能实现。因包装公司履行合同义务不符合合同的约定，给李某玲造成了损失，应当承担赔偿损失的违约责任。李某玲为本次国庆中秋促销活动共计支付174809元，但其在包装公司违约后，未能采取适当的措施防止损失扩大，根据《中华人民共和国合同法》第一百一十三条“当事人一方不履行合同义务或者履行合同义务不符合约定，给对方造成损失的，损失赔偿额应当相当于因违约所造成的损失，包括合同履行后可以获得的利益，但不得超过违反合同一方订立合同时预见到或者应当预见到的因违反合同可能造成的损失”及《最高人民法院关于适用〈中华人民共和国合同法〉若干问题的解释（二）》第二十九条第一款“当事人主张约定的违约金过高请求予以适当减少的，人民法院应当以实际损失为基础，兼顾合同的履行情况、当事人的过错程度以及预期利益等综合因素，根据公平原则和诚实信用原则予以衡量，并作出裁决”的规定，李某玲不得就扩大的损失要求赔偿。一审法院判决认定事实清楚，但适用法律不当，予以部分改判。

福建省泉州市中级人民法院依照《中华人民共和国合同法》第一百一十三条，《最高人民法院关于适用〈中华人民共和国合同法〉若干问题的解释（二）》第二十九条，《中华人民共和国民事诉讼法》第一百七十条第一款的规定，作出如下判决：

一、维持福建省安溪县人民法院民事判决第一项；

二、撤销福建省安溪县人民法院民事判决第二项；

三、包装公司应在本判决生效之日起十日内支付李某玲经济损失 30000 元；

四、驳回李某玲的其他诉讼请求。

【法官后语】

本案的争议焦点在于合同中违约方应赔偿守约方实际损失，对于实际损失的范围，存在两种观点，一是包含预期利益，在此情况下，应当以何种标准进行赔偿。预期利益，是指合同在履行以后可以实现和取得的利益。该利益是一种未来的、必须通过合同的实际履行才能实现的利益，并且是合同当事人订立时能够合理预见到的利益。二是不包含预期利益，在交易中，因一方的违约行为导致未来经营利润的丧失，存在未来市场销售价格和销售情况不能确定等客观因素，关于预期利益是否属于违约赔偿范围，须可得利益损失具有确定性和可预见性。

笔者倾向第一种观点，认为应该包含预期利益。损害赔偿具有三种标准：一是以非违约方的实际损失为标准，认定损害赔偿的范围，损失多少，赔偿多少，与违约方的主观状态无关；二是以违约方的预见为标准，即对于违约行为时违约方不应预见的损失，不予赔偿，并且应考虑违约方的故意、过失之主观状态；三是以理性人即社会上之常人的标准，认定损害赔偿的范围。不同标准下，赔偿范围的认定是不同的。《中华人民共和国民法典》第五百八十四条规定："当事人一方不履行合同义务或者履行合同义务不符合约定，造成对方损失的，损失赔偿额应当相当于因违约所造成的损失，包括合同履行后可以获得的利益；但是，不得超过违约一方订立合同时预见到或者应当预见到的因违约可能造成的损失。"我国对损害赔偿的认定采用双重标准，即以非违约方的损失为上限，以违约方的预见为条件，若损失数额超过了非违约方订立合同时的预见范畴，则失去了损害赔偿的正当性基础。预期可得利益损失与实际损失相差较大的情况下，被违约方应该积极主动作为防止损失进一步扩大，不得就扩大的损失要求违约方承担责任，没有法律依据。可预见规则在违约可得利益损失赔偿中预见的主体应是违约方，在本案中，应该是包装公司在合同订立时可预见的损害类型而非程度或数额，能够预见的标准也应是一般理性人标准，因此酌定判决包装公司赔偿李某玲的实际经济损失。

编写人：福建省泉州市安溪县人民法院　白荣南　郑培春

088 买卖合同中加价条款的约定可以认定为违约条款
——销售公司诉金属公司、资源公司买卖合同案

【案件基本信息】

1. 裁判书字号

北京市第二中级人民法院（2017）京02民终6969号民事判决书

2. 案由：买卖合同纠纷

3. 当事人

原告（被上诉人、反诉被告）：销售公司

被告（上诉人、反诉原告）：金属公司

被告（上诉人）：资源公司

【基本案情】

销售公司与金属公司长期存在钢材买卖合同关系，自2012年7月，双方签订了4份《材料采购合同》，约定销售公司向金属公司供应各种型号的钢材，合同中对销售公司供应钢材的数量、价款、结算方式、违约责任等一并进行了约定。销售公司按照约定的时间向金属公司供应钢材，金属公司收到钢材后一直拖欠销售公司的货款，按照双方签订的各份《材料采购合同》的约定："对未付款部分，每拖延一天每吨加价3.3元，延期时间超过一个月不足两个月，对未付款部分，每延期一天每吨加价5元，超过两个月的，由双方协商解决。"截至2015年8月7日，金属公司已累计支付货款3625120.28元，尚欠销售公司货款393616.29元未支付。资源公司在2012年11月19日出具《关于钢材货款支付的函》，对金属公司与销售公司签署的钢材买卖合同项下截至2012

年 11 月 13 日尚未支付的到货款承诺还款，并表明有关款项的计算按所签订的钢材买卖合同约定执行。故销售公司诉至法院请求判令金属公司、资源公司共同向销售公司支付货款 393616.29 元及逾期付款钢材加价款。

金属公司反诉称，销售公司与金属公司签订的 4 份《材料采购合同》中，有 1 份合同销售公司未按照约定向金属公司供货，故金属公司提出如下反诉请求：销售公司向金属公司支付违约金 207633.03 元并由销售公司承担全部诉讼费用。

【案件焦点】

1. 销售公司在本诉中向金属公司主张的要求其支付钢材加价款的性质；2. 金属公司应当按照什么标准向销售公司承担逾期付款的违约责任。

【法院裁判要旨】

北京市西城区人民法院经审理认为：本案中双方当事人的争议焦点在以下两个方面：第一，关于销售公司在本诉中向金属公司主张的要求其支付钢材加价款的性质。针对此争议焦点本院认为，本案纠纷发生的原因是销售公司认为金属公司在履行上述 4 份合同的过程中，存在逾期向销售公司支付货款的违约行为。根据上述合同中关于逾期付款处理方式的共同约定："金属公司在约定期限未付款，延期时间在一个月内的，对未付款部分，每拖延一天每吨加价 3.3 元，延期时间超过一个月不足二个月的，对未付款部分，每拖延一天每吨加价 5 元，超过二个月的，由双方协商解决。"从此约定的具体内容上看，是销售公司与金属公司就金属公司发生逾期付款情形时金属公司所承担违约责任的约定，即通过金属公司额外支付钢材加价款的方式赔偿销售公司因金属公司逾期付款给销售公司造成的损失。金属公司所承担的逾期付款违约责任随其逾期付款时间的延长而加重。此约定也是销售公司向金属公司主张要求支付钢材加价款及欠款利息的合同依据，其实质是销售公司要求金属公司承担逾期付款的违约责任。因此，本院认定，销售公司在本诉请求中向金属公司主张的支付钢材加价款的诉讼请求不是一般买卖合同法律关系中的支付货款，其实质是要求金属公司按照合同约定承担逾期付款违约金。第二，关于金属公司应当按照什么标准向销售公司承担逾期付款的违约责任。根据 4 份合同中关于金属公司未在约定期限内付款所承担违约责任的约定："金属公司在约定期限未付款，延期时间在一个月内的，对未付款部分，每拖延一天每吨加价 3.3 元，延期时间超过一个月不足二个月的，对未付款部分，每拖延一天每吨加价 5 元，超过二个月的，由双方协商解决。"由上述约定看出，金属公司所承担的逾期付款违约责任随其逾期付款时间的延长而加重。经审理查明，金属公司在履行上述 4 份合同过程中，其逾期付款的行为均超过了二个月。因双方当事人对违约金的计算并未形成一致意见，金属公司承担的逾期付款违约金的计算标准应当按照每份合同中未付款的部分，比照每拖延一天每吨加价 5 元的标准计算至该份合同全部货款支付完毕之日止。

北京市西城区人民法院依据《中华人民共和国民法通则》第一百三十五条，《中华人民共和国合同法》第八条、第一百零七条、第一百一十四条第一款，《中华人民共和国民事诉讼法》第六十四条第一款之规定，作出如下判决：

一、被告（反诉原告）金属公司、被告资源公司于本判决生效后十日内共同向原告（反诉被告）销售公司支付货款 393616.29 元及违约金 1344098.18 元；

二、驳回被告（反诉原告）金属公司的诉讼请求。

金属公司和资源公司不服一审判决，提起上诉。

北京市第二中级人民法院经审理同意一审法院的认定，判决如下：

驳回上诉，维持原判。

【法官后语】

买卖合同中，为了督促买卖双方及时履行义务，保证商事活动的顺利进行，买卖双方订立合同时会约定违约责任条款，按照私法自治的基本原则，合同当事人在合同中可以约定违约责任的方式、违约金的数额幅度、损害赔偿的计算方法、免责条件等，但由于商事活动的复杂性和多变性，部分买卖合同中违约责任的约定不够全面、明确，导致纠纷发生。在违约条款约定不够明确时，具体认定违约责任，应当综合考察合同相对方权利义务履行情况，对于有些实质是违约条款而形式是普通条款的约定应当以违约条款来认定。双方约定违约情况不全面的，应当根据已有的约定优先以合同双方的意思自治为基础，确定违约责任的具体履行方式。

《中华人民共和国合同法》第六十一条[①]规定："合同生效后，当事人就质量、价款或者报酬、履行地点等内容没有约定或者约定不明确的，可以协议补充；不能达成补充协议的，按照合同有关条

---

① 现为《中华人民共和国民法典》第五百一十条，内容为"合同生效后，当事人就质量、价款或者报酬、履行地点等内容没有约定或者约定不明确的，可以协议补充；不能达成补充协议的，按照合同相关条款或者交易习惯确定"。

款或者交易习惯确定。”第一百一十一条[①]规定：“质量不符合约定的，应当按照当事人的约定承担违约责任。对违约责任没有约定或者约定不明确，依照本法第六十一条的规定仍不能确定的，受损害方根据标的的性质以及损失的大小，可以合理选择要求对方承担修理、更换、重作、退货、减少价款或者报酬等违约责任。”对于《中华人民共和国合同法》第六十一条中不能达成补充协议的按照合同有关条款或交易习惯确定，针对这里“有关条款”的认定，在买卖合同中，实质上就是判断合同中相关条款是否存在一方不履行义务时加重或提高其履约成本促使其按约定履行的约定。

案例中，销售公司和金属公司在合同中关于逾期付款处理方式的共同约定：“金属公司在约定期限未付款，延期时间在一个月内的，对未付款部分，每拖延一天每吨加价3.3元，延期时间超过一个月不足二个月的，对未付款部分，每拖延一天每吨加价5元，超过二个月的，由双方协商解决。”从此约定的具体内容上看，是销售公司与金属公司就金属公司发生逾期付款情形时所承担违约责任的约定，即通过金属公司额外支付钢材加价款的方式赔偿销售公司因金属公司逾期付款给销售公司造成的损失。金属公司所承担的逾期付款违约责任随其逾期付款时间的延长而加重。鉴于金属公司未付款已经超过二个月，且双方协商未果的情况下，将该条款中加价款认定为违约条款，且按照合同约定随时间延长而加重履行责任的方式确定以每吨加价5元的较重条款认定违约金的支付方式，未超出双方已约定的违约金计算标准，

---

① 现为《中华人民共和国民法典》第五百八十二条，内容为“履行不符合约定的，应当按照当事人的约定承担违约责任。对违约责任没有约定或者约定不明确，依据本法第五百一十条的规定仍不能确定的，受损害方根据标的的性质以及损失的大小，可以合理选择请求对方承担修理、重作、更换、退货、减少价款或者报酬等违约责任”。

也更符合双方约定的金属公司所承担的逾期付款违约责任随其逾期付款时间的延长而加重的本意，符合《中华人民共和国合同法》第六十一条的立法原意，也能够最大限度保证守约方的利益。

编写人：北京市西城区人民法院　程洁玲

（九）买卖合同的证据与时效

089　被告的自认行为能否当然免除另一被告的责任

——木业公司诉物流公司、黎某买卖合同案

【案件基本信息】

1. 裁判书字号

广西壮族自治区钦州市中级人民法院（2021）桂07民终90号民事判决书

2. 案由：买卖合同纠纷

3. 当事人

原告（被上诉人）：木业公司

被告（上诉人）：物流公司

被告：黎某

【基本案情】

原告经营木材及木制品销售，被告黎某以物流公司的名义，通过微信与原告的法定代表人洽谈购买原木。随后，原告于2017年6月，根据被告黎某指定的车辆交付了相关原木，并确定收货公司为物流公司。因被告未按时向原告支付货款，原告通过微信多次催收，被告于2018年7月16日出具一份《还款承诺书》给原告，并由被告物流公司签章确认。《还款承诺书》约定，如果在2018年8月31日前未能付款，在10月31日前需连本带息支付人民币20万元。2019年1月16日，原告再次通过微信向黎某催收货款，黎某表示以新公司名义付款，原告对此不予回应。原告于2020年9月1日向法院起诉被告物流公司，法院依职权追加黎某参加诉讼。

【案件焦点】

1. 黎某的自认能否免除物流公司的责任；2. 黎某的行为是属于债务加入还是担保。

【法院裁判要旨】

广西壮族自治区钦州市钦南区人民法院经审理认为：黎某以物流公司的名义与原告洽谈购买原木，原告提供了与被告黎某的聊天记录予以佐证，且在原告催收货款时，被告黎某明确表示将以物流公司支付款项且到庭当庭自认系买卖合同的实际相对方，故法院对其为合同的买受人予以确认，其应该对欠付的货款承担清偿责任。被告物流公司辩称其对该买卖合同不知情，但其作为市场主体，对其公司印章未尽到合理管理义务，且收货地址为被告物流公司及在货款结算后出具的《还款承诺书》盖章的行为，足以令原告认定合同相对人系被告物流公司，被告物流公司有明显过错，对债务清偿承担连带责任。

广西壮族自治区钦州市钦南区人民法院依照《中华人民共和国合同法》第六条、第一百三十条，《最高人民法院关于审理买卖合同纠纷案件适用法律问题的解释》第二十四条之规定，作出如下判决：

一、被告黎某支付货款本息共计 20 万元给原告木业公司；

二、被告物流公司对上述债务承担连带清偿责任。

物流公司不服一审判决，提起上诉。

广西壮族自治区钦州市中级人民法院经审理认为：《最高人民法院关于适用〈中华人民共和国民事诉讼法〉的解释》第五十四条规定："以挂靠形式从事民事活动，当事人请求由挂靠人和被挂靠人依法承担民事责任的，该挂靠人和被挂靠人为共同诉讼人。"第六十五条规定："借用业务介绍信、合同专用章、盖章的空白合同书或者银行账户的，出借单位和借用人为共同诉讼人。"本案中，原审被告黎某以上诉人物流公司的名义，与被上诉人木业公司洽谈购买原木，被上诉人根据原审被告黎某的指示交付约定的原木，并确定上诉人为收货人。后因货款未按时支付，上诉人向被上诉人出具一份《还款承诺书》，约定如未能付款，承诺连本带息支付涉案欠款，该还款承诺书由上诉人签章确认。原审被告黎某在本案中虽承认买卖木材是其个人行为，并同意支付承诺的款项，但原审被告黎某以上诉人的名义洽谈业务，并以上诉人的名义向被上诉人出具《还款承诺书》，该承诺书具有担保性质。因此，本案应认定为原审被告黎某以挂靠上诉人的形式从事民事活动，原审判决由挂靠人和被挂靠人依法承担民事责任，有事实和法律依据。上诉人上诉认为本案买卖是原审被告黎某的个人行为，欠款应由原审被告黎某个人承担，理由不成立，法院不予支持。一审判决认定事实清楚，适用法律正确，程序合法，应予维持。

广西壮族自治区钦州市中级人民法院依照《中华人民共和国民事诉讼法》第一百七十条第一款第一项之规定，作出如下判决：

驳回上诉，维持原判。

【法官后语】

该案件中，公司之间合作买卖最终需要通过自然人来沟通协商，被告黎某通过微信与原告的法定代表人洽谈买卖木材，由公司作为原告而不是法定代表人作为原告起诉，并无不当。但无论是从挂靠关系还是表见代理的角度看，原告均有理由相信其是与物流公司订立合同关系。在诉讼中，原告通过保全手段，对物流公司账户内的存款进行了查封。在此，涉及两个问题：一是被告自认能否自然免除另一被告的责任；二是债务加入，能否免除原债务人的责任。

第一，在诉讼过程中，一方当事人陈述的于己不利的事实，或者对己不利的事实明确表示承认的，另一方当事人无须举证证明。但在自认的例外情况下，并非当事人作出的所有对己不利的事实的承认，人民法院都予以确认。应特别注意《最高人民法院关于适用〈中华人民共和国民事诉讼法〉的解释》第九十二条第三款的规定，即“自认的事实与查明的事实不符的，人民法院不予确认”。审判实践中，当事人牺牲较小的利益承认于己不利的行为，以换取更大利益的行为并不鲜见。“自认的事实与查明的事实不符”，是指当事人于诉讼上自认的事实，与法官依据法律、司法解释的规定以及在案证据，已经形成内心确信的事实不相符，且当事人的自认亦不能动摇法官心证的情形。本案中，原告查封了被告的账户存款，但对于被告黎某的履行能力不清楚，两被告原本就是合作关系，不排除黎某的自认目的是免除物流公司的责任，对黎某自认应持审慎态度。

第二，债务加入是指第三人加入债的关系中，与原债务人一起向债权人承担责任的现象，增加债务人履行义务的能力，是作为一种有效的增信措施，但债务加入并不导致原债务人退出债务关系，这是债务加入与债务转移的最大区别。债务的转移，应当取得债权人的同意，随后原债务人退出债务，不再承担清偿责任。本案中，一审法院认定黎某的行为是借用物流公司的名义，是实际的货主，但物流公司作为印章所有人应承担支付货款的连带责任，至于其与黎某之间的关系，可另案处理。此举得到法院的认可，认为双方之间实际的关系参照挂靠关系，由挂靠人和被挂靠人依法承担民事责任。此时，原告查封了物流公司的存款，对其履约能力有所了解。黎某自认其是合同的实际签订人、货物的实际购买人，只是借用物流公司的印章走报关、开票等手续，愿意独自承担货款责任，其实际是债务加入，原告对其自愿作为债务人加入表示“欢迎”，增加了履约能力，故变更诉讼请求，要求黎某承担责任。

编写人：广西壮族自治区钦州市钦南区人民法院　欧阳效锦

090　未载明付款时间的出库凭证的诉讼时效应综合判定

——陈某溪诉陈某海买卖合同案

【案件基本信息】

1. 裁判书字号

福建省泉州市中级人民法院（2021）闽05民终277号民事判决书

2. 案由：买卖合同纠纷

3. 当事人

原告（被上诉人）：陈某溪

被告（上诉人）：陈某海

【基本案情】

陈某溪向机械制造公司租赁厂房，对外以铁业制品公司为名经营钢材生意。该铁业制品公司系陈某溪个人经营，至今没有办理工商登记。2014 年至 2015 年，陈某海向陈某溪购买钢板等货物。自 2014 年 2 月 19 日起至 2015 年 4 月 14 日止，陈某溪共向陈某海供货 15 次，货款共计 154975 元。每次出货均由陈某海在载有出货方"铁业公司"或"铁业制品公司"的出库凭证上签名确认。陈某海陆续还款，现尚欠货款 9.89 万元未能偿还。

【案件焦点】

1. 本案原、被告主体是否适格；2. 本案是否超过诉讼时效。

【法院裁判要旨】

福建省南安市人民法院经审理认为：陈某海向陈某溪购买货物，并没有违反有关法律、法规的规定，该买卖行为合法、有效，应受法律保护。陈某海尚欠陈某溪货款 9.89 万元，陈某海应予清偿。本案双方并未书面约定付款期限及利息，陈某溪亦未提供证据予以证明，根据《中华人民共和国合同法》第一百零七条、《最高人民法院关于审理买卖合同纠纷案件适用法律问题的解释》第二十四条的规定，陈某海应向陈某溪支付自起诉之日即 2020 年 8 月 6 日起按照全国银行间同业拆借中心发布的贷款市场报价利率的标准计算至实际付款之日止的逾期占用资金利息。陈某海主张原、被告主体不适格，但根据双方庭审陈述、有关《证明》及陈某海签名确认的出库凭证，本案买卖行为的双方应系陈某溪与陈某海，原、被告主体适格，予以认定，故对陈某海该主张不予采信。陈某海主张本案陈某溪主张货款已超过诉讼时效，根据双方交易的连续性，陈某溪并未因陈某海未支付上期货款而停止供货，说明双方并非约定在提货的同时付款，双方应系默认赊账的交易方式，故双方尚未对所欠货款进行最终结算，陈某溪主张的货款并未超过诉讼时效，予以认定。

福建省南安市人民法院根据《中华人民共和国合同法》第六十条、第一百零七条、第一百零九条、第一百三十条、第一百五十九条、第一百六十一条，《最高人民法院关于审理买卖合同纠纷案件适用法律问题的解释》第二十四条，《中华人民共和国民事诉讼法》第六十四条及《最高人民法院关于适用〈中华人民共和国民事诉讼法〉的解释》第九十条之规定，作出如下判决：

一、被告陈某海欠原告陈某溪货款人民币 9.89 万元及逾期占用资金利息（利息自 2020 年 8 月 6 日起至实际还款之日止按同期全国银行间同业拆借中心公布的贷款市场报价利率计算），款项应于本判决生效后十日内一次性付清；

二、驳回原告陈某溪的其他诉讼请求。

陈某海不服一审判决，提出上诉。

福建省泉州市中级人民法院同意一审法院裁判意见。福建省泉州市中级人民法院依照《中华人民共和国民事诉讼法》第一百七十条第一款第一项之规定，作出如下判决：

驳回上诉，维持原判。

【法官后语】

本案中关于陈某溪依据出库凭证起诉陈某海支付货款是否已超过诉讼时效，存在两种不同意见：

第一种意见认为，陈某溪起诉陈某海支付货款，已超过诉讼时效。我国诉讼时效制度的实质是促使权利人在法定诉讼时效期内及时主张权利，诉讼时效的立法目的和宗旨是防止权利的睡眠，加速经济的流转及增强交易的安全性。案涉交易行为发生于 2014 年 2 月 19 日至 2015 年 4 月 14 日。双方的交易凭证为出库凭证，未载明货款支付时间。根据《中华人民共和国民法典》第五百一十条“合同生效后，当事人就质量、价款或者报酬、履行地点等内容没有约定或者约定不明确的，可以协议补充；不能达成补充协议的，按照合同相关条款或者交易习惯确定”第六百二十六条“买受人应当按照约定的数额和支付方式支付价款。对价款的数额和支付方式没有约定或者约定不明确的，适用本法第五百一十条、第五百一十一条第二项和第五项的规定”及第一百八十八条第一款“向人民法院请求保护民事权利的诉讼时效期间为三年。法律另有规定的，依照其规定”的规定，陈某溪的诉讼请求已经全部超过诉讼时效。陈某溪所主张的货款，由于出库凭证中未体现付款时间，陈某海应在收到货物的同时支付货款，陈某海在出库凭证上签名提货时，陈某溪已知道其权利受到侵害，故应以出库凭证时间的第二日即开始计算两年诉讼时效。2020 年 8 月 6 日，陈某溪起诉已超过诉讼时效。

第二种意见认为，陈某溪主张的货款并未超过诉讼时效。诉讼时效制度的首要目的是督促权利人及时行使权利，避免长期不行使的状态持续存在，造成经济秩序紊乱。陈某溪提供的出库凭证，均系双方对货物提取的凭证，根据双方交易的连续性，陈某溪并未因陈某海未支付上期货款而停止供货，说明双方并非约定在提货的同时付款，双方应系默认赊账的交易方式，双方未对所欠货款进行最终结算，陈某溪主张的货款并未超过诉讼时效。

笔者同意第二种意见，具体理由如下：

首先，在审理买卖合同案件中，应对欠条、结算单与送货单、出库凭证两类证据有明确的认识。欠条、结算单是对债权债务主体双方经济往来的一种结算，表明自欠款形成之日起双方之间形成的一种新的债权债务关系。而送货单、出库凭证虽在司法实践中往往被推定为买卖合同双方的欠款凭证，但更多的是承担证明存在买卖合同关系的作用，其直观地体现了交易相对方及交易活动的流程，在出具此类单据时双方未必有进行结算的意思表示。在经济活动中，根据不同的交易规模、交易行业存在其一定程度上双方默认交易方式、交易习惯，双方存在口头约定、共同默认的结算方式，其在短期多次交易、长期固定交易的经济活动中尤为明显。据此，在审理仅以送货单、出库凭证主张货款的买卖合同案件时，对诉讼时效不应机械地套用法条、一概而论。且根据《中华人民共和国民法典》第五百一十条和第六百二十六条的规定，应结合相应证据及原被告实际的买卖行为、买卖方式、行业习惯及是否符合常理等，针对是否结算、结算时间等问题进行综合研判，从而确定诉讼时效的起算点。

其次，陈某溪与陈某海之间系买卖合同纠纷，双方进行多达 15 次的连贯性交易。陈某海签名确认的出库凭证，其作用更侧重于双方对货物提取的凭证，而从双方的短时间连续性交易活动上看，双方对于出库凭证并非存在结算的意思表示。从双方交易的稳定性上看，如双方明确约定货款系提货时同时支付，双方又未因陈某海未支付货款而停止供货、提货，明显不符合常理。且从正常的交易习惯上看，对于短时间内多次提、供货，多为整体交易活动结束时以结算单或欠条方式进行结算，以确定付款时间及付款方式，更为合理。陈某溪、陈某海均未能提供证据证明双方对于付款时间进行约定，故应视为双方没有约定付款期限。

综上，双方并未在出库凭证上约定付款期限，陈某溪在催讨货款未果的情况下提起诉讼，未超过诉讼时效。审判实践中，对买卖交易行为中有约定付款期限的欠条、送货单据等凭证的诉讼时效基本没有争议，但对未约定付款期限的欠条、送货单据等证据的认定仍存在争议。在理解与适用《中华人民共和国民法典》第五百一十条、第六百二十六条的规定中，应根据双方当事人之间的交易方式、交易习惯及其他相关证据综合判定，以正确认定该类案件诉讼时效的起算点。

编写人：福建省南安市人民法院　黄小兰　孙承海

091　一定条件下交易方式、交易习惯可以作为判定事实的依据

——谭某德诉梁国某买卖合同案

【案件基本信息】

1. 裁判书字号

广西壮族自治区贵港市中级人民法院（2020）桂08民终1920号民事判决书

2. 案由：买卖合同纠纷

3. 当事人

原告（上诉人）：谭某德

被告（被上诉人）：梁国某

【基本案情】

原告谭家某持有一张欠条，欠条上以数学算式用墨水书写载明猪肉（实际为生猪）192 斤、185 斤、160 斤，算出合计 537 斤，以每斤 7.5 元计算，算出 4027.5 元，在算式下的左前方写有“梁国某欠猪钱”，其中“国”字是用繁体字书写，原告陈述上述欠条上所记载的内容均由被告梁国某书写，原告于当日在欠条下面用圆珠笔加写“猪主谭家某，2007 年 4 月 19 日”，其中“家”字是用第二批简化字书写。原告在庭审中陈述，卖给被告的三头猪是其与妻子养了两年，妻子、儿子及儿媳均知道这三头猪卖给被告没有得到钱，因被告买猪时说过其会送钱来，所以原告一直在等被告送钱来，其间没有向被告追讨过。被告否认其曾向原告买过猪，欠条上用墨水书写部分不是其所写，按照从事杀猪行业交易习惯，买猪是以现金交易，即使有欠账，也是在杀猪第二天付清。2019 年 5 月 1 日原告持欠条向被告追讨卖猪款未果，遂诉至法院，并提出上述诉讼请求。

【案件焦点】

1. 原告与被告之间是否存在买卖合同关系；2. 原告要求被告支付货款是否超过了诉讼时效。

【法院裁判要旨】

广西壮族自治区贵港市港南区人民法院经审理认为：原告主张其曾于 2007 年 4 月 19 日将生猪出卖给被告，并提供欠条予以证实，被告认为其未与原告发生过买卖关系，欠条上的部分内容也不是其所写，并提出原告的请求已超过两年的诉讼时效予以抗辩。本案假设原、被告之间存在买卖关系，原告的请求是否超过诉讼时效，法院论证如下：第一，关于本案诉讼时效期间何时开始计算的问题，因欠条上未约定支付货款的时间，根据《中华人民共和国合同法》第一百六十一条“买受人应当按照约定的时间支付价款。对支付时间没有约定或者约定不明确，依照本法第六十一条的规定仍不能确定的，买受人应当在收到标的物或者提取标的物单证的同时支付”的规定，按照原、被告所在地生猪交易习惯，被告应在交易的次日即2007年4月20日向原告付清货款，故本案的诉讼时效期间从被告应付清货款之次日即2007年4月21日开始计算，至2009年4月20日届满。第二，本案诉讼时效期间是否有中止、中断的情形，原告未提出有诉讼时效中止的法定事由，且在庭审中陈述其一直在等被告送钱来，直到2019年5月1日才向被告追偿，因此亦不存在诉讼时效中断的情形。第三，本案的诉讼时效在《中华人民共和国民法总则》施行前，《中华人民共和国民法通则》规定的二年的诉讼时效期间已届满，故应适用后者关于诉讼时效的规定。本案对原告需要说明的问题是，原告家人将辛苦养了两年的三头生猪出卖，当时对其家庭来说是一项重大收入，其家人亦知道卖猪没有得钱，原告却一直在等被告送钱来，直到2019年5月1日原告才向被告要钱，原告的前述行为有悖于生活常理，原告应从诚实信用原则考量其与被告之间是否存在买卖关系或者存在买卖关系被告是否已付清了货款。综上，即使原、被告之间存在买卖关系，原告应当在诉讼时效期间届满前向被告主张权利才受法律保护，被告提出原告起诉时已超过诉讼时效的抗辩理由成立，故对原告的诉讼请求依法应予驳回。

广西壮族自治区贵港市港南区人民法院依照《中华人民共和国合同法》第一百六十一条、《中华人民共和国民法通则》第一百三十五条和《最高人民法院关于适用〈中华人民共和国民事诉讼法〉的解释》第二百一十九条的规定，作出如下判决：

驳回原告谭家某的诉讼请求。

谭家某不服一审判决，提起上诉。

广西壮族自治区贵港市中级人民法院经审理认为：本案争议的焦点问题是上诉人与被上诉人之间是否存在涉案买卖合同关系。上诉人主张其忠厚老实，等待被上诉人还钱，但被上诉人食言，导致上诉人直至2019年5月1日才向被上诉人主张权利，所以上诉人起诉没有超过诉讼时效。谭家某为证实双方存在买卖合同关系，提供《欠条》予以证实，梁国某辩称双方并不相识、《欠条》上的“国”是用的繁体字，其根本不懂得如何书写，《欠条》不是其所写，应进行笔迹鉴定，其已经作出合理的说明，故谭家某仍需就存在买卖合同关系的有关事实，如货物特征、单价约定、货物交付等进一步举证说明。谭家某称涉案生猪养了两年，但每头毛重只有100多斤，与一般生猪养殖两年后均有四五百斤的普遍情况相差太远；谭家某称涉案生猪于2007年4月19日在木格新食品屠宰场宰杀，而屠宰场是在2008年10月之后才租地建设，之前使用的是旧屠宰场；《欠条》上载明猪肉单价为7.5元/斤，比监测的单价5元/斤高出近一半，不合常理。由此可见，谭家某对于买卖标的物的特征、交付地点、单价等买卖合同重要内容的陈述都是虚假的，本案的买卖合同关系并不存在。为此一审法院结合案件实际情况，没有认定上诉人与被上诉人之间存在涉案买卖合同关系是正确的。

综上所述，谭家某的上诉请求不能成立，应予以驳回；一审判决认定事实清楚，适用法律正确，应予以维持。

广西壮族自治区贵港市中级人民法院依照《中华人民共和国民

事诉讼法》第一百七十条第一款第一项之规定，作出如下判决：

驳回上诉，维持原判。

【法官后语】

买卖合同是《中华人民共和国民法典》合同编中明确规定的合同类型，买卖合同的成立一般应符合：（1）买卖双方的真实意思表示；（2）出卖人及买受人实际履行了各自的义务；（3）买卖行为未违反法律法规及行政强制性规定。买卖合同案件中，主张买卖合同关系的成立，举证责任往往由原告承担，即举证证明双方买卖的合意、付款等事实的存在。

基于本案，谭家某主张其与梁国某之间存在买卖猪肉的事实，但除其提交的《欠条》外，在梁国某抗辩不存在买卖猪肉事实的情况下，谭家某未能就存在买卖合同关系的有关事实，如货物特征、单价约定、货物交付等进一步举证说明，因此，谭家某主张买卖猪肉的事实不符合谭家某、梁国某所在地生猪交易习惯，也有悖于常理，不能排除谭家某主张的猪肉欠款是虚假的可能性。在对买卖猪肉的事实产生不可排除的合理怀疑时，欠条仅仅具有推定性的证据效力。显然，在本案中，谭家某没有举出合理充分的证据予以证明其与梁国某存在买卖猪肉的事实。根据《最高人民法院关于审理买卖合同纠纷案件适用法律问题的解释》第一条第一款“当事人之间没有书面合同，一方以送货单、收货单、结算单、发票等主张存在买卖合同关系的，人民法院应当结合当事人之间的交易方式、交易习惯以及其他相关证据，对买卖合同是否成立作出认定”之规定，在买卖合同案件审理过程中，如原告仅以送货单、收货单、结算单、发票等来主张买卖关系的存在，人民法院应当结合当事人之间的交易方式、交易习惯以及其他相关证据认定双方买卖合同是否成立。审判实务中引入交易习惯的主要功能是规定附随义务或解释合同，实际上交易习惯在司法实践中的运用并不仅限于此，在一定情况下也可以作为判定事实的依据。一般来说，交易习惯需具备三个构成要件，一是时间上的持续性与稳定性；二是交易习惯必须合法及交易习惯的内容不得违反法律和行政法规的强制性规定；三是交易双方在订立合同时已经知道或者应当知道该交易习惯的存在。而现实中，很多出卖人缺乏法律意识，碍于情面，在买卖商品时，按当地本行业内约定俗成的交易规则，未采取书面合同形式，导致日后产生纠纷时自身必须举证证明合同的存在以及合同关系内容，否则将会处于被动的局面，甚至败诉。

本案中，谭家某仅就《欠条》要求梁国某支付猪肉款4027.5元，在梁国某抗辩不存在买卖猪肉事实的情况下，谭家某未能提供其他证据予以证实双方存在4027.5元的买卖关系。按照谭家某、梁国某所在地的生猪交易习惯，梁国某应在交易的次日向谭家某付清货款，因此，谭家某主张的欠款缺乏独一性，其诉讼请求难以获得支持。因此，对于买卖合同案件，买卖合同双方对发生的现货交易当时未能结清，也无书面合同，致使权利义务发生歧义，此时应考虑相关地域、相关行业普遍采用的做法和规则，依当事人习惯或惯例确定。

编写人：广西壮族自治区贵港市港南区人民法院　王禄曼

八、拍卖合同纷纷

092 拍卖物瑕疵的责任承担

——傅某申诉某银行、拍卖公司拍卖合同案

【案件基本信息】

1. 裁判书字号

湖北省宜昌市中级人民法院（2013）鄂宜昌中民再终字第33号民事判决书

2. 案由：拍卖合同纠纷

3. 当事人

原告（被上诉人、再审申请人）：傅某申

被告（上诉人、再审被申请人）：某银行

被告：拍卖公司

【基本案情】

2010年10月11日，拍卖公司与某银行签订一份《委托拍卖合同》，约定拍卖公司拍卖某银行所有的A处房产和B处房产，A处房产有土地使用权证，无房产证；B处房产土地使用权证和房产证齐全。拍卖公司依合同约定发布拍卖公告后，原告傅某申向拍卖公司递交竞买申请书，承诺已全部理解拍卖文件资料的全部内容，知悉拍卖标的现状和相关瑕疵，竞买成交后，不以对拍卖文件资料及拍卖标的有不明或误解为由提出任何异议或违约。同年11月16日，傅某申在拍卖会上签收拍卖公司的告竞买人通知书，并分别以4.2万元、20万元竞得上述两处房产，且当场签订了编号为第05、第08两份拍卖成交确认书。同年11月18日，傅某申支付拍卖公司佣金12100元。同月22日，傅某申支付某银行房款242000元。随后，某银行将上述两处房产的土地使用证和房产证交与原告。此后，傅某申在办理两处房产过户手续时，其认为A处房产只有土地使用证而无房产证在相关部门不能办理过户手续，而B处房产在拍卖时登记的面积比实际面积少294.52平方米，误差近25%，其多次找某银行协商解决未果后，遂于2011年11月14日，傅某申诉至法院，请求法院判令撤销两份《拍卖成交确认书》，由拍卖公司与某银行退还房款和佣金，并连带赔偿一切经济损失。

宜昌市夷陵区人民法院于2012年3月12日作出民事判决书，判决驳回傅某申的诉讼请求。判决书生效后，傅某申提出申诉，同年8月31日，宜昌市夷陵区法院作出民事裁定，决定对本案进行再审。

【案件焦点】

1. 未取得产权证书的房产能否转让；2. 房屋产权证上的面积与实际面积不符，而面积误差是否必然导致拍卖确认书被撤销并承担瑕疵责任。

【法院裁判要旨】

湖北省宜昌市夷陵区人民法院经审理认为：某银行委托拍卖的A处房产，未依法登记领取权属证书。根据《中华人民共和国城市房地产管理法》第三十八条第六项规定，未依法登记领取权属证书的房地产不得转让，对该标的拍卖违反法律强制性规定，傅某申与拍卖公司签订的编号为第05号《拍卖成交确认书》因此无效；傅某申要求二原审被告返还拍卖该房产成交价款及佣金、承担连带责任的请求成立，予以支持。某银行委托拍卖公司拍卖的B处房产拥有所有权，并已提供标的有关证明和资料，拍卖公司通过公告方式发布拍卖标的相关资料以及标的，傅某申在现场查看和了解拍卖标的后与拍卖公司签订竞买协议，在竞买成功后与其签订《拍卖成交确认书》，二原审被告均已告知，傅某申请求撤销第08号《拍卖成交确认书》、要求二原审被告返还房款和佣金、赔偿损失及承担连带责任的请求，不予支持。傅某申在办理该房产过户中，实际测量的面积比《拍卖成交确认书》记载面积少294.52平方米，尽管双方当事人对产生房屋面积误差没有过错，但房屋产权证登记的房屋面积与实际测量面积明显不符，显失公平，酌情予以变更，二原审被告因少面积而取得的价款、收取的佣金应予以返还。

湖北省宜昌市夷陵区人民法院作出如下判决：

一、撤销原审民事判决，认定傅某申与拍卖公司签订的编号为第05号《拍卖成交确认书》无效；

二、二原审被告连带返还傅某申A处房产收取的佣金和房产取得的价款，并承担利息损失；

三、由二原审被告连带返还傅某申拍卖B处房产少面积成交价款收取的佣金和少面积取得的价款。

某银行不服一审判决，提起上诉。

湖北省宜昌市中级人民法院经审理认为：本案诉争的A处房产系上诉人某银行所有，依法享有财产处分权，不属法律规定的禁止买卖的标的物。《中华人民共和国房地产管理法》第三十八条规定的立法本意在于规范城市房地产权属登记管理秩序，控制非法建筑物流入房地产市场；而非确定未依法登记领取权属证书的房地产属法律禁止流通物。因此，该条规定属行政管理性规范，而非强制性规范，不得以此为依据认定当事人之间合同的效力。原审判决虽然存在适用法律不准确导致错误认定合同无效，但原审判决认定合同无效与傅某申原审诉讼请求要求撤销合同及傅某申依法行使合同解除权后的法律后果是一致的，原再审判决的处理结果适当，可在纠正原审判决的上述瑕疵后予以维持。虽然本案拍卖合同明确约定拍卖标的物以实物为准，房屋面积的变化不影响成交价格。但拍卖的相关资料记载的面积、原产权证登记的面积也会对竞买人参与竞买产生实际的影响。第08号《拍卖成交确认书》记载的B处房产原登记面积为1193.31平方米，比原登记面积少294.52平方米，误差近25%，虽然拍卖人和委托人均不构成欺诈，但该误差比明显超出一般人的认知和接受能力，显失公平，故一审法院依据公平原则予以调整并无不当，予以支持。

湖北省宜昌市中级人民法院依照《中华人民共和国民事诉讼法》第一百七十条第一款第一项之规定，作出如下判决：

驳回上诉，维持原判。

【法官后语】

拍卖是指以公开竞价的形式，将特定物品或者财产权利转让给最高应价者的买卖方式。

2021年1月1日施行的《中华人民共和国民法典》，对有关拍卖已作出规定，比如第六百四十五条规定，“拍卖的当事人的权利和义务以及拍卖程序等，依照有关法律、行政法规的规定”。那么，未依法登记领取权属证书的房屋进行拍卖有效吗？《中华人民共和国民法典》中已规定拍卖公司可以拍卖无产权房产，而对拍卖行为是否具有效力，则应以其是否满足该法第一百四十三条规定的条件：1. 行为人具有相应的民事行为能力；2. 意思表示真实；3. 不违反法律、行政法规的强制性规定，不违背公序良俗。第一百五十三条第一款规定，违反法律、行政法规的强制性规定的民事法律行为无效。但是，该强制性规定不导致该民事法律行为无效的除外。

拍卖作为一种较特殊的商品交易方式，具有较强的透明性和流通性，大多数可用于买卖的物品或者财产权利均可以作为拍卖的标的进行拍卖交易。从拍卖效力的认定规范来看，拍卖与一般买卖有所不同，其成立需要经过一些特殊的程序，为保证拍卖活动的正常进行并且保证拍卖的当事人的合法权益，拍卖程序一般分为三个阶段：拍卖表示、应买表示、买定意思表示。依《中华人民共和国拍卖法》（以下简称《拍卖法》）第五十一条规定，竞买人的最高应价经拍卖师落槌或者以其他公开表示买定的方式确认后，拍卖成交。本案双方当事人已走完以上三个阶段，拍卖成交亦即买卖成立，傅某申与拍卖公司签订的编号为第05号《拍卖成交确认书》应确认为有效。

本案中，二审法官为什么确认《拍卖成交确认书》有效？因为在我国，除了法律禁止拍卖的物品不得拍卖，限制拍卖的物品要依法履行有关手续后方能拍卖以外，其他物品或者有关财产权利均可以通过拍卖方式进行交易。既然本案双方诉争的A处房产系某银行所有，符合《拍卖法》第六条规定，不属法律规定的禁止买卖的标的物，某银行依法享有财产处分权。《中华人民共和国房地产管理法》第三十八条规定的立法本意在于规范房地产权属登记管理秩序，以此来控制非法建筑物流入房地产市场；而非确定未依法登记领取权属证书的房地产属法律禁止流通物。因此，该条规定属行政管理性规范，而非强制性规范，不得以此为依据认定傅某申与拍卖公司签订的编号为第05号的《拍卖成交确认书》无效。

关于拍卖合同中拍卖物的瑕疵责任承担问题。《拍卖法》第六十一条第一款规定①，拍卖人、委托人违反该法第十八条第二款、第二十七条的规定，未说明拍卖标的的瑕疵，给买受人造成损害的，买受人有权向拍卖人要求赔偿；属于委托人责任的，拍卖人有权向委托人追偿。依前者，买受人在寻求违约救济时，似乎对合同相对人有选择权；若依后者，买受人似乎只与拍卖人存在合同关系，而与拍卖委托人不存在合同关系。由此产生了诸多困惑。在任意拍卖场合，通过拍卖建立的买卖合同究竟是成立在拍卖人与买受人之间，还是委托人与买受人之间，抑或三者之间？拍卖人的法律地位是出卖人，还是委托人的直接代理人，抑或促成买卖的中介人？应该由谁承担拍卖标的的瑕疵担保责任？

本案中，法官对于拍卖人和委托人的瑕疵担保责任免除的规定作了限缩解释，即压缩了拍卖人免除责任的空间和机会。那么这种解释的依据是什么呢？依据就在于民事交易的诚实信用和公平原则②。根据《拍卖法》第四十二条的规定，拍卖人应当对委托人提

---

① 《拍卖法》第六十一条第一款应解释为买受人向拍卖人主张中介合同违约救济的请求权基础。据此，拍卖人充当出卖人时，原则上负有瑕疵担保义务，通过特别约定进行减轻或免除时应受《中华人民共和国民法典》第六百一十八条的制约；而拍卖人仅充当中介人时，即使没有特别约定，原则上也不须担保买卖合同标的的相关品质。本案中，由于拍卖人的“特别声明”不符合该条所规定的瑕疵担保免责声明，不能免除责任，因此仍需承担相应的责任。

② 《中华人民共和国民法典》第六条规定，民事主体从事民事活动，应当遵循公平原则，合理确定各方的权利义务。第七条规定，民事主体从事民事活动，应当遵循诚信原则，秉持诚实，恪守承诺。同时，第一百五十一条对显失公平亦作出了规定，即一方利用对方处于危困状态、缺乏判断能力等情形，致使民事法律行为成立时显失公平的，受损害方有权请求人民法院或者仲裁机构予以撤销。

供的有关文件、资料进行核实。而本案的事实之一是，B处房产的房屋面积是由房屋产权管理部门确认的，双方当事人对产生的房屋面积误差没有过错，但根据《最高人民法院关于民事诉讼证据的若干规定》（法释〔2001〕33号）第九条[①]规定，房屋产权管理部门确认的房产面积并不在拍卖人和委托人“无需举证证明”之列，因此，拍卖人对于委托人提交的房屋产权管理部门的房屋产权证书以及房产面积仍需要审核查证，若不审核查证，拍卖人就没有尽到谨慎的审核义务，对买受人造成的B处房产减少面积的损失，拍卖人和委托人均应承担相应的责任。

编写人：湖北省宜昌市夷陵区人民法院　肖杰

093　拍卖合同解除后委托人可否主张可得利益损失

——乐某仁诉拍卖公司委托合同案

【案件基本信息】

1. 裁判书字号

上海市第一中级人民法院（2012）沪一中民一（民）终字第358号民事判决书

2. 案由：委托合同纠纷

3. 当事人

原告（反诉被告、被上诉人）：乐某仁

被告（反诉原告、上诉人）：拍卖公司

---

① 《最高人民法院关于民事诉讼证据的若干规定》于2019年10月14日修正后，上述第九条成为第十条。

【基本案情】

2009年4月3日，乐某仁与拍卖公司签订《委托拍卖合同书》，乐某仁委托拍卖公司拍卖其拥有的紫檀龙凤博古大柜一对。2009年4月28日，案外人晏某礼与被告签订竞买登记单；同日晏某礼签订成交确认书、承诺书，主要内容为："本人晏某礼于2009年4月28日在拍卖会中拍得第455号拍品《紫檀木龙凤呈祥多宝格（一对）》，成交价为人民币280万元，佣金20万元，共计总额300万元。今日（2009年4月28日）支付壹佰万元，余款贰佰万元于十日内付清。"拍卖公司在承诺书上盖章。2009年4月29日，拍卖公司向乐某仁发送委托拍卖标的成交通知书，主要内容为："尊敬的乐某仁先生：您委托本公司拍卖的拍卖标的《紫檀木龙凤呈祥多宝格（一对）》，在本公司于2009年4月28日举办的春季艺术品拍卖会上以人民币2800000元的价格成交。依据您与本公司订立的《委托拍卖合同书》之约定，本公司将在收到买受人支付的全部成交价款后扣除您应向本公司支付的佣金及相关款项，余款人民币2575500元将在买受人支付全部成交价款后的七日内交付您。"

2009年6月23日，晏某礼向拍卖公司出具退货单，要求退货；被告同意退货、退款，并按退货正常程序办理。

2009年7月15日，乐某仁委托代理人向拍卖公司致律师函，告知其务必在7月25日之前向乐先生支付全部款项。逾期不付，乐先生将考虑以法律手段维护自身合法权益。7月30日，拍卖公司函复乐某仁，称拍品于2009年4月28日在拍卖会上以人民币2800000元的价格成交，但日后买受人以该拍品可能是现代仿真品且材料也存在严重问题为由拒绝付清全部款项，经我司多次沟通均未果，导致我司至今不能向您支付出售收益，我司将进一步加强与买受人的沟通，并承诺在收到买受人全部款项后7日内向您支付全部出售收益。2009年8月2日，乐某仁代理人向拍卖公司复函，称买受人称所谓拍品存在问题是没有任何事实依据的，据此拒绝付清全部款项毫无道理。考虑到被告在处理过程中可能需要一些时间，故要求被告在8月31日之前向乐先生支付全部款项。2009年9月23日，原国家林业局华东木材及木制品质量监督检验中心出具由乐某仁委托的对系争拍品的门片进行检测的报告，检测结论为紫檀木。

2009年11月11日，案外人晏某礼（原告）以拍卖合同纠纷案起诉拍卖公司（被告），法院审理认为，关于原告要求确认原、被告之间拍卖合同关系已解除的诉请，结合原、被告双方的陈述及提供的相关证据，被告在双方合同成立后，取回了涉案系争拍品，退还了原告付款承诺书，并出具了一份载明“退货、退款等”内容的退货单，该行为可证原、被告双方对解除合同已协商一致，符合法律规定等。

【案件焦点】

委托拍卖合同解除后的损失认定问题。

【法院裁判要旨】

上海市长宁区人民法院经审理认为：一审审理中，鉴于乐某仁已经表示同意拍卖公司提出的反诉请求，即同意解除委托拍卖合同并取回拍品，同时乐某仁本诉中关于取回系争拍品的诉请与拍卖公司要求乐某仁取回系争拍品的反诉请求是一致的，故一审法院依此认定双方委托拍卖合同解除。

竞拍人（案外人）与拍卖公司之间拍卖合同的解除，是本案系争合同无法实际履行的逻辑前提；因此，竞拍人（案外人）与拍卖公司之间拍卖合同解除的原因事由与本案原、被告间的关联状况，对裁量系争合同解除的法律后果具有决定意义。本案中，就拍卖公司解除与竞拍人（案外人）的拍卖合同是否经乐某仁同意的事实争议，拍卖公司除有本人陈述外，并未提供相应书面证据予以佐证；综合拍卖公司函告乐某仁催讨拍卖款等书证内容及生效一、二审裁判文书认定的事实等案件事实，乐某仁认为上述合同解除后果系拍卖公司自行擅自处分行为所致的主张，具有高度的事实盖然性，依法予以采信。原告据此主张被告应承担相应的损失赔偿责任，符合相关法律规定。

现乐某仁主张成交价（扣除佣金等）与保留价之间的差额为损失的意见，未超出缔约方正常市场预期范畴，予以支持。至于乐某仁主张的利息损失，缺乏合同及法律依据，不予采纳。

上海市长宁区人民法院依照《最高人民法院关于民事诉讼证据的若干规定》第二条、第九条第一款第四项，《中华人民共和国合同法》第九十四条第四项、第九十七条、第一百零七条、第一百一十三条第一款的规定，作出如下判决：

一、解除原告（反诉被告）乐某仁与被告（反诉原告）拍卖公司于 2009 年 4 月 3 日订立的委托拍卖合同书；

二、被告（反诉原告）拍卖公司应于本判决生效之日起十日内返还原告（反诉被告）乐某仁紫檀龙凤博古大柜一对；

三、被告（反诉原告）拍卖公司应于本判决生效之日起十日内赔偿原告（反诉被告）乐某仁人民币 375500 元；

四、驳回原告（反诉被告）乐某仁的其余诉讼请求。

拍卖公司不服一审判决，提起上诉。

上海市第一中级人民法院经审理认为：乐某仁与拍卖公司签订《委托拍卖合同书》，拍卖公司作为乐某仁的代理人，由其对乐某仁提供的拍品组织拍卖，其应当妥善处理受托事项。乐某仁主张拍卖公司在拍卖已成交的情况下，擅自同意买受人退货，从而导致了拍卖合同的解除。拍卖公司辩称其为退货事宜曾与乐某仁进行沟通，乐某仁予以否认，而拍卖公司没有任何证据加以证明。相反，拍卖公司于2009年6月23日已向案外人出具了退货单，但在2009年7月30日拍卖公司至乐某仁的函件中又未向乐某仁说明实情，仍向乐某仁承诺在收取款项后支付全部出售收益，可见拍卖公司自始至终未就退货事宜征得乐某仁的同意，而擅自解除了与买受人的拍卖合同，拍卖公司的行为显然存在过错，并应当承担由此产生的法律后果。乐某仁以曾经拍卖的成交款与保留价的差额作为损失，向拍卖公司主张赔偿，于法无悖，应当予以支持。拍卖公司的上诉请求，缺乏事实和法律依据，不予支持。原审法院所作判决，予以维持。

上海市第一中级人民法院依照《中华人民共和国民事诉讼法》第一百五十三条第一款第一项之规定，作出如下判决：

驳回上诉，维持原判。

【法官后语】

一、拍卖法律关系中的两层性

拍卖中的法律关系具有复杂性，《中华人民共和国拍卖法》（以下简称《拍卖法》）第三章中提到拍卖当事人包括委托人、拍卖人、竞买人和买受人，然众多当事人系同时存在于拍卖活动之中，而非同一法律关系之中。这一点从《拍卖法》第六十一条也可以看出，当委托人、拍卖人未依法说明拍品存在瑕疵，买受人的赔偿请求权仅可以向拍卖人主张，拍卖人再依法向委托人追偿。追偿的隔离系基于法律关系的两层性，一层是委托人与拍卖人之间的委托拍卖合同关系，另一层是拍卖人与买受人之间通过拍卖程序订立的买卖合同关系。至于拍卖人是否类似于行纪人，行纪人重要的一项权利是介入权，而《拍卖法》第二十二条直接否定了拍卖人参与拍卖的权利，因此难以将拍卖人与行纪人等同。本案中原告作为拍卖委托人即是基于委托拍卖合同以拍卖人为被告提起的诉讼。

二、拍卖法律关系的法律适用

就法律适用问题而言，在谈及拍卖人瑕疵担保责任时是否因《中华人民共和国民法典》第六百四十五条规定而排除格式条款免责规则的适用存在争议。《中华人民共和国民法典》第六百四十五条规定："拍卖的当事人的权利和义务以及拍卖程序等，依照有关法律、行政法规的规定。"那么，这一条款的规定，是否意味着拍卖法律关系完全排除合同法的适用？应注意的是，一是这一条款位于合同法买卖合同一章中，应针对拍卖买卖合同的法律适用；二是我国合同法与拍卖法之间应属于普通法与特别法的关系，因此在法律适用上应遵照普通法与特别法之间的适用规则。本案中，由于处理的是委托人与拍卖人之间的委托拍卖合同关系，因此在法律适用上应适用合同法。

三、委托拍卖合同解除的归责认定

本案中被告认为委托拍卖合同解除不可归责于被告的原因有两点：一是拍品存在委托人未说明的瑕疵，导致买受人退货；二是依据竞拍人认可的《拍卖规则》的规定，拍卖人有权处理退货事宜。首先，关于拍品的品质瑕疵问题。拍卖人的瑕疵担保责任是拍卖买卖合同关系中的一个热点问题，或有观点认为基于拍卖行业的特殊性，拍卖人在竞拍人认可的拍卖规则中约定了免责条款即可免予承担瑕疵担保责任；或有观点认为拍卖人的免责适用仍应严格依照合同法格式条款免责的规定，仅仅在拍卖规则中约定尚不足以构成免责；或有观点介于这两种观点之间。然在本案中，首先，不论《拍卖规则》免责条款的效力，拍卖人在未对拍品瑕疵问题依法进行认定之前，即为买受人办理了退货手续，难说不可归责。其次，关于退货是否是委托人授意问题。《拍卖规则》中仅仅约定拍卖人有权处理索赔事宜，而无论是事务性事宜，还是法律行为，拍卖人作为受托人均应当按照委托人的指示处理委托事务。在无委托人授意退货的情况下，因拍卖人的退货行为进而导致委托拍卖合同不能履行，难说不可归责。

四、委托拍卖合同解除后的损失认定

对于合同解除的法律后果，《中华人民共和国民法典》第五百六十六条第一款规定："合同解除后，尚未履行的，终止履行；已经履行的，根据履行情况和合同性质，当事人可以请求恢复原状或者采取其他补救措施，并有权请求赔偿损失。"争议焦点在于，对合同解除应否赔偿可得利益的损失。有观点认为，合同解除的效力是使合同恢复到订立前的状态，而可得利益只有在合同完全履行时才有可能产生，既然当事人选择了合同解除，就说明当事人不愿意继续履行合同，非违约方就不应该得到合同在完全履行情况下所应得到的利益，即合同解除后的赔偿范围不应包括可得利益损失。

由于合同解除的效力是使合同恢复到订立前的状态，此时合同溯及力与可得利益损失赔偿并不矛盾。即使在有溯及力的合同解除场合下，尽管合同关系因解除而消灭，但因而带来的损害赔偿并未消灭，可得利益作为一种可期待利益，在合同生效后即依法产生并受合同的保护。合同解除并不导致合同的不复存在，因为合同解除并不消灭履行合同的目的。在合同目的不能通过原始性权利义务实现时，在合同解除后，当事人可通过主张损害赔偿来实现合同目的。有鉴于此，可得利益损失应获得赔偿。司法实践中也不断出现支持合同解除后的可得利益的有益探索。本案中，法院作出的最后判决，支持了原告有关可得利益损失的请求，值得肯定。

编写人：上海市长宁区人民法院　卫晓蓓　傅君

九、采矿权转让合同纠纷

094 采矿权转让合同解除中的举证责任

——莫某诉李某灵等合同案

【案件基本信息】

1. 裁判书字号

广西壮族自治区来宾市中级人民法院（2018）桂13民终724号民事判决书

2. 案由：合同纠纷

3. 当事人

原告（被上诉人）：莫某

被告（上诉人）：李某灵

被告：孔某军、L铅锌矿

【基本案情】

L铅锌矿成立于2002年11月1日，登记的企业性质为个人独资企业，资金来源为李某灵个人出资；2003年6月5日，投资人变更为孔某军；2005年3月7日，投资人变更为李某灵。2007年9月10日，莫某与李某灵签订《承诺书》。双方签订《承诺书》后，莫某以银行转账、现金支付等方式向李某灵、孔某军支付款项。2007年10月10日，孔某军向莫某出具《收据》，收据内容为“今收到莫某先生250万元（人民币贰佰伍拾万元整）作为矿山办证费用。特立此证。收款人：孔某军2007.10.10”。2007年11月

19日，李某灵与莫某签订《出资转让协议书》，约定李某灵愿意以3200万元的价格将L铅锌矿转让给莫某，莫某应于本协议书生效之日起30日内以银行转账的方式分三次将上述款项支付完毕，李某灵保证对上述出资拥有所有权及完全处分权，保证在出资上未设定抵押、质押，保证出资未被查封，保证出资不受第三人之追索，否则愿承担由此引起的一切经济和法律责任，协议书经双方签署并经公证处公证后生效。由于案外人钟某光、覃某华与李某灵因L铅锌矿的合伙产生纠纷，钟某光、覃某华起诉至来宾市中级人民法院，并申请查封L铅锌矿的采矿许可证及全部投资股份。2007年10月23日，（2007）来民二初字第9-1号民事裁定冻结、查封L铅锌矿采矿许可证及李某灵的全部投资股份。2007年12月28日，（2007）来民二初字第9号民事判决确认钟某光、覃某华持有L铅锌矿60%的份额。李某灵不服该判决上诉至广西壮族自治区高级人民法院，后又撤回上诉。

2008年1月8日，莫某与L铅锌矿签订《协议书》。孔某军作为L铅锌矿的代表在协议书上签名并加盖公章。2008年1月12日，孔某军向莫某出具收到895000元的收据。2008年4月2日，案外人钟某光、覃某华与李某灵、孔某军、莫某签订《协议书》（以下简称三方协议），约定钟某光、覃某华退出合伙，莫某代李某灵、孔某军支付给钟某光、覃某华900万元。

2011年4月14日，莫某向来宾市公安局经侦支队举报李某灵合同诈骗。2017年7月18日，莫某再次向武宣县公安局举报，武宣县公安局向其出具了《不予立案通知书》。

2008年12月4日，L铅锌矿变更为合伙企业。2009年6月11

日，该企业合伙人为李某灵、钟某光、覃某华，李某灵认缴出资40%，钟某光、覃某华各认缴出资30%，李某灵为执行事务合伙人。2015年5月13日，L铅锌矿合伙人变更为李某灵、李某矜、钟某光、覃某华，其中李某灵、李某矜各认缴出资20%，钟某光、覃某华各认缴出资30%，李某灵为执行事务合伙人。2015年10月12日，L铅锌矿合伙人变更为李某灵、李某矜、高某华，其中李某灵、李某矜各认缴出资20%，高某华认缴出资60%，李某灵为执行事务合伙人。2017年1月22日，L铅锌矿合伙人变更为李某灵、周某华、宾某秀，其中李某灵、宾某秀各认缴出资20%，周某华认缴出资60%，宾某秀为执行事务合伙人。

二审庭审中，李某灵与莫某、孔某军均确认，2008年1月8日的《协议书》上标明的甲方实际就是李某灵个人，又因孔某军是李某灵的儿子，李某灵委托孔某军来签该协议，且孔某军当时持有L铅锌矿的公章。莫某确认签订2008年1月8日的《协议书》时已经知道李某灵与案外人钟某光、覃某华就L铅锌矿的股份有纠纷，即（2007）来民二初字第9号案。经莫某确认，2007年11月19日签订协议后，涉案矿山由莫某进行经营管理。

二审查明：在2008年4月2日签订三方协议的同日，李某灵、孔某军向广西壮族自治区高级人民法院申请撤回对（2007）来民二初字第9号民事判决的上诉。但莫某未就该协议依约定履行支付900万元的义务。

2007年11月21日，李某灵代表L铅锌矿与案外人商业顾问公司签订承包合同，莫某作为见证人在合同上签字确认。2007年11月25日，莫某与商业顾问公司的法定代表人陈某明签订L铅锌矿承包合作协议。2010年1月10日，莫某与案外人矿业公司签订承包合同，约定莫某将L铅锌矿发包给矿业公司，承包期为一年，自2010年1月15日起生效。

在出具2007年10月10日的250万元收据后，莫某一方向李某灵一方及其认可的有关政府部门银行账户转账金额分别是2007年10月17日的20万元、10月29日的30万元、11月13日的5万元、11月30日的20万元。另在出具2008年1月12日的895000元收据后，莫某一方向李某灵一方及其认可的有关政府部门银行账户转账金额分别是2008年2月3日的2万元、3月12日的1万元、3月20日的5万元和3月28日的10万元。

【案件焦点】

1. 莫某的诉讼请求是否超过诉讼时效；2. 涉案的两份协议效力如何及是否应当解除；3. 李某灵是否应当返还已付的款项并支付利息。

【法院裁判要旨】

广西壮族自治区武宣县人民法院经审理认为：依法成立的合同受法律保护，对合同的效力可以约定附条件。附生效条件的合同，自条件成就时生效。

1. 关于合同的效力问题。李某灵、孔某军主张《出资转让协议书》实质为采矿权的转让，因该协议书未经矿山管理部门批准而不属于依法成立的范畴，不具备约束力。李某灵与莫某签订《出资转让协议书》时，L铅锌矿登记为个人独资企业，根据该协议书第三条的约定看，该合同应是李某灵作为L铅锌矿的出资人，对财产、权益进行转让的行为，而非仅仅是采矿权的转让。根据《中华人民共和国个人独资企业法》第十七条“个人独资企业投资人对本企业的财产依法享有所有权，其有关权利可以依法进行转让或继承”之规定，李某灵作为L铅锌矿的出资人，其与莫某达成意思表示一致并签订《出资转让协议书》，将L铅锌矿的财产进行转让，双方均在《出资转让协议书》上签字，系双方真实意思表示，该协议已经成立。双方签订协议时不存在导致合同无效的情形，依法应认定《出资转让协议书》系有效合同，具有约束力。而L铅锌矿的采矿权仅作为L铅锌矿企业财产的一部分进行转让，其依法经行政主管部门审核批准与否仅决定物权是否发生变动，但不影响转让合同等引发物权变动的原因行为的效力，因此，对《出资转让协议书》无效的主张，不予支持。

2. 关于莫某的起诉是否超过诉讼时效的问题。莫某与李某灵签订《出资转让协议书》后，在得知李某灵因矿山所有权与他人存在纠纷，明知自己的权利受到了侵害的情况下，但为促使双方签订的协议的履行，与孔某军作为代表的L铅锌矿签订了《协议书》，并在李某灵与他人关于矿山所有权纠纷的案件败诉后，为了协议的履行，又与钟某光、覃某华等签订了三方协议，该协议至今未履行，亦未解除，其间虽然莫某向公安机关报案，但仍未影响三方协议的履行。莫某虽然在2007年明知自己的权利受到侵害，但之后一直在寻找多种途径进行救济，直到2015年10月12日，钟某光、覃某华将自己在L铅锌矿中的投资额全部转与他人，三方协议不再存在履行的可能，莫某遂于2017年10月25日向法院提起诉讼，并没有超出法律规定的诉讼时效。且莫某向公安机关报案，公安机关给出了处理结果，因公安机关认定李某灵不构成刑事犯罪，莫某遂起诉至法院，亦未超出法律关于诉讼时效的规定，因此对莫某的起诉已超过诉讼时效要求驳回诉讼请求的主张，不予支持。

3. 关于莫某请求解除《出资转让协议书》《协议书》是否有事实及法律依据。2007 年 10 月 23 日，李某灵与案外人钟某光、覃某华因 L 铅锌矿的合伙纠纷被诉至来宾市中级人民法院，法院于起诉当日作出裁定冻结、查封李某灵在 L 铅锌矿的全部出资。而在 2007 年 11 月 19 日，李某灵隐瞒其在 L 铅锌矿的出资已被查封的情况，与莫某签订《出资转让协议书》，欲将 L 铅锌矿的全部财产及相关权益转让给莫某。2007 年 12 月 28 日，（2007）来民二初字第 9 号民事判决认定案外人钟某光、覃某华系 L 铅锌矿的合伙人，并持有 L 铅锌矿 60%的份额，而 L 铅锌矿亦于 2008 年 12 月 4 日变更登记为合伙企业，之后 L 铅锌矿的股东及股份份额几经变更。李某灵隐瞒 L 铅锌矿有其他合伙人且其出资被查封的真实情况与莫某签订《出资转让协议书》，已构成违约。现双方签订的《出资转让协议书》已无法继续履行且无法实现合同目的，根据《中华人民共和国合同法》第九十四条第四项之规定，莫某请求解除其与李某灵于 2007 年 11 月 19 日签订的《出资转让协议书》有事实及法律依据，予以支持。从莫某与孔某军作为代表的 L 铅锌矿于 2008 年 1 月 8 日签订的《协议书》中约定支付的款项 80 万元从支付的矿山所有权转让款中扣除，应当认定为《出资转让协议书》的附加合同，主合同解除，附加合同亦应予以解除，莫某请求解除该协议书有事实及法律依据，应予支持。

4. 关于莫某请求返还转让款 350 万元及支付利息 2065000 元，赔偿经济损失 297495.62 元是否有事实及法律依据的问题。莫某与李某灵签订《承诺书》后，孔某军向莫某出具收据，认可收到莫某支付的 250 万元矿山办证费用，而后又在 L 铅锌矿与莫某签订《协议书》之后，向莫某出具收据认可收到莫某支付的款项 895000 元，莫某亦提供了部分转账凭证证实双方在此期间有经济往来，现李某灵等主张其未收到上述款项，但未提供任何证据，对其主张不予采信。一审法院认定，莫某已支付给李某灵、孔某军的款项总额为 3395000 元。《承诺书》应理解为双方就转让 L 铅锌矿签订的预定合同，约定的 250 万元应认定为 L 铅锌矿转让预付款。而后，莫某与李某灵签订《出资转让协议书》，协议书约定将 L 铅锌矿全部资产及相关权益转让给莫某，莫某根据《承诺书》向李某灵支付的 250 万元款项应认定为出资转让款。实际莫某支付给孔某军的款项为 895000 元，该款项应认定为莫某预先支付的转让款。李某灵、孔某军主张莫某支付的 250 万元已因双方的承包经营关系而转变为承包金，因其无法提供相应的证据证实，对该主张不予支持。其提出莫某实际对 L 铅锌矿进行了经营并因此获利，应当支付承包金或返还所获利益与本案非同一法律关系，在本案中不予处理。根据《中华人民共和国合同法》第九十七条规定，李某灵与莫某签订《出资转让协议书》、孔某军代表 L 铅锌矿与莫某签订《协议书》并因此收取莫某支付的转让款 3395000 元，但莫某至今未享有 L 铅锌矿的财产所有权或股份份额，即李某灵收取了莫某支付的转让款项却未履行相关义务，莫某要求李某灵返还已支付的转让款 3395000 元有理有据，应予支持。李某灵在与莫某签订《出资转让协议书》时就已明知其与案外人就 L 铅锌矿的合伙存在纠纷，且其出资已被查封，仍与莫某签订协议，其行为已构成违约。现因李某灵违约，根据《出资转让协议书》约定及参照《最高人民法院关于审理民间借贷案件适用法律若干问题的规定》第二十九条第二款第一项之规定，莫某要求按年利率 6% 支付资金占用期间的利息，予以支持，资金占用期间利息应以3395000元作为本金，按年利率6%自2008年1月12日起至2017年10月12日止共1986075元（3395000元×6%÷12个月×117个月），2017年10月12日之后的利息以尚未归还的转让款为基数，按年利率6%计算至实际全部归还转让款之日止。莫某请求赔偿其对L铅锌矿前期投资的经济损失297495.62元，因其提供的票据付款单位均为L铅锌矿，不能证实该项支出是其个人款项支出，对该请求不予支持。李某灵、孔某军主张合同不能履行系莫某未按约定支付转让款，莫某构成违约。根据《中华人民共和国合同法》第六十八条的规定，从双方均认可的证据可认定，莫某在与李某灵签订《出资转让协议书》后得知李某灵在L铅锌矿的出资被查封的情况下，其有理由相信李某灵有可能丧失履行债务的能力，其中止履行支付转让款的行为于法有据，不构成违约。且双方约定的付款时间为"协议书生效之日起30日内"，而协议书明确约定了生效条件"经双方签署并经公证处公证后生效"，目前该协议未经公证，尚未生效，亦未达到付款条件，李某灵、孔某军上述主张莫某未按时支付转让款构成违约，不予支持。李某灵、孔某军又主张莫某未按三方协议的约定支付给钟某光、覃某华退出合伙的补偿，导致合同履行不能，构成违约。一审法院认为，该三方协议虽然约定由莫某代李某灵向案外人钟某光、覃某华支付其退出合伙补偿款，但该三方协议与《出资转让协议书》之间没有关联，亦不能免除李某灵履行《出资转让协议书》的相关义务，对该主张不予采纳。莫某与李某灵签订《出资转让协议书》时，L铅锌矿登记的企业性质为"个人独资企业"，根据《中华人民共和国个人独资企业法》第十七条"个人独资企业投资人对本企业的财产依法享有所有权，其有关权利可以依法进行转让或继承"之规定，李某灵与莫某签订

《出资转让协议书》系处分其个人财产的行为，应由其承担返还责任，莫某请求L铅锌矿承担返还责任没有法律依据，一审法院不予支持。孔某军是李某灵的儿子，但不是《出资转让协议书》的当事人，其在参与经营管理L铅锌矿过程中受李某灵委托收取转让款、签订《协议书》，属于代理李某灵进行的民事行为，由此而产生的法律后果应由李某灵承担，因此孔某军收取莫某的转让款3395000元，应当由李某灵返还莫某。

广西壮族自治区武宣县人民法院依照《中华人民共和国民法总则》第一百五十七条、第一百六十二条、第一百八十八条、第一百九十五条，《中华人民共和国合同法》第四十五条、第九十四条，《中华人民共和国个人独资企业法》第十七条，《中华人民共和国民事诉讼法》第六十四条，《最高人民法院关于审理民间借贷案件适用法律若干问题的规定》第二十九条第二款第一项之规定，作出如下：

一、解除莫某与李某灵于2007年11月19日签订的《出资转让协议书》；

二、解除莫某与孔某军作为代表的L铅锌矿于2008年1月8日签订的《协议书》；

三、李某灵于本案判决生效之日起三十日内返还莫某已支付的转让款3395000元，并支付资金占用利息（自2008年1月12日起至2017年10月12日止，以3395000元为基数，按年利率6%共1986075元，2017年10月12日之后的利息以尚未归还的转让款为基数，按年利率6%计算至实际全部归还转让款之日止）；

四、驳回莫某的其他诉讼请求。

李某灵不服一审判决，提起上诉。广西壮族自治区来宾市中级人民法院经审理认为：

1. 关于莫某的一审诉讼请求是否已经超过了诉讼时效问题。根据《最高人民法院关于审理民事案件适用诉讼时效制度若干问题的规定》第一条的规定，我国诉讼时效的适用对象是债权请求权。《中华人民共和国合同法》第九十五条规定：“法律规定或者当事人约定解除权行使期限，期限届满当事人不行使的，该权利消灭。法律没有规定或者当事人没有约定解除权行使期限，经对方催告后在合理期限内不行使的，该权利消灭。”故合同解除权系形成权，不适用诉讼时效制度。该法第九十七条规定：“合同解除后，尚未履行的，终止履行；已经履行的，根据履行情况和合同性质，当事人可以要求恢复原状、采取其他补救措施，并有权要求赔偿损失。”故基于合同解除产生的债权请求权，受诉讼时效的约束。本案中，莫某一审诉讼请求除解除涉案的两份协议外，还有退还转让款及支付利息并赔偿损失等。莫某的上述请求是基于合同解除后的返还财产及损失赔偿请求权，该请求权的诉讼时效起算点应当为合同被解除之时。因此，本案莫某的一审诉讼请求并未超过诉讼时效，李某灵主张已经超过诉讼时效的上诉理由缺乏事实和法律依据，不能成立，不予支持。

2. 关于涉案两份协议的效力问题。在二审庭审中李某灵与莫某均认可签订 2007 年 11 月 19 日《出资转让协议书》和 2008 年 1 月 8 日《协议书》的目的是转让采矿权，合同当事人实际均为李某灵和莫某，李某灵承诺其对采矿权有完全权利，在莫某支付约定的对价后，就将采矿权转至莫某名下或莫某指定的公司名下，双方均作出其各自的真实意思表示，故上述两份协议书均属于采矿权转让合同。依照 2017 年《最高人民法院关于审理矿业权纠纷案件适用法律若干问题的解释》第六条的规定，采矿权等矿业权转让合同自依法成立之日起具有法律约束力，当事人仅以矿业权转让申请未经国土资源主管部门批准为由请求确认转让合同无效的，人民法院不予支持。再根据《出资转让协议书》第八条的约定“经双方签署并经公证处公证后生效”，但双方截至二审诉讼期间仍未依约公证，且依照《探矿权采矿权转让管理办法》第三条和第十条的规定，矿业权转让合同自批准之日起生效。故2007年11月19日的《出资转让协议书》依法成立，具有法律约束力，但未生效。一审对此认定有误，予以纠正。

3. 关于涉案的两份协议书是否应当解除的问题。民事主体从事民事活动，应当遵循诚信原则，合同各方均应当恪守承诺，诚实履行自己的合同义务。本案中，在《出资转让协议书》签订前，李某灵知道或应当知道其与案外人钟某光、覃某华的合伙纠纷正在法院进行诉讼，但并未在《出资转让协议书》中对此情况予以明确告知莫某，反而保证L铅锌矿为其个人独资所有，故意隐瞒对合同相对方有重大影响的事实，明显违反诚实信用合同义务，李某灵存在违约行为。但根据查明的事实和当事人的陈述，首先，在签订《出资转让协议书》时李某灵即将L铅锌矿交给莫某来实际管理经营，直到2010年1月莫某将L铅锌矿转包给案外人矿业公司经营，并收取了部分费用。其次，在2008年1月8日，针对李某灵与案外人钟某光、覃某华合伙纠纷引起L铅锌矿的采矿权被查封冻结，李某灵委托孔某军代表其以L铅锌矿的名义与莫某签订协议，其中约定莫某向李某灵一方支付80万元，由李某灵一方用于解决涉及L铅锌矿的纠纷，并从采矿权转让款中扣除。最后，尽管莫某在本案诉讼中否认李某灵一审提交的2008年4月2日三方协议第一页的真实性，但该三方协议第二页明确约定“本协议一式三份，甲乙丙各执一份”，作为协议签订的一方，莫某既然否定李某灵提供的三方协议第一页的真实性，就应当提供其持有的三方协议或举证予以反驳，而在本案诉讼中莫某未能举证证明其反驳主张，应承担不利后果，故认定该协议内容真实。在该协议中，莫某明确表示愿意代李某灵一方向案外人钟某光、覃某华支付退出L铅锌矿合伙的对价款900万元。为此，李某灵一方于同日主动向广西壮族自治区高级人民法院申请撤回对钟某光、覃某华合伙纠纷的上诉。故在涉案两份协议书履行中，李某灵实际履行L铅锌矿管理经营权移交给莫某、莫某与李某灵一方共同约定通过三方协议解决对案外人股份问题等事实，表明双方实际上对《出资转让协议书》的约定进行了部分变更，莫某在知道L铅锌矿的所有权发生重大变更后仍愿意与李某灵一方继续履行采矿权转让协议，李某灵的前述违约因此得到弥补，采矿权转让的合同目的仍有可能实现。但在三方协议签订后，莫某并未按照约定向钟某光、覃某华支付900万元退伙款，三方协议实际未能履行。涉案两份协议书约定的转让采矿权目的，因至今各方均未有履行意愿和履行能力，目的已经无法实现，故应当予以解除，一审对此判决正确，应予维持。但导致涉案两份协议书解除的原因，并非仅是由于李某灵的单方违约在先，还由于莫某其后未能诚信守约履行三方协议，即双方均先后存在违约行为，共同导致涉案两份协议书解除，故李某灵称并非因其单方原因导致合同解除的上诉理由成立。

4. 关于解除合同后李某灵是否应当返还已付的款项并支付利息的问题。依照前述《中华人民共和国合同法》第九十七条之规定，当事人可以要求恢复原状，就本案而言，即为李某灵一方返还莫某为履行合同已付的部分款项，莫某返还其在实际经营管理L铅锌矿期间的利益所得。莫某一审起诉请求返还的款项为350万元，而根据李某灵一方出具的两张收据显示总额为3395000元，其提供的一审银行转账凭证及李某灵一方认可收到的合计仅为1955000元，且在李某灵一方出具收据前后莫某一方均有银行转款行为，其中最少的一笔为5000元。尤其值得注意的是，莫某一审提供的银行转账凭证中显示其通过案外人黄某华向广西壮族自治区国土资源厅转款20万元用于办理采矿权证，时间是2007年10月17日，而这明显是在2007年10月10日用于办理采矿权的250万元收据出具之后，另一张895000元收据出具后，莫某还通过银行转账支付给李某灵一方合计有18万元，故两张收据并不足以证明莫某的支付义务在出具收据之前或同时已经履行完毕。因此，莫某证明其已经支付3395000元给李某灵一方的举证责任未完成。另承前所述，签订《出资转让协议书》后，李某灵已于2007年11月将L铅锌矿交给莫某实际管理经营，应视为其履行自身的合同义务，2010年1月莫某将L铅锌矿转包给案外人矿业公司经营，并收取了部分费用，在此期间莫某并未向李某灵一方支付费用，采矿权及股份被法院诉讼保全只是暂时不能转让或变更，并未有证据证明影响正常的采矿生产经营，故莫某已经实际管理经营L铅锌矿获得利益。对于该部分利益，因是莫某实际管理经营，故莫某负有举证责任证实其获得的利益是多少，但其在本案一审和二审中均未能举证证明，应承担举证不能的不利后果。莫某请求退还其为履行合同支付的部分款项，依法推定已经因其实际经营管理L铅锌矿获利而得到相应补偿。又承前所述，合同解除并非李某灵单方违约所致，故莫某请求退还该部分款项的主张缺乏事实和法律依据，李某灵不应再予返还该部分款项。因此，李某灵的该部分上诉理由成立，应予支持，一审对该部分判决有误，应予纠正。

广西壮族自治区来宾市中级人民法院依照《中华人民共和国民法总则》第七条，《中华人民共和国合同法》第四十二条、第四十五条、第九十四条、第九十七条，《最高人民法院关于适用〈中华人民共和国合同法〉若干问题的解释（一）》第九条，《最高人民法院关于审理矿业权纠纷案件适用法律若干问题的解释》第六条，《最高人民法院关于审理民事案件适用诉讼时效制度若干问题的规定》第一条和《中华人民共和国民事诉讼法》第一百七十条第一款第一项、第二项的规定，作出如下判决：

一、维持武宣县人民法院民事判决第一项、第二项和第四项；

二、撤销武宣县人民法院民事判决第三项。

【法官后语】

本案是因采矿权转让引发的合同纠纷。

一、合同解除权是否适用诉讼时效

诉讼时效制度针对的是债权请求权，合同解除后的债权请求权应当自合同解除时起算。根据《最高人民法院关于审理民事案件适用诉讼时效制度若干问题的规定》第一条的规定，我国诉讼时效的适用对象是债权请求权，而非解除权。原告的债权请求权是建立在其合同解除请求权之上的，应从合同解除之日起算其诉讼时效。

二、采矿权转让合同的成立与生效

依照《最高人民法院关于审理矿业权纠纷案件适用法律若干问题的解释》第六条的规定，采矿权等矿业权转让合同自依法成立之日起具有法律约束力，当事人仅以矿业权转让申请未经国土资源主管部门批准为由请求确认转让合同无效的，人民法院不予支持。且依照《探矿权采矿权转让管理办法》第十条的规定，矿业权转让合同自批准之日起生效。故涉案的采矿权转让合同依法成立，具有法律约束力，但未生效。

三、受让人实际经营管理矿场期间所获利益的举证责任承担

对于该举证责任，因受让人在此期间实际经营管理，实际控制，故受让人应当负有举证责任证实其获得的利益多少，未能举证证明的，应承担举证不能的不利后果。受让人请求退还其为履行合同支付的部分款项，依法推定已经因其实际经营管理涉案矿场获利而得到相应补偿。又承前所述，合同解除并非出让人单方违约所致，受让人亦负有责任，故受让人请求退还该部分款项的主张缺乏事实和法律依据，出让人不应再予返还该部分款项。

编写人：广西壮族自治区来宾市中级人民法院　石晓志

十、房屋买卖合同纠纷

（一）商品房预约合同纠纷

095 商品房预约合同的违约责任

——钱某诉房地产公司商品房预约合同案

【案件基本信息】

1. 裁判书字号

广西壮族自治区柳州市中级人民法院（2020）桂02民终2742号民事判决书

2. 案由：商品房预约合同纠纷

3. 当事人

原告（被上诉人）：钱某

被告（上诉人）：房地产公司

【基本案情】

2005年12月28日，钱某与房地产公司签订《商品房预定协议》，约定：钱某预认购房地产公司开发建设的一套商品房；该商品房系为钱某量身定做，本协议签订交付定金后不得退房；总房款暂定为2378382元；《商品房买卖合同》在房产部门测量并核定好房屋产权面积后方签订；房地产公司将履行本协议中约定的商品房位置，规划部门批准后的面积、价款、户型等条款，如违反承诺，房地产公司除退还钱某已付款项外，另赔偿钱某所付款项

3%的违约金，同时本协议自动失效；双方还就合同其他权利义务进行了约定。协议签订后，钱某分别于2005年12月29日、2010年12月9日向该房地产公司各支付了100万元，共计200万元。2019年5月29日房地产公司书面通知钱某，双方签订的《商品房预定协议》自始无效，房地产公司不再履行该协议，请接到本通知后及时办理退款手续。钱某收到房地产公司邮寄的《通知书》后向法院起诉，要求房地产公司继续履行《商品房预定协议》，将案涉房屋交付给钱某，办理该房屋产权登记并支付逾期交房违约金。

【案件焦点】

1. 案涉《商品房预定协议》的性质应如何界定；2. 房地产公司构成违约，赔偿损失数额应如何确定。

【法院裁判要旨】

广西壮族自治区柳州市鱼峰区人民法院经审理认为：钱某与房地产公司于2005年12月28日签订的《商品房预定协议》经生效判决认定其性质为预约合同，合法有效，上述判决已发生法律效力。双方当事人均应遵循诚实信用原则按照协议的约定履行义务，任何一方违约的，应承担相应的违约责任。本案中，由于房地产公司至今没有就案涉楼盘项目办理土地出让价款补交手续，亦未办理案涉商品房的预售许可证明，导致双方未能如约签订《商品房买卖合同》，《商品房预定协议》亦无法继续履行，房地产公司的行为已构成违约，应承担相应的违约责任。根据《中华人民共和国合同法》第一百零七条的规定，当事人一方不履行合同义务或者履行合同义务不符合约定的，应当承担继续履行、采取补救措施或者赔偿损失等违约责任，故房地产公司应返还购房款200万元并赔偿损失。

关于赔偿损失数额，双方在签订《商品房预定协议》后，钱某已支付购房款200万元，房地产公司业已履行建房义务，案涉房屋于2010年4月23日开工，2013年3月18日竣工验收，2019年4月30日竣工验收备案。钱某有理由相信房地产公司会按且已经按协议的约定履行订立本约合同的义务，从而丧失了按照《商品房预定协议》约定的房屋价格与他人另订购房合同的机会，因此，房地产公司因违约给钱某造成的损失应根据订立《商品房预定协议》时商品房的市场行情和现行商品房价格予以确定。钱某的损失应为可得利益损失，经计算为现市场价790.16万元与其本可以购买的成本价2378382元的差价即5523218元（790.16万元-2378382元）。

广西壮族自治区柳州市鱼峰区人民法院依照《中华人民共和国合同法》第六十条、第一百零七条、第一百一十三条第一款的规定，作出如下判决：

一、房地产公司应于本判决生效之日起十日内向钱某返还已付购房款200万元；

二、房地产公司应于本判决生效之日起十日内向钱某赔偿经济损失5523218元；

三、驳回钱某的其他诉讼请求。

房地产公司不服一审判决，提出上诉。

广西壮族自治区柳州市中级人民法院经审理认为：双方协议虽约定了违约责任（双倍返还定金或者支付已付购房款3%的违约金），但钱某已支付超过合同总价款80%的购房款，两次付款时间（2005年12月29日、2010年12月9日）分别距今将近15年、10年之久，如按照协议约定支付违约金则显然过低。一审判决从钱某的机会损失利益出发，以涉案房屋现行市场价减去房屋合同价得出其可得利益损失，符合本案客观实际情况以及《中华人民共和国合同法》第一百一十四条关于违约金调整的规定，故二审法院同意一审法院裁判意见。

广西壮族自治区柳州市中级人民法院依照《中华人民共和国民事诉讼法》第一百七十条第一款第一项之规定，作出如下判决：

驳回上诉，维持原判。

【法官后语】

本案主要存在两个办案要点：案涉《商品房预定协议》的性质应如何界定及赔偿损失数额如何确定。

根据已生效的民事判决认定的相关事实，综合本案实际情况，可以认定案涉《商品房预定协议》的性质为预约合同，且系双方真实意思表示，应认定为合法有效。双方签订案涉《商品房预定协议》后，由于房地产公司违约，导致双方未能如约签订《商品房买卖合同》，且《商品房预定协议》亦无法继续履行，故房地产公司的行为已构成违约，应承担相应的违约责任。但难点就在于违约责任或钱某主张的赔偿损失数额如何确定的问题。

本案的特殊之处还在于，虽然双方签订的《商品房预定协议》在性质上属于预约合同，但案涉商品房系房地产公司为钱某量身定做，且钱某已支付超过房屋总价款80%的购房款，两次付款时间（2005年12月29日、2010年12月9日）分别距今将近15年、10年之久，如按照协议约定支付违约金（双倍返还定金475676.4元或支付已付购房款3%的违约金）显然过低，也不利于维护正常的市场交易秩序。钱某丧失的不仅是与他人订立合同的机会，还包括具备履行其他类似购房合同的能力，故确定损失赔偿数额应从机会损失利益出发，以涉案房屋现行市场价格减去房屋合同价格计算可得利益损失，更符合客观实际情况。

违反预约合同应承担损失的范围，应以机会损失为基础，不超过履行利益为限，综合考量案情予以确定。预约合同对本约的标的物、对价等已经作出明确约定，当事人对本约的期待利益已经固化，违约方一旦违约，守约方的期待利益也随之丧失，守约方亦丧失了与他人订立同类本约合同的机会，导致机会损失转化为现实损失，该机会损失应归属于信赖利益的损失。但是，预约合同的标的是签订本约合同这一行为，而不是交易的实际发生，依赖签订本约后再与他人订立同类合同可获得的利益即履行利益，只能理解为商业利益，在本约未达成的情况下，不能视为法律上的利益，也就不能作为违反预约合同应承担损失的范围，即信赖利益的损失不能超过履行利益损失，故违反预约合同应承担损失的范围原则上不应超过可得利益的范围。当然，当事人签订的预约合同基本都是格式合同，有时不能对合同条款进行反复磋商及论证，有时由于自身认知及法律知识的局限性，不能对合同的性质及相应的法律后果做好准确预判，因此在案件的审理过程中更需要法官对案情及法律适用进行综合考量，从而更好地达到法律效果和社会效果的统一。

编写人：广西壮族自治区柳州市鱼峰区人民法院　朱张燕

096 商品房预约合同与预售合同的区分

——韩某光、王某薇诉某房地产公司商品房预约合同案

【案件基本信息】

1. 裁判书字号

陕西省渭南市中级人民法院（2020）陕05民终378号民事判决书

2. 案由：商品房预约合同纠纷

3. 当事人

原告（被上诉人）：韩某光、王某薇

被告（上诉人）：房地产公司

【基本案情】

韩某光、王某薇于2013年5月30日向某房地产公司交付购房定金5万元，房地产公司向韩某光、王某薇出具收款收据，载明："一号楼二单元××号房屋，面积为89.9平方米，今收到韩某光和王某薇交来购房定金5万元，单价2800元/平方米。"6月30日，韩某光、王某薇再支付购房款2万元。后双方未签订书面购房合同。某房地产公司自认涉诉房屋未取得商品房预售许可证，同意向韩某光、王某薇返还定金5万元及购房款2万元。

【案件焦点】

某房地产公司是否应当向韩某光、王某薇双倍返还定金。

【法院裁判要旨】

陕西省蒲城县人民法院经审理认为：韩某光、王某薇与某房地产公司未签订书面商品房买卖合同，亦未就涉诉房屋所附着土地使

用权的取得及规划情况、房屋规划及施工许可情况、付款方式、付款期限、所有权转移等进行明确约定，结合查明的事实，仅能够确认双方就购买特定商品房的认购达成合意，故对双方之间的交付定金及预付购房款的基础法律关系应确认为商品房预约合同。某房地产公司未取得商品房预售许可证明，致使无法订立商品房买卖合同，依法应承担违约责任。现韩某光、王某薇要求某房地产公司双倍返还购房定金及已付购房款，某房地产公司亦表示同意返还定金及购房款，应视为双方一致同意解除合同，对该事实法院予以确认。

陕西省渭南市蒲城县人民法院依据《中华人民共和国合同法》第九十四条、第九十七条、第一百零七条、第一百一十五条，《中华人民共和国担保法》第八十九条、第九十条，《中华人民共和国城市房地产管理法》第四十一条，《最高人民法院关于审理商品房买卖合同纠纷案件适用法律若干问题的解释》第四条之规定，作出如下判决：

一、某房地产公司返还韩某光、王某薇预付购房款 2 万元并双倍返还定金 10 万元，共计 12 万元；

二、驳回韩某光、王某薇的其他诉讼请求。

房地产公司不服一审判决，提起上诉。

陕西省渭南市中级人民法院经审理认为：一审认定双方之间为商品房预约合同法律关系正确，某房地产公司主张双方之间是商品房预售合同法律关系缺乏事实依据。某房地产公司于 2013 年 5 月 30 日收取了韩某光、王某薇 5 万元的定金，定金收据中虽然未包含签约期限，但是某房地产公司于同年 6 月 30 日已收取韩某光、王某薇 2 万元购房款，故其最迟于收取该笔购房款之日即应与韩某光、王某薇签订商品房预售合同。作为房地产开发经营企业，进行商品房预售，向房地产管理部门办理预售登记，取得商品房预售许可证和与购房人签订商品房预售合同是其法定义务。而房地产公司直至本案诉讼时仍未取得商品房预售许可证，是导致商品房买卖合同不能有效订立的主要原因。根据《最高人民法院关于审理商品房买卖合同纠纷案件适用法律若干问题的解释》第四条的规定，出卖人通过认购、订购、预订等方式向买受人收受定金作为订立商品房买卖合同担保的，如果因当事人一方原因未能订立商品房买卖合同，应当按照法律关于定金的规定处理；因不可归责于当事人双方的事由，导致商品房买卖合同未能订立的，出卖人应当将定金返还买受人。

陕西省渭南市中级人民法院依照《中华人民共和国民事诉讼法》第一百七十条第一款第一项之规定，作出如下判决：

驳回上诉，维持原判。

【法官后语】

在商品房买卖合同中，因当事人仅有定金收据而未签订规范的合同、签订合同的名称与内容不相符以及当事人不熟知商品房买卖的法律法规等，导致当事人对所签订的合同属于预约合同还是预售合同存在认识偏差。司法实践中，需要法官进行综合确定合同性质，准确认定基础法律关系。

一、商品房预约合同的认定

在商品房销售中，基于法律或事实上的障碍，出卖人未必能立即与买受人签订商品房买卖合同，此时，买卖双方往往会签订一份商品房认购书，对商品房买卖的相关事宜进行初步确认，待法律或事实上的障碍消除后再签订商品房买卖合同。实践中，商品房认购书有多种形式，如订购书、预购书、意向书、允诺书、购买房屋的定金收据、原则协议、谅解备忘录等。预约合同是独立有效的合同，当事人应当严格履行合同义务，但预约合同不能强制实际履行。预约合同的当事人只是负有将预约推进到本约的义务，并无必须缔结本约合同的义务。本案中，因房地产公司未取得商品房预售许可证明，双方就购买特定商品房的认购达成合意，支付定金，担保双方能够签订房屋买卖合同。所以，房地产公司出具的收款收据载明的内容不符合《商品房销售管理办法》第十六条规定的商品房买卖合同应当明确主要内容的规定。故对双方之间的交付定金及预付购房款的基础法律关系应确认为商品房预约合同。

二、商品房预约合同的违约责任

双方当事人在商品房预约合同中约定违约责任的，按照合同约定承担相应的责任。如果买房人交付了定金，则依据《最高人民法院关于审理商品房买卖合同纠纷案件适用法律若干问题的解释》第四条规定处理。该条中的不可归责于当事人双方的事由，是指如签订认购书后，开发项目被政府行政决定取消、缓建，开发商的主体资格丧失，自然灾害导致开发项目灭失等情形。总之，因不能归责于买卖合同双方当事人的原因致使本约不能签订时，返还定金即可。除此之外，则应当按照《最高人民法院关于适用〈中华人民共和国担保法〉若干问题的解释》第一百一十五条之规定处理，即："当事人约定以交付定金作为订立主合同担保的，给付定金的一方拒绝订立主合同的，无权要求返还定金；接收定金的一方拒绝订立合同的，应当双倍返还定金"，该条内容已被《中华人民共和国民法典》第五百八十六条、第五百八十七条吸收。本案中，房地产公司直至本案诉讼时仍未取得商品房预售许可证，是导致商品房买卖合同不能有效订立的主要原因。所以，判令其双倍返还定金。

编写人：陕西省渭南市中级人民法院　亢俊谦　郝翎

097 虽然约定了“换签条款”，但商品房预约合同不能直接转为本约

——王某芳、王某忠诉实业公司商品房预约合同案

【案件基本信息】

1. 裁判书字号

福建省厦门市中级人民法院（2018）闽 02 民终 5630 号民事判决书

2. 案由：商品房预约合同纠纷

3. 当事人

原告（被上诉人）：王某芳、王某忠

被告（上诉人）：实业公司

【基本案情】

2015 年 2 月 14 日，王某芳、王某婷、王某霞、吕某良、吕某燕、王某日、王某京七个出借人的代表人王某云与借款人吴某鲜、高某梅，担保人吴某雄签订一份《借款担保合同》，约定吴某鲜、高某梅自愿作为共同借款人，对上述七个出借人的各笔借款本息承担共同清偿责任，确认借款本金为 13000 万元。

2015 年 8 月 29 日，王某云作为上述七个出借人的代表与吴某鲜、高某梅、吴某雄签订《补充协议》约定：因吴某鲜、高某梅、吴某雄无力偿还前述借款，经双方协商一致，就“以房抵债”的相关事务达成相关约定，即吴某鲜、高某梅、吴某雄以实业公司开发建设的某楼盘项目 9 幢 2403 室等 7 套商品房抵付，该商品房的购房款从吴某鲜、高某梅结欠的借款本金中直接扣除，自王某芳

等人与实业公司签订认购书之日起，上述抵偿房款的借款本金不再计付利息；前述借款抵付后，《借款担保合同》项下其他未“以房抵债”的余下借款本金、利息等仍按《借款担保合同》执行；在本协议签订后15日内，吴某鲜、高某梅、吴某雄协助王某芳等人与实业公司签订《房屋认购书》后交房前一个月内网签《商品房买卖合同》；实业公司承诺在网签《商品房买卖合同》后365日内出具完整税务发票交由王某芳等。

实业公司于2015年9月14日在《补充协议》上签字“同意”并盖章确认。同日，王某芳、王某忠（乙方）与实业公司（甲方）签订《商品房认购书》，约定：认购某楼盘项目9幢2403室，预售建筑面积总计224.48平方米，单价39748.45元/平方米，总房价8922732元，该商品房权利状态为甲方在建工程抵押未解尚不能网上签约状态。乙方应自甲方通知交房30日内到甲方售楼处，与甲方完成签署《商品房买卖合同》以及相关文件并支付约定之房款。

2017年12月6日，王某芳、王某忠致函实业公司，称：其按实业公司售楼处电话通知到达实业公司欲签订《商品房买卖合同》，却遭到拒签，拒签主要理由是未收到吴某鲜、高某梅、吴某雄支付房款。

【案件焦点】

1. 实业公司是否加入了诉争债务；2. 王某芳、王某忠与实业公司之间系预约合同关系，还是本约合同关系。

【法院裁判要旨】

福建省厦门市思明区人民法院经审理认为：案涉《借款担保合

同》《补充协议》《商品房认购书》属有效合同，各方当事人均应依约诚信履行。实业公司自愿加入案外债务人向王某芳所负债务中，与王某芳、王某忠建立商品房买卖合同关系，应依约履行其作为出卖人的相关义务。王某芳、王某忠作为买受人已支付购房款，且案涉房屋所在楼盘已竣工验收合格，同幢楼房的交楼时间业已截止，实业公司应依约将案涉房屋交付给王某芳、王某忠。因案涉房屋现处于抵押状态，尚不具备过户条件；按约实业公司履行协助办理案涉房屋权属证书的期间系交付商品房后60日内，现履行期限未至，王某芳、王某忠要求实业公司协助办理案涉房屋权属证书的诉请，不予支持。待过户条件成就时，王某芳、王某忠可另行主张。

福建省厦门市思明区人民法院依照《中华人民共和国合同法》第八条、第六十条、第一百三十五条，《中华人民共和国民事诉讼法》第六十四条，《最高人民法院关于审理商品房买卖合同纠纷案件适用法律若干问题的解释》第五条规定，作出如下判决：

一、实业公司于判决生效之日起十日内将某楼盘项目9幢2403室房屋交付给王某芳、王某忠；

二、驳回王某芳、王某忠的其他诉讼请求。

实业公司不服一审判决，提出上诉。

福建省厦门市中级人民法院经审理认为：双方争议焦点在于王某芳、王某忠与实业公司是否存在事实上的商品房买卖合同关系。案涉《商品房认购书》是商品房买卖合同双方当事人在签署商品房预售契约或商品房现房契约前所签订的文书，是对双方交易房屋有关事宜的初步确认。签订认购书时，真正的商品房买卖行为并未发生，仍处于商品房买卖成立前的前契约阶段，即使双方当事人完全履行了认购书，仍需双方另行签订商品房预售合同或现房销售合同；

故该认购书的合同性质为预约合同，是独立有效的合同；但尚不具备《商品房买卖合同》成立的主要要件，即为《商品房销售管理办法》第十六条规定的商品房买卖合同的主要内容。该商品房认购书合同条款不齐备、不明确，且合同实际履行条件存在法律和事实上的障碍。据此，王某芳、王某忠在双方未签订《商品房买卖合同》时即要求实业公司交付案涉商品房，缺乏事实和法律依据，不予支持，一审判决应予以撤销。

福建省厦门市中级人民法院依照《中华人民共和国民事诉讼法》第一百七十条第一款第二项、《最高人民法院关于审理商品房买卖合同纠纷案件适用法律若干问题的解释》第五条规定，作出如下判决：

一、撤销厦门市思明区人民法院民事判决；

二、驳回王某芳、王某忠的诉讼请求。

【法官后语】

一、商品房预约合同的简要分析

商品房预约合同是约定将来订立一定契约之契约，其将来应订立之契约成为本契约。根据司法解释和司法实践，预约合同已被认定为独立有效的合同，且其认定的标准亦已统一。

目前司法实践当中商品房预约合同的分歧在于其是否可以产生“强制缔约”的法律效果，也就是说违约责任的救济措施。其中争议最大的就是“换签条款”的效力。

二、换签条款的效力分析

预约合同换签条款的存在主要有如下因素：

(1) 房屋建设工程尚未开始，未来交易指向的标的物仅是当事人之间的允诺或者图纸中的设计，尚未客体化和具体量化。(2) 开发商以格式合同的形式预制的认购、定购、预购协议或意向书中通常对未来交易之标的作出实质性的量化的约定。(3) 商品房预售的行政管理因素。正是基于前述因素的存在，使合同当事人一般在签订商品房预约合同时约定将来换签《商品房买卖合同》，即采用房地产行政管理部门拟定的示范文本进行网签、备案，办理预告登记等。

三、换签条款能否产生强制缔约的法律效果分析

意思自治原则，是我国民法的基本原则，其保障当事人从事民事活动时的意志自由，不受任何干预。

本案中，虽然实业公司已与王某芳、王某忠签订认购书，且认购书当中亦约定了换签条款，并对房屋基本情况（包括位置、面积、单价、总价款等）进行了约定，但对房屋交付使用条件及日期、办理产权登记事宜、违约责任等必备条款均未明确约定，且“面积差异的处理方式”作为商品房买卖合同的必备条款，双方则在《商品房认购书》约定以双方最终签署的《商品房买卖合同》中所列为准。

另外，从《中华人民共和国民法典》第一百四十二条关于意思表示解释的规定“……无相对人的意思表示的解释，不能完全拘泥于所使用的词句，而应当结合相关条款、行为的性质和目的、习惯以及诚信原则，确定行为人的真实意思”及司法实践，一般只认可特殊商品和服务交易方可适用强制缔约而突破当事人意思自治的基本原则，否则，依法不能予以突破。因此，若是强制实业公司与王某芳、王某忠签订商品房买卖合同，势必违背了上述法律的基本原则，因此本案王某芳、王某忠诉求实业公司向其交付商品房不符合法律规定，不应予以支持。

编写人：福建省厦门市中级人民法院　林巧玲

（二）商品房预售合同纠纷

098 虚假意思表示的商品房买卖合同之效力认定及法律后果

——蒙某玲诉置业公司商品房预售合同案

【案件基本信息】

1. 裁判书字号

广西壮族自治区高级人民法院（2021）桂民终22号民事判决书

2. 案由：商品房预售合同纠纷

3. 当事人

原告（上诉人）：蒙某玲

被告（被上诉人）：置业公司

【基本案情】

蒙某玲欲购买置业公司开发的某公馆房屋，通过该公司的置业顾问了解到如欲购买该房屋，需先交纳定金，且房屋价格除包含《商品房买卖合同》中约定的价格外，还需支付价差房款。在交纳购房定金前，须先付清价差房款，并签订两份《商品房买卖合同》，一份是原本的某公馆购房合同，另一份是针对价差房款的合同。后蒙某玲根据置业公司的安排，签订了一份某别墅的《商品房买卖合同》（以下简称别墅合同），该合同定金即是所购买某公馆房屋的价差房款，同时还签订了所购买某公馆房屋的《商品房买卖合同》（以下简称公馆房屋合同）并支付了定金及首付款。

事后，置业公司以蒙某玲未依约支付别墅的首期房款为由解除别墅合同，其所支付的别墅购房定金不予退回。现置业公司已向蒙某玲交付某公馆房屋，蒙某玲遂以签订别墅合同是虚假意思表示且违反法律法规的强制性规定为由诉至法院，主张该合同无效并要求返还购房款并支付资金占用费。

【案件焦点】

1. 别墅合同是否有效；2. 如别墅合同无效，蒙某玲已交纳的购房款是否应予返还。

【法院裁判要旨】

广西壮族自治区南宁市中级人民法院经审理认为：从双方的缔约过程来看，别墅合同并非一份独立的合同，而是双方为了签订公馆房屋合同所实施的价格拆分，别墅合同约定的购房定金实际上是公馆房屋房价的应然构成。蒙某玲作为完全民事行为能力人，完全有能力理解置业公司对公馆房屋购房价格及事项的解释，也完全有能力了解签订两份合同的真实目的，并作出其本人的真实意思表示。双方自始至终仅是围绕购买公馆房屋进行协商并且达成合意，因此，可以认定，两份合同的签订实际上仅是为购买公馆房屋而作出的法律行为，仅体现了一个意思表示，且双方对此达成一致，不能将合同的签订行为与真实意思表示割裂开来进行理解，故对蒙某玲主张别墅合同是以虚假意思表示签订的无效合同，不予支持。置业公司按照双方约定的价格出售商品房并收取价差房款，并未违反法律和行政法规的效力性禁止性规定，至于其营销活动是否会影响房地产管理秩序、收取价差房款的行为是否会扰乱房地产市场秩序，侵害国家税收利益，是行政机关依法进行监督管理的问题。综上认为，双方签订的别墅合同是双方当事人为购买某公馆房屋而签订的真实一致的意思表示，未悖法律、行政法规的强制性规定，应为合法有效合同，故作出如下判决：

驳回蒙某玲的全部诉讼请求。

蒙某玲不服一审判决，提出上诉。

广西壮族自治区高级人民法院经审理认为：案涉别墅合同应为无效。首先，蒙某玲明知为购买公馆房屋需与置业公司签订两份合同，且其中签订别墅合同的目的就是支付某公馆房屋的价差房款。由此可见，双方签订别墅合同时所作出的意思表示与其内心真实意思不一致。其次，为达成购买公馆房屋的目的，双方共同作出签订别墅合同的意思表示，该合同属于是双方为购买公馆房屋而共同作出的虚假意思表示。最后，签订别墅合同后，双方当事人均清楚该合同的目的，故并未实际履行此合同。因此，根据《中华人民共和国民法总则》第一百四十六条"行为人与相对人以虚假的意思表示实施的民事法律行为无效。以虚假的意思表示隐藏的民事法律行为的效力，依照有关法律规定处理"的规定，别墅合同应认定无效。

关于蒙某玲请求返还已付案涉别墅合同项下房款及赔偿利息损失应否支持的问题。双方当事人虽以虚假的意思表示签订了案涉别墅合同，但该虚假意思表示下所隐藏的真实意思表示是购买被上诉人所开发建设的公馆房屋，双方当事人均清楚知悉案涉别墅合同项下所支付的定金实为支付公馆房屋的部分房款，且房屋也已经交付完毕，所隐藏的真正合同目的已经实现，故蒙某玲依据《中华人民共和国合同法》第五十八条的规定主张返还案涉别墅合同项下购房款及利息损失理据不足，法院不予支持。

广西壮族自治区高级人民法院根据《中华人民共和国民法总则》第一百四十六条、《中华人民共和国民事诉讼法》第一百七十条第一款第二项的规定，作出如下判决：

一、撤销南宁市中级人民法院民事判决；

二、上诉人蒙某玲与被上诉人置业公司签订的《商品房买卖合同》无效；

三、驳回上诉人蒙某玲的其他诉讼请求。

【法官后语】

个别房地产开发商通过各种形式收取价外款，比较常见的有要求购房者以现金一次性支付价外款后换取购房资格，要求购房者向开发商或第三方关联公司以“服务费”“团购费”等形式支付价外款，还有针对价外款专门签订合同。本案是系列案件之一，笔者期望通过案件的审理结果导向，充分发挥司法审判职能，引导开发商和购房者遵守法律法规、诚信交易，促进房地产市场的持续健康发展。

本案开发商将房屋价款分为两部分，与购房者签订两份商品房买卖合同进行交易，一份是针对购房者所欲购买的公馆房屋合同，另一份则是针对房屋差价款的别墅合同。虽然这是开发商收取价差款的一种新形式，但依照《中华人民共和国民法典》第一百四十六条的规定，已经对案涉别墅合同的效力认定及其法律后果给出明晰的指向。该条规定“行为人与相对人以虚假的意思表示实施的民事法律行为无效。以虚假的意思表示隐藏的民事法律行为的效力，依照有关法律规定处理”，审理适用时需要注意以下三个方面：

一是虚假意思表示的认定。从虚假意思表示的构成要件来看，首先是双方有明确的意思表示，因为意思表示的存在是民事法律行为的基本构成要素之一；其次是该意思表示与其内心真实意思表示不一致，即该意思表示是虚伪表示，且是表意人故意作出的，并不具有期待其发生效果意思的虚伪表示；再次是该虚伪意思表示系双方当事人通谋形成的，该通谋可以是双方积极配合的通谋，也可以是一方积极作出的意思安排，而另一方可能是积极回应或是消极默示配合的通谋；最后是双方均清楚明知该通谋虚假的意思表示是为了一个共同的隐藏目的。本案中，双方签订别墅合同的行为完全符合上述构成要件，属于以虚假意思表示实施的民事法律行为。

二是虚假意思表示下民事法律行为的效力认定。《中华人民共和国民法典》第一百四十六条、第一百五十三条、第一百五十四条规定了民事法律行为无效的情形，其规定无效的情形大致可分为两种，一是违背当事人的真实意思表示而无效，二是违反法律、行政法规的强制性规定，违背公序良俗，恶意串通损害他人合法权益而无效。前述《中华人民共和国民法典》第一百四十六条第一款的规定属于第一种无效情形，充分体现了尊重当事人的意思自治和自由意志的民法理念。本案中，蒙某玲除主张虚假意思表示导致合同无效外，还主张别墅合同是置业公司利用其优势地位以合法形式掩盖非法目的以及违反法律法规强制性规定、损害国家和社会公共利益而无效的问题，这主要涉及前述第二种合同无效的情形，以及非正式法源的国家调控政策能否作为否定合同效力的依据。笔者认为，本案中的购房者仍具有基于对房屋地段、环境、质量、户型、品牌、价格等因素的考量下作出购买的自由和选择，并不存在开发商利用优势地位误导购房者作出非理性判断或者强制交易的问题，且签订合同针对的是具体的购房者，并不涉及不特定公众；开发商收取价外款的行为应由其行政主管部门根据相关规定进行认定和规制。本案在处理中亦由原审法院与房地产主管部门就开发商所涉收取价外款的情形进行沟通，并提出司法建议，通过行政手段对开发商收取价外款的行为进行评判。

三是合同无效的法律后果。对于通谋虚假意思表示的民事法律行为无效的法律后果，应由其隐藏的民事法律行为承接，故无效的后果并非应然适用《中华人民共和国民法典》第一百五十七条规定的合同无效的法律后果。本案中，双方当事人虽以通谋虚假的意思表示签订了别墅合同，但双方均清楚知悉别墅合同项下所支付的定金实为支付某公馆房屋的价外款。现在案涉房屋已经交付完毕，实际销售价格亦并未明显超出同地段同类型商品房的市场价格，双方隐藏的真正合同目的已经实现，蒙某玲此时依据合同无效的规定主张返还别墅合同项下的房款及利息损失，既缺乏法律依据也违背诚实信用原则，不应予以支持。

编写人：广西壮族自治区高级人民法院　王华妍　黄秋燕

099　开发商虚假宣传之法律后果分析

——武某全诉房地产公司上海分公司商品房预售合同案

【案件基本信息】

1. 裁判书字号

上海市第二中级人民法院（2020）沪 02 民终 10195 号民事裁定书

2. 案由：商品房预售合同纠纷

3. 当事人

原告（被上诉人）：武某全

被告（上诉人）：房地产公司上海分公司

【基本案情】

2016 年 10 月 15 日，武某全（乙方）与房地产公司上海分公司（甲方）签订《上海市商品房预售合同》一份，约定：乙方向甲方购买系争房屋，暂测房屋建筑面积为 78.71 平方米，建筑层高为 2.9 米，该房屋建筑设计及平面图见本合同附件二，该房屋建筑结构、装修及设备标准见本合同附件三；总房价款暂定为 2434767 元；乙方购买该房屋的总价款（含附件三中装修、设备价格）是指该房屋和相应比例的土地使用权的总价格；签订本合同后，甲方不得擅自变更该房屋的建筑设计；该房屋的交付必须符合下列第三种方案所列条件：……三、甲方已向该房屋所在地政府主管部门递交了办理该房屋建设工程竣工验收备案所需的全部文件；甲方定于 2017 年 12 月 30 日前将该房屋交付给乙方，除不可抗力外。附件二，该房屋建筑设计及平面图，地下建筑面积：0，平面图对系争房屋的露台进行了标示；合同对双方其他权利义务亦作了约定。合同签订后，武某全支付了全部购房款，房地产公司上海分公司则向武某全交付了系争房屋。因武某全认为系争房屋所在小区的设施、设备与房地产公司上海分公司的前期宣传不符，且系争房屋的阳台层高低于合同约定，遂涉讼。

另查，2018 年 10 月 8 日，上海市嘉定区市场监督管理局向该房地产公司上海分公司作出沪行政处罚决定书：……经现场核实，房地产公司上海分公司交付的上述楼盘内只有景观水池未查见有游泳池；地下室储藏空间和顶层开放式露台实际为毛坯交付；顶楼户型部分房间内未设置飘窗。故当事人对外宣传视频内的效果图及文字说明中含有“少见的带游泳池高端社区”“进口电梯品牌”“每户赠送约8平方米地下室储藏空间，顶层专享全开放式露台”，及“每个卧室赠送一个飘窗”等内容为虚假。上述行为违反了《中华人民共和国反不当竞争法》第九条第一款的规定，责令当事人停止违法行为，消除影响，对当事人作出行政处罚罚款5万元。审理中，武某全确认其主张的系争房屋阳台的高度2.34米为净高，长、宽、高数据均由其实际测量得出。房地产公司上海分公司自认系争房屋的阳台层高低于2.9米，实际层高在2.54米左右，并称因项目交付时间长久，相关图纸缺失，未能计算出阳台面积。

【案件焦点】

1. 房地产公司上海分公司虚假宣传是否造成武某全损失；2. 阳台层高不足是否造成武某全损失。

【法院裁判要旨】

上海市嘉定区人民法院经审理认为：关于争议焦点一，房地产公司上海分公司对外宣传视频内的效果图及文字说明中含有“少见的带游泳池高端社区”“进口电梯品牌”，系对有关房屋状况及相关设施内容的明确允诺，并对预售合同的订立及价格有一定影响，应视为一种要约。现房地产公司上海分公司交付的房屋不具备游泳池及进口品牌电梯的设施，应属违约，行政机关也认定房地产公司上海分公司关于游泳池及进口电梯的宣传构成虚假宣传，故该房地产公司上海分公司关于该部分的虚假宣传一定程度上对房屋的售价产生影响，造成业主的损失，应予以赔偿。鉴于双方合同对此未作约定，法院根据实际情况，综合考虑系争房屋的价格及面积，酌定房地产公司上海分公司应赔偿武某全因虚假宣传系争房屋为“少见的带游泳池高端社区”“进口电梯品牌，私人专属电梯入户”造成的损失 8000 元。由于双方对地下室储藏空间及露台未明确约定交付标准，房地产公司上海分公司已毛坯交付，故武某全所称的该项损失不予支持。关于争议焦点二，阳台层高不足是否造成武某全损失。双方一致确认目前系争房屋的层高低于合同约定的层高，鉴于将房屋恢复至合同约定层高已无法实现，故武某全要求房地产公司上海分公司赔偿损失，于法有据。法院参照阳台的实际层高差额、面积及房屋单价酌情确定房地产公司上海分公司应赔偿武某全该项损失 1.6 万元。

上海市嘉定区人民法院依照《中华人民共和国合同法》第一百零七条之规定，作出如下判决：

一、被告房地产公司应于本判决生效之日起十日内赔偿原告武某全因虚假宣传造成的损失人民币 8000 元；

二、被告房地产公司应于本判决生效之日起十日内赔偿原告武某全阳台层高损失人民币 1.6 万元。

房地产公司上海分公司不服一审判决，提起上诉，后于二审审理过程中撤回上诉，二审法院裁定准予房地产公司上海分公司撤回上诉。

【法官后语】

本案提出如下裁判要点：商品房销售广告的性质在一般情况下属于“要约邀请”，当广告内容同时满足“开发商开发规划范围内的房屋及相关设施”“具体确定”及“对合同订立及价格确定有重大影响”的，视为“要约”①，开发商违反该要约的，应认定为违约，承担赔偿责任。经审理，法院认定本案开发商存在虚假宣传并判决开发商予以赔偿，维护了消费者的合法权益。

在司法实践中，将广告宣传认定为要约时的审查要点主要包括：(1) 被视为“要约”的说明和允诺应当局限在“商品房开发规划范围内”。(2) 被视为“要约”的说明和允诺应“具体确定”。法院在判断是否“具体确定”时，通常会将含有品牌、参数等无须再行磋商即可固定下来的内容认定为要约。(3) 被视为“要约”的说明和允诺应对“合同订立”和“房屋价格的确定”有重大影响。

具体到本案，关于争议焦点一，在具体认定损失时，一审法院结合合同约定认定双方在合同中对地下室储藏空间及露台未约定交付标准，现实为毛坯交付，故该部分损失未予支持。而“少见的带游泳池高端社区”“进口电梯品牌”的内容符合司法解释中视为“要约”的要件，应视为要约。现被告交付的房屋不具备游泳池及进口电梯的设施，应属违约。法院根据实际情况，综合考虑系争房屋的价格及面积，酌定被告赔偿原告因该项虚假宣传造成的损失 8000

① 本案所涉法律事实及裁判结果均发生在《中华人民共和国民法典》颁布之前，适用《中华人民共和国合同法》及 2003 年实施的《最高人民法院关于审理商品房买卖合同纠纷案件适用法律若干问题的解释》第三条的规定“商品房的销售广告和宣传资料为要约邀请，但是出卖人就商品房开发规划范围内的房屋及相关设施所作的说明和允诺具体确定，并对商品房买卖合同的订立以及房屋价格的确定有重大影响的，应当视为要约。该说明和允诺即使未载入商品房买卖合同，亦应当视为合同内容，当事人违反的，应当承担违约责任”。《中华人民共和国民法典》第四百七十三条第二款规定“商业广告和宣传的内容符合要约条件的，构成要约”，《最高人民法院关于审理商品房买卖合同纠纷案件适用法律若干问题的解释》也随即将第三条中“应当视为要约”修改为“构成要约”，与之相衔接。

元。关于争议焦点二，关键是如何确定因层高不足产生的损失。本案中，双方当事人对层高违约没有约定，但层高不足对房屋的使用及价值确有一定的影响，就如何量化为损失的问题，法院考虑到房屋价格=单价×建筑面积，而层高不足对买受人的直接影响即为可用空间的减少，故法院结合层高差、阳台面积、房屋售价等因素，酌情确认损失金额为1.6万元。

编写人：上海市嘉定区人民法院　刘燕枫　方靖

100　严重影响正常居住使用的房产可以成为买受人拒绝收房及要求支付逾期交房违约金的理由

——甲市总工会诉T公司商品房预售合同案

【案件基本信息】

1. 裁判书字号

福建省泉州市中级人民法院（2019）闽05民终3087号民事判决书

2. 案由：商品房预售合同纠纷

3. 当事人

原告（被上诉人）：甲市总工会

被告（上诉人）：T公司

【基本案情】

2015年5月20日，甲市总工会与T公司签订《商品房买卖合同》4份。4份合同约定，甲市总工会购买T公司开发的某小区×2号、×3号、×4号、×5号店面。4份合同第八条均约定，出卖人应当在2016年6月30日前，依照国家和地方人民政府的有关规定，将同时符合下列各项约定条件的商品房交付买受人使用：(1) 该商品房经建设单位依法组织勘察、设计、施工、监理等竣工验收合格和消防验收合格；(2) 该商品房所在建筑物生活给排水、用电、管道燃气、电信、有线电视、消防、邮政信报箱等设施达到设计要求条件……如果在规定日期内未达到上述条件，双方同意按以下第1种方式处理：(1) 买受人有权拒绝交接，按逾期交房由出卖人承担违约责任。但如遇下列特殊原因，除双方协商同意解除合同或变更合同外，出卖人可据实予以延期……第九条约定：除本合同第八条规定的特殊情况外，出卖人如未按本合同规定的期限将该商品房交付买受人使用，按下列第1种方式处理：(1) 按逾期时间，分别处理（不作累加）。(2) 逾期不超过90日，自本合同第八条规定的最后交付期限的第二天起至实际交付之日止，出卖人按日向买受人支付已付款万分之一的违约金，合同继续履行……合同签订后，甲市总工会支付了店面的购房款。建设工程于2016年3月15日经建设单位等验收合格。本案四间店面的交房日期顺延至2016年11月4日。T公司先后三次发函通知甲市总工会来办理本案四间店面的交房手续，但甲市总工会没有办理交房手续。2018年4月4日，甲市总工会向T公司发出《整改要求函》，对本案四间店面提出整改要求。T公司又于2018年6月20日、10月8日发函通知甲市总工会交房。2018年11月1日，T公司作出《关于甲市总工会店面整改到位质保承诺书》，承诺书内容为“根据甲市总工会2018年4月4日对我公司提出的以下整改要求：其中第4项：×2号、×3号、×5号店面无下水管道，要求安装下水管道并能防臭利泄；第 5 项：×4 号店面排污管道位置太高不合理，要求改装至合理高度。我单位均已按照要求进行整改，并已整改到位等。若出现与上述整改不符合造成的损失，我公司承担质量安全、维修及损失赔偿、返工责任”。甲市总工会、T 公司尚未就本案四间店面办理交房手续。审理中，甲市总工会与 T 公司就交房时间、交房条件均选择适用《商品房买卖合同》第八条约定。

【案件焦点】

商品房交付时存在严重影响正常居住的使用质量问题，买受人能否拒绝办理交房手续并要求支付逾期交房违约金。

【法院裁判要旨】

福建省南安市人民法院经审理认为：甲市总工会与 T 公司签订的 4 份《商品房买卖合同》合法有效。4 份合同均约定 T 公司应当在 2016 年 6 月 30 日前，将符合合同第八条各项约定条件的商品房交付甲市总工会，本案工程可顺延 127 天，交房日期应为 2016 年 11 月 4 日。本案建设工程虽然经验收合格，但因“×2 号、×3 号、×5 号店面无下水管道”，实际上仍不符合《商品房买卖合同》第八条约定的“该商品房所在建筑物生活给排水……设施达到设计要求”的条件，而 T 公司直至 2018 年 11 月 1 日才将上述三间店面所存在的生活给排水问题整改到位，故×2 号、×3 号、×5 号店面至此才符合交房条件。T 公司虽 5 次书面通知甲市总工会交房，但因通知时尚不符合交房条件，故 5 次通知均不构成有效通知，T 公司已构成逾期交房。现甲市总工会请求 T 公司赔偿上述三间店面自 2016 年 7 月 1 日起至 2018 年 11 月 1 日止的逾期交房违约金，对于符合法律规定的部分予以支持；超出法律规定的其他部分，不予支持。×4 号店面虽然也存在部分问题，但仅是质量瑕疵，对此，T 公司应承担房屋质量瑕疵担保责任，并不影响交房，故×4 号店面于 2016 年 5 月 16 日已符合交房条件，T 公司于 2016 年 9 月 17 日通知甲市总工会交房，其已在交房日 2016 年 11 月 5 日前履行完交房通知义务，故 T 公司无须支付该店面的逾期交房违约金，甲市总工会请求赔偿该店面的逾期交房违约金，不予支持。T 公司虽辩称×2 号、×3 号、×5 号店面有给排水设施，但其提供的证据不足以推翻其在《关于甲市总工会店面整改到位质保承诺书》中的自认，故对该辩称，不予采纳。

福建省南安市人民法院依照《中华人民共和国合同法》第八条、第六十条、第一百零七条、第一百一十四条，《中华人民共和国民事诉讼法》第十三条、第六十四条和《最高人民法院关于适用〈中华人民共和国民事诉讼法〉的解释》第九十条之规定，判决如下：

一、T 公司应于本判决生效后三十日内支付某小区×2 号、×3 号、×5 号店面自 2016 年 11 月 5 日起至 2018 年 11 月 1 日止的逾期交房违约金 228684 元；

二、驳回甲市总工会的其他诉讼请求。

T 公司不服一审判决，提出上诉。

福建省泉州市中级人民法院经审理同意一审法院裁判意见，依照《中华人民共和国民事诉讼法》第一百七十条第一款第一项的规定，判决如下：

驳回上诉，维持原判。

【法官后语】

本案系因商品房存在无下水管道、下水管道位置不合理等质量问题引起的商品房预售合同纠纷，争议焦点是商品房交付时存在质量问题，买受人能否拒绝办理交房手续并要求支付逾期交房违约金。

何种程度的质量问题可以成为买受人拒绝交房的合理理由，需先探究预售的商品房在交付时需要符合什么条件。依据《中华人民共和国城市房地产管理法》第二十七条第二款“房地产开发项目竣工，经验收合格后，方可交付使用”的规定，如果没有经过竣工验收的建筑工程交付使用，出卖人就违反了法律的强制性规定。对此，《最高人民法院关于审理商品房买卖合同纠纷案件适用法律若干问题的解释》第九条规定“因房屋主体结构质量不合格不能交付使用，或者房屋交付使用后，房屋主体结构质量经核验确属不合格，买受人请求解除合同和赔偿损失的，应予支持”，这种情况下买受人可以拒绝收房。本案建设工程于 2016 年 3 月 15 日经建设单位、勘察单位、设计单位、施工单位、监理单位验收合格，于 2016 年 5 月 16 日经消防验收合格，并不属于该类情况。

此外，商品房交付还要符合法律的其他规定和合同约定，依照《商品房销售管理办法》第三十条第一款“房地产开发企业应当按照合同约定，将符合交付使用条件的商品房按期交付给买受人……”的规定，出卖人交付的商品房既要符合交付条件，也要符合使用条件。《最高人民法院关于审理商品房买卖合同纠纷案件适用法律若干问题的解释》第十条第一款规定：“因房屋质量问题严重影响正常居住使用，买受人请求解除合同和赔偿损失的，应予支持。”这种情况下买受人也可以拒绝收房。本案商品房存在的质量问题则需区分是否符合“因房屋质量问题严重影响正常居住使用”这一标准。

影响居住使用的程度必须是“严重”的，这显然包含一定的自由裁量权，结合审判实践，笔者认为，主要有以下几个标准：一是危害居住人的程度。如果确实危害居住人的生命安全、身体健康，应认定为严重影响居住使用。此外，给居住人生产、生活带来严重不便的，也应认定为严重影响居住使用。例如，因设计结构不合理，导致房屋地基下沉，房屋存在重大安全隐患的；精装房室内空气质量经检测不合格，长期居住严重影响人体健康安全的；缺乏基本的配套设施与公共设施，给居住人带来严重不便的。二是修复的次数。如果多次修复仍未果，也应认定为严重影响居住人享有房屋的正常使用。例如，房屋严重漏水且多次修复仍未果的；房屋墙体多处开裂，难以修复的。本案中×2 号、×3 号、×5 号店面因无下水管道这一基本的生活需要，已严重影响到买受人的正常居住使用，而 T 公司直至 2018 年 11 月 1 日才将上述三间店面所存在的生活给排水问题整改到位，故×2 号、×3 号、×5 号店面至此才符合交房条件。×4 号店面虽然也存在部分问题，但对居住不构成严重影响，仅是质量瑕疵，对此，T 公司应承担房屋质量瑕疵担保责任，并不影响交房，买受人不能因此拒绝收房，出卖人也不因此承担逾期交房的违约责任。

买受人不能拒绝接收房屋，但这并不是说出卖人交付这样质量瑕疵的商品房就无须承担责任，依照《最高人民法院关于审理商品房买卖合同纠纷案件适用法律若干问题的解释》第十条第二款“交付使用的房屋存在质量问题，在保修期内，出卖人应当承担修复责任；出卖人拒绝修复或者在合理期限内拖延修复的，买受人可以自行或者委托他人修复。修复费用及修复期间造成的其他损失由出卖人承担”的规定，出卖人对于交付质量瑕疵的商品房，应承担修复责任，对此给买受人造成损失的，还需向买受人赔偿损失。

综上，房屋主体结构质量不合格和房屋质量问题严重影响正常居住使用的可以成为买受人拒绝交房的合理理由，业主不得以一般质量瑕疵为由拒绝办理交房手续。

编写人：福建省南安市人民法院　李晓琳

101　宣传广告需满足一定条件方可作为合同解除依据

——王某、张某娇诉T公司商品房预售合同案

【案件基本信息】

1. 裁判书字号

北京市第一中级人民法院（2019）京01民终3374号民事判决书

2. 案由：商品房预售合同纠纷

3. 当事人

原告（上诉人）：王某、张某娇

被告（被上诉人）：T公司

【基本案情】

2015年8月21日，T公司（出卖人）与王某、张某娇（买受人）签订《北京市商品房预售合同》，约定买受人购买T公司开发的案涉房屋，该商品房的用途为商业，房屋总价款为1909427元。合同约定该商品房交付时应达到市政基础设施和其他设施的承诺条件，即上水、下水、供电、供暖于2016年12月31日达到使用条件，电话通信线、有线电视线于2016年12月31日交付，敷设到户。如属出卖人原因造成在约定期限内未达到条件，出卖人

应当承担完善义务及相应的违约责任。当日，双方签订《补充协议》，约定了贷款的办理、贷款的偿还、房屋交付的补充约定、产权办理和抵押登记、合同解除等内容。2015年8月21日，T公司收取王某、张某娇交付的房款959427元。2016年12月19日，T公司将案涉房屋交付给王某、张某娇，王某接收房屋时签署了《业主接房验收表》，房屋验收结果：门、窗、墙面及顶棚、水暖、机电、装饰及其他均无问题。

王某、张某娇取得的案涉房屋不动产权证载明了房屋的地址；用途为商业。

诉讼中，王某、张某娇主张其购买案涉房屋用于餐饮，由于政策限制不能经营餐饮，合同目的无法实现，要求解除《北京市商品房预售合同》并主张T公司返还购房款、赔偿损失、支付违约金，并提供以下证据支持其主张的事实：（1）销售涉案房地产项目的宣传材料及售楼处张贴该宣传材料的照片，该宣传资料载明："涉案项目定位为美食娱乐中心，业态分布地下二层：美食城。"（2）公证处的公证书，证明2017年9月28日下午公证员与申请人至案涉房屋处取证，照片显示楼层指示牌为"B2轻餐饮小吃、特色小吃、快餐、水吧"。

诉讼过程中，王某、张某娇主张涉案项目未办理排水许可证，房屋不具备约定的使用功能。T公司认可涉案项目未取得排水许可证，但不影响房屋的使用。为此，法院联系城市排水公司并至石景山区水务局就排水许可证办理进度及是否影响业主排水进行调查，城市排水公司答复称：涉案项目排水许可证已提出申请，但因设施不合格未通过审批；虽然无排水许可证不影响排水，但会受到执法部门的处罚。石景山区水务局执法大队答复称：涉案项目确实因为没有排水许可证受到处罚，处罚措施系罚款及整改，处罚对象系房屋的实际管理人即物业，不影响排水。

【案件焦点】

原告提供的宣传资料是否能作为合同解除的依据。

【法院裁判要旨】

北京市石景山区人民法院经审理认为：王某、张某娇与T公司签订的《北京市商品房预售合同》及《补充协议》，系当事人真实意思表示，内容不违反法律、行政法规的效力性强制性规定，合法有效。双方应按约定履行各自的权利和义务。王某、张某娇依约交付了房款，T公司依约交付了房屋，并协助王某、张某娇办理了案涉房屋的房屋所有权证，合同约定的主要权利义务已履行完毕。

王某、张某娇以案涉房屋不能经营餐饮，其购房目的无法实现为由主张解除合同。对此，法院认为，王某、张某娇与T公司签订的《北京市商品房预售合同》及《补充协议》约定的房屋用途为商业，与王某、张某娇取得的案涉房屋不动产权证一致，但并未具体到餐饮业。因此，就合同内容看，不能确定王某、张某娇的购房目的为经营餐饮。而王某、张某娇向法庭提交的涉案房地产项目的销售宣传资料，虽然T公司对其真实性予以否认，但不能提供其销售时使用的宣传资料，综合涉案房地产项目的设计图纸，法院确认王某、张某娇提交的宣传资料系T公司为销售涉案项目制作的，向意欲购买该项目商品房的客户发放的宣传资料。宣传资料上明确注明地下二层为美食城。根据《最高人民法院关于审理商品房买卖合同纠纷案件适用法律若干问题的解释》第三条“商品房的销售广告和宣传资料为要约邀请，但是出卖人就商品房开发规划范围内的房屋及相关设施所作的说明和允诺具体确定，并对商品房买卖合同的订立以及房屋价格的确定有重大影响的，应当视为要约。该说明和允诺即使未载入商品房买卖合同，亦应当视为合同内容，当事人违反的，应当承担违约责任”的规定，房屋销售宣传资料载明的地下二层定位的经营业态属于要约还是要约邀请，决定了当事人应当承担的民事责任。本案中，案涉房屋按照经营餐饮而设计建设，宣传资料显示的“美食城”对于购房人产生房屋用途的心理确认。但是，房地产的价格受到建设及融资成本、市场行情、周边商业环境及配套设施等多种因素影响，并非单纯由可以经营餐饮场所决定。况且，王某、张某娇也不能举证证明宣传资料对合同订立以及案涉房屋价格的确定有重大影响。因此，宣传资料对于买受人来说应为要约邀请，而非要约，出卖人不履行要约邀请依法应当承担的民事责任并非违约责任。诉讼中，王某、张某娇主张涉案房地产项目至今未能办理排污许可证，鉴于排污许可证是否办理并不影响业主正常使用房屋，亦不影响房屋的商业用途。因此，王某、张某娇主张解除合同，缺乏事实和法律依据，法院不予支持。二人基于解除合同而要求的返还购房款及利息、支付违约金、赔偿税费、物业管理费等其他损失的诉求，法院均不予支持。

北京市石景山区人民法院依据《中华人民共和国合同法》第六十条、第九十四条，《最高人民法院关于审理商品房买卖合同纠纷案件适用法律若干问题的解释》第三条的规定，作出如下判决：

驳回原告王某、张某娇的诉讼请求。

王某、张某娇不服一审判决，提起上诉。

北京市第一中级人民法院经审理认为：依法成立的合同，对当事人具有法律约束力。当事人应当按照约定履行自己的义务，不得擅自变更或者解除合同。本案中，王某、张某娇与T公司签订的《北京市商品房预售合同》及《补充协议》系当事人真实意思表示，内容不违反法律、行政法规的强制性规定，应属有效。王某、张某娇上诉主张T公司存在违约行为，其出售的案涉房屋无法办理排污许可证不能用于经营餐饮用途，导致王某、张某娇购买案涉房屋的合同目的无法实现要求解除合同并赔偿损失。法院认为，就双方签署的《北京市商品房预售合同》及《补充协议》的内容看，房屋用途仅列明为“商业”，与王某、张某娇取得的房屋产权证书上所载明的用途一致，并未明确具体到餐饮用途。一审中，王某、张某娇虽提交T公司网站的宣传资料以证明案涉房屋所在楼层应用于餐饮经营，但上述内容并不构成要约，王某、张某娇基于宣传内容要求T公司承担违约责任缺乏事实和法律依据，法院不予支持。王某、张某娇上诉主张办理排污许可证是T公司的约定及法定义务，依据双方合同及补充协议约定，案涉房屋实际用水已达到合同约定的标准，办理排污许可证并未在双方合同约定为T公司应履行的义务，故王某、张某娇该项上诉主张缺乏事实及法律依据，法院亦不予支持。因案涉房屋能够正常使用，无法办理排污许可证亦不影响房屋的商业用途，故王某、张某娇主张的事由未构成合同目的无法实现的情形，一审法院判决驳回其二人的诉讼请求并无不当，法院予以维持。

综上所述，王某、张某娇的上诉请求不能成立，应予驳回；一审判决认定事实清楚，适用法律正确，应予维持。

北京市第一中级人民法院依照《中华人民共和国民事诉讼法》第一百七十条第一款第一项之规定，作出如下判决：

驳回上诉，维持原判。

【法官后语】

为防止房地产开发商夸大宣传、虚假宣传，消费者除根据《中华人民共和国民法典》合同编的相关规定，请求变更、撤销合同或要求开发商承担缔约过失责任外，《最高人民法院关于审理商品房买卖合同纠纷案件适用法律若干问题的解释》（以下简称《解释》）第三条为购买者的权利救济提供了法律依据。该条规定，商品房的销售广告和宣传资料为要约邀请，但是出卖人就商品房开发规划范围内的房屋及相关设施所作的说明和允诺具体确定，并对商品房买卖合同的订立以及房屋价格的确定有重大影响的，构成要约。该说明和允诺即使未载入商品房买卖合同，亦应当视为合同内容，当事人违反的，应当承担违约责任。按照这一解释，商品房的销售广告和宣传资料原则上为要约邀请，但同时具备以下条件的则为要约：(1) 对商品房开发规划范围内的房屋及相关设施所作的说明和允诺；(2) 内容具体确定；(3) 对商品房买卖合同的订立和价格的确定具有重大影响。

本案中，原告主张解除合同的原因是合同目的无法实现，而合同目的无法实现的原因有二：一是地下二层无法经营餐饮项目；二是因开发商未办理排污许可证致使案涉房屋无法正常使用。排污许可证事宜经查不影响商户正常使用房屋，故此处只讨论涉及宣传广告的第一个原因。笔者认为，将宣传广告作为合同解除的依据需满足以下三个条件：

一是宣传广告同时具备《解释》第三条规定的条件，缺一不可。本案中，案涉房屋系开发商开发范围内的房屋，提供的宣传资料中称涉案项目的定位是美食城，对外宣传中亦没有排除地下二层，故该内容应属具体明确。法院亦确认宣传资料显示的“美食城”对于购房人产生房屋用途的心理确认，但能否经营餐饮项目是否对该房屋价格的确定有重大影响，即可经营餐饮的房屋价格是否高于不可经营餐饮的房屋价格，原告未提供证据证明。实践中，房地产的价格受到建设及融资成本、市场行情、周边商业环境及配套设施等多种因素影响，并非单纯由可以经营餐饮所决定。故本案中，宣传资料对于买受人应为要约邀请，而非要约，出卖人不履行要约邀请依法应当承担的民事责任并非违约责任。

二是合同条款不应与宣传广告相矛盾，或者合同条款不应排除宣传广告的内容。作为合同解除的法定条件之一，合同目的无法实现中的“合同目的”即为审查的重点，若宣传广告中宣传的合同目的和合同中明确约定的合同目的不一致或者相矛盾，则笔者认为应当以合同中的明确约定为准。虽然本案中的宣传广告不属于要约，但进一步思考，可经营餐饮与商业用途是否一致值得商榷。经查，案涉房屋确实符合商业用途，根据现场调查，同位置的地下二层已有各种商铺依法经营，故按照合同和补充协议的约定，案涉房屋不存在合同目的无法实现的问题。

三是宣传广告应合法合规。依法成立的合同，对当事人具有法律约束力。依法成立的合同，受法律保护。本案中，案涉房屋位于涉案项目地下二层，根据《中华人民共和国人民防空法》的规定，城市的地下交通干线以及其他地下工程的建设，应当兼顾人民防空需要。在本案中所涉的宣传广告将整个项目定位为美食城，而未将地下二层排除在宣传之外，故T公司对地下二层的宣传不合法合规，此种宣传若被视为要约，并作为合同内容考虑，则讨论的不应是合同解除而是合同效力的问题。若合同无效，则双方根据过错各自承担相应的法律责任。在此，需要指出的是，开发商对宣传内容应遵循诚实守信的原则，依法进行宣传；而买受人亦应该对宣传内容尽到合理审慎的注意义务。

编写人：北京市石景山区人民法院　王洁如

102 对房屋交付错误均有过错的购房者与出卖人应按责任大小分担损失

——毛甲诉B公司商品房预售合同案

【案件基本信息】

1. 裁判书字号

四川省成都市中级人民法院（2019）川01民终17132号民事判决书

2. 案由：商品房预售合同纠纷

3. 当事人

原告（反诉被告、上诉人）：毛甲

被告（反诉原告、上诉人）：B公司

【基本案情】

2017年11月29日，毛甲与B公司签订《四川省商品房买卖合同（预售）》及其附件，约定毛甲（买受人）购买B公司（出卖人）开发的案涉×1号商业用房，预测建筑面积为33.25平方米。合同第四条第一款尾部载明：“关于该商品房在所在楼栋的平面位置示意图的具体说明，见附件一。”合同附件一标注了商铺的具体位置，毛甲在案涉×1号房屋处签名，B公司在该处加盖房屋销售合同专用章，该图显示×0号房屋的宽度是3.7米，×1号房屋的宽度是4.3米，×2号房屋的宽度是5.4米。

之后，B公司将商品房买卖合同附件一中标注的×2号房屋交付给毛甲，毛甲予以接收。接收房屋当日，毛甲、宋某珍（甲方）与张某之（乙方）签订《房屋租赁合同》，约定将所接收房屋出租给乙方，每月租金为4000元，租赁时间自2018年7月1日起至2021年6月30日止。当日，将房屋交给承租人，承租人开始对×2号商铺进行装修。2018年4月4日，物业服务中心向毛甲和承租人发出《停工告知书》，要求暂停对商铺进行装修。之后，承租方停止装修，毛甲就后续问题的处理与B公司进行协商，但一直未达成一致意见。毛甲也未与承租人就租赁合同后续事宜的处理达成一致意见。毛甲于2018年6月21日将承租人支付的半年房屋租金和押金共计2.8万元退还给张某之。

2018年8月14日，毛甲、宋某珍以张某之作为被告，B公司作为第三人向法院提起诉讼，毛甲、宋某珍与张某之在法院的主持下，达成调解协议。

法院于2019年4月18日组织双方对房屋现场进行查看，×2号房屋上方搭建有钢结构，毛甲未当场向B公司接收其购买的×1号房屋，也未将×2号房屋返还给B公司。

2019年4月17日，B公司向毛甲邮寄了要求接收×1号房屋的通知书，毛甲于2019年4月19日签收了该通知书。

另查明：1.2017年6月19日出具的案涉房屋所在的××号楼《面积实测报告》显示：×0号的建筑面积为31.5平方米，×1号的建筑面积为33.25平方米，×2号的建筑面积为61.83平方米。

2. 毛乙系毛甲之女。毛乙与B公司签订了购买相邻的×0号商业用房（预测建筑面积为31.5平方米），毛乙接收了与×0号相邻的×1号房屋，并将该房屋出租给张某之，张某之将×1号房屋和×2号房屋中间的墙拆除，在两房屋上空一起搭建了钢构平台。

【案件焦点】

1. 对房屋交付错误的责任如何划分；2. 房屋交付错误产生的各项损失应当由谁来承担。

【法院裁判要旨】

四川省成都市新都区人民法院经审理认为：2018年3月14日，B公司误将与合同约定交易的×1号房屋相邻的×2号房屋交付给毛甲。毛甲对房屋的交付错误存在一定过错，原因如下：毛甲购买的房屋预测面积和实测面积均为33.25平方米，但其从B公司处接收的×2号房屋的实测面积为61.83平方米，凭日常生活经验，并尽合理注意义务，毛甲知道或应当知道B公司交付的房屋存在错误。但是，毛甲并未充分合理注意该问题，也并未向B公司提出该问题，而是直接与第三人签订了房屋租赁合同，将房屋交付给承租人进行经营，导致了诸多损失的产生。

关于毛甲主张的各项损失问题。毛甲要求B公司按照每月4000元的标准，支付从2019年3月14日起至实际交房之日止的房租，根据毛甲与承租人签订的房屋租赁合同的约定，租赁费为每月4000元，双方实际成交的系实测面积为61.83平方米的×2号房屋，毛乙与承租人实际成交的×1号房屋的租金为3000元/月，该租金金额真实客观，符合市场行情，法院予以确认，×1号房屋的租金损失为3000元/月。关于租赁损失的起算时间，毛甲、宋某珍与承租人签订的房屋租赁合同约定的租期从2018年7月1日起，租金的起算时间也从 2018 年 7 月 1 日起，故法院确定毛甲的租金损失的起算时间为 2018 年 7 月 1 日。《中华人民共和国合同法》第一百一十九条第一款规定："当事人一方违约后，对方应当采取适当措施防止损失的扩大；没有采取适当措施致使损失扩大的，不得就扩大的损失要求赔偿。"2019 年 4 月 19 日，毛甲收到 B 公司发出的接收×1 号房屋的通知后，并未及时前往接收房屋，此时×1 号房屋已经符合合同约定的交付标准，对于房屋租金损失扩大，毛甲对扩大部分的房屋租金损失自行承担责任。考虑为毛甲办理接房手续的合理期间，毛甲的房屋租金损失计算至 2019 年 4 月 30 日止，2019 年 4 月 30 日后的租金损失由毛甲自行承担。毛甲的租金损失金额为 3 万元（3000 元/月×10 个月）。交付房屋系 B 公司的主要合同义务，其对上述情形的发生存在明显过错，毛甲对错误交付后的损失也应承担一定责任，法院酌定该损失由 B 公司承担 1.5 万元，其余部分由毛甲自行承担。毛甲主张维权产生的误工费、交通费等费用 1 万元，但并未向法院提供相应的证据加以证明，法院不予支持。综上，B 公司应向毛甲支付的损失金额为 36250 元（15000 元+21250 元）。

关于毛甲主张的 B 公司拆除×1 号房屋装修、恢复原状的诉讼请求。由于该装修系由 B 公司错误交付给毛乙而产生的添附，应由 B 公司进行拆除和恢复，对于该项诉讼请求予以支持。关于 B 公司要求毛甲对×2 号房屋拆除装修、恢复原状并承担相关费用的诉讼请求。毛甲应将拆除装修并已恢复原状的房屋退还给 B 公司，但拆除装修及恢复原状的费用应视为毛甲的损失，相关费用也应该由 B 公司承担或分担。本案中，结合损失造成的原因、纠纷的及时化解、减少诉累等因素综合考虑，确定由毛甲向 B 公司返还房屋后由 B 公司进行拆除和恢复。关于 B 公司要求毛甲支付×2 号房屋的占用损失的诉讼请求。毛甲对×2号的占有系B公司的错误交付引起，综合考虑双方的过错程度，该损失由B公司自行承担，对B公司的该项诉讼请求不予支持。

四川省成都市新都区人民法院依照《中华人民共和国合同法》第六十条第一款、第一百零七条、第一百一十九条第一款和《中华人民共和国民事诉讼法》第一百三十七条第一款、第一百四十五条的规定，作出如下判决：

一、B公司在本判决发生法律效力之日起七日内将案涉×1号房屋的装修拆除并恢复原状；

二、B公司在本判决发生法律效力之日起七日内将案涉×1号房屋交付给毛甲；

三、毛甲在本判决发生法律效力之日起七日内将案涉×2号房屋退还给B公司；

四、B公司在本判决发生法律效力之日起七日内向毛甲赔偿损失36250元。

毛甲与B公司不服一审判决，均提起上诉。

四川省成都市中级人民法院经审理认为：上诉人毛甲和B公司的上诉理由均不能成立。一审判决认定事实清楚，适用法律正确，应予维持。四川省成都市中级人民法院依照《中华人民共和国民事诉讼法》第一百七十条第一款第一项之规定，作出如下判决：

驳回上诉，维持原判。

【法官后语】

在日常生活中，交错房的事情时有发生，在司法实践中，也多判令由出卖人承担所有责任。本案的特殊情形在于，交付的房屋的面积（61.83平方米）远远大于购房者所实际购买的面积（33.25平方米），且所购房屋为商铺，只有一个空间结构，作为普通人只需凭肉眼便可看出和作出判断，该房屋的长和宽均远超出平面户型图标明的长和宽。但是购房者在接收时未提出异议，并且将该房屋出租给他人使用，造成了后期的一系列装修损失、房屋租金损失和其他损失。在案件的处理过程中，承办人一直在思考问题的处理和解决途径。从双方提交的证据和常识进行判断，购房者在交付时对交付错误是知道或者应当知道的，但是基于其认为交错是出卖人的责任，自己不承担责任的错误理解和对错误问题的放任和听之任之，才造成了本案后期的一系列实际损失和损失的扩大。承办人从主观方面和客观方面作出判断，认为购房者在错误交付的过程中有过错。

接下来就要解决过错大小和责任承担的问题。《中华人民共和国民法总则》第一百一十七条（《中华人民共和国民法典》第一百七十七条完全沿袭了该规定）规定："二人以上依法承担按份责任，能够确定责任大小的，各自承担相应的责任；难以确定责任大小的，平均承担责任。"因B公司和毛甲对房屋交付错误均负有责任，故损失应按照各自的责任大小进行分担。B公司作为商品房买卖合同的出售方，交付房屋系B公司的主要合同义务，交付错误的起因是B公司工作人员因工作疏忽将与毛甲购买的×1号房屋相邻的×2号房屋交付给毛甲，B公司的疏忽行为是导致错误交付的重要原因。毛甲知道或应当知道交付错误，但未尽到合理注意和告知义务是造成错误交付的另一个原因。从原因力上看，B公司的行为是在先行为，对错误交付应该承担较大过错，毛甲应承担较小过错。认定了损失数额后再对损失数额进行分担。虽然在毛甲主张的×1号房屋的租金损失和向承租人支付的赔偿款的承担上，作出了平均承担的判决，但也让B公司承担了×2号房屋装修的拆除和恢复工作，同时对于B公司主张的×2号房屋的租金由毛甲承担的反诉请求，作出了不予支持的判决。从各项损失的综合认定和分担上，坚持了按过错大小承担责任的法律原则。

该判决公平、公正解决了纠纷，产生了较好的法律效果和社会效果。判决结果对于社会公众的行为有很好的指引作用，提醒社会公众在遇到类似问题时，也要注意尽到合理的注意义务，切勿心存侥幸，做一个善良正直、诚实守信的公民，避免和减少各项损失的产生。

编写人：四川省成都市新都区人民法院　王瑜

103　开发商未履行书面通知义务是否应承担逾期交房违约责任

——严某裕诉建设公司商品房预售合同案

【案件基本信息】

1. 裁判书字号

广东省广州市中级人民法院（2019）粤01民终13921号民事判决书

2. 案由：商品房预售合同纠纷

3. 当事人

原告（反诉被告、被上诉人）：严某裕

被告（反诉原告、上诉人）：建设公司

【基本案情】

2015 年 5 月 2 日，严某裕与建设公司签订《商品房买卖合同》约定购买商品房一套，总房价为 1413707 元，通过首期加按揭贷款方式付款，交房时间为 2015 年 11 月 1 日，逾期交房的每日按总房价款 0.05%的标准支付违约金。严某裕依约履行了合同义务，过了合同约定的收房日期却一直未接到收房通知。2017 年 5 月 27 日，严某裕前往涉案楼盘询问得知，因开发商寄送的收房通知所载的收件地址、收件电话错误致快递被退回。严某裕认为开发商未履行通知收房义务致使其未依时收房构成违约，请求法院判令建设公司向其支付从 2015 年 11 月 2 日起计算至 2017 年 5 月 27 日的延期交房违约金 405027 元。

【案件焦点】

开发商未履行书面通知义务是否应承担逾期交房违约责任。

【法院裁判要旨】

广东省广州市南沙区人民法院经审理认为：严某裕与建设公司之间的合同有效。案涉房屋在约定的交付时间 2015 年 11 月 1 日前已经具备了交楼条件，根据涉案合同约定向严某裕发出收房通知书是建设公司的合同义务，其迟延履行该义务需按合同承担责任，建设公司邮寄的收件地址、电话与双方在合同中约定的严某裕的电话、地址不符，因建设公司过错，导致严某裕未收到上述通知，故可以认定建设公司未履行通知义务，建设公司因自身过错行为未履行通知义务，导致案涉房屋迟延交付，应承担违约责任。

广东省广州市南沙区人民法院依照《中华人民共和国合同法》第六条、第八条、第一百零七条，《中华人民共和国民事诉讼法》第六十四条第一款之规定，判决如下：

一、建设公司应于本判决发生法律效力之日起十日内向严某裕支付迟延交房违约金405027元；

二、驳回严某裕的其他诉讼请求；

三、驳回建设公司的反诉请求。

建设公司不服一审判决，提起上诉。

广东省广州市中级人民法院法院经审理认为：根据《最高人民法院关于适用〈中华人民共和国民事诉讼法〉的解释》第三百二十三条“第二审人民法院应当围绕当事人的上诉请求进行审理。当事人没有提出请求的，不予审理，但一审判决违反法律禁止性规定，或者损害国家利益、社会公共利益、他人合法权益的除外”的规定，依当事人的上诉请求范围，本案二审需要处理的问题是：建设公司是否需要承担逾期交房的违约责任。

案件事实表明，建设公司分别于2015年10月30日和12月16日向严某裕发出过收房通知，但最终因建设公司填写的收件人联系电话与涉案《广州市商品房买卖合同（预售）》中载明的联系电话不符，导致收房通知最终未能实际到达严某裕。建设公司向严某裕发出收房通知的这一行为，表明建设公司自身也认可案涉房屋的接收需要由建设公司向严某裕发出收房通知。在正常的商品房交易过程中，商品房交付需由开发商向购房人发出收房通知，已是惯例。因此，本案一审法院认定建设公司因自身过错行为未能履行收房通知义务，导致案涉房屋迟延交付，判决建设公司向严某裕支付迟延交房的违约金，并无不当。由于案涉房屋的迟延交付责任在于建设公司，而非严某裕，因此建设公司上诉要求严某裕承担延期收房的违约责任，缺乏事实依据和法律依据；一审判决驳回建设公司的反诉请求，处理并无不妥。一审法院依照双方在合同中明确约定的建设公司迟延交房违约金标准的约定，判决建设公司支付迟延交房违约金，合法有据。需要指出的是，建设公司本案反诉要求严某裕承担延期收房违约金标准也是主张每日按总房价 0.05%计算，其要求对自身承担迟延交房的违约金标准应予调整，缺乏正当性。

综上所述，建设公司的上诉请求不能成立，应予驳回；一审判决认定事实清楚，适用法律正确，应予维持。

广东省广州市中级人民法院依照《中华人民共和国民事诉讼法》第一百七十条第一款第一项的规定，判决如下：

驳回上诉，维持原判。

【法官后语】

本案是商品房预售合同纠纷，因开发商延迟逾期交房而导致本案纠纷。从司法裁判的角度看，本案值得探讨的是开发商未履行书面通知义务是否应承担逾期交房的违约责任问题。《中华人民共和国民法典》第五百七十七条规定：当事人一方不履行合同义务或者履行合同义务不符合约定的，应当承担继续履行、采取补救措施或者赔偿损失等违约责任。该条款沿用了《中华人民共和国合同法》第一百零七条的内容，本案的处理在民法典施行后依然具有典型的现实意义。

房屋的交付是商品房预售合同履行中的重要环节，交房不同于普通买卖合同中的交货，是具有显著的合同程序性和专业技术性的活动。交房具体落实在开发商按照约定通知购房者，且将房屋交与购房者初步验收的行为。在合同约定的交房时间前涉案房屋已符合法定交房条件时，需要重点审查开发商是否违反了合同对交房期限、程序的细节约定，且是否有免责事由。

本案中，案涉房屋在合同约定的交房期限前已符合法定的交房条件，虽然合同已明确约定交房时间，但是仍无法免除开发商的通知交房义务，结合本案一、二审的裁判文书，开发商的通知义务来源主要表现在：一方面，源于合同约定。合同约定购房者无论是否收到建设公司的收房通知书，均应去办理交付手续，并不构成对双方约定“甲方向乙方交付房屋时，应当向乙方发出收房通知书”的变更，故向购房者发出收房通知书仍是开发商的合同义务。另一方面，是一种惯例。开发商向购房者发出收房通知的这一行为，表明开发商自身也认可案涉房屋的接收需要由开发商发出收房通知。在正常的商品房交易过程中，商品房交付需由开发商向购房者发出收房通知，已是惯例。

开发商在交房前的一定期限内按购房者预留的通信地址书面通知书购房者，这一程序是为了保障购房者的知情权和准备期限。因此，开发商按期交房，首先应当是以书面形式及合同约定的送达方式向购房者告知，若开发商未完整履行合同所约定的通知书义务，如未以书面形式、未按购房者预留的地址或未在规定期限内告知购房者，购房者可相应延后或不收房，逾期责任由开发商承担。反之，如开发商履行了书面通知书义务，收房通知按期到达预留地址，因购房者自身的原因未能及时办理收房，则应自行承担风险和相应责任。开发商对其履行通知义务的行为以及是否存在免责事由进行举证。

编写人：广东省广州市南沙区人民法院　邓小春　周书宇

104　因同一持续性违约行为而分段主张违约金的认定

——韩某江诉房地产公司商品房预售合同案

【案件基本信息】

1. 裁判书字号

北京市第三中级人民法院（2019）京03民终12248号民事判决书

2. 案由：商品房预售合同纠纷

3. 当事人

原告（被上诉人）：韩某江

被告（上诉人）：房地产公司

【基本案情】

2007年7月20日，韩某江购买案涉商品房，并支付购房款3065549元。根据合同约定，房地产公司应于2007年9月30日前交付房屋，所交付房屋应符合下列条件：（1）该商品房已经取得规划验收批准文件和建筑工程竣工验收备案表；（2）有资质的房产测绘机构出具的该商品房面积实测技术报告书等。但在交房时，房地产公司未能提供合同第十一条交付条件中所列的规划验收批准文件、建筑工程竣工验收备案表、有资质的房产测绘机构出具的实测面积报告书等。2008年1月9日，双方签订《补充协议》，房地产公司承诺于2008年3月1日、5月31日前提供合同第十一条中的所有正式文件，否则赔偿违约金。后韩某江多次催促，房地产公司仍以各种理由拖延至今，故韩某江请求房地产公司依照合同的约定承担违约责任，赔偿2016年7月19日至2018年8月

20 日逾期交付房屋入住手续违约金 467803 元及 2009 年 1 月 9 日至 2018 年 9 月 21 日逾期办理房屋产权转移登记手续违约金 543062 元。

【案件焦点】

1. 房地产公司是否应支付 2016 年 7 月 19 日至 2018 年 8 月 20 日逾期交付房屋入住手续的违约金；2. 韩某江主张逾期办理房屋产权转移登记手续的违约金是否超过诉讼时效；3. 违约金的数额及标准问题应如何掌握。

【法院裁判要旨】

北京市朝阳区人民法院经审理认为：原、被告签订的《北京市商品房预售合同》及《补充协议》是双方真实意思表示，且不违反法律、行政法规的强制性规定，合法有效，双方均应遵照履行。任何一方不履行合同义务或者履行合同义务不符合约定的，守约方有权依照合同约定要求违约方承担违约责任。本案中，原、被告在履行房屋买卖合同的过程中，因同一违约行为已进行数次诉讼，人民法院业已对该合同的违约方、主观过错及责任承担等明确予以界定，属已为人民法院发生法律效力的裁判所认定的事实。因卖方未依约履行义务，存在违约事实。故原告要求被告支付逾期交付房屋入住手续违约金的主张，于法有据，法院予以支持。

关于逾期办理房屋产权转移登记手续违约金，双方在《北京市商品房预售合同》中有明确约定，且《补充协议》并未对此进行变更或排除该条款的适用，故原告据此要求被告赔偿该项违约金符合法律规定和合同的约定，法院一并予以支持。

关于诉讼时效问题。《中华人民共和国民法总则》施行之日，逾期交付房屋入住手续违约金诉讼时效期间尚未满二年，故根据原告主张可以适用三年诉讼时效的规定。因双方在合同中明确约定逾期办理房屋产权转移登记手续违约金支付时间为实际取得房屋所有权证书之日起 30 日，故时效应从原告取得房屋所有权证开始计算。综上，被告所述时效抗辩均缺乏依据，法院不予采纳。

需要说明的是，对于被告所述其涉诉另案与本案违约金相加明显过高的抗辩。首先，违约金具有惩罚性，被告违约行为至纠正前已经持续超过 10 年，违约金数额的累积是其持续违约的结果，无论累积至何种程度，均应在被告合理预期之内。其次，逾期交付房屋入住手续违约金标准系生效判决确定标准，该标准一以贯之地有利于促进被告履行自身合同义务。被告所述以累积到一定数额为标准确定违约金免除条件，从督促义务人履行义务角度看完全不具有合理性。最后，单纯从数额上看，生效判决确定的逾期办理房屋所在楼栋权属证明的违约金标准为以房款为基础的日万分之一，而原告在本案审理中明确表示放弃该项请求权，只要求被告按照日万分之零点五的标准赔偿逾期办理房屋产权转移登记手续违约金。原告自行选择标准较低的违约金赔偿项目，可以视为已经对违约金数额进行了减让。综上，法院对被告所述抗辩不予采信，对原告主张的违约金标准及数额不再进行调整。

北京市朝阳区人民法院依照《中华人民共和国合同法》第六十条、第一百一十四条之规定，作出如下判决：

一、房地产公司于本判决生效后七日内赔偿韩某江自 2016 年 7 月 19 日至 2018 年 8 月 20 日逾期交付房屋入住手续违约金 467803 元；

二、房地产公司于本判决生效后七日内赔偿韩某江自 2009 年 1 月 9 日至 2018 年 9 月 21 日逾期办理房屋产权转移登记手续违约金 543062 元。

房地产公司不服一审判决，提起上诉。

北京市第三中级人民法院经审理认为：本案争议的焦点为：（1）房地产公司是否应支付 2016 年 7 月 19 日至 2018 年 8 月 20 日逾期交付房屋入住合格手续的违约金；（2）一审法院所确定的违约金数额是否过高；（3）韩某江主张逾期办理房屋产权转移登记手续的违约金是否超过诉讼时效。

对于第一个争议焦点，法院认为，本案系相同主体间基于同一持续性违约行为而分段主张违约金的诉讼，诉讼请求与前数次诉讼的诉讼请求同质，基本事实相同，因同一违约行为已进行数次诉讼，人民法院生效判决已对涉案合同的违约方、主观过错及责任承担等明确予以界定，属已为人民法院发生法律效力的裁判所认定的事实。韩某江要求房地产公司支付逾期交付房屋入住手续违约金的主张，于法有据，一审法院支持其该项主张正确，法院应予维持。

对于第二个争议焦点，法院认为，房地产公司作为开发企业，在订立涉案协议时具有本身处于优势地位，对违反协议的法律后果具有较高预知与预见力。房地产公司违约行为至纠正前已经持续超过 10 年，违约金数额的累积是其持续违约的结果，应在房地产公司合理预期之内。房地产公司上诉主张以累积到一定数额为标准确定违约金免除条件，从督促义务人履行义务角度出发则完全不具有合理性，故法院不予支持。

对于第三个争议焦点，双方在合同中明确约定逾期办理房屋产权转移登记手续违约金支付时间为实际取得房屋所有权证书之日起 30 日，诉讼时效应从韩某江取得房屋所有权证开始计算。一审认定韩某江主张逾期办理房屋产权转移登记手续的违约金未超过诉讼时效，并无不当。

综上，房地产公司的上诉请求不能成立，应予驳回；一审判决认定事实清楚，适用法律正确，应予维持。

北京市第三中级人民法院依据《中华人民共和国民事诉讼法》第一百七十条第一款第一项之规定，作出如下判决：

驳回上诉，维持原判。

【法官后语】

当前商品房交易市场蓬勃发展，买卖作为设立、变更、消灭当事人法律关系的手段之一，在商品经济发展中起着十分重要的作用。商品房预售合同较一般的买卖合同存在一定的特殊性，系指房地产开发企业（商品房预售方）将正在建设中的房屋预先出售给承购人，双方就上述行为所签订的合同。如一方未依约履行商品房预售合同，则会出现守约方要求违约方承担违约责任的情况。

本案系商品房预售合同中的相同主体间基于同一持续性违约行为而分段主张违约金的诉讼，原、被告在履行《北京市商品房预售合同》及《补充协议》的过程中，因房地产公司的同一违约行为已进行数次诉讼，房地产公司主张之前生效判决中支持韩某江分段主张的违约金足以弥补损失，不同意再向韩某江支付违约金。就本案违约金计算标准而言，卖方作为开发企业，在订立《补充协议》时本身处于优势地位，对违反协议的法律后果具有较高预知与预见力。综合买方的损失状况、合同的履行情况、当事人的过错程度以及预期利益等因素，且在第一次生效判决已调低违约金的计算标准减轻了违约方的违约责任的情形下，依据生效判决确定的裁判标准裁判不会产生实质不公正的结果。就本案违约金数额而言，由于房地产公司的违约行为至纠正前已经持续超过 10 年，违约金数额的累积是其持续违约的结果，无论累积至何种程度，均应在其合理预期之内，且韩某江自行选择标准较低的违约金赔偿项目，可以视为已经对违约金数额进行了减让。

我国当下的违约金调整规则既认可违约金的赔偿性，又在一定范围内承认了违约金的惩罚性。由于商品房预售合同具有特殊性，买受人一般都是被动适用卖方提供的格式合同，而违约责任条款系对于双方当事人平等适用的，任何一方违约都应适用同样的违约金义务，尤其对于房地产公司而言，其对自身违约可能要承担的违约金风险应有充分的预估。故在认定商品房预售合同中的违约所造成的损失时，不应仅计算违约所造成的现有的实际损失，因为事实上，类似逾期办证这种违约行为，购房人确实难以举证其遭受的实际损失，更无法证明所受损失的具体数额。故在违约方申请调整降低违约金数额时，法院应根据双方约定违约金数额时的主观目的、违约者的主观过错程度、合同的履行状况和违约所造成的损害后果和合理的可期待利益等综合因素，进行合理裁量，才可能更加接近实体正义。

编写人：北京市朝阳区人民法院　张晨璐

105 违约责任不对等的格式条款并不必然无效

——官某正诉H公司商品房预售合同案

【案件基本信息】

1. 裁判书字号

福建省厦门市中级人民法院（2019）闽02民终5973号民事裁定书

2. 案由：商品房预售合同纠纷

3. 当事人

原告（被上诉人）：官某正

被告（上诉人）：H 公司

【基本案情】

2017 年 2 月 13 日，官某正与 H 公司签订《商品房买卖合同》，约定官某正向 H 公司购买案涉房屋，总金额为 5754306 元，官某正应在规定时间内一次性付清全部购房款，H 公司应当在 2017 年 8 月 31 日前将符合各项约定条件的商品房交付官某正使用。

同日，官某正（乙方）与 H 公司（甲方）签订《商品房买卖合同》附件六《合同补充协议》，其中第四条为关于房屋交付的补充约定，载明：1. 本合同第八条约定的该房屋交付时间为 2017 年 8 月 31 日之前……（8）甲方自身原因造成未在本合同约定期限内将该房屋交付乙方，则：①乙方给予甲方 30 日的宽展期。宽展期内，合同继续履行，甲方无须向乙方承担违约责任。②如宽展期届满后甲方仍未将该房屋交付乙方，自本合同约定的交付期限届满后第 31 日起至实际交付之日止，甲方应按日向乙方支付已交房价款万分之一的违约金，合同继续履行。第六条为关于办理产权登记手续的补充约定，载明：……6. 出卖人应当在商品房交付使用后 365 日内，将办理权属登记需由出卖人提供的资料报产权登记机关备案。如因出卖人的责任，买受人不能在规定期限内取得房地产权属证书的，买受人不退房，出卖人按已付房价款的 0.005%向买受人支付违约金……9. 乙方同意：甲方在商品房交付使用后365日内将办理项目权属登记需由甲方提供的资料交权属登记机关备案的，即视为甲方按约履行办证义务、不承担逾期办证的责任；甲方未在商品房交付使用后365日内将办理项目权属登记需由甲方提供的资料交权属登记机关备案的，乙方不退房，甲方按主合同第十四条约定支付违约金，但甲方承担的违约金累计最多不超过乙方购房款的0.5%……

合同签订后，官某正向H公司支付案涉房屋实际房款共计8343744元。2019年1月7日，H公司向官某正交付案涉房屋。因对逾期交房等产生争议与H公司协商无果，官某正诉至法院提出如上诉请。

【案件焦点】

商品房买卖合同中违约责任不对等的格式条款是否有效。

【法院裁判要旨】

福建省厦门市海沧区人民法院经审理认为：首先，官某正与H公司所签订的《商品房买卖合同》及《合同补充协议》，系双方经过自愿协商所签订，内容体现双方真实意思表示。关于官某正所主张《合同补充协议》第四条第八款、第六条第六款及第九款约定无效问题，法院认为，《合同补充协议》是对《商品房买卖合同》有关条款进行的额外补充，本身即为一种特别提示，官某正作为合同签约当事人应对补充协议内容进行认真审阅，如对内容持有异议，应在合理期限内提出，否则应当承担相应的不利后果。且官某正并未提供证据证明上述补充协议条款约定存在免除一方责任、加重对方责任、排除对方主要权利的情形，上述补充协议条款亦不具有《中华人民共和国合同法》第五十二条、第五十三条规定的无效情形。综上，《商品房买卖合同》及《合同补充协议》的内容不违反法律、行政法规的强制性规定，合法有效，对双方均有法律拘束力。官某正主张《合同补充协议》第四条第八款、第六条第六款及第九款约定无效，缺乏事实和法律依据，不予采信。

其次，H公司未在《商品房买卖合同》约定期限内交付案涉房屋的事实清楚，应依约向官某正支付逾期交房违约金。关于逾期交房违约金计算标准。如前所述《合同补充协议》第四条第八款为有效约定，故H公司应按日向官某正支付已交房款万分之一标准的逾期交房违约金。官某正主张该条款无效，H公司应参照官某正逾期收房的违约责任承担逾期交房责任，即H公司按日向官某正支付购房款总价的万分之五作为违约金，依据不足，不予支持……

福建省厦门市海沧区人民法院依照《中华人民共和国合同法》第四十条、第五十二条、第六十条、第一百零七条，《中华人民共和国民事诉讼法》第六十四条第一款之规定，作出如下判决：

一、H公司于本判决生效之日起十日内向官某正支付逾期交房违约金387149.72元；

二、H公司于本判决生效之日起十日内向官某正支付保全申请费5000元；驳回官某正的其他诉讼请求。

H公司不服一审判决，提起上诉。但其未在法院通知的期限内预交二审案件受理费，也未提出缓交、减交、免交诉讼费的申请。故福建省厦门市中级人民法院作出民事裁定，按上诉人H公司自动撤回上诉处理。

【法官后语】

当前，在商品房买卖过程中，合同文本多为房地产开发商提供，合同中对买受人违约责任的规定一般较重，对出卖人违约责任的规定相对较轻。当发生纠纷时，买受人往往主张违约条款属于无效的格式条款，出卖人则多抗辩合同是双方当事人真实意思表示。该类案件的审理思路和裁判要点在于如何把握格式条款并确定其效力。

所谓格式条款，又称标准条款、标准合同、格式合同、定式合同、定型化合同等，按照《中华人民共和国民法典》第四百九十六条第一款的规定，“格式条款是当事人为了重复使用而预先拟定，并在订立合同时未与对方协商的条款”。是否属于格式条款，主要应基于格式条款的特征进行确定，包括是否为预先拟定、是否为重复使用、是否为未经磋商而单方提出等。采用格式条款订立合同具有方便、简捷、省时的好处，但也存在弊端，主要是提供格式条款的一方当事人会尽量将有利于自己而不利于交易对方的内容纳入其中，如违约金数额的约定不对等。那么，当格式条款存在不对等约定时，是否必然无效？《中华人民共和国民法典》第四百九十七条对格式条款的无效情形作了明确规定，只有具有下列三类情形的才会无效：第一，具有本法第一编第六章第三节和本法第五百零六条规定的无效情形；第二，提供格式条款一方不合理地免除或者减轻其责任、加重对方责任、限制对方主要权利；第三，提供格式条款一方排除对方主要权利。所以，即使是不对等格式条款，也只有在具有上述三类情形下才会无效。本案中，当事人签订的《商品房买卖合同》及《合同补充协议》系开发商提供的格式合同，该合同中关于双方逾期交房违约责任的条款存在不对等，如其约定“开发商原因导致逾期交房的，按日万分之一计付违约金；买受人原因导致逾期交房的，按日万分之五计付违约金”。然而，经审查，案涉格式条款并不存在法定的格式条款无效情形，故其应为有效条款，对双方均有法律约束力。实践中，在意思自治的前提下，当事人对双方各自的违约责任做不同的约定大量存在，在其未违反法律、行政法规的强制性规定的情形下，应当尊重双方约定。

那么，当不对等格式条款为有效条款的情形下，当事人是否有其他救济途径。依照《中华人民共和国民法典》第五百八十五条第二款之规定，当事人在合同中约定的违约金低于造成的损失的，当事人可以请求人民法院或者仲裁机构予以增加；约定的违约金过分高于造成的损失的，当事人可以请求人民法院或者仲裁机构予以适当减少。《最高人民法院关于审理商品房买卖合同纠纷案件适用法律若干问题的解释》第十二条对违约金的调整也作了具体规定：当事人以约定的违约金过高为由请求减少的，应当以违约金超过造成的损失30%为标准适当减少；当事人以约定的违约金低于造成的损失为由请求增加的，应当以违约造成的损失确定违约金数额。当事人主张约定的违约金过高请求予以适当减少的，应当承担举证责任；相对人主张违约金约定合理的，也应提供相应的证据。综上，当事人可通过请求对合同约定的违约金数额进行调整，来减少有效的不对等格式条款带来的损失，但需承担相应的举证责任。本案中，开发商逾期交房使买受人不能及时得到房屋而失去占有、使用、收益的权益，使买受人失去的是应当收取的同期间同地段房屋租金利益或者丧失的该笔损失，故若买受人能举证证明合同约定的开发商逾期交房违约金低于逾期交付使用房屋期间同地段、同类房屋租金的，其可通过主张违约金数额的调整进行救济。

编写人：福建省厦门市海沧区人民法院　颜思远　陈纬纬

106 在合同中约定违约金的情况下当事人是否有权不主张违约金而直接要求赔偿损失

——魏某诉房地产公司商品房预售合同案

【案件基本信息】

1. 裁判书字号

北京市第二中级人民法院（2018）京02民终581号民事判决书

2. 案由：商品房预售合同纠纷

3. 当事人

原告（上诉人）：魏某

被告（被上诉人）：房地产公司

【基本案情】

2015年4月18日，魏某与房地产公司签订《北京市商品房预售合同》，约定：魏某购买房地产公司开发建设的案涉房屋，该商品房预测建筑面积为254.23平方米，其中套内建筑面积195.94平方米，套内建筑面积单价为每平方米27364.54元，房屋总价款为5361807元。合同附件十：补充协议第十二条4约定：如因出卖人的责任造成买受人不能在该商品房实际交付之日起365日内办理该商品房所有权证的，则每逾期一日，出卖人按买受人已付房价款的万分之零点三向买受人支付违约金（出卖人的违约金总额以买受人已付房价款的千分之五为限）；上述权属证书办理期限超过365日的，买受人有权解除合同，买受人解除合同的，出卖人应退还买受人已付房价款并按同期同类银行活期存款基准利率给付利息。合同还对双方其他权利义务进行了约定。合同签订后，魏某向房地产公司支付了合同约定的购房款5361807元。2016年2月18日，房地产公司向魏某交付了房屋。此后，魏某将户外绿地的木围栏改造并加高为铁艺围栏。2017年2月、8月，房地产公司两次向魏某等业主发出告知函称：因所在楼栋存在严重的违规私建情况，致使政府相关管理部门暂停办理相应楼栋大产权证，要求尽快对房屋违规私建部分拆除、恢复，以便推进产权证办理事宜。现涉案楼栋尚未取得初始登记。

本案审理过程中，经房地产公司申请，一审法院到房山区国土分局权属登记中心调查涉案楼栋的初始登记情况。该分局调查科科长高震称：开发商提交初始登记材料后，2016年曾去查看现场，发现楼体外立面与规划不符，表现为露台加建、安装围栏、封闭阳台，故未能办理初始登记。在法院出示涉案照片（户外绿地围栏）后，高震称：照片中的围栏都不管，只看楼体。照片中围栏的改动是否合适不在其职权范围内。

【案件焦点】

在合同中明确约定违约金的情况下，魏某是否有权要求房地产公司就其违约行为赔偿损失以及其主张的损失能否得到法院支持。

【法院裁判要旨】

北京市房山区人民法院经审理认为：魏某与房地产公司签订的《北京市商品房预售合同》及补充协议系双方真实意思表示，内容不违反法律、行政法规的强制性规定，该合同及补充协议有效。合同双方均应按照合同约定享有权利和履行义务。根据法院查明的事实，可以认定魏某未能在约定的期限内取得房产权属证书，系因涉案楼栋的楼体外立面与规划不符未能办理初始登记造成，与魏某改造绿地围栏无关。房地产公司辩称由于魏某的私自搭建行为导致未能办理所有权证书的意见，没有依据，法院不予采信。关于魏某要求房地产公司赔偿损失问题，法院认为，根据《最高人民法院关于审理商品房买卖合同纠纷案件适用法律若干问题的解释》第十八条规定，由于出卖人的原因，买受人在商品房买卖合同约定的办理房屋所有权登记的期限届满，未能取得房屋权属证书，除当事人有特殊约定外，出卖人应当承担违约责任。合同没有约定违约金或者损失数额难以确定的，可以按照已付购房款总额，参照中国人民银行规定的金融机构计收逾期贷款利息的标准计算。本案中，魏某、房地产公司在合同补充协议中对违约金有明确约定，即如因出卖人的责任造成买受人不能在该商品房实际交付之日起 365 日内办理该商品房所有权证的，则每逾期一日，出卖人按买受人已付房价款的万分之零点三向买受人支付违约金（出卖人的违约金总额以买受人已付房价款的千分之五为限）。根据《中华人民共和国合同法》第一百一十四条第二款的规定，如果魏某认为约定的违约金过低，可以请求予以增加。合同法并未规定在已约定违约金的情况下可以另行要求赔偿损失。现魏某以约定的违约金过低为由，要求赔偿损失，缺乏法律依据，法院不予支持。

北京市房山区人民法院作出如下判决：

驳回魏某的诉讼请求。

魏某不服一审判决，提起上诉。

北京市第二中级人民法院经审理认为：关于魏某是否有权要求房地产公司赔偿损失的问题，法院不认可一审判决的分析，理由如下：首先，《中华人民共和国合同法》第一百零七条规定，当事人一方不履行合同义务或者履行合同义务不符合约定的，应当承担继续履行、采取补救措施或者赔偿损失等违约责任。可见守约方有权要求违约方就其违约行为赔偿损失。其次，分析一审判决援引的《中华人民共和国合同法》第一百一十四条的规定，该条赋予的是当事人在认为合同约定的违约金过高或过低的情况下，请求调整违约金的权利，该条并未否定当事人就违约方的违约行为直接主张赔偿损失的权利。我国合同法及其司法解释中亦未规定，在合同双方已约定违约金的情况下，当事人即丧失了要求违约方赔偿损失的权利。故在约定违约金，且当事人认为约定的违约金过低的情况下，当事人有权选择主张违约金并申请调整违约金或者直接要求赔偿损失。最后，《最高人民法院关于适用〈中华人民共和国合同法〉若干问题的解释（二）》第二十八条规定，增加违约金以后，当事人又请求对方赔偿损失的，人民法院不予支持。本案中，魏某并非要求增加违约金，而是直接要求赔偿损失。综上，法院认为，本案中，魏某有权要求房地产公司就其违约行为赔偿损失。

关于魏某所主张的损失是否能够支持的问题。首先，依据《最高人民法院关于审理商品房买卖合同纠纷案件适用法律若干问题的解释》第十八条第二款的规定，合同没有约定违约金或者损失数额难以确定的，可以按照已付购房款总额，参照中国人民银行规定的金融机构计收逾期贷款利息的标准计算。本案中，魏某、房地产公司在合同补充协议中对违约金有明确约定。魏某主张房地产公司的违约行为给其造成的实际损失包括房产价值损失、有无房产证的房屋价值差异、占用资金无法购房的损失以及因不能出售涉案房屋以致资金困难使另行购房违约的损失等，而据其陈述，上述损失并非均数额难以确定，故魏某主张的损失数额的计算方式，缺乏合同依据和法律依据。其次，魏某就其主张的损失应承担举证责任，但其提供的现有证据不足以证明其主张。故本案中，魏某要求房地产公司赔偿损失的请求，法院不予支持。

综上所述，魏某的上诉请求不能成立，应予驳回；一审判决实体处理正确，应予维持。

北京市第二中级人民法院依照《中华人民共和国民事诉讼法》第一百七十条第一款第一项规定，作出如下判决：

驳回上诉，维持原判。

【法官后语】

本案涉及对《中华人民共和国合同法》第一百一十四条的理解和适用。

《中华人民共和国合同法》第一百一十四条第一款、第二款规定，当事人可以约定一方违约时应当根据违约情况向对方支付一定数额的违约金，也可以约定因违约产生的损失赔偿额的计算方法。约定的违约金低于造成的损失的，当事人可以请求人民法院或者仲裁机构予以增加；约定的违约金过分高于造成的损失的，当事人可以请求人民法院或者仲裁机构予以适当减少。一审法院认为，该条款赋予了当事人可以约定违约金数额以及约定违约损害赔偿数额计算方式的权利，并赋予了当事人在约定的违约金数额过高或过低的情况下调整的权利，依据该条款，当事人在认为约定的违约金过低的情况下，其救济途径是请求法院调高违约金的数额，而非放弃违约金要求赔偿损失。对此，二审法院和笔者持不同意见。首先，我国合同法明确规定，就违约行为，当事人有权要求违约当事人以赔偿损失的方式承担违约责任；其次，法无禁止即自由，该条是授权性条款，而非禁止性条款，不管是从文义还是立法本意来看，均没有否定当事人就违约方的违约行为直接主张赔偿损失的权利。而综观我国合同法及其司法解释，其中亦未规定，在合同双方已约定违约金的情况下，当事人即丧失了要求违约方赔偿损失的权利。对于当事人有关违约金和损害赔偿之间权利的否定，《最高人民法院关于适用〈中华人民共和国合同法〉若干问题的解释（二）》第二十八条中规定了不支持赔偿损失的情形，但该条适用的前提是在当事人依照合同法第一百一十四条第二款的规定，请求人民法院增加违约金以后，当事人又请求对方赔偿损失，而本案是魏某放弃主张违约金，直接主张赔偿损失，明显本案不适用该条，且笔者认为，根据该条对当事人要求赔偿损失这一权利的否定，是因当事人因违约行为造成的损失已通过增加违约金的方式得到救济，而并不取决于合同约定了违约金。故在合同约定违约金的情况下，守约人在通过估算损失，得出合同约定的违约金不足以弥补损失的情况下，有权放弃调高的权利，而直接要求违约当事人就其违约行为赔偿损失。

需要指出的是，法律赋予当事人约定一定数额违约金的本意在于尊重当事人意思自治，督促当事人履行合同，并事实上免除了守约方对其要求违约方承担赔偿的举证责任。若守约方认为约定的违约金相较于实际损失过低，要求增加违约金或者直接要求赔偿实际损失，则应该承担举证责任，否则需承担不利的法律后果。本案中，二审法院虽肯定了魏某的权利，但未支持魏某的诉讼请求，即基于此。

随着我国民法典的颁布，我国合同法及相关司法解释虽已废止，但第一百一十四条规定被《中华人民共和国民法典》第五百八十五条吸收，仅是相关表述更加严谨准确，即“当事人可以请求人民法院或者仲裁机构”修改为“人民法院或者仲裁机构可以根据当事人的请求”。修正后的《最高人民法院关于审理商品房买卖合同纠纷案件适用法律若干问题的解释》中的相关规定内容与修正前亦无变化。

编写人：北京市第二中级人民法院　王艳芳

107　商品房的交付是否应以人防、燃气等设施的验收合格为要件

——邱某东、吴某梅诉房地产公司商品房预售合同案

【案件基本信息】

1. 裁判书字号

福建省泉州市中级人民法院（2017）闽05民终6730号民事判决书

2. 案由：商品房预售合同纠纷

3. 当事人

原告（上诉人）：邱某东、吴某梅

被告（上诉人）：房地产公司

【基本案情】

2014年4月2日，邱某东、吴某梅以总价957942元向房地产公司购买案涉房屋。双方签订《商品房买卖合同》及数份附件，其中《商品房买卖合同》第八条约定：房地产公司应当在2016年8月31日前，将同时符合下列各项约定条件的商品房交付使用：1. 经建设单位依法组织勘察、设计、施工、监理等单位竣工验收合格和消防验收合格；2. 该商品房所在建筑物管道燃气、消防等设施达到设计要求条件；3. 小区内部绿化、环卫等公共配套建筑、

基础设施按规划设计要求建设完成；4. 如遇下列特殊原因，房地产公司可据实予以延期……（3）遇日降雨量10毫米以上降雨、六级以上大风（含六级）、台风及其他自然灾害等。第十一条约定：商品房达到交付使用条件后，房地产公司应当书面通知业主办理交付手续。交接时，房地产公司应当出示有关证明文件原件，提供《住宅质量保证书》和《住宅使用说明书》。附件6第五条约定：竣工验收备案手续可在交房后向政府主管部门办理。2016年6月14日，泉州市洛江区人民防空办公室对讼争楼盘防空地下室施工图防护设计作出批复。当年10月10日，讼争楼盘竣工验收。同月24日，房地产公司发出交房须知，通知业主于次月的26日至30日与其办理交房手续。11月17日，讼争楼盘经消防验收合格。12月16日，房地产公司在报纸上刊登公告，通知业主7日内办理交房手续。2017年2月25日，讼争楼盘燃气建设项目竣工验收。同年3月10日，房地产公司向邱某东、吴某梅发出告知函，要求二人收到通知之日起7日内办理交房手续。邱某东、吴某梅于次日收到该告知函。2017年5月27日，泉州市规划局对讼争楼盘人防地下室给予规划核实。

【案件焦点】

讼争商品房是否达到交付条件及何时达到交付条件。

【法院裁判要旨】

福建省泉州市洛江区人民法院经审理认为：本案符合合同约定可以延期交房的天数为100天，房地产公司据此可延长至2016年12月9日交房，但其未能在当日将商品房交付给邱某东、吴某梅使用，应认定自2016年12月10日起构成违约。房地产公司于2016年10

月24日、12月16日发出的交房通知和公告，因期间内讼争楼盘未经消防和燃气建设工程验收，不符合交付条件，故均不发生法律效力。2017年3月11日，邱某东、吴某梅在收到房地产公司的书面通知后未能在七日内办理交房手续，相关责任应由其承担，讼争商品房于2017年3月17日视为完成交付。

福建省泉州市洛江区人民法院依照《中华人民共和国合同法》第八条、第一百零七条、第一百一十四条第一款，《中华人民共和国民事诉讼法》第六十四条，《最高人民法院关于适用〈中华人民共和国民事诉讼法〉的解释》第九十条之规定，作出如下判决：

一、房地产公司应将《住宅质量保证书》《住宅使用说明书》交付给邱某东、吴某梅；

二、房地产公司应于判决生效之日起十日内向邱某东、吴某梅支付自2016年12月10日至2017年3月17日逾期交房违约金4693.92元；

三、驳回邱某东、吴某梅的其他诉讼请求。

双方当事人不服一审判决，均提起上诉。

福建省泉州市中级人民法院经审理认为：本案符合合同约定可以延期交房的天数为114天，即房地产公司可延长至2016年12月23日交房。一审对此认定有误，予以纠正。讼争房产分别于2016年的10月8日、11月17日取得《竣工验收报告》《建设工程消防验收意见书》，说明房地产公司已于2016年10月8日通过建设、设计、施工、监理四家联合组织的竣工验收，并于同年11月17日通过消防验收，达到了合同约定的交房条件。邱某东、吴某梅虽主张讼争房产还需完成燃气、人防、消防、环保等综合竣工验收才符合交房条件，但合同中就燃气、人防、绿化等配套设施的约定为“达到设计要求”，而非经过验收方可交房，且《建设项目环境保护管理条例》规定“配套建设的环境保护设施”应经环保验收，但并未规定小区绿化建设验收是民用建筑交付使用的法定条件，相关法律也未规定城市人防建设工程为新建民用建筑交付使用的法定条件，根据《竣工验收报告》中载明的内容及房地产公司提交的照片，讼争房产所属工程项目均已按图纸设计要求完成施工建设，故上述配套设施应视为自竣工验收通过之日即2016年11月17日起已达到交付条件。房地产公司于2016年10月24日发出《交房通知书》，通知邱某东、吴某梅于次月的26日至30日到房地产公司办理交房手续，系在顺延交房期间内履行双方约定的交付义务，但邱某东、吴某梅未在通知的时间内与房地产公司办理交接手续，故应认定讼争房屋已于2016年11月30日完成交付。

2018年2月22日，福建省泉州市中级人民法院依照《中华人民共和国民事诉讼法》第一百七十条第一款第二项之规定，作出如下判决：

一、维持福建省泉州市洛江区人民法院民事判决第一项；

二、撤销福建省泉州市洛江区人民法院民事判决第二项、第三项；

三、驳回邱某东、吴某梅一审的其他诉讼请求；

四、驳回房地产公司的其他上诉请求。

【法官后语】

对于商品房交付使用的法定条件或者说强制性标准，主要有以下三种观点：一是建筑工程验收合格论，主张商品房经建设单位组织设计、施工、工程监理等有关单位对建筑工程进行竣工验收合格后，即符合交付条件。二是项目竣工验收合格论，认为商品房的交付除经建设单位组织的竣工验收外，还须符合经工程质量监督、规划、消防、人防等有关部门的验收合格为要件。三是综合验收合格论，认为商品房的竣工应进行单项工程的工程质量、城市规划设计条件的落实情况、物业管理的落实情况等综合验收。

以案件处理时有效的法律、行政法规为依据进行评价，笔者主张采建筑工程验收合格论，本案中二审法院亦是以此为依据进行裁判的。主要理由有：根据《城市房地产开发经营管理条例》第十七条规定："房地产开发项目竣工，依照《建设工程质量管理条例》的规定验收合格后，方可交付使用。"以及《建设工程质量管理条例》第十六条第一款规定："建设单位收到建设工程竣工报告后，应当组织设计、施工、工程监理等有关单位进行竣工验收。"第四十九条规定："建设单位应当自建设工程竣工验收合格之日起15日内，将建设工程竣工验收报告和规划、公安消防、环保等部门出具的认可文件或者准许使用文件报建设行政主管部门或者其他有关部门备案。建设行政主管部门或者其他有关部门发现建设单位在竣工验收过程中有违反国家有关建设工程质量管理规定行为的，责令停止使用，重新组织竣工验收。"可知，建设工程竣工验收是以建设、设计、施工、监理四家联合验收为标准的。而规划、环保等部门的认可文件以及备案，是建设等行政部门行使管理权的一种方式，不属于竣工验收的范畴。至于商品房经竣工验收合格后如何备案，当事人可以自行约定。此外，《中华人民共和国人民防空法》也没有规定城市新建民用建筑需经过人防部门验收后方可交房。

本案中，鉴于双方当事人仅约定商品房的交付应经竣工验收合格和消防验收合格，竣工验收备案手续可在交房后向政府主管部门办理。故在讼争楼房经竣工和消防验收合格情况下，二审法院认定讼争商品房于2016年11月17日达到交付条件，并对邱某东、吴某梅关于未经燃气、人防、环保等综合验收不符合交房条件的主张不予采纳，是正确的。

编写人：福建省泉州市洛江区人民法院 林前枢

108 如何认定《商品房预售合同》的性质

——视讯公司诉投资公司一般合同案

【案件基本信息】

1. 裁判书字号

最高人民法院（2012）民一终字第85号民事判决书

2. 案由：一般合同纠纷

3. 当事人

原告（上诉人）：视讯公司

被告（上诉人）：投资公司

【基本案情】

2007年12月19日，视讯公司与投资公司签订《A地室外全彩色LED显示屏设计、制造、安装合同（交钥匙项目）》（以下简称《承揽合同》）。约定：投资公司委托视讯公司就其A地室外全彩色LED显示屏进行设计、制作、安装，合同总价款为10335.73万元。2007年12月21日，投资公司与视讯公司签订了六份《商品房预售合同》，约定：出卖人投资公司，买受人视讯公司，房屋总价为10335.73万元，付款方式及期限见双方另行签订的《补充协议书》。2007年12月19日，投资公司与视讯公司签订

《补充协议书》，约定：视讯公司按照《承揽合同》约定完成交钥匙项目并交付投资公司使用，方可视为视讯公司已履行完毕《商品房预售合同》项下的全部付款义务。《承揽合同》《商品房预售合同》为两个独立的合同。如果投资公司于2009年3月30日将《承揽合同》约定的工程款10335.73万元汇至视讯公司则《商品房预售合同》解除，否则，视讯公司有权选择解除或继续履行《商品房预售合同》。2008年2月1日，视讯公司开工承建A地LED显示屏，在工程建设完成及验收后，投资公司未向视讯公司支付工程款。视讯公司起诉请求法院判令投资公司立即向其交付《商品房预售合同》项下的六套房产并承担违约金等。

【案件焦点】

如何认定《承揽合同》《商品房预售合同》《补充协议书》三者的关系，特别是《商品房预售合同》的性质。

【法院裁判要旨】

北京市高级人民法院经审理认为：三份合同系双方真实意思表示，均合法有效，《承揽合同》和《商品房预售合同》通过《补充协议书》发生联系，三份合同构成一个法律关系整体。《商品房预售合同》及《补充协议书》并不具有《中华人民共和国担保法》和《中华人民共和国物权法》规定的相关担保方式的法律特征和形式，故对投资公司关于《承揽合同》与《商品房预售合同》之间系主从合同关系的抗辩理由不予采信。结合《承揽合同》《商品房预售合同》《补充协议书》的约定，投资公司的主要义务在于按照约定期限向视讯公司支付工程款，否则应当根据视讯公司的要求交付房屋并支付违约金。根据《补充协议书》约定，投资公司应于2009年3

月30日前向视讯公司支付《承揽合同》约定的工程款。但投资公司未按照约定履行付款义务，已经构成违约，应当承担相应违约责任。

北京市高级人民法院依照《中华人民共和国合同法》第八条、第六十条、第一百零七条、第一百二十条之规定，作出如下判决：

一、投资公司于判决生效之日起十日内向视讯公司交付《商品房预售合同》项下的六套房产，并以投资公司承担全部费用和税款的方式为视讯公司办理房产过户登记手续；

二、驳回视讯公司的其他诉讼请求；

三、驳回投资公司的其他诉讼请求。

视讯公司和投资公司均不服一审判决，提出上诉。

最高人民法院经审理认为：一审判决认定事实基本清楚、适用法律正确，在查明投资公司按照合同约定需要向视讯公司支付的违约金数额远远高于视讯公司应当向投资公司支付的违约金数额的基础上，考虑到视讯公司依照合同约定取得投资公司依据《商品房预售合同》交付的房屋后，足以弥补其工程款及其利息损失，故酌情判令投资公司向视讯公司交付案涉六份《商品房预售合同》项下房屋，并以投资公司承担全部费用和税款的方式为视讯公司办理房产过户登记手续，并无不当。《商品房预售合同》不属于《承揽合同》的担保合同，不因违反《中华人民共和国物权法》有关流押的规定而无效。

最高人民法院依照《中华人民共和国民事诉讼法》第一百五十三条第一款第一项之规定，作出如下判决：

驳回上诉，维持原判。

【法官后语】

对于《承揽合同》《商品房预售合同》《补充协议书》三者的关

系及性质问题，一、二审法院的认识是一致的，即三份合同系双方真实意思表示，均合法有效。《承揽合同》和《商品房预售合同》通过《补充协议书》发生联系，三份合同构成一个法律关系整体。视讯公司完成《承揽合同》约定的合同义务，视为履行完毕其在《商品房预售合同》中所应承担的交付购房款的全部义务。一审法院从履行《承揽合同》的角度出发，认为投资公司向视讯公司交付《商品房预售合同》项下房屋为投资公司的一种附条件的付款方式和义务，二审法院则从履行《商品房预售合同》的角度出发，认为《商品房预售合同》是一个附解除条件的合同。但一、二审法院均认为，《商品房预售合同》是否能够得到履行，应以投资公司能否依约于2009年3月30日向视讯公司支付10335.73万元工程款为条件。也就是说，在视讯公司履行了《承揽合同》项下义务的情况下，投资公司应依约于2009年3月30日向其支付工程款10335.73万元，只要投资公司将该笔工程款付给视讯公司，则该《商品房预售合同》自动解除。如果投资公司没有依约付款，则视讯公司对是否继续履行《商品房预售合同》享有选择权，其既可以选择继续向投资公司追索工程款，也可以选择请求投资公司履行六份《商品房预售合同》，依约向其交付房屋。

对于如何认定《商品房预售合同》的效力，一、二审法院均认定其合法有效。

一审法院认为，双方在《补充协议书》中已经明确约定《承揽合同》与《商品房预售合同》系相互独立的两个合同，二者内容不同，且《商品房预售合同》及《补充协议书》并不具有相关担保方式的法律特征和形式，故对投资公司关于《承揽合同》与《商品房预售合同》之间系主从合同关系的抗辩理由不予采信。

二审法院认为，法律有关禁止“流押”“流质”的条款，其立法本意在于避免债权人乘债务人之危，要求以高价值的财产为低价值的债务提供担保，在债务人无力偿还债务时直接取得担保财产所有权，因此获取高额利益，产生不公平的结果，但本案则并不存在上述情形。理由是：第一，视讯公司在签订《商品房预售合同》和《补充协议书》时没有乘投资公司之危，双方是经过充分协商的。视讯公司以垫付全部工程款的方式为投资公司建造A地的室外全彩色LED显示屏，投资公司因此成为视讯公司的债务人。投资公司如果无力支付工程款，则完全可以通过调整工程量、品质等方式来减少工程款数额。如果投资公司不愿意向视讯公司交付房屋，其完全可以依合同约定支付工程款使该《商品房预售合同》解除。对此，视讯公司只能依约接受。所以视讯公司不存在乘投资公司之危，迫使其签订以高价值财产为低价值债务提供担保的合同的情形。第二，双方签订的上述三份合同，确有通过《商品房预售合同》中视讯公司购房款支付方式的约定，为视讯公司收取《承揽合同》项下工程款担保的意愿，但《商品房预售合同》并非抵押担保合同，不具备抵押合同的法律要素。首先，担保合同以担保主债务的履行为条件，是主合同的从合同，与主合同是一个整体。主合同无效，担保合同也归于无效。但双方在《补充协议书》中明确约定，《承揽合同》与《商品房预售合同》均为独立的合同，因一个合同的履行产生纠纷，不影响另一个合同的履行，显然，二者之间并非主从关系。《商品房预售合同》并未约定在投资公司未依约支付工程款的条件下，视讯公司自动取得该合同项下的六套房屋，而是约定在此种情况下，视讯公司取得了选择权，其既可以选择向投资公司继续追索工程款，也可以选择要求投资公司履行《商品房预售合同》。这与流押合同的特征之一，在债务人无力偿还债务时，债权人直接取得担保财产所有权是有明显区别的。

综上，一、二审法院认定《商品房预售合同》不属于《承揽合同》的担保合同，不因违反有关禁止流押的规定而无效。投资公司应当按照合同约定承担相应责任。

需要说明的是，《中华人民共和国民法典》第三百八十八条对担保合同与主合同的关系，第四百零一条对流押进行了规定，《最高人民法院关于审理民间借贷案件适用法律若干问题的规定》第二十三条对当事人以订立买卖合同作为民间借贷合同的担保进行了规定，《全国法院民商事审判工作会议纪要》第七十一条对让与担保进行了规定。

编写人：北京市高级人民法院　杨绍煜

（三）商品房销售合同纠纷

1. 合同的生效

109　一方未当场签章的商品房买卖合同效力与违约责任的认定

——房地产公司诉苏某洁商品房销售合同案

【案件基本信息】

1. 裁判书字号

江苏省无锡市中级人民法院（2017）苏02民终2378号民事判决书

2. 案由：商品房销售合同纠纷

3. 当事人

原告（上诉人）：房地产公司

被告（被上诉人）：苏某洁

【基本案情】

2015年11月14日，房地产公司（甲方）与苏某洁（乙方）签订认购书，约定：苏某洁向房地产公司认购案涉房屋，认购价为922337元；定金10000元必须于签署本认购书时付清（乙方与甲方签署商品房买卖合同及其补充协议书及一系列附件、附录等合同文件并支付第一期楼款时转作第一期楼款的一部分）；第一期楼款：10000元须于2015年11月14日前付清（含定金）；第二期楼款：222337元须于2015年12月17日前付清；第三期楼款：690000元须于2016年1月17日前付清；甲乙双方一致同意乙方与甲方签署商品房买卖合同及其附件、附录等合同文件并缴付第一期楼款的时间为2015年12月17日，乙方应于该时间携带本认购书、身份证明及本认购书的第一期楼款到销售中心与甲方签署上述合同文件及办理相关手续；因乙方未在本认购书约定的时间到销售中心与甲方签约或因乙方违反本条任一约定或因乙方的其他任何原因导致上述合同文件在本认购书约定的时间没能签署的，甲方不予返还乙方已付的定金；乙方确认认购书所记载的地址为乙方的送达地址，乙方如更改上述联系地址或电话，应立即书面通知甲方，如因未能及时通知甲方而造成的一切相应后果，由乙方承担。

苏某洁在房地产公司提供的商品房买卖合同及补充协议落款买受人处签名。商品房买卖合同约定，苏某洁向房地产公司购买预售商品房，交付期限为2016年12月30日；商品房为欧诺亚城市花园房屋，总价922337元；买受人付款方式及期限按补充协议书第二条第3种方式约定；买受人逾期付款超过90日后，出卖人有权解除合同；出卖人解除合同的，买受人按累计应付款的15%向出卖人支付违约金；出卖人应当在2016年12月30日前，依照国家和地方人民政府的有关规定，将经综合验收合格并符合合同约定的商品房交付买受人使用；由于买受人原因，未能按期交付房屋的，双方同意视为出卖人已按期交房；合同连同附件共12页，一式五份，具有同等法律效力，合同持有情况如下：出卖人二份，买受人一份，房管局一份，银行一份。商品房买卖合同补充协议第二条关于付款方式及期限载明银行按揭分期付款：1. 出卖人出售给买受人该商品房的总房价款为922337元；2. 买受人必须在签订商品房买卖合同时付该商品房总价款的1.08%给出卖人，即9961元；3. 买受人必须在2015年12月17日前付该商品房总价款的24.11%给出卖人，即222375元，并向贷款银行办理按揭申请手续；4. 买受人必须在2016年1月17日前付该商品房总价款的74.81%给出卖人，即690000元。商品房买卖合同、商品房买卖合同补充协议等合同文件中未有签订日期。房地产公司虽在本案审理中将由其盖章的合同提交法庭，但承认苏某洁在上述合同中签名时他公司未盖章，且他公司并未将上述合同文件原件交付苏某洁，合同也并未备案。

2016年5月7日，房地产公司委托律师事务所向苏某洁快递邮寄律师函，催付拖欠的楼款912337元并主张违约金19807.7元。2016年5月9日，律师函妥投。

【案件焦点】

1. 商品房买卖合同是否成立；2. 房地产公司是否有权解除合同；3. 房地产公司能否依据商品房买卖合同的违约责任条款要求苏某洁支付违约金 138350 元。

【法院裁判要旨】

江苏省江阴市人民法院经审理认为：当事人采用合同书形式订立合同的，自双方当事人签字或者盖章时合同成立。商品房销售时，房地产开发企业和买受人应当订立书面商品房买卖合同。房地产公司提供了有苏某洁签名的《商品房买卖合同》及其补充协议，但合同及补充协议上并无合同签订时间，房地产公司诉称苏某洁于 2015 年 11 月 14 日在《商品房买卖合同》及其补充协议上签名，但该诉称与双方在认购书中关于合同签署时间为 2015 年 12 月 17 日的约定并不相符，且房地产公司承认在苏某洁于《商品房买卖合同》及其补充协议上签字时他公司并未当场盖章，故不能认定 2015 年 11 月 14 日或 12 月 17 日为《商品房买卖合同》及其补充协议成立的时间。当事人订立合同，采取要约、承诺方式，承诺通知到达要约人时生效，承诺生效时合同成立。房地产公司承认他公司盖章后未将合同及补充协议原件交付苏某洁。房地产公司于 2016 年 5 月 7 日向苏某洁在认购书上确认的送达地址发出了催款函并于 2016 年 5 月 9 日被签收，表明房地产公司已就《商品房买卖合同》及其补充协议的成立与苏某洁达成了合意，可以认定《商品房买卖合同》及其补充协议于 2016 年 5 月 9 日成立。

在履行期限届满之前，当事人一方明确表示或者以自己的行为表明不履行主要债务的，当事人可以解除合同。苏某洁在支付了定金后一直未支付购房款，其在收到房地产公司的催款函后一直未与房地产公司联系，房地产公司起诉后，经法院传票传唤亦无正当理由拒不到庭，可以认定苏某洁以自己的行为表明不履行主要债务，房地产公司有权解除合同。后苏某洁到庭陈述她同意解除合同，未对房地产公司行使解除权提出异议。当事人一方行使解除权的，应当通知对方，合同自通知到达对方时解除。苏某洁于2017年2月23日收到房地产公司的起诉状副本，可以视为解除合同的通知已到达苏某洁处，《商品房买卖合同》及附件、附录自通知到达之日即2017年2月23日解除。

合同解除后，尚未履行的，终止履行；已经履行的，根据履行情况和合同性质，当事人可以要求恢复原状、采取其他补救措施，并有权要求赔偿损失。《商品房买卖合同》及其补充协议成立时间2016年5月9日明显滞后于合同补充协议中约定的最后付款期限2016年1月17日，合同补充协议中关于购房款付款期限的约定实际上已不能履行，房地产公司与苏某洁并未就付款期限另行约定，应视为双方关于购房款的付款期限约定不明确，苏某洁应在房地产公司交付房屋的同时支付购房款。双方约定出卖人应当在2016年12月30日前交付房屋，由于买受人原因，未能按期交付房屋的，双方同意视为出卖人已按期交房。苏某洁在收到房地产公司的催款函后一直未与房地产公司联系，亦未支付购房款，由于苏某洁的原因房地产公司于2016年12月30日前无法按期交房，按照双方约定应视为出卖人已按期交房，苏某洁应于2016年12月30日前支付购房款，但苏某洁并未支付，已构成逾期付款，应当承担赔偿损失等违约责任。

约定的违约金过分高于造成的损失的，当事人可以请求人民法院或者仲裁机构予以适当减少。当事人以约定的违约金过高为由请求减少的，应当以违约金超过造成的损失30%为标准适当减少。苏某洁陈述她不同意支付这么多违约金。按照双方的约定，苏某洁向房地产公司支付违约金为135350.55元（902337元×15%=135350.55元），该违约金数额远远超过按照未付购房款902337元自逾期付款之日（即2016年12月31日）起至合同解除之日（即2017年2月23日）止按中国人民银行规定的金融机构计收逾期贷款利息的30%，故对违约金予以适当调整，苏某洁应向房地产公司支付的违约金为按照未付购房款902337元自2016年12月31日起至2017年2月23日止按中国人民银行规定的金融机构计收的逾期贷款利息的1.3倍计算的利息损失。合同解除后，房地产公司应向苏某洁返还其支付的20000元。由于按照未付购房款902337元自2016年12月31日起至2017年2月23日止按中国人民银行规定的金融机构计收的逾期贷款利息的1.3倍少于20000元，苏某洁表示如不承担这么多违约金则她可要求不返还20000元，系其对自身权利的处分，故苏某洁应向房地产公司给付的违约金与房地产公司应向苏某洁返还的款项相互抵销，《商品房买卖合同》及附件、附录解除后，苏某洁不再向房地产公司支付任何款项，房地产公司亦无需向苏某洁返还任何款项。

江苏省江阴市人民法院依照《中华人民共和国合同法》第十三条、第二十五条、第二十六条、第三十二条、第九十四条、第九十七条、第一百一十四条、第一百一十五条、第一百六十一条，《最高人民法院关于审理商品房买卖合同纠纷案件适用法律若干问题的解释》第十六条、第十七条，《中华人民共和国民事诉讼法》第一百四十四条之规定，作出如下判决：

一、解除房地产公司与苏某洁签订的《商品房买卖合同》及附件、附录；

二、驳回房地产公司的其他诉讼请求。

房地产公司不服一审判决，提起上诉。

江苏省无锡市中级人民法院经审理认为：1.《最高人民法院关于审理商品房买卖合同纠纷案件适用法律若干问题的解释》第五条规定，商品房的认购、订购、预订等协议具备《商品房销售管理办法》第十六条规定的商品房买卖合同的主要内容，并且出卖人已经按照约定收受购房款的，该协议应当认定为商品房买卖合同。苏某洁与房地产公司于2015年11月14日签订认购书，该认购书就当事人名称、商品房基本情况、销售方式、价格、付款方式、交付日期等作了约定，其约定的标的物明确，内容翔实，该协议书已经具备了商品房买卖合同的主要内容，苏某洁业已支付部分购房款项，故该认购书应当认定为商品房买卖合同。苏某洁应按照认购书约定的付款时间按时足额付款，现苏某洁未能按照认购书约定的时间支付购房款，已构成违约。

2. 房地产公司提供的逾期付款违约金明细中将苏某洁于2014年8月16日支付给房地产公司的10000元确认为本案房屋的定金，房地产公司认为上述10000元的收款单位并非该公司，逾期付款违约金明细将苏某洁支付给房地产公司的款项记载为本案购房款项系电脑数据记录错误，但该陈述不足以推翻其向法院提交的逾期付款违约金明细中关于该10000元的自认。上述10000元应认定已经转化为案涉房屋的购房款。

3. 违约责任如何确定。房地产公司主张依据商品房买卖合同的约定，苏某洁应按照累计应付款的15%计算违约金，对此，苏某洁并不认可。对房地产公司的上述主张，不予支持。理由是：《中华人民共和国合同法》规定，承诺应当以通知的方式作出，且应当在要约确定的期限内到达要约人。本案中，根据认购书的约定，房地产公司与苏某洁应于 2015 年 12 月 17 日签署商品房买卖合同，但苏某洁已于 2015 年 11 月左右先行在商品房买卖合同上签字，并将合同交与房地产公司，应视为苏某洁已完成要约；此时房地产公司并未在合同上签章，根据双方认购书约定，房地产公司至迟应在 2015 年 12 月 17 日之前签署合同，签署完毕后应及时将合同原件交与苏某洁。但房地产公司在 2017 年 1 月 16 日提起本案诉讼之前未将双方签署的商品房买卖合同交与苏某洁，应视为房地产公司未能在合同约定的期限内完成承诺。因此，该商品房买卖合同中关于买受人逾期付款致合同解除需承担违约金的条款并未发生法律效力，不适用于本案处理违约责任，故对房地产公司要求苏某洁支付其违约金的请求，不予支持。

《中华人民共和国合同法》第一百一十三条规定，当事人一方不履行合同义务或者履行合同义务不符合约定，给对方造成损失的，损失赔偿额应当相当于因违约所造成的损失，包括合同履行后可以获得的利益，但不得超过违反合同一方订立合同时预见到或者应当预见到的因违反合同可能造成的损失。本案中，房地产公司未能就其损失进行主张，应当承担举证不能的法律后果。

合同解除后，房地产公司应当返还苏某洁购房款 20000 元，但苏某洁在本案审理过程中表示如不承担这么多违约金则她可要求不返还 20000 元，系苏某洁的真实意思表示，法院予以准许。

综上所述，房地产公司的上诉请求不能成立，一审判决结果正确，予以维持。

江苏省无锡市中级人民法院依照《中华人民共和国民事诉讼法》

第一百七十条第一款第一项之规定，作出如下判决：

驳回上诉，维持原判。

【法官后语】

在商品房销售活动中，房地产开发公司为提高销售效率往往安排买受人在约定的合同签署时间前预先在其提供的商品房买卖合同上签字，而房地产开发公司并不当场签字、盖章或交付合同原件。商品房买卖合同的内容包括付款期限、违约责任等，关乎合同双方的权利义务，法院应审慎审查要约、承诺的效力，以确定商品房买卖合同的效力以及相应的违约责任。

一、一方未当场签章的商品房买卖合同的效力

商品房销售时，房地产开发公司与买受人应当签订书面商品房买卖合同。书面合同自双方当事人签字或盖章时成立，但这并不意味着只要有当事人的签字或盖章书面合同就一定发生法律效力。合同的订立，是双方当事人相互磋商、达成合意的过程，只有当双方当事人意思表示达成一致时合同才成立。按照《中华人民共和国合同法》第十三条、第十四条、第十六条、第二十五条、第二十六条的规定，从本质上说，合同是否成立，是由要约、承诺是否生效决定的，《中华人民共和国民法典》亦延续了上述规定。为保障交易的安全和高效，要约人不可能长时间等待受要约人悬而未决的承诺，所以承诺应当在合理的期限内到达要约人，双方当事人有约定的从约定。

在商品房销售过程中，房地产开发公司销售人员与买受人就商品房交付、购房款支付磋商一致后，一般由房地产开发公司销售人员提供具有格式范本的商品房买卖合同，由买受人先行在合同上签字并将合同交还销售人员，事后再由房地产开发公司内部审批并签

字、盖章。如何认定房地产开发公司提供合同、买受人先行签字并交还合同以及房地产开发公司事后签章的行为，是认定商品房买卖合同效力的关键。首先，对于房地产开发公司提供商品房买卖合同的行为，不宜认定为要约行为。尽管房地产开发公司提供的商品房买卖合同包括当事人名称、商品房基本情况、付款时间、交付使用条件、违约责任等主要内容，但是商品房买卖合同系由房地产开发公司销售人员向买受人出示，买受人签字时合同并未有具有房地产开发公司代理权的人员签字或盖章，买受人签字后的合同仍需经过房地产开发公司的内部审批流程才能完成盖章，因此，买受人签字时销售人员提供的商品房买卖合同并非房地产开发公司确定的意思表示，买受人签字后合同仍具有房地产开发公司不予盖章的可能性，房地产开发公司提供合同的行为并不包含经受要约人承诺即受约束的意思，不应认定为要约。其次，对于买受人先行签字并交还合同的行为，应当认定为要约。房地产开发公司提供的商品房买卖合同内容具体明确，买受人在其上签字并交还合同的行为应是认可合同体现的内容、希望与房地产开发公司订立合同并愿意接受其约束的意思表示，是一种要约行为。最后，对于房地产开发公司事后签章的行为，应认定为承诺。房地产开发公司将买受人签字后的合同经过内部审批流程后签字、盖章是对买受人希望订立商品房买卖合同的同意和接受，是一种承诺行为。

本案中，苏某洁在房地产公司提供的商品房买卖合同上签字并交还合同，即向房地产公司发出了订立商品房买卖合同的要约。双方在订购书中约定了合同的签署时间，该签署时间为苏某洁在合同上签字的时间之后，该签署时间应当视为房地产公司的承诺期限。房地产公司未在约定期限内向苏某洁送达承诺的通知，承诺不生效。

即使不将双方订购书中约定的合同签署时间视为承诺期限，房地产公司在商品房买卖合同上盖章以后，既未通知苏某洁，也未将合同原件交与苏某洁，亦未进行合同登记备案，至其通过律师函将违约事项告知苏某洁距苏某洁签署合同已过去近半年，显然已经超过了应当作出承诺的合理期限，承诺不生效。房地产公司与苏某洁之间签订的订购书对当事人名称、商品房基本情况、付款期限等商品房买卖合同的主要内容作了较为详细的约定，且房地产公司收受了苏某洁按约支付的部分购房款，那么该订购书即视为双方当事人之间的商品房买卖合同。因此，以订购书为内容的商品房买卖合同在双方之间发生法律效力，房地产公司提供的商品房买卖合同中与订购书内容不一致的部分不发生法律效力。

二、买受人未按期付款的违约责任

《中华人民共和国合同法》第一百一十三条规定了违约损害赔偿的范围，《中华人民共和国民法典》第五百八十四条延续了上述规定。紧接着，《中华人民共和国合同法》第一百一十四条规定了违约金的认定规则，当事人可以约定一定数额的违约金或违约损失额的计算方法，《中华人民共和国民法典》第五百八十五条亦延续了上述规定。从上述条文的文义以及上下文关系来看，《中华人民共和国合同法》第一百一十三条是对合同法上违约损害赔偿的基本规定，第一百一十四条则是对当事人事先约定违约损害赔偿数额即违约金的特殊规定，违约金从本质上看应属于违约损害赔偿的范畴。从《中华人民共和国合同法》第一百一十三条、第一百一十四条的规定可以得出，违约损害赔偿需具备以下三个条件：一是当事人一方不履行合同义务或者履行合同义务不符合约定；二是当事人违约行为给对方造成损失；三是损失赔偿额不能超过一定的范围，应相当于因违约所造成的损失，包括可得利益，但不得超过违反合同一方订立合同时预见到或者应当预见到的因违反合同可能造成的损失。

本案中，苏某洁未按双方签订的订购书的约定按期支付剩余购房款，其行为已经构成违约。关于房地产公司主张苏某洁支付按商品房买卖合同中约定的累计应付款的15%计算违约金的诉讼请求能否支持的问题，主要从其依据的合同条款、主张的违约损失赔偿额的计算方法、是否存在损失三方面去考量。首先，在房地产公司依据的合同条款上，违约金条款系其提供的商品房买卖合同中的内容，由于该商品房买卖合同中关于违约责任的条款并不发生法律效力，所以不能依据该违约责任条款要求苏某洁支付违约金。其次，在房地产公司主张的违约损失赔偿额的计算方法上，即使撇开违约责任条款的效力问题，其主张的按累计应付款的15%计算违约损失赔偿额既没有相关的证据予以证明，也远远超过了《最高人民法院关于审理商品房买卖合同纠纷案件适用法律若干问题的解释》第十七条（2020年修正，现第十三条）规定的按照未付购房款总额参照中国人民银行规定的金融机构计收逾期贷款利息的标准计算的数额，故其主张的违约损失赔偿额的计算方法亦无依据支撑。最后，在房地产公司是否存在损失上，一方面其并未提供证据予以证明，另一方面其在苏某洁签署合同、收受苏某洁支付的定金以后长期未与苏某洁取得联系，未将合同登记备案，也未交付房屋，还存在将案涉房屋再次出售获利的可能性，故现有证据和事实无法证明房地产公司因苏某洁违约行为产生了损失，法院对其要求苏某洁支付违约金的诉讼请求不予支持。

编写人：江苏省江阴市人民法院　俞拥军　高雅静

110 当事人以通谋虚伪表示实施的民事法律行为的认定
——庞某慧诉朱某房屋买卖合同案

【案件基本信息】

1. 裁判书字号

浙江省台州市中级人民法院（2020）浙10民终2457号民事判决书

2. 案由：房屋买卖合同纠纷

3. 当事人

原告（被上诉人）：庞某慧

被告（上诉人）：朱某

【基本案情】

2019年5月7日，庞某慧与朱某签订《房屋买卖合同》一份，约定庞某慧将其一套房屋出售给朱某，房屋成交总价为175万元；朱某应于合同签订当日支付购房定金3万元，双方在2019年5月30日前办理过户手续后，朱某应付清剩余房款；双方同意在签订合同时各支付中介费1.75万元；若朱某未按期付清购房款或庞某慧未按期交付房产，每逾期一日，由违约方支付总房款万分之五的滞纳金。合同签订后，朱某向中介方蒋某支付3万元定金。2019年5月9日，朱某出具借条向蒋某借款135万元，庞某慧在该借条借款人处签名。同日，蒋某向庞某慧转账135万元，庞某慧用该笔款项偿还房屋贷款1307285.67元。

2019年5月9日，庞某慧、朱某办理结婚登记手续。2019年

5月10日，庞某慧、朱某以双方已登记结婚为由，签署将庞某慧单独所有的涉案房产约定为庞某慧、朱某共同共有的不动产约定书，双方将案涉房产变更登记为双方共同共有。同日，庞某慧、朱某又签署约定案涉房产为朱某单独所有、庞某慧放弃产权的不动产约定书，双方将涉案房产变更登记为朱某单独所有，两次变更登记均因婚约关系存续期间夫妻婚内房产所有权约定免征契税。2019年5月13日，庞某慧、朱某办理离婚登记手续，离婚协议书约定双方无共同债权债务，两人名下财产归各自所有。

案涉房产变更登记至朱某名下后，朱某以该房产抵押贷款归还蒋某借款130万元，另于2019年6月24日归还蒋某5.1万元。2019年12月9日，中介方出具收到中介费3.5万元的证明一份。

【案件焦点】

本案双方婚内变更房产登记行为效力如何认定。

【法院裁判要旨】

浙江省天台县人民法院经审理认为：行为人与相对人以虚假的意思表示实施的民事法律行为无效。以虚假的意思表示隐藏的民事法律行为的效力，依照有关法律规定处理。本案中，庞某慧与朱某于2019年5月7日订立买卖合同，于5月9日登记结婚，于5月10日约定涉案房屋为共同共有，同日又约定为朱某单独所有。房屋办理变更登记后，双方于5月13日登记离婚。综上可以确信庞某慧、朱某结婚后又离婚的目的系婚内变更房产登记，逃避税费。双方约定涉案房屋为共同共有，后又约定为朱某单独所有并非真实意思表示，应当认定无效，而双方真实的房屋买卖关系则是有效的，各方应当按约履行。因此，对原告要求支付尚欠房款及违约金的诉讼请求，予以支持。

浙江省天台县人民法院依照《中华人民共和国民法总则》第一百四十六条，《中华人民共和国合同法》第一百零七条、第一百六十一条之规定，作出如下判决：

一、限被告朱某于本判决生效之日起十日内支付原告庞某慧房款 38.75 万元及违约金（违约金以 38.75 万元为基数，按日万分之五从 2019 年 5 月 31 日起计算至履行完毕之日止）；

二、驳回原告庞某慧的其他诉讼请求。

朱某不服一审判决，提出上诉。

浙江省台州市中级人民法院经审理认为：本案双方于 2019 年 5 月 7 日订立买卖合同，于 5 月 9 日登记结婚，于 5 月 10 日约定涉案房屋为共同共有，同日又约定为朱某单独所有。房屋办理变更登记后，双方于 5 月 13 日登记离婚。在案证据中介方蒋某证实庞某慧想出通过结婚、离婚方式约定房产共有、单独所有进行避税，办理过户由翁某某带去；翁某某证实庞某慧在得知要交多少税后，跟其说了避税这个想法，并询问两夫妻在房产证上加名字要不要缴税，翁某某告知过不用缴税，后来由翁某某带双方办理了过户手续。且庞某慧与朱某前夫系朋友关系，在庞某慧与朱某所谓恋爱期间，朱某的前夫在与庞某慧的微信聊天中，也认可存在房屋买卖欠款，庞某慧微信发给朱某前夫称朱某为“你老婆”，故一审法院综合各方陈述认定双方结婚后又离婚的目的系婚内变更房产登记，逃避税费并无不当，对双方约定涉案房屋为共同共有，后又约定为朱某单独所有并非真实意思表示，应当认定无效，而双方真实的房屋买卖关系作为隐藏的民事法律行为则是有效的。朱某关于合同未实际履行、房产系庞某慧在婚内赠与的上诉理由不能成立。

浙江省台州市中级人民法院依照《中华人民共和国民事诉讼法》第一百七十条第一款第一项之规定，作出如下判决：

驳回上诉，维持原判。

【法官后语】

在民事案件的审理中，法官经常需要对当事人实施的民事法律行为进行效力判断。甄别当事人的真实意思表示，并正确认定民事法律行为的性质是作出裁判的前提。在认定民事法律行为效力时，要以客观事实为前提，仔细甄别，区分当事人虚假意思表示和隐藏的真实意思表示。

所谓通谋虚伪行为，是指作为意思表示的行为人与相对人有意思联络，并通谋以虚假的意思表示实施的民事法律行为，该民事法律行为以虚假表示掩盖了真实意思表示。一般来说，通谋虚伪表示行为包含了两个行为，一是伪装行为，二是隐藏行为。通谋虚伪行为，相对人对虚假的意思表示是明知的，而且双方认可表示于外部的伪装行为不发生效力。

关于通谋虚伪行为的效力，《中华人民共和国民法总则》第一百四十六条作了明确规定，行为人与相对人以虚假的意思表示实施的民事法律行为无效。《中华人民共和国民法典》第一百四十六条关于通谋虚伪无效与《中华人民共和国民法总则》第一百四十六条规定相同。本案中，庞某慧和朱某结婚后又离婚的目的系婚内变更房产登记，逃避税费，双方约定涉案房屋为共同共有，后又约定为朱某单独所有的意思表示，并非双方真实意思表示，而是双方虚假的意思表示，应当认定无效。双方之间的房屋买卖关系，是被上述虚假意思表示行为所掩盖、隐藏的，代表了庞某慧和朱某的真实意思表示。根据《中华人民共和国民法总则》第一百四十六条之规定，隐藏行为的法律效力依照相关法律规定处理。这里的相关法律规定，系关于民事法律行为效力的其他相关法律规定。具体到本案，双方之间的房屋买卖行为作为隐藏的民事法律行为，系双方的真实意思表示，内容不违反法律和行政法规的强制性规定，应当认定有效。

这种通谋虚伪意思表示，与受欺诈、胁迫或对方乘人之危情况下所作的意思表示有所区别，后者是意思表示不自由情况下作出的。通谋意思表示与因重大误解作出的意思表示不同，后者作出的意思表示虽然不一致，但不是故意的不一致。通谋虚伪表示和恶意串通也不相同，从主观方面看，通谋虚伪不一定存在恶意，可能存在多种原因，而恶意串通在主观上以存在恶意为前提；从外观方面看，通谋虚伪表现出来的意思表示是虚伪的，一般有被隐藏的真实意思表示，而恶意串通所作的意思表示不一定是虚伪的，也有可能是真实的意思表示，只是因损害国家、集体或者第三人利益而无效。

编写人：浙江省台州市天台县人民法院　金碧霞

111　未经相对人同意的合同权利义务概括转让之法律效力

——王某禹诉陶某、朱某房屋买卖合同案

【案件基本信息】

1. 裁判书字号

江苏省无锡市中级人民法院（2020）苏02民终4817号民事判决书

2. 案由：房屋买卖合同纠纷

3. 当事人

原告（反诉被告、被上诉人）：王某禹

被告（反诉原告、上诉人）：陶某、朱某

【基本案情】

2016年8月22日，王某禹与陶某及中介公司签订《房屋买卖合同》1份，约定由陶某将某小区一处房屋作价148万元出售给王某禹，陶某在收到首付款时交付房屋，余款由中介公司代办贷款。2016年8月31日，王某禹将首付款支付至中介公司；同日，中介公司办理了购房合同网上备案手续，将购房人变更为王某禹的妹妹王某珍，备案合同无双方签字。2016年9月8日，陶某与王某禹商定“因（陶某）腾空房屋有困难，故迟延至2016年12月交付房屋，其余均按合同约定办理”。2016年9月12日，陶某至中介公司领取首付款并提供了办理贷款需要的资料。2016年12月9日，王某珍与某银行签订《个人购房借款及担保合同》申贷100万元，中介公司将贷款合同发送给陶某。2016年12月23日，王某禹、王某珍、陶某以及中介公司至不动产登记部门办理产权过户未果。后三方至中介公司协商，谈及以王某禹的名义重新办理网签备案合同和重新办理贷款手续事宜，但未达成一致意见。2016年12月31日，中介公司向陶某发送《催告履行合同通知书》，催促陶某于2017年1月5日9点至约定地点与王某禹、王某珍办理过户手续，“如未能在约定时间到达视为违约，即视为不履行该买卖合同”。陶某口头回复中介公司“因备案事情未解决故不会去办理过户手续”。2017年1月19日，陶某向中介公司发送《再次催告配合撤销网签合同》1份，要求中介公司对违规网签合同作出书面说明，并于2017年1月23日三方一起前往撤销此网签合同，返还其房产证、土地证。2017年1月22日，陶某致电王某禹，让王某禹配合撤销网签合同，王某禹让其有事通过中介公司沟通。2017年2月5日，陶某通过中介公司通知王某禹因逾期支付购房款构成违约，其将扣除违约金、赔偿金后的剩余款项返还，相应房屋其将另行处置，并要求中介公司告知相关内容。

王某禹本诉要求陶某、朱某继续履行2016年8月22日签订的《房屋买卖合同》、协助其办理房屋过户手续；陶某、朱某抗辩合同已经解除并反诉要求王某禹支付其违约金29.6万元。诉讼中，王某禹提存未付款项110万元；王某珍明确不对案涉房屋提出主张。

【案件焦点】

1. 合同权利义务概括转让的法律效果是什么；2. 相对人不同意或不接受概括转让的后果如何承担。

【法院裁判要旨】

江苏省无锡市新吴区人民法院经审理认为：王某禹通过中介公司以王某珍的名义办理网签合同，且交易金额与原合同并不一致，后王某禹、王某珍亦向陶某表达将房屋过户于王某珍的意思表示，形成了原合同权利义务的概括转让。王某禹没有提供证据证明其事先或事后得到陶某的同意、追认，因此，该转让行为对陶某没有约束力。但是，合同相对方未同意合同权利义务的概括转让的法律后果并不能导致原合同的解除，而是仍然由原合同当事人按原合同的约定继续履行。王某禹与陶某所签订的《房屋买卖合同》所约定的权利义务尚处于未履行完毕状态，在双方存在争议的情况下，应当判决双方继续履行合同。

江苏省无锡市新吴区人民法院依照《中华人民共和国合同法》第六十条、第八十八条、第九十四条、第九十六条，《中华人民共和国民事诉讼法》第六十四条、第一百四十二条之规定，作出如下判决：

一、陶某、朱某于判决发生法律效力之日起三十日内腾空案涉房屋并交付王某禹；

二、陶某、朱某于判决发生法律效力之日起三十日内将案涉房屋不动产权证过户于王某禹，在办理过户手续中产生的费用由王某禹负担；

三、陶某、朱某履行完毕上述第一项、第二项判决义务后三日内至法院领取王某禹已提存的购房款 110 万元；

四、驳回陶某、朱某的反诉请求。

陶某、朱某不服一审判决，提起上诉。

江苏省无锡市中级人民法院经审理认为：依据案涉合同的约定，房款 110 万元由王某禹委托中介公司代办贷款，故陶某关于“王某禹应用现金付清余款、否则就是违约”的主张没有事实依据，不予支持。同时，贷款何时发放，并非涉案各方所能决定，王某禹是否逾期付款，应以贷款发放至王某禹账户起算为宜。因此，在未有证据显示王某禹取得贷款后逾期付款的情况下，对陶某、朱某的主张不予支持。王某禹将案涉合同的权利义务概括转让给王某珍，但该合同未得到陶某的认可，故对案涉合同不产生效力，案涉合同应被继续履行。故陶某、朱某的上诉请求不能成立。

江苏省无锡市人民法院依照《中华人民共和国民事诉讼法》第一百七十条第一款第一项之规定，作出如下判决：

驳回上诉，维持原判。

【法官后语】

在商品房销售、二手房买卖场合出现合同权利义务的概括转让情况是比较多见的，也有不少成功的实例。如将在商品房预售阶段签约的合同经过更名转售他人，又如在商品房销售或二手房买卖过程中由于贷款比例调整、贷款利率标准调整等因素而将合同买受主体变更至他人名下。将合同一方更名产生了签约对象的更换，其中潜伏着诸多风险隐患和不确定性因素，也与普遍认知和更宜接受的“合同相对性保持”观念发生碰撞，极易导致权利主张方式的偏向和失当。

一、关于合同权利义务概括转让的法律规定

《中华人民共和国民法典》第五百五十五条规定“当事人一方经对方同意，可以将自己在合同中的权利和义务一并转让给第三人”，同时还设定了概括转让应具备的条件包括：(1) 出让人与受让人在订立合同时具有相应的缔约能力；(2) 出让人与受让人就转让事宜达成合意；(3) 转让合同不违反法律或社会公共利益；(4) 合同内容必须确定及可能；(5) 合同权利须确定及可能；(6) 按照法律、法规规定，就转让权利义务履行必要的批准、登记等手续；(7) 概括转让事宜经对方当事人同意。合同权利义务一并转让，除当事人另有约定外，原则上转让的当事人一方退出合同关系，其当事人地位被第三人所取代，第三人成为新的当事人，享有当事人的所有权利，承担当事人的所有义务。

二、在“未经对方同意”时合同权利义务概括转让的法律后果和责任承担方式

在对方同意的情况下，概括转让的后果其实就是成立一份新的合同并在受让人与原合同的相对方产生约束力。只要事先未征得对方同意或事后未得到追认，“一方就不能摆脱其与对方之间的法锁，

仍要受到原合同的约束。此时，一方如有违约行为，就应承担违约责任；第三人不能取代一方在原合同中的地位，转让合同仅对一方与第三人产生拘束力①”。此时意味着非该转让合同不生效或者无效，只是该转让对债务人不发生效力。有观点追加认为“在经对方同意前，原合同权利义务主体不变更，权利义务的转移行为未生效”，特别是在第三人明示脱离该合同约束而不产生转让合同的效力时，合同相对方的同意与否就已经变得没有作用了，原合同的双方均应当回到原合同关系，任何一方都不能以此借口逃避合同责任，亦不能单独以此理由主张原合同的解除。如果因回转的概括转让行为已经引起连锁的其他违约情形，如因回转期限过长致原合同迟延履行期限达到违约情形的发生，而该违约情形符合合同约定或法律规定的违约责任承担条件，包括解除合同情形或者其他相对应的违约责任承担方式而被原合同的对方据以提出主张，但都不是基于概括转让本身直接产生的。

编写人：江苏省无锡市新吴区人民法院　严海涛

112　无真实意思表示的房屋买卖合同不成立

——张某兰诉杨某瑞房屋买卖合同案

【案件基本信息】

1. 裁判书字号

北京市第三中级人民法院（2019）京03民终12176号民事判决书

---

① 辛正郁：《对方同意在合同权利义务转让中的法律效果》，载《人民司法》2014年第1期。

2. 案由：房屋买卖合同纠纷

3. 当事人

原告（上诉人）：张某兰

被告（上诉人）：杨某瑞

【基本案情】

张某兰与杨某顺（已故）系夫妻，二人共生育三名子女即杨某瑞、杨某海、杨某莲。案涉房屋系杨某顺生前所在单位的公有住房。杨某顺去世后，案涉房屋于2001年12月30日登记在张某兰名下。2009年8月31日，张某兰与杨某瑞办理了《存量房屋买卖合同》网上签约手续。《存量房屋买卖合同》约定房屋成交价为19.4万元。2019年3月4日，张某兰将案涉房屋过户至杨某瑞名下。

张某兰认为，在《存量房屋买卖合同》上的出卖方签字处并非张某兰所签，过户亦并非张某兰的真实意思表示，杨某瑞利用一份根本不是张某兰签字的《存量房屋买卖合同》，欺骗张某兰将该诉争房屋过户到自己名下，故请求确认双方之间房屋买卖合同关系不成立。

【案件焦点】

张某兰与杨某瑞之间房屋买卖合同关系是否成立。

【法院裁判要旨】

北京市顺义区人民法院经审理认为：当事人采用合同书形式订立合同的，自双方当事人签字或者盖章时合同成立。采用合同书形式订立合同，在签字或者盖章之前，当事人一方已经履行了主要义务，对方接受的，该合同成立。本案中，《存量房屋买卖合同》出卖人处的签字并非由张某兰所签。实际上，杨某瑞并未将约定的购房款交付张某兰，张某兰也并未向杨某瑞交付房屋。张某兰、杨某瑞的行为并不符合正常的买卖合同要件，杨某瑞亦表示办理过户并非基于双方之间的买卖关系，而是其认为是房屋出资人也即实际所有权人，过户是为了名实相符。张某兰办理过户的行为，亦并非基于房屋买卖合同义务的履行。综上，一审法院认为双方并未达成一致的买卖案涉房屋的意思表示，该买卖合同不成立。但需要说明的是，《存量房屋买卖合同》成立与否和案涉房屋所有权的确认并非同一法律关系。

北京市顺义区人民法院依照《中华人民共和国合同法》第二十五条、第三十二条之规定，作出如下判决：

一、确认张某兰与杨某瑞于2009年8月31日签订的《存量房屋买卖合同》不成立；

二、驳回张某兰的其他诉讼请求。

张某兰、杨某瑞不服一审判决，均提出上诉。

北京市第三中级人民法院经审理认为：本案中，双方当事人均认可《存量房屋买卖合同》中出卖人处签字并非张某兰所签，且杨某瑞并未履行合同的主要义务给付购房款。故一审法院认定《存量房屋买卖合同》不成立并无不妥，法院予以维持。另外，就案涉房屋所有权一节，可另案解决。

北京市第三中级人民法院依照《中华人民共和国民事诉讼法》第一百七十条第一款第一项之规定，作出如下判决：

驳回上诉，维持原判。

【法官后语】

本案是一起办理房产过户手续后，一方以办理过户所依据的房屋买卖合同不成立为由，要求确认双方不存在真实的房屋买卖合同关系的纠纷。解决本案争议的关键在于，能否认定张某兰将房屋过户给杨某瑞的行为系对房屋买卖合同的实际履行。

《中华人民共和国合同法》第三十二条规定："当事人采用合同书形式订立合同的，自双方当事人签字或者盖章时合同成立。"第三十七条规定："采用合同书形式订立合同，在签字或者盖章之前，当事人一方已经履行主要义务，对方接受的，该合同成立。"根据上述规定，书面合同形式存在重大缺陷的，只要一方已经履行主要义务，对方接受，即可认定合同成立。房屋买卖合同是出卖人将房屋的所有权转移给买受人，买受人支付价款的合同。出卖人的主要合同义务是交付房屋，买受人的主要合同义务是支付房款。因此，在房屋买卖合同关系中，如买方已支付大部分购房款，卖方接受，主张合同成立的一方必须证明付款用途为购房，且房屋具体位置确定；如卖方已交付房屋，买方接收，主张合同成立的一方必须证明房屋系基于买卖目的所交付，且房屋价款能够确定。本案中，卖方张某兰并未在合同书上签字，买方杨某瑞未按照合同书约定支付购房款，其先前的出资行为并不构成对该份房屋买卖合同购房款支付义务的履行。杨某瑞虽在案涉房屋居住，但不能证明房屋系卖方张某兰为买卖目的所进行的交付。所以，无论从买方的角度来看，还是卖方的角度来看，双方均未实际履行《存量房屋买卖合同》。

张某兰配合办理房屋产权过户的行为并不当然构成对《存量房屋买卖合同》的实际履行。房屋产权过户基于的原因事实可能是买卖、继承、赠与等多种情况，产权过户是物权变动结果行为，根据

《中华人民共和国物权法》确定的物权变动原因与物权变动结果相区分的原则（《中华人民共和国民法典》第二百一十五条沿袭了该原则），张某兰办理房屋产权过户的行为，并不能直接倒推出是对房屋买卖合同债权债务关系的履行行为。杨某瑞曾自认办理过户并非基于房屋买卖，而是基于其为实际所有人，为了名实相符的陈述亦可佐证张某兰办理房屋产权过户的行为并非基于房屋买卖合同的履行。

综上，虽有书面的房屋买卖合同和张某兰事后的房屋过户行为，但双方实际并未就案涉房屋的买卖达成一致的意思表示，故张某兰与杨某瑞就案涉房屋不成立买卖合同关系。

另外，需要说明的是，第一，本案原告以确认房屋买卖合同不成立为由诉至法院，以期推翻房屋产权登记的效果，但房屋买卖合同成立与否和案涉房屋所有权的确认并非同一法律关系，虽然张某兰与杨某瑞签订的《存量房屋买卖合同》不成立，但因办理房屋产权变更登记属于设立物权的行为，系独立的法律行为，其有效与否并不以《存量房屋买卖合同》的成立或有效为条件。若双方当事人对房屋所有权的归属、内容具有分歧，可以通过确认所有权予以处理。

第二，就合同成立问题，《中华人民共和国民法典》颁布后，其第四百九十条第一款规定，当事人采用合同书形式订立合同的，自当事人均签名、盖章或者按指印时合同成立。在签名、盖章或者按指印之前，当事人一方已经履行主要义务，对方接受时，该合同成立。该规定将《中华人民共和国合同法》第三十二条、第三十七条所规定的内容合并吸收，同时增加了“按指印”的方式，二者之间并无实质性变化，故在本案例所涉及的合同成立方面，《中华人民共和国民法典》的颁布并无影响。

编写人：北京市顺义区人民法院　李永芝

113 出卖方能否依据标的房屋存在违法建筑主张房屋买卖合同无效

——顾某兰、李某友诉卫某智、万某霞房屋买卖合同案

【案件基本信息】

1. 裁判书字号

山东省济南市中级人民法院（2018）鲁 01 民终 3243 号民事判决书

2. 案由：房屋买卖合同纠纷

3. 当事人

原告（被上诉人）：顾某兰、李某友

被告（上诉人）：卫某智、万某霞

【基本案情】

李某友与顾某兰系同居关系，顾某兰与卫某智、万某霞夫妻二人均是造纸厂下岗职工，双方较为熟悉，2016 年 6 月 16 日双方达成口头买卖协议，约定卫某智、万某霞将其所有的造纸厂家属院房屋一处出卖给李某友、顾某兰。当天李某友、顾某兰将房款 87000 元交付给卫某智、万某霞，由卫某智出具收条一张，同时卫某智将房屋产权证书原件及房屋钥匙交付给李某友、顾某兰。双方均认可涉案房屋存在超出房屋产权证书记载的建筑面积之外的其他建筑。该部分建筑系卫某智于 2003 年私自对房屋进行的增建，并一直延续至今。此后李某友、顾某兰多次要求卫某智、万某霞协助办理房屋过户手续，卫某智、万某霞以涉案房屋存在违法建筑无法办理房屋过户手续为由，拒不配合办理过户手续。

【案件焦点】

1. 卫某智、万某霞能否依据标的房屋存在违法建筑，主张房屋买卖合同无效；2. 房屋买卖，仅有口头协议，未签订书面买卖合同，但已经实际履行的，是否应当认定房屋买卖合同关系成立。

【法院裁判要旨】

山东省济南市长清区人民法院经审理认为：《中华人民共和国合同法》第三十六条规定："法律、行政法规规定或者当事人约定采用书面形式订立合同，当事人未采用书面形式但一方已经履行主要义务，对方接受的，该合同成立。"本案房屋买卖合同虽为口头协议，但买受人李某友、顾某兰已支付购房款，卫某智、万某霞已经交付房屋，李某友、顾某兰也对房屋进行装修并入住至今，符合上述法律规定的情形，故涉案房屋买卖合同成立。双方均系完全民事行为能力人，涉案的房屋买卖口头协议系双方当事人真实意思表示，也不存在《中华人民共和国合同法》第五十二条规定的无效情形，应属有效。关于买卖合同能否继续履行的问题，即涉案房屋能否办理产权变更登记手续。卫某智、万某霞辩称因涉案房屋上存在超出房屋产权证书记载的其他建筑，致使涉案房屋无法办理过户手续。长清区法院认为涉案房屋上存在与房屋产权证书记载的内容不符的部分建筑，系卫某智、万某霞在出售房屋之前私自增建，卫某智、万某霞将房屋出售后，应依诚实信用原则，积极将涉案房屋存在的与房屋产权证书内容不符的部分建筑自行拆除后交付买受人，在卫某智、万某霞不主动拆除该部分建筑的情况下，该部分建筑已影响了房产变更登记，李某友、顾某兰有权利使房屋恢复至产权登记状态。李某友、顾某兰购买的是依据房屋产权证书登记记载的合法房屋，其在诉讼中也表示自愿将房屋恢复至产权登记状态，因此涉案房屋上存在的增建房屋既不是影响合同效力的合理事由，也不能成为卫某智、万某霞不履行协助办理房屋过户手续的借口。在李某友、顾某兰将房屋的四至、外观形状、建筑面积等恢复至产权登记状态并通过相关行政机关审查认可后，卫某智、万某霞应积极协助李某友、顾某兰办理房屋过户手续。

山东省济南市长清区人民法院依照《中华人民共和国合同法》第六条、第三十六条、第四十四条、第六十条第一款、第一百零七条之规定，作出如下判决：

一、李某友、顾某兰与卫某智、万某霞于 2016 年 6 月 16 日签订的房屋买卖口头协议合法有效；

二、卫某智、万某霞应于李某友、顾某兰将涉案房屋恢复至产权登记状态且经相关行政机关审查认可后积极协助李某友、顾某兰办理房产变更登记手续。

卫某智、万某霞不服一审判决，提起上诉。

山东省济南市中级人民法院经审理同意一审法院裁判意见，依照《中华人民共和国民事诉讼法》第一百七十条第一款第一项规定，作出如下判决：

驳回上诉，维持原判。

【法官后语】

一、口头房屋买卖合同是否有效

房屋买卖合同是典型的要式合同，且所涉标的价值较大，交易周期也并非即时结清的一时性合同，故实践中的房屋买卖合同几乎全部为书面合同。那么没有签订书面合同，仅有口头约定的房屋买卖合同是否有效？答案是肯定的。无论是《中华人民共和国合同法》还是《中华人民共和国民法典》均规定了，虽然法律、行政法规规定或者当事人约定采用书面形式订立合同，当事人未采用书面形式但一方已经履行主要义务，对方接受的，该合同成立。也就是说，口头协商一致，并且合同已经实际履行的，该合同也成立并生效。本案即是原、被告对涉案房屋的买卖口头协商一致，原告支付了房屋价款，被告已交付房屋，合同已经实际履行，被告仅以未签订书面买卖合同抗辩合同未成立，当然不应予以支持。

二、"任何人不应从其违法行为中获益"的应用

"任何人不应从其违法行为中获益"，在现代法治中直接为民法的帝王原则"诚实守信"所体现。

房屋买卖合同纠纷中，房主往往在涉案房屋上私自增建、扩建，即存在违法建筑，致使房屋现状与房屋不动产权登记证书中记载的房屋信息不一致，在此种情形下，房主将房屋出卖后，又以涉案房屋上存在违法建筑为由而主张房屋买卖合同违反《中华人民共和国合同法》第五十二条（《中华人民共和国民法典》第一百五十三条、第一百五十四条）之规定，因此合同无效的，如何处理？或者房主又以对该增建、扩建部分拥有所有权为由，不履行房产过户义务的，法院应当如何做出判决？对此，笔者认为根据区分原则，房屋因附有违法建筑而无法过户属合同履行范畴，并不影响合同效力，因此，此类合同如不具备《中华人民共和国合同法》第五十二条（《中华人民共和国民法典》第一百五十三条、第一百五十四条）的无效情形，应当认定有效。出卖人负有将房屋恢复至原登记的权利状态并消除行政限制的义务。在买受人同意按现状交付并自愿承担恢复原状义务的情况下，出卖人应依据诚实信用原则与买受人将房屋恢复

原状、消除行政限制后协助完成过户手续。该案背后的法理即“任何人不应从其违法行为中获益”，出卖人未经批准私自增建、扩建房屋行为，不应当成为其依据诚实信用原则不履行合同义务的理由。

编写人：山东省济南市长清区人民法院　吴开龙

2. 订立、变更与解除

114 出卖人就“学区房”所作的说明和允诺具体明确的，视为要约

——傅某田、傅某仙诉房地产公司商品房买卖合同案

【案件基本信息】

1. 裁判书字号

浙江省金华市中级人民法院（2020）浙07民终1953号民事判决书

2. 案由：商品房买卖合同纠纷

3. 当事人

原告（上诉人）：傅某田、傅某仙

被告（被上诉人）：房地产公司

【基本案情】

2019年5月，房地产公司在售楼活动中宣传某公馆“6月前买房，9月可入学”。同年5月20日，傅某田、傅某仙的女儿傅某珍向房地产公司预定了其开发楼盘的一处房屋。5月28日，傅某珍、傅某玲又找到房地产公司的销售人员确认入学问题，销售员承

诺购买该房屋，业主的孩子能在当年9月1日前入读其意向小学。6月21日，傅某田、傅某仙与建设公司签订《优化装修协议书》，并支付了房屋阳台浇筑的工程费8500元。6月22日，傅某田、傅某仙与房地产公司签订《浙江省商品房买卖合同》；合同约定傅某田、傅某仙购买房地产公司预售的一处房屋，房屋建筑面积102.54平方米，单价为每平方米12930元。据房地产公司开具的增值税普通发票显示房产金额1216369.72元，税额109473.28元，价税合计1325843元。2019年6月25日，傅某田、傅某仙办妥房屋产权登记手续，并为此支付房屋买卖契税18245.56元和不动产登记费80元。随后，傅某田、傅某仙被告知无法落实入读意向小学。傅某玲曾就上述问题向所在县市场监管局投诉，要求退房或者补偿不能入读意向小学的损失和该小学"学区房"附加值。经所在县市场监管局调解，房地产公司只愿意承担未能就读意向小学的损失共计9.36万元，对于退房和补偿附加值不能满足原告的要求。傅某田、傅某仙认为，其基于房地产公司的虚假广告及虚假承诺购买了房产，而购房的主要因素即学区问题却无法满足，故起诉至法院，请求法院判令解除商品房买卖合同，由房地产公司返还购房款1352668.56元及承担利息损失并赔偿93600元。

【案件焦点】

1. 房地产公司对"学区房"的许诺是否对其具有约束力，应否承担违约责任；2. 傅某田、傅某仙与房地产公司签订的《浙江省商品房买卖合同》应否解除。

【法院裁判要旨】

浙江省浦江县人民法院经审理认为：房地产公司在售楼时的宣

传以及销售人员对于业主子女入读意向小学的承诺，虽未以书面形式出现在商品房买卖合同中，但该承诺内容明确、表述清晰，且对合同订立具有重要影响，应视为“要约”附属于合同内容，对房地产公司具有法律约束力。现房地产公司未能履行上述义务，构成违约，应承担相应的违约责任。同时，傅某田、傅某仙作为买受人已支付房价款，房地产公司作为出卖人业已协助完成案涉房屋的产权登记，应认定合同主要债务已履行完毕。虽然让外孙入读意向小学是促使傅某田、傅某仙购买案涉房屋的重要因素，但当事人购房的目的一般在于取得房屋所有权并用于居住、孩子入学、投资等，其中孩子入学并非唯一的购房目的。且教育行政部门一般在小区楼盘完成交房、不动产办理登记后才会正式公布该小区的施教区划分，房屋销售过程中学区广告本身具有较大的不确定性。傅某田、傅某仙以外孙入读意向小学的目的无法实现为由主张解除合同，依据不足。傅某田、傅某仙主张的损失 9.36 万元，房地产公司也予认可，应予支持。

浙江省浦江县人民法院依照《中华人民共和国合同法》第六十条、第九十四条、第一百零七条，《最高人民法院关于审理商品房买卖合同纠纷案件适用法律若干问题的解释》第三条之规定，作出如下判决：

一、房地产公司于判决生效之日起十日内赔偿傅某田、傅某仙损失 9.36 万元；

二、驳回傅某田、傅某仙的其他诉讼请求。

傅某田、傅某仙不服一审判决，提出上诉。

浙江省金华市中级人民法院经审理认为：房地产公司不能兑现入学承诺，构成违约。傅某田、傅某仙购买房屋的主要目的系考虑外孙入学问题，房地产公司违约行为导致合同主要目的不能实现，买受人有权解除合同。合同解除后，房地产公司应退还购房款，并承担对方因购买房屋所支付的工程费、税费及赔偿上述款项的利息损失。关于傅某田、傅某仙主张的损失赔偿问题，酌情认定为2万元。经法院向房地产公司释明双务合同解除的法律后果，房地产公司主张傅某田、傅某仙返还房屋及协助将房屋过户登记至公司名下，该请求合理合法，予以支持。鉴于合同解除系房地产公司违约行为导致，若房屋过户产生税费，应由房地产公司自行承担。

浙江省金华市中级人民法院依照《中华人民共和国合同法》第六十条、第九十四条、第九十七条、第一百零七条、第一百一十三条，《最高人民法院关于审理商品房买卖合同纠纷案件适用法律若干问题的解释》第三条，《中华人民共和国民事诉讼法》第一百七十条第一款第二项之规定，作出如下判决：

一、撤销浙江省浦江县人民法院民事判决；

二、解除傅某田、傅某仙与房地产公司签订的《浙江省商品房买卖合同》；

三、房地产公司于判决生效之日起十日内支付傅某田、傅某仙购房款等1352668.56元，并赔偿利息损失（从2019年6月24日起按中国人民银行同期贷款基准利率计算至2019年8月19日，从2019年8月20日起按同期全国银行间同业拆借中心公布的贷款市场报价利率计算至实际归还之日止，以月利率6%为限）及其他损失2万元；

四、傅某田、傅某仙于判决生效之日起十五日内协助房地产公司将案涉房屋过户登记至房地产公司名下（房屋过户产生的税费由房地产公司自行承担）；

五、驳回傅某田、傅某仙的其他诉讼请求。

【法官后语】

随着当今社会越来越重视教育，购房者常常将房屋是否属于“学区房”作为购买房屋时的一个重要考虑因素。一旦房地产开发商不能兑现其在销售广告中承诺的学区，就容易形成纠纷，甚至成讼。而此类纠纷涉及的法律问题主要有以下三点：

一、区分开发商宣传的“学区房”属于要约邀请还是要约

根据《最高人民法院关于审理商品房买卖合同纠纷案件适用法律若干问题的解释》第三条的规定，商品房的销售广告和宣传资料为要约邀请，但是出卖人就商品房开发规划范围内的房屋及相关设施所作的说明和允诺具体确定，并对商品房买卖合同的订立以及房屋价格的确定有重大影响的，应当视为要约。该说明和允诺即使未载入商品房买卖合同，亦应当视为合同内容，当事人违反的，应当承担违约责任。开发商在销售广告和宣传资料中宣传的“学区房”在商品房开发规划范围内，且作出的说明和允诺具体明确，对合同订立及房屋价格存在重大影响的，该广告和宣传应视为要约。反之，则为要约邀请。要约附属于合同内容，对开发商具有约束力，购房者基于此订立房屋买卖合同，视为对广告内容产生了信赖利益，该信赖利益应得到保护。

二、在广告和宣传属于要约的情形下，开发商如未能履行约定义务，应承担违约责任

实践中，该违约责任一般表现为赔偿损失。而如果销售广告和宣传资料仅属于要约邀请的，开发商在合同被解除或确认无效等情形下，可能要承担缔约过失责任。

三、购房者在一定条件下有权要求解除合同

一般而言，购房者签订房屋买卖合同的目的通常是取得房屋的

所有权。尤其购买房屋属于重大交易事项，购房者在签订合同前通常会对房屋的权属、地理位置、周边配套设施等进行全面了解，对学区有特别要求的，更会详细确认，或者在合同中予以明确。根据《中华人民共和国民法典》第五百六十三条第一款第四项的规定，当事人一方迟延履行债务或者有其他违约行为致使不能实现合同目的，当事人可以解除合同。如购房者有证据证明其购房的主要目的是让孩子进入开发商承诺的学校学习，一旦开发商的违约行为导致该目的不能实现，购房者有权要求解除合同。如案例中的傅某田、傅某仙，其外孙在当年有入读意向小学的需求，加之其在签订合同前又与销售人员再次确认了入学问题，足以证明傅某田、傅某仙购买案涉房屋的主要目的系考虑外孙入学问题。二审法院也是据此判定双方签订的商品房买卖合同应予解除。

编写人：浙江省浦江县人民法院　许可

115　存在不合理设计的商品房买卖合同可以主张解除

——陈某、黄某亮诉房地产公司商品房销售合同案

【案件基本信息】

1. 裁判书字号

湖北省宜昌市中级人民法院（2020）鄂 05 民终 2518 号民事判决书

2. 案由：商品房销售合同纠纷

3. 当事人

原告（被上诉人）：陈某、黄某亮

被告（上诉人）：房地产公司

第三人：某银行三峡临江支行

【基本案情】

2018年9月15日，原告陈某、黄某亮向被告房地产公司支付购房首付款295231元。原告陈某、黄某亮与被告房地产公司于2018年9月21日签订《宜昌市商品房买卖合同》，合同约定：原告陈某、黄某亮购买被告房地产公司开发的某楼盘7号楼1单元1层一处房屋；该商品房用途为成套住宅，层高不小于3.9米，户型结构为3房2厅1厨1卫；交付期限为2019年12月31日前，双方对权利义务、违约责任等一并作出约定。合同签订后，陈某、熊某凤（陈某之母）、陈某华（陈某之父）、黄某亮与第三人某银行三峡临江支行签订《个人购房借款/担保合同》，约定由第三人某银行三峡临江支行向陈某、熊某凤、陈某华、黄某亮提供贷款68万元，用于购买前述房屋，贷款期限360个月；担保方式为保证、抵押。合同签订后，第三人某银行三峡临江支行按照约定于2018年10月26日提供了贷款68万元。原告陈某、黄某亮从2018年11月15日起开始还款。2020年1月，被告房地产公司通知原告陈某、黄某亮收房后，原告陈某、黄某亮发现该房屋厨房无烟道，后发现厨房所对上层为卫生间，遂与被告房地产公司发生纠纷，经多次协商未果，诉至法院，要求解除商品房买卖合同、返还购房款并赔偿损失。

【案件焦点】

1. 存在不合理设计的房屋买卖合同是否可以主张解除；2. 解除合同责任在谁，违约责任如何承担。

【法院裁判要旨】

湖北省宜昌市夷陵区人民法院经审理认为：本案系商品房买卖合同纠纷，有偿转移标的物的所有权系买卖合同最基本的法律特征，交付标的物、转移标的物的所有权系出卖人基本义务。因此，在交易活动中，出卖人转移标的物所有权时应当担保该财产无瑕疵。本案中，原告陈某、黄某亮购买被告房地产公司开发的房屋时，因该房屋属于非标准户型，且该房屋厨房上层对应的系卫生间，此设计明显属于该房屋的重大瑕疵，既不符合相应的设计要求，亦不符合日常的生活习惯及社会大众的心理承受能力。因此，被告房地产公司应当如实详细地向原告陈某、黄某亮陈述该房屋存在的瑕疵，但从审理查明的情况看，被告房地产公司仅提供了非标准户型贴在售楼部的公示照片证明其履行了告知义务，但该公示仅仅公示了户型，并未公示其上层的相关情况，而且作为消费者并非专业人士亦不能准确地解读图纸上的相关信息，故被告房地产公司提供的证据不足以证明其履行了相应的瑕疵告知义务。因被告房地产公司履行合同时交付的标的物存在瑕疵，且该瑕疵不能补正，被告房地产公司存在违约行为，致使原告陈某、黄某亮购买该房屋用于正常居住生活的目的不能实现。原告陈某、黄某亮有权主张解除与被告房地产公司签订的《宜昌市商品房买卖合同》。

因该《宜昌市商品房买卖合同》解除致使原告陈某、黄某亮购房目的落空，进而导致《个人购房借款/担保合同》的目的无法实现，故陈某、熊某凤、陈某华、黄某亮与第三人某银行三峡临江支行签订的《个人购房借款/担保合同》应当予以解除。在解除案涉商品房买卖合同后，被告房地产公司应当将原告陈某、黄某亮支付的首付款返还给原告陈某、黄某亮，并赔偿原告陈某、黄某亮由此产生的损失。因此，原告陈某、黄某亮要求被告房地产公司返还已付购房款及已向第三人某银行三峡临江支行所还贷款本金，并赔偿首付款利息及已还贷款利息的诉讼请求，于法有据，法院予以支持。直接由被告房地产公司负责偿还原告陈某、黄某亮未偿还的第三人某银行三峡临江支行的剩余贷款本息更能体现司法的公平合理性。被告房地产公司在清偿剩余贷款本息之后，第三人某银行三峡临江支行应当涤除该房屋上的抵押登记。

湖北省宜昌市夷陵区人民法院依照《中华人民共和国合同法》第四十四条、第六十条、第九十三条、第九十四条、第九十七条、第一百零七条、第一百三十条，《最高人民法院关于审理商品房买卖合同纠纷案件适用法律若干问题的解释》第二十四条、第二十五条，《中华人民共和国民事诉讼法》第一百四十二条、第一百四十四条之规定，作出如下判决：

一、解除原告陈某、黄某亮与被告房地产公司就某楼盘 7 号楼 1 单元 1 层案涉房屋签订的《宜昌市商品房买卖合同》；

二、解除陈某、熊某凤、陈某华、黄某亮与第三人某银行三峡分行临江支行签订的《个人购房借款/担保合同》；

三、被告房地产公司在本判决发生法律效力后立即向原告陈某、黄某亮返还首付款 295231 元，并以首付款 295231 元为基数按中国人民银行公布的同期定期存款利率支付自 2018 年 9 月 15 日起至实际清偿之日止的利息；

四、原告陈某、黄某亮在本判决发生法律效力后立即将某楼盘 7 号楼 1 单元 1 层案涉房屋返还给被告房地产公司，并协助被告房地产公司办理该房屋的网签及预告登记解除手续；

五、被告房地产公司在本判决发生法律效力后立即赔偿原告陈某、黄某亮自2018年11月15日起至判决生效之日止已向第三人某银行三峡分行临江支行支付的贷款本息（以第三人某银行三峡分行临江支行于判决生效当月出具的还款明细清单为准）；

六、被告房地产公司在本判决发生法律效力后立即偿还陈某、熊某凤、陈某华、黄某亮就《个人购房借款/担保合同》剩余的贷款，自被告房地产公司清偿上述贷款之日起七日内，第三人某银行三峡分行临江支行办理案涉房屋上抵押登记的涤除手续。

房地产公司不服一审判决，提出上诉。

湖北省宜昌市中级人民法院经审理认为：房地产公司的上诉请求不能成立，应予驳回；一审判决认定事实清楚，适用法律正确，应予维持。依照《中华人民共和国民事诉讼法》第一百七十条第一款第一项之规定，作出如下判决：

驳回上诉，维持原判。

【法官后语】

本案的亮点在于根据一般社会大众生活习惯和心理禁忌，认定房地产公司交付的合同标的物有瑕疵，由此认定房地产公司存在违约行为，判决支持消费者解除合同的诉讼请求。

根据我国现有法律规定，不符合社会大众的生活习惯和心理禁忌并非合同一方当事人存在违约行为的法律依据，也并非合同解除的法定情形。本案中，双方当事人虽然未在合同中对房屋设计应符合生活习惯进行明确约定，但根据我国法律对出卖人的瑕疵担保责任的相关规定，出卖人交付的应是符合约定或者该类物通常应具有的价值或者效用的物，房屋设计满足消费者的日常生活和心理需求是此商品房买卖合同中的题中应有之义。换句话说，在此商品房买卖合同中，房地产公司负有向消费者交付满足设计规范的房屋的合同义务。

实际上，房地产公司既没有履行此种合同义务，也未将房屋的实际情况充分翔实地告知消费者，这就导致了房地产公司的实际违约。房地产公司依约交付的房屋属于非标准户型，该房屋厨房上层对应的系卫生间，房屋虽无质量问题和产权问题，但此设计既不符合相应的设计要求，亦不符合日常生活习惯和社会大众购买房屋的一般心理，房地产公司的交付具有瑕疵。在该房屋存在重大瑕疵且不能补正的情况下，房地产公司在合同签订时理应充分履行告知义务，理应就房屋内部结构及楼栋结构进行解释，使消费者了解这一实际情况。但房地产公司仅对房屋户型进行了公示，并未公示其上层的相关情况，不能起到向消费者明确告知的作用。也就是说，在消费者购房时，就其能够接收到的和自行解读的信息而言，并不能知晓该房屋厨房楼上为厕所的事实。由此看来，房地产公司虽然履行了房屋交付义务，但是交付的房屋既不符合社会大众的一般心理期待，又未在合同订立时如实告知，房地产公司的履约行为具有严重瑕疵。现如今因为房屋的设计问题，消费者难以克服心理压力如期入住，购买此房屋用于正常居住的合同目的不能实现，根据《中华人民共和国民法典》第五百六十三条之规定（此前为《中华人民共和国合同法》第九十四条之规定），房地产公司违约行为致使合同目的无法实现，可以解除双方的商品房买卖合同。在本案中，法院最终判决退还消费者购房款和赔偿损失，并在判决中对房地产公司的违约行为作出了否定性评价，判决由房地产公司承担合同解除产生的损失，成功维护了消费者权益，同时有利于引导房地产公司守约践诺讲诚信，营造互惠共赢的消费环境。

编写人：湖北省宜昌市夷陵区人民法院　黄璐

116 不具备购房资质并不当然导致房屋买卖合同解除

——陈某诉李某锦房屋买卖合同案

【案件基本信息】

1. 裁判书字号

北京市第二中级人民法院（2020）京02民终6998号民事判决书

2. 案由：房屋买卖合同纠纷

3. 当事人

原告（反诉被告、上诉人）：陈某

被告（反诉原告、被上诉人）：李某锦

【基本案情】

2016年3月1日，陈某（乙方）与李某锦（甲方）签订《房屋买卖合同》购买涉案房屋，约定：该房屋成交价款为250万元，尚有贷款余额约137万元未予偿还。陈某同意在签订本合同的同时支付甲方定金4万元，40个工作日内交付130万元整，剩余房款120万元整于该房产办理转移登记手续时通过贷款方式交付。李某锦同意陈某在交付首期款项后办理先期入住，待《房屋所有权证》下发后双方同意共同至房地产经纪公司办理合同网签事宜。

同日，双方及房地产公司签订《补充协议》，约定在2016年4月16日之前，乙方把首付款116万元整交与甲方。在甲方为此房解押之前，乙方再付甲方首付款10万元整，剩余房款120万元整由乙方所贷款的银行直接打到甲方指定的收款账号。在甲方达到解押条件时，如甲方暂时没有足够的资金去解押，乙方要容甲方时间去回笼资金。后陈某支付定金4万元及116万元购房款，并办理入住手续。

2017年4月3日，李某锦通过微信向陈某发送信息，称"我们的房子不卖了"。

2018年5月5日，陈某向李某锦发出《催告函》，主要内容为：我已按照约定向你支付购房款共计120万元整。你于2017年3月取得该房屋的房屋所有权证，根据约定，你应当在取得房屋所有权证后，立即与我到房地产经纪公司办理网签及过户手续，但经我及房地产经纪公司多次与你沟通，你均拒绝办理，你的行为已经构成违约。我郑重催告你，于2018年5月10日前，协助我办理网签及过户手续，你如逾期未协助办理，我将按照法律规定和合同约定，通过司法途径追究你的违约责任。

2018年12月20日，李某锦收到上述《催告函》后，向陈某发出《回复告知函》，主要内容为，根据合同约定，你应于办理抵押贷款程序前再行支付10万元购房款，但至今未付，构成合同违约。故告知你，自本函发出之日起，解除与你于2016年3月1日签订的《房屋买卖合同》，限你于7日内搬离讼争房屋并将房内状况恢复到搬入前原状。

【案件焦点】

双方签订的《房屋买卖合同》及《补充协议》是否应予解除。

【法院裁判要旨】

北京市大兴区人民法院经审理认为：双方签订的合同合法有效。双方就限购政策均应知晓，现陈某仍不具备购房资格，故对于其请求办理转移登记的诉讼请求，不予支持。李某锦不享有约定或法定解除权，故对于李某锦主张合同关系已经其单方意思表示而解除的意见，不予支持。陈某因购房资质的问题，客观上导致将讼争房屋所有权转移登记至陈某名下的合同目的无法实现，且陈某何时能取得购房资格尚无法确定，故本案合同关系应当解除。双方未在购房资格一事上尽到谨慎注意义务，李某锦表示不履行主要债务在先，故李某锦请求判令陈某支付违约金的诉讼请求，不予支持。合同关系解除后，陈某不应再占有使用讼争房屋，故对于李某锦请求判令陈某从讼争房屋中搬离的诉讼请求，予以支持。

北京市大兴区人民法院依照《中华人民共和国合同法》第四十四条、第九十四条、第九十七条、第一百一十条，《最高人民法院关于适用〈中华人民共和国民事诉讼法〉的解释》第九十条之规定，作出如下判决：

一、确认双方之间合同有效；

二、双方之间合同于判决生效之日起解除；

三、陈某搬离涉案房屋；

四、陈某给付李某锦占有使用费；

五、驳回陈某的其他诉讼请求；

六、驳回李某锦的其他反诉请求。

陈某不服一审判决，提起上诉。

北京市第二中级人民法院经审理认为：关于双方合同是否应予解除的问题。首先，合同不具有法定解除的情形。双方对陈某不具有购房资质的事实应系明知。李某锦对其取得售房尾款时间的不确定性也是有所预见的，现其主张不能尽快取得购房款，致使合同目的无法实现一节，不予支持。另外，综合涉案房屋尚未解除抵押，而陈某将取得购房资格，且愿意自筹全部剩余购房款的事实考虑，现在不存在合同目的无法实现之结果。其次，李某锦不享有约定合同解除权。在办理房屋解押之前，陈某应再付李某锦首付款 10 万元，但没有证据证明李某锦曾催告陈某支付该笔款项。亦没有证据证明陈某曾承诺为李某锦解除抵押筹集 100 万元。且该“承诺”与合同约定贷款支付购房尾款的支付方式自相矛盾，故李某锦关于陈某未履行筹集解押款违约一节没有合同依据。

北京市第二中级人民法院依照《中华人民共和国民事诉讼法》第一百七十条第一款第二项之规定，作出如下判决：

一、维持北京市大兴区人民法院民事判决第一项、第五项；

二、撤销北京市大兴区人民法院民事判决第二项、第三项、第四项、第六项；

三、驳回李某锦的反诉请求。

【法官后语】

对于因不具备购房资质致使买受人无法办理房屋过户登记的，属于合同目的无法实现的情形，当事人要求解除合同的，除合同另有约定外，一般应予支持。但在交易双方明知买受人不具有购房资质，仍签订买卖合同的情况下，法院在判断合同是否应予解除时应当从以下几个方面予以考虑：

一是要从买卖合同的约定探究当事人的真实意思表示。本案《房屋买卖合同》约定剩余房款于房产办理转移登记手续时交付，但合同中并未就涉案房屋的转移登记时间作出约定，且事实上李某锦在售房时，涉案房屋仍有抵押贷款尚未清偿，其并未取得涉案房屋所有权登记。因此，在签订合同时，陈某对其取得产权登记、李某锦对其取得售房尾款时间的不确定性均是有所预见的，现李某锦主张不能尽快取得购房款，致使合同目的无法实现一节，与合同约定和其自身履行合同的行为均不相符。

二是要明确出卖人在订立合同时就买受人不具有购房资质的事实是否知晓。当事人双方在订立合同时明知或应当知道该合同不符合当时的住房限购政策，一方当事人要求继续履行的，不予支持，但一审法庭辩论前买受人具备购房资格的除外，合同约定待买受人符合住房限购政策后再办理房屋过户登记的，依照其约定。通过分析可以确认李某锦对陈某不具有购房资质的事实应当知晓，另结合上述关于合同约定的分析，可知李某锦对陈某购房资质问题所能带来的影响也是有所预期的，并于签订房屋买卖合同时，在合同细节上对此予以考虑。

三是要考虑买受人购房资质的具体情况。具体到本案，办理产权转移登记之前涉案房屋必须解除抵押登记，现尚未解除，故涉案交易并未迫近办理产权转移登记的环节，且陈某已经连续缴纳社保40余月，即将取得购房资格，亦愿意在不能办理贷款的情况下自筹全部剩余购房款给付李某锦，故依据现在的合同履行情况看，不存在李某锦所述其买卖合同目的无法实现之结果。

四是要坚持贯彻公平原则，避免利益失衡。陈某自2016年4月26日始居住使用涉案房屋至今，其间该房屋价值上涨。陈某按合同约定履行义务，支付了部分购房款，不存在违约行为；李某锦就陈某不具有购房资质的事实明知，亦没有证据证明其就涉案房屋买卖合同享有法定或约定解除权，且李某锦表示不履行主要债务在先，故解除涉案买卖合同，有违公平原则。

一审法院未能全面考虑合同约定、买受人将来能否取得资质、出卖人交易前是否知情，以及公平原则等因素，判决涉案合同解除错误，二审法院予以纠正。

编写人：北京市第二中级人民法院　刘丽杰　辛明厚

117　房屋买卖合同因法院改判而最终解除的，买受人损失的确定

——邵某云诉董某趣房屋买卖合同案

【案件基本信息】

1. 裁判书字号

浙江省温州市中级人民法院（2020）浙03民终5281号民事判决书

2. 案由：房屋买卖合同纠纷

3. 当事人

原告（被上诉人）：邵某云

被告（上诉人）：董某趣

【基本案情】

2017年7月19日，原告邵某云和被告董某趣签订《房屋买卖合同》，约定被告董某趣将登记在其一人名下的房产以86万元的价格出卖给原告邵某云。合同签订后，原告邵某云于2017年7月21日向被告董某趣支付购房款30万元。而后，在双方办理房产登记的过程中，被告董某趣不同意卖房，双方房款几经打款、退回。2017年8月23日，原告向浙江省瑞安市人民法院提起诉讼，请求确认原、被告于2017年7月19日签订的《房屋买卖合同》有效，

并判令被告董某趣协助原告办理上述土地、房产权属变更登记手续。该案中，被告董某趣的配偶林某花申请作为第三人参加诉讼，法院予以准许。经审理，法院于2018年1月3日判决支持原告上述诉讼请求，驳回林某花的诉讼请求，二审维持原判。

而后，林某花不服上述判决提出再审请求。浙江省高级人民法院对原审法院认定事实予以确认；并认定被告董某趣一人与原告邵某云签订房屋买卖合同，构成无权处分，林某花有权追回；林某花作为有独立请求权的第三人参与本案诉讼要求确认房屋买卖合同无效，实质是不同意继续履行，要求追回案涉房屋；邵某云对案涉房屋不构成善意取得，林某花有权追回案涉房屋，故案涉房屋买卖合同不应继续履行；判决撤销原一、二审判决，确认邵某云与董某趣于2017年7月19日签订的《房屋买卖合同》有效等。

2017年8月17日，董某趣向法院提起诉讼，请求解除邵某云和董某趣签订的《房屋买卖合同》，后撤回起诉。2017年12月11日，董某趣向法院提起诉讼，请求确认案涉合同终止，一审法院于2018年10月23日判决驳回董某趣的诉讼请求，二审维持原判。

现邵某云主张解除合同，并由董某趣赔偿损失。

【案件焦点】

以房价差额为买受人损失的情况下，房价差额时间点如何确定。

【法院裁判要旨】

浙江省瑞安市人民法院经审理认为：原告邵某云与被告董某趣于2017年7月19日签订的《房屋买卖合同》有效，原告已经履行相应的合同义务，被告董某趣未能向原告交付案涉房屋，且被告的妻子林某花已明确表示追回案涉房屋，原告与被告签订的上述房屋买卖合同无继续履行的基础，原告诉请解除合同，法院予以支持。原告主张被告赔偿其可得利益损失，于法有据。关于房屋价值评估的基准时间，原告已主动调整至浙江省高级人民法院判决时间，即其明确认知本案无法继续履行的时间，相较于按主张合同解除的时间作为房屋价值基准时间而言，对被告有利，法院予以确认。原告主张被告赔偿可得利益损失 208 万元（294 万元-86 万元），于法有据，法院予以支持。至于原告主张被告以 208 万元为基数自 2019 年 7 月起按年利率 4.8%计算利息，并无依据，法院不予支持，但该诉讼请求涵括的自起诉之日起的利息损失，法院予以支持，利率参照全国银行间同业拆借中心公布的贷款市场报价利率计算。

浙江省瑞安市人民法院依照《中华人民共和国合同法》第九十四条第四项、第九十七条、第一百一十三条第一款，《中华人民共和国民事诉讼法》第六十四条之规定，作出如下判决：

一、解除原告邵某云与被告董某趣于 2017 年 7 月 19 日签订的《房屋买卖合同》；

二、被告董某趣于本判决生效后十日内赔偿原告邵某云损失 208 万元及利息（自起诉之日起按全国银行间同业拆借中心公布的贷款市场报价利率计算至履行完毕之日止）；

三、被告董某趣于本判决生效后十日内支付原告邵某云鉴定费 1.05 万元；

四、驳回原告邵某云的其他诉讼请求。

董某趣不服一审判决，提起上诉。

浙江省温州市中级人民法院经审理认为：同意一审法院裁判意见，依照《中华人民共和国民事诉讼法》第一百七十条第一款第一项之规定，作出如下判决：

驳回上诉，维持原判。

【法官后语】

当事人签订房屋买卖合同后反悔的情形时有发生。部分当事人通过协商或者根据房屋买卖合同中的解除条款解除合同，也存在一些当事人通过引入他人主张权利的方式阻却房屋买卖合同履行的情形，本案即属于后者。房屋买卖双方基于真实意思表示所签订的房屋买卖合同，应受法律保护，任何一方不得拒绝履行。故此，在认定本案原告即房屋买受人不具有违约情形的情况下，被告即卖房人未能厘清房屋产权，在原告履行支付购房款义务后，未能向原告交付房屋，构成违约，原告据此主张被告赔偿损失成立。但仍需要解决两个问题：一是以何标准确定损失；二是如何判断确定的损失是否属于违约一方订立合同时预见到或者应当预见到的因违约可能造成的损失。

针对第一个问题，在房屋买卖合同纠纷案件的司法实践中，一般参照合同解除时的房屋价值与签订合同时房屋价格的差额认定房屋买受人的损失。但如合同解除时间与买受人明确认知合同不能履行时间不一致且合同解除时价格更高的，笔者认为可参考“守约方止损义务”，以买受人明确认知合同不能履行时间的房屋价值与签订合同时房屋价格的差额认定房屋买受人的损失。本案的特殊之处在于双方对于明确知晓合同不能继续履行的认知时间相去甚远，而这里的认知差异与房屋买卖合同诉讼案件的改判密切相关。从本案原告的角度出发，原告签订房屋买卖合同并依合同约定支付买房款，其间虽然被告表示反悔不愿意卖房，但是原告始终未同意解除合同，并在诉讼中取得房屋产权，支付全额房款，在案件改判之前，原告不能认知房屋买卖合同已经不能继续履行。从本案被告的角度出发，被告的配偶通过介入诉讼的方式主张房屋权利，反对产权处分的事实早在原一审时即已发生，案件拖至再审纠正并非被告单方原因。笔者认为，双方的房屋买卖纠纷，经多次多级审查，合同效力已得到确认，而合同之所以不能继续履行，也明确并非买受人原因，亦不属于不可抗力，而是出卖人原因，那么判定损失的出发点应当从守约方出发而非从违约方出发。综上，出卖人违约的前提下，在存在改判情形的房屋买卖合同中，终审的改判确定合同无法继续履行的，改判时间为买受人确知合同不能履行的时间，可以该时间点房屋的价值与签订合同时房屋的价格的差额认定房屋买受人的损失。

针对第二个问题，笔者认为，房屋价格上涨不属于出卖人在订立合同时不能预见到的因违反合同可能造成的损失，房屋价格上涨过猛在此行列。那么出卖人在出卖房屋时没有注意到房屋价格即将迅猛上涨的因素是否属于超出违约赔偿条款中的“预见或应当预见”的范畴，笔者认为，并不属于超出该范畴，合同双方签订合同之时应当预见需要遵守合同约定，应当预见违约所获得的利益不会属于自己，故此，在真实意思表示下签订的房屋买卖合同，违约不交付房产的行为不会超出违约赔偿条款中的限制条件。

编写人：浙江省瑞安市人民法院　薛远芳

118 补充协议是否变更原合同应结合条款内容及订立目的等综合判断

——关某诉房地产公司商品房销售合同案

【案件基本信息】

1. 裁判书字号

北京市第二中级人民法院（2020）京02民终6057号民事判决书

2. 案由：商品房销售合同纠纷

3. 当事人

原告（上诉人）：关某

被告（被上诉人）：房地产公司

【基本案情】

2015年11月17日，关某（认购人）与房地产公司（出卖人）签订《认购书》约定，认购人认购一套商品房，该商品房为非住宅，总房价款为300万元；一次性付款；认购人同意在支付房款之日起至2016年1月31日止，与出卖人协商商品房买卖合同的相关条款；出卖人在认购人支付认购房款之日起至本认购书解除之日止，该商品房未在上述约定的期限内与认购人协商商品房买卖合同相关条款并完成网签，出卖人应当向认购人双倍返还认购房款；无论何种原因，认购人未在该房屋解押完毕达到签约条件时与出卖人签订商品房买卖合同的，本认购书自动解除。

2015年11月19日，关某交纳购房款300万元。2015年11月23日，房地产公司将110号房屋交付给关某使用。双方未能在上述合同约定期限内签订正式的商品房买卖合同。

2017年3月17日，关某（乙方）与房地产公司（甲方）签订《补充协议》约定，双方经友好协商，《认购书》约定的认购期限延长一事达成一致，并订立如下补充协议：鉴于《认购书》中所涉及的商品房因甲方原因不能办理网签，甲方应承担相应责任，协商商品房买卖合同的期限延长至2018年1月31日止；从2016年4月30日开始按年利率6%计算利息标准，并用25万元的一个车位用作利息互抵的标的物且完成过户，本协议暂延长至利息互抵完毕时止，若届时未完成该房屋网签，具体事宜双方另行协商，若互抵完毕前完成签约，其余款据实结算。双方均认可签订《补充协议》的目的是解决因房地产公司迟延办理过户手续，等待期给关某造成的损失问题。

2017年3月26日，北京市住房和城乡建设委员会出台政策，个人不再具备购买商办类房屋资格。

关某诉至法院，要求解除合同、双倍返还购房款、赔偿房价上涨损失、缔约机会丧失损失、装修损失等。

在双方签订《认购书》时，涉案房屋已设定抵押。关某起诉时房屋存在查封。

【案件焦点】

《补充协议》是否是对《认购书》双倍返还认购房款约定的变更。

【法院裁判要旨】

北京市丰台区人民法院经审理认为：因房地产公司原因未能在《认购书》约定期限内办理网签手续，目前涉案合同无法继续履行，双方均同意解除《认购书》及《补充协议》，法院应准予。《补充协议》条款系双方对《认购书》出卖人双倍返还认购房款条款作出的变更约定，《认购书》上述条款不再予以履行。

北京市丰台区人民法院依照《中华人民共和国合同法》第九十四条、第九十七条、第一百零七条、第一百三十条的规定，作出如下判决：

一、解除关某与房地产公司签订的《认购书》及《补充协议》；

二、房地产公司返还购房款300万元；

三、房地产公司支付利息（自2018年3月18日起计算）；

四、房地产公司赔偿装修损失290452元；

五、驳回关某其他诉讼请求。

关某不服一审判决，提起上诉。

北京市第二中级人民法院经审理认为：关于《补充协议》是否对《认购书》约定进行了变更，第一，从《补充协议》首部内容可以看出，签订《补充协议》的原因是房地产公司未按约定的时间办理网签手续，针对认购期限延长一事双方达成了一致意见。第二，《补充协议》约定，在房地产公司能为关某办理房屋网签手续的前提下，因房地产公司有延期行为，故房地产公司向关某支付一定的补偿。该条款确定了补偿标准及补偿时间，同时写明，本协议暂延长至利息互抵完毕时止，若届时未完成该房屋网签，具体事宜双方另行协商。而房地产公司至今未能办理网签，应支付的利息数额早已超过互抵的25万元，约定的最后办理网签期限业已过期。双方亦未再达成新的协议。故《补充协议》中的该项条款已不再具备履行条件。加之，双方均认可签订《补充协议》的目的是解决因房地产公司迟延办理过户手续，对于等待期给关某造成的损失问题。综上，《补充协议》应系合同履行过程中，房地产公司承诺向关某支付的一笔阶段性补偿。该300万元应当涵盖房地产公司违约给关某造成的装修损失在内的全部损失。

北京市第二中级人民法院依照《中华人民共和国民事诉讼法》第一百七十条第一款第二项之规定，作出如下判决：

一、维持北京市丰台区人民法院民事判决第一项、第二项、第四项；

二、撤销北京市丰台区人民法院民事判决第三项、第五项；

三、房地产公司给付关某损失费2709548元；

四、驳回关某的其他诉讼请求。

【法官后语】

本案中，关某与房地产公司签订过《认购书》与《补充协议》两份协议。《认购书》中约定的房地产公司应承担的违约责任为双倍返还认购款，即再多返还300万元。《补充协议》约定，房地产公司向关某支付利息。该约定是对《认购书》中违约责任的变更，还是一笔单独的阶段性补偿，两级法院对此认定不一致。对《补充协议》约定的性质进行正确认定，实质是探究当事人的真实意思，需要综合合同首部内容、具体条款、订立目的等方面，对双方合同约定进行正确的解释。

首先，从《补充协议》的首部内容看。合同的首部内容，又称为“叙述性条款”，一般以“鉴于”开头。该部分内容，是合同双方对签订合同的背景、目的作出的陈述性说明，有助于更好地厘清合同由来、确定双方责任、理解合同条款的含义。本案中，双方签订的《补充协议》首部内容明确载明，是因为房地产公司的原因导致不能按约定进度履行合同，而补充协议是就认购期限延长一事达成一致而签订的，即双方补充协议的内容，是包含在双方就认购期限延长一事达成一致的框架下约定的，只是对原《认购书》的补充，而非将《认购书》中的违约责任全部变更。

其次，从《补充协议》的条款内容看。对合同内容的解释，应当首先通过文义进行，而文义解释并不拘泥于所适用的词句，应探求当事人共同的真实意思。对合同文字上不能体现的，可以通过整体解释，或者称体系解释，结合合同条款的结构和各部分的关联，来解释当事人的真实意思。本案双方签订《补充协议》，同意从2016年4月30日起按年利率6%计算利息，并以价值万元的车位用作利息互抵的标的物且完成过户，本协议暂延长至利息互抵完毕时止，若届时未完成该房屋网签，具体事宜双方另行协商，若互抵完毕前完成签约，其余款据实结算。也就是说，自2016年4月30日开始按年利率6%计算利息，利息总额达到25万元后，如房地产公司仍未能办理网签，则双方再行协商。事实上，房地产公司至今未能办理网签，应支付的利息数额早已超过25万元，《补充协议》约定的最后办理网签期限业已过期。双方亦未再达成新的协议。故《补充协议》中的该项条款已不再具备履行条件。

最后，从《补充协议》的签订目的看。当事人表达意思不够明确的，需结合当事人签订合同所要达成的目的来进行解释，以符合当事人的预期，不违背当事人的意愿。按照双方陈述，签订该《补充协议》是为了解决因房地产公司迟延办理过户手续，对于等待期给关某造成的损失问题。换言之，双方订立《补充协议》，其目的限于解决等待期损失的问题，在《补充协议》首部部分亦有载明。双方此时协商的基础是合同继续履行，没有推翻或变更合同无法履行时违约责任承担相关约定的意思表示。

通过以上分析，二审法院对双方签订《补充协议》的真实意思进行认定，认为《补充协议》并未变更原合同。在合同含义存在争议时，本案通过结合合同的首部内容、条款内容以及签订目的进行分析的方法，希望能对类似案件的审理有所裨益。

编写人：北京市第二中级人民法院　陈妍　王德林

119　认定商品房销售广告和宣传资料为要约的要件

——杨某诉 D 公司房屋买卖合同案

【案件基本信息】

1. 裁判书字号

云南省昆明市中级人民法院（2019）云 01 民终 2629 号民事判决书

2. 案由：房屋买卖合同纠纷

3. 当事人

原告（上诉人）：杨某

被告（被上诉人）：D 公司

【基本案情】

2015 年，杨某向 D 公司购买案涉项目×号楼 2××4 号房，并签订了《商品房购销合同》。案涉项目开盘销售前，D 公司通过互联网发布视频及网页宣传资料称，项目建成后将拥有一线品质华宅、花园酒店、地标甲级写字楼、休闲商业街、一站式全方位购物商场，项目打造 1.4 万平方米的中庭美景。所附设计效果图中有项目整体夜景、篮球场、植物绿化、景观小品、室内房间布置等内容。

D 公司制作的宣传广告载明案涉房屋户型建筑面积为 110.63 平方米、赠送面积为 11.56 平方米、实得面积为 122.19 平方米。被告售楼部悬挂的 D 户型的户型图载明建筑面积约 110.63 平方米、赠送面积约 11.56 平方米、实得面积约 122.19 平方米，本户型图所标尺寸仅供参考，交房尺寸以合同约定为准。双方签订的《商品房购销合同补充协议》约定，所有广告和宣传中的效果会和实际有差别，应以实际交房为准；《商品房购销合同》及《商品房购销合同补充协议》是界定双方权利、义务之最终有效依据，除此之外的任何要约、要约邀请，均不对合同双方产生约束力；在房屋修建过程中，出卖人有权根据具体情况对整个项目的规划、设计方案，以及对买受人所购买的具体房屋进行优化调整和合理变动，出卖人不是必须通知买受人，买受人不得据此拒绝收房、主张解除合同或者要求出卖人承担违约责任。

房屋交房验收后，小区内并无大型水景、篮球场、花园酒店，仅有健身设施、园林绿化及商业街一条。案涉房屋经测量，套内建筑面积为 79.76 平方米，建筑面积为 110.63 平方米，且无合同所附户型图左上及中下房间中虚线标示的隔墙。杨某起诉要求 D 公司承担实际交付房屋与宣传资料相比设施不符、功能不符、面积不符等的违约责任。

【案件焦点】

1. D 公司是否应受其销售广告和宣传资料的约束；2. 案涉销售广告和宣传资料应如何定性。

【法院裁判要旨】

云南省昆明市西山区人民法院经审理认为：杨某购买的房屋系

住宅，小区内是否拥有酒店、写字楼等设施并不足以对商品房买卖合同的订立以及房屋价格的确定产生重大影响。双方签订买卖合同时案涉项目尚处在建状态，商业的招商、发展、运营也处在不断变化中，实际过程中产生以上差异不能据此视为违反合同约定。依据双方合同约定，所有广告和宣传中的效果会和实际有差别，应以实际交房为准，且D公司为整体综合需要，有权在本项目的场地内选址、建设、调整公建配套设施。附户型图左上及中下房间中虽无隔墙，但杨某在接房时并未提出异议。杨某称下水管道不合理、电梯不合格、公摊面积过大应以鉴定结论为证。杨某提交的售楼部悬挂的户型图已注明所标尺寸仅供参考，交房尺寸以合同约定为准。关于阳台封窗费，双方合同中未作约定。

云南省昆明市西山区人民法院作出如下判决：

驳回杨某的全部诉讼请求。

杨某不服一审判决，提出上诉。

云南省昆明市中级人民法院经审理认为：本案的争议焦点是D公司是否应当承担杨某主张的违约责任。首先，D公司有权对整个项目的规划、设计方案进行优化调整、合理变动，合同外任何要约或要约邀请均不对双方具有约束力，杨某主张的前述酒店、写字楼、中庭美景等周边设施并未纳入合同条款，并非双方合意的具有合同约束力的内容。其次，从广告宣传内容看，虽提及“花园酒店”“绿色水景园林”等，但对是否在其开发规划范围内及具体坐落、面积等均未作明确，且D公司已提示“仅供参考，最终以政府批文为准”“最终交付结果以政府部门核准文件以及双方合同约定内容为准”，表明其不受广告宣传内容约束的意思，故相关广告宣传不构成要约。最后，案涉项目经建设单位组织验收合格，配套设施的调整也经主管部门审核通过。关于隔墙问题，杨某在接房时并未提出异议。关于赠送面积和阳台封窗内容并未反映在双方据以界定各自权利义务的《商品房购销合同》《商品房购销合同补充协议》及其附件中，且户型图中的文字部分标注“交房尺寸以合同约定为准”，D公司解释所谓赠送面积系因报规要求未封闭阳台的一半面积不计入建筑面积，其对未计价部分作为赠送面积，该解释不违背房屋销售时建筑面积计算规范，亦符合常理。有关下水管道不合理、电梯不合格、房屋设计不合理、公摊面积过大等问题，杨某一审中并未在法院指定举证期限内提交相应质量鉴定结果。

云南省昆明市中级人民法院作出如下判决：

驳回上诉，维持原判。

【法官后语】

当出现纠纷时，开发商是否要受其商业广告的约束是案件审理的焦点，也即认定商业广告构成要约还是仅为要约邀请。要约邀请和要约都是与订立合同有关的意思表示，但要约以邀请对方和自己订立合同为目的，要约邀请则以邀请对方向自己发出要约为目的，对要约的接受构成承诺，对要约邀请的接受只构成要约。

依据《最高人民法院关于审理商品房买卖合同纠纷案件适用法律若干问题的解释》第三条的规定，商品房的销售广告和宣传资料为要约邀请，但是出卖人就商品房开发规划范围内的房屋及相关设施所作的说明和允诺具体确定，并对商品房买卖合同的订立以及房屋价格的确定有重大影响的，应当视为要约。该说明和允诺即使未载入商品房买卖合同，亦应当视为合同内容，当事人违反的，应当承担违约责任。商品房的销售广告和宣传资料一般情况下仅为要约邀请，构成要约必须同时满足两个条件：一是对房屋及相关设施所作的说明和允诺具体确定；二是对合同的订立及房屋价格的确定有重大影响。房屋及相关设施的内容已列入规划，且名称具体、位置具体的，一般可认定为具体确定。本案中，关于第一个条件，商业广告中虽明确了“花园酒店”“绿色水景园林”等，但对是否在其开发规划范围内及具体坐落、面积等均未作明确。关于第二个条件，一般来说，买受人选择一个房屋，主要考虑的是房屋使用性质、所处区位、建筑结构、材料、外观、质量、开发商品牌和商誉等综合因素，其最终由市场供求关系决定。杨某购买的是居住房，开发商承诺的酒店、商业街等内容并不足以对商品房买卖合同的订立以及房屋价格的确定产生重大影响。本案的关键之处还在于双方签订的购房合同中明确：购销合同和补充协议是界定双方权利、义务之最终有效依据，除此之外的任何要约、要约邀请，均不对合同双方具有约束力。故本案中即便商业广告的内容满足构成要约的两个条件，但因发送商业广告在先，签订购销合同和补充协议在后，杨某签订合同的行为也可视为双方对合同内容的变更，故最终合同记载的内容才是界定双方权利义务的基础。

消费者在购买商品房时，应审慎了解合同条款，特别是基于商业广告或宣传资料中所做的某一允诺或某一特质而订立合同的，在签订合同时应当与开发商进行充分商谈，并列入合同条款。

编写人：云南省昆明市西山区人民法院　郭春利

120 当事人不享有诉的利益时法院应当驳回起诉

——靳某清诉Y公司商品房销售合同案

【案件基本信息】

1. 裁判书字号

河南省焦作市中级人民法院（2019）豫08民终2536号民事裁定书

2. 案由：商品房销售合同纠纷

3. 当事人

原告（被上诉人）：靳某清

被告（上诉人）：Y公司

【基本案情】

2014年下半年，原告靳某清看到被告Y公司发放的某项目（12号楼、14号楼、15号楼户型欣赏）的宣传资料彩页，该宣传资料以字体大小相对明显的文字宣称其××未来城15号楼之凡尔赛宫（即2–25层）："贵族宅邸特有的半封闭式入户玄关设计，移步通幽，渐趋佳境。一层一户，360°全景视野，饱览无边秀色。主仆分设入口，各行其道，动线完全独立，互不干扰。睡眠区与休闲区左右分立，皇室寝宫级主卧风情万种。星级卫浴空间，储衣间、洗面台双双对对，书房阳台一应俱全。明快丰富的空间层次感，呈现人性与艺术的极致。"同时，该宣传资料在其最后一页右下角的边框处采用区别于主文的竖版方式，以字体大小明显较小的文字标注"本图文仅作项目介绍之用，不是开发商的要约，亦不是构成商品房买卖合同的内容，以上一切资料以政府批文之法律文件为准”。

2015 年 9 月 15 日，原告靳某清与被告 Y 公司签订《商品房买卖合同》，约定原告靳某清购买 Y 公司建设的××未来小区（即××未来城）第 15 号楼×单元×层××号预售商品房，该商品房合同约定建筑面积共 348.29 平方米；总金额为 2071727 元。合同签订后，靳某清分别于 2015 年 7 月 29 日交付 621727 元，10 月 30 日交付 145 万元，履行了合同约定的付款义务，Y 公司交房后靳某清装修入住。深圳市建筑设计研究总院在 2017 年 7 月 26 日出具的《设计更改通知单》中载明：“根据甲方 7 月 26 日来函要求，二期 15 号楼的大平层户型分割为 2 户，本次修改只涉及内部分隔的修改，外墙及外门窗等均未改动，节能设计维持原设计不变。”Y 公司未就该规划、设计变更通知原告靳某清。Y 公司原经规划部门批准的××未来小区 15 号楼，共计 25 套住宅，其中 1 层为架空层，2 层至 25 层住宅面积均为 348.29 平方米，26 层和 27 层为面积 702.48 平方米的复式住宅。2017 年 8 月，靳某清发现 Y 公司将该栋楼 8 层以上的楼层住宅分割拆零，变为 2 户，并再次发放××未来小区 14 号至 15 号楼的宣传资料，宣称：××未来城 A 户型（2+1 室两厅一卫）建筑面积为 94.76 平方米，B 户型（3+1 室一厅两卫）建筑面积为 260.53 平方米。

焦作市山阳区人民法院于 2018 年 6 月 25 日组织双方诉讼参与人共同进行勘验时，Y 公司之分割拆零仍在进行中，其售楼工作人员将已完成分割拆零并已装修的住宅作为样板间进行推销。Y 公司开发的 15 号楼不同楼层的房屋其装修有多种结构，已经销售的 5 套房屋均是按照一层一套对外整体出售，并在房管局进行了合同备案，房产专门测绘单位也按照一层一套进行了测绘。

【案件焦点】

商品房出售后，开发商擅自改变房屋结构的，是否侵犯原房屋买受人对房屋尊享的期待，是否构成欺诈，以及是否应该按照已付房款的 3 倍进行赔偿。

【法院裁判要旨】

河南省焦作市解放区人民法院经审理认为：（1）关于被告是否将合同中约定的案涉房屋由一层一户变更为一层两户的问题。本案中，被告 Y 公司向原告销售房屋后，对涉案商品房所在的 15 号楼 8 层以上房屋的结构进行了改动，在大平层户型的房屋内部增加了一堵墙，且增加了一个入室门，并区分标注有 01、02 的门牌号。被告 Y 公司虽抗辩称“被告于 2017 年 8 月对该栋楼 8 层以上楼层进行了功能设计上的改动，但仅增加了一堵临时墙，是装修意义上的隔断，而并非实质上的变更”“被告是经过设计单位同意的功能设计上的变更，并未改变 15 号楼商品房的实质属性，仍是一层一户，15 号楼在房管局的备案仍是一层一个房产证”。但依据《房屋登记办法》之规定，被告对 8 楼以上房屋的该改动行为，使原本的一户大平层户型变为两个有固定界线、可以独立使用并且有明确、不同的门牌号的房屋，故 8 楼以上房屋形成了两个房屋基本单元，即为两户。且《设计更改通知单》明确载明“根据甲方 7 月 26 日来函要求，二期 15 号楼的大平层户型分割为 2 户”，且在被告 Y 公司之后的楼盘宣传资料中亦宣称每层为 2 个独立的户型，2 个门牌号。由此应当认定被告 Y 公司将合同中约定的案涉房屋由一层一户变更为一层两户，被告对此的辩解与查明事实不符，该院不予采信。（2）关于双方所签合同时是否存在欺诈问题。本案中，被告Y公司制作的某项目（12号楼、14号楼、15号楼户型欣赏）的宣传资料之“一层一户”，是其就涉案商品房开发规划范围内的房屋及相关设施所作的说明和允诺具体确定，对涉案商品房买卖合同的订立以及房屋价格的确定具有重大影响；虽然该宣传资料标注了“本图文仅作项目介绍之用，不是开发商的要约，亦不是构成商品房买卖合同的内容，以上一切资料以政府批文之法律文件为准”。但该标注在宣传页的边框处采取不同于其他内容的竖版方式，且所用字体的大小明显小于同一资料的其他内容，显然不足以引起消费者的注意，其主观故意是显而易见的。故根据诚实信用原则，该宣传资料应属于商品房销售合同的一部分内容。被告Y公司向原告靳某清发放的宣传资料宣称的是“一层一户”，但同时又采用排列方式及字体大小相对不明显、不足以引起消费者注意的版面的边框处标注“本图文仅作项目介绍之用，不是开发商的要约，亦不是构成商品房买卖合同的内容，以上一切资料以政府批文之法律文件为准”，以此误导消费者，后在与原告靳某清签订《商品房买卖合同》时，未将宣传资料所明示的“一层一户”在该合同中进行约定，且在原告靳某清购房后又不守承诺，分割拆零销售，故在主观方面应认定为故意，该行为应认定为欺诈行为。被告Y公司认为其“不存在任何欺诈的故意，也未实施任何欺诈行为，原告也并未表示其已购买商品房的过程中存在任何错误意思表示与损害后果”的抗辩意见有悖诚实信用原则，该院不予采信。（3）被告Y公司以引人误解的宣传方式误导原告靳某清，使其花费巨资购买房屋，在原告入住后又不守诚信，改变涉案楼房的结构，虽未对原告的房屋进行改变，但其将涉案楼房的大部分房屋由一层一户改为一层两户，严重降低了原告对房屋尊享的期待和房屋使用功能的安宁性和私密性，其行为已构成欺诈，虽不属于《最高人民法院关于审理商品房买卖合同纠纷案件适用法律若干问题的解释》对于惩罚性赔偿责任规定的几种情形，但应依法承担违约责任。综合全案情况，根据原告的投资情况和被告的欺诈情节，法院参照《最高人民法院关于审理商品房买卖合同纠纷案件适用法律若干问题的解释》中关于惩罚性赔偿责任的规定，酌定被告Y公司按原告靳某清已付购房款即2071727元的一倍赔偿其损失，对原告诉请中的超出部分，该院不予支持。

河南省焦作市解放区人民法院作出如下判决：

一、被告Y公司应于本判决生效后十日内赔偿原告靳某清2071727元；

二、驳回原告靳某清的其他诉讼请求。

Y公司不服一审判决，提起上诉。

河南省焦作市中级人民法院经审理认为：靳某清以Y公司双方签订了房屋买卖合同，对方改动户型和结构，由之前宣传的一层一户变为一层两户，并改造屋面墙体，违反销售时的承诺，有悖诚实信用原则，严重影响居住安全，构成销售欺诈为事实依据，要求依据《中华人民共和国消费者权益保护法》的有关规定赔偿。该诉讼请求既有违约之诉的内容，又有侵权之诉的内容。(1)双方签订的商品房买卖合同合法有效，Y公司已向靳某清交付房屋，靳某清已接收房屋。Y公司交付给靳某清的房屋与原宣传和双方合同约定相符，并无任何变更，设计变更和房屋结构变更的行为不是对靳某清所购房屋的变更行为，行为本身不构成对靳某清居住环境的影响和对双方房屋买卖合同的违反。(2)靳某清起诉主张Y公司改动楼层户型和结构，严重影响其居住安全，但没有提供相应的客观证据，明显不能成立。且其主张 3 倍赔偿的依据是对其构成商品销售欺诈，因此，对靳某清主张影响其居住安全的主张不能采信和支持。(3)《最高人民法院关于贯彻执行〈中华人民共和国民法通则〉若干问题的意见（试行）》第六十八条规定：“一方当事人故意告知对方虚假情况，或者故意隐瞒真实情况，诱使对方当事人作出错误意思表示的，可以认定为欺诈行为。”Y 公司先前宣传一层一户，与靳某清签订房屋买卖合同，并按照宣传内容和合同约定交付房屋，后来对涉案楼盘的其他房屋进行了设计和结构施工变更。靳某清没有证据证明 Y 公司在与其签订合同时就已经决定对该楼变更设计、改变和降低居住环境和品质，并且故意不告知或者作虚假告知等事实；宣传广告内容、方式亦不足以认定 Y 公司欺诈销售的行为。原审认定 Y 公司构成欺诈不当。(4)《商品房销售管理办法》规定，该办法所称分割拆零销售是指房地产开发企业以将成套的商品住宅分割为数部分分别出售给买受人的方式销售商品住宅的行为。Y 公司确实存在对靳某清所购买的 15 号楼其他楼层多套房屋进行设计变更和房屋结构施工变更，并且印制了变更后的宣传彩页，将一层一套房屋分别标注为 A 户型、B 户型，对外进行销售宣传。但是目前为止，Y 公司并未实际按照一层两户对外进行销售，没有分割拆零销售事实的实际发生。(5)《中华人民共和国民事诉讼法》第一百一十九条第三项规定，起诉必须有具体的诉讼请求和事实、理由。本案靳某清主张 Y 公司将一层一户改为一层两户，楼房使用和购房主体已经发生完全变化，住户增加，侵犯了其单层单户使用电梯的权益，给其使用造成诸多不便，降低了房屋使用功能的安宁性和私密性，严重影响其使用权益，但是，根据查明的事实，Y 公司把一层一套房屋分割成两套房屋对外出售的事实目前并未发生，Y 公司在房屋户型、结构变更后并未改变一层销售给一户的原定预售方案，靳某清要求赔偿损失所依据的购房主体和公共设施使用主体发生变化、住户增加等事实目前并不存在。靳某清的本案起诉不符合上述法律规定的起诉条件，对靳某清的起诉应当驳回。

河南省焦作市中级人民法院作出如下裁定：

一、撤销河南省焦作市解放区人民法院民事判决；

二、驳回靳某清的起诉。

【法官后语】

《中华人民共和国民法典》自 2021 年 1 月 1 日起实施，本案的一、二审诉讼均发生在民法典实施之前，故本案适用民法典实施之前的法律、司法解释的规定。实践中，由于当事人掌握的信息不对称，开发商擅自减少小区绿化面积、景观等现象的问题时有发生。本案处理的重点在于：靳某清要求 Y 公司按照已付购房款的 3 倍即 6215181 元赔偿其经济损失应否予以支持。

一、靳某清是否享有诉的利益

本案中，Y 公司将案涉房屋所在的 15 号楼 8 楼以上房屋的结构进行了改动，在大平层户型的房屋内部增加了一堵墙，且增加了一个入室门，并区分标注有 01、02 的门牌号。靳某清主张 Y 公司的行为侵犯其房屋尊享的期待和房屋使用功能的安宁性和私密性。在此，主要涉及对权利的理解问题。权利系法律所保护的利益。《中华人民共和国民法总则》第一百一十条第一款（对应《中华人民共和国民法典》第九百九十条第一款）规定，自然人享有生命权、身体权、健康权、姓名权、肖像权、名誉权、荣誉权、隐私权、婚姻自主权等权利。本案中，靳某清所谓的侵犯其房屋尊享的期待和房屋使用功能的安宁性和私密性的权利明显不属于上述法定权利。靳某清不享有诉的利益，且Y公司一房分割为二房出卖的行为并未实际发生。基于法律保护合法利益的原则，人民法院不宜受理本案。否则，将导致当事人权利无限扩张，出现权利滥用的现象。

二、Y公司的行为是否构成欺诈

靳某清以Y公司构成合同欺诈为由，提起本案诉讼。民事欺诈行为是指在设立、变更、中止民事权利和义务的过程中，故意告知对方虚假情况，或者故意隐瞒真实情况，诱使对方作出错误意思表示的行为。Y公司的宣传资料显示：××未来城15号楼系宫殿式豪华大平层，一层一户，360°全景视野。基于上述认识，靳某清与Y公司签订商品房买卖合同，后靳某清按照约定支付了购房款。案涉合同签订后，Y公司又将靳某清所购买的15号楼其他楼层多套房屋进行设计变更和房屋结构施工变更，印制了变更后的宣传彩页，并将一层房屋分别标注为A户型、B户型，对外进行销售宣传。首先，Y公司向靳某清交付的房屋并未进行分割、变更，其履行合同义务符合约定内容；其次，Y公司亦没有按照一层两户对外进行销售，分割拆零销售的事实没有实际发生。也就是说，靳某清主张Y公司构成商品销售欺诈的事实没有实际发生，其要求按照3倍购房款赔偿损失的请求没有事实依据。因此，一审确认Y公司按照已付购房款一倍赔偿靳某清损失，不符合公平、公正的原则。靳某清对其诉讼请求不享有诉的利益，故应当驳回起诉。

编写人：河南省焦作市中级人民法院　毕蕾　曹艳娜

121 二手房交易中买卖双方义务履行顺序的认定及第三人导致违约的责任承担

——陶某风诉楼某阳、Y公司房屋买卖合同案

【案件基本信息】

1. 裁判书字号

北京市第一中级人民法院（2019）京01民终11149号民事判决书

2. 案由：房屋买卖合同纠纷

3. 当事人

原告（反诉被告、被上诉人）：陶某风

被告（反诉原告、上诉人）：楼某阳

被告：Y公司

【基本案情】

2015年5月，陶某风（买受人）与楼某阳（出卖人）及Y公司（居间人）签订《房屋买卖居间合同》（以下简称《买卖合同》）及《补充协议》。《买卖合同》约定：出卖人出售案涉房屋，房屋已经设定抵押。房屋成交价格115万元，家具、家电等作价43万元。买受人拟贷款金额80万元。《补充协议》约定：甲、乙双方约定于2015年6月30日之前办理该房屋的审贷手续……乙方拒绝购买房屋的，构成根本违约，对方有权解除合同，违约方应以相当于该房屋总价款的20%赔偿其损失。当日，陶某风依约向楼某阳支付购房定金2万元。

Y公司的刘某具体负责为双方办理案涉房屋的买卖事宜。合同履行过程中刘某告知陶某风其购房资质出现问题，建议陶某风在其子年满18周岁后将其名下房产转移登记至其子名下从而获得购房资质，陶某风表示同意。2015年6月24日刘某持一份《购房合同补充条款》让陶某风签字，主要内容为：由于乙方不能申请北京市购房资格，乙方承诺名下另一处房屋于2015年11月30日过户到其子名下，过户完毕配合申请购房资格，在此期间双方不得以任何理由拒绝购买或拒绝出售案涉房屋。该份补充条款上甲方处签有楼某阳的名字并按有手印，居间方代理人处加盖有Y公司字样的公章。陶某风收到上述补充条款后在该条款乙方处签字。陶某风据此同意将购房款先打入刘某的账户，由刘某予以保管，并先后向刘某的账户打入126万元购房款。

2015年11月，陶某风将楼某阳及Y公司诉至法院，要求解除合同。因涉嫌刑事犯罪，法院将该案移送公安机关。后法院作出刑事判决书，判决刘某犯合同诈骗罪。在公安机关讯问过程中，刘某自认其提交给陶某风的补充条款上Y公司的公章系伪造，楼某阳的字是其代签，陶某风转给其的三笔钱均已挥霍。楼某阳于2016年4月办理了案涉房屋的解抵押手续，后将案涉房屋另行出售。

审理中，双方认可曾协商同意将案涉房屋买卖合同的履行延迟至2015年12月。陶某风主张因受欺诈将购房款给了刘某导致其无力继续支付购房款，无法继续交易，故未在2015年12月底前取得购房资质。

【案件焦点】

1. 楼某阳未办理解抵押及将房屋另行出售的行为是否构成违约；2. 陶某风未取得购房资质并要求解除合同是否构成违约。

【法院裁判要旨】

北京市昌平区人民法院经审理认为：各方均认可《买卖合同》及《补充协议》于2015年12月23日解除，法院不持异议。故其后楼某阳将案涉房屋另售他人并不构成违约。双方签订的《补充协议》虽约定双方应于2015年6月30日之前办理该房屋的审贷手续，但因陶某风的购房资质出现问题，陶某风未按照上述约定办理审贷手续，楼某阳亦未按照双方约定办理解押手续，双方均未按照约定履行各自的义务。后因刘某的行为导致双方未能就后续履行问题达成一致意见，双方解除合同，故楼某阳以陶某风未按期办理审贷手续构成违约为由主张违约金的依据不足。鉴于《买卖合同》已解除，陶某风要求楼某阳返还购房定金2万元，应予支持；其主张定金2万元利息的诉讼请求依据不足。

北京市昌平区人民法院依照《中华人民共和国合同法》第四十四条第一款、第六十条第一款、第九十三条、第九十四条、第九十七条，《中华人民共和国民事诉讼法》第六十四条之规定，判决如下：

一、楼某阳于本判决生效后十日内返还陶某风购房定金2万元；

二、驳回陶某风的其他诉讼请求；

三、驳回楼某阳的其他反诉请求。

楼某阳不服一审判决，提出上诉。

北京市第一中级人民法院经审理认为：虽然《补充协议》约定

双方应于2015年6月30日之前办理审贷手续，但双方协商延迟合同的履行期限至2015年年底。依据房屋交易的一般流程，楼某阳办理案涉房屋解抵押手续的义务和陶某风取得购房资质的义务并无先后顺序，应当同时履行，在陶某风并未取得购房资质的情况下，楼某阳未办理解抵押手续不构成违约。

双方认可协商将合同的履行期限延迟至2015年年底，但陶某风在此期间仍未取得购房资质，并于2015年11月将楼某阳及Y公司诉至法院要求解除合同，拒绝购买案涉房屋，构成违约。陶某风受刘某的欺诈将钱款交付刘某导致其无力继续支付购房款亦系其个人原因，不能改变其违约的事实。关于违约金的数额，考虑到陶某风无力支付购房款确系受到刘某犯罪行为的直接影响，其就违约过错较小，酌情确定陶某风支付楼某阳违约金15万元。双方合同已解除，楼某阳已经主张违约金，故应当返还定金2万元。

北京市第一中级人民法院依照《中华人民共和国合同法》第六十六条、第七十七条、第九十七条、第一百一十四条、第一百一十六条，《中华人民共和国民事诉讼法》第一百七十条第一款第二项之规定，判决如下：

一、维持北京市昌平区人民法院民事判决第一项、第二项；

二、撤销北京市昌平区人民法院民事判决第三项；

三、陶某风于本判决生效后十日内支付楼某阳违约金15万元；

四、驳回楼某阳的其他反诉请求。

【法官后语】

一、关于二手房交易中买卖双方义务履行顺序的认定

《中华人民共和国合同法》第六十六条规定："当事人互负债

务，没有先后履行顺序的，应当同时履行。一方在对方履行之前有权拒绝其履行要求。一方在对方履行债务不符合约定时，有权拒绝其相应的履行要求。”《中华人民共和国民法典》第五百二十五条规定：“当事人互负债务，没有先后履行顺序的，应当同时履行。一方在对方履行之前有权拒绝其履行请求。一方在对方履行债务不符合约定时，有权拒绝其相应的履行请求。”

现实生活中，二手房交易常常涉及房屋及购房资格核验、贷款办理、产权过户、户口迁移等多重手续。而当事人在合同中不一定会对每个环节的具体时间都作出明确约定，在认定买卖双方各自义务履行的时间及先后顺序时，必须结合二手房交易惯例和双方合同约定综合判断。一般而言，买卖双方进行网上签约是办理过户完成交易的必要前提，而网上签约则要求作为买卖标的物的房屋符合出售条件以及买受人具有购房资格。如果房屋上存在抵押登记或购房人不具备购房资格，则双方都必须在网上签约时间之前解决以上问题。因此，出卖人解除抵押的义务和买受人获得购房资格的义务都应当在网上签约之前履行完毕，但两者之间并无制约关系，除非双方合同有明确约定，否则并无履行先后的要求，依据合同法的规定，属于应当同时履行的义务。因此，本案中，陶某风在自己并未取得购房资格的情况下，无权要求楼某阳履行解抵押义务，楼某阳未办理解抵押并不构成违约。

二、第三人行为导致违约的责任承担

《中华人民共和国合同法》第一百二十一条规定：“当事人一方因第三人的原因造成违约的，应当向对方承担违约责任……”依据该规定，如当事人违约系因第三人的原因导致，并不能免除违约方的违约责任。但同时，该法第一百一十四条第二款规定：“……约定的违约金过分高于造成的损失的，当事人可以请求人民法院或者仲裁机构予以适当减少。”《最高人民法院关于适用〈中华人民共和国合同法〉若干问题的解释（二）》第二十九条第一款规定：“当事人主张约定的违约金过高请求予以适当减少的，人民法院应当以实际损失为基础，兼顾合同的履行情况、当事人的过错程度以及预期利益等综合因素，根据公平原则和诚实信用原则予以衡量，并作出裁决。”虽然该司法解释已于2020年废止，但《中华人民共和国民法典》第五百八十五条“当事人可以约定一方违约时应当根据违约情况向对方支付一定数额的违约金，也可以约定因违约产生的损失赔偿额的计算方法。约定的违约金低于造成的损失的，人民法院或者仲裁机构可以根据当事人的请求予以增加；约定的违约金过分高于造成的损失的，人民法院或者仲裁机构可以根据当事人的请求予以适当减少。当事人就迟延履行约定违约金的，违约方支付违约金后，还应当履行债务”之规定，基本吸收了上述司法解释的精神。依据上述规定，第三人原因导致违约的情况下，虽然违约方的违约责任不能免除，但因违约并非违约方主观故意或者过失导致，违约方的过错较小，故在确定违约金时，法院应当对此情形予以充分考虑，适当减少违约金的数额，以符合过错与责任相一致的原则。本案中，陶某风在双方合同履行期尚未届满时就起诉要求解除合同，拒绝购买案涉房屋，构成违约。虽然陶某风系受中介人员刘某的欺诈，将购房款交付刘某导致自身遭受经济损失，失去了购买案涉房屋的经济能力，但刘某的行为并不影响陶某风违约责任的承担。在认定违约金的数额时，因陶某风的过错较小，故法院应当对违约金数额酌情减少。

编写人：北京市第一中级人民法院　王湘羽

122 双方违反签订合同时达成的口头约定亦构成违约

——王某诉潘某有房屋买卖合同案

【案件基本信息】

1. 裁判书字号

北京市第二中级人民法院（2019）京02民终12064号民事判决书

2. 案由：房屋买卖合同纠纷

3. 当事人

原告（上诉人）：王某

被告（上诉人）：潘某有

【基本案情】

罗某芝系潘某有之母，案涉房屋原系罗某芝所有，登记于罗某芝名下。2017年10月30日，罗某芝去世。潘某有于2018年4月3日起诉潘某明、潘某生遗嘱继承纠纷一案，法院于2018年8月27日作出民事调解书，确认该房屋由潘某有继承，潘某有于2018年12月15日前分二次将房屋折价款合计959633元支付给潘某生。此后，案涉房屋变更登记至潘某有名下。

2018年9月21日，经经纪公司的居间服务，潘某有（出卖人）与王某（买受人）签订《北京市存量房屋买卖合同》，约定："王某购买案涉房屋，房屋总价为380万元……第五条关于房屋产权及具体状况的承诺……（二）出卖人确认，该房屋在其本人或其近亲属持有期间，在房屋本体结构内未发生过非正常死亡事件

（包括但不限于自杀、他杀、从该房屋内坠出死亡、意外死亡等）。如果出卖人在签署本合同前就前述事项隐瞒真实情况的，三方确认：因出卖人欺诈行为，使买受人和居间方在违背真实意思的基础上订立本合同，买受人有权依法要求撤销房屋买卖合同及相关协议，出卖人另应承担相应责任。”双方在合同中另就房款支付、房屋交付、过户及违约责任等事项予以约定。2018 年 10 月 20 日，潘某有、王某及经纪公司三方另签订《变更协议书》，对房款支付事宜另行予以约定。上述合同及变更协议签订后，双方按约定履行了付款、房屋交付、过户等相关义务。2018 年 10 月 29 日，案涉房屋过户登记至王某名下。后王某母亲陈某芳听邻居说潘某母亲在案涉房屋内去世，双方产生争议，以致成讼。

【案件焦点】

1. 房屋买卖合同签订前，买方是否询问过交易房屋有无正常死亡情况；2. 被告之母罗某芝的去世地点。

【法院裁判要旨】

北京市丰台区人民法院经审理认为：依据证人李某州提交的录音证据，可知在购买房屋时，买方确曾询问潘某有其母亲是否在房屋内去世，潘某有予以否认。但依据救援中心的救援记录、死亡证明及医生的确认，潘某有的母亲罗某芝去世于案涉房屋内，与潘某有此前所做陈述有出入，违反了双方的口头约定。购房人对购房存有某些方面的禁忌，系其自由权利，潘某有对死亡地点的错误陈述可能影响原告购房的选择，出卖人应当承担相应责任。庭审中，王某主张 100 万元的损失，因房屋内有人因病去世，并非影响房屋价格的普适因素，综合考虑双方合同的履行情况，以及双方并未就房屋内不能发生正常死亡事件的要求及后果明确记载于合同中的事实，法院酌情确定潘某有向王某支付5万元。

北京市丰台区人民法院依照《中华人民共和国合同法》第六十条、第一百零七条之规定，作出如下判决：

一、潘某有于本判决生效之日起七日内向王某支付5万元；

二、驳回王某的其他诉讼请求。

王某、潘某有不服一审判决，均提起上诉。

北京市第二中级人民法院经审理认为：依法成立的合同，对当事人具有法律约束力。王某与潘某有签订的《北京市存量房屋买卖合同》系双方的真实意思表示，且未违反法律、行政法规的效力性强制性规定，应属合法有效。双方在合同中约定了出卖人确认房屋内未发生过非正常死亡事件，但对于因病死亡等正常死亡的情形如何处理，双方并未进行约定。王某主张在签约前曾向潘某有询问过其母亲是否在房屋内去世，潘某有称是在救护车上去世的，经纪公司参与合同居间的工作人员亦出庭作证证明上述情况。但根据救援中心的救援记录、死亡证明及原审法院向当时救援中心实施救治的医生进行的调查，证明潘某有之母的死亡地点系案涉房屋。潘某有未如实告知上述情况，确会对王某的购房行为产生一定影响。现王某要求潘某有赔偿损失，原审法院综合考虑合同履行情况酌情确定赔偿数额在合理范围内，法院对此不持异议。王某、潘某有的上诉请求均依据不足，法院不予支持。原审判决认定事实清楚，适用法律正确，应予维持。

北京市第二中级人民法院依照《中华人民共和国民事诉讼法》第一百七十条第一款第一项之规定，作出如下判决：

驳回上诉，维持原判。

【法官后语】

结合本案审理过程，笔者有以下两点看法：

一、关于法院调查取证

司法审判是在查明法律事实的基础上适用法律，所以查明法律事实是司法审判的基础。《中华人民共和国民事诉讼法》第六十七条第二款规定，当事人及其诉讼代理人因客观原因不能自行收集的证据，或者人民法院认为审理案件需要的证据，人民法院应当调查收集。法院调查取证分为依申请调查取证与依职权调查取证两种，上述两种情况均是在案件事实不能查明的基础上，相关证据不宜由当事人调取或当事人调取存在权限限制的情况下，法律赋予了人民法院调查取证的权力。该项立法目的就是确保在案件事实能够查明的情况下，不因证据收集客观原因增加当事人的举证责任，冲破查明案件事实的各项阻碍，确保人民法院在查明案件事实的基础上，妥善适用法律，作出判决，实现真正意义上的公平正义。

本案中，原告与被告针对被告母亲的去世地点产生了较大争议，亦成为本案的争议焦点。尽管双方就其诉辩主张提交了书证、录音材料、证人证言等一系列证据，但仍无法直接证明其主张。针对本案的实际情况，法院前往救援中心调查取证，根据救援中心记录及医生的陈述，本案认定被告母亲系去世于案涉房屋内。据此法律事实，结合双方义务、损失程度，法院依法对其作出判决。

二、违反口头约定亦需承担违约责任

《中华人民共和国民法典》第四百六十九条第一款规定："当事人订立合同，可以采用书面形式、口头形式或者其他形式。"第五百七十七条规定："当事人一方不履行合同义务或者履行合同义务不符合约定的，应当承担继续履行、采取补救措施或者赔偿损失等违约责任。”口头约定亦是合同的一种，违反口头约定仍构成违约，违约方需承担违约责任。这不仅是合同性质的体现，更是诚实信用这一传统美德在市场交易中的体现。合同一般由要约与承诺两部分构成，口头约定虽不具备书面约定这一条件，但仍然包含要约与承诺两个环节，故而，约定一方未按约定履行义务即应该承担相应的违约责任。本案中，买卖双方曾就房屋内不能存有正常死亡与非正常死亡达成了口头约定，虽未固定成书面材料，但双方曾就此作出真实意思表示，故而双方均应遵守诚实信用原则，按照约定履行义务。

鉴于发生纠纷后，对口头约定的举证较为困难，故而各交易主体在签订合同过程中应当认真谨慎，在综合考量自身要求的基础上修订买卖合同，诚信履约。

编写人：北京市丰台区人民法院　赵冰洁

123　开发商为购房者向按揭贷款银行承担担保责任能否触发商品房买卖合同约定解除的条件成就

——开发公司诉侯某商品房销售合同案

【案件基本信息】

1. 裁判书字号

四川省成都市中级人民法院（2018）川01民终1900号民事判决书

2. 案由：商品房销售合同纠纷

3. 当事人

原告（上诉人）：开发公司

被告（被上诉人）：侯某

【基本案情】

2013年5月7日，侯某与开发公司签订《商品房买卖合同》（以下简称买卖合同）及附件、《住宅补充协议》，约定由侯某购买开发公司开发的某社区×栋××号商品房，总价1200617元，首付款400617元，余款800000元以侯某向某银行申请按揭贷款的方式支付。之后，侯某、某银行及开发公司三方签订《某银行个人购房借款合同》（以下简称借款合同），约定某银行向侯某发放800000元贷款，开发公司为侯某分期偿还借款提供阶段性连带责任保证。2013年8月28日，开发公司为侯某办理上述房屋的商品房备案登记。2017年，因侯某逾期归还贷款本息，某银行以侯某和开发公司为被告向人民法院提起民事诉讼，要求解除借款合同、提前收回全部贷款，同时要求开发公司承担担保责任。判决生效后，开发公司向某银行履行代偿义务，结清侯某欠款本息。另查明，2014年7月28日，案外人李某因与侯某民间借贷纠纷向人民法院起诉，要求侯某归还55万元借款，并申请对上述房屋采取保全措施。诉讼中，双方经调解达成协议，但侯某未按协议履行还款义务，李某遂向人民法院申请强制执行。

【案件焦点】

开发公司能否在为侯某承担担保责任后并且已销售的房屋因买受人原因被另案查封的情况下，行使合同解除权以及产生合同解除的相应法律后果。

【法院裁判要旨】

四川省成都市锦江区人民法院经审理认为：根据合同自治原则，侯某与开发公司可以约定，一旦侯某在履行购房借款合同过程中违约，致使某银行提前收回贷款并导致开发公司承担担保责任的，开发公司即有权要求解除买卖合同。但涉案房屋因侯某的其他债务纠纷已在本案诉讼前被其他法院查封，如果开发公司解除买卖合同，将直接影响涉案房屋所有权的归属，影响另案被执行标的物的执行，损害申请执行人的合法利益。开发公司作为上述执行案件的案外人，应当向执行法院提出异议。故，对于开发公司请求解除买卖合同不予支持，对其提出由侯某支付违约金的请求，因该违约金适用合同约定的解约条款，故以解除合同为基础请求的违约金，亦不予支持。

四川省成都市锦江区人民法院依照《中华人民共和国民事诉讼法》第二百三十二条之规定，作出如下判决：

驳回原告开发公司的诉讼请求。

开发公司不服一审判决，提起上诉。

四川省成都市中级人民法院经审理认为：本案二审争议焦点为开发公司是否有权解除买卖合同，并发生合同解除的相应后果。针对以上两个争议焦点，分别评述如下：

本案中，侯某已经基于买卖合同，通过首付款及按揭贷款的形式足额向开发公司支付购房款，开发公司通过房管部门将案涉房屋备案登记至侯某名下，应视为买卖合同已经履行完毕。现开发公司基于其代侯某承担担保责任的事实，主张案涉买卖合同解除，其代偿行为仅能产生债权追偿的行为后果，不能基于已经履行完毕的合同再行主张返还房屋，故对于开发公司上诉请求即解除案涉《商品房买卖合同》，撤销案涉房屋备案并要求侯某支付违约金 108000 元的主张，依法不予支持。开发公司可基于案涉合同，另行向侯某主张相应的担保责任。

四川省成都市中级人民法院根据《中华人民共和国民事诉讼法》

第一百七十七条第一款第一项之规定，作出如下判决：

驳回上诉，维持原判。

【法官后语】

本案焦点在于合同约定的解除条件之触发。对于商品房买卖合同关系中开发商与买受人之间约定以开发商、买受人与贷款银行之间的借款担保合同履行情况为解除条件的，一、二审法院持不同态度。

一审法院对于开发商为买受人承担借款担保责任后享有商品房买卖合同解除权持开放态度，认为应当尊重合同自治原则，根据合同约定的情形自动触发解约条件的成就。而最终驳回原告诉讼请求系基于案涉房屋已因为买受人的其他纠纷被另案查封，一审法院认为，案涉房屋已进行备案，一旦合同解除将直接影响房屋权属，已经构成对执行标的异议，应另行主张。

二审法院着眼于对解除条件本身作出阐释。首先，从合同履行程度来讲，合同解除适用的范围应是依法成立且尚未全部履行完毕的合同。二审法院认为，本案中商品房买卖合同应认定为已履行完毕，已无法解除对应内容。虽然，在此等双务合同中，开发商还负有为买受人办理物权登记等后续义务，合同是否履行完毕在实务中存在争议。但本案中买受人已经支付全部房款，且不存在其他违约情形，即从买受人的角度已按约履行了买卖合同的全部义务，开发商对应的权利和期待均得到了实现。其次，从合同相对性原则来讲，合同解除应遵循主体相对性、基础法律关系相对性。本案中，开发商与买受人之间存在两种法律关系，既是买卖合同中的卖方与买方，也是借款担保合同中的担保人与借款人。买卖合同关系中预设的解除权条款应限于买卖合同的相对方之间并以买卖合同的基础权利义务为触发的条件。在借款担保合同项下，买受人违约导致开发商承担担保责任后，产生的后果应为开发商取得追偿权，系一般债权。而买卖合同以借款担保合同的履行为条件，赋予开发商解除权导致房屋回转，变相地令开发商享有的债权获得了物的担保。且在开发商已全额收取房款的情形下，无论其代偿金额多少，都将触发解除权条款，对于买受人显然有失公允。同时，如果允许该种设计，对房屋买受人及其相对人来说，其对房屋的期待均有可能落空，法律关系将处于不稳定状态，不利于维护交易安全。

综上，合同解除应限于合同相对方之间就此法律关系产生的权利义务，而在法定范围内赋予一方解除权。以相对方之间其他法律关系为条件设立解除权的，不应得到支持。

编写人：四川省成都市锦江区人民法院　刘雅娟

124 房屋买卖合同解除时间的认定以及解除后相关问题的处理

——俞某晋、张某真诉王某斌房屋买卖合同案

【案件基本信息】

1. 裁判书字号

北京市第三中级人民法院（2018）京 03 民终 3556 号民事判决书

2. 案由：房屋买卖合同纠纷

3. 当事人

原告（反诉被告、上诉人）：俞某晋、张某真

被告（反诉原告、被上诉人）：王某斌

第三人（被上诉人）：经纪公司

【基本案情】

2016年12月16日，在经纪公司所提供的居间服务下，俞某晋、张某真作为出卖人与买受人王某斌签订了北京市存量房屋买卖合同以及补充协议。双方约定：王某斌以总价1060万元购买俞某晋、张某真名下位于某小区127号楼1层×××室的房屋，该房屋的面积为230.21平方米。房屋买卖合同以及补充协议对交易定金、付款方式、过户时间、房产产权现状、税费承担、违约责任等进行了明确约定。双方同时约定，购买涉诉房屋的定金为100万元，王某斌于签约当日支付45万元，剩余55万元不晚于2016年12月19日支付；首付款（不含定金）为510万元，由王某斌分两笔支付，于2017年6月30日前支付210万元用于原告偿还银行贷款；办理存量房自用交易资金监管时，存入监管账户300万元；尾款450万元以商业贷款方式支付。另约定双方于购房合同签订之日起270日内办理产权转移手续。王某斌依照约定分别于2016年12月16日、18日分两次共计向俞某晋、张某真支付了定金100万元。

2017年3月22日，北京市发布《关于进一步严格购房资格审核中个人所得税政策执行标准的公告》，该文件明确：连续5年（含）以上在本市缴纳个人所得税，是指按工资、薪金所得缴税的纳税人，从申请月的上一个月开始往前推算60个月在本市连续缴纳个人所得税。按照经纪公司所进行的核验结果显示，王某斌在本市的购房资格审查未校验通过，原因为未连续5年缴纳个人所得税。2017 年 6 月 15 日王某斌向俞某晋、张某真发出解除合同通知书，通知原告解除购房合同，并要求原告于接到通知后 3 日内办理解约手续并退还购房定金。后双方因合同履行问题发生争议。原告起诉要求解除房屋买卖合同并依法判决认定被告违约。被告王某斌提出反诉，请求判令被反诉人退还反诉人已付定金 100 万元及利息损失。

【案件焦点】

1. 涉诉房屋买卖合同是否应当解除；2. 合同解除后，后续事项应当如何处理。

【法院裁判要旨】

北京市顺义区人民法院经审理认为：涉诉房屋买卖合同系因合同订立后住房限购政策的实施，王某斌不具备购房资质而导致其无法继续购买涉诉房屋进而致使合同目的无法实现，合同无法继续履行。本案涉诉房屋买卖合同无法继续履行，属于不可归责于双方当事人的原因，原、被告双方当事人均享有合同解除权。在庭审中，被告虽主张其在 2017 年 6 月 15 日向原告发出解除合同的通知，但原告并未收到该通知。另，在法院 2017 年 8 月 1 日组织双方谈话时，原告变更诉讼请求，明确提出要求解除涉诉房屋买卖合同。法院当庭将原告的变更诉讼请求申请书送达给被告。被告当日提出反诉，要求解除涉诉房屋买卖合同。双方均明确提出解除涉诉房屋买卖合同，但对解除时间有争议。根据合同法的规定，解除权人直接向法院提起诉讼行使解除权，法院一经确认合同解除，则解除的效力应当自载有解除请求的起诉状送达合同相对方时，发生合同解除的效力。据此结合本案事实，法院认定涉诉房屋买卖合同及相关补充协议于2017年8月1日解除。

本案涉诉合同无法继续履行，属于不可归责于双方当事人的原因，并非王某斌恶意违约。故此，俞某晋、张某真应当将涉诉定金100万元退还给王某斌。法院对俞某晋、张某真在本案中所提出的要求依法判决认定王某斌违约，其不需向王某斌返还定金100万元的诉讼请求不予支持。因涉诉合同的解除并非俞某晋、张某真的原因，其也不存在违约行为，故此一审法院对王某斌所主张的要求俞某晋、张某真支付100万元定金及相应利息的反诉请求不予支持。

北京市顺义区人民法院作出如下判决：

解除双方的买卖合同，俞某晋、张某真向王某斌返还房屋定金100万元。

俞某晋、张某真不服一审判决，提起上诉。

北京市第三中级人民法院同意一审法院裁判意见，作出如下判决：

驳回上诉，维持原判。

【法官后语】

合同解除是指合同有效成立以后，当具备合同解除条件时，因当事人一方或双方的意思表示而使合同关系自始消灭或将来消灭的一种行为。合同解除权是合同当事人依照合同约定或法律规定享有的解除合同的权利，它的行使直接导致合同权利义务消灭，而合同解除时间的认定，对合同解除后违约责任的认定和相关后续问题的处理具有重要意义和作用。该案涉及房屋买卖合同解除时间的认定以及相关问题的处理。关于此问题笔者分析如下：

一、关于合同解除时间的认定

《中华人民共和国合同法》第九十三条第二款规定：当事人可以

约定一方解除合同的条件。解除合同的条件成就时，解除权人可以解除合同。第九十六条第一款规定：当事人一方主张解除合同的，应当通知对方。合同自通知到达对方时解除。对方有异议的，可以请求人民法院或者仲裁机构确认解除合同的效力。从《中华人民共和国合同法》的以上规定可以看出，解除权作为形成权，它不需征得对方的同意，仅凭单方的意思表示就可以发生预期的法律后果。因此，对于解除通知生效时间的界定十分重要，这关系到合同效力何时归于消灭的问题。在解除权人以通知方式行使解除权时，合同自通知到达相对人时解除，即使相对人提出异议，并进而请求人民法院或者仲裁机构确认合同解除的效力，但只要人民法院或者仲裁机构作出合同解除的生效判决，则合同解除的时间也应溯及解除合同的通知到达相对人之时。同理，如果解除权人于通知相对人解除合同后另行提起诉讼或者仲裁请求确认合同解除的效力，合同解除的时间也应理解为通知到达相对人之时。如果解除权人直接向人民法院提起诉讼或者仲裁行使解除权，如何认定合同解除的具体时间呢？解除通知也可以通过诉讼的方式行使，提起诉讼是解除权人意思表示的另一种表达方式，只不过不是解除权人直接通知对方解除合同，而是通过法院以向对方送达法律文书，特别是起诉状通知对方解除合同而已。在诉前未经通知程序而行使解除权的场合，如果合同解除最终被认定有效，则载有解除请求的起诉状送达被告时，发生合同解除的效力。因此，起诉状就是解除权行使的通知。无论是直接通知还是间接通知，都是解除权人行使解除权这一意思表示的不同表现形式，且均已到达对方，符合解除通知的条件，均应产生合同解除的法律效果。

具体到本案中，本案涉诉房屋买卖合同无法继续履行，属于不可归责于双方当事人的原因，原、被告双方当事人均享有合同解除权。在庭审中，被告虽主张其在2017年6月15日向原告发出解除合同的通知，但原告并未收到该通知。另外，在法院2017年8月1日组织双方谈话时，原告变更诉讼请求，明确提出要求解除涉诉房屋买卖合同。法院当庭将原告的变更诉讼请求申请书送达给了被告。被告当日提出反诉，要求解除涉诉房屋买卖合同。双方均明确提出解除涉诉房屋买卖合同，但双方对解除时间有争议。根据上述合同法关于合同解除权的相关规定和相关理论，法院认为解除权人直接向法院提起诉讼行使解除权，法院一经确认合同解除，则解除的效力应当自载有解除请求的起诉状送达合同相对方时，发生合同解除的效力。据此结合本案事实，故法院认定涉诉房屋买卖合同及相关补充协议于2017年8月1日解除。

二、参照适用本案应当注意的问题

合同解除是司法实践中运用十分广泛的一项制度，且违约解除作为违约救济的一种方式，可以产生合同终止等法律效果，直接关系到当事人订约目的的实现，合同解除时间的认定关乎合同效力的延续与否，既存权利义务是终止还是清算，形成权和抗辩（权）的产生与援用，辐射至物的返还请求权、不当得利返还请求权、损害赔偿请求权、附着担保的命运以至诉讼时效。

此案在审理时虽依照的是当时施行的《中华人民共和国合同法》及相关司法解释的规定。但在《中华人民共和国民法典》正式实施后，关于合同解除权的性质属于形成权、合同解除的行使方式以及合同解除时间的认定等问题在《中华人民共和国民法典》中进一步进行了明确规定。《中华人民共和国民法典》第五百六十五条规定：当事人一方依法主张解除合同的，应当通知对方。合同自通知到达对方时解除；通知载明债务人在一定期限内不履行债务则合同自动解除，债务人在该期限内未履行债务的，合同自通知载明的期限届满时解除。对方对解除合同有异议的，任何一方当事人均可以请求人民法院或者仲裁机构确认解除行为的效力。当事人一方未通知对方，直接以提起诉讼或者申请仲裁的方式依法主张解除合同，人民法院或者仲裁机构确认该主张的，合同自起诉状副本或者仲裁申请书副本送达对方时解除。

具体在审理涉及合同解除时间认定问题的案件时，应当从以下方面进行认定和分析：解除权属于简单形成权的理论，其行使应不以诉讼为必要，即依当事人一方意思表示可以产生解除的法律效果，原则上，解除权人应当以通知方式解除合同。在具体的审判实践中，如在诉讼前，解除权人已发出解除合同的通知，相对方有异议提起诉讼或解除权人直接起诉请求法院确认合同解除的效力，法院审理后认为当事人行使合同解除权符合合同约定或法律规定的，解除合同通知送达之日即为合同解除之日。但解除权人未发出解除合同的通知，径行起诉或反诉要求解除合同，法院审理后认为当事人行使合同解除权符合合同约定或法律规定的，也应当判决解除合同，为避免诉讼拖延影响当事人利益，合同解除的时间可以确定为法院传票送达时间，合同相对方有多方当事人的，以最后收到传票一方的送达时间为合同解除时间。当事人双方对合同是否解除存在争议，法院审理后认为主张解除的当事人无合同解除权，合同应当继续履行，但当事人在诉讼中均同意解除合同的，可以双方合意解除之日为合同解除之日。当事人在起诉时未提出解除的请求，但在诉讼过程中，一方当事人变更诉讼请求或对方反诉要求解除合同的，法院经审理认为合同应当解除的，可以诉讼请求通知到对方之日为合同解除日期。

编写人：北京市顺义区人民法院　张鹏飞

125 限购政策下房屋买卖合同法定解除权的判定

——林某淑诉李某辉房屋买卖合同案

【案件基本信息】

1. 裁判书字号

北京市第三中级人民法院（2018）京03民终2012号民事裁定书

2. 案由：房屋买卖合同纠纷

3. 当事人

原告（上诉人）：林某淑

被告（被上诉人）：李某辉

【基本案情】

2010年12月14日，林某淑与李某辉签订合同，约定李某辉购买林某淑所有的1005号房屋。合同中关于房屋的抵押情况为：已经抵押，抵押权人为某银行。双方均认可因签订合同时林某淑尚未取得房屋所有权证书，林某淑先将房屋交付李某辉，待林某淑取得房屋所有权证书后过户，双方预计林某淑可在2012年上半年取得房屋所有权证书，于2012年5月30日前办理抵押注销。2010年12月15日，李某辉支付首付33万元，同月，林某淑将房屋交付李某辉。房屋交付后李某辉装修并居住至今，李某辉缴纳了居住期间的物业费及供暖费。

2012年7月24日，林某淑取得房屋所有权证书。2013年4月10日，某银行取得房屋的他项权利证书。但2011年2月，北京市政府已规定在本市没有住房且连续5年以上在本市缴纳社会保险或个人所得税的非本市户籍居民家庭，限购1套住房，李某辉非北京市户籍，社会保险记录显示此时李某辉不具备北京购房资质，双方无法完成过户。如连续缴纳社会保险，李某辉于2015年年底能具备在京购房资质。因双方仍愿继续进行交易，故2012年8月20日林某淑作为甲方、李某辉作为乙方签订《房屋协议书》，约定：因甲、乙双方原因导致交易延期并达成本协议。1. 从2012年7月开始乙方履行甲方房屋银行还款事项，每月按时还款。2. 乙方在未来的时间里如能全款购买房屋，甲方必须积极配合乙方办理房产转移等相关事宜。自2012年7月起李某辉每月将应还贷款金额转入林某淑账户用于还款。2015年8月14日，北京市及通州区政府出台规定，要求在符合现行政策有关规定且本市没有住房并近3年在通州区连续缴纳社会保险或个人所得税的非本市户籍居民家庭限购1套通州区商品住房。李某辉再次不符合购房条件，为满足条件，李某辉自2016年4月起开始连续在北京市通州区缴纳社会保险。2015年11月21日，李某辉受林某淑委托代其偿还了某银行剩余全部贷款本息。后原告以被告迟迟不办理过户手续为由起诉要求解除《房屋协议书》、被告腾退1005号房屋并支付违约金25.2万元。被告请求驳回原告全部诉讼请求。

【案件焦点】

原、被告双方在合同履行中的行为是否已经构成了合同解除的条件。

【法院裁判要旨】

北京市通州区人民法院经审理认为：本案中林某淑与李某辉签订的《房屋协议书》合法有效，且不违反法律法规的强制性规定，各方当事人均应按照合同的约定进行履行，买卖合同亦为林某淑与李某辉的真实意思表示。本案被告虽经几次政策变化一直处于暂不具备购房资格的状态，但可合理推断林某淑以其行为表明自己愿意等待李某辉继续缴纳社会保险或个人所得税，直至符合购买1005号房屋的资格后再完成房屋的过户手续。而李某辉亦自2016年4月起开始连续在北京市通州区缴纳社会保险，积极满足购买1005号房屋的条件。同时，从公平的角度考虑，李某辉已经支付超过买卖合同、《房屋协议书》中约定的1005号房屋的全部购房款，2010年12月至今1005号房屋的价格亦已上涨数倍，李某辉自2010年12月起对1005号房屋进行了装修、居住至今，并缴纳了居住期间的相关费用，林某淑在此时要求解除《房屋协议书》会造成双方利益的明显失衡。林某淑要求解除《房屋协议书》，并要求李某辉腾退1005号房屋的诉讼请求，没有事实和法律依据，法院依法不予支持。林某淑提供的证据亦不足以证明李某辉构成违约，故对林某淑要求李某辉支付违约金25.2万元的诉讼请求，法院亦不予支持。

北京市通州区人民法院依照《中华人民共和国合同法》第五条、第八条、第九十四条，《中华人民共和国民事诉讼法》第六十四条第一款之规定，作出如下判决：

驳回原告林某淑的全部诉讼请求。

林某淑不服一审判决，提起上诉。二审审理过程中，林某淑向北京市第三中级人民法院申请撤回上诉。

北京市第三中级人民法院经审理认为：林某淑在本案审理期间提出撤回上诉的请求，不违反法律规定，依据《中华人民共和国民事诉讼法》第一百七十三条之规定，裁定如下：

准许林某淑撤回上诉。

【法官后语】

《中华人民共和国合同法》第九十四条规定[①]，有下列情形之一的，当事人可以解除合同：（一）因不可抗力致使不能实现合同目的；（二）在履行期限届满之前，当事人一方明确表示或者以自己的行为表明不履行主要债务；（三）当事人一方迟延履行主要债务，经催告后在合理期限内仍未履行；（四）当事人一方迟延履行债务或者有其他违约行为致使不能实现合同目的；（五）法律规定的其他情形。

第一，根据《中华人民共和国民法通则》相关规定[②]，不可抗力是指不能预见、不能避免且不能克服的客观情况。上述三个要素需要全部具备方可构成不可抗力。本案被告由于购房政策的屡次变化而无法按约定的时间办理过户。政策的变化对于民事主体而言是难以准确预见更无力避免的。但购房政策并不禁止交易，不会从根本上导致商品房买卖合同不能履行，一般只会对商品房买卖合同中的付款条件、过户时间等履行条款产生影响，且这种影响不是完全不能克服的，因此购房政策的调整应不属于不可抗力，本案不属于"因不可抗力致使不能实现合同目的"，当事人不能据此要求解除合同。

第二，本案由于原告尚未取得房屋的所有权证书，被告无法直

---

① 现为《中华人民共和国民法典》第五百六十三条，有下列情形之一的，当事人可以解除合同：（一）因不可抗力致使不能实现合同目的；（二）在履行期限届满前，当事人一方明确表示或者以自己的行为表明不履行主要债务；（三）当事人一方迟延履行主要债务，经催告后在合理期限内仍未履行；（四）当事人一方迟延履行债务或者有其他违约行为致使不能实现合同目的；（五）法律规定的其他情形。以持续履行的债务为内容的不定期合同，当事人可以随时解除合同，但是应当在合理期限之前通知对方。

② 现为《中华人民共和国民法典》第一百八十条，因不可抗力不能履行民事义务的，不承担民事责任。法律另有规定的，依照其规定。不可抗力是不能预见、不能避免且不能克服的客观情况。

接办理过户手续。在此期间，由于购房政策的变化而导致被告一直处于暂不能办理过户手续的状态。暂不能办理过户，并非由于被告主观原因造成，被告不仅没有以行为明示其将不履行主要义务，而且在此期间被告付清了购房款、为原告还清了涉案房屋的全部贷款，被告的行为均表现出其是在积极地履行义务、配合原告减少迟延过户所造成的损失，本案不可适用“在履行期限届满之前，当事人一方明确表示或者以自己的行为表明不履行主要债务”而解除合同的规定。

第三，本案中被告几次因政策原因而推迟办理房屋过户的履行时间，如前所述，这并非由于被告原因导致的合同迟延履行；且在依政策暂不能过户的期间内，原告不仅并未催告被告履行，而且通过签署《房屋协议书》、办理公证文书委托被告偿还贷款等方式明确地表明其愿意继续交易的意愿。本案亦不适用因“当事人一方迟延履行主要债务，经催告后在合理期限内仍未履行”而解除。

第四，如前所述，本案中被告暂时无法办理涉案房产的过户系政策原因，非被告过错导致，被告自身既无主观迟延，也不具备其他违约行为。原告在本案中已取得全部购房款，贷款亦由被告代为还清，原告并未明确指出其订立本合同的交易目的，故不能适用“当事人一方迟延履行债务或者有其他违约行为致使不能实现合同目的”而解除合同。

第五，本案也没有可以适用其他法律规定解除合同的依据。

综上所述，本案中被告已履行了购房款支付义务、代原告偿还了贷款、对房屋进行了装修并居住至今，缴纳了居住期间的相关费用，未办理过户系政策原因所致，而非被告的违约行为所致，不符合法律规定的合同解除条件；且综合被告在合同履行期间的行为，解除合同关系不仅不具备法律依据，而且会造成双方利益的明显失衡。因此，本案中应当维持合同的法律效力，不应予以解除。

编写人：北京市通州区人民法院　刘丹丹　王薇

3. 合同的履行

126　“一房二卖”情形下第三人撤销之诉的主体审查及合同履行顺序

——何某诉张某、房地产公司第三人撤销之诉案

【案件基本信息】

1. 裁判书字号

北京市第一中级人民法院（2020）京 01 民终 6768 号民事判决书

2. 案由：第三人撤销之诉

3. 当事人

原告（被上诉人）：何某

被告（上诉人）：张某、房地产公司

【基本案情】

2006 年 11 月，何某与房地产公司就诉争房屋签订商品房买卖合同，此后向餐饮公司及何某出具购房款收据。2007 年 8 月，何某支付专项维修资金。2008 年 3 月，房地产公司向诉争房屋现住户就办理房屋产权证、结清尾款、办理按揭贷款等事宜发出通知。2007 年 12 月，餐饮公司出具证明材料，写明：何某购买诉争房屋的首付款系我公司代交的，该款何某已还清我公司，何某购房与我公司无关。

2006年2月28日，张某与房地产公司就诉争房屋签订商品房买卖合同。此后，房地产公司为张某出具入住通知并开具购房款收据。2014年3月，张某支付专项维修基金。张某主张房地产公司向其交付房屋之后，其将房屋出租给房地产公司收益。

何某与张某均主张自己为诉争房屋的真正购房人，房地产公司称该公司股权转让之后，老股东冒用房地产公司名义与何某签约，将诉争房屋出售给何某，张某为真正购房人。2006年5月，房地产公司声明公章、财务章、合同专用章丢失，并报案、登报，重新刻制新章。

何某称购房之后，其本人或亲属一直在房屋内居住或对外出租至今。经查，何某系餐饮公司股东，餐饮公司已经更名，经海淀区人民法院向该公司现法定代表人询问，其表示该公司并无购买诉争房屋的行为，购买诉争房屋系何某的个人行为，与该公司无关，该公司代何某交纳了部分房款，何某已将款项偿还公司，餐饮公司并未与房地产公司签订补充协议、补充协议（之二）、房屋租赁协议书。

2018年6月，张某向海淀区人民法院起诉房地产公司房屋买卖合同纠纷一案，要求该公司为其办理诉争房屋的产权证，双方达成调解协议：房地产公司为张某办理诉争房屋的产权证，将该房屋所有权过户登记至张某名下，海淀区人民法院于2018年6月25日作出民事调解书。

2018年6月，何某起诉房地产公司，要求其办理诉争房屋产权证，审理过程中，何某获知上述调解书，提起第三人撤销之诉。

【案件焦点】

1. 第三人撤销之诉主体资格审查；2. “一房多卖”情况下的履行顺序。

【法院裁判要旨】

北京市海淀区人民法院经审理认为：本案中，何某在向法院起诉房地产公司要求办理诉争房屋产权证过程中，得知就该房屋办理产权证问题，房地产公司与张某已达成民事调解书，根据法律规定，何某有权就诉争房屋办理房屋产权证的争议向法院提起第三人撤销之诉。

本案争议焦点在于何某、张某与房地产公司签订的房屋买卖合同效力如何，以及上述合同的履行问题。

首先，根据生效判决确认，房地产公司与张某就诉争房屋签订了商品房买卖合同，现并无证据证明双方存在恶意串通签订房屋买卖合同的行为。

其次，根据何某提交的证据可知，其与房地产公司就诉争房屋签订了商品房买卖合同。法院认为，何某在与房地产公司建立商品房买卖合同关系时，并不知道房地产公司内部进行了股权转让，其合同上加盖有房地产公司公章，收据上加盖有房地产公司财务专用章，何某有理由相信与其发生法律关系之人能够代表房地产公司，且在2015年1月，现房地产公司实际收取了何某转账支付的房款，并未就此提出异议，亦未向何某予以退还，视为其认可及收取房款，并有相关款项收据印证，因此，何某购买诉争房屋所产生的法律后果应由现房地产公司承担，故对于房地产公司的抗辩意见，法院不予采信。

综上，房地产公司就诉争房屋分别与张某及何某建立了商品房买卖合同关系，两份合同均为当事人真实意思表示，内容不违反法律、行政法规的强制性规定，应属合法有效。

本案中，房地产公司均未为两人办理房屋产权过户手续，应从合法占有房屋的实际情况确定房屋买卖合同的履行顺序。

首先，张某未在诉争房屋中实际居住，虽然其解释将房屋出租给房地产公司，但双方之间的租赁关系早已到期，此后，张某并未实际入住使用该房屋。

其次，何某实际使用诉争房屋并为此交纳物业费用。被告方提出何某在诉争房屋内居住系基于租赁关系，交纳的款项也为租金。法院认为，两份补充协议签约双方为房地产公司与餐饮公司，两公司达成的协议所产生的法律效力不能由合同以外的他人承受，且在此之后，房地产公司为何某出具购房收据，餐饮公司为何某开具证明，餐饮公司法定代表人也表示购房为何某的个人行为，进一步印证何某为实际购房人。此外，根据两份补充协议内容显示，租赁关系早已到期，被告方也未向何某主张权利。因此，被告方以两份补充协议作为抗辩提出的主张不能成立，仅依据证人证言亦不能证明被告方的主张。因此，被告方就其提出的上述主张未提交充分证据证明，法院不予采信。

综上，法院认为，何某与房地产公司之间存在房屋买卖合同关系，其实际交纳了购房款，并长期居住使用该房屋，根据实际占有使用房屋情况，应优先履行何某与房地产公司的商品房买卖合同。由此，何某要求撤销民事调解书的诉讼请求，于法有据，法院予以支持。

北京市海淀区人民法院依照《中华人民共和国民事诉讼法》第五十六条，《中华人民共和国合同法》第六十条之规定，作出如下判决：

撤销北京市海淀区人民法院于2018年6月作出的民事调解书。

张某、房地产公司不服一审判决，提出上诉。

北京市第一中级人民法院经审理认为：何某、张某均与房地产公司签订房屋买卖合同，何某在得知张某与房地产公司就诉争房屋过户问题达成民事调解书后，有权依据法律规定提起第三人撤销之诉。

对于案涉两份房屋买卖合同的效力。房地产公司与何某、张某分别签订的商品房买卖合同均系当事人真实意思表示，且不违反法律、行政法规的效力性强制性规定，均属有效。

在两份房屋买卖合同均未办理所有权转移登记的情况下，应当优先依据是否合法占有房屋作为确定合同履行的顺序。张某提交其与房地产公司签订的租赁合同已于2012年12月到期，且其提交的租金收条仅对应该份租赁合同所约定的6年的租金，此后张某亦未实际居住、使用该房屋。相反，何某提交了其缴纳诉争房屋物业费的凭证，一审法院认定何某实际占有使用诉争房屋正确，法院予以确认。何某与房地产公司的商品房买卖合同应当优先履行，故何某要求撤销案涉民事调解书于法有据，应予支持。

北京市第一中级人民法院依照《中华人民共和国民事诉讼法》第一百七十条第一款第一项之规定，作出如下判决：

驳回上诉，维持原判。

【法官后语】

一、第三人撤销之诉主体资格审查

第三人因不能归责于本人的事由未参加诉讼，但有证据证明发生法律效力的判决、裁定、调解书的部分或者全部内容错误，损害其民事权益的，可以自知道或者应当知道其民事权益受到损害之日起6个月内，向作出该判决、裁定、调解书的人民法院提起诉讼。

人民法院经审理，诉讼请求成立的，应当改变或者撤销原判决、裁定、调解书；诉讼请求不成立的，驳回诉讼请求。

立法设立第三人撤销之诉的目的在于对民事权益受到侵害而未能参加诉讼的案外人提供救济。根据《全国法院民商事审判工作会议纪要》，有权提起撤销之诉的第三人限于《中华人民共和国民事诉讼法》第五十九条规定的因不能归责于本人的事由未参加原审诉讼的有独立请求权第三人和无独立请求权第三人，一般不包括债权人。但《全国法院民商事审判工作会议纪要》同时列明了三种例外，即在三种情况下债权人可以提起第三人撤销之诉。《中华人民共和国民事诉讼法》第五十九条第三款规定受侵害的“民事权益”通常是指所有权、用益物权和担保物权、股权等。以金钱债权受到侵害为由提起撤销之诉的，一般裁定驳回起诉，但原诉当事人利用诉讼转移财产、逃避执行以致享有金钱债权的第三人无法行使撤销权的除外。

涉及“一房二卖”的债权人为有独立请求权的第三人，“一房二卖”的债权系基于物的所有权及使用权而产生，系对涉案标的物产生争夺、支配关系的非金钱债权人，其可以提出第三人撤销之诉。本案涉及一房多卖情形，原告符合法律和司法解释规定的提出第三人撤销之诉的条件，故有权提出第三人撤销之诉。

二、“一房多卖”情况下的履行顺序

出卖人就同一房屋分别签订数份买卖合同，在合同均为有效的前提下，买受人均要求继续履行合同的，原则上应按照以下顺序确定履行合同的买受人：(1) 已经办理房屋所有权转移登记的；(2) 均未办理房屋所有权转移登记，已经实际合法占有房屋的；(3) 均未办理房屋所有权转移登记，又未合法占有房屋，应综合考虑各买受人实际付款数额的多少及先后、是否办理了网签、合同成立的先后等因素，公平合理地予以确定。

本案中，两份房屋买卖合同均未办理所有权转移登记，故应考察何某与张某对诉争房屋的占有情况，根据双方提交的证据以及查明的事实可知，张某未提交2012年12月24日后其实际占有房屋的证据，何某提交的证据可以证明其占有使用诉争房屋至今。故何某与房地产公司的商品房买卖合同应当优先履行。

编写人：北京市海淀区人民法院　吴思　聂冉

127　抵销权与先履行抗辩权规则之适用

——沈某扬诉C公司房屋买卖合同案

【案件基本信息】

1. 裁判书字号

湖北省恩施土家族苗族自治州中级人民法院（2019）鄂28民终747号民事判决书

2. 案由：房屋买卖合同纠纷

3. 当事人

原告（上诉人）：沈某扬

被告（被上诉人）：C公司

【基本案情】

房地产营销策划公司于2011年7月20日设立，朱某燕为公司股东、法定代表人。原告沈某扬系朱某燕之子。旅游投资公司签约投资案涉旅游开发项目，被告C公司系案涉旅游开发项目中“民族风情街”房地产项目的开发商。2010年3月28日，房地产营销策划公司与旅游投资公司签订《〈民族风情街〉项目策划与销售代理合同》，约定由房地产营销策划公司代理民族风情街的相关房屋销售及策划，具体范围包括营销推广策划、开盘销售的全部服务内容、签约到入住的全部服务内容。2011 年 10 月 25 日，朱某燕代理原告沈某扬与被告 C 公司签订《商品房买卖合同》，该合同由房地产营销策划公司拟定内容，制成文本，朱某燕和 C 公司的法定代表人分别签名，C 公司签章。合同约定，C 公司将“民族风情街”第×幢×单元××号房屋以 240155 元的价格出卖给沈某扬，房款支付时间为 2011 年 10 月 24 日，房屋交付时间为 2011 年 11 月 30 日。合同附件四第四条约定：“买受人未按合同约定缴清房款或按揭尚未完成审批的，出卖人将不予交付房屋。”此后，原告居住管理房屋至今。因被告拒绝提供办理案涉房屋产权登记所需资料，原告申请办理房屋登记不成，遂起诉。

【案件焦点】

原告是否已经履行了付款义务及 C 公司是否放弃要求沈某扬支付购房款的权利。

【法院裁判要旨】

湖北省恩施土家族苗族自治州宣恩县人民法院经审理认为：当事人所提供的《商品房买卖合同》其合同形式规范，内容明确，已经成立，且该合同不违反法律的禁止性规定，为有效合同。有限责任公司具有独立民事权利能力，独立于其股东及其他民事主体享有权利和承担义务。若本案房地产营销策划公司因代理合同关系，对被告 C 公司享有债权，并不能推及其法定代表人对被告享有债权，亦不能推及其法定代表人的亲属对被告享有债权，原告主张以其应付被告的房款与被告欠房地产营销策划公司相同数额佣金抵销，不符合债务抵销的法定情形，原告亦无证据证明各方有抵销债务的合意以及实施了债务抵销行为，故对原告主张以债务抵销方式支付房款的事实不予认定，原告无证据证明其履行了支付购房款的合同义务，被告依照约定可以不予交付房屋，故在尚未支付房款的情形下，原告要求被告协助办理房屋不动产权证的请求，理由不成立。

湖北省恩施土家族苗族自治州宣恩县人民法院依照《中华人民共和国合同法》第三十二条、第六十七条、第九十九条、《中华人民共和国物权法》第九条的规定，作出如下判决：

驳回原告沈某扬的诉讼请求。

沈某扬不服一审判决，提起上诉。

湖北省恩施土家族苗族自治州中级人民法院经审理认为：本案双方当事人争议的焦点为，C 公司是否放弃要求沈某扬支付购房款的权利。《中华人民共和国民法总则》第一百四十条（现《中华人民共和国民法典》第一百四十条）规定："行为人可以明示或者默示作出意思表示。沉默只有在有法律规定、当事人约定或者符合当事人之间的交易习惯时，才可以视为意思表示。"本案中，沈某扬未按照合同约定支付房款，已经违约，C 公司有权不交付房屋。C 公司一直不协助沈某扬办理房屋过户手续，本身就是在行使先履行抗辩权。双方当事人在《商品房买卖合同》中并没有约定 C 公司未要求沈某扬支付购房款即视为其放弃了要求沈某扬支付购房款的权利。因此，上诉人沈某扬主张 C 公司放弃了要求其支付购房款的权利，缺乏合同依据，亦与法律规定相悖。上诉人沈某扬的上诉请求不能成立，应予驳回；一审判决认定事实清楚，适用法律正确，应予维持。

湖北省恩施土家族苗族自治州中级人民法院依照《中华人民共

和国民事诉讼法》第一百七十条第一款第一项（现《中华人民共和国民事诉讼法》第一百七十七条第一款第一项）之规定，作出如下判决：

驳回上诉，维持原判。

【法官后语】

关于原、被告签订的《商品房买卖合同》效力问题。朱某燕系房地产营销策划公司的法定代表人，但其以儿子的名义与自己担任法定代表人的公司代理被告签订《商品房买卖合同》，是否适用《中华人民共和国民法总则》第一百六十八条第二款（现《中华人民共和国民法典》第一百六十八条第二款）规定，即代理人不得以被代理人的名义与自己同时代理的其他人实施民事法律行为，但是被代理的双方同意或者追认的除外。自然人的法律行为和法人的法律行为不能混为一谈，房地产营销策划公司作为有限责任公司具有独立民事权利能力，独立于其股东及其他民事主体享有权利和承担义务。房地产营销策划公司才是被告公司的销售代理，不能推定朱某燕的个人行为是公司行为，朱某燕没有代理被告公司实施销售房屋行为。亦不能反推朱某燕以被告房地产营销策划公司名义与自己同时代理的其他人（沈某扬）实施民事法律行为。故朱某燕实施的代理行为不适用《中华人民共和国民法总则》第一百六十八条第二款（现《中华人民共和国民法典》第一百六十八条第二款）规定。但朱某燕以其儿子的名义与被告公司签订《商品房买卖合同》，经C公司的法定代表人在上述合同上签名，加盖C公司公章予以确认，且不违反法律的禁止性规定，符合《中华人民共和国民法总则》第一百四十三条（现《中华人民共和国民法典》第一百四十三条）之规定，系民事法律行为，该合同为有效合同。

原告是否已经履行了付款义务及C公司是否放弃要求沈某扬支付购房款的权利。法定抵销，是指依法律规定的抵销条件而抵销。《中华人民共和国合同法》第九十九条（现《中华人民共和国民法典》第五百六十八条）规定："当事人互负到期债务，该债务的标的物种类、品质相同的，任何一方可以将自己的债务与对方的债务抵销，但依照法律规定或者按照合同性质不得抵销的除外。当事人主张抵销的，应当通知对方。通知自到达对方时生效。抵销不得附条件或者附期限。"本案中，即便房地产营销策划公司与被告公司形成代理合同关系，对其享有债权，但是这并不能推定房地产营销策划公司的法定代表人及法定代表人的亲属对被告享有债权。且原告在一、二审中都没有证据证实其对被告享有到期债权，不符合债务抵销的法定情形，故对原告主张以债务抵销方式支付房款的事实不予认定。

另外，根据《中华人民共和国合同法》第六十七条（现《中华人民共和国民法典》第五百二十六条）之规定，当事人互负债务，有先后履行顺序，先履行一方未履行的，后履行一方有权拒绝其履行要求，先履行一方履行债务不符合约定的，后履行一方有权拒绝其相应的履行要求。本案中，沈某扬未按照合同约定支付购房款，已经违约，依照原、被告签订的合同附件四第四条的约定，被告C公司有权不交付房屋。被告C公司一直不协助沈某扬办理房屋过户手续，本身就是在行使先履行抗辩权。双方当事人在《商品房买卖合同》中并没有约定C公司未要求沈某扬支付购房款即视为其放弃了要求沈某扬支付购房款的权利。因此，原告主张被告放弃了要求其支付购房款的权利，缺乏合同依据，亦与法律规定相悖。

编写人：湖北省恩施土家族苗族自治州宣恩县人民法院　孟小俊

128 未成功购房，开发商、经销商、团购平台对退还购房团购费承担连带责任

——徐某健诉 W 公司等房屋买卖合同案

【案件基本信息】

1. 裁判书字号

北京市第三中级人民法院（2019）京 03 民终 4285 号民事判决书

2. 案由：房屋买卖合同纠纷

3. 当事人

原告（被上诉人）：徐某健

被告（上诉人）：W 公司

被告（被上诉人）：资产公司、装饰公司、科技公司

【基本案情】

W 公司开发了包括案涉房屋在内的房地产项目并于 2016 年 9 月 25 日取得《北京市商品房预售许可证》。W 公司与资产公司达成一致，由资产公司销售该房地产项目。资产公司与装饰公司系关联公司，共同预售案涉房地产项目，由资产公司与购房人签订购房协议，装饰公司负责精装修，房款和装修款由资产公司收取。装饰公司称其按照房款价格向购房人收取房款，扣除装修费后按照建委备案的价格向 W 公司支付房款，装饰公司通过装修赚钱，如购房人不同意由其装修，便不会与之签订购房协议。在销售过程中，装饰公司与科技公司合作，科技公司通过向购房人承诺团购费可抵双倍房费而收取数额不等的团购费。

2017 年 2 月 25 日，徐某健与资产公司签订定购协议，购买案涉房屋，总价为 2905385 元，徐某健交纳房款 2045385 元。同日，徐某健与科技公司签订《会员团购优惠服务说明书》，其中载明："科技公司为徐某健争取到团购费 7 万元抵房款 14 万元的独家优惠。当徐某健没有成功购房，或取消了购房计划，或因任何原因放弃购房，徐某健可随时联系科技公司申请退还已支付的服务费。"

2017 年 12 月 12 日，徐某健与装饰公司达成协议，约定因北京市出台房屋限购政策导致徐某健不具有购房资格，装饰公司将以分期的方式最晚于 2018 年 3 月 15 日前退还徐某健已支付的房款 2045385 元。同日，科技公司向徐某健出具承诺书，载明在装饰公司退还徐某健已支付的房款 2045385 元后 30 日内，科技公司将退还徐某健团购费 7 万元。之后，科技公司未依约退还团购费 7 万元，徐某健诉至法院要求 W 公司、资产公司、装饰公司及科技公司共同退还徐某健 7 万元团购费。W 公司、装饰公司辩称团购费由科技公司收取，与其无关。诉讼中，科技公司未到庭，装饰公司称科技公司以介绍客户收取团购费的方式盈利，团购费抵房费为促销手段，实际无法抵房费，科技公司在与客户洽谈时会抬高房价再将团购费和所抵房费扣除。

【案件焦点】

W 公司、资产公司、装饰公司、科技公司是否应共同返还徐某健 7 万元团购费。

【法院裁判要旨】

北京市顺义区人民法院经审理认为：科技公司与徐某健签订团购协议，约定如未能购买楼盘可退团购费，现徐某健已无法继续购买案涉房屋并办理了退款手续，科技公司应按约将团购费退还徐某健。科技公司与装饰公司系合作关系，科技公司与徐某健的约定亦同时约束装饰公司，故装饰公司应对退还团购费承担连带责任。团购费具有抵扣房款的性质，应属房款的一部分，W 公司作为销售案涉房屋的委托方，对团购费亦有退还责任。

北京市顺义区人民法院依照《中华人民共和国合同法》第三百九十六条及《中华人民共和国民事诉讼法》第一百四十四条之规定，作出如下判决：

W 公司、资产公司、装饰公司、科技公司共同退还徐某健团购费 7 万元，于判决生效后七日内执行。

W 公司不服一审判决，提出上诉。

北京市第三中级人民法院经审理认为：W 公司作为案涉房屋的开发商委托资产公司销售案涉房屋，其与资产公司成立委托合同关系。鉴于案涉房屋的开发商为 W 公司、W 公司取得商品房预售许可证、W 公司与资产公司之间的委托合同关系，徐某健与资产公司签订定购协议时有理由相信该协议效力及于 W 公司，资产公司销售房屋产生的法律后果应由 W 公司承担。在徐某健因限购政策无法购买房屋时，W 公司应当承担向徐某健退还房款的义务，而无论资产公司是否将房款实际转给 W 公司。

关于团购费，《会员团购优惠服务说明书》虽将团购费记载为服务费，但该说明书并未载明该笔服务费所对应的服务，且从该说明书的其他条款看，该笔服务费可抵扣房款，在购房人因任何原因放弃购房时，购房人均能要求退还该笔款项，而无论科技公司是否提供了“服务”，由此可知团购费具有房款的性质。团购费属于徐某健支付房款的一部分，未超出 W 公司委托资产公司销售房屋的授权范围，W 公司作为委托人，依法应承担退还团购费的责任。

北京市第三中级人民法院依照《中华人民共和国民事诉讼法》第一百七十条第一款第一项之规定，作出如下判决：

驳回上诉，维持原判。

【法官后语】

本案有较多主体参与到房屋买卖关系中，争议焦点涉及购房团购费的性质认定和购房不成时团购费的退还责任主体的认定等问题，对于厘清涉及团购费的房屋买卖关系中各方的关系具有一定的典型意义。

本案中，四被告基于商业利益考量建立了较为复杂的商业合作关系，在房屋销售过程中，以房款、装修款、团购费等各种名义从购房人处收取了款项，并从中获得各自收益。但从购房人的角度看，购房人无从知晓四公司之间复杂的商业合作模式，亦不关心四公司在收取款项后如何分配收益，其订立合同的目的即通过支付相应款项以取得房屋所有权。在无法对购房人支付的款项予以清晰界定的情况下，购房人有理由相信其支付的款项均为房款的一部分，故本案将团购费认定为房款的一部分。同样，在房屋买卖关系中，当其他主体主张其收取的是其他名目的款项而非房款时，除非有证据显示确实提供了相应服务且该款项可与房款分离，否则一般应视为房款的一部分。

开发商 W 公司委托资产公司销售案涉房屋，双方之间成立委托合同关系。《中华人民共和国合同法》第四百零二条规定："受托人以自己的名义，在委托人的授权范围内与第三人订立的合同，第三人在订立合同时知道受托人与委托人之间的代理关系的，该合同直接约束委托人和第三人，但有确切证据证明该合同只约束受托人和第三人的除外。”① 本条隐名代理的法律效果为合同直接约束委托人和第三人，直接约束效果即为代理归属效果，虽然合同由受托人以自己的名义独立与第三人订立，但合同的法律效果依该条由委托人承受，就如合同是由委托人自己订立的一样。鉴于案涉房屋由W公司开发，W公司取得商品房预售许可证，购房人与资产公司签订协议时知道资产公司与W公司之间的代理关系，则购房人与资产公司签订的协议对W公司具有约束力。对于协议解除，W公司应承担退还房款的义务，团购费作为房款的一部分其亦应对退还团购费承担责任。

科技公司实际收取团购费后并未将团购费支付给W公司，且其自愿出具承诺书承诺退还徐某健团购费，故其应信守承诺承担退还团购费的责任。装饰公司与科技公司合作售房，共同对外，处于弱势地位的购房人并不清楚其各自关系和利益分配方案，装饰公司应当与科技公司共同承担退还团购费的责任，装饰公司抗辩称团购费由科技公司收取并不构成免除装饰公司责任的理由。

编写人：北京市第三中级人民法院　龚勇超　郭妍子

---

① 相关规定现体现在《中华人民共和国民法典》第九百二十五条：“受托人以自己的名义，在委托人的授权范围内与第三人订立的合同，第三人在订立合同时知道受托人与委托人之间的代理关系的，该合同直接约束委托人和第三人；但是，有确切证据证明该合同只约束受托人和第三人的除外。”

129 法律上或者事实上不能履行的认定

——G 公司诉 K 公司房屋买卖合同案

【案件基本信息】

1. 裁判书字号

北京市高级人民法院（2018）京民终 249 号民事裁定书

2. 案由：房屋买卖合同纠纷

3. 当事人

原告（上诉人）：G 公司

被告（被上诉人）：K 公司

第三人：T 公司

【基本案情】

涉案 245 套独立产权房屋的产权人原为 T 公司，T 公司与 K 公司、K 公司与 G 公司先后就买卖涉案房屋签订合同。其后，K 公司与 G 公司就买卖涉案房屋签订了几份补充协议。在 G 公司向 K 公司支付部分房款后，K 公司指令 T 公司将涉案房屋中的两套过户给 G 公司认可的两个自然人，并指令 T 公司将剩余的 243 套涉案房屋全部过户给置业公司，上述房屋已办理完权属变更登记。其后，置业公司以上述 243 套房屋作为抵押物为案外人向某银行的贷款进行担保，并办理了最高额抵押权设立登记。

因 K 公司未能将剩余 243 套涉案房屋过户至 G 公司名下，G 公司向北京市第三中级人民法院起诉，请求判令 K 公司和 T 公司将上述 243 套涉案房屋过户至其名下，并判令 K 公司双倍返还定金。随后，K 公司向北京市密云区人民法院提起诉讼，要求 G 公司依据补充协议支付拖欠购房款、购房补充价款、融资成本 780 万元，其他损失赔偿款和由其垫付的装修工程费用。

北京市高级人民法院另查明：1. 涉案房屋于 2018 年 1 月 8 日被北京市公安局朝阳分局采取查封措施；于 2018 年 6 月 6 日被河北省张家口市中级人民法院采取查封措施。2. 二审程序中，置业公司法定代表人高某代表置业公司到庭就涉案房屋能否过户至 G 公司名下一事发表意见。置业公司表示其与 K 公司就涉案房屋不存在买卖等基础法律关系，其是替 K 公司将涉案房屋登记在自己名下，其对涉案房屋并不享有权利，K 公司让其过户给谁就过户给谁。置业公司表示，涉案房屋已经全部作为抵押物为他人向某银行的贷款提供最高债权额为 1 亿元的担保，并办理了抵押登记，目前贷款余额为 9000 万元左右。涉案房屋目前有部分出租，但都是短租，一年一签，现在本期租赁已快到期；北京市公安局朝阳分局经侦人员告知 K 公司、置业公司，因 G 公司原法定代表人涉嫌非法集资、诈骗犯罪，经侦查，发现涉案钱款被 G 公司原法定代表人用来购买涉案房屋，故公安机关对涉案房屋采取了查封措施，但这不影响涉案合同的履行。某银行发现公安机关对涉案房屋采取了查封措施，故提起了诉讼。如果法院判决 G 公司和 K 公司继续履行合同，在 G 公司支付法院认定的剩余购房款的前提下，置业公司将采取补足银行债务差额的方式配合清偿银行债务、办理涉案房屋的抵押注销手续、配合过户。置业公司表示其所述属实，并愿意承担陈述不实而导致的法律责任。K 公司表示，其是涉案房屋的实际控制人，涉案合同能够继续履行，但前提是 G 公司按照《补充协议四》的约定将剩余购房款付清，在其与 G 公司买卖合同纠纷终审之前，不会处置涉案房屋；将来如果要向G公司交付涉案房屋，其上还有租赁合同的话，愿意承担G公司的损失；如果法院判决G公司和K公司继续履行合同，K公司也同意在G公司支付法院认定的剩余购房款的前提下，采取补足银行债务差额的方式配合办理涉案房屋的抵押注销手续、配合过户。G公司对置业公司法定代表人高某的身份不持异议，并再次明确要求继续履行合同。3. 经询北京市公安局朝阳分局，该局表示G公司购买涉案房屋的钱款涉嫌违法犯罪所得，根据该笔钱款的流向，该局查封了涉案房屋；置业公司同意配合过户的话，G公司和K公司继续履行合同不会对刑事案件的处理造成障碍。4. 经确认，某银行因与甲贸易公司、乙贸易公司和置业公司之间的上述借款、最高额抵押合同产生纠纷，某银行向河北省张家口市中级人民法院提起诉讼，该院于2018年6月6日依某银行申请对作为抵押物的涉案房屋采取查封措施。

【案件焦点】

涉案房屋买卖合同是否具有法律上或者事实上不能履行的情形。

【法院裁判要旨】

北京市第三中级人民法院经审理认为：243套涉案房屋已按照K公司的指令过户至案外人置业公司名下，且其上有银行的抵押权，K公司及T公司已不存在将剩余房屋过户至G公司名下的可能性，涉案合同在事实上已无法履行，经释明，G公司对其诉请不予变更，仍坚持继续履行合同。同时，涉案合同中的定金条款是对合同不能履行或解除情形下的违约责任的约定，虽然涉案合同实际已不具备履行条件，但在法院释明的情况下，G公司仍然主张继续履行，故在其坚持该项诉请的前提下是不具备主张双倍返还定金的条件的。如就合同不能履行而产生解除及相应违约责任的，各方当事人可另行解决，本案不予处理。

据此，北京市第三中级人民法院依据《中华人民共和国合同法》第一百一十条第一项之规定，作出如下判决：

驳回 G 公司的全部诉讼请求。

G 公司不服一审判决，提起上诉。

北京市高级人民法院经审理认为：本案中，虽然涉案房屋现在登记在置业公司名下且其上有银行抵押权和公安机关、法院的查封措施，但是，置业公司明确表态对涉案房屋不主张权利且承诺依据法院判决配合办理涉案房屋的过户手续，本案已经查明的案件事实也表明，目前涉案房屋上的银行抵押权和公安机关、法院的查封措施只是涉案合同继续履行的暂时性障碍，当事人可以通过适当的方式予以消除，并不必然导致涉案合同在法律上或事实上不能履行。故而，一审判决关于“K 公司已不存在将剩余房屋过户至 G 公司名下的可能性，即 G 公司与 K 公司的《房屋买卖合同书》及《补充协议一》在事实上已无法履行”的认定错误，应予纠正。买受人 G 公司坚持要求继续履行合同，出卖人 K 公司向密云区人民法院起诉也要求继续履行合同并在本案中作出了可行的消除合同继续履行障碍的承诺，二审法院本应根据作出裁判时涉案房屋上的抵押权和有权机关查封措施的状况及买卖双方、涉案房屋名义登记人置业公司对于清除该履行障碍的意见和承诺作出相应的如何继续履行合同的裁判事项，但因为涉案合同的继续履行涉及买卖双方约定的房款总价的确认，这又牵涉对《补充协议四》等内容的审查判断，而一审法院并未对此进行审理，为保护当事人的审级利益，故二审法院不宜就此问题直接予以审理并作出相应认定。

北京市高级人民法院依照《中华人民共和国民事诉讼法》第一百七十条第一款第三项之规定，作出如下裁定：

一、撤销北京市第三中级人民法院民事判决；

二、本案发回北京市第三中级人民法院重审。

【法官后语】

《中华人民共和国合同法》第一百一十条第一款（对应《中华人民共和国民法典》第五百八十条第一款）规定，当事人一方不履行非金钱债务或者履行非金钱债务不符合约定的，对方可以要求履行，但有下列情形之一的除外：（一）法律上或者事实上不能履行；（二）债务的标的不适于强制履行或者履行费用过高；（三）债权人在合理期限内未要求履行。该条规定了当事人不履行非金钱债务或者履行非金钱债务不符合约定的违约责任，根据该条规定，当事人一方不履行非金钱债务或者履行不符合约定的，原则上，对方可以请求其继续履行；例外地，如非金钱债务在法律上或者事实上不能履行等三种情况，则不宜让违约方以继续履行的方式承担违约责任，对方只能请求其承担其他违约责任，如支付违约金、赔偿损失等。

关于该条第一项“法律上或者事实上不能履行”的理解：法律上不能履行，是指双方在订立合同的时候合同是可以履行的，但在合同实际履行的时候，法律和法规禁止进行这样的履行行为；事实上不能履行，是指标的已客观不能履行和永久不能履行。需要指出的是，在诉讼过程中，只有在作出裁判之时，非金钱债务确已属于法律上或者事实上不能履行的，法院方能以该项规定认定非金钱债务不能继续履行；如果非金钱债务仅存在当事人可以消除的暂时性履行障碍，该暂时性障碍并不必然导致非金钱债务法律上或者事实上不能履行，则在案件适于裁判之时，法院不应以该项规定认定非金钱债务不能继续履行。具体到房屋买卖合同案件中：

对于房屋已转移登记至案外人名下的，则应区分案外人取得房屋所有权的原因对买卖合同能否继续履行作出判断。如案外人基于买卖等基础法律关系合法、善意取得了房屋的所有权，同时出卖人也无法通过以合理价格买回等方式将该履行障碍消除的，则买卖合同不宜继续履行；如案外人并不是基于买卖等基础法律关系，而仅是因“出名借名”关系将房屋登记在自己名下的，买卖合同仍能继续履行。故而，房屋已转移登记至案外人名下的情形并非必然属于标的客观不能履行和永久不能履行。

对于房屋上存在他人抵押权、有权机关查封等负担的，法院应该根据作出裁判之时案件的具体情况判断买卖合同能否继续履行。如果系出卖人未履行对他人的债务或者担保义务导致抵押权持续存在或者查封结果发生的，纵然会给房屋转移登记义务的履行带来障碍，但该障碍只是暂时性的；并且，这一暂时性障碍的出现应归责于出卖人，出卖人本来就负有及时消除上述履行障碍的义务，只要出卖人将对他人的债务或者担保义务履行完毕，即可使房屋上的抵押权消灭、查封解除。故在买受人要求继续履行合同的情况下，如基于该暂时性履行障碍就判决驳回买受人的诉讼请求，实际上是让买受人承担了不公平的法律后果。从保护买受人、他人合法权益，尊重有权机关查封效力，判决事项的可执行性等方面考量，可判决出卖人限期配合办理房屋转移登记手续。不可否认的是，在法院作出如上判决事项后，现实中确实存在出卖人并未在限期内清偿对他人的债务，因房屋上的抵押权或查封的存续而最终导致房屋被拍卖、变卖，无法转移登记至买受人名下的情况，但这种可能的结果不应成为认定买卖合同履行不能及判决事项必然无法执行的理由。如果不以非金钱债务确已属于法律上或者事实上不能履行作为认定非金钱债务不能继续履行的标准，而仅以非金钱债务存在暂时性履行障碍、继续履行的判决事项可能最终未能得以执行作为认定非金钱债务不能继续履行的标准，则违背了《中华人民共和国合同法》第一百一十条第一款（对应《中华人民共和国民法典》第五百八十条第一款）规定的立法本意，同时也不利于保护守约方的合法权益，易使违约方逃避承担继续履行的责任，有违诚实信用的基本原则。况且，在诉讼和执行过程中，买受人亦可选择行使代位清偿出卖人对他人所负债务的权利，使抵押权消灭、查封解除，清除上述房屋转移登记的履行障碍，实现其获得房屋所有权的诉讼请求。

虽然涉案房屋现登记在置业公司名下且其上有银行抵押权和公安机关、法院的查封措施，但是，置业公司明确表态对涉案房屋不主张权利且承诺依据法院判决配合办理涉案房屋的过户手续，本案已经查明的案件事实也表明，目前涉案房屋上的银行抵押权和公安机关、法院的查封措施只是涉案合同继续履行的暂时性障碍，当事人可以通过适当的方式予以消除，并不必然导致涉案合同在法律上或事实上不能履行。故而，一审判决关于“K公司已不存在将剩余房屋过户至G公司名下的可能性，即G公司与K公司的《房屋买卖合同书》及《补充协议一》在事实上已无法履行”的认定错误，应予纠正。买受人G公司坚持要求继续履行合同，出卖人K公司向密云区人民法院起诉也要求继续履行合同并在本案中作出了可行的消除合同继续履行障碍的承诺，二审法院本应根据作出裁判时涉案房屋上的抵押权和有权机关查封措施的状况及买卖双方、涉案房屋名义登记人置业公司对于清除该履行障碍的意见和承诺作出相应的如何继续履行合同的裁判事项，但因为涉案合同的继续履行涉及买卖双方约定的房款总价的确认，这又牵涉对补充协议等内容的审查判断，而一审法院并未对此进行审理，为保护当事人的审级利益，故二审法院不宜就此问题直接予以审理并作出相应认定。故而，应依据《中华人民共和国民事诉讼法》的规定将本案发回重审。

编写人：北京市高级人民法院　汪明

130　出卖人对房屋质量的瑕疵担保责任

——应某诉周某萍房屋买卖合同案

【案件基本信息】

1. 裁判书字号

广东省广州市中级人民法院（2018）粤01民终17742号民事判决书

2. 案由：房屋买卖合同纠纷

3. 当事人

原告（上诉人）：应某

被告（上诉人）：周某萍

【基本案情】

2017年11月30日，应某（买方）、周某萍（卖方）与房地产代理公司（经纪方）签订《房屋买卖合同》，约定：买方向卖方购买涉案房屋，建筑面积75.5平方米，成交价1480000元。买方确认已查阅涉案房屋的权属证明文件，对权属证明文件所载内容并无异议，并已实地看楼视察过涉案房屋，对涉案房屋的坐向、面积、楼龄、楼层、间隔、装修质量、抵押情况和产权情况均予以认可。合同签订后，应某付清全部购房款。2018 年 3 月 12 日，周某萍向应某交付涉案房屋，双方签署《交房确认书》，确认涉案房屋以现状交付应某使用。应某入住涉案房屋后，发现涉案房屋内有白蚁。涉案房屋交易过程中，应某没有就白蚁问题向周某萍提出过异议；周某萍也未向应某提及涉案房屋曾进行过白蚁防治的事实。应某认为周某萍刻意隐瞒涉案房屋存在白蚁的情况，请求变更合同，要求被告退还 6 万元购房款并要求被告支付房屋重新装修费用及相应期间的租房费用。

【案件焦点】

合同约定房屋按现状交付的情况下，卖方是否需要对房屋质量瑕疵承担担保责任。

【法院裁判要旨】

广东省广州市南沙区人民法院经审理认为：应某与周某萍签订《房屋买卖合同》后，应当遵循诚实信用原则，行使权利、履行义务。本案的主要争议焦点在于周某萍交付的涉案房屋是否存在质量瑕疵，周某萍是否存在故意隐瞒涉案房屋存在白蚁危害质量瑕疵的违约行为以及是否需要赔偿应某损失。

关于涉案房屋是否存在质量瑕疵的问题。法院认为：根据日常生活经验法则，涉案房屋内的白蚁危害显然并非短时间内产生，由此可见，周某萍在出售涉案房屋给应某时，房屋已存在白蚁危害，即涉案房屋存在质量瑕疵。

关于周某萍是否故意隐瞒涉案房屋存在白蚁危害的质量瑕疵问

题。法院认为：考虑到房屋交接时的使用状态，以及应某提供的证据不足以证明周某萍存在隐瞒白蚁危害之故意，故无法认定周某萍构成欺诈。应某以此为由要求变更合同条款，将合同总房款减少60000元，没有依据，法院不予支持。

关于周某萍是否需要赔偿应某损失的问题。考虑到白蚁的危害性以及灭杀时间，法院根据公平原则、诚实信用原则以及日常生活经验，参考应某提供的《房屋租赁合同》约定的租金价格，依法酌情确定周某萍赔偿应某租金损失5000元。对于应某主张的其他损失，没有依据，法院不予支持。

广东省广州市南沙区人民法院依照《中华人民共和国合同法》第六十条、第六十一条、第六十二条、第一百一十一条、第一百一十三条第一款、第一百五十三条、第一百五十四条、第一百五十五条，《最高人民法院关于适用〈中华人民共和国民事诉讼法〉的解释》第九十条的规定，作出如下判决：

一、周某萍应于本判决发生法律效力之日起十日内向应某赔偿白蚁防治费用6250元、装修损失15000元以及租金损失5000元；

二、驳回应某的其他诉讼请求。

应某、周某萍不服一审判决，均提起上诉。

广东省广州市中级人民法院经审理认为：关于涉案房屋是否存在质量瑕疵问题。法院认为涉案房屋内的白蚁并非短时间内产生并无不妥，故，即便周某萍曾灭杀过白蚁，但并未灭杀干净，周某萍在出售涉案房屋时已存在白蚁危害，涉案房屋存在质量瑕疵。对周某萍上诉认为其已对白蚁进行专业灭杀，涉案房屋不存在质量瑕疵问题，法院不予采纳。

关于周某萍是否构成欺诈问题。法院认为涉案房屋的白蚁危害并不属于肉眼明显可见的程度并无不妥。一审法院考虑到房屋交接时的使用状态，以及应某提供的证据不足以证明周某萍存在隐瞒白蚁危害之故意，认为无法认定周某萍构成欺诈并无不当，法院予以维持。应某以此为由要求变更合同条款，将合同总房款减少60000元，没有依据，一审法院不予支持无误，法院予以维持。

关于周某萍是否应向应某赔偿损失问题。本案周某萍虽不存在故意隐瞒白蚁危害的情形，但其作为出卖人对涉案房屋的质量仍负有瑕疵担保义务。双方签订的《房屋买卖合同》虽约定按现状交付涉案房屋，但如上所述，涉案房屋确实存在质量瑕疵，且该白蚁危害属于隐蔽质量瑕疵，应某在房屋使用过程中才能发现。根据《中华人民共和国合同法》第一百五十五条“出卖人交付的标的物不符合质量要求的，买受人可以依照本法第一百一十一条的规定要求承担违约责任”之规定，本案周某萍仍需赔偿由此给应某造成的损失。至于赔偿数额，应某为灭治白蚁危害已支出的防治服务费6250元，属于合理支出的必要费用，应由周某萍承担。关于应某主张的装修损失及租金损失问题。灭治白蚁工作完成后，应某势必需要对涉案房屋的受损部位进行重新装修，一审法院根据公平原则、诚实信用原则及日常生活经验，参考装饰公司的报价，酌情确定周某萍向应某赔偿装修损失15000元并无不当。应某二审提交其与装修公司签订的装修合同主张其装修损失20000元，但就该部分损失，其并未在一审提交该证据时予以证明，故已过举证期限，法院不予采纳。因白蚁灭治以及重新装修期间，应某一家确需另行租住，由此产生的租金损失属于合理主张，一审法院予以确认并无不妥。考虑到白蚁的危害性以及灭杀时间，一审法院根据公平原则、诚实信用原则以及日常生活经验，参考应某提供的《房屋租赁合同》约定的租金价格，依法酌情确定周某萍赔偿应某租金损失5000元于法无悖。对于应某主张的其他损失，没有依据，一审法院不予支持正确，法院予以维持。

综上所述，一审判决认定事实清楚，适用法律正确，应予维持。上诉人应某、周某萍的上诉请求、理由均不成立，应予驳回。

广东省广州市中级人民法院依照《中华人民共和国合同法》第六十条第一款，《中华人民共和国民事诉讼法》第一百七十条第一款第一项及《最高人民法院关于适用〈中华人民共和国民事诉讼法〉的解释》第九十条、第三百二十三条的规定，作出如下判决：

驳回上诉，维持原判。

【法官后语】

二手房买卖合同成立生效后，买方有权利取得符合合同约定质量的房屋，卖方应保证交付的房屋符合合同约定的质量要求，卖方的这一义务在民法理论上被称为瑕疵担保义务。《中华人民共和国民法典》第六百一十二条至第六百一十八条规定了瑕疵担保责任的内容，一般认为瑕疵担保责任是卖方应承担的法律责任，基础在于默示的担保契约，不以当事人有过错为前提。构成房屋质量瑕疵担保责任一般应符合以下条件：（1）房屋质量瑕疵在交付时存在。房屋在使用过程中本身就会产生磨损、折旧等问题，如果是在交付之后买方正常使用房屋时产生的质量瑕疵，卖方不承担责任。一般认为，房屋交付时是否存在瑕疵的举证责任由买方承担。（2）买方善意且无重大过失。如果买方已知房屋存在瑕疵，则卖方不承担担保责任。如买方尽一般注意义务即可知道房屋存在瑕疵，却怠于注意导致不知道房屋存在瑕疵，主观上存在重大过失。一般认为买方存在重大过失的情况下，可免除卖方的瑕疵担保责任，但以下情况除外：(1) 双方就房屋质量问题进行特殊约定的，从其约定。如卖方保证房屋无瑕疵的，此时不论买方有无过失，卖方均应负瑕疵担保责任。(2) 卖方故意不告知房屋存在瑕疵。卖方明知房屋有瑕疵而故意不告知买方，属于故意隐瞒事实真相，有悖于诚实信用原则，此时卖方仍应承担瑕疵担保责任。(3) 买方在质量异议期间提出异议。交接房屋时买方需要进行验收，这既是买方的权利，也是买方的义务。如买卖双方没有约定异议期，买方应当在发现房屋质量问题的合理期间内通知卖方。对于一般显而易见的瑕疵，买方应当在接收房屋时提出，对于买方在接收房屋后发现的明显质量瑕疵，如没有特别约定，卖方可不再承担责任。

关于房屋质量瑕疵的问题，我国目前还没有关于房屋质量标准的专门法律规定，一般参照《建筑工程施工质量验收统一标准》(GB50300-2013)、《危险房屋鉴定标准》《房屋完损等级评定》等相关国家标准、行业标准判断。房屋质量问题可以大致总结为以下三类：第一，基础工程和主体结构问题，如房屋的结构性倾斜、开裂等；第二，严重影响正常居住使用的质量问题，如正常供水、供电等问题；第三，其他质量问题，包括明显瑕疵和隐蔽瑕疵等，如房屋漏水、地面空鼓、墙皮脱落等。隐蔽质量瑕疵的一大特点即隐蔽性，通常情况下买方并不能通过一般的验收楼程序发现问题，而须经过专门鉴定或在房屋使用过程中才能发现。本案中，根据一木公司出具的《白蚁活动治理报告》显示涉案房屋的主卧、次卧、洗手间墙体均有白蚁活动，且白蚁侵蚀时间有两年之久。结合应某提供的视频、照片，涉案房屋存在的白蚁侵蚀已较为严重。根据日常生活经验法则，可以推断出周某萍向应某交付涉案房屋时即存在白蚁蚁害。应某在收楼时并未发现涉案房屋存在白蚁蚁害，而是在入住后使用房屋过程中发现的，并向周某萍提出异议，无果后又向法院提起诉讼，在合理期限内主张了自己的权利，故周某萍应当向应某承担相应的房屋质量瑕疵担保责任。

编写人：广东省广州市南沙区人民法院　张大会　李慧娟　谢雨虹

131　房屋买卖合同履行过程中，履行方式变更的认定

——邓某敏诉黄某萍房屋买卖合同案

【案件基本信息】

1. 裁判书字号

福建省厦门市中级人民法院（2018）闽02民终3822号民事判决书

2. 案由：房屋买卖合同纠纷

3. 当事人

原告（上诉人）：邓某敏

被告（被上诉人）：黄某萍

【基本案情】

2017年2月12日，邓某敏（甲方、出售方）与黄某萍（乙方、买受方）在中介公司的居间介绍下签订一份《协议书》。协议书约定邓某敏将讼争房屋以267万元的总价出售给黄某萍；黄某萍应于协议签订之日向邓某敏支付30万元定金；黄某萍于2017年5月16日向邓某敏支付150万元（含定金）；若黄某萍不能按期向邓某敏支付购房款或邓某敏不能按期向黄某萍交付房产，每逾

期一日，由违约方向对方支付上述购房款的 0.05% 作为违约金；邓某敏、黄某萍双方保证于 2017 年 5 月 16 日前到公证处将办理上述房产所有相关手续的权利书面委托给黄某萍指定的第三方，所产生的公证费用由黄某萍承担，公证书由黄某萍执管；若在办理产权交易过程中须邓某敏协助办理的，邓某敏须及时办理。

协议书签订后，黄某萍于 2017 年 2 月 12 日向邓某敏支付定金 30 万元；于 2017 年 3 月 19 日支付购房款 30 万元；于 2017 年 5 月 11 日支付购房款 20 万元；于 2017 年 6 月 17 日、7 月 14 日、8 月 15 日各向邓某敏账户转入 5096 元；于 2017 年 9 月 1 日通过银行转账方式支付购房款 50 万元。2017 年 9 月 1 日，邓某敏出具一份收条交黄某萍收执，该收条载明："兹收到黄某萍购房的首付款及定金 130 万元。之前签署任何收条均属无效。"同日，在中介公司见证下，邓某敏（甲方）与黄某萍（乙方）签订补充协议，约定：一、乙方按揭贷款实际发放款项多出部分必须于收到款项当天还给乙方。二、乙方向银行申请贷款扣除上述房产的尾款 657787 元，多出部分甲方应于银行放款当天还给乙方，若未及时返还，应负违约责任。而后，黄某萍于 2017 年 9 月 15 日、10 月 14 日、11 月 17 日、11 月 18 日各向邓某敏账户转入 5096 元；于 2017 年 11 月 18 日分两笔向邓某敏支付 50 万元、157787 元。2017 年 12 月 6 日，邓某敏出具一份收条交黄某萍收执，该收条载明："兹本人邓某敏收到黄某萍购房款 657787 元。"2017 年 12 月 6 日，黄某萍向银行支付 714287.14 元，用于提前归还讼争房屋抵押贷款。

另查明：2017 年 3 月 21 日起，厦门市各公证机构不予办理未取得房产证的房屋出售、抵押等委托事项的公证。

【案件焦点】

1. 买受人是否存在逾期支付购房款的事实；2. 买受人应否支付逾期付款违约金及律师费。

【法院裁判要旨】

福建省厦门市海沧区人民法院经审理认为：双方当事人对于黄某萍是否逾期支付首期购房款的事实存在争议，法院予以查明、分析并认定如下：《协议书》约定的第一期购房款支付的时间与讼争房屋办理委托公证的时间为同一天。在《协议书》签订后，因政策变化未取得产权证的房产无法办理委托公证，双方就讼争房屋首期购房款支付事宜通过中介公司员工进行沟通，从微信记录及收条记载的内容可以看出，就首期购房款的支付时间及金额问题双方已于 2017 年 9 月 1 日达成新的一致意见，黄某萍也按照约定于同日支付剩余首期购房款 50 万元，故黄某萍并未存在逾期支付首期购房款的事实。

本案系房屋买卖合同纠纷。邓某敏与黄某萍签订的《协议书》系双方真实意思表示，内容合法，应为有效。《中华人民共和国合同法》第七十七条第一款规定，当事人协商一致，可以变更合同。根据上述分析，在《协议书》履行过程中，就首期购房款支付时间及金额问题，邓某敏与黄某萍于 2017 年 9 月 1 日达成新的一致意见，黄某萍按约支付并不违反约定。邓某敏主张黄某萍逾期支付首期购房款，并要求黄某萍支付逾期付款违约金和赔偿律师费损失的诉讼请求，缺乏事实和法律依据，不予支持。

福建省厦门市海沧区人民法院依照《中华人民共和国合同法》第七十七条，《中华人民共和国民事诉讼法》第六十四条第一款之规定，作出如下判决：

驳回邓某敏的诉讼请求。

邓某敏不服一审判决，提起上诉。

福建省厦门市中级人民法院经审理认为：本案二审的争议焦点在于黄某萍是否逾期付款，构成违约。讼争合同约定黄某萍在2017年5月16日前应支付购房款150万元，邓某敏在上述日期前办理委托公证手续。从邓某敏、黄某萍与中介人员三方微信沟通可认定：因限购政策原因邓某敏不能如期办理委托公证手续，黄某萍经过邓某敏的同意也没有按期支付足额首期购房款。同年9月1日，邓某敏出具收条确认黄某萍支付首付款及定金为130万元；同日双方签订补充协议，确认黄某萍按补充协议履行支付剩余购房款。据此可以认定双方对支付首期购房款的时间及金额进行了变更，黄某萍按双方签订的补充协议履行支付购房款，黄某萍不构成逾期付款，邓某敏主张黄某萍支付逾期付款违约金和赔偿律师费缺乏事实和法律依据，不能成立，应予驳回。一审判决认定事实清楚，适用法律正确，应予维持。

福建省厦门市中级人民法院依据《中华人民共和国民事诉讼法》第一百七十条第一款第一项之规定，作出如下判决：

驳回上诉，维持原判。

【法官后语】

房地产调控政策前签订的房屋买卖合同明确约定办理委托公证的时间，以及支付首期购房款的时间与数额，出卖人因限购政策原因无法在约定日期前办理公证委托手续。房屋买卖合同履行过程中，双方通过中介就支付首付款的时间及数额进行协商，变更履行方式，若买受人举证证明双方达成新的一致意见，并且按变更后的协议履行，则买受人无需支付逾期付款违约金。

一、房屋买卖合同履行方式变更的认定

合同可以依据法律规定而变更。《中华人民共和国民法典》第五百三十三条规定了情势变更的情形。合同也可以依据当事人协商一致而变更。《中华人民共和国民法典》第五百四十三条（《中华人民共和国合同法》第七十七条第一款）规定，当事人协商一致，可以变更合同。合同变更与合同订立一样，是当事人自由意志的结果，当事人可以在自愿的基础上，通过协商一致来变更合同。因此，在变更合同时，当事人应做到充分协商，不得把自己的意志强加给对方，不得采取欺诈、胁迫的方式强迫对方，要遵循公平原则变更合同的内容，确定双方的权利义务，如果双方不能就合同变更达成一致意见的，则当事人仍应按原合同的内容来履行。《中华人民共和国民法典》第五百四十四条（《中华人民共和国合同法》第七十八条）规定，当事人对合同变更的内容约定不明确的，推定为未变更。一般情况下，只要当事人就合同变更的内容协商一致，变更后的合同对当事人都具有约束力。因此，查明双方当事人是否在房屋买卖合同中协商对履行方式进行变更，即审理此类案件的关键点。

双方当事人对于买受人是否逾期支付首期购房款的事实存在争议。《协议书》约定的第一期购房款支付的时间与讼争房屋办理委托公证的时间为同一天。在《协议书》签订后，因政策变化未取得产权证的房产无法办理委托公证，买受人就讼争房屋首付款支付事宜与中介公司员工进行沟通，中介公司将意见反馈给出卖人。经协商，双方对于第一期购房款支付的时间及金额达成一致意见，从双方微信聊天记录可以证实。出卖人委托其儿子与中介公司员工就讼争房屋首期款支付事宜进行沟通协商，中介公司将意见反馈给买受人，从微信记录及收条记载的内容可以看出，双方就房屋买卖合同履行方式作了变更，就首期购房款的支付时间及金额问题双方已达成新的一致意见，买受人也按照约定于同日支付剩余首期购房款，故买受人并未存在逾期支付首期购房款的事实。

二、买卖双方协商变更履行方式，出卖人是否有权主张逾期付款违约金

在买受人逾期付款的场合，如房屋买卖合同有逾期付款违约金的约定，则出卖人同时享有支付逾期付款违约金与请求继续履行房屋买卖合同两项请求权。而本案，通过上述分析，在房屋买卖合同履行过程中，买受人与出卖人就房屋买卖合同履行方式作了变更，就首期购房款的支付时间及金额问题双方已达成新的一致意见，买受人也按照约定于同日支付剩余首期购房款，买受人不构成逾期付款。因此，出卖人无权向买受人主张逾期付款违约金。

编写人：福建省厦门市海沧区人民法院　颜思远　黄秋丽

4. 违约金与违约责任

132　商品房出卖人违反“无户籍登记保证”构成违约，应承担违约责任

——潘某哲、岳某芳诉武某全房屋买卖合同案

【案件基本信息】

1. 裁判书字号

北京市第二中级人民法院（2020）京02民终8425号民事判决书

2. 案由：房屋买卖合同纠纷

3. 当事人

原告（被上诉人）：潘某哲、岳某芳

被告（上诉人）：武某全

【基本案情】

潘某哲、岳某芳系夫妻，2018 年 5 月 20 日，潘某哲、岳某芳（买受人）与武某全（出卖人）签订了房屋买卖合同，潘某哲、岳某芳购买武某全位于北京市房山区某小区 502 号房屋。在双方签订合同时，武某全承诺 502 号房屋无户籍登记（无人落户）。双方在合同第十条约定："如出卖人未如实陈述户籍登记情况、擅自迁入户籍、未如期将户籍迁出的，出卖人应当按日计算向买受人支付房屋总价款万分之五的违约金，且出卖人仍负有户籍迁出的义务。"

2018 年 7 月、8 月，在办理房屋过户过程中，双方去派出所查询 502 号房屋的落户情况，派出所答复称 502 号房屋没有户籍登记。

2019 年，潘某哲、岳某芳在办理落户 502 号房屋手续时，派出所告知潘某哲、岳某芳 502 号房屋于 2006 年即有两人落户，该二人户籍始终未迁出。后经潘某哲、岳某芳多番争取，潘某哲、岳某芳将户籍登记于 502 号房屋。

潘某哲、岳某芳主张，武某全违反无户籍登记（无人落户）的承诺，构成违约，应按照合同第十条约定支付违约金，并负责将 2006 年落户人员的户口迁出。因与武某全协商无果，潘某哲、岳某芳将武某全起诉至一审法院北京市房山区人民法院，提出诉讼请求：(1) 武某全按照房屋买卖合同赔偿潘某哲、岳某芳从2018年7月23日到2019年12月9日的违约金41.49万元；(2) 武某全将户口迁出，并支付潘某哲、岳某芳自2019年12月10日起至户口实际迁出之日止的违约金（每日按照房屋总价款的万分之五计算）。

针对潘某哲、岳某芳的起诉，武某全辩称：不同意潘某哲、岳某芳的诉讼请求。我是2010年买的502号房屋，我没有办理过502号房屋的落户。在我与潘某哲、岳某芳房屋买卖合同交易期间，是由房产中介公司工作人员带领买卖双方去派出所查询该房屋的户口登记情况，当时查询说没有。现在潘某哲、岳某芳跟我说查到502号房屋在2006年登记有两个人的户口，要求我迁出，现在房屋已经卖完了，房主不是我了，和我没有关系了，我操作不了。

一审诉讼期间，经房山法院至派出所查询，502号房屋仍存有案外人赵某兰及刘某昊二人的户口。

【案件焦点】

房屋出卖人武某全是否应对502号房屋存在户籍登记承担违约责任。

【法院裁判要旨】

北京市房山区人民法院经审理认为：双方买卖合同第十条约定“如出卖人未如实陈述户籍登记情况、擅自迁入户籍、未如期将户籍迁出的，出卖人应当按日计算向买受人支付房屋总价款万分之五的违约金，且出卖人仍负有户籍迁出的义务”，因双方对于涉案房屋的户籍登记情况均知悉于房屋交易完成之后，武某全并未违反如实陈述房屋户籍登记情况的合同义务，武某全亦无“擅自迁入户籍”或

"未如期将户籍迁出"等违约情形，故不能依据上述合同条款计算武某全应支付的违约金数额。但因武某全在签订合同时确认涉案房屋没有户籍登记，系其对涉案房屋在订立合同时没有户籍登记作出的保证，而客观实际情况是涉案房屋确有户籍登记，故武某全就此情形仍构成违约，应承担相应的违约责任。根据本案具体情形，因潘某哲、岳某芳方未就其损失进行充分举证证明，北京市房山区人民法院综合考虑涉案房屋内原有户籍登记给潘某哲、岳某芳方造成的困扰、障碍以及武某全的过错程度，酌定武某全给付潘某哲、岳某芳1.65万元，以赔偿潘某哲、岳某芳的损失。

北京市房山区人民法院依照《中华人民共和国合同法》第一百零七条之规定，作出如下判决：

一、武某全于本判决生效之日起十日内赔偿潘某哲、岳某芳损失1.65万元；

二、驳回潘某哲、岳某芳的其他诉讼请求。

武某全不服一审判决，提出上诉。

北京市第二中级人民法院经审理认为：武某全作为房屋的出卖人，在出售房屋时应对房屋买卖合同中涉及的户籍事项核实清楚。现武某全在房屋买卖合同中承诺该房屋无户籍与实际情况不符，与其签订合同时的承诺并不一致，故武某全存在违约情形，应当承担相应的违约责任。原审法院酌定武某全给付潘某哲、岳某芳1.65万元数额并无不妥，但潘某哲、岳某芳诉请为要求武某全支付违约金，并非赔偿损失，原审法院判决武某全赔偿潘某哲、岳某芳损失与其诉请不一致，对此予以纠正。

北京市第二中级人民法院依照《中华人民共和国民事诉讼法》第一百七十条第一款第二项之规定，作出如下判决：

一、撤销北京市房山区人民法院民事判决第一项、第二项；

二、武某全于本判决生效之日起十日内支付潘某哲、岳某芳违约金1.65万元；

三、驳回潘某哲、岳某芳的其他诉讼请求。

【法官后语】

在城市商品房买卖中，户口问题往往是买卖双方尤其是买方特别关注的内容。因此，在买卖房屋时，双方比较容易因为户口问题产生争议，导致诉讼至法院。

一、关于户口问题的通行做法

视合同有无关于户口问题的约定尤为重要，因为户籍由公安机关的户籍管理部门负责管理，户口的迁入、迁出一般只涉及当事人和公安户籍管理部门的事情，不涉及当事人之间，如双方的合同中无关于户籍/户口方面的问题，法院则没有处理户籍问题的法律依据，对于户籍登记问题往往驳回起诉或不予处理。

如双方的合同中有关于户籍问题的约定，法院即获得处理当事人关于户籍问题的法律依据——合同，依据合同即可作出裁判。当然，很多时候当事人的约定并非都合理，法院只保护较为合理的户籍约定，对于无理的约定（如畸高的违约金等），法院可不予支持或经另一方申请，酌情予以减少。

在现今的房产买卖交易中，一般较为通行的约定是卖房人于××日内将户口迁出，逾期则按××标准承担违约责任；逾期超过××日，则另一方可解除合同，同时，另一方应另行按总房款的×%承担支付违约金。在法院的审理中，只要上述约定不是畸高，法院一般都予以支持。

二、本案的特殊性及法理依据

本案的特殊之处在于，卖房人未在其所出卖的房屋上落户，也未得知其房屋上有人落户。在卖房人出卖房屋的过程中，卖房人、买房人及中介甚至还去公安机关户籍部门查询是否有户籍登记，户籍部门答复称无人落户。等买房人买到房屋后，才发现所买房屋曾有人落户，且户籍仍在房屋中，这给买房人迁入户籍乃至后续售卖房屋带来一定困难。

如该案双方当事人对于户籍登记问题约定不完善的话，法院会因为无处理关于户籍问题的法律依据，而无法处理他们之间的纠纷。所幸该案房屋买卖合同关于户籍问题的约定较为全面，不仅约定了“如出卖人未如实陈述户籍登记情况、擅自迁入户籍、未如期将户籍迁出的，出卖人应当按日计算向买受人支付房屋总价款万分之五的违约金，且出卖人仍负有户籍迁出的义务”这样通行的条款，还约定了要求卖方对房屋无户籍登记作出保证（承诺）的条款，这就为法院的后续处理提供了法理和法律上的依据，当卖房人违反关于户籍登记的承诺时，可以视其为违约，其应承担违约责任。

三、违约金的确定

本案中，双方合同中虽有卖房人关于房屋无户籍登记的保证，但并没有关于违反此保证时承担违约责任的种类及违约金的计算方式，因此，在确定违约金时需多方考虑：既要考虑因房屋有历史户籍登记已经给买房人带来的不利，如迁入户口的困难等；又要考虑将来可能会给买房人带来的不利，如因有未处理户籍的问题，在再次出售房屋时，房屋估价有所贬损等。故应综合考虑房屋存在未处理户籍登记时已经带来的损失和可能带来的损失，合理确定违约金的金额。此外，如这些损失可能暂时无法确定或完全予以确定，可先不予支持或部分支持，如后续证实出现了新的损失，届时可再行主张以获得支持。

编写人：北京市房山区人民法院　李文达　马存君

133　商品房销售中逾期办证违约金的诉讼时效认定

——王某诉置业公司商品房销售合同案

【案件基本信息】

1. 裁判书字号

山东省淄博市中级人民法院（2019）鲁 03 民终 4141 号民事判决书

2. 案由：商品房销售合同纠纷

3. 当事人

原告（被上诉人）：王某

被告（上诉人）：置业公司

【基本案情】

2012 年 12 月 17 日，原告王某与被告置业公司签订《商品房买卖合同》，原告购买被告位于某购物广场房屋一套，总金额为 508452 元。其中合同第十五条约定：被告应当在 2014 年 12 月 31 日之前（商品房交付使用后 360 日内）为原告办理完毕房屋权属登记。2014 年 10 月 14 日原告收房。被告于 2017 年 7 月 6 日完成房屋初始登记工作。原告与被告于 2017 年 6 月 16 日签订协议书一份，约定："甲方（被告）于本协议签订之日起 5 个工作日内退回乙方（原告）所交各项办证费11650.41元。本协议签订后乙方所购甲方商品房不动产权证由乙方自行申请办理，甲方不再承担为乙方办理商品房不动产证的义务。”2017年6月23日，被告将11650.41元打入原告账户中。原告起诉主张被告应支付违约金73313.12元，按照房款508452元×4.41%（银行当年贷款年利率）×1.3倍/365天×918天（自2015年1月1日至2017年7月6日止）计算。被告则辩称原告主张的逾期办证违约金计算时间错误，计算比例过高，且超过诉讼时效。

【案件焦点】

购房者向开发商主张逾期办证违约金的诉讼时效应如何认定。

【法院裁判要旨】

山东省淄博市张店区人民法院经审理认为：原告依约支付房款后，被告未按合同约定的时间为原告办理房屋权属登记，应当承担逾期办证的违约责任。关于本案是否已过诉讼时效期间问题。原、被告于2017年6月16日签订协议书，该行为应引起诉讼时效中断，故原告诉讼未超诉讼时效，其民事权利仍受法律保护。（1）违约时间问题。因合同为格式化合同，由被告提供，根据相关规定即便产生歧义也应当采信不利于提供格式合同一方的解释。故办证期限应为2014年12月31日之前。因被告于2017年7月6日完成房屋初始登记工作，故被告逾期截止时间应为2017年7月6日。违约金时间应从2015年1月1日起计算至2017年7月6日止。（2）计算方式问题。因合同没有约定逾期办证违约金的具体计算方式，原告主张按照银行贷款利率4.41%上浮30%计算违约金，符合法律规定，予以支持。被告辩称原告主张的违约金比例过高，应按日万分之零点五计算，该标准没有合同和法律依据，不予采信。综上，应以 508452 元为基数，自 2015 年 1 月 1 日至 2017 年 7 月 6 日，按照银行贷款利率 4.41%上浮 30%计算的违约金为 73313.12 元。对于超出部分不予支持。

山东省淄博市张店区人民法院依照《中华人民共和国合同法》第六十条、第一百零七条，《最高人民法院关于审理商品房买卖合同纠纷案件适用法律若干问题的解释》第十八条之规定，作出如下判决：

一、被告置业公司于本判决生效之日起十日内支付原告王某违约金 73313.12 元；

二、驳回原告王某的其他诉讼请求。

置业公司不服一审判决，提起上诉。

山东省淄博市中级人民法院经审理认为：关于王某在本案中起诉是否超出诉讼时效问题，逾期办证违约金按逾期时间逐日增长，故该债权应当属于继续性债权，该类债权因其独特性，每一天的违约金应作为一个“个别债权”单独适用诉讼时效。双方签订合同约定了办证时间，从约定办证截止日的次日起，王某应当知道置业公司出现违约，其权益受到侵害，逾期办证违约金的诉讼时效应当起算。另依据相关法律规定，2015 年 10 月 1 日之前的债权应适用两年诉讼时效，2015 年 10 月 2 日之后的债权应适用三年诉讼时效。本案中，王某与置业公司于 2017 年 6 月 16 日签订协议，约定由王某自行办理不动产权证，违约金的诉讼时效应为中断。据此，王某主张 2015 年 1 月 1 日至 6 月 16 日的违约金已超过诉讼时效，不应予以支持；2015 年 6 月 17 日至 2017 年 6 月 16 日期间的违约金截止诉讼时效中断前并未超过两年诉讼时效，且中断后至王某提起本案诉讼止，也未超过两年或三年诉讼时效，故应予以支持。据此，王某主张的2015年6月17日至2017年6月16日违约金58299.11元（508452元×银行贷款利率4.41%上浮30%为5.733%×2年）应予以支持，其余部分已超过诉讼时效，不再予以支持。

山东省淄博市中级人民法院依照《中华人民共和国民法总则》第二百零六条，《最高人民法院关于适用〈中华人民共和国民法总则〉诉讼时效制度若干问题的解释》第二条、第三条，《中华人民共和国民事诉讼法》第一百七十条第一款第二项的规定，作出如下判决：

一、变更山东省淄博市张店区人民法院民事判决第一项为：置业公司于本判决生效之日起十日内支付王某违约金58299.11元；

二、驳回王某的其他诉讼请求。

【法官后语】

本案涉及的主要问题在于，购房者与房屋开发商签订商品房买卖合同后，开发商未按照合同约定办理房屋权属登记，购房者向开发商主张逾期办证违约金的诉讼时效应如何正确认定。

在日常生活中，购买房屋系一般家庭的重要事项。购买房屋的同时也存在一定的风险，如房屋开发商延期交房的风险、延期办理房屋权属证书的法律风险等。延期办理房屋权属证书会导致购房者向房屋开发商主张逾期办证违约金。一般在购房者购买房屋时，会在与房屋开发商签订的商品房买卖合同中约定逾期办证违约金，该违约金在合同中一般有两种约定方式：（1）约定以日或月为单位累计计算的，属于继续性债权；（2）明确约定逾期办证违约金数额的，为一时性债权。办理房屋所有权属证书的请求权与要求承担逾期办证违约责任的请求权性质不同，逾期办证违约责任属于单纯的债权性质的义务，其请求权是基于合同之债所享有的债权请求权，从督促权利人及时行使权力以及尽快稳定社会秩序的角度考量，逾期办证违约责任的请求权应当适用诉讼时效的有关规定。

审判实践中，逾期办证违约金的约定一般存在以下两种情形：情形一，约定以日或月为单位累计计算违约金，违约金的数额随着违约行为的持续发生不断增长，对每个个别的债权分别适用诉讼时效；情形二，明确约定违约金数额的，从约定或者法定的期限届满之日的次日起算诉讼时效。本案中，王某与置业公司签订《商品房买卖合同》约定：置业公司应当在2014年12月31日之前（商品房交付使用后360日内），为王某办理完毕房屋权属登记。该约定已经暗含置业公司交房日期不能晚于2013年12月31日，且办证应当在2014年12月31日前办理完毕，而置业公司实际交房日期为2014年10月14日，该时间未晚于办证约定时间，但置业公司亦未如期办证。在本案王某与公司签订的商品房买卖合同中未明确约定逾期办证违约金事宜，亦未事后达成补充协议，当事人能够举证证明逾期办证造成的实际损失的，应当以实际损失为准；损失数额难以确定的，根据《最高人民法院关于审理商品房买卖合同纠纷案件适用法律若干问题的解释》第十八条第二款之规定，合同没有约定违约金或者损失数额难以确定的，可以按照已付购房款总额，参照中国人民银行规定的金融机构计收逾期贷款利息的标准计算。[①] 本案中，王

① 该规定现为《最高人民法院关于审理商品房买卖合同纠纷案件适用法律若干问题的解释》（2020年修正）第十四条第二款："合同没有约定违约金或者损失数额难以确定的，可以按照已付购房款总额，参照中国人民银行规定的金融机构计收逾期贷款利息的标准计算。"

某、置业公司未约定违约金的具体计算标准，应当按照上述法律规定认定违约金的数额。

鉴于本案所涉合同约定逾期办证违约金按逾期时间逐日增长，该债权属于继续性债权，该类债权因其独特性，每一天的违约金应作为一个“个别债权”单独适用诉讼时效，符合前述所列情形一。王某与置业公司签订的合同中约定了办证时间，从约定办证截止日的次日起，即自2015年1月1日起，王某应当知道置业公司出现办证违约情形，其权益受到侵害，故逾期办证违约金的诉讼时效自此应当起算。2017年10月1日起施行的《中华人民共和国民法总则》，依据该法及《最高人民法院关于适用〈中华人民共和国民法总则〉诉讼时效制度若干问题的解释》第二条“民法总则施行之日，诉讼时效期间尚未满民法通则规定的二年或者一年，当事人主张适用民法总则关于三年诉讼时效期间规定的，人民法院应予支持”、第三条“民法总则施行前，民法通则规定的二年或者一年诉讼时效期间已经届满，当事人主张适用民法总则关于三年诉讼时效期间规定的，人民法院不予支持”的规定，[①] 本案中，王某与置业公司于2017年6月16日签订协议约定，王某所购置业公司商品房不动产权证由王某自行申请办理。该协议签订后，逾期违约金的诉讼时效中断。2015年6月17日至2017年6月16日的违约金截止诉讼时效中断前并未超过诉讼时效，且中断后至王某提起本案诉讼，也未超过诉讼时效，应予支持，其余部分已超过诉讼时效，法院不再

---

① 《中华人民共和国民法总则》在2021年1月1日《中华人民共和国民法典》正式施行后已经废止，但根据《最高人民法院关于适用〈中华人民共和国民法典〉时间效力的若干规定》第一条的规定，除法律、司法解释另有规定的以外，《中华人民共和国民法典》施行前的法律事实引起的民事纠纷案件，适用当时的法律、司法解释的规定。

予以支持。

另外，值得一提的是，商品房销售合同案件中会出现涉案房屋因违反规划建设等原因导致无法办理不动产登记证书的情形，其属于法律上或者事实上不能履行的情形。因买受人取得涉案房屋不动产登记的合同目的已不能实现，此时买受人请求解除合同并赔偿损失的，法院应予支持。买受人主张合同解除，并请求开发商承担合同解除的违约责任，如存在前期已经支付或已经生效判决认定的逾期办证违约金的，法院应当予以扣除。同时，办证请求权属于物权请求权而不适用诉讼时效，即便逾期办证违约金因超过诉讼时效未得到法院的支持，房屋买受人仍然可以请求开发商继续履行办证义务。

编写人：山东省淄博市中级人民法院　荣明潇　胡晓梅　朱倩茹

134　存在违约行为的一方可否要求对方仍依约履行合同

——董某平诉郑某汉、颜某杰房屋买卖合同案

【案件基本信息】

1. 裁判书字号

福建省厦门市中级人民法院（2018）闽02民终5748号民事判决书

2. 案由：房屋买卖合同纠纷

3. 当事人

原告（上诉人）：董某平

被告（被上诉人）：郑某汉、颜某杰

【基本案情】

2016年9月13日，郑某汉、颜某杰与董某平在某房公司的居间下签订一份《房产买卖协议书》，约定：董某平将某小区××号××室房屋出售给郑某汉、颜某杰，成交价为448万元；郑某汉、颜某杰应于协议签订之日支付董某平购房定金50万元，于2016年12月20日前向董某平支付购房款448万元（含定金）；董某平应于2016年10月5日前将房屋交付郑某汉、颜某杰使用。若郑某汉、颜某杰不能按期向董某平付清购房款或董某平不能按期向郑某汉、颜某杰交付房产，每逾期一日，由违约方向对方支付上述购房款的0.05%作为违约金。此后，双方又签订一份《补充协议》，约定：若超过2016年12月20日过户，则成交价格为450万元，过户时间最长不超过2017年1月20日。郑某汉、颜某杰向董某平支付购房定金50万元。合同约定的交房时间之前，董某平多次就购房款的支付时间及购房款总价提出变更要求。董某平先是提出由郑某汉、颜某杰提前支付150万元，郑某汉、颜某杰未予同意。董某平又提出由郑某汉、颜某杰在约定的448万元购房款外另行支付5万元的要求，郑某汉、颜某杰仅同意另行支付3万元。一直到2016年10月12日，双方仍在沟通合同价款变更事宜，但未能达成一致。2016年10月16日，董某平联系郑某汉、颜某杰要求协商交付钥匙事宜，但郑某汉、颜某杰并未与董某平继续协商，也未出面与董某平确定交房事宜。2016年10月26日至2017年10月26日，讼争房屋由董某平作为抵押人设立了抵押权。郑某汉、颜某杰于2016年10月25日向法院提起诉讼，以董某平未按约定时间交付房屋构成中途悔约，未经郑某汉、颜某杰同意将房屋抵押给案外人，构成严重违约为由，要求解除合同、董某平承担违约责任。在该案审理过程中，董某平在庭审时表示愿意当庭将房产钥匙交付郑某汉、颜某杰，要求按合同约定继续履行合同。该案经一审、二审，厦门市中级人民法院于2017年11月21日作出（2017）闽02民终4648号民事判决，认为董某平虽在履行合同过程中提出新的要求与郑某汉、颜某杰另行协商，但董某平没有明确表示或以自己的行为表示不履行交房义务，或迟延交房，且董某平至今仍表示愿意履行合同。在双方约定的交房时间前后，在董某平催促下，郑某汉、颜某杰始终未出面与董某平确定交房事宜，造成合同未能履行。虽董某平在合同履行过程中将讼争房屋抵押给案外人，但未造成履行障碍，且抵押现已注销，不影响合同履行。郑某汉、颜某杰主张董某平构成严重违约并据此解除合同缺乏依据，驳回郑某汉、颜某杰的诉讼请求。二审判决后，2018年1月11日开始，郑某汉、颜某杰通过裕房公司工作人员陈某泉联系董某平，协商合同继续履行事宜。董某平同意继续履行合同，双方在2018年1月11日至4月13日，通过陈某泉协商购房款支付、产权过户以及房屋交付事宜。2018年2月6日，双方面谈协商后未能达成一致。董某平将房屋钥匙交付郑某汉一方，但钥匙无法开启房门。2018年3月25日，双方继续协商过户及付款问题。董某平坚持应先付款、再过户。2018年3月30日，颜某杰转账400万元至董某平账户。董某平未于当日协助颜某杰、郑某汉办理过户手续。2018年4月3日，董某平至市政服务中心协助颜某杰、郑某汉将讼争房屋转移登记至案外人名下。2018年4月5日下午，讼争房屋交付郑某汉。

【案件焦点】

董某平先行存在违约行为的情形下，能否要求郑某汉、颜某杰按照原合同约定的时间继续履行合同义务。

【法院裁判要旨】

福建省厦门市思明区人民法院经审理认为：董某平与郑某汉、颜某杰签订的《房产买卖协议书》及补充协议均为双方真实意思表示，合法有效，双方当事人均应依约履行合同。任何一方违约，均应就其违约行为承担相应责任。本案董某平依据《房产买卖协议书》第十四条的约定主张违约金责任。作为合同责任中的一种重要形式，违约金责任对于规范合同行为、维护交易秩序具有重要意义。违约金责任所应承载的功能，应当保障合同守约方的合法利益，对违约行为进行有效的制约，以维护交易安全，促进社会诚信。判断颜某杰、郑某汉应否承担违约金责任，应根据双方合同的约定，综合颜某杰、郑某汉的违约程度、双方合同的履行情况并结合《中华人民共和国合同法》关于损害赔偿范围的认定规则予以确定。

从履约情况来看，无论是董某平还是郑某汉、颜某杰，在合同履行过程中均不同程度存在违反合同约定的不诚信行为。在董某平方面，其在与郑某汉、颜某杰签订讼争合同后，并未遵守“契约应当严守”之精神，多次单方提出要求郑某汉、颜某杰提前支付合同价款或增加合同价款等要求，虽然郑某汉、颜某杰亦与之进行协商，但因董某平的单方变更合同要求，导致双方原已确定的合同权利义务，尤其是关于交房的时间问题，处于需重新协商的状态。基于双方买卖合同的双务有偿性质，一方的给付义务与对方的给付义务处于对等及关联状态，在董某平的交房日期发生变动的情形下，要求郑某汉、颜某杰仍应按照合同原约定的日期支付购房款显然过分苛责。

董某平虽然在（2016）闽0203民初17094号一案诉讼过程中明确表示希望继续履行合同、同意交付讼争房屋钥匙，但在未经买受人郑某汉、颜某杰同意的情况下，将讼争房屋设置抵押获取收益，客观上增加了合同履行的难度与风险。董某平在讼争房屋上设置抵押权的行为显然已超过双方原合同约定的权利义务范围，亦属于其单方面对合同的变更，董某平履行合同的行为并不符合双方合同的约定。另外，董某平在同意继续履行合同的情况下，于2018年2月6日交付的讼争房屋钥匙无法打开讼争房屋，董某平并未为履行合同做好准备。根据《中华人民共和国合同法》第六十七条规定，当事人互负债务，有先后履行顺序，先履行一方未履行的，后履行一方有权拒绝其履行要求。先履行一方履行债务不符合约定的，后履行一方有权拒绝其相应的履行要求。具体到本案，在案外人对于讼争房屋享有优先于郑某汉、颜某杰的担保物权的情形下，合同的履行风险已显著不同于董某平与郑某汉、颜某杰订立合同当时的情况，郑某汉、颜某杰有权以董某平履行合同不符合约定行使抗辩权。因此，董某平主张郑某汉、颜某杰的付款时间仍应按原合同约定认定为2016年12月20日不能成立。

在郑某汉、颜某杰方面，董某平于2016年10月16日通知郑某汉、颜某杰交付讼争房屋钥匙，郑某汉、颜某杰却拒绝接收钥匙，亦拒绝与董某平就合同履行事宜进行协商。在并无证据表明董某平不履行买卖合同、具备合同解除权的情形下，提起解除合同诉讼，缺乏继续履行合同的意愿与诚意，亦构成违约。

判决从维护交易角度出发，驳回郑某汉、颜某杰要求解除合同的诉求，但并未认定董某平并不存在违约行为。导致双方未能按照原合同约定履约，系董某平及郑某汉、颜某杰各自的违约行为造成的。在双方的纠纷经厦门市中级人民法院终审判决后，双方已重新就合同履行事宜进行协商并履行完毕，在此协商过程中，并无证据证明颜某杰、郑某汉存在故意拖延协商、拒不履行合同的行为。因此，董某平要求颜某杰、郑某汉仍按原合同约定的付款时间承担逾期付款责任缺乏依据。

从损害赔偿的范围来看，董某平因合同未能依约履行的所受利益应从损害赔偿中予以扣除，此即“损益相抵”规则。郑某汉、颜某杰不能按期支付购房款与董某平未按期交付房产的违约金责任等同，故可认为双方对于房产与购房款的使用价值评估是相同的。因此，董某平也难谓因郑某汉、颜某杰的违约行为受有损失。

福建省厦门市思明区人民法院依照《中华人民共和国合同法》第六十条、第六十七条、第一百零七条、第一百一十三条、第一百一十四条，《最高人民法院关于审理买卖合同纠纷案件适用法律问题的解释》第三十一条之规定，作出如下判决：

驳回原告董某平的诉讼请求。

董某平不服一审判决，提起上诉。

福建省厦门市中级人民法院经审理认为：郑某汉、颜某杰与董某平于 2016 年 9 月 13 日签订《房产买卖协议书》，双方在协议履行过程中对付款与交房发生争议，郑某汉、颜某杰于同年向一审法院起诉请求解除讼争《房产买卖协议书》并由董某平返还购房定金 50 万元及支付逾期交房违约金 50 万元。一审经审理认为郑某汉、颜某杰主张董某平构成违约不能成立，于 2017 年 4 月 24 日作出（2016）闽 0203 民初 17094 号民事判决，驳回郑某汉、颜某杰的诉讼请求。

郑某汉、颜某杰不服，向法院提起上诉。法院于2017年11月21日作出（2017）闽02民终4648号民事判决，驳回上诉，维持原判。在法院上述终审民事判决生效后，双方对讼争《房产买卖协议书》有关付款及交房时间进行重新协商。双方当事人在中介方某房公司职员陈某泉居间下，对本案讼争《房产买卖协议书》的履行进行重新协商。在协商过程中双方均不同程度地存在诚信问题，但最终双方已全部履行讼争《房产买卖协议书》约定的义务。现董某平上诉主张郑某汉、颜某杰仍应按《房产买卖协议书》约定的2016年12月20日前支付购房款400万元，但郑某汉、颜某杰直到2018年3月30日才支付购房款400万元构成违约，应支付相应的违约金。因法院（2017）闽02民终4648号民事判决作出的时间为2017年11月21日，且双方在重新协商履行讼争房产买卖协议过程中均有过错，应各自承担相应的过错责任，故董某平的该项上诉请求依据不足，法院不予支持。

福建省厦门市中级人民法院依照《中华人民共和国民事诉讼法》第一百七十条第一款第一项之规定，作出如下判决：

驳回上诉，维持原判。

【法官后语】

一、双务合同中抗辩权的具体适用及认定

《中华人民共和国合同法》第六十六条（《中华人民共和国民法典》第五百二十五条基本沿袭了此规定）规定了双务合同履行中抗辩权的相关内容，包含了同时履行抗辩权及《中华人民共和国合同法》第六十七条（《中华人民共和国民法典》第五百二十六条）规定的先履行抗辩权。债务的履行只要不是同时进行，即存在一方授予相对方信用的问题，而授信的结果本身即与风险相伴，即存在相对人失信的风险。①

实践中，履行期自始不同的情形，存在多种类型。一类为先履行义务人的履行作出后，对方的履行始属可能，在此情形下，后履行义务人以先履行义务人未履行行使抗辩权较无争议。还有一些情形下，一方先获得履行方的部分履行利益，再作出对待给付，如本案，应由出卖人先交付房屋，再由买受人支付购房款。此种部分履行，是否与后续的支付购房款的履行处于对待给付地位，在应先履行义务的一方首先存在部分违约行为，但并不构成根本违约的情形下，相对方能否行使先履行抗辩权，存在一定争议。

本案中出卖人的交房义务在先，买受人的付款义务在后。作为出卖人，在双方已就合同价款及房款支付时间达成一致的情形下，多次单方要求变更合同价款及支付时间，但并未明确表示拒绝交付房屋。仅因其要求变更价款导致交付房屋义务的履行陷于迟延履行的状态。如果仅从出卖人的违约行为来考量，其违约行为并非拒绝履行合同的主要义务，作为买受人的相对方却以此拒绝履行合同，其能否行使履行抗辩权，存在较大争议。

针对该点，本案认为，履行抗辩权是以诚实信用原则为基础，目的在于维护双务合同当事人之间的利益关系的公平。在双务合同中，虽然并非所有的义务均处于对待给付地位，如支付买卖价款的主给付义务与开具发票的附随义务。但毋庸置疑，双方的义务必然存在一定的牵连关系，各自权利义务的设置均是在充分协商的基础上对各自权利的最佳考量。一方的违约行为虽未必导致合同无法履

① 韩世远：《合同法总论》，法律出版社2011年版，第278~279页。

行，但该行为破坏了双方此前通过协商对各自权利义务的最佳安排，导致双方原已确定的合同权利义务处于需重新协商的状态。在一方因自己的违约行为导致义务交付标的物时间推迟的情形下，仍要求合同相对方严守合同约定，按照合同原约定的日期支付价款显然过分苛责。在此情形下，仍应认为有先履行抗辩权的适用。当然，在本案中还应考虑，在双方合同履行过程中，出卖人未经买受人同意自行在房屋上设置了抵押权，该行为导致了买受人合同履行风险的增加。因一方的非根本违约行为导致合同履行的风险较之签订合同之时显著增加，在该风险未消除之前，亦属于履行合同不符合约定，合同相对方仍可援引履行抗辩权，待风险消除后再行履行合同义务。

应当指出，本案系因双方各自的不诚信行为导致原本明晰的合同约定处于不确定状态，双方应各自承担重新就合同履行事宜进行协商履行所导致的成本。

二、履行抗辩权的利益考量与“损益相抵原则”

如上分析，履行抗辩权的适用不应仅考量给付是否处于对等地位，而应从双方关于权利义务的整体安排出发，实现对双方权利义务的公平确定。在认定一方行使履行抗辩权的依据是否充分的问题上，还可从双方各自的损失与获益角度来考量双方的利益平衡。

本案出卖人主张的系违约金责任。违约金责任所承载的功能，应当是保障合同守约方的合法利益，对违约行为进行有效的制约，以维护交易安全，促进社会诚信。从损害赔偿的范围来看，根据原合同法第一百一十三条第一款的规定，当事人一方不履行合同义务或者履行合同义务不符合约定，给对方造成损失的，损失赔偿额应当相当于因违约所造成的损失。原合同法第一百一十四条规定了违约金可根据实际损失的情况予以调整。违约金责任在性质上属于双方对于损害赔偿的预先约定，因此，违约金责任的范围亦应受制于上述损害赔偿范围的认定规则。出卖人因合同未能依约履行的所受利益应从损害赔偿中予以扣除，此即“损益相抵”规则。出卖人虽未能按原合同约定收取购房款，但其亦在合同订立后直至买受人付款前均占有控制讼争房屋，且在相当长的期间内使用讼争房屋进行抵押贷款，享有讼争房屋的处分、收益权利，该所获利益虽然无法量化，但结合双方合同关于逾期交房及逾期付款责任的约定，可认为双方对于房产与购房款的使用价值评估是相同的。因此，从履行抗辩权关注的合同权利义务的公平性角度出发，亦不能要求买受人承担违约责任。

履行抗辩权制度仅是合同法上“诚实信用”原则的一个具体化适用。相关制度的目的均在于规范合同行为、维护交易秩序，促进社会诚信。双务合同履行中的抗辩权，即在于防范风险，如能较好适用履行抗辩权的相关规定处理合同纠纷，应能发挥比违约责任等事后救济手段更好的风险防范作用。

编写人：福建省厦门市思明区人民法院　刘远萍

135　房屋买卖合同中信赖利益损失的确定

——王某元诉唐某义、经纪公司房屋买卖合同案

【案件基本信息】

1. 裁判书字号

北京市第二中级人民法院（2018）京02民终466号民事判决书

2. 案由：房屋买卖合同纠纷

3. 当事人

原告（被上诉人）：王某元

被告（上诉人）：唐某义

被告：经纪公司

【基本案情】

坐落于北京市东城区×××号楼×号房屋系唐某义所有的房产，房屋性质为央产房。2012年12月，经纪公司将涉诉房屋推荐给王某元，并与唐某义联系房屋买卖事宜。2012年12月29日，唐某义之子唐某以唐某义委托代理人的身份，与王某元及经纪公司签订了《房屋买卖定金协议》，约定唐某义将涉诉房屋出售给王某元，唐某义确保所出售之房屋符合上市交易条件；双方认可王某元以人民币251万元的价格购买涉诉房屋；此价格不包含国家规定应当由唐某义承担的税费。唐某义接受王某元在签署本协议当日交付的购房定金人民币10万元整；双方应于协议签署后七个工作日内积极主动前往经纪公司签署《北京市存量房屋买卖合同》及《北京市存量房屋买卖居间服务合同》等其他交易所需的相关法律文书；如甲、乙任何一方违约，均应依据《中华人民共和国合同法》定金条款的规定执行，即收受定金一方违约应双倍返还定金，交付定金一方违约则无权索要。《房屋买卖定金协议》签订后，王某元向唐某支付了购房定金10万元。此后，双方并未签署《北京市存量房屋买卖合同》。后经纪公司工作人员及王某元多次与唐某联系协商未果。后王某元与唐某义就《房屋买卖定金协议》的效力问题及履行问题进行了多次诉讼，最终法院认定，《房屋买卖定金协议》有效，其效力及于唐某义。王某元、唐某义均应按照协议的约定履行。《房屋买卖定金协议》属于预约合同。双方未能签署定金协议中约定的《北京市存量房屋买卖合同》，唐某义具有明显的过错，构成违约。故王某元诉至法院，要求解除双方签订的《房屋买卖定金协议》；唐某义双倍返还王某元定金20万元并赔偿王某元经济损失154.42万元。在案件审理过程中，为证明其信赖利益损失，王某元要求对涉诉房屋的市场价值进行评估。经评估，涉诉房屋在价值时点2016年1月10日的市场价值为405.42万元。

【案件焦点】

1. 唐某义是否应该赔偿王某元的信赖利益损失；2. 如何确定王某元信赖利益的损失范围及数额。

【法院裁判要旨】

北京市东城区人民法院经审理认为：王某元、唐某义及经纪公司签订的《房屋买卖定金协议》已经生效，其效力及于唐某义。唐某义对双方未能签署定金协议中约定的房屋买卖合同具有明显的过错，构成违约。根据协议的约定，唐某义应双倍返还王某元定金。因买卖定金协议约定的定金罚则数额不足以弥补王某元的实际损失，唐某义应赔偿王某元因此所受到的信赖利益损失。关于信赖利益损失的数额，王某元主张其损失为评估的涉诉房屋的现值减去协议约定的房屋价值，但王某元主张的该损失为合同履行的可得利益损失而非信赖利益损失。考虑到唐某义在协议履行过程中具有明显过错，由于唐某义的违约行为导致王某元在解决纠纷过程中丧失另订其他有利合同的机会，法院将依据公平原则和诚实信用原则酌情确定损失数额。

综上，依据《中华人民共和国合同法》第九十三条、第九十四条、第九十七条、第一百一十五条之规定，作出如下判决：

一、解除原告王某元与被告唐某义、被告经纪公司于2012年12月29日签订的《房屋买卖定金协议》；

二、被告唐某义于本判决生效后七日内双倍返还原告王某元定金20万元；

三、被告唐某义于本判决生效后七日内赔偿原告王某元损失90万元；

四、驳回原告王某元的其他诉讼请求。

唐某义提起上诉。

北京市第二中级人民法院经审理认为：本案的争议焦点为唐某义应如何赔偿王某元的损失。生效判决已将《房屋买卖定金协议》认定为预约合同，并认定唐某义构成违约。在此基础上王某元要求解除《房屋买卖定金协议》，唐某义亦无异议，所以违约方唐某义应赔偿守约方王某元因此所受到的信赖利益损失。信赖利益损失包括所受损害和所失利益（当事人信赖合同有效成立而丧失另订其他有利合同的机会损失等）。王某元实际向唐某义支付定金10万元，所以王某元所受损害有支付10万元产生的利息损失及提起本案追索信赖利益损失而支出的诉讼费用及律师费用等合理支出。王某元所失利益应是丧失另购房屋的机会损失，由于双方签订了预约合同，王某元对唐某义产生了信赖，事实上王某元也实地看房，唐某义却在履行中提出增加房屋价格，唐某义涨价的行为明显违背诚信行为，应让唐某义为其不诚信行为付出相应代价。关于信赖利益损失的数额。第一，唐某义将因不诚信履行合同产生巨大收益，以2016年1月10日确定的房屋价格与唐某义出售王某元的房屋价格之差，该差价为 154.42 万元，这是唐某义以不诚信行为而获得的收益，在计算王某元丧失另购房屋的机会损失时，应以此作为参考。第二，王某元的交易成本支出情况。王某元仅支出 10 万元，会产生相应利息损失，但王某元并未完全支付购房价，客观上并不会造成王某元另购房屋因价款支付而产生的不利局面，再考虑本案产生的诉讼费用、律师费用等合理成本时，交易成本以及实现应得利益额外支出的成本作为在案参考。第三，王某元对唐某义履行合同有一定程度的信赖。一方面，王某元事先支付了 10 万元，而唐某义却在履行中提出涨价的请求，所以王某元有理由信赖唐某义不存在继续履行障碍；另一方面，王某元就要求确定双方协议为房屋买卖协议并要求履行进行了诉讼，但唐某义另诉要求确认协议无效，导致王某元的信赖利益损失扩大，唐某义有一定责任。综上，唐某义同意在双倍返还定金即返还王某元 20 万元的基础上，再赔偿王某元 20 万元，所以法院不对一审法院判决第二项进行调整。在考虑唐某义返还王某元 20 万元的基础上，根据公平原则和诚信原则并结合上述分析，酌情确定，唐某义再行赔偿王某元损失 50 万元。

据此，北京市第二中级人民法院依照《中华人民共和国合同法》第四十二条、《中华人民共和国民事诉讼法》第一百七十条第一款第二项之规定，作出如下判决：

一、维持北京市东城区人民法院（2016）京 0101 民初 2341 号民事判决第一项、第二项；

二、撤销北京市东城区人民法院（2016）京 0101 民初 2341 号民事判决第四项；

三、变更北京市东城区人民法院（2016）京 0101 民初 2341 号民事判决第三项为唐某义于本判决生效后七日内赔偿王某元损失 50 万元；

四、驳回王某元的其他诉讼请求。

【法官后语】

信赖利益损失是指当事人信赖合同能够履行而得到履行利益所支付的费用或财产因违约而遭受的损失。[①] 信赖利益损失一般区别于可得利益损失，可得利益损失是合同按照约定履行后应该得到的经济利益的损失。赔偿信赖利益损失主要是使当事人能够恢复至缔约时的经济状态，故赔偿信赖利益损失系缔约过失责任的一种。而赔偿可得利益损失是为了使守约方达到合同履行后应得到的利益，系合同违约责任的一种。一般认为，可得利益不仅包括当事人为合同履行支付的费用和成本（信赖利益），还应包括扣除该费用及成本后的利润，故信赖利益的赔偿数额不应大于合同有效时守约方的可得利益。

如前所述，赔偿信赖利益损失系缔约过失责任的一种。故在房屋买卖合同案件中，如当事人签订了预约合同，因可归责于当事人一方的原因导致房屋买卖合同未能订立的，如预约合同中对违约责任没有约定或者约定不足以弥补守约方的实际损失的，守约方可以要求违约方赔偿信赖利益损失。《中华人民共和国民法典》并未明确规定信赖利益损失。关于信赖利益损失的赔偿依据为《中华人民共和国民法典》第五百条：“当事人在订立合同过程中有下列情形之一，造成对方损失的，应当承担赔偿责任：（一）假借订立合同，恶意进行磋商；（二）故意隐瞒与订立合同有关的重要事实或者提供虚

---

① 李永军：《合同法》，法律出版社 2010 年版，第 555 页。

假情况；（三）有其他违背诚信原则的行为。”本案中，王某元与唐某义签订的《房屋买卖定金协议》已经被生效法律文书认定为预约合同，而双方未签订房屋买卖合同系因唐某义的违约行为，故唐某义应赔偿王某元的信赖利益损失。

如何确定信赖利益损失的范围及数额系本案的争议焦点，亦为本案二审改判一审判决的主要原因。一般认为，信赖利益损失包括所受损害和所失利益。所受损害的范围一般较好确定，主要是当事人为了缔约所支付的费用和付出的成本，本案中包括王某元为签订房屋买卖合同支付的10万元定金所产生的利息损失及为追索信赖利益损失所付出的诉讼费用、律师费用等实际损失。所失利益跟当事人信赖合同有效成立而丧失另订其他有利合同的机会的损失，具体到本案，即为王某元因信赖唐某义而丧失另行购买房屋机会的损失。该损失较难确认，本案中进行的涉诉房屋的差价损失的评估，该损失应为可得利益损失，而非信赖利益损失。在认定和确定信赖利益损失的数额时，还应参考双方的履约情况，从违约方的主观过错程度、违约方可能因其违约行为所获得的收益，守约方支付的交易成本情况及双方对损失的扩大是否存在责任等因素予以确定。最终实现督促交易双方遵循诚实信用原则，让不诚信的一方就不诚信行为付出相应代价以维护诚信的市场交易秩序的目的。本案中，一审判决主要考虑了唐某义在履约过程中的明显过错确定的信赖利益损失，信赖利益损失确定过高。二审综合考虑了唐某义因其违约行为所获收益、王某元支付的交易成本、王某元的信赖程度及损失扩大的责任等，对信赖利益损失进行了调整。

编写人：北京市东城区人民法院　杨莹

136 房屋买卖合同违约金调整的司法适用

——薛某林、李某诉李某兰房屋买卖合同案

【案件基本信息】

1. 裁判书字号

北京市第二中级人民法院（2018）京02民终1734号民事判决书

2. 案由：房屋买卖合同纠纷

3. 当事人

原告（上诉人）：薛某林、李某

被告（被上诉人）：李某兰

第三人：程某、经纪公司

【基本案情】

2016年8月14日，程某（出卖人）与薛某林（买受人）、李某（共同买受人）签订了《北京市存量房屋买卖合同》，约定薛某林、李某购买程某所有的位于某小区××号楼2层×××号房屋，建筑面积87.94平方米，该房屋成交价格为412万元，该房屋家具、家电、装饰装修及配套设施设备等作价46万元，定金为8万元，由买受人直接支付给出卖人；双方协商一致，甲方承诺于2016年9月30日前将该房屋交付给买受人，且自本合同签订之日起140日内，双方共同向房屋权属登记部门申请办理房屋权属转移登记手续。同日，程某（甲方/出卖方）与薛某林、李某（乙方/买受方）、经纪公司（丙方/居间方）签订了《补充协议》，约定：交易房屋价款及家具家电、装饰装修和配套设施作价总计458万元整，此价格为甲方净得价，不含税；乙方于2016年8月14日

将定金8万元自行支付甲方。该补充协议第四条违约责任约定："2. 甲方若出现下列情形之一的，构成根本违约，且乙方有权以书面通知的方式解除房屋买卖合同……（4）拒绝将该房屋出售给乙方或者擅自提高房屋交易价格的……甲方出现上述根本违约情形之一的，应在违约行为发生之日起十五日内，以相当于该房屋总价款的20%向乙方支付违约金；丙方收取乙方的所有费用不予退还，由甲方直接赔付乙方。"此外，程某、薛某林、李某及经纪公司还签订了《居间服务合同》《买卖定金协议书》等。上述合同签订当日，薛某林、李某通过银行转账的方式向程某支付定金8万元。

同日，程某作为甲方、薛某林与李某作为乙方、经纪公司作为丙方、李某兰作为丁方共同签订了《变更出售方协议书》，约定：甲、乙双方经丙方居间介绍，就甲方名下位于某小区××号楼×层×××号之房屋达成交易，并于2016年8月14日签署了《交易合同合订本》《补充协议》，甲、乙、丁三方协商一致，甲、乙双方就上述房屋交易所签署的《北京市存量房屋买卖合同》项下的甲方的权利义务全部转移于丁方，丁方同意受让前述合同项下的全部权利义务；甲、乙、丙、丁四方协商一致，甲、乙、丙三方就上述房屋交易所签署的《补充协议》项下的甲方的权利义务全部转移于丁方，丁方同意受让前述合同项下的全部权利义务。

2016年9月21日及9月26日，李某兰通过程某告知薛某林、李某不同意再继续履行上述《北京市存量房屋买卖合同》《补充协议》，亦拒绝提供银行卡以办理网签手续。2016年9月30日，李某兰向薛某林、李某退还了定金8万元。

2016年10月21日，薛某林、李某以李某兰为被告程某、经纪公司为第三人提起房屋买卖合同纠纷的民事诉讼，要求被告支付拒绝出售房屋违约行为的违约金916000元及中介费用124260元。北京市丰台区人民法院于2016年12月9日作出判决，该判决认为薛某林、李某以《补充协议》第四条第二款为据，仅要求被告支付违约金，赔偿中介费，不要求解除合同，不符合适用该条约定的条件，故对薛某林、李某要求李某兰支付违约金及赔偿中介费用的诉讼请求，法院不予支持。故判决驳回原告薛某林、李某的诉讼请求。该民事判决书已于2017年1月5日发生法律效力。

2017年1月4日，薛某林、李某向李某兰发出《解除合同通知书》，李某兰认可于2017年1月4日收到上述《解除合同通知书》。庭审中，各方均同意解除合同，在本案中仅处理违约责任问题。

庭审中，原告薛某林、李某主张被告李某兰拒绝出售房屋构成违约，应依《补充协议》约定按照房屋总价款的20%支付违约金，因被告违约其于2017年3月另行购买比涉诉房屋建成年代早、面积小的房屋。原告主张其实际损失为房屋上涨的损失，但未就实际损失提交相应证据证明。同时原告比照双方约定的房屋成交价与2017年1月4日原告发出《解除合同通知书》时市场价格之间的差额主张可得利益损失。被告李某兰与第三人程某对此不予认可，认为原告主张的违约金过高，原告仅缴纳8万元定金，且被告于2016年9月30日已将定金8万元退还给原告，原告没有实际损失。房屋总价款应扣除装饰装修等作价46万元，按照412万元计算。被告于2016年9月已明确表示不再出售涉诉房屋，原告已于2016年10月起诉要求赔偿违约金及中介费用，原告应及时止损，损失计算应以2016年9月30日为时间节点，原告主张的可得利益损失没有事实和法律依据。

【案件焦点】

1. 李某兰是否存在违约行为；2. 违约金调整的具体裁判规则。

【法院裁判要旨】

北京市丰台区人民法院经审理认为：李某兰、程某签订《变更出售方协议书》系双方当事人真实意思表示，不违反相关法律、行政法规的强制性规定，应为有效合同，故涉案的《北京市存量房屋买卖合同》及《补充协议》的出卖人（出卖方）已变更为李某兰。薛某林、李某与李某兰签订的《北京市存量房屋买卖合同》及《补充协议》亦为双方当事人真实意思表示，不违反相关法律、行政法规的强制性规定，应为有效合同，双方均应依约履行。被告在合同履行过程中，明确表示拒绝将涉诉房屋出售给原告，其行为属于违约，应承担违约责任。现双方均同意解除合同，法院对此不持异议。原告起诉要求被告支付违约金，理由正当，法院予以支持。对于违约金的数额，原告主张依据《补充协议》第四条关于违约责任的约定按照房屋总价款458万元的20%支付违约金，被告在审理中对违约金的标准提出异议，认为属于约定过高，请求酌减。法院结合本案的实际履行情况、被告提出解除合同的时间及被告将全部定金返还给原告的时间、原告起诉要求解除合同的时间、原告的实际损失及其预期利益、涉诉房屋市场价值变化等因素，根据公平原则，酌情确定被告应向原告支付违约金的具体数额。因原告已要求被告支付违约金，且原告未就可得利益损失提交相应证据证明，故原告要求被告赔偿合同履行后可以获得的利益损失 120 万元的诉讼请求，法院难以支持。

北京市丰台区人民法院依照《中华人民共和国合同法》第九十三条、第一百零七条、第一百一十四条之规定，作出如下判决：

一、被告李某兰于本判决生效后十日内向原告薛某林、李某支付违约金 30 万元；

二、驳回原告薛某林、李某的其他诉讼请求。

薛某林、李某不服一审判决，提起上诉。

北京市第二中级人民法院经审理认为：依法成立的合同对双方当事人均具有法律约束力，双方当事人均应依约享有相关合同权利，履行相应合同义务。《变更出售方协议书》《北京市存量房屋买卖合同》《补充协议》均为各方当事人真实意思表示，不违反相关法律、行政法规的强制性规定，合法有效，合同各方均应依约履行。李某兰在合同履行过程中明确表示拒绝出售涉案房屋给薛某林、李某，其行为为违约行为，应当承担违约责任，一审法院对李某兰违约行为及要求李某兰支付违约金的认定，符合事实和法律规定，法院予以确认。本案争议焦点系一审法院对于违约金数额的调整。根据本案涉案合同的实际履行情况，2016 年 8 月 14 日各方签订了买卖合同，同年 9 月 21 日及 9 月 26 日，李某兰明确表示不再继续履行合同，同年 9 月 30 日李某兰退回了定金 8 万元。2016 年 10 月 21 日，薛某林、李某以李某兰为被告，程某、经纪公司为第三人提起房屋买卖合同纠纷的民事诉讼，在该诉讼中，薛某林、李某明确表示仅要求支付违约金及赔偿中介费，不行使解除权，不要求解除涉案的房屋买卖合同及补充协议，2016 年 12 月 9 日，北京市丰台区人民法院作出判决，驳回了薛某林、李某的全部诉讼请求。一审法院结合本案的实际履行情况，薛某林、李某的实际损失及其预期利益、涉案房屋市场价值变化等因素，酌定确定违约金为30万元，并驳回其可得利益损失的诉讼请求，并无不当，法院予以确认。

北京市第二中级人民法院依据《中华人民共和国民事诉讼法》第一百七十条第一款第一项之规定，作出如下判决：

驳回上诉，维持原判。

【法官后语】

房屋买卖合同作为要式合同，通常情况下，双方当事人会在合同中预先确定违约金条款，以确保一方违约时，可以通过该条款在除履行行为外，获得额外补偿与救济。对违约金的调整，是原合同法规定的在充分尊重当事人意思自治基础上，赋予法官的自由裁量权，其目的在于充分保证违约金适用应以补偿性为主兼具惩罚性之原则，避免造成合同各方利益严重失衡。

违约金的调整依据及基础，原合同法第一百一十四条作了原则性相关规定，违约金的调整应以违约给守约方造成的履行利益损失为确定原则，即在合同完备履行情况下，当事人可以合理预见的应得的利益。此外，相关法律、司法解释明确了在实际损失无法确定情况下违约金的调整规则。例如，《最高人民法院关于审理商品房买卖合同纠纷案件适用法律若干问题的解释》规定，逾期付款的，可按照为未付购房款总额，参照中国人民银行规定的金融机构计收逾期贷款利息的标准计算（2015年《最高人民法院关于审理民间借贷案件适用法律若干问题的规定》出台后，实践中可参考适用不超过年利率24%的标准调整）；逾期交付使用房屋的，按照逾期交付使用房屋期间有关主管部门公布或有资格的房地产评估机构评定的同地段同类房屋租金标准确定。

司法实践中，由于房屋买卖合同案件相较一般买卖合同具有周期长、环节多、受政策影响较大的特点，实务中对违约金调整的问题既具有一般性，也具有其特殊性和复杂性。在涉及房屋差价损失和违约金调整的关系时，在买受人违约导致合同解除，房屋价格下降使出卖人所获利益可能减少的损失及出卖人违约导致合同解除，房屋价格上涨使买受人另行购买房屋可能多支出的费用，均可作为履行利益损失的参考。但是不能将差价损失简单等同于违约金数额，“一刀切”地全部归责于违约方。在具体案件中，还应当依照公平原则、诚实信用原则、比例原则，综合考虑合同履行程度，双方当事人的过错程度、主观恶意大小、订立合同时可以预见到的损害，是否存在过错相抵、损益相抵、履行减损义务等情况进行判断。结合本案，被告在审理中要求对违约金进行调整，一审法院经审理认为，一方面，本案买卖合同仅履行至双方签订合同后，薛某林、李某收取定金 8 万元，没有进行后续包括网签、贷款等环节；另一方面，结合重要时间节点，2016 年 9 月 21 日，李某兰已明确表示不再履行买卖合同，同年 9 月 30 日李某兰将已收取的定金 8 万元退还给薛某林、李某；同年 10 月 21 日薛某林、李某向法院起诉要求李某兰支付违约金，综上，一审法院根据合同履行情况、解除合同时间、实际损失、预期利益、房屋市场价值变化等因素，酌情降低违约金数额的做法，并无不当。

此外，针对同一违约行为，还需正确把握和适用调整违约金和赔偿损失。从法理上来讲，赔偿可得利益损失和支付违约金均是违约方应当承担违约责任的形式，其中赔偿可得利益损失在于弥补损失，而违约金除弥补损失的作用外，还兼具惩罚违约方的性质，故若合同约定了违约金且经审理认定该违约金足以弥补损失的或者过分高于损失经申请进行酌减的，法院不应再另外支持可得利益损失的赔偿。本案中，薛某林、李某并未就其要求的可得利益损失提供充分证据，一审法院在已根据案件具体情况、实际损失等因素将违约金数额降低后，驳回原告要求被告支付可得利益损失的诉讼请求，于法有据，二审亦对此予以确认。

2021 年 1 月 1 日起施行的《中华人民共和国民法典》在合同篇第五百八十五条中充分吸收并延续了原合同法第一百一十四条关于违约金调整的相关规定。同期修订的《最高人民法院关于审理买卖合同纠纷案件适用法律问题的解释》第十八条则针对违约行为发生在 2019 年 8 月 20 日之后的逾期付款违约金计算标准进行了补充性规定，即人民法院可以违约行为发生时中国人民银行授权全国银行间同业拆借中心公布的一年期贷款市场报价利率（LPR）标准为基础，加计 30%~50%计算逾期付款损失，使司法的适用与衔接更加规范和准确。

编写人：北京市丰台区人民法院　王旻忞

137　违约金可否作为债务抵销客体的认定及其救济措施

——周某芳诉王某扬房屋买卖合同案

【案件基本信息】

1. 裁判书字号

北京市第二中级人民法院（2018）京 02 民终 4752 号民事判决书

2. 案由：房屋买卖合同纠纷

3. 当事人

原告（反诉被告、被上诉人）：周某芳

被告（反诉原告、上诉人）：王某扬

【基本案情】

2013年10月24日，周某芳（甲方）与王某扬（乙方）就涉案房屋签订买卖合同，其中约定：甲方应在2013年11月10日前开始配合乙方办理房屋权属转移手续，并不晚于2013年11月30日办理完成；甲方逾期交房或者逾期办理房屋权属转移手续的，除不可抗力外，甲方按日计算向乙方支付已付房款万分之五的违约金；乙方逾期付款的，除不可抗力外，逾期在十日之内，乙方按日计算向甲方支付应付款万分之五的违约金。2014年1月15日，双方签订补充协议约定：甲方愿意补交在持有投资广场B1704号过程中欠缴的房产税，经双方协商，乙方同意替甲方垫付其应缴的房产税，之后在应付甲方尾款中扣除。双方办理产权转移物业交割手续后，乙方立即支付尾款。

涉案房屋权属处理情况如下：2013年11月25日，双方签订网签备案合同。2014年2月11日，王某扬取得了涉案房屋的房屋所有权证。2014年2月25日，涉案房屋取得国有土地使用证。2014年3月19日，王某扬与投资公司签订《写字楼租赁合同》，约定租赁期限自2014年3月1日至2016年8月31日。2014年4月24日，双方完成涉案房屋物业交割手续。

与购房相关的款项支付情况如下：2013年10月24日，王某扬支付定金30万元；2013年11月25日，王某扬支付购房款315万元；2014年2月24日，双方约定周某芳将缴纳给物业公司的管理费押金 6328.26 元、能源费 937.52 元及大修基金 19453.54 元全部转给王某扬；截至 2014 年 2 月 24 日，王某扬缴纳的购房款、房产税、房屋押金共计 5909093.07 元；2014 年 4 月 28 日，王某扬支付剩余购房款 233740.86 元。

【案件焦点】

1. 王某扬与周某芳是否互负可以法定抵销的债权；2. 王某扬是否就法定抵销尽到通知义务；3. 周某芳对于抵销的异议是否成立。

【法院裁判要旨】

北京市西城区人民法院经审理认为：（1）关于本诉……关于未付房款的违约责任。王某扬虽然以周某芳违约为由抵扣违约金，但违约损失系不确定的债权债务，在无证据表明周某芳对此予以认可的情况下，王某扬自行用购房款抵扣违约金的行为已经违反了补充协议中“双方办理产权转移物业交割手续后，乙方立即支付尾款”的约定，周某芳据此要求王某扬承担违约责任存在合同依据，法院予以支持。对于违约金数额，王某扬虽主张违约金过高，但双方均未提交证据证明实际损失，法院根据诚信原则、公平原则，认定买卖合同约定的违约金计算方式并无不妥，并据此确定违约金的数额。另外，考虑到补充协议约定乙方应“立即”支付尾款，并未明确约定具体时间，且本案不涉及贷款问题，故法院根据通常交易习惯，认定该时间以一周时间为宜……（2）关于反诉。关于逾期交房违约金。周某芳虽主张双方已通过签署补充协议对权属转移办理义务、物业交给义务及尾款支付义务进行了变更。但经审查，该补充协议的内容仅对房产税抵扣、剩余购房款的支付问题进行了约定变更，并未有其他事项约定。周某芳作为房屋出卖方，其首要义务为履行房屋过户、交付义务。王某扬容许周某芳迟延办理过户、交房手续，并不意味着免除相关违约责任。故在买卖合同明确约定“甲方应在2013年11月10日前开始配合乙方办理房屋权属转移手续，并不晚于2013年11月30日办理完成”的情况下，周某芳应承担逾期交房违约责任。综合本案的具体情况，法院认定买卖合同约定的违约金计算方式并无不妥，并据此确定违约金的数额。考虑到王某扬在答辩中自行将周某芳应承担的2013年12月1日至2014年2月17日违约金进行了折抵，并据此在反诉中仅主张2014年2月18日至2月24日的违约金。本次诉讼结束后，王某扬可就2013年12月1日至2014年2月17日违约金另行向周某芳主张权利。关于租金损失。法院根据原租赁合同约定的租金数额以及诚信、公平原则，认定买卖合同约定的违约金已能够弥补王某扬受到的损失，故王某扬的该项诉讼请求，依据不足，法院不予支持。

综上，判决如下：

一、自判决生效之日起七日内，王某扬给付周某芳购房款157166.07元；

二、自判决生效之日起七日内，王某扬给付周某芳2014年3月3日起至2017年11月14日未付房款的违约金106245元；

三、自判决生效之日起七日内，周某芳给付王某扬2014年2月18日起至2014年2月24日逾期交房违约金20454.05元；

四、驳回周某芳的其他诉讼请求；

五、驳回王某扬的其他反诉请求。如果双方当事人未按判决指定的期间履行给付金钱义务，应当依照《中华人民共和国民事诉讼法》第二百五十三条之规定，加倍支付迟延履行期间的债务利息。

王某扬不服原审判决，提起上诉。

北京市第二中级人民法院经审理认为：本案争议焦点为王某扬是否已就剩余购房款157166.07元与其主张的周某芳应付的144382.50元违约金及12783.57元租金损失行使法定抵销权。

第一，关于王某扬与周某芳是否互负可以法定抵销的债权问题。根据《中华人民共和国合同法》第九十九条之规定，法定抵销的前提是双方必须互负有效存在的，已届清偿期的，标的物种类、性质相同的，依其性质或法律规定、合同约定得以抵销的债务。首先，关于双方是否互负有效存在的债务。一审法院认为违约损失系不确定的债权债务，在无证据表明周某芳对此予以认可的情况下，王某扬不得自行予以抵扣。对此，法院持不同意见。双方签订的买卖合同明确约定“甲方应在2013年11月10日前开始配合乙方办理房屋权属转移手续，并不晚于2013年11月30日办理完成”，根据房地一体原则，该约定的“房屋权属转移手续”应包括房屋产权转移手续和土地使用权登记手续。而实际上2014年2月11日，王某扬取得了涉案房屋的房屋所有权证，2014年2月25日，涉案房屋取得国有土地使用证，2014年2月24日，双方完成涉案房屋物业交割手续。周某芳的违约行为已客观存在，且买卖合同明确约定“甲方逾期交房或者逾期办理房屋权属转移手续的，除不可抗力外，甲方按日计算向乙方支付已付房款万分之五的违约金”，该买卖合同真实有效，双方均应依约履行，王某扬有权依照双方之间的合同向周某芳主张违约金。根据《中华人民共和国合同法》第一百零七条之规定，违约责任的归责原则系严格责任原则，周某芳是否存在过错不是判断其违约责任的法定因素，违约金的产生亦不以周某芳是否认可为前提，因此，王某扬依照双方之间的合同已经可以判断周某芳向自己负有债务，且该债务已可以计算出确定的数额，至于周某芳认为自己对王某扬不负有债务，即不构成违约，或认为违约金数额过分高于损失，可以通过诉讼方式提出异议，该异议权系法律赋予周某芳的权利，周某芳有权行使，但异议权的行使应在法定抵销权行使之后，不因异议权的存在而否定王某扬的法定抵销权的存在。关于王某扬向周某芳负有的债务方面，补充协议约定“双方办理产权转移物业交割手续后，乙方立即支付尾款”，故王某扬就尾款亦向周某芳负有债务。双方之间的债务确定存在，且不违反法律法规的强制性规定，综上，周某芳与王某扬之间互负有效存在的债权。其次，双方之间的债务是否已届清偿期的，标的物种类、性质相同的，依其性质或法律规定、合同约定得以抵销的债务。王某扬与周某芳互负债务分别为违约金和购房尾款，该债务均为金钱之债，性质相同，且并非依照法律规定或合同约定不得抵销之债。至于双方互负债权是否已届清偿期，需结合王某扬行使法定抵押权的通知日期予以判断，法院将在下一节予以阐明。

第二，王某扬是否就法定抵销尽到通知义务。王某扬主张其于2014年2月通知过周某芳关于抵销的结算方案，但未提交充分证据予以证明。结合双方邮件来往记录及在一、二审庭审中的陈述，法院可以认定双方就抵销一事处于协商状态。至2014年4月28日，王某扬将抵扣后的款项233740.86元支付给周某芳，系以行为方式明确通知周某芳行使法定抵销权，该通知自周某芳当日收到钱款时到达。周某芳自2014年4月28日起享有对法定抵销的异议权。如前所述，王某扬应在办理物业交割手续后立即支付尾款，即2014年2月24日为其债务应支付日期。违约金应当自违约行为终止后合理期限内支付给守约方，故王某扬主张抵销的2013年12月1日至2014年2月17日部分违约金，亦应当由周某芳支付给王某扬。故截至王某扬2014年4月28日以行为方式通知行使法定抵销权之时，双方互负的债务均已届清偿期。2014年4月28日时，王某扬已经行使法定抵销权。

第三，周某芳对于抵销的异议是否成立。当事人对《中华人民共和国合同法》第九十九条规定的债务抵销虽有异议，但在约定的异议期限届满后才提出异议并向人民法院起诉的，人民法院不予支持；当事人没有约定异议期间，在解除合同或者债务抵销通知到达之日起三个月以后才向人民法院起诉的，人民法院不予支持。如前所述，王某扬于2014年4月28日通知周某芳行使法定抵销权，王某扬自通知到达之日起三个月内有权向法院起诉提出异议。本案原一审（2014）西民初字第20499号虽于2014年8月11日立案，但卷宗中可见周某芳最早于2014年7月15日书具的民事起诉书，故法院应当就周某芳提出的异议予以审查。由于王某扬主张的抵销包括144382.50元违约金及12783.57元租金损失两部分，法院分述如下。关于违约金部分，周某芳主张其迟延办理房屋产权转移手续的原因是其在国外，王某扬同意周某芳采用委托方式办理卖房手续，但通过委托方式办理手续的时间并非双方能控制的，故王某扬对于办理产权转移手续时间的延长系明知且默许的。对此，法院认为，王某扬对周某芳迟延办理产权转移、交房的容许，在没有王某扬明确表示的情况下，不能视为其放弃了追究周某芳相应违约责任的权利。王某扬有权要求周某芳依照合同约定承担违约金。周某芳虽向一审法院主张违约金过高要求酌减，但经一审法院审查，合同约定的违约金计算标准并无不当，未予以调整，因此，周某芳就144382.50元违约金部分提出的异议不能成立，该部分抵销自2014年4月28日起发生法律效力。关于租金损失部分，租金损失的产生条件以及具体数额并未在买卖合同和补充协议中予以约定，在未经周某芳确认的情况下，王某扬无权单方确认，且周某芳支付的违约金已经可以弥补王某扬所主张的租金损失，因此，对于12783.57元租金损失部分，周某芳的异议成立，王某扬无权进行抵销，该部分抵销不发生效力。王某扬应向周某芳支付12783.57元，并应按照买卖合同第八条第三款之约定，按每日支付应付款万分之五的标准向周某芳承担相应的逾期支付违约金。另外需要指出的是，根据补充协议，王某扬应自物业交割手续完成后，即2014年2月24日，立即向周某芳支付剩余尾款，其虽于2014年4月28日行使法定抵销权，但已经晚于协议约定的付款期限，故自2014年2月24日起至2014年4月28日止，其应以扣除周某芳认可抵扣的房产税和押金之后的剩余金额为基数，按照每日万分之五的标准向周某芳支付逾期付款违约金。

关于一审判决第三项，因双方均未提起上诉，二审不予审查。

综上所述，王某扬的上诉请求部分成立。依照《中华人民共和国合同法》第九十九条，《最高人民法院关于适用〈中华人民共和国合同法〉若干问题的解释（二）》第二十四条，《中华人民共和国民事诉讼法》第一百七十条第一款第二项、第三项之规定，判决如下：

一、维持北京市西城区人民法院（2017）京0102民初16959号民事判决第三项；

二、撤销北京市西城区人民法院（2017）京0102民初16959号民事判决第四项、第五项；

三、变更北京市西城区人民法院（2017）京0102民初16959号民事判决第一项为：自本判决生效之日起七日内，王某扬给付周某芳购房款12783.57元；

四、变更北京市西城区人民法院（2017）京0102民初16959号民事判决第二项为：自本判决生效之日起七日内，王某扬给付周某芳以390906.93元为基数，自2014年2月25日起至2014年4月28日止，按每日万分之五标准计算的逾期付款违约金12313.57元；自本判决生效之日起七日内，王某扬给付周某芳以12783.57元为基数，自2014年4月29日起至实际给付之日止，按每日万分之五标准计算的逾期付款违约金；

五、驳回周某芳的其他诉讼请求；

六、驳回王某扬的其他反诉请求。如果双方当事人未按本判决指定的期间履行给付金钱义务，应当依照《中华人民共和国民事诉讼法》第二百五十三条之规定，加倍支付迟延履行期间的债务利息。

【法官后语】

本案的意义，在于对有关违约金的债务抵销在审判实践中的问题予以了梳理和明确。

一、关于当一方所负债务为违约金时是否可以作为原合同法第九十九条规定的可抵销的债务

对此，本案的一审、二审法院意见不一。一审法院认为违约损失系不确定的债权债务，在违约方未认可的情况下，不得作为可以行使法定抵销权的债务。对此认定，二审判决予以纠正，并明确了以下几点：

（一）"违约损失"与"违约金"不同

违约损失系违约方实际因违约行为给守约方造成的损失，在实践中此数额很可能与合同中约定的违约金数额不同，特别是在诉讼程序中，法院很可能会根据损失的具体情况对违约金数额进行调整，

所以该数额在未经法院认定前，系尚未确定的债权债务。但本案中，行使抵销权一方明确其抵销的内容为“违约金”，违约金数额在合同中有明确约定，依据合同约定可以直接得出，故违约金数额系违约行为发生起便可以明确得以确定的数额，与“违约损失”不同。不应因为诉讼中违约金存在可以酌定调整的情况而否认双方当事人合意的违约金数额的意义，事实上，在民事领域，应当以尊重当事人意思自治为原则，除非确有必要，否则法院不应随意行使自由裁量权变更当事人之间的约定，即违约金的酌定，应当只作为一个例外的存在。一审法院以例外代替原则的思路是错误的。

（二）“客观违约行为”可直接计算违约金

首先，违约行为存在与否是根据合同约定和履行实践对比后产生的客观判断，不以当事人是否认可为转移，因此违约金数额的确定不需要当事人的所谓“认可”。其次，本案中被抵销的债务分为两部分，一部分是逾期过户的违约金，另一部分是租金损失。其中，逾期过户违约是“客观违约行为”，租金损失是“主观违约行为”。“客观违约行为”是指客观存在且为一般理性人所容易判断的违约行为。例如，本案中合同约定的房屋权属转移登记手续最晚办理时间是明确的，卖方实际办理时间超出合同约定时间也是客观存在的，买方通过实际办理过户时间与合同约定时间的对比，结合合同约定的违约金标准，可以直接得出违约金数额，即卖方对买方所负债务的数额。而本案中卖方主张折抵的另一部分——租金损失，因租金损失的产生条件以及具体数额并未在买卖合同和补充协议中予以约定，该违约行为就不是“客观违约行为”，系“主观违约行为”即该违约行为系需要加入主观认可或判断方可认定的违约行为。该“主观”可以是对方当事人的认可，也可以是法院或仲裁机构的认定和裁决，但在此之前，买方无权单方确认，故不得直接作为确定的债权予以抵销。

综上所述，在双方之间互负有效存在的，已届清偿期的，标的物种类、性质相同的，依其性质或法律规定、合同约定得以抵销的债务时，违约金同样可以作为债务抵销的客体行使法定抵销权。

二、关于被抵销人的异议权救济制度

原《最高人民法院关于适用〈中华人民共和国合同法〉若干问题的解释（二）》第二十四条规定的当事人对法定抵销的异议权系对法定抵销这一制度的补足。债务抵销权是形成权，抵销人将通知送达对方即生效，但被抵销人可能就债务的存在与否、存在数额以及是否接受这种折抵的方式均有可能产生异议，必须赋予其提出异议的权利，以作为救济。具体到本案中，如果卖方认为自己对买方不负有债务，即不构成违约，或认为违约金数额过分高于损失，可以通过诉讼方式提出异议，该异议权系法律赋予当事人的权利，当事人有权行使，但异议权的行使应在法定抵销权行使之后，不因异议权的存在而否定法定抵销权的存在。即法定抵销权在前，异议权在后，抵销行为是被抵销一方提出异议的基础。法院应该判断的是该抵销的合理、合法性，以及对异议是否成立进行审查。本案中，经过审查，对于违约金部分的抵销成立，但对于租金损失部分的抵销不成立，故对被抵销人的异议部分予以采信。

需要强调的是，对异议成立部分，即抵销不成功部分的债务的处理。抵销成功的部分，自抵销之日起该部分债权债务消失，双方不再互负债权债务，但对抵销不成功部分，如果抵销人就不成功部分仍对被抵销人负有债务，则自应付款之日计算相应的违约金或利息，而非自抵销之日起算。

编写人：北京市第二中级人民法院　刘佳

138 非根本性违约不予解除合同

——刘某科、王某芬诉房地产公司商品房买卖合同案

【案件基本信息】

1. 裁判书字号

四川省广安市中级人民法院（2017）川16民终1057号民事判决书

2. 案由：商品房买卖合同纠纷

3. 当事人

原告（上诉人）：刘某科、王某芬

被告（被上诉人）：房地产公司

【基本案情】

2014年2月18日，刘某科、王某芬与房地产公司签订了《商品房买卖合同》。2016年12月14日，为备案需要，双方签订了《商品房买卖合同（预售）》。合同约定：由刘某科、王某芬购买房地产公司开发的案涉小区14幢3单元4层×××号住房一套，建筑总层数为6层。同时，还约定了房屋价款、设计变更等的解除条件以及其他权利义务。刘某科、王某芬缴纳了首付款并在银行进行了按揭。

广安市广安区住房和城乡规划建设局广区村镇《规划设计方案审查批准书》，批准案涉小区的规划设计方案，其中建筑层数6+1F、建筑限高24米。房地产公司提供的案涉小区14号楼的施工设计图、竣工验收报告均为“6+1”层。2016年1月20日，房屋测绘队对案涉小区14幢各套房屋进行了面积测绘并作出测绘报告，

其中案涉小区14号楼3单元总层数为7层，第二层以上建筑面积均为100.27平方米。2016年8月、9月该房屋进行了竣工验收、住宅工程质量分户验收记录表、商品房住宅质量保证书、房屋使用说明书等。之后，房地产公司通知刘某科、王某芬接房，刘某科、王某芬也补交了尾款。刘某科、王某芬以购房合同约定的总层数为6层，实际修建7层，未履行告知义务且影响了使用功能，房地产公司违约等为由未接房。刘某科、王某芬于2017年2月10日、17日，通过国内特快专递向房地产公司邮寄了两份书面通知，内容分别为对房屋变更情况给予书面说明和解除合同、退还购房款及利息。对案涉小区14号楼的修建，是否违反主管部门批准的规划设计以及主管部门如何处罚，现城管执法局正在调查处理中。住房和城乡建设局出具的“建设工程规划条件核实合格证”，房地产公司向刘某科、王某芬交付的房屋符合城乡规划要求。

【案件焦点】

建筑总层数从6层变更为7层，此时案涉房屋是否具备合同约定或者法定解除权的情形。

【法院裁判要旨】

四川省广安市前锋区人民法院经审理认为：原、被告签订的《商品房买卖合同（预售）》，是双方的真实意思表示，合法有效。被告交付原告的房屋为案涉小区14号楼3单元×××号，与合同约定原告购买的房屋位置、楼层等一致。虽然原、被告之间《商品房买卖合同（预售）》约定原告购买的商品房所在建筑总层数为6层，与案涉小区14号楼3单元总层数实际修建为7层不一致，但该建筑项目经主管部门批准的规划设计方案为“6+1”层，建筑高度并未改变；且该建筑项目如违反规划设计，应当由行政主管部门予以处罚。鉴于原告购买的案涉小区14号楼3单元×××号房，与被告交付的房屋位置、楼层等一致，被告将“6+1”层实际修建为7层，并不严重影响原告对该住房的居住使用功能和购买该住房的合同目的，故被告的行为不构成根本性违约，原告不具备合同约定的解除条件，也不构成《中华人民共和国合同法》第九十三条第二款、第九十四条解除合同的法定情形。

四川省广安市前锋区人民法院作出如下判决：

一、刘某科、王某芬与房地产公司签订的《商品房买卖合同（预售）》有效；

二、驳回刘某科、王某芬的其他诉讼请求。

刘某科、王某芬不服一审判决，提起上诉。

四川省广安市中级人民法院经审理认为：《中华人民共和国合同法》第九十三条第二款、第九十四条分别就合同的约定解除和法定解除作出了规定，上诉人以购房合同约定的总层数为6层，被上诉人实际修建7层，存在未履行告知义务且影响了使用功能等违约行为为由要求解除合同，但上诉人与被上诉人签订的《商品房买卖合同（预售）》虽约定了设计变更等的解除条件，但房屋总层数的变更并不足以影响房屋的质量和居住使用功能，因此合同约定的解除条件未能成就，上诉人关于案涉房屋符合双方约定解除条件的主张与事实不符，法院不予支持。同时，被上诉人的违约行为并不影响上诉人购买该房屋合同目的的实现，故被上诉人的行为不构成根本违约，也不足以构成合同法的法定解除条件，上诉人关于被上诉人构成实质违约导致双方合同目的不能实现的主张于法无据，法院亦不予支持。上诉人主张被上诉人以欺骗方式取得其信任导致其作出了不真实的意思表示，但未提供证据予以证明，对该项主张，法院不予采纳。

综上所述，上诉人刘某科、王某芬的上诉请求不能成立，应予驳回；一审认定事实清楚，适用法律正确，应予维持。

四川省广安市中级人民法院依照《中华人民共和国民事诉讼法》第一百七十条第一款第一项之规定，作出如下判决：

驳回上诉，维持原判。

【法官后语】

在购房过程中存在很多房屋买卖合同，而涉及争议时是否应当解除、能否解除需要综合考量。

从解除方式上看，解除合同有两种情形：一是约定解除，二是法定解除。本案判决所考量的是当事人要求解除合同是否符合《中华人民共和国合同法》第九十三条约定解除情形或第九十四条法定解除情形。《中华人民共和国民法典》施行后，对其约定解除情形和法定解除情形未作根本修改。《中华人民共和国民法典》第五百六十二条规定："当事人协商一致，可以解除合同。当事人可以约定一方解除合同的事由。解除合同的事由发生时，解除权人可以解除合同。"从该条款规定来看，合同约定解除要么遵循当事人意思自治原则，即合同当事人自愿解除；要么在订立合同时明确约定当何种事由成就时可以解除合同。如当事人因合同履行发生纠纷，对合同解除未达成一致意见，当事人的权利如何救济？这就需要依照法律规定来解除合同。合同的法定解除就需要满足《中华人民共和国民法典》第五百六十三条规定的条件。第五百六十三条第一款规定："有下列情形之一的，当事人可以解除合同：（一）因不可抗力致使不能实现合同目的；（二）在履行期限届满前，当事人一方明确表示或者以自己的行为表明不履行主要债务；（三）当事人一方迟延履行主要债务，经催告后在合理期限内仍未履行；（四）当事人一方迟延履行债务或者有其他违约行为致使不能实现合同目的；（五）法律规定的其他情形。”满足法定解除合同条件除因不可抗力外，必须是合同当事人构成根本性违约。根本性违约是指合同一方当事人违反合同，致使合同目的不能实现的行为。这有别于一般性违约，一般性违约仅指合同当事人违反合同，但并不导致该合同目的不能实现的行为。案例中，购房人签订《商品房买卖合同（预售）》的合同目的是基于拥有并正常使用房屋，虽然开发商将建设主管部门批准“6+1”层房屋实际修建为7层，但并不严重影响购房人对该住房的居住使用功能，也不影响买方对该房屋的所有权。因此，开发商违反规划建房是一般性违约，而非根本性违约。购房人主张解除《商品房买卖合同（预售）》的条件未成就，未准予解除。

在生活中，人们常常会因为购房合同的履行发生纠纷，这就需要人们区分清楚，合同一方是否构成根本性违约，从而找到正确的维权方法。本案例中，开发商因一般性违约，购房人要求解除合同行不通，就需要向建设主管部门反映，由建设主管部门对开发商擅自修改设计的行为作出行政处罚，切实维护自身的合法权益。

编写人：四川省广安市前锋区人民法院　罗玲

5. 拆迁安置房买卖

139 拆迁安置住房购房人物权期待权的保护

——蒋某侠、巩某立诉平某兴、平某伟房屋买卖合同案

【案件基本信息】

1. 裁判书字号

江苏省无锡市中级人民法院（2019）苏02民终2418号民事判决书

2. 案由：房屋买卖合同纠纷

3. 当事人

原告（被上诉人）：蒋某侠、巩某立

被告：平某兴、平某伟

第三人（上诉人）：王某平

【基本案情】

2009年9月10日，平某兴通过拆迁安置得到两套房屋，安置协议上写明系平某兴及其儿子平某伟共有。2010年7月29日，平某兴以其儿子平某伟的名义与蒋某侠、巩某立签订买卖合同，约定将其中一套房屋及车库卖予蒋某侠、巩某立，并收取了房款、交付了房屋。2015年2月18日，平某伟与蒋某侠、巩某立又重新签订房屋买卖合同，确认了平某兴之前代其签订的房屋买卖合同，并确认收到房款。2016年11月19日，市政府出台了安置房上市交易的相关细则。2017年11月22日，平某兴与平某伟领取了该

拆迁安置房的不动产所有权证，登记在二人名下，办理产权证的费用均系蒋某侠、巩某立支出，但产权证办理后，平某兴、平某伟却以各种理由拒绝办理过户手续。

2017年12月5日，蒋某侠、巩某立向法院起诉要求平某兴、平某伟办理过户手续及赔偿土地出让金上涨损失，在开庭审理前，平某兴、平某伟向王某平借款22万元并就案涉房屋办理了抵押权登记手续。蒋某侠、巩某立申请追加王某平为第三人，要求其注销抵押权登记，王某平认为其抵押权合法、有效，而蒋某侠、巩某立的农村安置房的买卖无效，且所有权尚未登记，故应优先保护其抵押权。

【案件焦点】

1. 拆迁安置房买卖合同是否有效；2. 作为房屋买受人的权利与该房屋上的抵押权，何种权利应优先受保护。

【法院裁判要旨】

江苏省无锡市锡山区人民法院经审理认为：平某兴、平某伟与蒋某侠、巩某立签订的房屋买卖合同，系双方当事人真实意思表示，不违反法律规定，应为有效。蒋某侠、巩某立要求过户的权利优先于王某平的抵押权。蒋某侠、巩某立在抵押权设立之前，已全额交付房款并实际占有、居住多年，且是因平某兴、平某伟擅自抵押给他人的原因未能完成过户。因此，其作为买受人的权利优先于其后在该房屋上设立的抵押权，王某平应协助办理案涉房屋抵押权注销登记手续。平某兴、平某伟将房屋抵押给他人，有违诚信原则，严重阻碍了蒋某侠、巩某立办理过户手续，该违约行为已事实造成蒋某侠、巩某立实际上要多支付土地的出让金。

综上，江苏省无锡市锡山区人民法院判决如下：

一、王某平应于本判决生效之日起十日内协助蒋某侠、巩某立办理案涉房屋的抵押权注销登记手续；

二、平某兴、平某伟应于抵押权注销登记完成后三日内协助蒋某侠、巩某立办理案涉房屋的不动产所有权变更登记手续，变更登记至蒋某侠、巩某立名下，变更登记产生的所有费用由蒋某侠、巩某立负担；

三、平某兴、平某伟应于本判决生效之日起十日内支付蒋某侠、巩某立土地出让金损失 19008.36 元；

四、驳回蒋某侠、巩某立其他诉讼请求。

王某平不服一审判决，提出上诉。

江苏省无锡市中级人民法院经审理认为：抵押权人对抵押物享有排他性的权利，但这种排他性并不是绝对的，在抵押权与其他权利产生冲突时，法院应考量权利产生时间、权利性质等因素，对何种权利应优先受到保护作出综合判断。同时，抵押权的设立是为债权提供担保，但买受人的权利系对居住性房屋的占有使用，涉及人的基本生存权利，现有法律规定均体现了对生存权的保护优先于其他债权的原则。相反，王某平的行为属于出借款项谋取利息的营利性行为，其享有的是有担保的债权。因此，款项交付、实际占有使用在先的买受人蒋某侠、巩某立应优先于抵押权人王某平而受到保护。

江苏省无锡市中级人民法院依照《中华人民共和国民事诉讼法》第一百七十条第一款第一项的规定，判决如下：

驳回上诉，维持原判。

【法官后语】

财产权一般分为物权和债权，物权优先于债权，是民法的一项基本原则。房屋买受人基于债权而成为房屋所有权人的期待利益，民法理论将此定性为“物权期待权”，它是一种从债权请求权出发在取得物权途中的新型权利。为了保障期待利益不受减损并顺利转化成完整权利，法律赋予了物权期待权保障和防御的效力，可以对抗相对人。物权期待权的“对抗性”有着严格的适用条件限制，不得任意扩张，否则会对民法基本理论及交易秩序造成破坏。在具体案件的审理中，法院对“适用条件”的判断是法律适用的关键。

一、从权利性质看，房屋买受人的物权请求权可适用于拆迁安置住房购买人

我国对物权期待权的保护，主要体现在《最高人民法院关于人民法院办理执行异议和复议案件若干问题的规定》《全国法院民商事审判工作会议纪要》等文件中。虽然前述法规、纪要中所指向的买受人主要是“商品房购房者”，但是，随着各地拆迁安置住房上市交易规则的明确，拆迁安置住房市场涌现大量纠纷，拆迁安置住房不同于一般的政策性房屋，该些住房在补缴土地出让金后与普通商品房无异。并且，在一般情况下，安置房买受人是因经济困顿而无力购买商品房，才会购买安置房作为安身之所。因此，安置房买受人和商品房买受人一样，应得到优先保护，而且其保护需求更迫切。

二、从交易安全角度看，买受人权利优先性应得到保护

拆迁安置住房的安置、物权登记、上市交易等具有较强的政策特殊性，该些房屋买卖因当时政府部门的管理性规定限制，无法办

理产权登记，但拆迁安置住房交易市场实际上十分活跃，也并不影响房屋买卖合同的本身效力。不过买卖在先，权属登记在后的时间差，客观上为违约行为的产生留下了操作余地。本案中，出售人在产权登记后立即对外办理抵押，实际上损害了购房人“物权期待权”的实现。对于购房人来说，在支付了购房款并事实占有房屋多年后，若不能获得产权转移登记，将对交易安全的信赖造成严重损害，更不利于拆迁安置住房交易市场的稳定发展。所以，应赋予买受人“物权期待权”以优先性。但是，如果可以办理产权转移登记后，买受人在合理期间内未积极行使过户请求权，导致其权利受损的，买受人权利不一定具有优先性。

三、“物权期待权”的核心要义是“生存利益至上”

对物权优于债权一般原则的突破仅是例外，该突破的核心是“生存利益至上”的保护。随着拆迁安置住房市场的规范，出现了一部分基于投资需求的购房者，对于该些购房者，其取得的不是物权期待权，本质上仍是债权，其并不优先于抵押权。只有购房者请求权的基础指向“基本居住权”时，才应受到优先保护。对购房人的判断着眼点在于“居住需要”，一般判断标准是“唯一”住房，但法院不能作机械理解，应结合案件实际情况，衡量利益后作出。以《全国法院民商事审判工作会议纪要》为例，规定了以“同一设区的市”为区域范围，兼顾考虑个案中购买者若第二套房屋在面积上仍然属于满足基本居住需要的，也符合法律规定的保护精神。

编写人：江苏省无锡市锡山区人民法院　柯菲菲

140 安置房（被认定为危房）重新安置不影响买受人基于原交易合同主张再次履行

——江某、李某俤诉朱某清、朱某琴房屋买卖合同案

【案件基本信息】

1. 裁判书字号

福建省福州市中级人民法院（2018）闽01民终7680号民事判决书

2. 案由：房屋买卖合同纠纷

3. 当事人

原告（反诉被告、被上诉人）：江某、李某俤

被告（反诉原告、上诉人）：朱某琴

被告（上诉人）：朱某清

第三人：郑某麟

【基本案情】

2006年12月15日，被告朱某琴（乙方）与福州开发区国有资产营运有限公司（甲方）、马尾区城建拆迁工程处（丙方）签订《拆迁补偿安置协议书》，约定甲方委托丙方拆迁乙方坐落某路××号，属私产（所有权人：乙方）的房屋。协议书第一条约定，乙方被拆除房屋总建筑面积90平方米。第二条约定，甲方同意在江滨锦城三、四期安置乙方住宅90平方米左右。第四条约定，原房过渡，过渡期24个月。并在拆迁补偿费和购房计算单中确定具体回迁安置时间为2009年1月31日。同日，乙方抽取选房顺序号

378号，选得8#楼×××单元。按照当日房屋折迁丈量评估表测算，被告朱某琴所取得90平方米系从20世纪80年代和90年代先后建设的老宅共同确认面积中分割所得。

2007年11月7日，两原告（乙方）与两被告（甲方）签订《购房协议书》，第一条约定，甲方同意将位于某路××号住宅部分房屋（土地证号范围内）出售给乙方，出售方式采取拆迁分割书直接分给乙方，由乙方自行办理：签订拆迁协议书、领取选房号、回迁选房以及办理产权证等相关手续。第二条约定，甲方出售给乙方住宅拆迁安置房面积90平方米，每平方米人民币2600元，合计金额234000元，乙方愿意以上述价格向甲方购买该房。购房款在签订此购房协议书时先预付15万元给甲方。第三条约定，付款方式：如协议第一条款出售方式，直接分割给乙方顺利办理，则待乙方办理完拆迁分割手续并签订拆迁协议书时将购房余款全部付清给甲方，12个月后本协议终止。如协议第一条款不能办理直接分割给乙方，则甲方应在回迁安置时将安置房交给乙方使用，乙方则从购房余款中再先付75000元给甲方。待甲乙双方办理房屋过户手续后（即乙方拿到产权证和土地证），乙方将购房余款全部付清给甲方本协议终止。第六条约定，如果甲方违约，拒绝将房屋出售给乙方，应向乙方赔偿因此受到的损失。如果乙方违约，没有向甲方购买房屋，应向甲方赔偿因此受到的损失。第七条约定，本协议自双方签字起生效。协议签订当日，双方均在合同上签字捺印，证人朱某强（现已死亡）签字证明。2007年11月20日，两原告支付15万元，两被告出具收条。2008年2月13日，两原告再支付5万元，两被告再出具收条。

因安置的房屋存在质量问题，2013年10月6日，被告朱某琴（乙方）与福州开发区国有资产营运有限公司（甲方）、马尾区城建拆迁工程处（丙方）签订《拆迁安置补偿补充协议书》，确定将乙方原安置小区“江滨锦城”变更为“儒江苑”，面积仍然为90平方米。按照被告陈述，2017年年底被告朱某琴在儒江苑安置房为××幢××单元。朱某琴获得相应的安置款项合计105765元。

另查，2002年12月11日，朱某琴与郑某麟登记结婚。

【案件焦点】

1. 双方签订的《购房协议书》的效力及解除问题；2. 朱某琴是否应当将新安置的房屋交付给两原告。

【法院裁判要旨】

福建省福州市马尾区人民法院经审理认为：关于第一个争议焦点，原告与被告签订的《购房协议书》系双方真实意思表示，内容不违反法律法规规定，合法有效，对双方当事人具有法律约束力。被告朱某琴以两原告长期未支付余款25000元（不包括最后一笔协助办证尾款9000元）构成根本违约为由主张解除《购房协议书》，但其理由缺乏事实和法律依据。一方面双方在协议书中并未约定被告在此情形下可以行使解除合同的权利，另一方面也不符合法定解除合同情形。客观上，两原告在协议书签订后已经支付了20万元的购房款，被告朱某琴也将房屋交付两原告使用，依据《最高人民法院关于审理买卖合同纠纷案件适用法律问题的解释》第二十六条第一款的规定，买受人已经支付标的物总价款的百分之七十五以上，出卖人主张取回标的物的，人民法院不予支持。两原告交付20万元达房屋总价款的85%以上，反诉原告朱某琴以此主张解除合同并要求取回已交付的房屋显然缺乏法律依据。至于25000元首期尾款未付问题，被告朱某琴亦未提供证据证明其在此期间有向两原告催讨，其主张的所谓“合同目的无法实现”显然依据不足。因此，双方均已履行了合同的主要部分，朱某琴主张江某、李某俤未支付余款25000元构成根本违约缺乏事实和法律依据，法院不予支持，朱某琴主张解除合同的意见法院不予支持。

关于第二个争议焦点，尽管2007年11月7日两原告与被告朱某琴签订的《购房协议书》中未有具体的交易房屋所在小区、楼号和房号，但交易房屋属于朱某琴位于某路××号部分住宅的拆迁安置房是明确的，而朱某琴在2006年12月与拆迁部门签订的《拆迁补偿安置协议书》中已经明确了安置小区，且其通过选房顺序号选得××单元，最后朱某琴交付给两原告的房屋也是“江滨锦城三期××单元”。因此，可以说明双方购房协议书指向的交易房屋客观上是明确具体的。但由于拆迁部门安置的该套房屋被认定为危房需要重新置换，拆迁部门与朱某琴通过签订补充协议方式变更安置房小区为儒江苑，朱某琴亦通过其原先选房号选得“儒江苑××幢××单元”。从本质上看，两套安置房所指向的拆迁物均是朱某琴所有并被拆迁部门认可的某路××号的房屋，朱某琴获得拆迁部门安置所依据的合同基本一致，2013年10月6日签订《拆迁安置补偿补充协议书》是对2006年11月朱某琴与拆迁安置单位签订《拆迁补偿安置协议书》的补充协议，二者在合同主要内容上并无不同。因此，在朱某琴原先交付给两原告的“江滨锦城三期××单元”因属于危房而被拆迁部门重新以“儒江苑××幢××单元”再行安置情况下，朱某琴负有将《购房协议书》所约定的安置房屋交付给两原告的义务。关于协助办理不动产权证的要求，因安置房办理产权证政策性强且周期长，原告可在具备办理产权证情况下另行主张。

对两原告要求被告朱某琴交付重新安置“儒江苑××幢××单元”时拆迁部门给付的安置费用合计 80765 元的主张，因双方合同对此未进行约定，两原告该项主张不予支持。

第三人郑某麟以有独立请求权第三人申请参与诉讼，但未缴纳诉讼费用，依法按撤回其以有独立请求权第三人参与诉讼的请求，其相关主张依法不予认定，故法院将另行出具裁定予以判定。

福建省福州市马尾区人民法院依据《中华人民共和国民法典》第四百六十五条、第五百零二条、第五百六十二条、第五百六十三条，《最高人民法院关于审理买卖合同纠纷案件适用法律问题的解释》第二十六条的规定，判决如下：

一、确认原告江某、李某俤与被告朱某琴于 2007 年 11 月 7 日签订的《购房协议书》有效；

二、被告朱某琴应于本判决生效之日起三十日内将位于福州市马尾区的“儒江苑××幢××单元”交付给原告江某、李某俤；

三、驳回原告江某、李某俤的其他诉讼请求；

四、驳回反诉原告朱某琴的诉讼请求。

朱某琴、朱某清不服提起上诉。

福建省福州市中级人民法院经审理认为：本案争议的焦点即《购房协议书》效力问题。《购房协议书》约定由江某、李某俤向朱某清、朱某琴购买朱某琴位于某路××号部分住宅的拆迁安置房，朱某清在一审庭审中亦已对案涉《购房协议书》为何由朱某清、朱某琴签署作出说明。虽然《购房协议书》并未约定具体的小区、楼号、房号，但该协议书的标的物，即朱某琴就某路××号部分住宅所产生的拆迁安置权益所指向的对象是明确且具有唯一性的。当事人采用合同书形式订立合同的，自当事人均签名、盖章或者按指印时合同成立。在签名、盖章或者按指印之前，当事人一方已经履行主要义务，对方接受时，该合同成立。法律、行政法规规定或者当事人约定合同应当采用书面形式订立，当事人未采用书面形式但是一方已经履行主要义务，对方接受时，该合同成立。故，一审法院认定案涉《购房协议书》成立并无不当。朱某清、朱某琴主张该协议书应属预约合同，但其主张适用《商品房销售管理办法》第十六条规定的是房地产开发企业和买受人之间订立书面商品房买卖合同应具备的内容，故其该项诉请依据不足，法院不予采纳。

本案中，双方当事人买卖的标的物系朱某琴签订的《拆迁补偿安置协议书》项下的拆迁安置房，朱某清、朱某琴提供的证据不足以证明《拆迁补偿安置协议书》具有上述导致合同无效的情形，且朱某清、朱某琴在一审程序中以江某、李某俤根本性违约为由诉请解除《拆迁补偿安置协议书》，合同解除系当事人根据法律规定或者合同约定，终止已成立的合同的行为，故其诉请案涉《拆迁安置协议书》无效依据不足，法院不予支持。

关于朱某琴以无权处分为由主张合同无效问题。因出卖人未取得处分权致使标的物所有权不能转移的，买受人可以解除合同并请求出卖人承担违约责任。故，朱某琴以其无权处分为由主张案涉《购房协议书》无效，法院不予支持。

福建省福州市中级人民法院根据《中华人民共和国民事诉讼法》第一百七十七条第一款第一项的规定，作出如下判决：

驳回上诉，维持原判。

【法官后语】

安置房是二手房市场常见的交易标的物，其与普通商品房的交易并无实质差异。但安置房由于施工质量问题成为危房则是安置房开发体制中容易出现的纠纷，一旦被认定为危房且不具备修复的情况下，政府会重新予以安置。但是，一方面，受到我国房地产市场的影响，安置房重新安置往往伴随发生安置地点的变化、楼层的变化、房价的变动，进而引发双方超预期的利益争夺；另一方面，政府为了提高安置效率和减少麻烦，无视安置房已经出售的事实，径直将重新安置的房屋再次交付给原拆迁户，而这便是此类纠纷难以调解且争议较大的根本所在。具体到本案当中，结合双方签订的《购房协议书》和选房号，双方对完成交付的××楼××单元并无异议，客观上也履行了。但重新安置后房屋地点不一致、房号不一致，被告以此主张重新安置的房屋不属于《购房协议书》约定的交易房屋，原告要求交付重新安置的房屋缺乏事实依据。单纯从房屋房号和地点来说，确实属于不同的房屋，但如果简单以此否认合同的可履行性，则是对契约精神的简单理解和践踏。从契约精神看，合同的签订和履行践行的是双方的真实合意，合意指向特定的标的物，实现市场的资源优化。安置房不同于普通商品房，其来源是对原有被拆迁物的实物补偿，即使安置房被认定为危房进而重新安置，仍然是对原有被拆迁物的实务补偿。而安置房的二手交易指向的标的物本质上就是对原有被拆迁物的实务补偿的交易。因此，买受人基于原有安置房交易合同主张出卖人将重新安置的房屋再次交付给买受人合法合理，客观上买受人所持原有的安置房危房终究要被政府收回。同时，从合同履行角度看，原有安置房已经交付，合同主要义务均已履行，买受人实际上已经是讼争安置房的合法使用人，在此期间发生的任何指向原有安置房的变动，不管是利益还是损害，其责任显然应当均由买受人自行承受。因此，基于原有安置房买卖的交易合同在重新安置后，买受人仍然可以基于原有合同要求出卖人履行再次交付安置房的合同义务。

编写人：福建省福州市马尾区人民法院 沈镇友

141 拆迁安置房买卖房产证面积与买卖合同面积不一致的处理

——王某诉薛某明、陈某红房屋买卖合同案

【案件基本信息】

1. 裁判书字号

江苏省无锡市中级人民法院（2018）苏02民终3562号民事判决书

2. 案由：房屋买卖合同纠纷

3. 当事人

原告（反诉被告、被上诉人）：王某

被告（反诉原告、上诉人）：薛某明、陈某红

【基本案情】

2007年，王某向薛某明、陈某红购买了一套安置房用于结婚，该房屋因政策原因当时尚不能上市交易，也未办理房产证，双方遂根据拆迁安置协议的房屋面积119.33平方米签订了房屋买卖合同，成交价为238800元，双方同时约定具备办理转让过户手续时，薛某明、陈某红陪同王某办理过户，并提供相关的证件，过户

费用由王某承担。同日，王某支付房款，薛某明、陈某红交付了房屋。后王某使用该房屋至今。

2017 年，该房屋终于具备办理房产证的条件，但因房产证上面积为 135.45 平方米，薛某明、陈某红遂要求王某按该房屋现在的市场价补足面积差后再过户，但王某认为自己就是购买的整套房屋，而非以单价乘以面积计算房屋价款，且政府亦未要求薛某明、陈某红就多出的面积补差价，故王某起诉至法院，要求：（1）确认《房屋转让协议》合法有效；（2）判令薛某明、陈某红配合办理房屋产权转移登记手续。薛某明、陈某红在庭审中提起反诉，要求判令王某支付面积差价 128960 元（16.12 平方米×8000 元/平方米）。

【案件焦点】

房产证面积与房屋买卖合同面积不一致时如何确认房屋价值。

【法院裁判要旨】

江苏省无锡市滨湖区人民法院经审理认为：当事人应当按照约定全面履行自己的义务。薛某明、陈某红与王某签订的《房屋转让协议》系双方当事人真实意思表示，其内容不违反法律和行政法规的强制性规定，应属有效。现王某已经按约支付了房款，并实际入住、使用该房屋，而薛某明、陈某红已经取得涉案房屋的产权证，涉案房屋也已经具备办理产权转移登记手续的条件，故王某要求薛某明、陈某红继续履行合同，配合其办理产权转移登记手续，法院予以支持。

关于薛某明、陈某红提出要求王某就涉案房屋按照现市场价支付面积差价的反诉诉讼请求，一审法院认为，首先，双方在签订合同后，已经按约履行。现双方对于房屋价款如何确定产生争议，虽房屋买卖中介余某萍反映当时可能按照面积单价确定房价，但是涉案合同中并未明确约定定价标准。按照常理，房屋买卖双方应该是在对房屋所处地段、楼层、结构、面积等各因素综合考虑的情况下协商确定的房屋价款。且双方在签订合同时，产权证尚未办理，应当能够预见最终产权登记时核定的面积与《房屋拆迁补偿安置协议书》上所载面积可能不符，此类情况在房屋拆迁补偿安置过程中亦为常见，双方在此情况下签订合同即表明按照房屋现状进行交易，即使今后面积产生误差，双方亦接受此种瑕疵给付；其次，双方在签订涉案合同时并未对出现登记面积与协议面积不符约定相应的处理办法，事后双方亦未对此情况达成补充协议，实践中亦无相应的交易习惯；最后，薛某明、陈某红并未因此额外缴纳拆迁安置差价款，并未产生损失。故薛某明、陈某红要求王某支付面积差价的反诉诉请没有事实及法律依据，法院不予支持。

江苏省无锡市滨湖区人民法院依照《中华人民共和国合同法》第六十二条、第一百零七条，《中华人民共和国民事诉讼法》第六十四条第一款，《最高人民法院关于民事诉讼证据的若干规定》第二条之规定，作出如下判决：

一、王某与薛某明、陈某红于 2007 年 9 月 28 日签订的《房屋转让协议》合法有效；

二、薛某明、陈某红于本判决生效后十日内配合王某办理无锡市滨湖区安置房屋产权转移登记手续；

三、驳回薛某明、陈某红的反诉诉讼请求。

薛某明、陈某红不服一审判决，提起上诉。江苏省无锡市中级人民法院经审理认为：一审法院判决认定事实清楚，适用法律正确，应予维持，依法判决如下：

驳回上诉，维持原判。

【法官后语】

所谓安置房是指因城市规划、土地开发等原因进行拆迁，而安置给被拆迁人或承租人居住使用的房屋。安置对象包括城镇居民被拆迁用户和征拆房屋的农户，安置房就是政府或企业对拆迁对象的一种补偿形式。因安置对象是特定的动迁安置户，该类房屋的买卖除受法律、法规的规范外，还受地方政策的约束，所以和一般的商品房交易有很大的不同，此类房屋在一定期限内不具备上市交易的条件，无法办理房产证。但房产市场却存在安置房买卖的需求，此时，买卖双方就会私下达成房屋买卖的协议，同时约定暂时先不过户，在具备过户条件时再由卖房人配合买房人办理过户手续。我国立法采取的是债权形式主义的物权变动模式，债权合同效力的发生仅能引起债权变动的法律后果，并不直接引起物权变动，在这种情况下，卖房人并未实际取得房屋所有权，仅享有将来的债权。双方买卖房屋时通常是根据拆迁安置协议所记载的房屋面积、位置、楼层等条件来确定房屋价款，这就会带来一个问题，当房产证面积与安置协议上记载的面积不一致时，房屋买卖双方的利益如何平衡，买房人是否需要就超面积补交购房款。

根据案件审理时适用的原《中华人民共和国合同法》第六十条规定："当事人应当按照约定全面履行自己的义务。当事人应当遵循诚实信用原则，根据合同的性质、目的和交易习惯履行通知、协助、保密等义务。"第六十一条规定："合同生效后，当事人就质量、价款或者报酬、履行地点等内容没有约定或者约定不明确的，可以协议补充；不能达成补充协议的，按照合同有关条款或交易习惯确定。”也就是说，如果买卖双方就此存在争议时，可以根据交易习惯来确定。《最高人民法院关于适用〈中华人民共和国合同法〉若干问题的解释（二）》对“交易习惯”作出了规定，（1）在交易行为地或者某一领域、某一行业通常采用并未与交易对方订立合同时所知道或者应当知道的做法；（2）当事人双方经常使用的习惯做法。《中华人民共和国民法典》施行后，在合同编第五百零九条、第五百一十条对前述问题作出了相同的规定。根据上述规定，如果买卖双方在协议中对价款的确定有明确约定的，按照约定，也就是说，双方在房屋买卖过程中明确约定了房价按照面积单价确定，则买房人补差价比较符合双方签订合同时的预期，但该差价也应该按照房屋买卖当时房屋的市场价确定，而不是产生争议时的市场价。如果双方没有约定，也无法达成补充协议的，可按照合同条款或交易习惯来确定。案件审理中，根据对涉案房屋所在小区调查，当时在相同地域范围内，政府并不会再要求被安置人补交超面积款，卖房人一般也不会再要求卖房人补差价款，这是当时、当地拆迁房屋正常流转方式。而且根据诚实信用原则，双方在签订合同时未明确约定房价的计算方式，可以认为双方是以整套房屋当时的现状确认的房价，买房人在购买时已经对房屋的各项情况有了清楚的了解，并且自愿接受可能会出现的瑕疵，为了保障交易安全，也不宜再补足差价。

编写人：江苏省无锡市中级人民法院　郑远园

6. 其 他

142 未披露房屋主体结构外的非正常死亡事件信息并不当然构成当事人行使撤销权的依据

——沈某琦诉晏某芳、咨询服务部房屋买卖合同案

【案件基本信息】

1. 裁判书字号

浙江省绍兴市中级人民法院（2020）浙06民终3143民事裁定书

2. 案由：房屋买卖合同纠纷

3. 当事人

原告（上诉人）：沈某琦

被告（被上诉人）：晏某芳、咨询服务部

【基本案情】

2019年10月28日，沈某琦与晏某芳经咨询服务部居间介绍签订《房产转让合同》1份，晏某芳将坐落于浙江省绍兴市某小区的案涉房屋转让给沈某琦所有，总价款为241.9万元，沈某琦于合同签订日支付定金30万元，约定于2019年11月9日支付余款11.9万元，于2020年1月20日支付200万元，晏某芳应于沈某琦款项付清之日，将房屋腾空交付沈某琦。合同还对中介服务、违约责任及争议处理作了约定。2020年4月24日，在沈某琦并未完全支付余款的情况下，晏某芳将房屋登记过户至沈某琦名下。

后沈某琦得知曾有人跳楼坠亡于房屋所在小区其中一楼层外露台处，且可从房屋厨房及朝北部分窗户望见该坠亡点，遂以该房屋系“凶宅”，晏某芳在出售房屋时，未披露该信息，构成欺诈，导致其产生重大误解为由，诉至绍兴市越城区人民法院，要求解除房屋买卖合同，由晏某芳返还购房款及赔偿相应损失，并由咨询服务部承担连带责任。

【案件焦点】

1. 房屋主体结构外曾发生的非正常死亡事件是否当然导致该房屋成为“凶宅”；2. 房屋交易过程中出卖人未主动披露该类信息，是否构成欺诈。

【法院裁判要旨】

浙江省绍兴市越城区人民法院经审理认为：“凶宅”判断应有明确具体的标准，不宜作出扩大解释。传统习俗中将某房屋定义为“凶宅”，是由日常生活中人们追求喜庆吉祥、忌讳死亡和趋利避害的心理演化而来，对于房屋买卖交易为重大信息，此类信息应属公序良俗范畴，受法律规制。其判断应符合以下三要件：一是死亡形式，需是非正常死亡事件，自然的生老病死则不在此列；二是死亡地点，需发生在房屋主体结构内，其应是一相对独立、封闭、专有的空间场所，至于电梯、楼梯间及车位等公共区域则不应在此范畴内；三是当事人对情形的特殊约定，若交易双方对“凶宅”范围、情形有特别约定，则应在不违背善良风俗的情况下，尊重其约定。本案坠亡事件虽系非正常死亡事件，但其发生地点并非在案涉房屋主体结构内，且双方在交易过程中并未对“凶宅”有过超越一般认识的特别约定，故涉案房屋的情形未能达到“凶宅”认定标准。同时，基于平等、公平原则，在买受人未就房屋主体结构外的非正常死亡事件询问出卖人及中介服务者的情况下，无论其是否明知此类信息，其未予披露，并不构成欺诈。且本案原告对案涉交易性质、对方当事人及交易标的物均无错误认识，双方对交易事项均有充分明确约定，现原告以其个人感官、心理感受和认知，认为案涉房产因此坠亡事件导致案涉房屋成为"凶宅"，影响其正常使用和房屋价值，导致其重大误解要求撤销合同，已超出社会公众对"重大误解"的一般认识，亦不予支持。

浙江省绍兴市越城区人民法院依照《中华人民共和国合同法》第五十四条，《中华人民共和国民事诉讼法》第六十四条之规定，作出如下判决：

驳回原告沈某琦的诉讼请求。

沈某琦不服一审判决，提出上诉。在上诉审理期间，沈某琦提出撤诉申请，浙江省绍兴市中级人民法院经审理，依照《中华人民共和国民事诉讼法》第一百七十三条之规定，作出裁定如下：

准许上诉人沈某琦撤回上诉，一审判决自本裁定送达之日起发生法律效力。

【法官后语】

近年来，我国社会经济快速发展，房产交易日趋活跃，在繁荣市场经济的同时，因房产使用价值和居住功能涉及当事人切身利益，购房价值大、成本高，买卖双方易因合同履行发生各种争议，影响交易安全和市场秩序。其中，因"凶宅"买卖引发的争议屡有发生，但根据《中华人民共和国民法典》的规定，目前对"凶宅"尚无法律定义，而实践中，"凶宅"不但影响房产价值，且社会大众出于趋利避害的心理，对“凶宅”往往敬而远之，交易房产是否系“凶宅”，对一般购房者的购买意向在一定程度上起着决定作用。同时根据民法典第八条“民事主体从事民事活动，不得违反法律，不得违背公序良俗”之规定，在法律尚无明确规定的情况下，承办人认为将此类信息纳入公序良俗范畴，接受法律规制，显属必要。

结合本案实际，承办法官在提出“凶宅”界定三要件，希冀在法律尚无明确规定的情况下，探索建立“凶宅”界定一般参考标准的同时，亦认为鉴于房产买卖双方的信息不对等，若出卖人有意不告知买受人交易房产曾发生的符合“凶宅”界定三要件的事项，则根据民法典规定，买受人可基于重大误解、欺诈，行使解除权。但为防止权利滥用，基于权益衡平，承办人同时认为“凶宅”界定不宜作扩大解释，在维护交易效益的同时，亦应注重交易安全。因此，对于不符合三要件的，不应认定为“凶宅”，如无特别约定，买受人要求撤销交易。

在此基础上，为减少诉争，承办人特别指出对房屋主体结构外的非正常死亡事件，出卖人及中介服务者未主动披露，虽不构成欺诈，但仍有违最大化诚实信用原则，而诚实信用原则乃现代社会的一项重要原则，也是民事领域的“帝王条款”，故被告行为，本案虽不予撤销，但仍应予以做否定性评价。

为此，承办法官希望借此警示交易双方应秉持最大诚信履行合同义务，包括附随义务。买受人应就房屋情况结合自身喜好、忌讳事项，进行详细询问、了解；出卖人应诚信交易，就房屋情况做详细介绍、披露；中介服务者应基于其专业知识，对交易双方尽到相应的提醒、说明义务，尽可能提供完整的房产信息，并载入合同条款，共同维护交易安全，打造诚信和谐社会。

编写人：浙江省绍兴市越城区人民法院　孙锡芳　蒋维良

143 恶意登记的按份共有人不享有优先购买权

——崔某诉马某、王某萍房屋买卖合同案

【案件基本信息】

1. 裁判书字号

北京市第二中级人民法院（2020）京02民终438号民事判决书

2. 案由：房屋买卖合同纠纷

3. 当事人

原告（上诉人）：崔某

被告（上诉人）：马某

被告：王某萍

【基本案情】

2006年1月7日，崔某购买王某萍房屋，并与王某萍、中介公司房地产经纪公司签订《房屋买卖经纪合同》，房屋原系王某萍拆迁安置所得，出卖时王某萍未取得权属证书。房屋成交价为79万元。合同签订后，崔某于2006年1月27日入住涉案房屋，崔某及其丈夫王某忠共支付王某萍购房款79万元，支付中介公司代理费1.58万元。2006年1月27日，王某萍办理公证委托，委托崔某作为代理人，全权代表其办理诉争房屋的更名、买卖、到房地产管理部门过户、交纳各种税费、代理领取产权证、领取售房款等一切有关事宜。如诉争房屋因家庭内部产权产生争议由王某萍承担责任。受托人在委托权限内签署的有关文件，委托人均予以承认。委托期限至委托事项办完为止，此委托书不予撤销。

2013年11月，王某萍取得诉争房屋的产权。

2014年5月9日，马某（王某萍前夫）将王某萍诉至北京市西城区人民法院，要求确认诉争房屋归双方共同共有（各占50%份额）。诉讼中，双方达成调解协议：诉争房屋归王某萍、马某共有（马某占共有份额的40%，王某萍占共有份额的60%）。法院依据双方调解协议出具了民事调解书。2014年7月10日，诉争房屋按上述调解协议约定完成产权登记。马某占共有份额的40%，王某萍占共有份额的60%。

崔某认为王某萍、马某之间恶意串通，并针对（2014）西民初字第12328号民事调解提起第三人撤销之诉，法院一审、二审裁定驳回了崔某的起诉。2017年6月，崔某将王某萍、马某诉至法院，要求确认其与王某萍于2006年1月7日签订的《房屋买卖经纪合同》有效；王某萍将案涉房屋过户至崔某名下，马某协助履行上述过户义务。法院作出（2017）京0102民初17112号民事判决，判决合同有效，驳回崔某的诉讼请求，该判决已经生效。马某曾以返还原物纠纷起诉王某萍、崔某，马某要求崔某将案涉房屋腾退并交付马某，被法院驳回。

王某萍与马某原系夫妻关系，1995年7月26日协议离婚，离婚时约定，离婚后马某暂住北京市西城区一间平房，女方租借北京广渠门内大街一间平房。

2003年6月3日，王某萍（原承租人马某）作为被拆迁人（乙方），建设开发公司作为拆迁人（甲方），双方就马某暂住的西城区平房签订《北京市西城区危旧房改造拆迁就地安置协议》。

马某向法院提交其于2003年6月3日与王某萍签订的协议书，主要载明：拆迁人安置的房产归甲方（马某）与乙方（王某萍）共同所有，各占50%份额。待该房具备办理产权证的条件后，乙方应配合将该房产登记在甲、乙双方名下，二人各占50%份额。该房入住后，由乙方及女儿继续居住，双方去世后该房产归女儿所有。

【案件焦点】

“一房二卖”关系中，房屋买卖合同中的房屋买受人与按份共有人的权利保护顺位如何确定。

【法院裁判要旨】

北京市西城区人民法院经审理认为：崔某与王某萍签订的《房屋买卖经纪合同》合法有效，当事人应当按照约定全面履行各自的合同义务。

王某萍取得案涉房屋的产权后，应协助崔某办理涉案房屋的产权变更手续，现涉案房屋王某萍占共有份额的60%，马某占共有份额的40%，王某萍应将其共有份额的60%过户至崔某名下。马某主张对王某萍的份额有优先购买权的抗辩，因崔某与王某萍签订《房屋买卖经纪合同》、占有案涉房屋时，马某亦非涉案房屋的共有权人，马某在后取得权利情形下不能否定崔某在先取得的合法性，法院不予支持。崔某要求马某协助将其共有份额的40%产权过户至崔某名下的主张，因马某并非《房屋买卖经纪合同》的相对方，且马某不同意崔某的诉讼请求，崔某的该项主张，缺乏法律依据，法院不予支持。

北京市西城区人民法院依照《中华人民共和国合同法》第八条、第四十四条、第六十条，《中华人民共和国民事诉讼法》第六十四条、第一百四十四条之规定，作出如下判决：

一、自判决生效之日起七日内，王某萍协助崔某将北京市西城区的房屋60%的产权变更登记至崔某名下；

二、驳回崔某的其他诉讼请求。

崔某、马某均不服一审判决，提出上诉。

北京市第二中级人民法院经审理认为：本案争议焦点为涉案房屋的权利归属，而当事人亦为此进行过多次诉讼。马某起诉王某萍要求确认房屋共有关系，在达成调解协议后转移涉案房屋产权份额，是系列诉讼之关键环节，由此引发第三人撤销之诉、房屋买卖合同纠纷、返还原物纠纷等案件。因此，确认案涉房屋的权利归属，对当事人之间定分止争减少诉累具有重要意义。

依据双方当事人的诉讼意见，确认上述问题需厘清以下问题：崔某是否属于重复起诉；马某对涉案房屋是否享有优先购买权；马某是否有义务协助崔某办理涉案房屋剩余40%产权份额转移登记。

第一，本案不属于一事不再理范畴。《最高人民法院关于适用〈中华人民共和国民事诉讼法〉的解释》第二百四十七条规定，当事人就已经提起诉讼的事项在诉讼过程中或者裁判生效后再次起诉，同时符合下列条件的，构成重复起诉：（1）后诉与前诉的当事人相同；（2）后诉与前诉的诉讼标的相同；（3）后诉与前诉的诉讼请求相同，或者后诉的诉讼请求实质上否定前诉裁判结果。当事人重复起诉的，裁定不予受理；已经受理的，裁定驳回起诉，但法律、司法解释另有规定的除外。本案中，崔某要求王某萍、马某各自按照所有的份额分别协助办理产权转移登记手续，前诉中，崔某要求王某萍办理房屋产权转移登记手续，马某作为第三人予以协助。前后两案当事人诉讼地位不尽相同，诉讼请求亦不相同。因此，本案不属于重复起诉或一事不再理范畴。

第二，马某在本案中主张的是按份共有人的优先购买权。《中华人民共和国物权法》第一百零一条规定，按份共有人可以转让其享有的共有的不动产或者动产份额。其他共有人在同等条件下享有优先购买的权利。法律规定在出卖人转让其份额时，其他按份共有人享有优先购买权，旨在保护已经存在的共有关系，从而最大限度发挥经济效益以及实现物尽其用。因此，结合本案，考虑按份共有人马某是否享有优先购买权，有两个关键问题，一是按份共有关系是否先于买卖关系建立，二是“同等条件”是否达到。

本案中，马某主张对涉案房屋享有优先购买权，法院对此持否定态度。理由如下：

其一，马某虽称与王某萍于 2003 年 6 月 3 日订立房屋产权共有的协议，该协议从时间上看早于崔某与王某萍签订《房屋买卖经纪合同》的时间，但法院对该协议的真实性存疑。理由如下：

（1）马某称在拆迁时与王某萍订立房屋产权共有的协议，但该协议未在拆迁档案或其他途径留存备查，真实性无法证明；（2）马某与王某萍系离婚夫妻关系，且育有共同子女，加之房价上涨因素，在对外关系上，其二人利益相对一致；（3）王某萍在出售涉案房屋时，并未将该协议内容向对方披露，反而承诺“如诉争房屋因家庭内部产权产生争议由王某萍承担责任”。综上，法院对二人之共有协议真实性存疑。此外，退一步说，即使协议真实，马某仅取得合同债权，在与善意第三人合法占有房屋之权利对抗中，其权利并不能优先予以保护。

其二，马某在 2014 年通过与王某萍诉讼调解的方式取得涉案房屋 40%产权份额，并办理产权转移登记，成为涉案房屋的按份共有人。但相对于马某来说，崔某于 2006 年签订房屋买卖合同、支付对价并长期合法占有使用房屋，在生活上产生依赖。法律权衡二者之利益，应优先考虑保护崔某权利。

通过以上分析，马某在取得房屋共有份额时间条件不成立的情况下，“同等条件”问题亦毋庸赘述。因此，马某不享有优先购买权。

第三，王某萍与马某之间按份转移登记房屋对崔某不构成权利障碍，马某应当协助崔某办理其名下40%产权份额。理由如下：

首先，涉案房屋系拆迁所得，拆迁时王某萍为被拆迁人，拆迁房屋最初登记在王某萍名下，王某萍为拆迁安置房屋的权利人。王某萍在案涉房屋出售给崔某多年的情况下，与马某在诉讼中订立协议，转让产权份额并进行转移登记，属于恶意转移登记。参考一房数卖情况下当事人的权利保护顺位，一般应按照已经办理房屋所有权变更登记、合法占有房屋以及合同履行情况、买卖合同成立先后等顺序确定权利保护顺位。但恶意办理登记的买受人，其权利不能优先于已经合法占有该房屋的买受人。因此，对于合法占有房屋的崔某之权利保护不能因产权已转移登记而受限。其次，马某与王某萍之间关于涉案房屋的共有权确认的调解，系离婚夫妻对已经出售房屋份额的分割，亦不能对抗崔某之权利。最后，对于马某来说，如其与王某萍在拆迁时已约定共有关系，在崔某合法占有房屋八年之久，对房屋现状完全放任，不合常理。加之，马某与王某萍之间的特殊关系以及利益的相对一致性，法院对其不知情的意见不予采信。其明知案涉房屋已出售仍与王某萍达成共有权确认的调解，转移产权份额，形成共有关系。因共有的不动产或者动产产生的债权债务，在对外关系上，共有人享有连带债权、承担连带债务。因此，崔某要求马某协助办理其所占份额的所有权转移登记，于法有据，法院予以支持。

综上所述，崔某的上诉请求成立，应予支持。马某上诉请求不成立，法院予以驳回。北京市第二中级人民法院依照《中华人民共和国合同法》第八条、第六十条，《中华人民共和国物权法》第一百零二条，《中华人民共和国民事诉讼法》第一百七十条第一款第二项之规定，作出如下判决：

一、维持北京市西城区人民法院（2018）京0102民初39019号民事判决第一项；

二、撤销北京市西城区人民法院（2018）京0102民初39019号民事判决第二项；

三、自本判决生效之日起七日内，马某协助崔某将北京市西城区新街口的房屋40%的产权变更登记至崔某名下；

四、驳回马某的上诉请求。

【法官后语】

本案中，房屋买卖合同中的买受人与按份共有人优先购买权之间产生对抗情况下，权利保护顺位如何确定。

一、关于按份共有人优先购买权

优先购买权又称先买权，是指特定的民事主体根据法律的直接规定，在同等条件下，优先于他人购买出卖人财产的权利。原《中华人民共和国物权法》第一百零一条规定，按份共有人可以转让其享有的共有的不动产或者动产份额。其他共有人在同等条件下享有优先购买的权利。原《中华人民共和国民法通则》第七十八条也有相应规定。优先购买权设立之目的在于保护既已存在的法律关系，避免通过自由交易而破坏之，从而最大化实现效益、经济价值及物尽其用。优先购买权性质上并不属于物权，并非都具有对抗第三人的效力。具体到本案，概括地说，按份共有人优先购买权的行使的条件：一是否先于买卖关系建立，二是否为同等条件。

本案中，首先，马某主张享有优先购买权，但其实际取得按份共有物权是在2014年，晚于崔某签订房屋买卖合同、支付对价并长期合法占有使用房屋时间。马某虽然主张与王某萍存在财产共有协议，但法院基于其离婚夫妻关系以及相对利益一致性，对马某提交协议的真实性持否定态度，从而认定马某不享有优先购买权。其次，王某萍与马某之间按份转移登记房屋，属于无对价转移，不产生同等条件对抗。因此，本案中，房屋买卖合同关系先于共有关系产生，且买受人长期占有房屋生活上形成依赖状态。马某后取得的共有人身份与之并不产生同等条件，根据法律规定无优先权。

二、关于恶意转移登记的认定

实践中审理一房数卖案件时，如果数份合同均有效且买受人均要求履行合同的，一般应按照已经办理房屋所有权变更登记、合法占有房屋以及合同履行情况、买卖合同成立先后等顺序确定权利保护顺位。但恶意办理登记的买受人，其权利不能优先于已经合法占有该房屋的买受人。但实践中判断并认定恶意转移登记，并无统一标准。但在一房二卖的情况下，后手买受人恶意登记，可以从以下几个因素考量：一是时间因素，从第一手出卖时间长短判断，后买受人是否尽到了必要的注意义务，是否达到后买受人应当知晓的地步；二是人物关系，出卖人与后手买受人是否存在特殊关系；三是利益关系，房屋出卖人与后买受人之间是否为利益共同体，二者利益是否趋于一致，有无可能以恶意转移登记的方式损害善意买受人利益。

一般情况下，出卖人在将房屋出售后又转让他人的行为本身就具有恶意。本案中，王某萍将房屋出售之后，又将产权份额转让前夫马某，本身属于一房二卖，存在恶意。马某办理转让份额登记亦属于恶意登记。从时间因素考量，王某萍于2006年向崔某出售房屋，至2014年王某萍与马某之间转移产权份额，长达八年时间，马某对崔某买受及占有房屋应当知情；从特殊关系以及利益的相对一致性考量，王某萍与马某为离婚夫妻并育有子女，相对于崔某，二人利益攸关相对一致，存在恶意登记损害崔某利益的高度可能性。因此，合议庭认为王某萍与马某之间按份转移登记房屋对崔某不构成权利障碍，马某应当协助崔某办理其名下40%产权份额。

关于新旧法衔接问题：该案判决于《中华人民共和国民法典》出台之前，《中华人民共和国民法典》第三百零五条规定了按份共有人具有优先购买权，与原《中华人民共和国物权法》第一百零一条内容相同。《中华人民共和国民法典》第三百零六条规定，按份共有人转让其享有的共有的不动产或者动产份额的，应当将转让条件及时通知其他共有人。其他共有人应当在合理期限内行使优先购买权，新法对优先购买权行使增加了“合理期限内”的条件。新法要求优先购买权不但在“同等条件下”，还要在“合理期限内”行使。“合理期限内”的要求，虽然时间上不具体，但不能偏离日常生活经验法则。本案中，马某称于2003年与王某萍协议约定了财产份额，从王某萍于2006年向崔某出售房屋，再至2014年王某萍与马某之间通过诉讼转移财产份额，长达数年时间，马某亦未在“合理期限内”行使优先购买权。法院对马某对涉案房屋无优先购买权的认定，不管是基于旧法还是新法，都是确凿无疑的。此外，原《中华人民共和国物权法》第一百零二条的规定与《中华人民共和国民法典》第三百零七条规定内容一致，不再赘述。

编写人：北京市第二中级人民法院　霍翠玲

144 共同共有人请求分割商业用房维修资金需要符合法定事由

——唐某明、季某诉置业公司房屋买卖合同案

【案件基本信息】

1. 裁判书字号

江苏省无锡市中级人民法院（2020）苏02民终3877号民事判决书

2. 案由：房屋买卖合同纠纷

3. 当事人

原告（被上诉人）：唐某明、季某

被告（上诉人）：置业公司

【基本案情】

2018年9月，唐某明、季某与建设单位置业公司签订商品房买卖合同一份，约定唐某明、季某购买商业用房性质的小公寓一套。同期，唐某明、季某出具《承诺书》一份，内容为：本人已详细阅读并理解建设单位置业公司制定的《业主临时规约》，同意遵守规约内的一切条款。如有违，愿承担相应违约责任。该《业主临时规约》第四条（维修资金的筹建和使用）规定："业主应当按照下列规定筹建和使用维修资金，（1）按照规定和本规约约定缴纳专项维修资金；（2）专项维修资金的财务由物业管理行业主管部门代管，使用和管理按照政府有关规定执行。"第五条（物业维修和更新的实施）规定："各业主同意，物业维修及更新由物

业管理企业按规定组织实施，费用按维修资金规定列支。”后唐某明、季某依约缴纳维修资金 5996.7 元，置业公司向其出具收据。唐某明、季某缴纳的维修资金一直存放于置业公司的账户上。

【案件焦点】

唐某明、季某是否可以以维修资金未交存至专用账户为由分割专项维修资金及利息。

【法院裁判要旨】

江苏省无锡市梁溪区人民法院经审理认为：即使置业公司有约定可代收专项维修资金，也应按约定将该资金交由物业管理行业主管部门代管。现置业公司收取的该项资金仍存放在其账户上，未完成合同约定，亦未实现合同目的。

江苏省无锡市梁溪区人民法院依照《中华人民共和国合同法》第六十条、第一百一十三条之规定，作出如下判决：

置业公司返还唐某明、季某住房专项维修资金 5996.7 元及利息。

置业公司不服一审判决，提出上诉。

江苏省无锡市中级人民法院经审理认为：根据《中华人民共和国物权法》的规定，建筑物及其附属设施的维修资金属于业主共有；共同共有人在共有的基础丧失或者有重大理由需要分割的时候可以请求分割。本案中，唐某明、季某依约缴纳的专项维修资金属于全体业主共有。因共有基础并未丧失，故应审查是否有重大理由需要分割。主要考虑以下两个方面的因素：

首先，关于不能实现合同目的。第一，案涉小区业主按规约缴纳维修资金的行为系共同合同行为，一方未遵守的，其他方有权要求其承担交付义务，从而实现全部缴纳的目的；第二，即便没有全部缴纳，业主也可以通过协商成立业主委员会，把维修资金的账户开设在业委会名下，实现共有财产共同管理的目的。故业主可以通过以上途径实现约定目的。

其次，关于多数人不愿意为实现合同目的而采取相应行为。根据《中华人民共和国物权法》的规定，筹集和使用建筑物及其附属设施的维修资金属于业主共同决定的重大事项，需由业主按相关比例行使表决权。目前未有证据证明案涉小区具有符合法律规定的业主表决，故本案尚不足以认定为多数人不愿意为实现合同目的而采取相应行为。

综上，唐某明、季某主张返还专项维修资金及利息不具有重大理由。置业公司的上诉请求，应予支持。

江苏省无锡市中级人民法院依照《中华人民共和国民法总则》第一百三十四条，《中华人民共和国合同法》第七条、第八条，《中华人民共和国物权法》第七十六条、第七十九条、第九十九条，《中华人民共和国民事诉讼法》第一百七十条第一款第二项之规定，作出如下判决：

一、撤销无锡市梁溪区人民法院（2020）苏 0213 民初 2957 号民事判决；

二、驳回唐某明、季某的诉讼请求。

【法官后语】

商业用房交存维修资金虽非法定强制义务，但可以通过当事人的约定形成约定义务。当事人基于约定交存的维修资金，属于全体业主共有，只有在共有基础丧失或者有重大理由情况下才能分割。

业主以维修资金未交存至专用账户为理由请求分割的，不属于重大理由，不予支持。具体分析如下：

第一，商业用房交存专项维修资金虽不属于法定强制义务，但可以通过当事人的约定形成约定义务。《中华人民共和国民法典》第二百八十一条规定，建筑物及其附属设施的维修资金，属于业主共有。该规定并未区分住房和商业用房，亦未区别强制交存与约定交存。故商业用房维修资金的所有权同样依法属于全体业主共有。

第二，《中华人民共和国民法典》第三百零三条规定，共有人约定不得分割共有的不动产或者动产，以维持共有关系的，应当按照约定，但是共有人有重大理由需要分割的，可以请求分割；没有约定或者约定不明确的，按份共有人可以随时请求分割，共同共有人在共有的基础丧失或者有重大理由需要分割时可以请求分割。因分割造成其他共有人损害的，应当给予赔偿。本案中，当事人的诉请为返还已经交存的维修资金及利息，该争议焦点的本质为共同共有人请求分割共有财产，故此行为必须依据法律规定行使。原《中华人民共和国物权法》及《中华人民共和国民法典》都规定了共有基础丧失或者有重大理由需要分割两类情况，因本案并不存在房屋灭失而导致的共有基础丧失情形，故审查重点在于是否出现重大理由需要分割。本案审理中发现，建设单位收取的商业用房维修资金受限于行政管理措施的要求，客观上难以通过在行政部门开设专项账户进行存放、管理、使用，资金只能暂时留存在建设单位账户上。案涉商业用房业主正是基于以上事实原因提出了要求返还维修资金的诉请。

第三，当事人通过约定交存和管理商业用房专项维修资金，构成业主自治性规范，其约定目的的实现仍可通过设立业委会进行业主自治或针对业主共同决定事项由业主参与表决共同决定。关于筹集和使用建筑物及其附属设施的维修资金这一事项，无论是《中华人民共和国物权法》第七十六条还是《中华人民共和国民法典》第二百七十八条，都作出了明确的规定，即该事项属于业主共同决定事项。虽《中华人民共和国民法典》规定的参与表决及同意的占比数与原《中华人民共和国物权法》的规定略有不同，但皆需基于业主的真实意愿行使表决权，并根据表决结果确定该维修资金的相应管理事宜。本案涉及共有财产即建筑物及其附属设施的维修资金的分割，可以适用以上法律规定。除非有证据证明，案涉小区有符合法律规定占比的多数业主不愿意为实现约定目的而行为，才能构成需要分割的重大理由，并基于该重大理由实施分割维修资金的行为，从而返还业主已经交存的维修资金。但本案诉请并未有以上证据支持，故唐某明、季某返还专项维修资金及利息的主张，法院不予支持。

编写人：江苏省无锡市中级人民法院　诸佳英　谢　伟

145　买房中的中央空调亦属于开发商保修范围

——熊某诉地产公司房屋买卖合同案

【案件基本信息】

1. 裁判书字号

北京市第一中级人民法院（2018）京01民终5689号民事判决书

2. 案由：房屋买卖合同纠纷

3. 当事人

原告（上诉人）：熊某

被告（被上诉人）：地产公司

【基本案情】

2014年11月1日，熊某与地产公司签订《北京市商品房预售合同》，购买了地产公司开发的201号房屋，该合同中注明地产公司赠送熊某新风系统、中央空调。在此房屋的住宅质量保证书中约定空调的保修期限为两年。2015年10月17日熊某接收上述房屋。熊某在房屋验收交接时发现房屋的空调室外机存在跳闸问题，此问题经维修后已解决。2016年5月，熊某发现空调不制冷，向地产公司反映。地产公司联系空调厂家多次维修未果，直至2017年5月20日熊某所购房屋的空调才维修好，此时本案正在诉讼期间。庭审中，熊某表示因空调不能使用，自己需购置电风扇，为此向法院提交了三份购买风扇的发票，总金额为14032元。熊某另主张误工费500元、交通费500元，但未向法院提交相应证据。

【案件焦点】

买房中的空调是否属于开发商保修范围。

【法院裁判要旨】

北京市海淀区人民法院经审理认为：熊某所购房屋中的空调损坏，开发商已按合同约定提供了维修服务，现空调已维修完毕，可正常使用，故熊某以此为由要求再延长两年保修期限的诉请于法无据，不予支持。熊某所主张的电风扇、空调差价费用，合同中对此并无相关约定，故不予支持。虽然熊某未就误工费、交通费用提交相应证据，但考虑到熊某因空调维修事宜必然产生上述经济损失，故具体数额由法院酌定。熊某所称的精神损害抚慰金于法无据，亦不予支持。

北京市海淀区人民法院依照《中华人民共和国合同法》第五条、第六条、第一百零七条之规定，作出如下判决：

一、地产公司于本判决生效后七日内赔偿熊某误工费 400 元，交通费 200 元；

二、驳回熊某的其他诉讼请求。

熊某不服一审判决，提起上诉。

北京市第一中级人民法院经审理认为：虽合同中约定中央空调属于赠送部分，但是由于开发商在住宅质量保证书中承诺空调的保修期限为两年，故开发商仍应对空调承担保修责任。熊某于 2015 年 10 月 17 日接收房屋后，先后发现空调的室外机存在跳闸现象、空调存在无法制冷的功能障碍，开发商应对此承担保修责任。现开发商对空调的修理行为正是履行保修义务的体现。在熊某未能证明开发商存在不履行修理义务的情况下，争议并未出现，熊某现请求延长两年保修期，没有合同和法律依据，不予支持。但应明确的是，因修理占用的时间应当从保修期中予以扣除，但在跳闸问题修复之后，因熊某未及时对空调是否存在功能障碍进行验收的时间，属于熊某自行放任结果的产生，该部分时间不应予以扣除。现熊某对于延长保修期的认定尚不具有诉的利益，对其主张不予支持。

对于熊某购买电风扇花费的 14032 元，考虑到空调的维修期间正值夏季，必然给熊某的生活造成影响，对于熊某要求给付电风扇费用的请求应予以保护。一审法院未支持其该项请求不当，予以纠正。对于熊某购买电风扇的费用，应结合产品的降温功能、使用时间和电风扇的使用寿命酌情予以考虑，法院酌定该部分费用为600元。熊某请求过高部分，不予支持。

对于熊某根据《北京市商品房预售合同》第十七条第二款第三项规定主张的差价损失，该条款约定的情形与本案情形不符，对熊某的该项请求不予支持。对于误工费和交通费，属于因空调维修所必然发生的费用，一审法院酌定的数额并无明显不当，予以维持。对于熊某主张的精神损害抚慰金，该请求于法无据，不予支持。

北京市第一中级人民法院依照《中华人民共和国民事诉讼法》第一百七十条第一款第二项之规定，作出如下判决：

一、维持北京市海淀区人民法院（2016）京0108民初31928号民事判决第一项；

二、撤销北京市海淀区人民法院（2016）京0108民初31928号民事判决第二项；

三、地产公司于本判决生效后七日内赔偿熊某购买电风扇损失600元；

四、驳回熊某的其他诉讼请求。

【法官后语】

本案是商品房买卖中因附带的中央空调无法正常使用而引发的纠纷。因该类问题在房屋买卖合同纠纷中较为常见，其对法律关系如何确定，购房人如何正当维权具有一定的示范意义。现分述如下：

一、开发商是否应就空调质量承担责任

商品房预售合同中约定中央空调属于赠送部分，该种情况一般按照合同的约定认定为赠与法律关系较为合适。但对中央空调部分的赠与，并非单纯意义上的赠与，该赠与是以买房人购买诉争房屋为前提条件的赠与，属于附义务的赠与。根据《中华人民共和国民法典》第六百六十二条的规定，附义务的赠与，赠与的财产有瑕疵的，赠与人在附义务的限度内承担与出卖人相同的责任，因此开发商应对于中央空调的质量承担责任。退一步而言，如果合同中未约定中央空调系赠与，则可以理解为中央空调和房屋构成了附合，购房人在购买房屋的同时亦购买了中央空调，双方形成买卖合同关系。此时，开发商亦应对中央空调的质量承担责任。

二、对于中央空调无法正常使用的情况，应如何计算保修期限

（一）第一阶段

熊某于2015年10月17日进行房屋验收时发现空调室外机存在跳闸问题，就此问题地产公司应当及时进行维修。此时，由于空调室外机跳闸，属于因开发商的原因导致熊某无法对中央空调本身是否存在质量问题进行检验，应视为尚未触发对于中央空调保修期限的起算条件。因此，从2015年10月17日发现空调外机跳闸之日起到地产公司将跳闸问题修复之前的期间，不应算入两年的保修期限之中。

（二）第二阶段

在地产公司将跳闸问题修复之后，具备了对空调本身能否正常使用进行检验的条件，此时熊某应参照民法典第六百二十条的规定及时进行检验，并应当视为在检验之后即触发了保修期限的起算条件。但此时，熊某并未及时对于空调能否正常使用进行检验，属于熊某自行放任结果的产生，参照民法典第六百二十条的规定，在合理期间未通知的，适用质量保证期的约定。因此，从跳闸问题修复之后到熊某向地产公司上报空调存在无法正常使用情形的期间，不应从保修期限中予以扣除。

（三）第三阶段

熊某入住房屋之后并未及时使用中央空调，直至2016年5月进入夏季之后，熊某才发现空调不能制冷并向地产公司上报。在此之后，地产公司联系空调厂家多次进行维修，耗费较长时间，直至2017年5月20日熊某所购房屋的空调才维修好，此时本案正在诉讼期间。对于2016年6月至2017年5月，属于地产公司对于空调履行保修义务的期间，此期间耗费时间较长，熊某在此期间并未享受到空调带来的利益，该部分时间亦不应计入两年的保修期限之中。

现空调已经维修完毕，熊某并未举证空调仍然存在质量问题且地产公司存在不履行修理义务的情形，争议并未出现，熊某请求延长两年保修期，没有合同和法律依据，其请求难以得到支持。但在本案之外，如果空调后续又出现质量问题，熊某可以在两年保修期内（第一阶段维修空调外机跳闸的时间和第三阶段维修空调的时间均不计入）要求地产公司承担维修责任。

三、熊某主张的其他损失应否得到支持

考虑到空调的维修期间正值夏季，必然给熊某的生活造成影响，熊某购买了电风扇以满足其日常使用需要，对于熊某要求给付电风扇费用的请求应当予以保护。但本案中，熊某购买的电风扇并非单纯地用于降温的空调的替代物，而是具有空气净化功能的高端品牌电扇，其所花费的费用亦远高于普通具备降温功能的电风扇的费用，故法院仅能够支持其部分购买电扇的花费。除此之外，熊某购买的电扇在空调修复之后仍可以继续使用或者另行出售变现，因此法院在酌定费用之时，还应当考虑电扇的实际使用时间、使用寿命等情况予以一定程度上的折旧。

除该种救济路径外，一般而言，在空调存在质量问题、难以满足使用需要的情况下，开发商还可以向购房人提供替代物以满足正常的使用功能。以较为常见的汽车修理为例，如果维修时间较长，一般会向消费者提供代步汽车以满足其使用需求。同理，为了满足夏季房屋的正常使用功能，亦可以采取要求开发商另行安装空调或提供电扇直至原空调维修完毕的措施。在原空调维修完毕之后，开发商则可以回收替代的空调或者电扇。本案中虽未采取此类措施，但亦不失为一种备选方案。

编写人：北京市第一中级人民法院　刘瑾

（四）商品房委托代理销售合同纠纷

146　中介提供虚假情况应承担赔偿责任

——陈某华诉薛某琪等房屋买卖合同案

【案件基本信息】

1. 裁判书字号

江苏省无锡市中级人民法院（2020）苏02民终4593号民事判决书

2. 案由：房屋买卖合同纠纷

3. 当事人

原告（被上诉人）：陈某华

被告（上诉人）：范某生、不动产经纪公司

被告：薛某琪、吴某娟

【基本案情】

薛某琪与陈某华签订《购房定金收据》，确认收到陈某华购房定金2万元。2018年6月8日，陈某华、薛某琪、不动产经纪公司签订《房屋买卖合同》，约定：薛某琪将案涉房屋以38万元卖给陈某华；陈某华于2018年6月20日前交付房款36万元；签订合同时，陈某华需交纳信息服务费1.2万元；不动产经纪公司为双方提供交易机会，如实传递薛某琪或陈某华提供的信息，就有关政策法规进行咨询，协助双方办理过户手续。

购房时，陈某华问："这套房子在你这买卖，就是你所谓的已备案，就不能再卖给别人，是不是？"不动产经纪公司答："所有买卖都有标记。只要走我们中介，资料全都调到我们这里来。以前是调社区，但现在社区、整个惠山所有的房子都卖给我们和另一不动产经纪公司。资料也好、办证也好，包括房产证下来都不到原房东手上。"陈某华丈夫问："这个房子已私下交易了，然后又通过你们交易，这个私下交易是不是无效？"不动产经纪公司答："无效。一看合同。二看谁去拆迁办调材料。资料现在不管是在拆迁办还是征收办都是干净的。一旦我们中介接手把他调出，就证明这套房子在买卖了。我们中介在签你这套房子时，已在拆迁办查过了。所以，我才能把资料调到我们这边。不然，就要去另一不动产经纪公司拿资料，要经过社区政府，这是很麻烦的。为什么虽说你们觉得安置房风险很大但其实很少听到这样的纠纷，因为按理说，办完证，房产证应给原房东，但是，不能。我们这边只要有买卖的房子，房产证全都放在我们中介发证，发证方是我们。过户是我们中介服务之一，帮你过户，帮你办证。这些分别是房屋原本的复印件，这是原房东薛某琪的复印件。这是特此声明。它们都有法律效应。这不是遗嘱，是执行书。安置房产权上的人完全拥有房子的主权性，和任何人都无关。只要房子有买卖，那就是买方的。”

同年6月20日，薛某琪、陈某华、范某生签订补充协议。约定：陈某华已知悉薛某琪之前将房屋卖于范某生；目前范某生通过不动产经纪公司和薛某琪将房屋卖给陈某华；薛某琪、不动产经纪公司承诺在该小区可办产权证的二周内相约办理；薛某琪、陈某华、不动产经纪公司承诺在拿到产权证的二周内配合陈某华变更产权。同日，吴某娟代范某生确认收到购房款36万元。不动产经纪公司确认收到中介费1.2万元（含过户等相关手续费）。

2019年8月23日，薛某琪将房屋过户至李某名下。陈某华诉至法院，要求解除合同，赔偿损失。

【案件焦点】

不动产经纪公司在本案中是否应承担赔偿责任。

【法院裁判要旨】

江苏省无锡市惠山区人民法院经审理认为：居间人故意隐瞒与订立合同有关的重要事实或者提供虚假情况，损害委托人利益的，不得要求支付报酬并应承担损害赔偿责任。不动产经纪公司在向陈某华陈述案涉房屋买卖风险时，明显作出了夸大和虚假陈述，以致陈某华对该风险有了错误的认识，故不得要求支付报酬并应承担损害赔偿责任，对陈某华提出的退还信息服务费1.2万元的诉讼请求予以支持。同时，陈某华有权主张解除其与不动产经纪公司签订的居间服务合同，且不动产经纪公司需对陈某华的损失即房屋溢价

17.94 万元承担 20%的赔偿责任，即 3.588 万元。

江苏省无锡市惠山区人民法院依照《中华人民共和国合同法》第九十四条、第九十七条、第一百零七条、第一百一十三条、第一百一十四条、第一百二十一条、第四百二十五条，《中华人民共和国民事诉讼法》第一百四十四条之规定，作出如下判决：

一、解除陈某华、薛某琪、不动产经纪公司于 2018 年 6 月 8 日签订的《房屋买卖合同》以及 2018 年 6 月 20 日薛某琪、陈某华、范某生签订的《补充协议》；

二、范某生于本判决生效后十日内向陈某华退还购房款 36 万元并赔偿陈某华损失 8.97 万元；

三、不动产经纪公司于本判决生效后十日内向陈某华退还信息服务费 1.2 万元并赔偿陈某华损失 3.588 万元；

四、陈某华于本判决生效后十日内向范某生支付房屋占有使用费 2.1 万元；

五、驳回陈某华的其他诉讼请求。

范某生、不动产经纪公司不服一审判决，提出上诉。

江苏省无锡市中级人民法院经审理认为：不动产经纪公司作为房屋买卖居间人，从事房地产居间活动的专业机构，陈某华正是基于对不动产经纪公司的信任而委托进行居间活动，不动产经纪公司应就其居间的房屋买卖风险，向陈某华如实报告，但不动产经纪公司在陈述案涉房屋买卖风险时，明显作出了夸大和虚假陈述，以致陈某华对该风险有了错误的认识，损害了陈某华的利益，应当不得要求支付报酬并承担损害赔偿责任。法院根据本案的具体情况，酌定不动产经纪公司退还信息服务费 1.2 万元并赔偿陈某华损失 3.588 万元，符合法律规定。

江苏省无锡市中级人民法院依照《中华人民共和国民事诉讼法》第一百七十条第一款第一项之规定，作出如下判决：

驳回上诉，维持原判。

【法官后语】

一、中介人的定义

《中华人民共和国合同法》第四百二十四条规定，居间合同是居间人向委托人报告订立合同的机会或者提供订立合同的媒介服务，委托人支付报酬的合同。基于通俗易懂的考虑，《中华人民共和国民法典》将“居间合同”修改为“中介合同”，“居间人”修改为“中介人”。因此，《中华人民共和国民法典》第九百六十一条规定，中介合同是中介人向委托人报告订立合同的机会或者提供订立合同的媒介服务，委托人支付报酬的合同。本案中，作为房屋中介机构的不动产经纪公司就是典型的中介人。

二、中介人的如实报告义务

《中华人民共和国合同法》第四百二十五条第一款规定，居间人应当就有关订立合同的事项向委托人如实报告。与之对应的是，《中华人民共和国民法典》第九百六十二条第一款规定，中介人应当就有关订立合同的事项向委托人如实报告。中介人的如实报告义务不仅与公平原则和诚信原则相符，也符合社会主义核心价值观。中介人的忠实义务包括以下三个方面：第一，中介人应将所知道的有关订约情况或者商业信息如实告知委托人或者相对人，不得故意隐瞒与订立合同有关的重要事实或者提供虚假情况；第二，不得对订立合同实施不利影响，影响合同的订立或者损害委托人的利益；第三，中介人对于所提供的信息、成交机会以及后来的订约情况，负有向其他人保密的义务。本案中，领取安置房产权证的手续、过户的相关政策和手续、购买未取得产权证的房产的风险明显属于“订立合同有关的重要事实”。故不动产经纪公司应将所知道的上述情况如实告知陈某华，不得故意隐瞒或提供虚假情况。但不动产经纪公司作为从事房地产居间活动的专业机构，在陈某华向其咨询时，明显作出了虚假的陈述，夸大了其在办理安置房产权证和过户手续中的作用，使陈某华在错误信息误导下对房屋过户的风险作出了错误的预判，并在此情况下签订了中介合同。

三、中介人的赔偿责任

《中华人民共和国合同法》第四百二十五条第二款规定，居间人故意隐瞒与订立合同有关的重要事实或者提供虚假情况，损害委托人利益的，不得要求支付报酬并应当承担损害赔偿责任。《中华人民共和国民法典》第九百六十二条第二款规定，中介人故意隐瞒与订立合同有关的重要事实或者提供虚假情况，损害委托人利益的，不得请求支付报酬并应当承担赔偿责任。这意味着，中介人违反忠实义务，损害委托人利益的，需要同时承担两个法律后果。一是不得要求支付报酬，即丧失报酬请求权。中介人应在遵循诚信原则的基础上付出劳动从而获得报酬，如投机取巧、提供虚假情况，还能获得报酬，与诚信原则和公平原则不符。二是承担赔偿责任。如果中介人的行为给委托人造成了较大的损失，那么仅丧失报酬请求权显然不足以弥补委托人的损失，且不能有效地对中介人违反忠实义务的行为进行制裁。本案中，中介人的报酬为 1.2 万元，而合同标的为 38 万元。显而易见，丧失报酬请求权这样低价的违约成本不足以制约和制裁中介人违反忠实义务的行为。而对于赔偿责任的范围，存在两种观点。一种观点认为，赔偿责任应以实际损失为限；另一种观点认为，中介人非合同当事人，不能以合同的实际损失来要求其承担赔偿责任，中介人承担的赔偿范围仅限于缔约过失的损害范围。笔者认为，中介人的赔偿责任应以实际损失为限，但同时应根据案件情况综合考虑各方的过错程度和主观恶意。本案中，陈某华作为委托人在明知出售人范某生未取得产权证，甚至是被安置人薛某琪也未取得产权证的情况下，仍旧购买案涉房屋，本身存在过错。范某生作为出售人，收取购房款后，未能按约完成过户手续，也存在较大过错。不动产经纪公司作为中介人夸大了其本身的职能，影响了委托人陈某华对于购房风险的判断，应承担一定的赔偿责任。最终，不动产经纪公司在退还1.2万元报酬后承担了陈某华实际损失即房屋溢价的20%的赔偿责任。

编写人：江苏省无锡市惠山区人民法院　张露

147　法人工作人员行为是否属于职务行为的认定

——李某诉房地产经纪公司居间合同案

【案件基本信息】

1. 裁判书字号

北京市第二中级人民法院（2020）京02民终657号民事判决书

2. 案由：居间合同纠纷

3. 当事人

原告（上诉人）：李某

被告（上诉人）：房地产经纪公司

【基本案情】

2017年2月14日，李某与蔡某妹签订了《北京市存量房屋买卖合同》，购买蔡某妹位于北京市丰台区一处房屋（以下简称案涉房屋）。同日，李某与房地产经纪公司签订《居间服务合同》，房地产经纪公司在居间方处盖章，钟某军在房地产经纪公司经办人处签字。后李某实际支付居间服务费68840元。

2017年7月11日李某报案，北京市公安局丰台分局受理钟某军合同诈骗案，报案后钟某军主动退还李某23.3万元。

2018年8月，北京市人民检察院第二分院以诈骗罪对钟某军提起公诉。北京市第二中级人民法院经审理查明，2017年2月至7月，钟某军在为李某办理二手房买卖经纪业务时，在房地产经纪公司蒲黄榆店等地，虚构办理购房资金监管等事实，骗取李某297.7万元，赃款已挥霍；此前钟某军曾因诈骗罪尚在缓刑期。北京市第二中级人民法院判决钟某军犯诈骗罪，并责令钟某军退赔297.7万元给李某。同年，作出执行裁定书，因钟某军暂无财产可供执行，裁定终结本次执行程序。

李某起诉至法院，要求房地产经纪公司退还居间费68840元及利息，赔偿其房款损失297.7万元及利息，并承担律师费6万元。

【案件焦点】

1. 钟某军的行为是否构成职务行为；2. 房地产经纪公司是否应对其行为给李某造成的损失承担责任。

【法院裁判要旨】

北京市丰台区人民法院经审理认为：首先，钟某军的行为不构成表见代理。李某受骗，系基于对钟某军的过分信任，在办理付款过程中，未严格按照付款的期限履行，且在多次刷卡时均未核查应收款的账户及开户银行，存在明显过错；其次，钟某军利用了房地产经纪公司员工的身份，伪造了相关材料并在房地产经纪公司的门店进行诈骗，房地产经纪公司在监管方面确实存在一定过错，综合考虑本案实际情况及双方的过错程度，酌情确定房地产经纪公司应当承担李某房款损失的 35%。因李某与房地产经纪公司签订的居间合同已经履行完毕，故对李某主张退还居间服务费及利息的诉讼请求法院不予支持。李某主张赔偿律师费的诉讼请求，缺乏法律依据，法院对此不予支持。

北京市丰台区人民法院依照《中华人民共和国民法总则》第一百七十二条，《中华人民共和国合同法》第四十九条之规定，作出如下判决：

一、房地产经纪公司赔偿李某房款损失 1041950 元；

二、驳回李某的其他诉讼请求。如果未能按判决指定的期间履行给付金钱义务，应当依照《中华人民共和国民事诉讼法》第二百五十三条之规定，加倍支付迟延履行期间的债务利息。

判决后，李某与房地产经纪公司均不服上诉至北京市第二中级人民法院。

北京市第二中级人民法院经审理认为：执行法人或者非法人组织工作任务的人员，就其职权范围内的事项，以法人或者非法人组织的名义实施民事法律行为，对法人或者非法人组织发生效力。法人或者非法人组织对执行其工作任务的人员职权范围的限制，不得对抗善意相对人。根据查明的事实，李某、蔡某妹经过房地产经纪公司的居间就案涉房屋签订《北京市存量房屋买卖合同》，并与房地产经纪公司签订《居间服务合同》，上述《居间服务合同》系各方的真实意思表示，且未违反法律、行政法规的效力性强制性规定，应属合法有效，各方均应依约履行。根据交易习惯，在二手房交易过程中，居间方除促成买卖双方交易外，通常还协助双方拟定合同、办理网签、批贷、资金监管或托管、转移登记等房屋交易的相关手续。且根据合同约定，买卖双方授权居间方协助办理涉案房屋交易的相关手续，并配合提供相应材料及签署相应文件。钟某军系《居间服务合同》上签字的经办人，其以办理银行资金托管为由，在房地产经纪公司的门店内，通过伪造相关材料，并指示李某在 POS 机刷卡，对李某实施诈骗行为。房地产经纪公司主张钟某军的诈骗行为属个人行为，应当指出，不论钟某军的上述行为出于何种主观目的，对于李某来说，钟某军作为房地产经纪公司的工作人员，其所称资金托管事项及其指示付款的行为属于二手房交易过程中居间方的职权范围，符合职务行为的特征。

房地产经纪公司作为典型的商事居间主体，专业从事房地产经纪活动，具有专门的资质、人员和设备，专业化程度较高，故相对于一般购房人而言，对房地产经纪公司的相应义务应科以更高的要求。房地产经纪公司作为专业的经纪机构，协助买卖双方进行大宗财产交易，对其公司的经纪人员、经营场所、工作环节等均负有监管义务。钟某军在对李某实施诈骗行为时，其因在其他经纪公司工作时犯诈骗罪尚在缓刑考验期，其在房地产经纪公司的门店内数次实施诈骗行为，房地产经纪公司对此均表示毫不知情，显然未尽到应有的监管义务。且居间合同上签字的另外两位有资质的经纪人亦未参与合同履行，房地产经纪公司对于其工作人员的履职行为及工作流程未采取有效的监管措施。二手房买卖双方作为非专业人员，依赖经纪机构的协助完成烦琐的房产交易活动，经纪机构据此收取居间报酬，房地产经纪公司作为居间合同的主体，未尽到应有的注意义务及监管义务，未全面履行合同义务，存在过错，对李某的损失，应承担相应的责任。房地产经纪公司主张李某在未按照买卖合同约定的时间付款、未依照签约提示的内容通过 POS 机刷卡以及未在电商交易服务中心办理资金托管手续等方面存在过错。对此法院认为，李某在钟某军的指示下提前支付房款的行为系积极的履约行为，并非怠于履行，此履约行为不应视为李某的过错。关于办理资金托管的地点及刷卡方式的问题，房地产经纪公司虽在其提供的买卖合同中的签约提示、居间交易资金托管提示函中予以告知，但签约文本内容繁多，此非买卖合同的主要条款，李某作为不具备专业知识的普通购房人，因信赖钟某军房地产经纪公司经纪人的身份，按照其指示在房地产经纪公司门店内刷卡，虽未注意到 POS 机代理商名称及办理地点的区别，存在一定疏忽大意，但并未明显低于一般购房人应尽的注意义务。

基于以上论述，房地产经纪公司作为居间合同的主体，因其员工在履职过程中的不当行为给李某造成重大损失，对李某的实际损失，在房地产经纪公司与李某之间，应由房地产经纪公司承担主要责任。但李某在完成付款行为时，仍存在一定疏忽，故在确定房地产经纪公司应赔偿的损失数额时，法院将结合居间合同履行情况、双方过错程度予以综合考虑。李某主张的损失利息部分依据不足，法院不予支持。鉴于李某与蔡某妹之间的买卖合同已经继续履行完毕，房地产经纪公司亦继续协助双方履约，李某要求房地产经纪公司退还居间费用及利息，依据不足，法院不予支持。李某主张的律师费部分缺乏依据，法院对此亦不予支持。

综上所述，北京市第二中级人民法院依据《中华人民共和国民事诉讼法》第一百七十条第一款第二项之规定，作出如下判决：

一、撤销北京市丰台区人民法院（2019）京 0106 民初 1891 号民事判决；

二、房地产经纪公司于本判决生效之日起七日内在钟某军退赔李某款项范围外，赔偿李某损失 267.93 万元；

三、驳回李某的其他诉讼请求。

【法官后语】

认定是否属于职务行为，应当结合是否属于法人工作人员的身份、该行为是否属于履行职责的范围、是否符合交易习惯、是否取得合理的交易对价等因素作出认定。法人在承担合同责任时，可依据合同履行情况、双方各自注意义务及过错程度等因素综合予以考虑。

一、职务行为的认定

执行法人或者非法人组织工作任务的人员，就其职权范围内的事项，以法人或者非法人组织的名义实施民事法律行为，对法人或者非法人组织发生效力。法人或者非法人组织对执行其工作任务的人员职权范围的限制，不得对抗善意相对人。由此可见，认定职务行为的前提条件，必须是执行法人或者非法人组织工作任务的人员，执行的必须是其职权范围内的事项，同时对于职权的范围，还应结合交易习惯进行认定。

本案中，从身份上看，钟某军系《居间服务合同》上双方约定并签字的经办人，属于代表房地产经纪公司履行居间合同的工作人员；从职权范围上看，依照一般二手房交易习惯，在交易过程中，居间方除促成买卖双方交易外，通常还协助双方拟定合同、办理网签、批贷、资金监管或托管、转移登记等房屋交易的相关手续。因此，不论钟某军的行为出于何种主观目的，对李某来说，钟某军所指示的资金托管事项及其指示付款的行为均应属于二手房交易过程中居间方的职权范围，钟某军的行为符合职务行为的特征。

二、双方责任的分担

作为履行居间合同的双方，房地产经纪公司和李某对履约均负有各自的注意义务。首先，房地产经纪公司作为专业从事房地产经纪活动的商事居间主体，具有较高的专业化程度，具备相应的资质，故其对于公司的工作人员、经营场所、工作流程等均应负有相应的监管义务。而李某作为购房人，其对于自身的履行行为，亦应负有相应的注意义务。但是应当指出，房地产经纪公司作为专业的经纪机构，相较于李某这样的一般购房人，存在交易能力上的巨大差异，而购房人恰恰依赖经纪机构的专业性完成烦琐的房产交易活动；同时，考虑到房地产经纪公司按照房价款比例获取居间费用，故综合以上因素，相较于李某，应对房地产经纪公司的相应义务课以更高的要求。

本案中，李某未注意到刷卡机代理商名称及办理地点与买卖合同的签约提示、居间交易资金托管提示函中的表述存在区别，也存在一定疏忽大意，但由于买卖合同的签约文本内容庞杂，而上述提示并非合同主要条款，且李某系基于合同约定的经纪人的指示进行付款操作，因此李某的履行行为并未明显低于一般购房人应尽的注意义务。而反观房地产经纪公司，钟某军作为其公司的工作人员，在房地产经纪公司的门店内数次实施诈骗行为，并使用自行申领的刷卡机给客户刷卡，房地产经纪公司对此均表示毫不知情，显然未尽到应有的监管义务；且钟某军因在其他经纪公司工作时犯诈骗罪尚在缓刑考验期，居间合同上签字的另外两位有资质的经纪人亦从未参与合同履行，可见，房地产经纪公司对于其工作人员的履职行为及工作流程均未采取有效的监管措施，对于一个协助完成大宗财产交易的经纪机构，房地产经纪公司未尽到合理的注意义务。因此，在钟某军的行为构成职务行为的前提下，对李某的实际损失，在双方当事人之间，应当由房地产经纪公司承担主要责任。

本案件判决于《中华人民共和国民法典》出台之前，《中华人民共和国民法典》第一百七十条对于职务行为的规定与之前的法律规定保持了一致。本案主要涉及职务行为的认定标准及法人责任承担问题，有助于在实践中把握事实认定的要素，准确划分责任。

编写人：北京市第二中级人民法院　陈雨菡

148 无权代理人订立房屋买卖合同效力问题及违约责任的认定

——陈某根诉刘某清、严某英房屋买卖合同案

【案件基本信息】

1. 裁判书字号

福建省福州市中级人民法院（2018）闽 01 民终 9463 号民事判决书

2. 案由：房屋买卖合同纠纷

3. 当事人

原告（被上诉人）：陈某根

被告（上诉人）：严某英

被告：刘某清

第三人：M 中介所、M 经纪公司

【基本案情】

2018 年 5 月 11 日，严某英（代理人）代其女儿刘某清（甲方）与陈某根（乙方）在 M 中介所、M 经纪公司的服务下，就买卖讼争房屋签订了《居间服务合同》《房屋买卖合同》及《交易服务合同》。《房屋买卖合同》就成交价款、违约条款等进行了约定。同日，严某英还签署了一份《产权人及共有权人未到场声明》，主要内容为……本人保证代理签订前述合同的行为已取得上述产权人口头授权，另保证上述产权人在前述合同签订后三十日内向交易服务方提供上述产权人委托本人签订前述合同的授权确认函或委托本人出售该房屋的公证委托书。因有其他共有权人对该房屋主张权利而导致前述合同被认定无效的，或因上述产权人在前述合同签订后三十日内未向交易服务方提供上述产权人委托本人签订前述合同的授权确认函亦未向交易服务方提供上述产权人委托本人出售该房屋的公证委托书而导致前述合同被认定无效或被撤销的，本人应向买方支付赔偿金人民币 500000 元整并应向居间方支付相当于在前述合同有效（或未被撤销）的情形下应付佣金同等金额的赔偿金人民币 146280 元整。同时，陈某根作为买方，在该声明上签名确认。陈某根依约将购房保证金交由 M 经纪公司保管。2018 年 5 月 29 日，M 经纪公司向严某英发出《履约通知函》，要求严某英提供身份证原件以供核对。2018 年 6 月 19 日，M 经纪公司向刘某清发出《告知函》，要求刘某清提供授权严某英签订房屋买卖相关合同的授权确认函或公证委托书。2018 年 6 月

22 日，M 经纪公司再次向刘某清发出《履约通知函》，要求刘某清提供授权严某英签订房屋买卖相关合同的授权确认函或公证委托书。刘某清陈述其并未收到上述函件。严某英当庭确认有收到此三份函件，但由于并不识字，故不知晓函件内容。此外 M 经纪公司已向陈某根退还了购房保证金 245000 元，案涉的居间费亦已经退还。

【案件焦点】

1.《房屋买卖合同》《居间服务合同》《交易服务合同》是否成立及生效；2. 严某英构成无权代理还是表见代理及其应当承担何种责任。

【法院裁判要旨】

福建省福州市台江区人民法院经审理认为：严某英以其女儿刘某清的名义与陈某根签订《房屋买卖合同》《居间服务合同》《交易服务合同》，本案陈某根的举证尚不足以证明严某英签订上述合同的行为得到了刘某清的授权，因此严某英的行为属于无权代理。诉讼中，陈某根认为，即使严某英是无权代理，由于陈某根、居间方、交易服务方均有理由相信严某英有代理权，故本案也可构成表见代理。所谓表见代理，是指行为人虽无代理权，但由于被代理人的行为，造成了足以使善意第三人相信其有代理权的表象，而与善意第三人进行的，由被代理人承担法律后果的代理行为。根据本案查明的事实，严某英是刘某清的母亲，持有刘某清的房产证，并且配合看房，但仅此因素，并不能得出陈某根在签约时有理由相信严某英有代理权的结论。陈某根主观上虽为善意，但存在过失，其在签约时未对严某英的代理权限进行谨慎的审查，在严某英无法出具书面授权委托书的情况下，听信严某英的单方承诺，有明显的过失。因此本案并不符合表见代理的构成要件。

根据《中华人民共和国合同法》第四十八条第一款（《中华人民共和国民法典》第一百七十一条第一款）的规定，严某英签订的《房屋买卖合同》未经刘某清的追认，对刘某清不发生效力。因此，刘某清无须依照《房屋买卖合同》的约定承担民事责任。

严某英签署的《产权人及共有权人未到场声明》，应认定为严某英与陈某根达成的协议，合法有效。根据其中的约定，严某英应当依约承担向陈某根支付违约赔偿金 50 万元的责任。对于严某英提出的违约赔偿数额过高的意见，一审法院认为，案涉房屋为特定物，选购满意的房产、最终签订房屋买卖协议需要耗费较多精力和时间，在刘某清拒绝追认之后，陈某根难以在较短的时间内重新找到价格合适、地段类同的房子，加之福州市区房产的价格涨幅较快，在严某英未能提供证据证明双方自愿议定的违约金显著高于陈某根的损失的情况下，一审法院对于其调低违约金的请求不予支持。严某英提出的其不识字，文化水平低等辩解，并不能作为免除违约责任的合法理由，一审法院不予采纳。如前所述，上述《房屋买卖合同》对刘某清并无法律效力，陈某根请求刘某清与严某英连带赔偿违约金 50 万元，缺乏法律和事实依据，一审法院不予支持。

福建省福州市台江区人民法院依照《中华人民共和国合同法》第四十八条、第一百一十四条第一款，以及《最高人民法院关于适用〈中华人民共和国民事诉讼法〉的解释》第九十条之规定，作出如下判决：

一、严某英应于本判决生效之日起十日内向陈某根支付违约金 50 万元；

二、驳回陈某根的其他诉讼请求。案件受理费8800元，由陈某根负担800元，严某英负担8000元。

严某英不服一审判决，提起上诉。

福建省福州市中级人民法院经审理认为：严某英主张其对案涉合同及声明的内容不能完全知晓并理解，是在陈某根及中介方的话语引导下签订案涉合同及声明，但其作为完全民事行为能力人，应当知道其签字行为所产生的法律后果，其提出的系文盲的辩解，不属于法定的免责事由，且未提供证据证明系受他人诱导签署案涉合同及声明的情况下，严某英应承担举证不能的法律后果。

《中华人民共和国合同法》第三十九条规定："格式条款是当事人为了重复使用而预先拟定，并在订立合同时未与对方协商的条款"。《产权人及共有权人未到场声明》系严某英与陈某根在案涉房屋产权人未到场的情况下，对案涉《房屋买卖合同》可能无法获得产权人追认而对追认期限及双方权利义务单独进行协商所订立的契约，故严某英主张该声明系格式合同依据不足，不予采信。《产权人及共有权人未到场声明》系严某英的真实意思表示，不违反法律规定，应属合法有效，一审法院根据该声明，判令严某英赔偿陈某根50万元违约金并无不当，予以维持。

福建省福州市中级人民法院依照《中华人民共和国民事诉讼法》第一百七十条第一款第一项之规定，作出如下判决：

驳回上诉，维持原判。

【法官后语】

一、无权代理与无权处分行为认定标准

无权处分行为是指无处分权人处分他人财产，并与相对人订立处分财产合同的行为。在无权处分行为中包含行为人处分财产的行为及因行为人处分财产的行为而使行为人与相对人订立合同。如果行为人是以他人的名义实施的处分行为，虽然没有获得他人的授权，但仍构成无权代理，而不构成无权处分。本案中，严某英与刘某清系母女关系，其在居间方、交易服务方服务下，与陈某根签订《房屋买卖合同》《居间服务合同》《交易服务合同》均是以刘某清的名义而非其本人，且在《房屋买卖合同》的补充协议中约定严某英应于案涉合同签订后三十日内向交易服务方提供刘某清的委托授权材料，故严某英的行为构成无权代理。关于是否构成表见代理的问题，表见代理，是指行为人虽无代理权，但由于被代理人的行为，造成了足以使善意第三人相信其有代理权的表象，而与善意第三人进行的，由被代理人承担法律后果的代理行为。本案中，严某英系刘某清的母亲，持有刘某清的房产证，并且配合看房，但仅此因素，并不能必然得出陈某根在签约时有理由相信严某英有代理权的结论，且本案中存在《产权人及共有人未到场声明》，故本案不符合表见代理的构成要件。根据原《中华人民共和国合同法》第四十八条第一款（对应《中华人民共和国民法典》第一百七十一条第一款）的规定，严某英签订的《房屋买卖合同》未经刘某清的追认，对刘某清不发生效力。

二、合同成立与合同生效认定标准

缔结合同的双方当事人经过要约、承诺，就合同的主要条款达成意思表示一致，合同成立。合同的生效，是指合同具备一定的要件便能产生法律上的约束力。合同成立后不当然地就有法律约束力，只有生效后才对当事人产生法律上的约束力。本案中，严某英与陈某根签订的案涉合同，系双方意思表示一致，合同成立，但因刘某清拒绝追认，该合同无效。在不构成表见代理亦无权利人追认的情况下，双方所订立的合同无效。原《最高人民法院关于适用〈中华人民共和国合同法〉若干问题的解释（二）》第十三条尽管是对表见代理的规定，但其精神亦可适用于狭义无权代理的情况。即对于无权代理人的责任，根据缔约过失责任予以解释更为合理。第一，无权代理人在合同订立过程中存在过失，其知道或应当知道其无代理权，仍然以财产权利人名义从事代理行为，应对其过失承担责任；第二，无权代理人在从事无权代理行为时，违背基于诚实信用原则所产生的忠实、诚实等附随义务，并已给相对人造成损失；第三，由于财产权利人拒绝追认无权代理行为，无权代理人所订立的合同被宣告无效。本案中，严某英明知未取得刘某清的授权，仍与陈某根订立合同，违背了诚实信用原则，给陈某根造成损失，应当承担缔约过失责任。一审判决严某英向陈某根支付违约金是基于双方签订的《产权人及共有权人未到场声明》中约定的内容，该声明系严某英与陈某根在案涉房屋产权人未到场的情况下，对案涉《房屋买卖合同》可能无法获得产权人追认而对追认期限及双方权利义务单独进行协商所订立的契约，声明中不仅对严某英的权利义务进行明确约定，也对陈某根在一定期限内行使撤销权进行限制。对于严某英辩解其系文盲故其所签订的合同及声明均属无效的主张因不属于法定的免责事由，在其未提供证据证明其系受他人诱导签署上述合同及声明的情况下，其应当承担举证不能的后果。二审法院基于严某英与刘某清的亲属关系、持有房屋产权证且在其单独订立的《产权人及共有权人未到场声明》中明确约定了契约双方的权利义务的情况下维持原审判决，判令违约方承担违约责任的判决合理合法，且具有良好的指导意义与作用。

编写人：福建省福州市中级人民法院　陈奇

（五）农村房屋买卖合同纠纷

149 明知存在法定无效事由又主张合同无效的法律后果

——裴某、陈某诉王某农村房屋买卖合同案

【案件基本信息】

1. 裁判书字号

北京市第三中级人民法院（2020）京03民终14304号民事判决书

2. 案由：农村房屋买卖合同纠纷

3. 当事人

原告（被上诉人）：裴某、陈某

被告（上诉人）：王某

【基本案情】

1988年，裴某经申请在某镇某村北正房七间，其中东侧三间系裴某义居住使用，西侧四间为裴某所有。1999年12月23日，裴某与王某经密云县房地产交易事务所订立房产卖契，主要内容为：立卖契人裴某今将北正瓦房四间卖与王某，议定卖价1万元整，此产如有一切纠葛，均由卖方负责，今经北京市密云县房地产交易事务所订立卖契为凭，房产坐落于密云区某镇某村。双方一致确认王某从裴某处购买的是位于北京市密云区某镇某院，当时院内有北正瓦房四间及东西厢房各两间。

2018年7月26日，裴某以农村房屋买卖合同纠纷为由诉至法院，要求确认其与王某签订的农村房屋买卖合同无效。后法院作出（2018）京0118民初8022号民事判决，判决裴某与王某签订的关于案涉房屋的买卖合同无效。该民事判决书现已生效。

2018年10月11日，王某（乙方）与投资开发公司（甲方）签订《棚户区改造项目房屋拆迁补偿安置协议》，协议约定：第一条被拆迁房屋基本情况，被拆迁房屋坐落于北京市密云区某镇，被拆迁人王某，宅基地占地面积176.06平方米，认定宅基地面积163.2平方米，房屋建筑面积125.39平方米。第二条补偿内容及方式，（1）住宅房屋采取以在集体土地上建设回迁安置房的模式进行安置补偿，具体位置以规划批准文件为准，安置房面积163.2平方米，根据安置房户型方案，乙方选择安置房为73平方米一套、90平方米一套。根据拆迁补偿安置方案和已选安置房户型，安置房购房款共计230324元，其中应安置面积130.56平方米、成本价购房面积32.44平方米、成本价购房金额230324元。二、乙方被拆迁房屋的各项补偿、补助、奖励如下：经评估机构评估，被拆迁房屋重置成新价、装修及附属物补偿、机械设备补偿费或迁移费共计237453元，其中房屋重置成新价补偿163639元，装修及附属物补偿73814元。被拆迁房屋的各项补助费包括房屋搬迁费、各项移机移装费、周转费、杂物处置费补助、特殊困难补助费、安置房装修补助费共计196298元，其中：搬迁费4896元；各项移机移装费4370元；周转费先行发放6个月，共计22032元；杂物处置费补助2000元；安置房装修补助费16.3万元。奖励费共计20万元，其中：预签约奖10万元；提前搬迁奖10万元；水库移民拆迁团结互助奖另行签订补充协议。综上所述，拆迁补偿总款共计 633751 元。结算补偿款=拆迁补偿总款-安置房购房款，结算补偿款 403427 元。

2018 年 12 月 28 日，王某（乙方）与投资开发公司（甲方）签订《棚户区改造项目房屋拆迁补偿安置协议——补充协议》，补充协议约定：水库移民拆迁团结互助奖 10 万元。付款期限自本协议签订之日起 20 日内，甲方将上述全部款项一次性支付给乙方。

《北京市集体土地房屋拆迁估价结果通知单》显示：被拆迁人王某，房屋坐落于北京市密云区某镇，建筑面积 125.39 平方米，房号 1 建筑面积 67.52 平方米；房号 2 建筑面积 57.87 平方米，其中，房号 2 包含了南倒座建筑面积 26.63 平方米。

【案件焦点】

农村房屋买卖合同确认无效后，农房拆迁利益如何分配。

【法院裁判要旨】

北京市密云区人民法院经审理认为：合同无效或者被撤销后，因该合同取得的财产，应当予以返还；不能返还或者没有必要返还的，应当折价补偿。有过错的一方应当赔偿对方因此所受到的损失，双方都有过错的，应当各自承担相应的责任。本案中，裴某与被告王某于 1999 年 12 月 23 日签订的卖房协议已经法院确认无效。关于合同无效的过错问题，裴某在交易过程中应当知道其所出卖的房屋及宅基地属禁止流转范围，后其又以违法出售房屋为由主张合同无效，违背了诚实信用原则，因此，裴某应当承担对合同无效的主要责任，王某承担次要责任。

具体到本案，涉案房屋已经列入棚改项目，王某已经与第三人投资开发公司签订了房屋拆迁补偿安置协议及补充协议，明确约定了回迁安置房屋面积及各项补偿款项，故双方争议的焦点为关于拆迁补偿利益的归属和分配。因涉案房屋已经被纳入拆迁安置范围，故裴某与王某因农村房屋买卖合同取得的财产，没有返还的必要。从房屋拆迁补偿安置协议及补充协议的约定来看，拆迁补偿利益主要包括回迁安置房及房屋重置成新价、装修、奖励等各项补偿费。首先，关于回迁安置房，目前尚未建设完成，无法确定安置房屋的具体位置、房号及房屋价值，经法院释明，二原告在审理过程中表示待该项权利确定后另行主张，故本案不予涉及。其次，关于房屋重置成新价、装修及附属物补偿、搬迁费、周转费、杂物处置费、提前搬迁奖，系针对房屋实际居住人的补偿或奖励，应当归王某享有。关于安置房装修补助费、预签约奖，是针对具体涉案房屋设置的补偿，因王某对合同无效承担次要责任，故其中70%应当归王某，30%应当归二原告，具体数额由法院依法确定。水库移民拆迁团结互助奖系拆迁单位根据水库移民身份设置的奖励，应当归二原告。现涉案房屋的各项补偿费、奖励费数额已经确定，故法院依据上述分析确定由王某给付二原告相应款项。

北京市密云区人民法院依据《中华人民共和国民法典》第一百五十七条之规定，作出如下判决：

一、被告王某于本判决生效之日起十日内给付原告裴某、陈某各项补偿款共计160848.72元；

二、驳回原告裴某、陈某的其他诉讼请求。

王某不服一审判决，提出上诉。

北京市第三中级人民法院经审理认为：合同无效或者被撤销后，因该合同取得的财产，应当予以返还；不能返还或者没有必要返还的，应当折价补偿。有过错的一方应当赔偿对方因此所受到的损失，双方都有过错的，应当各自承担相应的责任。一审法院根据本案的实际情况，认定裴某应当承担对合同无效的主要责任，王某承担次要责任，并酌定双方因合同无效各自应承担的责任比例并无不当。具体到本案，涉案房屋已经列入棚改项目，王某已经与第三人投资开发公司签订了房屋拆迁补偿安置协议及补充协议，明确约定了回迁安置房屋面积及各项补偿款项。因涉案房屋已经被拆迁完毕，故裴某与王某因农村房屋买卖合同取得的财产，已经无法返还。双方应根据拆迁合同内容结合责任比例确定各自的拆迁利益。关于安置房装修补助费、预签约奖，是针对具体涉案房屋设置的补偿，一审法院据此确定双方各自应获得的补偿金额并无不当。水库移民拆迁团结互助奖系拆迁单位根据水库移民身份设置的奖励，一审法院认定应由裴某、陈某享有并无不当。此外，关于安置房装修款，一审法院已经考虑了安置面积 130. 26 平方米及王某自购面积情况，认定 130260 元为应获得的安置房装修款，据此确定的补偿金额并无不当。另南倒座房屋的装修补偿亦未计入对裴某、陈某的补偿中。综上所述，王某的上诉请求均不能成立，应予驳回；一审判决认定事实清楚，适用法律正确，应予维持。

北京市第三中级人民法院依照《中华人民共和国民事诉讼法》第一百七十七条第一款第一项的规定，作出如下判决：

驳回上诉，维持原判。

【法官后语】

宅基地使用权是指公民个人在国家或集体所有的宅基地上所享有的建造房屋以使用居住的一种物权。宅基地使用权的取得、行使和转让，适用土地管理法等法律和国家有关规定。宅基地因自然灾害等原因灭失的，宅基地使用权消灭。对失去宅基地的村民，应当重新分配宅基地。已经登记的宅基地使用权转让或者消灭的，应当及时办理变更登记或者注销登记。

宅基地使用权具有如下特征：(1) 主体只能是农村集体经济组织的成员。(2) 用途仅限于村民建造个人住宅。个人住宅包括住房以及与村民居住生活有关的附属设施，如厨房、院墙等。(3) 实行严格的"一户一宅"制。根据土地管理法的规定，农村村民一户只能拥有一处宅基地，其面积不得超过法定标准。农村村民建住宅，应符合乡（镇）土地利用总体规划，并尽量使用原有的宅基地和村内空闲地。农村村民出卖、出租住房后，再申请宅基地的，不予批准。(4) 福利性，其初始取得是无偿的，宅基地使用权是不可继承的。

《中华人民共和国土地管理法》规定，农村村民一户只能拥有一处宅基地。农村村民出卖、出租住房后，再申请宅基地的，不予批准。担保法规定，宅基地使用权不得抵押。

农村居民建住宅要严格按照所在的省、自治区、直辖市规定的标准，依法取得宅基地。农村居民每户只能有一处不超过标准的宅基地，多出的宅基地，要依法收归集体所有。农村村民出卖、出租、赠与住宅后，再申请宅基地的，不予批准。同时禁止城镇居民在农村购置住宅。

如果违反相关法律规定买卖农村房屋，在合同无效或者被撤销的情形下，当事人应负如下几种民事责任：

(1) 返还财产。返还财产是指合同当事人在合同被确认无效或者被撤销以后，对已交付给对方的财产享有返还请求权，而已接受该财产的当事人则有返还财产的义务。合同无效或者被撤销后，就意味着双方当事人之间没有任何合同关系存在，那么就应该让双方当事人的财产状况恢复到如同没有订立合同时的状态下。而返还财产就是旨在使财产关系恢复到合同订立前的状况。所以不论接受财产的一方是否具有过错，都应当负有返还财产的义务。不过返还财产主要适用于已经作出履行的情况，如果当事人根本就没有开始履行，或者说财产尚未交付，就不应适用返还财产这一原则。

(2) 折价补偿。返还财产为恢复原状的原则，但是在有的情况下，财产是不能返还或者没有必要返还的，在此种情况下，为了达到恢复原状的目的，就应当折价补偿对方当事人。不能返还可分为法律上的不能返还和事实上的不能返还。

法律上的不能返还，主要是受善意取得制度的限制。即当一方将受领的财产转让给第三人，而第三人取得该项财产时在主观上没有过错，不知道或者没有责任知道该当事人与另一方当事人的合同无效或者被撤销，善意第三人就可以不返还该原物，并且该原物也是不可替代的，此时，该当事人就不能返还财产，他就必须依该物在当时的市价折价补偿给另一方当事人。

事实上的不能返还，主要是指标的物灭失造成不能返还原物，并且原物又是不可替代的。在这种情况下，取得该财产的当事人应当依据该原物当时的市价进行折价补偿。

(3) 赔偿损失。《中华人民共和国民法典》第一百五十七条规定，有过错的一方应当赔偿对方因此所受到的损失，双方都有过错的，应当各自承担相应的责任。在合同被确认无效或者被撤销后，一般都会产生损害赔偿的责任。在合同被确认无效或者被撤销后，凡是因合同的无效或者被撤销而给对方当事人造成的损失，主观上有故意或者过失的当事人都应当赔偿对方的财产损失。

具体到本案，裴某、陈某在交易过程中应当知道其所出卖的房屋及宅基地属禁止流转范围，后其又以违法出售房屋为由主张合同无效，违背了诚实信用原则，因此，裴某、陈某应当承担对合同无效的主要责任，王某承担次要责任。涉案农村房屋已经列入棚户区改造项目，王某已经与拆迁公司签订了房屋拆迁补偿安置协议及补充协议，明确约定了回迁安置房屋面积及各项补偿款项，双方争议的焦点为关于拆迁补偿利益的归属和分配。故王某无返还房屋之必要，法院依照双方过错程度确定回迁安置房及补偿款的分割。

编写人：北京市密云区人民法院　陈玉霞

150　被拆除腾退人身份的认定思路

——侯某喜诉赵某林、刘某芸农村房屋买卖合同案

【案件基本信息】

1. 裁判书字号

北京市第二中级人民法院（2020）京 02 民终 11799 号民事判决书

2. 案由：农村房屋买卖合同纠纷

3. 当事人

原告（上诉人）：侯某喜

被告（被上诉人）：赵某林、刘某芸

【基本案情】

2018 年 3 月 14 日，赵某林、刘某芸以农村房屋买卖合同纠纷为由将侯某喜诉至北京市大兴区人民法院，经审理，北京市大兴区人民法院作出（2018）京 0115 民初 7095 号民事判决，前述判决

载明，2003 年 2 月 18 日，赵某林、刘某芸（甲方）与侯某喜（乙方）签订《购房协议》，甲方自愿将坐落在北京市大兴区某镇中心位置自有住房及宅院一处卖予乙方，价格为 15.5 万元。2003 年 3 月 9 日，赵某林（卖方）与侯某喜（买方）签订《购房协议书》，内容为：经村委会研究决定允许村民赵某林出售自有住宅一所……公民侯某喜决定购买。协议签订后，赵某林和刘某芸收到侯某喜支付的房款 15.5 万元。庭审中，侯某喜表示购房后次年将院落内原有房屋全部拆除后在院落四周均翻建了房屋，赵某林、刘某芸对涉案院落房屋建设情况予以认可。

（2018）京 0115 民初 7095 号民事判决法院认为部分载明："另指出，因合同无效后买受人可就赔偿损失问题向出卖人主张权利，法院会根据实际情况综合考虑买卖双方的过错程度，房屋建设情况及贡献程度予以处理，但侯某喜未就赔偿损失问题在本案中提出反诉，双方当事人可就损失问题另行解决。"

侯某喜不服（2018）京 0115 民初 7095 号民事判决，向北京市第二中级人民法院提起上诉，后北京市第二中级人民法院于 2019 年 3 月 28 日作出（2019）京 02 民终 4290 号民事判决，判决驳回上诉，维持原判。

后案涉房屋所在地被纳入棚户区改造土地开发项目范围之内。

2019 年 8 月 19 日，建设发展公司（拆除腾退人、甲方）与赵某林（被拆除腾退人、乙方）签订《集体土地住宅房屋拆除腾退补偿协议》，《集体土地住宅房屋拆除腾退补偿协议》载明……（四）房屋周转费及弃楼补贴双方另行签订补充协议。

2020 年 6 月 20 日，建设发展公司（拆除腾退人、甲方）与赵某林（被拆除腾退人、乙方）签订《集体土地住宅房屋拆除腾退补偿协议（补充协议）》（以下简称《补充协议》），《补充协议》载明，乙方选购安置房4套，所购安置房总设计建筑面积为323.89平方米，购房总价为1862943元。乙方同意甲方在其拆除腾退补偿款中直接扣除用于支付购买回迁安置房的购房款。双方同意按照甲方支付乙方剩余拆除腾退补偿1834547元的方式进行付款及结算。

另查明，侯某喜的户籍住址为某镇××村××路××号。

【案件焦点】

1. 侯某喜能否被认定为被拆除腾退人；2. 安置房是否与侯某喜有关。

【法院裁判要旨】

北京市大兴区人民法院经审理认为：综合考虑到出卖人在出售农村房屋后又起诉要求确认《购房协议书》无效，赵某林、刘某芸此举有违诚实信用原则，故应由赵某林、刘某芸对《购房协议》无效的后果负主要责任，由侯某喜负次要责任。在（2018）京0115民初7095号案件中，侯某喜未就《购房协议书》无效后的相关损失提起反诉，而现在案涉房屋已经被拆除腾退，故本案中侯某喜的诉求实际为请求人民法院处理之前案件中遗留的损失问题。关于回迁安置房，依据《棚户区改造土地开发项目集体土地住宅房屋拆除腾退补偿实施方案》第二条，结合侯某喜的户籍状况，可知侯某喜并非被拆除腾退人，不能被认定为被安置人，故侯某喜不应享有回迁安置房，故该项拆迁利益与侯某喜无关；关于房屋周转费，依据《棚户区改造土地开发项目集体土地住宅房屋拆除腾退补偿实施方案》

第二十四条，可知该项拆迁利益与回迁安置房挂钩，故该项拆迁利益与侯某喜无关。

据此，北京市大兴区人民法院依照《中华人民共和国合同法》第四十二条、第五十八条，《最高人民法院关于适用〈中华人民共和国民事诉讼法〉的解释》第九十条之规定，作出如下判决：

一、赵某林、刘某芸于本判决生效后十日内赔偿侯某喜拆除腾退补偿利益损失 2186885 元；

二、驳回侯某喜的其他诉讼请求。

侯某喜不服一审判决，提出上诉。

北京市第二中级人民法院经审理认为：首先，侯某喜与赵某林、刘某芸对《购房协议书》无效后果均有过错，赵某林、刘某芸签订协议后又起诉确认协议无效，违反诚实信用原则，应承担主要过错。一审法院根据双方过错程度、拆除腾退补偿各项款项的补偿对象，综合判断后分配拆除腾退补偿款，结果并无不当，法院予以维持。其次，关于侯某喜是否有权享有弃楼款和周转费。根据《实施方案》，侯某喜不符合被拆迁腾退人的条件，而且回迁安置房系为保护被拆迁腾退人的居住权利所设置，故侯某喜不应享有回迁安置房的相关权益。故侯某喜上诉主张的弃楼款和周转费的诉讼请求，法院不予支持。

综上所述，侯某喜的上诉请求不能成立，应予驳回；一审判决认定事实清楚，适用法律正确，应予维持。北京市第二中级人民法院依照《中华人民共和国民事诉讼法》第一百七十条第一款第一项之规定，作出如下判决：

驳回上诉，维持原判。

【法官后语】

因为涉拆迁纠纷呈现出地域性、阶段性等特点；又加之土地升值引发的利益驱动、当事人对于买卖房屋的朴素认识与法律规定相左、部分人抱有从中获利的投机心理及具体裁判文书说理程度不一等因素，导致各方当事人对自己能否被认定为被拆除腾退人的心理预期不同，对裁判结果的接受程度亦不相同。

在此类案件中，人民法院在判断各方当事人是否系被拆除腾退人时主要考虑以下三个因素：

第一，户籍住址。居民户口簿是公安机关为履行其行政职责而制作的证件，作为公文书，其在民事诉讼中作为证据时证明力较高，其记载的姓名、户别、户籍住址等信息与当事人能否被认定为被拆除腾退人关系密切。根据通行的观点，当某个当事人的户别为农业家庭户、户籍住址为被拆除腾退房屋所在地址时，该当事人就可以被认定为该房屋中的被拆除腾退人，而不需要考虑其对房屋建造是否存在贡献；反之，则该当事人不宜被认定为被拆除腾退人。

第二，拆迁政策。拆迁政策是法院处理涉拆迁类案件时的重要参考依据，也为如何分配拆迁利益提供了明确指引。它对如何分配拆迁利益提供了重要指引。依据该镇《棚户区改造土地开发项目集体土地住宅房屋拆除腾退补偿实施方案》第二条的规定，被拆除腾退人为本项目拆除腾退范围内被拆除腾退房屋及其附属物的所有权人。一般而言，在农村地区建造新房时需要先获批宅基地，在翻建房屋时要通过属地政府的翻建审批，在农村地区建造房屋时，一般而言，新建房屋前需要先获得集体土地宅基地使用权，翻建房屋时要通过属地政府的房屋翻建审批，而无论是新建还是翻建，所建造的房屋都必须符合北京市人民政府发布的合法建筑面积标准，在此基础上，然后再结合建造人的户籍情况，最终才能认定某个当事人是不是某处房屋的所有权人。

第三，政府认定。无论是宅基地的审批还是房屋翻建审批，这都属于行政机关的职责范围，法院作为司法机关并不能直接干涉，故即使通常认为某个人不符合宅基地审批标准，本身并不符合宅基地使用权标准，但是行政机关依然向其颁发了房屋准建证等公文证书予以确认其所有权人身份时，法院在此种情形下也会遵循该认定而作出判断。考虑到历史原因等因素，并不是所有的农村地区房屋都获批有集体土地宅基地使用权、房屋准建证等予以佐证，所以在拆除腾退过程中，如果村民委员会、乡镇政府在《宅基地确权单》等文件上签字、盖章，认定某人符合宅基地使用权人身份，法院一般会据此认定某人为被拆除腾退人。

编写人：北京市大兴区人民法院　李利冉

151　非同村集体经济组织成员之间订立的农村房屋买卖协议无效

——胡某春诉段某杰、段某作房屋买卖合同案

【案件基本信息】

1. 裁判书字号

四川省广安市中级人民法院（2019）川16民终592号民事裁定书

2. 案由：房屋买卖合同纠纷

3. 当事人

原告（被上诉人）：胡某春

被告（上诉人）：段某杰

被告：段某作

【基本案情】

2012年10月，村民段某杰一家四人申请在某村×组集体土地上建房360平方米，土地使用权类型为拨用，土地面积为137.84平方米。行政管理部门批准建房结构为三层砖混结构，但实际修建房屋五层。2013年7月15日，段某杰出具委托书一份，委托其父亲段某作全权代理其卖房一事。非同村村民胡某春（乙方）经他人介绍，委托其母亲吴某翠代胡某春与段某作（甲方）签订购房协议，约定甲方将新批土地所建门市一个及住房一套卖给乙方居住。门市及住房总价款为252000元，除定金52000元外，余下200000元再分两次付给甲方；甲方交房时先支付150000元，余下50000元，双方协商办好小产权证交给乙方时付清。合同签订后，胡某春按照协议约定，分三次将房款支付完毕。2013年8月，胡某春接房。随后胡某春对房屋进行了装修并入住。

现胡某春认为其与段某作签订的购房协议无效，要求向段某作退还房屋，段某作应退还购房款252000元，并按银行同期贷款利息支付房款利息。双方协商未果，故提起诉讼。

【案件焦点】

1. 胡某春与段某作签订的购房协议是否有效；2. 段某杰、段某作是否应当返还胡某春购房款252000元并支付利息；3. 胡某春是否应向段某作退还房屋。

【法院裁判要旨】

四川省广安市前锋区人民法院经审理认为：根据《中华人民共和国土地管理法》第六十二条第一款“农村村民一户只能拥有一处宅基地”、第六十三条“农民集体所有的土地的使用权不得出让、转让或者出租用于非农业建设”之规定，法律对于集体土地使用权的流转有明确的规定。而宅基地使用权是一种以身份为基础的权利，其权利主体具有特定性，即仅限于本集体经济组织成员。因此，非同村集体经济组织成员之间的房屋买卖协议无效。本案所涉房屋系农村集体宅基地上的房屋，房屋买卖必然涉及宅基地的转让，由于段某杰与胡某春不属同一集体组织成员，双方对宅基地上的房屋进行买卖违反土地管理法的强制性规定，故段某作代段某杰与胡某春签订的《购房协议》应当认定为无效。根据《中华人民共和国合同法》第五十八条“合同无效或者被撤销后，因该合同取得的财产，应当予以返还；不能返还或者没有必要返还的，应当折价补偿。有过错的一方应当赔偿对方因此所受到的损失，双方都有过错的，应当各自承担相应的责任”之规定，现胡某春要求确认其与段某杰之间的《购房协议》无效，并要求返还购房款，合法有据。由于《购房协议》是买卖双方在有偿且不违背真实意思的情况下签订的，对于合同无效，双方均存在过错。根据公平、合理的原则，结合胡某春占有使用房屋实际情况，对胡某春主张购房款利息的请求，不应当得到支持。

案涉房屋系在段某杰宅基地上修建，段某杰为房屋的实际权利人。段某作系受段某杰委托与胡某春签订《购房协议》，其在代理权限范围内实施的民事法律行为，由段某杰承担相应民事责任。根据民事损害赔偿的基本法理，要求代理人与被代理人承担连带责任，要以造成他人实际损害为前提。胡某春要求返还的购房款系段某杰因《购房协议》取得的财产，而非胡某春的损失。加之胡某春与段某杰对宅基地上的房屋进行买卖的行为违反法律法规的强制性规定，因该违法行为导致的损害不应当受到法律的保护，故对胡某春要求段某作承担返还购房款的诉讼请求，不应当支持。

四川省广安市前锋区人民法院根据《中华人民共和国民法总则》第一百六十二条，《中华人民共和国土地管理法》第六十二条、第六十三条，《中华人民共和国合同法》第五十二条第五项、第五十八条之规定，判决如下：

一、原告胡某春与被告段某杰之间的《购房协议》无效；

二、被告段某杰返还原告胡某春购房款252000元，原告胡某春向被告段某杰退还《购房协议》中约定出售的房屋（住房及门市各一套）；

三、驳回原告胡某春的其他诉讼请求。

段某杰不服一审判决提起上诉。

二审审理过程中，上诉人段某杰于2019年6月12日申请撤回上诉。四川省广安市中级人民法院依照《中华人民共和国民事诉讼法》第一百七十三条之规定，裁定如下：

准许上诉人段某杰撤回上诉。

【法官后语】

通过法治渠道解决“小产权房”纠纷，是乡村治理的必然要求。“小产权房”并不是一个法律上的概念，它只是人们在社会实践中形成的一种约定俗成的称谓。“小产权房”是指一些村集体组织或者开发商出售的建筑在集体土地上的房屋或是由农民自行组织建造的“商品房”。根据我国现行法律规定，非本集体经济组织的成员不得购买在本集体土地上建设的房屋。因此，“小产权房”的交易违反国家法律的强制性规定，这类房屋买卖的合同本身是违法的也是无效的。因此，正确认识“小产权房”交易的风险对于防范房屋交易风险和化解社会矛盾都具有非常重要的现实意义。现实中主要存在以下四个方面的风险：一是不能办理房屋的不动产权属登记。即使双方签订房屋买卖协议，但因土地性质以及违法建设等原因，业主也无法办理房屋权属登记。同时这类房屋在再次转让及遗赠、继承等方面都会面临困难。二是违约风险。由于“小产权房”交易违反了国家法律的强制性规定，其买卖合同是违法的，也是自始无效的，一旦某一方反悔并诉至法院，法院将判决退款、退房。实践中，很多卖方都是抓住这一点进行“一房二卖”或者进行其他的违约行为。三是拆迁难补偿。“小产权房”除不能办理房屋不动产权属登记外，大多还是违章建筑，有被强制拆除的风险。虽然双方签有购房合同，但却属无效合同。业主也不能因为拆迁而得到安置补偿。四是房屋质量没有保证。“小产权房”不是商品房，出售方不是合法取得建设开发权的房地产开发企业，业主购买后不能像商品房一样享受《建设工程质量管理条例》规定的质量保障。

针对农村“小产权房”交易的特点，除普法义务机关加强土地相关法律法规的普及宣传、行政主管部门加大违法用地建设等执法力度外，购房者还需提高“小产权房”交易的风险意识。

编写人：四川省广安市前锋区人民法院　肖波

152 以“其他形式”订立的农村房屋买卖合同效力应当结合当事人实施行为时的意思表示等因素进行综合判断

——王某保诉王某军等农村房屋买卖合同案

【案件基本信息】

1. 裁判书字号

北京市第三中级人民法院（2019）京03民终16770号民事判决书

2. 案由：农村房屋买卖合同纠纷

3. 当事人

原告（被上诉人）：王某保

被告（上诉人）：王某军、王某民、王某英

【基本案情】

王某军、王某民、王某英之父王某德拥有位于某村×宅院一所，该宅院内原有北正房六间、西厢房三间。1994年，王某德及家人从该宅院中搬离。同年，王某保占有该宅院并持续居住至今。2002年，王某保将涉诉宅院内原有房屋拆除新建了北正房八间、西厢房四间，王某德及家人未对王某保的建房行为予以阻拦。自1994年起，王某军、王某民、王某英及其父王某德未向王某保主张返还涉诉宅院。王某德于2004年去世，王某德之妻刘某荣于2015年去世。涉诉宅院的集体土地建设用地使用证一直在王某保处保存。现王某保以农村房屋买卖合同纠纷为由将王某军、王某民、王某英诉至法院，要求确认其与王某德于1994年就涉诉宅院内房屋达成的买卖合同有效。王某军、王某民、王某英否认王某保与王某德存在农村房屋买卖合同关系，并称王某保仅是代为保管涉诉宅院。

【案件焦点】

在未签订书面房屋买卖合同或订立口头合同的情况下，农村房屋买卖合同关系的认定以及合同效力问题。

【法院裁判要旨】

北京市顺义区人民法院经审理认为：《中华人民共和国合同法》第十条第一款规定："当事人订立合同，有书面形式、口头形式和其他形式。"《最高人民法院关于适用〈中华人民共和国合同法〉若干问题的解释（二）》第二条规定："当事人未以书面形式或者口头形式订立合同，但从双方从事的民事行为能够推定双方有订立合同意愿的，人民法院可以认定是以合同法第十条第一款中的'其他形式'订立的合同。但法律另有规定的除外。"由此可见，是否签订书面合同并非判断当事人之间是否形成合同法律关系的绝对标准，应当结合当事人实施行为时的意思表示以及纠纷发生后当事人对相关事实的认知等因素进行综合判断。

本案中，虽然王某保与王某德未就涉诉宅院签署书面的农村房屋买卖合同，但结合王某德于 1994 年搬离涉诉宅院，原告王某保自 1994 年起占有该宅院并持续居住至今，王某德及本案的被告均未曾向原告主张返还以及 2002 年时原告王某保将房屋翻建，王某德及本案的被告当时及之后均未表示反对且涉诉宅院集体土地建设用地使用证由原告王某保占有。综上，本案中王某保提交的证据与客观事实之间能够相互印证，可以认定原告王某保与被告王某德存在房屋买卖合同关系。被告王某军、王某民、王某英辩解原告王某保只是保管涉诉房屋，但其提交的证据不足以证明其主张，法院不予采信。

另外，本案中，王某保为村集体经济组织成员，其取得涉诉宅院宅基地使用权并不违反相关法律、行政法规的强制性规定。王某军、王某民、王某英主张即使房屋买卖合同存在，但被告之父王某德处分了其妻子刘某荣的共同财产且双方房屋买卖合同未经过村民委员会的同意和批准，故并不能使双方房屋买卖合同有效。但房屋买卖合同为债权合同，合同一方当事人的处分权并不影响合同效力。《中华人民共和国土地管理法》第十条的规定并非效力性、强制性规定，故房屋买卖合同未经过村委会批准同意并不影响合同的效力。

综上，北京市顺义区人民法院判决如下：

王某保与王某德于 1994 年关于某村×宅院内房屋所达成的买卖合同有效。

王某军、王某民、王某英不服，提起上诉。

北京市第三中级人民法院同意一审法院裁判意见，依照《中华人民共和国民事诉讼法》第一百七十条第一款第一项之规定，判决如下：

驳回上诉，维持原判。

【法官后语】

本案争议的焦点是在王某保与王某德就涉诉房屋未签订书面房屋买卖合同或订立口头合同的情况下，双方就涉诉宅院是否存在农村房屋买卖合同关系认定及合同效力问题。

原《中华人民共和国合同法》第十条第一款规定：“当事人订立合同，有书面形式、口头形式和其他形式。”《中华人民共和国民法典》第一百三十五条基本沿袭了本条规定，并新增“法律、行政法规规定或者当事人约定采用特定形式的，应当采用特定形式”的规定。原《最高人民法院关于适用〈中华人民共和国合同法〉若干问题的解释（二）》第二条规定：“当事人未以书面形式或者口头形式订立合同，但从双方从事的民事行为能够推定双方有订立合同意愿的，人民法院可以认定是以合同法第十条第一款中的‘其他形式’订立的合同。但法律另有规定的除外。”尽管该司法解释现已废止，但是从其立法目的的精神内涵可知，是否签订书面合同并非判断当事人之间是否形成合同法律关系的绝对标准，应当结合当事人实施行为时的意思表示以及纠纷发生后当事人对相关事实的认知等因素进行综合判断。本案中，虽然王某保与王某德就涉诉宅院内房屋未签署书面的买卖合同，也没有证据表明双方曾达成口头协议，但事实上王某德于 1994 年搬离涉诉宅院，王某保亦自 1994 年起占有并无偿使用至今，王某德及家人均未曾向王某保主张返还，特别是 2002 年时王某保将涉诉宅院内的房屋拆除并重建，王某德及家人当时及之后亦未表示反对，且涉诉宅院集体土地建设用地使用证也一直由王某保保管。基于上述事实，如若不存在房屋买卖合同关系，那王某保自 1994 年起占有并无偿使用涉诉宅院长达近 30 年，特别是在 2002 年王某德将涉诉宅院内原有房屋拆除并重建的情况下，王某德及家人并未提出反对意见且不要求返还涉诉房屋与一般人的认知不符；如若王某保仅是代为管理涉诉宅院，那涉诉宅院的集体土地建设用地使用证亦无必要一直存放于王某保处。综上，法院依据房屋原始权利情况，房屋交接、占有、使用、翻建及持有涉案宅基地使用权证书等事实，结合一般社会常识和常理，综合认定王某保与王某德之间就涉诉宅院内房屋以“其他形式”订立买卖合同，最终确认王某保与王某德之间存在房屋买卖合同关系。

关于王某保与王某德之间房屋买卖合同的效力。因王某保是涉诉集体经济组织成员，其购买涉诉房屋未导致涉诉房屋所占的宅基地流出原农村集体经济组织，未损害本集体经济组织其他成员权益，也未违反相关法律关于农村宅基地使用权的规定。关于王某军、王某民、王某英称王某德未经妻子刘某荣同意处分夫妻共同财产，因涉诉房屋长达近30年的时间不由王某德夫妻控制，刘某荣作为王某德的配偶理应知晓房屋被出卖之事，且根据《最高人民法院关于审理买卖合同纠纷案件适用法律问题的解释》（2012年）第三条的规定，当事人一方以出卖人在缔约时对标的物没有所有权或者处分权为由主张合同无效的，法院不予支持。虽然该条司法解释已于2020年该解释修正时删除，但是结合全案情况，无论刘某荣对此事是否知情均不影响王某德与王某保之间房屋买卖合同效力的认定，据此法院作出相应的判决。

编写人：北京市顺义区人民法院　谢衍明

153　农村房屋买卖合同的效力及农村集体经济组织成员的认定

——车某、陈某玲诉王某雄等农村房屋买卖合同案

【案件基本信息】

1. 裁判书字号

北京市第一中级人民法院（2019）京01民终10699号民事判决书

2. 案由：农村房屋买卖合同纠纷

3. 当事人

原告（被上诉人）：车某、陈某玲

被告（上诉人）：罗某涛

被告（被上诉人）：王某雄、高某飞

【基本案情】

车某与陈某玲系夫妻，二人均系某村村民，陈某玲系农业户口，车某系非农业户口。车某在某村××号拥有宅基地一处。

2002年1月26日，陈某玲与王某雄签订《契约》，载明：今有某村陈某玲自有瓦房4间，现将出售给王某雄，成交额3万元整。契约签订后王某雄将房款付给车某、陈某玲，车某、陈某玲将诉争宅院及集体土地建设用地使用证交给王某雄并腾退了相关物品。

2014年8月14日，王某雄、高某飞与罗某涛签订了《房屋买卖合同》，约定将某村××号的诉争房屋及宅院以160万元的价格卖与罗某涛。王某雄为罗某涛出具了收条，并将诉争宅院的集体土地建设用地使用证交给了罗某涛。之后罗某涛将原有房屋全部拆除，建成了二层楼房，该房屋于2018年3月被拆迁。

王某雄与高某飞原为夫妻关系，于2000年4月28日登记结婚。后因王某雄自2014年离家出走，高某飞于2016年3月诉至法院要求与王某雄离婚，法院于2016年10月14日判决二人离婚。王某雄于2002年11月25日将户口迁至某村××号，户口性质为非农业。某村村委会出具的《证明》称，王某雄在购买本案涉诉宅院后已成为某村集体经济组织成员。

法院另查明，高某飞、罗某涛均不是某村集体经济组织成员。2018年7月9日，一审法院对村民陈某进行询问并作出《调查笔录》，陈某表示王某雄是某村集体经济组织成员。

车某、陈某玲向一审法院起诉请求：(1) 确认陈某玲与王某雄签订的房屋买卖《契约》无效；(2) 确认王某雄、高某飞与罗某涛签订的《房屋买卖合同》无效。

【案件焦点】

1.《契约》和《房屋买卖合同》是否符合农村房屋买卖合同有效的五种例外情形；2. 证人陈某所作证言能否证明王某雄属于某村集体经济组织成员。

【法院裁判要旨】

北京市延庆区人民法院经审理认为：王某雄并非某村集体成员，《契约》应属无效。王某雄、高某飞与罗某涛三人非某村集体成员，《房屋买卖合同》亦属无效。判决如下：

一、陈某玲与王某雄签订的《契约》无效；

二、王某雄、高某飞与罗某涛签订的《房屋买卖合同》无效。

罗某涛不服一审判决提起上诉。

北京市第一中级人民法院经审理认为：农村宅基地上的房屋，依法出售给本集体经济组织成员时，合同有效；如果出售给宅基地所在集体经济组织成员以外的人员，因违反了法律、行政法规的强制性规定，合同原则上无效，只在特定情形下有效。例如，(1) 诉讼时买受人已经成为宅基地所在集体成员；(2) 买受人的配偶为宅基地所在集体成员；(3) 多次买卖后最终买受人为宅基地所在集体成员；(4) 1999年1月1日《中华人民共和国土地管理法》修订之前回乡落户的干部、职工、退伍军人、华侨等购买农村房屋；（5）1999年1月1日《中华人民共和国土地管理法》修订之前，买受人符合《中华人民共和国土地管理法》及《中华人民共和国土地管理法实施条例》规定的条件并办理了相关审批手续。

《契约》和《房屋买卖合同》签订时间在2002年和2014年，不符合第4种、第5种情形。在两次买卖后最终买受人罗某涛不是宅基地所在村的集体经济组织成员，不符合第3种情形。《契约》签订时，高某飞作为王某雄的配偶，亦不是宅基地所在集体成员，不符合第2种情形。陈某接受询问时表示王某雄是某村集体成员，但村民之间可能存在复杂利益冲突，客观上有亲疏远近，受此影响，证明某人是否为某集体经济组织成员，不能单凭村委会的书面材料或个别村民的证人证言，而应看是否有能够证明该人实际享受了集体经济组织成员权益的证据。例如，领取分红款、大米等的账目凭证；是否有能够证明该人加入该集体经济组织的相关记载或文件。例如，村民会议记录；是否有能够证明该人成为该集体成员的特定事实。例如，与某集体成员结婚。因此，在无其他证据作证的情况下，王某雄不是某村集体成员，不符合第1种情形。罗某涛亦未提供证据证明存在其他有效的特殊情形。综上，《契约》和《房屋买卖合同》应属无效。北京市第一中级人民法院认为，一审判决认定事实清楚，适用法律正确，应予维持。依照《中华人民共和国合同法》第五十二条第五项，《最高人民法院关于适用〈中华人民共和国民事诉讼法〉的解释》第一百一十五条第一款，《中华人民共和国民事诉讼法》第一百七十条第一款第一项之规定，判决如下：

驳回上诉，维持原判。

【法官后语】

农村房屋买卖合同的效力问题是此类案件审理中的焦点和难点问题，随着农村房屋类纠纷的增加，对上述问题进行梳理和明确具有紧迫性。

一、农村宅基地使用权的特点

具体来说，农村宅基地使用权的特点包括：一是权利主体身份的特定性，大多为非城镇居民，必须为该村集体成员的农民。二是具有强烈的福利色彩，随着人口增多，宅基地数量有限，一旦农村房屋所占宅基地流转出原农村集体经济组织就会损害本集体经济组织其他成员的社会保障效果和社会福利水平。三是内容法定，一般由村级、县级或者更高层政府机构进行划分或认定或通过颁发相关的使用权证书等予以确定相应的内容。四是设定及取得具有一定程度的计划经济体制特点，现如今国家即将开展的农村土地确权将会打破原有的政策。

农村宅基地使用权的特殊特征导致农村房屋买卖合同效力的认定不同于一般的房屋买卖合同。在民法典实施之前，一般房屋买卖合同效力认定主要依据原《中华人民共和国合同法》第三章合同效力一节，主要见于第五十二条合同无效的五种法定情形，对应《中华人民共和国民法典》第一百四十四条、第一百四十六条、第一百五十三条、第一百五十四条、第三百八十八条、第四百九十七条和第五百零五条、第五百零六条、第五百零八条、第七百零五条、第七百三十七条、第八百五十条、第一千零七条、第一千二百六十条。而农村房屋买卖合同无效的认定主要依据其中的第五项“违反法律、行政法规的强制性规定”，且主要的法律依据是《中华人民共和国土地管理法》等。城镇居民原则上不能购买农村房屋，除非其户口已迁入该村，并享受村民待遇，可以认定有效。

二、农村房屋买卖合同效力的认定

农村房屋买卖合同效力问题，农村宅基地上房屋的买卖必然涉及宅基地的流转，此类合同以认定无效为原则，以有效为例外。

有效的例外情形为：(1) 诉讼时买受人已经成为宅基地所在集体经济组织成员；(2) 买受人的配偶为宅基地所在集体经济组织成员；(3) 多次买卖后最终买受人为宅基地所在集体经济组织成员。因此，在买受人非本村集体经济组织成员时，不能一律认定农村房屋买卖合同无效，应当认真审查案件事实中是否存在上述例外情形。

三、农村集体经济组织成员的认定标准

对“本集体经济组织成员”的认定直接关系到农村房屋买卖合同是否有效。近年来，随着农村集体产权制度改革、户籍制度改革与城乡社会保障一体化发展迅速推进，集体经济组织成员的认定不仅涉及农村房屋买卖合同的效力，还涉及土地征收、拆迁安置补偿、集体利益分配等一系列关系组织成员利益和农村改革等重要问题。然而，对于成员资格的界定标准，相关法律法规却不够明确，只有部分地区法院在总结审判经验的基础上对成员资格的界定出台了一些指导意见，有的地方出台了一些地方规范性文件，统一裁判标准和规范路径的缺乏给审判工作带来了一些困难。

对于“本集体经济组织成员”在司法实务中的认定，笔者认为，由于村民之间可能存在复杂的利益冲突或恩怨，客观上有亲疏远近之分，受此影响，无论是村民委员会提出的书面证明材料还是个别村民的证人证言，证明力都不够强，在无其他证据佐证的情况下，仅有村民委员会提出的书面证明材料和证人证言，均不能作为集体经济组织成员的认定标准。

法院审查某人为某集体经济组织成员，不能单凭村民委员会的书面证明材料或个别村民的证人证言，而应看当事人能否提供下述强有力的客观证据：（1）是否实际享受了集体经济组织成员权益的客观证据。例如，领取分红款、大米等的账目凭证。（2）是否有加入该集体经济组织的相关记载或文件。例如，村民会议记录。（3）是否存在应当成为该集体经济组织成员的特定事实。例如，与某集体经济组织成员结婚。只有具备上述证据，才能证明为某集体经济组织成员。

编写人：北京市延庆区人民法院　王华

154　城镇居民购买农村房屋的合同不当然无效

——巫某莉、洪某华诉秦某新房屋买卖合同案

【案件基本信息】

1. 裁判书字号

江苏省南通市中级人民法院（2018）苏06民终2451号民事判决书

2. 案由：房屋买卖合同纠纷

3. 当事人

原告（上诉人）：巫某莉

原告：洪某华

被告（被上诉人）：秦某新

【基本案情】

原告洪某华、巫某莉欲在老家建房需要资金，在证人杨某成主持和介绍下，与被告秦某新于2009年6月29日签订《房产转让协议》一份，约定了如下事项：（1）双方在平等、自愿、协商一

致的基础上，就原告房产出让给被告有关事宜订立本合同；(2) 交易房屋（一底一楼）位于某路路西，屋面朝东，在巫某华隔壁，建筑面积为 96.8 平方米；(3) 转让价格为人民币 95000 元，该款应于双方协议后、原告搬出所有物品并将房屋使用权交给被告时一次性结清；(4) 本合同自双方签字生效后，房屋所有权归被告所有。此外，以上合同记载的秦某新住址为“南通市崇川区教育路××号”。上述合同，原告、被告均在落款处签字确认，街道司法所在落款处盖章见证。签约后的一天内，第三人杨某筹集资金结清了房款，原告出具收条并交付了房屋，由第三人实际居住，至今第三人户口一直在街道杨世桥村。

另查明：案涉房屋系原告出资建造，建房审批表记载的住房人口为秦某新和巫某莉。2012 年 8 月 20 日，巫某莉、杨某与某镇人民政府签订《房屋拆迁补偿安置协议》，案涉房屋所在集体土地因工程建设需要被依法征收，房屋被拆迁。巫某莉、杨某选购了安置房两套，经杨某申请并根据有关房产分割协议，某村村委会于 2016 年 10 月审核并批准杨某认购两套安置房中面积较小的一套即某小区××幢×××室（含车库）。

【案件焦点】

1. 案涉《房产转让协议》是否违反法律、行政法规的禁止性规定或损害社会公共利益；2. 能否以原告的行为违反诚实信用原则而驳回其诉讼请求。

【法院裁判要旨】

江苏省南通市崇川区人民法院经审理认为：案涉《房产转让协议》形式上经原告、被告本人签字确认，由街道司法所盖章见证，结合原告真实的签约动机，该份合同应当是双方真实意思表示。针对该案的争议焦点，该院认为：该案中被告在签订该份合同时确实是城镇户口，但案涉《房产转让协议》并不无效。首先，现行法律、行政法规并没有明确的关于城镇居民购买农村房屋的禁止性规定。其次，从公共利益层面看，案涉房屋所在土地已经因征收转为国有土地，原有宅基地的性质和巫某莉的农民身份都已发生转变；第三人杨某合法占有并实际居住使用案涉房屋，当地集体经济组织未否定案涉《房产转让协议》，继而认可其被拆迁人资格，村集体利益未受损害，该合同也不存在其他损害社会公共利益的情形。最后，案涉《房产转让协议》的买受人虽然记载为被告秦某新，但其母为购房出资并实际居住使用，可以认定为第三人和被告家庭共同购房，第三人本身就是案涉房屋所在集体经济组织成员，依法可以购买本村房屋。

基于上述分析，原告的诉请在法律规则层面并无依据，而在法律原则层面原告的请求有违诚实信用原则，也不应得到支持，主要表现在以下三方面：一是原告诉称自己签订案涉《房产转让协议》时明知农村房屋不得出售给城镇居民的规定，而其为了筹集资金建房依然签订了该份合同；二是案涉《房产转让协议》签订后原告并无异议，直到多年之后拆迁拿房时才对该份合同提出异议；三是案涉《房产转让协议》的无效将导致原告违规出卖房屋获利后又因房屋增值等因素再次获益。

江苏省南通市崇川区人民法院依照《中华人民共和国合同法》第一条、第五条、第六条、第五十二条，《最高人民法院关于审理买卖合同纠纷案件适用法律问题的解释》第三条第一款之规定，作出如下判决：

驳回原告洪某华、巫某莉的诉讼请求。

原告巫某莉不服一审判决，提起上诉。

江苏省南通市中级人民法院经审理认为：同意一审法院裁判意见，依照《中华人民共和国民事诉讼法》第一百七十条第一款第一项之规定，作出如下判决：

驳回上诉，维持原判。

【法官后语】

一、城镇居民购买农村房屋的合同原则上无效

在农村房屋买卖案件中，买受人为城镇居民的案件非常多，此类合同的效力争议颇大，在理论界存在无效说、有效说，为缓和两种学说的矛盾又产生了部分无效说。[①] 转让农村房屋的同时也转让了宅基地，有损集体经济组织的利益，故依据《中华人民共和国民法典》第一百五十三条第二款的规定，司法实践原则上不支持此类合同的合法效力。

二、同一集体经济组织成员参与出资并共同居住所购买的农村房屋而签订的合同有效

城镇居民以自己名义签订农村房屋买卖合同，并且其家庭成员参与出资并共同居住的，如果该家庭成员是房屋所在地集体组织成员，就可以认定为城镇居民与其家庭成员共同购房，继而交易发生在同一集体经济组织成员之间，不触及该集体经济组织的整体利益，亦不违反法律法规或国家政策的规定，其法律效力应予以确认。

---

① 陈甦：《在法条与法理之间把握审判的张力》，载《人民法院报》2007年12月6日。

三、规则适用显失公正情形下法律原则的司法适用

依“禁止向一般条款逃逸”原则，法官运用“三段论”推理裁判结果时，首先考虑的是行为模式及后果都明确的“法律规则”。但规则也会出现“不能”的状况，包括四种情形：一是规则模糊，二是规则漏洞，三是规则冲突，四是规则适用导致不公正。[①] 这就是法律原则的适用时机，本案即为第四种情形，适用《中华人民共和国民法典》第一百五十三条第二款将为原告的不诚信行为架桥铺路，此时就应当考虑法律原则的适用，本案中最需要获得满足的那个法律原则显然是诚实信用原则。

然而，法律原则并不当然在效力上优越于法律规则，因为规则的背后也有支撑性的实质性法律原则和形式性法律原则，在本案中分别为维护社会公共利益原则和法的安定性及不偏离惯常法律实践原则。这一方面的法律原则与诚实信用原则在本案中并非一方有效、另一方无效的关系，而是一种竞争优先级的关系。法官此时应当通过“法益衡量”的方法在两方面原则中权衡。

关于案涉房屋所在的杨世桥村七组已经因征收转为国有土地，拆迁调查时村委会也认可杨某的被拆迁人资格，这些事实都表明集体经济组织的公共利益未受到侵害或者说损害已经“愈合”。禁止城镇居民购买农村房屋的国家政令年代久远，当时立法的社会环境已经发生巨变，这些政策性规定本身就随着时代的变迁在发生动摇；至于惯常司法实践，过去认定城镇居民购买农村房屋行为无效的司法判例大多是针对城镇居民欲依据买卖合同主张履行利益或违约责任的情形，本案则完全不是此种情形。反观诚实信用原则的适用在

① 张保生：《法律推理的理论与方法》，中国政法大学出版社2000年版，第44页。

本案中非常必要，不适用该原则将打破已经完成分配的拆迁利益格局、损害市场交易秩序的安全和稳定、违背合同严守原则及契约精神、冲击人们朴素善良的道德观念，令原告立约时至履约后的不诚信行为逃脱正义的审判，可见诚实信用原则在本案中是非常需要被最大限度满足的。

编写人：江苏省南通市崇川区人民法院　顾彬

十一、民事主体间房屋拆迁补偿合同纠纷

155 农村房屋买卖合同在被认定无效后对所涉房屋的正确处理

——孙某水诉王某杰房屋买卖合同案

【案件基本信息】

1. 裁判书字号

山东省淄博市中级人民法院（2019）鲁03民终357号民事判决书

2. 案由：房屋买卖合同纠纷

3. 当事人

原告（被上诉人）：孙某水

被告（上诉人）：王某杰

【基本案情】

被告王某杰系某村人。2001年7月1日，王某杰与某街道办事处某村村民即原告孙某水签订《房屋转卖协议书》，约定孙某水将其位于本村的房屋及院落转卖于王某杰，价款为19680元。后王某杰支付了房款，并在此房居住。后王某杰在某镇租房居住，上述房屋由其父母居住。王某杰及其父母户口均未迁入某街道办事处某村。孙某水主张由于王某杰并非某村村民，其买卖房屋、院落的行为无效，且孙某水确有现实困难，故起诉要求依法确认双方2001年7月1日签订的房屋买卖合同无效；王某杰立即将坐落在某街道办事处某村××号的房屋及院落返还孙某水（价值4万元）。

【案件焦点】

1. 原、被告双方签订的农村房屋买卖合同是否为无效合同；2. 农村房屋买卖合同无效后，买方（王某杰）在案涉房屋持续居住多年，孙某水能否要求王某杰搬离案涉房屋。

【法院裁判要旨】

山东省淄博市临淄区人民法院经审理认为：根据《中华人民共和国土地管理法》第六十二条的规定，农村村民一户只能拥有一处宅基地。农村房屋与土地不可分离，宅基地使用权是本集体经济组织成员享有的权利，集体经济组织之外的人员购买本集体经济组织成员房屋的，原则上应确认无效。本案中，对孙某水主张确认房屋买卖合同无效的诉求应予以支持。按照法律规定，合同无效后，因该合同取得的财产应当予以返还，不能返还或者没有必要返还的，应当折价补偿，有过错的一方应当赔偿对方因此所受到的损失，双方都有过错的，应当各自承担相应的责任。王某杰并不固定在购买的房屋中居住，又在其他地方租房居住，对案涉房屋应予以返还。王某杰是否主张返还购房款及赔偿经济损失，系另一法律问题。王某杰辩解已超过诉讼时效，理由不当，不予采信。

山东省淄博市临淄区人民法院依照《中华人民共和国合同法》第五十二条、第五十八条，《中华人民共和国土地管理法》第六十二条，《中华人民共和国民事诉讼法》第六十四条之规定，判决如下：

一、确认孙某水与王某杰于 2001 年 7 月 1 日签订的房屋买卖合同无效；

二、王某杰将淄博市临淄区辛店街道办事处渠村案涉房屋及院落，于本判决生效后六十日内返还给孙某水。

王某杰不服一审判决提起上诉。

山东省淄博市中级人民法院经审理认为：王某杰与孙某水签订的房屋买卖合同因违反了《中华人民共和国土地管理法》的相关规定，应属无效。双方因该合同取得的相关财产应当相互返还。但是，本案中，对于双方合同最终导致无效的结果孙某水负有主要责任，且王某杰及其父母已经在案涉房屋中持续居住了 17 年，现在因合同无效让王某杰搬离势必造成王某杰生活上的不便，产生新的损失。因此，孙某水要求王某杰搬离案涉房屋的主张违反诚实信用原则，显失公平，不应得到支持。王某杰可不予搬离腾退，如遇拆迁，双方可就拆迁利益另行处理。

据此，山东省淄博市中级人民法院依照《中华人民共和国民事诉讼法》第一百七十条第一款第二项之规定，判决如下：

一、维持山东省淄博市临淄区人民法院（2018）鲁 0305 民初 2693 号民事判决第一项；

二、撤销山东省淄博市临淄区人民法院（2018）鲁 0305 民初 2693 号民事判决第二项；

三、王某杰可继续占有使用淄博市临淄区辛店街道办事处渠村案涉房屋及院落，直至实际拆迁；

四、驳回孙某水的其他诉讼请求。

【法官后语】

本案主要涉及农村房屋买卖合同在被认定为无效后对所涉房屋的正确处理问题。

原《中华人民共和国合同法》第五十八条规定：“合同无效或者被撤销后，因该合同取得的财产，应当予以返还；不能返还或者没有必要返还的，应当折价补偿。有过错的一方应当赔偿对方因此所受到的损失，双方都有过错的，应当各自承担相应的责任。”① 因此，在一般情况下，合同无效后，根据原《中华人民共和国合同法》第五十八条②的规定，双方因该合同取得的相关财产应当相互返还。但相互返还是合同法领域所规定的合同无效法律后果的一般原则，审判实践中对于特殊情形则应予以特殊考虑。如本案中的农村房屋买卖合同即属于应当特殊考虑的情形。

根据《中华人民共和国土地管理法》的相关规定，农村村民一户只能拥有一处宅基地。农村房屋与土地不可分离，宅基地使用权是本集体经济组织成员享有的权利，集体经济组织之外的人员购买本集体经济组织成员房屋的，原则上应确认无效。故对于像本案这样的农村集体经济组织之外的成员购买本村农民房屋的情形，依法确实是应当认定房屋买卖合同无效的。但在合同被认定无效后的相互返还问题上，则应充分考虑农村土地和房屋的特殊性，从而在审判实践中作出正确和合理的处理。本案就是如此。本案一审即按照原《中华人民共和国合同法》第五十八条③的规定判决双方相互返还，而二审则考虑本案中对于双方合同最终导致无效的结果，原告其实是负有主要责任的。因为原告要求认定双方房屋买卖合同无效的直接动因就在于拆迁及拆迁背后的巨大利益。而被告及其父母已

① 该条已被《中华人民共和国民法典》第一百五十七条取代。《中华人民共和国民法典》第一百五十七条规定：“民事法律行为无效、被撤销或者确定不发生效力后，行为人因该行为取得的财产，应当予以返还；不能返还或者没有必要返还的，应当折价补偿。有过错的一方应当赔偿对方由此所受到的损失；各方都有过错的，应当各自承担相应的责任。法律另有规定的，依照其规定。”

② 该条已被《中华人民共和国民法典》第一百五十七条取代。

③ 该条已被《中华人民共和国民法典》第一百五十七条取代。

经在案涉房屋中持续居住了17年，现在因合同无效让被告搬离势必造成其生活上的不便，产生新的损失。原告要求被告搬离案涉房屋的主张违反诚实信用原则，显失公平，不应得到支持。因此二审综合考虑各方面因素，判决被告可不予搬离腾退，如遇拆迁，双方可就拆迁利益另行处理。当然对于未来拆迁利益的处理，可参考《全国法院民商事审判工作会议纪要》第三十三条的规定。该条规定，合同不成立、无效或者被撤销后，在确定财产返还时，要充分考虑财产增值或者贬值的因素。双务合同不成立、无效或者被撤销后，双方因该合同取得财产的，应当相互返还。应予返还的股权、房屋等财产相对于合同约定价款出现增值或者贬值的，人民法院要综合考虑市场因素、受让人的经营或者添附等行为与财产增值或者贬值之间的关联性，在当事人之间合理分配或者分担，避免一方因合同不成立、无效或者被撤销而获益。在标的物已经灭失、转售他人或者其他无法返还的情况下，当事人主张返还原物的，人民法院不予支持，但其主张折价补偿的，人民法院依法予以支持。折价时，应当以当事人交易时约定的价款为基础，同时考虑当事人在标的物灭失或者转售时的获益情况综合确定补偿标准。标的物灭失时当事人获得的保险金或者其他赔偿金，转售时取得的对价，均属于当事人因标的物而获得的利益。对获益高于或者低于价款的部分，也应当在当事人之间合理分配或者分担。故像本案这样在认定农村房屋买卖合同无效后判决双方可就拆迁利益另行处理的，在另行处理拆迁利益时可参照上述纪要规定予以公正合理地解决双方纠纷。

编写人：山东省淄博市中级人民法院　荣明潇

山东省淄博市临淄区人民法院　刘海红　高飞

156 房屋质量问题索赔标准的认定

——刘某经诉 Y 公司房屋拆迁安置补偿合同案

【案件基本信息】

1. 裁判书字号

河北省衡水市中级人民法院（2019）冀 11 民终 1262 号民事判决书

2. 案由：房屋拆迁安置补偿合同纠纷

3. 当事人

原告（上诉人）：刘某经

被告（上诉人）：Y 公司

【基本案情】

2012 年 3 月 25 日，刘某经与某安置拆迁建设指挥部（以下简称拆迁指挥部）、Y 公司签订《房屋拆迁异地安置补偿协议书》（以下简称协议书），该协议书约定了被拆迁房屋的位置、房屋类别、建筑面积、土地使用面积、房产证号以及拆迁补偿方式（异地安置方式）。协议书同时约定了安置楼房的位置、按照补偿标准主楼的安置面积、安置房屋每平方米的价格。另外，合同约定了安置楼房于 2013 年 12 月交付使用，被告自行过渡期间，自具备拆除条件之月起，拆迁指挥部按拆迁建筑面积给付原告××个月过渡费××元。如因被告交房延期而产生的过渡费由 Y 公司向原告支付，并按相关政策予以增加。被告 Y 公司必须按照国家工程技术规范的要求施工，如发生质量问题由被告 Y 公司承担一切责任和损失。2017年11月21日，原告刘某经与被告Y公司、D公司签订了《关于××回迁楼×单元××室问题的会议决议》（以下简称会议决议），内容为：（1）案涉房屋物业费自2017年1月1日开始给业主计费，2014年4月1日至2016年12月31日的物业费由Y公司代付；（2）2017年11月30日之前对以上三户进行一次整体查验，房屋质量质保期顺延，2017年1月1日开始计算质保期，该会议决议同时约定："此决议要求业主于7日内完成物业费交付，如7日内未交付，此决议自动作废。"原告刘某经在签订该会议决议后于第二日向D公司交付了物业费。

另查明，2016年8月17日原告刘某经在入房验收表上签字确认。截至2018年5月14日，被告Y公司共对案涉房屋进行修复6次，涉及房屋墙面裂纹、墙皮脱落、厨房卫生间、墙面瓷砖脱落、卫生间屋顶漏水等多方面问题。原告起诉后，被告Y公司于2018年5月14日对案涉房屋进行了维修，并已修复完成。原告刘某经系案涉房屋的业主。

【案件焦点】

1. 被告Y公司应否赔偿原告损失，以及原告刘某经房屋损失如何计算；2. 原告刘某经主张房屋质保期顺延能否得到支持；3. 原告主张的精神损害抚慰金，免物业费、水费、电费，以及要求被告赔付交通费、电话费的问题。

【法院裁判要旨】

河北省衡水市桃城区人民法院经审理认为：原告刘某经与被告Y公司、拆迁指挥部签订的协议书，合法有效。被告Y公司交付案涉房屋后又继续进行修复，应当承担赔偿责任。结合双方履约情况，法院酌定案涉房屋月租金约为××元，损失应自2014年4月开始计算至2018年5月。刘某经与D公司、Y公司签订的会议决议合法有效，会议决议对质保期的约定，法院予以认可。原告要求顺延质保期，缺乏事实及法律依据，法院不予认可。原告主张免物业费、水费、电费，赔偿交通费、电话费、精神损害赔偿金，证据不足，法院不予支持。

依照《中华人民共和国合同法》第八条、第六十条，《最高人民法院关于审理商品房买卖合同纠纷案件适用法律若干问题的解释》第十三条、第十七条之规定，判决如下：

一、被告Y公司于本判决生效之日起十五日内赔偿原告刘某经××元；

二、驳回原告刘某经其他诉讼请求。

刘某经、Y公司不服原审判决，提起上诉。

河北省衡水市中级人民法院经审理认为：根据刘某经提交的证据，可以证实案涉房屋在2014年4月通知交房时存在墙体裂纹等问题，且该问题至2016年8月17日刘某经实际办理入住手续时依然未得到全部解决，并持续至2018年5月才修复完毕。前述质量问题虽尚未达到根本违约的程度，但因修复时间长，必然对刘某经正常使用房屋产生不利影响，并造成相应损失，Y公司依法应承担赔偿责任。鉴于刘某经在此期间并未实际另行租赁房屋居住，一审法院根据相关网络平台公布的同地段、同类型房租价格以及对案涉房屋周边同类型房屋出租价格的询问，结合双方履约情况、过错程度、兼顾公平原则，酌定每套房屋每月××元，自2014年4月开始计算刘某经的损失至2018年5月并无不当，法院予以维持。关于质保期的顺延及物业费、水费、电费、交通费、精神损害赔偿金的问题，二审法院同意一审法院的裁判意见。衡水市中级人民法院依照《中华人民共和国民事诉讼法》第一百七十条第一款第一项之规定，判决如下：

驳回上诉，维持原判。

【法官后语】

目前我国的拆迁补偿方式以货币补偿和房屋置换两种方式为主。其中房屋置换的方式虽然解决了住房的问题，但容易因房屋质量问题而引发纠纷。根据《中华人民共和国民法典》第五百一十一条以及《中华人民共和国建筑法》第六十二条的规定，建筑企业保障交付的房屋在质量保修期内应符合国家或行业标准，或者符合开发商房屋质量保证书等材料中所承诺的质量标准。对于买受人来说，购买商品房的主要目的大多数情况下是居住使用。因此，如果买受人所购买的房屋不能居住使用，那么其购房目的显然不能实现。因此，开发商交付的商品房或者安置房是要通过竣工验收合格并具备正常居住使用条件的。

无论是安置房还是商品房出现的房屋质量问题，按照性质和程度可分为房屋的主体结构质量不合格、影响正常使用的严重质量问题和其他一般质量问题三种情况。(1) 房屋出现主体结构质量不合格的情况。依据 2020 年《最高人民法院关于审理商品房买卖合同纠纷案件适用法律若干问题的解释》第九条的规定，买受人有权要求解除合同，办理退房手续，造成损失的，买受人可以要求开发商赔偿损失。其中买受人认为主体结构质量不合格的，可以依照有关规定申请相关的房屋质量监督部门的司法鉴定机构进行鉴定，一般买受者的单方鉴定无法作为法院的判决依据。(2) 房屋出现影响正常使用的严重质量问题。依据《最高人民法院关于审理商品房买卖合同纠纷案件适用法律若干问题的解释》第十条的规定，买受人请求与开发商解除合同，并要求开发商赔偿损失的请求，应予支持。(3)房屋出现其他一般质量问题。在实际生活中，房屋主体不合格或质量存在严重问题的情况是比较少见的，若房屋出现上述情况，一般很难通过商品房竣工验收。因此，大多数房屋质量问题是其他一般质量问题，即房屋出现质量瑕疵，该瑕疵尚未影响房屋的正常使用。例如，房屋渗水、部分墙面细小开裂、地面空鼓、墙皮脱落等情形。本案即属于这一情形。在这种情况下，由于未对居住使用造成严重影响，不能要求退房，当然也不能以这样的一般质量问题而拒收房屋。如果买受人要求退房，这时需要仔细查看买受人和开发商签订的商品房买卖合同约定的条款内容，若合同中没有相关的约定，买受人坚持退房并拒绝办理交房手续的，有可能因未按约定履行合同义务，反而致使买受人违约，需要承担违约责任。买受人在面对这一情形时，可以依据《最高人民法院关于审理商品房买卖合同纠纷案件适用法律若干规定问题的解释》第十条的规定，在保修期内要求开发商承担修复责任，若开发商拒绝修复或者在合理期限内拖延修复，买受人可自行或找第三人维修，修复费用和修复期间造成的损失由开发商负担。

业主（买受人）在与开发商签订商品房买卖合同或者拆迁安置补偿协议时均需要仔细核对条款内容，避免后期合同履行将出现的风险，切实维护自身合法权益。

编写人：河北省衡水市桃城区人民法院　王倩

157 安置房屋实测面积与安置面积不一致时的处理原则

——王某萍诉房地产公司房屋拆迁安置补偿合同案

【案件基本信息】

1. 裁判书字号

北京市第二中级人民法院（2018）京02民终4136号民事判决书

2. 案由：房屋拆迁安置补偿合同纠纷

3. 当事人

原告（反诉被告、被上诉人）：王某萍

被告（反诉原告、上诉人）：房地产公司

【基本案情】

2010年8月27日，王某萍之侄王某阳代理王某萍（乙方）与房地产公司（甲方）签订《安置协议书》，协议中写明："甲方依法对乙方原有房屋进行拆除并就地安置，乙方在拆迁范围内××号有私产房一处，建筑面积37.5平方米。乙方选择就地回迁安置，安置住房为某小区××号楼××单元××层2××2号房屋，该安置住房面积为62.12平方米（以验收实测数据为准）；甲方交付安置住房的时间为2012年12月31日之前，如遇不可抗力或非甲方因素引起的事件发生，甲方可据实予以延期，甲方免除违约责任。"在协议中未约定违约责任。2014年4月，房地产公司向王某萍交付房屋，房号为某小区××号楼××单元8××4号。王某萍以房地产公司交付房屋与回迁安置协议约定的房号不同拒绝接收房屋。

2014年，王某萍以房地产公司为被告向法院提起拆迁安置补偿合同纠纷之诉，请求依法判令房地产公司履行《安置协议书》给付王某萍某小区××号楼××单元××层2××2号房屋；判令房地产公司赔偿因延迟交付房屋给王某萍不能按时入住造成的损失；判令房地产公司支付搬迁补助费、安置补助费、超过过渡期限的临时安置补助费等拆迁安置费共计10万元。法院以（2014）西民初字第9388号民事判决判令房地产公司赔偿王某萍因延迟交付房屋导致不能按时入住的损失，自2013年1月1日起至本判决生效之日止（按每月人民币5000元计算）。王某萍提起上诉，2017年3月31日北京市第二中级人民法院以（2017）京02民终3215号民事判决驳回上诉，维持原判，在该份判决的法院认为部分，二审法院确认涉案房屋即为房地产公司应安置王某萍的就地安置房屋。

王某萍已就上述生效判决向法院申请执行，其共获得执行案款262934.5元，其中包含本金255000元，剩余部分为迟延履行期间的债务利息。

涉案房屋经有权国家机关测量建筑面积为62.83平方米。2016年8月5日，房地产公司为涉案房屋支付了专项维修基金共计12566元，王某萍同意给付房地产公司先行垫付的上述费用。同时房地产公司为涉案房屋支付了供暖费、物业费和垃圾清理费。王某萍不同意支付上述费用。

王某萍诉请：（1）确定某小区××号楼××单元8××4号房屋（即涉案房屋）归王某萍所有；（2）判令房地产公司立即交付涉案房屋；（3）判令房地产公司支付因延迟交付房屋对王某萍造成的损失255000元的利息28475.35元；（4）判令房地产公司立即支付因延迟交付房屋对王某萍造成的损失，按该房屋现出租价格每月7000元（从2017年4月1日起计算，支付到实际交付房屋为止），并支付利息；（5）判令房地产公司配合王某萍办理中华人民共和国不动产权证证书；（6）判令房地产公司赔偿王某萍精神损失费10万元。

房地产公司提出反诉：（1）判令王某萍支付房地产公司涉案房屋面积差额25724.97元（面积差额0.71平方米×建委当时2013年的备案售价36232.35元）；（2）判令王某萍支付房地产公司代为垫付的专项维修资金12566元、物业费12640.14元、供暖费3769.8元和生活垃圾清运费120元。

【案件焦点】

房屋拆迁中被安置的房屋面积（以下简称实测面积）与拆迁安置协议中载明的房屋面积（以下简称约定面积）不一致的情况下，如何处理。

【法院裁判要旨】

北京市西城区人民法院经审理认为：本案为房屋拆迁安置补偿合同纠纷，属于债权法律关系，原告王某萍请求确认涉案房屋属于其所有的诉求，属于物权法律关系，与本案并非同一法律关系，关于该项诉求，原告可另行主张。对于原告王某萍诉请判令被告房地产公司交付涉案房屋及配合办理不动产权证的诉讼请求，被告对此予以认可，法院对此不持异议。对于原告王某萍诉请被告房地产公司支付255000元的利息28475.35元的诉求，上述本金的利息已经在执行中得到了解决，该项诉求法院不予支持。鉴于涉案房屋仍未交付给原告王某萍，作为交付义务方，被告房地产公司并未提供证据证明其履行了积极交付涉案房屋的义务，原告王某萍主张被告支付 2017 年 4 月 1 日起的损失的诉求，有事实及法律依据，法院予以支持，关于损失的标准，法院沿用生效法律文书确认的标准为每月 5000 元。关于原告王某萍主张的精神损失费 10 万元的诉求，无事实依据，法院不予支持。

关于反诉部分，双方虽在安置协议书中约定安置房屋面积为 62.12 平方米，但同时注明以验收实测数据为准，且并未对超出 62.12 平方米以外的部分另行约定应收取购房款项，房地产公司诉请王某萍支付房屋面积差额的款项之诉求，无事实及法律依据，法院不予支持。房地产公司诉请王某萍支付其代为支付的专项维修基金的诉求，王某萍同意支付，法院对此不持异议；对于物业费、供暖费及垃圾清运费的诉求，因涉案房屋并未交付王某萍，房地产公司的上述诉求，无法律依据，法院不予支持。

北京市西城区人民法院依照《中华人民共和国合同法》第八条、第一百一十三条第一款，《中华人民共和国民事诉讼法》第六十四条第一款，《最高人民法院关于适用〈中华人民共和国民事诉讼法〉的解释》第九十条，《最高人民法院关于民事诉讼证据的若干规定》第二条之规定，作出如下判决：

一、自本判决生效之日起十五日内，被告房地产公司将涉案房屋交付原告王某萍；

二、自本判决生效之日起十五日内，被告房地产公司协助原告王某萍办理涉案房屋的过户手续；

三、自本判决生效之日起十五日内，被告房地产公司赔偿原告王某萍因延迟交付房屋导致不能按时入住的损失，自 2017 年 4 月 1 日起至实际交付房屋之日止按每月 5000 元计算；

四、自本判决生效之日起十五日内，原告（反诉被告）王某萍支付被告（反诉原告）房地产公司垫付的涉案房屋专项维修基金12566元；

五、驳回原告王某萍的其他诉讼请求；

六、驳回被告房地产公司的其他反诉请求。

房地产公司不服一审判决，提起上诉。

北京市第二中级人民法院经审理认为：王某萍与房地产公司所签安置协议书系双方真实意思表示，双方均应依约履行各自的义务。现王某萍要求房地产公司向其交付涉案房屋并配合办理该房屋的权属证书，房地产公司对其该项请求予以认可，法院对此不持异议。王某萍同意给付房地产公司垫付的涉案房屋专项维修基金，法院对此亦不持异议。

关于房地产公司上诉要求王某萍按照每平方米36232.35元的价格给付面积差额的问题，法院认为安置协议书虽载明安置住房面积为62.12平方米，但同时注明以验收实测数据为准。结合该协议书既未约定面积差额部分应补缴费用，也未约定涉案房屋每平方米的单价，双方亦未就此问题达成过补充协议，同时考虑到双方就涉案房屋所签协议的性质为回迁安置而非一般意义上的商品房买卖等因素，房地产公司要求按照每平方米36232.35元的价格给付面积差额的请求缺乏合同及法律依据，一审法院未予支持，并无不当，法院亦不予支持。

关于房地产公司上诉主张王某萍在本案中要求其公司支付迟延交付房屋的损失系重复诉讼，应予以驳回的问题。法院认为，根据查明的事实，前述生效的民事判决书判令房地产公司赔偿迟延交付导致的损失期间为2013年1月1日至该判决生效之日。但该判决生效后至今，房地产公司仍未完成交付涉案房屋的义务，且根据房地产公司的陈述，房屋未能交付的原因系其要求王某萍给付面积差价款、供暖费等费用而王某萍拒绝支付。如前所述，房地产公司要求王某萍按照每平方米 36232.35 元的价格给付面积差价款的请求缺乏合同及法律依据。且房地产公司以不交供暖费等为由拒绝交付房屋亦缺乏法律依据。综上，房地产公司对前述判决生效后涉案房屋仍未完成交付存在过错，对由此给王某萍造成的损失应予赔偿，一审法院沿用生效法律文书确认的赔偿标准亦无不当。故房地产公司的该项上诉主张依据不足，法院难以支持。

关于房地产公司上诉要求王某萍给付物业费、供暖费及生活垃圾清运费的问题。根据查明的事实，涉案房屋至今未交付给王某萍，且未能完成交付的主要责任在于房地产公司，故房地产公司要求王某萍支付上述费用的依据不足，一审法院未予支持并无不当，法院亦难以支持。

综上所述，房地产公司的上诉请求不能成立，应予驳回；一审判决结果并无不当，应予维持。北京市第二中级人民法院依照《中华人民共和国民事诉讼法》第一百七十条第一款第一项之规定，作出如下判决：

驳回上诉，维持原判。

【法官后语】

本案的主要争议焦点在于房屋拆迁中的实测面积与拆迁安置协议中的约定面积不一致的情况下，如何处理的问题。这种情况包括两种情形，一种是实测面积少于约定面积；另一种是实测面积大于约定面积。房屋实测面积与约定面积不一致的情形如何处理的问题，2003 年《最高人民法院关于审理商品房买卖合同纠纷案件适用法律若干问题的解释》第十四条明确规定："出卖人交付使用的房屋套内建筑面积或者建筑面积与商品房买卖合同约定面积不符，合同有约定的，按照约定处理；合同没有约定或者约定不明确的，按照以下原则处理：（一）面积误差比绝对值在3%以内（含3%），按照合同约定的价格据实结算，买受人请求解除合同的，不予支持；（二）面积误差比绝对值超出3%，买受人请求解除合同、返还已付购房款及利息的，应予支持。买受人同意继续履行合同，房屋实际面积大于合同约定面积的，面积误差比在3%以内（含3%）部分的房价款由买受人按照约定的价格补足，面积误差比超出3%部分的房价款由出卖人承担，所有权归买受人；房屋实际面积小于合同约定面积的，面积误差比在3%以内（含3%）部分的房价款及利息由出卖人返还买受人，面积误差比超过3%部分的房价款由出卖人双倍返还买受人。"

本案中，安置房屋约定面积小于实测面积，且面积误差比在3%以内，如果按照最高人民法院的上述规定，应该由被安置人按照合同约定的价格据实结算，且无权单方解除合同。但本案涉案标的为安置房，并非商品房。所谓安置房，是指政府进行城市道路建设和其他公共设施建设项目时，对被拆迁住户进行安置所建设的房屋。安置房屋一般分为两类，一类是因重大市政工程动迁居民而建造的配套商品房或者配购的中低价商品房，房屋产权属于个人，但在取得产权后5年内不能上市交易；另一类是因房产开发等因素而拆迁，拆迁公司通过其他途径安置或者代为安置人购买的中低价位商品房。与商品房相比，安置房存在以下特点：

（1）土地来源不同。安置房屋的土地一般是划拨的，而商品房的土地为开发商通过竞价取得。

(2) 是否完全产权。很多安置房不是完全产权，因其土地性质为划拨土地，未缴纳土地出让金，故安置房屋拥有房屋产权，但不享有所在土地的土地使用权。而商品房产权人拥有的是完全产权，即房屋所有权和所在土地的土地使用权，可以对房屋行使占有、使用、收益和处分的权利。

(3) 交易是否存在限制。安置房一般在交易时间上存在限制，也就是说在取得安置房后几年内不得上市交易，期满后上市交易前也应缴纳数额不等的土地出让金，同时还受到当地政府相关政策的限制。而商品房只要不是期房，取得产权证后，在交易方面不存在限制。

通过与商品房的比较可以看出，安置房带有一定的公益性，安置对象所享有的权利也不及商品房所有权人，根据民法上的权利义务对等性原则，其所负担的义务也应低于享有完全产权的商品房产权人，否则有违公平原则。具体到本案中，与开发商相比，被安置人处于弱势地位，双方签订的合同为开发商为了重复使用，事先拟定、打印、以备与不特定被安置人签订合同时使用，从本质上来说，此类合同为格式合同。在签订合同时，不仅被安置房屋的朝向、楼层、配套无法选择，就连房屋的实测面积也由开发商限定，被安置人所享有的是受到了限制的选择权，其无法对合同条款进行更改进而在合同中体现自己的自由意志。安置协议签订后，开发商的主要义务是交付符合质量要求的房屋，其对应的权利是按时按量收取购房款；被安置人的主要义务是按时缴纳购房款，其对应的权利是要求开发商按期按质交付安置房。本案中，双方在安置协议中对安置房屋面积作出约定，且在其后的备注中注明以实测面积为准，考虑到房屋的设计、施工均在开发商的控制之下这一事实，这一格式合同条款实际上赋予了开发商随意变更房屋面积的权利，因为根据法律规定，只要面积误差比在3%之内，多出的部分面积价款，被安置人只能被动接受，按照商品房价格认缴多出部分面积的购房款，不能据此要求解除合同，或者追究开发商的违约责任，尤其是对于等待安置房屋入住的被安置人来说更是如此。法院的功能在于对失衡的民事权利义务进行救济，使之权利、义务之间达到相对的平衡，具体到本案来说，双方并未约定差额部分应补缴费用，也未约定涉案房屋每平方米的单价，双方亦未就此问题达成过补充协议，因此反诉原告房地产公司要求反诉被告王某萍按照商品房的价格给付面积差额的请求缺乏合同及法律依据。

编写人：北京市西城区人民法院　李彦周

十二、供用电、水、气、热力合同纠纷

158 计量错误导致多收用电人电费的，供电人应返还多收电费

——岩砖厂诉电业公司供用电合同案

【案件基本信息】

1. 裁判书字号

广西壮族自治区贺州市中级人民法院（2018）桂 11 民终 450 号民事判决书

2. 案由：供用电合同纠纷

3. 当事人

原告（被上诉人）：岩砖厂

被告（上诉人）：电业公司

【基本案情】

岩砖厂于 2006 年 11 月正式投产。2006 年 11 月 11 日，岩砖厂与电业公司签订了《供用电合同》，合同第 1 条第 3 项约定用电设备总容量为 400 千瓦；第 4 条第 1 项约定由甲方（电业公司）根据乙方（岩砖厂）不同电价类别的用电，分别安装用电计量装置，用电计量装置的一切费用由乙方负责，产权归乙方所有，用电计量装置的记录作为向乙方计算电费的依据。岩砖厂所安装的用电计量装置为中山市东风高压电器有限公司生产的型号 JLSJWH3-10II（Y/Y）三相四线电力计量箱。2015 年 11 月，由于

岩砖厂原电力计量箱出现故障，2015 年 12 月 1 日，原告砖厂更换了电力计量箱。2017 年 3 月 29 日，因计算倍率有误，故电业公司电能计量测试中心与电业公司城厢供电所工作人员赶赴现场后，与用电方岩砖厂核对用户高压计量装置的接线，并签订《关于岩砖厂退补电量情况说明》，确认在 2015 年 12 月 1 日更换电力计量箱后，岩砖厂高压计量装置的实际电流比应为 25/5，电量计算倍率应为 500 倍，而实际电量计算倍率是 1000 倍（即多计量 1 倍的电量），应退补电量为 520020 度。对 2015 年 12 月 1 日之前的计量是否存在计量错误问题双方意见不一致。因此，双方产生纠纷，岩砖厂要求电业公司返还多收取的电费。

在审理过程中，根据岩砖厂的申请，法院委托公估公司进行公估鉴定，公估鉴定结论为：1. 本案 JLSJWH3-10II（Y/Y）型高压计量箱三相接线桩头上的标示牌所标示的电流变比与实际的电流变比不相符；2. 本案 JLSJWH3-10 型高压计量箱，在 2006 年 11 月到 2015 年 11 月在线使用期间，实际连接的电流比是 25/5；3. 在 2006 年 11 月到 2015 年 11 月十年期间，由于高压计量箱三相接线桩头上的标示牌所标示的电流变比与实际的电流变比不相符，导致电业公司多收岩砖厂生产用电的电费共计 3965859.3 元。

【案件焦点】

电业公司是否存在电量计量错误从而导致多收岩砖厂电费的行为。

【法院裁判要旨】

广西壮族自治区昭平县人民法院经审理认为：岩砖厂与电业公司于 2006 年 11 月 11 日签订供用电合同，合同成立并生效，双方应按合同的约定全面履行各自的义务。

1. 关于2006年11月至2015年11月30日电业公司是否存在多收岩砖厂电费3965859.3元的问题。广西壮族自治区计量检测设计院的专业技术检测结果认定2015年11月30日前岩砖厂使用的型号为JLSJWH3-10II（Y/Y）三相四线电力计量箱的标识牌电流比为50/5，接线端实际电流比为25/5，存在多计一倍用电量的可能性。现代工业产品生产过程中，采用同种技术和生产设备，在正常生产条件下，其单位产品的电能消耗水平是相同或者相近的。广西诚信达保险公估有限公司在公估鉴定过程中，选用"单位产品电能耗调查比较法"对相同制砖企业生产单位产品平均耗电量进行比较分析，确认岩砖厂在2006年11月至2015年11月30日生产的单位产品平均耗电量高出行业平均水平一倍左右，印证了此期间电业公司多计量岩砖厂一倍电量的事实。广西诚信达保险公估有限公司根据本案供用电合同所适用的供电规则以及电费收费发票测算出2006年11月至2015年11月30日电业公司多收岩砖厂的电费为3965859.3元，法院予以确认。

2. 关于2015年12月1日至2017年1月15日电业公司是否存在多收岩砖厂电费338505.92元的问题。2017年3月29日，经岩砖厂要求，电业公司电能计量测试中心与电业公司城厢供电所对岩砖厂高压计量装置的接线进行核对。根据核对结果，三方签订了《关于现代页岩砖厂退补电量情况说明》，该情况说明的内容确认了因计算电量倍率有误而多计量岩砖厂一倍的电量，即520020度，合计金额338505.92元，法院确认该情况说明的效力。

关于岩砖厂因多缴电费造成利息损失如何计算的问题。岩砖厂因长期多缴巨额电费，资金被占用造成了利息损失，按年利率6%计算利息损失合情合理，法院予以支持。

广西壮族自治区昭平县人民法院依照《中华人民共和国合同法》第一百零七条、第一百七十六条之规定，作出如下判决：

一、被告电业公司退还原告岩砖厂从2015年12月1日起至2017年1月15日止多收电费338505.92元；

二、被告电业公司退还原告岩砖厂从2006年11月起至2015年11月止多收电费3965859.3元；

三、被告电业公司支付原告岩砖厂多收电费利息合计1487591.03元（计至2017年12月31日），并从2018年1月1日起，按2006年11月至2015年11月30日多收当月电费数额×截至实际履行之日总月数×0.5%/月（年利率6%）计算利息。

电业公司不服原审判决，提起上诉。广西壮族自治区贺州市中级人民法院同意广西壮族自治区昭平县人民法院的裁判意见，依照《中华人民共和国民事诉讼法》第一百七十条第一款第一项的规定，判决：

驳回上诉，维持原判。

【法官后语】

本案的难点在于如何认定电业公司是否存在电量计量错误从而导致多收岩砖厂电费的情形。

双方对于计量电量有争议的期间自2006年12月起至2017年1月15日止，其中2015年12月1日至2017年1月15日计量电量及电费，经岩砖厂、电业公司电能计量测试中心与电业公司城厢供电所三方核对用电人的高压计量装置接线情况后，确认了在此期间多收一倍电量的事实，并签订了《关于岩砖厂退补电量情况说明》。关于该情况说明，虽然电业公司电能计量测试中心与电业公司城厢供电所并非供用电合同相对人，但是分别作为供电人的内设机构及分公司其实际承担了电业公司的具体职能，其核实计量电量错误系履行供电人的职务行为，故一审、二审法院均认定该情况说明的效力。另外，2006年11月至2015年11月的计量电费，在2015年11月30日以前，岩砖厂使用型号为JLSJWH3-10II（Y/Y）三相四线电力计量箱是客观事实，按电业公司提交的《计量装置装（拆、换）工作单》记录，其也确认了2005年11月至2015年11月30日是按电流比50/5，计量电量倍率为1000倍的计算方式向用电人计收电费，结合计量检测设计院的专业技术检测结果和保险公司的公估鉴定，可认定在上述期间供电人向用电人供电过程中因电力计量箱接入桩头与计算电量倍率不匹配的错误导致多计收一倍电费的事实。

电业公司与岩砖厂签订的供用电合同系双方真实意思表示，合法有效，双方均应全面履行合同之义务。电业公司因电量计量错误导致多收岩砖厂一倍电费，有违诚实信用原则，应向岩砖厂返还多收电费并赔偿损失。

编写人：广西壮族自治区昭平县人民法院　叶琦

159　房屋改为自采暖可否免交市政供暖费

——技术公司诉张某供用热力合同案

【案件基本信息】

1. 裁判书字号

北京市第二中级人民法院（2013）二中民终字第15842号民事判决书

2. 案由：供用热力合同纠纷

3. 当事人

原告（被上诉人）：技术公司

被告（上诉人）：张某

【基本案情】

2009年10月22日，张某与房地产公司签订《商品房现房买卖合同》，购买坐落于某路××号院××号楼××层0××4、0××5、0××0、0××1号房屋。2010年1月27日，上述房屋交付张某使用，并由技术公司负责供暖，供暖方式为集中供暖，燃料为天然气。供暖收费方式采用按面积收费，并未采用热计量收费方式。上述四套房屋建筑面积为237.96平方米，单层高度超过4米，规划用途为配套公建。张某自收房后未交纳供暖费，技术公司起诉张某，要求张某交纳拖欠的供暖费。

审理中，张某称其已将涉案房屋改造成了自采暖，不需要技术公司提供供暖服务，要求按照热计量收费。技术公司称不知道张某已将集中供暖改造为自采暖，根据规定张某无权私自改变供暖方式，涉案房屋不具备热计量条件，其按照面积收取供暖费符合规定。

【案件焦点】

业主将房屋改成自采暖后，是否有权拒绝接受集中供热服务。

【法院裁判要旨】

北京市丰台区人民法院经审理认为：张某所有的房屋由技术公司负责提供供暖服务，双方已形成事实上的供暖关系。虽然双方并未签订合同，但张某在实际享受技术公司提供的供暖服务后，理应按照规定交纳供暖费。鉴于张某在收房时，当年采暖季已经过半，且房地产开发商在交房时并未将暖气片安装，故张某可免除交纳当年供暖季的供暖费。但应当指出，2010 年 3 月 15 日之后的供暖费，张某均应按时足额交纳。其未经报请有关主管机关批准，私自改变供暖形式的行为，不符合相关规定，不应成为免交供暖费的理由。

北京市丰台区人民法院依照《中华人民共和国合同法》第一百八十二条、第一百八十四条之规定，作出如下判决：

一、张某于判决生效之日起七日内给付技术公司 2010 年 11 月至 2013 年 3 月的供暖费共 54254. 88 元；

二、驳回技术公司其他诉讼请求。

张某提起上诉。

北京市第二中级人民法院经审理认为：技术公司受开发商委托对张某所有的涉案房屋所在小区提供供暖服务。虽然技术公司与张某之间未签订书面的供暖协议，但技术公司为张某所有的涉案房屋提供了供暖服务，故双方之间形成了事实上的供暖服务关系。根据已查明的事实，涉案房屋所在整栋大楼并未实际采用热计量的收费方式，开发商与技术公司之间签订的协议中也未约定技术公司应按照热计量的方式向用户收取供暖费，且采用热计量的收费方式需要一定的实施条件，现无证据证明涉案房屋已经具备了上述实施条件，故技术公司按照面积收取供暖费并无不妥。张某主张涉案房屋为住宅用房，但房屋所有权证明确载明规划用途为配套公建，故本院对张某的该项主张不予采信。技术公司按照非居民供热价格计收涉案房屋供暖费，于法有据，予以支持。关于张某所述其已自行改造涉案房屋供暖方式，由其自行供暖，未实际享受技术公司供暖服务一节，因供暖问题涉及小区全体业主的共同利益，张某未经有关主管部门批准擅自拆改供暖设施，改变供暖方式，违反了相关规定，且未通知技术公司并取得技术公司的同意，故张某无权以未实际享受供暖服务而拒绝交纳供暖费。原审法院判决张某交纳 2010 年 11 月至 2013 年 3 月的供暖费并无不当，予以维持。对于张某改变供暖方式的问题，技术公司与张某应当积极进行协商，查看供暖设施的改造情况，以确定是否影响其他用户及公共供暖设施的使用及安全。综上，张某的上诉请求，依据不足，不予支持。

北京市第二中级人民法院依照《中华人民共和国民事诉讼法》第一百七十条第一款第一项之规定，判决如下：

驳回上诉，维持原判。

【法官后语】

本案中，业主张某虽然对供暖费的收费标准提出诸多质疑，但相关政策法规对此有较为明确的规定，其指向的法律问题即单个业主是否有权拒绝接受集中供热这一典型的公众性服务。

首先，从供用热力合同的性质上来讲，其属于服务合同的范畴。一般服务合同是在合同双方充分协商的基础上订立的，提供服务一方不能强行要求对方接受服务。服务合同关系中，即使已经订立了服务合同，接受服务一方亦有权单方终止合同，但因终止合同给对方造成的损失应予赔偿。

其次，供用热力合同是供热企业与一定区域内的全体服务对象即业主所共同签订的集体合同，有别于普通服务合同，具有公众性服务的特殊性。具体到供用热力合同，供热企业的供热义务不仅基于合同约定，而且需要严格遵守有关行政规章和政策的规定，关乎基本民生。在大多数集中供热的老旧小区，由于每户业主之间的供暖管道系串联设置，受设备技术限制，供热企业必须履行供热义务，以保证全体业主能够享受到供热服务，而难以对单独业主终止供热服务。在这种情况下，为了保护公众利益不受到侵害，单户业主对供热服务的选择权是受到严格限制的，单户业主无权拒绝接受供热服务，亦无权单独选定供热企业，其选择权只体现在购买房屋时，开发商应对供热服务方式等信息进行披露，业主一旦选择购买该房屋即表示接受相应的供热服务。而在具备分户供热条件，且实施了分户管理的小区，业主则具备更充分的选择权。2010 年 4 月 1 日开始施行的《供热采暖管理办法》第十八条规定，具备分户独立采暖系统形式的用户，在不影响其他用户正常采暖及共用供热设施安全的前提下，经与供热单位协商，就暂停供热时间、缴纳基本费用等事项达成一致后，可以由供热单位暂停供热。但暂停供热并不意味着业主不需要缴纳全额供热费，因为热能具有辐射性和传导性，单户业主停热后，相邻用户要保持室温达标仍需要周边保持一定的供热负荷；原业主暂时停用的供热资源也必须保留；原有供热设施的配备以及运行保障所发生的基本费用并不因单户业主停热而减少。为此，从保障大多数居民采暖的基本权益和维持供热单位运行基本条件出发，即使单户业主暂停供热，其还应向供暖企业缴纳一定的基本热费。按照《北京市居民供热采暖合同》示范文本的规定，在没有制定具体的政策法规或供热双方对基本热费没有达成协议的情况下，基本热费应按照供暖费总计的 60% 支付。

综上，诸如本案等一系列业主拒绝接受供热服务案件的频发从一个侧面反映了业主对供热服务个性化的强烈需求，出于各种原因有些房屋并不需要提供供热服务，而有些房屋对供热期限与供热温度则有特殊要求，传统的集中供热并不能满足每一个业主的需求。

集中供热、分户管理，按热计量收取供热费用，将是今后供热服务发展的大势所趋，这既满足了业主的个性化需求，又节约了能源。政府应当加快对老旧小区供热管道的改造，对此给予必要的政策支持，并制定完善相应的供热收费办法，以避免这类纠纷的继续产生。

此外，需要指出的是，本案发生在民法典实施之前，根据当时有效的《中华人民共和国合同法》第十三条，当事人订立合同，采取要约、承诺方式，而2021年1月1日起实施的民法典对此条款做出了修正，即《中华人民共和国民法典》第四百七十一条，当事人订立合同，可以采取要约、承诺方式或其他方式，新增了除要约、承诺外的“其他方式”缔约情形，为本案涉及的强制缔约提供了明确的法律依据。

编写人：北京市第二中级人民法院　曹雪

十三、赠与合同纠纷

160 亲属间赠与的财产有瑕疵的，应严格认定赠与人的责任

——戴某美等诉李某赠与合同案

【案件基本信息】

1. 裁判书字号

江苏省南京市中级人民法院（2019）苏01民终10570号民事裁定书

2. 案由：赠与合同纠纷

3. 当事人

原告（上诉人）：戴某美、巫某、巫某山

被告（被上诉人）：李某

【基本案情】

2016年6月，案外人马某杰在明知“制川乌”有毒性的情况下，将自己配制的含“制川乌”等中药成分的三瓶药酒（瓶身标有“××皇帝”字样，颜色呈褐色），以每瓶300元的价格卖给孙某银、李某夫妇。2016年7月的一天，李某见孙某银饮酒后疾病症状有所缓解，即通过女儿孙某园将其中一瓶未开封的药酒赠与同样患有腰腿疼痛病的亲家巫某春服用。2016年8月30日18时许，巫某春吃晚饭时喝了该药酒后身体不适，出现口唇麻木、呕吐等症状，后被送至江苏省中西医结合医院抢救，经抢救无效死亡。

经鉴定，巫某春符合因乌头碱中毒致呼吸循环衰竭而死亡。后因为此事原告巫某与被告的女儿孙某园离婚。2017 年 11 月 23 日，南京市玄武区人民检察院向南京市玄武区人民法院提起公诉，指控马某杰犯过失致人死亡罪，在诉讼中，本案三原告提起附带民事诉讼。2018 年 12 月 21 日，南京市玄武区人民法院作出（2017）苏 0102 刑初 707 号刑事附带民事判决，认定："一、被告人马某杰犯过失致人死亡罪，判处有期徒刑三年，缓刑四年。（缓刑考验期限，自判决确定之日起计算。）二、被告人马某杰赔偿附带民事诉讼原告人戴某美、巫某、巫某山医疗费 5795.3 元、丧葬费 36342 元、餐饮费 9650 元、交通费 11 元，赔偿戴某美误工费 8400 元，赔偿巫某误工费 3733 元；上述费用于判决生效之日起十日内支付。三、驳回附带民事诉讼原告人戴某美、巫某、巫某山的其他诉讼请求。"宣判后，三原告不服该判决提出上诉，2019 年 4 月 12 日，南京市中级人民法院作出（2019）苏 01 刑终 277 号刑事附带民事裁定书，裁定驳回上诉，维持原判。巫某春的近亲属戴某美、巫某、巫某山认为，被告李某与巫某春之间形成赠与合同关系，被告李某赠与巫某春药酒的目的是缓解巫某春的腰腿疼痛，其应当在保证巫某春生命安全的情况下提高巫某春的健康程度，但被告赠与的药酒中含有致命的乌头碱成分，导致巫某春死亡的严重后果，违反了被告赠与巫某春的初衷，严重违反了合同目的，被告的行为已严重侵犯了巫某春和三原告的合法权益，并造成了无可挽回的后果，故请求判令被告支付三原告死亡赔偿金 94.4 万元、丧葬事宜的实际支出 55055 元、精神损害抚慰金 15 万元、原告巫某山的被扶养人生活费 49103.33 元，共计 1198158.33 元，并承担本案诉讼费用。

【案件焦点】

亲属之间成立赠与合同，受赠人遭受损失的，赠与人应否承担责任。

【法院裁判要旨】

江苏省南京市六合区人民法院经审理认为：赠与合同是赠与人将自己的财产无偿给予受赠人，受赠人表示接受赠与的合同。根据法律规定，在赠与合同中，赠与的财产有瑕疵的，赠与人不承担责任。赠与人故意不告知瑕疵或者保证无瑕疵，造成受赠人损失的，应当承担损害赔偿责任。本案中，被告李某将自己所有的药酒无偿给予巫某春，巫某春接受并使用了该药酒，双方之间形成赠与合同法律关系。现原告认为被告赠与药酒的行为违反了合同的约定，应承担赔偿损失的违约责任。根据法律规定，赠与的财产有瑕疵的，赠与人不承担责任。赠与人承担损害赔偿责任的情形只有两种，即赠与人故意不告知瑕疵或者保证无瑕疵，而本案中的被告在赠与巫某春药酒之前，其丈夫孙某银为了缓解腰腿疼痛，已饮用了该药酒，由此可以推定被告应不知晓该药酒存在瑕疵，被告在其丈夫饮用后腰腿疼痛症状有所缓解的情况下，基于双方之间的姻亲关系，将剩余一瓶未开封的同款药酒赠与同样患有腰腿疼痛病的巫某春饮服，以缓解巫某春的病痛，可以认定被告不具有故意不告知瑕疵，也未保证无瑕疵的情形，故原告要求被告赔偿各项损失的诉讼请求，事实依据不充分，不予支持。鉴于被告自愿同意补偿原告1万元损失，不违反法律规定，予以确认。江苏省南京市六合区人民法院依照《中华人民共和国民法典》第六百五十七条、第六百六十二条，《中华人民共和国民事诉讼法》第六十七条第一款之规定，作出如下判决：

一、被告李某于本判决生效之日起十日内补偿原告戴某美、巫某、巫某山1万元；

二、驳回原告戴某美、巫某、巫某山的各项诉讼请求。

戴某美、巫某、巫某山不服一审判决，提起上诉，在二审中撤回上诉。

江苏省南京市中级人民法院认为：当事人有权在法律规定的范围内处分自己的民事权利和诉讼权利。上诉人戴某美、巫某、巫某山在本案审理期间提出撤回上诉的请求，不违反法律规定，法院予以准许。依照《中华人民共和国民事诉讼法》第一百八十条的规定，作出如下裁定：

准许上诉人撤回上诉。

【法官后语】

《中华人民共和国民法典》第六百六十二条规定，赠与的财产有瑕疵的，赠与人不承担责任。附义务的赠与，赠与的财产有瑕疵的，赠与人在附义务的限度内承担与出卖人相同的责任。赠与人故意不告知瑕疵或者保证无瑕疵，造成受赠人损失的，应当承担损害赔偿责任。赠与合同为无偿合同，赠与是为了受赠人的利益而为的行为，因而赠与人对赠与财产的瑕疵担保责任，与买卖合同等有偿合同有所不同。在买卖合同中，出卖方应当承担质量瑕疵担保和权利瑕疵担保责任，当买受人因标的物瑕疵而受到损害时，出卖方应当承担损害赔偿责任。该条的内涵有两个方面：

第一，赠与的财产有瑕疵，赠与人原则上不承担责任。

第二，在下列情况下，赠与人应承担瑕疵担保责任：（1）在附义务的赠与中，赠与的财产如有瑕疵，赠与人需在受赠人所附义务的限度内承担与出卖人相同的责任。对于附义务的赠与，受赠人虽受有利益，但又需履行约定的义务。如赠与的财产有瑕疵，必然导致受赠人所受利益有所减损，这便与合同约定的权利与义务不对应，使受赠人遭受损失。为保护受赠人的利益，以求公允，应由赠与人承担瑕疵担保责任。就受赠人履行负担的义务而言，受赠人如同买受人，居于与买受人相同的地位，因此，赠与人应在受赠人所附义务的限度内，承担与买卖合同中的出卖人相同的瑕疵担保责任。附负担赠与合同的赠与人所承担的瑕疵担保责任，不以其故意不告知瑕疵或者保证无瑕疵为条件。（2）赠与人故意不告知瑕疵或者保证无瑕疵，并且造成受赠人损失的，应当承担损害赔偿责任。赠与人故意不告知赠与财产有瑕疵的，其主观上存在恶意，有违诚实信用原则。因赠与财产的瑕疵给受赠人造成其他财产损失或者人身伤亡的，自然应负损害赔偿责任。如果赠与人故意不告知瑕疵，但没有给受赠人造成损失，则不承担赔偿责任。赠与人保证赠与物无瑕疵，受赠人会因相信赠与人的许诺而放松警惕，基于诚实信用原则，赠与人对受赠人因此造成的损害，也应承担损害赔偿责任。

基于赠与合同双方的密切关系，法院在认定赠与人承担责任时应严格审查赠与人是否存在以上两种情形。本案由被告向其亲家赠送一瓶药酒导致亲家死亡引发，而本案诉讼的形成原因在于原告认为原刑事附带民事赔偿额过低，不足以弥补其受到的伤害和损失。就刑事附带民事赔偿问题，司法实践中除道路交通事故责任案外，通常仅支持受害人因犯罪行为所遭受的直接物质损失，对死亡赔偿金、精神损害抚慰金一般不予支持，而该结论可能无法让受害人信服。于是，原告提起了本案诉讼。

人民法院作为司法机关，在培育和践行社会主义核心价值观方面承担着重要的职责。近年来，最高人民法院发布了《关于在人民法院工作中培育和践行社会主义核心价值观的若干意见》，人民法院在审理案件中应严格贯彻落实上述文件精神，主动参与到社会治理中，本案即为弘扬社会主义核心价值观的一则典型案例。案涉的两亲家之间的赠与行为系亲属间的人情往来，是日常生活中传统朴素的善良风俗，从维护社会公共秩序和善良风俗的角度，不宜在法定之外科以赠与人较为严格的义务。诚信、友善是对公民个人的基本道德规范，本案中的被告在自己的丈夫饮用药酒后，腰腿疼痛有所缓解的情况下，基于对亲家的友好和关爱，善意地赠与其同样患有腰腿疼痛疾病的亲家同样的药酒，若在法律规定之外再科以其严格的责任，实不利于文明、和谐、美丽国家的建设。

编写人：江苏省南京市六合区人民法院　刘小梅

161　赠与人的继承人可在赠与房产过户前撤销赠与

——金某华诉刘某国等赠与合同案

【案件基本信息】

1. 裁判书字号

北京市第二中级人民法院（2018）京02民终191号民事判决书

2. 案由：赠与合同纠纷

3. 当事人

原告（上诉人）：金某华

被告（被上诉人）：刘某国、张某平、刘某玺

【基本案情】

某小区×号一处房产属于金某华、金某兰、金某英、金某林四人共同所有，各占四分之一。金某英于1993年2月12日去世。金某英的配偶刘某泉于2001年3月20日去世。金某英和刘某泉之子刘某于2006年10月24日去世。张某平是刘某的配偶，二人于1978年1月20日登记结婚，二人育有一子刘某国、一女刘某玺。

《房产共有执照》内容为：某小区×号房屋五间系金某华等四人共同所有。除发给崇房字第00×××6号房产所有证由金某华收执外，金某英占有共有权利成数四分之一，特发给此执照。在注意事项下面的空白处有两行手写文字，第一行内容为“我这份产权我同意给我弟弟金某华所有”，第二行内容为“金某英 85.6.4”。金某华主张上面的手写文字“我这份产权我同意给我弟弟金某华所有。金某英 85.6.4”是金某英所写，金某英同意将自己所有的四分之一房屋产权赠与金某华。张某平、刘某玺、刘某国称上面的手写文字不是金某英本人所书写，并申请笔迹鉴定。北京长城司法鉴定所于2018年3月26日出具《终止鉴定告知书》，称现有样本不充分、不完整，不具备检验条件，终止此次鉴定工作。之后，金某华提交了1969年7月5日和1970年12月11日的两封书信，称此为金某英当时写给金某华的信，表示此书信可以作为鉴定的比对样本。张某平、刘某玺、刘某国不认可其中文字是金某英书写的，不同意作为比对样本。除此之外，双方均无法提供其他材料作为比对样本。金某华表示其持有金某英的共有权证书，金某英生前已经将涉案房屋交给其使用，对方也未提出异议，故一直未办理房屋登记过户手续。张某平、刘某国、刘某玺不认可金某华的主张，称涉案房屋截至拆迁之前一直是金某林的孙子邵某军自己居住使用，之前一直由邵某军保管房屋产权证书。

【案件焦点】

1. 房产赠与合同是否成立；2. 原告能否要求被告配合办理房屋过户手续。

【法院裁判要旨】

北京市丰台区人民法院经审理认为：金某华虽主张金某英在崇房字 00×××6 号房产共有执照上手写了“我这份产权我同意给我弟弟金某华所有。金某英 85. 6. 4”这句话，认为金某英将上述房产赠与了金某华，但是，张某平、刘某国、刘某玺不认可上述手写文字是金某英笔迹，并申请进行笔迹鉴定，鉴定机构称本案现有样本不充分、不完整，不具备检验条件，决定终止此次鉴定，而双方无法再提供均认可的比对样本。由于金某华持有金某英的涉案房产共有执照，从该书证证明内容的利益归属和对真实性证明能力来看，应当由金某华承担举证证明责任，而根据金某华提交的现有证据，法院难以确认“我这份产权我同意给我弟弟金某华所有。金某英 85. 6. 4”是否为金某英的字迹，故金某华应当承担举证不能的不利后果，法院对金某华的全部诉讼请求，均难以支持。北京市丰台区人民法院依照《中华人民共和国民事诉讼法》第六十四条之规定，作出如下判决：

驳回金某华的全部诉讼请求。

金某华不服一审判决，提起上诉。北京市第二中级人民法院经审理认为：关于“我这份产权我同意给我弟弟金某华所有。金某英

85.6.4”手写字迹能否认定为金某英本人所书写，因一审法院已委托鉴定机构，但鉴定机构出具《终止鉴定告知书》，该鉴定因双方当事人无法再补充新的样本材料，且现有样本不充分、不完整，不具备检验条件，致使鉴定工作无法继续进行。虽金某华提供了自称是金某英分别在1969年、1970年所写的两封信，但张某平等人对此不予认可，不同意作为比对的样本，双方又不能提供其他共同确认的样本，故一审法院从举证责任的角度确定金某华承担不利后果并无不当。即使该手写字迹系金某英本人书写，时至今日，其所有的部分仍未过户到金某华名下，故其产权未发生变动，仍为金某英所有。现金某英去世，其房产份额应由其继承人继承。作为金某英的儿子刘某业已死亡，故应由刘某的继承人转继承金某英的遗产。作为继承人，在遗产房屋未过户的前提下，其三人亦可行使任意撤销权，撤销对金某华的赠与。现刘某的配偶张某平，子女刘某国、刘某玺均不认可共有执照上的手写字迹为金某英书写，实际上是不同意将金某英的该房产份额赠与金某华，故金某华的上诉请求，法院无法支持。此外，即使诉争房屋由金某华实际占有使用、共有执照在其手中，但此均非所有权转移的条件，其以此为由要求确认诉争房屋归其所有并要求对方配合办理产权过户手续，法院不予支持。

北京市第二中级人民法院同意一审法院裁判意见，依照《中华人民共和国民事诉讼法》第一百七十条第一款第一项之规定，作出如下判决：

驳回上诉，维持原判。

【法官后语】

本案的核心问题是因赠与人所有的房产份额至今未进行过户，

故其产权未发生变动，仍为赠与人所有。现赠与人去世，其房产份额应由其继承人继承，继承人可行使任意撤销权，撤销对被赠与人的房产赠与。

一、本案手写字据性质应属于赠与而非遗赠

赠与合同是赠与人将自己的财产无偿给予受赠人，受赠人表示接受赠与的合同。赠与合同属于诺成合同，有赠与合意即成立，即赠与人与受赠人达成赠与合意，则赠与合同即成立，不以赠与人交付赠与物为合同生效要件。原《中华人民共和国合同法》第四十四条规定："依法成立的合同，自成立时生效。法律、行政法规规定应当办理批准、登记等手续生效的，依照其规定。"赠与合同即属于该条第一款规定的合同类型。

遗嘱是指具有完全民事行为能力的自然人根据自己的意愿，通过遗嘱处分自己财产的民事法律行为，继承开始后，有遗嘱的按照遗嘱继承办理。从法解释学的角度看，遗嘱系单方民事法律行为。我国立法规定遗嘱具有不同的形式，如自书遗嘱、代书遗嘱、录音遗嘱、口头遗嘱和公证遗嘱，上述不同形式的遗嘱虽有不同的格式要求，但都要求立遗嘱人明确财产分割应以其去世为前提。

本案中，单从形式上讲，手写字据"我这份产权我同意给我弟弟金某华所有。金某英 85. 6. 4"不符合遗嘱的形式要件，而是具有生前赠与财产的意思表示。理由如下：从遗嘱的定义可见，遗嘱系立遗嘱人生前订立的，明确其去世后遗产继承的问题，但从该字据的形式上看，字据内容均未体现"遗嘱""百年后""过世后"等内容，而是表达了赠与房产份额的意思，故该字据内容符合赠与合同的性质。若从实质上讲，要判断本案中赠与协议是否成立，需要确定该字据是否为金某英本人书写，如果是金某英本人真实意思表示，则该赠与合同成立。本案中，由于原、被告对字据的真实性各自持有不同意见，而书写人已去世，没有比对样本，无法通过鉴定确定字据是否具有真实性。此种情况下，承担字据真实性举证证明责任方将面临败诉风险，因此，举证证明责任分配具有实质意义。但如何对给字据真实性举证证明责任进行分配，实践中认识不一致。实务中，许多法官认为按照“谁主张，谁举证”的原则，应由对真实性表示异议一方承担真实性举证证明责任。但是，笔者认为，由于案涉字据属于私文书证，从书证证明内容的利益归属和对真实性证明能力来看，一般由持有该字据并主张字据真实一方承担真实性举证证明责任更为公平。一审法院即持此主张，判决字据持有人即原告对字据真实性承担举证责任。二审法院认同一审法院裁判观点。

二、赠与人的撤销权具有法理意义上的权利基础

关于赠与合同的撤销权，原《中华人民共和国合同法》规定了任意撤销权和法定撤销权。所谓任意撤销权，即除了具有救灾、扶贫等社会公益、道德义务性质的赠与合同或者经过公证的赠与合同之外，赠与人在赠与财产的权利转移之前可以撤销赠与。根据原《中华人民共和国合同法》第一百八十六条第一款“赠与人在赠与财产的权利转移之前可以撤销赠与”之规定可知，任意撤销权必须在赠与财产的权利转移之前行使。所谓法定撤销权，即受赠人有下列情形之一的，赠与人可以撤销赠与：（1）严重侵害赠与人或者赠与人的近亲属；（2）对赠与人有扶养义务而不履行；（3）不履行赠与合同约定的义务，且该类赠与人的撤销权，自知道或者应当知道撤销原因之日起一年内行使。

在我国，赠与合同是一种有名合同，赠与人作为债权人，除了享有一般合同中债权人的地位，还享有特殊权利。由于赠与合同属

于诺成合同、无偿合同、单务合同，受赠人为单纯利益获得方，赠与人并不能从受赠人处取得任何对价财产。假如赠与合同成立后，对赠予人与受赠人给予同等保护，不允许赠与人撤销赠与，则赠与人因自己一时冲动而作出的赠与行为，也需要承担相应的履行赠与合同的义务，则此种情况下对于赠与人而言显然过于苛刻，也欠缺公平。因此，法律基于平衡角度的考虑，从权利义务相对等的原则出发，赋予了赠与人任意撤销权，该撤销权具有法理意义上的权利基础。换个角度讲，任意撤销权是立法将赠与合同设定为诺成合同的前提下，无偿性保护赠与人利益而专门创设的制度，是为弥补诺成性的赠与合同对赠与人要求过苛而设计的救济性手段。

三、赠与人的继承人可以行使任意撤销权

法律规定，若受赠人的违法行为致使赠与人死亡或者丧失民事行为能力的，赠与人的继承人或者法定代理人可以撤销赠与。但是，若赠与财产的权利尚未转移时，赠与人已去世，其继承人是否可以行使撤销权，法律并未规定。对此，笔者持肯定态度。理由为：原《中华人民共和国继承法》第三条第七项规定了遗产包括公民的其他合法财产，原《最高人民法院关于贯彻执行〈中华人民共和国继承法〉若干问题的意见》第三条规定："公民可继承的其他合法财产包括有价证券和履行标的为财物的债权等。"赠与人作为债权人，其享有的任意撤销权从广义上讲应当是一种债权，赠与人死亡后，其继承人可以对此进行继承。

本案中，根据原《中华人民共和国物权法》的规定，不动产物权变动实行登记要件主义，即只有登记才发生物权变动的效力。因涉案房产份额仍然登记在金某英名下，并未进行权利转移，故房产份额仍属于金某英。金某英去世后，该房产份额成为金某英的遗产，金某英的继承人对金某英的该遗产享有继承权，并享有对赠与财产的任意撤销权。因金某英的儿子刘某业已死亡，故应由刘某的继承人转继承金某英的遗产。现刘某的配偶张某平、子女刘某国、刘某玺均不认可共有执照上的手写字迹为金某英所书写，实际上是不同意将金某英的该房产份额赠与金某华，也可以理解为金某英的继承人有行使任意撤销权的权利，故法院判决驳回了金某华的全部诉讼请求。

本案事实发生在《中华人民共和国民法典》施行之前，应当适用当时的法律和相关司法解释。本案涉及的法律规范在《中华人民共和国民法典》中得以延续和保留，故《中华人民共和国民法典》施行后，赠与人的继承人有权在赠与房产过户前撤销赠与。

编写人：北京市丰台区人民法院　李晓慧

162　无权处分并不必然影响赠与合同的效力

——赵某香诉李某等赠与合同案

【案件基本信息】

1. 裁判书字号

北京市第三中级人民法院（2018）京 03 民终 15407 号民事判决书

2. 案由：赠与合同纠纷

3. 当事人

原告（被上诉人）：赵某香

被告（上诉人）：李某、李某廷、何某凤

【基本案情】

李某廷、何某凤夫妻共有二子，长子李某德，次子李某胜。1985年左右，李某德与于某英结婚，李某系李某德和于某英所生之子。1995年左右，李某德和于某英离婚。

位于某街×××号的宅院内有两排正房，后排老房共6间，现由李某廷、何某凤居住使用。前排新房包括正房4间、西厢房3间，建于2014年年初，现由赵某香、李某居住使用。赵某香系李某德的后任妻子，二人于2015年3月9日登记结婚，未生育子女。2016年，李某德被检查出胸椎压迫神经、肾癌，因生活费、医疗费负担问题曾与李某发生争执，并于2017年以赡养纠纷诉至法院。2018年2月3日，李某德因病治疗无效去世。

本案审理过程中，赵某香主张：（1）判令李某德于2017年5月26日书写的《房屋赠与协议书》有效。（2）坐落在某街×××号东西15.8米、南北18米的宅院及后院老房3间属于原告所有。为此，赵某香提供了1989年2月16日的《分家单》作为证据。《分家单》记载："李某德、李某胜哥俩同意分居，由中间人说合，通过协商，老大分西边房子3间、厢房3间、猪圈、厕所、木柜一个。""老二分东边房子3间，门楼归东边。""赡养老人：老二结婚后，轮流住房，一年一轮。"《分家单》上有分家人李某德、李某胜和中间人张某洪、张某顺以及代笔人张某祥的签字。（3）前院新房由李某德建造，应属李某德所有。为此，赵某香提供了2017年3月16日李某德与李某廷、邻居李甲协商房后滴水和共用通道问题的书面协议，2016年8月20日李某德为张某田出具的欠建房款7000元的欠条复印件，以及赵某香与建房工人张某革的录音作为证据。4. 某街×××号的前院房屋和后院老房3间已经由李某德赠与赵某香，应属赵某香所有。为此，赵某香提供了2017年5月26日有李某德签字和指纹的《房屋赠与协议书》作为证据，《房屋赠与协议书》的主要内容为："甲方（李某德）自2016年6月患病后，查出胸椎压迫神经导致下身不能动弹，一直是乙方赵某香一个人精心照顾至今，所以甲方自愿将我的不动产赠予赵某香。""双方自愿协议如下：（1）甲方自愿将其坐落于南张岱后街×××号面积东西15.8米、南北18米的宅院一套及后院老房3间赠予乙方赵某香，乙方自愿接受该房产；（2）甲乙双方确认，虽然房屋权证未作记载，如他人合法追索，将来此房产涉纠纷，均与乙方无关……（5）本协议自甲乙双方签字之日起生效。"

对于赵某香提供的《分家单》、《房屋赠与协议书》、李某德与邻居协商房后滴水和共用通道的书面协议、欠条、录音证据，李某、李某廷、何某凤对此均不予认可，并提供了1951年土地房产所有证存根、2017年9月李某德被法院列为失信被执行人的信息，和张某刚、张某山、张某泉、张某田、史某生、李某廷的书面证言作为证据，以证明李某德没有对建造前院新房出资。赵某香对李某、李某廷、何某凤提供书面证言的真实性均不予认可。

【案件焦点】

1. 无权处分是否影响赠与合同效力；2. 赠与合同有效后涉案房屋所有权归属问题。

【法院裁判要旨】

北京市平谷区人民法院经审理认为：根据原告提供的《分家单》，能够确认某街×××号院后院旧房中的西侧3间已经通过分家的形式分给了李某德的事实，确认李某德对后院 3 间老房享有所有权，其将后院 3 间老房赠与原告的行为有效。根据原告提供的李某德与邻居协商房后滴水和共用通道的书面协议、欠条和录音证据，能够确认某街×××号院中的前院新房系在李某德的参与下建造而成，李某德对建造新房作出了一定贡献，即使李某德对前院新房不享有所有权或不享有完整的所有权，其将前院新房整体赠与原告可能无权处分了他人的财产，但因上述行为并不违反法律规定，赠与行为不应被认定为无效。被告指出原告并非某村集体经济组织成员，无法成为涉案宅院的合法受赠人。原告以李某德妻子的身份与李某德签订的赠与协议并不违反法律法规关于农村房屋流转的禁止性规定，不应以原告未取得某村户口为由否定赠与合同的效力。关于赠与合同有效后诉争房屋的所有权归属问题，根据现有证据，尚不足以确认原告与李某德订立赠与协议时李某德对诉争房屋享有单独的排他性的所有权，李某德的赠与行为可能涉及无权处分他人财产，因此，对于原告请求确认诉争宅院归原告个人所有的诉讼主张，法院不予支持。北京市平谷区人民法院判决：

一、确认李某德与原告赵某香于 2017 年 5 月 26 日签订的《房屋赠与协议书》有效；

二、驳回原告赵某香的其他诉讼请求。

李某、李某廷、何某凤不服一审法院判决，提起上诉。

北京市第三中级人民法院经审理认为：一审法院仅对上述协议书的效力进行了确认，但并未对该协议书所涉及的院落和房屋物权进行处理。根据庭审查明的事实和证据可以看出，本案中，涉案房屋赠与协议虽对涉案房屋和院落进行了处分，但就目前的证据情况来看，李某德就涉案院落内的哪些房屋享有物权并不确定。同时，涉案分家单直接涉及涉案外人，赠与协议亦涉及居住在上述院落内的他人权利，一审法院在本案中直接确认该分家单真实有效，明显缺乏相应的事实依据，二审法院在此予以纠正。但是这并不影响李某德与赵某香之间赠与合同本身的效力，原因在于赠与合同对于房屋权属的处分和物权能否取得是两个不同层面的法律问题，赠与合同有效并不必然导致必然取得物权，赵某香能否依据赠与协议取得房屋，还要审查李某德在该赠与协议中是否存在无权处分他人财产的行为，需在析出李某德对于哪些房屋享有物权后，方能对该赠与协议所涉及的房屋权属，并依照国家有关法律法规及相关政策，同时结合赵某香的身份、户籍情况和本案的其他具体情节予以处理。一审法院判理虽然失当，但实体处理结果正确，二审法院同意一审法院裁判意见，对一审判决予以维持。

【法官后语】

本案例最为重要的争议焦点是当事人主张的赠与合同效力与本案争议房屋归属问题。在本案审理过程中，赵某香要求确认《房屋赠与协议书》效力，进而主张要求涉案的×××号宅院前排新房及后院3间老房的所有权。被告则认为李某德存在无权处分行为，故赠与协议无效，原告不能取得所有权。这也投射在现实生活中，很多当事人在诉讼中会基于无权处分要求确认合同无效，进而要求返还财产。但实际诉讼过程中，当事人应注意区分合同效力与物权行为变动属于两个独立的法律关系，二者不能混同。另外，单纯以无权处分行为为由主张合同无效，也不能得到法院支持。

无处分权人与第三人签订债权合同的效力，只受民事法律行为有效要件的影响。原《中华人民共和国民法通则》第五十五条修改为《中华人民共和国民法典》第一百四十三条，规定了民事法律行为生效的三个要件，只要符合这三个条件，合同当然发生法律效力。此时的合同效力不受第三人主观是恶意还是善意的影响，只受《中华人民共和国合同法》第五十二条（《中华人民共和国民法典》第一百四十四条、第一百四十六条、第一百五十四条）等条文中关于合同无效条款的约束。此时判断债权合同变动能否引起物权变动要看处分权人是否有处分权，有处分权则发生物权变动的结果，没有则不会引起物权变动。

处分人实施负担行为之后，权利人知情并开始主张权利，请求处分人返还财产，并将处分人没有处分权的情况通知了第三人。此时无论处分人是否交付登记，都不会发生财产向第三人转移的情况，因为此时第三人如果在已经明知的情况下依然接受转移则应视为恶意，这种情况下物权合同不生效。权利人认可无处分权人签订合同，且以明示方式通知了当事人，此种情况实际上是一种授予处分权的行为，可以看作一种认可，这种情况下物权合同有效。通过买卖或者继承的方式取得了所有权，这时处分人已经取得了处分权，合同可以继续履行，物权合同生效。

本案中关于农村房屋的赠与合同是一种债权合同，只受民事法律行为有效要件的影响。实际上关于无权处分并不导致合同无效这一观点，在我国法律上早就有相关规定，只是考虑到大众对此观点的接受程度，将此种含义规定在了比较隐蔽的法律条款中。例如，原《最高人民法院关于适用〈中华人民共和国合同法〉若干问题的解释（二）》第十五条中关于多重买卖合同，其明确说明当事人主张追究违约责任的，法院应予支持。我们不难分析认可追究违约责任也就意味着前提是认可合同有效，换个意思表示就是没有处分权不影响合同的效力。之后，最高人民法院关于买卖合同司法解释中也明确规定，对于当事人仅以无权处分为由主张合同效力的，不予支持。

法官应注重在此类案件加强释明，本案在审理过程中，法官曾多次向本案双方释明，告知其合同效力与物权确认属于两种不同的法律关系，原告坚持主张要求确认《房屋赠与协议书》有效，并据此主张对涉案房屋的所有权。一审法院在此种情况下，判决确认涉案的赠与协议有效。

但需要特别说明的是，赠与合同对于房屋权属的处分和物权能否取得是两个不同层面的法律问题，赠与合同有效并不必然导致必然取得物权，赵某香能否依据赠与协议取得房屋，还要审查李某德在该赠与协议中是否存在无权处分他人财产的行为，需在析出李某德对于哪些房屋享有物权后，方能对该赠与协议所涉及的房屋权属，并依照国家有关法律法规及相关政策，同时结合赵某香的身份、户籍情况和本案的其他具体情节予以处理。本案中，涉案房屋赠与协议虽对涉案房屋和院落进行了处分，但就目前证据情况来看，李某德就涉案院落内的哪些房屋享有物权并不确定。同时，涉案分家单直接涉及案外人，赠与协议亦涉及居住在上述院落内的他人权利，因此首先需要另案确认分家单是否真实有效，方能对其余财产进行相应处置。

编写人：北京市平谷区人民法院　郑飞飞　胡怀松

十四、借款合同纠纷

（一）金融借款合同纠纷

163 无过错抵押权预告登记权利人对商品房有权优先受偿

——某支行诉徐某甲等金融借款合同案

【案件基本信息】

1. 裁判书字号

浙江省台州市中级人民法院（2018）浙10民终1011号民事判决书

2. 案由：金融借款合同纠纷

3. 当事人

原告（上诉人）：某支行

被告（被上诉人）：徐某甲、徐某乙、某公司

【基本案情】

被告徐某甲、徐某乙系夫妻关系。因购房所需，被告徐某甲于2014年2月14日同原告签订个人住房借款合同。合同中约定借款金额为75万元，借款期限为2014年2月25日至2034年2月25日，利息为基准利率上浮0%，逾期利率为借款利率上浮50%，还款方法为等额本息还款方法，每月还款一次。贷款担保方式为被告徐某甲、徐某乙以合同项下房产提供抵押担保（并办了抵押预告登记手续）。合同还约定被告方未按时足额支付借款本息的，

则构成违约，原告可提前收回贷款，并要求被告承担实现债权费用（含律师费）。2013 年 12 月 10 日，原告与被告某公司签订借款最高额保证合同，合同约定自 2013 年 12 月 10 日至 2015 年 12 月 31 日购置坐落于“某小区”项目之所属住房、商业用房向原告贷款，被告某公司为原告所享有的全部债权提供连带保证责任。被告徐某乙签署了还款承诺书，自愿为被告徐某甲同原告之间签订的个人住房贷款承担共同还款责任。在合同签订后，原告依约发放了贷款，但被告徐某甲从 2017 年 8 月之后再无还款，原告催讨无果，从被告某公司保证金账户扣款 30169.75 元。

【案件焦点】

抵押权预告登记是否具有顺位优先效力，即抵押权预告登记权利人是否享有优先受偿权。

【法院裁判要旨】

浙江省台州市天台县人民法院经审理认为：依法成立的合同受法律保护。现被告徐某甲未按约定偿还借款本息，已经构成违约，故对原告要求被告徐某甲按照合同约定提前偿还借款本息并解除合同的诉讼请求，依法予以支持。被告徐某乙对被告徐某甲上述款项承担共同还款责任。被告某公司对上述款项承担连带清偿责任。根据《中华人民共和国物权法》的规定，不动产物权的设立、变更、转让和消灭，依法应当登记的，自记载于不动产登记簿时发生效力，本案涉及的房产仅办理了预告登记手续，尚未发生物权变动效力，故原告要求对上述房产行使抵押权，缺乏依据，依法不予支持。浙江省台州市天台县人民法院作出如下判决：

一、解除原告某支行与被告徐某甲于 2014 年 2 月 25 日签订的

《个人住房（商业用房）借款合同》；

二、限被告徐某甲、徐某乙于本判决生效之日起十日内偿还原告某支行借款本金 662339.77 元并支付利息（利息按照合同约定的利率计算至本判决履行完毕之日止）；

三、限被告徐某甲、徐某乙于本判决生效之日起十日内支付原告某支行律师代理费 13028 元；

四、由被告某公司对上述第一项、第二项款项承担连带清偿责任；

五、驳回原告某支行的其他诉讼请求。

宣判后，原告某支行不服一审判决，提起上诉。

浙江省台州市中级人民法院经审理认为：涉案各方当事人签订的合同合法有效，各方应按约履行。双方争议的是上诉人对预告抵押登记的商品房是否享有优先受偿权问题。依照《中华人民共和国物权法》的规定，预告登记制度旨在保障将来物权的实现，属于债权保全措施，具有排除他人处分标的物的物权效力，预告登记后，在债权消灭或者自能够进行不动产登记之日起三个月内未申请正式登记，预告登记失效。但是，涉案商品房抵押权预告登记后，抵押权客观上无法依登记而设立，原因在于被上诉人徐某甲尚未办理房屋所有权证，上诉人无过错，被上诉人徐某甲的原因不能归责于上诉人的意思表示或是上诉人存在怠于办理抵押登记行为。在此情形下，如不赋予上诉人对涉案商品房享有优先受偿权，将被上诉人徐某甲的违约结果转为由守约方即本案上诉人承担，有违合同诚信、公平原则，不符合《中华人民共和国物权法》立法旨意。预抵押登记虽非正式设立抵押权，但系给予被登记的债权请求权以物权效力，上诉人的请求权具有物权的效力，即具有对世及排他的权力，因而对预告登记抵押物享有优先受偿权。上诉人主张其对坐落于天台县福溪街道下余村丰南花苑1幢3单元××室房屋折价或者拍卖、变卖价款享有优先受偿权成立，法院予以支持。原判认定事实清楚，证据充分，程序合法，但判决不当，法院予以纠正。浙江省台州市中级人民法院依照《中华人民共和国民事诉讼法》第一百七十条第一款第二项，《中华人民共和国物权法》第九条、第十五条、第二十条、第二十八条的规定，判决：

一、维持浙江省天台县人民法院（2018）浙1023民初648号民事判决主文第一项、第二项、第三项和第四项；

二、撤销浙江省天台县人民法院（2018）浙1023民初648号民事判决主文第五项；

三、上诉人某支行在本判决第二项、第三项及本案一、二审诉讼费范围内，对被上诉人徐某甲所有的坐落于天台县福溪街道的房屋（以预告登记的证明为准）折价或者拍卖、变卖所得的价款享有优先受偿权。

【法官后语】

本案的主要争议焦点为抵押权预告登记权利人是否享有优先受偿权。一种观点认为，预抵押登记的商品房已具备交易条件，银行对预告登记不能转为本登记不存在过错，能够享有抵押房屋的优先受偿权。另一种观点认为，预告登记不是正式登记，银行不能对该预售商品房行使抵押权。

本案法律事实引发的民事纠纷在民法典施行前，由于当时物权法及司法解释对不动产抵押权预告登记效力未作出明确规定，导致司法实践中法院裁判不一。2020年12月31日，最高人民法院发布了《最高人民法院关于适用〈中华人民共和国民法典〉有关担保制度的解释》（以下简称《解释》），才对该问题予以明确。《解释》第五十二条第一款规定：当事人在办理抵押预告登记后，预告登记权利人请求就抵押财产优先受偿，经审查存在尚未办理建筑物所有权首次登记、预告登记的财产与办理建筑物所有权首次登记时的财产不一致、抵押预告登记已经失效等情形，导致不具备办理抵押登记条件的，人民法院不予支持；经审查已经办理建筑物所有权首次登记，且不存在预告登记失效等情形的，人民法院应予支持，并应当认定抵押权自预告登记之日起设立。本案二审的处理意见与《解释》规定精神相一致，笔者赞同该观点，具体理由如下：

一、抵押权预告登记具有债权物权化属性

原《中华人民共和国物权法》第二十条规定，当事人签订买卖房屋或者其他不动产物权的协议，为保障将来实现物权，按照约定可以向登记机构申请预告登记。预告登记后，未经预告登记的权利人同意，处分该不动产的，不发生物权效力。抵押权预告登记的目的是实现物权（抵押权）为内容的请求权，并不产生物权（抵押权）变动的效果，因此，抵押权预告登记具有债权属性。同时，抵押权预告登记采用的方式是不动产物权变动所特有的登记公示，明确地记载抵押权预告登记权利人将享有房屋抵押权，且具有不动产物权所特有的排除他人处分该不动产的对抗效力，抵押权预告登记同时具有物权属性。

二、抵押权预告登记具有顺位效力

预告登记本身具有物权属性，但在特定条件下，如抵押人怠于办理抵押登记手续，应赋予预告抵押权人优先权。抵押权预告登记虽非转化为本登记直接产生实现物权效果，但从法解释学分析，可赋予抵押预告登记顺位效力，具体理由为：（1）预告登记本身具有公示效力，第三人通过登记知悉不动产将来设立抵押权的可能，故已具备一定的公示外观，在满足特定条件下，赋予债权人对不动产优先权，不违反物权公示要求，亦符合物权立法之本意；（2）《最高人民法院关于人民法院办理执行异议和复议案件若干问题的规定》第三十条规定："金钱债权执行中，对被查封的办理了受让物权预告登记的不动产，受让人提出停止处分异议的，人民法院应予支持；符合物权登记条件，受让人提出排除执行异议的，应予支持。"根据该规定，在符合物权登记条件的条件下，预告登记可以对抗法院的强制执行。因此，我们亦可推演出抵押权预告登记同样具有顺位优先的效力；（3）由于抵押义务人的过错，怠于办理本登记，造成抵押权登记客观上无法办理，如将该法律后果责成权利人承担，显然有违合同诚信原则，不利于市场交易安全。故如购房人怠于办理登记，本质上属于其为自己利益阻却条件成就，参照附条件民事法律行为的规定，视为条件成就，即债权人行使优先受偿权条件因义务人恶意阻却而依法视为已成就。《解释》规定……应认定抵押权自预告登记之日起设立，当属应有之义。

三、赋予预告抵押登记优先效力有利于平衡各方利益

我国目前建立起了商品房预售制度，在涉预购商品房抵押有以下几个重要环节，从抵押权预告登记到正式办理本登记手续，流程较多且存在诸多风险，如因开发商的原因造成商品房无法竣工验收、无办理或怠于办理首次登记，或因购房人的原因不办理产权登记手续或拒绝协助办理抵押权登记等情况，上述不确定原因均非抵押权人所能左右。在预告商品房预告抵押登记权利人承受如此巨大风险的情况下，简单地以预告抵押登记未能推进至本登记为由否定权利

人享有预告抵押登记财产优先受偿权，有悖于公平原则。故在具体司法裁判中，我们应公平合理分配风险，平衡各方利益。

编写人：浙江省台州市天台县人民法院　陈中云

164　在借款合同中借款人处签名是否就能认定借贷关系

——农村信用社诉徐某仁等借款合同案

【案件基本信息】

1. 裁判书字号

黑龙江省七台河市中级人民法院（2018）黑 09 民终 204 号民事判决书

2. 案由：借款合同纠纷

3. 当事人

原告（被上诉人）：农村信用社

被告（上诉人）：徐某仁、陈某兰

被告：刘某鹏、刘某奇、张某辉、吴某华

【基本案情】

2012 年 11 月 20 日，徐某仁在农村信用社的下属信用社借款 36 万元，陈某兰、刘某奇、刘某鹏、张某辉、吴某华为担保人。徐某仁认为其并非借款使用人，当时是为案外人陈某明提供担保时签字，没有细看签字内容导致误签，徐某仁与本案担保人不认识，未收到借款 36 万元。农村信用社提供的《个人借款担保合同》中没有约定结算账户。经鉴定中心鉴定，农村信用社提供了证据：1. 2012 年 11 月 17 日，借款申请书中“徐某仁”签名与提供样本中“徐某仁”签名不是同一人所书写；2. 借款日期：2012年11月20日，农村信用合作社借款凭证第一联信用社债权凭证中“徐某仁”签名与提供样本中“徐某仁”签名不是同一人所写；3. 借款日期：2012年11月20日，农村信用社借款凭证第二联信用社借方凭证背面“徐某仁”三个字与提供样本中“徐某仁”签名不是同一人所书写；4. 2012年11月19日，农村信用合作社借款凭证中“徐某仁”签名与提供样本中“徐某仁”签名不是同一人书写；5. 2012年11月20日，农村信用合作联社取款凭条中“徐某仁”签名与提供样本中“徐某仁”签名不是同一人所书写。仅借款合同中借款人处的签字徐某仁承认是其本人书写。

【案件焦点】

徐某仁与农村信用社是否存在借贷关系。

【法院裁判要旨】

黑龙江省七台河市桃山区人民法院经审理认为：原告、被告之间签订的个人担保借款合同系双方当事人自愿签订，且不违反法律和行政法规的强制性规定，合同合法有效。原告按照合同约定发放贷款至徐某仁账户内，而被告徐某仁未按合同约定履行偿还贷款本息义务，其行为构成违约，应承担偿还原告借款及利息的责任，被告刘某奇、刘某鹏、陈某兰、张某辉、吴某华作为担保人亦应承担还款连带保证责任，关于被告徐某仁辩称合同签订时没有填写内容，系空白合同的观点因未提交有效证据证明该事实存在，故对被告的抗辩理由不予支持。另经司法鉴定，被告徐某仁在取款凭条中的签名虽不是其本人书写，但该鉴定内容并不能否定原告与被告之间借款合同成立的事实以及原告已履行发放贷款的事实，故对原告诉请被告徐某仁偿还借款本息 507277.8 元的诉讼请求法院予以支持。黑龙江省七台河市桃山区人民法院依照《中华人民共和国合同法》第四十四条、第六十条、第一百零七条、第二百零五条、第二百零六条、第二百零七条，《中华人民共和国担保法》第十八条、第二十一条之规定，作出如下判决：

被告徐某仁给付原告农村信用社借款本金及利息共计 507277.8 元（截至 2015 年 11 月 19 日），于本判决生效后立即给付；逾期还款，利息顺延计收至实际给付之日止。

徐某仁、陈某兰不服原审判决，提起上诉。

黑龙江省七台河市中级人民法院经审理认为：《中华人民共和国合同法》第一百九十六条规定，借款合同是借款人向贷款人借款，到期返还借款并支付利息的合同。上诉人徐某仁虽然在被上诉人农村信用社原审提交的《个人借款担保合同》上的借款人处签名，但是，由于上诉人徐某仁称其并无借款的真实意思表示，被上诉人提供的借款申请书、借款凭证、取款凭条，经鉴定，均不是上诉人徐某仁本人的签名。此外，借款合同中没有约定结算账户，被上诉人汇入案涉款项的账户也不是上诉人徐某仁所开立，上诉人徐某仁并未实际取得案涉款项案，故被上诉人未履行交付借款的义务。原审法院仅凭被上诉人提交的《个人借款担保合同》，判决上诉人徐某仁偿还借款本息，上诉人陈某兰及原审被告刘某奇、刘某鹏、张某辉、吴某华，承担担保责任，缺乏事实依据。综上，原审判决认定事实错误，判决结果与本案事实不符，依法应予纠正。黑龙江省七台河市中级人民法院依照《中华人民共和国合同法》第一百九十六条，《中华人民共和国民事诉讼法》第一百七十条第一款第二项的规定，作出如下判决：

一、撤销黑龙江省七台河市桃山区人民法院（2016）黑0903民初1060号民事判决；

二、驳回被上诉人农村信用社的诉讼请求。

【法官后语】

借款合同是合同的一种，借款合同的生效要件与合同的生效要件一致：(1)行为人在缔约时具有相应民事行为能力；(2)意思表示真实；(3)不违反法律或社会公德。本文所述案例中，“借款人”在合同上的签字是本人所写，形式上符合合同成立的特征，但实质上，借款人处的签字非本人真实意思表示，也就是说“借款人”没有借款的意愿，这就不符合合同的生效要件，合同没有生效。

那么，如何判断借款合同中的签字是否为当事人真实意思表示呢？就本案例来说，借款申请书、借款凭证、取款凭条，经鉴定均不是“借款人”本人签名。而且，借款合同中没有约定结算账户，银行汇入案涉款项的账户又不是“借款人”开立，“借款人”并未实际取得案涉款项，故银行未履行交付借款的义务。通过对案件一系列的分析，没有一个完整的证据链条能够证明“借款人”有真实的借款意思表示。抛开本案来说，对借款合同是否为当事人真实意思表示，我们不能仅凭借合同上的文字来断定，还要结合整个案件事实、当事人提供的证据去整体分析，才能还原案件事实，作出正确的裁判。

本案引用的法律条文为原《中华人民共和国合同法》相关条款，在2021年1月1日《中华人民共和国民法典》施行以后，对该案件适用的合同法条款并没有修改，同样适用该案件。《中华人民共和国民法典》第六百六十七条规定，借款合同是借款人向贷款人借款，到期返还借款并支付利息的合同。第一百四十三条规定，具备下列条件的民事法律行为有效：(1) 行为人具有相应的民事行为能力；(2) 意思表示真实；(3) 不违反法律、行政法规的强制性规定，不违背公序良俗。该案中，上诉人徐某仁未作出借款的真实意思表示，借款合同对其不发生法律效力，该案的判决符合《中华人民共和国民法典》的相关规定和立法精神。

编写人：黑龙江省七台河市中级人民法院　孙新欣

（二）民间借贷纠纷

165　恋爱期间转账的性质

——严某诉高某民间借贷案

【案件基本信息】

1. 裁判书字号

北京市第二中级人民法院（2020）京02民终10588号民事判决书

2. 案由：民间借贷纠纷

3. 当事人

原告（被上诉人）：严某

被告（上诉人）：高某

【基本案情】

2018年8月9日，严某与高某确立男女朋友关系。8月12日，严某通过微信向高某转账2000元，高某收款后当天向严某转回2000元，并表示“我跟朋友说了你的事，她就给我把钱收了”，严某未领取高某转回的2000元，表示“这点钱是我真心对你的一片心意，还望你能接收”；8月24日，严某通过微信向高某转账2000元，并表示“我现在是想靠近你、表现自己对你的爱……以后你的事就是我的事，不管任何事情，我都会义无反顾为你去做的”；9月1日，严某通过微信向高某转账5000元，并表示“媳妇：这是给你的奖金”；9月24日，严某收到高某邮寄的月饼后通过微信向高某转账2000元，表示如果高某母亲不吃月饼就给家里打点钱过去；9月29日，高某在微信中表示“我自己看找别人能不能借点”，严某表示“没事，实在不行我从家里拿点钱吧”，高某“你都多大了，还找家里人拿，我自己找别人借看看有没有”，严某表示“不用，人家还我钱，我再补上就行了，你跟我说大概多少就行了”，高某表示“我明天问我朋友看看有没有，借一万多救急”，严某表示“那明天我给你打过去一万五够吗”，之后严某向高某分别转账5000元、1万元；11月1日，严某在微信中问“这两天该还房贷了吗”，高某表示“嗯，找朋友借了1万元”，严某表示“为什么跟人家借呀，我不说我给你吗”，高某表示“你也要用钱啊”，严某表示“我现在用什么钱呀，现在只为你，还人家啊，明天我给你打过去啊”；11月2日，严某通过微信向高某转账1万元；11月22日，严某通过微信向高某转账2000元，表示恰逢感恩节和高某妹妹生日，让高某给妹妹、孩子们买点好吃的。

严某于2019年1月7日、2019年1月28日、2019年2月4日通过微信向高某转账5000元、2000元、1万元。之后二人分手。高某称2018年12月15日之后的微信聊天记录无法提交，严某也表示因手机损坏无法提交上述聊天记录。

2019 年 7 月 13 日，严某在与高某的微信中表示“当初我们是以搞对象的名义才接触的吧……但我们认识以后，一共见了三次面吧，一共给了你有五六万吧……钱必须得退我，至少一半”。

【案件焦点】

严某与高某之间转账的性质。

【法院裁判要旨】

北京市西城区人民法院经审理认为：严某与高某之间的微信转账发生在双方作为男女朋友相处期间，对每笔转账的性质应具体问题具体分析。

1. 针对 2018 年 12 月之前的转账，从双方在转款前后的聊天记录可以看出，2018 年 9 月 29 日严某向高某转账的 1.5 万元，系高某主动提到自己的用款需求后严某表示“实在不行我从家里拿点钱吧”，严某并无赠与钱款的意思表示，因此该笔 1.5 万元应认定为严某向高某出借的借款。

2. 2019 年之后的三笔转账，因高某无法提交相应的微信聊天记录证明款项的赠与性质，法院认为该三笔转账共计 1.7 万元应认定为借款为宜。

3. 针对其余转账，从双方微信聊天记录可以看出，均属于严某在恋爱期间出于自愿，主动向高某表达爱意和祝福的赠与，在赠与完成的情况下，严某无权要求返还。因此，法院确认严某向高某出借的金额为 3.2 万元。

4. 借贷双方未约定还款期限的，出借人可以催告借款人在合理期限内返还。根据严某与高某的微信聊天记录，二人分手后，严某曾于 2019 年 7 月 13 日向高某主张还款，因此法院确认 2019 年 11 月

26 日严某向高某催告还款的合理期限届满。

5. 高某至今仍未清偿借款，故严某有权主张高某偿还借款 3.2 万元并按照年利率 6%的标准支付自 2019 年 11 月 26 日起至实际清偿之日止的利息。因此，法院对严某的诉讼请求中合理部分予以支持，对超出上述部分不予支持。

综上，北京市西城区人民法院根据《中华人民共和国合同法》第一百八十五条、第一百九十六条、第二百零六条，《最高人民法院关于审理民间借贷案件适用法律若干问题的规定》第十七条、第二十九条第二款第一项，《最高人民法院关于适用〈中华人民共和国民事诉讼法〉的解释》第一百零九条之规定，作出如下判决：

一、高某于本判决生效之日起十日内偿还严某借款本金 3.2 万元并支付利息；

二、驳回严某的其他诉讼请求。

高某不服一审判决，提起上诉。

北京市第二中级人民法院经审理认为：《最高人民法院关于审理民间借贷案件适用法律若干问题的规定》（2015 年）第十七条规定："原告仅依据金融机构的转账凭证提起民间借贷诉讼，被告抗辩转账系偿还双方之前借款或其他债务，被告应当对其主张提供证据证明。被告提供相应证据证明其主张后，原告仍应就借贷关系的成立承担举证证明责任"。

本案中，严某于 2018 年 9 月 29 日、2019 年 1 月 7 日、1 月 28 日、2 月 4 日分别通过微信向高某转账 15000 元、5000 元、2000 元、10000 元。严某据此主张上述款项均系其向高某的借款。高某则主张上述款项均系严某的赠与，应由高某对此负举证证明责任。《最高人民法院关于适用〈中华人民共和国民事诉讼法〉的解释》第一百零九条规定："当事人对欺诈、胁迫、恶意串通事实的证明，以及对口头遗嘱或者赠与事实的证明，人民法院确信该待证事实存在的可能性能够排除合理怀疑的，应当认定该事实存在"。涉及2018年9月29日转账的相关微信内容中并无严某向高某赠与钱款的意思表示，2019年之后的三笔转账，高某亦未提交相应的微信聊天记录等证据证明款项为赠与性质。高某未就上述款项性质系赠与尽到举证证明责任，故一审法院认为上述转账共计3.2万元应认定为借款是正确的。

综上所述，高某的上诉请求不能成立，应予驳回。一审判决认定事实清楚、适用法律正确，应予维持。北京市第二中级人民法院依照《中华人民共和国民事诉讼法》第一百七十条第一款第一项之规定，作出如下判决：

驳回上诉，维持原判。

【法官后语】

恋爱期间，男女双方互相间的财务往来比较常见，或是表达爱意，或是共同承担生活开销，或是资金拆借，但即使是借款，也因感情因素，基于彼此之间的信任或者出于面子，鲜有出具正式的借条或者借款合同的情况。然而一旦情感生变，财产纠纷也会随之爆发。

2015年《最高人民法院关于审理民间借贷案件适用法律若干问题的规定》第十七条规定，原告仅依据金融机构的转账凭证提起民间借贷诉讼，被告抗辩转账系偿还双方之前借款或其他债务，被告应当对其主张提供证据证明。被告提供相应证据证明其主张后，原告仍应就借贷关系的成立承担举证证明责任。由于诉讼门槛较低，近年来选择以民间借贷为由起诉的案件越来越多。一般而言，情侣之间的民间借贷纠纷具有如下特点：（1）诉讼标的相对较小；（2）对借款事实争议较大；（3）多数未约定利息、还款期限。由于情侣间的借贷与赠与的认定常常会存在模糊性，因此应当综合考虑转账金额、转账双方的经济能力、转账双方的具体关系及首先提出用款需求的是哪一方等多种因素予以考虑。一般而言，对于金额不大的转账，或者具有特殊含义如“520”“1314”等金额转账，一般会认定为赠与；对于数额较大的转账，一般会结合双方经济能力、消费习惯、生活需求等多种因素综合予以判断。

本案中，高某表示，严某为追求自己，向其转过“520 元”“1314 元”“666 元”“2019 元”之类含有特殊寓意的款项，也转过其他金额的款项，都是严某主动赠与高某的。严某自己也表示上述特殊金额的转账已经作为对高某的赠与主动放弃了，并不在本案主张的借款之中。严某表示本案中双方当事人的相处模式不同于其他恋人，双方自 2018 年 8 月经人介绍相识至 2019 年分手仅见了三次面，其余时间均为微信聊天，高某甚至不告知严某的真实姓名，更无其他共同生活支出的情况，高某在向严某倾诉经济紧张后短短数月收到严某几万元款项，此种情形下的转账不应直接推定为赠与。

2020 年 8 月 20 日、2021 年 1 月 1 日民间借贷司法解释历经两次修订，依然保留了上述条款。《最高人民法院关于审理民间借贷案件适用法律若干问题的规定》第十六条规定：“原告仅依据金融机构的转账凭证提起民间借贷诉讼，被告抗辩转账系偿还双方之前借款或者其他债务的，被告应当对其主张提供证据证明。被告提供相应证据证明其主张后，原告仍应就借贷关系的成立承担举证责任”。《最高人民法院关于适用〈中华人民共和国民事诉讼法〉的解释》第一百零九条规定："当事人对欺诈、胁迫、恶意串通事实的证明，以及对口头遗嘱或者赠与事实的证明，人民法院确信该待证事实存在的可能性能够排除合理怀疑的，应当认定该事实存在"。结合本案的具体情况，法院认为高某对2018年9月29日及2019年之后的三笔转账的性质尚未尽到相应程度的举证证明责任，因此应对上述款项承担还款责任。

民事活动应遵循公平、合理、诚信的原则，恋爱关系是成年男女在社会交往中一种特殊的情感关系，也是一种民事活动，同样要遵循民事活动的基本准则。

编写人：北京市西城区人民法院　李蕾

166　夫妻共同债务中收款行为的意思推定与共同经营的实务认定

——崔某诉赖某、赵某民间借贷案

【案件基本信息】

1. 裁判书字号

北京市第二中级人民法院（2020）京02民终7634号民事判决书

2. 案由：民间借贷纠纷

3. 当事人

原告（上诉人）：崔某

被告（上诉人）：赖某

被告（被上诉人）：赵某

【基本案情】

崔某与赖某是朋友关系，赖某与赵某是夫妻关系，2011年10月10日至2013年7月8日，赖某以个人购房投资和资金周转等理由，多次向崔某借款，崔某碍于朋友情面在上述期间以转账和现金的方式合计借给赖某1260万元（其中340万元转账至赵某账户），后赖某在2013年7月15日向崔某出具《借款清单》，确认2011年10月10日至2013年7月8日共向崔某借款1260万元，利息1416000元，合计欠崔某本息14016000元。赖某于2013年7月29日至2013年9月17日向崔某偿还本息1300万元，因此截至2013年9月17日赖某尚欠崔某1016000元（利息为每月1.5%）。另外，赖某在2013年10月21日又以购房投资为由向崔某借款，崔某考虑到赖某已经偿还部分欠款且赖某名下享有房产，因此崔某于2013年10月21日再次以转账方式（转账至赵某银行账户）借给赖某400万元，赖某在2015年6月18日又向崔某出具《还款承诺书》，确认其尚欠崔某借款本金400万元，若在2015年9月20日前无法偿还则按每日千分之五的标准支付违约金。

【案件焦点】

夫妻共同债务中未签署借款合同一方收款行为的意思推定。

【法院裁判要旨】

北京市东城区人民法院经审理认为：自2011年10月10日至2013年7月8日，崔某向赖某、赵某账户内转账多笔款项，赖某以出具借款清单的方式对上述期间其向崔某通过现金及转账方式提供的借款进行确认，鉴于赖某在借款清单中对现金借款部分的确认，且庭审中认可崔某向其出具的款项中包含有通过现金支付的30万元，故法院对赖某提出的210万元现金借款未实际履行的主张依法不予采信。借款清单中记载的本金合计为1260万元借款系赖某的真实意思表示，双方成立民间借贷关系，且关于本金及利息的约定未违反法律、行政法规的强制性规定，应属合法有效，双方应予以遵守。

关于崔某提出其向赵某账户转账400万元系借款的主张，法院认为虽赖某向崔某出具《还款承诺书》，但赵某并未在该还款承诺书上签字，赵某主张该笔款项系崔某向赵某支付的股权转让款并提供了相应证据，崔某仍应就借贷关系的成立承担举证证明的责任。自然人之间的借款合同自出借人提供借款时生效，故即使还款承诺书记载的民间借贷关系成立，崔某亦未向赖某履行出借义务。在崔某未能就该笔款项系借款提供进一步证据的情况下，法院认为该400万元不属于赖某、赵某向崔某的借款，崔某应另行主张。

上述借款发生后，赖某通过转账的方式分4笔向崔某还款共计1300万元。关于赖某在庭审中主张的其向崔某还款共计1400万元的主张，法院认为当事人对自己提出的诉讼请求所依据的事实或者反驳对方诉讼请求所依据的事实，应当提供证据加以证明，但法律另有规定的除外。现赖某仅提供还款1300万元的证据。在判决作出前，当事人未能提供证据或者证据不足以证明其事实主张的，由负有举证证明责任的当事人承担不利后果，故赖某关于还款超出1300万元的部分之主张缺乏事实与法律依据，法院依法不予采信。

崔某在庭审中陈述认可赖某在2016年2月针对400万元借款向其偿还了20万元。赖某主张该笔款项系其另行出借给崔某的款项，但未提供相应证据。崔某关于该20万元的主张系部分自认兼附加条件予以承认，即在赖某主张还款超出1300万元的部分中，仅自认20万元，且附加了条件，即还款系针对第二笔400万元借款。法院认为，一方当事人对于另一方当事人主张的于己不利的事实有所限制或附加条件予以承认的，应当综合案件情况决定是否构成自认。本案中，崔某明确主张该笔款项是用于偿还 400 万元借款，故不应直接认定崔某自认该 20 万元系对案涉 1260 万元的还款。关于此 20 万元赖某可另行主张。结合上述事实，法院认定赖某向崔某共计还款 1300 万元。

债务人的给付不足以清偿其对同一债权人所负的数笔相同种类的全部债务，应当优先冲抵债务负担较重的债务。鉴于案涉 1260 万元借款中，数笔借款利率相同、到期时间相同，故应根据债务人的利息负担按借款发生时间的先后顺序抵冲。崔某在诉讼请求中关于 1260 万元借款主张的剩余未还本金数额为 1016000 元，法院结合双方在借款清单中对利息的约定，在崔某诉讼请求范围内对赖某的还款进行折抵，认定剩余借款本金数额为 1016000 元。崔某主张应由赵某共同偿还的债务中，赵某均未签字确认或事后追认，在赖某通过借款清单确认的债务中，由崔某转账至赵某账户金额共计 340 万元，该部分债务属于赖某和赵某的夫妻共同债务，其余由崔某打入赖某个人账户中的款项，因崔某未能提供证据证明该债务用于夫妻共同生活、共同生产经营或者基于夫妻双方共同意思，故应属于赖某的个人债务。鉴于赖某在其与赵某婚姻关系存续期间所还款项已经将 2011 年 10 月 10 日至 2012 年 8 月 24 日崔某向赵某账户中汇款的 8 笔借款之本金折抵完毕，且折抵后的剩余未还的借款均发生在赖某、赵某购买案涉房屋之后，法院认定剩余借款本金 1016000 元系赖某个人债务。

关于赖某提出的本案债务已过诉讼时效的主张，法院认为鉴于崔某于 2016 年 4 月 18 日发送催款函及 2016 年 4 月 21 日登报催促还款的行为，崔某并未怠于向赖某主张债权，赖某的时效抗辩法院依法不予采信。针对崔某主张差旅费 2 万元的诉讼请求，因崔某未就差旅费的发生提供相应票据及合同约定等相应证据，法院依法不予支持。

北京市东城区人民法院依照《中华人民共和国合同法》第六十条第一款、第一百零七条、第二百零六条、第二百零七条、第二百一十条、第二百一十一条，《最高人民法院关于适用〈中华人民共和国合同法〉若干问题的解释（二）》第二十条、第二十一条，《最高人民法院关于审理涉及夫妻债务纠纷案件适用法律有关问题的解释》第三条，《中华人民共和国民事诉讼法》第六十四条第一款，《最高人民法院关于民事诉讼证据的若干规定》第七条之规定，作出如下判决：

一、赖某于本判决生效后十日内偿还崔某借款 1016000 元及利息（利息以 1016000 元为基数，从 2013 年 9 月 18 日起至全部款项还清之日止，按月利率 1.5%计算）；

二、驳回崔某的其他诉讼请求。

崔某、赖某不服一审判决，提起上诉。

北京市第二中级人民法院经审理同意一审法院裁判意见，依照《中华人民共和国民事诉讼法》第一百七十条第一款第一项之规定，作出如下判决：

驳回上诉，维持原判。

【法官后语】

本案判决对借款关系是否成立的认定、案涉款项系借贷还是股权转让款的认定、夫妻共债共签的实践把握、非共债共签债务是否用于夫妻共同生活、共同生产经营或者基于夫妻双方共同意思的认定、债务人的给付不足以清偿其对同一债权人所负的数笔相同种类的全部债务时应当优先冲抵的顺序、诉讼时效的发出主义与到达主义的辨析等一系列问题进行了回应，其中最具理论价值的是对于夫妻共同债务中未举债一方收款行为的意思推定。夫妻一方签订一个借款合同，出借人分别向夫妻双方支付了部分借款，从目前的诉讼实践来看，关于还款责任应当共同承担、各自承担还是部分承担是有不同意见的。针对上述问题，当前审判实践中有三种处理模式：（1）严格的共债共签原则，签订借款合同一方承担全部债务，未签字一方不承担还款责任；（2）严格的实践性合同原则，各方均按照名下账户实际收款的金额承担还款责任；（3）意思推定原则，收款行为推定为共同借款的意思表示，签订借款合同一方承担全部债务，未签订借款合同一方仅就自己账户收款的金额承担共同还款责任。

本案中采取了第三种处理模式，理由如下：

1. 夫妻共同债务是共同债务中的特殊类型。夫妻共同债务是共同债务的下位概念，《中华人民共和国民法典》中关于共同债务的规定共出现了四次，分别规定在第一千零六十四条、第一千零六十六条、第一千零八十九条、第一千零九十二条中，且规范内容均集中于夫妻共同债务范畴。共同债务作为有数个债务人的债务关系，应当归于多数人之债的范畴。民法典中，作为债法总则的合同编第一分编仅采纳了按份之债与连带之债两种债的实现形式，第五百五十二条债的加入与第一千一百六十八条共同侵权均将债的实现形式明确为连带之债，没有关于共同债务履行方式的规定。与立法上未予定义形成对比的是，司法实践中判决二人以上当事人对共同债务承担共同还款责任的裁判文书比比皆是，在夫妻共同债务领域体现得尤为明显，这引发了关于共同债务能否等同于连带债务、共同债务人之间能否追偿、债权人能否针对其中一名共同债务人单独申请执行等一系列的争议。回应这些争议首先应当明确共同债务的负担方式，而在目前的债法体系下，连带还款责任是承担共同债务唯一的选择。以自己名下账户收款，虽然缺乏明示的意思表示形式，但不争的事实是自己名下账户余额确因举债得到增加，有鉴于完全行为能力人应当对自己名下账户享有收益的权利，承担管理的义务，故应当推定实际收款方具有共同借款的意思表示。

2. 夫妻共同债务是不可分之债。区分可分债务与不可分债务在我国具有现实意义，关于可分之债与不可分之债概念界分的模糊和理解的讹误导致司法实践中对于特定情形下夫妻共同债务属于按份之债还是连带之债产生了概念上的混淆和法律适用上的混乱。针对本案中“一个合同、分别转账”的情形，第一种观点认为该情形属于不可分之债，该笔借款或全部属于夫妻共同债务，或全部不属于夫妻共同债务，虽然借款给付的标的可分，但由于该债务由单一借贷合意作出，无法按照债务人的人数分割为不同部分，故属于给付在观念上的不可分，该笔债务或全部属于夫妻共同债务，或全部不属于夫妻共同债务；第二种观点认为该情形系可分之债，未签字的收款方对借款中的一部分作出借贷合意行为或借款部分用于夫妻共同生活的情形能够作为确定夫妻共同债务份额的依据，其仅需在作出合意或实际用于夫妻共同生活的债务范围内承担还款责任。上述两种观点中，第一种观点的错误之处在于混淆了单一债务与数个债务的划分，夫妻共同债务虽因份额无法由夫妻双方各自负担而不属于可分之债，但另一方的借贷合意或借款部分用于夫妻共同生活在签署借款合同一方债务的基础上构成了一个新的多数人之债，故未在借款合同上签字的夫妻一方仅需在因合意或共同利益形成的多数人之债的债务范围内承担责任。第二种观点的错误之处在于混淆了债务份额的概念。对借款中的一部分作出借贷合意或借款部分用于夫妻共同生活无法构成对原债务份额的划分依据，未签字一方收款的事实仅能作为认定共同债务的依据，签署借款合同一方仍需在借款合同确定的全部债务范围内承担责任。作为推定之债的夫妻共同债务的发生系基于夫妻共有财产的推定，其实质是一方共同共有人对因另一方增益共有财产所负共有债务的给付义务。因共同共有的财产在分割之前各债务人无法向债权人分别履行，因此基于共同共有财产产生的相应债务在观念上不可分。

3. 夫妻共同债务是有限连带债务。夫妻共同债务因给付在观念上的不可分而不能被归于可分之债的范畴，无法以按份之债的方式实现。同时，夫妻共同债务因任何一方债务人均能够单独向债权人履行而不能以协同之债的方式实现。夫妻共同债务的观念不可分决定了夫妻双方应当共同履行夫妻共同债务，这为以夫妻共同财产作为责任财产确定了理论基础。关于能否将夫妻共同债务等同于连带之债存在争议，夫妻共同债务与连带之债在内部效力中的追偿方面确有区别，但在外部效力方面无法区分。实践中，债权人仅起诉夫妻一方偿还夫妻共同债务的，是否应当释明追加夫妻另一方作为共同被告存在争议，笔者认为，在因合意构成的夫妻共同债务领域，共同债务问题是夫妻双方个人债务的叠加，当然具备单独实现其中一个个人债务的条件，这也是连带责任的应有之义。债权人选择仅向夫妻一方主张系债权人行使处分权的行为，应以不诉不理的原则单独认定个人债务，可以本着一次性解决纠纷的原则释明追加，但不能依职权追加夫妻另一方或以债权人拒绝申请追加为由驳回债权人的诉讼请求。

夫妻共同债务区别于一般共同债务或一般连带债务，其核心问题不是共同债务如何承担，而是夫妻关系以及相应的夫妻财产制对共同债务实现方式的限缩。在《中华人民共和国民法典》实施以后相当一段时期内，夫妻共同财产制仍将是我国夫妻财产制的主流，这一立法选择的根本原因在于从目前的婚姻伦理和婚姻关系事实来看，夫妻共同财产制更有利于保护婚姻关系的稳定。既然选择了夫妻共同财产制的立法模式，就应当在夫妻婚后财产共同共有的前提下讨论和解决共同债务问题，虽然夫妻共同债务只能以连带之债的方式实现，但这并不说明不能对夫妻共同债务的实现范围加以限制。在夫妻共同债务领域同时存在两种"人"，一种是财产法领域中的"经济人"，另一种是婚姻家庭领域中的"伦理人"。夫妻共同财产制作为家庭伦理在民法上的体现，是夫妻共同债务认定规则无法回避的因素。如果说夫妻共同债务的连带之债性质是以"经济人"的意思支配财产的处分，那么夫妻共同债务责任财产的限定就是为财产的范围加入了"伦理人"的因素，亦即为共同债务限定了"夫妻"的因素，因此对于夫妻共同债务的负担应当加以夫妻共同财产的限制。责任财产方面的处理方面采取四个原则：第一，共签债务，不区分个人财产与共同财产；第二，个人债务，先由个人财产还，再由共同财产中的个人份额还；第三，没有共债意思表示的推定共债，只能以共同财产为限。

综上所述，"共债共签""共同生活""共同经营""证明责任"只是夫妻共债问题的表象。在司法裁判中，不能仅停留在表面，而是要认识到夫妻共债实务认定的焦点问题是推定规则，包括意思推定和财产推定。其中，意思推定包含四个层面：(1) 共债共签；(2) 日常家事代理中的法定代理意思推定；（3）为金融机构转账凭证形成的借贷债权之权利外观；（4）共同经营活动中的共债意思表示。财产推定的判断标准应为债务使夫妻共同财产获得增益的可能性。无论是意思推定，还是财产推定，最终认定构成夫妻共同债务的大原则应当是债务是否有益于夫妻身份关系的存续。夫妻共同债务是不可分的有限连带责任，因夫妻共同财产制下婚姻存续期间共同共有财产不能因债务清偿原因发生分割，故基于共有财产产生的相应债务应属观念不可分。夫妻共同债务中未举债一方收款行为不是将借款合同中约定的债务进行分割，而是以账户管理义务和财产的实际增益被推定具有共同借款的意思表示。在债务的实现方式上，不可分之债以连带责任的方式实现不存在理论和实践上的障碍。因不具有举债意思的夫妻一方承担共同债务的唯一原因是共有财产因债务获得增益的可能性，故应当在责任财产范围内对连带责任进行限定。

编写人：北京市东城区人民法院　邵一峰

167 夫妻一方借款超出家庭日常生活所需，但实际用于经营夫妻作为股东的公司，非举债一方从公司经营中获益，该债务应认定为夫妻共同债务

——任某诉王某、凌某民间借贷案

【案件基本信息】

1. 裁判书字号

北京市第三中级人民法院（2020）京 03 民终 6591 号民事判决书

2. 案由：民间借贷纠纷

3. 当事人

原告（被上诉人）：任某

被告（上诉人）：王某

被告（被上诉人）：凌某

【基本案情】

凌某与王某于2008年4月18日登记结婚，婚后生育二子，于2018年3月27日登记离婚，离婚协议书中约定：双方婚后购买房产归王某所有。双方婚姻当中，男方所签署债务，由男方一人承担。双方婚后无债权。

任某与凌某系朋友关系。2015年1月9日任某与凌某签订借款合同，约定借款金额28万元，利息每月1.7%，借款期限为半年，用途是家庭生活周转需要。2015年7月20日，任某与凌某签订借款合同，约定借款金额30万元，借款期限自2015年7月20日至2016年7月20日，口头约定利息为每月1.7%。2015年7月21日，任某向凌某转账2万元。2015年9月25日，任某向凌某转账8万元。2015年11月10日，任某向凌某转账8万元。当日，任某与凌某针对以上两笔借款签订借款合同，约定借款金额为16万元，借款期限自2015年11月10日至2016年11月10日。口头约定利息为月利率1.7%。凌某通过投资公司的出纳刘某某向任某按照月利率1.7%的标准给付了利息。投资公司于2011年9月20日成立，王某为该公司的法定代表人，持股51%，凌某持股49%。因借款到期后，凌某未按约还款付息。凌某和王某系夫妻，两笔借款均发生在二人夫妻关系存续期间，借款用于家庭生活。

【案件焦点】

任某主张的借款是否为夫妻共同债务。

【法院裁判要旨】

北京市朝阳区人民法院经审理认为：任某与凌某之间形成了民间借贷关系，该借贷关系不违反法律、行政法规的强制性规定，受法律保护。现借款期限已过，任某要求凌某偿还借款，法院予以支持。法院根据实际出借金额、凌某还款的情况、双方约定的利息标准，计算剩余本金和应付利息。

夫妻一方在婚姻关系存续期间以个人名义为家庭日常生活需要所负的债务，债权人以属于夫妻共同债务为由主张权利的，人民法院应予支持。夫妻一方在婚姻关系存续期间以个人名义超出家庭日常生活需要所负的债务，债权人以属于夫妻共同债务为由主张权利的，人民法院不予支持，但债权人能够证明该债务用于夫妻共同生活、共同生产经营或者基于夫妻双方共同意思表示的除外。

本案中，涉案借款发生在凌某、王某婚姻关系存续期间，借款合同中明确约定借款用途为“家庭生活周转需要”。王某称借款金额超出了家庭日常生活需要，其对借款不知情，未参与投资公司的经营。其自述自2013年至今没有工作，不知道凌某做什么工作、收入如何。但根据审理查明，王某是投资公司的股东、法定代表人，凌某系该公司的股东。根据王某、凌某离婚协议可知，凌某并未分得财产，双方婚后购买房屋归王某所有，对于投资公司的股权未进行分割。故可以认定凌某、王某的家庭收入来源于凌某和该公司的经营收益。涉案借款为夫妻共同债务，王某应当承担还款责任。

综上，北京市朝阳区人民法院依照《中华人民共和国合同法》

第二百零六条，《最高人民法院关于审理涉及夫妻共同债务纠纷案件适用法律有关问题的解释》第二条、第三条之规定，作出如下判决：

一、凌某、王某于本判决生效后七日内偿还任某借款本金453472元及利息；

二、驳回任某的其他诉讼请求。

王某不服一审判决，提起上诉。

北京市第三中级人民法院经审理同意一审法院裁判意见，依照《中华人民共和国民事诉讼法》第一百七十条第一款第一项之规定，作出如下判决：

驳回上诉，维持原判。

【法官后语】

《中华人民共和国民法典》沿用了《最高人民法院关于审理涉及夫妻债务纠纷案件适用法律有关问题的解释》的规定，对于夫妻共同债务的认定规则作出明确规定，对于夫妻共同举债，夫妻共同在债权凭证上签字，即“共债共签”或夫妻一方对外举债，另一方事后追认的，应当认定为夫妻共同债务；对夫妻一方在婚姻关系存续期间以个人名义为家庭日常生活需要所负的债务，应当认定为夫妻共同债务；对夫妻一方在婚姻关系存续期间以个人名义超出家庭日常生活需要所负的债务，但债权人能够证明该债务用于夫妻共同生活、共同生产经营或者基于夫妻双方共同意思表示的，应当认定为夫妻共同债务。

对于夫妻一方在婚姻关系存续期间以个人名义超出日常生活需要所负的债务，债权人该如何证明该债务用于夫妻共同生活、共同生产经营或基于夫妻双方共同意思表示，举证到何种程度，在司法实践中颇有争议，也是当事人最关心的问题。

婚姻为夫妻生活的共同体，在处理日常家庭事务范围内，夫妻互为代理人，享有家事代理权。如何认定“家庭日常生活所需”，应结合夫妻双方的职业、资产、收入情况，家庭生活习惯、日常开销情况等情况综合进行判断。

关于“夫妻共同生活”的认定。“夫妻共同生活”在概念外延上大于“家庭日常生活”，只要是夫妻双方共同消费支配或者用于形成夫妻共同财产的支出，都属于“夫妻共同生活”的范围。例如，负债期间购置大宗资产等形成夫妻共同财产的。

关于“夫妻共同生产经营”的认定。夫妻共同生产经营的情形非常复杂，主要是指由夫妻双方共同决定生产经营事项，或者虽由一方决定但另一方进行了授权的情形。判断生产经营活动是否属于夫妻共同生产经营，要根据经营活动的性质以及夫妻双方在其中的地位作用等综合认定。夫妻共同生产经营所负的债务一般包括双方共同从事工商业、共同投资以及购买生产资料等所负的债务。例如，夫妻一方从事经营、投资，另一方虽未直接参与经营、投资，但分享了经营、投资收益的。

本案中，王某主张凌某向任某的借款金额超出了家庭日常生活需要，其对该借款不知情，王某亦不参与投资公司的经营。但王某系该公司的法定代表人和大股东，且根据其陈述，其与凌某的家庭收入来源于凌某和该公司的经营收益，在王某与凌某的离婚协议中并未对该公司的股权进行分割。即便王某未参与公司的实际经营，其亦对凌某经营公司进行了授权，也分享了公司经营产生的收益。综上可以认定，凌某向任某的借款用于夫妻共同生产经营，为夫妻共同债务。

编写人：北京市朝阳区人民法院　陈一铮

168 口头约定利息及夫妻共同债务认定

——熊某诉王某、邓某民间借贷案

【案件基本信息】

1. 裁判书字号

湖北省荆州市中级人民法院（2021）鄂10民终353号民事判决书

2. 案由：民间借贷纠纷

3. 当事人

原告（上诉人）：熊某

被告（被上诉人）：王某、邓某

【基本案情】

王某因资金周转向熊某借款。2015年7月14日，王某向熊某出具借条一份，载明："今借到熊某人民币200万元，借款人：王某，2015年7月14日。"熊某当天通过其本人账户向王某个人账户转款181万元。2015年7月27日，熊某又通过其本人账户再次向王某个人账户转款10万元。王某借款后因刑事案件入狱，由其妻子邓某分别于2015年8月17日、2015年10月22日、2015年12月5日、2015年12月10日、2016年1月22日向熊某代为还款6万元、6万元、5万元、1万元、12万元，2019年2月4日王某委托案外人邓某松向熊某还款5万元、2019年5月7日王某委托案外人曾某向熊某还款2万元、10月13日王某向熊某还款5万元、2020年1月21日王某委托案外人蔡某向熊某还款10万元，共计52万元。后经熊某多次催讨，王某未予还款。

在本案审理过程中，王某委托案外人蔡某分别于2020年7月6日、7月14日、7月18日、8月10日向熊某还款10万元、10万元、5万元、5万元，共计30万元。上述王某向熊某共计还款金额为82万元。

另查明，王某与邓某系夫妻关系，本案支付借款及收取还款时间均发生在二人夫妻关系存续期间。

【案件焦点】

1. 如何确定借款本金；2. 借款是否约定了借款利息；3. 借款是否构成夫妻共同债务。

【法院裁判要旨】

湖北省洪湖市人民法院经审理认为：王某向熊某出具借条载明借款金额为200万元，熊某实际向王某转款191万元，对未支付的9万元主张系扣除当月利息6万元及3万元为其与王某先期经济往来中王某应支付的欠款，但熊某未提供证据予以证实。经审查，熊某与王某约定借款为200万元，熊某分两次向王某账户转款共计191万元，熊某对其分两次转款作出了合理说明，根据本地区民间借贷交易习惯，可认定熊某向王某实际支付借款191万元。本案借款本金认定为191万元。

关于借款利息和期限的认定，从熊某提供的王某每次还款的时间及金额来看，并无固定的规律，借条上也未对借款利息和期限作出约定，在无其他证据印证熊某与王某之间口头约定了借款利息及期限的情况下，无法推定双方之间的借款约定了利息和还款期限，故对于熊某主张与王某之间的借款约定月利息30‰、借款期限为一个月及从本金中预先扣除当月利息6万元的理由因证据不足不予采信。王某向熊某还款共计82万元均应视为偿还借款本金，现王某尚欠熊某借款本金109万元应予偿还，借款利息自熊某起诉之日起按照年利率6%支付至本息还清之日止。

另王某向熊某借款时，出具的借条上无邓某签字，事后邓某也未对该借款属夫妻共同债务进行追认。熊某对本案借款用于王某及邓某家庭企业共同经营，也未提供充足的证据予以证实。故熊某主张邓某应承担还款责任的请求，不予支持。

综上，湖北省洪湖市人民法院依照《中华人民共和国民法通则》第九十条，《中华人民共和国合同法》第二百一十一条第一款，《最高人民法院关于审理民间借贷案件适用法律若干问题的规定》第二十五条第一款、第二十七条、第二十九条第二款，《最高人民法院关于审理涉及夫妻债务纠纷案件适用法律有关问题的解释》第三条，《中华人民共和国民事诉讼法》第六十四条第一款、第一百四十二条之规定，作出如下判决：

一、王某于本判决生效之日起十日内向熊某偿还借款本金109万元及利息（自2020年6月2日至2020年7月5日以借款本金139万元为基数，按年利率6%计算；自2020年7月6日至2020年7月13日以借款本金129万元为基数，按年利率6%计算；自2020年7月14日至2020年7月17日以借款本金119万元为基数，按年利率6%计算；自2020年7月18日至2020年8月9日以借款本金114万元为基数，按年利率6%计算；自2020年8月10日起至借款本息还清之日止以借款本金109万元为基数，按年利率6%计算）；

二、驳回熊某的其他诉讼请求。

熊某不服一审判决，提起上诉。

湖北省荆州市中级人民法院经审理同意一审法院裁判意见，根据《中华人民共和国民事诉讼法》第一百七十条第一款第一项之规定，作出如下判决：

驳回上诉，维持原判。

【法官后语】

随着社会与经济的快速发展，涉及借贷纠纷的案件呈增长态势。现实中，自然人之间的借贷行为大多发生于朋友、亲友间，碍于情面，对于借款利息并未在借条中明文约定，口头约定为常态。那么，当债权人诉至法院时，关于利息部分的诉请，便缺乏书面证据予以证实。对于口头约定的利息是否真实存在，成为法官审理案件认定利息时需要重点审查的问题。

对口头约定的利息，法官审查时，大多通过两方面来进行考量，一方面需探究当事人的真实意思表示，另一方面根据自然人之间的借贷交易习惯及其他证据相佐证。若借贷双方均为自然人，在债权人主张存在口头利息约定而借款人否认的情形下，债权人若能提供债务人认可的利息计算的书面证据，也能证实双方之间存在关于利息的口头约定。若均无书面证据，债权人能证明债务人存在定期、定额支付利息的行为，那么借款存在口头约定利息的事实也能成立。此时，借据上载明的金额、还款时间与事实还款情况等相应，对法官关于认定口头约定利息事实的形成有着重要的作用。本案中，熊某通过王某的还款时间、金额来印证其双方之间口头约定月利息30‰，但其所提供的银行流水记录等证据显示，王某的还款时间、金额并无明显的规律性，故对于熊某主张借款期间内的利息不予支持。

处理夫妻债务，不仅关系到夫妻双方和债权人的合法权益，也关系到婚姻家庭的稳定和市场交易安全的维护及和谐社会的建设、稳定。在审理涉及夫妻共同债务情形的案件中，应当保护未具名举债夫妻一方的权利，并结合案件具体情况，严格审查夫妻债务是否真实发生。《中华人民共和国民法典》中对夫妻“共债共签”制度进行了确立，承认了夫妻各方在民法中的独立地位。而针对该特点，法官在判定债务是否为夫妻共同债务时，需要着重对夫妻各方内心的真实意思表示进行深入探究。在实际案件审理过程中，也有多种情形，如债务人冒名其妻子代签借条的情形，举证责任应归属于哪一方当事人；夫妻一方对另一方举债行为事后追认，而哪种行为构成有效的追认行为。另外，对于夫妻共同债务法律中对“家庭日常生活需要”的界定问题，日常生活所需因家庭而异，在实践审理过程中，难以同一标准进行判定，主要由法官行使自由裁量权，但对该标准的界定直接影响到夫妻共同债务中家事代理权及“共债共签”的界定。在本案中，作为夫妻一方的邓某未在借条上签字，事后也未对该借款进行追认，根据本地区的生活消费水平，200万元的借款已明显超出“家庭日常生活需要”，且熊某对该借款用于王某及邓某家庭企业经营的事实没有提供充足的证据证实。故对熊某主张邓某应承担还款责任的诉请不应得到支持。

编写人：湖北省洪湖市人民法院　邹晓欢

169 仅有债权凭证的民间借贷关系成立的认定

——杨某英诉何某卿民间借贷案

【案件基本信息】

1. 裁判书字号

福建省厦门市中级人民法院（2019）闽02民终3149号民事判决书

2. 案由：民间借贷纠纷

3. 当事人

原告（上诉人）：杨某英

被告（被上诉人）：何某卿

第三人：黄某南、黄某儒、黄某亿、沈某乾

【基本案情】

何某卿向杨某英出具一份《借条》，确认何某卿借到杨某英11万元，借款期限自2018年4月3日至2018年7月10日，利率为每月3%，全部本息于2018年7月10日一次性还清。

另查，何某卿向黄某儒出具一份《借条》，确认借到黄某儒15万元。杨某英主张该借条实际借款金额为5万元；何某卿向黄某亿出具一份《借条》，确认借到黄某亿6万元。

庭审中，杨某英提供其于2018年4月2日与何某卿的微信聊天记录，在该聊天记录中，何某卿向杨某英请求借款11万元，并草拟了一份《借条》，该借条即本案讼争的《借条》。

何某卿主张其已向黄某南、黄某亿还款14余万元。为此提供了微信支付交易明细证明予以佐证。

【案件焦点】

杨某英与何某卿之间是否存在民间借贷关系。

【法院裁判要旨】

福建省厦门市思明区人民法院经审理认为：民间借贷法律关系的基础事实，不仅包括双方存在借款合意，还包括款项的实际交付。本案杨某英以民间借贷纠纷为由要求何某卿偿还所借款项，应由杨某英提供证据证明与何某卿之间存在借贷法律关系。杨某英提供的《借条》、微信聊天记录仅能够证明与何某卿之间存在借贷的合意，但并不能证明杨某英已按约定交付借款11万元。杨某英主张其代何某卿向黄某儒、黄某亿、沈某乾偿还欠款，却未能提供相应的证据证明已实际交付该款项；黄某儒、黄某亿、沈某乾亦未到庭确认该事实；且若杨某英确实代为偿还何某卿拖欠黄某儒、黄某亿、沈某乾的借款，本应将何某卿出具给黄某儒、黄某亿、沈某乾的《借条》原件还给何某卿，但其并未能提供证据证明已将《借条》原件还给何某卿。故杨某英主张与何某卿存在借贷关系证据不足，法院对其主张不予支持。

福建省厦门市思明区人民法院依照《中华人民共和国民事诉讼法》第六十四条第一款之规定，作出如下判决：

驳回杨某英的诉讼请求。

杨某英不服一审判决，提起上诉。

福建省厦门市中级人民法院经审理同意一审法院裁判意见，并依照《中华人民共和国民事诉讼法》第一百七十条第一款第一项之规定，作出如下判决：

驳回上诉，维持原判。

【法官后语】

原告依据借据、收据、欠条等债权凭证提起民间借贷诉讼，被告往往抗辩借贷行为尚未实际发生，或主张该债权纠纷非民间借贷行为引起。在审理此类案件时，首先，要审查基础法律关系。把握民间借贷法律关系成立的两个要件，即借贷合意之达成和款项实际支付之事实，综合认定双方是否形成实际欠款关系。其次，要严格把握案件细节。从审查款项支付的时间、项目、数额等法律事实及款项支付目的、给付方式等细节着手，结合当地的交易习惯等因素，综合审查判断借贷事实是否已经真实发生。最后，要灵活应用证据规则。明确审理思路，合理分配举证责任。对数额较大的欠款，应着重审查当事人的经济来源、实际履行能力、款项来源及去向、款项支付目的等。并可依据案件不同情况的需要，依法传唤当事人本人、第三人到庭陈述经过及对质；或依法传唤一方当事人与己方证人"背靠背"到庭陈述经过；必要时依职权调查取证。

本案在仅有借条的情况下，根据"谁主张，谁举证"原则，要求杨某英就其已实际提供借款进行举证。杨某英主张其通过代何某卿向黄某南等偿还欠款的方式来进行借款支付，但是杨某英既不能证明其与何某卿存在以此方式来支付借款的合意，也不能证明其已实际交付该款项。特别是在黄某南等到庭后，杨某英的主张与黄某南等的陈述中关于借款的金额、利息的约定及还款的数额等方面均存在不一致之处，且何某卿亦提交了其已向黄某南等部分还款的证据。综合上述情况，何某卿所欠黄某南等的债务数额与讼争借款金额并无法对应起来，杨某英主张已代何某卿向黄某南等偿还所有借款但借条原件仍在黄某南等处的事实亦与日常交易习惯和常理不符，故在杨某英不能证明其与何某卿存在以债务转移的方式来支付借款的合意，也不能证明其已实际交付讼争借款的情况下，其主张难以采纳。因此，法院综合判定本案的借贷事实并未真实发生，双方不存在讼争借贷关系。

本案的现实意义在于，主张借贷关系成立的一方当事人，应该就借贷关系系真实意思表示、出借财产的权利归属、借款的实际交付承担举证责任，因此实践中除保留好相关的借条外，若系代为向他人偿还借款，还应在借条中写明具体的代为偿还的合意内容、偿还方式等，并保留代为偿还的相关的转账凭证、交易记录等支付凭据。相反，对于只有借条的民间借贷案件，被告应积极应诉答辩，以维护自身合法权益。

编写人：福建省厦门市思明区人民法院　李吟

170　名为借款实为投资款的法律认定

——路某诉谷某民间借贷案

【案件基本信息】

1. 裁判书字号

山东省淄博市中级人民法院（2019）鲁 03 民终 3748 号民事判决书

2. 案由：民间借贷纠纷

3. 当事人

原告（上诉人）：路某

被告（被上诉人）：谷某

【基本案情】

2016年1月21日，路某和徐某甲在谷某处，由徐某甲书写单据一张，内容为：因经营茶叶需资金周转，谷某借路某现金12.5万元，2017年1月前全部或逐步还清并赠送路某部分茶叶，如到期不能还清，谷某承担全部责任。单据中借用人由路某签字，借款人由谷某签字；下附的谷某姓名和账号非谷某所写，路某姓名、身份证号码及银行卡号为路某所写。1月22日，路某用其妻姐的账户代其向该单据上注明的谷某的账号汇款12.5万元。1月23日，谷某将12.5万元转入案外人徐某乙账户。1月30日，徐某乙转入路某妻子账户4074元，1月31日该笔款项被全额提取。路某起诉要求谷某归还借款12.5万元。

徐某乙自2014年8月进入A公司成为会员，为A公司山东总代理，2018年12月4日被湖南省安化县人民法院以组织、领导传销活动罪判处有期徒刑并处罚金20万元。在徐某乙位于临淄的办公室留存的历史遗留问题统计表及投资构架图均显示路某为A公司投资者，级别为中级茶商，投资时间为2016年1月22日，投资金额为12.5万元，库存电子币62613，投资回报为4074元。徐某乙向法院出具谷某介绍路某、徐某甲成为A公司会员的情况说明、两人的会员号及级别登记说明。

路某、谷某申请并共同选定心理测试中心进行心理测试（测谎），但路某经法院两次通知均未按时前往该中心测试。2019年1月10日，该中心出具第2号心理测试报告，测试结果检测到谷某记忆中存在路某的12.5万元借条款实际是投资款的相关信息（仅供参考）。1月11日，该中心出具第3号心理测试报告，测试结果检测到徐某甲、谷某记忆中存在徐某甲的12.5万元借条款是投资款的相关信息（仅供参考）。

【案件焦点】

当事人双方之间是否存在真实借贷关系，涉案12.5万元是借款还是投资款。

【法院裁判要旨】

山东省淄博市临淄区人民法院经审理认为：首先，从路某提供的证据分析，其承认之前并不认识谷某，最初是谷某向徐某甲借25万元，徐某甲资金不足，让其出一半，其借钱是看在徐某甲面子上，而双方争议的“汇爱黑茶”投资12.5万元后成为中级茶商会员，且可获得A公司赠送的价值12.5万元的黑茶产品，路某虽认可收到部分茶叶，但具体价格不明。路某恰好转账12.5万元，且在根本不认识谷某的情况下出于“看在徐某甲面子上”借款给谷某而又不约定利息，明显与常理相悖，与发生在自然人之间的民间借贷不符。因此，谷某主张即便该借条被认定为真实，也只说明了该“借条”实际为代收路某投资“汇爱黑茶”的入会收据符合本案实情。路某提供的证据不足以证实双方存在借贷关系。其次，从谷某提交的证据分析，证人徐某乙因病未到庭作证，但其提供的证言和路某投资A公司会员信息和获得的部分分红，与证人黄某、詹某当庭作证、大地人律师事务所律师王某会见徐某乙制作的会见笔录等能够相互印证，且徐某乙已因组织、领导传销活动罪被判刑，其证言客观真实。路某无证据证实其转账给谷某12.5万元以后注册会员及获得部分分红均系谷某操作，谷某在收到路某12.5万元款项后次日全部转至A公司山东总代理徐某乙账户，徐某乙收款后也已向路某交付等价的茶叶，路某在收到茶叶后也按照投资分红规则得到4074元分红，该分红是徐某乙直接转至路某提供的账号上。且路某对于该4074元的陈述前后三次均不一致，自相矛盾。而所谓“借条”约定还款日为2017年1月，转款却在借条记载日期（2016年1月21日）后9天，且按4074元8天（路某实际转款为2016年1月22日）反算利率超过年息100%，作为利息款违背常理。最后，双方申请并共同选定机构进行心理测试（测谎），虽然目前在我国法律体系中测谎结论不是法定证据形式，但是可以作为审查、判断法定证据的辅助手段。路某自愿申请并选定测试机构，但其无正当理由拒绝参加测试，应视为对其自身权利的放弃，对此应承担相应法律后果。本案中测试报告的结论和路某拒绝参加测试应作为认定双方之间不存在借贷和涉案款项12.5万元为投资款的理由。综上所述，谷某提供的证据以及测谎结论能够形成完整的证据链条，足以推翻路某提供的所谓借条和转账予以证明的借贷关系，证实涉案12.5万元是投资款而不是借款，双方根本不存在民间借贷的合意，双方不存在真实民间借贷关系，所收款项也非借款而是路某借谷某账户向A公司的投资款。

山东省淄博市临淄区人民法院依照《中华人民共和国合同法》第一百九十六条，《最高人民法院关于审理民间借贷案件适用法律若干问题的规定》第十五条第一款，《中华人民共和国民事诉讼法》六十四条，《最高人民法院关于适用〈中华人民共和国民事诉讼法〉的解释》第九十条之规定，作出如下判决：

驳回路某的诉讼请求。

路某不服一审判决，提起上诉。

山东省淄博市中级人民法院经审理认为：谷某提供的A公司历史遗留问题统计表及投资构架图客观真实，依法应予采信，该证据均显示路某为A公司投资者，且显示路某的会员号、会员级别、投资时间及投资回报，该证据亦与证人詹某、黄某及徐某乙的证人证言相印证；徐某乙于2016年1月30日向路某网上转款4074元，路某对该款项性质在本案三次庭审过程中陈述均不一致，亦不能作出合理解释；以上证据能够形成完整的证据链，相互印证涉案款项性质实为投资款。

山东省淄博市中级人民法院依照《中华人民共和国民事诉讼法》第一百七十条第一款第一项之规定，作出如下判决：

驳回上诉，维持原判。

【法官后语】

借款与投资款在法律上属于两种性质完全不同的款项。借款基于借贷关系而来，投资款则基于投资关系而产生。近年来，实践中存在名为借款实为投资款的情形，由此而引发的“民间借贷纠纷”亦不鲜见，例如本案。对于此类案件，综合审查相关事实、正确运用证据规则厘清涉案款项的性质从而认定双方之间是否存在真实的民间借贷关系是案件审理的关键。

1. 借款和投资款的区别。借款和投资款虽然都是经济主体的经济行为，但二者在性质、来源、运用及目的等方面具有本质区别，决定了对于涉案款项的不同处理结果。具体表现在：第一，因民间借贷法律关系而产生的借款属于债权；投资法律关系虽然也是协议行为，但因其而产生的投资行为在本质上属于投资者对自己所有款项的一种处分行为，故投资本身并不直接产生债权。第二，民间借贷的目的具有多样性，可能约定利息，也可能是没有约定利息的无偿借贷，此时不存在因借贷而获取收益；投资的目的则是获取一定的收益或效益。第三，民间借贷如果是有偿的，其收益是有确定范围的，不能超过法律保护的上限；但投资款可能获取的收益则是不确定的，没有法律限制。第四，从法律上来讲，民间借贷系借款合同法律关系，出借方在借款到期后有权收回本金及约定的利息，即“固定回报、不担风险”；但投资关系中，投资方无权随意要求撤回投资且要承担投资风险，即投资不存在固定回报，而是“风险与收益共担”。

2. 借款和投资款的法律处理规则不同。借贷和投资是两种不同的民事法律行为，产生的法律后果也是截然不同的，发生纠纷处理时应当分别纳入不同的法律关系进行考察。借贷行为的本质特征是借款到期后，无论借款人使用款项有无收益以及收益多少，借款人均应按约定还本付息；而投资行为的本质特征在于双方共同出资、共同经营、共担风险、共负盈亏。《最高人民法院关于审理民间借贷案件适用法律若干问题的规定》第十四条规定：“原告以借据、收据、欠条等债权凭证为依据提起民间借贷诉讼，被告依据基础法律关系提出抗辩或者反诉，并提供证据证明债权纠纷非民间借贷行为引起的，人民法院应当依据查明的案件事实，按照基础法律关系审理。”据此，民间借贷案件审理中，当事人对基础法律关系的性质提出抗辩或反诉，并提供证据证明纠纷确系因其他法律关系引起的，人民法院应当综合双方提供的证据认定双方之间的法律关系，并依据查明的案件事实，按照基础法律关系进行审理，从而实现纠纷的一次性解决。借款和投资款的本质区别决定了法律对相关款项的处理规则不同。涉案款项如果认定为借款，应当按照借贷法律关系进行处理，借款到期后原告有权要求被告按照约定归还借款本金并按照约定支付不超过法律保护上限的利息；如果认定为投资款，双方应当本着共担风险、共负盈亏的原则，按照投资协议的约定对投资项目参与经营管理、进行收益分配、承担投资风险，投资方无权随意要求撤回投资，也不能以民间借贷的法律规范为请求权基础要求另一方归还款项本息。

3. 名为借款实为投资司法认定的证据运用。《最高人民法院关于审理民间借贷案件适用法律若干问题的规定》第十五条第一款规定："原告仅依据借据、收据、欠条等债权凭证提起民间借贷诉讼，被告抗辩已经偿还借款的，被告应当对其主张提供证据证明。被告提供相应证据证明其主张后，原告仍应就借贷关系的存续承担举证责任。"根据该规定，在原告以民间借贷为由提起的诉讼中，人民法院必须对借贷事实发生与否、借款本金数额、利息数额及计算方式等多个方面的基本事实作出审查与认定。若被告提供证据证明原告主张的债权并非系因民间借贷引发，并举证证明形成债权凭证的基础法律关系实际为投资关系的，人民法院应当对于涉案款项的性质进行实质上的甄别与审查，并按照查明的真实基础法律关系作出判决。《最高人民法院关于适用〈中华人民共和国民事诉讼法〉的解释》第一百零五条规定："人民法院应当按照法定程序，全面、客观地审核证据，依照法律规定，运用逻辑推理和日常生活经验法则，对证据有无证明力和证明力大小进行判断，并公开判断的理由和结果。"法官对于此类案件的事实审查与证据运用，法官应当依据社会知识和审判经验，结合具体案件情况，在审查借款合同、债权凭证的真实性和合法性，以及各证据与借贷内容相关事实的关联程度的基础上，适当扩展审查的广度和深度，进一步审查各证据之间的相互印证以及证据的证明力大小等情况，对证据进行仔细甄别，以求去伪存真，从而查明双方当事人之间是否存在真实的借贷关系。通过要求当事人、证人反复陈述案件细节等方式，必要时结合测谎结论作为审查判断证据的辅助手段，发现言词证据间的矛盾或者疑点，并要求当事人作出合理解释，切实发挥证据之间相互印证的作用，增强法官的内心确信，并在此基础上对案件的全部证据作出综合判断，从而查明案件事实，正确适用法律。

编写人：山东省淄博市中级人民法院　荣明潇

山东省淄博市张店区人民法院　刘晓辉

171 非金融机构企业以借贷为常业对外出借资金的效力认定

——D公司诉陈某军民间借贷案

【案件基本信息】

1. 裁判书字号

四川省内江市中级人民法院（2019）川10民再5号民事判决书

2. 案由：民间借贷纠纷

3. 当事人

原告（再审被申请人）：D公司

被告（再审申请人）：陈某军

【基本案情】

2015年3月9日，D公司与陈某军签订《垫付宝（垫付卡）领用合约》，约定：陈某军自愿在D公司指定网络平台——垫付宝网站注册为会员。D公司为会员网上授予垫付宝账户、卡号作为会员在垫付宝网站进行交易结算、收款、还款、提现的账户识别码。

D公司向会员授予一定的信用额度，会员之间在垫付宝网站进行商品或服务交易时，D公司替买方会员直接垫付消费款项支付给卖方会员，买方会员按照约定将垫付款定期归还D公司。如未按时足额偿还D公司垫付的消费款项及其他款项，须按照前款总额的10%缴纳违约金，且在未还清之前，每逾期一日须按欠款额的0.1%支付迟延履行违约金。违约方须赔偿因违约给D公司造成的一切损失及费用。合同另约定，垫付宝账户仅限陈某军使用，不得转借、转让或出租。陈某军应妥善保管垫付宝账户和支付密码、动态支付密码，因保管不善、转借他人、密码泄露或其他不谨慎、不良行为发生的冒用或信息盗用等损失，由陈某军承担全部责任。陈某军不得以与垫付宝特约商户发生纠纷和对交易有疑问为由拒绝支付所欠D公司的款项。

2016年1月10日，陈某军在垫付宝网站卖方会员刘某处消费54000元，由D公司替陈某军垫付该款，但陈某军归还15000元后未再偿还本金及违约金。D公司催收未果故起诉至法院。

另查明，D公司的经营范围为：对批发零售业；租赁和商务服务业；住宿和餐饮业；制造业；建筑业；信息传输、计算机服务和软件业；交通运输、仓储和邮政业；文化、体育和娱乐业企业进行投资。

【案件焦点】

如何认定非金融机构企业以借贷为业或者以借贷作为主要收入来源对外出借资金的合同效力。

【法院裁判要旨】

四川省内江市东兴区人民法院经审理认为：《垫付宝（垫付卡）

领用合约》系D公司与陈某军之间真实意思表示，不违反法律、法规的规定，合法有效。D公司按约垫付消费款项后取得债权人身份，陈某军作为债务人应当按时足额归还垫付款项，双方之间形成实际借贷关系。

四川省内江市东兴区人民法院依照《中华人民共和国合同法》第六十条、第一百零九条、第一百一十四条、第二百零六条，《最高人民法院关于审理民间借贷案件适用法律若干问题的规定》第二十九条第一款，《中华人民共和国民事诉讼法》第一百四十四条及《最高人民法院关于适用〈中华人民共和国民事诉讼法〉的解释》第九十条第二款之规定，作出如下判决：

一、陈某军于本判决生效后十日内偿还D公司垫付款本金39000元；

二、陈某军于本判决生效后十日内支付D公司违约金（违约金从2016年2月9日起以本金39000元为基数按照年利率24%计算至付清之日止）；

三、驳回D公司其他诉讼请求。

陈某军不服一审判决，申请再审。

四川省内江市中级人民法院经审理认为：D公司借助电子商务专业网络平台开展的信用额度垫付业务，其形式和性质类似于银行开展的信用卡透支业务。D公司向其广大会员的授信行为具有经常性、经营性和对象不特定性，其行为性质属于金融活动。金融活动属于国家特许经营的范围，而D公司营业执照登记的经营范围并未包括金融活动，其未经批准擅自从事经常性的放贷业务，属于从事非法金融业务活动，违反了《中华人民共和国银行业监督管理法》第十九条的规定。根据《最高人民法院关于适用〈中华人民共和国合同法〉若干问题的解释（一）》第十条的规定，D公司未经批准从事金融活动，其发放借款的行为违反了金融监管规定，故D公司与陈某军订立的合同应依法认定为无效合同，一审法院认定《垫付宝（垫付卡）领用合约》有效系适用法律错误，法院予以纠正。根据《中华人民共和国合同法》第五十八条的规定，涉案《垫付宝（垫付卡）领用合约》无效，陈某军应当返还D公司的垫资款。

四川省内江市中级人民法院依照《中华人民共和国民事诉讼法》第一百七十条第一款第二项、第二百零七条第一款之规定，作出如下判决：

一、撤销四川省内江市东兴区人民法院（2017）川1011民初1765号民事判决；

二、陈某军于本判决生效之日起十日内返还D公司垫付款39000元；

三、驳回陈某军的其他诉讼请求。

【法官后语】

随着网络、资本市场的快速发展和资金需求多元化，近年来一些非金融机构企业利用网络平台进行借贷的行为较为常见，由此引发的纠纷也明显增多。对非金融企业利用网络对外出借资金的效力认定，在审判中有两种分歧：第一种观点认为，企业作为货币财产所有人对自身财产的处分，系其真实意思表示，属于企业意思自治的范畴，意在提供资金融通之便，应当认定有效；第二种观点认为，非金融机构企业利用电子商务专业网络平台超越经营范围对外出借资金，以借贷为业，或者以借贷作为主要收入来源，具有经常性、经营性和对象不特定性等特点的，属于违反国家特许经营从事非法金融活动，违反法律、行政法规的强制性规定，应当认定无效。

笔者同意第二种观点，理由如下：

一、企业进行借贷行为的性质认定

《最高人民法院关于审理民间借贷案件适用法律若干问题的规定》第一条规定，民间借贷是指自然人、法人和非法人组织之间进行资金融通的行为。由此可见，我国法律允许企业进行资金融通，但这绝非意味着对此类资金融通毫无界限。

民间借贷与金融贷款业务存在明显区别。第一，前者具有偶然性、暂时性；后者则具有经常性、反复性，长期持续不断从事发放贷款业务；第二，前者往往存在有偿、无偿两种情况，且不具有营业性；后者具有经营性，以放贷为常业或者作为主要收入来源；第三，前者一般发生在较为熟悉或者有往来的民事主体之间，而后者出借行为的对象具有不特定性、广泛性，借款人只要符合相应条件即可获得贷款。

因此，企业因正常生产、经营需要进行资金融通的行为，一般不宜认定为从事金融活动，但以借贷为业，或者以借贷作为主要收入来源，具有经常性、经营性和对象不特定性等特点的，其行为性质属于从事金融贷款活动。

二、非金融机构企业进行金融贷款活动的效力认定

非金融机构的企业从事金融贷款活动应当认为合同无效。首先，由于民间借贷门槛低、主体多元、社会诚信机制不健全等原因，民间借贷也存在资金风险大、监督紊乱等诸多问题。作为生产经营型企业，如果以放贷为主要业务，或者以此作为主要收入来源，则可能导致该企业的性质发生改变，成为未经金融监管部门批准从事专门放贷业务的金融机构，这将严重扰乱我国金融市场，扰乱金融秩

序，造成金融监管紊乱，危害社会资金安全。

其次，根据《中华人民共和国银行业监督管理法》第十九条“未经国务院银行业监督管理机构批准，任何单位或者个人不得设立银行业金融机构或者从事银行业金融机构的业务活动”的规定，由于金融贷款业务直接关系国家金融管理秩序和社会资金安全，事关社会公共利益，属于效力性强制性规定。根据《中华人民共和国民法典》第一百五十三条关于“违反法律、行政法规的强制性规定的民事法律行为无效”的规定，应认定合同无效。

三、合同无效后的裁判考量

民事法律行为无效，为自始无效、确定无效、当然无效，若根据无效的行为交付财产，则其交付财产的基础也不存在，受领人从接受财产开始就欠缺受领的法律依据，应当返还。非金融机构企业出借资金合同被认定无效后，借款人应当返还出借款，但对违约金依法不予支持。

编写人：四川省内江市中级人民法院　雷琳

172　股东签字借条上无公司签章不必然否定公司是借款人

——曹某霞诉F公司、王某文民间借贷案

【案件基本信息】

1. 裁判书字号

河南省平顶山市中级人民法院（2020）豫04民终660号民事判决书

2. 案由：民间借贷纠纷

3. 当事人

原告（上诉人）：曹某霞

被告（被上诉人）：王某文、F 公司

【基本案情】

2019 年 3 月 1 日，王某文向曹某霞借款并出具借条一份，借款人王某文，担保人 F 公司。王某文是 F 公司的股东，占 35% 的股份，经王某文授意，曹某霞将出借的 100 万元直接打入 F 公司账户，借条上担保人处没有 F 公司印章，公司名称系王某文所写。之后，王某文向该公司借款 50 余万元，并出具了借条。借款到期后，王某文未偿还借款本息，曹某霞向王某文、F 公司主张共同偿还责任。

【案件焦点】

1. 公司的借款人身份如何确定；2. 公司应承担何种法律责任。

【法院裁判要旨】

河南省平顶山市卫东区人民法院经审理认为：曹某霞依约向王某文提供借款，王某文亦为曹某霞出具借条，借款合同系双方真实性意思表示。因 F 公司并未在王某文向曹某霞出具的借条上之担保人处盖章确认，担保合同并不成立，故曹某霞要求 F 公司对上述借款本金及利息承担连带清偿责任的诉讼请求不能成立，不予支持。

河南省平顶山市卫东区人民法院依照《中华人民共和国合同法》第八条之规定，作出如下判决：

一、王某文于本判决生效后十日内向曹某霞偿还借款本金 100 万元及利息（利息以本金 100 万元为基数，自 2019 年 8 月 1 日起按照年利率6%计算至实际支付之日止）、违约金（违约金以本金100万元为基数，自2019年8月1日起按照年利率1%计算至实际支付之日止）；

二、驳回曹某霞的其他诉讼请求。

曹某霞不服一审判决，提起上诉。

河南省平顶山市中级人民法院经审理认为：虽然借条上担保人处F公司的名字为王某文书写，但并未加盖印章，曹某霞作为善意出借人，基于对王某文股东身份的认可，将款项按王某文指示转账至该公司名下。F公司未提供就该笔款项如何进行处分的相关证据，结合本案证据，案涉款项并未完全用于王某文个人，且从公司转出的款项，也是以借款的形式出借给了王某文，该事实与案涉款项系王某文个人之债的说法相互矛盾。参照《最高人民法院关于审理民间借贷案件适用法律若干问题的规定》第二十二条第二款的规定，虽然F公司不应承担担保责任，但应就案涉借款承担共同还款责任。

河南省平顶山市中级人民法院依照《中华人民共和国合同法》第一百九十六条、《中华人民共和国民事诉讼法》第一百七十条第一款第二项之规定，作出如下判决：

一、撤销河南省平顶山市卫东区人民法院（2019）豫0403民初4818号民事判决；

二、王某文、F公司于本判决生效后十日内向曹某霞偿还借款本金1000000元及利息；王某文于本判决生效后十日内向曹某霞支付违约金（违约金以本金1000000元为基数，自2019年8月1日起按照年利率1%计算至实际支付之日止）。

【法官后语】

民间借贷案件其中不乏数个借款人的情形，尤其是有法人参与时，常常出现真实借款人不明的情况，与实际借款人、名义借款人的情况相区别。在处理这类案件时，需要着重审查借据上借款人的签章和借款的用途及流向。

1. 从借据上借款人签章情况审查形式外观。在除却借贷流水影响的前提下，借据是最为直接有效的借贷凭证，一般来讲，只要借条上的签字真实，均应承担相应的法律责任。本案中，案涉借条上有借款人王某文的签字，担保人处又有F公司的字样，二者应各负责任，但因F公司字样非公司负责人签字，而是王某文代签，在公司拒绝追认的情况下，依法应不予认定其保证人身份，此时，保证人应认定不存在，只有借款人王某文的权利义务可以确定，公司的责任则应从其他方面加以分析。

2. 从借款的用途和流向审查实质权利义务归属。在其他借款人不易确定的情况下，即需从款项的使用情况来着手分析。由于企业是市场经济的主体，对企业行为更为细致地规范是对经济顺利运行的保障，也是权利义务对等性的体现。对于涉及企业借贷的事项，原《最高人民法院关于审理民间借贷案件适用法律若干问题的规定》第二十二条第二款①规定，法人的法定代表人或者非法人组织的负责人以个人名义与出借人订立民间借贷合同，所借款项用于单位生产经营，出借人请求单位与个人共同承担责任的，人民法院应予支持。

---

① 本条对应2020年12月23日修改的《最高人民法院关于审理民间借贷案件适用法律若干问题的规定》第二十二条第二款。

本案中，虽然F公司未出现在借条上借款人处，其保证人的身份也因非真实意思表示而无法认定，但从借款的使用情况来看，案涉借款直接由出借人打入F公司账户，虽然借款人王某文称系其为购买公司股权而授意出借人打入公司账户的，但根据常理，出资证明是证明出资情况的主要依据，而王某文未能提交出资证明以证实案涉款项确用于出资，其辩解即因失去关键证据的支持而无法成立。且从流向王某文手中的钱款系以王某文借款的形式从公司账户转出的事实来看，此时款项的性质已发生变化，仅是王某文与公司之间的另一笔借贷关系，而非本案借款经公司账户后退回王某文的返还关系，也可以说明案涉借款进入公司账户后已脱离王某文的掌控，完全由公司进行支配，进一步证实了案涉借款用于公司的事实。综合来看，王某文无法证明案涉借款系个人之债，公司也无法证明其收到款项后已作出处分，案涉借款王某文作为该公司股东在借条上签字，所借款项又用于公司，也非职务行为，参照上述法律规定，公司也应承担共同还款责任。

这种情况与名义借款人、实际借款人情况的不同之处在于：前者存在借款既用于公司也用于借条上的借款人的情形，而后者一般是借款仅用于实际借款人；前者出借人可以主张公司和个人共同承担偿还责任，而后者一般情况下需按照合同相对性由名义借款人承担责任。

编写人：河南省平顶山市中级人民法院　王辉　郭洋洋

173 未经金融监管部门批准从事放贷业务的机构与相对人订立的民间借贷合同无效

——D公司诉黄某华、L公司民间借贷案

【案件基本信息】

1. 裁判书字号

江西省宜春市中级人民法院（2018）赣09民终410号民事判决书

2. 案由：民间借贷纠纷

3. 当事人

原告（上诉人）：D公司

被告（被上诉人）：黄某华、L公司

【基本案情】

D公司的经营范围为："对批发零售业；租赁和商务服务业；住宿和餐饮业；制造业；建筑业；信息传输、计算机服务和软件业；交通运输、仓储和邮政业；文化、体育和娱乐业企业进行投资；柴油的零售（依法须经批准的项目，经相关部门批准后方可开展经营活动）。"D公司是某网站的主办单位，L公司是某网站的企业会员。

2017年4月24日，D公司与黄某华签订了《某（垫付卡）领用合约》，约定，黄某华在某网络平台注册成为会员，D公司授予黄某华一定的某信用额度用于垫付消费款项，在黄某华使用某信用额度进行消费后，D公司即替黄某华垫付消费款项给交易或提供服务的另一方，黄某华应定期向D公司还款，若有逾期，需向D公司支付欠款总额的10%作为当月违约金，每逾期一日还应按欠款额的1‰向D公司支付迟延履行金。

同日，D公司、L公司、黄某华签订《卡车分期垫款服务及担保协议》，约定，L公司在车网上以分期付款方式向黄某华销售卡车，黄某华使用某账户付款，即由D公司为其垫付购车款，黄某华应向D公司分期还款，并将所购半挂牵引车抵押给D公司。L公司向D公司出具《承诺函》，承诺为协议项下D公司代黄某华垫付款形成的债权提供最高额保证担保。

上述合同签订后，黄某华与L公司于2017年4月27日在“1号车网”完成了两辆车辆的网上交易操作，D公司代黄某华向L公司的某账户支付20万元，L公司的某账户资金余额相应增加20万元，黄某华的某账户则生成20万元欠款。L公司的某账户收款后将资金提现。此后，L公司通过黄某华的某账户向D公司还款共计33340元。

合同标的车辆的所有人为L公司，当事人未办理车辆所有权变更登记，也未办理抵押登记。

【案件焦点】

各方当事人之间真实的法律关系的性质及其法律效力如何认定。

【法院裁判要旨】

江西省宜春市袁州区人民法院经审理认为：当事人签订的《卡车分期垫款服务及担保协议》所涉及车辆的产权信息与本案所查明的事实不一致，协议违反了物权法的相关规定，属无效合同。L公司利用该协议取得D公司资金购买车辆营运，依法应承担返还本金及承担利息的相应责任。

黄某华因该协议无效不承担责任。故D公司要求L公司返还本金166660元的诉讼请求，有事实及法律依据，予以支持。其利息损失因双方均有过错，法院按照中国人民银行同期同类贷款利率从2017年7月5日始计算至本金清偿之日止。

江西省宜春市袁州区人民法院依照《中华人民共和国合同法》第五十二条、第五十八条，《中华人民共和国物权法》第三十九条，《中华人民共和国民事诉讼法》第六十四条、第一百四十二条之规定，作出如下判决：

一、L公司于本判决生效之日起十日内向D公司支付欠款本金166660元及利息（利息按照中国人民银行同期同类贷款利率自2017年7月5日始计算至款项清偿之日止）；

二、驳回原告D公司的其他诉讼请求。

D公司不服一审判决，提起上诉。

江西省宜春市中级人民法院经审理认为：D公司与黄某华、L公司签订了《某（垫付卡）领用合约》、《卡车分期垫款服务及担保协议》、承诺函等合同，约定黄某华向L公司购买车辆，由D公司先代黄某华垫付购车款，黄某华分期向D公司还款，并由L公司提供保证担保。但事实上，黄某华与L公司不存在车辆买卖或挂靠关系，其车辆交易是L公司为了向D公司借款而虚构的。《中华人民共和国民法总则》第一百四十六条规定："行为人与相对人以虚假的意思表示实施的民事法律行为无效。以虚假的意思表示隐藏的民事法律行为的效力，依照有关法律规定处理。"三方当事人签订的《卡车分期垫款服务及担保协议》中关于黄某华向L公司购买车辆及D公司代黄某华垫款的意思表示不真实，合同的该部分内容应为无效。

当事人订立合同的真实意思表示是L公司向D公司借款，双方形成借款合同关系。根据本案查明的事实，D公司通过互联网平台与不特定的社会公众发生交易，其为某会员垫付消费款项的行为实质是发放贷款的金融活动。金融活动属于国家特许经营的范围，D公司营业执照登记的经营范围并未包括金融活动，也无证据证明其经营的放贷业务取得了监管部门许可，根据《中华人民共和国商业银行法》第十一条第二款和《中华人民共和国银行业监督管理法》第十九条规定，其与L公司的借款合同应认定为无效。D公司以消费垫付的形式向其会员发放贷款，不是企业之间为解决资金困难或生产经营急需的偶发性民间借贷行为，而是具有经常性、经营性和对象不特定性，亦应否定其合同效力。D公司与L公司的借款合同无效，故对D公司主张的违约金不予支持，L公司因合同取得的财产即尚欠的借款本金166660元应予返还，L公司还应根据当事人的过错，按照中国人民银行同期同类贷款利率向D公司支付资金占用期间的损失。

江西省宜春市中级人民法院依照《中华人民共和国民法总则》第一百四十六条，《中华人民共和国合同法》第五十二条、第五十八条、第一百九十六条，《中华人民共和国商业银行法》第十一条第二款，《中华人民共和国银行业监督管理法》第十九条，《最高人民法院关于适用〈中华人民共和国合同法〉若干问题的解释（一）》第十条，《最高人民法院关于审理民间借贷案件适用法律若干问题的规定》第十四条，《中华人民共和国民事诉讼法》第一百七十条第一款第一项之规定，作出如下判决：

驳回上诉，维持原判。

【法官后语】

企业向不特定的社会公众发放贷款，属于国家特许经营的金融活动范围，应取得金融监管部门许可，否则，放贷企业与相对人之间的民间借贷行为应认定为无效。

近年来，在司法实践中，通常将不具备从事金融业务资质的企业之间为生产经营需要所进行的不违反国家金融管制强制性规定的临时性资金拆借行为认定为有效，2015年《最高人民法院关于审理民间借贷案件适用法律若干问题的规定》第一条第一款将民间借贷定义为自然人、法人、其他组织之间及其相互之间进行资金融通的行为，进一步将企业纳入了民间借贷的主体范围。但该司法解释第十一条“法人之间、其他组织之间以及它们相互之间为生产、经营需要订立的民间借贷合同，除存在合同法第五十二条、本规定第十四条规定的情形外，当事人主张民间借贷合同有效的，人民法院应予支持”之规定，将企业之间借贷限于为生产、经营需要的偶发性、临时性、面向特定对象的借贷活动，非金融企业对外放贷依然受到法律的严格限制，企业从事经常性放贷业务所签订的民间借贷合同应当认定为无效。若非金融企业以放贷为主要业务或以此为主要收入来源，有可能质变为未经金融监管部门批准从事专门放贷业务的金融机构，将严重扰乱金融市场和金融秩序，造成金融监管紊乱，根据《中华人民共和国银行业监督管理法》《中华人民共和国商业银行法》等法律规定，未经国务院银行业监督管理机构批准，任何单位或者个人不得设立银行业金融机构或者从事银行业金融机构的业务活动，否则视为“非法金融业务活动”。

经营放贷业务，是企业面向不特定社会公众进行的提供货币资金赚取利息的经营行为，其特点是借款对象的不特定性、出借行为的反复性和借款目的的营利性。在实践中，对于企业之间的借贷究竟是偶发的、临时性的拆借行为，还是以放贷为业的经营行为，仅凭个案事实往往难以判断。在审理本案过程中，二审法院发现，仅L公司即向7人“卖出”了10辆车，款项全部以D公司垫付的方式支付给了L公司；在中国裁判文书网上以“D公司”为关键词检索，得到数千个结果，案件分布在27个省级行政区，其中大部分为D公司与法人或自然人之间因垫付产生的纠纷；D公司在其网站中介绍“为全国卡车从业者提供无息贷款”，其开展的垫付业务模式类似信用卡业务，即先消费后还款；在本案中，D公司更以垫付为名直接向其会员L公司发放贷款。综合上述事实，足以认定D公司通过互联网平台向全国不特定社会公众开展垫付和以垫付为名的放贷业务。D公司开展的垫付业务，在还款期限内不向消费会员收取利息，但对每一笔垫付交易均从卖方会员处收取手续费，且在还款期限届满后向逾期还款的消费会员收取高额违约金，可以认定其经营放贷业务的营利性。综上，D公司开展放贷业务，未经金融监管部门批准，其与相对人发生的民间借贷行为应认定为无效。

民法典第一百四十六条吸收了原民法总则第一百四十六条的规定，对通谋虚伪表示行为的效力认定的相关规定没有变化。民法典第一百五十三条第一款承继了合同法第五十二条第五项“违反法律、行政法规的强制性规定”的民事法律行为无效的规定，并增加了“但是，该强制性规定不导致该民事法律行为无效的除外”的但书内容，较《最高人民法院关于适用〈中华人民共和国合同法〉若干问题的解释（二）》第十四条“效力性强制性规定”的表述更加明确，其表述尽管与合同法有所不同，但精神内核没有变化，即仍然区分效力性强制性规定与管理性强制性规定。2020

年8月第一次修正的《最高人民法院关于审理民间借贷案件适用法律若干问题的规定》第十四条中，在原司法解释规定的应当认定合同无效的情形中增加了一项，即第三项“未依法取得放贷资格的出借人，以营利为目的向社会不特定对象提供借款的”，2020年12月第二次修正后，将第十四条调整为第十三条，内容无变化。可见，对本案所涉的情形，修改后的司法解释作出了明确规定，本案中D公司与相对人之间的民间借贷行为，符合《中华人民共和国民法典》第一百五十三条第一款、《最高人民法院关于审理民间借贷案件适用法律若干问题的规定》第十三条第三项规定情形，亦应认定为无效。

编写人：江西省宜春市中级人民法院　徐斌

174　借款与委托理财之间的甄别

——李某春、廖某蓉诉谭某亮、雷某琳民间借贷案

【案件基本信息】

1. 裁判书字号

湖南省郴州市中级人民法院（2018）湘10民终619号民事判决书

2. 案由：民间借贷纠纷

3. 当事人

原告（上诉人）：李某春、廖某蓉

被告（被上诉人）：谭某亮、雷某琳

【基本案情】

李某春与谭某亮系多年朋友，彼此熟识。谭某亮的亲戚谭某洪开办投资公司，经常需要资金周转，曾以月息3分向谭某亮借钱，并能按时还本付息，有投资渠道。2013年3月11日，李某春从银行转账200000元至谭某亮账户，谭某亮在收到款项后，直接转给了谭某洪，并向李某春出具了收条一份："今收到李某春现金贰拾万元，月息2分，计每月肆仟元整，每月十一日付息，最多不超过一天付。谭某亮2013.3.11日。"2013年6月25日，谭某亮在收到廖某蓉以其兄弟廖某飞的银行账户转入的款项100000元后，向廖某蓉出具了《收条》："今收到廖某蓉现金壹拾万元，月利息贰分。（注：本月利息已付）谭某亮2013.6.25。"嗣后，谭某洪每月正常向谭某亮支付利息时，谭某亮均及时将属于李某春、廖某蓉的利息转付至李某春、廖某蓉的银行账户，直至2014年6月，谭某洪资金链断裂后，未再支付利息给谭某亮，谭某亮亦未再转付利息给李某春、廖某蓉。2015年谭某亮将谭某洪诉至法院，该案经法院判决后，进入执行程序，但因谭某洪已没有财产可供执行，谭某亮在谭某洪处的款项不能收回，也就无法向李某春、廖某蓉支付相应款项，谭某亮还款无望，故酿成纠纷。

【案件焦点】

1. 当事人是借款法律关系还是委托理财法律关系；2. 涉案款项是否属于夫妻共同债务；3. 本案是否已经超过诉讼时效；4. 本案的本金及利息应如何计算。

【法院裁判要旨】

湖南省郴州市北湖区人民法院经审理认为：本案应为民间委托

理财合同纠纷。实践中，借条是指在借用关系中债务人向出借人开具的表明债务人有到期还款赎条义务的借款凭证。借条代表的是一种借款合同关系，借款人向出借人借款，出借人给付借款。欠条是交易过后应付账款的一方向债权人开具的证明其欠款事实同时表明开具人有到期还款赎条义务的凭证。欠条是对以往双方经济往来的一种结算，表明自欠条形成之日起双方之间形成一种新的纯粹的债权债务关系。而收条则是指在收到财物时接收人给送达人开具的证明这一交付事实的凭证。收条不会产生债权债务关系，当事人在开具收条时没有到期通过给付来赎条的意思表示。收条只能证明双方存在给付金钱和收到金钱的关系，究竟是依据什么给付金钱，需要收条持有人或出具人对基础合同关系作进一步证明。因此，收条不作为债权债务关系的凭证。《最高人民法院关于审理民间借贷案件适用法律若干问题的规定》第十六条规定，原告仅依据金融机构的转账凭证提起民间借贷诉讼，被告抗辩转账系偿还双方之前借款或其他债务，被告应当对其主张提供证据证明。被告提供相应证据证明其主张后，原告仍应就借贷关系的成立承担举证证明责任。本案中，李某春、谭某亮相熟，且谭某亮向李某春出具的是收条，并非借条或欠条，并能在谭某洪按期支付利息时，每月获取相应利息差额，符合委托理财合同系有偿合同的特性。综上所述，李某春诉请与谭某亮之间系民间借贷的法律关系不能成立。《中华人民共和国民法典》第九百二十七条规定："受托人处理委托事务取得的财产，应当转交给委托人。"本案中，谭某洪因资金链断裂无法支付款项，谭某亮通过诉讼也未能追回涉案款项本息。根据前述规定，因谭某亮未收到涉案款项本息，故谭某亮无转交涉案款项本息的义务。因此，谭某亮、雷某琳的抗辩理由成立，对于李某春的诉讼请求，法院不予支持。

综上所述，湖南省郴州市北湖区人民法院根据《中华人民共和国民事诉讼法》第一百四十五条，《最高人民法院关于民事诉讼证据的若干规定》第二条、第七十六条之规定，判决如下：

驳回李某春、廖某蓉的诉讼请求。

李某春、廖某蓉不服一审判决，提起上诉。

湖南省郴州市中级人民法院经审理认为：《中华人民共和国民法典》第六百六十七条规定："借款合同是借款人向贷款人借款，到期返还借款并支付利息的合同。"第六百六十八条规定："借款合同应当采用书面形式，但是自然人之间借款另有约定的除外。借款合同的内容一般包括借款种类、币种、用途、数额、利率、期限和还款方式等条款。"第九百一十九条规定："委托合同是委托人和受托人约定，由受托人处理委托人事务的合同。"谭某亮、雷某琳主张本案所涉的30万元款项为代李某春、廖某蓉出借给谭某洪以获取利息的委托理财款，双方之间系委托理财关系。李某春、廖某蓉对该主张不予认可，认为双方所形成的是借贷关系。法院认为，李某春、廖某蓉交付涉案款项后，谭某亮出具的虽然是《收条》，但该《收条》载明月息，约定了币种、数额、利率，不符合委托合同的要件，符合借款合同的要件。从合同的履行来看，谭某洪系向谭某亮而非李某春、廖某蓉出具《借条》，谭某洪未支付涉案款项本息后，谭某亮亦是以自己的名义以民间借贷纠纷起诉，即谭某亮系以自己的名义与谭某洪交易、向谭某洪主张权利，而非以李某春、廖某蓉委托人的名义。且谭某洪自2014年4月便停止向谭某亮支付利息，而谭某亮系自2014年6月之后才未向李某春、廖某蓉支付利息，表明谭某洪与谭某亮之间的借款关系和谭某亮与李某春、廖某蓉之间的借款关系是互相独立的。另外，谭某亮、雷某琳在诉讼过程中也未能提供相关的委托理财协议或者委托授权手续。故谭某亮、雷某琳关于本案系委托理财关系的主张不能成立，双方之间应认定为借贷关系。一审判决认定本案系委托理财关系错误，法院予以纠正。

雷某琳并未在涉案《收条》上签字，该借款不属于家庭日常生活需要所负的债务，李某春、廖某蓉亦未提供证据证实该借款系用于夫妻共同生活、共同生产经营或者基于夫妻双方共同意思表示，故该借款不属于夫妻共同债务，李某春、廖某蓉关于雷某琳应与谭某亮共同承担偿还责任的主张，法院不予支持。

《中华人民共和国民法典》第六百七十五条规定："借款人应当按照约定的期限返还借款。对借款期限没有约定或者约定不明确，依据本法第五百一十条的规定仍不能确定的，借款人可以随时返还；贷款人可以催告借款人在合理期限内返还。"本案李某春、廖某蓉向谭某亮出借涉案款项时并未约定还款期限，谭某亮应在李某春、廖某蓉要求履行还款义务的合理期限内归还借款。且谭某洪停止向谭某亮支付利息后，李某春与谭某亮就涉案款项的问题有过数次催讨或协商。故谭某亮、雷某琳关于本案已过诉讼时效期间的主张，没有事实和法律依据。

《中华人民共和国民法典》第六百七十条规定："借款的利息不得预先在本金中扣除。利息预先在本金中扣除的，应当按照实际借款数额返还借款并计算利息。"本案中，2013 年 3 月 11 日李某春、廖某蓉在向谭某亮支付第一笔借款时预先在本金中扣除了 4000 元利息，2013 年 6 月 25 日李某春、廖某蓉在向谭某亮支付第二笔借款时预先在本金中扣除了 2000 元利息，故应认定两次分别实际出借的 196000 元、98000 元，合计 294000 元，为本案借款本金。关于本案借款利息，二审期间李某春、廖某蓉自愿要求谭某亮、雷某琳偿还利息15万元，系其对自身权利的自由处分，不违反法律规定，法院予以认可。

综上所述，李某春、廖某蓉的上诉请求部分成立，相应部分法院予以支持。湖南省郴州市中级人民法院依照《中华人民共和国民法典》第六百六十七条、第六百六十八条、第六百七十条、第六百七十五条、第九百一十九条、第九百二十八条，《中华人民共和国民事诉讼法》第一百七十七条第一款第二项之规定，判决如下：

一、撤销湖南省郴州市北湖区人民法院（2017）湘1002民初3858号民事判决；

二、谭某亮于本判决生效后十五日内向李某春、廖某蓉归还借款本金294000元，并支付利息150000元，本息合计444000元；

三、驳回李某春、廖某蓉的其他诉讼请求和其他上诉请求。

【法官后语】

本案涉及委托理财的定性及其与借贷之间的区别问题。当前委托理财行为非常普遍，但立法对此还不完善，对其性质的认识也是各执一词，实践中易与借款合同相混淆。因此，有必要将两者的法律关系进一步加以区别。

关于本案的性质认定，有两种意见：第一种意见认为，谭某亮、雷某琳向李某春、廖某蓉出具的是收条，并非借条或欠条，并能在谭某洪按期支付利息时，每月获取相应利息差额，符合委托理财合同系有偿合同的特性，应认定为委托理财关系。

第二种意见认为，出具的虽然是《收条》，但该《收条》载明月息，约定了币种、数额、利率，不符合委托合同的要件，符合借款合同的要件。且谭某亮、雷某琳系以自己的名义与谭某洪交易、向谭某洪主张权利，而非以李某春、廖某蓉委托人的名义，故应认定为借贷关系。

笔者同意第二种意见。理由如下：委托理财是指委托人将自己拥有的财产或财产权利委托他人管理、处分以获取收益，受托人获取报酬的行为。而借款是借款人向贷款人借款，到期返还借款并支付利息的合同。相比委托理财合同，借款合同双方的法律关系更为简单明了。

在我国，由于法律对委托理财缺乏明确的定性，所以对两者的正确区分的确存在一定难度，但委托理财具有自己的特色：第一，委托投资的方向除部分资金流向国债二级市场外，主要将受托的资金投资于股票二级市场；第二，委托理财的具体方式普遍采用全权委托方式，或将委托资金打入受托方账号，或委托方自行开户，均由受托方操作；第三，委托方的风险控制大多采用保证金制度，兼有银行或证券公司进行资金托管或监控。

委托理财是一种独立的法律关系，它是一种新型的财产管理制度，它属于《中华人民共和国民法典》目前尚未规范的无名合同，兼有委托、信托、行纪、融资等类似合同的部分特征。鉴于目前它在法律上没有明确的法律地位，短期内在立法上对其进行单独规范和整治条件尚不成熟，为此，在司法实践中将委托理财作为一个独立的法律关系予以规范，才能跳出现有法律的羁绊。应当根据当前委托理财的主要特点和当事人之间约定，从平衡当事人之间的利益出发，以民商事法律的基本精神为依托，本着规范证券市场、维护交易安全出发，正确区分实践中的法律关系，对案件的性质作出准确判断。

委托理财和借款合同最大的区别在于：委托理财的收益存在不

确定因素，而民间借贷的利息收益是固定的。

就本案而言，谭某亮出具的虽然是《收条》，但该《收条》载明月息，约定了币种、数额、利率，不符合委托合同的要件，符合借款合同的要件。从合同的履行来看，谭某洪系向谭某亮而非李某春、廖某蓉出具《借条》，谭某洪未支付涉案款项本息后，谭某亮亦系以自己的名义以民间借贷纠纷起诉，而非以原告委托人名义。且谭某洪自2014年4月便停止向被告支付利息，而被告自2014年6月之后才未向原告支付利息，表明谭某洪与谭某亮之间的借款关系和被告与原告之间的借款关系是互相独立的。另外，被告在诉讼过程中也未能提供相关的委托理财协议或者委托授权手续。故双方之间应认定为借贷关系。

编写人：湖南省郴州市北湖区人民法院　刘斌

175　夫妻共同投资应承担共同还款责任

——黄某泽诉郭某、赵某民间借贷案

【案件基本信息】

1. 裁判书字号

江苏省无锡市中级人民法院（2018）苏02民终4105号民事判决书

2. 案由：民间借贷纠纷

3. 当事人

被告（被上诉人）：黄某泽

原告（上诉人）：郭某、赵某

【基本案情】

黄某泽方与郭某方共同投资“××抗癌胶囊”项目。2010年1月31日，郭某等签订投资合作协议，该协议载明“一种治疗癌症的药物及其制备方法”已经申请专利（该专利的配方由郭某实际控制），申请人为赵某。当日，S公司（系投资“××抗癌胶囊”项目的投资公司）相关人员黄某泽、郭某等签订重组方案，郭某新成立一家公司间接持有S公司25.056%股权。2010年3月17日，郭某控制的J公司成立，赵某为J公司法定代表人，职务为总经理和执行董事。2010年8月1日，S公司相关人员黄某泽、郭某等签订公司重组方案补充协议，约定嘉园丰公司股东主要为郭某及其妻子赵某，其继承郭某已签署的相关协议中所约定的权利义务。即S公司重组后，郭某为S公司的董事长，该公司的股东有代表黄某泽方的R公司以及代表郭某方的J公司等。2014年3月18日，郭某向黄某泽借款100万元，借款用途为“抗癌胶囊临床试验”，并支付给了临床试验单位。关于“××抗癌胶囊”项目临床试验费用的承担人，郭某和黄某泽方均认可“临床试验费用是由除黄某泽父子三人外的郭某及其利益相关方负担”。2016年6月1日，郭某再次因支付专家费为由向黄某泽借款10万元。嗣后，黄某泽要求郭某、赵某归还借款未果，并诉至法院。

【案件焦点】

本案借款赵某是否应承担共同还款责任。

【法院裁判要旨】

江苏省无锡市惠山区人民法院经审理认为：夫妻一方在婚姻关系存续期间以个人名义超出家庭日常生活需要所负的债务，债权人以属于夫妻共同债务为由主张权利的，人民法院不予支持，但债权人能够证明该债务用于夫妻共同生活、共同生产经营或者基于夫妻双方共同意思表示的除外。

本案中，S公司系参与“××抗癌胶囊”项目的投资公司，郭某任S公司董事长，该公司的股东中代表郭某方的J公司由郭某和其妻子赵某任主要职务，并承担相应的权利义务，故上述投资行为赵某是知晓并参与的。因此，郭某、赵某作为投资方J公司的股东为抗癌项目实施临床试验筹集资金所负的110万元借款均系郭某夫妇在夫妻关系存续期间共同投资所负，应由郭某和赵某承担共同还款责任。

江苏省无锡市惠山区人民法院依照《中华人民共和国合同法》第二百零六条、第二百零七条，《中华人民共和国民法总则》第一百九十五条，《最高人民法院关于审理涉及夫妻债务纠纷案件适用法律有关问题的解释》第三条之规定，作出如下判决：

郭某、赵某应于判决生效后十日内向黄某泽支付借款110万元及逾期利息（以100万元为基数，自2014年9月18日起至实际给付之日止；以10万元为基数，自2016年7月1日起至实际给付之日止，均按中国人民银行贷款基准利率标准计算）。

郭某、赵某不服一审判决，提起上诉。

江苏省无锡市中级人民法院经审理认为：本案中，两笔借款发生在郭某、赵某婚姻关系存续期间，郭某所借款项用于对外投资，该对外投资属于夫妻共同对外投资，且该对外投资及借款用于投资事宜赵某应属明知，并且，赵某也享有投资收益。故郭某、赵某上诉认为赵某不应承担责任，无法律依据，法院不予支持。

江苏省无锡市中级人民法院依照《中华人民共和国民事诉讼法》

第一百七十条第一款第一项的规定，判决如下：

驳回上诉，维持原判。

【法官后语】

本案涉及夫妻共同债务认定的问题。关于夫妻共同债务如何承担，司法实践已从倾向于保护债权人利益的“夫妻债务推定说”修正为倾向保护不知情的配偶方的“三共同说”。根据《最高人民法院关于审理涉及夫妻债务纠纷案件适用法律有关问题的解释》第三条的规定，原则上对夫妻存续期间夫妻一方以个人名义超出家庭生活所需的负债不认定为共同债务，但若该债务用于“夫妻共同生活”“共同生产经营”或者“基于夫妻双方共同意思表示”的，可以认定为夫妻共同债务。本案即从夫妻共同投资经营，共享投资收益的角度作出了上述判决。后民法典关于夫妻共同债务认定标准和司法解释进行了延续性规定。根据《中华人民共和国民法典》第一千零六十四条规定，夫妻双方共同签名或者夫妻一方事后追认等共同意思表示所负的债务，以及夫妻一方在婚姻关系存续期间以个人名义为家庭日常生活需要所负的债务，属于夫妻共同债务。夫妻一方在婚姻关系存续期间以个人名义超出家庭日常生活需要所负的债务，不属于夫妻共同债务；但是，债权人能够证明该债务用于夫妻共同生活、共同生产经营或者基于夫妻双方共同意思表示的除外。其中，“夫妻共同生产经营”可以理解为夫妻共同决定生产、经营事项或者一方明知、授权夫妻另一方进行生产经营事项或另一方在生产经营中受益等多种情形。

超出家庭日常生活需要所负的债务，若认定为夫妻共同债务，一般应着重把握以下几个方面：

1. 若非共债共签或事后追认的情况下，共同债务必须为夫妻共同生活或共同生产经营所负债务。该共同生活或共同生产经营事实的认定不能仅凭借条等书面凭证载明的内容，而应结合其他综合证据如双方当事人的身份情况、家庭背景、工作收入情况、负债目的、交易习惯等进行认定，以查究双方是否有共同负债的合意或者通过一方负债获取其他共同收益的合意。如夫妻双方均为公司股东、高管，夫妻一方以个人名义对外借款，款项用于公司经营或归还公司债务，鉴于股东、高管对公司具有控制力且公司通过借款获得收益归属于其，原则上借款人配偶应承担共同还款责任。

2. 配偶是否从债务获得了利益或拟获得预期利益。该认定标准主要依据负债用途以及负债最终目的。夫妻在婚姻关系存续期间所得的财产，归夫妻共同所有，所负的债务应当共同偿还。譬如，夫妻双方共同进行商务投资活动，配偶一方为投资向外借款，只要有获得预期利益的期待，在配偶方对投资行为明知且参与的情况下，也应承担共同偿还责任。

3. 举证责任分配。举证责任分配应遵循债务是否属于家事代理范围。若债务属于家事代理范围，则由配偶方证明该债务不属于夫妻共同债务。若债务不属于家事代理范围，则由出借人证明该债务符合“三共同”的情形。

编写人：江苏省无锡市惠山区人民法院　徐培卿

176 他人在借款合同上签字的效力认定

——王某侠诉物流公司等民间借贷案

【案件基本信息】

1. 裁判书字号

广东省广州市铁路运输中级法院（2018）粤71民终77号民事判决书

2. 案由：民间借贷纠纷

3. 当事人

原告（上诉人）：王某侠

被告（被上诉人）：物流公司、黄某红、李某本、侯某勤

【基本案情】

2014年10月21日，案外人甲公司（甲方）与物流公司（乙方）签订《专线运输合同》，约定由物流公司采用公路集装箱运输业务，承运甲公司托运业务，货物起运地点为广州，到达地点为郑州、成都，运输服务模式为门到门口，货物品名为快递货物，合同有限期为2014年10月21日至2015年10月21日。

2014年10月21日，物流公司（甲方）与王某侠（乙方）签订《协议》，协议载明：根据甲方与甲公司签订的合同，甲方承运甲公司，广州—郑州、广州—成都线托运货物业务，由于甲方资金不足（需垫资车辆运费）需要乙方垫资，经甲、乙双方共同协商达成以下协议："一、承运线路、车辆型号、价格及垫资金额……二、垫资方式及利润分配：乙方每垫资一车运费，不论线路，

分得利润为每车人民币玖佰元，45 天结算……五、甲方保证乙方资金安全，如因何种原因造成乙方垫资资金无法收回，甲方赔偿乙方一切相关经济损失，甲方自愿以侯某勤（甲方母亲）名下挂靠在货物运输公司的 3 台 17.5 米集装箱车作为保证，车牌号分别是粤 BL72××、粤 BJ91××、粤 BL87××……八、协议期限壹年，与甲方和甲公司签订合同期限同步。九、违约责任：任何一方违约，须向守约方支付涉及金额壹倍的违约金。"物流公司与王某侠在协议上签字盖章，李某本、黄某红在协议'担保人'一栏签字捺印。

2016 年 1 月 1 日，物流公司的法定代表人李某向王某侠签署欠条，欠条载明"李某欠王某侠垫资甲快递运费 458100 元，利息从 2016 年元月 1 日开始计算（按两分利息计算，利息每月一付）"。

一审庭审过程中，王某侠自认垫资总数为 423000 元，还款时间从 2015 年 10 月 13 日加 45 个结算日起算，利率按年利率 24%计算。王某侠在诉状中承认物流公司于 2016 年 2 月 6 日偿还了 3 万元，3 月 8 日偿还了 41400 元，共计偿还 71400 元。

另查明：物流公司的法定代表人为李某，黄某红为李某之妻，李某本为李某之父，侯某勤为李某本之妻、李某之母。

【案件焦点】

李某本、黄某红应否承担连带保证责任。

【法院裁判要旨】

广东省广州铁路运输第二法院经审理认为：因王某侠与物流公司之间签订的《协议》是双方当事人的真实意思表示，且不违反法律、法规的强制性规定，协议合法有效，根据《中华人民共和国民法通则》第九十条"合法的借贷关系受法律保护"之规定，王某侠已按合同约定履行了出借资金 423000 元的义务，物流公司应在合同约定的有效期届满之日 2015 年 10 月 21 日，再加上 45 个结算日即 2015 年 12 月 6 日起向王某侠履行偿还本金和利息的义务。

1. 关于侯某勤的责任问题。王某侠主张侯某勤是李某本的妻子，应承担连带责任。依照《最高人民法院关于审理涉及夫妻债务纠纷案件适用法律有关问题的解释》第三条“夫妻一方在婚姻关系存续期间以个人名义超出家庭日常生活需要所负的债务，债权人以属于夫妻共同债务为由主张权利的，人民法院不予支持，但债权人能够证明该债务用于夫妻共同生活、共同生产经营或者基于夫妻双方共同意思表示的除外”的规定，物流公司非李某本与侯某勤共同生产经营，王某侠亦无证据证明物流公司的收益用于李某本与侯某勤的共同家庭生活，王某侠要求侯某勤承担连带责任的诉请，缺乏事实依据，不予支持。

2. 关于担保责任。李某本、黄某红在王某侠与物流公司签订的垫资协议“担保人”一栏签字捺印，各方对担保方式有争议，王某侠认为是保证，李某本、黄某红认为是抵押。一审法院认为，依照《中华人民共和国担保法》第六条“本法所称保证，是指保证人和债权人约定，当债务人不履行债务时，保证人按照约定履行债务或者承担责任的行为”的规定，李某本、黄某红在协议中没有约定当物流公司不履行债务时为物流公司履行债务或者承担责任的意思表示，故二人签名不构成保证；依照《中华人民共和国担保法》第三十四条“下列财产可以抵押：（一）抵押人所有的房屋和其他地上定着物；（二）抵押人所有的机器、交通运输工具和其他财产；（三）抵押人依法有权处分的国有的土地使用权、房屋和其他地上定着物；（四）抵押人依法有权处分的国有的机器、交通运输工具和其他财产；（五）抵押人依法承包并经发包方同意抵押的荒山、荒沟、荒丘、荒滩等荒地的土地使用权；（六）依法可以抵押的其他财产。抵押人可以将前款所列财产一并抵押”、第四十一条“当事人以本法第四十二条规定的财产抵押的，应当办理抵押物登记，抵押合同自登记之日起生效”的规定，王某侠与物流公司签订的《协议》第五条所述“侯某勤（甲方母亲）名下挂靠在深圳市海天信诚货物运输有限公司的3台17.5米集装箱车”并非李某本、黄某红的所有物，且车辆属于《中华人民共和国担保法》规定的应当办理抵押物登记的财产，但王某侠未提供证据证明对上述车辆已办理抵押物登记，依照《最高人民法院关于适用〈中华人民共和国民事诉讼法〉的解释》第九十条“当事人对自己提出的诉讼请求所依据的事实或者反驳对方诉讼请求所依据的事实，应当提供证据加以证明，但法律另有规定的除外。在作出判决前，当事人未能提供证据或者证据不足以证明其事实主张的，由负有举证证明责任的当事人承担不利的后果”的规定，应承担举证不能的后果，故李某本、黄某红的签名亦不构成有效的抵押。综上，李某本、黄某红的签名不符合《中华人民共和国担保法》的相关规定，是无效的担保行为。故王某侠要求李某本、黄某红就其担保行为承担连带责任的诉请，缺乏事实和法律依据，不予支持，对李某本、黄某红的抗辩，予以采纳。

广州铁路运输第二法院依照《中华人民共和国民法通则》第九十条，《中华人民共和国担保法》第六条、第三十四条、第四十一条，《最高人民法院关于适用〈中华人民共和国合同法〉若干问题的解释（二）》第二十一条，《最高人民法院关于适用〈中华人民共和国民事诉讼法〉的解释》第九十条，《最高人民法院关于审理涉及夫妻债务纠纷案件适用法律有关问题的解释》（法释〔2018〕2

号）第三条，《最高人民法院关于审理民间借贷案件适用法律若干问题的规定》（法释〔2015〕18号）第二十六条第一款、第三十条之规定，作出如下判决：

一、物流公司于判决生效之日起十日内，向王某侠支付423000元及利息（以423000元为本金，按年利率24%从2015年12月6日起算至实际清偿日，并扣除已支付利息71400元）；

二、驳回王某侠的其他诉讼请求。

王某侠不服一审判决，提起上诉。

广东省广州铁路运输中级法院经审理认为：本案争议焦点是李某本、黄某红在垫资协议中“担保人”处签字的行为是否构成保证的问题。《最高人民法院关于审理民间借贷案件适用法律若干问题的规定》（法释〔2015〕18号）第二十一条规定：“他人在借据、收据、欠条等债权凭证或者借款合同上签字或者盖章，但未表明其保证人身份或者承担保证责任，或者通过其他事实不能推定其为保证人，出借人请求其承担保证责任的，人民法院不予支持。”该条款包含了“他人在借据、收据、欠条等债权凭证或者借款合同上签字或者盖章，并在其中表明了签字或者盖章人是保证人的，应当对借款承担担保责任”的意思。李某本、黄某红以担保人身份在垫资协议上署名，故负有担保全部债权实现的义务。因其二人均为保证人，但未约定保证份额，根据《中华人民共和国担保法》第十二条“同一债务有两个以上保证人的，保证人应当按照保证合同约定的保证份额，承担保证责任。没有约定保证份额的，保证人承担连带责任……”以及第十九条“当事人对保证方式没有约定或者约定不明确的，按照连带责任保证承担保证责任”的规定，其二人应对涉案债务承担连带责任保证。一审关于其二人不承担保证责任的认定不当，应予以纠正。

广东省广州铁路运输中级法院依照《中华人民共和国民法通则》第九十条，《中华人民共和国担保法》第十二条、第十三条、第十九条、第二十一条，《最高人民法院关于适用〈中华人民共和国合同法〉若干问题的解释（二）》第二十一条，《最高人民法院关于适用〈中华人民共和国民事诉讼法〉的解释》第九十条，《最高人民法院关于审理涉及夫妻债务纠纷案件适用法律有关问题的解释》（法释〔2018〕2号）第三条，《最高人民法院关于审理民间借贷案件适用法律若干问题的规定》（法释〔2015〕18号）第二十一条、第二十六条第一款、第三十条，《中华人民共和国民事诉讼法》（2017年修正）第一百七十条第一款第二项、第一百七十五条之规定，作出如下判决：

一、维持原广州铁路运输第二法院（2016）粤7102民初105号民事判决第一项；

二、撤销原广州铁路运输第二法院（2016）粤7102民初105号民事判决第二项；

三、李某本、黄某红对物流公司应向王某侠支付的423000元及利息（以423000元为本金，按年利率24%从2015年12月6日起算至实际清偿日，并扣除已支付利息71400元）承担连带责任；

四、驳回王某侠的其他诉讼请求。

【法官后语】

民间借贷中的保证合同，比较常见的形式是由他人在借据、收条等债权凭证或者借款合同上签署保证条款。对上述明确有保证条款的情况，可以判断债权人和保证人在保证人承担保证债务上形成合意。但实务中也存在他人在借据、收据、欠条等债权凭证或者借款合同上签字或者盖章，未约定保证条款的情形。对该情形，能否认定其保证人地位，《最高人民法院关于审理民间借贷案件适用法律若干问题的规定》有相关规定。

2015年《最高人民法院关于审理民间借贷案件适用法律若干问题的规定》第二十一条规定："他人在借据、收据、欠条等债权凭证或者借款合同上签字或者盖章，但未表明其保证人身份或者承担保证责任，或者通过其他事实不能推定其为保证人，出借人请求其承担保证责任的，人民法院不予支持。"该条司法解释包含几个方面内容：(1) 仅有他人签名或盖章的，不足以认定保证人身份。他人签名或盖章，除保证人身份外，也可能以见证人或中间人身份来签名或盖章，故仅有他人签名或者盖章的，不足以认定保证人身份，他人不承担保证责任。(2) 仅有他人签字或盖章，但表明保证人身份的，该他人应承担保证责任。首先，这是因为原《最高人民法院关于适用〈中华人民共和国担保法〉若干问题的解释》第二十二条第二款的明确规定。其次，保证人这一法律术语已为人们所熟知，尤其是在经营性民间借贷的当事人之间较为常见。他们除会以"保证人"的身份签字或者盖章外，还有以"保人""担保人"等名义签字或者盖章，本案就是以"担保人"的名义签字。(3) 仅有他人签字或盖章，未表明保证人身份的，可以结合其他证据认定他人为保证人。该条司法解释的第三层含义是，借款凭证或者借款合同中仅有他人签字或者盖章，未表明保证人身份的，并不必然能够得出他人非为保证人并不承担保证责任的结论，即只有在"通过其他事实不能推定其为保证人"的情况下，才能作出他人非为保证人的判断。

该案二审判决于2018年作出，2020年最高人民法院对《最高人民法院关于审理民间借贷案件适用法律若干问题的规定》进行了两次修正，该案适用的上述2015年《最高人民法院关于审理民间借贷案件适用法律若干问题的规定》第二十一条在2020年第二次修正后变为第二十条，但条款内容不变。关于保证方式的认定。该案二审判决时《中华人民共和国民法典》尚未施行，故根据原《中华人民共和国担保法》第十九条“当事人对保证方式没有约定或者约定不明确的，按照连带责任保证承担保证责任”的规定，认定保证人应对涉案债务承担连带责任保证。该案如果是在《中华人民共和国民法典》施行后判决，对于保证方式则会有不同的认定。《中华人民共和国民法典》第六百八十六条第二款规定：“当事人在保证合同中对保证方式没有约定或者约定不明确的，按照一般保证承担保证责任。”该条款改变了原《中华人民共和国担保法》第十九条关于当事人在保证合同中对保证方式没有约定或者约定不明确时推定为连带责任保证的规定。该案属于当事人对保证方式没有约定的情形，故如果适用《中华人民共和国民法典》第六百八十六条第二款的规定，该案则应认定保证人承担一般保证责任。

编写人：广东省广州铁路运输中级法院　王硕

177　夫妻分居阶段的债务归属及借贷关系证据审查标准

——段某诉孟某等民间借贷案

【案件基本信息】

1. 裁判书字号

天津市第一中级人民法院（2017）津01民终932号民事判决书

2. 案由：民间借贷纠纷

3. 当事人

原告（被上诉人）：段某

被告（上诉人）：孟某

被告（被上诉人）：刘某君、李某英

【基本案情】

刘某君与孟某系夫妻关系，双方于2011年10月10日登记结婚。2014年7月23日，段某与刘某君签订《借款合同》，约定刘某君向段某借款160000元，借款期限自2014年7月23日至2014年8月23日；刘某君认可按照银行同期贷款利率四倍向段某支付利息，刘某君应于借款日次月起向段某支付借款利息，利息支付日为每月23日；借款期满刘某君应在借款到期日一次性向段某还本付息。同日，刘某君出具收条一份，载明：于2014年7月23日收到与刘某君签订的借款合同约定的借款拾陆万元（小写：160000元）。庭审中段某陈述该笔借款是在2014年7月23日以现金方式给付刘某君的，但刘某君并未按时偿还借款本金及利息。孟某则陈述其与刘某君自2013年2月就已经分居了，对于本案所涉及的借款并不知情，亦未用于家庭共同生活。

孟某于2014年6月10日起诉刘某君要求离婚，天津市红桥区人民法院于2014年7月15日作出（2014）红民初字第2573号民事判决书，判决驳回孟某离婚的诉讼请求，该判决书中并未确认孟某与刘某君的分居事实。此后，孟某于2015年3月13日起诉刘某君要求离婚，天津市红桥区人民法院于2015年8月5日作出（2015）红民初字第1373号民事判决书，判决驳回孟某要求离婚的诉讼请求，该判决书审理查明部分载明“经本庭询问刘某君的母亲李某英，其陈述孟某于 2014 年 6 月离开婚住房，此前孟某、刘某君一直共同生活”。孟某提交的 2015 年 3 月 12 日由街道社区居民委员会出具的证明信，载明“孟某经邻居证明 2013 年 3 月 8 日起至今居住在社区 301 室”。并注明“此证明仅由居民提供签名信息证明孟某自 2013 年 3 月 8 日起至今居住在社区 301 室，此证明不作为法律依据，不承担法律责任”。

二审中，孟某提交天津市红桥区人民法院（2016）津 0106 民初 2939 号离婚纠纷民事判决书，该判决书载明孟某与刘某君自 2014 年 6 月分居至今。

【案件焦点】

涉案债务是否为夫妻共同债务。

【法院裁判要旨】

天津市红桥区人民法院经审理认为：段某与刘某君签订的借款合同是双方当事人的真实意思表示，且不违反法律、行政法规的强制性规定，应认定为有效。刘某君向段某出具的收条证实段某已向刘某君履行了交付借款的义务，刘某君应当按照约定偿还借款本息。孟某虽对借款交付事实存在异议，但并未提供相应证据加以证明，一审法院不予采信。鉴于段某主张刘某君未按时偿还借款本息，且刘某君未就其还款事宜提供相应的证据，故刘某君拖欠段某借款本金的数额应按 160000 元认定。段某要求刘某君偿还借款本金 160000 元的诉讼请求，具有事实和法律依据，一审法院予以支持。

关于段某主张的利息，由于刘某君未能按时偿还借款本息，段某要求刘某君按照中国人民银行同期贷款基准利率（六个月以下档次）的四倍支付自2014年8月1日起至本判决确定的履行期限届满之日止的借期内利息和逾期利息的请求，符合双方合同约定，但应以不超过年利率24%为限，段某主张的超过上述范围的利息，一审法院不予支持。

关于段某要求孟某承担连带责任的问题，本案借款发生在刘某君与孟某婚姻关系存续期间，根据《最高人民法院关于适用〈中华人民共和国婚姻法〉若干问题的解释（二）》第二十四条的规定，债权人就婚姻关系存续期间夫妻一方以个人名义所负债务主张权利的，应当按夫妻共同债务处理。但夫妻一方能够证明债权人与债务人明确约定为个人债务，或者能够证明属于婚姻法第十九条第三款规定情形的除外。由于刘某君、孟某均未能提供充分证据证明存在上述两种例外情形以及其他不属于夫妻共同债务的情形，因此本案借款债务应认定为刘某君与孟某的夫妻共同债务，由刘某君、孟某承担连带清偿责任。关于孟某所提交的街道社区居民委员会出具的证明信，该证明是由居委会根据邻居证明所出具，反映了孟某的居住地情况，但并未证明孟某与刘某君分居的事实，且该证明信明确注明不作为法律依据，不承担法律责任，故一审法院不予采信。关于（2015）红民初字第1373号民事判决书记载的刘某君的母亲李某英陈述孟某于2014年6月离开的婚住房，此前孟某、刘某君一直共同生活的问题，鉴于刘某君、孟某是否分居涉及个人隐私问题，刘某君未到庭参加诉讼，一审法院无法向双方核实分居事实，在涉及债权人权益的情况下，仅凭刘某君的母亲李某英的陈述尚不足以证实刘某君、孟某于2014年6月分居的事实，亦无法证明刘某君向段某借款未用于刘某君、孟某夫妻共同生活。关于孟某提出段某与刘某君恶意串通、虚假诉讼的主张，因孟某并未对此提供证据予以证明，一审法院不予采信。

关于段某主张李某英为刘某君向段某借款提供保证的问题，段某所提供的录像视频从内容上并未体现出李某英同意对刘某君向段某借款160000元提供保证担保的意思表示，且李某英未到庭，一审法院无法核实录像视频的真实性，因此段某要求李某英承担连带责任的诉讼请求，因证据不足，一审法院不予支持。

刘某君、李某英经一审法院合法传唤，无正当理由拒不到庭，视为其放弃答辩、举证、质证等诉讼权利，应由刘某君、李某英自行承担相应的法律后果。

一审法院依照《中华人民共和国合同法》第二百零五条、第二百零六条、第二百零七条，《最高人民法院关于审理民间借贷案件适用法律若干问题的规定》第二十九条，《最高人民法院关于适用〈中华人民共和国婚姻法〉若干问题的解释（二）》第二十四条，《最高人民法院关于适用〈中华人民共和国民事诉讼法〉的解释》第九十条，《中华人民共和国民事诉讼法》第一百四十四条的规定，判决如下：

一、被告刘某君于本判决生效之日起十日内偿还原告段某借款本金160000元；

二、被告刘某君于本判决生效之日起十日内以借款本金160000元为基数，按照中国人民银行同期贷款基准利率（六个月以下档次）的四倍（以不超过年利率24%为限）支付原告段某自2014年8月1日起至本判决确定的履行期限届满之日止的利息；

三、被告孟某对上述第一项、第二项给付义务承担连带清偿责任；

四、驳回原告段某的其他诉讼请求。

宣判后，孟某提出上诉。

天津市第一中级人民法院经审理认为：当事人对自己提出的诉讼请求所依据的事实或者反驳对方诉讼请求所依据的事实，应当提供证据加以证明。关于一审法院认定刘某君偿还涉案借款的问题，涉案借款因段某提供了有刘某君签字的相关凭证，刘某君经合法传唤未出庭提出抗辩，也未提出上诉，根据《中华人民共和国民事诉讼法》第十三条第二款，当事人有权在法律规定的范围内处分自己的民事权利和诉讼权利；以及《最高人民法院关于适用〈中华人民共和国民事诉讼法〉的解释》第三百二十三条第一款，第二审人民法院应当围绕当事人的上诉请求进行审理，故刘某君偿还涉案借款的问题不属于本案二审的审理范围。

关于孟某是否应承担连带责任的问题，根据段某主张，涉案借款是现金交付，段某的资金来源于纪某，纪某也是现金交付，但对于段某向纪某借款的交付地点、借条收回情况，段某的陈述与纪某的陈述不一致，段某对其向纪某借款是否还清、刘某君借款的用途陈述前后不一致，且涉案借款发生在孟某起诉刘某君离婚之后，以及孟某与刘某君经离婚判决书认定的分居期间。虽然段某提交了录像视频光盘，但视频内容未明确体现出涉案借款。综合考虑以上情形，段某目前提供的证据，不能支持其要求孟某对涉案借款承担连带偿还责任的请求。

综上所述，段某提供的证据，不能支持其要求孟某对涉案借款承担连带偿还责任的请求和理由。依照《中华人民共和国民事诉讼法》第一百七十条第一款第二项、第一百四十四条之规定，判决如下：

一、维持天津市红桥区人民法院（2015）红民初字第6071号民事判决第一项、第二项；

二、撤销天津市红桥区人民法院（2015）红民初字第6071号民事判决第三项、第四项及诉讼费负担部分；

三、驳回被上诉人段某一审其他诉讼请求。

【法官后语】

本案属于民间借贷纠纷，系涉及夫妻共债认定案件。在法院受理的民间借贷纠纷案件中，相当大比例的案件主张债务人所负债务为夫妻共同债务，对是否构成夫妻共同债务的认定成为民间借贷纠纷审理中的重要内容。2018年1月18日起施行的《最高人民法院关于审理涉及夫妻债务纠纷案件适用法律有关问题的解释》（以下简称《解释》），对一直以来广为关注的夫妻共债认定问题作出了进一步规定。2021年1月1日起施行的《中华人民共和国民法典》第一千零六十四条吸收了《解释》的内容。《最高人民法院关于适用〈中华人民共和国民法典〉婚姻家庭编的解释（一）》在民法典第一千零六十四条的基础上，作出了夫妻共同债务的两类排除性规定，即夫妻一方与第三人串通虚构的债务，及夫妻一方在从事赌博、吸毒等违法犯罪活动中所负的债务均不能认定为夫妻共同债务。本案发生在《解释》出台前，二审裁判思路和观点与《解释》及民法典相关精神相吻合，探索了此类案件的审理方法和裁判标准，具有一定的前瞻性，也对今后的夫妻共同债务认定具有一定的借鉴及参考价值。

一、夫妻一方所负债务的对内、对外责任认定

2001年修正的婚姻法第十九条第三款规定：“夫妻对婚姻关系存续期间所得的财产约定归各自所有的，夫或妻一方对外所负的债

务，第三人知道该约定的，以夫或妻一方所有的财产清偿。”2004年4月1日起施行的《最高人民法院关于适用〈中华人民共和国婚姻法〉若干问题的解释（二）》第二十四条规定：“债权人就婚姻关系存续期间夫妻一方以个人名义所负债务主张权利的，应当按夫妻共同债务处理。但夫妻一方能够证明债权人与债务人明确约定为个人债务，或者能够证明属于婚姻法第十九条第三款规定情形的除外。”上述规定明确了夫妻共同债务认定中的两种例外情形，一种为夫妻一方能够证明债权人与债务人明确约定为个人债务；另一种为能够证明债权人知道或应当知道夫妻实行分别财产制。由于夫妻双方或单方不能提供充分证据证明上述两种例外情形，对单方举债的债务往往被认定为夫妻共同债务。

在夫妻债务的外部关系中，夫妻共同生活的私密性造成外人难以准确知晓借款的真实用途，就算知晓，也难以举证证明，如果对债权人科以严格的证明责任，难以保护债权人的权益。在夫妻共同债务的内部举证责任承担上，可以从夫妻一方所借款项用途及数额等方面来判断，借款用途为“日常生活需要”，通常是指维系家庭生活的基本需要，比如一般的衣食住行医等，不应包括经商、娱乐等非日常生活的其他方面；借款数额较小，即在家庭合理开支范围内。在审判中要防止简单地从夫妻共同债务的外部关系认定直接推及夫妻内部的债务承担，过度扩张家事代理权，助长夫妻一方对日常家事代理权的滥用，甚至利用夫妻共同债务制度而引发虚假诉讼，在公平与安全的价值取向上严重失衡，追求交易安全和对债权人的保护时，有时却牺牲了举债方配偶的利益。

本案具有一定特殊性，一审法院认定为共同债务，二审出现新的事实，经综合考察认定为债务人一方的个人债务。

首先，本案夫妻双方有分居的事实。未具名举债的夫妻一方孟某提交了离婚纠纷民事判决书，证明分居的事实。其次，涉案债务发生的真实性存疑。庭审中，债权人对出借的资金来源陈述不清。最后，对于涉案借款用途，两审中陈述出现不一致。

综合考虑以上情形，二审法院认定债权人提供的证据，不能支持其要求孟某对涉案借款承担连带偿还责任的请求。契合了《最高人民法院关于适用〈中华人民共和国民法典〉婚姻家庭编的解释（一）》作出的关于夫妻共同债务的排除性规定。

二、相关案件审理中需注意的问题

（一）借款交付情况审查的把控

夫妻共债案件中，夫妻一方借款，又是现金交付的，应对借款交付情况进行审查。出借人的资金来源于案外人，案外人也是现金交付，但对于交付地点、借条收回、还款情况，出借人与案外人陈述不一致，出借人对借款用途陈述也前后不一致的，应谨慎认定借贷事实的发生。

（二）审查婚姻关系存续、分居及解除情况

应结合夫妻关系存续、分居及解除情况，分析评判夫妻双方是真实解除婚姻关系，还是利用婚姻解除逃避债务。对于借款发生在夫妻一方起诉另一方（借款人）离婚案件之后，离婚案件判决书认定了夫妻双方的分居期间，借款也发生在夫妻双方真实分居期间的，不宜认定单方举债用于共同生活，也不应认定为夫妻共同债务。

（三）审查债务人的借款实际用途

对于主张夫妻共同债务的单方举债债务人，应当举证证明借款用于家庭生活；对于真实分居期间的夫妻共同债务，一般借款用途不能为另一方所共享，若一概认为夫妻共同债务，则显失公平，此处真实分居状态的举证义务为夫妻内部；债务人如多次陈述借款用途不一致，应认定借款用途存疑。借款并非家庭生活必需或者有其他大额消费，也应慎重判断在夫妻内部应否共同承担。

（四）根据债务用途及数额，对是否用于夫妻共同生活，恰当分配举证责任

当夫妻一方以个人名义对外所负的债务，尤其是数额较大的债务，超出了家庭日常生活所需的范畴时，认定该债务是否属于夫妻共同债务的标准，要考察债务的用途，要看债权人能否证明债务用于夫妻共同生活或者共同生产经营，或者债务的负担系基于夫妻双方共同的意思表示或事后追认，如果债权人不能举证证明，则不能认定为夫妻共同债务。

编写人：天津市第一中级人民法院　苗法礼　韩晓艳

十五、保证合同纠纷

178 合同的变更应经清晰明了并确认无疑的意思表示

——某银行北京分行诉投资公司保证合同案

【案件基本信息】

1. 裁判书字号

北京市第一中级人民法院（2020）京 01 民终 7287 号民事判决书

2. 案由：保证合同纠纷

3. 当事人

原告（被上诉人）：某银行北京分行

被告（上诉人）：投资公司

第三人：融资担保公司、置业发展公司

【基本案情】

自 2009 年 9 月 24 日以来，某银行北京分行与第三人融资担保公司签署系列相关《合作协议》及《合作补充协议》。在上述《合作协议》及《合作补充协议》的基础上，某银行北京分行与投资公司签署了《最高额担保合同》，并就投资公司担保范围在该合同第 1.4 条款中约定如下："为确保第三人融资担保公司与某银行北京分行于 2009 年 9 月 24 日签署的《个人信贷业务专业担保事项合作协议》、2009 年 11 月 30 日签署的《个人信贷业务专业担保事项合作协议补充协议》、2009 年 12 月 30 日签署的《个人信贷业务专业担保事项合作协议》、2009年12月30日签署的《个人信贷业务专业担保事项合作协议补充协议》、2010年12月31日签署的《个人信贷业务专业担保事项合作协议》、2010年12月31日签署的《个人信贷业务专业担保事项合作协议补充协议》、2011年9月24日签署的《个人信贷业务专业担保事项合作协议补充协议》、2011年12月31日签署的《个人信贷业务专业担保事项合作协议补充协议》、2012年9月24日签署的《个人信贷业务专业担保事项合作协议补充协议》、2012年12月31日签署的《个人信贷业务专业担保事项合作协议补充协议》项下，融资担保公司同意提供担保责任的是丁方已经申请授信/贷款的借款人与丁方所签署的全部授信/借款合同及具体业务合同（上述共同构成本合同的主合同，以下统称主合同）项下的丁方全部债权（包括或有负债）。最高额担保所担保的主债权的发生期间为2009年9月24日-2014年12月30日。为防止歧义，主合同的具体范围见附件二。”截至2014年年初，本案《最高额担保合同》项下多起主合同债权发生逾期违约。2014年8月，某银行北京分行以金融借款合同纠纷为由，将主合同项下债务人高某民、李某源、叶某琴、吴某旺、徐某、陈某芳、钟某云、黄某富等15人诉至北京市海淀区人民法院，同时要求投资公司承担最高额担保责任。投资公司认为，在上述15起金融借款合同纠纷案件中投资公司不应承担最高额担保责任，同时投资公司单方提供了本案《最高额担保合同》“附件二”的内容，并主张因其提供的“附件二”所列名单中并不包含15名主合同债务人，故上述15起主合同金融借款合同纠纷案件所涉债权不在本案《最高额担保合同》担保范围内，投资公司无须承担该15起案件的最高额担保责任。某银行北京分行请求对《最高额担保合同》所涉主债权的发生期间予以确认。某银行北京分行认为，本案《最高额担保合同》第1.4条款中约定："最高额担保所担保的主债权发生期间为2009年9月24日-2014年12月30日。"当时双方仅约定了主债权发生的起始期限，未约定主债权发生的终止期限。依据《最高额担保合同》篇首约定及第1.4条款的约定，本案最高额担保的主债权发生期间应为2009年9月24日至2014年12月30日，故某银行北京分行诉至法院，请求法院依法予以确认。

【案件焦点】

1. 涉案《最高额担保合同》的性质是普通担保还是最高额担保；2. 能否将投资公司提供的附件二认定为双方对主债权范围进行变更的真实意思表示并以此推翻合同的最高额担保的性质；3. 涉案《最高额担保合同》中主债权的发生期间应如何确定。

【法院裁判要旨】

北京市海淀区人民法院经审理认为：合同的当事人对相关条款约定不明发生争议时，应当以合同文义、体系为基础，以公平、诚信为原则，结合合同订立的背景及目的、当事人的真实意思表示、交易习惯及法律规定等因素进行综合判断。本案中，某银行北京分行与投资公司签订《最高额担保合同》后，本应遵循诚实信用原则，按照合同约定全面履行各自的权利、义务，但双方在履行合同的过程中对上述担保合同的性质及主债权的范围发生争议：某银行北京分行认为涉案担保合同的性质系最高额担保合同，主债权的范围为融资担保公司与其订立的各合作协议及补充协议项下的所有借款合同产生的全部债权，要求法院确认决算期；而投资公司抗辩称上述担保合同并非最高额担保合同，而系普通的担保合同，并主张以其提交的附件二作为认定主债权范围的唯一依据。

结合某银行北京分行的诉讼主张与投资公司的答辩意见，法院认为本案的争议焦点包括以下三点：（1）案涉《最高额担保合同》的性质是普通担保还是最高额担保；（2）能否将投资公司提供的附件二认定为双方对主债权范围进行变更的真实意思表示并以此推翻合同的最高额担保的性质；（3）案涉《最高额担保合同》中主债权的发生期间应如何确定。

1. 案涉《最高额担保合同》的性质是普通担保还是最高额担保

根据担保的相关法律规定，担保人与债权人可以就单个主合同分别订立担保合同，也可以协议在最高债权额限度内就一定期间连续发生的借款合同或者某项商品交易合同订立一个担保合同，这一规定中前者指的就是普通的担保合同，而后者即是最高额担保合同。最高额担保区别于普通担保的最显著的特征即债权的不特定性，在合同约定的决算期内形成的主合同双方的债权债务关系是不确定的，只有决算期届至，担保的债权才能最终确定，决算前最高额担保从属于基础法律关系而不从属于具体特定的债权。根据上述最高额担保合同的特征可知，最高额担保是为一定期间连续发生的债务提供担保，在此期间存在诸多不确定因素，担保人承担责任的风险极高，在签订此类合同时担保人自然应当更加审慎地作出决定。双方在签订合同时，均应认真审查合同内容、研究合同条款，在充分理解合同约定的情况下，表达真实意思。

具体到本案，首先，从合同内容来看，合同名称明确标注为“最高额担保合同”；篇首合同目的部分的内容非常明确地表明了订立该合同的目的是针对自2009年9月24日以后一定期间内连续发生的、不特定债权提供最高额担保；合同中约定了最高额担保的起始日期、最高债权额度、最高债权额的范围以及主债权的合同范围；其他相关权利义务的条款的约定亦均符合最高额担保合同的特征。

其次，从合同的签订过程来看，虽然担保合同的范本系由某银行北京分行提供，但投资公司亦有专业的法务人员参与签约；融资担保公司作为专业的担保公司，与某银行北京分行就担保业务自2009年起至签订案涉合同时已合作多年，合作周期较长；而张某作为融资担保公司和投资公司共同的法定代表人，其对于担保业务的交易流程、交易习惯及担保类型等必然是清楚的；投资公司和张某显然不可能在签订这样一份担保额高达4亿元的担保合同时无视合同名称、标题、具体内容及各项权利义务的种种约定均指向担保性质为最高额担保时，仅依据一句“为防止歧义，主合同的具体范围见附件二”的表述而误以为其提供的仅是普通担保草率地签约。

综上，投资公司和法定代表人张某分别以盖章、签名的形式对案涉《最高额担保合同》进行了确认，某银行北京分行亦已在合同上签字盖章确认，投资公司亦未能提供证据证明案涉合同是在受到欺诈、胁迫的情形下签署的，可以认定双方签署的《最高额担保合同》系投资公司向某银行北京分行提供最高额担保的真实意思表示，案涉合同的性质应为最高额担保。

2. 能否将投资公司提供的附件二认定为双方对主债权范围变更的真实意思表示并以此推翻合同的最高额担保的性质

本案中，双方之所以对主债权范围发生争议，根源于合同中第1.4条关于主债权的大段文字表述后所载明的“为防止歧义，主合同的具体范围见附件二”这句话。仅从合同文义来看，对于该句表述可以有如下两种理解：第一种理解，合同篇首及第 1.4 条中罗列 10 份合作协议及补充协议的表述过于冗繁，如某银行北京分行所述，担保项目下涉及的债权较多且后续还会产生新的债权，文字表述过于笼统，其本意是想通过附件二对借款人的情况进行梳理，同时对后续可能发生的借款加以说明，从而使主债权的范围看起来更加直观清晰；第二种理解，如投资公司所言，双方意图通过附件二对合同篇首及第 1.4 条中的两段文字所确认的主合同的范围进行更改，此时融资担保公司与某银行北京分行所签署的合作协议仍在继续履行，即还有可能会发生新的债权，双方拟对合作协议及补充协议项下的借款合同进行筛选，投资公司不再是对合作协议项下的已发生和未发生的全部债权进行担保，而是仅对部分已发生的债权提供担保，即某银行北京分行自愿放弃部分担保权利。

如按第二种理解，应以附件二作为认定主债权范围的依据，那么附件二的内容如与合同名称及合同正文中所确认的担保的主债权范围发生矛盾，这种冲突就会构成对主债权范围的更改，继而因此推定合同性质并非最高额担保而是普通的担保，这也是投资公司作出的一种逆向推定。

投资公司的上述推理显然是不符合法理与逻辑的，也是不符合客观事实的。

从本案审理情况来看，投资公司提交的关键证据即电子邮件及电话录音，关于电子邮件的证据来源，投资公司主张该邮件系由某银行北京分行的工作人员转发至融资担保公司的工作人员的电子邮箱后，该工作人员又将邮件转发给投资公司本案的委托代理人。首先，从该电子邮件的附件标题来看，标题显示的合同编号与案涉合同编号并不完全一致；其次，该邮件是转发邮件，并非由某银行北京分行直接发送给投资公司的代理律师，故该证据为传来证据；最后，投资公司虽提供录音证据作为佐证，但亦未能提供该录音证据的原始载体。综上，投资公司提供的上述证据均非原始证据，在没有其他有效证据予以佐证的情况下，法院对上述证据的真实性及证明力均无法予以确认。

然而，退而言之，尽管投资公司提供的现有证据不足以证明，但亦不能排除此种可能性，即投资公司所提供的电子版合同文本及附件一、附件二均确系由某银行北京分行发送。即便如此，如前所述，在这种情况下，投资公司仍需对双方对合同变更达成意思表示一致承担举证责任，并不能直接因此免除担保责任。

事实上，合同的变更将使当事人在缔结合同时所期待的法律后果发生重大改变，因此合同变更适用禁止推定原则，变更的内容必须准确、真实、一致地表达出来。民事权利的放弃必须采取明示的意思表示才能发生法律效力，默示的意思表示只有在法律有明确的规定及当事人有特别约定的情况下才能发生法律效力。如双方要对主债权的范围进行变更，首先，变更后的内容需要经双方协商形成一致意见；其次，变更后的内容要经双方明确予以确认，即更新债务必须至少要以双方当事人认可的文字记录形式来表达变更合同意愿。主债权的范围对于案涉担保合同是至关重要的核心要素，双方更应当以清晰明了并确认无疑的意思表示予以确认。

具体到本案，投资公司提供的合同正文落款处加盖有投资公司与某银行北京分行双方的印章；而其提交的作为确定案涉担保合同核心内容即主债权范围的这样一份至关重要的附件二，自然也须加盖双方的印章或签字进行确认，但该份附件二上却仅加盖了投资公司的公章，某银行北京分行并未在该附件二上予以盖章或签字确认。可见，某银行北京分行并未通过积极行为如在附件二上签字盖章的方式明示放弃部分债权，其亦未采用默示的消极行为方式将主债权的范围予以变更，相反其在2014年8月起诉主债务人的一系列金融借款合同纠纷案件中，均一并主张了投资公司的担保责任，其上述行为亦表明其从未放弃过2009年合作协议项下部分债权的担保权利，亦未就主债权范围的变更与投资公司达成一致的意思表示。

相较而言，法院认为，上述第一种理解是更为客观的，也更符合双方签订案涉合同的背景和目的。在签订合同时，某银行北京分行与融资担保公司之间是基于一个总额高达4亿元的项目且长达四五年的长期合作关系，双方并非仅基于单独的某一笔贷款的担保进行合作。作为张某绝对控股并担任法定代表人的投资公司，其为亦由张某担任法定代表人的融资担保公司的项目签署最高额担保合同的合同目的显然是追加担保，从而保障某银行北京分行的现有债权和将来可能发生的债权的安全。这也说明合作协议项下原有的融资担保公司提供的担保已不能足以保障某银行北京分行债权的安全性。投资公司之所以为融资担保公司所担保的债权提供追加担保，究其深层次原因，极有可能是为让某银行北京分行能够更放心地继续履行合作协议，为融资担保公司推荐的客户发放新的贷款，在这种情况下，提供一揽子的概括担保更符合双方订立合同的真正目的。

综上，合同正文是关于债权人和担保人之间约定担保法律关系和相关权利义务关系的直接合同依据，虽然双方对于附件二的存无及内容存在争议，但现结合合同的文义、体系、订立背景和目的等其他要素足以认定最高额担保是双方内心的真实意思表示，亦足以认定担保的主债权的范围。故投资公司提供的附件二不能认定为系双方对主债权范围变更的真实意思表示，亦不能推翻合同的最高额担保的性质。

3. 主债权的发生期间应如何确定

最高额担保合同的不特定债权确定后，担保人应当对在最高债权额限度内就一定期间连续发生的债权余额承担担保责任。不特定债权的确定，涉及被担保债权的识别，在担保法理中是以决算日作为确定标准的。发生特定的事由或当事人之间约定的期限届满时，当事人在担保合同中明确约定了最高额担保的存续期间、存续期间的终点，即为债权额的决算期，在该期日所担保的不特定债权即归于确定，决算日后不再发生新的债权，即主债权的发生期间届至。

本案中，某银行北京分行与融资担保公司最早签订的合作协议即 2009 年合作协议的签订日期为 2009 年 9 月 24 日，案涉《最高额担保合同》亦明确约定了主债权发生期间的起始日期为 2009 年 9 月 24 日，双方对此并无异议。但是合同中对于决算日即主债权的发生期间的终止日期并未明确，此时应依据 2009 年合作协议及补充协议来确定主债权的发生期间的终止日期。根据查明事实，某银行北京分行与融资担保公司就 2009 年合作协议签订的最后一份补充协议即于 2012 年 12 月 31 日签订的《个人信贷业务专业担保事项合作协议补充协议》。根据该补充协议的约定，除保证金账户的相关事宜外其他事项应均按 2009 年合作协议的约定执行。原合同约定合同有效期为 2 年，故该补充协议的到期日应为 2014 年年终，现双方均认可 2014 年 12 月 30 日之后即再无新的债权发生，某银行北京分行要求确认 2014 年 12 月 30 日为决算日即主债权发生期间的终止日期，并无不当，法院对此不持异议。对于某银行北京分行要求确认案涉《最高额担保合同》项下主债权的发生期间为 2009 年 9 月 24 日起至

2014 年 12 月 30 日止的诉讼请求，法院予以支持。

北京市海淀区人民法院依照《中华人民共和国合同法》第六条、第八条、第六十条、第一百二十五条，《中华人民共和国担保法》第十四条、第二十七条，《中华人民共和国民事诉讼法》第一百四十四条之规定，作出如下判决：

确认投资公司在某银行北京分行与其签订的《最高额担保合同》项下担保的主债权的发生期间为 2009 年 9 月 24 日起至 2014 年 12 月 30 日止。

投资公司不服原审判决，提起上诉。

北京市第一中级人民法院经审理认为：最高额担保是指担保人与债权人约定在最高债权额限度内就一定期间连续发生的借款合同或者某项商品交易合同订立担保合同，而普通担保是指担保人和债权人约定就特定的主合同订立担保合同。二者的区别在于普通担保合同担保的主债权是确定的，而最高额担保合同担保的主债权是不确定的，只有等决算期届至，主债权的范围才能最终确认。本案中，某银行北京分行与投资公司签订的《最高额担保合同》的名称为“最高额担保”，约定了最高额担保的起始日期、最高债权额度、最高债权额的范围以及主债权的合同范围等，对其他相关条款的约定亦符合最高额担保合同的特征，因此，从案涉《最高额担保合同》的名称和内容来看，该合同系针对自 2009 年 9 月 24 日以来一定期间连续发生的不特定的债权提供担保，符合最高额担保合同的特征，其性质属于最高额担保。投资公司上诉主张双方以附件二的形式确认案涉《最高额担保合同》的性质为普通担保，但该附件二上并无某银行北京分行的盖章确认。即使该附件二确由某银行北京分行发送给融资担保公司，但对于将案涉《最高额担保合同》的性质从最高额担保合同变更为普通担保合同这一重大的合同变更事项，在无某银行北京分行的正式盖章确认的情况下，不能单独以一份电子邮件即表明某银行北京分行以明示或者默示的方式变更了合同的性质。且从某银行北京分行后续的行为来看，其在2014年8月起诉主债务人的一系列金融借款合同纠纷案件中一并主张让投资公司承担担保责任，表明其并未以附件二的形式放弃其对投资公司享有最高额担保的权利。故投资公司关于案涉《最高额担保合同》的性质为普通担保而非最高额担保的上诉理由不能成立。

关于案涉《最高额担保合同》的主债权终止日期的确定。案涉《最高额担保合同》仅约定了主债权的起始日期，并未约定主债权的终止日期。但从案涉《最高额担保合同》项下包含的主合同范围来看，其包含了融资担保公司与某银行北京分行从2009年9月24日起至2012年12月31日止签署的9份合同的内容。在案涉《最高额担保合同》未约定主债权的终止日期时，应以该9份合同中最后一份合同，即2012年12月31日签订的《个人信贷业务专业担保事项合作协议补充协议》中约定的主债权的终止日期作为案涉《最高额担保合同》主债权的终止日期。而2012年12月31日签订的《个人信贷业务专业担保事项合作协议补充协议》中约定，除保证金账户的相关事宜外其他事项均应按2009年9月24日签署的《个人信贷业务专业担保事项合作协议》的约定执行。2009年9月24日签署的《个人信贷业务专业担保事项合作协议》则约定，协议有效期为2年。故2012年12月31日签订的《个人信贷业务专业担保事项合作协议补充协议》的有效期亦为2年，即主债权的终止日期应为2014年12月31日。故投资公司关于案涉合同主债权的截止日期为2013年9月24日的上诉理由不能成立。

另，关于张某与某银行北京分行签署的《最高额担保合同》真实与否不影响对本案最高额担保合同性质的认定和担保主债权终止日期的确定。

北京市第一中级人民法院依照《中华人民共和国民事诉讼法》第一百七十条第一款第一项之规定，作出如下判决：

驳回上诉，维持原判。

【法官后语】

当合同双方当事人对相关条款约定不明发生争议时，应按照合同所使用的词句、合同的有关条款、合同的订立背景、合同的目的、交易习惯及诚实信用原则等因素进行综合判断。合同的变更应经清晰明了并确认无疑的意思表示予以确认。

在本案中，双方当事人的争议焦点有三点：一是案涉的《最高额担保合同》是最高额担保还是实际上为普通担保，二是投资公司提供的“主合同附件二”是否能够作为推翻合同最高额担保性质的依据，三是最高额担保的主债权发生期间如何确定。

首先，从合同的签署情况来看，根据融资担保公司与某银行北京分行在2009年至2012年签订的一系列合作协议及其补充协议的内容可知，融资担保公司作为某银行北京分行的特约担保服务机构，与民生银行开展的是长期的业务合作关系，投资公司与某银行北京分行签署《最高额担保合同》，正是为以上一系列合作协议及补充协议项下的债权作担保，且该《最高额担保合同》约定了最高额担保的起始日期、最高债权额度、最高债权额的范围以及主债权的合同范围等，对其他相关条款的约定亦符合最高额担保合同的特征，因此从案涉《最高额担保合同》的名称和内容来看，该合同系针对自

2009年9月24日以来一定期间连续发生的不特定的债权提供担保，符合最高额担保合同的特征，其性质应属于最高额担保。且案涉《最高额担保合同》上均有某银行北京分行的盖章及投资公司和法定代表人张某的盖章、签名，在投资公司无法举证证明合同存在无效或可撤销的情况下，应当认定该合同系双方的真实意思表示。

其次，最高额担保与普通担保存在明显的区别，如涉及对合同性质的改变，当事人应当作出明确的意思表示并将该意思表示送达对方，本案中，投资公司提交了主合同附件二，并称该附件二系由某银行北京分行的工作人员通过电子邮件发送，但该份证据的证明力薄弱，没有其他相关证据进行佐证，其真实性尚且无法认定，且该附件二上仅有投资公司的盖章，而没有某银行北京分行的盖章确认，亦无法认定双方就改变合同性质达成了一致的意思表示，所以不能仅凭投资公司提供的主合同附件二作为推翻合同最高额担保性质的依据。

最后，双方均认可案涉《最高额担保合同》亦明确约定了主债权发生期间的起始日期为2009年9月24日。担保人与债权人协议在最高债权额限度内就一定期间连续发生的借款合同或者某项商品交易合同订立一个担保合同，即是最高额担保合同。确立最高额担保合同的决算日应依据最后一份合同的约定。根据查明事实，某银行北京分行与融资担保公司就2009年合作协议签订的最后一份补充协议为2012年12月31日签订的《个人信贷业务专业担保事项合作协议补充协议》。根据该补充协议的约定，除保证金账户的相关事宜外其他事项应均按2009年合作协议的约定执行。原合同约定合同有效期为2年，故该补充协议的到期日应为2014年年终，现双方均认可2014年12月30日之后即再无新的债权发生，某银行北京分行要求确认2014年12月30日为决算日即主债权发生期间的终止日期，该诉讼请求应予支持。

综上，笔者认为，在审理双方当事人对合同相关条款存在争议的相关案件时，应当根据双方当事人提交的证据综合考察合同签订的背景、目的，根据交易习惯并在遵循诚实信用原则的基础上作出判断。

编写人：北京市海淀区人民法院温泉人民法庭　陈平　刘鸽

179 以票据方式交付的自然人之间的借款合同成立要件认定

——傅某飞诉吴某江、姚某通保证合同案

【案件基本信息】

1. 裁判书字号

浙江省杭州市中级人民法院（2018）浙01民终3168号民事裁定书

2. 案由：保证合同纠纷

3. 当事人

原告（上诉人）：傅某飞

被告（被上诉人）：吴某江、姚某通

【基本案情】

金某鸿与傅某飞有多次借款往来。2013年10月14日，金某鸿向傅某飞出具借条及收条各2份。借条分别载明：金某鸿因经营缺资金向傅某飞借款1280万元、70万元，按月利率2.5%计付利息。担保人对以上借款本息等承担连带保证责任，保证期限至履行还款届满之日起两年。收条分别载明：收到承兑汇票 10 份、4 份，合计金额 1280 万元、70 万元，本人收到贴息款 38 万元、2 万元，附银行承兑汇票复印件，原件本人已收，复印件以本人签字为凭。同日，吴某江在 2 份借条的担保人一栏内签字。一年后，姚某通在 2 份借条的担保人一栏内签字，并注明“只担保本金”。金某鸿、吴某江、姚某通至今未归还过 2 份借条项下的本金及利息。

另查明：借款人金某鸿因涉嫌非法吸收公众存款罪于 2016 年 9 月 10 日被刑事拘留，同年 10 月 14 日被逮捕，2017 年 11 月 24 日被浙江省杭州市萧山区人民法院一审判决认定构成非法吸收公众存款罪，该判决现已生效。公安机关曾将案涉借款列入侦查范围，但最终未将其作为非法集资金额予以认定，刑事判决书中也未将其作为金某鸿的犯罪事实予以认定。

【案件焦点】

以票据方式交付的自然人之间的借款合同成立要件认定。

【法院裁判要旨】

浙江省杭州市萧山区人民法院经审理认为：借款人金某鸿虽被生效判决认定为构成非法吸收公众存款罪，但案涉借款并未被纳入生效刑事判决认定的事实范围之内；从本案借贷法律关系成立及履行情况看，借贷双方意思表示真实，借款关系依法成立。依法成立的民间借贷合同，自款项实际交付借款人或者借款人指定、认可的接收人时生效。

本案的争议焦点即在于案涉借款有无实际交付。

傅某飞为证明借款已经交付，提供了借款人金某鸿签字的收条和承兑汇票复印件。最高人民法院关于审理民间借贷案件的相关司法解释规定，以票据交付的，自借款人依法取得票据权利时生效。在以票据行为取得票据时，只有票据行为有效，持票人才能取得票据权利。以票据行为取得票据包括因出票取得和因票据转让取得，票据转让取得又包括背书转让和直接交付转让。票据行为的有效要件包括票据行为的形式要件、实质要件和签章的真实性。

本案中，从傅某飞提供的证据来看，案涉票据交付采用直接交付方式。在承兑汇票的复印件上签字，实际上起到的也是收条的作用。收条作为证明款项交付的直接证据，一般具有较强的证明力。但是，案涉承兑汇票复印件仅有票据正面，缺少票据背面的背书记载情况，傅某飞取得票据的来源不明，在审理过程中也未给出明确解释，而从傅某飞在本案诉讼后与吴某江的对话录音中可知，金某鸿向傅某飞所借借款中由吴某江提供担保的款项共两笔，一笔1350万元（1280万元、50万元、20万元），另一笔400万元，形成了3份借条，其中1350万元借款的构成与本案借款相吻合。同时，傅某飞在对话中还提到，为了保证担保的有效性，其每隔两年均会要求借款人及担保人重新出具相关借款手续，并以重新在承兑汇票复印件上签名的方式来证明款项已经交付。结合金某鸿在接受该院和公安机关调查时均陈述，吴某江提供担保的1750万元借款系其从2009年开始陆续向傅某飞所借，傅某飞在2013年10月要求其和吴某江重新出具借条及在承兑汇票复印件上签名。该说法与吴某江、姚某通的抗辩及录音资料所示内容可相互印证，使法院有理由相信傅某飞可能只是以上述方式取得款项交付的证据但是并未实际交付款项。由于傅某飞在本案中始终主张本案借款为其与金某鸿之间形成的新的借款关系，与之前的借款行为无关，承兑汇票已经实际完成交付，而双方提供的证据证明力相当，从而使本案款项交付的事实真伪不明。根据相关法律规定，出借人应当承担证明款项已经交付的举证责任，对为反驳负有举证证明责任一方所主张事实而提供的证据，人民法院经审查并结合相关事实，认为待证事实真伪不明的，应当认定该事实不存在。综上，法院认定案涉款项已经交付的事实不存在，案涉借款合同未生效。保证合同作为借款合同的从合同亦未生效，故吴某江、姚某通作为保证人无须承担保证责任。傅某飞的诉请证据不足，法院不予支持。吴某江经该院传票传唤，无正当理由未到庭参加第二次庭审，浙江省杭州市萧山区人民法院依据查明的事实依法缺席判决。据此，浙江省杭州市萧山区人民法院依照《中华人民共和国合同法》第二百一十条，《最高人民法院关于审理民间借贷案件适用法律若干问题的规定》第九条第一款第三项，《中华人民共和国民事诉讼法》第六十四条、第一百四十四条和《最高人民法院关于适用〈中华人民共和国民事诉讼法〉的解释》第九十一条、第一百零八条之规定，作出如下判决：

驳回傅某飞的诉讼请求。

傅某飞不服一审判决，提起上诉。

浙江省杭州市中级人民法院经审理认为：本案争议的焦点问题为案涉借款是否已实际交付。傅某飞上诉称案涉借款已通过交付承兑汇票的方式实际交付，并提供了由借款人金某鸿签字的收条和承兑汇票复印件，法院认为，虽然案涉借条下备注以银行承兑汇票交付，但以票据交付的，应考虑票据行为的有效性及借款人是否依法取得票据权利。但案涉承兑汇票复印件无法显示票据背书记载情况，且傅某飞未对票据来源给出合理说明，在收条不足以证明案涉借款已实际交付的前提下，原审法院结合傅某飞与吴某江的对话录音、金某鸿在接受原审法院和公安机关调查时所做的陈述，认定案涉借款并未实际交付应属合理，傅某飞的上诉理由依据不足，法院不予采纳。综上，傅某飞的上诉请求不能成立，应予驳回；一审判决认定事实清楚，适用法律正确，应予维持。浙江省杭州市中级人民法院依照《中华人民共和国民事诉讼法》第一百七十条第一款第一项之规定，作出如下判决：

驳回上诉，维持原判。

【法官后语】

本案审理的重点和难点就是怎样判断案涉承兑汇票有无实际交付。原告傅某飞起诉称其于2012年10月13日以承兑汇票加贴现现金方式，向借款人金某鸿交付借款1350万元，该借款由两被告提供担保，并分别提供了两份借条和收条，由借款人签字认可的14份银行承兑汇票（正面）复印件。两被告则答辩认为，金某鸿只是在银行承兑汇票的复印件上签字，实际并未收到上述汇票。如此操作的目的是根据原告的要求，就金某鸿在两年前向原告所借款项重新出具借条后形成款项交付的凭证，并提供了被告吴某江与原告之间的通话录音。

由于银行承兑汇票作为一种支付和结算工具，具有流通性、有价性、无因性等特点，与现金支付相比，汇票支付可节省交易双方点钞的时间，也可避免点钞出现的差错以及大额现金的提取和携带的安全问题。但由于汇票只能在企业之间流通，自然人不能成为被背书人和背书人，加上并不会因诉讼停止流通，因而加大了审判实践中对票据交付过程真实性审查的难度。2015年8月6日最高人民法院公布的《最高人民法院关于审理民间借贷案件适用法律若干问题的规定》第九条第三项规定："具有下列情形之一，可以视为具备合同法第二百一十条关于自然人之间借款合同的生效要件：……（三）以票据交付的，自借款人依法取得票据权利时……"后经2020年第一次修订，该条款变更为："自然人之间的借款合同具有下列情形之一的，可以视为合同成立……（三）以票据交付的，自借款人依法取得票据权利时……"取得票据权利以持有票据为前提，同时还必须具备票据行为的有效要件，即取得票据的形式合法、意思表示真实、签章真实有效。本案中，原告提供的承兑汇票复印件仅有票据正面，缺少票据背面的背书记载情况，票据的来源和背书情况均不明。同时，原告在与吴某江的对话中提到，为了保证担保的有效性，其每隔两年均会要求借款人及担保人重新出具相关借款手续，并以重新在承兑汇票复印件上签名的方式来证明款项已经交付。结合金某鸿在接受法院和公安机关调查时所做的陈述，法院有理由相信傅某飞可能只是以上述方式取得款项交付的证据但是并未实际交付款项，从而认定原告主张案涉借款已经实际交付的证据不足，驳回了原告的诉讼请求。

该案的审理需要法院充分尽到慎重审查的义务，将证明票据合法来源和票据权利已经转移的举证责任分配给原告，由原告来承担事实真伪不明的不利后果，从而避免了一起司法为套路放贷行为合法背书事件的发生。该案的审判思路可以作为类似案件的参考。总结该案的审理过程，笔者认为，对以票据方式交付借款的行为审查，由于票据原件仍在持续流通过程中，故应结合借款人的抗辩，着重对票据的来源合法性和背书流转的环节进行审查。首先，审查出借人提供的票据复印件，除借款人签字对票据真实性进行确认外，票据的票面形式还应当完整，包括票据正面内容记载的完整性和背书流转的过程。其次，通过票据背书的记载情况审查出借人取得票据的过程，明确票据权利的转移和取得时间。最后，可以向承兑机构调取票据原件，倒查复印件上的最后一手背书人与被背书人的流转交易情况，以查明票据权利有无从出借人向借款人转移的事实。

编写人：浙江省杭州市萧山区人民法院　贾菁菁　施得健

十六、储蓄存款合同纠纷

180 POS机刷卡退款交易中银行的法律地位

——张某诉某银行北京分行合同案

【案件基本信息】

1. 裁判书字号

北京市第二中级人民法院（2014）二中民终字第02971号民事裁定书

2. 案由：合同纠纷

3. 当事人

原告（上诉人）：张某

被告（被上诉人）：某银行北京分行

【基本案情】

张某于2012年10月31日在建材商业公司购买了价值13424元的散热器，并使用银行卡通过某银行北京分行提供的POS机支付了全部货款。后建材商业公司因无法供货，答应给张某全额退款。2012年12月27日，建材商业公司的工作人员使用上述POS机为张某办理了全额退款事宜，打印了交易凭证（交易小票）并交由张某签名。该凭证上载有商户名称、商户编号、银行卡号、交易类型、退款金额等退货交易信息，持卡人签名处载明："本人同意以上交易，同意将其记入本卡账户"。张某因一直未收到该款，故依据前述交易凭证将某银行北京分行诉至法院，以双方存在合同关系为由，请求判令某银行北京分行支付货款 13424 元及相应利息。张某主张其通过银行 POS 机退款，是直接向银行办理退款，银行应该按照交易凭证承担退款义务。某银行北京分行辩称其只是交易资金结算服务的环节之一，与张某无合同关系，且其并未收到建材商业公司划转的退款，故不同意张某的诉讼请求。

【案件焦点】

1. 退货交易中张某、某银行北京分行与建材商业公司的法律地位，即买卖合同解除后三者之间的权利义务关系；2. 某银行北京分行与张某之间是否存在结算合同关系，即交易凭证能否表明某银行北京分行负有向张某支付退款的合同义务。

【法院裁判要旨】

北京市西城区人民法院经审理认为：原告与被告应是与本案有直接利害关系的民事主体。张某提供的证据不足以证明其与某银行北京分行之间存在其所诉称的法律关系。

北京市西城区人民法院依照《中华人民共和国民事诉讼法》第一百一十九条第二项、第一百五十四条第一款第三项之规定，作出如下裁定：

驳回张某的起诉。

张某持原审起诉意见提起上诉。北京市第二中级人民法院经审理认为：关于退货交易中张某、某银行北京分行与建材商业公司的法律地位。2012 年 12 月 27 日，张某与建材商业公司解除买卖合同，建材商业公司负有向张某返还货款的义务。建材商业公司与张某采用的返还货款方式为银行卡收单业务中的退货交易方式，即通过第三人某银行北京分行将所退货款记入张某的银行卡账户。第三人某银行北京分行并非买卖法律关系主体或买卖合同解除后的货款返还义务主体，而是建材商业公司向张某履行货款返还义务的辅助人。《中华人民共和国合同法》第六十五条规定："当事人约定由第三人向债权人履行债务的，第三人不履行债务或者履行债务不符合约定，债务人应当向债权人承担违约责任"。第三人某银行北京分行未能将所退货款记入张某的银行卡账户，应由债务人建材商业公司向债权人张某承担民事责任，张某起诉某银行北京分行要求支付货款及利息，没有法律依据，不予支持。

关于某银行北京分行与张某之间是否存在结算合同关系。张某签署退款交易凭证表示其同意建材商业公司通过某银行北京分行返还货款，以及同意某银行北京分行将退款记入其相应的银行卡账户，并不表示某银行北京分行同意承担建材商业公司对张某的退款义务，并不导致某银行北京分行成为退款义务主体。某银行北京分行与其特约商户建材商业公司存在银行卡收单业务关系，需为建材商业公司提供交易资金结算服务，而退货交易凭证即系某银行北京分行为建材商业公司提供退货交易资金结算服务所需的凭证，并非某银行北京分行向张某做出的无条件支付特定款项的承诺。因此，张某上诉称交易凭证表明某银行北京分行与张某之间存在结算合同关系，没有事实和法律依据，对该上诉主张不予采信。综上，张某提出的关于其与某银行北京分行存在货款返还或资金结算法律关系的上诉主张不能成立，原审法院裁定处理并无不当，应予维持。

北京市第二中级人民法院依照《中华人民共和国民事诉讼法》第一百七十条第一款第一项、第一百七十一条之规定，作出如下裁定：

驳回上诉，维持原裁定。

【法官后语】

关于本案中银行是否应当成为向消费者退还货款的义务主体，上诉人张某主张其与银行存在结算合同关系，并据此认为银行系义务主体。案件审理过程中也曾有观点认为，商家使用银行提供的POS机打印出退款交易凭证，可认定商家将其退款义务转移给银行，消费者在交易凭证上签字，可视为同意该债务转移行为，故银行应为退款义务主体。

二审法院经过反复研究，从买卖合同解除后商家负有向消费者返还货款的义务入手，根据商家通过银行将所退货款记入消费者的银行卡账户的交易过程，认定银行并非买卖法律关系主体或买卖合同解除后的货款返还义务主体，而是商家向消费者履行货款返还义务的辅助人。从合同的履行角度看，涉他合同包括"向第三人履行的合同"和"由第三人履行的合同"，后者中的"第三人"即是债务履行辅助人。本案中商家和消费者在货款退还方面即成立了"由第三人履行的合同"，也就是商家和消费者约定由银行将商家所退还的款项记入消费者的账户。根据私法自治和合同的相对性原理，商家和消费者之间的约定对银行不具有法律效力，该约定并不能直接给银行设定债务，因此消费者只能起诉商家而非银行以请求退还货款。

原合同法第六十五条规定，当事人约定由第三人向债权人履行债务的，第三人不履行债务或者履行债务不符合约定，债务人应当向债权人承担违约责任。在消费者未能收到退款的情况下，商家不论是否已将该款项划转到银行，都应当向消费者继续履行退款义务，而银行作为第三人无须向消费者承担违约责任。消费者签署退款交易凭证的行为，表示其同意商家通过银行返还货款，并不表示银行同意承担商家的退款义务。二审法院最终裁定驳回张某的起诉，论理准确充分。当然，如果银行未能履行其与特约商户之间的银行卡收单业务合约，或者未能履行其与消费者之间的银行卡领用合约，则应分别向特约商户和消费者承担违约责任，但本案中并无证据证明银行违反了上述合约。

需要指出，商业银行广泛开展银行卡收单业务，为特约商户提供受理终端，而消费者容易将其对商业银行的特殊信任延伸至特约商户。商业银行应当对退货交易等交易类型加强业务和风险管理，缩短退款到账的期间，在交易凭证的显著位置向消费者提示退款到账的非即时性及退款失败的风险，从而最大限度地保护消费者的合法权益，保障交易安全。

编写人：北京市第二中级人民法院　孙兆晖

181　自助签约是否与书面合同具有同等效力

——刘某丹诉某银行武汉某支行储蓄存款合同案

【案件基本信息】

1. 裁判书字号

湖北省武汉市中级人民法院（2012）鄂武汉中民二终字第00047号民事判决书

2. 案由：储蓄存款合同纠纷

3. 当事人

原告（上诉人）：刘某丹

被告（被上诉人）：某银行武汉某支行

【基本案情】

2010年9月14日，刘某丹与某银行武汉某支行签订了两份《家庭理财卡领用合约》，分别办理了尾号为916和414的两张储蓄卡。916卡开通了“网上支付”和“网上不定项转账”功能，并申请了“网上银行证书”（即U盾），414卡开通了“网上交易短信保护”和“网上不定项转账”功能。当日，夏某受刘某丹委托利用U盾通过网上银行开通了916卡向案外人“成新”名下2041卡的“电话银行定向转账”功能。同日，刘某丹曾用自己的手机四次主叫号码为137××××2023的机主，该机主通过某银行客服热线自助语音服务，修改了916卡的取款密码，并几次查询916卡的××××账户余额。2010年9月15日，刘某丹向414卡内转入资金500000元，137××××2023机主通过客服热线自助语音服务查询414卡的账户余额，并两次修改了414卡的取款密码。当日，137××××2023机主曾两次拨打过刘某丹的手机号码。当天20点左右，137××××2023机主拨打客服热线人工坐席关闭了414卡的“网上交易短信保护”，并查询到414卡内有500000元。当天23点27分时，137××××2023机主再次拨打客服热线人工坐席，在核对卡号、客户姓名、刘某丹身份证号和取款密码成功后修改了916卡和414卡的系统留存电话，并开通了从414卡向916卡的“电话银行同名账户定向转账”功能，日限额为400000元。当晚23点44分，137××××2023机主拨打客服热线人工坐席从414卡转账190000元到916卡。此后该机主又通过客服热线自助语音服务于当晚从414卡分别转账50000元、160000元到916卡上，并多次从916卡转款到户名为“成新”的2041卡上，合计转款金额400000

元。“成新”卡上的400000元又于2010年9月15日多次以不同金额转出。湖北移动无法查询137××××2023机主登记的身份信息。2010年9月16日，刘某丹拨打110电话报警，夏某取出了414卡中剩余的100000元。9月17日，刘某丹关闭了从414卡到916卡的“电话银行同名账户定向转账”功能。9月20日，刘某丹委托夏某拨打客服热线口头挂失了414卡、916卡。2010年11月22日刘某丹撤销报案。

《家庭理财卡领用合约》约定：本卡凭交易密码支取，所有通过交易密码发出的交易指令均视为申领人本人办理；申领人可开通电子渠道的支付功能。申领人同意某银行可以根据业务需要增加、取消或调整通过各电子渠道开通的业务品种，除银行要求需要到柜台网点办理确认的功能外，已开立的账户自动享受新的功能服务；申领人经电子渠道形成的表达履行本协议意思的电子数据信息（包括客户指令、业务交易结果），具有与书面合同等同的效力。合约还约定了其他内容。

【案件焦点】

某银行通过电话银行方式开通银行卡的新增功能是否存在违约。

【法院裁判要旨】

湖北省武汉市江岸区人民法院认为：刘某丹与137××××2023机主多次通话，该机主知晓刘某丹的取款密码等重要信息，则可以推定刘某丹未能妥善保管账号、密码等信息，存在过错，应自行承担责任。关于对刘某丹通过U盾登录网银开通916卡到2041卡的电话银行定向转账功能，银行方面对此的答复是某银行的操作不存在过错，也没有违约。某银行并未规定关闭“网上交易短信保护”功能、修改系统留存电话及开通同名账户电话银行定向转账功能必须到其网点办理确认，且工作人员在核对卡号、取款密码、客户姓名、刘某丹身份证号等信息后进行上述操作，尽到了必要的审慎义务，没有过错。某银行对刘某丹400000元的损失不具有过错，也没有违反双方的约定，故不应承担违约责任。故依照《中华人民共和国民事诉讼法》第六十四条第一款、第一百二十八条之规定，作出如下判决：

驳回刘某丹的诉讼请求。

刘某丹上诉。湖北省武汉市中级人民法院经审理认为：客户在柜台办理银行卡时没有申请开通的功能，并不代表以后就不能通过电子协议的方式申请开通。《家庭理财卡领用合约》规定了电子协议与书面合同具有同等效力。电话开通同一持卡人账户之间的转账功能是银行提供的一种便捷服务，与银监会要求严格自助类转账、防范风险、预防犯罪的宗旨并不矛盾。客户自行通过U盾在网上银行开通异名账户之间的转账功能亦不违反人民银行的规定。“网上交易短信保护”与电话银行转账并无直接关联性。根据《家庭理财卡领用合约》的规定，系统留存电话可以依据客户要求更改。某银行并未规定关闭“网上交易短信保护”和修改系统留存电话必须到柜台办理。某银行在电话银行转账过程中并不存在违约行为，而137××××2023机主知晓刘某丹的身份证号、银行卡号、账户密码，况且刘某丹与其多次通过电话，因此对于账户密码的泄露，刘某丹负有责任。

湖北省武汉市中级人民法院依照《中华人民共和国民事诉讼法》第一百五十三条第一款第一项之规定，作出如下判决：驳回上诉，维持原判。

【法官后语】

随着互联网的兴起，银行业采取自助签约的方式日益普遍，传统的银行柜台式服务已逐渐被电子银行、电话银行等新型服务方式替代。在享受电子渠道签约方式带来的高效和便捷之余，也应充分了解此类合同的法律效力和风险防范。本案审理的重点在于对自助签约（即电子合同）效力的认定。本案发生在民法典实施以前，原《中华人民共和国合同法》第十一条规定："书面形式是指合同书、信件和数据电文（包括电报、电传、传真、电子数据交换和电子邮件）等可以有形地表现所载内容的形式。"《中华人民共和国民法典》第四百六十九条规定"当事人订立合同，可以采用书面形式、口头形式或者其他形式。书面形式是合同书、信件、电报、电传、传真等可以有形地表现所载内容的形式。以电子数据交换、电子邮件等方式能够有形地表现所载内容，并可以随时调取查用的数据电文，视为书面形式。"可见，无论是在民法典实施前还是实施后，只要不涉及婚姻、收养、继承等人身关系以及停止供水、供热、供气等公用事业服务等法律明确规定的不适用电子签名的情形，当事人均可以采用电子方式缔结合同。本案《家庭理财卡领用合约》中约定了"乙方经电子工具及互联网络和甲方电子银行系统连接相互传送各种符号、数字、字母等形成表达履行本协议意思的电子数据信息（包括客户指令、业务交易结果），具有与书面合同等同的效力"，这说明双方当事人明确约定了刘某丹可以通过电子渠道用自助签约的方式与某银行达成新的合同，且与书面确认具有同等效力。刘某丹与某银行之间实际上形成了包含传统书面合同与电子合同在内的多个合同关系，这些合同具有同等效力。某银行通过电话银行方式开通刘某丹银行卡的新增功能，正是双方之间电子协议内容的具体体现。因此，审理此类案件不能仅以柜台签订的书面《家庭理财卡领用合约》作为双方之间唯一的合同依据，还应该将双方通过电话人工坐席等自助方式签订的电子协议的内容一并纳入审查，才能得出正确的结论。

需要注意的是，这种不经过柜台书面确认，只通过电子渠道达成协议的方式，在带来高效便捷的同时确实隐含着一定的风险，因此，是否采取这种服务方式应首先由客户与银行在合同中予以明确约定。若双方约定使用自助签约的，符合法定条件或者约定条件的自助签约就应该与书面合同具有同等的法律效力；若约定不使用自助签约的，交易过程中出现的自助签约就不产生相关法律效力。

另外，审理此类案件还应注意兼顾风险防范和便民措施两方面。比如各大银行对自助类转账行为有较为严格的规定，刘某丹就主张某银行允许自助方式开通从414卡向916卡的定向转账功能严重违反了规定。但实际上，414卡和916卡均属于刘某丹自己的个人账户，自助开通“同名账户定向转账”功能风险较小却能极大方便客户，因此在严格防范风险的基础上也应该大力支持银行推出的自助便民服务。

编写人：湖北省武汉市中级人民法院　刘畅

182　客户对银行是否存在违约行为的举证责任

——袁某平诉某银行闵行支行储蓄存款合同案

【案件基本信息】

1. 裁判书字号

上海市第一中级人民法院（2013）沪一中民六（商）终字第25号民事判决书

2. 案由：储蓄存款合同纠纷

3. 当事人

原告（上诉人）：袁某平

被告（被上诉人）：某银行闵行支行

【基本案情】

原告于2011年10月26日到某银行水清路支行柜台办理了银行卡，同时存入90000元，并购买了某银行二代K宝。次日11时03分左右，原告在某银行闵行支行开通网上银行，下载电子证书，设置K宝密码，之后K宝一直在其身边，密码也只有原告自己知道。同日11时58分，原告收到农行短信，提示其账户通过网上银行转账89900元，并发生交易费20元。原告即拨打客服电话，表示其没有在网上银行转账。同日14时45分许，原告至派出所报案，称："在2011年10月初收到一条无抵押贷款短信，信以为真，与对方联系后，通过农业银行网银按对方要求操作办理手续，后收到手机扣款提示，发现上当，故报案。"并提供对方电话和QQ号。原告报案后，公安机关一直没有立案处理。原告诉至法院，称被告有责任确保原告的存款安全，现原告资金在原告不知情的情况下被划走，责任完全在被告，请求法院判令被告赔偿其资金损失，以及因资金损失造成其精神受到极大打击所产生的精神损失。

后查明，原告的资金转至户名为张某的某银行异地卡，原告称并不认识张某。

原告购买的第二代K宝是某银行开发的网上银行身份验证工具，原告提供的二代K宝使用说明显示，初次使用需要下载证书，设置密码。网银交易操作时，需要完成以下步骤：首先将下载好证书的K宝连接电脑，打开某银行网页；接着需要以预先设置的密码完成验证；最后在交易操作前，核对K宝显示屏上的账户、金额等信息，按OK键确认操作。

【案件焦点】

1. 在网银转账过程中，被告有无违约的情况，即被告有无违背原告的意志将资金转给他人；2. 客户依据储蓄存款合同要求银行承担违约责任时，是否需对银行存在违约行为承担举证责任。

【法院裁判要旨】

上海市闵行区人民法院经审理认为：原告在某银行处开通账户，与某银行存在合法有效的储蓄存款合同关系，原告、被告均应当按照合同约定履行义务。原告、被告均确认原告的资金是在2011年10月27日11时50分左右通过原告的网上银行转账的，双方对具体的操作人有争议，原告否认自己为操作人，被告认为是原告自行操作或泄露密码后被别人盗用，故认定本案网银转账的实际操作人是解决争议焦点的关键。

法院认为网银转账的实际操作人是原告。首先，根据原告使用的网银操作流程，在原告已经完成了网银注册并设置了K宝密码的情况下，完成转账行为有三个关键步骤：插入K宝，输入K宝密码，按K宝上的OK键，这三个步骤都需要使用K宝。某银行第二代K宝是一种身份认证工具，通过物理介质和密码设置双重控制来锁定网银操作人身份，确保是由本人操作。在转账行为发生期间，K宝一直没有离开原告控制，密码也只有其一个人知道，在没有K宝就无法完成转账的情况下，本案的转账行为只能由占有K宝的人，即原告操作。

其次，原告在2011年10月27日报案时的陈述也能印证其为实际操作人。原告虽然认为接报回执单上记载内容与其实际陈述不一致，但是该回执单为处于中立地位的公安机关出具，在没有其他证据证伪的情况下理应得到采纳，故对原告报警时的陈述应以接报回执单的记载为准。根据接报回执单显示，原告在报案时称“其信以为真，与对方联系后……通过某银行网银按对方要求操作办理手续，后收到手机扣款提示，其发现上当”。由此可见，本案实际是由原告收到诈骗短信所引起的，其当天的网银操作也是按照诈骗分子的要求所为的，操作之后“发现上当”。故原告是受到诈骗分子欺骗，错误进行了转账操作。需要指出的是，原告在一审起诉时和第一次庭审时，均隐瞒了其报案的事实，直到被告提供接报回执单后，原告才向法庭陈述了其收到诈骗短信的经过，但也没有提供其收到的公安机关报案回执。

最后，根据原告2011年10月27日当天几次操作的网络IP地址显示，11时03分、11时54分和11时56分的三次操作都是同一个IP地址。原告承认了11时03分的操作是在某银行闵银支行进行，故可以推断出后两次操作也是在该行内完成，这也与原告所称的11时03分至11时58分收到短信提示之间均没有使用过网银的陈述不符。

综上，在原告否认其为实际操作人，且被告也没有直接证据指出实际操作人的情况下，结合K宝网银转账的流程要求、原告的报案陈述、原告遭受短信诈骗的经过以及网银操作IP地址等证据综合考察，可以确定原告为网银转账的操作人，被告依据原告的操作完成网银转账并无过错，原告缺乏足够证据证明被告在网银转账中存在违约情况，故对其诉讼请求难以支持。

上海市闵行区人民法院依照《中华人民共和国合同法》第六十条第一款、《最高人民法院关于民事诉讼证据的若干规定》第二条之规定，判决驳回原告袁某平的诉讼请求。

袁某平不服一审判决提起上诉。

上海市第一中级人民法院经审理认为：储蓄存款合同关系中，客户将钱款存入金融机构后，相应钱款的所有权即转移至金融机构所有，客户则依据金融机构发放的存款凭证对金融机构享有相应的债权；鉴于此时相应钱款的所有权已发生转移，客户与金融机构间实质系债权债务关系而非保管关系，现上诉人主张被上诉人应承担此种保管义务并构成违约，缺乏法律依据，不予采信。

当然，客户依据储蓄存款合同关系对金融机构享有的债权属其合法权益，金融机构对此种权益亦有妥善管理和保护的义务，如有违约，亦应承担相应民事责任。但本案中，上诉人仅能举证证明其账户内的资金被转出，并未举证证明此种转出行为系由被上诉人的行为所导致，故在现有证据条件下尚无法认定被上诉人存在积极的违约行为。另外，金融机构在合同履行过程中可能存在不履行的消极行为，从而导致违反上述义务，但本案中相关网络程序的操作均由上诉人本人完成，上诉人事后亦向公安部门陈述其系基于案外人的要求进行相应操作，即本案中存在诈骗犯罪的嫌疑，在此情况下，鉴于被上诉人作为金融机构并无阻止犯罪的法定义务，故亦难以认定被上诉人存在消极违约的情形。上诉人的相关主张，缺乏事实依据，亦不予采信。

上海市第一中级人民法院依据《中华人民共和国民事诉讼法》第一百七十条第一款第一项之规定，判决如下：

驳回上诉，维持原判。

【法官后语】

网上银行转账业务是时下流行的电子银行业务，该业务在方便人们生活的同时也因为其“非面对面”的操作模式造成客户与银行之间的纠纷增多。这类纠纷的主要特征为客户的银行存款在其不知情时被他人受领，客户向受领人追偿未果，则追究银行的责任。

一、关于此类纠纷的请求权基础

从学理上分析，此类纠纷中客户的请求权基础存在竞合，既可以依据储蓄存款合同追究银行的违约责任，也可以因银行的过失追究其侵权责任。对于客户来说，选择不同的请求权基础产生的法律效果不同，如果选择侵权基础，需要证明银行的过失以及银行行为与损失结果之间的因果关系，后果处理时也要遵循过错相抵规则；如果选择违约责任基础，客户只需证明银行的违约行为，银行在结果的承担上也是“全有或全无”，并不存在过错相抵的可能性。显然对于客户来说，选择违约作为请求权基础对其更有利，本案的原告就是这样选择的。

二、双方举证责任之分担

储蓄存款合同不是合同法分则予以特别规定的有名合同，应当遵照合同法总则的规定并参照分则中相似合同的规定。从举证责任角度，需依照“谁主张，谁举证”的基础原则来分配举证责任。依照违约案件思路，客户与银行之间的关系为：首先客户依据储蓄存款合同要求银行履行给付义务，对此银行提出其已经清偿完毕；接着客户需证明银行的债务履行是向无受领权限之第三人清偿，即银行的履行违背了客户的意志；这时银行已构成违约责任，其最终抗辩就要从合同法总则中对违约责任排除的特别规定中着手，如受领第三人为债权准占有人，或者第三人符合表见代理的情形，故银行虽然向客户以外的第三人清偿，也不构成违约。本案中袁某平首先需要证明的是银行的违约情形，即银行的转账违背了袁某平的意志，法院因为其无法完成此举证责任驳回其诉请。

三、事实推定

本类案件在事实查明方面有一个突出特点就是对于事实推定手段的运用。由于客户和银行并不是发生面对面的业务操作，实际操作的情形难以通过有效证据直接证明，故法官需要重视2008年《最高人民法院关于民事诉讼证据的若干规定》第十条第一款第四项（对应2022年修订民诉法解释第九十三条第一款第四项）的规定："下列事实，当事人无须举证证明……（四）根据已知的事实和日常生活经验法则推定出的另一事实。"这种证明手段以经验法则为基础，以高度盖然性为证明标准。比如客户想要证明银行的清偿行为违背其意志时，可以通过证明当时其不在清偿行为发生的城市而不可能实际操作来推定。在本案中即多次运用了事实推定来查明事实：（1）基于K宝的身份验证功能和银行转账的操作流程认定袁某平的网银转账必须由实际占有K宝并掌握密码的人操作，故推定袁某平为本案相关网络程序的实际操作人；（2）根据当天袁某平承认的网络操作的IP地址与其否认的转账操作的IP地址为同一地址，推定这几次操作均是在同一个地点完成；（3）根据袁某平隐瞒的公安报案事实以及接报回执单上的陈述，推定本案存在袁某平被诈骗而误操作的可能。

编写人：上海市闵行区人民法院　茅建中

十七、银行卡纠纷

183 发卡行与收单机构间合同关系的认定

——某银行信用卡中心诉支付服务公司其他合同案

【案件基本信息】

1. 裁判书字号

上海金融法院（2020）沪74民终662号民事判决书

2. 案由：其他合同纠纷

3. 当事人

原告（被上诉人）：某银行信用卡中心

被告（上诉人）：支付服务公司

【基本案情】

原告系某银行信用卡的发卡银行。被告系经批准开展银行卡收单业务的机构。原告、被告均系中国银联的会员单位，均同意接受中国银联制定的各项业务规则约束。根据中国人民银行发布的《银行卡收单业务管理办法》规定，银行卡收单业务，是指收单机构与特约商户签订银行卡受理协议，在特约商户按约定受理银行卡并与持卡人达成交易后，为特约商户提供交易资金结算服务的行为。收单机构应当根据特约商户受理银行卡交易的真实场景，按照相关银行卡清算机构和发卡银行的业务规则和管理要求，正确选用交易类型，准确标识交易信息并完整发送，确保交易信息的完整性、真实性和可追溯性。交易信息至少应包括：直接提供商品或服务的商户名称、类别和代码，受理终端（网络支付接口）类型和代码，交易时间和地点（网络特约的网络地址），交易金额，交易类型和渠道，交易发起方式等。收单机构应当加入中国支付清算协会，接受行业协会自律管理。根据中国银联制定的《银联卡特约商户类别码使用细则》规定，商户类别码（简称MCC）由收单机构为特约商户设置，用于标明银联卡交易环境、所在商户的主营业务范围和行业归属，是判断境内跨行交易收益分配标准的重要依据，也是发卡机构、收单机构和银联开展银联卡交易行业分析和报告，进行银联卡业务风险管理和交易控制的重要基础数据之一。因此，收单机构必须为特约商户设置正确的商户类别码。其中，商户类别码 9498 用于标明信用卡还款业务。根据中国银联制定的《中国银联信用卡还款业务开办指南》规定，信用卡还款业务是持卡人通过固定电话、互联网等终端从其他指定的借记卡向信用卡进行款项支付的银联卡跨行业务。通过识别联机消费交易报文的 F18 域 MCC 为 9498 的交易为信用卡还款交易。信用卡还款交易不区分渠道差别计费，统一执行标准为：借记卡发卡机构收 1.5 元/笔，信用卡中心付 3 元/笔，中国银联收 0.3 元/笔，收单机构收 1.2 元/笔。根据中国银联规定，银联卡境内刷卡手续费，发卡行服务费为：借记卡（含预付费卡）费率为交易金额的 0.35%（单笔费用封顶 13 元），贷记卡（含准贷记卡）费率为交易金额的 0.45%。自本次刷卡手续费调整正式实施之日起 2 年的过渡期内，对超市、大型仓储式卖场、水电煤缴费、加油、交通运输售票商户的银联卡发卡行服务费、网络服务费实行优惠。具体为：借记卡发卡行服务费为交易金额的 0.273%（单笔费用封顶10.14元），贷记卡发卡行服务费为交易金额的0.351%。自2016年9月6日起，银联卡境内刷卡手续费调整正式执行。

2018年1月至3月，被告为原告作为发卡行的信用卡提供收单业务，其中有315610笔、涉及金额为2119974958.42元的业务，商户类别码均为9498，商户名称为汽车用品公司等主体。中国银联按照被告提供的交易信息，根据商户类别码识别交易类型为信用卡还款业务，并按照信用卡还款业务的手续费收费标准即每笔1.5元进行结算，向原告支付了手续费473405.5元。

2018年6月，原告在检查业务过程中，发现被告提供的交易信息存在问题，遂向被告发送《公函》一份，载明：我中心在日常交易监控中发现由贵司发送的部分交易存在非法套用信用卡还款交易商户类别码（MCC 9498）开展信用卡消费交易的情况。自2018年1月至3月，上述交易共计315610笔，合计交易金额人民币2119974958.42元。因上述交易实际刷卡消费商户名称与账单显示商户名称不一致，引发大量客户否认交易与投诉；另，因该类交易手续费率远低于消费类交易，造成我中心手续费收入严重受损……故通知贵司如下：（1）立即停止对我中心的侵权行为；（2）于收到本函后30日内赔付我中心发卡行手续费损失人民币9066481.81元。

2018年6月7日，被告工作人员通过电子邮箱向原告发送《致歉函》一份，载明：对于我们双方工作人员在银联总部面谈时贵方所述，由于我司走MCC9498消费交易导致贵中心交易手续费损失一事，我们深表歉意。在会前我司接到银联通知时，此事已引起我司高度重视，并展开了调查，发现是由于系统漏洞导致了此问题的发生，当时我司就漏洞进行了紧急处理。会后我司进一步对问题进行了排查，确认漏洞修补后已无通过9498MCC发生的消费交易……因被告未向原告赔付手续费损失，故原告提起诉讼。审理中，原告确认除本案所涉的业务外，就被告提供的收单业务中未再出现套用商户类别码9498的情况。

【案件焦点】

1. 原、被告间是否存在合同法律关系；2. 被告是否存在违约行为；3. 被告是否应对原告的刷卡手续费损失负担赔偿责任以及相应的责任范围。

【法院裁判要旨】

上海市嘉定区人民法院经审理认为：原、被告间系通过加入中国银联，共同遵守中国银联制定的一系列业务规章、规则而建立的资金清算合同法律关系。被告与特约商户签订银行卡受理协议，在特约商户按约定受理银行卡并与持卡人达成交易后，为特约商户提供交易资金结算服务。被告开展收单业务过程中应当根据特约商户受理银行卡交易的真实场景，按照中国银联和原告的业务规则和管理要求，正确选用交易类型，准确标识交易信息并完整发送，确保交易信息的完整性、真实性和可追溯性。原告根据被告发送的商户与持卡人的交易信息，审核放款。故原、被告间已形成了在银行卡收单业务过程中的资金清算合同法律关系，被告据此负有设置正确商户类别码并向原告发送正确交易信息的合同义务。被告违反中国银联制定的收单业务规则，提供错误商户类别码导致原告按低于实际消费交易类型收取手续费，被告应对此承担相应赔偿责任。原告主张的损失合法有据，法院予以支持。

上海市嘉定区人民法院依照《中华人民共和国合同法》第六十条、第一百零七条、第一百一十三条之规定，作出如下判决：

一、被告支付服务公司应于本判决生效之日起十日内赔偿原告某银行信用卡中心损失9066481.81元；

二、被告支付服务公司应于本判决生效之日起十日内偿付原告某银行信用卡中心以本金9066481.81元为基数，自2018年7月7日起至本判决生效之日止的逾期利息（2019年8月19日前按照中国人民银行同期贷款利率计算，2019年8月20日起按照全国银行间同业拆借中心公布贷款市场报价利率计算）。

支付服务公司不服一审判决，提起上诉。

二审法院同意一审法院的裁判意见。

【法官后语】

传统意义上缔结合同关系需要当事人直接通过要约、承诺的方式明确双方各自的权利义务。本案中发卡行与收单机构间并未通过前期要约、承诺方式缔约，而是各自作为中国银联的会员单位，以中国银联作为枢纽桥梁，在成为中国银联会员单位时即承诺遵守中国银联相关规则的方式，明确双方权利义务。发卡行与收单机构间资金清算合同关系是为顺应金融市场发展、便捷金融交易畅通而生，明确这一合同法律关系，有利于维护金融市场交易的安全有序、稳定和谐。在当下金融市场快速、多样化发展的背景下，起到了一定的积极导向作用，同时这也是法治发展推动经济社会发展的一个典型案例。

一、发卡行与收单机构间资金清算合同关系的认定

通过对原、被告间行为的分析，可以认定双方已达成了原告委托被告在银行卡日常交易过程中进行资金清算业务并就特约商户支

付的手续费按照约定比例进行结算支付的合意。中国银联作为银行卡的联合组织，其交易清算系统是为银行卡之间的资金往来提供清算交付服务，而为保障资金交付结算的真实、安全、便捷，资金清算交付业务需由相关的业务运作规章予以规制。为促进交易的快捷和效率，由中国银联统一制定相关的业务规则，以成熟机制化的、格式化的方式固定发卡行与收单机构的权利义务。发卡行与收单机构一旦选择中国银联，意即表示将接受中国银联制定的一系列业务规则的约束，从而避免双方耗费大量时间、精力来磋商合同条款。原、被告均系中国银联的会员单位，其在加入银联网络时作出同意受其规约的意思表示，并应于日常清算业务活动中所秉守与遵从，可视为原、被告已就规约达成合意。原、被告无须另行签订协议确认各自权利义务。从事实履行层面角度看，在实际的交易和结算过程中，被告作为收单机构为加入中国银联的所有发卡行包括本案原告提供资金清算服务，并按照中国银联制定的各项规则所确定的权利义务及费率进行结算并支付和收取刷卡手续费，表明双方已以事实履行行为治愈或强化了双方合同关系。基于上述合同关系的认定，法院在处理本案时仅作合同违约责任的审查，原则上并不论收单机构在业务过程中是否存在过错或是否系由于第三方过错造成收单机构的违约。特约商户与发卡行间并不存在直接的法律关系，而是由收单机构与特约商户间签订银行卡受理协议。收单机构未能正确识别并向发卡行发送正确的商户类别码及交易类型等信息的，即应承担相应违约责任。

二、中国银联并未突破发卡行与收单机构间资金清算合同关系的相对性

发卡行及收单机构系通过加入中国银联建立合同关系。中国银

联在其中起到了桥梁中介的作用。中国银联制定的一系列业务规则，不仅规制发卡行与收单机构之间的权利义务关系，同时也在规制中国银联与发卡行、收单机构之间的相应权利义务关系。严格意义上讲，在发卡行与收单机构之间的资金清算合同关系中，中国银联也属于独立的一方合同主体，起到维护金融交易安全、市场秩序、防范金融风险的作用。但中国银联本身对于发卡行与收单机构之间的合同关系并不会起到设立、变更、终止法律关系的影响力，而是在发卡行与收单机构的资金清算合同关系中起到一个导向、督促、协调的作用。收单机构违反合同约定的，由收单机构承担相应赔偿责任。中国银联并非收单机构与发卡行间合同关系的主体，无须对此承担法律责任，但可基于收单机构是否违反中国银联所制定的相关行业规则而给予一定的规制。

编写人：上海市嘉定区人民法院　范培华

十八、租赁合同纠纷

（一）房屋租赁合同纠纷

184 甲醛超标案件违约责任之界定

——徐某诉邵某峰房屋租赁合同案

【案件基本信息】

1. 裁判书字号

北京市第三中级人民法院（2020）京03民终14907号民事判决书

2. 案由：房屋租赁合同纠纷

3. 当事人

原告（反诉被告、被上诉人）：徐某

被告（反诉原告、上诉人）：邵某峰

【基本案情】

2018年7月8日，邵某峰（作为出租人、甲方）与徐某（作为承租人、乙方）签订《北京市房屋租赁合同》，约定徐某承租案涉房屋，房屋租赁期自2018年7月8日至2019年7月8日，甲方应于2018年7月8日前将房屋按约定条件交付给乙方。租金标准为每月3800元，押金为3800元，租赁期内水费等生活费用由乙方承担。关于合同解除：甲方有下列情形之一的，乙方有权单方解除合同：交付的房屋严重不符合合同约定或影响乙方安全、健康的。关于违约责任：甲方有第八条第三款约定情形之一的，应按月租金的50%向乙方支付违约金。同日，邵某峰将房屋交付徐某，徐某交纳租金1.14万元、押金3800元、上网费500元、燃气费540元、电费80元，保洁费100元。

徐某于2018年7月将案涉房屋门锁更换。

2018年7月13日、9月16日，根据徐某的委托，检测机构对案涉房屋内甲醛等污染物含量进行采样检测，两次检测结果载明室内客厅及卧室的甲醛含量不符合标准。为此，徐某支付检测费724元。邵某峰未认可上述证据的真实性。

另查一，双方曾就房屋租赁事宜发生争议，并就此进行多次微信及短信联络。

另查二，徐某曾前往医院进行诊治，其中2018年7月27日的病历载明“搬家后出现颈部水肿（新房甲醛超标），近2日出现心慌、双腋下水肿等”。

庭审中，徐某提交酒店订单信息、账单记录及邮件、微信账单等，因案涉房屋不能居住导致了自己的损失。邵某峰未予认可。

审理中，邵某峰提交转账凭证，用以证明其开锁费用。徐某未予认可。

审理中，邵某峰自述徐某共用了7个字的燃气，费用共计15.96元；7月至10月的电费分别为47.37元、4.88元、6.84元、3.91元；上网费每月50元，扣除150元，退还350元，并就此陈述提交租赁合同、电量分析截屏打印件等证据予以佐证。徐某认为燃气费、电费、网费必须全额退回。

【案件焦点】

1. 案涉房屋甲醛含量是否超标；2. 租赁合同于何时解除。

【法院裁判要旨】

北京市朝阳区人民法院经审理认为：依法成立的合同，对双方当事人具有法律约束力。徐某与邵某峰自愿签订《北京市房屋租赁合同》，约定内容不违反法律、行政法规的强制性规定，应属合法有效。原告、被告均应按照合同约定全面、适当地履行自己的义务。

关于争议焦点一，根据在案证据所示，徐某在入住案涉房屋后身体不适，自行委托检测机构进行检测，检测报告显示案涉房屋甲醛超标。虽然邵某峰对此予以否认，但并未提交相反的证据予以证明，应承担举证不能之责任。对于邵某峰的抗辩意见，法院不予采信。综上，法院经审查并结合相关事实，案涉房屋甲醛超标具有高度盖然性，应当认定该事实存在。

关于争议焦点二，邵某峰作为出租人有义务保障出租房屋适宜居住，现案涉房屋甲醛超标，无法实现徐某作为承租人的居住用途，租赁合同目的无法实现，徐某有权解除案涉合同。当事人主张解除合同的，应当通知对方，合同自通知到达对方时解除。徐某于2018年8月20日向邵某峰发送短信，明确“退租”事宜，其真实意思应为解除合同，故法院确认案涉合同于2018年8月20日解除。此外，徐某主张邵某峰于2018年7月29日向徐某发出解除合同的短信，双方合同应于当日解除。法院认为，作为违约方，邵某峰并无合同解除权，在徐某并未明确表示同意合同解除的前提下，双方未就解除合同达成一致，租赁合同亦未解除。故对于徐某的意见，法院不予采信。

关于本诉诉讼请求：关于房屋押金，鉴于合同已解除，邵某峰应予退还。关于燃气费、上网费及电费，徐某应负担合同解除前的部分费用，具体数额法院结合邵某峰提交的燃气费、电费凭据等证据酌定为 160 元，邵某峰应退还 960 元。

关于房屋租金，鉴于合同已经解除，邵某峰应当将解除后的租金退还徐某。至于合同期间的租金，考虑到室内空气质量虽然不合格，但案涉房屋仍具有一定使用价值，承租人仍获得部分居住使用利益，故出租人对上述期间已付的租金仅负有部分返还义务。综合室内空气质量不合格的程度、承租人实际遭受的损害后果、居住时间等因素，法院酌情确定邵某峰退还租金的数额为 5700 元。

关于违约金，违约方向守约方支付违约金以双方合同有明确约定为前提。本案中，租赁合同并不包含关于空气质量问题的违约金条款，则对于徐某以室内空气质量不合格为由要求邵某峰支付违约金的诉讼请求，法院不予支持。

关于甲醛检测费用，是徐某为了确认在合同履行期间房屋空气质量所必须发生的费用，且空气质量中甲醛确实存在超标情形，其要求邵某峰负担该笔费用，法院予以支持。

关于酒店住宿费，徐某提交的证据不足以证明该损失因邵某峰违约而发生，亦不能说明该笔费用支出的必要性和合理性，法院不予支持。

关于反诉诉讼请求，鉴于邵某峰违约在先，对于其要求判令双方之间的房屋租赁协议于 2018 年 8 月 12 日解除，并要求赔偿违约金、租金损失等诉讼请求，法院均不予支持。北京市朝阳区人民法院作出如下判决：

一、确认徐某与邵某峰签署的《房屋租赁合同》于 2018 年 8 月 20 日解除；

二、邵某峰于判决生效后七日内向徐某退还押金 3800 元、租金 5700 元；

三、邵某峰于判决生效后七日内向徐某退还燃气费、上网费、电费共计960元；

四、邵某峰于判决生效后七日内给付徐某甲醛检测费724元；

五、驳回徐某的其他诉讼请求；

六、驳回邵某峰的全部诉讼请求。

邵某峰不服，提起上诉。

北京市第三中级人民法院经审理认为：一审判决认定事实清楚，适用法律正确，应予维持。依照《中华人民共和国民事诉讼法》第一百七十条第一款第一项之规定，作出如下判决：

驳回上诉，维持原判。

【法官后语】

房屋租赁合同属于继续性合同，其是以房屋的使用、收益为合同目的。出租方为履行合同而让渡了房屋使用、收益的效益，承租方为履行合同而支付房租等相关费用。空气污染物超标属房屋的“隐蔽瑕疵”，此类房屋不符合居住适用条件，长期居住会给身体健康带来一定的危害，降低房屋居住使用价值，与租赁合同目的相悖，但司法实践中对于此类纠纷的裁判路径不一。《中华人民共和国民法典》第七百二十四条规定：“有下列情形之一，非因承租人原因致使租赁物无法使用的，承租人可以解除合同：（一）租赁物被司法机关或者行政机关依法查封、扣押；（二）租赁物权属有争议；（三）租赁物具有违反法律、行政法规关于使用条件的强制性规定情形。”第七百三十一条规定：“租赁物危及承租人的安全或者健康的，即使承租人订立合同时明知该租赁物质量不合格，承租人仍然可以随时解除合同。”综上，若租住房屋空气质量不合格，承租人可随时解除合同，但仍存在空气质量条款的认定、相应违约责任的承担等问题亟须明确。

一、是否约定房屋空气质量条款、支付违约金应根据条款具体内容判断

房屋租赁合同中很少明确约定房屋空气质量条款，大多表述为“租住房屋危及人身健康”或“不符合居住使用条件”。本案中表述为“交付的房屋严重不符合合同约定或影响乙方安全、健康的”。此类条款虽然有“危及人身健康”的类似表述，但是并未明确指出是因为空气污染物超标所致。如果将上述概述性条款一律认定为空气质量条款，则有扩大解释之嫌，并对违约责任的承担产生直接影响。故空气质量条款的认定应坚持限缩原则，条款中应限定何种污染物、污染物浓度的合理区间值及协商一致的专业检测机构等具体内容，在此基础上才能被认定为存在空气质量条款。那么，后续违约金的支付问题也应建立在明确的空气质量条款之上，即违约方向守约方支付违约金以双方合同有明确约定为前提，如果双方合同并不包含关于空气质量问题的违约金条款，则对于承租人以室内空气质量不合格为由要求出租人支付违约金的诉讼请求，应当予以驳回。

二、承租人单方委托形成的检测报告满足一定条件可予以确认

在此类纠纷中，由于室内空气质量检测具有很强的时效性，故双方提交的相关检测报告成为法院认定污染物是否超标的重要依据，但实践中由于出租人的不配合，大多数检测报告均由承租人单方委托所得，对于其证明效力的认可应满足一定条件：一是委托的专业检测机构必须具备相应资质且检测程序、方法、依据不存在瑕疵；二是检测报告需经过出租人质证，根据质证情况分别处理。如出租人认可该检测报告的真实性、合法性、关联性，则该检测报告可予

以确认。如出租人否认检测报告的证明效力，则进行举证责任转移，其应提交证明力足以推翻该检测报告的相应证据，如不能提交或申请重新检测但无其他正当理由的，对其主张不予准许，仍应确认该检测报告的证明效力。

三、已付租金与相关费用的返还范围应分情况区别处理

关于合同解除后已付租金的返还问题。鉴于房屋仍有一定的使用价值，故应避免“全有或全无”的处理方式，而应综合考虑空气质量不合格程度、承租人实际遭受的损害后果、承租人居住时间的长短等因素酌情处理。对于上述因素的衡量应依据检测报告、病历、租赁合同等证据辅助认定，如房屋污染物超标严重、承租人遭受了严重的损害后果（如难以治愈的疾病或慢性病等）、居住时间较短，则出租人应返还绝大部分租金，反之，出租人应返还的租金可酌情减少。关于检测费用应予以全部返还。因检测费用是为了确认在合同履行期间房屋空气质量所必须发生的费用，且空气质量中甲醛确实存在超标情形，故该费用应全部返还。关于合同履行过程中产生的其他费用。这里的其他费用主要包括燃气费、电费、水费等租住过程中产生的生活费用及酒店住宿或另行租住费用。其中生活费用应以实际发生为基本原则，依据当事人提交的缴费单据等相关证据予以认定。因在租金返还中已综合考虑各类因素，且支付租金属于主合同义务，支付生活费用只是附随义务，违约行为对附随义务的履行影响不大，故无须再行考虑其他因素，只以实际发生费用为准即可。其中酒店住宿或另行租住费用，应考虑费用支出的必要性、合理性，如花费费用明显没有必要或过高的，则考虑不予支持。

编写人：北京市朝阳区人民法院　王乐　贾宜臻

185 出租房屋的产权有瑕疵不应影响租赁合同效力

——王某一诉电气公司房屋租赁合同案

【案件基本信息】

1. 裁判书字号

北京市第三中级人民法院（2020）京03民终7554号民事判决书

2. 案由：房屋租赁合同纠纷

3. 当事人

原告（反诉被告、上诉人）：王某一

被告（反诉原告、被上诉人）：电气公司

【基本案情】

2015年1月22日，电气公司（甲方）与王某一（乙方）签订了《房屋场地租赁合同》，合同约定：电气公司将其位于密云区一套门面房2层（建筑面积420平方米）出租给王某一作为办公使用，租赁期限自2015年4月1日至2020年3月31日，年租金为5万元，每年4月15日之前交纳年租金的100%。合同第4条约定：根据房屋情况，在租赁合同签订后，乙方在承租期间，在不损坏房屋主体结构的情况下，征得甲方同意乙方可以进行改造装修，其费用由乙方承担。承租期满如不再承租，房屋及室内外设施应完好无偿保留给甲方。乙方在承租期内，对所承租房屋的正常维修负责，其费用由乙方承担。如一方需要对房屋进行大规模改造或搭建临时建筑，必须经双方协商征得甲方同意后方可施工。王某一承租后对所租赁房屋进行了装修，装修后用于经营餐饮会所（已实际经营），并按合同约定交付了前4年的租金。合同履行过程中，电气公司与王某一签订两份补充协议，内容分别为：因门脸房公共部分房屋屋顶多处出现漏雨情况，经协商由承租方负责维修，对房屋防水进行全面维修后，承租方承诺承租期内如果房屋屋顶出现漏雨情况，由承租方自行负责维修，房屋屋顶防水费用从2015年租金中扣除；因门脸房暖气管道破裂造成多处损坏情况，经协商由承租方负责维修，对房屋损坏部分进行全面维修后，承租方承诺承租期内如果房屋损坏部分再有损坏的情况，由承租方自行负责维修，房屋屋顶防水费用从2016年租金中扣除。房屋维修费用总计：63674元。

现王某一以涉案房屋无产权证明，不能办理营业执照为由，认为双方签订的房屋租赁合同无效。

【案件焦点】

原告、被告双方签订房屋租赁合同，约定原告租赁被告的房屋，该房屋无产权证明，不能办理营业执照。原告、被告双方签订的房屋租赁合同的效力是否会因此而受到影响。

【法院裁判要旨】

北京市密云区人民法院经审理认为：虽然涉案房屋租赁合同涉及的房屋未办理不动产权属证书，但根据调取的《建设工程规划许可证》及附图等证据，足以证明涉案房屋的建设经过了行政管理部门的规划许可。王某一以涉案房屋无产权证明为由主张涉案房屋租赁合同无效，缺乏事实与法律依据，不予采信。诉争双方签订的涉案房屋租赁合同是双方真实意思表示，不违反法律、行政法规的强制性规定，属合法有效。

北京市密云区人民法院依据《中华人民共和国合同法》第八条、第四十四条、第二百二十六条，《中华人民共和国民事诉讼法》第六十四条，《最高人民法院关于适用〈中华人民共和国民事诉讼法〉的解释》第九十条之规定，作出如下判决：

一、驳回原告（反诉被告）王某一的诉讼请求；

二、原告（反诉被告）王某一于本判决生效之日起七日内支付被告（反诉原告）电气公司租金5万元；

王某一不服本判决结果，提起上诉。

北京市第三中级人民法院经审理认为：关于合同效力问题，王某一主张涉案房屋未取得施工许可，无产权证明，属于违法建筑，双方之间所签租赁合同应属无效。但根据已经查明的事实，电气公司提供产权说明、商品房买卖合同，原审法院就此亦向有关机构进行调查咨询，并查询相应建设规划许可证及房屋规划图等材料，在此基础上，原审法院认为上述证据足以证明涉案房屋的建设经过行政管理部门的规划许可，并据此驳回王某一主张涉案房屋租赁合同无效的诉讼请求，处理适当。

北京市第三中级人民法院依照《中华人民共和国民事诉讼法》第一百七十条第一款第一项之规定，作出如下判决：

驳回上诉，维持原判。

【法官后语】

从《中华人民共和国合同法》再到民法典时代，关于合同的内容更加完善，几乎占据了《中华人民共和国民法典》的半壁江山。合同行为，作为能够分配社会物质资源，优化营商环境的重要行为，便能够得到足够的规范来指引。

关于合同的立法，便是通过规则设计，促使交易便利，鼓励交易完成，尽可能让合同具备能够履行的效力，尽可能让生效的合同确认的权利人的权利都能圆满地得以实现。在这个宗旨下，我们建立起了完善的合同效力判定体系。合同是否有效，法律上有明确的规定与判断标准。一般而言，只要合同双方民事行为能力适格，意思表示真实自由，内容不违反致使合同无效的效力性强制性规定，合同就是有效的，对合同双方都有约束力。

具体到本案，争议最大的焦点之一是被出租的房屋没有产权证明这个瑕疵，能否导致房屋租赁合同的无效。答案应该是否定的。在本案一审、二审的判案理由中，承办人都指出，涉案房屋的建设经过行政管理部门的规划许可，强调了房屋的合法性，这当然是对判决认定房屋租赁合同有效的有力支撑。这说明房屋不存在违法情形，不会产生影响使用的后果，当然也就不会影响合同义务的履行，所以不会影响合同目的的实现。

进一步讲，只要房屋产权上的瑕疵很大，甚至成为缺陷，就能影响合同的效力吗？也不一定。在无权处分合同中，如“一物二卖”的场合，原所有权人就自己所有之物先与第一位买受人签订买卖合同，并完成物权转移。而后再与第二位买受人签订买卖合同，此时，第二份买卖合同当然是无法履行的了，因为出卖人已经没有了所有权。但是，若没有其他会导致合同无效的情形，第二份买卖合同，应该也是有效的。第二位买受人可以依据生效的合同，要求原所有权人即出卖人承担违约责任。

根据《中华人民共和国民法典》第七百二十四条的规定，有下列情形之一，非因承租人原因致使租赁物无法使用的，承租人可以解除合同：（1）租赁物被司法机关或者行政机关依法查封、扣押；

(2) 租赁物权属有争议；(3) 租赁物具有违反法律、行政法规关于使用条件的强制性规定情形。本案中涉案房屋的产权的瑕疵只是没有拿到产权证，但都不符合上述条文列举的内容，未被查封扣押，更没有权属争议，也不具有违反法律、行政法规关于使用条件的强制性规定情形。所以，不能依据产权上的瑕疵请求法院确认房屋租赁合同无效。

鼓励交易，促进交易便利迅捷，保障交易安全，是关于合同内容的立法宗旨。这在民法典的很多条文中都有体现。例如，《中华人民共和国民法典》第一百五十三条规定，违反法律、行政法规的强制性规定的民事法律行为无效。但是，该强制性规定不导致该民事法律行为无效的除外。大意是一份合同违反法律规定，并不必然无效。若违反的是任意性规定，还是有效的，即使违反的是强制性规定，若这个强制性规定不能导致该民事法律行为无效，那仍然是有效的。这对我们所有人的日常生活，都有极强的指导意义。

编写人：北京市密云区人民法院　张常富

186 长期性合同违约方起诉请求解除合同的处理

——吴某诉丁某房屋租赁合同案

【案件基本信息】

1. 裁判书字号

广东省潮州市中级人民法院（2020）粤 51 民终 197 号民事判决书

2. 案由：房屋租赁合同纠纷

3. 当事人

原告（上诉人、反诉被告）：吴某

被告（被上诉人、反诉原告）：丁某

【基本案情】

2017 年 4 月 23 日，吴某（甲方）与丁某（乙方）签订《租赁合同》1 份，将其所有的房屋及平台出租给丁某使用，约定租赁期限为 10 年。《租赁合同》签订后，吴某将租赁房屋交付丁某使用，丁某在上述房屋开办学生托管中心。2017 年 6 月 15 日，丁某付还吴某自 2017 年 7 月 15 日至 2018 年 7 月 14 日的租金 7.08 万元，吴某出具《收据》1 份交丁某存执。丁某将该房屋用于经营学生托管中心。后因丁某经营的学生托管中心没有办理有关登记手续及政府整治客运三轮车乱载现象等原因，丁某认为其学生托管中心难以继续经营，故自 2018 年 7 月 15 日起停止经营，上述租赁房屋空置，由丁某保管，但自 2018 年 7 月 15 日起，丁某没有向吴某交纳房屋租金。2019 年 5 月 20 日，吴某委托律师事务所律师向丁某发出律师函，要求丁某在收到律师函之日起 5 日内付还拖欠吴某 2018 年 7 月 15 日至 2019 年 7 月 14 日的租金 7 万元，且务必在 2019 年 6 月 15 日前付还 2019 年 7 月 15 日至 2020 年 7 月 14 日的租金 7 万元。后因丁某仍没有支付租金，吴某遂于 2019 年 6 月 11 日诉至法院，提出上述诉讼请求。诉讼期间，丁某提起反诉，请求解除租赁合同和办理房产及物品移交手续。

【案件焦点】

1. 一审判决解除案涉房屋租赁合同是否正确；2. 吴某请求丁某支付租金 14 万元及利息应否得到支持。

【法院裁判要旨】

广东省潮州市湘桥区人民法院经审理认为：案涉房屋为吴某所有，有房地产权证为据，事实清楚，可予认定。吴某于2017年4月23日将上述房屋及由其使用的平台出租给丁某使用，双方签订的《租赁合同》，系双方真实的意思表示，且合同内容不违反法律、行政法规的强制性规定，合法有效，受法律保护。根据《租赁合同》的约定，丁某应于2018年6月15日付还吴某上述房屋自2018年7月15日起至2019年7月14日止的租金，应于2019年6月15日付还吴某上述房屋自2019年7月15日起至2020年7月14日止的租金，但丁某至今没有按合同约定履行付还租金的义务，已构成违约。关于丁某作为违约方是否可以请求解除合同的问题，从《租赁合同》第三条“乙方承租该房产之后，必须于8月30日前办好该房产各种营业证件，逾期不办理，出租方有权要求终止租赁合同，并退回租金，收回承租权。在乙方承租期间，发生的一切营业行为及造成任何损害损失后果，皆由乙方自行承担，概与甲方无关”的约定可以看出，丁某向吴某承租上述房屋的目的是用于营业，但丁某承租房屋后，在上述房屋经营学生托管中心过程中因故停止经营，现上述租赁房屋空置，丁某因承租房屋的目的无法实现而要求解除合同，吴某不同意解除合同，双方形成合同僵局。因合同剩余租期尚较长，似此情况继续维持下去，对合同双方当事人都不利。根据《最高人民法院关于适用〈中华人民共和国合同法〉若干问题的解释（二）》第二十六条“合同成立以后客观情况发生了当事人在订立合同时无法预见的、非不可抗力造成的不属于商业风险的重大变化，继续履行合同对于一方当事人明显不公平或者不能实现合同目的，当事人请求人民法院变更或者解除合同的，人民法院应当根据公平原则，并结合案件的实际情况确定是否变更或者解除”的规定，现丁某反诉请求解除《租赁合同》，根据本案实际情况及公平原则，法院依法予以支持，合同解除的时间应认定为吴某收到丁某的民事反诉状的时间，即2019年7月9日，但丁某按合同的约定应承担的违约责任不能因为合同解除而减少或免除。根据《中华人民共和国合同法》第一百零七条“当事人一方不履行合同义务或者履行合同义务不符合约定的，应当承担继续履行、采取补救措施或者赔偿损失等违约责任”的规定，现吴某要求丁某付还自2018年7月15日起至2020年7月14日止的租金14万元及该款利息，因租赁合同已于2019年7月9日解除，因此，租金应按每年7万元的标准自2018年7月15日起计至2019年7月9日止，利息应按全国银行间同业拆借中心公布的贷款市场报价利率计算。根据《中华人民共和国合同法》第九十七条“合同解除后，尚未履行的，终止履行；已经履行的，根据履行情况和合同性质，当事人可以要求恢复原状、采取其他补救措施，并有权要求赔偿损失”的规定，上述《租赁合同》解除后，丁某应将租赁房屋交还吴某使用，丁某反诉请求判决双方办理租赁房屋及物品的移交手续，可予支持。自《租赁合同》解除之日起至丁某将租赁房屋移交吴某使用之日止，丁某应按每年7万元的标准向吴某支付房屋占有使用费。因请求解除合同的丁某是违约方，为保证对方当事人即吴某的现实既得利益不因合同解除而减少，丁某应对吴某承担赔偿责任，赔偿的金额酌定为《租赁合同》约定的半年租金即3.5万元。

广东省潮州市湘桥区人民法院依照《中华人民共和国合同法》第四十四条、第九十七条、第一百零七条，《最高人民法院关于适用〈中华人民共和国合同法〉若干问题的解释（二）》第二十六条之规定，作出如下判决：

一、吴某与丁某2017年4月23日签订的《租赁合同》于2019年7月9日解除；

二、丁某应于判决发生法律效力之日起十日内将案涉房屋及该两套房之间的平台和三轮车3辆（无牌证）、投影1套、监控电视1台、厨房用品、学生课桌椅20多套交还吴某使用；

三、丁某应于判决发生法律效力之日起十日内付还吴某自2018年7月15日起至2019年7月9日止按每年7万元的标准计算的房屋租金及应计利息（利息按全国银行间同业拆借中心公布的贷款市场报价利率计算，自2018年6月16日起计至租金清偿完毕之日止）；

四、丁某应于判决发生法律效力之日起十日内付还吴某自2019年7月10日起至其将租赁房屋交还吴某使用之日止的房屋占有使用费（按每年7万元的标准计算）；

五、丁某应赔偿吴某3.5万元，该款应在判决发生法律效力之日起十日内付清；

六、驳回吴某的其他诉讼请求；

七、驳回丁某的其他反诉请求。

吴某不服，向广东省潮州市中级人民法院提起上诉。

广东省潮州市中级人民法院经审理认为：本案双方当事人于2017年4月23日签订《租赁合同》，约定丁某向吴某承租案涉房屋及物品，该租赁合同是双方当事人经协商一致自愿签订的，是双方当事人的真实意思表示，合同内容并未违反法律法规的规定，故该合同应认定为有效，对双方当事人均具有约束力。按照诚实信用原则，交易双方都应当善意行使权利、履行义务。从案涉《租赁合同》

第三条、第四条第五点的内容以及租赁的物品均可反映双方在订立合同时对于丁某承租房屋是作为营业所用这一目的是清楚的。虽然经营活动的风险是必然存在的，丁某作为经营者应当有所预见也应自行承担经营风险，但从本案房屋租赁合同履行的实际情况看，合同约定的租赁期限长达10年，在履行了第一年之后，丁某因自身经营上的原因没有继续使用该租赁房屋，如不允许解除租赁合同，一方面，将导致房屋长期闲置；另一方面，又使丁某在不占有使用房屋的情况下承担租金，进而，因丁某不使用租赁房屋，其支付租金的能力将受到限制，反过来也使吴某应获得的租金难以得到保障。在此情况下，双方已陷入合同僵局，对双方都是不利的。因此，一审法院结合本案实际情况在判令丁某承担违约赔偿责任的同时，判决解除案涉房屋租赁合同，符合合同法上的公平和诚实信用原则，处理恰当，应予维持。

有关丁某尚欠吴某的房屋租金问题，在双方租赁合同解除的情况下，原审判决丁某应向吴某支付自2018年7月15日起至2019年7月9日租赁合同解除之日止按每年7万元的标准计算的房屋租金及应计利息和自2019年7月10日起至其将租赁房屋交还吴某使用之日止按每年7万元的标准计算的房屋占有使用费，符合法律规定，二审法院予以维持。

综上所述，上诉人吴某的上诉请求不成立，应予驳回；原审判决认定事实清楚，适用法律正确，处理恰当。广东省潮州市中级人民法院依照《中华人民共和国民事诉讼法》第一百七十条第一款第一项之规定，作出如下判决：

驳回上诉，维持原判。

【法官后语】

审判实践中关于违约方能否解除合同的问题，存在两种观点：一种观点认为，合同解除作为非违约方的救济方式之一，只能为非违约方的救济方式之一，只有非违约方才享有解除权，违约方无权解除合同。另一种观点认为，在合同陷入僵局等特定情况下，应当允许违约方通过起诉方式由人民法院决定是否解除合同，以打破合同僵局。

《全国法院民商事审判工作会议纪要》第四十八条为该问题提供了较为明确的解决思路："违约方不享有单方解除合同的权利。但是，在一些长期性合同如房屋租赁合同履行过程中，双方形成合同僵局，一概不允许违约方通过起诉的方式解除合同，有时对双方都不利。在此前提下，符合下列条件，违约方起诉请求解除合同的，人民法院依法予以支持：(1) 违约方不存在恶意违约的情形；(2) 违约方继续履行合同，对其显失公平；(3) 守约方拒绝解除合同，违反诚实信用原则。人民法院判决解除合同的，违约方本应当承担的违约责任不能因解除合同而减少或者免除。"

合同严守是审判实践中应遵循的一项重要原则，但在房屋租赁等长期性合同中，一方因为经济形势的变化、履约能力等原因，导致不可能履行长期合同，需要提前解约，而另一方拒绝解除合同。在出现合同僵局的情形下，允许违约方向法院提起诉讼，请求法院通过裁判终结合同关系，从而使当事人从难以继续履行的合同中脱身，有利于充分发挥物的价值，减少财产浪费，有效利用资源。通过明确违约方起诉请求法院解除合同的条件和法律后果，有利于破解合同僵局，实现实质正义，促进市场经济发展。对于不能履行的交易，以鼓励交易的名义强制履行，并不是鼓励交易的真义。按照诚实信用原则，交易双方都要善意行使权利，在合同履行不能时，应当允许违约方起诉请求解除合同。

本案双方当事人签订了长达十年的租赁合同，在履行一年后，由于客观条件的变化，承租方的经营活动难以继续。虽然经营活动的风险是必然存在的，经营者应当有所预见也应自行承担经营风险，但从本案房屋租赁合同履行的实际情况看，如不允许解除租赁合同，一方面将导致房屋长期闲置，另一方面又使丁某在不占有使用房屋的情况下承担租金，进而，因丁某不使用租赁房屋，其支付租金的能力将受到限制，反过来也使吴某应获得的租金难以得到保障。在此情况下，双方已陷入合同僵局，对双方都是不利的。本案的处理符合《全国法院民商事审判工作会议纪要》第四十八条的精神。

应当注意的是，合同严守是审判实践中应遵循的一项重要原则，司法实践中，对合同严守原则的突破应当科以严格的条件限制，同时应当遵循公平、诚实信用的基本原则。《中华人民共和国民法典》第五百八十条规定："当事人一方不履行非金钱债务或者履行非金钱债务不符合约定的，对方可以请求履行，但是有下列情形之一的除外：（一）法律上或者事实上不能履行；（二）债务的标的不适于强制履行或者履行费用过高；（三）债权人在合理期限内未请求履行。有前款规定的除外情形之一，致使不能实现合同目的的，人民法院或者仲裁机构可以根据当事人的请求终止合同权利义务关系，但是不影响违约责任的承担。"《中华人民共和国民法典》对违约方请求终止合同权利义务关系的条件作了严格限制，首先，提出终止合同必须满足该条第一款规定的除外情形；其次，当事人仅享有终止合同的诉权而不是合同解除权，当事人必须向法院或者仲裁机构提出申请，由人民法院或仲裁机构结合案件实际情况，根据公平和诚实信用原则决定是否终止合同；最后，即便经司法审查裁决终止合同权利义务关系，违约方仍应承担违约责任，以保障对方当事人的合法利益。

编写人：广东省潮州市中级人民法院　朱萍

187　出租人无权处分租赁标的物不影响房屋租赁合同的效力

——物业管理公司诉林某新房屋租赁合同案

【案件基本信息】

1. 裁判书字号

北京市第二中级人民法院（2020）京02民终1677号民事判决书

2. 案由：房屋租赁合同纠纷

3. 当事人

原告（上诉人）：物业管理公司

被告（被上诉人）：林某新

第三人（被上诉人）：某物流公司北京分公司、商贸公司

【基本案情】

商贸公司原系北京市丰台区一处房屋的所有权人。后商贸公司以转让的方式将该房屋出售给某物流公司北京分公司。2012年5月4日，某物流公司北京分公司取得该房屋的所有权证，该房屋登记在某物流公司北京分公司名下。2017年12月，某物流公司北京分公司在北京市第二中级人民法院起诉商贸公司，要求商贸公司

继续履行资产转让协议和存量房屋买卖合同，向该公司交付北京市丰台区程庄路的案涉房屋、土地及地上设施等。北京市第二中级人民法院经审理认定，某物流公司北京分公司于2016年7月曾提出要求商贸公司办理交接的要求，而商贸公司在没有得到某物流公司北京分公司许可的情况下继续使用该院落缺乏合法依据。故判决商贸公司将坐落在北京市丰台区程庄路的土地、房屋及地上设施交付某物流公司北京分公司并办理该院落用水、用电、用气的变更手续。现该判决已生效。

另，2016年6月15日，林某新与物业管理公司签订《房屋租赁合同》，物业管理公司自林某新处承租北京市丰台区程庄路共三层房屋，房屋结构为框架，房屋用途为仓储、办公，租赁期限自2016年6月15日至2021年7月19日。同日，林某新与物业管理公司签订《房屋租赁合同补充协议》，约定林某新在该房屋不拆迁的前提下，租赁期满后自动延续5年。另就租赁标的物、租金标准、违约责任等进行了明确约定，并写明附件有：（1）一二三层平面图各一份；（2）房屋原租赁合同；（3）权利人同意转租文件；（4）租赁房屋清单；（5）《房屋附属设施、设备清单》。庭审中，物业管理公司与林某新均表示没有租赁房屋清单及《房屋附属设施、设备清单》。物业管理公司向法院提交2016年6月10日由安某签字、商贸公司加盖印章与林某新签订的《房屋租赁合同》及由安某签字、商贸公司加盖印章的《说明》、商贸公司加盖印章的《委托物业管理证明》和《营业执照》以及登记时间为2012年4月12日、北京市丰台区程庄路的房屋登记在商贸公司名下的房屋所有权证，表示上述证据均系林某新提供，为物业管理公司与林某新签订的《房屋租赁合同补充协议》的附件2和附件3，林某新对此予以认可，表示上述证据系商贸公司提供给林某新的。商贸公司对此予以否认。商贸公司对2016年6月10日《房屋租赁合同》落款处该公司印章的真实性不予认可并申请鉴定。经北京市高级人民法院指定，法院委托证据鉴定中心对商贸公司印章印文与样本上的相同内容印章印文是否为同一枚印章所盖印进行鉴定，结论为不是同一枚印章所盖印。庭审中，商贸公司亦否认《说明》《委托物业管理证明》和《营业执照》中该公司印章的真实性。物业管理公司向法院提交有安某签字、商贸公司加盖印章的2016年9月20日该公司签订的《房屋租赁合同》及《房屋租赁安全协议书》，该合同中约定商贸公司自物业管理公司处承租北京市丰台区程庄路一处楼房第二层整层，租赁期限自2016年9月12日起至2017年9月11日止，并就租金、权利义务等进行了约定。商贸公司否认《房屋租赁合同》及《房屋租赁安全协议书》中落款处该公司印章的真实性。

2017年10月26日，商贸公司曾向北京市公安局丰台分局卢沟桥派出所报称该公司被伪造印章。经北京市公安司法鉴定中心鉴定，2016年9月20日的物业管理公司与安某签字、商贸公司加盖印章签订的《房屋租赁合同》及《房屋租赁安全协议书》上的商贸公司印文均与样本上相同内容的印文不是同一枚印章盖印。本案审理过程中，经法院与北京市公安局丰台分局卢沟桥派出所警官联系，其表示犯罪嫌疑人安某（商贸公司老总王某宝的司机）不承认伪造印章行为，称印章是他从商贸公司拿出来的，而商贸公司也没有提出新的证据证明安某伪造了公司印章，故该案无法继续工作。若报案人能提出新的证据证明安某伪造公司印章则该派出所会继续工作，但此案是行政案件，并非刑事案件。

王某宝（甲方）代表商贸公司与林某新（乙方）于2016年4月10日签订《房屋租赁合同》，该合同中写明商贸公司将北京市丰台区程庄路××号院共三层房屋出租给林某新，房屋用途为主楼一层、二层、三层为仓储库房，二层东西各一间作为办公库管用房，三层东西各两间作为办公用房，除双方另有约定外，林某新不得改变房屋用途。并写明因政府或王某宝开发等原因需收回出租房屋时，林某新必须无条件全力配合撤场。商贸公司还向法院提交王某宝（甲方）代表其公司与林某新（乙方）于2016年9月15日签订的《房屋置换合同》，该合同中写明甲方以位于北京市丰台区程庄路的门脸房300平方米、南小院及平房8间200平方米，与乙方平等置换院内楼房第2层楼使用权。双方不得有其他费用，不得以任何理由任意调整置换事宜。置换期限自2016年9月15日至2021年12月30日。商贸公司表示林某新在未告知及书面通知该公司的情况下，擅自改变房屋用途，将仓库改造成写字楼，构成违约。林某新对商贸公司提交的《房屋租赁合同》和《房屋置换合同》的真实性予以认可，但表示从2016年6月其将位于北京市丰台区程庄路的房屋出租给物业管理公司，商贸公司既已知情并允许。

故原告物业管理公司起诉要求确认我公司与林某新之间的《房屋租赁合同》及《房屋租赁合同补充协议》合法有效并继续履行。

【案件焦点】

1. 物业管理公司与林某新签订的《房屋租赁合同》及《房屋租

赁合同补充协议》是否适用原《中华人民共和国合同法》第五十一条无权处分未予追认致合同无效的相关规定；2. 如认定前述《房屋租赁合同》及《房屋租赁合同补充协议》有效，是否影响对于合同继续履行的审理结果。

【法院裁判要旨】

北京市丰台区人民法院经审理认为：无处分权的人处分他人财产，经权利人追认或者无处分权的人订立合同后取得处分权的，该合同有效。本案的争议焦点为林某新与物业管理公司签订《房屋租赁合同》及《房屋租赁合同补充协议》时林某新是否具有诉争房屋的合法处分权。根据已查明的事实，诉争房屋自 2012 年 5 月 4 日始即登记在物流公司北京分公司名下，而林某新、物业管理公司均未提供相关证据证明 2016 年 6 月 15 日双方签订《房屋租赁合同》及《房屋租赁合同补充协议》时林某新系经物流公司北京分公司授权或同意，现物流公司北京分公司亦不予追认林某新与物业管理公司签订《房屋租赁合同》及《房屋租赁合同补充协议》的行为。物业管理公司、林某新称商贸公司知情并同意，但物业管理公司与林某新签订合同时商贸公司并非诉争房屋的所有权人，其是否同意林某新将诉争房屋转租给物业管理公司均不能导致在物流公司北京分公司不同意且不追认物业管理公司与林某新签订合同的情况下，物业管理公司与林某新签订合同的行为有效，而商贸公司亦未能提供物流公司北京分公司授权或同意其将诉争房屋进行出租的相关证据，且现生效法律文书已确认商贸公司将诉争房屋交付给物流公司北京分公司。故在诉争房屋所有权人物流公司北京分公司不追认的情况下，法院认定林某新与物业管理公司签订《房屋租赁合同》

及《房屋租赁合同补充协议》的行为为无权处分。现物业管理公司要求确认其与林某新签订的《房屋租赁合同》及《房屋租赁合同补充协议》合法有效并继续履行，没有法律依据。关于本案中商贸公司交纳的鉴定费，商贸公司虽否认该公司有多枚印章，但根据北京市公安局丰台分局卢沟桥派出所的卷宗及法院与该所警官的调查记录，商贸公司没有提出证据证明安某伪造该公司印章，安某亦不承认其伪造印章的行为，现公安机关亦未对安某采取限制措施，故本案的鉴定费由商贸公司先行负担，待伪造公章案侦破后可另行主张其权利。

北京市丰台区人民法院依照《中华人民共和国合同法》第五十一条之规定，作出如下判决：

驳回物业管理公司的诉讼请求。

物业管理公司不服原审判决，提起上诉。

北京市第二中级人民法院经审理认为：《中华人民共和国合同法》第四十四条规定："依法成立的合同，自成立时生效。法律、行政法规规定应当办理批准、登记等手续生效的，依照其规定。"本案中，物业管理公司与林某新签订的《房屋租赁合同》及《房屋租赁合同补充协议》系双方当事人真实意思表示，内容未违反法律、行政法规的强制性规定，不存在需要批准、登记的事项，亦不存在其他导致合同无效或可撤销的法定事由，因此，上述《房屋租赁合同》及《房屋租赁合同补充协议》自合同成立时即发生法律效力，物业管理公司要求确认《房屋租赁合同》及《房屋租赁合同补充协议》有效，有事实及法律依据，法院予以支持。至于商贸公司是否有权对外出租涉案场地及房屋，并不影响物业管理公司与林某新之间合同的效力。一审法院对此处理有误，法院依法予以纠正。

关于上述合同是否能够继续履行的问题。物业管理公司及商贸公司提交的现有证据不足以证明商贸公司对涉案场地和房屋有对外出租经营的权利，而根据人民法院生效判决，商贸公司应当将包括涉案房屋在内的北京市丰台区程庄路××号的土地、房屋及地上设施全部交还某物流公司北京分公司，上述判决具有法律执行力。综上，综合考虑本案实际情况，法院认为虽然物业管理公司与林某新签订的《房屋租赁合同》及《房屋租赁合同补充协议》合法有效，但上述合同在客观上已经不具备继续履行的条件，故物业管理公司要求确认上述合同继续履行的诉讼请求，法院难以支持。物业管理公司因上述合同不能继续履行导致的损失，可另行主张解决。

关于本案案件受理费的负担。物业管理公司起诉要求确认合同有效并继续履行，但本案原审被告林某新并未对该项诉讼请求予以反对，即使法院改判确认合同有效，亦不能因此认为被告败诉。另，无论物业管理公司是单独起诉要求确认合同有效，还是单独起诉要求继续履行合同，均应当以诉讼请求涉及的合同标的额作为诉讼请求标的额收取案件受理费。经审查，本案收取的一、二审案件受理费均是以一审法庭辩论终结后未履行部分的合同标的额为基数予以收取，在物业管理公司要求继续履行合同的诉讼请求未获支持的情况下，由其承担按照未履行部分的合同标的额计算的案件受理费亦无不妥。综合以上分析，本案二审虽然部分改判，但仍以物业管理公司负担一、二审案件受理费为宜，法院不再对此作出调整。

北京市第二中级人民法院依照《中华人民共和国合同法》第四十四条，《中华人民共和国民事诉讼法》第一百七十条第一款第二项之规定，作出如下判决：

一、撤销北京市丰台区人民法院民事判决；

二、确认物业管理公司与林某新之间的《房屋租赁合同》及《房屋租赁合同补充协议》合法有效；

三、驳回物业管理公司的其他诉讼请求。

【法官后语】

本案的争议焦点为物业管理公司与林某新签订的《房屋租赁合同》及《房屋租赁合同补充协议》是否适用原《中华人民共和国合同法》第五十一条有关无权处分未予追认致合同无效的规定；如认定前述《房屋租赁合同》及《房屋租赁合同补充协议》有效，是否影响对于合同继续履行的审理结果。

诉争房屋产权人原系商贸公司，商贸公司将诉争房屋出租给林某新，林某新于2016年6月15日将诉争房屋转租给物业管理公司，2012年物流公司北京分公司取得诉争房屋所有权证。换言之，承租人林某新在将诉争房屋转租给次承租人物业管理公司时，原先具备对诉争房屋处分权利的商贸公司已经失去处分权，林某新承接下来的处分权利亦已失去。在此情况下，如果按照原合同法第五十一条的规定来适用，即未被追认的无权处分致合同无效，则前述两份合同不能生效，这是第一种观点。然而，第二种观点认为，订立合同，是典型的债权行为，在当事人之间产生的是债权上的法律关系，认定房屋租赁合同是否有效，应着重审查合同是否系双方当事人真实意思表示，合同内容是否有违反法律、行政法规效力性强制性规定的地方，出租人对租赁标的物是否有处分权，并不影响房屋租赁合同的效力。笔者更认同第二种观点。

第一，从我国立法的趋势及价值上来看，此次《中华人民共和国民法典》放弃了原《中华人民共和国合同法》第五十一条的规定，既是坚持民法科学性原则的体现，更加倾向于从实践中交易的本质出发，以合同有效作为一项较为基本的、重要的原则，鼓励市场交易行为，亦是为了尽量减少审判实践中对无权处分存在的误解。人们在交易中，往往是先订立合同，才履行合同，合同是否有效与合同能否履行是两个不同的问题，不能以合同是否履行来认定合同是否有效。另案的生效判决确认了商贸公司应将诉争房屋交付给物流公司北京分公司。在此情况下，林某新与物业管理公司之间的房屋租赁合同存在了客观的履行障碍，物业管理公司可能难以继续占有、使用诉争房屋，但是该履行障碍不能也不必成为认定合同是否有效的条件。依照前述两份合同，物业管理公司在出现履行障碍而无法实现合同目的时，完全可以通过主张相应的违约责任，以维护己方的合法权利，而无须一开始就从合同效力上给予否定。

第二，从“举重以明轻”这一基本法理来理解此观点。此次《中华人民共和国民法典》第五百九十七条亦吸收了前述第三条之规定，认定出卖人无处分权的，并不导致合同无效，如果因出卖人无处分权导致标的物所有权不能转移的，买受人可以请求出卖人承担相应的违约责任。买卖行为是对标的所有权的处分，既然在无权处分所有权的情形下，都不能影响合同的效力，那么，在出租人对诉争房屋无处分权的情况下，更不能影响合同的效力。

编写人：北京市第二中级人民法院　王磊　辛明明

188 违约方解除租赁合同应以支付违约金、赔偿损失代替继续履行

——钮某蓓诉江某兵租赁合同案

【案件基本信息】

1. 裁判书字号

安徽省马鞍山市中级人民法院（2019）皖05民终1153号民事判决书

2. 案由：租赁合同纠纷

3. 当事人

原告（被上诉人）：钮某蓓

被告（上诉人）：江某兵

【基本案情】

未成年人陈某将案涉房屋出租给周某，周某转租给钮某蓓，期限自2019年1月1日起至2020年1月1日止。

2019年3月4日，钮某蓓发布出租案涉房屋的广告，江某兵看到广告后，与钮某蓓协商租房事宜，并通过微信转账1000元。钮某蓓在微信中答复："3.5万元未到。"次日，钮某蓓与江某兵签订《协议》，约定钮某蓓将位于马鞍山市博望区博望镇四季花城的房屋转租给江某兵，《协议》载明："1. 房屋转让费3.6万元。2. 江某兵分12个月付清，自合同签订后起，每月支付3000元。3. 江某兵应按时付款，若逾期，则钮某蓓有权要求江某兵一次性付清余款。4. 一方违约，承担违约金5000元。"双方在《协议》

上签名捺印。同日，江某兵现金支付1个月租金3000元。之后，江某兵搬入案涉房屋。2019年4月22日，江某兵搬出案涉房屋，并通知钮某蓓不再租赁，钮某蓓收到通知，表示不同意。此后，江某兵未按照约定支付房租。5月14日，钮某蓓提起诉讼，要求江某兵向其支付房屋租金3.3万元，并支付违约金5000元。

5月16日，陈某的祖母兼监护人丁某珍向钮某蓓出具《说明》，载明："丁某珍同意钮某蓓将案涉房屋转租他人，并认可钮某蓓之前对房屋向外出租的事实。"

【案件焦点】

1. 钮某蓓是否有权转租案涉房屋；2. 关于江某兵承担的违约责任。

【法院裁判要旨】

安徽省马鞍山市博望区人民法院经审理认为：第一，关于钮某蓓是否有权转租案涉房屋。依据《中华人民共和国合同法》第二百二十四条第一款的规定，承租人经出租人同意，可以将租赁物转租给第三人，承租人转租的，承租人与出租人之间的租赁合同继续有效。本案中，房屋所有权人陈某为出租人，周某为次承租人，钮某蓓从周某处转租后再转租给江某兵。陈某的祖母兼监护人丁某珍代表陈某明确表示同意钮某蓓转租，且江某兵未能提供其他证据证明周某不同意钮某蓓再转租，故钮某蓓有权将房屋转租给江某兵。至于转租期限超过钮某蓓与周某转租的期限，因获得出租人陈某追认，应属有效。

第二，关于江某兵承担的违约责任。江某兵于2019年4月继续租用案涉房屋但未付租金，属于违约，应承担继续履行的责任，按约向钮某蓓支付该月租金3000元。江某兵于2019年4月22日搬出案涉房屋并通知钮某蓓不再承租，依据《中华人民共和国合同法》第九十四条第二项的规定，在履行期限届满之前，当事人一方明确表示或者以自己的行为表明不履行主要债务的，可以解除合同。江某兵搬出案涉房屋并停止支付租金，明确要求提前解除租赁合同，江某兵的行为构成根本违约，导致房屋租赁合同解除，解除时间按解约通知到达之日即 2019 年 4 月 22 日计算，江某兵不能免除相应的违约责任。依据《中华人民共和国合同法》第一百一十四条第一款之规定，当事人可以约定一方违约时向对方支付一定数额的违约金，也可以约定因违约产生的损失赔偿额的计算方法。本案中，双方在《协议》中既约定违约金又约定损失赔偿，故钮某蓓可以要求江某兵同时支付违约金和赔偿损失。依据《中华人民共和国合同法》第一百一十三条和第一百一十九条的规定，损失赔偿额应当相当于因违约造成的损失，以及违约相对方应当采取适当措施防止损失的扩大，没有采取适当措施致使损失扩大的，不得就扩大的损失要求赔偿。本案中，钮某蓓获得的损失赔偿应不超过解约造成的实际损失。江某兵提前解约应给予钮某蓓合理的防止损失扩大的期限，以便钮某蓓将房屋租给他人，在此合理期限内的损失应由江某兵承担，期限外的损失属扩大的损失，钮某蓓不得要求赔偿。钮某蓓未能提供证据证明其他损失，实际损失即为房租。根据本案实际情况，给予钮某蓓 3 个月的期限较为合理，合理期限内的房租计 9000 元即为实际损失。双方约定违约金 5000 元，应优先适用，江某兵应予以支付。对于违约金不足以弥补的实际损失 4000 元（9000 元-5000 元）为钮某蓓可以获得的损失赔偿，超过实际损失的部分属于扩大的损失，法院不予支持。江某兵于订立合同前支付 1000 元，从双方微信记录分析，应为提前支付的房租，可从江某兵欠付的 3000 元房租中予以扣除。

安徽省马鞍山市博望区人民法院依照《中华人民共和国合同法》第六十条第一款、第九十四条第二项、第一百一十三条第一款、第一百一十四条第一款、第一百一十五条、第一百一十九条第一款、第二百二十四条,《中华人民共和国民事诉讼法》第一百四十二条之规定,作出如下判决:

一、江某兵于判决生效之日起十日内支付钮某蓓租金2000元、违约金5000元,并赔偿钮某蓓损失4000元,合计1.1万元;

二、驳回钮某蓓其他诉讼请求。

江某兵不服一审判决,提出上诉。

安徽省马鞍山市中级人民法院经审理认为:从查明案涉《协议》的内容看,没有既约定违约金又约定损失赔偿。一审法院陈述案涉《协议》既约定违约金又约定损失赔偿,与查明的事实不符,二审法院予以指正。但一审认定钮某蓓实际损失为3个月房租,并无不当。江某兵从钮某蓓处转租,期限一年,但江某兵承租不足两个月后且仅支付一个月租金即自行搬出,江某兵在二审中确认后钮某蓓在2019年8月才将案涉房屋再行租出,实际产生了3个月的房租损失。故一审认定钮某蓓实际损失为3个月房租,与事实相符。

安徽省马鞍山市中级人民法院依照《中华人民共和国民事诉讼法》第一百七十条第一款第一项之规定,作出如下判决:

驳回上诉,维持原判。

【法官后语】

《中华人民共和国民法典》第五百六十三条规定了合同解除的法定事由,即不可抗力解除、预期违约解除、迟延履行的催告解除、根本违约解除和法律规定的其他情形下的解除。结合此法条内容，也许在不可抗力解除情形下，当事人双方因对不可抗力事件皆不具备归责性，双方都可解除合同。但在预期违约、迟延履行及根本违约情形下，法条设立的背景就是保护守约人的权利，给予守约人在对方违约时救济自身权利的可能。

《中华人民共和国民法典》第五百八十条的内容规定了守约方履行请求权排除的情形，即违约方在特定情形下具有法定的不应守约方要求履行合同义务的权利。按照此条立法精神，违约方可以解除合同，但出于诚实信用和公平交易原则的考虑，违约方须给予守约方充分补偿。

《全国法院民商事审判工作会议纪要》第四十八条规定了违约方原则上不得请求解除合同，但规定违约方在不存在恶意违约的情形且继续履行合同对双方都不利的条件下，可以请求人民法院解除合同，人民法院可以根据案件事实判决解除合同。违约方请求解除合同，不影响其承担违约责任。人民法院在解除合同后，要根据减损规则、损益相抵等规则合理确定违约责任的范围。

关于违约方解除权及违约责任范围确定的实务问题，越来越多的法院逐渐开始支持在特定情形下违约方可以解除合同，当违约方继续履约所需的财力、物力超过双方履行合同所能获得的利益时，合同已不具备继续履行的条件，为平衡双方的利益，法院允许违约方的解除合同请求，但违约方须向守约方承担赔偿责任，以保证守约方现实既得利益不因合同解除而减少，以赔偿损失来代替继续履行。

编写人：安徽省马鞍山市博望区人民法院　花庆月

189 当事人可通过实际履行行为变更合同生效条件

——开发公司诉黄某林房屋租赁合同案

【案件基本信息】

1. 裁判书字号

福建省厦门市中级人民法院（2018）闽02民终195号民事判决书

2. 案由：房屋租赁合同纠纷

3. 当事人

原告（上诉人）：开发公司

被告（被上诉人）：黄某林

【基本案情】

2015年8月24日，开发公司作为出租方、电子公司作为管理方、黄某林作为承租方签订一份《厦门赛格电子市场房屋租赁合同》，约定开发公司将某电子市场××层××区3××5室的房屋出租给黄某林；房屋月租金为3096元，按季度结算；合同签订时，黄某林应向开发公司缴纳租赁期间押金3600元；合同签订后三日内，若黄某林未支付押金，则开发公司有权将房屋另行出租；黄某林应按合同规定期限缴纳租金，违约除补交租金外，每逾期一日按月租金的千分之五向开发公司交付违约金；本合同经开发公司、电子公司、黄某林三方签章后并在黄某林缴纳押金之日起生效。

开发公司向一审法院起诉请求：黄某林向开发公司支付拖欠的2015年9月1日至2016年5月31日的租金15840元及逾期违约金

（计至2016年5月31日为121元；此后违约金按月租金的日千分之五，自2016年6月1日起计至还清所有款项之日止）。

黄某林辩称：（1）签订合同的时候其仅在空白的合同上签字，开发公司并未在合同上签字盖章，黄某林也未拿到合同，故案涉合同不成立；（2）虽然开发公司之后在黄某林提前签订好的合同上补盖章，但其未将合同送交给黄某林，即便合同成立，根据合同第十四条的约定，黄某林未向开发公司支付押金，合同不生效，开发公司要求黄某林支付租金没有依据；（3）电子城××楼油画城从未开业，开发公司未将讼争房屋交付黄某林使用，开发公司与黄某林签订合同的时候，即开发公司在电子商城招商时，向黄某林承诺招满50家后开业运营，实际招商情况不理想，三楼油画城未开业，黄某林未实际使用讼争房屋；（4）开发公司的部分诉讼请求已经过了诉讼时效，开发公司起诉状载明的时间为2016年12月23日，故2015年8月24日至2015年12月22日的租金已超过一年的诉讼时效。综上，讼争租赁合同不成立也未生效，开发公司未将讼争房屋交付给黄某林使用，开发公司要求黄某林支付租金无依据，且开发公司的部分请求已超过一年的诉讼时效。

庭审中，开发公司确认黄某林未缴纳押金。开发公司提交《租金缴交通知单》《催促函》《欠款明细》《律师函》等证据要用于证明黄某林拖欠讼争房屋自2015年9月1日至2016年5月31日的租金15840元及计至2016年5月31日的违约金121元。双方确认讼争房屋内存放有黄某林的皮雕画，开发公司主张皮雕画系黄某林搬进讼争房屋的，但黄某林主张皮雕画系其应开发公司的招商需要，交给开发公司的工作人员搬进讼争房屋，用于展览的。

【案件焦点】

在合同约定的生效条件未成就的情况下，能否以实际履行行为认定合同已经生效。

【法院裁判要旨】

福建省厦门市湖里区人民法院经审理认为：租赁合同是出租人将租赁物交付承租人使用、收益，承租人支付租金的合同。出租人应当按照约定将租赁物交付承租人，并在租赁期间保持租赁物符合约定的用途。本案中，黄某林否认接收了租赁物，开发公司亦无证据表明将租赁物交付黄某林，双方对于租赁物是否交付的事实存在争议，开发公司应当承担举证责任。《中华人民共和国合同法》规定，当事人对合同的效力可以约定附条件，附生效条件的合同，自条件成就时生效。本案中，开发公司与黄某林签订的租赁合同约定合同自黄某林缴纳押金之日起生效，因黄某林未缴纳押金，双方约定的租赁合同的生效条件尚未成就。开发公司提交的《租金缴交通知单》《催促函》《欠款明细》和《律师函》等证据，均系其单方制作且开发公司无证据表明其已将上述《租金缴交通知单》《催促函》《律师函》等送达给黄某林。虽讼争房屋内存放有黄某林的皮雕画，但综合考虑讼争租赁合同的生效条件尚未成就及开发公司无证据证明其已将讼争房屋交付给黄某林，故采信黄某林关于存放皮雕画的说法。现开发公司不能证明其已将讼争房屋交付黄某林使用及黄某林拖欠租金的事实，故开发公司请求判令黄某林支付拖欠的租金及逾期违约金，没有合同、事实和法律依据，不予支持。依照《中华人民共和国合同法》第二百一十二条、第二百一十六条，《中华人民共和国民事诉讼法》第六十四条第一款之规定，判决如下：

驳回开发公司的诉讼请求。

开发公司不服原审判决，向福建省厦门市中级人民法院提起上诉。

福建省厦门市中级人民法院经审理认为：上诉人开发公司与被上诉人黄某林于 2015 年 8 月 24 日签订的《电子市场房屋租赁合同》，系双方当事人的真实意思表示，内容不违反法律、行政法规的效力性强制性规定，应认定为有效合同。虽然合同约定合同自黄某林缴纳押金之日起生效，黄某林未缴纳押金，但黄某林的部分皮雕画已经搬入讼争房屋，足以认定黄某林已实际占有、使用租赁物，双方已以实际行动变更了《电子市场房屋租赁合同》中“合同自黄某林缴纳押金之日起生效”的约定，本案租赁合同已生效。一审认定合同未生效错误，予以纠正。上诉人开发公司的上诉有理，予以采纳。依照《中华人民共和国合同法》第六十条第一款、第二百一十二条，《中华人民共和国民事诉讼法》第六十四条第一款、第一百七十条第一款第二项之规定，作出如下判决：

一、撤销福建省厦门市湖里区人民法院（2017）闽 0206 民初 1213 号民事判决；

二、黄某林应于本判决生效之日起十日内支付开发公司 2015 年 12 月 23 日至 2016 年 5 月 31 日的房屋租金 5444 元；如果未按本判决指定的期间履行给付金钱义务，应当依照《中华人民共和国民事诉讼法》第二百五十三条之规定，加倍支付迟延履行期间的债务利息；

三、驳回开发公司的其他诉讼请求。

【法官后语】

所谓租赁合同是出租人将租赁物交付承租人使用、收益，承租人支付租金的合同。租赁合同的内容一般包括租赁物的名称、数量、用途、租赁期限、租金及其支付期限和方式、租赁物维修等条款。本案中，开发公司作为出租方、电子公司作为管理方、黄某林作为承租方签订的《电子市场房屋租赁合同》系各方的真实意思表示，自签约时已经依法成立。讼争合同不属于法律、行政法规规定应当办理批准、登记等手续才能生效的类型，原则上自成立时生效。但是在本案中，合同约定了生效条件——“本合同经开发公司、电子公司、黄某林三方签章后并自黄某林缴纳押金之日起生效”。《中华人民共和国民法典》第一百五十八条沿袭《中华人民共和国民法总则》第一百五十八条，规定：“民事法律行为可以附条件，但是根据其性质不得附条件的除外。附生效条件的民事法律行为，自条件成就时生效。附解除条件的民事法律行为，自条件成就时失效。”从查明的事实来看，黄某林未缴纳押金，合同约定的生效条件确未成就。但是，合同约定的生效条件未成就并不一定导致合同不生效，应结合合同目的、合同内容和当事人履行情况进行综合认定。租赁物的转移占有使用是租赁合同订立的主要目的和重要特征。本案中，黄某林的部分皮雕画已经搬入讼争房屋，该事实足以证明黄某林已实际占有、使用租赁物。故而，应认定双方已以实际行动变更了《电子市场房屋租赁合同》中“合同自黄某林缴纳押金之日起生效”的约定，本案租赁合同已生效，黄某林依法应支付相应租金。

编写人：福建省厦门市中级人民法院　许荣锟

190 合同目的无法实现，违约方主张解除合同可以支持

——冯某飞诉王某华房屋租赁合同案

【案件基本信息】

1. 裁判书字号

天津市第一中级人民法院（2018）津01民终6261号民事判决书

2. 案由：房屋租赁合同纠纷

3. 当事人

原告（被上诉人）：冯某飞

被告（上诉人）：王某华

第三人：房管站

【基本案情】

2018年3月12日，原告冯某飞与被告王某华签订房屋租赁合同，约定原告租赁被告承租第三人管理的公有住房一套，用途为餐饮服务，租期自2018年3月15日至2020年3月14日，月租金3600元，押金4000元。双方合同约定，任何一方不得擅自提前终止合同，否则视为违约，守约方有权单方解除租赁合同或要求违约方继续履行本合同，并有权要求违约方支付一个月租金作为违约金。原告如约支付三个月租金及押金共14800元。2018年3月29日，市场和质量监督管理所出具通知，对原告提交的快餐店不予登记，理由为违反《天津市市场主体住所经营场所登记管理暂行办法》有关"违反房屋安全使用管理规定和房屋租赁管理规定，擅自改为生产、餐饮等的住宅楼房中的部分住宅房屋不得登记为住

所（经营场所）”的规定。2018 年 4 月 4 日，原告以快递的形式将解除函、钥匙和电卡等退还被告，被告于 2018 年 4 月 6 日签收。

2018 年 4 月 4 日，原告以被告承诺租赁房屋能办理营业执照而不能办理，无法经营餐饮服务，合同目的不能实现为由，向法院起诉要求：(1) 确认原、被告签订的《房屋租赁合同》自 2018 年 4 月 1 日解除；(2) 判令被告返还原告房屋租金及押金 14800 元（3600 元/月×3 个月+押金 4000 元）；(3) 判令被告支付原告违约金 3600 元。

原告主张被告承诺房屋可以办理工商登记，但未能加以证明。

【案件焦点】

1. 导致合同目的不能实现的违约责任的认定问题；2. 解除合同的正当性问题。

【法院裁判要旨】

天津市和平区人民法院经审理认为：原告在租赁房屋时知晓涉案房屋为住宅，原告应对房屋是否符合经营条件进行合理考察和审慎决定。出租人应在租赁期间保持租赁物符合约定用途的义务，是指应保证租赁物具备应有的使用价值，而非保证可进行经营登记。原告不能证明被告保证能办理营业执照，合同目的不能实现的责任不在被告，属原告违约。

租赁合同属于继续性合同，原告确实不再使用涉案房屋，势必造成资源的浪费。为充分发挥物的价值，减少财产浪费，维持社会经济秩序和法律关系现状稳定，遵照民法的公平原则，准许原告解除合同的请求，被告于 2018 年 4 月 6 日收到涉案房屋的钥匙及《解除通知函》，法院确认租赁合同于该日解除。

2018 年 4 月 6 日，被告已经收到解除函及房屋钥匙，在合同解除后，被告应及时收回房屋以减少损失，被告拒不接收房屋，属于扩大损失，无权就扩大的部分收取租金。综合考虑另行出租房屋的合理闲置时间，酌定被告返还半个月租金 1800 元。

天津市和平区人民法院依照《中华人民共和国合同法》第九十四条、第一百零九条、第一百一十三条、第二百一十六条，《最高人民法院关于适用〈中华人民共和国民事诉讼法〉的解释》第九十条、第九十一条的规定，作出如下判决：

一、确认王某华与冯某飞所签房屋租赁合同于 2018 年 4 月 6 日解除；

二、本判决生效之日起十日内，王某华返还冯某飞租金 1800 元及押金 4000 元；

三、驳回冯某飞的其他诉讼请求。

王某华不服一审判决，提起上诉。天津市第一中级人民法院经审理认为：冯某飞作为违约方，虽不能行使法定解除权，但鉴于其不再使用涉案房屋的意思表示以及涉案房屋无法办理营业执照的现实情况，强制继续履行合同既违背自愿原则，又无法实现合同目的，而且成本过高，故强制履行合同并非理性之选择。一审法院为平衡双方当事人的利益，并基于效率原则的考虑，确认被上诉人单方解除合同的效力并无不妥，予以确认。天津市第一中级人民法院作出如下判决：

驳回上诉，维持原判。

【法官后语】

解除权是为保护非违约方利益，这一制度设计的预设前提是合同目的能够实现，且解除权人能够理性做出最优利益选择。现实中存在因合同目的无法实现而出现的违约，非违约方又不愿行使解除权，合同陷入僵局，标的物被闲置，造成社会资源浪费。

允许违约方解除合同具有合理性：（1）符合合同的价值追求。双方基于各自的利益追求，经平等协商达成合意，在充分履行后实现各自利益，当履行合同不能实现合同价值时，为尽快结束合同的不确定状态，减少双方消耗，应当放开合同约束，这是实现合同价值过程中的必要补救措施。（2）符合公平原则。在违约方能够承担赔偿责任以弥补守约方损失的情况下，不解除合同可能会进一步扩大损失，有违公平原则，应留出依据公平原则对利益实现失衡状况进行再平衡的空间。（3）继续履行合同可能效果不佳。在双方对合同存续产生分歧时，互信程度降低，要求违约方继续履约，效果可能大打折扣。（4）具有规范解释空间。原《中华人民共和国合同法》第一百一十条"但书"条款规定了不适用继续履行的情形，不继续履行对应的法律关系状态即合同解除，该规定为违约方解除合同留有余地。即便不属于第一百一十条的适用情形，也可在符合必要条件的基础上，直接适用公平原则予以解除。《中华人民共和国民法典》第五百八十条基本沿袭了此规定。

本案中，冯某飞承租案涉房屋是为经营餐饮服务，这是讼争合同的主要合同目的，因案涉房屋不能办理营业执照，无法正常经营，所以合同目的不能实现。王某华希望继续履行而冯某飞意欲解除，如合同继续履行，可能会有如下两种结果：一是房屋空置，冯某飞拒绝支付后续房租，王某华连续起诉索要各期租金，房屋闲置，双方诉累；二是冯某飞在租期内将房屋转租，王某华不同意则不能转租，即便同意出租，转租往往较直接出租交易机会较少，租金也会较低，会有两个合同关系和三方主体，履约中出现的问题比较复杂，产生纠纷的概率也会增加，远不如解约后由王某华再行出租简便、高效。因此，如继续履行合同，冯某飞将承担较多的经济损失，而王某华仍可依约收取租金，但因双方的纠纷其利益实现成本会增加。根据现有的市场状况，解除合同后再行出租，仍能获得大体相同的租金收益。在冯某飞对重新出租期间损失等予以充分赔偿的情况下，仍要求冯某飞继续承租，双方履行利益将严重不平衡。从公平原则出发，对这一不平衡的状况予以再平衡是恰当的。

虽然允许违约方解除合同，但属合同严守原则的例外，只有具有足够充分且正当的理由才能适用，需要同时满足如下条件：

1. 合同目的无法实现。这是允许合同解除的价值基础，合同失去存在的功能性，继续要求履行会造成社会资源浪费。

2. 合同继续履行将使双方利益严重失衡。双方利益对比具有基于公平原则调整的必要性。违约方不能存在为获取更大利益而违约的投机性。

3. 非违约方利益能够通过损害赔偿补足。因一方违约在先，必须在保证非违约方利益补偿的基础上才能解除。

需要说明的是，本案在处理时还处于法律规范适用不清晰的背景下，需要审判人员以公平原则为基础，进行具有一定突破性的法律解释，十分考验司法智慧，也较易出现同类情形不同处理的问题。针对实践中一直存在的此类合同僵局问题，民法典在第五百八十条进行了部分回应。根据该条第二款规定，具有非金钱债务继续履行三种除外情形之一，致使不能实现合同目的的，人民法院或者仲裁机构可以根据当事人的请求终止合同权利义务关系，但是不影响违约责任的承担。该条规定亦未赋予违约方合同解除权，而是审慎地在满足系列条件下，允许法院依申请审查后终止权利义务关系，产生与合同解除相同的实际后果，为减少因合同僵局造成的社会资源浪费，基于公平原则矫正双方利益失衡提供了制度空间。本案的处理基本符合民法典规范的价值内核和具体规则。

编写人：天津市和平区人民法院　殷红方　贾丽娜

191 政府行为导致出租人瑕疵履行的违约责任认定

——贸易公司诉游某丰房屋租赁合同案

【案件基本信息】

1. 裁判书字号

福建省厦门市中级人民法院（2018）闽02民终4383号民事判决书

2. 案由：房屋租赁合同纠纷

3. 当事人

原告（上诉人）：贸易公司

被告（被上诉人）：游某丰

【基本案情】

2015年8月22日，贸易公司（甲方）与游某丰（乙方）签订一份《租赁合同》（以下简称讼争合同），约定：甲方将思明区鼓浪屿4号、6号房屋（以下简称讼争房屋）出租给乙方用于经营家庭旅馆；租赁期限自2015年12月1日至2023年11月30日，甲方给乙方三个月免租期，因此租赁期限相应顺延三个月至2023年11月30日；如果由于政府行为（包括但不限于对风景区集体作出保护措施）导致乙方超过一个月无法正常使用房屋的，甲方同意租期无偿相应顺延；租金为年付，每年租金78万元，无须交付押金；首期租金在本合同签订之日起二日内支付，以后各年度租金在每年度前三个月支付；如乙方未能按期支付租金的，甲方有权解除合同，乙方已投资装修无偿归甲方所有，租金支付至甲方指定的曾某左银行账户；甲、乙双方若因本协议发生争议，应本着诚实信用的原则友好协商解决，如协商不成可向法院起诉；等等。合同签订后，贸易公司向游某丰交付讼争房屋，游某丰对讼争房屋进行装修后用于经营家庭旅馆（民宿）——鼓浪屿度假酒店。游某丰分别于2015年8月13日、2015年8月24日、2015年9月22日、2016年8月26日分别向贸易公司支付租金10万元、72万元、10万元、68万元。

2017年4月起，游某丰及其合伙人欲向政府申请办理“鼓浪屿度假酒店”的家庭旅馆特种行业许可证，其间与贸易公司相关人员多次沟通，但因讼争房屋存在权属问题始终未能办理。2017年10月10日，贸易公司以曾某左名义向游某丰邮寄《通知书》称：游某丰须于每年8月30日前支付租金，今年游某丰至今未交付租金已严重违约，故通知解除讼争合同。通知邮件由游某丰的配偶签收。2017年11月21日，游某丰通过张某芳账户向贸易公司汇款50万元，汇款用途为“4号、6号2018年度房租”。

另查明：讼争房屋尚未办理产权证，以致承租讼争房屋经营家庭旅馆无法取得特种行业许可证。2017年9月，政府对未取得特种行业许可证的鼓浪屿家庭旅馆进行管制。后政府的管制取消，讼争房屋能够正常用于经营家庭旅馆。证人陈某（“鼓浪屿度假酒店”工作人员）述称：由于政府管制，2017 年 4 月 17 日至 2017 年 9 月 8 日，度假酒店的广告在各大旅游网站上下线；未取得特种行业许可证。证人张某木（游某丰的亲戚、度假酒店的股东）述称：2017 年 9 月，度假酒店在网上不能挂出营业了。证人陈某龙（促成原、被告签订讼争房屋租赁合同的中间人之一）述称：其在鼓浪屿上经营店面，当时无特种行业许可证的家庭旅馆政府都要求停止营业。证人谢某琪（促成原、被告签订讼争房屋租赁合同的中间人之一）述称：其为鼓浪屿管理公司员工，期间鼓浪屿上所有旅馆关闭一星期左右；无特种行业许可证的家庭旅馆在当时一个多月前就从网上下线，没有什么客人了；此后，政府没有干预无特种行业许可证的家庭旅馆的经营。

【案件焦点】

政府行为造成租赁房屋无法按合同目的使用的，出租人应当承担何种违约责任。

【法院裁判要旨】

福建省厦门市思明区人民法院经审理认为：本案争议焦点为游某丰未于 2017 年 9 月 1 日前向贸易公司足额支付 78 万元租金是否违约并构成解除讼争合同条件。政府加强对家庭旅馆的管制期间，并要求无特种行业许可证的家庭旅馆从网站上下线是周知的事实并得到了证人证言证实。因贸易公司尚未取得讼争房屋产权证书，讼争房屋上经营的家庭旅馆无法办理特种行业许可证，以致期间讼争房屋上经营的家庭旅馆受到政府管制，讼争房屋用作经营家庭旅馆的约定用途受到影响。贸易公司未能保证讼争房屋在期间符合合同约定的用途在先，游某丰据此止付租金系依法行使抗辩权。在争议原因即政府管制消失后，游某丰于2017年11月21日向贸易公司支付50万元作为2018年度租金，可见游某丰并非恶意欠租拒不履行合同。游某丰迟延支付租金存在合理理由并采取了履行合同的补救措施，贸易公司单方发函并不产生解除讼争合同的法律后果。

游某丰将讼争房屋用于经营家庭旅馆，期间房屋使用受到影响，其余时间均能正常使用。期间对房屋使用产生影响的政府管制措施：一是会议召开期间家庭旅馆停止经营，二是会议召开前一段时间无特种行业许可证的家庭旅馆在旅游网站上下线，前者造成讼争房屋约定用途完全无法实现，后者则造成家庭旅馆入住人数减少以致讼争房屋约定用途正常实现受到限制。讼争合同约定：如果由于政府行为导致超过一个月无法正常使用房屋的，租期无偿相应顺延，据此约定内容可知，贸易公司同意因政府行为导致讼争房屋无法正常使用时在相应期间免租。游某丰主张旅游网站下线的时间自2017年4月17日至2017年9月8日，其间租金应免除，但该主张与大多数到庭证人证言不一致，且没有其他客观证据和直接证据佐证。综合证人证言和本案其他证据，考虑期间政府不同管制形式对房屋用途的不同影响，法院酌情认定因政府管制影响讼争房屋正常使用可相应减免两个月租金13万元，亦即2017年12月1日至2018年11月30日讼争房屋的租金为65万元，扣除已支付的50万元，游某丰还应支付15万元。

福建省厦门市思明区人民法院依照《中华人民共和国合同法》第六十条第一款、第六十七条、第一百零七条、第一百二十一条、第二百一十六条、第二百二十六条，《中华人民共和国民事诉讼法》第六十四条第一款，《最高人民法院关于适用〈中华人民共和国民事诉讼法〉的解释》第九十条的规定，作出如下判决：

一、游某丰于本判决生效之日起十日内向贸易公司支付租金15万元；

二、驳回贸易公司的其他诉讼请求。

贸易公司不服提起上诉。福建省厦门市中级人民法院经审理同意一审法院裁判意见，作出如下判决：

驳回上诉，维持原判。

【法官后语】

本案争议焦点为政府行为导致出租人瑕疵履行的责任如何认定。

一、出租人违反租赁物瑕疵担保义务具有或然性

虽然讼争房屋尚未办理产权证致使家庭旅馆无法取得特种行业许可证，然而出于鼓励旅游业发展、激发民间经济活力等目的，地方政府并未明令禁止家庭旅馆这一业态，无论是否将取得特种行业许可证的家庭旅馆均纳入公安部门酒店住宿人员登记系统进行统一管理，在平日里诸如度假酒店等未取得特种行业许可证的家庭旅馆也是能够正常经营的。但在国家举办重大活动期间，出于安保稳控需要，地方政府对鼓浪屿家庭旅馆行业采取特殊管制政策：对取得特种行业许可证的家庭旅馆允许会期内经营，对未取得特种行业许可证的家庭旅馆则要求在会期内停止经营。讼争房屋经营的度假酒店属于后一种情形。由于贸易公司无法提供讼争房屋产权证，度假酒店无法取得特种行业许可证，在特定期间被政府限制经营成为必然。可见，平日里讼争房屋能够正常用于经营家庭旅馆，贸易公司履行了提供符合约定的租赁物的出租人义务；当政府对未取得特种行业许可证的家庭旅馆进行管制时，贸易公司方才违反租赁物瑕疵担保义务构成违约。

二、租赁物瑕疵担保责任形式以酌情减免租金为宜

贸易公司出现违反租赁物瑕疵担保义务的原因在于政府管制这一自身意志之外的因素，属于原《中华人民共和国合同法》第一百二十一条规定的因第三人的原因造成违约的情形。根据合同相对性原则，贸易公司并不因此免除对游某丰的违约责任。本案讼争房屋的瑕疵并非物理缺陷，而是用途上受到管制，故无法通过维修的方式使租赁物恢复约定用途，唯一的办法是等待政府解除管制。在合同没有明确约定此种情形出租人违约责任的情况下，酌情减少或免除政府管制期间的租金是最为合适的责任承担方式。应当全面考虑政府管制对房屋用途的影响，酌定公平合理地减免金额。除此之外，不宜判定出租人另行承担违约责任。

三、租赁物存在瑕疵期间承租人止付租金不构成违约

贸易公司提供的租赁物产生瑕疵是暂时性的，政府管制解除后租赁物瑕疵自然解除。游某丰在租赁物产生瑕疵期间止付租金系依法行使抗辩权，在政府管制解除后的合理期限内其恢复支付租金说明其欠租并非恶意，故而游某丰不构成违约，贸易公司不因此享有合同解除权。当然，若政府行为对房屋用途受限的影响是长期的，在可预见时期内无法消除，那么当事人可考虑主张因不可归责于双方的原因解除租赁合同。

编写人：福建省厦门市思明区人民法院　郭泽喆

192 经营性房屋租赁合同中，出租方违反开具租金发票的义务导致承租方不能实现合同目的的，承租方有权解除合同

——吴某涛诉置业公司租赁合同案

【案件基本信息】

1. 裁判书字号

江苏省无锡市中级人民法院（2018）苏02民终3384号民事判决书

2. 案由：租赁合同纠纷

3. 当事人

原告（被上诉人）：吴某涛

被告（上诉人）：置业公司

【基本案情】

2016年12月26日，吴某涛与置业公司订立商品房租赁合同，约定将19号商品房出租给吴某涛，租赁物吴某涛用于从事餐饮经营；租赁期限为三年；吴某涛于2017年2月1日自行前往租赁物所在项目物业中心办理房屋交接手续；吴某涛租赁该商品房的租金应按季度支付；置业公司在收到租金后按吴某涛支付的金额向其出具商品房租赁发票；自租赁物移交之日起，吴某涛根据经营需要，在保证不影响商品房结构安全和消防安全的原则下对租赁物进行装修；吴某涛承诺2017年5月1日开始营业，如吴某涛逾期开始正式营业的，吴某涛需按本合同约定的金额及时间向置业公司足额支付租金；另外，在双方的权利和义务中约定：置业公司

须于收到吴某涛租金后按其缴纳的金额开具合法有效的商品房租赁发票；吴某涛必须为其在租赁物内进行经营取得一切必要的合法手续、证件，否则吴某涛不得开业；合同另对其他相关事宜作出约定。

合同订立后，吴某涛按照合同约定缴纳首期租金16885.8元，置业公司收款后却未能开具租赁发票。2017年2月1日，双方办理涉案房屋的交接手续。后吴某涛对该房屋进行装修。2017年3月29日，吴某涛取得味之道小吃店个体工商户的预先核准通知书，该通知书载明：上述名称保留至2017年9月28日，在保留期内至领取营业执照前不得用于从事经营活动，不得转让。

2017年7月2日，吴某涛向置业公司发出律师函，认为置业公司收到租金后迟迟不开具商品租赁发票，导致吴某涛不能办理营业执照，不能实现合同目的，系根本性违约；要求置业公司见函起七日内开具发票并支付因不能营业造成的实际损失30900.83元。

为查清事实，法院至无锡市锡山区东亭街道办事处个体税收委托代征工作站进行调查，该工作站工作人员陈述：因味之道小吃店一直没有提交租赁发票，故营业执照未办妥；租赁发票是办理营业执照的必备条件。

审理中，吴某涛申请对涉案房屋的装修及房屋内设备之价值进行评估，经评估：涉案房屋的装修及房屋内设备的价值为91900元。

【案件焦点】

置业公司违反开具租金发票的从合同义务，吴某涛是否有权解除合同。

【法院裁判要旨】

江苏省无锡市锡山区人民法院经审理认为：吴某涛与置业公司所订房屋租赁合同系双方的真实意思表示，均应恪守；双方合同项下的主要权利义务为吴某涛支付租金、置业公司交付租赁房屋。关于吴某涛现主张置业公司存在违约行为要求解除租赁合同的诉请，法院认为，因合同目的不能实现而解除合同适用于迟延履行、不能履行、不适当履行、拒绝履行等各种违约形态，判断某一违约行为是否属于合同目的不能实现（根本违约），应根据违约的具体形态结合案件的客观情况进行判断。本案中，吴某涛与置业公司订立房屋租赁合同约定“涉案商品房出租给吴某涛，租赁物吴某涛用于从事餐饮经营”；且合同中另就餐饮经营等事项作了明确约定。合同履行中，吴某涛依约履行了缴纳租金的义务，则置业公司亦应根据约定及时履行开具租赁发票的义务；该开具发票的约定虽属置业公司合同项下的从义务，但根据法院至相关部门调查的情况，吴某涛领取营业执照的必备条件为提交租赁发票，但置业公司收款后至今未能向吴某涛开具租赁发票；此后虽经吴某涛催告，置业公司至今仍未能履行开票义务。因置业公司未能依约开具租赁发票，导致吴某涛根本无法办妥味之道小吃店的营业执照进行依法经营；法院注意到双方所订的租赁合同中对吴某涛开业时间以及逾期开业由此产生的法律后果均作出了相应约定，故置业公司未履行合同项下的从义务已然导致吴某涛租赁房屋用于餐饮经营的合同目的不能实现，应认定为根本违约；现吴某涛请求解除租赁合同，法院依法予以支持。江苏省无锡市锡山区人民法院依照《中华人民共和国合同法》第九十四条第四项、第九十七条，《中华人民共和国民事诉讼法》第一百四十二条之规定，作出如下判决：

一、解除吴某涛与置业公司订立的商品房租赁合同；

二、置业公司于判决生效后十日内赔偿吴某涛装修及设备损失91900元；

三、吴某涛于本判决生效后十日内将涉案房屋（含装修）及房屋内的设备交付置业公司；

四、驳回吴某涛的其他诉讼请求。

置业公司不服一审判决，提起上诉。江苏省无锡市中级人民法院经审理后同意一审裁判意见，依照《中华人民共和国民事诉讼法》第一百七十条第一款第一项之规定，作出如下判决：

驳回上诉，维持原判。

【法官后语】

《中华人民共和国民法典》第十四章租赁合同章节中并未明确规定出租人的开票义务，而本案原告吴某涛主张被告置业公司的违约情形即置业公司未履行开票义务，故本案中判断置业公司是否违约，吴某涛是否有权解除合同，首先需厘清开票义务的性质。

一、出租人开票义务的性质

根据法律规定，租赁合同中，出租人的基本义务为按照约定将租赁物交付承租人，并在租赁期间保持租赁物符合约定的用途。承租人的基本义务为按照约定的方法使用租赁物。在租赁合同的章节中并未涉及出租人的开票义务，可见出租人的开票义务并不是出租人的主要合同义务。但是合同义务中除主给付义务外，还涉及从给付义务及附随义务。因从给付义务与附随义务都是非核心合同义务，故实践中比较容易混淆。在本案的审理过程中，原、被告双方对于出租人的开票义务为从给付义务抑或附随义务亦产生了分歧。学理上，区分从给付义务与附随义务的基本标准为是否可诉，能够独立以诉讼方式请求履行的为从给付义务，反之则为附随义务。通常情况下，附随义务基于法律规定而产生，无须通过约定明确，而从给付义务需要通过当事人的约定明确。本案中，原、被告双方签订的租赁合同中明确约定了出租人于收到承租人租金后按其缴纳的金额开具合法有效的商品房租赁发票；且若合同一方未履行开票义务，另一方可以通过诉讼的方式来请求开票，故出租人开票行为的性质应认定为从给付义务。

二、违反从给付义务情形下的合同解除权

关于合同解除，可分为约定解除和法定解除。《中华人民共和国民法典》第五百六十二条、第五百六十三条对此作出规定。本案主要涉及合同的法定解除。关于合同的法定解除，《中华人民共和国民法典》第五百六十三条规定了五种情形，综观该条文规定，本案所涉情形并不符合前两种情形。如前所述，开具发票的义务并非出租人的主要义务，故案涉情形亦不符合该条文规定的第三种情形。针对出租人的不开票行为，出租人是否可以解除合同就在于是否符合该条文规定的第四种情形即出租人未开具租金发票的行为是否导致承租人签订租赁合同的目的不能实现。

在通常情况下，合同一方当事人不履行开具发票的义务无法导致另一方当事人的合同目的无法实现，如买卖合同中，买受人的合同目的是得到标的物的所有权，故出卖人的不开票行为不会导致买受人的合同目的无法实现。同样在用于居住的房屋租赁合同中，承租人租赁房屋的目的为居住，故出租人的不开票行为亦无法导致其合同目的无法实现。而本案中，因双方于签订租赁合同中已明确约定承租人租赁房屋的用途为餐饮经营。从事餐饮经营需办理营业执照等一系列的证照也是一名普通人应当知晓的事项，更何况本案的被告是一个拥有众多商铺的专业置业公司。置业公司不开票的行为导致原告吴某涛无法办理开店所需的营业执照，进而导致吴某涛的小吃店无法开业，即吴某涛租赁房屋的合同目的无法实现，故法院支持了吴某涛要求解除案涉租赁合同的诉讼请求。

编写人：江苏省无锡市锡山区人民法院　谢妍　华伟

193　以无偿赠与使用年限的约定规避法定租赁期限的租赁合同效力应如何认定

——袁某白诉实业公司房屋租赁合同案

【案件基本信息】

1. 裁判书字号

广东省东莞市中级人民法院（2018）粤19民终7903号民事判决书

2. 案由：房屋租赁合同纠纷

3. 当事人

原告（被上诉人）：袁某白

被告（上诉人）：实业公司

第三人：购物中心

【基本案情】

2011年12月30日，实业公司作为甲方，袁某白作为乙方签订三份《购物中心商铺租赁合同》，约定：乙方向甲方承租“购物中心”1-2中庭号楼2层B2××8、B2××9、B2××0号商铺；租赁期限从2013年12月1日起至2033年11月30日止；上述租期届满后，甲方将租赁商铺赠送给乙方继续使用25年，使用期限从2033年12月1日起至2058年11月30日止，前述期限内，乙方无需向甲方计付租金，上述租赁期限加上使用权赠送期间合计为45年；甲方指定购物中心为本商场的统一运营管理机构，乙方同意在租赁期限内的前四年将租赁商铺委托给该公司经营，并与该公司签订《购物中心运营管理服务合同》；在上述20年租赁期限内，租赁商铺的租金总额分别为938439元、943274元、946731元，乙方于本合同签订当日一次性分别付清568439元、573274元、576731元给甲方，并于同日办妥三笔37万元的银行贷款手续。同日，袁某白、陈克远（甲方）与虎门购物中心公司（乙方）签订三份《购物中心商铺委托经营协议》，约定：上述三个铺位委托给乙方经营管理，委托经营期限从2013年12月1日起至2017年11月30日止，委托经营期限内前三年为固定回报期，乙方在此期间不论实际经营收益如何，均须由乙方按照商铺折后租金总额的24%于签订本协议时一次性向甲方预付固定回报，支付方式为乙方代甲方支付给实业公司，用于冲抵合同约定的甲方应支付给实业公司的部分租金，上述委托期限届满后，甲方可继续委托乙方经营，亦可收回商铺自行经营，由双方另行商定。同日，袁某白向虎门购物中心公司出具三张收款收据，确认收到案涉三个铺位的三年固定回报租金。实业公司向袁某白出具六张收款收据，确认收到袁某白交来案涉三个商铺的首期款。2012年4月30日，袁某白就三笔37万元贷款与银行签订《个人贷款合同》，全款贷款于同年5月29日发放给实业公司。袁某白于2016年

9月27日还清上述三笔贷款本息合计1315975.77元。

2017年，袁某白以上述三份租赁合同超过《中华人民共和国合同法》第二百一十四条规定的法定20年租赁期限的部分无效且实业公司已将所谓赠送期的成本计入20年租金总额当中为由，向一审法院起诉请求确认上述三份《购物中心商铺租赁合同》超过20年租赁期限的部分无效并要求实业公司返还无效部分已支付的租金1571357.78元及占用应返还租金的利息及赔偿袁某白贷款利息损失。实业公司辩称案涉合同约定超过20年租赁期限的部分为赠送使用的25年，经双方平等自愿协商达成，未违反法律禁止性规定，不应被否定。

【案件焦点】

以无偿赠与使用年限的方式延长租赁物使用期限的租赁合同约定的效力认定问题。

【法院裁判要旨】

广东省东莞市第二人民法院经审理认为：虽然案涉三份《购物中心商铺租赁合同》约定租赁期限为20年，租期届满后，甲方将租赁商铺赠送给乙方继续使用25年，在前述期限内，乙方无须向甲方计付租金，上述租赁期限加上使用权赠送期间合计为45年，但是袁某白作为投资人，在选定租赁铺位作为投资对象时，是考虑到其支付该20年租金的对应使用期限为45年的。实业公司主张超过20年的剩余25年系赠送期，但是其作为营利性企业，在考量该笔交易时已经将该所谓的赠送期的成本计入20年租金总金额当中。因此，依法应认定案涉三份租赁合同所约定的租赁期限实为45年。依照《中华人民共和国合同法》第二百一十四条第一款“租赁期限不得超过二十年。超过二十年的，超过部分无效”的规定，袁某白主张案涉三份租赁合同约定的租赁期限超过 20 年的部分无效有理，依法应以支持。合同无效后，依照《中华人民共和国合同法》第五十八条“合同无效或者被撤销后，因该合同取得的财产，应当予以返还”的规定，实业公司应将其收取的超过 20 年的租金部分退回给袁某白，并应返还占用上述租金期间按照中国人民银行同期同类贷款利率计算所产生的利息。广东省东莞市第二人民法院判决：确认案涉三份《购物中心商铺租赁合同》中约定的租赁期限超过 20 年的部分无效，实业公司应向袁某白返还租金 1571357. 78 元并支付利息。

实业公司不服原审判决，提起上诉。广东省东莞市中级人民法院经审理认为：案涉租赁合同约定租赁期限为 20 年，租赁期限届满后赠与袁某白继续使用 25 年，即袁某白对案涉商铺实际使用期限为 45 年，实业公司是营利法人，是以获取利润为目的，并非以公益目的或者其他非营利目的成立的非营利法人，其称租赁期限届满后无偿赠与袁某白使用商铺 25 年与实业公司获取利润的目的相违背，且赠与使用的期限比有偿租赁期限还长，也不符合常理，租赁合同约定 20 年租赁期限届满后再赠送袁某白使用商铺 25 年是规避《中华人民共和国合同法》第二百一十四条第一款关于租赁期限不得超过 20 年的限制，法院采信袁某白的主张，认定案涉租赁合同的实际租赁期限为 45 年，租赁合同约定的 20 年租赁期限的租金应为 45 年租赁期限的租金。根据《中华人民共和国合同法》第二百一十四条第一款的规定，租赁合同的租赁期限不得超过二十年，超过二十年的，超过部分无效。一审法院判令实业公司将收取的超过 20 年期限的租金退还给袁某白正确，广东省东莞市中级人民法院同意一审法院裁判意见，对一审判决予以维持。

【法官后语】

《中华人民共和国民法典》第七百零五条第一款（原《中华人民共和国合同法》第二百一十四条第一款）规定："租赁期限不得超过二十年。超过二十年的，超过部分无效。"但为规避前述规定的法定租赁期限，司法实践中出现了"租赁20年+无偿赠与使用20年至30年"的"以租代售"形式，试图达到以合法形式掩盖非法目的。该类案件存在如下较为明显的特点：（1）双方当事人约定租赁标的物的有偿使用期限为20年，合同有偿使用期满后，赠与一定年限的无偿使用期限延长租赁标的物的使用期限（常为20年至30年）。（2）签订合同时，使用人须一次性缴纳租赁标的物的20年有偿使用费。（3）使用人获得租赁标的物使用权后将委托所有权人或其关联公司经营管理一定年限，并由受托人保证一年年限的经营收益并在委托租赁标的物的有偿使用费中予以扣除。（4）租赁标的物往往存在土地性质、建设规划许可方面的法律瑕疵。

具体到本案中，本案审理重点主要在于如何认定以无偿赠与使用年限的方式规避20年法定租赁期限的租赁合同的效力。对此，本案一审、二审法院的审理思路基本一致，均认为无偿赠与使用年限的做法实质上有违营利法人的营利性特点，其实质是为规避《中华人民共和国民法典》第七百零五条（原《中华人民共和国合同法》第二百一十四条）关于法定租赁期限的规定，试图以合法形式掩盖其非法目的，以存在权利瑕疵的租赁物以租代售的形式达到谋取经济收益的效果，故依法应认定无偿赠与使用年限属于整体租赁期限的一部分，如整体租赁期限超过20年法定租赁期限的，则超过部分无效，出租人应返还无效部分所对应的财产利益并赔偿相应损失。

编写人：广东省东莞市中级人民法院　姚渠旺

194 触发房屋租赁合同解除条款是否一定能够解除合同
——机械公司诉螺旋桨公司房屋租赁合同案

【案件基本信息】

1. 裁判书字号

江苏省南通市中级人民法院（2018）苏06民终1287号民事判决书

2. 案由：房屋租赁合同纠纷

3. 当事人

原告（上诉人）：机械公司

被告（被上诉人）：螺旋桨公司

【基本案情】

2015年4月30日，原告机械公司与被告螺旋桨公司签订《房屋租赁合同》，主要内容为：租赁房屋坐落在原翻砂车间，租赁期限从2015年5月1日至2020年4月30日，租金10万元，每年租期开始七日内一次性支付租金，租赁用途为工业生产。有下列情形之一的，出租人有权解除合同，“1. 承租人不交付或者不按约交付租金达一个月以上……7. 承租人在出租房屋进行违法活动的行为……”，合同同时约定甲方另外将空闲的办公室和生活用房临时借给乙方使用，暂不计租金，甲方需要时有权收回。合同中未明确房间数。被告于2016年6月8日、2016年9月14日、2017年1月24日、2017年5月26日、2017年7月28日分别向原告交付房租3万元、6万元、1万元、49900元、50100元。原告于2017年7月24日向被告出具了房租发票。

案涉厂区厂房系原告所有，经现场勘查和原、被告确认，被告使用除合同约定厂房外，还在使用案涉合同承租车间南门向南的房屋和场地（即示意图上编号2、3房屋和编号4、5场地）及宿舍楼三间（底楼编号1×0、1×1和二楼中间编号2×8）、办公室楼两间（三楼西侧两间标注董事长室、总工室）。

原告认为被告逾期支付房租的行为符合合同约定解除权的条件，应当解除合同。被告不同意原告的诉讼请求。

【案件焦点】

1. 在被告超期支付房租的情况下，原告是否有权解除双方租赁合同；2. 原告是否有权收回被告使用租赁合同以外的相应厂房。

【法院裁判要旨】

江苏省启东市人民法院经审理认为：原告要求解除合同，被告不同意解除合同。根据案涉合同约定，承租人不交付或者不按约交付租金达一个月以上，出租人有权解除合同。然而，原告在解除合同条件成就后，仍然接受被告交付的房租并开具发票，可以认定原告已经放弃合同约定的解除权，愿意继续履行合同。约定解除权条件成就后，解除权人有权就是否解除择一选择，如果解除权人继续接受相对方的履行，还允许其享有解除权，无疑会损害相对人的利益，违反诚信原则。为维护合同交易的稳定性，原告以被告迟延交付租金为由要求解除合同，不予支持。原告认为被告存在违法行为，但其提供的证据不足以证明其主张，不予采信。

当事人对自己提出的诉讼请求所依据的事实或者反驳对方诉讼请求所依据的事实有责任提供证据加以证明。没有证据或者证据不足以证明当事人的事实主张的，由负有举证责任的当事人承担不利后果。原告要求被告腾空案涉合同约定房屋以外的房屋和场地，被告称其目前使用的案涉合同约定房屋以外的房屋系经原告同意后使用的，但未提供证据证实，故对被告的意见法院不予采信。即便被告所述属实，根据案涉合同约定，原告也有权收回。综上，原告的该主张于法有据，予以支持。江苏省启东市人民法院依照《中华人民共和国合同法》第六条，《中华人民共和国物权法》第三十四条、第三十九条，《最高人民法院关于适用〈中华人民共和国民事诉讼法〉的解释》第九十条之规定，作出如下判决：

一、驳回原告机械公司要求解除2015年4月30日其与被告螺旋桨公司签订的《房屋租赁合同》的诉讼请求；

二、被告螺旋桨公司于本判决生效之日起二十日内腾空其使用的案涉承租车间南门向南的房屋和场地（即示意图上编号2、3房屋和编号4、5场地）及宿舍楼三间（底楼编号1×0、1×1、二楼中间编号2×8）、办公室楼两间（三楼西侧两间标注董事长室、总工室）。

原告不服提起上诉，江苏省南通市中级人民法院依照《中华人民共和国民事诉讼法》第一百七十条第一款第一项之规定，作出如下判决：

驳回上诉，维持原判。

【法官后语】

本案没有判决解除双方的房屋租赁合同，是从公平正义和维护交易秩序稳定的角度出发，也是为房屋租赁各方提供一种司法理念，即合同的义务必须遵循，但权利的行使要有边界。

我国法律规定的合同的解除权，是为了维护守约方的正当权益，防止违约方因为违约获取不当利益，体现合同的公平原则，维护诚实信用原则。那么是否存在合同解除的情形时，守约方就能随时行使解除权，答案当然是否定的。因为权利的行使必须有一定的限制，没有约束的权利会导致新的不公平产生。

1. 从合同的稳定性来看。合同一旦订立，那么合同的双方都应当遵守，也就带给合同双方较为稳定的关系。合同的行使需要双方遵循合同法的原则，当一方不遵守合同约定时，就会导致合同解除权的产生。我国法律虽然没有规定解除权行使的期限，但如果解除权可以随时行使，会使相对方长期处于忐忑不安的状态，导致双方地位的不对等，不利于交易的稳定，影响正常的社会经济秩序。所以守约方应当及时地行使自己的权利，当导致合同解除的因素消除时，守约方也就丧失了合同解除权。本案中，在被告存在多次逾期支付房租的情形时，原告既没有向被告催要房租款，也没有向被告主张解除权，如果支持原告的诉请，那么会导致双方在长期的交易中存在不对等的情况，对于被告而言是不公平的。

2. 从合同的目的性来看。房屋租赁合同的目的对于出租方而言，是获取房屋的租金收益，承租方的目的是获得房屋的使用权。就本案而言，被告并未表明其不履行合同义务，被告的后续付款行为并未阻碍合同目的的实现，且原告也实际接收了被告交付的房租，说明原告的合同目的已经得到实现。但被告逾期付款的行为会给原告带来一定的损失，其违约行为应当受到批评，对于造成的损失也应当给予原告赔偿。

3. 从合同解除权行使的条件来看。就房屋出租而言，特别是实体产业的承租方会对房屋进行一定的添附，以适应生产的需要，投入是巨大的，如果轻易解除合同，会给承租方造成更大的损失，甚至会影响产业的平稳发展。这并不是说出租方就不能解除合同，但解除合同一定要达到根本违约的程度。比如，出租方催要房租并给予了合理期限，但承租方仍未支付或者承租方明确表示不支付房租，那么出租方的合同目的就无法实现，应当而且必须解除合同。

编写人：江苏省启东市人民法院　毛才华

195 商业地产租赁合同约定租金高于市场现价属于情势变更还是商业风险

——吴某芬诉吴某奋房屋租赁合同案

【案件基本信息】

1. 裁判书字号

福建省厦门市中级人民法院（2018）闽02民终4610号民事判决书

2. 案由：房屋租赁合同纠纷

3. 当事人

原告（反诉被告、上诉人）：吴某芬

被告（反诉原告、被上诉人）：吴某奋

【基本案情】

2015年4月，在中介服务有限公司的居间下，吴某奋与吴某芬签订一份《房屋租赁合同》，双方约定：吴某芬向吴某奋承租案涉房屋，建筑面积131.63平方米，租赁用途为商住办公；租赁期限从2015年5月18日起至2021年5月17日止，每月租金8000元；付款方式为半年一付，第2次付款应提前7天付清；合同签订之日，吴某芬应向吴某奋交付8000元作为押金，到合同期满无息退还；租赁期间如有拖欠租金每天按拖欠部分的2%加收滞纳金，拖欠达半个月以上的，吴某奋有权提前解除合同。合同第七条约定：租赁期间，双方不得借故解除合同，当事人双方如有正当理由要求解除合同时，须提前一个月书面通知对方，合同解除后，由提出解除合同的一方向对方支付一个月的房租作为违约赔偿金。在合同手写的备注部分约定：本合同为六年期，双方都不得中途提出解除合同，否则须承担10万元违约赔偿。合同签订后，吴某芬支付了押金8000元。双方已经结清截至2017年6月19日的案涉房屋租金。后吴某芬又支付给吴某奋租金5300元，于2017年7月8日搬离案涉房屋，将房屋钥匙放置于案涉房屋小区物业。

2017年5月，吴某芬与吴某奋短信就房屋租金是否调整及解除合同的问题进行沟通无果。2017年6月8日，吴某芬向吴某奋发出《解除合同告知函》，吴某芬于告知函中称：因租赁价格明显高于当地房屋租赁的市场价格，明显违背当地市场交易习惯，导致吴某芬蒙受巨大损失。因经济不景气，公司经营状况不佳，无力支付高额租金等，依据合同第七条的约定，提前一个月通知吴某奋房屋租赁合同于2017年7月8日解除。吴某芬诉求确认该合同解除时间，由吴某奋返还押金8000元，并按40元/平方米的租金标准退还多收取的租金63182.4元。吴某奋确认收悉该告知函，但吴某芬单方面解除合同告知函无效，吴某芬应立即支付拖欠的房屋租金47500元，每日按拖欠租金2%的标准支付滞纳金，并支付违约金10万元。另，吴某芬提供三份周边房产的租赁合同，拟证实案涉房产周边房产租金价位约40元/平方米。

【案件焦点】

1. 先期约定的房屋租金高于当下周边房屋租金，属于情势变更还是商业风险；2. 吴某芬是否有解除合同的正当理由。

【法院裁判要旨】

福建省厦门市海沧区人民法院经审理认为：双方在中介机构的居间下，经过协商签订合同。吴某芬没有提供双方在订立合同时的权利义务明显不对等的情形，其提供的他人签订的租赁合同，均是在吴某芬与吴某奋签订合同之后、履行合同过程中，不符合《中华人民共和国合同法》对于可变更合同的规定。对于吴某芬要求按照40元/平方米的标准变更合同价格而返还租金的诉讼请求，不予支持。

房屋租赁合同涉及合同解除的问题有两条约定：一是合同第七条约定，有正当理由的，须提前一个月书面通知对方解除合同，并支付一个月的房租作为违约赔偿金；二是在备注部分约定，任何一方中途解除合同的，须承担10万元违约赔偿。两条规定的区别在于是否有正当理由。有正当理由提出解除合同的后果是支付一个月的房租租金，无正当理由解除合同的，则需支付10万元的违约赔偿。吴某芬提供解除合同的理由是房租高于当地租金价格，其无力承担。第一，案涉房屋所在小区的租金价格应由专业评估机构进行评估，吴某芬仅提供三份案外人的租赁合同，无法全面反映案涉房屋租金价格的真实情况。因此，吴某芬对于租金是否过高，证据不足。第二，吴某芬提出的其所经营的公司无力承担高额租金的问题，更是属于吴某芬履行能力的问题，不属于解除合同的正当理由。综上，吴某芬提出的两点理由均不能视为正当理由，其根据合同第七条的约定提出解除合同，依据不足。但合同赋予了当事人任意解除权，吴某芬提出于2017年7月8日解除合同的理由虽不正当，其仍然可以行使解除权。吴某芬行使解除权后，应支付10万元的违约金，租金应计算至2017年7月8日。双方确认截至2017年6月19日的租金已经结清，吴某芬还应支付2017年6月20日至2017年7月8日的租金5280元（8800元/月÷30天×18天）。吴某芬在原审起诉后已经支付了5300元给吴某奋，应视为已经支付了截至合同解除之日的全部租金。因对于合同是否于2017年7月8日解除存在争议，双方的权利义务处于不确定的状态，吴某芬在2017年7月8日前支付租金不应视为延迟支付。吴某奋主张延迟支付租金的滞纳金，不予支持。此外，合同约定双方在租赁期间的费用结清后，吴某奋应无息退还押金，应予以遵守，吴某奋应退还吴某芬8000元的押金。福建省厦门市海沧区人民法院依照《中华人民共和国合同法》第五十四条、第六十条、第一百一十四条、第二百一十二条，《中华人民共和国民事诉讼法》第六十四条第一款的规定，作出如下判决：

一、吴某芬与吴某奋于2015年4月4日签订的《房屋租赁合同》自2017年7月8日解除；

二、被告吴某奋应于本判决书生效之日起十日内向原告吴某芬返还押金8000元；

三、反诉被告吴某芬应于本判决书生效之日起十日内向反诉原告吴某奋支付违约金10万元；

四、上述第二项、第三项互相抵扣后，由吴某芬于本判决书生效之日起十日内向吴某奋支付92000元。

一审判决后，吴某芬不服，提起上诉。福建省厦门市中级人民法院经审理认为：吴某芬与吴某奋签订的《房屋租赁合同》系双方的真实意思表示，不违反法律、行政法规的效力性强制性规定，应认定为有效合同。租金价格的确定既与租赁标的物的位置、状况、从事行业、租赁期限、其时的市场行情及趋势相关，亦受合同双方的商业判断及谈判能力等因素影响。故而，不应以签订合同时租金的高低来判断是否“公平”。本案中，吴某芬既未举证合同内容违背其真实意思表示，亦未证明合同成立以后客观情况发生了在订立合同时无法预见的、非不可抗力造成的不属于商业风险的重大变化，其上诉主张解除合同具有约定的正当理由缺乏事实与法律依据。根据合同约定，无正当理由中途解除合同的，应承担 10 万元的违约赔偿。结合本案租金价格、租赁期限、当事人违约程度和争议情况等因素，一审法院判令吴某芬向吴某奋支付违约金 10 万元并无不当，对吴某芬降低违约金的上诉请求不予支持。一审判决认定事实清楚，适用法律正确，应予维持。

福建省厦门市中级人民法院依照《中华人民共和国民事诉讼法》第一百七十条第一款第一项之规定，作出如下判决：

驳回上诉，维持原判。

【法官后语】

本案的案涉房屋系新兴商业圈的商业地产，在吴某芬与吴某奋签订《房屋租赁合同》时该商业地产尚处于商业圈发展初期，周边商业地产租金价格尚无参照标准。吴某芬主张合同约定的租金远远高于周边房产的价格，显失公平，并以此为由要求解除合同。该主张属于情势变更，还是以情势变更之名行规避商业风险之实，在审理类似案件时应着重予以判别。

《最高人民法院关于适用〈中华人民共和国合同法〉若干问题的解释（二）》第二十六条①确立了情势变更原则的法律基础，该条文规定："合同成立以后客观情况发生了当事人在订立合同时无法预见的、非不可抗力造成的不属于商业风险的重大变化，继续履行合同对于一方当事人明显不公平或者不能实现合同目的，当事人请求人民法院变更或者解除合同的，人民法院应当根据公平原则，并结合案件的实际情况确定是否变更或者解除。"而商业风险则是指在商业活动中，由于各种不确定因素引起的，给商业主体带来获利或损失的机会或可能性的一切客观经济现象。司法实践中，判断情势变更和商业风险，可从三个方面加以判定：

第一，是否具有可预见性。情势变更是在合同成立之后因客观情况的变化引起的情况，在合同订立时通常不具有预见性。法律虽未对可判定为情势变更的原因作出列举式规定，但司法实践中诸如政府政策、自然因素等不可抗力因素可据以判断是否符合情势变更。商业风险则是商业主体对合同订立后可能发生变化的客观情况是可以预见的，或者是应当预见而没有预见，抑或预见后甘冒风险。本案中，新建商业小区所在的商圈发展是一个逐渐演变的过程，双方订立的合同期限为六年，吴某芬对于新兴商圈的发展应具有一定程度的预见和判断。

---

① 该法条已失效，相应法条内容可参照《中华人民共和国民法典》第五百三十三条：合同成立后，合同的基础条件发生了当事人在订立合同时无法预见的、不属于商业风险的重大变化，继续履行合同对于当事人一方明显不公平的，受不利影响的当事人可以与对方重新协商；在合理期限内协商不成的，当事人可以请求人民法院或者仲裁机构变更或者解除合同。

人民法院或者仲裁机构应当结合案件的实际情况，根据公平原则变更或者解除合同。

第二，产生的后果。根据是否会导致“显失公平”的后果，可以进一步区分两者。情势变更导致合同签订时的客观情况发生重大变化，使一方或双方遭受损失或不能实现合同目的，继续履行合同将违背合同的公平性原则。商业风险则是因市场经济的变化不符合双方订立合同时的预期，继续履行合同可能使一方的履约成本高于市场行情，但并不因此造成显失公平。本案中，租赁合同履行两年后，租金价格未达到双方预期水平，吴某芬主张继续履行合同显失公平。笔者认为，吴某芬继续履行合同，并不会超出订立合同时预期付出的履约成本，只是其可以以更少的成本向其他人租到同样的房子，但这并非其可变更或解除合同的正当理由。

第三，归责原则不同。情势变更因具有不可预见性，合同当事人主观上不存在过错，均不需对情势变更承担责任，双方可通过对契约自由的修正，实现合同正义的目的。商业风险则具有可预见性，如当事人未充分预见风险或预见风险而甘冒风险，则应遵循风险自负原则，自行承担不利后果。本案中，双方基于对商圈发展的预期约定租金价格，租金价格低于周边房产价格是双方应当预见的风险，吴某芬应当自担风险。法院虽判定吴某芬可行使合同的任意解除权，但因其解除合同并无正当理由，按照合同约定应支付10万元的违约赔偿。

编写人：福建省厦门市海沧区人民法院　芦絮　李馨

（二）建筑设备租赁合同纠纷

196 租赁合同主体的认定

——造纸公司诉林某强、张某鹏建筑设备租赁合同案

【案件基本信息】

1. 裁判书字号

广东省潮州市中级人民法院（2014）潮中法民一终字第89号民事判决书

2. 案由：建筑设备租赁合同纠纷

3. 当事人

原告（上诉人）：造纸公司

被告（被上诉人）：林某强、张某鹏

【基本案情】

2010年8月15日，造纸公司（甲方）与林某强、张某鹏（乙方）签订《租赁合同书》一份，该《租赁合同书》前部出租方（甲方）处落款名称为造纸公司，承租方（乙方）处没有记载名称，但有："承租方（乙方）：______公司地址：______法定代表人：______"字样；后部落款签名处甲方在法定代表人处由造纸公司法定代表人刘某刁签名（无盖公章），乙方在法定代表人处由林某强、张某鹏签名。租赁合同约定：造纸公司（甲方）将生产经营的厂房、设备及配件、办公楼、员工宿舍、食堂等出租给乙方；租赁期限5年，自2010年8月起至2015年8月止；租金每

月人民币100000元（其中生产、生活及配套建筑租金每月85000元，两台造纸机租金每月15000元），租金支付方式为乙方于每月15日前支付当月租金，合同签订之日起甲方给予乙方2个月建筑物和设备检修期免收租金，合同签订时乙方先行交付租期最后6个月的租金给甲方，以后乙方在租期最后6个月不必另行支付租金。租赁合同还对双方的其他权利义务等进行了约定。租赁合同签订后，造纸公司依约将位于某饭店东侧厂房及设备等交给乙方使用。

林某强、张某鹏签订租赁合同后，于2010年8月27日向潮安县工商行政管理局申请取得“某纸业公司”公司名称预先核准，于2010年9月15日成立某纸业公司，并取得企业法人营业执照。某纸业公司住所地为潮安县（即上述租赁合同租赁场地），法定代表人为林某强，经营范围为生产、销售：纸板、纸箱、纸盒。某纸业公司由林某强与张某鹏共同出资设立，股东林某强与张某鹏两人，公司注册资本人民币100万元，林某强出资51万元占51%，张某鹏出资49万元占49%。2011年10月19日，某纸业公司股东张某鹏变更为林某铮。

林某强、张某鹏投资设立某纸业公司后，在租赁场地进行经营生产。造纸公司于2010年11月15日、2011年1月31日、4月27日、5月12日、5月18日、7月15日、9月15日、10月15日开具收款收据9份共收取租金人民币110万元，收款收据均注明“今收到某纸业公司交来租金”字样。另外，造纸公司于2010年11月15日、2011年5月12日开具收款收据2份，收取租赁合同约定的租期最后6个月的租金人民币60万元，该两份收款收据也注明“今收到某纸业公司交来第五年下半年租金（安全、押金）”字样。自2011年10月15日后，造纸公司再没有收取租金。2013年3月，某纸业公司出具欠条一份，欠条内容为“结欠刘某刁（2011年11月至2013年3月）共17个月租金共壹佰柒拾万元正。”该欠条加盖某纸业公司财务专用章及林某强、王少平私章。2013年7月1日，造纸公司以林某强、张某鹏未能按照租赁合同约定履行承租人给付租金义务、长期拖欠租金为由诉至原审法院，请求判令林某强、张某鹏支付拖欠租金人民币200万元。

【案件焦点】

1. 涉案的《租赁合同书》是林某强、张某鹏以设立中公司名义签订的，还是为设立公司以自己名义所签订的；2. 本案拖欠租金的违约责任应由谁承担。

【法院裁判要旨】

广东省潮州市湘桥区人民法院经审理认为：林某强、张某鹏是某纸业公司股东且是设立该公司的发起人，设立该公司前林某强、张某鹏与造纸公司签订《租赁合同书》取得经营场所，该场所也即是某纸业公司住所登记地址，而且从签订租赁合同至公司登记成立的时间性看，林某强、张某鹏与造纸公司签订的《租赁合同书》应是为了申请设立某纸业公司向公司登记机关提供公司住所证明的行为，且公司成立后即开始使用租赁场所及设备进行生产经营并支付租金，公司发起人林某强、张某鹏辩称中也对上述事实予以确认，故对林某强、张某鹏是为了设立公司以自己的名义对外签订租赁合同的事实予以认定。但是，某纸业公司对该合同予以确认，并对租赁场地、设备进行使用，也即是某纸业公司已实际享有合同权利，同时也开始履行合同义务，造纸公司也向某纸业公司收取租金并接受某纸业公司出具的结欠租金的“欠条”，上述事实可以确认林某强、张某鹏及某纸业公司、造纸公司三方均已确认合同主体变更为造纸公司与某纸业公司。根据《中华人民共和国合同法》第八十八条“当事人一方经对方同意，可以将自己在合同中的权利和义务一并转让给第三人。”的规定，三方的变更行为合法有效，应受法律保护。造纸公司已同意某纸业公司作为合同主体，若没有出现法定或约定的情形，则不得再行变更合同主体。综上，造纸公司同意林某强、张某鹏转让在合同中的权利和义务后，再要求林某强、张某鹏承担租赁合同责任即支付拖欠租金的请求，不符合法律的规定，不予支持。因主体不适格，经释明后，造纸公司仍坚持要求林某强、张某鹏承担责任，根据民事诉讼“不告不理”和当事人意思自治原则，造纸公司对《租赁合同书》的权利可另行起诉主张。至于造纸公司认为根据合同相对性原则，即使承租人是某纸业公司，也不能排除林某强、张某鹏对租金承担合同责任的主张。合同相对性是指合同只在特定的当事人之间发生法律约束力，合同当事人不能向与合同无关系的第三人提出合同上的请求。但因本案林某强、张某鹏在《租赁合同书》中的权利和义务已由某纸业公司实际享有、承担，造纸公司也实际向某纸业公司行使合同权利，某纸业公司已取代了林某强、张某鹏成为租赁合同的当事人，故造纸公司认为即使承租人是某纸业公司，也不能排除林某强、张某鹏对租金承担合同责任的主张理由不成立，也于法无据，不予采纳。造纸公司辩称收款收据（写明收款人某纸业公司）是林某强提供并应林某强的要求出具的，但对此辩称没有举证证明，林某强也予以否认，不予采信。

广东省潮州市湘桥区人民法院依照《中华人民共和国合同法》

第八十八条之规定，作出如下判决：

驳回造纸公司的诉讼请求。

造纸公司提起上诉称：本案由林某强、张某鹏负租金支付义务并承担违约责任。

广东省潮州市中级人民法院经审理认为：本案系建筑设备租赁合同纠纷，双方当事人对于至 2013 年 6 月涉案的拖欠租金金额为 200 万元均没有提出异议，二审争议焦点是：（1）涉案的《租赁合同书》是林某强、张某鹏以设立中公司名义签订的，还是为设立公司以自己名义所签订的。（2）原审法院根据《中华人民共和国合同法》的规定，认为林某强、张某鹏及某纸业公司、造纸公司三方均已确认合同主体变更为造纸公司与某纸业公司是否正确的问题。（3）本案拖欠租金的违约责任应由谁承担。

林某强、张某鹏于 2010 年 8 月 15 日与造纸公司法定代表人刘静刁签订了涉案的《租赁合同书》，该《租赁合同书》前部出租方（甲方）处落款名称为造纸公司，承租方（乙方）处没有记载名称，为“承租方（乙方）：________公司地址：________法定代表人：________”字样；后部落款签名处甲方在法定代表人处由造纸公司法定代表人刘某刁签名（无盖公章），乙方在法定代表人处由林某强、张某鹏签名。我国对公司名称实行预先核准制度，2010 年 8 月 27 日林某强、张某鹏以发起人的身份向工商行政管理局申请取得“纸业公司”的公司名称预先核准，于 2010 年 9 月 15 日成立了某纸业公司并取得企业法人营业执照。设立中的公司，是指自发起人签订发起人协议或者达成发起合意时起，至设立登记完成前，尚未取得法人资格的主体。设立中公司虽然不具有独立法人人格，但是已经具备民事主体的一些特征，如已具有事务执行机关、共同行为准则和一定的财产等。而且设立中公司的名称应当满足公司名称的特点和构成要件，即应当由行政区划、字号、行业、组织形式依次组成，设立中的公司与成立登记的公司之间是一个前因后果的同一性问题。本案中林某强、张某鹏均承认签订本案租赁合同的目的是设立公司提供经营场所，但至今没有证据证明签订合同时某纸业公司是“设立中公司”，且《租赁合同书》中没有“某纸业公司”字样。因此，被上诉人林某强认为本案需根据《最高人民法院关于适用〈中华人民共和国公司法〉若干问题的规定（三）》第三条第一款“发起人以设立中公司名义对外签订合同，公司成立后合同相对人请求公司承担合同责任的，人民法院应予支持”的规定由某纸业公司承担责任，该主张没有事实依据，不予采纳。

林某强、张某鹏签订《租赁合同书》向造纸公司承租涉案建筑物与机器设备，该建筑物所在地址即为某纸业公司的住所登记地址，某纸业公司成立后使用涉案租赁合同约定的建筑物及设备配件进行生产经营并向造纸公司支付部分租金，因此原审法院确认林某强、张某鹏是为了设立公司以自己的名义对外签订租赁合同的事实是正确的。

根据合同法的规定，债务人将合同权利的义务全部或者部分转移给第三人的，应当经债权人同意。即林某强、张某鹏与某纸业公司如果将合同主体变更为某纸业公司，前提应该是造纸公司同意。结合本案合同的履行过程分析：（1）在造纸公司与林某强、张某鹏签订合同后，造纸公司是将租赁物交付给林某强、张某鹏二人，其二人在设立某纸业公司后某纸业公司使用了涉案的场地和设备，但林某强、张某鹏出具了声明系林某强无偿提供给公司使用。实际使用人与合同签订人不一致时并不能说明主体发生变更。（2）本案造纸公司共收取了租金170万元，虽然收款收据上记载均是某纸业公司付还，但其中60万元实际是林某强、张某鹏在订立合同时所交付的押金。某纸业公司代履行付还部分租金的义务应是民法上第三人代为履行的行为，不影响合同相对人仍是林某强、张某鹏。（3）涉案欠条上加盖了某纸业公司的财务专用章，财务人员的私章，亦加盖了林某强的私章，就欠条的形式，亦不足以证明造纸公司同意合同主体发生变更。（4）《租赁合同书》中约定“未尽事宜另订立协议”，在没有订立协议的前提下，根据合同法第七十八条“当事人对合同变更的内容约定不明确的，推定为未变更”的规定，应认为并未变更合同主体。综上，原审法院认定林某强、张某鹏及某纸业公司、造纸公司三方均已确认合同主体变更为造纸公司与某纸业公司，该认定依据不足，不能成立。

《最高人民法院关于适用〈中华人民共和国公司法〉若干问题的规定（三）》第二条第一款规定“发起人为设立公司以自己名义对外签订合同，合同相对人请求该发起人承担合同责任的，人民法院应予支持”，第二款规定“公司成立后对前款规定的合同予以确认，或者已经实际享有合同权利或者履行合同义务，合同相对人请求公司承担合同责任的，人民法院应予支持”，该条规定已赋予合同相对人选择的权利，造纸公司作为合同相对人，在向人民法院提起诉讼时请求林某强、张某鹏二发起人承担偿还拖欠租金的合同责任，人民法院应予支持。

广东省潮州市中级人民法院依照《中华人民共和国合同法》第一百零七条、二百二十六条、《最高人民法院关于适用〈中华人民共和国公司法〉若干问题的规定（三）》第二条第一款、《中华人民共和国民事诉讼法》第一百七十条第一款第二项的规定，判决如下：

一、撤销潮州市湘桥区人民法院（2013）潮湘法民一初字第305号民事判决；

二、被上诉人林某强、张某鹏应于判决生效之日起十日内付还上诉人造纸公司租金人民币200万元（计至2013年6月30日止）。

【法官后语】

何为设立中的公司，有一定的条件限制。本案中林某强、张某鹏均承认签订本案租赁合同的目的是设立公司提供经营场所，但其二人与造纸公司签订合同时，根本尚不存在一个设立中的公司，既没有公司名称，亦没有事务的执行机关和一定的财产等基本条件，二人签订合同后才以涉案租赁房产作为住所向工商部门进行有关登记，因此没有证据证明签订合同时某纸业公司是“设立中公司”。而且签订合同时林某强、张某鹏虽然是在乙方法定代表人一栏签名，但如果是以“设立中公司”名义订立合同，法定代表人只能是一人而不可能是发起人二人一起签名确认。综上，本案不能认定是以“设立中公司”名义所签订的。二审期间，造纸公司提供的《住所证明书》《业主声明》《资产负债表》系从潮安县工商行政管理部门复印所得，真实性可予以确认。《住所证明书》《业主声明》是由林某强、张某鹏出具的，内容说明了某纸业公司的住所是由林某强租赁并无偿提供给公司作为生产经营住所，印证了本案《租赁合同》的承租方是发起人而不是设立中的公司。

林某强、张某鹏是为设立公司以发起人名义签订合同。林某强、张某鹏签订《租赁合同书》向造纸公司承租涉案建筑物与机器设备，该建筑物所在地址即为某纸业公司的住所登记地址，某纸业公司成立后使用涉案租赁合同约定的建筑物及设备配件进行生产经营并向造纸公司支付租金，林某强、张某鹏签订租赁合同明显是为了设立公司而签订合同的，原审法院确认林某强、张某鹏是为了设立公司以自己的名义对外签订租赁合同的事实是正确的。因此本案应由林某强、张某鹏承担偿还租金的责任。

编写人：广东省潮州市中级人民法院　杨桦

十九、融资租赁合同纠纷

197 生物资产作为融资租赁合同标的物是否适格

——融资租赁公司诉农业发展公司等融资租赁合同案

【案件基本信息】

1. 裁判书字号

上海金融法院（2020）沪74民终72号民事裁定书

2. 案由：融资租赁合同纠纷

3. 当事人

原告（被上诉人）：融资租赁公司

被告（上诉人）：农业发展公司、张某海、张某萍

被告：甲养殖专业合作社、乙养殖专业合作社、丙养殖农民专业合作社

【基本案情】

2016年5月17日，原告融资租赁公司与被告农业发展公司签订《售后回租协议》，约定原告向被告农业发展公司购买西门塔尔基础奶牛275头并回租给被告农业发展公司使用，租赁物购买总价款为330万元，保证金16.5万元，该款项于出租人向承租人支付的购置价款中抵扣。其后，被告农业发展公司签署《租赁物件接收证明》《备案登记证明》《付款通知书》《资金收据》。《备案登记证明》同时由备案机构某畜牧兽医局盖章，确认上述《售后回租协议》项下融资租赁物件为275头生产性生物资产——西门

塔尔基础奶牛，原告为出租人和租赁物件所有权人，被告农业发展公司为承租人和租赁物件使用人。

2016 年 5 月 17 日，被告张某海、张某萍与原告签订了最高额连带保证合同，约定对被告农业发展公司在 2016 年 5 月 5 日至 2021 年 5 月 5 日期间签订的不超过 1960.5 万元的主合同项下应当支付的全部负债承担连带保证责任。

2016 年 5 月 20 日，原告在中国人民银行征信中心对上述融资租赁业务进行动产权属统一登记。被告农业发展公司向原告发出《付款通知书》，原告按约实际向被告农业发展公司支付 313.5 万元。

在合同履行过程中，被告农业发展公司未向原告按期足额支付租金，被告张某、某合作社等亦未承担连带保证责任，故原告融资租赁公司向浦东法院提起诉讼，要求被告农业发展公司支付全部未付租金及迟延罚金，并要求被告张某、某合作社等五被告承担连带保证责任。被告农业发展公司辩称，本案系争的租赁物并不适格，名为融资租赁实为民间借贷，双方签订的合同应以借款合同认定，且因原告无金融放贷业务从业许可证，故借款合同也应当认定无效。

【案件焦点】

以生物资产作为标的物是否能够成立有效的融资租赁法律关系。

【法院裁判要旨】

上海市浦东新区人民法院经审理认为：原告与被告农业发展公司之间成立有效的融资租赁法律关系。原告为证明双方的融资租赁法律关系成立并生效，提供有被告农业发展公司盖章的《售后回租协议》《租赁物清单》《备案登记证明》《奶牛养殖保险保险单》《抵押登记补充协议》，被告农业发展公司在上述证据文本上均加盖真实印章，该组证据已经形成证据锁链，能够证明本案系争融资租赁物为275头西门塔尔基础奶牛，并且能够证明原告与被告农业发展公司融资租赁法律关系成立、有效。虽然被告农业发展公司认为奶牛作为融资租赁中的租赁物不适格，本案法律关系应当认定为民间借贷关系，但由于本案所涉西门塔尔基础奶牛属于畜牧场的生产性生物资产，其所有权和使用权可分离，同时，其作为活体租赁物的风险在一定程度是可控的。故原告与被告农业发展公司签订的《售后回租协议》系当事人真实意思的表示，内容不违反法律、行政法规的强制性规定，依法具有法律效力，当事人理应恪守，对原告要求被告农业发展公司支付全部剩余租金及迟延罚金的诉请予以支持。

综上，上海市浦东新区人民法院依照《中华人民共和国合同法》第六十条第一款、第二百三十七条、第二百四十八条，《中华人民共和国担保法》第十八条、第二十一条第一款、第三十一条，《最高人民法院关于审理融资租赁合同纠纷案件适用法律问题的解释》第二十条，《最高人民法院关于适用〈中华人民共和国民事诉讼法〉的解释》第九十条，《中华人民共和国民事诉讼法》第一百四十四条之规定，作出如下判决：

一、被告农业发展公司应于本判决生效之日起十日内给付原告融资租赁公司全部未付租金人民币307.4万元；

二、被告农业发展公司应于本判决生效之日起十日内向原告融资租赁公司支付自2018年7月15日起至2018年11月20日止的迟延罚金43860元（以未付租金68万元为基数按每日万分之五的利率计算）；

三、被告农业发展公司应于本判决生效之日起十日内向原告融资租赁公司支付自2018年8月15日起至2018年11月20日止的迟延罚金33320元（以未付租金68万元为基数按每日万分之五的利率计算）；

四、被告农业发展公司应于本判决生效之日起十日内向原告融资租赁公司支付自2018年11月15日起至2018年11月20日止的迟延罚金576元（以未付租金19.2万元为基数按每日万分之五的利率计算）；

五、被告农业发展公司应于本判决生效之日起十日内向原告融资租赁公司支付自2018年11月21日起至实际清偿日止的以到期未付租金155.2万元为基数按每日万分之五的利率计算的迟延罚金；

六、被告农业发展公司应于本判决生效之日起十日内向原告融资租赁公司支付律师费18万元；

七、被告张某海、张某萍、甲养殖专业合作社、乙养殖专业合作社、丙养殖农民专业合作社对被告农业发展公司在《售后回租协议》项下确定的租金、迟延罚息和律师费的付款义务在最高限额1960.5万元范围内承担连带清偿责任，被告张某海、张某萍、甲养殖专业合作社、乙养殖专业合作社、丙养殖农民专业合作社承担保证责任后，有权向被告农业发展公司追偿；

八、驳回原告融资租赁公司其他诉讼请求。

农业发展公司、张某海、张某萍不服一审判决，提起上诉。

上海金融法院经审理认为：二审上诉人未在指定期限内交纳上诉费，经二审法院再次通知后逾期仍不予交纳，视为自动撤回上诉。依照《中华人民共和国民事诉讼法》第一百五十四条第一款第十一项，作出如下裁定：

本案按上诉人农业发展公司、张某海、张某萍自动撤回上诉处理。一审判决自作出之日起发生法律效力。

【法官后语】

融资租赁是目前国际上较为普遍和基本的非银行金融形式，系出租人根据承租人对租赁物件的特定要求和对供货人的选择，出资向供货人购买租赁物件并租给承租人使用，承租人分期向出租人支付租金，在租赁期内租赁物件的所有权属于出租人所有，承租人拥有租赁物件的使用权。由此可见，融资租赁是一种集融资与融物于一体的综合性交易，融资是承租人的目的，融物是出租人债权的保障。

由于其兼具融资和融物的特征，融资租赁合同逐步成为吸引外资、企业技术改造、设备更新的重要途径。近年来，上海自贸试验区融资租赁公司的数量、业务总量均呈现高速增长态势，融资租赁标的物范围已经扩展到农业生产等领域，由此带来的融资租赁合同纠纷也持续增长。本案以判决形式肯定了融资租赁中以生产性生物资产（奶牛）作为租赁物的可行性，主要是基于以下两点考虑：第一，本案融资租赁的标的物为275头西门塔尔基础奶牛，其属于畜牧场的生产性生物资产，非消耗物，使用寿命一般为5~6年，可以自由转让，并且所有权与使用权可分离；第二，虽然奶牛与一般的机械设备相比，容易受到生长周期、生存环境动物疫病等方面的影响，作为租赁物的风险较大。但该风险在一定程度上是可控的，可以通过科学的管理饲养和监测能够保障其健康或价值，所以本案所涉奶牛符合融资租赁的租赁物的相关要求。本案判决明确，以生物资产作为租赁物开展真实的融资租赁业务，只要其业务模式其他要件符合《中华人民共和国民法典》中关于融资租赁合同的相关规定，应属合法有效的交易。

随着自贸区产业的蓬勃发展，类似以活体物进行融资租赁的案例越来越多。本案的审理结果具有统一裁判思路的积极意义，体现了司法裁判在推动融资租赁行业积极健康发展的价值引领功能，同时也有助于拓宽农业生产的融资渠道，推动融资租赁行业更好地支持和服务农业生产经营活动。就具体法律规则层面来说，本案所适用的规则并未在《中华人民共和国民法典》修订过程中发生实质性变更，可供后续类似案例参考。

编写人：最高人民法院司法案例研究院与对外经济贸易大学联合培养实习生　时心雨

二十、承揽合同纠纷

198 定作人对其雇员受损补（赔）偿后在承揽合同关系中享有追偿权

——易某良诉易某提承揽合同案

【案件基本信息】

1. 裁判书字号

湖南省长沙市中级人民法院（2020）湘01民终7096号民事判决书

2. 案由：承揽合同纠纷

3. 当事人

原告（反诉被告、上诉人）：易某良

被告（反诉原告、被上诉人）：易某提

【基本案情】

2016年11月，易某提因其建房需要挖机和铲车施工而与易某良口头商定，由易某良以自带挖机和铲车的方式承包其挖机和铲车施工作业，费用按280元/小时计算。2016年11月30日傍晚，易某良与其雇请的开挖机司机一起将挖机送至施工工地附近，随后易某良即回家吃饭，由该开挖机司机将挖机开至施工地点。当晚施工的内容为继续开挖沟槽并铺设排水管。同时，易某提雇请了朱某家在沟槽内进行人工清土作业。当朱某家站在沟槽内清土时，突遇沟壁土方坍塌将其掩埋，后朱某家经抢救无效死亡。后易某提与死者朱某的家属达成调解协议。协议签订后，易某提按照协议履行，并于 2017 年 9 月 30 日将赔偿款全部支付完毕。易某良未参与此调解。

事故发生后，根据易某提的要求，易某良继续为易某提将前述工地的挖机作业完成，直至 2016 年 12 月结束。后易某良与易某提的妻子刘某华进行对账，双方确认，挖机和铲车作业的费用共计 5 万元，已付 1 万元，还剩 4 万元未付。2020 年 1 月，易某良向易某提催问并要求其转据，易某提认为其未出具过欠条，不存在转据故予以拒绝，易某良遂起诉至法院，要求易某提支付所欠余款 4 万元及逾期付款违约金；易某提亦提出反诉，要求易某良支付其垫付的赔偿款 42 万元。

诉讼中法院查明，事故发生时朱某家所站的沟槽为易某良的挖机挖出的沟槽，有数米深，土质为疏松的黄土，易某良称该沟槽为头天晚上挖好的，而易某提则称该沟槽为当晚所挖，并认为土方坍塌系挖机挖沟时未放坡导致，但未提交证据证明。

【案件焦点】

易某良是否应对朱某家的死亡承担全部赔偿责任。

【法院裁判要旨】

湖南省浏阳市人民法院经审理认为：关于易某提是否应当支付易某良欠款 4 万元及逾期付款利息的问题，法院认为，当事人双方之间形成了真实、合法、有效的承揽合同关系，双方均应全面履行合同义务。现易某良完成了施工作业的义务，尤其是事故发生之后易某良仍然根据易某提的要求完成了剩余施工作业，那么易某提理应履行给付报酬的义务，但易某提现仍欠易某良报酬 4 万元未付，故对于易某良要求易某提支付所欠款 4 万元的诉讼请求，予以支持。易某提未及时付款，构成违约，应承担赔偿利息损失的违约责任，但是因欠条上记载的日期为易某良书写，易某良亦未提交其他证据证明对账的具体时间以及其后催问的具体时间，故确定逾期付款利息的具体计算方式为自本案本诉立案受理之日即 2020 年 2 月 3 日开始以 4 万元为基数按照同期全国银行间同业拆借中心公布的贷款市场报价利率标准计算至实际履行之日止。

关于易某良是否应当赔偿易某提损失 42 万元的问题，法院认为，死者朱某家系易某提雇请做事，故易某提与死者朱某家之间形成了劳务合同关系，而易某提与易某良之间是承揽合同关系，根据《最高人民法院关于审理人身损害赔偿案件适用法律若干问题的解释》第十一条“雇员在从事雇佣活动中遭受人身损害，雇主应当承担赔偿责任。雇佣关系以外的第三人造成雇员人身损害的，赔偿权利人可以请求第三人承担赔偿责任，也可以请求雇主承担赔偿责任。雇主承担赔偿责任后，可以向第三人追偿”的规定以及第十条“承揽人在完成工作过程中对第三人造成损害或者造成自身损害的，定作人不承担赔偿责任。但定作人对定作、指示或者选任有过失的，应当承担相应的赔偿责任”的规定，本案中，易某提雇请的死者朱某家系在提供劳务的过程中死亡，死者朱某家的家属与易某提达成了赔偿调解协议，系死者家属向作为雇主的易某提主张权利，虽然易某提与死者朱某家的家属达成的赔偿调解协议因易某良并非当事人而不能约束易某良，但是该协议系经人民调解委员会调解达成，且易某提实际支付了赔偿款，故可以确认易某提已实际足额承担了赔偿责任。易某提承担赔偿责任后，其认为朱某家的死亡系因雇佣关系以外的第三人即易某良造成的，可以向易某良追偿。

关于赔偿责任大小的问题，从本案目前的证据可以确定的是朱某家系因沟壁土方坍塌掩埋致死，易某提作为定作人同时又是雇主，在傍晚光线不佳的情况下安排雇员在较深又是松土的沟槽内作业，未提供安全环境和安全条件，其对于损害后果的发生存在较大的过错，应承担相应的赔偿责任；而朱某家所站的沟槽系作为承揽人的易某良所挖，虽然双方对于该沟槽系当时所挖还是头一天所挖说法不一致，但不论何时所挖均系易某良承揽工作的范围，而易某良未尽到安全注意义务导致损害后果的发生，亦存在一定的过错，亦应承担相应的赔偿责任。虽然易某提认为沟壁土方坍塌系易某良的挖机挖沟时经验不足未放坡等原因造成以及易某良及其雇请的开挖机的司机未及时抢救导致朱某家的死亡，但均未提交充足证据证实，对其该主张，不予认定。根据易某提、易某良的过错程度，同时综合考虑损害事故发生的原因、易某提赔偿受害人的具体情况，酌情确定易某良应当承担易某提所付赔偿款42万元中的10%即4.2万元。易某提要求易某良返还其所垫付的全部赔偿款42万元，缺乏事实和法律依据，故对于其反诉请求，予以部分支持。

湖南省浏阳市人民法院依照《中华人民共和国民法总则》第一百八十八条、第一百九十五条，《中华人民共和国合同法》第六十条、第一百零七条、第二百五十一条、第二百六十三条，《最高人民法院关于审理人身损害赔偿案件适用法律若干问题的解释》第十条、第十一条，《最高人民法院关于适用〈中华人民共和国民事诉讼法〉的解释》第九十条之规定，作出如下判决：

一、易某提于本判决生效之日起五日内给付易某良剩余报酬4万元及逾期付款利息（利息具体计算方式：自2020年2月3日起以4万元为基数按照同期全国银行间同业拆借中心公布的贷款市场报价利率标准计算至实际履行之日止）；

二、易某良于本判决生效之日起五日内给付易某提垫付赔偿款4.2万元；

三、驳回易某良的其他诉讼请求；

四、驳回易某提的其他反诉请求。

易某良不服一审判决，提起上诉。

湖南省长沙市中级人民法院经审理认为：《最高人民法院关于适用〈中华人民共和国民事诉讼法〉的解释》第二百三十二条规定："在案件受理后，法庭辩论结束前，原告增加诉讼请求，被告提出反诉，第三人提出与本案有关的诉讼请求，可以合并审理的，人民法院应当合并审理。"第二百三十三条第二款规定："反诉与本诉的诉讼请求基于相同法律关系、诉讼请求之间具有因果关系，或者反诉与本诉的诉讼请求基于相同事实的，人民法院应当合并审理。"本案中，易某良与易某提之间形成承揽合同法律关系，一审法院受理易某提的反诉符合法律规定，审判程序并未违法。关于易某良是否应当赔偿易某提损失的问题。根据《最高人民法院关于审理人身损害赔偿案件适用法律若干问题的解释》第十条"承揽人在完成工作过程中对第三人造成损害或者造成自身损害的，定作人不承担赔偿责任。但定作人对定作、指示或者选任有过失的，应当承担相应的赔偿责任"的规定。本案中，易某提雇请的朱某家系在提供劳务的过程中死亡，从本案现有证据可以确定朱某家系因沟壁土方坍塌掩埋致死，朱某家所站的沟槽系作为承揽人的易某良所挖，系易某良承揽工作的范围，而易某良未尽到安全注意义务，存在一定的过错，应承担相应的责任。一审法院根据易某提、易某良的过错程度，综合考虑损害事故发生的原因、易某提赔偿受害人的具体情况，酌情确定易某良承担易某提所付赔偿款 42 万元中 10% 即 4.2 万元，合法合理，且理由阐述充分，并无不当，法院予以确认。

综上所述，易某良的上诉请求不能成立，应予驳回；一审判决认定事实清楚，适用法律正确，应予维持。湖南省长沙市中级人民法院依照《中华人民共和国民事诉讼法》第一百七十条第一款第一项之规定，作出如下判决：

驳回上诉，维持原判。

【法官后语】

本案的处理重点在于反诉请求的审理。首先，本案系承揽合同纠纷，易某良起诉要求易某提支付承揽报酬，而易某良以易某提违反承揽合同约定义务为由抗辩同时以易某良应对承揽合同履行过程中造成的其雇请的雇员死亡赔偿承担全部责任为由提出反诉，易某良在二审中认为此不构成反诉，应由易某提另行起诉，但是一、二审法院均认为一审法院受理易某提的反诉符合法律规定，理由是根据法律规定：被告在法定期限内提出反诉的，反诉与本诉的诉讼请求基于相同法律关系、诉讼请求之间具有因果关系，或者反诉与本诉的诉讼请求基于相同事实的，人民法院应当合并审理。本案中，易某良与易某提之间形成承揽合同法律关系，根据《中华人民共和国民法典》第一千一百九十四条（原《最高人民法院关于审理人身损害赔偿案件适用法律若干问题的解释》第十条）“承揽人在完成工作过程中对第三人造成损害或者造成自身损害的，定作人不承担赔偿责任。但定作人对定作、指示或者选任有过失的，应当承担相应的赔偿责任”的规定，易某提系依据该条规定提出的反诉请求，所以还是基于承揽合同法律关系而提出的反诉请求，因此，受理反诉的条件成立。

其次，因本案系审理承揽合同关系纠纷，而死者朱某家相对于本案当事人双方来说是合同之外的第三人，所以要厘清的是承揽合同关系中第三人受损的责任承担，根据上述司法解释的规定，一般情况下定作人是不承担赔偿责任，只有在定作人对定作、指示或者选任有过失的，才应当承担相应的赔偿责任，但本案并不是第三人请求赔偿纠纷，而是既作为定作人又作为死者的雇主双重身份的易某提依据承揽合同关系来追偿，那么就同时要适用《中华人民共和国民法典》第一千二百九十二条（原《最高人民法院关于审理人身损害赔偿案件适用法律若干问题的解释》第十一条）的规定，雇主在承担责任后可以向第三人追偿，此处的“第三人”在本案中就是作为承揽人的易某良，所以易某提在实际足额承担相应的补偿（旧法为赔偿）责任后，其是享有这个追偿权的。但不管是适用《中华人民共和国民法典》第一百二百九十二条或一千二百九十四条（原司法解释的第十一条还是第十条），归结到底都是易某良应承担多少责任的问题。虽然本案一定程度上难点是事实的认定，但是根据现有证据可以认定的事实是朱某家系因沟壁土方坍塌掩埋致死，而沟壁土方坍塌的原因无法作出认定，但挖掘沟壁是易某良的承揽工作范围，其没有尽到安全注意义务对朱某家的死亡存在一定过错，但由于易某良并没有参与调解，对于调解金额的确定其并不知情，而受害人已经死亡，对于受害人自身责任的认定和补偿（赔偿）金额的重新确定在本案中显然并无必要，所以最终根据易某提、易某良的过错程度，同时综合考虑损害事故发生的原因、易某提补偿（赔偿）受害人的具体情况，酌情确定易某良应当承担易某提所付补偿（赔偿）款42万元中10%即4.2万元。

最后，新旧法虽然对提供劳务者受第三人侵权时，接受劳务者的责任承担方式进行了修改，《中华人民共和国民法典》第一千二百九十二条第二款原文将原《最高人民法院关于审理人身损害赔偿案件适用法律若干问题的解释》第十一条中的赔偿一词修改为了补偿，但根据《中华人民共和国民法典》中提供劳务者有权向接受劳务者主张补偿的规定来看，该补偿责任并非基于接受劳务者自愿决定是否支付为前提，而是依据法律规定应予支付。因此，第三人与接受劳务者之间的担责方式依然属于不真正连带责任，适用“补偿”一词仅在法律上弱化了接受劳务者的“谴责”意义，倾向性地加强了对提供劳务者权利保护，与向第三人追偿相互吸收呼应，体现了法律用语的严谨。

在司法实践中，关于个人劳务关系与承揽关系交错情形下损害赔偿（补偿）责任问题很多，当然普遍的是承揽人的雇员受损，定作人的责任承担问题，像本案这种定作人的雇员在承揽人工作范围内受损责任承担且又是追偿的问题还是比较少见。但不管何种情形都是要在依照法律规定，综合案情具体情况，平衡当事人利益的基础上作出公正判决。

编写人：湖南省浏阳市人民法院　陈钟婧

199 对于无法继续履行的合同违约一方是否享有法定解除权

——冶金炉料公司诉电气设备公司承揽合同案

【案件基本信息】

1\. 裁判书字号

湖南省衡阳市中级人民法院（2020）湘04民终2684号民事判决书

2. 案由：承揽合同纠纷

3. 当事人

原告（反诉被告、被上诉人）：冶金炉料公司

被告（反诉原告、上诉人）：电气设备公司

【基本案情】

2017年11月14日，原告（反诉被告）冶金炉料公司与被告（反诉原告）电气设备公司签订一份《变压器改造协议》，约定："甲方：冶金炉料公司、乙方：电气设备公司，经甲、乙双方友好协商就甲方一台12500KVA/35电炉变压器改造达成如下协议：第一，改造内容（1）变压器高压线圈全部重新制作；（2）变压器铁芯窗高尺寸要加大；（3）变压器低压线圈尺寸调整；（4）变压器线圈子绝缘极器身绝缘重新制作；（5）变压器全套密封件更换；（6）五励磁开关更换为V型有载分接开关（长征开关）；（7）变压器油处理；（8）变压器邮箱更改并喷漆；（9）出厂试验，并出具是要报告合格证。第二，改造费用及付款方式：（1）整体改造费用为36万元人民币（36万），含增值税17%；（2）甲方预付改造费30%计金额10.8万元。乙方改造好，甲方提货时付款16万元，余下款项在甲方正常生产半个月无质量问题后尾款付清；（3）支付方式：银行转账电汇。第四，运输方式、由乙方负责到厂。第五，甲方未按合同履行支付价款义务的，标的物所有权属乙方所有。第六，合同生效不可解除，违约责任按国家合同法执行。未尽事宜，双方友好协商解决。"

协议签订后，冶金炉料公司将变压器运送至电气设备公司，电气设备公司支付了运输费用并着手改造工作。在拆解中电气设备

公司发现，冶金炉料公司交付的变压器额定容量并非合同约定的12500KVA，而是10000KVA。电气设备公司即通知冶金炉料公司，并提出可将该台变压器由10000KVA增容为12500KVA进行改造的方案。后因预估增容改造成本过高，电气设备公司又提出在其公司以旧换新购买一台12500KVA电炉变压器的方案。2017年11月27日，电气设备公司起草一份《工业品买卖合同》，内容为："出卖人（甲方）电气设备公司、买受人（乙方）冶金炉料公司，一、标的、数量、价款及交（提）货时间（单位：万元）：产品名称：电炉变压器，规格型号：HKSSPZ-12500/35，数量：一台，单价、总金额：95万元。备注：此价格含税、运费、送货到乙方厂内。四、乙方已运到我公司电炉变压（HKSSPZ-10000/35旧变压器）作价25万元给甲方，乙方需支付甲方70万元变压器款。十五、本合同自双方签字或盖章起生效。"电气设备公司的委托代理人在合同上签字并加盖公章。冶金炉料公司收到合同后未表示同意，亦未在合同上签字或盖章。此后，冶金炉料公司自行购买了四台小型电炉变压器以供使用。

【案件焦点】

1.《变压器改造协议》应当继续履行还是应当解除的问题；2. 合同损失金额的认定问题。

【法院裁判要旨】

湖南省衡阳市雁峰区人民法院经审理认为：关于第一个争议焦点，案涉《变压器改造协议》系双方当事人的真实意思表示，合法有效，对双方当事人均具有法律约束力。冶金炉料公司在合同签订时未尽审慎义务，将其额定容量为10000KVA的电炉变压器误认为是12500KVA而与电气设备公司签订了改造协议，导致该协议因合同标的物错误而无法履行，构成了违约。《中华人民共和国合同法》（本案以下简称《合同法》）第一百零七条规定："当事人一方不履行合同义务或者履行合同义务不符合约定的，应当承担继续履行、采取补救措施或者赔偿损失等违约责任。"由此可见，当违约情况发生时，继续履行是令违约方承担责任的首选方式，相比于采取补救措施、赔偿损失或者支付违约金等其他方式，继续履行更有利于实现合同目的。但是，当继续履行也不能实现合同目的时，就不应再将其作为判令违约方承担责任的方式。《合同法》第一百一十条规定："当事人一方不履行非金钱债务或者履行非金钱债务不符合约定的，对方可以要求履行，但有下列情形之一的除外：（一）法律上或者事实上不能履行；（二）债务的标的不适于强制履行或者履行费用过高；（三）债权人在合理期限内未要求履行。"本案中，合同约定的改造标的物自始不存在，如还判令继续履行，冶金炉料公司必然无法提供约定标的物进行改造，该合同事实上自始就不能履行。而电气设备公司虽然就此提出了更改原合同（变更标的物进行增容改造）及签订新合同（以旧换新另购变压器）的要约，但双方并未就此达成合意。不论是更改原合同还是签订新合同，其本质上均是设立一个新的合同来代替原合同，不是原合同的继续履行，均应以双方自愿达成合意为基础，不能以直接判令继续履行的方式强行更替。《变压器改造协议》虽然约定合同生效不可解除，但在自始不具备履行条件的情形下，仍然继续履行没有实际意义，无法实现合同目的。冶金炉料公司可以赔偿损失等其他方式承担违约责任，取得对合同义务履行的免除。因此，衡平双方利益受损状况，依照公平和诚实信用原则，尽管本案双方之间的承揽合同关系合法有效，尽管电气设备公司在履行合同过程中没有违约行为，本案《变压器改造协议》也应当解除。故对于冶金炉料公司主张解除该协议的诉讼请求，法院不予支持。

经法院多次释明，在明知合同事实上不能履行的情形下，电气设备公司仍坚持要求继续履行而不主张违约责任是非理性的选择，与相关法律规定及立法精神相违背，故对电气设备公司主张继续履行《变压器改造协议》并要求冶金炉料公司预付改造费 10.8 万元的反诉请求，法院不予支持。

关于第二个争议焦点。《中华人民共和国合同法》第九十七规定："合同解除后，尚未履行的，终止履行；已经履行的，根据履行情况和合同性质，当事人可以要求恢复原状、采取补救措施，并有权要求赔偿损失。"《变压器改造协议》解除后，冶金炉料公司有权要求返还案涉电炉变压器，电气设备公司亦有权要求赔偿损失。经法院当庭释明，电气设备公司未在本案中提出要求赔偿损失的反诉请求，对此电气设备公司可另行主张权利。对于案涉电炉变压器的现状，经多次庭审确认，电气设备公司均陈述该变压器经过拆解后已不能复原返还，因此，冶金炉料公司主张要求电气设备公司赔偿不能返还案涉电炉变压器所造成的损失，符合法律规定。审理中，冶金炉料公司就涉案电炉变压器的价值申请评估，但由于其向评估机构提供的资料不完整，且资料的真实性及与变压器实物的一致性均无法确定，电气设备公司亦不配合现场勘查评估，导致评估程序无法正常启动。据此，根据冶金炉料公司提供的资料，对于涉案电炉变压器的品牌、生产厂家、购置时间及购置价格等基本情况均无法确定，故以购置价格或同类商品价格为基数，依照折旧年限进行价值认定亦无法进行。经询问，原、被告双方就涉案电炉变压器的价值未能达成一致意见。

基于本案实际情况，综合双方责任承担及举证义务分析，对于案涉电炉变压器的价值，现原、被告双方均未能证明，而造成本案承揽合同不能履行的责任在冶金炉料公司，作为违约方，冶金炉料公司对于其诉请的价值主张未能提供证据证明，应承担举证不能的不利后果。电气设备公司明知合同不能履行，留置案涉变压器却未积极采取有效措施予以妥善保管，放任损失的发生和扩大，存在一定的过错，且在评估过程中不配合现场勘查，导致评估不能进行，亦应承担举证不能的不利后果。根据现有证据，电气设备公司在其起草并发出的《工业品买卖合同》中，明确提出以案涉电炉变压器作价 25 万元抵扣新变压器货款的要约，该合同虽因冶金炉料公司未表示承诺而未能达成，但该合同要约是电气设备公司的真实意思表示，可视为电气设备公司的价值主张，审理中双方均未举证证明推翻该价值主张。故法院在穷尽价值评估认定方式的情况下，衡量各方责任承担及利益损失，酌定以电气设备公司对案涉电炉变压器的价值主张 25 万元，确定为因不能返还原物给冶金炉料公司造成的损失金额。对冶金炉料公司诉请中的超出部分，法院不予支持。对于冶金炉料公司要求电气设备公司按 59 万元的 20% 承担违约责任的诉请，因双方对违约责任无明确约定，故法院不予支持。

湖南省衡阳市雁峰区人民法院依照《中华人民共和国合同法》第八条、第六十条、第九十七条、第一百零七条、第一百一十条、第一百一十四条、第二百五十一条、第二百六十八条，《中华人民共和国民事诉讼法》第十三条、第六十四条，《最高人民法院关于适用〈中华人民共和国民事诉讼法〉的解释》第九十条之规定，作出如下判决：

一、被告（反诉原告）电气设备公司于本判决生效之日起十日内赔偿原告（反诉被告）冶金炉料公司经济损失25万元；

二、驳回原告（反诉被告）冶金炉料公司的其他诉讼请求；

三、驳回被告（反诉原告）电气设备公司的反诉请求。

电气设备公司不服一审判决，提起上诉。

湖南省衡阳市中级人民法院经审理认为：本案双方当事人一、二审争议的焦点均主要在于案涉承揽合同应否予以解除以及承揽合同解除后定作人原交付改造的电炉变压器无法返还原物时价值应如何确定。从本案一、二审查明的事实可见，双方当事人2017年11月14日签订的《变压器改造协议》明确约定冶金炉料公司将一台自有的额定电容为12500KVA的电炉变压器交由电气设备公司改造，但冶金炉料公司实际提交给电气设备公司改造的电炉变压器额定电容却为10000KVA，导致电气设备公司收货拆解后发现根本无法按合同约定的改造技术标准要求进行改造，故造成变压器改造合同一开始就无法履行的违约责任在于定作人冶金炉料公司。承揽人电气设备公司在发现合同目的已经无法实现时，原本可以通过与定作人冶金炉料公司另行协商对合同内容进行调整或重订以继续双方的交易，也可以采取解除原改造合同要求定作人偿付运输、拆解费用，再向定作人退返变压器的救济措施以避免承揽损失，但电气设备公司却仅于2017年11月27日单方另行拟定了一份将案涉变压器“以旧换新”的《工业品买卖合同》，在冶金炉料公司未对该新合同予以签字、同意的情况下，仍坚持要求定作人冶金炉料公司继续履行原改造合同、支付改造费用，并拒绝退还案涉变压器，对本案合同不能履行后诉讼纠纷的酿成，电气设备公司同样负有一定责任。鉴于案涉改造承揽合同自始至终不具备履行条件，双方又未就继续交易达成具备可行性的新协议，故一审判决对本案变压器改造承揽合同应予解除所作说理释法成立，法院依法予以采纳。至于本案改造承揽合同解除后定作人原交付改造的电炉变压器无法返还原物时价值应如何确定的问题。虽然一审期间，一审法院根据冶金炉料公司的申请曾委托中介机构对案涉变压器的价值进行了评估鉴定，但因双方当事人自身原因，司法评估鉴定无法进行下去，未能得出确定的价值结论。一审法院在变压器所有权人冶金炉料公司不能履行相应的价值举证责任时，只能参照电气设备公司自己拟定《工业品买卖合同》中将案涉变压器估值25万元的意思表示，酌定案涉变压器价值为25万元，属于合理的自由裁量，且对一审判决所认定的变压器价值，冶金炉料公司没有提出上诉。故对一审所作价值认定亦予以采纳。

湖南省衡阳市中级人民法院依照《中华人民共和国民事诉讼法》第一百六十九条第一款、第一百七十条第一款第一项之规定，作出如下判决：

驳回上诉，维持原判。

【法官后语】

本案案涉《变压器改造协议》为对双方当事人均具有法律约束力的合法有效的协议，冶金炉料公司在签订协议时，未尽到审慎义务，误将其额定容量为10000KVA的电炉变压器误认为是12500KVA而与电气设备公司签订了改造协议，导致该协议因合同标的物错误而无法履行，其行为是造成合同无法履行的根本原因，亦系构成案涉合同先违约一方。电气设备公司接收型号错误的变压器后，在发现变压器型号与约定的不一致的情况下，未积极与冶金炉料公司协商，而是就变更标的物进行增容改造为主要内容更改了原合同，并同时提出以旧换新另购变压器为条件对冶金炉料公司出具了一份新《工业品买卖合同》，以此进行新的要约。在双方就此未达成合意的情况下，冶金炉料公司作为违约一方先行向法院提起诉讼要求解除合同并返还案涉变压器。在诉讼过程中，电气设备公司又以《变压器改造协议》约定的合同条款“合同生效不可解除”为由向法院提出要求冶金炉料公司继续履行合同义务，并以此提出反诉要求冶金炉料公司继续支付预付改造费10.8万元。在本案的审理过程中，双方争议的主要焦点为合同是应当继续履行还是应当解除，要解决该争议焦点，则应明确冶金炉料公司作为违约方是否享有申请解除合同的权利。

《中华人民共和国合同法》第九十四条①第四项规定，当事一方迟延履行债务或者其他违约行为致使不能实现合同目的，可以解除合同。可见，违约方的违约行为足以导致合同目的不能实现，合同守约方才能行使合同解除权。本案中，冶金炉料公司作为案涉合同的违约方，其向法院提请解除合同的请求并不符合该法条的规定及合同法的立法精神，且依据双方签订的《变压器改造协议》第八条约定的该合同生效不可解除，故依据上述事实理由及法律依据，冶金炉料公司并不享有本案案涉协议的合同解除权。但在此情况下，如依据双方协议的约定判令冶金炉料公司继续履行《变压器改造协

---

① 现为《中华人民共和国民法典》第五百六十三条：“有下列情形之一的，当事人可以解除合同：（一）因不可抗力致使不能实现合同目的；（二）在履行期限届满前，当事人一方明确表示或者以自己的行为表明不履行主要债务；（三）当事人一方迟延履行主要债务，经催告后在合理期限内仍未履行；（四）当事人一方迟延履行债务或者有其他违约行为致使不能实现合同目的；（五）法律规定的其他情形。以持续履行的债务为内容的不定期合同，当事人可以随时解除合同，但是应当在合理期限之前通知对方。”

议》的交付义务，即冶金炉料公司必然无法提供约定型号的变压器进行改造，且该协议已因提供的变压器型号的错误致使自始就不能履行。事实上，冶金炉料公司已通过另行购买其他型号的变压器达到改造变压器的目的。对于电气设备公司而言，如判令继续履行，电气设备公司可要求冶金炉料公司继续按协议约定预付改造费，亦可能会造成对现有变压器另行改造成本过高而造成其损失。《中华人民共和国合同法》第一百一十条[①]规定："当事人一方不履行非金钱债务或者履行非金钱债务不符合约定的，对方可以要求履行，但有下列情形之一的除外：（一）法律上或者事实上不能履行；（二）债务的标的不适于强制履行或者履行费用过高；（三）债权人在合理期限内未要求履行。"此条规定了不适用继续履行的几种情形，其中第二项规定的"履行费用过高"，可以根据履约成本是否超过各方所获利益来进行判断。当违约方继续履约所需的财力、物力超过合同双方基于合同履行所能获得的利益时，应该允许违约方解除合同，用赔偿损失来代替继续履行。所以当继续履行不能实现合同目的时，就不应再限制违约方的解除权，并将继续履行作为判令违约一方承担责任的方式。综合衡量本案现有的实际情况，法院从平衡双方当事人目前利益及受损状况出发，在依照公平和诚实信用原则的前提下，考虑在双方合同无法继续履行或强制履行成本过高的情形下，依法判令本案案涉《变压器改造协议》应当解除。对于电气设备公

---

① 现为《中华人民共和国民法典》第五百八十条："当事人一方不履行非金钱债务或者履行非金钱债务不符合约定的，对方可以请求履行，但是有下列情形之一的除外：（一）法律上或者事实上不能履行；（二）债务的标的不适于强制履行或者履行费用过高；（三）债权人在合理期限内未请求履行。有前款规定的除外情形之一，致使不能实现合同目的的，人民法院或者仲裁机构可以根据当事人的请求终止合同权利义务关系，但是不影响违约责任的承担。"

司提出的冶金炉料公司应继续履行协议并预付改造费的反诉请求，因其已明知本案案涉《变压器改造协议》在事实上不能履行，电气设备公司的反诉请求实质上是与相关法律规定及立法精神相违背的，亦是一种非理性的维权方式。经法院多次向其释明，电气设备公司可变更反诉请求要求冶金炉料公司承担违约责任，但电气设备公司仍然坚持要求冶金炉料公司继续履行协议而拒不主张违约责任，故法院依法驳回电气设备公司的反诉请求。

编写人：湖南省衡阳市雁峰区人民法院　唐乐

200　实际行为变更合同的认定

——新能源公司诉金属制品公司定作合同案

【案件基本信息】

1. 裁判书字号

江苏省无锡市中级人民法院（2020）苏02民终2766号民事判决书

2. 案由：定作合同纠纷

3. 当事人

原告（上诉人）：新能源公司

被告（被上诉人）：金属制品公司

【基本案情】

2013年12月17日，新能源公司与金属制品公司签订一份铝型材采购合同。后双方又分别于2016年6月1日、2017年6月1日签订两份长期定作合同，由新能源公司供给金属制品公司铝型材，合同对产品质量、付款方式、验收、合同解除等均作了约定。双方于2013年12月17日签订的铝型材采购合同中约定付款方式为70%现金、30%承兑。2016年6月1日签订的长期定作合同中约定付款方式为40%现金、60%承兑。2017年6月1日签订的长期定作合同中约定付款方式为30%现金、70%承兑。2016年6月1日合同约定逾期付款违约金为按货款总额的日千分之一计算，2017年6月1日合同约定逾期付款违约金为按货款总额的日千分之三计算。后双方按约履行，至起诉之日，金属制品公司尚结欠新能源公司货款24026.08元，逾期付款违约金。2016年4月，双方又签订一份铝棒置换合同，合同对产品类型、质量标准、运输、交货、验收等均作了约定，同时约定铝棒磨具由乙方（新能源公司）负责制作，但甲方（金属制品公司）必须全年有1000吨的生产量，同时甲方必须先支付3万元开模定金，如能达到全年1000吨加工铝棒，磨具定金如数退回。合同签订后，新能源公司按约履行，至起诉之日，金属制品公司尚结欠新能源公司加工费101666.55元（含3万元磨具费）。新能源公司多次催讨未果，于2019年6月26日具状起诉。

新能源公司诉称：新能源公司与金属制品公司双方自2013年发生铝型材买卖往来，至起诉时，金属制品公司尚欠新能源公司货款24893.21元，依约应支付违约金78518.64元，并应承担承兑汇票贴息1505924.15元。另外双方又签订了《铝棒置换合同》至2019年3月19日，累计结欠新能源公司加工费101666.55元。新能源公司在催要无果的情况下具状起诉，请求法院判令金属制品公司立即支付货款126559.76元并承担逾期付款利息78518.64元，支付承兑汇票贴息 1505924.15 元，合计 1711002.55 元。

金属制品公司辩称：结欠的货款应该是 24026.08 元，而加工费认可 64319.11 元，其他新能源公司主张的加工费 101666.55 元包含 3 万元磨具款及 7166.95 元的差价，不应计算在内。另外，新能源公司主张的逾期付款利息及承兑汇票贴息无事实和法律依据，且约定过高，不应得到法院支持。

【案件焦点】

新能源公司收取金属制品公司给付的超过合同约定比例的承兑汇票，是否表明其同意变更合同约定的付款方式。

【法院裁判要旨】

江苏省江阴市人民法院经审理认为：新能源公司与金属制品公司之间的定作关系合法有效。根据新能源公司所举证据，金属制品公司结欠新能源公司货款 24026.08 元事实清楚，应承担给付之责，并承担相应的利息损失。新能源公司主张逾期付款违约金按日千分之一及日千分之三计算，金属制品公司主张违约金约定过高，原审法院酌情按日千分之一计算，违约金为 51307.65 元。关于新能源公司主张的承兑汇票贴息，虽然双方的合同对付款方式有明确约定，但一方如有违约，可根据违约事由解除合同，金属制品公司未按约定，多支付了承兑汇票，新能源公司可以拒收并据此解除合同。但新能源公司仍继续收取承兑汇票，应视为对合同履约情况的变更。且新能源公司提供的备忘录签字不是金属制品公司员工所签，故新能源公司要求金属制品公司承担承兑汇票贴息的诉求，依法不予支持。关于加工费 101666.55 元，虽然金属制品公司仅认可 64319.11 元，但金属制品公司对 3 万元磨具款及 7166.95 元差价未提供相关依据，法院按新能源公司的主张予以确认。对金属制品公司的抗辩不予采信。

江苏省江阴市人民法院依照《中华人民共和国合同法》第一百零七条、第一百零九条，《中华人民共和国民事诉讼法》第六十四条之规定，作出如下判决：

一、金属制品公司应于判决发生法律效力之日起 10 日内给付新能源公司货款 24026. 08 元，并承担逾期付款违约金 51307. 65 元；

二、金属制品公司应于判决发生法律效力之日起 10 日内给付新能源公司加工费 101666. 55 元；

三、驳回新能源公司的其他诉讼请求。

新能源公司不服一审判决，提起上诉。

江苏省无锡市中级人民法院经审理认为：新能源公司与金属制品公司虽然在 3 份合同中约定了不同比例的现金与承兑汇票的支付方式，但是，在 4 年的业务往来过程中，对于金属制品公司给付的超过合同约定比例的承兑汇票，新能源公司均予收取，且未有向金属制品公司提出过异议的有效证据。新能源公司收取金属制品公司给付的超过合同约定比例的承兑汇票，应当视为新能源公司同意变更合同约定的付款方式。新能源公司要求金属制品公司承担贴息损失的上诉请求不能成立，应予驳回。

江苏省无锡市中级人民法院依照《中华人民共和国民事诉讼法》第一百七十条第一款第一项之规定，作出如下判决：

驳回上诉，维持原判。

【法官后语】

本案的争议焦点为新能源公司收取金属制品公司给付的超过合

同约定比例的承兑汇票，是否以实际行为表示同意变更合同约定的付款方式。在合同交易过程中，一方当事人未按合同约定的履行时间、履行地点、履行方式、标的物数量和质量履行合同义务的情况时有发生，在另一方当事人未提出异议的前提下，一方当事人对合同履行内容的变更，应认定为违约行为还是双方对合同的变更，实践中有不同观点。

一、合同变更的条件和方式

合同的变更，是指合同成立后，当事人在原合同的基础上对合同的内容进行修改或补充。无论是《中华人民共和国合同法》还是《中华人民共和国民法典》，对合同变更的条件的规定均较为笼统，均规定“当事人协商一致，可以变更合同”，且“当事人对合同变更的内容约定不明确的，推定为未变更”。从法律规定的文义来看，合同的变更须具备两个条件：一是双方当事人协商一致，二是合同变更的内容约定明确。对于如何认定双方当事人对合同变更内容协商一致，法律并未明确规定。合同是双方当事人要约和承诺意思表示一致的结果，一旦成立便对双方当事人产生法律约束力。因此，如果要对双方当事人已经达成一致的意思表示进行变更，那么就必须由双方当事人就修改或补充某项合同内容达成一致的意思表示。尽管法律对合同变更当事人协商一致没有作具体规定，但合同变更与合同成立均应具备当事人意思表示一致的要件，所以合同变更的条件应类推适用合同成立条件的规定。《中华人民共和国合同法》和《中华人民共和国民法典》均规定，当事人订立合同可以采取要约、承诺方式或者其他方式，承诺一般以通知方式作出，但根据交易习惯或者要约表明可以通过行为作出，当事人未在书面合同上签名、盖章或者按指印或者未采用书面形式订立但是一方已经履行主要义务，对方接受时合同成立。由此可以推定，当事人变更合同，应由一方发出变更具体合同内容的意思表示，另一方作出接受变更具体合同内容的意思表示，双方可以采用书面形式或者口头协商一致的方式变更合同，也可以通过实际行为变更合同。

二、当事人以实际行为变更合同约定的认定

在现实交易过程中，市场环境和主客观条件等千变万化，双方当事人在订立合同时对合同履行的约定可能存在不完备、不合理的内容，合同履行时也可能发生合同订立时无法完全预期的变化，导致当事人在履行合同时往往与合同约定的履行内容不完全一致。例如，在建设施工合同中施工方根据施工需要增加了施工量，物业服务合同因政策调整变更了物业费计算标准，租赁合同出租人未按合同约定交付同一品牌的租赁物，承揽合同承揽人未按合同约定交付相同数量的定作物等。除了情势变更和不可抗力导致以外，如果受领给付的另一方当事人在受领后的合理期间对未按合同履行的一方当事人明确提出异议或拒绝履行对价给付，那么一方当事人未按合同履行的行为认定为违约并无争议。实践中，受领给付的另一方当事人在受领一方当事人变更的履行后，在一段时间内未明确提出异议的情形屡有发生。如何区分是当事人一方的违约行为还是双方对合同内容的变更，需综合考量变更履行的原因、双方业务往来经历、交易习惯、合同目的等因素谨慎判断。从保证经济交易效率和合理配置市场资源的角度出发，如果一方当事人变更合同履行内容不影响主要合同目的的实现，且另一方当事人在受领变更的给付后合理期间内未提出异议，并继续履行对价给付的，符合行业或双方交易习惯的，应当认定双方当事人在变更合同履行内容上达成了意思表示一致，以实际行为变更了原合同约定，避免频繁认定违约等导致交易成本的过度增加。本案中，新能源公司与金属制品公司虽然在前后多份合同中约定了不同比例的现金和承兑汇票支付方式，但在双方长期业务往来过程中，新能源公司对金属制品公司超出约定比例支付的承兑汇票均予以收取，且未提出异议，继续履行双方的合同义务，应视为金属制品公司支付超出约定比例支付的承兑汇票且新能源公司予以收取符合双方的交易习惯，新能源公司同意变更合同约定的付款方式。

编写人：江苏省江阴市人民法院　高雅静

201 定作人变更技术要求及定作物交付搁置情况下的损失及责任认定

——C公司诉D公司定作合同案

【案件基本信息】

1. 裁判书字号

江苏省无锡市中级人民法院（2019）苏02民终2059号民事判决书

2. 案由：定作合同纠纷

3. 当事人

原告（被上诉人）：C公司

被告（上诉人）：D公司

【基本案情】

2009年至2012年，C公司陆续生产D公司定作的各型号变压器，交易流程为D公司发出采购订单→C公司确认后开始生产→D

公司电话通知C公司分批送货→双方每月对已供产品进行对账→C公司开票→D公司付款。双方订单上载明的“交付日期”是C公司准备货源的日期，并非一次性交货日期。其间，D公司变更了其中一种STA-U13CDA型号变压器的技术要求，由2脚变为3脚，但对此前已经生产的该型号2脚变压器的处理未作说明。此后，D公司通知C公司交付了部分货物，但就剩余货物一直未给出发货指令，C公司反复催促，D公司一直拒绝提货，致使大量货物积压，C公司无奈诉至法院，因D公司在审理过程中明确表示不再接受上述货物，故C公司请求判令：D公司赔偿损失846867.87元及逾期付款利息。D公司则认为，C公司未按照订单时间交付定作物，应属违约。该公司早在2011年11月4日就将STA-U13CDA型号变压器的技术要求变更为3脚，而该型号变压器的订单日期为2011年11月14日，此时应按照3脚的技术要求生产，因此积压货物中的2脚变压器是C公司错误生产所致。同时C公司超出订单数量生产的产品，不应由其承担赔偿责任。

【案件焦点】

1. 在D公司变更技术要求的情况下，C公司定作的STA-U13CDA（2脚）型号变压器是否符合定作要求；2. C公司未交付的定作物损失应当如何认定，责任如何分配。

【法院裁判要旨】

江苏省无锡市锡山区人民法院经审理认为：C公司与D公司之间的定作关系合法有效。C公司主张的未交付定作物损失，因涉案定作物为电子产品，已生产数年，故损失按照产品价格扣除残值确定；产品价格为存于C公司处的各型号产品订单残量乘单价；双方对单价系含税价确认一致，订单残量指订单数量与交付数量之差，因此，需先确定订单数量，本案争议焦点之一即存放于C公司处的STA-U13CDA型号2脚变压器是否符合定作要求。经审查，D公司曾定作该型号2脚变压器，后变更为3脚，虽C公司在2011年11月18日向D公司发出的邮件中提到与变更定作要求相关的信息，但D公司发送回复邮件是在2011年12月16日，即D公司此时才确认变更，故定作要求的变更时间应以此邮件为准。争议型号变压器见于2011年11月14日、2012年1月4日两份订单，前一份订单中，20万个产品的“交付”时间为同年11月20日，早于确认邮件，故定作要求为2脚，另外30万个产品的“交付”时间为同年12月20日，时间虽在确认邮件之后，但据证人证言所述，承揽人应在“交付”时间前备好货源等待发货通知，而30万个产品显然不可能在几日内备好，故定作要求仍为2脚；2012年1月4日的订单发送时间在确认邮件之后，定作要求应为3脚，库存3脚型号产品系针对该份订单；C公司已交付的该型号产品均为3脚，库存2脚产品有676810个，扣除50万个订单残量后，剩余176810个非订单残量，库存3脚产品16048个均属订单残量。此外，其他型号库存品中数量大于订单数量与交付数量之差的，不属于订单残量。经计算，与订单相关的库存产品价格为661063.4元，经评估鉴定，库存产品残值为50250元，扣除非订单残量部分的产品价值后，产品残值为39217.7元，因此损失为621845.7元。

关于责任承担，依据证人证言，C公司备货后按照D公司的通知发货，但D公司在下达订单后未通知发货以致定作物长期积压，D公司应承担主要责任；C公司作为电子产品制造商，对涉案货物升级换代频繁应当知晓，却放任产品在其处积压5年之久而未及时处理降低损失，对损失的扩大存在过错，故D公司应承担85%的赔偿责任即528568.8元。

江苏省无锡市锡山区人民法院依照《中华人民共和国合同法》第一百零九条之规定，作出如下判决：

一、D公司于本判决生效后十日内向C公司给付528568.8元及相应逾期付款利息（自2017年6月28日起至实际给付之日止，按中国人民银行同期同类贷款利率计算）；

二、驳回C公司的其他诉讼请求。

D公司不服一审判决，提起上诉。

江苏省无锡市中级人民法院经审理认为：首先，涉案订单均存在未按订单数量交货产生订单残量的情况，对此D公司亦在确认单中确认，如果C公司需自担损失，则D公司根本无须再签署确认单。其次，现有证据只能证明D公司在2011年12月16日才向C公司确认争议型号变压器的设计变更为3脚。最后，D公司发出订单后，未就剩余货物通知继续发货，应当承担违约责任，但C公司作为专业厂商，长期未采取止损措施，对损失的扩大存在过错。一审法院酌定D公司承担85%的赔偿责任，并无不妥。综上所述，D公司的上诉请求不能成立，应予驳回；一审判决认定事实清楚，适用法律正确，应予维持。依照《中华人民共和国民事诉讼法》第一百七十条第一款第一项之规定，作出如下判决：

驳回上诉，维持原判。

【法官后语】

在定作关系中，定作人变更技术要求或者出现定作物迟延交付的情形并不鲜见，本案同时涉及了两种情形下的损失认定及责任分担问题，对司法实务有一定的借鉴意义。

首先，就定作人变更技术要求而言，根据《中华人民共和国合同法》第二百五十八条的规定，定作人中途变更承揽工作的要求，造成承揽人损失的，应当赔偿损失。本条是在定作人变更技术要求的情况下，承揽人主张损失的请求权基础，但需要注意的是，其构成要件不仅要有定作人变更定作要求的事实，还要有此种变更导致实际损失的事实。一般而言，变更承揽工作的事实不难证明，但对于“定作人变更要求”的理解以及变更定作要求“有无导致损失”，导致了多少损失，在多数情况下会存在争议。关于“定作人变更要求”，第一，需要查明系单方变更还是双方协商变更，本案中，C公司只负责根据D公司的技术标准进行定作，不参与技术讨论、指导，没有技术标准上的发言权，那么变更原因系定作人单方所为，在此情况下承揽人无须就变更技术标准带来的损失自担责任（仅针对这一要素而言）。而如果承揽人对技术标准拥有发言权、指导权，定作、承揽双方在定作过程中一同磋商变更技术标准的，那么即使最后下达变更命令的是定作人，也不能认为是其单方变更了要求，就此造成的损失承揽人可能需要自担部分责任。第二，在长期持续的定作关系中，定作物数量、批次较多，如果定作人就其中一批次的产品变更技术标准，并在该批次定作开始前就予以告知，那么除非双方约定承揽技术标准固定不变，否则不能认定为定作人中途变更定作要求。关于变更承揽工作“有无导致损失”，导致了什么损失，应先由承揽人提供证据证明。本案中，C公司提供的损失证明为库存产品，在此基础上，争议通常会围绕哪些损失是由于变更技术标准导致的，哪些不是，哪些又是承揽人扩大的损失展开。本案中，D公司认为其变更技术要求在前，订单交货时间在后，C公司应当按照新要求定作，C公司按照旧标准定作的定作物不能被认定为损失。对此，需要结合技术标准的变更时间及订单交付时间来认定损失范围。变更技术标准的时间不应以定作人内部确认变更的时间点为准，也不应以双方就变更技术标准进行磋商的时间为准，而应以定作人最终确认变更的时间或者承揽人明知、应知变更技术的时间为准。如果变更技术时间与交备货时间临近，就大宗货物来说，不具备重作条件和可能的，应当认定已作部分为实际损失。需要补充说明的是，《中华人民共和国民法典》第七百七十七条关于定作人变更工作要求的法律后果的规定与《中华人民共和国合同法》一致，因此本案关于“定作人变更工作要求”的理解适用以及“损失的认定规则”在《中华人民共和国民法典》实施后仍有参考价值。

其次，因定作人原因导致的定作物迟延交付，承揽人主张损失的，应考虑损失和责任分担两个方面的问题。就损失而言，一般是指定因作物迟延交付导致的价值贬损。本案中以定作物价格扣除残值的方式予以确定。另外需要注意的是定作物范围的确定，承揽人超出订单需要制作的订单产品，不应认定在损失范围之内。就损失的责任分配而言，需要考虑双方过错大小综合认定。迟延交付通常与交付时间的关系紧密，本案的一个特殊情节是当事人之间实际交付方式与合同约定的交付方式不一致，此时应以实际交付方式为准，本案的实际交付方式为定作人通知发货，因此在定作人没有证据证明发出过交货指令的情况下，定作人应当是迟延交付的主要过错方，而如果定作物本身具有很强的时效性，那么承揽人压仓期间应当及时、积极处理，怠于处理的，就扩大部分的损失需自行承担责任。

编写人：江苏省无锡市锡山区人民法院　王碧云　刘燕妮

202 承揽人不能仅以艺术性追求为由对抗合同约定

——W 公司诉 R 公司承揽合同案

【案件基本信息】

1. 裁判书字号

北京市第一中级人民法院（2019）京 01 民终 6989 号民事判决书

2. 案由：承揽合同纠纷

3. 当事人

原告（反诉被告、被上诉人）：W 公司

被告（反诉原告、上诉人）：R 公司

【基本案情】

2015 年 1 月 16 日、20 日，W 公司与 R 公司签订《中国丝绸宣传片制作合同书》（以下简称制作合同书），W 公司将中国丝绸宣传项目中的设计制作宣传片部分委托 R 公司进行加工制作。制作合同书签订后，W 公司按约定支付 R 公司 45.5 万元，但 R 公司反复拖延约定工作期限，拒绝按约定交付项目素材，导致合同无法履行，合同目的无法实现。故 W 公司诉至法院，请求判令：(1) R 公司返还制作费用 45.5 万元；(2) R 公司赔偿损失 18 万元；(3) R 公司承担本案的诉讼费用。R 公司辩称，宣传片承揽合同具有艺术特殊性，合同履行过程中，R 公司一直如约履行合同，但由于 W 公司对双方合同附件及承揽工作要求有了颠覆性变化，导致双方最终未能协商一致，且 W 公司支付的费用不能覆盖

R公司的实际支出，故对于合同无法继续履行及由此产生的损失，应由W公司承担。R公司提出反诉请求，请求判令：（1）W公司向R公司赔偿实际超出已收到费用的损失共计114285.68元；（2）W公司承担诉讼费用。

【案件焦点】

1. R公司制作涉案宣传片是否超期；2. R公司已制作的涉案宣传片是否符合约定的验收标准；3. 2015年4月14日后的修改意见是否影响制作合同的履行。

【法院裁判要旨】

北京市海淀区人民法院经审理认为：W公司与R公司签订制作合同书，双方形成承揽合同关系。双方之间的承揽合同关系，是当事人真实意思表示，未违反法律法规强制性规定，应属合法有效。

第一，R公司是否构成违约及其抗辩理由是否成立。

1. 验收标准。制作合同书约定，“合同附件1创意方案及甲方确认过的制作策划方案及拍摄脚本作为甲方进行成品验收的唯一标准”。没有证据证明双方另行确认了以制作策划方案、拍摄脚本作为验收标准。因此，本案涉案宣传片的验收标准应仅为附件1。

2. R公司提供的宣传片画面是否符合上述验收标准。就R公司2015年4月14日4分23秒版本而言，经与制作合同书附件1故事线比对，验收标准附件1中的故事线共49项内容，R公司提供的宣传片与该故事线中36项存在出入，占比较大，虽R公司主张其更改是合理的，但缺乏依据，一审法院认定R公司提交的宣传片画面不符合案涉合同约定的验收标准。

3. 除宣传片画面是否符合合同约定的验收标准外，R 公司在宣传片的版本、时长等方面是否符合合同约定。至案涉合同约定的期限届满，R 公司制作的版本缺少 1 分钟、2 分钟版本，5 分钟版本的时长不符合约定，没有完成版权音乐选曲、中英文解说词撰写、5 分钟版本中英文配音等，R 公司的上述行为不符合合同约定。

4. R 公司就其违约行为提出的抗辩理由是否成立。关于 R 公司主张案涉合同约定的项目进度表未对 W 公司的反馈时间予以考虑，W 公司迟延回复，未对拍摄进度提出异议，拍摄临近过年及雾霾等天气属于不可抗力等抗辩，缺少事实和法律依据，不予支持。

第二，W 公司 2015 年 4 月 14 日对宣传片提出的修改意见是否构成对制作要求的颠覆性变化及 W 公司是否有权解除合同。

W 公司最终播出宣传片与案涉制作合同书的附件 1 故事线的对比文件及 2015 年 4 月 14 日审片会上有关领导称“这个调整应该说不算小”，不能证明 W 公司对宣传片制作提出了颠覆性变化。R 公司在案涉合同约定的各个时间节点均出现了超期，R 公司迟延履行其主要债务，经 W 公司催促，其在 W 公司给予宽限时间内仍未履行，在此情况下，应属于无法实现合同目的，W 公司有权解除合同。

第三，解除合同后的法律后果。

本案中，在合同解除的情况下，R 公司未证明 W 公司存在违约行为，其主张 W 公司对制作要求提出重大修改缺乏充分证据，且 R 公司亦未向 W 公司交付素材，故 W 公司有权要求 R 公司退还全部已付报酬 45.5 万元，其相应诉讼请求予以支持。关于 W 公司另行委托案外公司制作宣传片支出的费用 18 万元，不属于 W 公司的损失，对于该诉讼请求不予支持。

第四，R公司的反诉请求。

如前所述，R公司并未提供充分证据证明W公司对制作要求提出了重大变更且该变更与R公司主张的损失存在因果联系，故其据此主张赔偿损失的诉讼请求，依据不足，不予支持。综上，北京市海淀区人民法院依照《中华人民共和国合同法》第九十四条、第二百六十二条，《最高人民法院关于适用〈中华人民共和国民事诉讼法〉的解释》第九十三条，《最高人民法院关于民事诉讼证据的若干规定》第六十九条第二项之规定，作出如下判决：

一、被告R公司于本判决生效之日起十日内向原告W公司返还报酬45.5万元；

二、驳回原告W公司的其他诉讼请求；

三、驳回反诉原告R公司的全部反诉请求。

R公司不服一审判决，提起上诉。

北京市第一中级人民法院经审理认为：R公司的上诉请求不能成立，应予驳回；一审判决认定事实清楚，适用法律正确，应予维持。北京市第一中级人民法院依照《中华人民共和国民事诉讼法》第一百七十条第一款第一项之规定，作出如下判决：

驳回上诉，维持原判。

【法官后语】

本案委托制作以反映丝绸发展和作用为主要内容的宣传片，并将制作完成的宣传片在包括中国、法国巴黎等国家和地区进行推广宣传。为完成该项目，W公司与R公司签订宣传片的制作合同书，由R公司承揽制作案涉宣传片，但在合同履行过程中，双方就宣传片的交付周期、验收标准等双方产生争议。针对实践中类似案件，以下问题应当关注：

一、平衡宣传片制作艺术性追求与合同约定的关系，明确交付周期

本案中涉及的一个争议焦点就是R公司制作案涉宣传片是否超期。W公司与R公司在合同附件中对宣传片制作的进度进行了约定，实际履行中R公司认可未按照约定的时间完成制作，并强调宣传片的拍摄制作有艺术的特殊性。经审查，R公司并无证据证明双方就宣传片制作完成时间达成新的变更合意，则附件2关于时间进度安排的条款，仍对双方产生约束，R公司认可在约定的时间内未完成宣传片制作，因此可以认定R公司违反合同约定，构成违约。宣传片作为视频作品，固然具有其艺术性，但艺术性的追求与合同时间进度约定之间并不冲突，双方在订立案涉合同，约定时间进度条款时，即已为宣传片的艺术性追求预留了空间，双方对此都应当有所预见。

二、平衡宣传片制作艺术性追求与合同约定的关系，明确验收标准

《中华人民共和国合同法》第七十七条第一款①规定，当事人协商一致，可以变更合同。第七十八条规定，当事人对合同变更的内容约定不明确的，推定为未变更。② 本案中，针对W公司诉称R公司交付成果不符合合同约定验收标准等违约行为，R公司辩称，宣传片的拍摄方案、分镜脚本及拍摄修改意见是与W公司沟通修改

① 对应现行《中华人民共和国民法典》第五百四十三条。
② 对应现行《中华人民共和国民法典》第五百四十四条。

的，双方对合同变更达成了一致。但经审查，根据双方的往来邮件及微信信息，可以确认W公司向R公司提出了宣传片修改意见，但R公司与W公司就宣传片的修改并未达成明确意见，依法只能推定关于合同验收标准未发生变更。且R公司无法提供证据证明拍摄过程中实际存在双方重新确认的策划方案、分镜脚本等，故只能按照合同约定将合同附件中明确的创意方案作为验收标准。

应当讲，宣传片制作是一个反映审美与传达价值的过程，客观上带有较强的主观色彩，因此在宣传片承揽合同中仅能约定宣传片制作的大致进程安排与拍摄画面的框架，很难精细到宣传片场景的每一个方面，这样就给宣传片创作留下了艺术空间，当然也客观上给承揽合同双方沟通变更拍摄方案留下了空间。考虑到宣传片承揽设计合同的这些特性，在此类合同履行中，特别提示当事人注意固定双方达成一致的合同变更内容，及时以确认书、邮件、录音录像等方式予以确定，明确验收标准，减少合同纠纷发生的可能。

编写人：北京市第一中级人民法院　秦顾萍　窦磊

203　双方消极履约行为导致承揽合同履行不能均应承担违约责任

——T公司诉L公司承揽合同案

【案件基本信息】

1. 裁判书字号

山东省高级人民法院（2020）鲁民申5714号民事裁定书

2. 案由：承揽合同纠纷

3. 当事人

原告（被上诉人、再审被申请人）：T公司

被告（上诉人、再审申请人）：L公司

【基本案情】

2010年10月13日，T公司（甲方）与L公司（乙方）签订广告牌制作协议，约定广告牌位于4S店门前，制作期限为甲方付款之日起30天内，合同金额为6万元，合同签订后2个工作日内甲方首付制作费4万元，广告牌制作安装完毕并经甲方验收合格后5天内支付剩余制作费2万元，乙方负责办理制作、审批手续，乙方在接到甲方支付的第一期制作费后4日内组织施工，30天内完工，合同期内完成制作并交付甲方使用，每延期一天按合同标的总额1%支付违约金。2010年10月13日，T公司支付制作费4万元，L公司未最终完成广告牌制作安装并交付使用。T公司起诉要求L公司返还广告牌制作费用4万元并承担违约金2万元。

另查明，2010年，L公司完成广告牌制作，在安装过程中两次受到案外人的阻挠，原因是T公司在与L公司签订合同时汽车4S店尚未建成，其未取得相应地块规划用地手续，也没有向L公司提供案涉合同约定的规划图纸。

【案件焦点】

1. L公司应否返还广告制作费；2. 本案是否超过诉讼时效期间。

【法院裁判要旨】

山东省日照市日照经济技术开发区人民法院经审理认为：T公司与L公司均不要求继续履行合同，对已履行部分，均有权要求对方恢复原状、采取补救措施并赔偿损失。双方均未充分举证证实广告牌未安装完成完全系对方违约所致，故均应承担一定责任。L公司作为承揽人应尽到更多的审慎义务，根据公平原则，以其返还制作费首付款3万元为宜。因T公司未证实广告牌未安装系L公司违约造成，对其主张的违约金不予支持。双方并未约定制作费何时返还，诉讼时效期间应从T公司第一次主张返还制作费时开始计算，L公司对该时间未举证证明，其关于本案超过诉讼时效期间的主张不成立。依照《中华人民共和国合同法》第六十条、第一百零七条、第二百五十一条之规定，日照经济技术开发区人民法院作出如下判决：

一、L公司于判决生效后十日内返还T公司广告牌制作费3万元；

二、驳回T公司的其他诉讼请求。

L公司不服一审判决，提出上诉。

山东省日照市中级人民法院经审理认为：案涉广告牌未能安装完成，L公司未能交付工作成果，应承担违约责任。T公司认可签订合同时未取得其指定广告牌安装地点的规划用地手续且未提供合同约定的规划图纸，未适当履行协助配合义务，亦应承担违约责任。L公司应催告T公司在合理期限内履行协助义务，但不能直接扣除广告牌制作费用，案涉承揽合同未能履行完毕双方均有过错，一审法院综合考量合同的履行情况、双方当事人的履行能力等因素，判令L公司返还3万元制作费并无不当。双方虽然约定制作施工期限，但不意味着制作期满时T公司即已知或应知权利受到侵害，L公司未明确告知T公司不再履行安装义务，T公司不知或不应知权利受到侵害，诉讼时效期间不应起算，故本案诉讼并未超过诉讼时效期间。

山东省日照市中级人民法院判依照《中华人民共和国民事诉讼法》第一百六十九条第一款、第一百七十条第一款第一项之规定，判决如下：

驳回上诉，维持原判。

L公司不服二审判决，申请再审。

山东省高级人民法院经审查认为：根据L公司的申请再审理由，本案审查的重点问题是：1. L公司是否应向T公司返还广告制作费；2. 本案是否已经超过诉讼时效期间。本案审查的重点与二审归纳的焦点问题一致，二审针对该两焦点问题进行了详细的阐述和分析，并无不当，予以确认，不再进行赘述。L公司的再审申请不符合《中华人民共和国民事诉讼法》第二百条第一项、第二项规定的情形。山东省高级人民法院依照《中华人民共和国民事诉讼法》第二百零四条第一款，《最高人民法院关于适用〈中华人民共和国民事诉讼法〉的解释》第三百九十五条第二款之规定，裁定如下：

驳回L公司的再审申请。

【法官后语】

本案是典型的承揽合同纠纷。承揽合同的基本特征是，承揽人按照约定的规格、品质、期限等条件完成特定工作，并交付工作成果，此为承揽人最主要的合同义务。如果承揽人付出劳务，但未能交付特定工作成果，即不能认为其全面履行合同义务。L公司事实上未能交付成果、完成主要合同义务，应承担违约责任。承揽合同的另一特征在于承揽人按照定作人的特定要求完成工作成果，定作人应将合同标的之规格、质量、技术指标等“特定化”要求及时、准确地告知承揽人，因此配合与协助承揽人完成承揽工作是定作人的主要合同义务之一。就本案而言，T 公司不但要向 L 公司提供有关广告内容，还应明确指示广告牌的安装位置。虽然双方约定 L 公司负责办理审批手续，但并未明确审批手续范围，结合合同金额及广告发布、土地使用等有关规定及日常生活经验，对合同中“审批手续”的解释至少不应扩大至安装地点的用地规划审批或租用手续，故在 T 公司认可签订合同时奎山汽车城海马汽车 4S 店尚未建成、未取得规划用地手续，且其未提供合同约定的规划图纸的情况下，L 公司主张因 T 公司原因未能完成广告牌安装，具有一定合理性。

在承揽合同中，对于定作人不予协助致使承揽工作无法完成的，承揽人享有催告并要求定作人在合理期限内履行义务直至解除合同的权利，但不应无所作为。T 公司未能及时履行协助义务，L 公司应及时催告其在合理期限内履行，如其在合理期限内仍未履行上述协助义务，则 L 公司有权解除合同并要求 T 公司赔偿损失，但不能直接扣留 T 公司交付的广告牌制作费用。

承揽工作的顺利进行离不开双方当事人全面、适当地履行各自的合同义务，双方当事人应本着诚实、信用、善意的原则，互相配合、互相协助，促使承揽合同得以顺利履行，避免不必要的争端和纠纷。案涉承揽合同未能履行完毕，系因双方当事人未能适当履行各自合同义务所致，综合考量合同的履行情况、双方当事人的履行能力、主观过错等因素，判令 L 公司返还 3 万元广告制作费较为适宜。

编写人：山东省日照市中级人民法院　韩文卓　吴丹

204 存在漏算或者漏扣情形的结算协议是否应当得到支持

——工贸公司诉器材公司承揽合同案

【案件基本信息】

1. 裁判书字号

重庆市第一中级人民法院（2018）渝01民终3066号民事判决书

2. 案由：承揽合同纠纷

3. 当事人

原告（被上诉人）：工贸公司

被告（上诉人）：器材公司

【基本案情】

从2009年起，被告器材公司长期委托原告工贸公司开发制作模具。2016年4月27日，工贸公司（甲方）与被告器材公司（乙方）就合作终止涉及的物资及费用结算达成《产品、模具结算协议》（以下简称《协议》），约定：1. 涉及费用：呆滞报废模具费637056元（未税），呆滞报废产品费206948元（未税），合计：844004元（未税）；甲方按合计总额的90%结算支付给乙方，折后金额为759604元（未税）；2. 涉及物资的处理方式：甲方将重量核准后的呆滞报废模具、呆滞报废产品，按废铁市场价1300元/吨委托乙方进行变卖处理，所得费用直接用于冲抵甲方应支付乙方的呆滞报废品费用（废品折算金额：51345元）；3. 结算方式及期限：冲抵后剩余费用，甲方分两次在5月、6月每月各按50%

的比例支付给乙方。《协议》还附有《工贸自制台兴产品模具库存明细》（以下简称《库存明细》），《库存明细》载明，呆滞报废模具费合计 637056 元，呆滞报废模具重量 9119 千克，按照《协议》约定，按合计总额的90%结算和抵扣呆滞报废模具处理费后，被告应支付款项为 561495.7 元。

2016 年 5 月 5 日，原告工贸公司（甲方）与被告器材公司（乙方）就呆滞报废产品达成《补充协议》，载明：甲乙双方经协商，将乙方承制的 720 天窗、705、CA02 产品报废处理；其原总价值为 279211.9 元（未税）；乙方同意按照原总价 90% 折算为 251290.7 元（未税）；甲方将产品依实际重量 1300 元/吨折算给乙方；其产品折算金额为 39474.4 元（未税）；相互抵扣后甲方应支付乙方 211816.3 元（未税）。

【案件焦点】

器材公司是否应当按照双方在 2016 年 4 月 27 日签订的《协议》（即《产品、模具结算协议》）约定，向工贸公司支付结算款项。

【法院裁判要旨】

重庆市北碚区人民法院经审理认为：器材公司与工贸公司之间的承揽合同关系依法成立并有效。双方因终止合作关系，于 2016 年 4 月 27 日签订《协议》，该协议系双方当事人的真实意思表示，不违反法律和行政法规的强制性规定，合法有效，双方均应按合同约定履行义务。器材公司未按协议约定支付款项，已构成违约，应当承担支付尚欠费用及资金占用利息的民事责任。

关于被告器材公司辩称：因器材公司工作人员疏忽，导致出现已经支付的 30 余万元费用未进行结算的问题。法院认为，首先，工贸公司与器材公司皆为商事主体，应当知道在《协议》及《库存明细》上盖章确认的法律后果。至于器材公司委派签订合同的员工是否存在疏忽过失属于器材公司内部管理问题，不足以对抗《协议》及《库存明细》的法律效力。其次，该协议由双方签字盖章并附有《库存明细》，约定了模具名称、模具价格、未摊销冲次、未摊销金额、结算方式等内容。协议中的每种模具虽具备一定的独立性，但该独立性不足以否认《协议》及《库存明细》的整体性。若对单一或多种模具金额进行调整，不仅割裂同一合同的整体性，而且将导致合同当事人意思表示的不真实以及权利义务的失衡。最后，如果器材公司认为在签订的《协议》《库存明细》时其存在重大误解，亦应当依法通过行使撤销权主张权利。

重庆市北碚区人民法院依照《中华人民共和国民法总则》第一百四十七条、第一百五十二条、第一百九十九条，《中华人民共和国合同法》第八条、第一百零七条、第一百零九条、第一百一十二条、第二百五十一条、第二百六十三条和《中华人民共和国民事诉讼法》第六十四条、第一百四十二条之规定，作出如下判决：

一、由被告器材公司于本判决生效之日起十日内偿付原告工贸公司款项561495.7元，并从2016年7月1日起，按中国人民银行同期贷款利率计算资金占用利息，至付清时止；

二、驳回原告工贸公司的其他诉讼请求。

器材公司不服一审判决，提起上诉。重庆市第一中级人民法院经审理，同意一审法院裁判意见。

重庆市第一中级人民法院依照《中华人民共和国民事诉讼法》第一百七十条第一款第一项之规定，作出如下判决：

驳回上诉，维持原判。

【法官后语】

在商事活动中，商事主体就合同履行达成的结算协议，不仅包含对已履行合同的结算，也包括损害赔偿、补偿费用、资金占用损失等因素的综合考量。该结算协议是基于双方当事人对合同履行总体的评估，而非根据原合同的约定，故人民法院应该充分尊重商事主体在结算协议中的意思表示，无论结算协议是否存在漏算或者漏扣的情形，除非该结算协议依法被撤销。本案中，结算协议由双方签字盖章并附有《库存明细》，约定了模具名称、模具价格、未摊销冲次、未摊销金额、结算方式等内容。该协议中的每种模具虽具备一定的独立性，但该独立性不足以否认《协议》及《库存明细》的整体性。若对单一或多种模具金额进行调整，不仅割裂同一合同的整体性，而且将导致合同当事人意思表示的不真实以及权利义务的失衡。

审理此类案件，应对商事主体的商事行为予以司法考量和利益平衡，而非单纯以漏算或者漏扣作为判断结算协议效力的标准，力求作出公正的判决，督促广大商事主体审慎对待自身的权利义务，以诚实信用原则履行合同，进而保障市场经济的稳定、发展。

编写人：重庆市北碚区人民法院　肖俊

205　凭样品买卖合同与承揽合同的区分

——照明公司诉度假酒店承揽合同案

【案件基本信息】

1. 裁判书字号

广东省惠州市中级人民法院（2014）惠中法民二终字第284号

民事判决书

2. 案由：承揽合同纠纷

3. 当事人

原告（上诉人）：照明公司

被告（被上诉人）：度假酒店

【基本案情】

2012年7月3日，原告照明公司（乙方）与被告度假酒店（甲方）签订《灯具产品购销合同》一份，约定：一、灯具的型号、规格、数量、单价（详见附表）；二、合同暂定价款人民币243256元，最终结算金额按实际成交数量核算；三、产品质量要求、技术标准：按GB7000.1-1996和甲、乙双方确认的方案（图纸）生产……五、交货期限：在乙方收到甲方合同定金且经甲方对乙方提供的产品设计图纸确认后25天内；六、交货地点及方式：地点为甲方工地，甲方委托工地现场收货人……八、付款方式：合同签订后三日内支付合同总金额的30%作为定金，货到甲方工地清点数量后三天内付总金额的50%，安装完毕在验收合格后七天内支付合同金额的17%，余下3%为一年期的质保金，在质保期满的尾月六天内付清；九、安装与验收：乙方提供安装服务，甲方负责协调现场电源并保证现场施工、调试用电；安装完毕五个工作日内，乙方须书面通知甲方组织验收；十、违约责任：甲方如不能按合同第八条约定付款，属违约，每延期一天，应支付总金额的1‰违约金给乙方；乙方如不能按合同第五条约定交货，属违约，每延期一天，应支付总金额的1‰违约金给甲方；等等。双方合同的附件是原告方报价单，载明交易的灯具名称、型号、应用区域、图片、规格、数量、单价、材质等内容，合计含税总金额243256元。

合同签订后，被告度假酒店于2012年7月19日向原告照明公司支付合同定金72977元，原告于同年9月29日送货安装。据原告提交的出货清单记载，出货价款236652元。原告以被告未按约定付款为由提起诉讼，提出诉称中的请求。

本案在审理过程中，双方均主张对方违约。原告主张，被告未确认设计图纸，导致交货延期，是被告的责任；灯具送到被告工地后，被告未派人验收，未配合原告工人的安装工作；有些灯具未安装，是因为被告的客房未装修完毕，没有留出配套线路，灯具就放在工地；原告有质保义务，但被告没有要求，而是找他人维修，不认可其维修费用。被告主张，合同附件图片就是图纸，原告未按约定在收到定金后25天内送货，是违约行为；被告对原告违约后送来灯具，可不签收，灯具是包装好的，需开箱后才能验收，被告只能确认多少箱；酒店已具备安装灯具的条件，已预留位置；因为灯未装好，酒店延期开业，安装好的一些不牢固，要求原告维修，但原告不配合，只好找他人维修；原告如果认为被告房间未装修好，应发通知，但原告未通知。

另外，原、被告之间还有一份灯具购销合同，原告也以被告未按约定付款为由提起诉讼，要求被告支付相应货款。案号为（2013）惠东法稔民初字第109号。在该案中，被告曾于2012年10月3日向原告发函，要求与原告解除该案合同。

【案件焦点】

照明公司与度假酒店签订的《灯具产品购销合同》，谁存在违约行为。

【法院裁判要旨】

广东省惠东县人民法院经审理认为：原告照明公司与被告度假酒店签订的《灯具产品购销合同》，约定被告凭原告提供的灯具样品向原告购买灯具，双方存在的是凭样品买卖合同关系，而不是承揽合同中的定作合同关系。该买卖合同关系不违反法律的规定，予以确认，双方应按合同约定履行相应的权利义务。本案争议的焦点问题是谁存在违约行为。合同签订后，被告于 2012 年 7 月 19 日支付了定金 72977 元，按合同约定，原告应在收到定金后向被告提供设计图纸，并在经被告确认后的 25 日内送货，但原告却于 2012 年 9 月 29 日才送货完毕。对此，被告主张原告违约送货；原告则认为是被告不确认设计图纸导致迟延送货的，是被告违约。根据常理，设计图纸应当记载被告酒店安装灯具的电路开关和灯具位置等，这必须得到被告的配合及认可，原告才能制造提供样品灯具并安装到位。原告在本案中提出被告不确认设计图纸，被告却认为样品照片就是图纸。双方对设计图纸的认识存在分歧。鉴于在原告发货后被告没有作出拒绝，且在使用过程中未提出对交货违约责任进行确认，可视为双方默认交货、收货方式，互不追究违约问题。因此，被告主张原告送货违约，理由不足，不予采纳。原告主张不配合确认设计图纸导致送货时间推迟，无证据证明，亦不予采纳。由于被告实际上接受了原告的送货，且大部分灯具已安装使用，本案应以原、被告双方交付货物的质量问题作为结算处理的基础。原告安装灯具后，未按约定向被告发出书面通知书，要求被告派人验收，是原告处理不当，应承担相应的法律责任。被告发现已经安装好的灯具不牢固，应通知原告进行维修，却未通知原告，而是另行请人维修，属于被告自己行为，对此，原告不承担责任。据原告提交的出货清单记载，出货价款 236652 元，对此，被告未提出异议，予以确认。扣除定金 72977 元，被告尚欠原告货款 163675 元。原告请求判决被告支付灯具货款 163675 元，予以支持。被告认为要维修的灯具但未向原告提出维护要求，造成另外支付维护费用，不能直接证明原告提供的灯具不合格，故被告主张请他人维修的费用由原告负担，理由不足，不予采纳。关于违约金问题，本案认定双方实际上互不追究违约行为，也不存在违约金计付问题，原告请求判决被告支付违约金，理由不足，不予支持。依照《中华人民共和国合同法》第六十条、第一百五十九条、《中华人民共和国民事诉讼法》第六十四条一款、第一百四十二条的规定，作出如下判决：

一、被告度假酒店于本判决生效之日起 15 日内向原告照明公司支付货款 163675 元；

二、驳回原告照明公司的其他诉讼请求。

照明公司不服一审判决，提起上诉。

广东省惠州市中级人民法院经审理认为：上诉人照明公司与被上诉人度假酒店签订的《灯具产品购销合同》，约定照明公司根据度假酒店的要求，制定灯饰设计图纸，经度假酒店对设计图纸确认后，照明公司根据设计图纸生产灯饰交付度假酒店并负责安装，该合同符合承揽合同的法律特征，是承揽合同，故本案案由应定为承揽合同纠纷；该合同是双方的真实意思表示，内容没有违反法律、行政法规的强制性规定，是合法有效的合同。上诉人辩称延迟交货系被上诉人度假酒店迟延确认设计图纸所致，因未提供证据予以证明，不予采信，之后，双方又因另一份《灯具购销合同》的产品质量、整改更换、合同解除等问题发生纠纷，鉴于以上情况，被上诉人度假酒店未按约定付款，属事出有因，故上诉人照明公司上诉请求被上诉人依合同约定支付违约金，理由不能成立，不予支持。但上诉人度假酒店不付款行为，相当于占用上诉人照明公司的资金，应给予一定的利息补偿。

广东省惠州市中级人民法院按照《中华人民共和国合同法》第八条、第一百零九条、第二百五十一条、《中华人民共和国民事诉讼法》第一百七十条第一款第二项的规定，作出如下判决：

一、维持广东省惠东县人民法院（2013）惠东法稔民初字第108号民事判决第二判项和案件受理费负担部分；

二、变更广东省惠东县人民法院（2013）惠东法稔民初字第108号民事判决第一判项为：被上诉人度假酒店于本判决生效之日起15日内向上诉人照明公司支付货款163675元及利息（按中国人民银行规定的同期同类贷款利率，从2013年5月29日起计至货款付清之日止）。

【法官后语】

买卖合同与承揽合同有着明显的区别，同时两者也有着极大的相似性，其中买卖合同与承揽合同中承揽人提供的定作合同最为相像。《中华人民共和国民法典》第五百九十五条规定，买卖合同是出卖人转移标的物的所有权于买受人，买受人支付价款的合同。第七百七十条规定，承揽合同是承揽人按照定作人的要求完成工作，交付工作成果，定作人支付报酬的合同。

承揽包括加工、定作、修理、复制、测试、检验等工作。

买卖合同是出卖人转移标的物的所有权于买受人，买受人支付价款的合同；定作合同则属于承揽合同的一种，是指承揽人用自己的技术、设备、材料和劳力，应定作人的特殊要求制作成品，定作人接受成品并支付报酬的合同。由于两者的相似性，给合同的定性和处理带来了一定的难度，在处理具体案件时，首先应该对一份合同的性质做出准确的判断，然后才能选择具体的法律依据。其意义不仅在于案件的实体处理，更在于案件审理中的一些程序问题，特别是确定案件的管辖问题。承揽合同以加工地为主要管辖地，而买卖合同则主要以交货地确定管辖地。

在承揽合同中，定作人注重的是对生产过程的控制和监督（《中华人民共和国民法典》第七百七十九条规定，承揽人在工作期间，应当接受定作人必要的监督检验。定作人不得因监督检验妨碍承揽人的正常工作）；如果一份合同规定了定作人对生产过程的必要的控制权，而且这些控制权显然属于该合同的重要部分，则该合同应属于承揽合同，反之则属于买卖合同。

区分的具体方法有三：1. 承揽人身份特定化。甄别承揽合同和买卖合同，首先要看承揽人或者出卖人是否特定的。2. 承揽合同定作物特定化。承揽合同的标的物是承揽人运用自己的技术、设备和劳力在合同生效后制作的特定物（《中华人民共和国民法典》第七百七十二条规定，承揽人应当以自己的设备、技术和劳力，完成主要工作，但是当事人另有约定的除外。承揽人将其承揽的主要工作交由第三人完成的，应当就该第三人完成的工作成果向定作人负责；未经定作人同意的，定作人也可以解除合同。），而买卖合同的标的物可以是特定物，也可以是种类物。买卖合同标的物的特定性，通常是不改变标的物本质属性，标的物可能在合同成立时已经存在也可以是在合同成立后生产。3. 定作过程的特定化。在多数情况下，承揽合同双方当事人主要针对的是承揽人制作的过程，移转标的物的所有权并不是承揽人的主要义务，而是承揽人完成工作成果后的一种附随义务。而买卖合同双方针对的标的是货物的所有权，对于该货物的制作过程一般不是买方所关心的。因此，要甄别定作合同与买卖合同还有一个重要方法是定作人对于定作物的加工过程是否关心，是否有特殊要求。

本案中，照明公司向度假酒店提供的产品，是按照照明公司向度假酒店提交的设计图纸，由度假酒店确定后生产的，满足度假酒店的特定要求，并负责安装，符合承揽合同中定作合同的各项要件，应认定为定作合同纠纷。

编写人：广东省惠州市惠东县人民法院　罗华光

二十一、建设工程合同纠纷

（一）建设工程施工合同纠纷

206 无效建设工程施工合同的参照结算问题

——唐某桂诉公共安全公司、彭某清建设工程施工合同案

【案件基本信息】

1. 裁判书字号

湖南省衡阳市中级人民法院（2020）湘04民终2324号民事判决书

2. 案由：建设工程施工合同纠纷

3. 当事人

原告（被上诉人）：唐某桂

被告（上诉人）：公共安全公司、彭某清

第三人：某区市政公用事业服务中心

【基本案情】

2018年1月22日，被告公共安全公司中标A地至B地路灯采购及安装工程。2019年6月26日，被告彭某清与原告唐某桂签订《A地至B地路灯土建施工承包合同》（以下简称《土建工程合同》），将公共安全公司所承包的部分路灯土建施工工程分包给不具有建设施工资质的唐某桂，合同约定：合同金额为136万元

（含主材金额），一次性付清。工程结算方式按工程审查后的项目进行结算，待财政验收审核后进行结算，一次性付清工程款，合同经双方签字盖章生效，至合同工程竣工交验，结清工程尾款。发包方的落款处由彭某清作为公共安全公司的合伙人在合同上签字，承包方的落款处由唐某桂签字。

原告唐某桂承包的上述土建工程实际已于2016年完工，原告唐某桂与被告彭某清签订的上述合同实际系对原告唐某桂已完工的土建工程补签的结算合同，被告公共安全公司承包的路灯采购及安装工程已于2019年3月5日完工，经验收合格后已投入使用。

时至庭审，被告公共安全公司及彭某清已经领取大部分工程款，原告分包的工程为整体工程中最先完工的部分，但因被告未支付工程款，导致其无法向工人支付工资，为此原告主张两被告立即支付其工程余款44.5万元。被告方认为，案涉工程尚未经财政审核结算，未达到支付工程款的条件。

【案件焦点】

1. 如何确定工程款数额问题，即是否应以财政审核的数额作为工程款数额；2. 如何确定工程款支付时间，即是否应待财政审核后再对工程款进行结算。

【法院裁判要旨】

湖南省衡阳市南岳区人民法院经审理认为：庭审中原告提出虽然《土建工程合同》中约定工程待财政验收审核后进行结算，但由于实际上被告公共安全公司及彭某清的大部分工程款已经领走，而原告施工的土建工程在整个施工进度中是第一个完工的，被告却迟迟不支付工程款，导致原告无法支付工人工资。原告要求先按双方合同约定的工程总金额 136 万元进行结算，若财政审核后的总金额高于或者低于 136 万元，其愿意另行解决。法院认为，本案的土建工程在整个路灯采购及安装工程中最先完工，原告唐某桂组织民工施工，从 2016 年完工至 2019 年补签合同再到目前的法院诉讼，已有四年之久，若按照合同的约定等待财政审核结果出来需要更多的时间；法院考虑到本案广大工人工资已拖欠达四年之久，而包括原告唐某桂土建工程在内的被告公共安全公司的路灯采购及安装工程，于 2019 年 3 月 5 日完工后已验收合格并投入使用，根据《路灯采购及安装工程施工合同》中关于按施工进度付款的约定及原、被告的陈述，被告公共安全公司已领到大部分工程款，具备支付原告工程款的实际条件，结合庭审中原告作出的若财政审核后的总金额高于或者低于双方的结算金额 136 万元，其愿意另行解决的承诺，法院认为该承诺与本案合同的结算精神不相违背，为了社会的和谐稳定，从法律效果与社会效果相统一的角度出发，法院对原告提出的本案先按双方合同约定的工程总金额 136 万元进行结算，若财政审核后的总金额高于或者低于 136 万元，双方另行解决的主张予以支持。

综上所述，被告彭某清应支付原告唐某桂的工程款数额为 136 万元，减去其已支付的 91. 5 万元（68 万元+23. 5 万元），其还应支付原告唐某桂的工程款为 44. 5 万元。被告公共安全公司对上述 44. 5 万元款项承担连带责任。

湖南省衡阳市南岳区人民法院依照《最高人民法院关于审理建设工程施工合同纠纷案件适用法律问题的解释》第一条第一款、第二条及《中华人民共和国民法通则》第三十五条第二款之规定，作出如下判决：

限被告公共安全公司、被告彭某清于本判决生效后10日内支付原告唐某桂工程款44.5万元。两被告对该款项承担连带责任。

公共安全公司及彭某清均不服一审判决，提起上诉。

湖南省衡阳市中级人民法院经审理后，判决：

驳回上诉，维持原判。

【法官后语】

本案关于建设工程施工合同无效，但建设工程经验收合格，应该如何参照合同约定结算工程款的问题值得探讨。

当承包人不具备建筑施工资质时，其所签订的施工合同，因违反法律关于建筑资质管理制度中的强制性规定被认定为无效。《最高人民法院关于审理建设工程施工合同纠纷案件适用法律问题的解释》第二条（对应《最高人民法院关于审理建设工程施工合同纠纷案件适用法律问题的解释（一）》第二十四条第一款）[①] 规定，建设工程施工合同无效，但建设工程经竣工验收合格，承包人请求参照合同约定支付工程价款的，应予支持。值得注意的是，参照合同并非依据合同，具体应如何进行参照，法律及司法解释并未给出明确的裁判尺度。因此，当法官对无效施工合同中的条款进行参照时，不可避免地需要进行价值衡量，此种价值衡量本质上是在不同的价值位阶中寻找法律适用的平衡，从而弥合抽象法律规范与具体案件事

① 原《最高人民法院关于审理建设工程施工合同纠纷案件适用法律问题的解释》第二条规定“建设工程施工合同无效，但建设工程经竣工验收合格，承包人请求参照合同约定支付工程价款的，应予支持”。《最高人民法院关于审理建设工程施工合同纠纷案件适用法律问题的解释（一）》第二十四条第一款规定“当事人就同一建设工程订立的数份建设工程施工合同均无效，但建设工程质量合格，一方当事人请求参照实际履行的合同关于工程价款的约定折价补偿承包人的，人民法院应予支持”。现行司法解释虽在措辞表述上进行了修改，但未改变立法原意。

实之间的罅隙，促成法律规范普遍性与个案审理特殊性的统一，最终实现判决结果具备法效果上妥当性的目标。

具体到本案的审理中，此种价值衡量主要体现在以下两个方面：其一，如何参照合同确定支付工程款的时间；其二，如何参照合同确定工程款数额。

一、参照合同确定支付工程款的时间：价值位阶的衡量

在对个案进行价值衡量时，面临着一个重要问题就是如何保证衡量的客观性。对此问题的首选解决之道是在进行法的价值衡量过程中，参照法的价值位阶作为衡量的标准。合同法领域所面对的基本价值有：自由、平等、秩序、公平、正义等。法官需要根据个案的具体情况，结合比例原则对具体案件进行具体分析，在个案中作出与立法目的相契合的价值衡量。

本案所涉工程为政府项目的土建工程项目，合同双方当事人将工程款的结算时间约定在整个政府项目经财政验收审核之后，但本案土建工程从2016年完工直至案件受理已达四年之久，财政审核仍未完成，且何时完成亦未可知。为此，法官在参照合同确定工程款的支付时间时，作出了以下三个方面的考量：第一，就《土建工程合同》的合同主体而言，一方是作为发包人的公共安全公司和彭某清，另一方是作为承包人的唐某桂。对发包人来说，在建设工程竣工验收合格的前提下，即便施工合同无效，其依然负有支付工程款的义务，因此改变工程款支付的时间，影响的是发包人在占有工程款期间的财产权；而对承包人唐某桂来说，其代表的是整个施工班组的权益，其背后牵涉大量农民工的工资权益，能否及时受领工程款，关乎施工班组中农民工的日常生活。因此优先保障农民工的权益是遵循价值位序的应有之义。第二，因建筑领域中卖方市场现象

突出，处于弱势地位的承包人为促成合同的签订，往往被迫在某些方面作出妥协，放弃其真实的意思表示。具体到本案，体现在原告作为承包人并未按施工惯例以工程完工作为支付时间，而是以工程项目完工并待财政审核后作为结算时间。此为合同法中自由价值与平等价值之间的冲突。若尊重承包人对自身权利的处分，以合同约定时间作为工程款的支付时间，则属于对自由价值的维护；若在参照无效施工合同确定工程款支付时间时，作出对承包人一方的有利倾斜，将使得原本失衡的局面恢复平衡，则属于对平等价值的维护。在本案施工合同已被认定为无效合同的前提下，显然维护平等价值更接近实质正义的实现。第三，作为弱势群体的农民工，当自身的基本生存面临威胁时，他们通常会选择用“弱者的武器”来维护自身的合法权益。因此，应优先保障法的秩序价值，在合理限度内让承包人尽早受领工程款，促使问题尽快得以解决。综合以上三方面的考量，从法律效果与社会效果相统一的角度出发，法院对原告要求被告支付工程款的诉请依法予以支持。既不违背合同的结算精神，又在合理限度内让承包人尽早受领工程款。

二、参照合同确定工程款数额：法效果妥当性的实现

首先，意思自治既是合同法的灵魂，也是合同案件审理的精神旨归。因此，即便施工合同无效，在工程验收合格的前提下，依然可以“参照合同约定支付工程价款”的法律制度。可见我国法律判定施工合同无效后，并未对当事人合意进行根本性的否定。案涉《土建工程合同》在第三条中将合同金额约定为136万元，在第六条的工程价款的支付与结算中约定“按工程审查后的项目进行结算”“待财政验收审核后进行结算”，综合两个关联条款，可以得出双方当事人《土建工程合同》对工程款数额的约定为：暂定为136万元，

待财政审核后多退少补。本案中合同双方当事人，从合同的订立到合同的履行，再到本案关于工程款结算的争议，均以自身的连续和一贯的表示行为，认可上述工程款数额的确定方式。因此，依据双方的真实意思表示确定工程款数额，既遵循了双方当事人的本意，亦更符合私法自治与契约自由的合同法基本原则。

其次，作为政府投资的工程，在施工合同因主体施工资质问题而无效，且合同约定以财政验收审核结论作为结算价款的前提下，在民事审判中不宜对未经依法撤销或变更的财政审核结论作直接或间接的否定。财政部门作为国家机关，其出具的审核结论具有专业性和客观性，未经依法撤销或变更的财政审核结论具有较高的证明力，且财政的评定审核是履行国家对建设单位基本建设资金的监督管理职责，因此以财政审核结论作为工程款结算依据，更有利于维护国家利益。

最后，案件的审理必须以法律为依据，但并非不顾个案的客观具体情况，盲目、机械地套用法律。本案中，因合同双方约定工程款的结算应待财政部门出具审核结论后进行，而直至本案二审期间，仍未有财政审核结果。基于此，公共安全公司、彭某清一方主张应对本案中止审理。而唐某桂一方，在其所承包的工程项目施工完毕四年后，仍未能领取全部工程款，中止案件的审理将导致工程款的结算陷入僵局，意味着其个人利益及其身后的农民工群体的生存利益受到挤压。因此，为实现个案中的利益平衡，促成法效果妥当性的实现，法官在本案的审理中，合理地、能动地行使了法律限度范围内的自由裁量权，作出了先按双方合同约定的工程总金额136万元进行结算，若财政审核后的总金额高于或者低于136万元，双方另行解决的判决。

总体来说，农民工作为弱势群体，他们对工程款请求权应该予以保障，他们凝结物化于建设工程中的劳动价值应该受到尊重。本案通过价值衡量的方法对无效施工合同进行参照，既作出了合理的价值判断，又为审判实践中处理同类案件提供了有益参考。

编写人：湖南省衡阳市南岳区人民法院　王丽雯

207　建设工程施工合同纠纷案件中"阴阳合同"的认定

——T公司诉J公司、R公司建设工程施工合同案

【案件基本信息】

1. 裁判书字号

湖南省岳阳市中级人民法院（2019）湘06民终2871号民事判决书

2. 案由：建设工程施工合同纠纷

3. 当事人

原告（上诉人）：T公司

被告（被上诉人）：J公司

被告：R公司

【基本案情】

R公司系公路工程的对外招标人，其在对外发布的投标人须知中明确否定接受调价函。2010年5月13日，T公司与R公司以施工招（投）标文件等为公路工程第三合同段合同谈判为主要依据形成纪要，并确定纪要为双方合同协议书的组成部分，纪要第二

项明确“在该项目施工过程中，原材料、油料、人工工资等项目无论市场价格发生何种变化，发包人均不予调价”。当日，T公司与R公司签订了《公路工程第三合同段合同协议书》，上述投标书及投标书附件、合同谈判纪要均被列入协议书内容。T公司在施工期间，因2010年至2012年人工及主要材料大幅上涨，T公司所承建工程的进度受到严重影响，部分工程甚至出现了停工的情况，为此T公司多次找R公司协商调价事宜，R公司法定代表人承诺只要将来有相关调价的文件就给予调价。2012年年底工程竣工。2013年1月31日，R公司与T公司签订了《公路工程材料价差调整补充合同书》，对T公司承建工程的国材进行了调差，调整总金额108.38万元，其中第二条第二款约定“人工与地材未列入本次调整范围”。2013年上半年，R公司原法定代表人因犯罪被逮捕，岳阳县交通运输管理局党委委员许某南开始担任J公司法定代表人。2013年6月30日，岳阳县人民政府、岳阳县交通局、城市建设公司与R公司签订《债权享有及债务承担协议书》，将R公司的所有债权债务全部剥离给岳阳县人民政府、岳阳县交通局、城市建设公司，T公司也出具了承诺书，承诺就所有未结算款项放弃向R公司主张权利，仅向岳阳县人民政府、岳阳县交通局、城市建设公司主张权利。后岳阳县人民政府、岳阳县交通局指令J公司办理与T公司的结算、支付工程款等事项。2016年7月12日，J公司与T公司进行了结算（人工和地材价格没有进行调差）。

2013年7月10日湖南省交通厅下发文件，规定人工单价及主要材料价差从2010年1月1日起开始调整计算，计算期限至项目结束时止。2016年8月，T公司在知道有上述文件后向J公司主张权利，并向其法定代表人许某南提供了调整文件及T公司自己编制的调整资料。2016年9月20日，J公司向岳阳县人民政府提出“关于申请人工及地材价差调整的请示”，该文件中明确提出“补充合同第二条第二款明确规定人工及地材未列入本次调整范围，原因是没有上级相关部门下发的文件依据……”鉴于上述情况，请求依据2013年7月湖南省交通运输厅与造价管理站的文件，对公路工程人工与地材进行价差调整。该报告上J公司法定代表人许某南签字“情况属实”，岳阳县人民政府分管交通的领导签字“请交建投依法依规按程序受理、汇报”。2016年11月，J公司委托工程公司对T公司承建的第三合同段的人工及地材价格调整进行审查，并提供了T公司编制的调整材料（T公司单位项目负责人一同前往），2017年1月9日，工程公司出具了“关于第三合同段主要材料价格调整的审查意见”，审查核定调整金额为292.03万元。此后在办理过程中J公司以岳阳市交通运输管理局造价站不批准调整为由拒绝进行调差。2017年6月15日，T公司向一审法院提起诉讼，请求判令R公司、J公司支付T公司人工、材料差价款292.03万元，工程款662718元（诉讼中T公司申请撤回了该请求）。

【案件焦点】

当事人签订的口头补充协议，是否属于“阴合同”。

【法院裁判要旨】

湖南省岳阳市岳阳县人民法院经审理认为：T公司与R公司通过招投标方式签订的《公路工程第三合同段合同协议书》合法有效。双方合同约定“无论市场价格发生何种变化，发包人均不予调价”。

另根据《最高人民法院关于审理建设工程施工合同纠纷案件适用法律问题的解释》（法释［2004］14号）第二十一条“当事人就同一建设工程另行订立的建设工程施工合同与经过备案的中标合同实质性内容不一致的，应当以备案的中标合同作为结算工程价款的根据”的规定，说明在招投标合同订立之后另行签订的补充协议原则上不能修改招投标合同的主要条款，即不能修改包括工程造价、工期、质量等在内的基本条款。否则，应当被认定为无效。本案中，T公司在施工过程中与R公司双方达成了按照相关调差文件进行调差的口头约定。T公司基于与R公司达成的调差约定编制出了调差材料，并会同R公司负责人许某南一同将材料报送工程公司审查核定调差的金额为292.03万元。因T公司与J公司就人工和地材调差口头合约，有悖双方合同约定及最高人民法院上述司法解释第二十一条的规定，导致合同双方当事人就实质性内容享有的权利义务发生较大的变化，依法应认定为无效，故对T公司要求J公司支付人工、材料差价款292.03万元诉讼请求，不予支持。R公司已经将公路工程所有的债权债务转移至J公司，J公司和T公司对此均予以认可，故R公司关于其与T公司没有任何权利义务关系的辩解理由成立，T公司要求R公司支付人工和地材调差款的诉讼请求亦不予支持。T公司提出申请，请求撤回要求R公司、J公司支付T公司工程款662718元的诉讼请求，其系T公司依法处分自己的民事权利，符合法律规定，依法准许。综上所述，湖南省岳阳市岳阳县人民法院依照《中华人民共和国民法典》第七百八十八条，《中华人民共和国招投标法》第三条，《最高人民法院关于审理建设施工合同纠纷案件适用法律问题的解释》（法释［2004］14号）第十六条、第二十一条之规定，作出如下判决：

驳回T公司对R公司、J公司的诉讼请求。

T公司不服一审判决，提起上诉。

湖南省岳阳市中级人民法院经审理认为：本案二审争议的焦点是T公司要求支付差价款292.03万元的诉讼请求有无事实和法律依据。首先，《中华人民共和国民法典》第四百六十九条第一款规定，当事人订立合同，可以采用书面形式、口头形式或者其他形式。根据一审法院对R公司原法定代表人的调查，结合T公司事后编制出了调差材料，并会同R公司负责人许某南一同将材料报送工程公司审查核定的事实，可以认定T公司与R公司达成调差的口头约定，一审法院对该事实认定正确，双方当事人亦未就一审认定的事后达成调差的口头约定的事实提起上诉，故法院对该事实予以认定。当事人原来形成的作为双方合同协议书组成部分的纪要虽明确“在该项目施工过程中，原材料、油料、人工工资等项目无论市场价格发生何种变化，发包人均不予调价”，但依据《中华人民共和国民法典》第五百四十三条“当事人协商一致，可以变更合同”之规定，当事人事后经协商一致口头变更合同并不违反法律规定，亦无法律规定经过公证的合同不能变更合同内容。故J公司辩称口头约定不能变更书面约定，口头约定效力低于书面约定效力的意见，因无法律依据，法院不予采纳。其次，本案T公司与R公司根据湖南省交通厅的文件达成了按照相关调差文件进行调差的口头约定。T公司基于调差的口头约定，会同R公司负责人许某南一同将材料报送工程公司审查核定调差的金额为292.03万元，上述事实说明双方已经在实际履行口头约定。《中华人民共和国民法典》第七百八十九条虽规定，建设工程合同应当采用书面形式。但该法第四百九十条亦规定，法律、行政法规规定或者当事人约定应当采用书面形式订立，当事人未采用书面形式但一方已经履行主要义务，对方接受的，该合同成立。故本案口头调差协议已经成立，依法成立的合同，自成立时生效。最后，《最高人民法院关于审理建设工程施工合同纠纷案件适用法律问题的解释》（法释［2004］14号）第二十一条的立法目的是打击建设工程招投标过程中的不正当竞争行为。而本案是合同签订后客观情况发生了重大变化，人工及主要材料大幅上涨，已超出施工单位实际承受能力，继续按原合同履行难以实现合同目的，本案双方事后签订补充协议，明显不属于上述签订“阴阳合同”的情形，故双方关于价格调差的口头约定有效。据此，可认定T公司要求支付差价款292.03万元的诉讼请求有事实和法律依据。综上所述，T公司的上诉请求成立，应予支持。本案一审虽认定基本事实清楚，但适用法律不当，处理错误，应予纠正。据此，湖南省岳阳市中级人民法院依照《中华人民共和国民法典》第四百六十九条第一款、第四百九十条第二款、第五百零九条、第五百四十三条、第五百七十七条、第七百八十八条以及《中华人民共和国民事诉讼法》第一百七十七条第一款第二项之规定，作出如下判决：

一、撤销湖南省岳阳市岳阳县人民法院（2019）湘0621民初112号民事判决；

二、J公司在本判决生效后10日内支付T公司工程款292.03万元；如果未按本判决指定的期间履行给付金钱义务，应当按照《中华人民共和国民事诉讼法》第二百五十三条之规定，加倍支付迟延履行期间的债务利息；

三、驳回T公司的其他诉讼请求。

【法官后语】

"阴阳合同"，是指法律法规规定必须进行招投标的工程项目合同，开发企业与施工方就同一建筑工程签订两份不同的合同，一份用于建设主管部门备案，另一份是不对外公开、与备案合同内容不一致的私下协议，前一份备案合同称为"阳合同"，后一份称为"阴合同"。因此"阴阳合同"仅存在于法律法规规定必须进行招投标的工程中，强制性招投标以外的工程中不存在"阴阳合同"。尽管"阴阳合同"的签订时间、形式及内容多种多样，但其判断标准不外乎两个：一方面，两份合同是否针对同一工程项目即标的物的一致性，只有针对同一工程项目的两份不同的合同才可能构成"阴阳合同"；另一方面，"阴合同"对"阳合同"必须存在实质性违背，即另行签订的合同必须在工程价款、工程质量和工程期限等方面与中标合同实质相背离，而不是一般的合同内容变更。实践中要注意区分实质性变更和正常合同变更的区别。经过备案的合同并不是不允许对其进行变更，备案合同签订后可以根据实际情况的变化签订补充协议。例如，签订合同时合同价款的确定是根据工程的方案设计、初步设计、施工图设计进行预估，而在工程实际施工过程中，因建筑材料、人工工资大幅上涨及设计图纸的变更，因而引起的合同内容的变更等原因导致最终合同价款变化，属于合同正常变更范围之内，应当予以认可。故如果仅是对"阳合同"涉及的一些具体问题的修改或补充，是被允许的，亦不应被视作为"阴合同"。是否属于建设工程施工合同中的"阴合同"应结合《最高人民法院关于审理建设工程施工合同纠纷案件适用法律问题的解释》（法释［2004］14号）第二十一条的立法目的及合同签订后客观情况是否发生了重大变化等事实综合判断。《最高人民法院关于审理建设工程施工合同纠纷案件适用法律问题的解释》（法释［2004］14号）第二十一条的立法目的是打击建设工程招投标过程中的不正当竞争行为。该条司法解释并没有排除建设施工合同双方当事人依法变更合同的权利，因为合同变更是法律赋予合同当事人的法定权利。而本案是合同签订后客观情况发生了重大变化，人工及主要材料大幅上涨，已超出施工单位实际承受能力，继续按原合同履行难以实现合同目的。2013年7月10日湖南省交通厅下发文件，规定人工单价及主要材料价差从2010年1月1日起开始调整计算，计算期限至项目结束时止。故本案双方根据政策调整，事后签订补充协议，明显有事实依据，不属于上述签订“阴阳合同”的情形，故双方关于价格调差的口头约定有效。据此，可认定T公司要求支付差价款292.03万元的诉讼请求有事实和法律依据。

编写人：湖南省岳阳市中级人民法院　蒋立春

（二）建设工程分包合同纠纷

208　建设工程合同质保金返还期条款与工程保修期条款的甄别与效力认定

——建筑材料公司诉建设公司建设工程分包合同案

【案件基本信息】

1. 裁判书字号

北京市第一中级人民法院（2020）京01民终7095号民事判决书

2. 案由：建设工程分包合同纠纷

3. 当事人

原告（反诉被告、上诉人）：建筑材料公司

被告（反诉原告、被上诉人）：建设公司

【基本案情】

2013年10月24日，建设公司（甲方）与建筑材料公司（乙方）签订《外墙保温合同》，合同约定：甲方将位于某地定向安置房项目一标段1-10#楼外墙保温工程发包给乙方，范围包括外墙石墨聚苯板保温、防火隔离带、憎水膨胀保温砂浆等外墙保温工程，工程质量标准为合格，且需符合建设方的设计要求，若设计要求中无相应约定，则以国家、地方、行业最新颁布的有效标准及规范为准，并由乙方确保通过政府主管部门所要求的各项验收。合同总价暂定为921万元，乙方向甲方承诺按照合同约定进行施工、竣工，并负责交工前的成品保护工作及保修责任期2年内的保修工作并承担保修费用，本工程保修期为2年，自分包工程竣工验收后，乙方向甲方办理工程移交之日开始计算，合同还约定了其他内容。合同签订后建筑材料公司依约进行了施工，涉案工程完工后双方于2014年10月23日进行了竣工验收，并于2016年1月22日办理了工程结算，结算金额为19874620.09元。庭审中双方一致认可建设公司已给付19230889元，尚欠付643731.09元质保金未给付。

涉案工程完工后，建筑材料公司于2017年4月9日至2017年4月24日对屋面外墙保温和涂料、女儿墙内侧立面保温开裂和檐口部位未到位的保温进行了修补，并对机房涂料起皮等问题进行了维修。建设公司主张建筑材料公司施工的外墙保温工程在2018年仍出现质量问题，经建筑材料公司多次维修后仍不合格，建设公司提交照片、投诉凭证及报修单等证据予以证明。2018年10月8日，建设公司向建筑材料公司发出告知函，主要内容为：建筑材料公司所承建的涉案工程自2015年至今多次接到开发单位的维修通知，经建设公司多次要求维修，建筑材料公司均维修不及时且效果不理想，致使开发单位接到大量业主投诉，为确保小区业主的正常生活并出于维护区域稳定考虑，开发单位将委托第三方维修，经过测算，预计产生维修费用41.6万元，开发单位将向建设公司追索该笔费用，而该费用应从建筑材料公司的涉案工程质保金中扣除。2018年10月12日，建筑材料公司向建设公司复函，主要内容为：依据双方合同约定，该工程质保期为2年，截至2016年12月30日。保修责任期满后如发生建筑维修问题，不属质保范围，故建设公司无权克扣建筑材料公司质保金，开发单位追索的是“工程保修期内”的维修费用，保修期满后的建筑维修费用与专属于质保期内的质保金无关，亦无证据证明工程质量问题与建筑材料公司施工有关。在质保期满后，开发单位单方委托第三方维修的行为与建筑材料公司无关，现工程保质期已过，建设公司应尽快给付建筑材料公司质保金。

故双方均诉至法院，原告建筑材料公司诉请要求建设公司给付质保金工程款643731.09元及利息损失99438.8元。反诉原告建设公司诉请要求建筑材料公司支付41.6万元维修款。

案件审理过程中，一审法院向开发单位核实涉案工程的维修情况，开发单位提交了《某园维修总报价》《某地定向安置房外墙及屋面檐口维修施工合同》《某地定向安置房外墙及屋面檐口维修施工合同结算审核确认单》等材料，并指派工作人员接受法院的调查询问。经调查表明，某地定向安置房项目北区（一标段）项目于2014年12月底完工并交付使用进入质保期。该项目质保期内频繁发生外窗渗漏水的质量问题，开发单位通知建设公司进行维修处理，经各方现场查勘和研究确定外窗漏水原因为外墙保温施工质量存在缺陷，雨水经外墙保温开裂部位进入墙体保温层后从窗户四周渗入室内，同时外墙保温及装饰线条等外墙装饰构件均出现大量开裂。建设公司在质保期内虽对上述问题进行了处理，但同类问题仍然频发，引发大量业主投诉且影响小区居民生活。为进一步解决上述问题，2018年9月，开发单位委托第三方外墙保温施工单位对安置房外墙保温及装饰构件进行维修，并函告建设公司，产生费用约41.6万元，该费用由建设公司承担，将从工程尾款中扣除。《某园维修总报价》显示由节能科技公司对安置房项目涉及建筑材料公司施工部分（1-10#楼）进行维修的费用为413664元。《某地定向安置房外墙及屋面檐口维修施工合同》显示维修范围包括1-24#楼外墙及屋面檐口等部位，具体包含建筑外墙（含外保温）部位、屋面女儿墙、单元门头女儿墙、顶层空调板、顶层阳台板、屋面楼梯间、电梯机房、屋面装饰板等部位，维修内容包括外窗洞口漏水、女儿墙部位涂料、保温板开裂、脱皮、透底、松动、孔洞，屋面檐口女儿墙压顶开裂、孔洞、装饰柱及线条裂缝、松动，顶层空调板、阳台板漏水、开裂渗水，屋面楼梯间、电梯机房、屋面突出装饰板所有漏水、渗水部位，以及物业管理公司、小区居民反映的相关部位质量问题及施工方案范围内的全部内容。《某地定向安置房外墙及屋面檐口维修施工合同结算审核确认单》显示工程造价公司对节能科技公司依据合同约定完成安置房项目维修的工程价款进行审计。建筑材料公司对上述证据不予认可，主张涉案工程的材料由建设公司提供，涉案工程出现漏水等情况不排除是建设公司提供的防水材料存在质量问题所致，不能证明系因其施工存在质量问题造成，其与建设公司约定的工程质保期为2年，现质保期已过，超出质保期外的质量问题不应由其承担维修责任，开发单位单方委托第三方进行维修，维修范围与其施工范围不符，其施工范围为立墙保温，附带做了防水，而开发单位维修的范围包括楼顶、阳台、门窗等，是全方位的维修，据此其对建设公司主张的维修费用不予认可。经一审法院释明，建筑材料公司以建设公司应承担举证责任为由不就涉案工程出现质量问题的原因及维修费用申请司法鉴定，但要求对涉案工程的造价申请鉴定。

【案件焦点】

1. 建设公司应否支付建筑材料公司的工程质量保证金；2. 建筑材料公司与建设公司关于2年工程保修期的约定是否有效，建筑材料公司是否应对约定的工程保修期届满后产生的工程质量问题承担维修责任。

【法院裁判要旨】

北京市昌平区人民法院经审理认为：建设工程施工合同中约定正常使用条件下工程的保修期限低于法律、行政法规规定的最低期限的，该约定无效。当事人就工程质量保修金返还期限有约定的，依照其约定，但不影响承包人在保修期限内承担质量保修责任。《最高人民法院关于审理建设工程施工合同纠纷案件适用法律问题的解释（二）》第八条规定，有下列情形之一，承包人请求发包人返还工程质量保证金的，人民法院应予支持：当事人约定的工程质量保证金返还期限届满……发包人返还工程质量保证金后，不影响承包人根据合同约定或者法律规定履行工程保修义务。《建设工程质量保证金管理办法》第二条第一款和第三款规定，本办法所称建设工程质量保证金是指发包人与承包人在建设工程承包合同中约定，从应付的工程款中预留，用以保证承包人在缺陷责任期内对建设工程出现的缺陷进行维修的资金。缺陷责任期一般为 1 年，最长不超过 2 年，由发、承包双方在合同中约定。第九条规定，缺陷责任期内，由承包人原因造成的缺陷，承包人应负责维修，并承担鉴定及维修费用。如承包人不维修也不承担费用，发包人可按合同约定从保证金或银行保函中扣除，费用超出保证金额的，发包人可按合同约定向承包人进行索赔。承包人维修并承担相应费用后，不免除对工程的损失赔偿责任。第十条规定，缺陷责任期内，承包人认真履行合同约定的责任，到期后，承包人向发包人申请返还保证金。第十三条规定，建设工程实行工程总承包的，总承包单位与分包单位有关保证金的权利与义务的约定，参照本办法关于发包人与承包人相应权利与义务的约定执行。《建设工程质量管理条例》第四十条规定，在正常使用条件下，建设工程的最低保修期限，屋面防水工程、有防水要求的卫生间、房间和外墙面的防渗漏，为 5 年。根据上述规定，工程保修阶段包括缺陷责任期与工程保修期。缺陷责任期内，由承包人原因造成的缺陷，承包人负责维修，并承担鉴定及维修费用。缺陷责任期届满，发包人应当返还工程质量保证金，发包人不能以保修期未届满为由拒绝向承包人返还工程质量保证金。保修期则是承包人按照合同约定对工程承担保修责任的期限，从工程竣工验收合格之日起计算。保修期内，承包人对建设工程的保修义务属于法定义务，不能通过合同约定予以排除。

建筑材料公司与建设公司签订的《外墙保温分包合同》约定：建筑材料公司和建设公司办理完结算后以结算造价的5%作为工程质量保修金，工程保修期为2年，自分包工程竣工验收后，建筑材料公司向建设公司办理工程移交之日开始计算。在保修责任期内，建筑材料公司对其承担的工程质量负有全部经济与法律责任，保修责任期满后，如无质量问题，保修金予以支付。根据上述约定，双方关于2年期限的约定既是关于工程质量保证金返还期限的约定，亦是关于建筑材料公司承担保修义务期限的约定。其中关于工程质量保证金返还期限的约定未违反法律、行政法规的强制性规定，应属有效。但双方关于涉案工程保修期为2年的约定低于《建设工程质量管理条例》关于屋面防水工程最低保修期为5年的强制性规定，应属无效。建筑材料公司关于屋面防水工程最低保修期的强制性规定仅适用于发包人与承包人，不适用于承包人与分包人的抗辩意见，缺乏法律依据，法院不予采信。因涉案工程于2014年10月23日进行了竣工验收，缺陷责任期至2016年10月22日届满，故建设公司应当将质量保证金643731.09元返还建筑材料公司。利息从应付工程价款之日计付，当事人对欠付工程价款利息计付标准有约定的，按照约定处理；没有约定的，按照中国人民银行发布的同期同类贷款利率计息。因建设公司一直未将质量保证金返还建筑材料公司，且双方未就质量保证金的利息作出约定，故建筑材料公司要求建设公司自2016年11月1日起按照国家相应标准支付质量保证金利息的诉讼请求，于法有据，法院予以支持。

如前所述，涉案工程最低保修期限为5年，双方关于涉案工程保修期为2年的约定无效，故建筑材料公司应当承担涉案工程自竣工验收合格之日起5年内的保修义务。关于涉案工程出现的质量问题，开发单位明确表示外窗漏水原因为外墙保温施工质量存在缺陷，雨水经外墙保温开裂部位进入墙体保温层后从窗户四周渗入室内，同时外墙保温及装饰线条等外墙装饰构件均出现大量开裂，因涉案工程尚在保修期内，建筑材料公司作为工程施工方应对工程质量承担相应责任，建筑材料公司对涉案工程出现质量问题并非因其施工原因产生的主张应承担相应的举证责任，但其经法院释明明确表示不就工程质量产生的原因申请司法鉴定，故建筑材料公司应承担举证不能的法律后果。建筑材料公司主张其施工的范围为立墙保温，附带加了防水，开发单位维修的范围包括了楼顶、阳台、门窗等，超出了其维修的范围，但双方签订的《外墙保温合同》明确约定合同范围包括外墙保温、外立面聚氨酯防水施工，包括但不限于窗口四周、楼层接缝及阳台栏板阴阳角等部位、保温层粘结砂浆、保温板、外墙腻子等所有内容。从双方办理结算的内容可以看出建筑材料公司不仅进行了外立面保温的施工，还进行了外立面涂料、外立面线条的施工。开发单位出具的相关材料亦显示外窗漏水原因系外墙保温施工质量存在缺陷，其维修的女儿墙、顶层空调板、顶层阳台板、屋面楼梯间、电梯机房、屋面装饰板等均系因外墙保温质量问题所引发的部位，且建筑材料公司于2017年4月9日至2017年4月24日对屋面外墙保温和涂料、女儿墙内侧立面保温开裂和檐口部位未到位的保温进行了修补，并对机房涂料起皮等问题进行了维修，亦可说明女儿墙内立面保温开裂、檐口部位保温未到位、机房涂料起皮等问题均与建筑材料公司施工的工程直接相关，建筑材料公司关于其施工的范围仅限于立墙保温及防水，开发单位维修的范围明显超出其施工范围的主张，依据不足，法院不予采信。因建筑材料公司于2018年10月12日出具给建设公司的复函明确表示质保期至2016年12月30日，保修责任期满后的维修问题不属于质保问题，在此情况下，开发单位另行委托第三方对涉案工程出现的质量问题进行维修，并从建设公司的质量保证金中予以扣除，而维修期间尚处于涉案工程的保修期限内，建设公司据此要求建筑材料公司负担相应的维修费用于法有据。关于维修费数额的问题，法院向开发单位调查核实的情况及开发单位出具的证据显示，开发单位因维修定向安置房外墙及屋面檐口需向节能科技公司支付涉及建筑材料公司施工部分（1-10#楼）的维修费用为413664元，上述证据能够相互印证，建筑材料公司虽对该笔维修费用不予认可，但经法院释明后明确表示不就维修费用申请司法鉴定，建筑材料公司应对此承担举证不能的法律后果，法院对上述证据予以采信，据此法院认定建筑材料公司施工部分的维修费用为413664元，建设公司要求建筑材料公司负担该笔维修费用的诉讼请求，理由正当，于法有据，法院予以支持；就涉案工程，建设公司已与建筑材料公司办理了结算，并按结算的金额履行了部分付款义务，建筑材料公司在本案中要求对涉案工程的造价进行鉴定，缺乏依据，法院不予准许。

北京市昌平区人民法院依照《中华人民共和国合同法》第五十二条，《最高人民法院关于审理建设工程施工合同纠纷案件适用法律问题的解释》第十七条，《最高人民法院关于审理建设工程施工合同纠纷案件适用法律问题的解释（二）》第八条、第十二条、第十四条、第一款之规定，作出如下判决：

一、建设公司于本判决生效后十日内支付建筑材料公司质保金643731元及利息，利息以643731.09元为基数，自2016年11月1

日起至2019年8月19日止，按照中国人民银行同期贷款利率计算，自2019年8月20日起至建设公司付清643731.09元之日止，按照同期全国银行间同业拆借中心公布的贷款市场报价利率计算；

二、建筑材料公司于本判决生效后十日内支付建设公司维修费413664元；

三、驳回建设公司的其他反诉请求。

建筑材料公司不服一审判决，提出上诉。

北京市第一中级人民法院经审理认为：本案的争议焦点是建筑材料公司是否应承担维修款的给付义务。当事人对自己提出的诉讼请求所依据的事实或者反驳对方诉讼请求所依据的事实，应当提供证据加以证明，但法律另有规定的除外。在作出判决前，当事人未能提供证据或者证据不足以证明其事实主张的，由负有举证证明责任的当事人承担不利的后果。

首先，关于保修期的问题，建设工程施工合同中约定正常使用条件下工程的保修期限低于法律、行政法规规定的最低期限的，该约定无效。建设公司与建筑材料公司关于涉案工程保修期为2年的约定低于《建设工程质量管理条例》关于屋面防水工程最低保修期为5年的强制性规定，应属无效。法律对保修期限予以规定，其本意是约束施工单位所完成的工程符合法律的强制性规定。建筑材料公司作为相应项目的施工人，即便其与建设公司约定了2年的质保期，其亦不应因此而降低施工标准使得相应工程在5年法律强制的保修期限内即产生漏水问题。建筑材料公司主张后3年的保修责任应当由建设公司承担，但并未提供其与建设公司有关维修责任划分的证据。故建筑材料公司关于其应依据合同承担2年质保期保修责任的主张，无相应事实与法律依据，法院对此不予采信。其次，关于维修责任的承担主体问题，建设公司要求建筑材料公司承担因未予以维修所产生的维修费，并就此提供开发单位的维修函等证据，一审亦就该问题向开发单位进行了调查，可以认定漏水系因施工质量问题造成，建筑材料公司虽对于维修义务的承担主体存在异议，认为不能证明漏水的原因系因其施工质量问题，但经法院释明仍不申请鉴定，未能就此提供相反证据予以证明，故应承担相应不利后果。虽然建筑材料公司提出其对保修期限条款无效无相应过错，但需要指出的是，其工程质量不符合法律的强制性规定，是其承担维修责任的原因。最后，关于维修费的金额，经一审法院调查核实，涉及建筑材料公司施工部分（1-10#楼）的维修费用为 413664 元，建筑材料公司虽对此不予认可，但经法院释明后明确表示不就维修费用申请司法鉴定，一审法院判决建筑材料公司向建设公司支付 413664 元维修费正确，法院对此予以确认。

北京市第一中级人民法院依照《最高人民法院关于适用〈中华人民共和国民事诉讼法〉的解释》第三百二十三条、《中华人民共和国民事诉讼法》第一百七十条第一款第一项之规定，作出如下判决：

驳回上诉，维持原判。

【法官后语】

本案争议焦点主要为工程质量保证金的返还问题及建设工程质量的责任承担问题。《建设工程质量保证金管理办法》规定，建设工程质量保证金（质保金）是指发包人与承包人在建设工程承包合同中约定，从应付的工程款中预留，用以保证承包人在缺陷责任期内对建设工程出现的缺陷进行维修的资金。根据该规定，质保金对应的责任期限为缺陷责任期。上述规定同时明确了缺陷责任期一般为 1

年，最长不超过2年，由发、承包双方在合同中约定，以及缺陷责任期的起算日期等。由此可知，发包人与承包人可在最长2年的时限范围内协商工程质量保证金返还期限问题。如此规定的意旨，一方面，是为了约束承包人按照法律规定及双方约定的标准完成工程建设，否则发包人有权从预留的质量保证金中扣除为修复工程所花费的合理支出；另一方面，是为了避免缺陷责任期限约定过长，发包人长期占有剩余工程款导致对承包人资金占用损失的不公平。

鉴于我国实行建设工程质量保修制度，故质量保证金的到期返还并不能完全免除承包人对工程质量的保修责任。即当正常使用条件下建设工程的法定最低保修期限或发、承包双方约定的质量保修期限超过双方约定的质保金返还期限、未约定时依照规定认定的2年质保金返还期限时，即使发包人向承包人支付保证金，承包人仍应对剩余保修期限内的工程质量问题承担保修责任。《最高人民法院关于审理建设工程施工合同纠纷案件适用法律问题的解释（一）》第十七条第二款规定，发包人返还工程质量保证金后，不影响承包人根据合同约定或者法律规定履行工程保修义务。因此，质量保证金返还期限不必然等同于质量保修期限，即使当事人在同一合同条款中以非规范用语约定了发包人在一定期限届满后返还质保金，当产生工程质量责任纠纷时，亦应对该条款结合合同全文进行分析，判断是否既包括责任缺陷期即工程质量保证金返还期限的意思表示，又包含了建设工程质量保修期限的意思表示。若两者兼具，则需分别进行效力审查与责任认定。

前文已论述了发、承包双方可在不超过2年的期限内自行约定缺陷责任期问题。关于质量保修期限问题，《建设工程质量管理条例》第四十四条规定了正常使用条件下部分建设工程的最低保修期限要求。本案中原被告关于“保修责任期满后，如无质量问题者，保修金予以支付”的约定便是将质保金返还期限与质量保修期限杂糅在一个合同条款之中，而其中关于质量保修期限为2年的约定因违反《建设工程质量管理条例》中屋面防水工程5年最低保修期的强制性规定而无效。因建设工程名目和内容丰富繁多，法院在审查具体的工程质量保修期限时应穷尽法律法规检索工作，确保在排除法律、行政法规对具体建设工程最低保修期限无明确规定后，方可依据合同当事人关于工程保修期的约定确定承包方的维修责任问题。

此外，在质保金返还期限届满前产生工程质量问题，承包人确需对工程质量承担责任，但未在质保金返还期限内对工程进行修复的情形下，承包人要求发包人返还质保金并支付利息的，质保金部分工程款的数额应为扣除经依法鉴定确定的修复费用或已实际产生的维修费用后的数额，并以此作为利息计算基数。对于质保金返还期限届满前因承包人原因导致的工程质量问题，若发包人在质保金返还期限届满前已自行修复或委托他人修复，则利息应从双方约定的质保金返还时间或依照法律规定确定的质保金返还时间之次日起算；若工程质量问题尚未修复或在质保金返还期限届满后修复的，鉴于在修复费用确定前，发包人无法确定质保金部分欠付工程款的数额，故对该部分工程款的利息应从修复费用确定日之次日起算，具体日期需根据司法鉴定程序或当事人举证证明合理维修费用产生时间、双方协商的维修费用产生时间等情况确定。

在质保金返还期限届满后产生工程质量问题的，发包人仍应按照约定或法律规定向承包人返还工程质保金并支付利息，就工程质量责任问题，发包人可根据保修期限约定或法律、行政法规规定另行向承包人主张责任。

编写人：北京市昌平区人民法院　田雅娟　赵群彩

二十二、运输合同纠纷

（一）公路旅客运输合同纠纷

209 承运人对乘客的救助义务不应无限扩大

——罗某英等诉汽车公司、潘某勇运输合同案

【案件基本信息】

1. 裁判书字号

广东省东莞市中级人民法院（2012）东中法民二终字第30号民事判决书

2. 案由：运输合同纠纷

3. 当事人

原告（上诉人）：罗某英、罗某平、罗某权、罗某良

被告（被上诉人）：汽车公司、潘某勇

【基本案情】

原告罗某英与罗某松为夫妻关系，原告罗某平、罗某权、罗某良与罗某松为父子关系，潘某勇为汽车公司的员工。2010年11月9日，罗某松乘坐被告汽车公司所属由被告潘某勇驾驶公交车回家，该车沿×号公交线路行驶，罗某松在大朗镇黄草朗校椅围路段要求下车，被告潘某勇没有即时停车，而是至大洋针织厂门口对面停车后让罗某松下车，罗某松下车不久后猝死在绿化带旁。在东莞市公安局交通警察支队某大队（以下简称某大队）对事故

进行调查的过程中，曾向罗某松家属发出《尸体解剖通知书》，但家属基于家乡风俗习惯原因不同意对罗某松的尸体进行解剖，并向某大队提出撤案申请，要求自行处理尸体。罗某松尸体后于2010年11月20日在东莞市殡仪馆火化，支出殡葬费用8650元。四原告认为罗某松的死亡系汽车公司司机驾驶车辆存在违规行为所造成，诉至法院。

另外，根据原告的申请，法院依法向某大队调取关于罗某松事故的档案。档案中的现场勘验笔录显示，公交车途中驶至校椅围路段大洋针织厂门口对面时停车，罗某松于该处下车后死亡，现场勘察时涉嫌肇事车辆公交车已经移动，罗某松尸体也被搬动，尸体旁的花坛靠车道边离缺口16cm处见长50cm的不明显擦痕。为此，某大队委托广东某司法鉴定所对花坛与公交车是否发生碰撞、刮擦，车右后轮胎是否与花坛边缘接触进行鉴定。广东某司法鉴定所于2010年11月18日出具司法鉴定意见书，认为：1. 未发现粤S286××号公交车与花坛发生碰撞、刮擦痕迹；2. 现场花坛壁的碰撞、刮擦痕迹与公交车右后轮胎外壁呈现的摩擦痕迹无因果关系；3. 罗某松体表无磕碰损伤，说明罗某松不是碰撞、刮擦所倒地。另外，某大队亦委托广东某司法鉴定中心对罗某松进行血中乙醇含量检验，广东某司法鉴定中心于2010年11月10日出具血中乙醇含量检验报告书，认定在罗某松送检的血液中未检出乙醇成分。某大队对事发路段粤S286××号公交车的相关乘车人员、事故现场附近人员及司机潘某勇进行了详细的调查并制作了相关的笔录。相关的证人陈述称未看到罗某松倒地的具体情况，部分乘客称罗某松下车时状态正常，司机亦系待罗某松下车站稳后才继续行驶。后到场的医生确定罗某松死亡，并出具死亡医学证明书，其上认定罗某松的死亡原因为猝死。

【案件焦点】

汽车公司是否应对罗某松的死亡承担赔偿责任。

【法院裁判要旨】

广东省东莞市第二人民法院经审理认为：罗某松乘坐汽车公司的粤S286××号公交车，双方之间成立运输合同关系，汽车公司与罗某松为合同的双方当事人，而潘某勇是汽车公司驾驶粤S286××号公交车的司机，其履行运输合同之行为属于职务行为，由此产生的相应法律后果应由汽车公司承担。四原告要求作为司机的潘某勇承担由案涉运输合同产生的相应责任并无法律依据，不予支持。

对于被告汽车公司是否承担赔偿责任，一审法院认为，在运输合同中，承运人的主要义务为将乘客从起运地点安全运输到约定地点，对于公交车而言，则是按照既定的线路行驶，在固定的站点让乘客上下车。在本案中，鉴于×路公交线路在大朗镇黄草朗校椅围牌坊及大洋电子厂处并未设置站点，罗某松要求在大朗镇黄草朗校椅围牌坊下车并不符合公交运输的正常规范，作为公交车的驾驶员有权拒绝其下车请求。同时，粤S286××号公交车在大洋厂门口对面非固定站点停靠让罗某松下车亦不符合公交运输规范，存在一定过错，但公交车不按站点停靠仅为违反公交运输规范的行为，与罗某松下车后发生的事故之间并不存在因果关系，四原告以此要求汽车公司承担相应责任并无事实依据。四原告称罗某松系由于车辆未停稳下车，因惯性而倒地死亡，但从看到罗某松下车具体情况的粤S286××号公交车上的乘客的证言可见，罗某松与车辆并无接触。该些证人与双方之间均无利害关系，对其亲眼所见的事情描述客观真实，予以采纳。另，某大队委托广东某司法鉴定所出具的司法鉴定意见亦显示罗某松与粤 S286××号公交车并未发生碰撞或刮擦，罗某松也并非碰撞或刮擦而倒地。故四原告主张之事实并不存在，其以此要求汽车公司承担责任不能成立。而注意到罗某松下车情况的证人证言亦能够相互印证，证实罗某松是在公交车停稳后一人独自下车，该车也待罗某松下车后关车门再起步。可见汽车公司已按照约定运送罗某松，双方的旅客运输合同关系已正常终止。根据《中华人民共和国合同法》第三百零一条、第三百零二条的规定，承运人对旅客的伤亡承担损害赔偿责任的期间限于运输过程中，本案中罗某松的死亡系发生在双方运输合同关系结束后，已经超出了法律规定承运人需要承担责任的时间段。根据前述法律第三百零一条的规定，在运输过程中，承运人有在合理范围内对旅客的救助义务。虽罗某松曾在车上呕吐，但一方面并无证据显示作为公交司机的潘某勇已经发觉罗某松身体不适的相关情况，另一方面，作为公交司机的首要任务为驾驶车辆、保障全车乘客的乘车安全，在罗某松或其他乘客没有提出求助示意之情况下，不可能要求承运人主动留意乘客的情况。本案中，承运人并不存在救助乘客方面的过错或者失当行为，四原告以此要求汽车公司承担责任并不成立，不予支持。

关于履行后合同义务问题，根据《中华人民共和国合同法》第九十二条的规定，后合同义务是指合同权利义务终止后，合同当事人基于诚实信用原则和交易习惯产生通知、协助、保密等义务。案涉运输合同，承运人在罗某松正常下车并离开车辆一定距离后才关闭车门起步离开，其已对罗某松履行应有的注意义务，不存在履行后合同义务方面的过错，四原告据此要求汽车公司承担责任并无依据。广东省东莞市第二人民法院判决：

驳回罗某英、罗某平、罗某权、罗某良的诉讼请求。

四原告不服一审判决，提起上诉，广东省东莞市中级人民法院判决：

驳回上诉，维持原判。

【法官后语】

《中华人民共和国合同法》第二百九十条、第三百零一条、第三百零二条构成了对承运人在运输过程中相应义务及责任的要求，即为承运人的安全运输义务，但该“安全运输义务”应作限制解释，仅指承运人不得因其自身的运送行为而使旅客的人身、财产处于危险的境地或者受到实际的危害，而不应理解为承运人要保证旅客在运输过程中人身不受来自任何方面的侵害、安全到达目的地。鉴于该义务更多是一种法定义务而非约定义务，其立法本意在于鼓励、要求承运人救助遇有困难的旅客，避免旅客在运输过程中出现危险，故亦不应对承运人的法定救助义务作无限扩大，应限定在合同法规定的范围和情形中，即时间为运输过程，范围仅为旅客发生急病、分娩及遇险的情况。除此之外的范围及时间段，承运人不负有法定救助义务。

2021年1月1日《中华人民共和国民法典》施行后，对于承运人在运输过程中对旅客的安全运输义务与之前的《中华人民共和国合同法》的规定基本一致，相应的条款变更为第八百一十二条、第八百二十二条及第八百二十三条。但《中华人民共和国民法典》还增加了第八百一十九条的规定：“承运人应当严格履行安全运输义务，及时告知旅客安全运输应当注意的事项。旅客对承运人为安全运输所作的合理安排应当积极协助和配合。”即在对承运人的安全运输义务进行要求的同时，亦强调了旅客的配合义务。

对于本案而言，无论是从《中华人民共和国合同法》还是现时施行的《中华人民共和国民法典》的规定分析，罗某松从公交车下车落地时，双方的运输合同已经终结。由于运输工具仍然是持续前进，承运人仍负有对其他旅客的安全运输义务，承运人此时对已下车旅客的后合同义务应为基本的注意义务，即需留意旅客是否安全下车，超出此范围，并不属于双方的后合同义务范畴。本案中，罗某松已经安全下车，下车时仍然站立，并非立即倒地。司机在其离开公交车一段距离并处于站立状态时才启动离去，已经尽到基本的注意义务，并不存在履行后合同义务方面的过错，无须对罗某松之后的倒地猝死承担责任。

编写人：广东省东莞市第二人民法院　杨粤欣

（二）公路货物运输合同纠纷

210　公路运输合同中挂靠公司是否承担赔偿货物损失责任

——供应链管理公司诉货运公司等货物运输合同案

【案件基本信息】

1. 裁判书字号

北京市第三中级人民法院（2020）京 03 民终 9125 号民事判决书

2. 案由：货物运输合同纠纷

3. 当事人

原告（被上诉人）：供应链管理公司

被告（上诉人）：方某刚

被告：货运公司、运输公司

【基本案情】

2020年2月25日，供应链管理公司与被告方某刚达成口头运输协议，约定由方某刚将价值227474.5元的29.5吨低密度聚乙烯从A地运送至B地，运费6500元，方某刚即指派其雇用的司机驾驶运输车辆（涉案牵引车及涉案后挂车）装好约定运输的货物从北京出发，往目的地运送货物。运输车辆行驶至沈海高速江苏路段苏州方向董浜枢纽时发生火灾。公安消防出现场进行处理，并出具了《案件出车单》《机动车火灾告知单》，《火灾接警出动处理移交单》载明："现场为挂车后轮部位起火，过火面积约 $3m^2$。"所运货物存在烟熏味道、部分货物受损。双方一致确认未受损的货物为22吨、毁损货物为6.55吨、毁坏亏损货物0.95吨，且事故导致作为食品级原料的货物无法正常使用；同时造成货物共享托盘损失10块，托盘损失价税合计4500元。事故发生后，方某刚与供应链管理公司法定代表人先后赶到现场处理火灾事故，双方从快速处理事故善后出发达成意向，方某刚同意由原告将货物运回A地进行处理，货物运到A地后就如何处理及处理的价款双方均进行了电话沟通，供应链管理公司将残损货物折价处理154875元，此次事故造成货物损失72599.5元。方某刚实际所有的运输车辆的涉案牵引车挂靠在货运公司、涉案后挂车挂（着火车辆）靠在运输公司名下，方某刚与二公司签订挂靠合同约定：

涉案车辆方某刚是实际所有人，由其自主经营，每年只交管理费，该车的任何运营利益、从事经营期间车辆代办道路运输证、车辆等级等的各种费用、税金、债权、债务、收益全部由方某刚所有和负担。方某刚是本案所涉公路货物运输合同的实际承运人，原告供应链管理公司起诉要求货运公司、方某刚连带赔偿原告损失87099.5元。

【案件焦点】

1. 赔偿损失的金额如何计算；2. 作为涉案车辆的挂靠公司对于货物损失是否应该承担赔责任。

【法院裁判要旨】

北京市怀柔区人民法院经审理认为：依法成立的合同受法律保护，对当事人具有法律约束力，当事人应当按照约定履行自己的义务。合同的相对性是合同法的基石，合同是平等民事主体之间关于权利义务的设立、变更、终止关系的协议。承运人对运输过程中货物的毁损、灭失承担损害赔偿责任，供应链管理公司作为托运人与实际承运人方某刚协商后，达成的口头货物运输合同，系双方真实意思表示，不违反国家有关法律、法规的强制性规定，为有效合同。根据合同的相对性原则，合同只在双方当事人之间产生权利义务关系，对合同之外的第三人没有约束力，在运输合同的达成和履行过程中，托运人所确信的合同相对人是实际车主，而不是合同以外的其他人，实际车主与被挂靠人也不构成表见代理。同时，涉案牵引车及涉案后挂车的实际所有人为方某刚，但被分别登记在货运公司、运输公司名下，故该车属于以挂靠形式从事道路运输经营活动。因我国目前的机动车登记属于管理性登记，机动车的登记信息不能作为确认营运车辆实际车主的唯一证据，货运公司及运输公司与方某刚签订挂靠合同证实方某刚投资购买了涉案运输车辆，系实际车主，掌握车辆的运营并享有收益。货运公司、运输公司自始至终未参与涉案运输合同的协商、订立，未参与货物运输，亦不享有车辆的运营收益，即其与供应链管理公司并不存在公路货物运输合同关系，既不享有合同权利，亦无相应的合同义务，不应对供应链管理公司的货物损失承担赔偿责任，在协商并达成口头运输合同以及实际实施运输的过程中，方某刚参与了协商并对托运的货物实际予以运输，是本案公路货物运输合同的承运人，应对货物损失承担赔偿责任。北京市怀柔区人民法院作出如下判决：

一、方某刚赔偿供应链管理公司经济损失 87099. 5 元；

二、方某刚返还供应链管理公司预付的 3000 元加油费用。

方某刚不服一审判决，提起上诉。

北京市第三中级人民法院经审理，作出如下判决：

驳回上诉，维持原判。

【法官后语】

目前交通运输业中采取经营权许可制度，这导致很多无经营资质的个人只能采用挂靠形式从事运输经营活动。这种形式的运输活动一旦发生交通事故致货物损坏，作为被挂靠人的挂靠公司是否应当承担赔偿责任一直是实务中争议颇大的问题。挂靠公司是否承担责任要根据具体案件来判断。《中华人民共和国民法典》第一百七十八条第二款规定，连带责任，由法律规定或当事人约定。而《中华人民共和国民法典》中货运合同的法律规定中并无被挂靠单位应承担公路货物运输合同货损连带赔偿责任的规定，故判定被挂靠单位承担公路货物运输合同货损连带赔偿责任，缺乏法律依据。货损赔偿之诉既为合同违约之诉，则应坚持合同相对性的基本原则，根据合同的签订主体和合同的履行等基本事实，准确认定合同当事人。本案从以下三个方面考虑：

第一，货损赔偿系合同违约之诉，根据合同的相对性原则，合同只在双方当事人之间产生权利义务关系，对合同之外的第三人没有约束力。

第二，托运人并不知晓实际车主与被挂靠单位之间的关系，在运输合同的达成和履行过程中，托运人所确信的合同相对人是实际车主，而不是合同以外的其他人。实际车主与被挂靠人不构成表见代理。

第三，本案货运公司及运输公司与被告方某刚签订挂靠合同证实方某刚投资购买了涉案运输车辆，该车登记并挂靠在二公司名下运营，但方某刚系实际车主，掌握车辆的运营并享有收益。二公司自始至终未参与涉案运输合同的协商、订立，未参与货物运输，亦不享有车辆的运营收益，即其与供应链管理公司并不存在公路货物运输合同关系，既不享有合同权利，亦无相应的合同义务，不应对货物损失承担赔偿责任。在协商并达成口头运输合同以及实际实施运输的过程中，方某刚参与了协商并对托运的货物实际予以运输，是本案公路货物运输合同的承运人，应对货物损失承担赔偿责任，故判决实际车主方某刚承担赔偿责任，被挂靠单位不承担赔偿责任。

在现行法律体系下交通运输业中采取经营权许可制度，这导致很多无经营资质的个人只能采用挂靠形式从事运输经营活动。这种形式下，运输活动中一旦发生交通事故致货物损坏，作为被挂靠人的挂靠公司是否应当承担赔偿责任，如何承担责任，权益如何受到保护及受法律保护的路径都值得思考。本案通过对该权利的法律性质的分析，寻找了现行法律保护的依据，确立了保护的条件和标准，将为此类权利的形成和相关利益的司法保护提供有益的借鉴。

需要说明的是，本案纠纷的发生和一二审判决均在《中华人民共和国民法典》实行之前，依据《中华人民共和国合同法》第八条、第四十四条、第六十条第一款、第一百零七条、第二百九十条、第三百一十一条，《中华人民共和国民法典》施行后，对应的是第四百六十五条、第五百零二条、第五百零九条、第五百七十七条、第八百一十一条、第八百三十二条。

编写人：北京市怀柔区人民法院　黄广来

211　货物运输合同中对保价货物的毁损、灭失按保价金额赔偿的相关内容应视为限制责任格式条款

——郭某诉货运公司、物流公司公路货物运输合同案

【案件基本信息】

1. 裁判书字号

北京市第三中级人民法院（2019）京 03 民终 16633 号民事判决书

2. 案由：公路货物运输合同纠纷

3. 当事人

原告（上诉人）：郭某

被告（被上诉人）：货运公司、物流公司

【基本案情】

2018年12月18日，郭某自西安市委托货运公司运送52件家具至北京市，保价声明价值5000元，运费为13714元。郭某在托运人处签名确认。该运单背面印制的物流公司契约条款，以加粗字体载明赔偿规则为："（1）托运人未保价，则在对应总费用的5倍以内赔偿托运货物的实际损失，最高不超过货物的实际损失。（2）托运人已保价，实际价值大于或等于声明价值时，货物全部毁损或灭失，按照保价声明价值予以赔偿；若货物部分毁损或内件缺少，则按照声明价值和损失的比例赔偿。实际价值小于声明价值时，货物全部毁损、灭失，按照实际价值赔偿；货物部分毁损、灭失时，则按照实际损失赔偿。"2018年12月26日，涉案家具运至北京后发现在运输途中被损坏，郭某与货运公司确认共计损坏10件家具，郭某提交了商家对损坏家具询价的报价单，报价单载明金额合计为152740元。郭某称系货运公司工作人员要求其填写的保价声明价值5000元，并告知郭某最高保价5000元。

【案件焦点】

1. 货运公司是否尽到提示说明义务；2. 货运公司是否应承担保价范围外赔偿责任。

【法院裁判要旨】

北京市朝阳区人民法院经审理认为：郭某与货运公司之间成立货物运输合同关系，涉案货物在货运公司运输过程中发生磕碰，导致托运货物部分损坏，货运公司应依约承担赔偿责任。关于赔偿金额，当事人有约定的，应按照其约定。托运单背后约定了保价条款，并以加粗字体提请郭某予以注意，托运单上"保价声明价值"处填写了5000元，郭某在托运单上签字予以确认，故上述保价条款应为合法有效。考虑到本案毁损货物为部分家具中的部分损坏，难以确认损失比例，故法院对于赔偿数额予以酌定。

北京市朝阳区人民法院作出如下判决：

一、货运公司于判决生效后十日内赔偿郭某损失4000元；

二、驳回郭某的其他诉讼请求。

郭某不服一审判决，提起上诉。

北京市第三中级人民法院经审理认为：托运人保价的目的在于保证货物在运输过程中受损时能得到比未保价更高的补偿，以分担货物受损的风险，但郭某对货物保价的声明价值远低于货物的运输费用，一旦货物受损，按照保价条款获取的赔偿远低于在未保价情况下货物受损所获得的赔偿。郭某作为托运人，作此选择，明显不合常理。货运公司虽在运单背面以加粗字体印制物流公司契约条款中的赔偿条款，但在其未提供其他证据予以佐证的情况下，不能证明其尽到了提示说明义务。格式条款的适用应当建立在对合同双方权利义务公平划分的基础之上，托运单上"保价声明价值"处填写了5000元，但货物运费高达13714元，使得托运人对货物进行保价运输的情况下，在货物受损时托运人所享有的赔偿权利受到极大限制，若仅按照保价条款进行赔偿，对托运人显失公平。货运公司未尽到提示说明义务，在保价条款中保价声明价值远低于未保价时货物受损可能获得的赔偿数额的情况下，该格式条款的设立排除了郭某获得较高赔偿数额的权利，应当认定无效。

北京市第三中级人民法院依照《中华人民共和国合同法》第三十九条、第四十条、第三百一十二条，《中华人民共和国民事诉讼法》第六十四条、第一百七十条第一款第二项之规定，作出如下判决：

一、撤销北京市朝阳区人民法院（2019）京0105民初50186号民事判决书；

二、货运公司于判决生效后十日内赔偿郭某损失1.3万元；

三、驳回郭某的其他诉讼请求。

【法官后语】

随着快递行业的飞速发展，快递纠纷时有发生。快递公司在运送货物的过程中难免会造成货物的损坏或丢失，托运人要求快递公司赔偿损失的案件屡见不鲜。快递公司为了规避自身风险，在托运单中往往约定限额赔偿条款以及保价条款。保价是否系快递公司的格式条款？保价条款的效力如何？保价条款与限额赔偿条款之间存在何种关系？快递公司的提示说明义务应履行到何种程度？

判断保价条款是否系格式条款需从以下三个方面进行分析：一是快递公司相较托运人而言是否处于优势地位；二是双方能否就保价条款进行协商和修改；三是保价条款是否系重复使用并预先设定的条款。托运人与快递公司之间的地位应当根据双方主体身份的不同而作出区分。普通消费者与快递公司之间并非属于长期关系，由于双方之间的经济实力以及信息不对称等因素，难以就快递运单的内容与快递公司之间进行协商，普通消费者相对快递公司而言常处于劣势地位。保价条款系快递公司重复使用并预先设定的条款，直接预先植入运单的具体条款中，对不同的消费者统一使用。应当适用格式条款的相关规定，对保价条款本身的公平性、合法性、合理性以及对快递公司是否尽到提示说明义务予以详细审查，以便明确保价条款的效力。

快递公司应当以合理的方式提请托运人注意限额赔偿条款以及保价条款并对该条款予以说明。提示义务的履行在于以足以引起投保人注意的文字、字体、符号或者其他明显标志作出提示，说明义务的履行则以对格式条款的概念、内容及其法律后果以书面或者口头形式作出常人能够理解的解释说明为标准。保价条款以及限额赔偿条款均能以加粗加黑或者以特殊字体、特别颜色予以显著标识，应当视为快递公司履行了法律规定的提示义务。但快递公司很少对限额赔偿条款及保价条款的内容予以口头或书面说明，保价选项处签字一般系快递员代签，纵使消费者要求保价并在保价选项处签字，但并不代表消费者知晓保价的具体赔偿规则。法院应当在具体的案件中对快递公司是否尽到说明义务进行实质审查，以保护消费者的合法权益。

对说明义务的实质审查应着重于对说明方式与说明程度的审查。快递公司作为说明义务的履行者，应承担相应的举证责任。快递公司的说明义务需要以更加直观的形式予以体现，可通过录音等形式证明对保价条款予以口头说明，在如今的电子运单时代，快递公司完全有能力在消费者下单时使消费者知晓未保价以及保价时最高获偿数额，与运费一同显示，以证明快递公司尽到说明义务。说明程度的审查系实质审查的核心内容，快递公司对说明义务的证明程度应达到使消费者明确知晓未保价与保价时分别获偿的最高限额的程度。若说明程度无法达到这一点，则不能证明快递公司尽到提示说明义务。

保价条款与限额赔偿条款均属于快递公司减轻自身责任的手段和方式。面对当前如此复杂的运输搬运流程，快递行业需承担较高的运输风险，而大部分托运人所支付的运费相对来说较为低廉，此时让快递公司完全承担货物的损失赔偿责任也并不公允。限额赔偿条款以及保价条款在一定价格范围内具有其合理性。但应当明确限额赔偿条款有效时，保价条款未必有效。尤其在未足额保价的情况下，对于保价条款的审查应当以公平性原则为基础，严格把握快递公司的提示说明义务。由于保价条款的设立是为修正限额赔偿条款对托运人保护之不足，故而保价条款的最低赔偿标准应高于限额赔偿条款的最高赔偿标准，此为保价条款设立的必然选择。否则保价条款将违反公平原则，对托运人的利益保护显著失衡。

《中华人民共和国民法典》颁布后，《中华人民共和国合同法》第三十九条对应《中华人民共和国民法典》第四百九十六条：格式条款是当事人为了重复使用而预先拟定，并在订立合同时未与对方协商的条款。采用格式条款订立合同的，提供格式条款的一方应当遵循公平原则确定当事人之间的权利和义务，并采取合理的方式提示对方注意免除或者减轻其责任等与对方有重大利害关系的条款，按照对方的要求，对该条款予以说明。提供格式条款的一方未履行提示或者说明义务，致使对方没有注意或者理解与其有重大利害关系的条款的，对方可以主张该条款不成为合同的内容。该条在规定格式合同条款定义及使用人义务之外，还规定了格式条款提供方的提示或说明义务。《中华人民共和国合同法》第四十条对应《中华人民共和国民法典》第四百九十七条，有下列情形之一的，该格式条款无效：（一）具有本法第一编第六章第三节和本法第五百零六条规定的无效情形；（二）提供格式条款一方不合理地免除或者减轻其责任、加重对方责任、限制对方主要权利；（三）提供格式条款一方排除对方主要权利。

《中华人民共和国合同法》第三百一十二条确定货物损失额的方法对应《中华人民共和国民法典》第八百三十三条：货物的毁损、

灭失的赔偿额，当事人有约定的，按照其约定；没有约定或者约定不明确，依据本法第五百一十条的规定仍不能确定的，按照交付或者应当交付时货物到达地的市场价格计算。法律、行政法规对赔偿额的计算方法和赔偿限额另有规定的，依照其规定。

编写人：北京市第三中级人民法院　万丽丽　李延昭

212 履行货物运输合同因意外事故致押运人死亡的责任承担

——胡某才、蒋甲诉陈某俭、运输公司运输合同案

【案件基本信息】

1. 裁判书字号

江苏省无锡市中级人民法院（2018）苏 02 民终 2831 号民事判决书

2. 案由：运输合同纠纷

3. 当事人

原告（被上诉人）：胡某才、蒋甲

被告（上诉人）：陈某俭

被告：运输公司

【基本案情】

蒋甲与胡某才系夫妻关系，二人共同经营生意，经常找陈某俭运输货物，方式为胡某才、蒋甲提前一天给陈某俭打电话，由蒋乙担任押运人，双方按次结算费用。2017 年 6 月 1 日，蒋甲让陈某俭第二天送货至淮安。2017 年 6 月 2 日 12 时 15 分许，陈某

俭驾驶苏BME9××轻型封闭货车沿京沪高速由南向北行驶至1022千米+100米处时，货车右后轮爆胎，车辆失控与中央护栏发生碰撞后，侧翻在高速公路车道内，事故造成车上乘员蒋乙死亡，车辆及部分路产受损。泰州市高速公路二大队认定该事故当事人均无过错，属于交通意外事故，各方当事人均无责任。事发时苏BME9××轻型封闭货车由陈某俭驾驶，该车挂靠登记在运输公司名下。2018年1月12日，蒋乙之妻将胡某才、蒋甲诉至原审法院，原审法院作出（2018）苏0213民初450号民事判决书，认定蒋乙之妻要求赔偿损失892705元的主张符合法律规定，予以确认。蒋甲、胡某才随后提起本案诉讼，要求陈某俭、运输公司共同赔偿其各项损失892705元。

【案件焦点】

如何认定陈某俭的责任及责任大小。

【法院裁判要旨】

江苏省无锡市梁溪区人民法院经审理认为：陈某俭履行货物运输合同时，未履行确保押车人安全往返的义务，造成蒋乙在运输过程中死亡，胡某才、蒋甲有权据此要求陈某俭承担违约责任。江苏省无锡市梁溪区人民法院依照《中华人民共和国合同法》第六十条、第一百零七条之规定，判决：

一、陈某俭于判决生效之日起十日内赔偿胡某才、蒋甲892705元；

二、驳回胡某才、蒋甲的其他诉讼请求。

陈某俭不服一审判决，提起上诉。

江苏省无锡市中级人民法院经审理认为：胡某才、蒋甲基于帮工关系先行赔付蒋乙近亲属之后，在本案中要求陈某俭赔偿其前案中承担的全部损失，实质系行使追偿权。从因果联系上看，货运途中车辆发生爆胎事故是造成蒋乙死亡的直接原因，但蒋乙系依照胡某才、蒋甲的指示登车，故胡某才、蒋甲与蒋乙遭遇事故导致死亡之间也存在因果联系。从风险与收益的承担上看，陈某俭固然因其车辆运营获益，但胡某才、蒋甲也因蒋乙的帮工行为获益。从合同履行的角度看，胡某才、蒋甲指派押运人蒋乙登车的行为加重了陈某俭履行货物运输合同的风险，且胡某才、蒋甲并未额外支付人员运输费用却要求陈某俭承担人员死亡全部损失，也显失公平。陈某俭在履行货物运输合同中因车辆发生爆胎导致交通事故，属于意外事故，陈某俭不具有过错，对该意外发生所致损害，按照民事活动应当遵循的公平原则，陈某俭作为事故车辆的运营人，胡某才、蒋甲作为帮工活动的受益人应分担事故责任。

江苏省无锡市中级人民法院依照《中华人民共和国合同法》第五条，《中华人民共和国民事诉讼法》第一百七十条第一款第二项之规定，判决：

一、撤销江苏省无锡市梁溪区人民法院（2018）苏 0213 民初 1306 号民事判决；

二、陈某俭于本判决发生法律效力之日起十日内赔偿胡某才、蒋甲 446352.5 元；

三、驳回胡某才、蒋甲的其他诉讼请求。

【法官后语】

一、雇主派雇员登车押运货物，雇员与承运方不属于客运合同关系，发生人损事故的，不适用承运人无过错责任制度

蒋乙的死亡系陈某俭运营的车辆在高速公路上爆胎导致车辆侧翻

所致，经交警部门认定，此次爆胎属于意外事故，各方均不负责任。基于在前案中蒋甲、胡某才作为雇主已向死者亲属承担了相应的赔偿责任，蒋甲、胡某才在本案中向陈某俭请求赔偿，属于行使雇主的追偿权，于法有据，但蒋甲、胡某才要求陈某俭赔偿其前案中支付的全部费用，于法无据。首先，关于案涉运输合同性质，双方一致确认为货物运输合同，蒋乙系征得陈某俭同意后登车押运，目的是陪同陈某俭至指明交货地点、联系交货人等，故陈某俭允许蒋乙的登车系为了保证货物运输合同的顺利履行，并非单独与其建立了客运合同关系。其次，旅客运输合同之所以设定承运人的严格责任，系源于旅客运输大多指向公共交通运输，因其承担了一部分公共事务管理职能，故而赋予其较大的安全保障义务，且公共交通服务有着严格的资质准入审核和运营风控制度，承运人具有较大的履约保障能力，相应的注意义务和赔付义务也随之加重。本案中，陈某俭显然不具有公共旅客交通运输的资质和能力。最后，从合同履行的角度看，蒋甲、胡某才指派蒋乙登车未支付陈某俭额外的人员运输费用，系加重了陈某俭履行货物运输合同中的风险，其要求陈某俭负担蒋乙死亡的全部损失，显失公平。综上，笔者认为，蒋甲、胡某才基于《中华人民共和国合同法》第三百零二条要求陈某俭承担无过错赔偿责任，不具有事实和法律依据。

二、雇主派雇员登车押运货物，可以参考“好意同乘”的裁判规则，减轻但不免除承运人责任

关于本案中陈某俭应否承担责任，应承担何种责任，合议庭参考了“好意同乘”的裁判规则。“好意同乘”的裁判规则，是在机动车交通事故责任纠纷案件审理过程中形成的一种比较主流的裁判思路，即非职业从事旅客运输的人员无偿为他人提供人员运送服务发生意外事故的，应根据具体情形承担死者亲属适当的补偿责任。

实践中对于“好意同乘”规则通常作如下理解：首先，驾驶人在未收取乘车人任何费用的情况下，允许乘车人搭乘其驾驶的机动车，该行为构成好意同乘，发生交通事故后，根据公平原则，应当减轻机动车驾驶人的责任。其次，驾驶人责任可以减轻但不能免除，机动车驾驶人基于故意或重大过失造成交通事故的，不能减轻。具体到本案中，陈某俭应当承担一定的赔偿责任，责任大小应当综合诉争双方行为与死者死亡的意外事件的原因力、获益程度进行判断。首先，从因果关系看，陈某俭运营的车辆爆胎固然是造成蒋乙死亡的直接原因，但蒋乙之所以登车系受蒋甲、胡某才指派，爆胎与登车行为共同造成了蒋乙死亡的后果，缺一不可，无法区分原因力大小，故推定二者原因力相等。其次，从双方获益看，陈某俭固然因为营运事故车辆能获得收益，蒋甲、胡某才也能因蒋乙的押运行为获得收益，前者因蒋甲、胡某才未支付人员运输费用，而蒋乙协助完成货物运输的价值无法量化，后者也因劳动者的押运行为未完成，实际工作量和耗时无法估算，亦不能量化。基于此，推定陈某俭与蒋乙、胡某才的潜在获益相等。综上，雇主蒋甲、胡某才与承运人陈某俭应平摊本案损失。

本案判决之后，新颁布的《中华人民共和国民法典》第一千二百一十七条对“好意同乘”规则进行了明确规定，即非营运机动车发生交通事故造成无偿搭乘人损害，属于该机动车一方责任的，应当减轻其赔偿责任，但是机动车使用人有故意或者重大过失的除外，也进一步印证了本案的裁判思路，在事故属于机动车责任时应当减轻机动车使用人的责任，对于本案中属于意外事故，机动车使用人无责任的情形，则更应当减轻其责任。

编写人：江苏省无锡市中级人民法院　尹慧　费益君

（三）水路货物运输合同纠纷

213 挂靠经营时船舶登记经营人的法律责任

——物流公司诉平南县某船务公司水路货物运输合同案

【案件基本信息】

1. 裁判书字号

广东省高级人民法院（2014）粤高法民四终字第162号民事判决书

2. 案由：水路货物运输合同纠纷

3. 当事人

原告（上诉人）：物流公司

被告（被上诉人）：平南县某船务公司（以下简称船务公司）

【基本案情】

A轮挂靠于船务公司经营，该船舶登记所有人为陈某斌，登记经营人为船务公司。2013年1月24日，物流公司与陈某斌取得联系，双方口头约定由A轮承运1400吨散装玉米自深圳蛇口港至赤水码头、运费按22元/吨计算、货物损耗按千分之二计算。1月26日，A轮在深圳蛇口港装载玉米1396.32吨。起运港承运人处加盖了刻有“平南顺辉268”字样的船章。2月6日，A轮开始卸货，于3月6日卸货完毕，共卸载玉米1410.22吨。2月15日，收货人发现涉案玉米遭受水湿。3月1日、3月5日，物流公司委托公证部门进行证据保全和检测，发现玉米水湿，已经变黑。物流公司支付公证费 6000 元。后收货人向物流公司发出淋湿玉米确认函，向物流公司索赔玉米货损款 265562.08 元，物流公司全额支付。

物流公司以船务公司为涉案船舶登记经营人、为涉案运输合同承运人为由，请求船务公司承担货损赔偿责任。船务公司辩称其并非合同相对方，依法无须承担法律责任。

【案件焦点】

物流公司是否为涉案运输货损赔偿的责任主体。

【法院裁判要旨】

广州海事法院经审理认为：物流公司是涉案运输合同的托运人，其主张船务公司是与其建立涉案运输合同的相对方，应负举证责任。就涉案运输合同订立而言，物流公司与陈某斌达成涉案货物运输协议。涉案货票上加盖的船章仅有“平南顺辉 268”字样，并未体现船务公司的名称。因此，涉案运输合同是在物流公司与陈某斌之间订立的，船务公司并非合同相对方。就涉案运输合同履行而言，涉案运输是由陈某斌所有的 A 轮实际完成。就涉案货损处理而言，物流公司直接通知陈某斌进行处理，而未通知或联系船务公司。船务公司虽是登记船舶经营人，但并未实际控制使用 A 轮履行涉案运输合同义务，本案也不存在陈某斌表见代理船务公司的法定情形。物流公司仅以船务公司为 A 轮登记船舶经营人的身份而主张其与船务公司建立通海水域货物运输合同关系的主张没有事实和法律依据，不予支持。涉案公证费用，并非必须产生，且双方对此并无约定，物流公司关于公证费用的请求，没有法律依据，不予支持。

广州海事法院依照《中华人民共和国民事诉讼法》第六十四条

第一款、《最高人民法院关于民事诉讼证据的若干规定》第二条第二款、第五条第一款的规定，作出如下判决：

驳回原告物流公司的诉讼请求。

物流公司不服一审判决，提起上诉。广东省高级人民法院经审理认为：涉案运输系由物流公司与陈某斌联系、协商达成一致意见，并由陈某斌所有的A轮实际完成运输工作。物流公司未曾与船务公司的人员联系，其虽主张陈某斌与船务公司之间存在挂靠关系，陈某斌联系、协商运输的行为属职务行为，但本案并无证据证明，涉案运费原定的支付对象亦非船务公司，故不足以认定涉案运输合同关系形成于物流公司与船务公司之间，故船务公司并非涉案运输的承运人。船务公司虽为A轮的登记经营人，但本案的证据和事实不能证明该轮由船务公司实际使用、控制或船务公司实际参与了涉案运输工作，故其不是涉案运输的实际承运人，故船务公司并非涉案货损赔偿的责任主体。

广东省高级人民法院依照《中华人民共和国民事诉讼法》第一百七十条第一款第一项的规定，作出如下判决：

驳回上诉，维持原判。

【法官后语】

船舶挂靠经营现象普遍存在，挂靠行为将没有运输资质的个人或企业投放到市场中，对于运输管理和运输安全风险极高，严重冲击了航运市场的安全秩序，应依法规制。实践中，挂靠经营主要有三种形式：1. 船舶所有人和船舶经营人均登记为被挂靠方；2. 船舶所有人登记为按份共有，实际船舶所有人占多数比例，被挂靠企业占少数比例；3. 船舶所有人登记为实际所有人，船舶经营人登记为被挂靠企业。《最高人民法院关于国内水路货物运输纠纷案件法律问题的指导意见》（以下简称《指导意见》）只规范了第1种形式，而本案属于第3种形式。故本案不能适用《指导意见》。但《指导意见》第八条中关于“人民法院在审理与船舶挂靠有关的合同纠纷时，应当严格依照现行船舶管理的法律规范确定法律关系，坚持合同相对性的基本原则，根据合同的签订主体和合同的履行等基本事实，准确认定合同当事人”的规定，仍可适用本案。故一审多数意见及二审认为，从涉案水路货物运输合同的签订、履行、运费收取、船舶的实际使用、控制、货损之后的联系沟通等事实来看，物流公司的合同相对方均不能证明为船务公司，且也没有证据证明涉案船舶登记所有人陈某斌的行为表见代理或职务代理船务公司，故相对于物流公司的合同相对方并非船务公司，船务公司无须向物流公司承担法律责任。

值得注意的是，一审合议庭少数意见认为：《指导意见》的价值导向是加重被挂靠方的法律责任，进而实现规范航运市场的目的。在本案不适用《指导意见》的情形下，可根据《中华人民共和国船舶登记条例》所体现的登记公示原则，推定船务公司与船舶所有人陈某斌共同经营者，对于涉案货损应承担连带赔偿责任。由此，作为具备水路运输经营资质的企业可能会在充分认识法律风险的情况下，选择退出挂靠市场，转而按照法律法规规定规范经营，有利于航运市场正常秩序的恢复。在法律对于挂靠经营并没有明确规定的情况下，该意见也是一种可以选择的思路。

编写人：广东省广州海事法院　徐春龙

（四）航空旅客运输合同纠纷

214 航空旅客运输承运人安检验视义务的认定

——朱某等诉A航空公司、B航空公司航空旅客运输合同案

【案件基本信息】

1. 裁判书字号

北京市第三中级人民法院（2019）京03民终6792号民事判决书

2. 案由：航空旅客运输合同纠纷

3. 当事人

原告（上诉人）：朱某、朱某东、刘某琴

被告（上诉人）：A航空公司

被告（被上诉人）：B航空公司

【基本案情】

朱某为了参加2017年12月17日在兰州举行的甘肃省普通高校招生美术与设计学类专业考试，与父亲朱某东、奶奶刘某琴各自购买了A航空公司2017年12月16日上午5：55至8：40由北京首都机场飞往兰州的机票，共支出机票款939元。朱某将准考证以及画板和颜料放在行李箱内，在机场安检时被告知画板和颜料不能随身携带，只能托运，于是朱某将装有颜料、画板和准考证的行李进行了托运。朱某、朱某东、刘某琴按时到达兰州后，发现托运的行李没有同机到达，经询问被告知其行李因涉嫌有违禁

品需要进行进一步检查、检测，所以导致延误，行李于2017年12月17日下午到达兰州。

朱某到达兰州后又从网上打印了一份准考证，本来要在当日下午先参加学校的一场考试，但是因为考试的所有用具未到，这场考试未能参加。次日是省联考，朱某参加了上午素描考试和速写考试，但是因颜料和画板迟延没有参加17日下午的水彩考试。水彩考试结束后，A航空公司、B航空公司联系朱某，朱某拿到了延误的行李。但因为缺席了水彩考试，朱某在本次高考中落榜。朱某认为由于二被告的疏忽导致朱某无法参加本次考试，耽误了朱某的前程，故起诉请求法院：（1）判令A航空公司、B航空公司赔偿机票费用939元；（2）判令A航空公司、B航空公司赔偿朱某经济损失（包括课程培训费5.48万元，住宿费1800元，另行购买考试用品和画具的费用2000元）共计5.9539万元；（3）A航空公司、B航空公司承担本案诉讼费。

【案件焦点】

1. 承运人是否应当赔偿行李延误造成的损失以及赔偿的范围；2. 受实际承运人委托进行地面服务的代理人是否应当对乘客行李延误造成的损失承担连带赔偿责任。

【法院裁判要旨】

北京市顺义区人民法院经审理认为：合同承运人为A航空公司而非作为A航空公司地面服务代理人的B航空公司，故朱某应向A航空公司提出赔偿请求。A航空公司未能就行李延误、不能与旅客同机到达向朱某进行说明；且无法说清朱某托运行李中的物品为何涉嫌构成四级违禁品。故一审法院认定B航空公司在安检过程中存在过失，A 航空公司应对朱某因行李延误造成的直接经济损失进行赔偿。A 航空公司已将朱某等按约运送到目的地，退还机票款无事实和法律依据。为参加本次考试报名辅导班的费用非行李延误导致的直接经济损失，且 A 航空公司在托运时无法预见，不予支持。为了考试而购买的考试用具系朱某因行李延误导致的直接经济损失，虽然朱某未提供相应的证据，但根据朱某参加考试的性质，购买相关用具属必然，一审法院酌定为 1000 元。

北京市顺义区人民法院依照《中华人民共和国合同法》第六十条、第一百零七条之规定，作出如下判决：

一、A 航空公司赔偿朱某经济损失 1000 元；

二、驳回朱某、朱某东、刘某琴其他诉讼请求。

原告、A 航空公司不服一审判决，提起上诉。

北京市第三中级人民法院经审理认为：本案争议焦点为 A 航空公司是否应当赔偿朱某经济损失以及赔偿的责任主体。

承运人为了航空公共安全的需要，有权对旅客的行李进行检查，B 航空公司根据 A 航空公司的委托对朱某的托运行李进行安检并无不当。但承运人应保证托运行李与旅客同机到达，确因特殊原因无法同机到达的，承运人应向旅客进行说明并举证证明为了避免行李延误已经采取一切防止延误的必要措施。本案中，A 航空公司未能将朱某的行李同机运送，未能提交有效证据证明朱某托运行李中的物品为何涉嫌构成四级违禁品，且 A 航空公司亦未及时就行李延误、不能与旅客同机到达向朱某进行说明；A 航空公司在行李延误后未及时联系朱某，系未能全面履行合同的行为，故 A 航空公司应对因行李延误造成的直接经济损失进行赔偿。关于机票款、考试报名辅导班的费用、为购买考试用具支出的相关费用，二审法院同意一审法院的裁判意见。

关于赔偿责任主体。本案航空旅客运输合同承运人为 A 航空公司，B 航空公司系 A 航空公司委托的地面服务代理人，其行为的法律后果应当由委托人承担。

北京市第三中级人民法院依照《中华人民共和国民事诉讼法》第一百七十条第一款第一项之规定，作出如下判决：

驳回上诉，维持原判。

【法官后语】

本案主要涉及航空旅客运输承运人安检验视义务的认定以及赔偿损失的范围。

第一，关于航空旅客运输承运人安检验视义务的认定，应当分三步进行考察。首先，应当认为，航空旅客运输承运人有安检验视义务。本案中，B 航空公司根据 A 航空公司的委托对朱某的托运行李进行安检并无不当。但是，该项检查应当“会同旅客”进行。也就是说，在值机柜台进行行李托运时，与乘客当面验视，如有违禁物品或无法托运的物品，原则上应当当场告知并拒绝承运。其次，航空旅客运输承运人应当对涉案行李是否涉嫌违禁物品承担举证责任。本案中，承运人主张行李延误的原因系朱某的行李中有违禁物品，那么承运人应当明确行李中的什么物品为违禁物品。对于行李是否涉嫌违禁物品的问题，应当由承运人承担举证责任。但是在本案中，直至二审庭审结束，A 航空公司都未能提交有效证据证明朱某的行李中有什么违禁品，因此，对于 A 航空公司认为行李中有违禁物品的主张，不应予以采信。最后，在行李未能同机运送的情况下，承运人有解释说明和防止损失扩大的义务。在行李无法同机运送的情况下，承运人有解释说明和防止损失扩大的义务。确因特殊原因无法同机到达的，承运人应向旅客进行说明并举证证明为了避免行李延误已经采取一切防止延误的必要措施。本案中，朱某到达兰州机场后，多次通过机场客服人员与承运人联系，均未得到承运人的答复，A航空公司未能尽到解释说明义务；同时，A航空公司在行李延误，朱某多次联系表示涉案行李有考试用具，承运具有一定的紧迫性的情况下，仍未及时联系旅客并采取及时的必要措施防止行李延误，在北京与兰州当天存在多趟往来航班的情况下，直到第二天才将行李运送至兰州，系未能全面履行合同的行为，故A航空公司应对朱某、朱某东、刘某琴因行李延误造成的损失进行赔偿。

第二，关于赔偿损失的范围，案涉纠纷发生于《中华人民共和国民法典》施行前，故应当适用《中华人民共和国合同法》的规定。该法第一百一十三条第一款规定，当事人一方不履行合同义务或者履行合同义务不符合约定，给对方造成损失的，损失赔偿额应当相当于因违约所造成的损失，包括合同履行后可以获得的利益，但不得超过违反合同一方订立合同时预见到或者应当预见到的因违反合同可能造成的损失。《中华人民共和国民法典》第五百八十四条沿袭了上述规定。就本案而言，首先，已经实际履行的合同义务所支付的对价不应认定为违约责任损失范围。关于朱某、朱某东、刘某琴主张的机票款。机票款系A航空公司承运的对价，A航空公司已将朱某、朱某东、刘某琴按约运送到目的地，履行了承运的义务，因此，朱某、朱某东、刘某琴要求退还机票款缺乏事实和法律依据。其次，违约责任的范围应当遵循可预见性原则。关于朱某主张的参加本次考试报名辅导班的费用，非本次行李延误导致的直接经济损失，且A航空公司在订立合同时无法预见该损失的发生，故一审法院对朱某要求赔偿辅导班费用的诉讼请求不予支持亦无不当。最后，因违约行为造成的直接经济损失应当予以赔偿。关于朱某主张的为购买考试用具支出的相关费用，系朱某因本次行李延误导致的直接经济损失，其虽未能提交相应证据予以证明，但考虑到朱某参加考试的性质，购买相关用具是必然会发生的费用，故一审法院酌定为1000元，并无不当。

编写人：北京市西城区人民法院　黄丹

215　电子客票下合同成立与格式条款的效力认定

——梁某月诉A航空公司航空旅客运输合同案

【案件基本信息】

1. 裁判书字号

上海市第一中级人民法院（2011）沪一中民一（民）终字第1352号民事判决书

2. 案由：航空旅客运输合同纠纷

3. 当事人

原告（上诉人）：梁某月

被告（上诉人）：A航空公司

【基本案情】

2010年3月17日晚，原告丈夫方某祖在浙江省宁波市江北区家中通过被告官方网站预定了2010年4月2日从北京首都国际机场至宁波机场、4月6日从宁波机场至北京首都国际机场机票各1

张，乘机人为原告。在订票后半小时之内，方某祖用其银联卡通过该网站支付系统向被告设在银行的账户支付了购票款1590元，其中，北京至宁波为640元，宁波至北京为750元，再加上燃油附加税及机场建设费，合计1590元。之后，因银行支付信息实时显示系统故障，未能将收款信息及时反馈给被告，被告网站因半小时内未得到原告付款信息，系统自动取消了原告的航班订座。之后，原告在未获得订票成功的票号等反映订票成功的相关信息的情况下，未按网站提示拨打客服电话查询订单详情。4月2日晚8时，原告去机场办理登机手续时，被告知没有购票信息。原告立即通过被告官方客服电话反映情况，被告告知原告订票已因网站故障被取消。当天，原告即重新购买了北京至宁波的往返机票，为此共支付购票款2560元。4月21日，被告通过银行将原购票款1590元以消费退款形式打回原告丈夫方某祖的账户。因原告与被告交涉未果，故引发诉讼。原告认为被告在这一事件中存在严重违约，造成原告损失，应承担全部违约责任，向原告支付违约金。而被告认为，被告设立的电子机票购票网站订票系统设有“购票须知”提示：“购票人必须在座位预订后30分钟内完成出票手续（即网上支付），系统产生票号后即为支付成功，请购票人在订单管理中予以确认。逾时支付将被视为支付不成功，该次订座自动取消”。在购票人点击相关订票信息（其中包括购票人手机号码）后，网站“在线支付”页面会显示购票人的订单号及价款，并提示：“您需座位预订后半小时内完成网上支付，逾期将自动取消座位。支付成功后，您若没有收到客票号码及行程信息的短信，请查询订单详情。如有问题，请拨打客服电话。”原告在阅看被告提示须知后下订单，是对被告的要约行为，按提示，被告在半小时内向原告发送电子机票号，即作出承诺，才能视为合同成立，但原告既未收到被告发出的票号手机信息，被告网站页面也未显示订票成功信息，因此，本案合同没有成立。原告在没有得到网站提示票号信息及手机票号提示信息的情况下，自行前往登机，过错在于原告，被告对此没有过错。因双方没有合同关系，故原告要求被告承担违约责任，没有事实与法律依据，请求驳回原告诉请。

【案件焦点】

1. 双方之间的航空旅客运输合同是否已经成立；2. 双方航空旅客运输合同未能履行的责任承担问题。

【法院裁判要旨】

上海市浦东新区人民法院经审理认为：在航空旅客运输合同缔结过程中，因航班订位及票价处于时刻变动状态，采用电话、网络等非现场购票方式，客观上有利于交易的便捷和效率，有关电话、网络形成的电子数据和信息，依法可以成为相关的合同依据。被告的网站提示信息，为被告向不特定的旅客发出的要约邀请，如果购票人点击订票相关信息，应视为对被告的具体要约，同时也说明其愿意接受网站相关提示条款作为合同条款并受之约束。在网站生成订票人具体的订单号、票价等订票信息并在规定时间内收到订票人付款后，双方之间的航空运输合同即有效成立，被告有向订票人出票的义务。本案中，原告确在机票预订后半小时内成功付款，故原、被告之间的航空运输合同已有效成立，被告有义务及时向原告出票，但因被告委托收款的银行支付信息反馈系统故障，导致被告未能及时得到信息反馈而取消了原告的订票。因银行是受托为被告收款，因此，银行收到原告票款，应视为被告收到原告票款。被告认为根据其网站提示，只有在网站系统产生票号后，才能视为支付成功，由于其系统未产生票号，故合同未成立。支付是否成功是一种客观事实，不因合同事先约定而改变，被告抗辩意见显然违背了原告已按合同履行付款义务的客观事实，也与法律规定的合同成立构成要件不符。被告网站关于“系统产生票号后即为支付成功”的提示条款，系其免除自身责任的格式条款，依法应确认无效。故法院对其抗辩意见不予采纳。

关于双方航空旅客运输合同未能履行的责任承担问题。双方合同已有效成立，被告有义务及时向原告出票，被告不向原告出票，已构成违约，对因此造成原告损失的，应负相应的赔偿责任。虽然根据被告网站提示，在订票人逾时支付的情况下，视为支付不成功，可以取消订座。但事实上，原告在预订后半小时内已及时付款，按该提示的约定，被告不应取消原告订座。被告系统没有收到付款信息反馈，系其委托收款的建设银行支付信息反馈系统故障所致，系被告自身过错造成，不能成为其免责的理由。当然，根据被告网站提示，原告在没有收到票号及行程信息的情况下，也有义务查询订单详情或拨打客服热线向被告查询，其在没有收到订票成功信息的情况下，未履行合同约定的相关注意义务，即没有按网站提示进行查询，对由此造成的扩大损失，原告也应负相应的责任。对于原告具体损失的承担，根据我国民航现有票价的定价情况，一般根据预订时间的长短来决定票价的高低，预订时间长，则票价较低，预订时间短或当场订票，则票价较高。本案中，被告虽应负不出票的违约责任，但原告如按被告网站提示及时进行查询，按常理完全可以在较短时间内让被告补办出票手续，从而减少损失，但原告过于自信，在订票后距登记前的十几天的时间内一直没有进行相关的查询，对票价差价的扩大也有一定的责任。综合本案的实际情况，酌定由被告承担70%的责任，原告承担30%的责任。对于具体损失的确定，原告主张机票差价790元，在发生的机票差价范围内，依法予以确认。原告主张重新购票款的利息损失和通信费、误工费损失，虽未提供证据，但原告的票款利息损失为客观事实，与被告等交涉也必然发生相关费用损失，对该部分损失酌情判定。

上海市浦东新区人民法院依照《中华人民共和国合同法》第四十条、第一百零七条、第一百一十九条、第一百二十条、第一百二十一条，判决：

被告A航空公司应于本判决生效之日起十日内赔偿原告梁某月机票差价损失人民币553元和票款利息、通信费、误工费损失人民币200元。驳回原告梁某月其余诉讼请求。

原告梁某月及被告A航空公司不服一审判决，均提起上诉。上海市第一中级人民法院查明，原审法院认定事实无误，原审法院根据本案实际情况酌定本案的损失范围与数额，并酌定由A航空公司承担70%的责任，梁某月承担30%的责任，亦为可行。梁某月与A航空公司在二审中均无新的事实与证据，双方的上诉请求均缺乏应予支持的理由与依据。

上海市第一中级人民法院依照《中华人民共和国民事诉讼法》第一百五十三条第一款第一项之规定，作出如下判决：

驳回上诉，维持原判。

【法官后语】

随着电子信息技术的发展，电子信息在经济活动和消费生活领域已普遍运用，当前大部分旅客出行订购机票均采取网上订购途径，所生成的航空旅客运输合同大多也体现为电子客票。订购电子客票快捷方便，但因缔约过程合同双方的要约承诺均是以电子数据生成，没有纸质等实物作为凭证，加之航空公司相关合同条款均是以“购票须知”进行提示，旅客需在订票网站上点击进入仔细查阅才能获知相关条款，故旅客很难全面了解合同具体内容。另在公共消费领域，商家对于合同条款均采取适用事先拟定的格式合同，一般不允许客户修改合同条款，且商家往往会制定一些有利于自己的条款，免除自己的责任，加重对方的责任，从而损害消费者合法权益。本案中，航空公司网上出售机票的过程有一定特殊性，即收取机票款是通过建设银行代为收取，如银行收款信息系统出现故障不能及时向航空公司的出票系统反馈信息，就会出现出票障碍。虽然本案出现问题不是由被告航空公司直接过错所致，但建设银行是其收取票款的受托方，受托方的过错后果对外依法应由委托方承担，故航空公司对不能出票应承担违约责任。关于被告航空公司“系统产生票号后即为支付成功”的抗辩，显然是一种以合同格式条款约定来否认客观事实从而免除自己责任的行为。根据《中华人民共和国合同法》第四十条的规定，提供格式条款一方免除其责任、加重对方责任、排除对方主要权利的，该条款无效。（需要说明的是，该条规范已被《中华人民共和国民法典》所吸收，根据《中华人民共和国民法典》第四百九十七条第二项、第三项的规定，提供格式条款一方不合理地免除或者减轻其责任、加重对方责任、限制对方主要权利以及提供格式条款一方排除对方主要权利的，格式条款应属无效。可以看出，《中华人民共和国民法典》对于格式条款无效的情形作了一定的调整，实践中应注意裁判规则的更新。）本案被告作为提供格式条款的一方，利用自身的缔约优势，将支付成功的条件限定于“系统产生票号后”，将其收款风险不合理地转嫁至原告处，进而免除其应承担的合同责任，依照《中华人民共和国合同法》及《中华人民共和国民法典》的相关规定，均应依法确认该格式条款无效。

当然，本案纠纷所致损失，非完全合同一方造成，原告在支付票款后，对于是否订票成功理应通过相关途径予以确认，但在原告至登机前较长的时间内没有采取任何方式进行了解，显然自身有一定过失。且根据被告航空格式网站提示，原告在没收到票号及行程信息的情况下，有义务查询订单详情或拨打客服电话向被告查询，其在没有收到订票成功信息的情况下，原告未履行合同约定的相关注意义务，即没有按网站的提示进行查询，对由此造成的扩大损失，原告也应负担相应的责任。故综合本案的实际情况，法院酌定由被告承担70%的责任，原告承担30%的责任。

编写人：上海市浦东新区人民法院　顾江平　孙正新

二十三、保管合同纠纷

216 酒店消费者免费停车遭台风水浸的赔偿认定

——梁某诉L酒家、L物业保管合同案

【案件基本信息】

1. 裁判书字号

广东省广州市中级人民法院（2019）粤01民终14008号民事裁定书

2. 案由：保管合同纠纷

3. 当事人

原告（被上诉人）：梁某

被告（上诉人）：L酒家

被告：L物业

【基本案情】

2018年6月8日，梁某开车到L酒家就餐消费，按L酒家指示将车辆停放在某广场地下停车场中的指定专用车位，该地下停车场是由L物业进行管理服务。L酒家向梁某发放《L酒家专用车位泊车证》及《L酒家泊车卡》，其中载明了该车位是提供给L酒家消费满200元以上的客户免费使用；如非消费视为违约，需收50元/小时违约金等内容。当天16时许，由于台风天气影响，该地下停车库出现雨水倒灌，导致停放在内的部分车辆（包括梁某的车辆）被水淹。事发后，梁某委托价格事务所对涉案车辆进行水浸受损价值评估，评估结论为车辆水浸受损价值为266512元，为此梁某支付评估费9795元。故梁某起诉请求法院判令：(1) 两被告共同赔偿原告车辆损失266512元；(2) 两被告共同向原告支付车辆受损评估费用9795元。

【案件焦点】

1. 原告是否与酒店或停车场管理人形成保管合同关系；2. 酒店用餐免费停车及台风天气能否成为酒店免责的因素。

【法院裁判要旨】

广东省广州市越秀区人民法院经审理认为：根据《中华人民共和国合同法》第三百七十四条的规定，保管期间，因保管人保管不善造成保管物毁损、灭失的，保管人应当承担损害赔偿责任，但保管是无偿的，保管人证明自己没有重大过失的，不承担损害赔偿责任。本案中，原告在L酒家处就餐消费，并按L酒家的要求将车辆停放在L酒家指定的停车位。从L酒家向原告发放的《L酒家专用车位泊车证》《L酒家泊车卡》可知，原告只有在L酒家处消费金额满200元以上的情况下，L酒家才向原告提供免费停车服务，足以说明L酒家向原告提供的并非完全意义上的免费停车服务，而是将停车费的对价包含在上述200元以上的消费金额中，由此说明双方之间形成了主合同关系即餐饮消费服务合同关系以及基于餐饮消费服务产生的从合同关系即有偿保管合同关系。在涉案车辆保管期间，因L酒家保管不善造成原告车辆损坏，L酒家应当承担赔偿责任。原告主张涉案车辆水浸受损价值为266512元，虽其提供的评估报告有瑕疵，但不影响评估结论的效力，故法院对原告此主张予以采纳。据此，L酒家应向原告赔偿上述水浸受损价值266512元。另原告主张的评估费9795元也应由L酒家承担。因原告未能提供证据证明L物业收取了原告的停车费，也未能提供证据证明其与L物业之间签订了保管合同或者达成了保管约定，故原告以保管合同诉由要求L物业承担保管合同责任依据不足，法院不予支持。

广东省广州市越秀区人民法院依照《中华人民共和国合同法》第三百六十五条、第三百六十七条、第三百六十八条、第三百六十九条、第三百七十四条之规定，作出如下判决：

一、被告L酒家应于本判决发生法律效力之日起三日内一次性将车辆损失费266512元赔偿给原告梁某；

二、被告L酒家应于本判决发生法律效力之日起三日内一次性将评估费9795元赔偿给原告梁某；

三、驳回原告梁某的其他诉讼请求。

判决后，L酒家不服一审判决，提起上诉，但并未缴纳上诉费，广东省广州市中级人民法院依照《中华人民共和国民事诉讼法》第一百五十四条第一款第十一项、《最高人民法院关于适用〈中华人民共和国民事诉讼法〉的解释》第三百二十条之规定，作出如下裁定：

本案按上诉人L酒家自动撤回上诉处理。一审判决自本裁定送达之日起发生法律效力。

【法官后语】

随着人们的物质生活水平的提高，越来越多的消费者选择自驾车辆前往商场或酒店消费，商场或酒店也为了吸引顾客消费，推出了诸如消费满多少元即可免费停车的服务。那么当这项免费停车的服务发生纠纷时，消费者应如何维权？如果是遇到恶劣天气，谁又应当来承担损失？

一、消费者免费停车，商场或酒店是否属于车辆的保管人

商场或酒店为消费者提供停车服务，一般是两种形式：第一，抵扣券模式，即商场或酒店提供停车费的抵扣券，如果超出抵扣券的部分，由消费者向停车场的管理者支付停车费。这种情况下，车辆的保管人是停车场的管理者，商场或酒店只是帮消费者代付部分的停车费。如保管期间发生纠纷，消费者可以直接要求停车场的管理者承担保管责任。第二，专用车位模式，即商场或酒店提供停车卡，一般有专用车位，停车费向商场或酒店结算。这种情况下，车辆的保管人是商场或酒店，商场或酒店再将保管服务委托或承包给停车场的管理者。如果保管期间发生纠纷，消费者应向商场或酒店主张保管责任，商场或酒店承担责任后，若停车场的管理者有过错，再行追偿。

二、消费者免费停车，商场或酒店提供的保管服务是否是无偿的

根据《中华人民共和国民法典》第八百九十七条的规定，保管期间，因保管人保管不善造成保管物毁损、灭失的，保管人应当承担赔偿责任。但是，无偿保管人证明自己没有故意或者重大过失的，不承担赔偿责任。保管合同是否有偿会影响到归责原则的适用。在专用车位模式中，商场或酒店实际上是与消费者建立了基于消费服务而产生的从合同关系即保管合同关系，是否收取停车费用也经常是与消费金额挂钩，那么由此可以认定这种保管合同并非无偿，而是将相应的保管费隐藏在消费服务合同的消费金额中。因此，可以认定该保管合同仍是一种有偿合同。

三、台风等恶劣天气能否成为车辆保管合同的抗辩理由

虽然台风等恶劣天气是非人力所产生，但现有的气象预报机制已成熟完善，人们可以通过不同的公开渠道获得预警信息。作为车辆的保管人也应对这类自然灾害有充分的预知，包括对其带来的强降水导致车辆被水浸的风险，并应通知车主注意防范和采取相应的预防措施及救助措施。如保管人并无履行相应的通知义务、预防义务及救助义务，那么对于车辆的损害，保管人应承担全部赔偿责任；如保管人履行了部分义务，则可减轻部分赔偿责任。

本案中，酒店采取的是专用车位模式，且并无履行通知义务，也无进行相应防范，故需要承担全部赔偿责任。酒店承担赔偿责任后，可视停车场的管理者是否有过错，再行决定是否追偿。

编写人：广东省广州市越秀区人民法院　高瑜曼　周鸿明

217　立体车库停车合同性质的认定

——胡某安诉物业公司保管合同案

【案件基本信息】

1. 裁判书字号

上海市第二中级人民法院（2014）沪二中民一（民）终字第1738号民事判决书

2. 案由：保管合同纠纷

3. 当事人

原告（上诉人）：胡某安

被告（被上诉人）：物业公司

【基本案情】

2014 年 1 月 18 日晚 8 时 50 分左右，原告将其白色宝马轿车停放在被告管理的大厦立体车库的指定车位内。晚 10 点左右，被告保安找到原告说车后盖没关好。原告随保安返回车库时，发现车后盖箱受损严重。原告随即报警，民警接报后进行了现场处理。原告更换车后盖箱共计发生维修费 13962 元，其中保险不予赔付金额为 5212 元。原告认为，因被告管理不当，导致原告车辆受损，故要求被告予以赔偿。后因原、被告就赔偿事宜无法达成一致意见，原告诉至法院。

原告主张双方之间是保管合同法律关系。被告在操作机械立体车库过程中，未对原告车辆安全尽到合理的合同管理义务，造成原告车辆后备厢盖打开并与车库设施碰撞而损坏，故应予以赔偿。被告则主张双方之间乃租赁合同法律关系，事故原因是原告车辆后备厢自动打开造成机器停止运行，反倒是原告的过错行为造成被告机器损坏。原告不服，提出上诉。

【案件焦点】

1. 本案停车合同性质究竟是租赁合同还是保管合同；2. 被告是否对原告车辆的安全状况负有合同管理义务。

【法院裁判要旨】

上海市黄浦区人民法院经审理认为：租赁合同是出租人将租赁物交付承租人使用、收益，承租人支付租金的合同。保管合同是保管人保管寄存人交付的保管物，并返还该物的合同。从原、被告之间停车过程分析，应认定为双方形成车位租赁关系，原告实际也没有将车辆钥匙交给被告保管，因此原告主张的双方之间的车辆保管关系不能成立。据此，原告要求被告承担相应的保管义务，于法无据，不予支持。因此，依照《中华人民共和国合同法》第二百一十二条、第三百六十五条之规定，作出如下判决：

驳回原告胡某安要求判令被告物业公司赔偿人民币5212元的诉讼请求。

胡某安不服一审判决，提起上诉。

上海市第二中级人民法院经审理认为：保管合同是保管人保管寄存人交付的保管物，并返还该物的合同。上诉人将车辆停放在被上诉人管理的场地，并未向被上诉人交付车辆及钥匙，取回时并非由被上诉人交还车辆，而是从该场地自行取回，被上诉人所约定收取的费用也无法与车辆保管义务形成对价，因此，上诉人主张其与被上诉人之间形成保管关系缺乏依据。根据双方当事人的陈述，上诉人的车辆后盖损坏原因是后盖弹起后被升降机卡住，而对于后盖如何弹起，双方观点不一，上诉人认为系被上诉人的升降机碰到后盖，导致后盖弹起，但未提供证据予以证实，故对于上诉人的该项主张，不予采信。因上诉人无法证明被上诉人对于上诉人车辆的损坏存在过错，故对于上诉人要求被上诉人赔偿车辆损失的诉请，原审法院不予支持并无不当，予以维持。

上海市第二中级人民法院依照《中华人民共和国民事诉讼法》第一百七十条第一款第一项之规定，作出如下判决：

驳回上诉，维持原判。

【法官后语】

停车合同性质认定在车辆损坏、被盗纠纷中对车主利益影响巨甚，故有必要加以明确。目前，持租赁合同观点的理由：第一，新型停车场无非使用技术手段改变了停车方式，车主实际仍未交付车辆给管理方保管，尤其是没有交付车钥匙，车主可随时提取车辆。第二，管理方统一标准收取车位费，其性质为车主支付管理方的场地租赁费，而非保管费。标准统一且低廉的车位费与管理方承担的车辆损失、被盗赔偿责任不匹配。第三，停车场多设置免责公告，告知车主保管好车辆，车辆损毁、被盗与管理方无关。这是管理方否定与车主订立保管合同之意思表示，车主停车入库即视为无异议。

持保管合同观点的理由：第一，新型停车场管理方对车辆入库、存放、提取环节均高度管理，车主无法自住停车、取车，是否交付钥匙并不影响管理方对车辆的实际控制，交付要件已满足。第二，保管合同并不以约定保管费用为成立和生效要件，更不以费用是否合理来判断保管合同是否成立，合同当事人达成保管合意并完成保管物的交付即可。第三，保管合同的成立应取决于当事人意思表示，包括明示和默示的行为。车主停车入库并缴纳费用，管理方接收车辆并全程保管的行为应视为保管合同成立。免责公告是管理方免除其主要合同责任的格式条款，应视为无效。

本案中，原告将车辆停放至被告指定的停车位，并自行检查车辆状况，确认安全完好后离开，也并未交付车钥匙给被告，被告仅移车入库。可见，原告仍对自己的车辆自主占有，并未交付被告保管。被告仅是将平面的停车场改变为立体的单个停车位模式，实际仍仅是提供停车场地，并未取得对原告车辆的占有并保管。据此，两审法院均认定本案停车合同不符合保管合同的构成要件，不属于保管合同，被告并不对原告车辆安全状况负有合同管理义务。同时，两审法院均认为，根据举证规则，原告并未能举证车辆后备厢盖打开是由于被告操作机械停车库造成，即无法证明被告提供的停车位服务存在合同履行上的瑕疵，故被告对原告的车辆损坏不承担赔偿责任。

随着《中华人民共和国民法典》实施，《中华人民共和国合同法》废止，但作为较为典型的有名合同，《中华人民共和国民法典》中租赁合同、保管合同两章的条文基本沿用《中华人民共和国合同法》的规定，并作一定完善，未发生大的调整。《中华人民共和国民法典》第七百零三条规定："租赁合同是出租人将租赁物交付承租人使用、收益，承租人支付租金的合同。"第八百八十八条规定："保管合同是保管人保管寄存人交付的保管物，并返还该物的合同。寄存人到保管人处从事购物、就餐、住宿等活动，将物品存放在指定场所的，视为保管，但是当事人另有约定或者另有交易习惯的除外。"

编写人：上海市黄浦区人民法院　刘杰

二十四、仓储合同纠纷

218 动产质押监管合同的法律性质应参照具体案件认定

——某银行广州分行诉物流公司仓储合同案

【案件基本信息】

1. 裁判书字号

广东省广州市中级人民法院（2018）粤01民终15580号民事判决书

2. 案由：仓储合同纠纷

3. 当事人

原告（上诉人）：某银行广州分行

被告（被上诉人）：物流公司

【基本案情】

2014年2月7日，原告与被告、投资公司签订《仓储监管协议》，约定由被告监管投资公司为担保《综合授信协议》（以下称主合同）项下债务而提供的质物，质物以《质物清单》列明的为准，质物的价值不得低于由三方出具的《查询及出质通知书》确定的最低价值，自《查询及出质通知书》到达被告且被告出具《质物清单》之日起，由被告通过直接占有的方式监管质物。在监管期间，被告承担如下监管义务与责任：按照合同法和本协议妥善、谨慎处理质物，在质物出现不利于原告主合同债权安全的情况时，及时通知原告；按照原告的书面指示和本协议的约定给予投资公司提货、换货，办理原告对质物的提货；建立完善的出入库台账登记记录，登记、核实投资公司提货或换货后的质物最低价值是否符合《查询及出质通知书》的规定。被告违反上述约定造成原告质权落空或质物价值不足的，则应按《仓储监管协议》第二条第五款、第七款及第八条第三款承担相应的赔偿责任。在前述《仓储监管协议》签署后，协议各方依约履行贷款、提供质物、占有监管的义务，但其后原告发现质物数量减少，被告却从未向原告进行报告。2014 年 8 月 26 日，原告与被告、投资公司签订《协议书》，三方共同确认，由被告占有、监管的质物出现了数量、价值减损，其中螺纹钢减少 2262 吨、线材减少 1792 吨，导致质物总价值减少 13618500 元。同时，约定对基于主合同项下产生的债务，不论原告继续按与投资公司签订的协议履行义务或做出新的债务安排，被告均应承担相应的违约责任。2017 年 5 月 26 日，法院作出的（2015）穗天法金民初字第 4821 号民事判决书已对上述事实予以查明，并判决投资公司清偿原告汇票垫款逾期利息 1965200.54 元、借款利息 12444.99 元及复利、借款罚息 172908.58 元。综上所述，被告因违约造成质物灭失，致使（2015）穗天法金民初字第 4821 号民事判决书项下的债务无法通过质押物的处置得以实现，因此，被告应在质物灭失造成的损失范围内向原告承担赔偿责任。

【案件焦点】

1. 被告有无适当履行合同约定的监管义务；2. 被告应否在质物灭失造成的损失范围内向原告承担赔偿责任。

【法院裁判要旨】

广东省广州市天河区人民法院经审理认为：在 2014 年 5 月 19 日之前，出质人投资公司有强行出库行为发生，导致原告部分质权落空。法院认为，被告是否已经履行监管义务，应否承担赔偿责任，应以《仓储监管协议》的约定作为评判标准。本案是因作为出质人的投资公司强行转移质押物引发的纠纷，对此，协议明确约定，在出现出质人违反协议约定对质押物进行处置等明显不利于质权人权益的情况时，作为监管人的被告负有的义务是“及时通知原告”。从被告提交的电话录音、现场图片等证据来看，被告在监管物被投资公司强行转移过程中，已及时通知了原告。此外，根据 2014 年 8 月 26 日三方签订的《协议书》来看，投资公司在 2014 年 5 月 19 日之后也再未强行出货。因此原告诉称其发现质物数量减少、被告却从未进行报告的主张，法院不予采信，其要求被告对投资公司在（2015）穗天法金民初字第 4821 号民事判决书判决项下的债务在人民币 13618500 元范围内承担赔偿责任的诉讼请求，法院不予支持。

广东省广州市天河区人民法院依照《中华人民共和国民事诉讼法》第六十四条之规定，判决如下：

驳回原告某银行广州分行的诉讼请求。

某银行广州分行不服一审判决，提起上诉。

广东省广州市中级人民法院经审理认为：关于被告有无适当履行合同约定的监管义务的问题。根据《仓储监管协议》第一条第五款、第二条第四款第四项、第四条第一款的约定，被告有义务保证质物的价值不得低于约定的价值。二审中，被告亦认可其应当履行该义务，而客观上，质物价值因为投资公司强行出货已经减少。至于被告二审中提出，投资公司持有仓库钥匙，导致虽有约定，但被告事实上无法阻止投资公司强行出货的辩解不能成立。就确保质物的价值义务之履行而言，被告并无适当履行，构成违约。关于通知义务的履行问题。被告一审中提交了照片与电话录音，显示已经履行了通知义务。但是该义务的履行并不能免除被告没有适当监管质物价值而应负担的违约责任。关于被告的责任问题。根据涉案协议第八条的约定，由于原告、被告、投资公司三方签订的《协议书》已经明确质物减少 13618500 元。本案中，原告正是基于仓储协议第八条约定向被告主张权利，原告提出该诉请符合合同约定。该权利项下的赔偿金本质上属于质押物灭失的替代物，原告亦有权予以主张。债权因清偿而消灭，本案判令被告向原告赔偿损失不会导致原告获利。因此，原告要求被告对投资公司在（2015）穗天法金民初字第 4821 号民事判决书判决项下的债务，在人民币 13618500 元范围内就未获清偿部分承担赔偿责任的诉请应予支持。

广东省广州市中级人民法院依照《中华人民共和国民事诉讼法》第一百七十条第一款第二项之规定，作出如下判决：

一、撤销广东省广州市天河区人民法院（2017）粤 0106 民初 18875 号民事判决；

二、被上诉人物流公司就（2015）穗天法金民初字第 4821 号民事判决项下的债务，在 13618500 元范围内对上诉人某银行广州分行未获清偿部分承担赔偿责任。

【法官后语】

动产质押监管合同是指债务人将其合法占有的动产向债权人出质后，为了保证质物的安全，债权人将质物委托监管人保管而订立的合同。司法实践中，不宜对动产质押监管合同的法律性质作统一的认定，而应具体案情具体分析，如若合同中有明确、具体、合法、有效的约定，则可以直接依据约定处理；如若合同中没有约定，则可以结合合同的名称、合同的目的、约定的内容，综合认定合同的法律性质，并参照合同法分则第二十章仓储合同①等有名合同的规定来处理。

监管人的义务包括法定义务和约定义务，法定义务是指监管人作为质物的保管者，根据《中华人民共和国合同法》第三百九十四条②的规定，其负有返还保管物、赔偿因保管不当造成的损失等义务。约定义务是指监管人作为监管合同的主体，应履行监管合同项下的各项义务，在动产质押监管合同中，常常约定监管人对质物的数量和质量进行把控和监管，对出质人的出库入库行为作了限制性规定，若发现有害于质权人权利实现的情形时及时通知质权人，并采取一定的措施，否则监管人有可能承担赔偿责任等。因此，不论是出于法定义务，还是约定义务，当质物转移给监管人保管后，质物一旦灭失，监管人就有可能承担赔偿责任。但若仅从监管人对质物是否保管不当来判断其应否承担赔偿责任就比较抽象。

在司法实践中，通常会根据监管人有无适当履行监管协议约定的监管义务来判断其应否承担责任。例如，有的合同约定“监管人要及时通知，且采取适当的措施来保证质权价值充足”，有的合同约定“监管人要及时通知，且应保证质权价值充足”，而这两种合同的约定虽然都约定了监管人要及时通知，但最后的目的却不同，前者注重过程，要求监管人采取适当的措施，若其已经采取足够的适当

① 《中华人民共和国民法典》第三编第二分编第二十二章仓储合同。

② 《中华人民共和国民法典》第九百一十七条、《最高人民法院关于适用〈中华人民共和国民法典〉有关担保制度的解释》第五十五条。

的措施，就算质权价值减少，其也不必然承担赔偿责任，而后者则注重结果，要求监管人一定保证质权价值充足，否则将承担赔偿责任。本案中，监管协议约定监管人的义务包括妥善占有质物，登记、监督、核实质物的出入库情况，保证质物的价值不低于质物最低价值；在质物出现不利于质权人主合同债权安全的情况时，及时通知质权人，并采取制止或报警等应急措施等。因此，本案中的监管协议更注重目的，即以是否保证质物的价值不低于约定的价值来判断监管人是否履行监管义务，故监管人的行为构成违约，应对质物的减损承担赔偿责任。

关于动产质押监管风险的防控。动产质押监管合同中的质物常常可能受动产的物理属性、质权人的预见性强弱、出质人的道德诚信水平、监管人的监管能力等因素的影响，从而导致质物的减少或灭失，故作为该合同主体的质权人、出质人、监管人均应采取各项措施，积极防控风险。作为质权人，要及时了解及跟进出质人的生产经营情况和财务动态，谨慎选择出质人；要了解质物的来源与权属，优先选择高品质价格稳定的质物，积极办理抵押登记手续；要优先选择规模较大、信誉较好、管理规范、经验丰富的企业做监管人；要明确和规范动产质押监管合同的内容，全面约定质权人、出质人、监管人的权利义务与责任，尤其注意明确质物交付监管人占有、质物价值减损的赔偿责任等细节。作为出质人，要严格遵守动产质押监管合同的约定，履行自身的义务，自觉按约定提取或换取质物，保障质权人的质权不受损；若由于自身原因导致质物减少或灭失的，主动增加质物或者承担赔偿责任。作为监管人，要全面了解质物的物理属性、动态价格和监管风险，全面而完善地做好前期监管准备工作；要建立健全监管制度，规范监管程序，做好质物出入库台账登记，细心地核实质物的价值，及时向质权人反馈质物的动态变化情况，在质物出现不利于质权人主合同债权安全的情况时，及时通知质权人，并且穷尽合法的手段来降低质物减损的风险，从而保障质物的最低价值不低于约定的价值，规范而负责地做好监管工作；要实事求是地做好总结工作，学习更新监管技术，不断提高监管能力，突破监管工作中的“瓶颈”，进一步降低监管的风险。

编写人：广东省广州市天河区人民法院　田天宝　李煜　林倩

二十五、委托合同纠纷

219 委托合同的认定及任意解除权能否通过约定排除适用
——孙某远诉二手车经营公司委托合同案

【案件基本信息】

1. 裁判书字号

浙江省高级人民法院（2021）浙民申 3983 号民事裁定书

2. 案由：委托合同纠纷

3. 当事人

原告（上诉人、再审申请人）：孙某远

被告（被上诉人、再审被申请人）：二手车经营公司

【基本案情】

2019 年 7 月 14 日，原告与被告签订《使用权转让合同》，约定被告将某商铺（建筑面积 9 平方米）使用权转让给原告；同日，双方签订《商铺委托经营管理协议书》，约定原告自愿将上述商铺委托被告进行出租和经营管理；委托经营管理期限为 2019 年 9 月 26 日至 2039 年 9 月 25 日；在委托经营期间，原告委托被告以被告名义出租该商铺，被告可根据市场行情，在统一业态规划的前提下出租商铺，商铺租赁权、决策权归被告，商铺租金以被告与承租人签订的《商铺租赁合同》约定的实际租金为准，收到的租金除代扣应缴税费以及租赁服务费后均按前十年原告得 90%，被告得 10%，后十年原告得 80%，被告得 20%（作为乙方的经营管

理费用）的比例进行分配，除上述固定租金外，原告不再向被告收取其他任何形式的收益；商铺租赁收益分享以楼层为单位进行分配，该商铺占该楼层的系数比例为0.00109；除以上租金外，2019年9月26日至2022年9月25日三年中，被告每年向原告额外支付租金补贴为该商铺转让总价的3%，共补贴三年；在委托经营期间，该商铺不论是单独出租还是与其他业主的商铺共同出租，均视为整体市场的一部分，收益分享以楼层为单位按照约定的系数比例进行分摊，被告尽一切努力追求租金收益最大化；在委托经营管理期限内，任何一方提前终止协议的，应提前90天书面通知对方，并征得对方同意，对方不同意终止的，协议应继续履行，若一方擅自终止本协议，则应向守约方支付违约金10万元，并赔偿由此造成守约方的其他损失。

【案件焦点】

1. 委托合同如何定性；2. 委托合同中对当事人随时解除权作出的限制条款是否具有法律效力。

【法院裁判要旨】

浙江省绍兴市嵊州市人民法院经审理认为：案涉《商铺委托经营管理协议书》约定原告委托被告对商铺进行出租和经营管理，被告按收益的一定比例收取报酬，符合委托合同的特征，故本案系委托合同纠纷。本案中，讼争条款均指向合同解除权问题，《中华人民共和国合同法》第四百一十条规定，委托人或者受托人可以随时解除委托合同。因解除合同给对方造成损失的，除不可归责于该当事人的事由以外，应当赔偿损失。该条确定了委托合同中双方的任意解除权，但并不属于强制性适用条款，当事人可以根据实际情况，以约定的方式排除适用。结合本案实际，案涉商铺位于二手车交易市场内，故该商铺用于二手车经营系应有之义，但从原告及其他同类业主持有的单个商铺面积和尺寸图看，并不足以支撑一家二手车商铺，甚至难以停放一辆普通汽车，为此，案涉合同特别采用了将商铺重新整合并再次划分后进行出租、租金收益按比例共享的办法，从这一层面看，每个商铺均是整个二手车交易市场中不可分割的一部分，其中某个业主的退出可能导致整个市场的经营困境，影响其他业主的利益。基于此，案涉合同对双方的合同解除权一并作出限制，符合双方利益，既不违反法律规定，也不存在一方利用格式合同排除对方主要权利的情形，相关条款应认定有效。

浙江省绍兴市嵊州市人民法院依照《中华人民共和国合同法》第四十四条规定，作出如下判决：

驳回孙某远的诉讼请求。

孙某远不服一审判决，提起上诉。

浙江省绍兴市中级人民法院经审理认为：第一，关于案涉合同的性质认定。虽上诉人孙某远和被上诉人二手车经营公司均主张案涉合同为委托合同，但观《商铺委托经营管理协议书》内容，并非单纯的委托合同。案涉《商铺委托经营管理协议书》中除有涉及上诉人将取得的商铺使用权委托被上诉人进行经营管理的委托合同因素外，尚有其他内容不能为委托合同所涵盖，如合同存续期间双方协议如何分享利润的内容，与委托合同的特征不相符合，又如有关被上诉人负责开拓市场、整合其他商铺使用权并承担相关费用等的约定，亦与委托合同一般由委托人负担相应费用的特征不相符。故案涉《商铺委托经营管理协议书》兼具委托合同和合作合同的相关内容，应属混合性质的合同，本案应认定为上级案由即合同纠纷。

第二，关于讼争条款的效力认定问题。鉴于前述已认定案涉合同并非单纯的委托合同，上诉人提出的讼争条款违反合同法有关任意解除权、格式条款规制诉请自然无法成立，具体分析如下：其一，上诉人主张的委托人任意解除权源于委托合同，不能必然适用于混合性质的合同。其二，关于上诉人认为讼争条款系“排除对方主要权利（即任意解除权）”的问题，根据《商铺委托经营管理协议书》约定内容，上诉人的主要权利是商铺对外经营后取得可能产生的收益，任意解除权是否系上诉人的主要权利，尚无法界定。进一步而言，即便本案合同可认定为单纯的委托合同，在委托合同中双方约定排除任意解除权的行为是否有效，也并非一概而论，在有偿委托合同，特别是商事委托合同中，受托人根据委托合同的约定存在自己的特殊利益，此时任意解除权的行使本身就要关注受托人的利益，故双方事先约定排除任意解除权，在既不损害社会公共利益也不违反禁止性规定的情形下，应当予以允许。本案中，被上诉人作为受托人，本身已投入大量的人力物力来开拓市场，在合同项下除有取得报酬的利益外尚有其他利益，对此上诉人在签订合同时亦明知，因此，双方为了特定经济利益的实现以及增强合同稳定性，在不损害社会公共利益和不违反法律禁止性规定的情况下，约定对任意解除权进行限制，符合法律精神。

浙江省绍兴市中级人民法院依照《中华人民共和国民事诉讼法》第一百七十条第一款第一项之规定，作出如下判决：

驳回上诉，维持原判。

孙某远不服二审判决，申请再审。

浙江省高级人民法院经审查认为：原审生效判决认定事实清楚，适用法律和实体处理均无不当。再审申请人提出的再审申请事由，均不能成立。

浙江省高级人民法院依照《中华人民共和国民事诉讼法》第二百零四条第一款,《最高人民法院关于适用〈中华人民共和国民事诉讼法〉的解释》第三百九十五条第二款之规定,作出如下裁定:

驳回孙某远的再审申请。

【法官后语】

当前,随着社会经济的飞速发展,商事交易行为日趋复杂,合同类型日益繁多,同时,就某类合同而言,现实中的操作方式也与传统的操作方式发生了较大的变化,导致司法实践中对合同性质的认定存在一定困难。

一、委托合同的定性问题

委托合同,是指一方当事人委托另一方当事人处理事务的合同。委托合同中,受托人一般只需按照委托人的指示完成委托事务,即代表其已经履行合同义务,至于完成委托事务后能否产生预期的效果,并不在其责任范围,该合同的性质决定了受托人的行为是依附于委托人的意志,不具有自主性。委托合同的另一特征在于,委托人之所以选定某一受托人来处理事务,往往是出于对该受托人某方面能力的信任,如受托人具备突出的专业技能、特殊行业的从业资质等。司法实践中,要特别注意根据委托合同的上述特征对具体商事行为是否为委托合同加以界定。上述案例中,双方当事人签订的协议书虽名为《商铺委托经营管理协议书》,内容中亦约定了一方委托另一方进行经营管理,但实际上受托一方在经营管理过程中具有较大的自主权,办理委托事务过程中亦需自行承担相关费用,且合同利益的获得主要并非基于其劳务,而是经营过程中产生的利润,该内容不符合委托合同的法律特征，因此，该协议书不应认定为单纯的委托合同。

二、委托合同中任意解除权的适用问题

目前，我国法律理论界一般将委托合同的任意解除权归为法定解除权一类，但事实上，两者无论是在行使主体，还是行使条件上，都存在较大差别。例如，法定解除权的行使主体为合同守约方，行使条件为相对方存在法定违约情形；而委托合同任意解除权双方均可行使，且不受任何条件的限制。由于任意解除与法定解除的以上区别，司法实践中对任意解除权能否通过约定加以排除适用的问题一直存在不同观点，《中华人民共和国民法典》对该问题未予明确，只是针对解除合同后的赔偿责任问题，区分无偿委托和有偿委托两种情形作了不同规定。笔者认为，委托合同中任意解除权能否通过约定排除适用不宜一概而论，亦应区分无偿委托和有偿委托两种情形。无偿委托合同中，双方之间人身信赖属性较强，在双方信任消失的情况下，合同履行的基础不复存在，因而不宜限制任意解除权的行使；而在有偿委托合同中，双方之间的利益属性更强，由于任意解除权的行使势必导致合同处于不稳定的状态，且极易对第三方利益造成影响，会产生牵一发而动全身的效果，在此情况下，为防止一方恶意行使解除权致另一方利益受损，当事人事先通过约定对任意解除权的行使进行适当限制，符合当事人的共同利益，亦有利于维护商事交易行为的稳定性，故对此类限制条款的效力应当予以确认。如上述案例中，被上诉人作为受托人，本身已投入大量的人力、物力来开拓市场，整合交易场所，在合同项下除有取得报酬的利益外尚有其他利益，对此上诉人在签订合同时亦明知，且上诉人签订合同的目的同样是获取商铺出租使用的经济利益，在此情况下，双方为了特定经济利益的实现以及增强合同稳定性，在不损害社会公共利益和不违反法律禁止性规定的情况下，约定对任意解除权进行限制，符合法律精神。

编写人：浙江省绍兴市嵊州市人民法院　沈杰

220 自然人委托放贷的行为效力及法律后果认定

——谢某华诉王某雄、林某颖委托合同案

【案件基本信息】

1. 裁判书字号

广东省惠州市中级人民法院（2020）粤13民终8376号民事判决书

2. 案由：委托合同纠纷

3. 当事人

原告（被上诉人）：谢某华

被告（上诉人）：王某雄

被告（被上诉人）：林某颖

【基本案情】

2014年2月10日，被告王某雄与案外人叶某、徐某签订《借款合同》，约定叶某向王某雄借款人民币85万元，借款期限自2014年2月10日至2015年2月10日，月利率2.5%，借款本金到期一次性偿还。徐某为叶某的借款承担连带保证责任。合同中未见双方约定保证范围、保证期限。未见借据、收条或银行流水佐证双方如何履行合同。2014年7月7日，叶某与王某雄签订《借款合同》，约定叶某向王某雄借款人民币20万元，借款期限自

2014年7月7日至2015年1月10日，月利率2.5%，借款本金到期一次偿还。在合同的尾部注明："借款人叶某现确认在签订本借款合同之日已收到贷款人王某雄提供的借款人民币20万元。"2014年12月3日，叶某签订《协议书》，协定确认：1. 叶某的原有借款共计2单，合计为人民币91万元，叶某承诺在2014年12月12日前全额归还；2. 王某雄在收到叶某的全部还款后，同意免除叶某在徐某借款单的连带担保责任，该笔欠款人民币100万元。2014年12月12日，王某雄向叶某出具《收据》，《收据》记载：今收到叶某借款本金91万元。2014年12月12日，叶某通过银行转账的方式向王某雄转账70万元等。原告谢某华以上述借款为其委托王某雄进行，实际借款人为自己为由，将叶某、王某雄、徐某起诉至广东省惠州市惠城区人民法院，该法院认为，原告谢某华与王某雄提交的证据不足以证实叶某、王某雄之间是否发生客观真实的借贷关系，由于原告谢某华与被告王某雄未提交证据证实合同约定的105万元本金是通过何种形式发放的，无从判断王某雄实质出借给叶某的借款本金是多少。因此以（2018）粤1302民初3357号民事判决书判决驳回谢某华的诉讼请求。

2018年3月6日，原告谢某华向广东省惠州市惠城区人民法院起诉被告王某雄、张某，请求清偿债务。原告谢某华为证明张某的欠款提交了《借款合同》，合同约定：张某向王某雄借款人民币60万元，借款期限为12个月，自2014年4月26日起至2015年4月26日止，月利率2.5%，如不能按时偿还借款本金，则需继续交付利息直至本金全部偿还为止。未见借据、收条或银行流水佐证双方如何履行合同。

2013年12月31日，被告王某雄与叶某、徐某签订《借款合同》，约定被告王某雄向徐某借款人民币100万元，借款期限自2014年1月1日至2015年1月1日，月利率2.5%，到期一次偿还本金，如不能按时偿还借款本金，则需继续交付利息直至本金全部偿还为止。叶某为徐某的借款承担连带保证责任。合同中未见双方约定保证范围、保证期限。2014年4月1日，被告王某雄与徐某签订另一份《借款合同》，约定徐某向王某雄借款人民币40万元，借款期限为12个月，自2014年4月1日至2015年4月1日，月利率2.5%，到期一次偿还本金，如不能按时偿还借款本金，则需继续交付利息直至本金全部偿还为止。未见借据、收条或银行流水佐证双方如何履行合同。而后因借未为全部归还，原告谢某华以上述实际借款人为自己，于2018年3月6日起诉被告王某雄与叶某、徐某至广东省惠州市惠城区人民法院，请求被告王某雄与叶某、徐某清偿债务。该案庭审中，被告王某雄称借款140万元已足额发放给徐某，但仅有部分微信聊天记录及银行流水，也未提交相应的借据或借条。惠城区人民法院认为，根据《最高人民法院关于民事诉讼证据的若干规定》第二条的规定，当事人对自己提出的诉讼请求所依据的事实或者反驳对方诉讼请求所依据的事实有责任提供证据加以证明。没有证据或者证据不足以证明当事人的事实主张的，由负有举证责任的当事人承担不利后果。认定该案中超出36.17万元部分没有事实依据，不予支持，并判决徐某向原告谢某华偿还欠款本金36.17万元及相应的利息；驳回原告谢某华其他的诉讼请求。

在上述三起诉讼的前提下，原告谢某华以其实际委托被告王某雄借款金额与一审法院生效判决确定的实际出借金额之间存在巨大的差额为由，主张被告王某雄存在占用，该差额应由被告王某雄予以返还，并支付占用利息。将被告王某雄起诉至广东省惠州市惠城区人民法院，请求被告王某雄返还上述三宗案件借款差额193.53万元及利息，被告林某颖承担连带偿还责任。

【案件焦点】

1. 经生效判决不予认可的借款是否可以作为王某雄在委托合同关系中存在侵占的依据；2. 王某雄作为受托人是否应返还生效判决未予认可的借款。

【法院裁判要旨】

广东省惠州市惠城区人民法院经审理认为：王某雄与谢某华之间存在委托关系，双方的合法权益受法律保护。关于返还款项的问题。法院（2018）粤1302民初3357号民事判决书中《借款合同》的履行问题，王某雄负有履行交付义务，王某雄未提供充分证据予以证明其向借款人实际交付了《借款合同》约定的全部款项，依法应由王某雄承担举证不利的法律后果。王某雄发给原告邮件附件中的工作表，所列叶某欠借款本金39.7万元，对其中有争议的30万元，本案对此不予处理，王某雄依法应向谢某华返还此项款项7.5万元（39.7万元-30万元-2.2万元）。法院（2018）粤1302民初3358号民事判决书中《借款合同》的履行问题，王某雄负有履行交付义务，王某雄未提供充分证据予以证明其向借款人实际交付了《借款合同》约定的款项，依法应由王某雄承担举证不利的法律后果。王某雄发给原告邮件附件中的工作表，所列张某欠借款本金50万元，因此，王某雄依法应向谢某华返还此项款项50万元。法院

（2018）粤1302民初3363号民事判决书中“法院认为”部分的银行流水款项535700元（174000元+361700元），属于王某雄处理谢某华委托放贷事务的款项。关于《借款合同》的履行问题，王某雄负有履行交付义务，王某雄未提供充分证据予以证明其向借款人实际交付了《借款合同》约定的全部款项，依法应由王某雄承担举证不利的法律后果，以此认定计算，王某雄依法应向谢某华返还此项款项864300元（140万元-535700元）。因此，谢某华请求王某雄返还款项及利息，有事实和法律依据，理由充分，法院予以采纳，应予以支持的返还款项1439300元（7.5万元+50万元+864300元）。谢某华请求超出1439300元的款项部分，证据不足，理由不充分，法院不予采纳。关于计算利息方式的问题。应予以支持的计算利息方式如下：以1439300元为基数，从2019年11月5日起至清偿之日止，按照全国银行间同业拆借中心公布的贷款市场报价利率计算利息。关于谢某华请求被告林某颖对上述诉讼请求承担连带偿还责任的问题，证据不足，理由不充分，法院不予采纳。

广东省惠州市惠城区人民法院依照《中华人民共和国民事诉讼法》第二百五十三条之规定，作出如下判决：

一、被告王某雄应于本判决发生法律效力之日起10日内向原告谢某华返还款项1439300元及利息（以1439300元为基数，从2019年11月5日起至清偿之日止，按照全国银行间同业拆借中心公布的贷款市场报价利率计算利息）；

二、驳回原告谢某华的其他诉讼请求。

王某雄不服一审判决，提起上诉。

广东省惠州市中级人民法院经审理认为：本案中，谢某华与王某雄均确认如下事实：由谢某华将资金交付王某雄，委托王某雄进行放贷并收取利息，而后王某雄将利息交付谢某华。现谢某华一审诉请返还的193.53万元也属于谢某华交由王某雄进行放贷资金的一部分。据此，谢某华与王某雄之间成立委托关系。在此前提下，王某雄承担案涉193.53万元款项的返还责任的基础是王某雄对委托放贷款项存在侵占，侵害委托人谢某华权益的情形。根据王某雄提交的其向谢某华发送的电子邮件，邮件内容包括了王某雄所放贷的每一笔款项的借贷情况，其中即包括案涉193.53万元所涉及的与案外人叶某、张某、徐某之间的借贷情况。谢某华在收到相关邮件后，并未质疑王某雄是否真实放贷，而是在未收到其所主张的借款时，另案起诉了案外人叶某、张某、徐某，而现谢某华在本案中诉请该193.53万元的依据在于其起诉案外人叶某、张某、徐某的诉讼并未得到支持，由此产生了借贷与还款之间的差额。据此，法院认为，虽与案外人叶某、张某、徐某相关联的（2018）粤1302民初3357号、（2018）粤1302民初3358号、（2018）粤1302民初3363号生效判决，未支持谢某华的全部诉请，但上述判决是基于民间借贷案件对证据的严格审查与认定标准作出的。未获支持部分，如有相关证据证明，后续仍可主张，但不能据此认定未获司法支持部分就为王某雄侵占了该款项。现有证据也无法支持谢某华认为王某雄侵占该款项的主张。此外，双方均认可，谢某华给付王某雄大额资金，目的是向他人发放贷款。且法院经过查询，2018年至2019年谢某华以原告身份在惠州市法院涉诉案件7件（不含执行、二审），均系谢某华委托王某雄进行放贷而导致的民间借贷纠纷案件。参照《全国法院民商事审判工作会议纪要》第五十三条的规定，未依法取得放贷资格的以民间借贷为业的法人，以及以民间借贷为业的非法人组织或者自然人从事的民间借贷行为，应当依法认定无效。同一出借人在一定期间内多次反复从事有偿民间借贷行为的，一般可以认定为是职业放贷人。无论是（2018）粤1302民初3357号、（2018）粤1302民初3358号、（2018）粤1302民初3363号生效判决，抑或本案谢某华诉请王某雄返还案涉193.53万元的认定，其出发点均在于保护合法的民间借贷关系。本案虽属委托合同纠纷，但谢某华明确委托事项在于通过委托王某雄进行放贷，该放贷行为违反了银行业监督管理法等法律，损害社会公共利益和扰乱了金融管理秩序，谢某华给付款项委托王某雄进行放贷行为属不法给付，双方由此产生的债权债务关系亦不受法律保护。因此，谢某华诉请由王某雄返还案涉款项，事实理由不足，法律依据不充分，法院不予支持。

另，王某雄协助谢某华多次反复从事有偿民间借贷行为，对引发本次纠纷存在责任，法院酌定王某雄、谢某华分别承担50%的一、二审诉讼费用。考虑到谢某华已预交一审诉讼费用，王某雄已预交二审诉讼费用，已分别承担了50%的一、二审诉讼费用，法院不再作调整。综上所述，上诉人王某雄上诉请求成立。

广东省惠州市中级人民法院依照《中华人民共和国民事诉讼法》第一百七十条第一款第二项之规定，作出如下判决：

一、撤销广东省惠城区人民法院（2019）粤1302民初19004号民事判决；

二、驳回谢某华的诉讼请求。

【法官后语】

本案是由民间借贷司法实务当下频发的“多次反复从事有偿民间借贷行为”衍生出的委托合同纠纷，在委托放贷中，因民间借贷的严格审查制，势必造成借款本金的不完全认定，那么在此情形下受托人是否应承担借款本金的返还责任。笔者试图通过本案延伸至“职业放贷人”这一视角为自然人委托放贷的行为效力及法律后果认定提供一种思路。

一、识别：委托放贷的行为效力

(1) 委托放贷行为的法律适用。无论是识别委托放贷的行为效力，还是剖析委托放贷的法律后果，首先需要厘清的均是这一行为的法律适用。《中华人民共和国民法典》生效前，认定委托放贷行为效力及法律后果的规范依据主要包括《中华人民共和国合同法》第五十二条有关合同效力、第二十一章有关委托合同的相关规定，以及《最高人民法院关于审理民间借贷案件适用法律若干问题的规定(2020年修订)》等规制民间借贷的法律适用文件。这也是本案主要适用的规范性法律文本。《中华人民共和国民法典》施行后，《中华人民共和国合同法》废止，与委托放贷相关的司法解释也将全面清理。因此，委托放贷行为的效力及法律后果均需要根据《中华人民共和国民法典》来确定。《中华人民共和国民法典》第五百零八条规定：“本编对合同的效力没有规定的，适用本法第一编第六章的有关规定。”此处的“本编”即合同编，“本法第一编第六章的有关规定”对应的是总则编关于民事法律行为的效力的相关规定。因此《中华人民共和国民法典》施行后，总则编关于民事法律行为效力的相关规定，尤其是第一百五十三条“违反法律、行政法规的强制性规定的民事法律行为”和“违背公序良俗的民事法律行为”的无效认定，将会成为法院认定委托放贷行为效力的重要依据。本案发生在《中华人民共和国民法典》施行前，所运用的仍是旧的规定，但笔者认为，尽管表述不同，但《中华人民共和国民法典》有关规定与《中华人民共和国合同法》第五十二条的规定所蕴含的法理亦有一脉相承之处，在理解适用时并不冲突。

(2) 委托放贷行为效力的认定逻辑。单纯的委托放贷行为构成委托人—受托人—借款人的关系，委托人与受托人之间成立委托合同关系，而在受托人与借款人之间成立借款合同关系，在无明显违背法律禁止性规定的情形下，委托行为与借款行为均应认定为合法有效。但在糅合其他因素时，如本案存在的“多次反复从事有偿民间借贷行为”这一“职业放贷人”最显著的特征，则需具体分析。

何为“职业放贷人”?《全国法院民商事审判工作会议纪要》第五十三条规定，同一出借人在一定期间内多次反复从事有偿民间借贷行为的，一般可以认定为是职业放贷人。笔者认为，认定职业放贷最重要的因素在于放贷行为的反复性或经常性，最简单的衡量标准即一定时间内多次放贷。“多次”如何判断?《最高人民法院、最高人民检察院、公安部、司法部关于办理非法放贷刑事案件若干问题的意见》第一条明确规定“2 年内向不特定多人（包括单位和个人）以借款或其他名义出借资金 10 次以上”。以上表述可以作为参考，《全国法院民商事审判工作会议纪要》第五十三条在正式条文中并未就“经常性”做进一步规范，但规定“民间借贷比较活跃的地方的高级人民法院或者经其授权的中级人民法院，可以根据本地区的实际情况制定具体的认定标准”，为地方法院进一步制定标准留下豁口。目前，已有地方高级人民法院对“多次”标准作出了有益探索，例如，《天津法院民间借贷案件审理指南（试行）》第二十一条规定，“同一原告或者关联原告在两年内向全市法院提起民间借贷案件 5 件以上，或者出借人在两年内向社会不特定人出借资金 3 次以上的”，则可能构成“职业放贷”。再如《江苏省高级人民法院关于建立疑似职业放贷人名录制度的意见（试行）》第二条规定“同一出借人及其实际控制的关联关系人作为原告一年内在全省各级人民法院起诉民间借贷案件5件以上的，该出借人应当纳入疑似职业放贷人名录”。这些都为司法实务指出了一定的方向，具体到本案中，并未直接认定原被告属于“职业放贷人”，但是其参照“职业放贷人”相关法律规定予以说理释明，在法理上，连贯性和一致性也是显而易见的。

在认定职业放贷的基础上，结合《中华人民共和国民法典》第六百八十条“禁止高利放贷，借款的利率不得违反国家有关规定”，可以理解，在“职业放贷”行为具有“高利贷”特征时，法院可以这些“职业放贷”行为同时构成“高利放贷”，违反《中华人民共和国民法典》第六百八十条进而认定属于“违反法律、行政法规的强制性规定的民事法律行为”，因此，相应民间借贷合同无效，而委托放贷的委托关系依附于借贷关系，无论是委托放贷人抑或受托放贷人，均应具有职业放贷这一特征，委托合同亦应无效。本案最终认定的基本法理与上述规则的适用在一定程度上是吻合的，但需要说明的是，就本案最终处理结果而言，采取了一种折中思维方式，常规情形下，委托放贷行为的法律后果会根据这一行为的效力加以认定。而在本案中，作为产生本诉的另三宗民间借贷诉讼，虽以严格的民间借贷证据规则进行本息认定，但并未否认借款合同的效力，那么在借款合同有效的情形下，本案委托合同是否也根据效力来认定责任？在上述“职业放贷人”进行分析的前提下，本案虽明确了委托合同纠纷的性质，但以委托放贷行为违反了银行业监督管理法等法律，损害社会公共利益和扰乱了金融管理秩序，双方由此产生的债权债务关系亦不受法律保护进行最终责任认定。毋庸置疑，该认定本质在于否认委托放贷行为的有效性，但在法律适用规则尚未明确的情形下，该释明不失为折中之道。

二、剖析：委托放贷行为的法律后果

（1）委托放贷行为有效时的法律后果。委托放贷行为有效的后果在于借款人应当按照合同约定的利率归还借款本息，在约定的借款利率高于国家有关规定时，合同虽有效，但对于借款利率应予以调整。至于要求归还借款本息的请求权，《中华人民共和国民法典》第九百二十五条规定："受托人以自己的名义，在委托人的授权范围内与第三人订立的合同，第三人在订立合同时知道受托人与委托人之间的代理关系的，该合同直接约束委托人和第三人；但是，有确切证据证明该合同只约束受托人和第三人的除外。"由此分析，在借款人明知借款来源于委托放贷时，委托放贷人理应具有请求借款人归还借款本息的权利。而在借款人对委托放贷关系不知情时，委托放贷人应依据委托关系经受托放贷人向借款人主张权利。

（2）委托放贷行为无效时的法律后果。笔者认为，当委托放贷行为归于无效时，相应的委托合同和借款合同均归于无效，借款人应当承担合同无效的民事法律责任，包括但不限于返还本金并支付资金占用期间的利息损失。委托人与受托人则依据其过错承担民事责任。

关于民事法律行为无效的后果，《中华人民共和国民法典》第一百五十七条规定："民事法律行为无效、被撤销或者确定不发生效力后，行为人因该行为取得的财产，应当予以返还；不能返还或者没有必要返还的，应当折价补偿。有过错的一方应当赔偿对方由此所受到的损失；各方都有过错的，应当各自承担相应的责任。法律另有规定的，依照其规定。"因此，借款人应当在委托放贷行为无效的情形下返还全部已经取得的借款本金，不存疑问。

关于资金占用期间的利息损失，法院一般按照贷款市场报价利率确定损失的数额，不应支持合同中约定的高额利息。这是当前司法实践最通常的做法。例如，《江苏省高级人民法院关于建立疑似职业放贷人名录制度的意见（试行）》第六条规定，职业放贷行为"相应的借贷合同认定无效，借款人应返还借款本金，并按照中国人民银行同期同类贷款基准利率给付资金占用使用费用"；《天津法院民间借贷案件审理指南（试行）》第二十二条规定，"民间借贷合同被认定无效后，双方因合同取得的财产应当予以返还。借款人应当返还借款本金及占用资金期间的利息损失。利息损失，一般应按照全国银行间同业拆借中心公布的贷款市场报价利率计算，不能按照民间借贷合同中约定的高额利息标准计算"。为与《中华人民共和国民法典》内容与立法意图保持一致，《最高人民法院关于审理民间借贷案件适用法律若干问题的规定》于2020年进行了第二次修改。修改后施行规定明确，当出借人请求借款人支付利息时，即使合同已约定利息，或既约定了逾期利率，又约定了违约金或者其他费用，在计算相关损失时，无论单项还是总计超过合同成立时一年期贷款市场报价利率四倍的部分，人民法院均不予支持。根据如上规定，关于资金占用期间的利息损失，法院仍需按照一年期贷款市场报价利率来确定，合同中约定的高额利息或违约金等仍应不予支持。此外，在司法实践中，就借款人已经支付的利息，法院可能会综合双方的过错、合同约定和借贷政策酌定调整，并非全部径行按照同期贷款市场报价利率进行判决。

关于委托人与受托人的过错承担民事责任。《中华人民共和国民法典》第九百二十九规定："有偿的委托合同，因受托人的过错造成委托人损失的，委托人可以请求赔偿损失。无偿的委托合同，因受托人的故意或者重大过失造成委托人损失的，委托人可以请求赔偿损失。受托人超越权限造成委托人损失的，应当赔偿损失。”对于受托人应承担的赔偿比例，笔者认为应结合受托人是否有偿、是否明知违法仍接受委托以及受托过程中的行为过失等因素进行综合认定。

编写人：广东省惠州市惠城区人民法院　荣盟

221 转委托的第三人超越代理权情况下受托人承担责任的认定

——谢某竺、谢某巍诉张某莹合同案

【案件基本信息】

1. 裁判书字号

北京市第三中级人民法院（2018）京 03 民终 10013 号民事判决书

2. 案由：合同纠纷

3. 当事人

原告（被上诉人）：谢某竺、谢某巍

被告（上诉人）：张某莹

【基本案情】

谢某竺系陈某中之子，谢某巍系陈某中之妻。陈某中于 2015 年 1 月 21 日、22 日、23 日分别给张某莹汇款 79 万元、275000 元、15000 元，委托张某莹购买 A 股票。张某莹在没经过陈某中同意的情况下，让其表弟崔某进行购买，崔某未经陈某中书面同意，购买

A股票后又将该股票卖出，并购买了几支其他股票。2015年7月1日，陈某中得知后，进行三方“会议录音”。根据陈某中的短信，张某莹一直承认双方之间的委托关系，并表示向其表弟崔某要回钱后才能还给陈某中。2016年12月27日，陈某中去世，其继承人谢某巍、谢某竺表示参加诉讼。

张某莹认为，涉案的50万元是陈某中购买A股票的投资款。张某莹是律师事务所的职员，陈某中是张某莹的领导，陈某中让张某莹转账给第三方进行港股投资，张某莹碍于陈某中是其领导才帮忙，并未承诺任何事项，陈某中并未委托张某莹进行理财，双方不存在委托法律关系及事实，因此，张某莹不是本案适格的被告，请求法院驳回谢某巍、谢某竺的诉讼请求。

2015年1月21日，陈某中向张某莹转账79万元，并备注“代购A股票股票款”。庭审中，张某莹表示仅其中50万元为投资款，其余29万元为陈某中出借给张某莹的款项，且已归还。

1月22日，张某莹向陈某中还款275000元；1月23日，张某莹向陈某中还款15000元。

张某莹向法院提交2015年1月28日其向崔某的转账记录，用以证明其已将陈某中及张某莹二人的投资款共计100万元打给了崔某。

2015年6月30日，陈某中向张某莹发送短信，内容为：“月底了。务必让你堂弟还款。”张某莹回复“好。”

2015年7月1日，陈某中与张某莹通过短信约定，陈某中、张某莹与其堂弟崔某于当天下午在陈某中工作的律师事务所见面商谈，商谈中陈某中表示不是委托炒股。

2015年7月14日，陈某中以委托理财合同纠纷为由将张某莹诉至法院，法院于2016年12月9日作出（2015）朝民（商）初字第38240号民事裁定书，裁定驳回陈某中的起诉。陈某中于2016年12月27日死亡，其继承人谢某巍、谢某竺提起上诉，并在二审中表示参加诉讼。后该案被发回法院重审。在（2015）朝民（商）初字第38240号案件审理过程中，张某莹在2016年7月28日的笔录中表示："50万元是投资款，我方也投资了50万元，现在找不到具体投资的人了，现在投资款具体的情况不清楚，我方也没法归还。""当时是大家一起投资的，当时不想让原、被告反目，所以有了这个一年期，这个是当时理财人员给的承诺，不是被告（指张某莹）给的承诺。"在2016年7月28日的笔录中，法官向张某莹询问50万元款项如何使用，张某莹表示转给了崔某的朋友，即实际进行投资的人。

在本案审理中，针对三方会议录音中陈某中所说"我不是委托你炒这个股"，张某莹认为，这句话是陈某中向崔某说的，意思是委托崔某购买A股票而非国内其他股票。

在本案审理中，张某莹表示是陈某中先打听到张某莹的亲戚可以购买A股票，并鼓动张某莹与其一起购买，当时双方未约定港股登记在谁的名下。

【案件焦点】

1. 陈某中与张某莹之间是否存在委托合同关系；2. 张某莹是否应对崔某的购股行为承担责任。

【法院裁判要旨】

北京市朝阳区人民法院经审理认为：委托合同是委托人和受托

人约定，由受托人处理委托人事务的合同。受托人应当按照委托人的指示处理委托事务。受托人应当亲自处理委托事务。经委托人同意的，受托人可以转委托。转委托经同意的，委托人可以就委托事务直接指示转委托的第三人，受托人仅就第三人的选任及其对第三人的指示承担责任。转委托未经同意的，受托人应当对转委托的第三人的行为承担责任，但在紧急情况下，受托人为维护委托人的利益需要转委托的除外。无偿的委托合同，因受托人的故意或者重大过失给委托人造成损失的，委托人可以要求赔偿损失。受托人超越权限给委托人造成损失的，应当赔偿损失。

本案中，根据陈某中向张某莹转账的对账单及当事人在庭审中的陈述可知，陈某中于2015年1月委托张某莹代其购买A股票，双方构成事实上的委托合同关系。张某莹未亲自处理该事务，而是将该事务转委托给了其堂弟崔某。根据陈某中与张某莹的短信往来可知，张某莹在转委托时，未取得陈某中的同意，则张某莹应对转委托的第三人的行为承担责任。在陈某中提出退还投资款时，张某莹并未向其披露投资的盈亏情况，但承诺退还投资款，其后却以种种理由推脱，未按照陈某中的指示处理委托事务，致使陈某中迟迟无法拿回投资款，遭受损失，故张某莹应赔偿因其故意或重大过失给陈某中造成的损失。现陈某中已死亡，谢某巍、谢某竺作为陈某中的继承人，有权继承陈某中遗留的债权，向张某莹主张退还投资款并赔偿利息损失，对谢某巍、谢某竺的诉讼请求，法院予以支持。

北京市朝阳区人民法院依照《中华人民共和国合同法》第三百九十六条、第三百九十九条、第四百条、第四百零六条，《最高人民法院关于贯彻执行〈中华人民共和国继承法〉若干问题的意见》第三条之规定，作出如下判决：

被告张某莹于本判决生效之日起七日内返还原告谢某竺、谢某巍投资款50万元及利息（以50万元为基数，自2015年7月14日起至实际返还之日止，按中国人民银行同期贷款利率计算）。

张某莹不服一审判决，提起上诉。北京市第三中级人民法院同意一审法院裁判意见，作出如下判决：

驳回上诉，维持原判。

【法官后语】

本案中，陈某中委托张某莹，张某莹又转委托崔某购买港股，故陈某中与张某莹之间形成委托合同关系，并无争议。委托合同与代理制度，特别是委托代理关系十分密切，在委托代理中，委托合同常常是授权行为的基础；通过委托关系，民事主体得以代理的形式借助他人之手进行民事活动。代理则是典型的三方法律关系，行为人以本人的名义实施法律行为，其法律效果直接归属于本人。民事纠纷中委托合同与代理制度的区分有助于明晰不同主体的法律责任。

本案的审理难点在于陈某中委托购买的是A股票，而崔某却将购买的A股票更换为其他股票，崔某的行为是否属于超越代理权？如果超越代理权，是崔某还是张某莹承担责任？首先，超越代理权是无权代理的一种情形，指行为人虽享有一定的代理权，但其实施代理行为超越了代理权的范围或对代理权的限制，超越代理权对本人不发生法律效力。超越代理权可分为量的超越和质的超越，如超过规定的数量而购买某种产品，称为量的超越；若本应购买某种商品而购买其他商品则属于质的超越，这两种情况都构成超越代理权限制范围的行为。结合本案，崔某购买的A股票本应继续持有，但其却擅自更换为其他股票，属于超越代理权且属于质的超越。其次，通常情况下崔某作为转委托的第三人，既要接受陈某中的指示，也要接受张某莹的指示，而在二者意见不一致时，崔某本应听从被代理人本人的指示，因为转委托的第三人终究是被代理人的代理人，应当直接向被代理人负责，故依此逻辑在崔某的行为导致陈某中发生损失、无法拿回投资款时本应由崔某直接向陈某中负责；然而依据《中华人民共和国民法总则》第一百六十九条规定，出现前述情形时受托人只是在两种情形下要对被代理人承担责任：一种是就其对第三人的选任，另一种是就其对第三人的指示。本案则属于第二种情形，陈某中委托张某莹、张某莹转委托崔某购买A股票，但崔某并未按照陈某中对张某莹的指示处理委托事务，将所购A股票更换为其他股票，张某莹在转委托崔某购买股票的过程中存在指示错误，故张某莹应对崔某的指示错误行为向陈某中承担责任。最后，《中华人民共和国民法总则》第一百七十一条规定无权代理行为未经本人追认对其不发生效力，而本案崔某将购买的A股票更换为其他股票的行为，无论张某莹抑或崔某事前均未取得陈某中的同意，事后亦未及时向陈某中披露或取得陈某中的追认，因此委托人或转委托的第三人都不能据此免责。

委托合同与代理制度既有区别也有联系，本案的典型意义在于如果转委托的第三人超越代理权造成的本人损失，系因受托人的指示错误而致，应由受托人而非转委托的第三人承担责任。需要说明的是，《中华人民共和国民法典》合同编第九百二十三条在原《中华人民共和国合同法》第四百条基础上新增委托人享有对转委托的追认权，一旦转委托行为被委托人追认，则发生与委托人同意一样的后果，转委托即对委托人发生拘束力。

编写人：北京市朝阳区人民法院　闫伟伟　何方

二十六、委托理财合同纠纷

222 无偿委托合同中信托产品发行方告知错误，受托人不应当向委托人承担责任

——严某香诉于某等委托合同案

【案件基本信息】

1. 裁判书字号

北京市第二中级人民法院（2019）京02民终11239号民事判决书

2. 案由：委托合同纠纷

3. 当事人

原告（被上诉人）：严某香

被告（上诉人）：付某江

被告：于某、资产管理中心

【基本案情】

严某香经人介绍与付某江、于某结识。为参与老年协会的信托理财投资，严某香于2012年9月20日签订了《委托理财协议》，委托付某江替自己将50万元投资款投到“甲信托—单一信托产品”，并于当日将50万元通过银行转账支付给付某江。协议约定信托期限为2年，2014年到期。但实际情况是付某江并没有将该投资款投到协议约定的信托产品，而是在2012年年底以付某江一人名义设立“乙信托—单一资金信托计划”，并将资金向房地

产开发公司发放信托贷款。由于付某江违反委托协议的内容，故意欺骗投资人，导致严某香的资金无法按期返还，该损失应由付某江承担赔偿责任。2015 年，付某江、于某成立了资产管理中心，将投资款放到该中心进行管理，并擅自代表投资人与房地产开发公司签订《抵债协议》，抵债资产包括该公司名下的 93 套房产和 199 个车库，资产管理中心应当承担连带责任。

【案件焦点】

1. 严某香与谁之间存在委合同关系；2. 无偿委托合同受托人是否应该就一般过错承担责任。

【法院裁判要旨】

北京市西城区人民法院经审理认为：依法成立的合同，对当事人具有法律约束力。当事人应按照约定履行自己的义务，不得擅自变更或者解除。通过现有证据，可以认定严某香与付某江之间存在合同关系。

《信托理财协议》载明严某香的 50 万元投资款应通过经办人付某江投向甲信托公司发行的“甲信托项目单一信托产品”，因此，该产品的发行人应为甲信托公司。付某江作为经办人，在收取严某香给付的 50 万元后，应将该款投向甲信托公司名下的金融产品，但付某江并未提交充足有效的证据证明其已将该 50 万元投向了甲信托公司，亦未举证证明其汇付给乙信托公司的 1.5 亿元中包含该 50 万元，且其将该 50 万元汇付给乙信托公司经过了严某香的认可。

虽然严某香在 2017 年 7 月 31 日的《授权书》上签字，表示已知晓 2017 年 7 月 31 日公布的告知书的内容，同意委托张某廉等 11 人解决房地产开发项目的资产处置和办理还款事宜，但是付某江未提供证据证明上述2017年7月31日公布的告知书的具体内容，即不能证明严某香已通过该告知书明确知晓其投资的50万元系用于乙信托公司名下的金融产品而非甲信托公司。严某香称其于2017年才知道不存在甲信托项目，不认可付某江将其50万元投资款投向乙信托公司，因此，不能通过上述委托行为即认定严某香默认了付某江将50万元投资款投向变更后的发行主体即乙信托公司的行为，亦不能认定严某香放弃了另行追索的权利。付某江称严某香的起诉已超过诉讼时效，没有事实及法律依据，法院不予采信。

诉讼中，付某江称在乙信托项目中沿用了甲信托公司的协议格式模板，由于签订《信托理财协议》当天时间仓促，因此没有及时更换模板，未来得及将发行人更正为乙信托公司，对此付某江并未提交证据加以证明，法院不予采信。

付某江一直占有严某香给付的50万元，该占有并无法律依据。付某江应将50万元返还给严某香，并支付占用期间的利息。

对于付某江已支付给严某香的五笔共计142381.16元的具体性质，双方均未提交证据予以证实，法院认定为利息，从付某江应给付严某香的利息总额中予以扣除。

严某香不认可其与乙信托公司存在法律关系，因此，为解决善后事宜而成立的资产管理中心与严某香无关，其要求该中心承担连带责任，没有事实及法律依据，法院不予支持。

严某香要求于某承担连带责任，但现无证据显示于某与严某香之间有法律关系，因此，对其该主张法院不予支持。

北京市西城区人民法院依照《中华人民共和国合同法》第六条、第八条、第一百零七条的规定，作出如下判决：

一、本判决生效之日起十五日内，付某江返还严某香50万元；

二、本判决生效之日起十五日内，付某江给付严某香以50万元为基数的，自2012年9月21日起至实际给付之日止的利息（按中国人民银行同期贷款利率计算，给付时，从付某江应付利息总额中扣除142381.16元）；

三、驳回严某香的其他诉讼请求。

付某江不服一审判决，提起上诉。

北京市第二中级人民法院经审理认为：一审庭审中，严某香主张其与付某江存在委托合同关系，委托付某江将钱转到甲信托公司指定的账户，投资甲信托公司管理的项目；付某江认可其与严某香之间是信托理财合同关系，且涉案《信托理财协议》载明，严某香投资“甲信托—单一信托产品”，经办人为付某江，严某香亦将投资款50万元转入付某江账户，基于上述事实，法院认定严某香与付某江之间存在委托合同关系。现严某香以付某江未将50万元投入《信托理财协议》约定的“甲信托—单一信托产品”构成违约为由，要求付某江返还投资款及赔偿相应利息损失。《中华人民共和国合同法》第四百零六条第一款规定，有偿的委托合同，因受托人的过错给委托人造成损失的，委托人可以要求赔偿损失。无偿的委托合同，因受托人的故意或重大过失给委托人造成损失的，应当赔偿损失。本案中，付某江称其未收取任何报酬，涉案《信托理财协议》亦未约定付某江收取报酬，且严某香未主张付某江收取了报酬，故双方之间的委托合同属于无偿委托合同。依据上述法律规定，严某香可以要求付某江赔偿损失的必要条件之一为付某江存在故意或重大过失。法院注意到本案存在以下情形：一是涉案《信托理财协议》载明产品名称为“甲信托—单一信托产品”，发行人为甲信托公司，上述事项属于付某江在投资信托产品之前告知严某香信托产品的基本情况，并非实际投资信托产品之后的告知，据此难以认定付某江故意隐瞒真实的发行人。二是根据查明的事实，尽管付某江未将严某香的投资款转到涉案《信托理财协议》载明的发行人甲信托公司账户，但付某江确将严某香的款项转到乙信托公司账户，将该款实际投资到单一信托产品，付某江实际投资的项目与其告知严某香的项目仅是发行人不同，但发行人均系依法设立的信托公司，项目实际融资方均是房地产开发公司。付某江实际投资的项目与其事先告知严某香的项目仅是发行人不同，严某香无法收回投资款及收益，在发行人均系依法设立的信托公司的情形下，仅据此不足以认定付某江承担赔偿责任。三是严某香在本案中未提交证据证明其在本案起诉之前曾就发行人事宜向付某江提出过异议，且其在涉案信托产品到期后，在《授权书》上签字，表示已知晓2017年7月31日公布的告知书的内容，同意委托张某廉等11人解决房地产开发项目的资产处置和办理还款事宜。尽管严某香称其在签字时仍不知晓涉案信托产品的发行人为乙信托公司，但上述行为至少能表明其不在意发行人是哪家公司，否则其上述行为难以令人理解。基于上述分析，法院难以认定付某江在办理无偿委托事项中存在故意或重大过失，亦难以认定付某江事先告知严某香的项目发行人与其实际投资的项目发行人不一致足以影响严某香作出是否投资的决定，故严某香主张付某江赔偿其损失，缺乏依据，法院不予支持。

综上，付某江的上诉请求成立，应予支持；一审判决认定事实清楚，但适用法律有误。依照《中华人民共和国合同法》第四百零六条，《中华人民共和国民事诉讼法》第一百七十条第一款第二项之规定，作出如下判决：

一、撤销北京市西城区人民法院（2018）京 0102 民初 29889 号民事判决；

二、驳回严某香的全部诉讼请求。

【法官后语】

委托合同以受托人有无报酬为标准分为有偿委托合同和无偿委托合同，受托人有报酬的委托合同叫作有偿委托合同，反之则为无偿委托合同。区分无偿委托合同和有偿委托合同的意义在于受托人在办理委托人委托的事务时所负的注意义务有所不同。

《中华人民共和国合同法》第四百零六条第一款规定："有偿的委托合同，因受托人的过错给委托人造成损失的，委托人可以要求赔偿损失。无偿的委托合同，因受托人的故意或重大过失给委托人造成损失的，委托人可以要求赔偿损失。"[①] 因此，无偿合同与有偿合同中受托人在处理委托事务时所负的注意义务在程度上有所不同。有偿合同受托人只要有过错并给受托人造成损失，就应当承担赔偿责任，而无偿合同中受托人如果仅有一般过失则并不承担赔偿责任，但在故意和重大过失的情况下，就要对损害承担赔偿责任。对于受托人是否存在故意或者重大过失，需要委托人承担举证责任。

本案中，严某香委托付某江进行投资，并没有约定付某江的报酬，而实际上严某香也未支付付某江报酬，严某香与付某江之间存在无偿委托合同关系。严某香需要对付某江在办理委托事务时存在故意或者重大过失承担举证责任。

---

① 2021 年 1 月 1 日，《中华人民共和国民法典》正式施行，该条规定已被《中华人民共和国民法典》第九百二十九条第一款替代，内容为："有偿的委托合同，因受托人的过错造成委托人损失的，委托人可以请求赔偿损失。无偿的委托合同，因受托人的故意或者重大过失造成委托人损失的，委托人可以请求赔偿损失"。

严某香认为涉案《信托理财协议》载明产品名称为“甲信托—单一信托产品”，发行人为甲信托公司，而付某江实际将资金转给了乙信托公司，属于根本违反了委托合同的约定，故要求付某江赔偿损失。二审法院经过审理，认为单一信托产品虽然实际上不是甲信托公司发行，但单一信托产品是真实存在的，付某江实际投资的项目与其告知严某香的项目仅是发行人不同，但发行人均系依法设立的信托公司，项目实际融资方是房地产开发公司，且严某香其在涉案信托产品到期后，同意委托张某廉等11人解决房地产开发项目的资产处置和办理还款事宜，表明其不在意发行人是哪家公司，故无法认定付某江在办理无偿委托事项中存在故意或重大过失，进而也无法认定付某江的责任。

编写人：北京市西城区人民法院　马斌

223　委托理财合同限制任意解除权的条款无效

——胡某佳诉梁某立、梁某超委托理财合同案

【案件基本信息】

1. 裁判书字号

福建省厦门市中级人民法院（2018）闽02民终1987号民事判决书

2. 案由：委托理财合同纠纷

3. 当事人

原告（被上诉人）：胡某佳

被告（上诉人）：梁某立

被告：梁某超

【基本案情】

胡某佳与梁某立通过梁某超的介绍认识，胡某佳曾接受梁某立的委托，对梁某立提供的梁某杰的股票账户进行操作，并获得盈利，双方对已实现的利润进行了分配。

2016年6月28日，胡某佳（乙方）与梁某立（甲方）签订一份《合作协议》，约定梁某立委托胡某佳对其提供的账户及资产提供投资顾问服务，委托期限自2017年6月28日至2018年6月27日；协议存续期间，在未发生乙方违约的情况下，甲方禁止销户、撤离资金，否则视同违约；在协议运行期间，因任何一方的原因需要提前终止本次协议，责任方需要缴纳委托资产本金的5%作为违约金；乙方保证以最优秀的团队为甲方提供服务等。该合同还约定了盈亏分配方法。胡某佳指定了一个关联账户作为准备金账户，合同中约定了准备金的担保范围，但没有约定准备金的金额及是否必须支付准备金。同日，梁某立将其子梁某杰的股票账户交付给胡某佳管理。审理中，胡某佳与梁某立均确认交付时账户资产足够500万元。

上述协议签订后，胡某佳自2017年7月4日起停止对该账户的操作。2017年9月12日，胡某佳发现梁某立修改了账户密码。在双方沟通过程中，梁某立提出先提供一个50万元至100万元的账户让胡某佳操作，胡某佳表示不同意，梁某立也拒绝将账户交还给胡某佳操作。胡某佳遂诉至法院。

另查明：2017年6月底至9月中旬，股票大盘总体上行。在本案审理过程中，梁某杰到庭表示案涉的股票账户是其应梁某立的要求开立的，该账户一直由梁某立实际控制，其对梁某立将该账户委托他人操作没有异议。

【案件焦点】

双方签订的《合作协议》中关于“禁止销户、撤资等解除合同的行为”的条款排除了《中华人民共和国合同法》规定的任意解除权，是否有效。

【法院裁判要旨】

福建省厦门市思明区人民法院经审理认为：胡某佳与梁某立签订的《合作协议》，是双方当事人的真实意思表示，内容不违反法律、行政法规的强制性规定，是合法有效的合同，对双方当事人均具有约束力。梁某立关于讼争合同无效的抗辩意见，法院不予采纳。因证券投资具有较高的风险，投资决策和投资方向也具有很强的主观性，故不能因为胡某佳在一段时间内未对委托账户进行操作就认为其已经构成违约。故梁某立在合同约定期间，单方修改账户密码，导致胡某佳无法对账户进行操作，梁某立的行为已实际解除了讼争协议，并构成违约，应当承担赔偿违约金的法律责任。委托理财合同是建立在当事人之间互相信任的基础上缔结的合同，目前梁某立已明确表达对胡某佳丧失信任基础，也以其实际行为解除了委托关系，依据《中华人民共和国合同法》第四百一十条“委托人或者受托人可以随时解除委托合同……”之规定，因此，胡某佳要求继续履行合同的诉讼请求，法院不予支持。

福建省厦门市思明区法院判决：

一、被告梁某立应于本判决生效之日十日内支付给原告胡某佳违约金 25 万元；

二、驳回原告胡某佳的其他诉讼请求。

被告梁某立不服一审判决，提起上诉。福建省厦门市中级人民法院同意一审法院裁判意见，作出如下判决：

驳回上诉，维持原判。

【法官后语】

金融创新产品不断涌现，公民理财热情亦随之高涨，委托理财合同纠纷呈现逐年递增的趋势，其中委托理财合同中关于任意解除权排除的约定引起较大的争议。

第一种观点认为，法无禁止即自由，《中华人民共和国合同法》第四百一十条①调整的是私权利范畴，不属于强制性的法律规定，解除权的行使是当事人的权利，当事人可以通过约定排除这种单方解除权，双方的约定系当事人意思自治，对双方均具有约束力。第二种观点认为，委托合同是具有身份属性的特殊合同，以合同双方之间的信任为基础，《中华人民共和国合同法》第四百一十条并未增设排外条款“当事人另有约定除外”，因此任意解除权属于法定解除权，不得约定排除，本案约定排除条款无效。第三种观点认为，委托合同应当区分民事合同和商事合同，民事合同是基于特殊的信赖关系而建立的委托关系，一旦信任基础丧失，则应当享有解除权；如果是商事合同，双方另有一种对等合作关系在其中，则不可轻易解除，应当维护委托合同的稳定性。

笔者认为本案采用第二种观点更为合理，理由主要是：

第一，委托合同具有人身属性。委托合同不同于其他类型合同，是具有一定身份属性的特殊合同，其基础是委托人与受托人之间的相互信任，限制或排除任意解除权的约定违反了委托合同的根本属性。本案系关于证券投资的委托理财合同，本身具有较高的专业性

---

① 对应现行《中华人民共和国民法典》第九百三十三条。

和风险性，投资决策和投资方向也具有很强的主观性，原告系基于对被告专业的认可和信任才委托其对其私人账户进行操作，一旦当事人之间的信任丧失，委托理财的基础不复存在，合同的双方可以随时解除委托合同。

第二，任意解除权不以违约为前提。一般合同不能随意解除是为了维护交易的稳定性，其解除的前提是发生违约行为。但因委托合同的人身属性，双方没有违约行为，即不以违约为前提，应当允许委托合同双方在信任关系发生动摇时有权撤销或辞任委托。本案被委托人胡某佳虽存在一段时间没有操作账户，但不能认定其有违约的情况，但是双方委托理财的信赖基础已破坏，应当允许委托人解除合同，委托人解除合同的行为已构成违约，应当依据合同约定承担违约责任，被委托人获得相应的赔偿，才具有更加现实的意义。

第三，合同标的不具有强制履行性。《中华人民共和国合同法》第一百一十条[①]规定“当事人一方不履行非金钱债务或者履行非金钱债务不符合约定的，对方可以要求履行，但有下列情形之一的除外：（一）法律上或者事实上不能履行；（二）债务的标的不适于强制履行或者履行费用过高……”委托合同的标的一般是劳务或是行为，并非金钱债务，属于债务标的不适于强制履行之情形。本案的履行标的是操作证券账户的行为，但委托人梁某立在合同约定期间，单方修改账户密码，导致被委托人胡某佳无法对账户进行操作，委托人通过更改基金账户行为表明其已经对被委托人丧失信任基础。当合同当事人之间的信任基础不复存在时，合同的继续履行仍然无法简单依靠判决的强制力执行，若强制要求继续履行合同，将使得

① 对应现行《中华人民共和国民法典》第五百八十条第一款。

被委托人的履约成本及委托人的监督成本都将无限制地增高，有悖于理财委托合同当事人缔约的初衷，反而致使合同当事人的投资利益无法保障。

因此，任意解除权的规定基于委托合同的基本属性而来，不宜由当事人约定排除。当双方丧失信赖基础时，即使是双方通过特别约定限制或排除合同双方的任意解除权，也应当允许委托合同任何一方单方解除合同，行使任意解除权后的赔偿责任应当有约定的从其约定，无约定的依据合同法的相关规定进行赔偿。

编写人：福建省厦门市思明区人民法院　陈远治　邱瑛

二十七、物业服务合同纠纷

224 物业公司将他人房产纳入物业服务管理范围须经所有权人同意

——物业公司诉化学工业公司物业服务合同案

【案件基本信息】

1. 裁判书字号

广西壮族自治区北海市中级人民法院（2021）桂05民终262号民事判决书

2. 案由：物业服务合同纠纷

3. 当事人

原告（被上诉人）：物业公司

被告（上诉人）：化学工业公司

【基本案情】

案涉花园原系甲公司与乙公司合作开发，因乙公司对甲公司享有债权，由乙公司取得案涉花园内24幢楼的所有权，具体为A型楼7号、8号、10号、12号、14号、17号、18号、21-23号、25号、26号、28号、29号、32号，B型楼1-9号。

化学工业公司的下属公司工贸公司对甲公司享有债权，由化学工业公司取得案涉花园B10号楼的所有权，建筑面积为526.60平方米。1996年10月21日，案涉花园B10号楼所有权登记至化学工业公司名下。

乙公司将其所有的楼用隔墙与其他房屋隔离开来，形成小区，并将B10号楼包围在隔墙之内。

物业公司成立于2005年7月18日，具备物业管理资质。

2010年3月24日，物业公司与乙公司签订《前期物业管理服务合同》，合同约定由物业公司从2010年3月25日起对案涉花园商住楼实施物业管理服务；物业服务费：住宅用房屋按建筑面积每月每平方米1元收取；公共设施维修基金按建筑面积0.2元/平方米收取；物业管理公共服务费每月交纳一次，逾期交纳物业管理服务费的，从逾期之日起按每天不高于应交管理服务费的千分之三交纳滞纳金。合同签订后，物业公司向案涉花园提供了物业管理服务。

2018年7月31日，物业公司与乙公司再次签订《前期物业管理服务合同》，合同约定将住宅用房屋的物业服务费提高至按建筑面积每月每平方米1.2元的标准收取，同时约定垃圾回收费用由业主或住户按15元/户/月收取，公共设施维修基金、交费时间及逾期交费滞纳金的约定不变。

物业公司与化学工业公司之间未签订书面的物业服务合同。2011年1月至2018年5月、2019年2月至2020年3月，B10号楼的水、电费一直由物业公司代为交纳。

2018年6月至2019年1月，B10号楼的物业费、水电费由物业公司交纳。

2020年4月2日，物业公司向化学工业公司发出书面《案涉花园楼B10物业费欠费通知单》，告知化学工业公司，2011年1月至2020年3月31日，物业水电费共计66284元，要求化学工业公司于5个工作日内结清。化学工业公司于2020年4月11日作出《回函》，认为其自拥有案涉花园B10号产权以来，未与物业公司签订任何物业管理委托服务合同，物业公司向其追缴“欠费”没有依据。

另查明，案涉花园内与B10号楼同类型的B7号楼业主与物业公司签订了两份《物业管理协议书》，约定2011年8月15日至2018年8月1日，物业费按0.8元/平方米/月收取，垃圾回收、水电费公摊按15元/月收取，维修基金按0.2元/平方米/月收取。2018年8月1日以后的物业费按1.2元/平方米/月收取，其他费用收费标准不变。

2019年11月5日，物业公司与化学工业公司因物业服务合同纠纷一案诉讼至北海市海城区人民法院。物业公司请求化学工业公司支付物业管理服务费45919.52元、维修资金10847.96元、垃圾费及水电公摊费1545元、滞纳金17493.7元，合计人民币75806.18元（以上各项欠缴费用均自2011年1月暂计至2019年10月止，以后另计）。北海市海城区人民法院经审查认为，根据《最高人民法院关于审理物业服务纠纷案件具体应用法律若干问题的解释》第六条的规定，书面催交是物业企业起诉欠费业主的前提，物业服务企业必须经书面催交方可起诉欠费的业主。物业公司主张一直向化学工业公司口头催收物业管理费用，并未提供证据证明化学工业公司收到催缴物业管理费用书面通知的事实，应当认定物业公司在向法院起诉前没有书面催促化学工业公司交纳物业管理费，故对于物业公司要求化学工业公司支付相应物业管理费用的诉讼请求，北海市海城区人民法院不予支持。物业公司在重新进行催缴后，可以另行起诉。北海市海城区人民法院于2020年3月5日作出（2019）桂0502民初4699号民事判决书，判决驳回物业公司的诉讼请求。（2019）桂0502民初4699号民事判决于2020年4月15日发生法律效力。

再查明，案涉B10号楼被乙公司围起的具体时间为2011年1月，该楼位于乙公司所围物业小区旁的规划路边上，楼房东侧是小区围墙，围墙外是规划路。该楼被乙公司围起后，化学工业公司自行在该楼东侧的小区围墙上打开缺口，从规划路进出。

还查明，化学工业公司主张2018年6月至2019年1月，向物业公司交纳B10号楼的物业费、水电费，系在不知情的情况下支付，并非自愿，因此自2019年2月起化学工业公司未再向物业公司支付过任何物业费或水、电费等费用。物业公司主张2010年3月24日至2018年7月31日，物业管理费实际按0.8元/平方米计收。2018年8月之后的物业管理费按1.2元/平方米计收。垃圾费及水电公摊费合并按15元/月计收。

物业公司则称从案涉B10号楼被乙公司围起后就一直向化学工业公司口头催收物业费。化学工业公司对此称物业公司之前从未催收物业费，化学工业公司一直以来只支付水电费，物业经理更换后才出现物业费争议。

【案件焦点】

1. 物业公司一审起诉是否构成重复诉讼；2. 化学工业公司与物业公司之间是否存在事实上物业服务合同关系；3. 物业公司一审诉讼请求是否超出诉讼时效。

【法院裁判要旨】

广西壮族自治区北海市海城区人民法院经审理认为：第一，物业公司与化学工业公司物业服务合同纠纷，于2019年11月5日诉讼至一审法院，因物业公司缺乏诉讼催缴物业管理费等费用的条件，故法院作出判决，驳回物业公司的诉讼请求。物业公司于2020年4月2日书面向化学工业公司催收物业管理费等费用，已符合诉讼催缴物业管理费等费用的条件，物业公司提起本案诉讼，不构成重复起诉。

第二，物业公司依据《前期物业管理服务合同》的约定对案涉小区内的房屋建筑、场地、周围环境、清洁卫生、安全保卫、公共绿化、道路等进行统一的维修和服务活动，双方虽未签订书面的物业服务合同，但化学工业公司事实上接受了物业公司的物业管理服务，双方已形成了事实上的物业服务合同关系，化学工业公司应当按照物价部门核定的标准或同类物业服务项目收费标准向物业公司交纳相应的物业服务费用。

第三，物业公司于2019年11月5日提起诉讼，依据上述规定，2016年11月6日之日起追索物业费等费用的诉讼时效因物业公司提起诉讼而时效中断，2016年11月6日之日起追索物业费等费用的诉讼时效应重新计算。2016年11月5日之前追索物业费等费用的诉讼已过时效，化学工业公司的时效抗辩部分成立。

广西壮族自治区北海市海城区人民法院依据《中华人民共和国民法总则》第一百八十八条、第一百九十五条之规定，作出如下判决：

一、化学工业公司支付给物业公司物业费18957.6元、公共维修基金5266元、水电费4210元、垃圾费及水电公摊费750元，合计29183.6元；

二、化学工业公司支付给物业公司滞纳金（滞纳金计算：以每月实际欠缴金额为基数，①按中国人民银行同期贷款利率上浮 30%，分别自每月逾期之日起计至 2019 年 8 月 19 日；②按全国银行间同业拆借中心公布的贷款市场报价利率上浮 30%，分别自 2019 年 8 月 20 日及每月逾期之日起计至清偿之日止）；

三、驳回物业公司的其他诉讼请求。

化学工业公司不服一审判决，提起上诉。

广西壮族自治区北海市中级人民法院经审理认为：关于争议焦点一，即物业公司一审起诉是否构成重复诉讼的问题。因另案（2019）桂 0502 民初 4699 号是以物业公司未尽书面催缴义务为由驳回其要求化学工业公司支付物业费的诉讼请求，该案件并未对物业公司的诉讼请求进行实体审理，现物业公司在履行书面催缴义务后继续主张物业费请求权，其诉求实质上未否定前诉裁判结果，并未构成重复诉讼，故化学工业公司该项辩称不能成立，法院不予采纳。

关于争议焦点二，即化学工业公司与物业公司之间是否存在事实上物业服务合同关系的问题。合同的订立应遵循平等自愿、诚实信用以及公平原则，本案中乙公司将案涉 B10 号楼围入案涉物业小区，并与物业公司签订《前期物业管理服务合同》，约定由物业公司对包括案涉 B10 号楼在内的案涉花园商住楼提供物业服务并收取相关费用。对此，法院认为，其一，乙公司从未享有案涉 B10 号楼的产权，其也没有证据证明将该楼围起来实施物业管理征得化学工业公司的同意，故其将该楼的物业服务委托给物业公司的行为属于无权代理；诉讼中，物业公司虽然提交了化学工业公司缴交了 2018 年 6 月至 2019 年 1 月物业费的票据，但化学工业公司对此予以否认，并反驳称自案涉花园实施物业管理开始，物业公司的原负责人同意其免交物业管理费，上述费用属于误交。根据本案查明事实，案涉花园实施物业管理是从2010年3月25日开始，2018年6月至2019年1月的之前及之后，化学工业公司均没有缴交物业费，本案争议第二次起诉前物业公司也没有向化学工业公司催收过物业管理费，故化学工业公司的抗辩理由成立，据此不能根据化学工业公司缴交2018年6月至2019年1月物业费的票据认定是其履行缴交物业费的义务；本案中化学工业公司作为案涉B10号楼的所有权人已明确拒绝接受物业公司的物业管理服务。综上事实，根据《中华人民共和国民法典》第一百七十一条第一款“行为人没有代理权、超越代理权或者代理权终止后，仍然实施代理行为，未经被代理人追认的，对被代理人不发生效力”的规定，乙公司与物业公司签订的物业管理合同对化学工业公司不能发生法律效力。其二，案涉B10号楼位于案涉物业小区旁的规划路边上，化学工业公司从该楼东侧围墙缺口处出入，其并不必然受到物业公司提供的物业服务，而本案中物业公司也未能提供证据证明已提供物业服务。其三，从案涉B10号楼所处的位置，其既不纳入物业管理服务范围，也不损害小区的整体管理和其他业主的利益。综上事实及理由，法院认定化学工业公司与物业公司之间并不存在事实上的物业服务合同关系，故物业公司要求化学工业公司支付物业费、维修基金、垃圾水电公摊费、滞纳金的诉讼请求于法无据，法院不予支持。一审认定双方形成事实上的物业服务合同关系不当，法院予以纠正。

关于争议焦点三，即物业公司的一审诉讼请求是否超出诉讼时效的问题。如前所述，鉴于化学工业公司与物业公司之间并不存在事实上的物业服务合同关系，故对案涉物业费的请求是否超过诉讼时效进行分析并无意义，法院不作分析。

虽然化学工业公司与物业公司之间并不存在物业服务关系，但案涉 B10 号楼使用的水电均与小区共用总表，即案涉 10 号楼的水电费均需物业公司先行垫付，故化学工业公司仍需支付物业公司垫付的水电费。根据本案查明的事实，物业公司为案涉 B10 楼垫交的水电费为 4210 元，一审判令化学工业公司支付水电费 4210 元给物业公司并无不当，法院予以维持。鉴于双方对物业管理费及水电费的缴交上存在争议，故物业公司主张该水电费的滞纳金法院不予支持。综上所述，一审查明事实清楚，但适用法律及判决结果不当，法院依法予改判。

广西壮族自治区北海市中级人民法院依照《中华人民共和国民法典》第一百七十一条第一款、《中华人民共和国民事诉讼法》第一百七十条第一款第二项之规定，作出如下判决：

一、撤销广西壮族自治区北海市海城区人民法院民事判决；

二、上诉人化学工业公司支付水电费 4210 元给被上诉人物业公司；

三、驳回被上诉人物业公司的其他诉讼请求。

【法官后语】

在前期物业合同签订过程中，一般原则系委托方无权将他人物业列入物业服务范围，否则构成无权代理。但并非所有无权代理都对被委托人不发生法律效力，尤其是对于涉众型案件，要结合公众利益综合判断合同效力，若无权代理或超越代理的结果更利于公众利益，则应认可该无权代理或超越代理法律效力。此外，本案也涉及物业服务举证责任等问题，具有典型意义。

一、合同订立基本原则：无权代理未经被代理人追认的对被代理人不发生效力

合同的订立应遵循平等自愿、诚实信用以及公平原则，本案中

第三人乙公司在从未享有案涉楼房产权的情况下，私自将该楼的物业服务委托给物业公司的行为属于无权代理，而本案中化学工业公司作为案涉楼房的所有权人已明确拒绝接受物业公司的物业管理服务，根据《中华人民共和国民法典》第一百七十一条第一款“行为人没有代理权、超越代理权或者代理权终止后，仍然实施代理行为”的规定，乙公司与物业公司签订的物业管理合同对化学工业公司不发生法律效力。

二、涉众合同区别于一般合同：涉众型合同事实成立与否，除前述合同基本原则外，仍需考虑特定的涉众利益

一审认定双方形成事实上的物业服务合同关系，但结合具体案情，案涉楼房位于案涉物业小区旁的规划路边上，化学工业公司从该楼东侧围墙缺口处出入，其并不必然受到物业公司提供的物业服务，而本案中物业公司也未能提供证据证明已提供物业服务。进一步来分析，案涉楼房位于案涉物业小区靠外围位置，在双方未签订物业服务合同的情况下，该楼拒绝纳入物业管理服务范围既不影响案涉小区物业的独立性，亦不损害该小区的整体管理和其他业主的利益，结合合同订立的基本原则以及本案楼房对涉众因素的影响，足以认定涉众合同（本案具体表现为物业服务合同）不能成立，一审认定双方形成事实上的物业服务合同关系不当。

三、关于物业服务合同纠纷案件举证责任

在“谁主张，谁举证”的原则前提下，对于物业服务实际提供的举证，由物业公司承担举证责任是法律的原则性要求。同时，物业管理合同是从物业公司“提供服务”为合同标的，物业公司按照物业合同要求提供了哪些服务自然保存有证据，由其举证更便利、更合理。比如，物业公司欲主张业主交纳物业费，就应当证明自身

履行了合同义务，提供了相应的服务。如果物业公司在庭审中只是提供了物业管理服务合同，仅能证实他们和业主之间存在合同关系，至于这份合同的履行状况，处于无法确定的状态，那么，这显然是远远不够的。所以，仅有物业合同还不够充分，还需提供其他证据加以补充，以便支持其诉请。物业公司欲取得物业服务费，应以提供服务在先为条件。如果不能证明，则物业公司将面临证明不能的风险。反观业主，在物业管理中是被动接受服务的。而且，否定性事实的举证本就不符合举证逻辑，所以，要求业主承担主要否定物业服务的举证责任，既不现实也不公平。物业公司是物业服务的提供者，其有能力提供与其服务相对应的证据。

综上，虽然该二审判决驳回了物业公司主张物业服务费的诉讼请求，却在无权代理、涉众类合同的认定、物业服务举证责任等问题等方面有着典型意义，亦隐含对上述问题司法认定时的价值取向考量，能够为我国物业服务类案件及涉众合同认定的司法审判提供一定借鉴。

编写人：广西壮族自治区北海市中级人民法院　叶长程　温柠

225　举证责任分配与裁判尺度

——Y 公司诉苏某物业服务合同案

【案件基本信息】

1. 裁判书字号

天津市蓟州区人民法院（2019）津 0119 民初 5491 号民事判决书

2. 案由：物业服务合同纠纷

3. 当事人

原告：Y 公司

被告：苏某

【基本案情】

在 2009 年 10 月 26 日，Y 公司与 H 公司签订了《天津市住宅前期物业服务合同》，约定 Y 公司为该公司开发的乐园公寓二期提供前期物业管理服务；合同期限自 2009 年 10 月 26 日始，至本物业首次业主大会确定物业管理服务企业，并签订《物业管理服务合同》之日止，至今未签订新的物业服务合同。合同签订后，Y 公司如约为乐园公寓二期提供物业管理服务。Y 公司所提供的物业管理服务，在一些方面存在瑕疵。苏某是乐园公寓二期××号房屋业主，苏某接受了 Y 公司提供的物业管理服务，却未如约向 Y 公司交纳物业费，拖欠了 Y 公司 2017 年 11 月至 2019 年 3 月的物业费 1746.5 元。Y 公司向苏某催要过物业费，苏某未予给付，故 Y 公司提起本案诉讼。苏某以 Y 公司不作为，未如约为业主提供物业管理服务，不同意交纳物业费。为证明其主张，苏某提交了照片 24 张和视频一段。问题包括：卫生做得不达标；绿化管理有问题；公共设施方面没进行及时修理；保安晚上睡觉；电梯间、小区里贴满广告、电视屏播放广告等是以营利为目的；将绿地改为停车位收费。

【案件焦点】

1. 苏某提交的 Y 公司服务不符合约定标准的证据是否充分；2. 关于用小区内收取的广告位费用置换公共设施是否合法。

【法院裁判要旨】

天津市蓟州区人民法院经审理认为：物业管理服务是综合性事务，项目多，范围广，个别之处存在瑕疵在所难免。物业管理服务是面向整个小区，时间上具有连续性，不能以小区个别区域和某一时间段的物业管理服务存在瑕疵而否认整体的物业管理服务水平。苏某身为小区业主，本该协助物业公司改进服务，提高水平，却以拒交物业费的方式对抗原告提供的物业管理服务中存在的瑕疵，不仅不利于小区物业的健康发展，如果扩散开来，还可能导致恶性循环，最终影响包括被告自己在内的小区全体业主的正常生活秩序。

Y 公司在小区内设广告位，与广告公司签订以物抵租赁费的广告合同。法律规定，物业公司可以利用公共部位从事经营活动，物业服务企业代表业主大会收取的相关收益，主要用于补充专项维修资金、改善共用设施设备，也可以按照业主大会的决定使用。Y 公司在开发商没有在电梯内安装摄像头，小区内座椅严重老化，而且没有相关经费使用的客观情况下，利用电梯内公共部位和小区座椅等设广告牌，是以物折抵广告费用的变通方式，系对小区进行的经营管理，但此行为未经业主大会或相关业主同意，程序上存在瑕疵。虽然没有经过业主大会或相关业主同意，但考虑主观上也是为了给小区增购公共设施，以变通的方式对小区进行的经营管理，且电梯内广告投入时业主大会还未成立。苏某以 Y 公司提供的物业管理服务中存在瑕疵为由拒交物业费不能成立，法院不予支持。Y 公司请求苏某给付物业费 1745. 9 元，低于朱某杰实际拖欠的数额 1746. 5 元，属于 Y 公司对其权利进行处分，法院照准。

Y 公司提供的物业管理服务存在瑕疵，故对其要求苏某支付违约金的诉讼请求，法院不予支持。天津市蓟州区人民法院依照《中华人民共和国民法典》第五百七十九条、《最高人民法院关于审理物业服务纠纷案件具体应用法律若干问题的解释》第六条、《天津市物业管理条例》第五十一条之规定，作出如下判决：

一、苏某给付Y公司自2017年11月1日起至2019年3月31日止的物业费1745.9元，于判决生效后七日内付清；

二、驳回Y公司其他诉讼请求。

判决后，双方当事人均未上诉，本判决现已生效。

【法官后语】

城市化进程加快，但居民对物业服务范围并不十分清楚，且有偿服务意识不强，加之物业服务合同中也很难对服务标准作出明确约定，服务水平也因为业主个人感受差异而很难统一，因此导致矛盾增加，物业诉讼案件高速增长。

一、分情况适用"过错推定"原则

业主以物业企业管理与服务存在瑕疵为由拒交物业服务费的抗辩理由。对于业主仅提供局部的照片作为证据，不具有连续性，不能达到证明目的。法院综合考虑业主在诉讼中取证存在诸多困难，其无法对物业公司的服务情况查阅相关资料，所举证据种类单一、随意性大、证明力不强。由于业主缺乏法律知识，法官有必要充分行使释明权，指导其举证和参加诉讼。物业服务地区差异较大，服务项目广，不适合普遍适用"过错推定"原则。但对于物业服务完善地区，法院应对物业公司适用"过错推定"原则，物业公司应对基础职能先行举证，提交关于日常清洁记录、巡逻记录、门口安保登记、车辆管理记录、政府考核评价、绿化养护、公共维护及违建告知等证据，未提交的部分承担举证不能的法律责任。

二、法院谨慎使用物业费的自由裁量权，鼓励业主自治

现阶段社区、居委会对小区管理权能有限，业主委员会履职又缺乏制度保障，多数小区主要依靠物业公司进行治理和维护。但物业公司作为企业，并没有行政管理的职能，造成多数小区物业服务介于管理与服务之间，很难达到平衡。法院在这方面应当谨慎行使自由裁量权。一方面，综合考虑小区的客观条件，当地物业服务整体水平、服务瑕疵的影响程度，以鼓励小区自治为主，对于物业公司主动为公共利益的作为，不能拘泥于程序条件，要积极鼓励。另一方面，小区物业纠纷涉及业主较多，容易形成群体性事件，法院不应擅自在个案中免除或者降低物业费标准，势必影响物业公司的服务和运行。对于物业公司服务明显服务不达标的，法院应积极判决，纠正违法行为。

三、业主应正确行使权利

物业管理服务是综合性事务，项目多，范围广，个别之处存在瑕疵在所难免。物业管理服务面向整个小区，时间上具有连续性，不能以小区个别区域和某一时间段的物业管理服务存在瑕疵而否认整体的物业管理服务水平。业主应提高自治意识，积极通过业主委员会对小区进行管理，充分发挥业委会的自治作用。在对物业公司提供服务存在异议时，应及时通过业委会向物业公司提出意见、建议，尽量通过协商方式解决问题，必要时可提议召开业主大会解聘现有物业公司，重新选聘新的物业公司。业主不宜采取拒交物业费的方式解决问题，此举不仅不利于小区物业的健康发展，如果扩散开来，还可能导致恶性循环，最终影响包括被告自己在内的小区全体业主的正常生活秩序；物业公司在收到业主的投诉和建议后，也应积极、及时地为业主解决问题，不断改进与完善物业服务，以获

取业主的认可，通过业主和物业公司之间良好的沟通交流和双方的共同努力，才能形成物业服务的良性循环，建立美好舒适的小区环境。

编写人：天津市蓟州区人民法院　艾世尧

226　物业服务涉及公共部分建筑物所有权的整体性，小区外的商铺也应遵守物业服务合同

——物业公司诉张某容、王某物业服务合同案

【案件基本信息】

1. 裁判书字号

四川省乐山市中级人民法院（2019）川11民终22号民事判决书

2. 案由：物业服务合同纠纷

3. 当事人

原告（被上诉人）：物业公司

被告（上诉人）：张某容、王某

【基本案情】

2012年12月3日，开发公司将其竣工的一期商住物业总面积184983平方米，其中住宅建筑面积137125平方米，商业用房建筑面积47858平方米，地下建筑面积29013平方米的物业服务委托原告管理，物业管理期限为2012年12月1日至2016年12月31日，物业服务合同原件及管理公司的相关证件均交由物业管理主管部门进行了合同备案。2015年6月9日，原、被告签订了一份《前期物业

服务合同》，合同约定：被告将其购置的商铺面积为430.69平方米交由原告管理，物业服务的标准为1.3元/月平方米；业主应于办理交房手续之日起缴纳物业服务费用，交房时预缴一年物业服务费，以后每年缴纳一次，每次在其年度首月的1日至10日内缴纳；若未按时缴纳物业服务费的业主/物业使用人，超过一个季度，其超期部分的滞纳金按所欠费用的3‰每日计收；合同期限自签订之日起至2016年12月31日止（注：在本合同期限内，业主委员会代表全体业主与物业服务企业签订的物业服务合同生效时，或开发建设单位依法解除其与乙方签订的合同，与另外的物业服务企业签订的物业服务合同生效时，本合同自动终止。合同期限届满，尚未成立业主大会并未选聘新的物业服务企业，且开发建设单位未解除其与乙方签订的合同，本合同期限自动延续）。同日，被告与开发建设单位签订的商品房买卖合同在峨眉山市房地产管理局进行了备案，合同备案号为20150××××××××12。被告应在次日向原告缴纳当年的物业服务费，但至2017年12月31日被告从未缴纳过物业服务费，共计欠费17189元，原告通过在小区宣传栏、业主使用门店张贴催收物业服务费通知方式向被告进行催告，要求被告及时缴纳拖欠的物业服务费，被告以各种理由拒交。

【案件焦点】

业主以未享受或者无须接受相关物业服务抗辩拒绝缴纳物业管理费，是否应该得到支持。

【法院裁判要旨】

四川省峨眉山市人民法院经审理认为：《前期物业服务合同》是双方当事人的真实意思表示，双方当事人应按照协议内容全面履行自己的权利义务，该合同成立并已生效，对原、被告都具有法律约束力。物业管理区域的划分申请不属于物业管理企业的义务，且物业管理企业与开发建设单位签订的物业服务合同已报相关主管部门备案。被告以未享受、无须接受相关物业服务抗辩拒绝缴纳物业管理费，其行为有违诚实信用原则。

四川省峨眉山市人民法院依照《中华人民共和国合同法》第八条、第六十条、第一百零九条，《最高人民法院关于审理物业服务纠纷案件具体应用法律若干问题的解释》第六条之规定，作出如下判决：

本判决生效后十日内，由被告张某容、王某支付拖欠原告物业公司的物业管理费 17170 元［（430.69 平方米×1.3 元/平方×30 个月）+（430.69 平方米×1.3 元/平方÷30 天×20 天）］。

被告不服一审判决，提起上诉。四川省乐山市中级人民法院经审理认为：根据查明的事实可知，《前期物业服务合同》是双方当事人的真实意思表示，该合同并不存在前述规定合同无效的情形，因此张某容、王某主张《前期物业服务合同》违反法律、行政法规的强制性规定应属无效的上诉理由于法无据，不予采纳。乐山物业公司按照合同约定提供了物业服务，而张某容、王某却没有按照约定缴纳物业服务费，故乐山物业公司按照合同约定要求张某容、王某支付拖欠物业管理费的诉讼请求于法有据，予以支持。

四川省乐山市中级人民法院经审理同意一审裁判意见，作出如下判决：

驳回上诉，维持原判。

【法官后语】

关于物业管理区域的划分申请不属于物业管理企业的义务，不应无限制地扩展物业服务合同内容和责任的问题。《四川省物业管理条例》第十一条规定，建设单位应当在办理商品房预售许可或者现房销售前，持建设用地许可证、建设工程规划许可证、项目规划设计方案等资料，向项目所在地县（市、区）人民政府住房城乡建设主管部门办理物业服务区域备案。住房城乡建设主管部门应当自受理之日起二十日内予以备案。

建设单位应当将经备案的物业服务区域以书面说明和图纸形式在房屋销售现场的显著位置公示。

第十三条规定，物业已投入使用但未划分物业服务区域的，或者已经划分物业服务区域需要调整的，经业主委员会或者人数占比百分之十以上的业主书面申请，由县（市、区）人民政府住房城乡建设主管部门征求街道办事处（乡镇人民政府）、居（村）民委员会、业主代表意见后，提出物业服务区域划分或者调整的建议方案，由业主共同决定划分，并在相应区域内公告。

以上条例仅是行政许可范围内的具体规定，对物业服务合同内容和履行并没有实质影响。从公正公平的层面上来说，物业公司与业主或者业主委员会签订合同，物业企业提供房屋及配套设备的养护、维修、小区环境卫生清洁和保安等服务，业主支付费用，双方的权利义务是明确且相互对应的，对于法律上没有规定或者规定模糊的事项，应当在合同中明确约定，否则不应该无限制地扩展物业服务合同内容和责任。

《中华人民共和国民法典》第二百七十一条规定，业主对建筑物内的住宅、经营性用房等专有部分享有所有权，对专有部分以外的共有部分享有共有和共同管理的权利。物业服务涉及公共部分建筑物区分所有权的整体性问题，物业管理企业与业主委员会签订的物业服务合同对全体业主有效，业主以未享受或者无须接受相关物业服务抗辩拒绝缴纳物业管理费，人民法院不予支持。物业服务涉及公共部分建筑物区分所有权的整体性问题，该权利不同于普通所有权，其包括专有权、共有权和成员权三个方面，而不是单个业主的绝对支配权。建筑物区分所有权因人数众多，共有部分的利用和管理必须由全体共有人以团体意思决议，而不能以单个区分所有权的个体意思为准。共有部分的管理和利用皆与其正常生活居住息息相关，关乎其正常生活权利的合理实现。不再是简单的财产共有关系，而是相互依存、相互协助之共同生活关系。

因此，在关系全体业主共同利益的事项上，必须由全体业主共同作出决议，并且该决议对所有业主具有约束力。业主以未享受或者无须接受相关物业服务抗辩拒绝缴纳物业管理费，人民法院不予支持。

编写人：四川省峨眉山市人民法院　谢灵

227　物业服务企业可直接起诉制止业主违法搭建行为

——物业公司诉游某磊物业服务合同案

【案件基本信息】

1. 裁判书字号

江苏省苏州市中级人民法院（2018）民终字 7248 号民事判决书

2. 案由：物业服务合同纠纷

3. 当事人

原告（被上诉人）：物业公司

被告（上诉人）：游某磊

【基本案情】

游某磊购买了某小区一处别墅。2014 年 3 月 7 日，物业公司与游某磊及案外人房地产公司签订《前期物业管理服务协议》，该协议确定由物业公司对某小区负责前期物业管理工作；游某磊应自觉遵守《某小区临时管理规约》。协议同时对各相关各方的权利义务作出约定。《某小区临时管理规约》第四条第四项规定，业主在装修时应当保持小区的规划建设原貌和楼宇外貌整体美观，不得改变物业的外表外墙。包括（但不限于）应当按照房屋设计预留的位置安装空调。未预留位置的，按照有关规定或者物业服务企业指定的位置安装。并按要求做好噪声及冷凝水的处理；不得私自在物业及房屋外部（包括外墙、窗户）或顶部新设、更改、增建、安装、设置围墙、围栏、阳光房、防盗栏网、铁门、大门、铁笼、遮阳物、晒衣架等，不得私自变更房屋面向公共地方及/或公共部分门窗、墙体以及阳台范围内门窗墙体的颜色等，不得私自在物业的外墙表面或阳台部位涂抹、开洞或以任何方式改变其外观。2015 年 4 月 28 日，游某磊向物业公司出具《装修管理承诺书》，再次明确了装修会遵守相应法律、法规及业主临时管理规约。

2017 年 8 月 18 日，物业公司向游某磊发出违规通知书，该通知书载明：我司工作人员发现贵司在进行装饰装修过程中有下列违规行为：擅自将后院公共围墙破坏开门洞。该通知书同时明确要求游某磊在收到通知后 5 个工作日内进行整改。游某磊签署了相应的违规通知书，但未停止相应的开门洞行为。在将相应部分围墙拆除以后，游某磊安装了出入后花园的大门。

物业公司认为游某磊的行为违反了相关合同及法律的规定，妨害了其进行物业服务与管理，故起诉至法院，请求法院判令游某磊将相应围墙恢复原状。

【案件焦点】

业主违反物业服务合同或者法律、法规、管理规约，实施妨害物业服务与管理的行为，物业服务企业是否有权以自己名义提起诉讼，请求业主承担恢复原状等相应民事责任。

【法院裁判要旨】

江苏省苏州工业园区人民法院经审理认为：根据《最高人民法院关于审理物业服务纠纷案件具体应用法律若干问题的解释》第四条“业主违反物业服务合同或者法律、法规、管理规约，实施妨害物业服务与管理的行为，物业服务企业请求业主承担恢复原状、停止侵害、排除妨害等相应民事责任的，人民法院应予支持”之规定，本案物业公司作为涉案房屋所在小区的物业管理企业，其有权以自己名义提起诉讼。被告游某磊未经允许，擅自将后花园部分围墙拆除后安装大门的行为，违反了相应的《某小区临时管理规约》及相关法律的规定，物业公司要求恢复原状之请求合法有据，应予支持。相应围墙应按照规划设计图、未拆除围墙样式予以恢复。

江苏省苏州工业园区人民法院依照《中华人民共和国物权法》第八十三条第一款，《最高人民法院关于审理物业服务纠纷案件具体应用法律若干问题的解释》第四条之规定，作出如下判决：

被告游某磊于本判决生效之日起三十日内将后花园围墙恢复原状。

游某磊不服一审判决，提起上诉。江苏省苏州市中级人民法院经审理认为：《最高人民法院关于审理物业服务纠纷案件具体应用法律若干问题的解释》第四条规定："业主违反物业服务合同或者法律、法规、管理规约，实施妨害物业服务与管理的行为，物业服务企业请求业主承担恢复原状、停止侵害、排除妨害等相应民事责任的，人民法院应予支持。"游某磊未经允许，擅自将后花园部分围墙拆除后安装大门的行为，违反了小区管理规约及法律规定。物业公司以自己名义请求恢复原状符合法律规定。游某磊认为物业公司需经业主有效授权才能提起诉讼的观点于法相悖，不予采信。

江苏省苏州市中级人民法院依照《中华人民共和国民事诉讼法》第一百七十条第一款第一项之规定，作出如下判决：

驳回上诉，维持原判。

【法官后语】

随着国家城镇化战略的推广，越来越多的百姓成为城镇居民。伴随而来的是越来越多的住宅小区建成投入使用。小区业主之间也成了一个利益相关的共同体，任何一个业主改变物业现状的行为都会对其他业主的权益产生影响。在现行相关小区物业管理规定不完善、不全面的情况下，住宅小区特别是一些别墅小区的违章搭建成为普遍现象。这大大影响小区的整体美观，并造成安全隐患。有的业主看到他人违章搭建未被及时制止，也跟着效仿。有的业主虽有意见，但因维权成本高、维权时间长等原因很少自行出面维权。负有管理职责的行政机关也往往作为不够、对此类现象打击不力。而小区物业公司作为物业管理企业，负有维护整个小区整体利益的职责，是现行情况下最方便、专业的制止违章搭建的主体。虽然《最高人民法院关于审理物业服务纠纷案件具体应用法律若干问题的解释》第四条规定物业服务企业对于业主实施的妨害物业服务与管理的行为可以以自己名义起诉，但实践中却极少有物业服务企业依此规定提起诉讼。本案例为打击违章搭建，创造和谐小区提供了切实可行的实践样板，具有十分重要的意义。

2021年1月1日起《中华人民共和国民法典》施行后，《中华人民共和国物权法》已废止。《最高人民法院关于审理物业服务纠纷案件具体应用法律若干问题的解释》也在2020年12月23日修正为《最高人民法院关于审理物业服务纠纷案件具体应用适用法律若干问题的解释》。本案涉及的《中华人民共和国物权法》第八十三条第一款相关规定保留在了《中华人民共和国民法典》第二百八十六条中。同时，《最高人民法院关于审理物业服务纠纷案件具体应用法律若干问题的解释》第四条“业主违反物业服务合同或者法律、法规、管理规约，实施妨害物业服务与管理的行为，物业服务企业请求业主承担恢复原状、停止侵害、排除妨害等相应民事责任的，人民法院应予支持”之规定在《最高人民法院关于审理物业服务纠纷案件具体应用适用法律若干问题的解释》中变更为第一条，相应内容为“业主违反物业服务合同或者法律、法规、管理规约，实施妨碍物业服务与管理的行为，物业服务人请求业主承担停止侵害、排除妨碍、恢复原状等相应民事责任的，人民法院应予支持。”由此可见，《中华人民共和国民法典》施行及相关司法解释修改，对于本案涉及的物业服务企业（物业服务人）可以自己名义直接起诉业主的规定是前后一致的。

编写人：江苏省苏州工业园区人民法院　吴海锋

二十八、中介合同纠纷*

228 居间合同是否成立的认定

——房地产公司诉商业地产公司、教育科技公司居间合同案

【案件基本信息】

1. 裁判书字号

北京市第二中级人民法院（2020）京02民终1200号民事判决书

2. 案由：居间合同纠纷

3. 当事人

原告（上诉人）：房地产公司

被告（被上诉人）：商业地产公司、教育科技公司

【基本案情】

原告唯一股东、法定代表人赵某认识了被告教育科技公司的拓展部经理、选址负责人何某。何某代表教育科技公司寻租合适的商业办公场所。2018年10月下旬，教育科技公司主动向原告表示了对位于案涉租赁标的兴趣，开始持续通过原告了解与租赁相关的情况。其间原告与商业地产公司的销售总监张某对接。商业地产公司与教育科技公司基本达成了租赁意向。原告称，2018年12中旬，两被告高层领导开始跳过原告直接商谈租赁合作。2019年5月27日，二被告签订了为期五年的《房屋租赁合同》，但未向原告支付任何报酬，故原告诉至法院。

---

* 注：《中华人民共和国民法典》已颁布并实施，其中将居间合同名称变更为中介合同。

【案件焦点】

房地产公司是否与二被告存在居间合同法律关系。

【法院裁判要旨】

北京市西城区人民法院经审理认为：当事人对自己提出的主张，有责任提供证据。在合同纠纷案件中，主张合同关系成立并生效的一方当事人对合同订立和生效的事实承担举证责任。房地产公司应当对其主张的居间合同订立和生效的事实承担举证责任。本案中，房地产公司主张教育科技公司员工何某和商业地产公司员工张某系通过其介绍相识故其已经实际履行了居间合同的义务，即使其能证明该事实成立，房地产公司仍需就商业地产公司就涉案房屋租赁事宜委托房地产公司提供充足证据，本案涉案房屋系公开招租，并非房地产公司独家获得出租信息，房地产公司所提供的证据及双方当事人的陈述只能证明房地产公司曾就教育科技公司租赁房屋与商业地产公司进行磋商，曾带教育科技公司看过房屋，曾向教育科技公司发过房产平面图，其不能证明房地产公司与商业地产公司、教育科技公司就成立居间合同达成一致的意思表示。房地产公司作为从事房地产经纪行业的商主体，其亦向商业地产公司发送过客户确认书，但商业地产公司未对其要约作出相应承诺。房地产公司始终未与商业地产公司、教育科技公司签订书面居间合同，其提交的证据亦不足以证明各方就成立居间合同的主要条款达成一致的意思表示。

北京市西城区人民法院依照《中华人民共和国民事诉讼法》第六十四条，《最高人民法院关于民事诉讼证据的若干规定》第五条之规定，作出如下判决：

驳回原告房地产公司的全部诉讼请求。

房地产公司不服一审判决，提起上诉。

北京市第二中级人民法院经审理认为：当事人对自己提出的诉讼请求所依据的事实或者反驳对方诉讼请求所依据的事实，应当提供证据加以证明，但法律另有规定的除外。在作出判决前，当事人未能提供证据或者证据不足以证明其事实主张的，由负有举证证明责任的当事人承担不利的后果。房地产公司上诉主张其持续为商业地产公司、教育科技公司提供服务、履行居间义务，并促成商业地产公司与教育科技公司订立租赁合同，各方成立居间合同关系。首先，根据房地产公司提供的微信记录、邮件、电话录音等证据，房地产公司曾为其他两方提供房源信息、带看房屋、询价等服务，但尚处于洽商、沟通阶段；房地产公司在 2019 年 3 月间停止与商业地产公司、教育科技公司的接洽，且此后不再与双方有沟通行为，而商业地产公司与教育科技公司于 2019 年 5 月 27 日通过某产权交易所达成租赁合同，根据房地产公司提交的证据，尚不足以证明在其与双方接洽期间，商业地产公司、教育科技公司就租赁合同的主要条款等内容达成明确的一致意见，且在此期间，商业地产公司、教育科技公司均没有作出明确的签订租赁合同的意思表示。故房地产公司就其服务与最终达成租赁合同之间的因果关系并未提供充足的证据予以证明。其次，本案系公开招租，房源信息并非房地产公司独家提供，且在房地产公司提交的其与商业地产公司工作人员的微信记录中亦向商业地产公司提及“教育科技公司无数代理在追”“资料早就有无数代理给客户发过了”，而各方当事人之间未签订书面的居间服务合同，房地产公司亦未提交充足的证据证明各方就成立居间合同关系达成一致的意思表示，故房地产公司要求商业地产公司、教育科技公司支付居间报酬及利息损失缺乏依据，二审法院不予支持。一审判决认定事实清楚，适用法律正确，应予维持。

北京市第二中级人民法院依照《中华人民共和国民事诉讼法》第一百七十条第一款第一项的规定，作出如下判决：

驳回上诉，维持原判。

【法官后语】

本案是居间合同成立与否的典型案例。本案中，原、被告之间未签订任何书面协议，原告为证明双方之间存在居间合同，准备了大量证据，居间合同系居间人向委托人报告订立合同的机会或提供订立合同的媒介服务，委托人支付报酬的合同。居间合同虽然并非要式合同，但原告应证明委托人和居间人就订立居间合同的意思表示达成一致。

首先，当事人订立居间合同，采取要约、承诺形式。合同订立，是缔约人为意思表示并达成合意的状态。合同订立是当事人为实现预期目的，作出意思表示并达成合意的动态过程，包含当事人各方为了进行交易，与对方进行接触、洽谈，最终达成合意的整个过程，是动态行为和静态协议的统一体。合同订立是交易行为的法律运作，没有合同订立就没有交易，其动态阶段是交易主体利用其经济条件、社会环境、发挥其聪明才智、采取各种策略，说服对方交易，争取确定有利于自己的合同条款的过程。其静态协议，即交易主体之间权利义务的确立。在某些情况下，双方当事人经过长时间的磋商才能达成合意，很难将某个具体的行为界定为“要约”或“承诺”。也有些合同的内容是由双方当事人共同确定。总之，对合同成立而言，关键的是当事人之间就合同的主要条款的合意，只有当事人之间达成有约束的合意，合同才成立。本案中，原告提供的证据证明其曾为其他两方提供房源信息、带看房屋、询价等服务，但双方始终未就居间合同的主要条款进行协商并达成一致，其证据显示双方尚处于洽商、沟通阶段。

其次，根据原告提交的双方微信聊天记录和照片显示，本案系公开招租，房源信息并非原告独家提供，虽然原告称其介绍二被告员工认识，但亦不能直接证明被告委托了原告。

最后，原告在2019年3月间停止与二被告的接洽，且此后不再与双方有沟通行为，而二被告于2019年5月27日通过某产权交易所达成租赁合同，根据原告提交的证据，尚不足以证明在其与双方接洽期间，二被告就租赁合同主要条款等内容达成明确的一致意见，且在此期间，二被告均没有作出明确的签订租赁合同的意思表示。

综上，原告的证据不足以证明双方存在居间合同关系的高度可能性。另外，需要指出的是，原告作为从事房地产经纪行业的商主体，并非不了解本案的风险，其亦向商业地产公司发送过客户确认书，但商业地产公司未对其要约作出相应承诺。本案的结果也提醒居间人应当在开拓市场的同时积极注意保护自己的合法权益，及时签署书面协议，以免陷入举证不能的困境。

《中华人民共和国民法典》现已经施行，基于通俗易懂的考虑，《中华人民共和国民法典》将原《中华人民共和国合同法》中“居间合同”修改为“中介合同”，“居间人”修改为“中介人”，但对认定中介合同的成立标准，并无变化。

编写人：北京市西城区人民法院　张洁

229 房屋买卖的中介合同中诉讼主体、中介义务及违约责任的认定

——曹某诉房地产公司居间合同案

【案件基本信息】

1. 裁判书字号

北京市第一中级人民法院（2020）京 01 民终 1753 号民事判决书

2. 案由：居间合同纠纷

3. 当事人

原告（被上诉人）：曹某

被告（上诉人）：房地产公司

【基本案情】

曹某在 2014 年 4 月经房地产公司居间介绍后，与徐某光签订房屋买卖合同，约定购买徐某光名下的案涉房屋，三方共同签订案涉居间合同。之后，曹某因市场价格下跌未能及时售出其本人名下另外两套房屋，并逾期向徐某光支付案涉房屋购房款，违约在先，徐某光诉至法院要求曹某支付违约金，一审法院判决后，二审中双方达成调解，曹某共计向徐某光赔偿了 148.8 万元。

曹某随后起诉本案，要求房地产公司承担违约责任，主张房地产公司在明知其有三套房不具备北京市购房资格的情况下，仍积极促成与徐某光的交易，导致其无法履行房屋买卖合同并产生巨额损失，要求房地产公司赔偿损失 80 万元。房地产公司在一审判决后上诉主张一审法院遗漏当事人徐某光，且三方对曹某购房时

不具备购房资格均属明知，曹某未能出售名下两套房的原因是房价下跌后其不想继续售房，买卖合同的违约责任应由曹某自行承担。

【案件焦点】

1. 出卖人是否应当作为当事人参加本案诉讼；2. 房地产公司的居间合同义务是否在房屋买卖合同签订后已履行完毕；3. 房地产公司的违约赔偿责任承担的认定。

【法院裁判要旨】

北京市海淀区人民法院经审理认为：曹某与房地产公司签订的《居间服务合同》系双方真实意思表示，且内容不违反法律、行政法规的效力性强制性规定，应属有效。曹某不具备购房资格，亦不符合签订买卖合同的前提条件，房地产公司作为专业的房屋中介机构，本应如实告知购房人若不具有购房资格而签订买卖合同存在的风险。此外，房地产公司亦应明知其在曹某不具有购房资格的情况下提供经纪服务属于违规行为，但房地产公司仍促成曹某与徐某光签订买卖合同，故其应对造成本案纠纷承担主要责任。曹某作为具有正常民事行为能力的公民，明知自己不具有购房资格仍进行签约，对造成的损失应承担次要责任。曹某的诉讼请求，符合事实及法律规定，法院予以支持。房地产公司经法院合法传唤无正当理由未到庭参加诉讼，视为放弃庭审抗辩权利，不影响法院依据查明的事实和证据进行裁判。

北京市海淀区人民法院依据《中华人民共和国合同法》第六十条、第九十四条第一款第四项、第四百二十四条、第四百二十五条，《中华人民共和国民事诉讼法》第一百四十四条之规定，作出如下判决：

一、确认原告曹某与被告房地产公司于2014年4月6日签订的居间服务合同解除；

二、被告房地产公司于本判决生效之日起十日内赔偿原告曹某损失80万元。

房地产公司不服一审判决，提起上诉。

北京市第一中级人民法院经审理认为：第一，关于遗漏当事人的问题。判断出卖人徐某光是否是本案诉讼标的同一必须参加诉讼的当事人是认定一审判决是否遗漏当事人的关键。房屋买卖中的居间合同法律关系一般包含了买方和居间方、卖方和居间方两个居间合同法律关系。本案中，虽然形式上曹某、徐某光与房地产公司签订了《居间服务合同》，但从法律层面看，《居间服务合同》中包含了曹某与房地产公司、徐某光与房地产公司两个居间合同的法律关系。本案的诉讼标的为曹某与房地产公司间的居间合同法律关系，而徐某光并非该居间合同法律关系的主体，曹某与徐某光间不存在居间合同法律关系，故徐某光并非本诉必须参加诉讼的当事人，一审法院未遗漏当事人。第二，关于案涉居间合同的解除问题。根据双方合同约定，房地产公司的居间合同义务既包括案涉居间合同第一条中列举的居间服务，也包括案涉居间合同约定的忠实义务、代办网上签约及相关后续督促义务。这也是当前房屋买卖居间的行业惯例。因此，至徐某光与曹某签订房屋买卖合同，房地产公司的居间合同义务并未全部履行完毕，案涉居间合同并未终止。房地产公司严重违反限购政策对于房地产经纪机构的要求，在明知曹某签约时无购房资格的情况下，仍违规与曹某签订居间合同促成其与徐某光签订案涉买卖合同，已构成违约。虽然曹某签署了《购房承诺书》，但并不能因此免除房地产公司的违约责任。因与徐某光的案涉买卖合同已解除，曹某的合同目的已无法实现。综上，曹某要求解除与房地产公司案涉居间合同的诉讼请求具有事实和法律依据，应予支持。第三，关于房地产公司的违约赔偿责任承担问题。本案解决的是房地产公司因居间合同违约行为而应承担的赔偿责任，确定房地产公司的赔偿责任及数额，应结合房地产公司违反居间合同义务与损失间的因果关系以及影响程度进行综合判断认定。曹某作为合同当事人自愿选择卖旧买新这种连环买卖方式，并且在已有房屋未卖出、购房资金不足、购房资格不具备的情况下，先行与徐某光签订案涉买卖合同，应当对其是否能够如约履行与徐某光的案涉买卖合同有充分考虑和判断。因此，曹某对于案涉买卖合同的签订、履行及产生的后果，发挥了主导作用。房地产公司作为房地产专业中介机构，应当严格依法依规从事居间服务，居间行为虽然只是促成房屋买卖合同签订的一种辅助方式，但其违规促成交易的行为对案涉买卖合同风险的发生具有一定的影响，与曹某主张的损失间具有一定的因果关系，应当承担相应的赔偿责任。北京市海淀区人民法院确定的赔偿数额过高，北京市第一中级人民法院予以调整。

北京市第一中级人民法院依照《中华人民共和国合同法》第九十三条第一款、第九十四条、第四百二十四条，《中华人民共和国民事诉讼法》第一百七十条第一款第二项，《最高人民法院关于适用〈中华人民共和国民事诉讼法〉的解释》第三百二十七条之规定，作出如下判决：

一、撤销北京市海淀区人民法院民事判决；

二、确认曹某与房地产公司的《居间服务合同》于 2018 年 5 月 16 日解除；

三、房地产公司于本判决生效之日起十日内赔偿曹某损失45万元；

四、驳回曹某其他诉讼请求。

【法官后语】

《中华人民共和国民法典》已颁布并实施，其中将居间合同名称变更为中介合同，在延续《中华人民共和国合同法》关于中介法律关系相关规定的基础上，为委托人和中介人设定了新的权利义务，但关于中介合同纠纷中诉讼主体、中介合同义务、违约责任等问题的认定一直存在争议且是相关纠纷审理的难点。本案中由于房地产公司违规提供中介服务，导致房屋买卖交易失败并引发诉讼，恰好涉及了上述三个问题，为其他类似诉讼提供参考如下：

一、出卖人是否应当作为当事人参加本案诉讼

依据《中华人民共和国民事诉讼法》第一百七十条第一款第四项（对应《中华人民共和国民事诉讼法》（2021修订）第一百七十七条第一款第四项）的规定，判断徐某光是否是本案诉讼标的同一必须参加诉讼的当事人是认定一审判决是否遗漏当事人的关键。第一，房屋买卖的居间合同是居间人根据卖方或买方的委托，为其与第三人订立房屋买卖合同提供机会或进行介绍，委托人向居间人给付约定报酬的协议。居间合同法律关系的主体为居间人和委托人。房屋买卖中的居间合同法律关系一般包含买方和居间方、卖方和居间方两个居间合同的法律关系。本案中，虽然形式上曹某、徐某光与房地产公司签订了《居间服务合同》，但从法律层面看，《居间服务合同》中包含了曹某与房地产公司、徐某光与房地产公司两个居间合同法律关系。第二，诉讼标的是民事当事人之间争议的请求人

民法院审判的民事实体法律关系或民事实体权利。本案中，曹某的诉讼请求为解除曹某与房地产公司之间签订的居间服务合同。因此，本案的诉讼标的为曹某与房地产公司间的居间合同法律关系，而徐某光并非该居间合同法律关系的主体，曹某与徐某光间不存在居间合同法律关系，故徐某光并非本诉必须参加诉讼的当事人。

二、房地产公司的居间合同义务是否在房屋买卖合同签订后已履行完毕

房地产公司主张案涉居间合同约定徐某光、曹某双方签订案涉买卖合同时居间行为完成。因此，案涉居间合同已因徐某光与曹某签订买卖合同而终止。合同解除是合同终止的原因之一，合同解除是以合同存续为前提的，如果合同已因“债务已经按照约定履行的”这一法定情形成就而终止，则解除合同的诉讼请求就缺乏事实根据。房地产公司主张案涉居间合同已终止实际上是认为至徐某光与曹某签订房屋买卖合同，其居间合同的义务已经全部履行完毕，其与曹某间的案涉居间合同已因具备了“债务已经按照约定履行的”这一法定情形而终止。房地产公司该抗辩是否成立，关键在于如何认定房地产公司在案涉居间合同中的义务。根据双方合同约定，房地产公司的居间合同义务既包括案涉居间合同第一条中列举的居间服务，也包括案涉居间合同第三条第二点、第三点中约定的忠实义务、代办网上签约及相关后续督促义务。这也是当前房屋买卖居间的行业惯例。因此，至徐某光与曹某签订房屋买卖合同，房地产公司的居间合同义务并未全部履行完毕，案涉居间合同并未终止。案涉居间合同第三条约定，房地产公司应遵守相关法律规定，尽职提供居间服务；房地产公司不得在交易中提供虚假信息或故意隐瞒真实情况。房地产公司作为专业的房屋买卖中介机构，全面依法依规从事居间

活动既是其法定义务也是其合同义务。房地产公司严重违反限购政策对于房地产经纪机构的要求，在明知曹某签约时无购房资格的情况下，仍违规与曹某签订居间合同促成其与徐某光签订案涉买卖合同，已构成违约。虽然曹某签署了《购房承诺书》，但并不能因此免除房地产公司的违约责任。因与徐某光的案涉买卖合同已解除，曹某的合同目的已无法实现。综上，曹某要求解除与房地产公司案涉居间合同的诉讼请求具有事实和法律依据，应予支持。

三、房地产公司的违约赔偿责任承担的认定

本案中，曹某因案涉买卖合同解除产生的全部损失为其支付给徐某光的违约金48.8万元及徐某光未退还的100万元定金，曹某主张其中的80万元损失应当由房地产公司承担。本案解决的是房地产公司因居间合同违约行为而应承担的赔偿责任，确定房地产公司的赔偿责任及数额，应结合房地产公司违反居间合同义务与损失间的因果关系以及影响程度进行综合判断认定。曹某作为合同当事人自愿选择卖旧买新这种连环买卖方式，并且在已有房屋未卖出、购房资金不足、购房资格不具备的情况下，先行与徐某光签订案涉买卖合同，应当对其是否能够如约履行与徐某光的案涉买卖合同有充分考虑和判断。因此，曹某对于案涉买卖合同的签订、履行及产生的后果，发挥了主导作用。房地产公司作为房地产专业中介机构，应当严格依法依规从事居间服务，居间行为虽然只是促成房屋买卖合同签订的一种辅助方式，但其违规促成交易的行为对案涉买卖合同风险的发生具有一定的影响，与曹某主张的损失间具有一定的因果关系，应当承担相应的赔偿责任。由于一审法院确定的赔偿数额过高，二审法院予以了调整。

因此，中介合同纠纷的当事人仅应为中介一方及与中介存在争议的一方，房屋买卖的中介合同中中介一方义务并不基于签订了房屋买卖合同而终止，中介一方在房屋买卖交易失败中应承担相应过错责任。

编写人：北京市第一中级人民法院　郭仁鑫

230　购房参团费能否认定为居间服务报酬

——贾某诉F公司等居间合同案

【案件基本信息】

1. 裁判书字号

北京市第三中级人民法院（2019）京03民终11576号民事判决书

2. 案由：居间合同纠纷

3. 当事人

原告（上诉人）：贾某

被告（被上诉人）：F公司、R公司、Y公司

【基本案情】

2017年3月22日、3月29日，贾某分别将1万元、112914元转至F公司账户，作为贾某购买R公司开发的荣盛未来城××号房的定金、首付、公共维修基金、运营保证金、参团费。同年9月7日，商盛公司出具收据，收据载明收到贾某交来未来城××号房的运营保证金27899元。2018年1月12日，R公司出具收据，收据载明收到贾某交来未来城××号房的定金首期52437元。同月20日，F公司出具收据，收据载明收到贾某交来××号房的参团费

4 万元。同年 5 月 4 日，在唐山市丰南区人民法院的主持下当事人自愿达成协议：贾某与 R 公司解除双方关于荣盛未来城××号房屋买卖合同关系，R 公司返还贾某购房款 47193 元，余款 5244 元不再返还，商盛公司退还贾某因购房而支付的运营保证金 27899 元，R 公司唐山分公司在贾某办理完撤约后 3 日内与贾某共同到丰南住建局办理公共维修基金 2578 元退费手续。关于该 4 万元“参团费”，贾某认为：该费用并不包括在其支付的购房款中，贾某看房、选房、购房，均是在 R 公司的销售人员的指引下进行的，从未接触过 F 公司、Y 公司的任何人员，也从未与 F 公司、Y 公司签订任何协议，不存在事实和法律上的关系，F 公司、Y 公司收取贾某的 4 万元已经构成了法律上的不当得利，应当退还。F 公司认为：参团费系居间服务费，贾某通过刘某华的渠道找到 F 公司，刘某华正是 F 公司的下属销售渠道；房红包收取的费用中，大部分的资金也由 F 公司转到了刘某华账户，贾某实际享受到了购房优惠；贾某与 R 公司签约表明贾某已成功购房，F 公司的居间服务义务已经履行完毕，贾某因个人原因导致房屋买卖合同解除，否认 F 公司在其购房时期提供的居间服务的全部劳动成果，有违诚信和公平原则。庭审中，R 公司表示原告是 F 公司推荐给 Y 公司，Y 公司又推荐给 R 公司的团购客户，已经享受了团购优惠。

【案件焦点】

F 公司与贾某之间是否形成居间合同法律关系，以及 F 公司收取的“参团费”是否属于居间服务报酬。

【法院裁判要旨】

北京市密云区人民法院经审理认为：根据《中华人民共和国民

事诉讼法》的规定，当事人有答辩并对对方当事人提交的证据进行质证的权利，本案被告Y公司经法院依法传唤，无正当理由拒不出庭应诉，视为其放弃了答辩和质证的权利。庭审中，贾某陈述其从未接触过F公司、Y公司的任何人员，但在购买商铺时确将十余万元购房款等款项直接支付给F公司。这显然不符合常理。另外，R公司在庭审中表示贾某是F公司推荐给Y公司，Y公司又推荐给R公司的团购客户，已经享受了团购优惠。因此可以认定贾某通过F公司购买了荣盛未来城房屋，并已经享受了购房优惠。F公司在贾某购房的过程中提供了服务，收取了团购费，并非没有事实依据，故贾某向F公司主张团购费系不当得利并要求退款之诉讼请求，没有事实和法律依据，法院不予支持。该笔4万元团购费，收款人系F公司，贾某主张R公司、Y公司返还承担连带责任，于法无据，法院亦不予支持。

北京市密云区人民法院依照《中华人民共和国民事诉讼法》第六十四条第一款之规定，作出如下判决：

驳回原告贾某的诉讼请求。

贾某不服原审判决，提起上诉。

北京市第三中级人民法院经审理认为：第一，关于F公司与贾某之间是否形成居间合同法律关系。《最高人民法院关于适用〈中华人民共和国民事诉讼法〉的解释》第九十条规定，当事人对自己提出的诉讼请求所依据的事实或者反驳对方诉讼请求所依据的事实，应当提供证据加以证明，但法律另有规定的除外。在作出判决前，当事人未能提供证据或者证据不足以证明其事实主张的，由负有举证证明责任的当事人承担不利的后果。F公司虽主张为贾某房屋买卖提供了居间服务，并促成了贾某与R公司签订房屋买卖合同，但其未提供书面的居间合同或双方达成口头合同的证据，也未能提供证据证明其为贾某实际提供了居间信息服务，故在无其他证据予以佐证的情况下，不能认定双方形成居间合同法律关系。

第二，关于F公司收取的“参团费”性质是否属于居间费。根据庭审各方的陈述，F公司收取贾某参团费4万元实际是为了贾某在购房过程中能够享受购房优惠，该费用的性质与普通的居间报酬有别，并非仅为提供团购折扣信息的报酬，F公司所负的义务也不应仅是在订立房屋买卖合同时使买受方按照优惠价格购买商品房，还应使买受方能够通过合同的履行实际享受到减免房屋价款的优惠，否则买受方支付参团费的目的无法实现。鉴于贾某与R公司之间的房屋买卖合同关系已解除，贾某实际未能享受到购房优惠，故F公司应将参团费退还给贾某。一审法院对此事实认定有误，法院予以更正。但贾某主张要求支付参团费利息的请求，缺乏法律依据，法院不予支持。

贾某上诉主张R公司与F公司存在销售代理关系，两公司共同隐瞒了房屋系违法售后包租的事实，故R公司作为被代理人应承担连带返还责任，对此未举证证明，R公司亦不予认可，而且F公司庭审陈述收取的参团费4万元一部分支付给其下属渠道销售商刘某华，剩余款项归F公司所有，R公司并未实际收取该费用，故R公司不应承担连带返还责任，法院对贾某该项主张不予支持。贾某主张Y公司应承担返还责任，缺乏事实及法律依据，法院亦不予支持。综上所述，贾某的上诉请求部分成立。一审判决认定事实错误，法院依法予以纠正。

北京市第三中级人民法院依照《中华人民共和国合同法》第九十四条、第九十七条、第四百二十四条，《中华人民共和国民事诉讼法》第一百七十条第一款第二项之规定，作出如下判决：

一、撤销北京市密云区人民法院（2019）京0118民初367号民事判决；

二、F公司于本判决生效后十日内返还贾某参团费4万元；

三、驳回贾某的其他诉讼请求。

【法官后语】

本案的主要争议焦点是F公司收取的“参团费”性质是否属于居间服务报酬。参团费应当如何认定？能否认定为居间合同服务报酬呢？这需要对居间合同的构成要件及合同双方的权利义务进行分析。

《中华人民共和国合同法》第四百二十四条规定：“居间合同是居间人向委托人报告订立合同的机会或者提供订立合同的媒介服务，委托人支付报酬的合同。”居间合同在《中华人民共和国民法典》中的名称发生了变化，称为“中介合同”。第九百六十一条规定：“中介合同是中介人向委托人报告订立合同的机会或者提供订立合同的媒介服务，委托人支付报酬的合同”。据此，“居间合同”与“中介合同”本质上相同的，具有以下特征：

1. 合同标的不是法律行为，而是介绍订约的劳务，即居间人向委托人报告订立合同的机会或者提供订立合同的媒介服务。

2. 居间人在委托人与第三人订立的合同中既非当事人，亦非任何一方的代理人，而是中间媒介人。居间人对委托人与第三人之间的合同没有介入权。居间人只负责向委托人报告订立合同的机会或者为委托人与第三人订约居中斡旋，传达双方意思，起牵线搭桥的作用，对合同没有实质的介入权。

3. 居间合同是双务、有偿、诺成合同。居间人只有在居间产生有效结果时才可请求报酬给付。双方当事人约定居间人的报酬，居间人的报酬标准，国家有限制规定的，当事人约定的报酬额不能超过国家规定的最高标准。居间合同报酬的给付义务有两种情况：一是报告居间，因居间人仅为委托人报告订约机会，并不与委托人的相对人发生关系，所以报告居间仅由委托人承担给付义务；二是媒介居间，因为交易双方当事人都因为居间人的媒介而得益，所以，除另有约定外，由双方当事人平均负担居间人的报酬。居间人行使报酬请求权采取报酬后付，即以合同因其报告或媒介成立而为限。合同未成立的，不得请求报酬；合同虽成立但无效时，居间人也不能请求报酬。此外，居间人还享有费用偿还请求权。居间人所需费用，通常包括在报酬内，居间活动的费用一般由居间人负担，非经特别约定，居间人不得请求偿还费用。但当事人在居间合同中约定由委托人承担费用的，居间人对其已付的费用有偿还请求权。

从以上对居间服务合同特征及当事人的权利义务的分析来看，参团费不应当属于居间服务报酬。居间服务报酬是居间人向委托人报告订立合同的机会或者提供订立合同的媒介服务而获取的佣金。而购房者支付参团费的目的不在于获取合同订立的机会或者享受与合同订立相关的媒介服务，其主要目的在于要享受到合同订立之后的支付价款优惠服务。这是两种不同性质的服务。本案中，贾某向F公司支付的4万元参团费，实际上是为了在购房过程中享受购房优惠，故该费用的性质与居间报酬不同。因此，当贾某与R公司之间的房屋买卖合同解除，贾某实际未能享受到购房优惠时，F公司应当将参团费退还给贾某。

编写人：北京市密云区人民法院　徐秀丽

231 无书面合同情形下居间合同主体的认定
——S 公司诉 B 公司、罗某吉居间合同案

【案件基本信息】

1. 裁判书字号

湖北省武汉市中级人民法院（2019）鄂01民终12459号民事判决书

2. 案由：居间合同纠纷

3. 当事人

原告（被上诉人）：S 公司

被告（上诉人）：B 公司

被告：罗某吉

第三人：A 公司

【基本案情】

被告罗某吉为被告B公司的项目经理。B公司作为委托人，曾多次与原告S公司签订居间合同，由原告S公司为B公司在承接建筑工程中提供居间服务。2013年2月7日、2014年1月29日，罗某吉先后两次向原告S公司的法定代表人曹某惠汇款7万元、4.5万元。2012年4月19日，A公司与B公司签订《湖北省建筑工程施工合同》及《建筑施工合同补充协议》，A公司为发包方，B公司为承包方，B公司加盖公司印章，罗某吉签字。2012年8月21日，A公司与B公司签订《水电施工合同》，B公司没有盖章，仅有罗某吉签字。2013年7月15日，A公司与B公司签订《公租房外墙及屋面施工补充合同》，B公司没有盖章，仅有罗某吉签字。

2015年7月2日，原告S公司制作《回款说明》一份，上面写明："罗某吉就艾特纸业项目应支付S公司27万元（前期费用2万元、信息管理费27万元），2012年9月至2014年1月已支付了19.5万元，还剩10万元未支付给S公司。2012年9月3日支付3万元、2012年11月28日支付3万元、2013年2月7日支付7万元、2013年9月10日支付2万元、2014年1月29日支付4.5万元，合计19.5万元"。被告罗某吉在该《回款说明》落款处写明"欠7.5万元。2015年7月2日罗"。在2017年8月17日的庭审中，原告代理人S公司的尹某询问罗某吉，"回款证明里的签名罗是不是你签的"？罗某吉表示，"不知道。我就一句话，不知道"。原告S公司诉讼请求为判令：（1）两被告支付拖欠的信息管理费6.5万元；（2）两被告支付原告6.5万元的利息损失7800元（按中国人民银行同期贷款利率自2015年7月2日起计算至2017年7月24日起诉之日止）。

【案件焦点】

案涉居间合同是否成立、主体如何认定。

【法院裁判要旨】

湖北省武汉市洪山区人民法院经审理认为：原告S公司与被告B公司成立居间合同，B公司应当按照合同约定支付居间报酬。理由如下：第一，罗某吉在2017年8月17日原一审庭审中，对回款说明中的签字是否为本人所签，没有作明确否定，也没有提出鉴定申请。2019年9月3日开庭时，罗某吉虽然否定是其签名，但并未提出鉴定申请。根据民事证据规则，法院认定回款说明中的签字为罗某吉本人所签。第二，罗某吉先后两次向原告S公司的法定代表人曹某惠汇款，汇款的时间与金额与汇款说明一致。证明罗某吉作为B公司的项目经理，认可S公司就艾特纸业项目所做的工作并且支付报酬。第三，第三人A公司在一审开庭时认可原告S公司为促成B公司承接施工合同所做的工作，明确表示"第三人的项目开始后由原告带着被告B公司的员工到第三人处商谈项目事宜"。第四，从签订的《湖北省建筑工程施工合同》及《建筑施工合同补充协议》来看，施工方为B公司，罗某吉作为个人，不可能具备签订建筑施工合同的资质。《水电施工合同》《公租房外墙及屋面施工补充合同》，B公司没有盖章，仅有罗某吉签字。这也与罗某吉为B公司的项目经理身份相符合。罗某吉与B公司在签订建筑施工合同上利益具有一致性，但只能由B公司作为建筑施工人订立合同。在居间合同中，B公司应是委托人。综上，各方虽未能提供书面居间合同，但现有证据能够说明原告S公司有居间行为，罗某吉也曾支付过报酬，通过S公司的居间行为，B公司最终与A公司订立了建筑施工合同。因此，B公司与S公司的居间合同成立。

关于差欠的居间报酬数额及利息如何计算。被告罗某吉在回款说明中确认差欠原告7.5万元居间报酬，原告S公司在庭审中亦自认，罗某吉在回款说明出具后于2016年2月6日又向原告支付了信息管理费1万元，结合前述事实，可以认定被告B公司仍拖欠原告居间报酬6.5万元未付。原告主张被告以6.5万元为本金按年利率6%，支付自2015年7月2日（回款说明出具之日）起至2017年7月24日（起诉之日）止的利息7800元，法院予以支持。

湖北省武汉市洪山区人民法院依照《中华人民共和国合同法》第六十条、第一百零七条、第四百二十四条、第四百二十六条，《中华人民共和国民事诉讼法》第一百五十二条之规定，作出如下判决：

一、被告B公司于本判决生效之日起十日内向原告S公司支付居间报酬6.5万元；

二、被告B公司于本判决生效之日起十日内向原告S公司支付利息7800元。

被告B公司不服一审判决，提起上诉。

湖北省武汉市中级人民法院经审理认为：根据审理查明事实，认定B公司与S公司的居间合同成立，B公司应向S公司支付剩余的居间报酬及利息。依照《中华人民共和国民事诉讼法》第一百七十条第一款第一项的规定，作出如下判决：

驳回上诉，维持原判。

【法官后语】

本案的难点在于居间合同是否成立以及合同主体的界定。就居间合同是否成立的问题，从案件查明的事实分析，可以确认存在居间业务的约定，且实际存在居间行为，当事人之间的分歧点在于居间合同主体的认定。上述问题的解决涉及的核心问题为表见代理的法律适用。

从法律规范意义上分析，表见代理的基本法律依据为《中华人民共和国民法总则》第一百七十二条，该条规定："行为人没有代理权、超越代理权或者代理权终止后，仍然实施代理行为，相对人有理由相信行为人有代理权的，代理行为有效。"自2020年11月1日起施行的《中华人民共和国民法典》则完全沿袭了该条规定，据此可知，表见代理的构成要件应包括行为人无权代理和相对人有理由相信行为人有代理权两个方面，而适用的难点集中体现在代理权外观存在的司法认定标准。结合司法实务现有经验，在认定代理权利外观时，涉及的考量因素主要有：(1) 书面合同中有无被代理人名称。(2) 行为人的身份、职务是否与被代理人有关联，如行为人是被代理人的工作人员，其担任职务级别和与从事业务关联度越强，或者与被代理人之间的其他身份联系越密切，对表见代理的证明力就越强。(3) 被代理人对行为人是否存在可合理推断的授权关系。如行为人原有代理权已被终止但被代理人未对外告知等情形。(4) 合同等对外文件材料上是否加盖与被代理人有关的、可正常对外使用的有效印章，如合同上加盖了按常理可对外授权使用的被代理人项目部真实印章。(5) 合同关系的建立方式是否与双方以往的交易方式相符，如以往交易长期由某部门负责人实际操作进行，且被代理人从无异议并正常结算认可的，此次有争议交易也采相同方式的，可参考以往交易行为判断。(6) 合同订立过程、交易环境和周围情势等是否与被代理人有关，如行为人签约前曾陪同合同相对人参观考察被代理人的施工现场，签约地在被代理人营业地或办公场所等因素可作为考量因素。(7) 被代理人是否存在能够使人相信其参与合同履行的行为，如被代理人实际支付过合同价款，被代理人与合同相对人就履约问题进行过交涉等。(8) 标的物的用途、交付方式与交付地点等是否与被代理人有关，被代理人是否取得履行合同的利益，如合同标的物交付至被代理人营业场所或负责管领的其他场所，标的物被应用于被代理人本身或者直接从事的业务所需等可作为认定考量依据。

在具体案件的处理中，判断是否存在代理权外观，往往要综合考量上述多项因素之间可能存在的相互加强或冲突情形。如果存在多项支持认定表见代理的因素，予以认定自不必多说。但如果存在彼此冲突的因素，则需要结合案件具有情况，进行利益权衡，结合日常生活经验法则，选择关联性更强的因素作为认定依据。就本案而言，基于被告罗某吉的项目经理职务，居间行为所涉及工程项目确为被告B公司实际施工建设，以及之前双方交易记录和交易习惯等多项因素，依法认定居间合同的主体为原告S公司和被告B公司，B公司应依约支付拖欠的信息咨询费及其利息。

编写人：湖北省武汉市洪山区人民法院　冉超

232 股权众筹平台居间义务及违约赔偿范围的认定

——李某兵诉投资公司、网络公司居间合同案

【案件基本信息】

1. 裁判书字号

北京市第三中级人民法院（2018）京03民终5264号民事判决书

2. 案由：居间合同纠纷

3. 当事人

原告（上诉人）：李某兵

被告（被上诉人）：投资公司

被告（原审被告）：网络公司

【基本案情】

投资公司名下经营的原始会平台，投资公司是网络公司的全资子公司。2015年7月，原始会平台上线了竹木业公司拟通过股权融资600万元的项目，载明项目的“投资亮点”包括：本轮融

资达成，预计2016年2月前在新三板挂牌，投资者可在市场转让；项目增信，大股东承诺连续三年年化8%分红和本金回购，确保安全退出等。2015年6月27日，李某兵通过注册认证，成为原始会平台的会员。2015年9月2日，在先期支付2400元保证金的基础上，李某兵通过原始会平台投资了竹木业公司股权融资项目，向原始会平台指定的第三方支付平台支付投资款237600元。2015年9月10日，创投公司作为无限责任合伙人、李某兵及其他27名自然人投资者作为有限责任合伙人，签订了合伙协议，成立苏州投资企业。2015年8月29日，竹木业公司作为甲方，投资企业作为乙方，竹木业公司的原始股东洪甲春、洪乙春作为丙方签订了《竹木业公司增资扩股协议书》，乙方以600万元认购新增注册资本400万元。同时约定股权回购，乙方持股每满一年后，如甲方上一年度实际净利润未能达到年度保证净利润的100%，且乙方未能将其所持有股权全部转让给第三方的情况下，乙方有权要求甲方的控股股东、实际控制人回购其持有甲方的全部股权。2015年12月11日，竹木业公司被列入最高人民法院失信被执行人名单。2016年，洪甲春、洪乙春作为甲方，投资企业作为乙方，竹木业公司作为丙方，签订了一份《协议书》，就终止2015年8月29日的《竹木业公司增资扩股协议书》达成如下一致意见：乙方投入丙方合计600万元，乙方将其名下所有股份即5.5169%的股份转让给甲方，甲方支付乙方全部投资款项600万元。洪甲春、洪乙春和竹木业公司未按照约定退还600万元款项，投资企业将洪甲春、洪乙春、竹木业公司起诉至江苏省苏州市吴中区人民法院。苏州市吴中区人民法院判令洪甲春、洪乙春支付投资企业股权转让款600万元，但截至2017年9月30日，被执行人洪甲春、洪乙春均未能履行生效法律文书确定的义务。

投资公司述称：投资者在原始会平台注册过程中，需勾选《用户注册服务协议》《风险揭示书》，并提交了一份《用户注册服务协议》，李某兵对投资公司提交的上述两份文件的真实性均不予认可，称注册时勾选内容只是“我同意”三个字，并无文件内容。投资公司自认平台披露的《用户注册服务协议》内容进行过变更，提交的《用户注册服务协议》即李某兵注册时使用的版本，但是通过平台电子数据无法确认李某兵注册时勾选的文件内容；《风险揭示书》内容没有变更过，在原始会平台网站“投资者手册”中一直可以查询到。竹木业公司项目的领投人创投公司与网络公司存在协议关系，创投公司曾以“众筹网江苏站”的名义进行经营。故李某兵起诉要求投资公司、网络公司共同赔偿其投资款24万元及利息损失（以24万元为基数，自2015年9月1日起算至2016年12月31日止，按照中国人民银行同期贷款利率4倍的标准计算），并承担本案全部诉讼费用。

【案件焦点】

1. 投资者与股权众筹平台之间法律关系的性质；2. 股权众筹平台义务的认定；3. 股权众筹平台存在违约的情况下，损害赔偿的范围应如何确定。

【法院裁判要旨】

北京市朝阳区人民法院经审理认为：原始会平台在承诺有专业的投资团队及风控团队对项目进行全面分析和严格审核的同时，并未尽到融资项目审查义务，亦没有通过足以引起投资人注意的特别方式来告知交易模式和相应风险，也未尽到风险提示义务。投资公司是网络公司的全资子公司，领投人创投公司与网络公司存在协议关系，且曾以“某网江苏站”名义经营，上述事实足以对投资人的决策产生倾向性的影响，可以认定投资公司违反了居间方的中立性。故投资公司在项目审查、风险提示、保持中立三个方面存在违约行为，应当依法承担违约损害赔偿责任。李某兵在投资竹木业公司之前，没有要求平台或融资企业披露林权有关信息，未对融资企业情况进行调查核实，亦存在一定的过错，应对其损失承担部分责任。因此，根据责任与过错相适应原则及可预见性原则，综合考虑投资公司、李某兵各自的过错程度，居间报酬的金额以及金融秩序维护等因素，法院酌定投资公司向李某兵赔偿36000元。李某兵要求网络公司赔偿损失，缺乏事实依据，法院不予支持。

北京市朝阳区人民法院依照《中华人民共和国合同法》第一百零七条、第四百二十五条，《中华人民共和国民事诉讼法》第一百四十四条，《最高人民法院关于适用〈中华人民共和国民事诉讼法〉的解释》第九十条之规定，作出如下判决：

一、投资公司于判决生效之日起十日内赔偿李某兵损失36000元；

二、驳回李某兵的其他诉讼请求。

李某兵不服一审判决，提起上诉。

北京市第三中级人民法院经审理认为：传统的居间合同关系中，居间人应承担媒介服务、如实报告义务。本案中，投资公司作为股权众筹平台已尽到为李某兵提供媒介服务的义务，虽然李某兵因投资涉案项目造成损失，但是此结果亦不能否认投资公司媒介义务的履行。关于如实报告义务，居间人有义务对报告的内容进行必要的审查。因股权众筹涉及金融领域，从金融法的角度，并参考一般金融中介机构的共有义务来确定股权众筹平台至少应尽到的义务，故除媒介义务、如实报告义务，股权众筹平台的义务范围还应包括投资风险提示、融资方及融资项目的信息披露、融资方的资质及融资项目的合法性审查、融资项目真实性进行必要的审查以及忠实、勤勉对待投资人等。投资公司作为股权众筹平台未尽到风险提示、项目审查以及忠实勤勉义务，存在一定程度的违约行为，应承担相应的违约赔偿责任。本案中，在确定投资公司的损害赔偿范围上应结合可预见性规则、各方过错程度等因素，法院据此酌定投资公司向李某兵赔偿36000元。

北京市第三中级人民法院依照《中华人民共和国民事诉讼法》第一百七十条第一款第一项之规定，作出如下判决：

驳回上诉，维持原判。

【法官后语】

股权众筹是众筹融资的一种类型，其商业模式可概括为：资金需求方（通常为初创企业）在网站上发布项目信息，投资者根据相关信息对项目进行小额投资并取得股权。当前我国在法律、行政法规层面对于股权众筹的规定较为原则化，对于股权众筹的性质及相关主体权利义务的确定亦存在争议。在此背景下，本案审理过程中涉及的法律难点即为以下三点：1. 投资者与股权众筹平台之间法律关系的性质；2. 股权众筹平台义务的认定；3. 股权众筹平台存在违约的情况下，损害赔偿的范围应如何确定。

一、投资者与股权众筹平台之间法律关系的性质

关于投资者和股权众筹平台之间法律关系的性质主要有居间合同说、展台租赁合同说以及委托合同说。笔者认为，投资者与股权

众筹平台之间系一种特殊的居间合同[①]法律关系。投资者与股权众筹平台之间的法律关系虽可概括认定为居间合同关系，但亦存在特殊性，主要有以下三方面：1. 投资者的无偿性与融资者的有偿性；2. 股权众筹平台角色的金融属性；3. 促成交易原因的复杂性。

二、股权众筹平台义务的认定

股权众筹平台作为新兴的互联网融资平台，涉及的法律关系和法律规则比较复杂，并非单一的居间人可以概括。从金融法的角度看，众筹平台不仅是撮合交易的居间人，也是引导资源配置、防范金融风险和保护投资者的看门人。考虑到股权众筹平台的双重属性，故界定其义务时亦应分别从传统民法和金融法的双重视角下展开。笔者认为，除传统民法的媒介义务、如实报告义务外，股权众筹平台的义务范围还应包括投资风险提示、融资方及融资项目的信息披露、融资方的资质及融资项目的合法性审查、融资项目真实性进行必要的审查以及忠实、勤勉对待投资人等。

三、股权众筹平台承担违约责任的情形及违约损害赔偿的范围

1. 在股权众筹平台承担违约责任的情形。无论是违反传统民法上居间人的义务，还是违反金融法中股权众筹平台作为中介机构的义务，都应当对其责任部分承担相应责任，该种责任属于严格责任，不应仅限于《中华人民共和国合同法》规定[②]的存在故意隐瞒或提供虚假信息的情形，即只要客观上股权众筹平台没有履行其义务，对投资人造成损失，即应当承担违约赔偿责任。

---

① 《中华人民共和国民法典》颁布后，居间合同更名为“中介合同”。

② 关于如实报告义务，原《中华人民共和国合同法》的规定为第四百二十五条，现为《中华人民共和国民法典》第九百六十二条，除“居间人”的表述更名为“中介人”，其他内容均无变化。

2. 对股权众筹平台违约损害赔偿的范围。结合股权众筹平台的地位特点及义务类型，笔者认为，股权众筹平台应就其责任部分赔偿投资者的投资损失，而非对投资者的全部投资损失均承担赔偿责任，其责任部分主要是在权利义务相一致的原则下根据其违反义务的程度和收取佣金的情况来定，同时结合可预见性规则、各方过错程度以及投资者的损失程度等因素综合确定。

编写人：北京市第三中级人民法院 刘茵 唐大利

233 房屋交易居间合同的违约责任应当包括合理的房屋价值损失

——李某诉某经纪公司居间合同案

【案件基本信息】

1. 裁判书字号

北京市第三中级人民法院（2018）京03民终8237号民事判决书

2. 案由：居间合同纠纷

3. 当事人

原告（被上诉人）：李某

被告（上诉人）：某经纪公司

【基本案情】

2015年4月27日，黄某彬与李某签订《北京市存量房屋买卖合同》，合同约定：黄某彬将其案涉房屋出售给李某，房屋的成交价为208万元，买卖合同载明的居间机构为某经纪公司。2015年

4月27日，黄某彬（甲方）、李某（乙方）与某经纪公司（丙方）签订《居间服务合同》，约定甲乙双方同意共同委托丙方作为交易居间人，丙方提供居间服务。李某按照居间合同的约定向某经纪公司支付居间费用25000元。

2015年10月，黄某彬以房屋买卖合同纠纷为由将李某作为被告，某经纪公司作为第三人起诉至北京市通州区人民法院，要求法院判令解除黄某彬与李某于2015年4月27日签订的《北京市存量房屋买卖合同》及《补充协议》；判令李某立即将非法占有的案涉房屋腾退；判令李某支付自2015年5月20日起至李某实际腾房之日止的房屋占有使用费（按每日62.47元计算，至起诉之日止暂估价为9620.38元）。北京市通州区人民法院于2016年2月3日作出（2015）通民初字第23681号民事判决，确认黄某彬与李某签订的《北京市存量房屋买卖合同》及《补充协议》有效；确认黄某彬与李某签订的《北京市存量房屋买卖合同》及《补充协议》于2015年11月9日解除。李某不服上述一审判决提起上诉，北京市第三中级人民法院于2016年4月作出（2016）京03民终4771号民事判决：驳回上诉，维持原判。

2017年1月，李某以房屋买卖合同纠纷为由将黄某彬起诉至北京市通州区人民法院，要求判令：1. 黄某彬给付李某购房款50万元；2. 黄某彬给付李某房屋装修款68000元；3. 黄某彬退还房款并支付装修款后，李某将涉案房屋腾退并交付给黄某彬；4. 黄某彬承担诉讼费用。北京市通州区人民法院于2017年8月25日作出（2017）京0112民初945号民事判决，判决：一、黄某彬支付李某购房款人民币50万元，于判决生效之日起十日内执行清；

二、黄某彬支付李某装修补偿款人民币61385元，于判决生效之日起十日内执行清；三、李某于黄某彬完成上述第一项、第二项给付义务后二十日内将案涉房屋腾退并交付给黄某彬；四、驳回李某的其他诉讼请求。

上述一审判决作出后，李某和黄某彬达成了庭外和解：1. 黄某彬返还李某购房款20万元（购房定金30万元不予退还），于2017年9月15日前付清；2. 黄某彬支付李某装修补偿款68000元，于2017年9月15日前付清；3. 李某及第三人韩某敏于2017年10月12日前将涉案房屋腾退并交付给黄某彬；4. 李某及第三人韩某敏协助黄某彬办理涉案房屋的撤销网签备案手续，于2017年10月12日前执行清；5. 黄某彬放弃向李某及第三人韩某敏主张房屋占有使用费的权利。双方一致同意（2017）京0112民初945号民事判决不再执行，均按照上述和解协议履行。李某和黄某彬均已按照上述庭外和解协议履行完毕。

现李某向北京市通州区人民法院提起本案诉讼，认为某经纪公司未履行法定及合同义务，造成其未能如约购买案涉房屋，要求其承担因上述房屋买卖合同被解除而对李某造成的定金损失30万元、房屋涨价损失254.49万元，并要求退还居间费用25000元。

【案件焦点】

中介机构履行居间合同存在违约情形，违约损失如何认定，可得利益范围的认定以及可预见规则的适用。

【法院裁判要旨】

北京市通州区人民法院经审理认为：（2015）通民初字第23681

号一案审理过程中，某经纪公司作为第三人的开庭陈述、余某国及周某军出具的情况说明及本案开庭过程中某经纪公司的陈述、某经纪公司后来以韩某敏名义办理的网签手续等证据，形成一条完整的证据链，足以证实李某在买卖合同签约过程中，已经将购买房屋系为母亲居住使用、不能确定是写李某还是其母亲名字的情况告知了某经纪公司的事实。居间合同中明确约定了某经纪公司作为居间人的居间服务范围和内容，某经纪公司作为专业的房地产经纪服务机构，应当根据合同约定的居间服务范围和内容，遵循房地产行业的管理规范，充分运用其房地产从业的经验和掌握的专业经纪知识，将存量房交易的一般流程及可能存在的风险充分提示和告知李某，但某经纪公司未履行充分的提示和告知义务。买卖合同中载明的买受人为李某，某经纪公司作为专业的房地产从业机构，应当以买卖合同中买受人李某的名义办理网签，如果以李某母亲韩某敏的名义办理网签，应当在征得出卖人黄某彬同意、重新签订买卖合同或补充协议变更买受人的情况下方可进行，某经纪公司在未履行上述一般交易流程的情况下径直以韩某敏的名义办理网签手续的行为，违反了存量房交易的一般流程和行业惯例，直接导致黄某彬对以韩某敏名义办理网签和过户提出异议，并要求以李某名义履行合同，办理网签和过户。因某经纪公司在提供居间服务过程中存在违反居间服务义务的行为，因此其应当将其收取的居间费用退还给李某，故对李某要求某经纪公司退还居间费用的诉讼请求，法院予以支持。关于李某因合同解除遭受的损失问题。因法院的生效判决认定李某与黄某彬买卖合同解除的过错在于李某，因此按照法律规定及双方买卖合同约定，李某支付的购房定金 30 万元不予退还，李某与黄某彬达成的庭外和解也确认李某支付的购房定金不予退还，因此该 30

万元定金损失系李某因合同解除遭受的合理损失。李某与黄某彬的买卖合同解除，李某申请对涉案房屋的市场价值进行评估，并认为涉案房屋的现值与其从黄某彬处购买的价格之间的差额即房屋涨价损失，亦系其因合同解除遭受的合理损失的主张，具有充分的事实及法律依据，法院予以确认。但也应当注意到，李某作为完全民事行为能力人，在签订合同过程中负有谨慎的注意义务，对存量房屋交易的一般流程、存在的风险、网签和过户的注意事项等负有必要的核查和注意义务，对于交易过程中存在的交易风险等亦负有合理、谨慎的注意和防范义务，李某未尽合理的谨慎注意义务，对损失的产生亦负有责任。根据相关的法律规定，对于受损害方的损失赔偿应根据过错人的过错责任大小及原因力等因素予以确定。综合本案案情及上述论述意见，法院认为从过错责任的大小及原因力等方面考量，李某和某经纪公司应当承担同等责任，李某因合同解除遭受的上述合理损失应当在双方之间均衡分担。北京市通州区人民法院依照《中华人民共和国合同法》第一百零七条、第四百二十四条、第四百二十五条之规定，作出如下判决：

一、某经纪公司退还李某居间费用25000元，于判决生效之日起十日内执行清；

二、某经纪公司赔偿李某经济损失1272450元，于判决生效之日起十日内执行清；

三、某经纪公司赔偿李某购房定金损失15万元，于判决生效之日起十日内执行清；四、驳回李某的其他诉讼请求。

某经纪公司不服一审判决，提起上诉。北京市第三中级人民法院经审理认为：

1. 关于某经纪公司是否构成违约。本案中，就某经纪公司的履约行为，存在以下几个方面瑕疵：其一，某经纪公司并未提交证据证明其在签订《居间服务合同》前，向李某书面告知了《房地产经纪管理办法》第二十一条规定的事项，特别是“房屋交易的一般程序及可能存在的风险”。其二，某经纪公司作为专业中介机构，应当知晓合同主体系合同的关键内容之一，并直接影响到后续一系列相关手续的办理，应当及时提示告知李某此种情况下合同履行存在的不确定因素，并通过约定特别条款、签订补充协议等方式，明确买卖双方当事人的意思表示并以书面形式固定下来。其三，在买卖双方并未书面变更合同当事人的情况下，某经纪公司为李某的母亲韩某敏办理了网签手续，使李某进一步有理由相信出卖人同意其以母亲名义购买案涉房屋，房屋买卖合同可以继续履行。综合上述情况，应当认定某经纪公司在履行《居间服务合同》过程中没有完全尽职履责，存在违约情形。

2. 关于某经纪公司应当承担的违约责任。第一，关于定金损失。庭外和解协议中约定李某不再向黄某彬主张返还定金，该条约定符合法律规定，且即使庭外和解协议没有达成，黄某彬已经表示将另外起诉，故不属于李某没有采取适当措施致使损失扩大的情形，某经纪公司对此应予赔偿。第二，关于房屋涨价损失。某经纪公司作为专业房屋买卖中介机构，应当预见到因违反居间合同之约定，可能导致房屋买卖合同无法正常履行的法律后果。在本案房屋买卖合同解除的情况下，买受人已经丧失的定金，以及因购买同样区位、同类品质的替代物所需要支付更高的价款，属于产生的合理损失，应由违约方按照法律规定承担相应的赔偿责任。

3. 定金及房屋涨价损失的具体金额及承担。第一，李某作为完全民事行为能力人，应当知晓依法成立的合同对当事人具有法律约束力。在房屋买卖合同以及补充协议均未列明李某母亲可以作为房屋买受人，亦未约定李某有权单方指定其他买受人、出卖人亦未明确表示同意的情况下，李某以其母亲作为买受人，并单方提供了其母亲的相关资料交付某经纪公司办理网签协议，对此李某存在明显过错。此外，在出卖人明确表示不同意由李某母亲作为房屋买受人后，李某未能及时使自身具备购房资格，亦导致了损害结果的发生。法院综合全案情况，认定李某与某经纪公司对于损失金额发生具有同等过错，某经纪公司承担一半的损失赔偿金额。第二，李某在接到黄某彬的解除合同通知后，可以及时通过购买替代房屋等方式防止损失扩大。如李某在合理的期间内进行了替代性房屋的购买，其所购同区位、同类型房屋所支出的额外成本，在合理的范围内应由某经纪公司承担；如李某未在合理的期间内购买替代性的房屋，按照减损规则的要求，其对于此后房价上升的风险与损失应由自己承担。鉴于李某未进行替代性房屋购买，法院原则上只能确定合理的评估鉴定时点，以确定李某合理的可得利益损失金额。法院生效判决确认房屋买卖合同于 2015 年 11 月 9 日解除，此时点应作为合同无法履行的确定时点，法院亦应以此时点评估房屋价值，并作为对买受人的可得利益损失予以赔偿的依据。而本案鉴定机构作出《房地产估价报告》时，距离合同解除时间已两年有余，房屋价格的大幅上涨已超出了一般人的合理预期，一审法院以此估价结果作为确定李某可得利益损失的计算依据，明显不当。法院认为，考虑到诉讼的周期以及重新鉴定的时间成本，法院在认定李某预期可得利益损失时，对涉案房屋的价值及合理升值部分不再予以重新评估鉴定，而是参考房屋买卖合同解除时的市场价格及房屋升值的具体情况，并结合李某已经投入的购房成本等因素，酌定房屋涨价差值为 50 万元，根据前述李某与某经纪公司的过错责任比例，某经纪公司应当承担的房屋涨价损失法院调整为25万元。北京市第三中级人民法院判决：

一、维持北京市通州区人民法院（2018）京0112民初676号民事判决第一项、第三项；

二、撤销北京市通州区人民法院（2018）京0112民初676号民事判决第二项、第四项；

三、某经纪公司赔偿李某经济损失25万元，于本判决生效之日起十日内执行清；

四、驳回李某的其他诉讼请求；

五、驳回某经纪公司的其他上诉请求。

【法官后语】

本案的争议焦点是当中介机构履行居间合同存在违约情形，违约损失如何认定的问题。

第一，关于可得利益范围的认定。一旦在中介机构的撮合下，买卖双方签订并履行完成房屋交易合同，在正常情况下，买受人就能取得房屋所有权进而享受到房屋价值上涨的利益（当然也有可能是房屋贬值的损失），这本身也是中介服务的目的所在。因此，虽然居间合同直接的对价金额相对较小（一般居间费用仅占房屋交易金额的2%左右），但是就整个交易过程分析，居间行为以及随后的买卖行为实际上可以视为一个整体，共同实现了标的物所有权的转移，并使交易双方取得各自的利益。特别是就交易行为的发生时间而言，往往是居间行为在先，买卖行为在后，居间行为的违约往往导致买卖行为无法实现或存在瑕疵，实际上对于交易双方是否能够最终取得交易利益具有至关重要的作用，因此，不宜将可得利益损失仅局限在中介费用以及可能涉及的直接损失（如本案涉及的他案违约金上）。

第二，关于可得利益数额的确定。对于房屋差价损失之所以存在一定争议，除定性不明外，在定量上的难度也是原因之一。其一，确定可得利益的前提之一是对于标的物的确定，如果因为居间合同一方的违约行为导致买卖合同根本没有达成，买卖合同所指向的标的物尚未特定化，则自然难以确定具体的房屋价值损失，当事人不能笼统地以特定区域内的房屋普遍价值上涨而主张一个概括笼统的房屋价值损失。其二，房屋差价损失的确定往往与当事人的后续行为有关，即如果当事人在合理期限内进行了替代性购买，则原合同确定的价款与替代性购买的价款之间的差值可以作为守约方的可得利益损失；而一旦守约方没有在合理期限内进行替代性购买，则难以准确认定房屋价值损失的金额，容易引起当事人的争议。但定量上的技术性问题可以通过鉴定评估、法院酌定等方式确定，并不能因此否认房屋价值损失应当属于居间合同守约方可得利益损失范畴的基本属性。

第三，关于可预见规则的适用。虽然房屋差价损失属于可得利益损失，但是应当具有一定的确定性，即在合同一方订立合同时可以预见到或者应当预见到。如上所述，鉴于本案居间合同守约方并未进行替代性购买，则势必只能采取事后评估的办法来确定房屋差价损失的具体金额，在此过程中，选取计算房屋价值损失的参照点就至关重要。相比之下，以原房屋买卖合同解除时点作为比对价值的评估时点更为合理，因为此时买受人同时也是居间合同的委托人已经不受原房屋买卖合同约束，可以进行替代性购买；一旦其不进行替代性购买，则应当认定属于其自行扩大的损失，该部分损失不应由居间合同的违约方来承担，这样对于守约及违约方均较为公平，也有利于促进守约方及时减少并确定损失。在本案中，鉴于原合同的解除时间也已较远，重新评估周期较长且成本较高，故二审法院参照该时点相近地段、相近户型的成交价格，酌情确定了房屋差价损失。

编写人：北京市第三中级人民法院　曹炜

234　主要条款缺乏约定可视为专业居间方不适当履行
——经纪公司诉任某强居间合同案

【案件基本信息】

1. 裁判书字号

北京市第三中级人民法院（2018）京03民终2207号民事判决书

2. 案由：居间合同纠纷

3. 当事人

原告（上诉人）：经纪公司

被告（被上诉人）：任某强

【基本案情】

经经纪公司居间，2016年8月21日，案外人张某伟（卖方）作为甲方、被告任某强（买方）作为乙方、原告经纪公司作为丙方（注明经纪人为郭某亮、王某奎）签订《居间服务合同》，约定：在丙方居间服务下，甲乙双方于2016年8月签订了编号为M16××××28的《北京市存量房屋买卖合同》，涉及房屋地址为朝阳区东坝南一街2号院10号楼5层1单元××号。根据《居间服务合同》第三条的规定，被告任某强应于《房屋买卖合同》签订当日向原告经纪公司支付居间费11万元。合同第四条“权利义务”约定：“1. 丙方应为甲乙双方提供订立买卖合同的信息和机会，丙方有权接受甲方售房委托，丙方有权接受乙方委托购买房屋并带看房屋，协助甲乙双方订立买卖交易合同；2. 丙方在提供居间服务过程中如实向乙方陈述其从甲方处所获知的关于交易房屋的相关信息，不得有故意隐瞒和误导，但基于丙方为民事主体，对于交易房屋及交易对象的资质情况，丙方只能进行形式审查，仅根据从业经验进行判断与预测，并不对交易房屋及交易对象资质的真实性承担责任，有关交易房屋的实际情况，以房屋登记主管机关作出的书面文件为准，甲乙双方需按照丙方的要求进行相关查验，有关交易对象的资质及资信能力，有赖于甲乙双方自行判断，丙方不对交易任何一方的资信及资质承担任何责任；3. 甲乙双方有如实向丙方及交易办理机关提供房屋交易资料的义务，丙方有审查双方提供资料的义务，但丙方该审查义务仅限于形式审查，提供资料方应对资料的真实及有效性负责，丙方不对该等资料的真实及有效性承担任何责任；4. 甲乙双方共同授权丙方办理房源核验、购房资质核验、网签及注销手续、资金监管、资金存管、物业交验等手续，甲乙双方在履约过程中对授权事项提出中止或终止，需向丙方出具书面告知书，且因此导致丙方不能履行授权事项的，丙方不承担任何责任；5. 甲乙双方认可网签合同价格以《房屋买卖合同》成交价为准，甲乙双方另有约定的，需签署书面补充协议，并自行承担相关法律责任。”

合同第五条“违约责任”第一款约定：“甲乙双方利用丙方所提供信息、条件、机会等，私自或另行通过其他居间方签署《房屋买卖合同》，甲乙双方除应向丙方支付本合同约定的全部居间费用外，还应当分别向丙方承担居间服务费20%的违约责任。”第二款约定：“甲乙双方或一方延迟向丙方支付本合同约定的居间服务费，该延迟方除应向丙方支付居间服务费外，每逾期一日按未付款的1%的标准向丙方支付延迟违约金；延迟超过5个工作日的，丙方有权暂停办理该房屋买卖合同约定的后续协助事项，并不承担因此导致的任何责任，上述责任及交易中已经发生的费用由延迟向丙方支付费用的一方承担”；第三款约定：“甲、乙任何一方违反本合同第四条或《房屋买卖合同》的约定，导致丙方不能继续协助其办理买卖交易后续事项的，丙方不承担责任，且丙方有权收取本合同约定的居间服务费和交易中已经发生的费用，如已交付的，丙方无须退还，如支付居间服务费方为守约方，支付方可向违约方追偿该费用，如未交付的，丙方有权通过包括但不限于法律途径催促支付义务方支付居间服务费。”

2016年8月21日，张某伟作为甲方与乙方（被告）签订《北京市存量房屋买卖合同（经纪成交版）》，约定：甲方向乙方出售位于北京市朝阳区东坝南一街2号院10号楼5层1单元××号房屋，房屋成交总价为556万元。双方于同日另签订《补充协议》，但对房屋解押、购房资质审核、网签、银行面签等履行期限均缺乏具体明确的约定。

《居间服务合同》签订后，被告未支付居间服务费。原告认为被告应按照《居间服务合同》第三条第二款约定向居间方支付居间费，但其不支付居间费的行为已经构成违约，损害了原告的合法利益，特向法院提出诉讼请求：1. 判令被告支付居间费 11 万元；2. 判令被告支付原告逾期违约金（以 11 万元为基数，自 2016 年 9 月 1 日起至被告实际交付日止，按照每日百分之一的标准）。被告任某强则认为：1. 原告作为专业的居间服务机构，在促成被告与房屋出卖人张某伟履行《房屋买卖合同》中存在重大过失，并没有很好地提供居间服务，致使被告房屋买卖合同目的未能实现。2. 原、被告及案外人张某伟于 2016 年 8 月 21 日签订的《居间服务合同》，原告作为丙方，其指定经纪人为郭某亮、王某奎，但是原告在整个居间服务过程中从未见过这两个人，合同上署名也并非二人亲笔签字。3. 原告作为房地产经纪公司，作为提供格式合同的一方，在签订合同时并没有采取合理的方式，如以加重、突出字体等方式来提醒被告注意该条款，同时原告并没有约定其应当承担的违约责任，所以权利不对等，按照我国法律规定，应当认定该条款无效。4. 按照《居间服务合同》第五条第三款约定，合同违约方才有义务支付居间服务费。如今房屋买卖双方最终谁构成违约还尚未判决审结，原告无权要求被告支付居间服务费。根据该条款约定以及节省诉讼资源的原则，原告应当在被告与案外人张某伟的房屋买卖合同纠纷审理判决后再主张权利。

【案件焦点】

1.《居间服务合同》第五条“违约责任”的效力问题；2.《居间服务合同》是否必须由合同注明的经纪人处理；3. 原告是否履行了合格的居间义务。

【法院裁判要旨】

北京市朝阳区人民法院经审理认为：本案是居间合同纠纷。关于《居间服务合同》第五条“违约责任”的效力问题，被告认为该条款系格式条款，没有加重和提示，且没有约定原告的违约责任，权利不对等，应认定为无效。法院经审理认为，争议条款系就违约责任进行约定，从整个合同约定来看，并未免除原告的责任，加重被告责任或排除被告的主要合同权利，虽然该条款中并未约定原告方的违约责任，但亦不影响被告在原告违约的情况下根据法律规定向其主张违约责任的权利。综上，法院认为《居间服务合同》系原、被告与案外人张某伟各方真实意思表示，内容合法有效，各方均应依约履行。《居间服务合同》第五条“违约责任”系有效的。

根据《居间服务合同》约定，原告负有协助双方订立房屋买卖交易合同的义务。审理过程中，被告任某强提供2016年9月16日被告及其前妻与张某伟、原告工作人员魏某凯协商房屋买卖合同履行事宜的录音，欲证明原告工作人员魏某凯承诺三方签订补充协议，但没有做到，且张某伟在签约前完全不懂流程并想要解约。原告认为，补充协议并非原告一方可以签订的，而是三方协商签订的，认可张某伟在签订合同第二天有解约的意向，但后期也是一直在协调中，并不存在原告未向张某伟告知流程的事实，后被告与张某伟就履行合同发生争议难以协商。2016年11月7日，被告将张某伟诉至法院要求解除房屋买卖合同。张某伟在庭审中同意解除合同。被告另提交其与张某伟于2016年8月21日签订的《装修款补充协议》，约定合同价格为393万元。被告另提交北京市住房和城乡建设委员会、北京市财政局、北京市地方税服务联合下发的《关于调整本市享受税收优惠政策普通住房平均交易价格有关问题的通知》，显示

2014 年本市享受税收优惠政策的普通住房价格，5 环至 6 环单价为 31680 元以下，总价 3744000 元以下。被告欲证明由于原告工作人员魏某凯的失误，使得涉案房屋买卖高于优惠价格，使得被告增加了 11 万多元的税费。

作为专业的房地产经纪公司，原告不应仅给双方提供缔结合同的机会，理应在合同履行的重要条款上向双方提出合理建议，就履行价款和履行期限等重要事项予以明确。关于原告是否提供了合格的居间服务的争议，从被告与张某伟已签订的房屋买卖合同及补充协议来看，对房屋解押、购房资质审核、网签、银行面签等重要履行期限均缺乏具体明确的约定，为双方后续履行合同造成很大障碍，买卖双方因此无法履行合同义务。从原告工作人员魏某凯与原告前妻之间的对话来看，原告承诺被告需要签订补充协议，但实际未能签订。此外，根据张某伟的陈述，其称在签约前完全不懂流程，亦反映原告在提供居间服务时存在瑕疵。综上，原告承诺为双方签订补充协议，对合同履行事项进一步明确，但实际未能签订，应视为原告承诺的居间义务并未完成。

关于涉案《居间服务合同》是否必须由合同注明的经纪人处理的争议。首先，该合同中并未明确约定，故根据合同不能看出被告对于经纪人员有特殊的要求；其次，在《居间服务合同》上签字的行为是否意味着实际处理合同相关事宜，并无明确法律法规规定；再次，为被告及案外人张某伟提供居间服务的主体是原告，而非原告的工作人员；最后，关于魏某凯是否具有经纪人员从业资质。原告提交魏某凯执业资格证照片三张，上加盖北京市人力资源和社会保障局与北京市住房和城乡建设委员会公章。被告称对其真实性无法核实。法院认为，被告如对魏某凯的从业资格持有异议，应到相关主管部门核实，现其未能提供反证，法院认定魏某凯具有相关从业资质。综上，原告方实际处理居间事宜的工作人员魏某凯具备从业资格，可以代表原告从事职务行为，为被告任某强及案外人张某伟提供居间服务。

虽然《居间服务合同》第五条“违约责任”系有效的，但原告并未提供合格的居间服务，且现房屋买卖双方因无法继续履行合同均同意解除合同，故法院对原告主张居间费及违约金的诉讼请求均不予支持。

北京市朝阳区人民法院依照《中华人民共和国合同法》第四百二十七条之规定，判决：

驳回原告经纪公司的全部诉讼请求。

原告不服一审判决，提起上诉。北京市第三中级人民法院同意一审法院裁判意见，判决：

驳回上诉，维持原判。

【法官后语】

居间合同是指居间人向委托人报告订立合同的机会或者提供订立合同的媒介服务，委托人支付报酬的合同。在民法理论上，居间合同又称为中介合同或者中介服务合同。从居间合同的定义来看，其具有有偿、诺成、不要式合同的特征。在二手房交易中，大部分交易合同（买卖和租赁合同）是通过房地产经纪机构居间促成签订的，由此引发了大量追索居间报酬、必要费用等居间合同纠纷案件。在此类型纠纷中，一般情况下，居间人是作为原告参加诉讼，而被告通常是委托人，本案即此种情形的纠纷。在此类纠纷中，居间人是否适当履行居间义务，是居间人行使报酬请求权和居间费用偿还请求权的基础。由于促成合同订立系居间人的主要义务，故居间义务是否适当履行，应当结合居间人所促成的合同条款来判断。

一、合同条款分为一般条款和主要条款（又称为必要条款）

合同的主要条款是指合同中必须具备的条款。合同的一般条款是指除合同主要条款外的条款。当事人对主要条款达成协议的，合同即视为成立，反之则合同不成立。《中华人民共和国合同法》第十二条对合同的条款进行了规定："合同的内容由当事人约定，一般包括以下条款：（一）当事人的名称或者姓名和住所；（二）标的；(三）数量；（四）质量；（五）价款或者报酬；（六）履行期限、地点和方式；（七）违约责任；（八）解决争议的方法。"但是对于某一特定合同而言，并非都是主要条款。合同的主要条款可以通过如下方式判定：1. 当法律直接规定某种特定合同应当具备某些条款时，这些条款就是主要条款。例如，《中华人民共和国合同法》中第一百九十七条第二款规定借款合同应有借款币种，该条款即为合同的主要条款。2. 由合同的类型和性质所决定。按照合同的性质和类型应当具备的条款就是合同的主要条款。例如，价款条款是买卖合同的主要条款，但是并非赠与合同的主要条款。3. 由当事人约定产生。例如，买卖合同中关于交货地点的条款，如一方提出必须就该条款达成协议，它就是主要条款。

二、在本案房屋买卖合同中，关于房屋解除抵押、购房资质审核、网签、银行面签等合同履行流程及环节的时间节点及履行期限的约定应认定为主要条款

中华人民共和国建设部2001年出台了《商品房销售管理办法》，其中第十六条针对商品房买卖合同应当明确的主要内容作出如下规定："商品房销售时，房地产开发企业和买受人应当订立书面商品房

买卖合同。商品房买卖合同应当明确以下主要内容：（一）当事人名称或者姓名和住所；（二）商品房基本状况；（三）商品房的销售方式；（四）商品房价款的确定方式及总价款、付款方式、付款时间；（五）交付使用条件及日期；（六）装饰、设备标准承诺；（七）供水、供电、供热、燃气、通讯、道路、绿化等配套基础设施和公共设施的交付承诺和有关权益、责任；（八）公共配套建筑的产权归属；（九）面积差异的处理方式；（十）办理产权登记有关事宜；（十一）解决争议的方法；（十二）违约责任；（十三）双方约定的其他事项。”在房屋买卖合同中，无论是因为买卖手续的复杂性，还是因为个人认知上的偏差，均会使得买卖合同双方对合同的内容产生纠纷和争议。房屋买卖交易实践中，由于行政管理或贷款办理等流程的需要，合同的履行往往涉及第三方，买卖各方很容易在解除抵押、申请银行贷款、办理网签、税费缴纳等环节引发纠纷，上述环节的约定直接关系到购房款的支付和房屋过户，影响买卖双方合同目的的实现，如果在上述环节缺乏明确具体的约定，房屋买卖合同将很难继续履行，因此，应当认为上述合同条款为房屋买卖合同中的主要条款。

三、专业居间人和一般社会公众对合同条款重要性的认知应有所区别

居间人又称经纪人，是指居间合同中为委托人提供订约机会或充当订约媒介的当事人。房屋中介是提供房地产评估、经纪、咨询等服务的经工商登记经营中介服务的机构。原告作为一家专业的房屋中介公司，与普通人士对于房屋买卖合同和相关手续的认知是不一样的。房屋中介在提供居间服务的时候应该提供与订立合同有关的真实情况，应当向委托人披露房屋的权属情况；房屋的抵押、典

当等权利限制信息；预告登记、异议登记等登记信息；出售人、买受人不能故意隐瞒重要事实或提供虚假情况。上述义务均是专业居间人应该知道并且应该履行的。只有专业居间人认真履行上述义务，才能保证普通人士在买卖合同的签订和履行过程中的顺利进行，最终保障合同目的的实现。因此，基于居间人的专业能力，其在审查合同条款时理应尽到高于一般社会公众的注意义务，对于其促成的房屋买卖合同中的重要条款缺失应当承担相应责任。

具体到本案，原告作为涉案房屋买卖交易居间方，同时作为提供房屋买卖居间服务的专业性机构，其应该提供居间服务的内容不仅包括为双方提供缔约机会，还应在合同约定中涉及履行的重要条款上给予交易双方以合理建议和意见，就合同履行重要环节及时间节点期限等方面予以明确。但是从本案被告与张某伟已签订的房屋买卖合同中，可以看出合同中对房屋解押、购房资质审核、网签、银行面签等重要履行期限均缺乏具体明确的约定，并未约定《中华人民共和国合同法》中第十二条第六项和《商品房销售管理办法》中第十六条第四项、第五项的相关内容。在房屋买卖合同中，房屋解除抵押、购房资质审核、网签、银行面签等合同履行重要流程及环节的时间节点及履行期限这些内容，均对合约的履行和房屋的交付有着至关重要的意义，属于合同的主要条款，甚至是合同的重要条款。而这些重要条款的缺乏约定，会为买卖合同双方的后续履行造成很大障碍，当事人通常也难以在相关履行环节上协商一致。虽然2021年1月1日《中华人民共和国民法典》开始实施，但是《中华人民共和国民法典》中关于合同内容规定的第四百七十条与《中华人民共和国合同法》关于合同内容规定的第十二条规定内容一致。综上，笔者认为，即使《中华人民共和国民法典》实施后，主要条款缺乏约定仍可视为专业居间方不适格履行，在此情况下，居间方请求居间费用和违约金可不予支持。

编写人：北京市朝阳区人民法院　马悦

235　“跳单”违约行为的认定标准
——经纪公司诉刘某、平某帆居间合同案

【案件基本信息】

1. 裁判书字号

北京市第一中级人民法院（2018）京01民终440号民事判决书

2. 案由：居间合同纠纷

3. 当事人

原告（上诉人）：经纪公司

被告（上诉人）：刘某

被告（被上诉人）：平某帆

【基本案情】

2017年2月26日，经经纪公司居间，马某芳（甲方）与刘某（乙方）签订了《北京市存量房屋买卖合同（经纪成交版）》（以下简称《买卖合同》）以及《居间服务合同》。马某芳（甲方）、刘某（乙方）与经纪公司（丙方）签订的《居间服务合同》第三条第二款约定：“丙方应遵守相关法律规定，尽职提供居间服务；丙方不得在交易中提供虚假信息或故意隐瞒真实情况；甲、乙双方授权丙方办理网上签约手续。”同日，马某芳（甲方）、刘某（乙方）、咨询公司（丙方）签订了《房屋交易保障服务合同》。

2017年2月28日，上述各方约定原《买卖合同》的房屋购买方变更为刘某及平某帆。其他事宜均按原协议约定继续履行。后刘某、平某帆向经纪公司支付居间服务费及保障服务费。

2017年3月5日，马某芳（甲方）、刘某和平某帆（乙方）与经纪公司（丙方）共同签订《解约协议书》，约定：甲乙丙三方经协商一致同意，三方此前分别或共同签署的所有关于涉案房屋的买卖、代理及相关协议均告解除；丙方退还已经收取的居间代理费和保障服务费92000元；（第六条）甲、乙双方及其利害关系人自本协议生效之日起一年内不得以任何形式或通过任何渠道就上述房屋达成交易，甲、乙双方及其利害关系人违反本条约定的，相关方应向丙方全额返还其已退还的代理费。

2017年3月25日，刘某、马某芳和经纪公司签订了《居间服务合同》，购买了涉案房屋，刘某向经纪公司支付了47000元服务代理费。另查明，刘某与平某帆于2017年3月21日办理结婚登记。

【案件焦点】

刘某、平某帆在与经纪公司就涉案房屋签订《解约协议书》后，又再次购买的行为是否构成“跳单”。

【法院裁判要旨】

北京市石景山区人民法院经审理认为：依法成立的合同，对当事人具有法律约束力，当事人应当按照约定履行自己的义务。马某芳与刘某、平某帆之间签订的《北京市存量房屋买卖合同（经纪成交版）》《补充协议》《变更协议书》及经纪公司与马某芳、刘某、平某帆之间签订的《居间服务合同》《解约协议书》均系合同各方真实意思表示，内容未违反法律规定，各方当事人均应按照合同约定履行自己的义务。

本案中，经纪公司为马某芳和刘某、平某帆提供了订立合同的媒介服务并且组织双方签订了《买卖合同》，虽然此各方协商解除了《买卖合同》及《居间服务合同》，但此后刘某、平某帆自马某芳处购得了同一套房屋，在客观上利用了经纪公司提供的房屋信息，亦违反了三方在《解约协议书》中的约定，故经纪公司为刘某、平某帆提供了订立合同的机会，刘某、平某帆应当向经纪公司支付居间服务费。刘某、平某帆辩称签署《解约协议书》时未看到第六条，且第六条之约定系不合法的，对此，法院认为，《解约协议书》中第六条已经字体加黑加粗处理，且该约定的内容属于房屋买卖居间合同中常有的禁止“跳单”条款，其本意是为防止买卖双方利用中介公司提供的房源信息却“跳”过中介公司购买房屋，从而使中介公司无法得到应得的佣金，仅系居间方保护自己合法利益的约定，并不存在加重对方责任、排除对方主要权利的情形，未违反公平原则，应认定有效。故对于刘某、平某帆的该项答辩意见，法院不予采纳。

关于应返还居间服务费的金额一节，首先，保障服务费应由咨询公司收取；其次，根据经纪公司与刘某、平某帆签订的《居间服务合同》，居间服务费的确定综合考虑了涉案房屋需要贷款、房款分多次支付等复杂事宜或手续的办理，且经纪公司并未为刘某、平某帆办理其他协助贷款、过户等相关手续，故根据公平原则，法院酌情确定刘某、平某帆向经纪公司支付居间费 4 万元。北京市石景山区人民法院依照《中华人民共和国合同法》第五条、第八条、第四十条、第九十三条、第四百二十四条，《中华人民共和国民事诉讼法》第一百四十四条规定，判决如下：

一、被告刘某、平某帆于判决生效之日起十日内给付原告经纪公司居间服务费 4 万元；

二、驳回原告经纪公司的其他诉讼请求。

经纪公司、刘某不服原审判决，提起上诉。

北京市第一中级人民法院经审理认为：本案各方当事人争议的焦点问题是刘某、平某帆在与经纪公司就涉案房屋签订《解约协议书》后，又再次购买案涉房屋的行为是否构成“跳单”。对此，法院认为，刘某作为买房人通过经纪公司的中介服务已经与卖房人签订了涉案房屋的买卖合同，对于涉案房屋的房屋状况以及价格等相关信息已经明晰，虽然刘某在与经纪公司签订解约协议后，又通过经纪公司购买了涉案房屋，并缴纳了 47000 元服务代理费，但该费用明显低于其与经纪公司约定的居间费 78540 元，故应确认刘某、平某帆系利用了经纪公司的信息和服务而再次购买了涉案房屋，该行为属于“跳单”。刘某、平某帆的上述行为违背了诚实信用原则，亦违反了其与经纪公司签订的《解约协议书》的相关约定，构成违约。因此，对于刘某提出的其再次购房行为属于第二次意思表示，且是通过中介机构完成，并不构成“跳单”的上诉意见因缺乏事实和法律依据，法院不予采信。

对于刘某提出的《解约协议书》第六条的规定应确认无效的上诉意见，法院认为，该“跳单”条款并不涉及损害国家、集体、第三人利益的内容，其约定的目的在于防止购房人的不诚信行为，因此，该约定并不属于《中华人民共和国合同法》中规定的合同无效情形，故该条款属有效条款。经纪公司与马某芳、刘某、平某帆签订的《解约协议书》系各方当事人真实意思表示，应确认有效。刘某的该点上诉意见，法院不予采信。

对于经纪公司、刘某均提出的刘某应向经纪公司支付居间费用过低和过高的问题，法院认为，依据马某芳（甲方）、刘某（乙方）与经纪公司（丙方）签订的《居间服务合同》的约定，经纪公司的居间服务内容除为买房人提供房源信息、引领买受人实地看房以及协助买卖双方签订《买卖合同》外，还具有为买卖双方办理网上签约等义务，现经纪公司并未办理后续的网上签约工作，故一审法院根据公平原则，酌情确定刘某、平某帆向经纪公司支付居间费 4 万元并无不当，经纪公司、刘某的该点上诉意见，法院不予采信。

一审判决认定事实清楚，适用法律正确，应予以维持。北京市第一中级人民法院依照《中华人民共和国民事诉讼法》第一百七十条第一款第一项之规定，作出如下判决：

驳回上诉，维持原判。

【法官后语】

在房地产买卖中，买受人通过房产中介公司的居间介绍找到房源或者出卖人通过中介公司找到买家后，为避免或减少佣金支付义务，而通过其他中介公司或直接跳开房产中介完成交易的行为，俗称“跳单”。“跳单”行为在法律性质上是一种为了规避报酬给付义务而违反合同义务的违约行为，违背了诚实信用原则。随着我国房地产行业的快速发展，房产中介与客户之间的纠纷日渐增加，“跳单”行为时有发生。房产中介公司为了避免“跳单”行为，往往采用格式条款对此进行限制，以保证其居间利益得以实现。在审理中，应当遵循利益平衡原则；一方面，应按照诚实信用原则，适用合同法违约责任制度；另一方面，应避免房产中介公司利用这一规则限制委托方的选择权，造成权利义务的失衡。委托人是否构成“跳单”违约应从以下三个方面进行审查：

第一，是否存在有效的居间合同以及禁止“跳单”的条款。有效的房屋买卖居间合同存在且合同中有明确的禁止“跳单”的约定，共同构成了适用合同法违约责任制度的首要条件。禁止“跳单”条款作为一般格式条款，对其效力不能一概而论，应按照合同无效、可变更、可撤销的具体规定和合同法关于格式条款的特别规定来分析其效力状态。

首先，禁止“跳单”条款通常不涉及损害国家、集体、第三人利益或者公共利益的内容，其订立的目的在于防止委托人不诚信的行为，不属于《中华人民共和国合同法》第五十二条、第五十三条规定的合同无效的情形。其次，假设禁止“跳单”条款约定中介公司带领委托人看房后，委托人不得私下或者通过其他中介机构与卖方交易，否则应支付相当于居间报酬的违约金。如果中介公司仅通过带领委托人看房就取得了对委托人选择权的限制权，那么容易造成双方之间利益的失衡，显失公平。在这种情况下，委托人可以根据《中华人民共和国合同法》第五十四条的规定申请变更或者撤销该条款。最后，鉴于禁止“跳单”条款通常是中介公司提供的格式条款，在效力认定时需要审查条款提供方是否具有免除其责任、加重对方责任、排除对方主要权利的情形。

第二，居间人是否履行了居间义务，且居间人的履行行为是否与委托人成功缔约之间具有因果关系，在房屋买卖过程中，特别是二手房买卖交易中，往往涉及银行商业贷款、公积金贷款、解抵押、资金监管、房屋过户、交付等多方面的内容，居间方的义务不仅在于提供缔约信息、缔约机会，更在于提供专业的服务促成买卖交易的成立。因此，审理此类案件除了考虑居间人是否按照合同约定促成双方签订合同以外，还要考虑居间人的审查义务、合同监督义务以及为买卖双方交易完成的资金监管、协议过户等附随义务。在审查居间人是否履行了居间义务时，重点在于审查居间人的履行行为是否促成了委托人与其他中介方或卖方（买方）成功缔约，委托人才构成违约。如果卖方将同一房屋通过多个中介公司挂牌出售时，买方通过其他公众可以获知的正当途径获得相同房源信息的，买方有权选择报价低、服务好的中介公司促成房屋买卖合同成立，其行为并没有利用先前与之签约中介公司的房源信息，则不构成违约。

第三，是否有与出卖方或其他居间人私下交易逃避居间报酬的行为。当委托人受有效禁止“跳单”条款的约束时，只要有与出卖方或其他居间人私下交易逃避居间报酬的行为，即构成“跳单”违约，无须考虑其主观状态。

首先，虽然“跳单”行为在某种程度上体现了委托人的主观态度，但要反过来以此行为来论证委托人的主观恶意比较困难。其次，根据合同法理论，违约责任是无过错责任，即使违约人没有过错，在一定条件下仍可以认定其构成违约，即是否存在恶意都不影响是否违约的事实。再次，在不存在合法有效的禁止“跳单”条款的情况下，委托人本身享有另行委托多个居间人，从中自由选择缔约或取消缔约的自由权利。而在存在合法有效的禁止“跳单”条款的情况下，只要存在委托人绕开居间人与第三方私下交易，逃避居间报酬的“跳单”事实，就可以认定“跳单”违约，主观状态并不是应考察的因素。最后，在“跳单”违约的认定中如果限定委托人主观态度须为恶意，则变相缩小了“跳单”违约的范围，也就意味着实践中仅极小部分委托人恶意“跳单”的行为才纳入“跳单”违约情形中，而将许多实质属于“跳单”违约的行为排除在外。

编写人：北京市第一中级人民法院　习亚伟

236 未订立书面合同但存在事实法律关系的居间报酬如何认定

——投资公司诉发展公司居间合同案

【案件基本信息】

1. 裁判书字号

北京市第二中级人民法院（2018）京02民终8434号民事判决书

2. 案由：居间合同纠纷

3. 当事人

原告（上诉人）：投资公司

被告（被上诉人）：发展公司

【基本案情】

2015年5月，原告投资公司法定代表人陈甲通过朋友介绍结识被告发展公司法定代表人张某。此后，张某口头委托陈甲寻找广场二期项目的收购方，收购条件为项目转让总价5亿元。接受委托后，原告即向现项目收购方以项目转让总价5.5亿元介绍该项目。2015年9月29日，被告上海分公司总经理陈乙通过电子邮件向原告发送《房地产公司49%股权转让的居间委托协议》，将原、被告双方口头约定的有关项目的转让条件、居间费的计算方式、居间费的支付条件进行确认。原告收到邮件后无异议，继续按约定履行居间义务。2016年4月18日，居间事项完成股权转让。依据约定，被告应当在签署《股权转让协议》，完成工商变更后3个工作日内支付原告固定居间费3000万元及浮动居间费4535000

元，而被告经原告多次交涉后分文未付，故原告起诉要求被告支付居间费用。被告认为其与原告没有成立合同关系，请求驳回原告诉求。

【案件焦点】

原、被告双方是否存在居间合同关系。

【法院裁判要旨】

北京市丰台区人民法院经审理认为：

1. 关于双方是否订立了书面合同的问题。《中华人民共和国合同法》第十三条、第十四条、第十五条第一款规定了要约、承诺和要约邀请。本案中，陈乙以发展公司名义于 2015 年 9 月 29 日通过电子邮件给投资公司法定代表人陈甲发送的居间协议最终版，其中合作方式载明：乙方拟居间的土地受让人处空白，“超过 2.2 亿元”旁边有批注（黄 1）：此描述无法体现实际的超出部分甲方如何获得……该邮件落款处甲乙双方（盖章）、法人代表或授权代表处均为空白；鉴于该邮件以上内容不具体确定，法院认定该邮件法律性质属于要约邀请。此后，陈乙并未作其他说明，陈甲亦未对该邮件进行回复；依据《中华人民共和国合同法》的规定，双方未再进行要约、承诺，法院认定双方未订立书面合同；相应的居间协议最终版的条款不具有法律效力。

2. 关于双方是否存在事实合同关系的问题。《中华人民共和国合同法》第十条第一款规定的当事人订立合同的其他方式是指可以根据当事人的行为或者特定情形而推定成立的合同。本案中，投资公司出具证明材料确认，投资公司的陈甲系涉案居间项目的介绍人，并在 2015 年参加了该笔股权收购的商务活动；庭审中，原告提交了陈甲于2015年自无锡到北京的登机牌、高铁票及住宿凭证；事实上发展公司与投资公司亦签订了《股权转让协议》；上述证据形成了证据链，可以认定原告与被告及投资公司之间形成了事实居间合同关系。

3. 关于居间报酬如何确定的问题。陈乙给陈甲发送的电子邮件（居间协议最终版）中载明：“乙方向甲方收取的咨询费用，有权要求第三方在支付给甲方的土地使用权转让价款中直接支付。并且，甲方与第三方订立的相关合同或补充协议中应载明本居间合同的居间咨询费金额及支付方法”，但是发展公司与置投资公司签订的《股权转让协议》中却对此未予回应，投资公司在证明材料中也未提及居间费用，故本案的居间报酬不能参照该电子邮件的上述规定计算。《中华人民共和国合同法》第四百二十六条对居间报酬有明确规定。本案中，对于居间报酬，原、被告双方没有明确约定，应根据居间人的劳务合理确定，本案的居间报酬应包括陈甲参与居间活动发生的相关费用和陈甲在居间期间的劳务费。原告的此部分诉讼请求法院予以支持，超出部分予以驳回。

北京市丰台区人民法院依照《中华人民共和国合同法》第十条第一款、第十三条、第十四条、第十五条第一款、第四百二十六条的规定，作出如下判决：

一、发展公司于本判决生效之日起十日内给付投资公司居间报酬95270.5元；

二、发展公司于本判决生效之日起十日内赔偿投资公司上述款项的利息（自2016年4月28日起至付清之日止，以95270.5元为基数，按中国人民银行公布的同期贷款基准利率计算）；

三、驳回投资公司的其他诉讼请求。

投资公司不服一审判决，提起上诉。北京市第二中级人民法院经审理同意一审法院裁判意见。北京市第二中级人民法院依照《中华人民共和国民事诉讼法》第一百七十条第一款第一项之规定，作出如下判决：

驳回上诉，维持原判。

【法官后语】

合同的成立离不开要约和承诺，《中华人民共和国合同法》对要约的明文规定是"要约是希望和他人订立合同的意思表示"。其构成要件主要包括以下几个方面：其一，该意思表示必须是特定人所为的意思表示，其目的是希望和对方签订合同；其二，要约必须是向相对人发出；其三，要约所规定的内容必须是具体明确的；其四，在规定的期限内一旦受要约人做出承诺，则要约人就需要受所作出要约意思表示的约束。要约邀请是希望他人向自己发出要约的意思表示，是订立合同的预备行为，是一种事实行为，不产生任何法律效果。要约和要约邀请的区别有以下两点：其一，要约的目的是与他人订立合同，要约邀请的目的是想要对方跟自己订立合同。其二，要约一发出，要约人即受法律约束，要约邀请发出后，对于要约邀请人来说在法律上是没有意义的。在本案中，电子邮件中相关条款的内容不具体明确，两审法院均认可该邮件的性质为要约邀请，也因此证明了本案的书面合同并未成立。

对于事实法律关系的认定，法官需要查清案件情况，首先，要结合当时的社会环境、当事人的经济状况、社会价值环境等进行实质判断。其次，要权衡和评价法律所要保护的利益与社会典型行为所体现的利益，以追求利益牺牲的最小化和价值的最大化，以实现利益的最优化整合。最后，法官根据实质判断和利益衡量作出价值选择，并灵活解释法律，作出事实合同是否成立的判断，并确定事实合同的内容。本案中，通过居间合同第三方出具证明材料确认原告公司的法定代表人系居间委托事项的项目介绍人，并参与了居间委托的股权收购事项的商务活动，同时提供了其参与居间活动的相关消费凭证，一审法院和二审法院均认为这些证据形成了证据链，均认定投资公司和发展公司之间居间合同法律关系的成立。虽然书面的居间合同在形式上和实质上均被认为没有订立，但是事实法律关系的认定体现着在商事交易活动中所追求的利益平衡。

关于个案平衡中居间报酬的认定：利益衡量和价值选择。

居间合同是居间人向委托人报告订立合同的机会或者提供订立合同的媒介服务，委托人支付报酬的合同。《中华人民共和国民法典》中，居间合同章节得到了修订和完善，对以居间业务为经营的企业及个人产生重大影响。居间合同关系中，报酬请求权是居间人的主要权利。双方当事人约定居间人的报酬，对于居间人的报酬标准，国家是有限制规定的，当事人约定的报酬额不能超过国家规定的最高标准。居间合同报酬的给付义务有两种情况：一是报告居间，因居间人仅为委托人报告订约机会，并不与委托人的相对人发生关系，所以报告居间仅由委托人承担给付义务；二是媒介居间，因为交易双方当事人都因为居间人的媒介而得益，所以，除另有约定外，由双方当事人平均负担居间人的报酬。因此在本案事实上居间法律关系成立的前提下，委托人是应当支付居间人居间报酬的，涉案的电子邮件即居间协议最终版中载明的居间费用的计算方式由于在居间事项中涉及的股权转让协议中未予呼应，是不予成立的，也即书面居间合同未成立的法律后果，居间报酬不应按照未订立成功的书面合同计算。

任何判断都存在价值考量，合同的成立本身就是法官价值判断的结果，事实合同是合同成立的特殊方式，并且具有合法性。一、二审法院认定了事实居间法律关系的存在，那么居间报酬的确定也应体现出利益衡量和价值选择，一、二审法院均认可比照 2016 年度北京市职工平均工资确定居间报酬的费用，这是灵活解释法律作出追求利益牺牲的最小化以及利益最大化的结果。

本案是居间合同纠纷，法院在书面合同是否订立和事实合同关系是否成立中间进行了大量的利益平衡与价值选择。在大量的商事交易活动中，诚实信用原则和信赖原则是基础的原则，对涉及大量资金交易的商事主体来说，规范商事书面合同的订立以及相关条款的确定是非常必要的，这也是维护商事交易安全的本义所在。

编写人：北京市丰台区人民法院　王永斌　付晨晨

237　居间人违反如实报告义务应承担不利后果

——阳某珍诉中介公司居间合同案

【案件基本信息】

1. 裁判书字号

江苏省无锡市中级人民法院（2018）苏 02 民终 2134 号民事判决书

2. 案由：居间合同纠纷

3. 当事人

原告（被上诉人）：阳某珍

被告（上诉人）：中介公司

第三人：张某同

【基本案情】

2017 年 10 月初，阳某珍及家人到中介服务部中介服务部咨询购房，中介服务部遂向其介绍一处安置房；10 月 4 日，阳某珍及其丈夫在中介服务部的陪同下现场看房。10 月 5 日，阳某珍的丈夫和儿子再次去看房后，中介服务部要求阳某珍的丈夫交付定金 1 万元，但阳某珍的丈夫未携带足够现金，故当场只交付 1000 元。中介服务部要求次日再交 9000 元定金，且告知阳某珍的丈夫，房主要求一次性付清房款。10 月 7 日，阳某珍及其丈夫到中介服务部，张某同作为房主也到场协商，阳某珍提出要求分期付款，而张某同坚持一次性付清全款，因双方意见有差异，张某同遂离场，但中介服务部为促成合同成立，继续与他进行电话协商。后中介服务部的工作人员在双方就付款并未达成一致的情况下，继续收取了阳某珍的剩余定金 9000 元，并出具收条，载明“易成房产今收到阳某珍（身份证号：510××××××××）购买钱桥藕塘新藕苑××号房屋定金 1 万元整。房价约定 315000 元，中介服务费 6000 元。收款人：闻某孝　2017. 10. 17”，并加盖了中介服务部的公章。中介服务部收取 1 万元定金后，交给张某同 5000 元，自行留存 5000 元。后阳某珍与张某同就协商付款期限不能达成一致意见，遂诉至法院要求中介服务部退还定金。

另查明：中介服务部经营者为李某文，于 2017 年 12 月 14 日核准注销。中介公司于 2017 年 12 月 19 日成立，李某文为法定代表人。中介公司确认本案中中介服务部所涉债权债务由中介公司继承。

【案件焦点】

中介服务部作为居间人有无违反如实报告义务，是否存在过错。

【法院裁判要旨】

江苏省无锡市惠山区人民法院经审理认为：居间人应当就有关订立合同的事项向委托人如实报告。居间人故意隐瞒与订立合同有关的重要事实或者提供虚假情况，损害委托人利益的，不得要求支付报酬并应当承担损害赔偿责任。本案中，阳某珍与中介服务部之间形成的居间合同，系双方真实意思表示，亦未违反法律规定，合法有效。阳某珍交付给中介服务部的1万元为购房定金而非居间合同定金，有收条所载内容予以印证，也与各方当事人陈述相符，故法院对该事实予以认定。故阳某珍要求中介服务部作为合同中收受定金的一方因不履行约定债务而双倍返还定金的请求，于法无据，法院不予支持。但中介服务部作为居间人，在买卖双方对于合同主要条款存在重大差异的情况下，仍要求买方阳某珍交付定金，这一行为损害了委托人的利益，中介服务部不得要求支付报酬并应当承担损害赔偿责任，故应当将收取的定金予以全额返还阳某珍。现中介服务部在本案所涉债权债务由中介公司继承，故由中介公司承担付款义务。江苏省无锡市惠山区人民法院判决：

一、中介公司应于本判决生效后十日内返还阳某珍1万元；

二、驳回阳某珍其他部分的诉讼请求。

中介公司不服一审判决，提起上诉。江苏省无锡市中级人民法院经审理认为：在买卖双方未能就合同主要条款达成一致的情况下，中介公司继续收取阳某珍剩余定金9000元，存在过错。由于阳某珍与张某同之间的房屋买卖合同没有成立，且过错在中介服务部，因此，中介服务部从阳某珍处取得的款项应返还给阳某珍。故中介公司的上诉理由不能成立，原审判决应予维持。

江苏省无锡市中级人民法院判决：

驳回上诉，维持原判。

【法官后语】

对我国广大市民来说，房屋的意义已经远不仅是一个栖身的场所，更是承载了对安居乐业的追求。消费者对房屋的要求也逐步从质量、面积、地段等逐渐扩大到居住环境、配套设施、交通因素和升值潜力等多方面因素。房地产交易过程中，信息的真实有效和及时准确对房屋交易委托人来说非常重要，这也是房屋中介服务的重要内容。在此情况下，如交易中信息传递出现问题，就很容易引发纠纷。现行法律规范对中介人如实告知事项界定不明。在审判实践中，房地产中介合同纠纷的数量大幅增长，其中涉及如实告知的矛盾更是屡见不鲜。

诚实信用原则应是中介人履行合同的指导思想之一。中介合同的履行过程中，中介人必须实事求是地就自己所实际掌握的信息，如实地向委托人提供最方便、最有利、最有价值、最及时的订约渠道，并保证提供的信息真实和可靠，没有任何隐瞒欺骗或掺杂任何主观臆测。原《中华人民共和国合同法》第四百二十五条规定："居间人应当就有关订立合同的事项向委托人如实报告。居间人故意隐瞒与订立合同有关的重要事实或者提供虚假情况，损害委托人利益的，不得要求支付报酬并应当承担损害赔偿责任。"《中华人民共和国民法典》第九百六十二条规定，中介人应当就有关订立合同的事项向委托人如实报告。中介人故意隐瞒与订立合同有关的重要事实或者提供虚假情况，损害委托人利益的，不得请求支付报酬并应当承担赔偿责任。《中华人民共和国民法典》将居间合同改成了中介合同，但内容并无实际性变化。由此可见，法律分配给中介人的义务实际上是一般人的注意义务和作为中介人的合理审查义务。该义务主要包括三项：如实报告与订立合同有关事项；不可故意隐瞒与订立合同有关的重要事实；不可故意提供虚假情况。结合本案来看，房款的支付方式为房屋买卖合同的重要事项，原告阳某珍作为买房人要求分期支付，而张某同作为卖房人则坚持一次性付清全款。阳某珍、张某同均陈述是由中介服务部的业务员继续与买卖双方沟通，且分别告知买卖双方付款方式已谈妥。现中介服务部没有提供证据证明阳某珍已同意支付全款或张某同同意分期付款。在买卖双方未能就合同主要条款达成一致意见的情况下，中介服务部继续收取阳某珍剩余定金，存在过错。中介公司作为中介服务部权利义务的承继人应将中介服务部因中介服务所获得的款项予以返还。

编写人：江苏省无锡市惠山区人民法院　张徽

二十九、合伙合同纠纷*

238 遭受其他合伙人人身伤害的合伙人退伙权依法应受保护

——谢某梅诉刘某香、王某中合伙协议案

【案件基本信息】

1. 裁判书字号

广东省广州市中级人民法院（2020）粤01民终9760号民事判决书

2. 案由：合伙协议纠纷

3. 当事人

原告（被上诉人）：谢某梅

被告（上诉人）：刘某香、王某中

【基本案情】

2018年10月1日，谢某梅与刘某香、王某中签订《某宾馆三方合作协议书》，约定三方自愿合作经营投资宾馆项目，投资总额为62.1万元，王某中、刘某香和谢某梅各占三分之一的股份，均不得私自动用宾馆资金，各项开支以收据发票为准。

2018年10月29日，谢某梅与刘某香签订《某宾馆合作协议书》，约定谢某梅向刘某香转让其在某宾馆股份的四分之一。

---

* 注：《中华人民共和国民法典》已颁布并实施，在合同编专门规定合伙合同，基于内容上的关联性，收录此案例。

谢某梅共向两被告转账 12.98 万元。谢某梅表示，该 12.98 万元是原告投入涉案宾馆的投资款。刘某香表示，谢某梅转账的 12.98 万元中，120075 元是投资款，剩余款项是谢某梅应承担的宾馆房租费用。

谢某梅分得 2018 年 10 月至 2019 年 5 月的分红，其在涉案宾馆内工作的时间为 2018 年 10 月 1 日至 2019 年 6 月 8 日，原告自 2019 年 6 月 9 日离开涉案宾馆后未再回宾馆，两被告自 2019 年 6 月起未再向原告分红。

在合伙期间，两被告多次殴打原告，且两被告存在私改账本、私自收取公款的行为。刘某香于 2019 年 6 月 17 日将谢某梅移出宾馆支付宝收款提醒。谢某梅表示，其已于 2019 年 6 月 17 日退出合伙，并放弃 2019 年 6 月 1 日至 2019 年 6 月 16 日的分红，且确认某宾馆无需要清算的其他资产。

谢某梅和王某中均确认王某中已于 2019 年 6 月 24 日退伙，刘某香退还王某中投资款 10 万元。

刘某香、王某中称包括谢某梅支付的投资款在内的所有投资款均已作为宾馆受让费支付给了宾馆原先的承租人，谢某梅无权退伙，即使谢某梅坚持退伙，刘某香、王某中亦不应向其退还任何款项。

【案件焦点】

1. 谢某梅主张退伙是否成立；2. 谢某梅是否有权拿回投资款；3. 王某中是否应承担返还责任。

【法院裁判要旨】

广东省广州市白云区人民法院经审理认为：本案的争议之核心

涉及三个问题：其一是谢某梅主张退伙是否成立；其二是谢某梅是否有权拿回投资款；其三是王某中是否应承担返还责任。

关于问题一。两被告曾因宾馆经营事宜以殴打等形式对原告进行人身伤害且存在私自改动宾馆账册、宾馆营业收入少入账等行为，两被告的行为违反了合作协议书的约定及个人合伙的信赖基础，谢某梅实际已无法与两被告继续合伙，故其有权解除合作协议书、退出合伙。谢某梅于2019年6月9日离开宾馆后未再返回宾馆参与宾馆的经营管理，且刘某香自2019年6月17日将原告移出宾馆微信及支付宝的收账提醒人员范围，王某中对此亦未提出异议。同时，两被告自2019年6月1日未再向谢某梅分红，故法院认为刘某香、王某中已以其实际行动表示同意谢某梅退出合伙，退出的时间应为刘某香将谢某梅移出宾馆经营到账提醒人员范围的时间即2019年6月17日。

关于问题二。结合两被告陈述及其提交的证据，本案认定两被告从案外人处受让了涉案宾馆的床柜、桌椅、电器等有形资产和宾馆的承租权、经营权、客源等无形资产。两被告承接了涉案宾馆的有形资产和无形资产后，经原、被告协商，原告以占涉案宾馆四分之一的份额加入了合伙，则原告理应享有涉案宾馆四分之一的有形资产、无形资产及收益。但原告已实际于2019年6月17日退出了合伙，且两被告亦已以实际行动表示同意原告退出合伙，则两被告实际上承接了原告入伙时享有的宾馆的有形资产、无形资产、分红等，按照公平原则，两被告自然要退还原告为享有上述资产和权益份额的投入，即原告有权取回投资款。

关于问题三。即便王某中已于2019年6月24日退伙，但谢某梅退伙时被告王某中尚未退伙，至于王某中退伙的相关事宜，其应与刘某香另行处理，且谢某梅支付的入伙资金亦部分支付给王某中，故两被告应按照其占原合伙的份额比例承担退还责任。

广东省广州市白云区人民法院依照《中华人民共和国民法通则》第三十五条，《中华人民共和国合同法》第六十条、第九十三条、第九十四条、第一百零七条，《中华人民共和国民事诉讼法》第六十四条，《最高人民法院关于适用〈中华人民共和国民事诉讼法〉的解释》第九十条的规定，作出如下判决：

一、原告谢某梅与被告刘某香、王某中于 2018 年 10 月 1 日签订的《某宾馆三方合作协议书》于 2019 年 6 月 17 日解除；

二、于本判决生效之日起十日内，被告刘某香向原告谢某梅返还投资款 62790 元；被告王某中向原告谢某梅返还投资款 57960 元；

三、于本判决生效之日起十日内，被告刘某香向原告谢某梅返还税款 1551. 88 元；被告王某中向原告谢某梅返还税款 1432. 5 元；

四、驳回原告谢某梅的其他诉讼请求。

刘某香、王某中不服一审判决，提起上诉。

广东省广州市中级人民法院同意一审法院的裁判意见判决：

驳回上诉，维持原判。

【法官后语】

随着经济的发展，尤其是国家对营商环境政策的倾斜，个人间以合伙形式经商的模式呈现出快速的增长态势。同时，因部分合伙人不具备健全的法律知识和完善的经营理念，在个人合伙期间关于经营模式、利益分配、退伙清算等约定不明确或不完善，导致因合伙事宜产生分歧而要求退伙、清算的纠纷时有发生。本案即为个人合伙退伙纠纷的典型案例。

本案谢某梅已实际退出合伙经营。一种观点认为，原告谢某梅虽然具备退伙的条件和权利，但因谢某梅自行离开宾馆，并未征得其他合伙人的明确同意，其他合伙人未再向其分红不代表不愿意向其分红，故其并没有实际退出合伙经营，法院应组织对涉案某宾馆进行清算，之后根据清算的结果认定谢某梅应取回的投资款项。另一种观点认为，一方合伙人是否已实际退伙的认定不能仅单纯根据其他合伙人是否以书面形式等明确作出同意与否的意思表示来认定，而应综合各方合伙人的实际行为及各方是否存在过错，如果因其他合伙人原因导致一方合伙人无法再继续合伙事宜且该合伙人亦已实际脱离合伙体的情况下，应认定该合伙人已实际退伙。笔者同意第二种观点。即在合伙各方对退伙的形式无具体、明确约定的情况下，应综合各方合伙人的实际行为及各合伙人作出相关行为的原因进行认定。本案中，谢某梅确为自行离开涉案宾馆，但其离开的原因是两被告多次对其进行人身伤害，其出于对自身健康和生命的保护而离开涉案宾馆实非其自身过错。再者，谢某梅离开宾馆后，两被告不但将其踢出合伙收益提醒人员范围，且在不存在分红障碍的情况下未再向其进行分红，故结合两被告的实际行为，其已默认谢某梅退出合伙宾馆的经营。因此，原告谢某梅已退伙。同时，涉案合伙经营的宾馆价值并非等同于固定资产实际价值，而与经营状况密切相关，且两被告未提供证据证实宾馆资产出现贬损等情况下，两被告应向原告返还其全部投资款。

综上，本案关于谢某梅是否有权退伙及是否已实际退伙进行了详细的认定，通过各方合伙人实际行为及相关原因进行具体分析，最终保护了退伙人的正当权益。本案的判决对于引导各合伙体个人在合伙期间秉承公平正义、诚实信用等基本原则具有重要作用。

《中华人民共和国合同法》《中华人民共和国民法总则》已废止。《中华人民共和国合同法》第九十四条关于合同的法定解除体现在《中华人民共和国民法典》第五百六十三条，上述规定内容并无冲突之处。《中华人民共和国民法通则》第三十五条关于合伙的民事责任的规定体现在《中华人民共和国民法典》第九百七十二条，该条规定，合伙的利润分配和亏损分担，按照合伙合同的约定办理；合伙合同没有约定或者约定不明确的，由合伙人协商决定；协商不成的，由合伙人按照实缴出资比例分配、分担。该案中，在认定原告已退出合伙且应由两被告承接原告合伙份额的情况下，判定两被告按照其实缴出资比例向原告承担退还投资款责任，符合上述规定。

该案审理时，《中华人民共和国民法典》尚未实施。2021 年 1 月 1 日，《中华人民共和国民法典》正式实施，在合同编专门规定合伙合同，为合伙合同纠纷案件的审理提供了更全面、明晰的法律规定。其中，第九百七十六条规定，合伙人对合伙期限没有约定或者约定不明确，依据本法第五百一十条的规定仍不能确定的，视为不定期合伙。合伙人在合理期限之前通知其他合伙人的情况下，可以随时解除不定期合伙合同。该规定明确赋予了合伙人解除合伙合同关系的权利。该案中，当事人之间应为不定期合伙合同，该案认定原告有权解除合伙合同关系亦与上述法律规定相符。

编写人：广东省广州市白云区人民法院　娄丹杰　李倩雯

三十、农业承包合同纠纷

239 优先承包权是法定优先权还是优先缔约权

——惠某平诉鄢某刚、农业中心其他农业承包合同案

【案件基本信息】

1. 裁判书字号

重庆市第一中级人民法院（2011）渝一中法民终字第08561号民事判决书

2. 案由：其他农业承包合同纠纷

3. 当事人

原告（上诉人）：惠某平

被告（被上诉人）：鄢某刚、农业中心

【基本案情】

2001年3月6日，惠某平与水电管理站签订《水库养鱼承包合同》，承包期为2001年1月1日至2009年12月31日，共9年；承包金额为每年42000元。双方在合同中还约定：承包期满后，在同等条件下，惠某平有优先承包权；任何一方违约，由违约方支付对方违约金20000元。2009年1月4日，惠某平将部分水库转包给鄢某刚。2009年4月18日，为加快水库除险加固工程的施工，确保汛期前完成溢洪道、大坝迎水面的建设任务，惠某平、鄢某刚、农业中心、水库管理中心签订了一份协议。因农业中心与惠某平签订的承包合同将于2009年12月31日到期，故农业中

心于2009年9月13日书面通知惠某平做好水库的移交工作，进行下一轮承包。惠某平拒绝签收该通知。2009年9月28日，鄢某刚向农业中心预交了2010年1月1日至2010年12月31日的水库承包款。2010年1月20日、2010年2月25日，农业中心两次通知惠某平做好水库移交工作，惠某平拒绝签收该通知。2010年10月18日，农业中心与鄢某刚签订《水库养鱼承包合同》，合同约定承包期限为：2011年1月1日至2015年12月31日，承包金额为每年40000元。鄢某刚于2010年12月25日将2011年1月1日至2011年12月31日的水库承包款40000元交给农业中心。2011年4月，惠某平以被告签订的承包合同侵犯了其优先承包权为由起诉到院，要求农业中心继续履行与其签订的《水库养鱼承包合同》并支付违约金20000元。

【案件焦点】

1. 鄢某刚与农业中心签订的承包合同是否因为侵犯了惠某平的优先权而无效；2. 农业中心是否应当继续履行与原告签订的《水库养鱼承包合同》以及农业中心是否应当支付原告违约金20000元。

【法院裁判要旨】

重庆市北碚区人民法院经审理认为：原告惠某平对回龙桥水库的优先承包权是惠某平和农业中心双方约定的权利，不是一种法定的优先权，并不能当然地对抗第三人。被告农业中心在惠某平的承包合同期满后，已经尽到了合理的通知义务。被告鄢某刚与被告农业中心签订的《水库养鱼承包合同》并没有侵犯原告的优先承包权，该合同是双方的真实意思表示，是合法有效的。农业中心在与惠某平签订承包合同后，已经全面履行了合同约定的义务，并不存在违约行为，因此对原告主张农业中心应继续履行与原告签订的《水库养鱼承包合同》以及支付原告违约金 20000 元的观点，法院不予支持。

重庆市北碚区人民法院依照《中华人民共和国合同法》第四条、第六条、第八条、第六十条，《中华人民共和国民事诉讼法》第一百三十八条，作出如下判决：

驳回惠某平的诉讼请求。

惠某平不服一审判决，提出上诉。

重庆市第一中级人民法院经审理认为：在本案中，惠某平对水库的优先承包权是惠某平和农业中心双方约定的缔约权利，不是一种法定的优先权，且农业中心在双方合同即将到期时曾于 2009 年 9 月 13 日书面通知惠某平要做好水库移交工作，并进行下一轮承包。惠某平拒绝签收该通知，也没有积极与农业中心协商下一轮的承包事宜。因此鄢某刚于 2009 年 9 月 28 日向农业中心预交了 2010 年的水库承包款。在惠某平与农业中心承包合同期满后，农业中心又分别于 2010 年 1 月 20 日、2 月 25 日书面通知惠某平做好水库移交工作，惠某平虽然口头表示要继续承包水库，但是惠某平在其承包合同到期之后一年多里并没有与农业中心协商过继续承包事宜。2010 年 10 月 18 日，鄢某刚才与农业中心签订《水库养鱼承包合同》。农业中心在惠某平的承包合同即将到期和已经到期后，均履行了合同期间的通知义务，而惠某平迟迟不与农业中心签订承包合同事宜。且惠某平未能提供鄢某刚与农业中心有恶意串通的证据，故鄢某刚与农业中心签订的《水库养鱼承包合同》并没有侵犯惠某平的优先承包权，该合同是合法有效的。综上，惠某平关于鄢某刚与农业中心恶意串通，严重损害了惠某平的优先承包权，故鄢某刚与农业中心签订的养鱼承包合同无效的上诉理由不能成立。农业中心在与惠某平签订合同后，已经全面履行了合同约定的义务，并不存在违约行为，因此对惠某平上诉要求农业中心支付违约金 20000 元的上诉理由不能成立。原判认定事实清楚，适用法律正确，应予以维持。

重庆市第一中级人民法院依照《中华人民共和国民事诉讼法》第一百五十三条第一款第一项，作出如下判决：

驳回上诉，维持原判。

【法官后语】

优先权是法律上基于特殊政策性考虑而赋予某些特种债权或其他权利的一种特殊权利，以保障该项权利能够较之普通债权而优先实现。优先权并非单独存在的一种权利类型，而是对某些权利在法律效力方面的强化，其性质没有完全脱离其所强化的权利本身的性质，具有依附性。可见，所谓优先权一般都是法定的，具有其特定的内涵。

本案中惠某平与农业中心于 2001 年 3 月 6 日所签订的《水库养鱼承包合同》“七、其他事项”中约定“合同到期后，同等条件下，乙方有优先承包权”。惠某平作为乙方与甲方农业中心合同中约定的“优先承包权”是一种在该合同期满后，再次续约（或签约）的优先缔约权，并不属于法定的优先权的范围，其效力仅体现在承包合同期满后，与竞争者在同等条件下，惠某平有优先承包权。而且，这种优先承包权仅是约束惠某平与农业中心两者之间，根据合同具有的相对性，并不能用来对抗善意第三人。

本案中另一个关键的问题就是，农业中心有没有违反合同的约定，从而使惠某平丧失行使其“优先承包权”的条件。通过一审、二审查明的事实，农业中心在与惠某平合同即将到期和到期后一年内，都书面通知惠某平做好水库移交工作并协商下一轮承包事宜，但惠某平拒绝签收通知，仅口头表示要继续承包水库，未采取任何措施来与农业中心就下一轮承包进行协商或者达成协议。特别是惠某平知晓鄢某刚作为其承包水库的竞争者参与到水库承包中，其仍不积极行使自己的"优先承包权"，故惠某平以自己的行为表示其放弃行使其"优先承包权"。反观农业中心，在2009年9月28日、2010年1月20日、2010年2月25日，三次书面通知惠某平，已经尽到了其合同义务，其与惠某平签订的《水库养鱼承包合同》的承包期为2010年1月1日至2009年12月31日，合同期满后，惠某平不行使自己的"优先承包权"，农业中心与鄢某刚于2010年10月18日签订《水库养鱼承包合同》，没有违反与惠某平关于"优先承包权"的约定。故惠某平要求农业中心支付20000元的违约金的理由没有事实和法律依据，不成立。

编写人：重庆市北碚区人民法院　李祥君

三十一、服务合同纠纷

（一）医疗服务合同纠纷

240 辅助生殖医疗服务合同关系成立后丧偶妇女有权要求继续履行

——郭某诉 H 市妇幼保健院医疗服务合同案

【案件基本信息】

1. 裁判书字号

江苏省淮安市清江浦区人民法院（2020）苏 0812 民初 738 号民事判决书

2. 案由：医疗服务合同纠纷

3. 当事人

原告：郭某

被告：H 市妇幼保健院

【基本案情】

原告郭某与陈某系夫妻关系，双方于 2015 年 6 月 17 日结婚。2019 年 11 月 5 日，郭某夫妇因婚后不育到 H 市妇幼保健院请求诊治，后双方签订了《体外受精胚胎移植知情同意书》等系列文件，郭某夫妇支付了相关费用并授权 H 市妇幼保健院使用囊胚培养技术培养胚胎。在诊治过程中，原告郭某取卵 18 枚，正常受精 14 枚，冷冻 9 枚。胚胎移植前，陈某受伤经抢救无效后死亡。后原告郭某多次要求被告继续履行胚胎移植手术，被告以原告的要求不符合胚胎移植法律规定为由予以拒绝。

另查，陈某的母亲谢某于1998年11月14日去世。陈某的父亲在本案审理过程中到庭明确其同意原告郭某继续实施胚胎移植手术，并自愿承担由此所产生的一切法律后果。

【案件焦点】

辅助生殖医疗服务合同关系成立后、胚胎移植前，合同相对方的男方当事人死亡，女方是否有权要求继续实施胚胎移植手术。

【法院裁判要旨】

江苏省淮安市清江浦区人民法院经审理认为：原告郭某与丈夫陈某为解决不孕问题、达成生儿育女目的，到被告H市妇幼保健院处就医，郭某夫妻通过签订由被告H市妇幼保健院提供的《体外受精胚胎移植知情同意书》等系列文件，双方形成医疗服务合同关系，该合同系当事人真实意思表示，且不违反法律规定，合法有效，双方当事人均应当按照合同约定履行各自的义务。同意书签订后，被告H市妇幼保健院在原告郭某夫妻配合下，已经成功培育受精卵14枚，冷冻9枚，胚胎移植手术继续实施在技术上不存在障碍。陈某在合同履行过程中意外死亡，因其无子女，且其母亲谢某于1998年11月14日去世，故陈某的法定继承人仅为其父和原告郭某。陈某之父同意并要求继续实施胚胎移植手术，且自愿承担相应的法律后果，故胚胎移植手术继续实施亦不存在法律上的障碍。

人类辅助生殖技术的应用应当在医疗机构中进行，以医疗为目的，并符合国家计划生育政策、伦理原则和有关法律规定。禁止以任何形式买卖配子、合子、胚胎。医疗机构和医务人员不得实施任何形式的代孕技术。本案中，原、被告双方签订了《体外受精胚胎移植知情同意书》，以利用医疗辅助手段从而实现原告郭某受孕的目的。该同意书所产生的后果虽然涉及人身权、人格权以及继承法等法律以及社会伦理等问题，但系原告郭某夫妻的自愿选择。陈某签署并履行同意书的行为，表明其生前一直积极为实施胚胎移植进行准备，继续实施胚胎移植术与陈某意愿相符。

综上，被告H市妇幼保健院继续实施胚胎移植术不仅是对生者的慰藉，符合公众普遍认同的传统观念和人之常情，同时也不违反法律规定。原告郭某要求被告H市妇幼保健院继续实施胚胎移植手术，符合法律规定，法院予以支持。依照《中华人民共和国合同法》第五条、第六条、第七条，《中华人民共和国民事诉讼法》第一百四十二条之规定，作出如下判决：

被告H市妇幼保健院在本判决生效后五日内继续为原告郭某实施胚胎移植医疗服务。

判决后，双方当事人均未上诉，本判决现已生效。

【法官后语】

本案被告H市妇幼保健院已经成功培育冷冻胚胎9枚，胚胎移植手术继续实施在技术上不存在障碍。合同继续履行主要涉及以下四个方面的问题：

一、合同继续履行是否违反死者遗愿

根据《人类辅助生殖技术规范》第二条关于实施技术人员的行为准则的规定，辅助生殖技术必须严格遵守知情同意、知情选择的自愿原则。本案郭某丈夫在术前死亡，无法签署胚胎解冻和手术同意书。但是郭某及其丈夫与医院订立医疗服务合同的目的是生育子女，虽然丈夫死亡，但是在本次医疗服务合同中多次签署多项知情同意书，并进行培育和冷冻胚胎的事实，均表明郭某丈夫明确要求通过人类辅助生殖技术生育子女的意愿，因此，继续实施胚胎移植手术并未违反郭某丈夫生前意愿。

二、合同继续履行是否侵犯他人权利

合同继续履行后，如原告正常分娩，所出生的孩子便取得了民法上自然人的民事权利，其所享有的继承权会影响男方亲属的相关利益。本案中，陈某的母亲谢某早于陈某去世，故陈某的法定继承人仅为其父和郭某，陈某之父明确表示同意继续实施胚胎移植手术，且自愿承担相应的法律后果，故胚胎移植手术继续实施亦不存在继承法上的障碍。因此，涉案合同能够继续履行。

三、合同继续履行是否违反国家的相关法律规定

根据《人类辅助生殖技术规范》第十三条中关于实施技术人员的行为准则的规定，禁止给不符合国家人口和计划生育法规和条例规定的夫妇和单身妇女实施人类辅助生殖技术。单身分为未婚、丧偶和离异，本案郭某丧偶处于单身状态，如果因此认为郭某属于上述规范中的“单身妇女”，则剥夺了丧偶女性的生育权利。这9枚冷冻胚胎是郭某丈夫延续后代的唯一希望，承载着哀思寄托、精神慰藉等人格利益，且郭某是在非单身状态下取得的冷冻胚胎，不应该将此种情况归属于规范中的“单身妇女”的范畴。现郭某以生育为目的继续实施胚胎移植不违背社会公益原则，也未违反法律规定。

四、合同继续履行是否符合保护后代原则

《实施人类辅助生殖技术的伦理原则》明确规定，实施人类辅助生殖技术必须符合保护后代的原则。医院伦理委员会认为郭某丈夫已经去世，孩子一出生就没有父亲，在单亲环境下成长可能会对其

生理、心理、性格等方面产生影响。但是孩子出生于单亲家庭存在性格上的缺陷只是一种推测，很多单亲家庭的子女与其他孩子并无差异，不能就此断言孩子会因此遭受严重的生理、心理损害。而且辅助生育出生的后代享有同等的法律权利和义务，原告郭某进行胚胎移植术已经获得其丈夫的父亲的同意和全家人的支持，不能以物质条件或者经济承受能力作为质疑生育权的理由，目前也并无证据存在医学、亲权或其他不利于后代的情况。我国相关法律规定，也没有把单身作为否决收养孩子的条件，而是认为只要满足一定的法律条件，单身也是可以收养孩子的。同理，在不违反公序良俗和法律的情况下，丧偶女性生育子女并无不妥。

编写人：江苏省淮安市清江浦区人民法院　张树维　朱惠娟

（二）旅游合同纠纷

241　上游合同因不可抗力致下游合同违约的责任认定

——L公司诉S公司旅游合同案

【案件基本信息】

1. 裁判书字号

北京市第二中级人民法院（2019）京02民终13561号民事判决书

2. 案由：合同纠纷

3. 当事人

原告（被上诉人）：L公司

被告（上诉人）：S公司

【基本案情】

S公司（甲方）与L公司（乙方）签订协议，就甲方组织旅行团前往欧洲旅游及其他与旅行相关的商务活动，交由乙方负责全部或部分地面接待和其他相关服务事宜达成协议。关于协议中第4条关于结算方式，经双方协商，双方结算方式如下：1. 甲方付款给乙方的时间为团组出发后3天内支付团款费用80%，余款在团组回国后一周内结清，如逾期每天以所欠团款千分之三作为滞纳金一同支付给乙方；甲方以人民币汇入乙方账号，汇率以账单确认当日中国银行卖出价汇率为准。关于第8条不可抗力，任何一方对由于下列原因而导致不能或暂时不能履行全部或部分合同义务的不承担责任：自然灾害、政府采购或禁令以及其他任何双方在签约时不能预料、无法控制且不能避免和克服的事件，但受不可抗力影响的一方，应尽快地将发生事件通知对方，并附上证明材料，并采取积极措施最大限度减少给对方造成的损失。

2018年9月14日，S公司工作人员将相关资料提交L公司工作人员，罗马假期工作人员与S公司确认酒店及住宿情况。另外，S公司为两团客人购置的为五段联航机票，即大连经停合肥到深圳、深圳到法兰克福、米兰到北京、北京到大连。2018年9月17日，两团客人乘坐的大连至合肥的航班因天气原因取消，两团客人也未能在2018年9月18日抵达深圳，最终没有出团前往法兰克福。2018年9月18日，从深圳飞往法兰克福的航班正常起飞。

L公司认为，按照双方交易惯例，S公司应在出团前3日支付团款总额的80%。涉案旅行团未能出行与L公司无关，且S公司并未将国内段的航班信息告知L公司，且即便2018年9月17日的航班因天气原因取消，S公司可通过改签或变更交通方式等，组织旅行团在2018年9月18日抵达深圳。旅行团未能出行系因S公司原因所致，故S公司应当支付总团款80%的费用及滞纳金。

【案件焦点】

上游的航空运输合同因不可抗力无法履行，导致下游的服务合同无法履行，是否能够通过主张不可抗力而免除责任。

【法院裁判要旨】

北京市西城区人民法院经审理认为：第一，台风属不可抗力。第二，S公司为其旅行团购置了五段联航机票，2018年9月17日因台风影响取消大连经停合肥前往深圳的航班，使S公司旅行团无法按时抵达深圳，台风影响了S公司旅行团的行程。第三，L公司负责S公司旅行团国外期间的酒店及交通，并不涉及旅行团的航班服务。且双方在确认行程时，S公司也未明确告知L公司涉案旅行团系五段联航机票，L公司对此并不知情。依据约定，L公司履行的合同主要义务开始于S公司旅行团抵达法兰克福，旅行团前往法兰克福之前并非必须从大连经停合肥抵达深圳，旅行团可以有多种方式抵达深圳或者在不同的日期到达深圳。S公司旅行团受台风影响的行程并非其与L公司的合同履行内容，或是履行合同所必须发生的、无可替代的前置事件，S公司未履行合同并非受不可抗力影响，而是自身原因所致，其应承担违约责任。

北京市西城区人民法院根据《中华人民共和国合同法》第八条、第六十条、第一百零七条、第一百一十七条第二款、第一百一十九条第一款，《中华人民共和国民事诉讼法》第六十四条第一款，《最高人民法院关于适用〈中华人民共和国民事诉讼法〉的解释》第九十条、第一百零八条之规定，作出如下判决：

一、自本判决生效之日起七日内，S公司支付L公司费用74329.3元；

二、驳回L公司的其他诉讼请求。

S公司不服一审判决，提起上诉。

北京市第二中级人民法院经审理认为：旅行团由于台风所致航班被取消而未能成行，此时距合同约定的到达日期仅为两天。根据旅游行业的交易惯例或通常情形，L公司当已为提供本次地接服务而就住宿、车旅交通等事宜作出安排，为此亦会支付相应费用，该费用本应由S公司承担。北京市第二中级人民法院认为一审判决认定事实清楚，适用法律正确，依照《中华人民共和国民事诉讼法》第一百七十条第一款第一项之规定，作出如下判决：

驳回上诉，维持原判。

【法官后语】

一、不可抗力规则和不可抗力条款

在合同法领域内，将不可抗力分为两种：一是不可抗力规则，是指法律对不可抗力所作出的直接规定，由法律具体明确属于不可抗力的事实。《中华人民共和国合同法》中不可抗力规则是指该法第一百一十七条第二款，本法所称不可抗力，是指不能预见、不能避免并不能克服的客观情况①。对于不可抗力概念的理解，学术界有三

---

① 《中华人民共和国民法典》第一百八十条第二款规定，不可抗力是不能预见、不能避免且不能克服的客观情况。该规定与《中华人民共和国合同法》中不可抗力定义一致，《中华人民共和国民法典》对此予以保留。不可抗力是世界各国和地区通说中免责事由的典型代表，让民事主体承担与其行为无关而又无法控制的事故后果，是不公平的，免除或部分免除法律责任是符合社会主义核心价值观的内在要求。

种学说，分别为主观说、客观说和折中说，我国通说采取折中说，如韩世远教授认为，可认识而不可避免其发生的非该事业内在的事件，其损害效果虽采取周到的注意措施，尚不可避免的为不可抗力。二是不可抗力条款，是指当事人通过约定来确定哪些属于不可抗力事实。不可抗力条款主要分为四种类型：（1）不真正的不可抗力条款，当事人约定的不可抗力条款仅是对不可抗力规则的重申；（2）扩张型不可抗力条款，当事人约定的不可抗力事实相比于法定的不可抗力事实范围有所扩张；（3）限缩型不可抗力条款，当事人约定的不可抗力事实部分排除法定的不可抗力事实；（4）排除型不可抗力条款，当事人完全排除适用法定的不可抗力规则。

不可抗力条款效力的认定。对于不真正的不可抗力条款，因为其与不可抗力规则一致，故对其效力也予以肯定。对于扩张型不可抗力条款，通说认为当事人的约定超出法律确定的范围，不视为不可抗力，但是可以认定其就免责事由达成一致，可对当事人产生合同拘束力。对于限缩型不可抗力条款和排除型不可抗力条款，学术界有两种认识，一是认为不可抗力规则属于任意性规范，当事人可以约定予以排除并放弃免责利益；二是认为不可抗力规则属于强制性规范，不能缩小不可抗力范围或者排除适用。

本案中，S公司和L公司在合同中约定了不可抗力条款：第八条不可抗力，任何一方对由于下列原因而导致不能或暂时不能履行全部或部分合同义务的不负责任：自然灾害、政府采购或禁令以及其他任何双方在签约时不能预料、无法控制且不能避免和克服的事件，但受不可抗力影响的一方，应尽快地将发生事件通知对方，并附上证明材料，并采取积极措施最大限度减少给对方造成的损失。其与法定的不可抗力外延和内涵一致，并无出入，是为不真正的不可抗力条款。

二、上游合同因不可抗力对下游合同履行所产生的影响

不可抗力使得合同的履行发生阻碍，从而使得阻碍会产生不能履行合同的情形，不可抗力带来的影响取决于违约行为是否与不可抗力具有因果关系及其程度，主要包括三种类型：(1) 合同全部不能履行；(2) 合同不能部分履行；(3) 合同迟延履行。不可抗力虽然会对合同的履行产生影响，但其仅作为免责事由出现，并不影响合同关系的继续存在，唯独受不可抗力的影响，当事人无法按照原合同约定履行义务，因此必须作出调整。根据《中华人民共和国合同法》第九十四条第一项[①]的规定，当事人可以在因不可抗力致使不能实现合同目的的情况下行使法定解除权解除合同。另外，在未达到不能实现合同目的无法解除合同的情况下，合同关系将会继续存在，只是需要当事人之间进行协商从而变更合同，如果未达成一致，则只能向法院或者仲裁机构请求变更合同内容。

以上情况仅针对不可抗力对一份合同所造成的影响，但当今社会经济交往纷繁复杂，交易关系环环相扣，可能存在多份合同，合同之间存在先后履行顺序的连锁交易情况，上游合同因不可抗力造成履行障碍，影响下游合同的履行，下游合同的履行违约方是否可以适用不可抗力规则主张免责？是否免责取决于不可抗力与下游合同之间是否存在因果关系。对于因果关系的认定，应从上游合同不能履行程度、上下游合同之间的关联程度、变更履行能否实现及上游合同履行的可替代性和紧迫性等方面综合分析。

---

① 《中华人民共和国民法典》对于合同法中针对不可抗力行使法定解除权的规定予以保留。当事人即便尽最大努力，也无法避免事件的发生，也无法克服因该事件带来的损害后果，应该对其进行救济，具体就是根据不可抗力影响大小赋予当事人是否可以行使解除合同的权利。

本案中，S公司与航空公司的航空运输合同，履行内容为航空公司将S公司旅行团最终送至法兰克福，而L公司与S公司的合同约定L公司负责旅行团在法兰克福的交通及住宿，故旅行团和航空公司之间的航空运输合同便为上游合同，S公司与L公司之间的服务合同为下游合同。上游的航空运输合同因台风不能履行，是否能够成为S公司不履行合同的免责事由，本文从以下四个方面分析：第一，不可抗力是否影响上游合同的履行。台风是不可抗力，上游合同是将旅行团按时送达深圳，再送往法兰克福，而出现的台风致使联航航班前段无法完成，无法到达深圳，故台风影响旅行团到达深圳，不可抗力影响上游合同的履行。第二，变更履行上游合同是否具备条件。受台风的影响，大连飞往深圳的航班均被取消，无法乘坐飞机前往深圳，但深圳飞往法兰克福的航班正常起飞并未取消，旅行团可以考虑通过换乘其他交通工具到达深圳，但通过铁路、公路、水路前往深圳的时间均超过一天，旅行团在航班取消的情况下无法按时到达深圳，上游合同无法在时间紧迫的情形下变更履行。综合以上分析，不可抗力使得上游合同完全不能履行。第三，上游合同与下游合同的关联性。旅行团到达法兰克福是S公司和L公司履行合同义务的基础，若旅行团未到达法兰克福则无法履行合同义务，故上游合同是下游合同履行的前提。第四，上游合同是否为下游合同不可替代之前提。S公司虽然无法途经深圳飞往法兰克福，但是可以从大连直接飞往法兰克福。从得知航班取消至到达法兰克福还剩余3天，除去飞行时间还剩余2天，考虑旅行团有将近60人，虽然旅行社具有办理团队出行的经验，但要求其2天办理直接从大连飞往法兰克福的机票未免强人所难，时间上具有紧迫性，所以无法到达深圳的事实能够终局性地决定旅行团无法到达法兰克福，上游合同是下游合同不可替代之前提。综合以上分析，台风与S公司履行合同义务存在因果关系，S公司可以适用不可抗力规则主张免责。

三、不可抗力所带来的损失如何分担

《中华人民共和国合同法》第一百零七条中规定承担违约责任的方式有继续履行，采取补救措施或者赔偿损失等，当事人可以主张采取以上方式来救济因违约所造成的损失。该法第一百一十七条第一款规定，因不可抗力不能履行合同的，根据不可抗力的影响，部分或者全部免除责任，但法律另有规定的除外。不可抗力是我国法定的一种民事责任免责事由，上述条款中的“民事责任”应该作缩小解释，是为全部或者部分免除因违约而产生的民事责任，不可抗力仅作为免责事由而用以在其影响的范围内对抗合同履行。但是当事人迟延履行后发生不可抗力，法律剥夺其抗辩的权利，并不能作为免责事由对抗合同履行请求权的行使。

对于因不可抗力造成的损失的负担。不可抗力作为免责事由，行为人仅在不可抗力的范围内免除违约责任，故在此大多数情形下仅产生损失负担的问题。首先，如果合同约定因不可抗力造成损失的条款，则应该根据约定来分担损失；其次，如果合同中未约定损失负担，且双方对损失的承担协商一致，则应该按照交易习惯等来加以确认；最后，法律规定当事人具有不可抗力的通知义务和避免损失扩大的义务，在以上方式均未明确损失负担标准的情况下，则应该按照合理预见原则、减轻损害原则、损益相抵原则及责任相抵原则来具体分配承担，通常在实践中也会运用公平及诚实信用等基本原则来平衡各方利益。

本案中，不可抗力所带来的损失是L公司为履行合同所付出的住宿、交通等服务费用。虽然双方在合同中约定了不可抗力条款，但是并未约定损失负担标准，也未就此协商一致，故应该考虑S公司是否及时告知航班取消、为合同继续履行的努力程度、同旅客之间的协商等情况，同时考虑L公司是否合理支付费用、是否防止损失扩大等情况，最终考虑公平原则和诚实信用原则来判断数额是否合理，得出一个较为合适的承担损失数额。

编写人：北京市西城区人民法院　韩涛　任卓

242　“组团社”与“地接社”的违约责任认定

——赵某平诉甲旅行社公司、乙旅行社公司旅游合同案

【案件基本信息】

1. 裁判书字号

北京市第一中级人民法院（2018）京01民终4315号民事判决书

2. 案由：旅游合同纠纷

3. 当事人

原告（被上诉人）：赵某平

被告（上诉人）：甲旅行社公司

被告：乙旅行社公司

【基本案情】

2016年8月15日，赵某平（旅游者）与甲旅行社公司（出境社）签订《团队出境旅游合同》一份，约定：“甲旅行社公司为赵某平、王某芳提供巴厘岛6日旅游服务，旅游费用4900元/每人，旅游者同意采用拼团方式拼至出境社成团。”

甲旅行社公司委托乙旅行社公司接待其公司的旅游团队，乙旅行社公司实际为赵某平提供巴厘岛境内的旅游服务，安排领队、导游。为此提交甲旅行社公司与乙旅行社公司《接待合作协议》一份。乙旅行社公司认可其为甲旅行社公司旅游团队的实际接待方。

2016年8月27日，乙旅行社公司安排旅游者到巴厘岛一处私人沙滩自由活动，赵某平在海岸边行走时，被海浪拍伤。

甲旅行社公司主张其已对赵某平履行了安全告知义务，在双方旅游合同中有相关约定，行程单中告知旅游者应根据自身情况谨慎斟酌后下水，领队和导游在旅游者下水前也会告知下水风险。乙旅行社公司亦主张其已对赵某平履行了安全告知义务。

事发后，领队、导游将赵某平送至当地医院治疗，乙旅行社公司为赵某平垫付了境外治疗费用。赵某平于2016年8月28日随团回国，并住院手术治疗。

【案件焦点】

1. 乙旅行社公司作为实际接待方，是否应承担事故责任；2. 甲旅行社公司是否尽到安全提示义务。

【法院裁判要旨】

北京市海淀区人民法院经审理认为：依法成立的合同，对当事人具有法律约束力，当事人应当按照约定履行自己的义务。当事人一方不履行合同义务或者履行合同义务不符合约定的，应当承担继续履行、采取补救措施或者赔偿损失等违约责任。本案中，赵某平与甲旅行社公司签订的《团队出境旅游合同》系双方当事人真实意思表示，未违反国家法律、行政法规的强制性规定，应认定为有效。

乙旅行社公司与甲旅行社公司存在合同关系，实际为赵某平提供旅游服务，是该旅游合同的履行辅助人。旅游经营者、旅游辅助服务者对可能危及旅游者人身、财产安全的旅游项目未履行告知、警示义务，造成旅游者人身损害、财产损失，旅游者请求旅游经营者、旅游辅助服务者承担责任的，人民法院应予支持。赵某平有权向甲旅行社公司、乙旅行社公司主张责任。依据双方的旅游合同，甲旅行社公司及乙旅行社公司均负有以谨慎提供旅游合同项下旅游服务、保障旅游者安全的义务，但因外界的自然环境或人文环境中存在固有风险，旅游者自身亦应承担保护自身安全的合理注意义务。本案中，根据查明的事实，乙旅行社公司在赵某平进入事发海滩前进行了一般性的安全提示，履行了部分告知和警示义务。甲旅行社公司主张其在旅游合同、行程单中约定了安全注意事项，但该约定内容仅具有概括性。甲旅行社公司称领队和导游在旅游者下水前也会告知下水风险，但就此未提交任何证据。甲旅行社公司与乙旅行社公司均无法证明其对赵某平提示过涉案沙滩的海浪风险。安全告知义务的内容虽不可能面面俱到，但应针对具体场所的危险内容进行提示，而不能仅作概括性告知。告知义务是否适当履行的判断标准应为实质性标准，即能够起到提示风险的作用。涉案海滩具有发生海浪事故的可能性，在此情况下，旅行社至少应告知旅游者有海浪风险。同时，其还应考虑赵某平年龄较大的实际情况，在事发海滩已矗立警告标志的情况下，更有针对性地对其进入或靠近海边可能带来的各种危险进行充分提示和告知，避免受伤。鉴于甲旅行社公司及乙旅行社公司未能完全履行义务，故其应在违约责任范围内对损害后果承担相应责任。同时，赵某平作为完全民事行为能力人，具有正常的自我保护能力，应当知晓在海边游玩的危险性，其更应保持小心、谨慎，其对自身安全并未尽到审慎注意义务，其行为具有一定冒险性，亦应对损害结果的发生承担责任。基于上述理由，法院认为，甲旅行社公司及乙旅行社公司应对损害后果承担60%违约责任为宜。

北京市海淀区人民法院依照《中华人民共和国合同法》第八条、第六十条、第一百零七条，《最高人民法院关于审理旅游纠纷案件适用法律若干问题的规定》第八条，《最高人民法院关于审理人身损害赔偿案件适用法律若干问题的解释》第十七条之规定，作出如下判决：

一、甲旅行社公司与乙旅行社公司于本判决生效后七日内赔偿赵某平医疗费5060.57元、急救交通费207元、鉴定费900元、营养费2160元、护理费2082元、伤残赔偿金100642.5元，以上共计111052.07元；

二、甲旅行社公司于本判决生效后十日内退还赵某平旅游费1000元；

三、驳回赵某平的其他诉讼请求。

甲旅行社公司不服一审判决，提起上诉。北京市第一中级人民法院同意一审法院裁判意见，作出如下判决：

驳回上诉，维持原判。

【法官后语】

本案审理的重点在于乙旅行社公司作为实际接待方，是否应承担事故责任以及甲旅行社公司是否尽到安全提示义务。

第一，乙旅行社公司作为实际接待方，是否应承担事故责任。本案中，甲旅行社公司委托乙旅行社公司接待其公司旅游团队，乙旅行社公司实际为赵某平提供巴厘岛境内的旅游服务，安排领队和导游服务。根据《中华人民共和国旅游法》第一百一十一条第四项和第五项规定，上述情况下，甲旅行社公司为组团社，乙旅行社公司为地接社。而根据该法第七十一条第一款的规定，由于地接社、履行辅助人的原因导致违约的，由组团社承担责任；组团社承担责任后可以向地接社、履行辅助人追偿。本案中，赵某平以旅游合同纠纷为由起诉请求甲旅行社公司进行违约损害赔偿，根据上述规定，即使是由于地接社乙旅行社公司的原因违约，也仍应由组团社甲旅行社公司承担责任，甲旅行社公司在承担责任后可以向地接社追偿。因此，即使乙旅行社公司最终可能需要承担责任，但根据《中华人民共和国旅游法》第七十一条第一款的规定，也应由甲旅行社公司首先承担违约责任。甲旅行社公司以“乙旅行社公司作为实际接待方，应承担事故责任”为由，并不能否定其作为本案旅游合同相对方所应承担的违约责任。

第二，甲旅行社公司是否尽到安全提示义务。本案中，甲旅行社公司和乙旅行社公司对赵某平履行了一般性的安全提示义务。但是法院认为，旅游合同项下的安全提示义务并非一般性的安全提示义务。在旅游活动中，旅游者与旅行社之间基于有偿的旅游合同所产生的安全提示义务不应采取一般性的形式化标准，而应采取有针对性的实质化标准。这一实质化的标准应能有针对性地起到风险防范的作用。如果只是采取格式化的书面告知提醒方式，或其他概括性提示告知的方式，而对特定旅游地点的特定风险未进行安全提示和告知，则很难认定旅行社尽到了实质上的安全提示义务。本案中，考虑到赵某平的年龄、涉案海滩的海浪情况，作为甲旅行社公司的受托人，乙旅行社公司应对赵某平在私人沙滩上的自由活动进行针对性的安全提示。但现有证据未能证明乙旅行社公司进行过这样的安全提示。

另外，要求旅行社就尽到实质性安全提示义务提供证据，在一定程度上的确会加重旅行社的负担。但是，旅行社作为旅游合同的当事人一方，理应就其履行了合同义务和法定义务这一事实提供证据。要求旅行社就尽到实质性安全提示义务提供证据，实质上是为了督促旅行社更为审慎地履行安全提示义务，这将积极地促进旅行社的管理规范化水平，并不会导致旅行社义务的无限扩大。甲旅行社公司认为要求旅行社对安全提示留有证据，就会无限制加大旅行社的责任，这一理由不能成立。

编写人：北京市海淀区人民法院 梁珊

243 旅行社的安全保障义务

——许某诉Z旅行社旅游合同案

【案件基本信息】

1. 裁判书字号

广东省广州市中级人民法院（2013）穗中法民一终字第442号民事判决书

2. 案由：旅游合同纠纷

3. 当事人

原告（上诉人）：许某

被告（被上诉人）：Z旅行社

【基本案情】

2012年1月4日，原被告签订《广东省出境旅游组团合同》，其中约定：原告旅行目的地为韩国，旅行期限为2012年1月10日-2012年1月14日，由被告统一安排原告的住宿。2012年1月13日，原告在被告安排的韩国住宿酒店摔伤造成骨折，受伤后即被送往当地医院进行初步治疗。原告返回中国后即前往广州市正骨医院进行继续治疗。

原告认为，根据双方签订的合同约定及相关的法律法规规定，被告作为旅游经营者对原告作为旅游者负有约定及法定的安全保障义务，现被告违反前述义务导致原告遭受了人身损害、财产损失及精神痛苦，因此被告理应向原告承担法律责任。故请求法院判令被告赔偿原告医疗费23390.15元、后续治疗费6000元、误工费102253.13元、护理费32570元、交通费15085元、住院伙食补助费1600元、营养费3000元。

被告Z旅行社辩称：被告已提供符合保障人身、财产安全的服务，不需要承担损害赔偿责任。根据双方签订的《广东省出境旅游组团合同》的约定，被告的义务在于提供符合保障和警示的义务，不能因为有损害后果，就认定被告违约。被告在履行合同过程中，事先已通过行程表说明，旅游过程中通过导游讲解、酒店警示等多种方式，对可能危及旅游者人身、财物安全的事宜，已向旅游者作出真实的说明和明确的警示。该义务的内涵除一般提醒外，主要针对超出一般人认识范围内的特殊情况即客人不熟悉的情况作出爬山、游泳、漂流等使用方法、安全注意事项，特别是有一定危险性且游客又不熟悉的景点、项目。被告依据旅游合同所提供的住所服务亦符合保障旅客人身和财产的安全标准，已尽到安全保障义务。在意外发生时被告应负的是积极协助义务。原告意外受伤后，被告已采取当地导游陪同原告往返韩国的医院就诊、联系航空公司升级舱位、回程登记走绿色通道、回程安排专车接机、尊重原告意愿、直接接送其到指定医院入院治疗等多种方式，为原告就医提供便利。原告入住医院后，被告公司领导也多次去医院探望原告。被告已尽到积极协助义务。即使原告认为被告违约，违约行为和损害后果之间不存在因果关系，被告不需承担损害赔偿责任。被告导游已尽到安全事项的说明及解释义务，韩国酒店和民宿的设计中玄关处的设计是为了方便人们进入和换鞋，这一点导游和领队多次有提醒，同时原告前3晚住的酒店都有玄关设计。原告发生的意外事故是被告无法预见，亦不能防止的。被告的工作人员不存在过错，原告的受伤与被告没有因果关系，其摔倒属于意外事件。原告作为一个成年人，应当对日常常识范围内的行为承担责任，不能将旅行社的安全保障义务无限扩大地理解为原告所有事情都需要旅行社、领队提醒、说明和负责。因原告疏忽大意，导致其在进入房间玄关时发生意外事故，不可能因此要求被告承担责任。故被告认为已尽到安全保障义务，不存在违约行为，不应承担原告因意外事件而产生的一切费用，不同意原告的全部诉讼请求。

【案件焦点】

旅行社的安全保障义务的内容。

【法院裁判要旨】

广东省广州市越秀区人民法院经审理认为：原告参加由被告组

织的“韩国首尔济州”旅游活动，并交纳旅游费，双方形成旅游合同关系。被告称韩国的酒店房间有门槛符合韩国国情，在旅游过程中已告知原告入住的酒店房间内有门槛，进入房间需换鞋。原告否认，称其此次旅游前三晚入住的酒店房间均没有门槛。但根据被告提供的证据，可证明韩国酒店房间内有门槛符合韩国国情，原告在此次旅游期间前三晚入住的两家酒店房间内均有门槛，因此原告的陈述与事实不符，法院认定被告已告知原告及原告清楚入住酒店房间内有门槛。对于原告第四晚入住的 RESIDENCE 酒店，被告已提供证据证明在酒店大堂有警示牌提醒游客注意房内有坎，虽然没有明确具体位置，但根据韩国国情及原告先前入住的酒店情况，原告亦应清楚在进门处有门槛的事实。故原告主张被告未尽明确提醒告知义务，要求被告赔偿各项损失的请求依据不足，不予支持。

广东省广州市越秀区人民法院依据《中华人民共和国合同法》第一百零七条、第一百二十二条的规定，判决：

驳回原告许某的全部诉讼请求。

许某不服一审判决，提起上诉。

广东省广州市中级人民法院经审理认为：许某与 Z 旅行社双方已形成旅游合同关系。Z 旅行社作为专业的营业性旅行社，其应对可能危及旅游者人身、财产安全的注意事项履行告知、提示、警示义务，对旅游者人身、财产安全承担安全保障义务，即 Z 旅行社有义务向包括许某在内的旅游合同相对人安排至安全场所接受其旅游服务。

Z 旅行社主张韩国的酒店房间有门槛符合韩国国情，在旅游过程中已告知许某入住的酒店房间内有门槛等，但许某否认并称其此次旅游前三晚入住的酒店房间均没有门槛。双方当事人均确认事发时的酒店玄关内有槛，争议在于Z旅行社是否事前告知、提示许某事发酒店玄关位内有槛以及旅游前三晚入住的酒店是否如事发酒店玄关位内有槛。首先，如Z旅行社所主张的韩国酒店房间玄关位有槛符合韩国国情，但在刚进门的玄关内设槛与非韩国人、临时过境旅游的人平时生活习惯有较大差异，对于刚从室外进入室内的人而言，如果不清楚玄关内有槛，容易被绊倒而受伤。Z旅行社作为专业的营业性旅行社对安排游客居住的酒店应较游客更熟悉，同时也应预计到韩国酒店的这种设计与非韩国人、临时过境旅游的人的生活习惯不同及可能带来的不便与影响，故Z旅行社应在每次入住前尽到必要的告知、提醒义务。事发当晚许某参加Z旅行社组织的活动回到酒店休息已是夜晚近11点，Z旅行社在本案中不能证实其在事前已经履行告知、提醒义务。其次，Z旅行社主张许某在此次旅游期间前三晚入住的酒店房间玄关内均有槛亦缺乏充足证据证实，而且前三晚居住的酒店与事发当晚的酒店分别在韩国不同城市，即使前面居住的酒店房间玄关内有槛亦不能必然得出许某知道事发当晚入住的酒店玄关内有槛的结论。再次，Z旅行社提供证据证实事发酒店大堂设有警示牌，提醒入住旅客房间玄关内有槛，对此，许某予以否认但未能举证反驳Z旅行社该主张，故法院采信Z旅行社该主张。酒店虽在大堂内设置警示牌，但由于事发当晚已近深夜，Z旅行社应预见到对于一个年近60岁的随团旅行的游客而言可能容易忽视该警示牌，因此即使酒店大堂内设置了警示牌，当该警示牌尚不足以达到防范意外事件发生时，Z旅行社还应采取必要的防护措施，例如对一些特殊的人如无人陪伴的老人、肢体不便的人等要予以特殊保护。当采取这些防护措施的成本远远小于事故发生可能事先预期的损失但Z旅行社没有采取时，其就应当对许某的损失负相应的责任。故法院认定Z旅行社未尽足够的告知、提醒义务，该行为与许某摔伤后果之间存在相当因果关系，Z旅行社应在安全保障义务的范围内对许某因摔伤产生的损失承担相应赔偿责任。最后，许某作为一个成年人，其对于自身安全存在必要注意及保护义务，其本人疏于对周边环境的了解及对自身安全的保护亦是本次伤害事件发生的主要原因，其亦应对事故后果承担主要责任。综上，考虑Z旅行社、许某各自行为与伤害后果之间存在的原因力大小，法院确定Z旅行社应对许某的损失承担20%的赔偿责任，许某自负80%的责任。

对于许某主张各个赔偿项目，法院依法核定如下：一、医疗费。许某主张医疗费23390.15元，提供了医疗发票、病历、住院费用清单、出院记录等予以证明，Z旅行社对此亦予以认可，法院予以确认；二、住院伙食补助费。参照广州市国家机关一般工作人员的出差伙食补助费标准50元/天计算，许某住院16天，故住院伙食补助费为800元（50元/天×16天）；许某另主张后续医疗的住院伙食补助费为800元缺乏依据；三、护理费。许某主张从事故发生之日起合共6.5个月需要生活护理，但未能举证证明，结合许某伤情，应认定许某住院期间需要陪护，参照广州市护工人员日收入80元计算，故护理费为1280元（80元/天×16天）；四、后续治疗费。根据医疗证明，许某主张的6000元属于必然发生的费用，应予以认定；五、交通费。许某主张交通费15085元，没有提供证据，结合许某伤情及就诊情况，可酌定交通费1000元；关于许某主张的误工费问题，许某提供的工资证明及工资条系在我国领域外形成的证据，未经所在国公证机关进行公证并经我国驻该国使领馆予以认证，不能作为本案证据，故许某主张其在国外有工作以及工资收入情况，因缺乏证据证实，不予采信。关于许某主张的营养费问题，因缺乏医疗机构出具相关证据证实，不予支持。关于许某主张的出院后护理费等其他费用问题，因尚未发生且不能证实其属于必然发生的费用，许某可在实际费用产生后另行主张权利，故法院在此不予处理。综上，许某发生的损失包括医疗费 23390.15 元、住院伙食补助费 800 元、护理费 1280 元、后续治疗费 6000 元、交通费 1000 元，合共 32470.15 元，由 Z 旅行社赔偿 20%即 6494 元给许某。

广东省广州市中级人民法院依照《中华人民共和国民法通则》第一百零六条、第一百三十一条、《中华人民共和国侵权责任法》第十五条、第十六条、第二十六条、第三十七条、《最高人民法院关于审理人身损害赔偿案件适用法律若干问题的解释》第二条、第十九条、第二十一条、第二十二条、第二十三条、《中华人民共和国民事诉讼法》第一百七十条第一款第二项之规定，判决如下：

一、撤销广州市越秀区人民法院（2012）穗越法民一初字第 2107 号民事判决；

二、Z 旅行社应于本判决发生法律效力之日起三日内赔偿许某 6494 元；

三、驳回许某的其他诉讼请求。

【法官后语】

这是一起涉及旅行社的安全保障义务的旅游纠纷案件。在审理过程中，对旅行社是否尽到安全保障义务，存在两种观点：

第一种是一审的观点，即被告已经尽到了明确提醒告知义务，不应对原告所主张的各项赔偿承担责任。其理由是：酒店房间内设有门槛符合韩国的国情，原告在此次旅游期间的前三晚入住的两家酒店房间内均有门槛，原告对韩国酒店房间内有门槛已有一定认知，且原告第四晚入住的酒店大堂有警示牌用中文标注提醒游客注意房内有坎，虽然没有明确具体位置，但根据韩国的国情以及原告先前入住的酒店情况，原告应清楚在进门处有门槛的事实。因此，原告主张被告未尽明确提醒告知义务，要求被告赔偿各项损失的请求依据不足。

第二种观点则认为酒店虽在大堂内设置警示牌，但由于事发当晚已近深夜，被告应预见到对于一个年近60岁的随团旅行的游客而言可能容易忽视该警示牌，因此即使酒店大堂内设置了警示牌，当该警示牌尚不足以达到防范意外事件发生时，被告还应采取必要的防护措施，例如对一些特殊的人如无人陪伴的老人、肢体不便的人等要予以特殊保护。当采取这些防护措施的成本远远小于事故发生可能事先预期的损失但被告没有采取时，其就应当对原告的损失负相应的责任。故在本案中被告未尽足够的告知、提醒义务，该行为与原告摔伤后果之间存在相当因果关系，被告应在安全保障义务的范围内对原告因摔伤产生的损失承担相应的赔偿责任。而原告作为一个成年人，其对于自身安全存在必要注意及保护义务，其本人疏于对周边环境的了解及对自身安全的保护亦是本次事故发生的主要原因，因此应对事故后果承担主要责任。

笔者同意第二种观点。本案处理的关键在于对旅行社尽安全保障义务程度的认定。

安全保障义务，顾名思义，主要是要保障安全。笔者认为应包含人和物两方面。人的方面是指一要有足够的、适当的人员为参与其活动的他人提供与其活动相适应的预防外来侵害的保障，包括工作人员、服务人员、保安人员等；二是对参与活动者在其场所或组织的活动中可能发生的影响安全的侵害要有一定的预警，使他人对可能发生的侵害有一定的认识，同时提高自身的警惕性，这种预警可以是警告，也可以是通知、说明或指示。物的方面则是指活动场所及活动中所需建筑物、运输工具、设施设备等物质的配置、保管、维护，保障其正常运行，不会给活动参与者带来可能影响其安全的危险等义务。

旅游经营者、旅游辅助服务者是否遵守了各项法律法规规定就尽到了安全保障义务呢？当然不是。作为旅游过程中的组织者，旅游经营者、旅游辅助服务者在整个旅游过程中都是处于一个主导、优势的地位，其对参加旅游的人还要尽到善良管理人的责任。这种义务通常要高于侵权行为法上的一般的注意义务，指谨慎地为自己一切行为（包括作为和不作为）的法律义务，一般而言应尽到通知、报告、保管、招领、返还之义务。

旅行社对游客负有怎样的高于一般注意义务的人身安全保障义务？首先，因为游客通常对景点环境及其周围状况均缺乏了解，可能会因不知情而从事威胁自身安全的活动。而旅行社专事旅游服务，对景点及其周边情况，游玩项目对游客身体、心理素质的要求等等应有高于游客的了解和认识。故将其从专业角度预知的危险提示、告知游客，采取可降低危险发生系数的措施，劝阻游客从事威胁自身安全的活动是旅行社安全保障义务的主要内容。其次，在旅行社已将其所预知的与游览活动相关的危险告知游客，并采取了防范危险发生之相应措施的情况下，游客仍执意从事威胁自身安全的活动致伤亡后果发生者，可视为游客故意造成伤亡后果，旅行社才免除责任。因此，本案中权衡原被告之间的过失，被告应对原告的损失承担部分责任。

编写人：广东省广州市越秀区人民法院　朱琼

（三）旅店服务合同纠纷

244 服务合同中违反安全保障义务的违约责任认定

——林某雪诉T酒店、保险公司奉节支公司服务合同案

【案件基本信息】

1. 裁判书字号

重庆市第二中级人民法院（2019）渝02民终2948号民事判决书

2. 案由：服务合同纠纷

3. 当事人

原告（被上诉人）：林某雪

被告（上诉人）：T酒店

被告：保险公司奉节支公司

【基本案情】

林某雪登记入住位于奉节县城的T酒店，2017年9月30日早上近8时许，林某雪在入住房间的卫生间摔倒受伤，当日入住重庆市奉节县人民医院，于2017年10月2日在全麻下行胸12椎压缩性骨折经皮椎弓根螺钉复位内固定术，治疗10天后出院。出院诊断：胸12椎体压缩性骨折；盆腔积液。事故发生后，T酒店垫付了医疗费39283元、重新鉴定费2050元；林某雪支付医疗费5488元。2019年1月3日，经重庆市法医学会司法鉴定所鉴定，林某雪为十级伤残，后续医疗费1.5万元，护理时限为伤后90日，

误工时效为伤后180日、营养时限为伤后90日。庭审后，T酒店书面申请重新鉴定，经重庆市法庭科学司法鉴定所鉴定，林某雪胸12椎体骨折属十级伤残；林某雪后续医疗费需1.2万元。另查明，林某雪在渝中区购有私人住宅，在主城区办有营业执照，取名库磐公司，从事加工销售服装、销售日用百货、五金、建筑材料等，系该公司法定代表人。重庆市公安局户籍复印件显示，林某雪名下抚养一女，名张某薇；另有一子张某皓，林某雪与张某民于1999年办理结婚登记。其父林某项，现年70周岁，名下有4个子女并负责赡养。

【案件焦点】

1. 林某雪与T酒店之间是否成立服务合同法律关系；2. T酒店是否应就林某雪的损失承担违约责任。

【法院裁判要旨】

重庆市奉节县人民法院经审理认为：林某雪与T酒店之间服务合同依法成立并生效。林某雪入住T酒店，T酒店在经营过程中应当充分履行安全保障义务，在合理限度内确保入住客人的人身安全，虽然酒店在卫生间的玻璃门上张贴有小心地滑的提示，但客观上还是造成林某雪摔倒受伤，无确实充分的证据证明T酒店在本次事故中充分履行了安全保障义务。林某雪称其在入住房间的卫生间摔倒受伤，但林某雪作为一个具有完全民事行为能力的人，且系在入住后的次日早上近8时许在卫生间摔倒受伤，林某雪其在私密封闭的房间内住宿，本人负有必要的谨慎注意义务和安全防护意识，林某雪应对其损失承担次要责任，一审法院综合全案情况，认定由林某雪自行承担10%的责任，T酒店承担90%的责任。本案系服务合同纠纷，根据合同法则和合同原理，对精神损害抚慰金不予支持；根据合同相对性原则，保险公司奉节支公司在本案中不承担责任，T酒店可根据保险合同纠纷，另案向保险公司主张权利。

重庆市奉节县人民法院依照《中华人民共和国消费者权益保护法》第十一条、第十八条，《中华人民共和国侵权责任法》第二条、第十五条第六项、第十六条、第二十六条、第三十七条第一款，《最高人民法院关于审理人身损害赔偿案件适用法律若干问题的解释》第六条第一款、第十七条第一款、第二款、第十九条、第二十条、第二十一款、第二十二条、第二十二条、第二十三条、第二十四条、第二十五条、第二十八条，《中华人民共和国民事诉讼法》第六十四条之规定，作出如下判决：

一、T酒店在判决生效后十日内赔偿林某雪各项费用共计132713元；

二、驳回林某雪的其他诉讼请求。

T酒店不服一审判决，提起上诉。

重庆市第二中级人民法院经审理认为：林某雪以服务合同纠纷为由要求欧庭公司承担违约责任。本案为服务合同纠纷，根据《中华人民共和国消费者权益保护法》第七条之规定，提供服务一方应当负有审慎的安全保障义务。林某雪受伤地点系T酒店房间内浴室，T酒店在一审中举示的酒店房间内部照片显示，卫生间浴室玻璃门张贴有中英文双语“小心地滑”字样的安全警示语，其张贴载体为全透明玻璃隔断，其颜色呈金底黑字，较为醒目。同时，卫生间已作干湿分区，作为浴室部分的地面附着防滑地砖，浴室亦配有玻璃门以防止淋浴时喷水外溅，酒店内亦配有防滑拖鞋，综合以上现场照片，二审法院认为，T酒店已经尽到安全审慎义务，林某雪要求T

酒店承担违约责任，仍应当就T酒店存在违约行为提供证据证明。综合林某雪在一审中提交的证据，仅能证明林某雪在T酒店内受伤、报警、送医、受伤程度、治疗费用、身份状况及其抚养人与赡养人的信息等，并无其他证据证明T酒店在提供服务过程中存在违约行为或者存在安全隐患，故对于林某雪要求T酒店因违约承担其人身损害赔偿的诉讼请求不予支持。T酒店因林某雪受伤送医垫付的医疗费39283元，T酒店在一审中并未提出返还，在二审时提出返还属于在二审中增加的请求，二审法院不予审理，T酒店可另案起诉。

重庆市第二中级人民法院依照《中华人民共和国民事诉讼法》第六十四条、第一百七十条第一款第二项的规定，作出判决如下：

一、撤销重庆市奉节县人民法院（2019）渝0236民初1468号民事判决；

二、驳回林某雪的诉讼请求。

【法官后语】

第一，当违约责任与侵权责任竞合时，当事人可择一主张权利，人民法院应根据当事人的诉讼请求，在举证责任分配、赔偿范围承担等方面作出不同认定。就举证责任而言，根据《中华人民共和国民法典》的规定，公共场所安全管理人未尽到安全保障义务的侵权责任归责原则适用过错责任原则，即当消费者在宾馆受到损害，则应当就宾馆实施了加害行为、宾馆存在过错、加害行为与过错间存在因果关系、消费者实际受到损失等构成要件承担举证责任，否则应承担举证不能的不利后果。而违约责任中，消费者仅需证明其与宾馆间服务合同成立且有效、宾馆未完全履行合同义务、消费者实际受到损失即可，而无须就宾馆存在过错承担举证责任。就赔偿范围而言，无论是侵权损害赔偿还是违约损害赔偿，均应遵循填平原则，但侵权损害赔偿的范围大于违约损害赔偿，除财产上的损失外，还包括非财产损失，如精神损害赔偿等，而违约损害赔偿一般而言仅包括财产损失，且受到合同约定的限制。

第二，服务合同为非要式合同，安全保证义务是服务合同的附随义务。根据交易习惯，消费者办理入住手续时即与宾馆达成了住宿服务的合意，成立服务合同法律关系；消费者与宾馆通常仅就宾馆提供的服务内容、设施设备、消费者支付对价等进行协商，并不会就宾馆应承担保护消费者人身、财产安全等义务另行、单独达成合意，而人身和财产安全是人的基本权利，也是合同目的实现的基础，因此，宾馆作为相对封闭和独立的空间，其经营者自当在提供服务过程中，承担保障入住其中的消费者的人身、财产安全不受侵害的义务。这也符合《中华人民共和国消费者权益保护法》第七条及《中华人民共和国民法典》第五百零九条之规定，即作为公共场所管理人，应当在合理范围内履行安全保障义务。

法律设定安全保障义务目的是促使义务人采取一切必要和适当措施保护他人免受不当危险侵害，但该义务并非意味着受害人自身可免除照顾自己、注意自身财产和人身安全义务。因此，在适用安全保障义务更应当严格审查义务人是否履行了“安全保障义务的内容”以及义务人履行义务的“合理范围”。现行法律并未对“安全保障义务的内容”及其“合理范围”进行确定规范，通说认为，宾馆等经营活动开展者的安全保障义务内容应遵循审慎标准即善良管理人的标准，主要包括：（1）防范义务，即提供安全的环境以规避可能发生的风险；（2）提示义务，即对可能存在的安全隐患进行充分的警示、提示，并说明防范危险的方法；（3）救助义务，即在危险发生后及时救治，避免损失扩大化；“合理范围”则需要综合考量义务人的实际行为是否符合法律、法规以及所在特定行业规范的要求，是否符合善良从业者的一般标准及社会公众的合理期待等。

本案中，林某雪主张T酒店违反合同义务，但举示证据仅能证明其在T酒店滑倒受伤及受到财产损失，而未就T酒店存在违约行为提交相关证据，二审法院根据合同纠纷举证责任分配一般原则，认定林某雪承担举证不能的不利后果。同时，二审法院根据T酒店提交酒店内照片等证据，并结合宾馆从业者通常所采用的防滑措施、林某雪系完全民事行为能力人、损害发生时间为入住后第二天早上、宾馆客房具有私密性等特点，其已在合理范围内尽到安全保障义务，综合认定T酒店已采取的防滑措施并未低于其所收取住宿费用的标准，T酒店无法提供更多、更高级别的防护措施，其已履行了服务合同中安全保障的附随义务，进而驳回林某雪诉讼请求。

第三，本案除对违约责任与侵权责任的再次厘清外，本案还具有重要的现实意义。首先，在社会生活中，损失和伤害的产生固然令人同情，但却不能将损害结果转嫁由无过错方承担，否则会挑战社会基本公平正义理念；其次，公共场所管理人的安全保障义务是有边界的，裁判者不能为了平息事态，而一味加重管理人义务和责任，让受害人忽视了照顾自己、注意自身财产和人身安全的义务；最后，无论是自然人还是法人，都是平等市场交易主体，应受到法律的平等保护，即使法律需要对作为相对弱势的消费者进行保护，也应当以善良管理人的标准审慎地对商品或服务提供者予以同等保护，保证社会生活和商业活动顺利开展。

编写人：重庆市第二中级人民法院　行璐

（四）网络服务合同纠纷

245 单方变更格式条款在网络平台中的运用及效力

——吴某威诉视频科技公司网络服务合同案

【案件基本信息】

1. 裁判书字号

北京市第四中级人民法院（2020）京04民终359号民事判决书

2. 案由：网络服务合同纠纷

3. 当事人

原告（被上诉人）：吴某威

被告（上诉人）：视频科技公司

【基本案情】

2019年11月26日起，涉案电视剧在视频科技公司视频平台和另一视频平台上同步首播，该电视剧共46集。第一阶段：2019年11月26日至2019年12月10日，非会员更新至第13集，会员更新至第19集；第二阶段：自2019年12月11日起，非会员每周一至周三20点更新2集，1月20日更新至大结局，会员比非会员用户每周抢先更新6集，到1月13日更新至大结局。而购买了超前点播服务的会员实际观影模式为：在会员观影模式基础上，每个更新日超前播放6集，到1月1日更新至大结局，比未购买超前点播服务的会员提前12天看完全剧。本案中，吴某威确实享有会员“热剧抢先看”权益。

2019年12月8日，本视频科技公司更新了会员协议，增加了“付费超前点播”条款。该会员协议约定，由于视频科技公司实际运营需要，就其视频平台上部分定期更新的视频内容，该视频科技公司将提供剧集超前点播的服务模式，会员在进行额外付费后，可提前观看该部分视频内容的更多剧集，具体的点播规则以该视频平台实际说明或提供为准。导言第二款约定：“双方同意前述免责、限制责任条款不属于《中华人民共和国合同法》第四十条规定的‘免除其责任、加重对方责任、排除对方主要权利’的条款，即您和视频科技公司均认可前述条款的合法性及有效性，您不会以视频科技公司尽到合理提示义务为由而声称协议中条款非法或无效。”第3.1条：“视频科技公司有权基于自身运营策略变更全部或部分会员权益、适用的用户设备终端。”第10.2条：“双方同意，解决争议时，应以您同意的最新《会员服务协议》为准。”第3.3条中“您理解并同意部分视频出于版权方等原因，视频的片头仍会有其他形式的广告呈现，上述呈现不视为视频科技公司侵权或违约。”

吴某威认为，该视频科技公司视频平台创设的“付费超前点播”服务模式是通过单方变更会员服务协议的方式变更了会员原有的权利，违反了其所承诺的合同义务，侵害了会员的正当权益，要求确认该视频平台涉案的《会员服务协议》中部分条款无效，并取消该视频平台超前点播功能。

【案件焦点】

1.“涉案会员协议”导言第二款相关内容的效力；2. 该视频科技公司提供“付费超前点播”服务是否构成对其约定义务的违反。

【法院裁判要旨】

北京互联网法院经审理认为：根据双方的诉辩意见及查明的事实，本案的争议焦点为：（1）“涉案会员协议”导言第二款相关内容的效力；（2）该视频科技公司提供“付费超前点播”服务是否构成对其约定义务的违反；（3）该视频科技公司提供的影视剧片头存在“会员专属推荐”字样是否构成违约行为；（4）该视频科技公司是否应当承担违约责任，如是，应承担责任。

第一，“涉案会员协议”属于格式合同，“涉案会员协议”导言第二款部分内容无效。“涉案会员协议”第3.1条部分，视频科技公司可以设立单方变更权，但是该项合同权利的解释受到合同法“公平原则”的制约，即视频科技公司在享有单方变更权的同时，也有不损害合同相对方利益的当然法律义务。应当明确，视频科技公司在依据该条款行使单方变更权时，如果损害了合同相对方的权益，其单方变更行为不发生法律效力。“涉案会员协议”第3.3条部分和“涉案会员协议”第10.2条部分，既未违反法律、行政法规中的强制性规定，也未违背公序良俗，属于当事人享有的合同自由的范畴，应属有效。第二，视频科技公司在卫视热播电视剧、视频科技公司优质自制剧范围内，推出“付费超前点播”服务违反了其与吴某威之间“热剧抢先看”的约定，视频科技公司构成违约，应当承担继续履行、赔偿损失的违约责任。第三，视频科技公司的视频平台在影视剧中播放的“专属推荐内容”符合合同约定，视频科技公司并未违约。需要特别指出的是，视频科技公司在继续推出新的服务模式时，是行业商业模式的探索，有其行业必要性和现实合理性，但是，其平台经济效益的最大化实现，应当建立在遵循法律规定的基础之上。

综上，北京互联网法院依照《中华人民共和国合同法》第八条、第三十九条、第四十条、第四十一条、第七十七条、第一百零七条、第一百一十三条、第一百二十五条的规定，作出如下判决：

一、确认《会员服务协议》（更新时间为 2019 年 12 月 18 日）导言第二款中“双方同意前述免责、限制责任条款不属于《中华人民共和国合同法》第四十条规定的‘免除其责任、加重对方责任、排除对方主要权利’的条款，即您和视频科技公司均认可前述条款的合法性及有效性，您不会以视频科技公司未尽到合理提示义务为由而声称协议中条款非法或无效”内容无效；

二、确认《会员服务协议》（更新时间为 2019 年 12 月 18 日）第 3. 5 条中“超前点播剧集，根据视频科技公司实际运营需要，就其视频平台上部分定期更新的视频内容，视频科技公司将提供剧集超前点播的服务模式，会员在进行额外付费后，可提前观看该部分视频内容的更多剧集，具体的点播规则以其视频平台实际说明或提供为准。”对原告吴某威不发生效力；

三、于本判决生效之日起十日内，被告视频科技公司向原告吴某威连续 15 日提供其视频平台吴某威原享有的“黄金会员”权益，使其享有该视频平台卫视热播电视剧、视频科技公司优质自制剧已经更新的剧集的观看权利；

四、于本判决生效之日起十日内，视频科技公司赔偿吴某威公证费损失 1500 元；

五、驳回吴某威的其他诉讼请求。

视频科技公司不服，提起上诉。

北京市第四中级人民法院经审理认为：本案的法律争议之核心在于，单方变更格式条款内容正当性的法律评价。具体而言涉及两个方面的基础问题：其一，案涉条款是否构成格式条款，案涉条款法律效力应当如何评价？这是本案首先需要解决的问题；其二，视频科技公司增加合同条款，是属于合同变更还是属于新合同的缔结？这属于法律评价层面的问题。

关于问题一。“涉案会员协议”在吴某威和视频科技公司之间已经成立，涉诉导言条款是否无效属于合同成立后的效力评价层面的问题。具体到本案而言，应审查吴某威主张涉诉导言条款无效是否符合法律的规定。二审法院认为，涉诉导言条款符合《中华人民共和国合同法》第三十九条第二款的规定，为格式条款。涉诉导言条款拟制格式合同提供方已尽到提示义务，并约定排除适用合同法第四十条法定无效的规定，其意图在于，通过格式条款的形式排除对法律强制性条款的适用，这一合同条款的安排设计，限制甚至排除消费者权利的意图明显，属于对消费者不公平、不合理的规定，应当认定为无效。二审法院在一审法院的裁判上维持，并补充法律适用。

关于问题二。应当从两个层面进行认定，一是黄金会员享有的“热剧抢先看”的权益内容的解释问题；二是视频科技公司增加“付费超前点播”条款的性质及效力问题。二审法院认为，双方争议实质在于实际提供服务时的具体剧集页面中的文字说明是否为合同内容。“付费超前点播”条款限制了吴某威的权利，对于吴某威而言是不公平、不合理的规定，因此“付费超前点播”条款不应纳入单方变更条款的调整范围内。“付费超前点播”条款是对合同的变更。视频科技公司在黄金会员不同意“付费超前点播”服务时并没有提供退还会员费等解除合同的救济途径，也就是说上述条款约定不同意变更可以行使解除权，但实际却并未提供解除权行使的有效途径，故二审法院认为此种约定属于合同变更的内容约定不明确的情形，应推定为合同未变更。

综上所述，视频科技公司的上诉请求不能成立，应予驳回；一审判决认定事实清楚，适用法律正确，应予维持。北京市第四中级人民法院依照《中华人民共和国民事诉讼法》第一百七十条第一款第一项之规定，作出如下判决：

驳回上诉，维持原判。

【法官后语】

首先，涉案“会员协议”系视频科技公司预先拟定并面向会员重复使用的条款，是消费者与经营者之间缔结的合同，从现行有效的法律规范来看，涉诉导言条款不仅适用《中华人民共和国民法典》（以下简称《民法典》）中关于合同的规定，也适用《中华人民共和国消费者权益保护法》（以下简称《消保法》）的规定。网络服务合同作为长期性合同，在履行过程中难免会发生需要变更合同内容的相关事由。根据特别法就一般法的法律原则，本案二审法院在一审法院的裁判基础上，进一步补充了法律适用规定。

视频平台为自己设置单方变更权这一行为，虽有侵害消费者正当权益之嫌，但考虑到网络服务合同的性质也应在一定程度上认可此类条款的积极意义。具体而言，一方面平台享有单方变更权后存在滥用的风险，平台可利用技术手段，隐蔽合同修订内容，可能导致消费者无从了解合同条款的变更，侵害了消费者的知情权等正当权益。另一方面，目前法律法规对视频平台的单方变更权并无明确规定。因此，由本案引申而言，对视频平台在合同中设置单方变更权的行为，需要结合《民法典》与《消保法》进行体系解释，从形式到内容进行考虑，合理认定单方变更条款的效力。

《民法典》第四百九十六条关于格式条款的规定与此前《中华人民共和国合同法》的主要区别在于明确了提供格式条款的一方未履行相应提示或者说明义务，合同相对方可以主张相关格式条款不成为合同的内容。同时，结合《消保法》第二十六条规定，对于单方变更合同条款效力的判断应首先解决变更的条款是否纳入合同的问题。案涉协议中以加粗、下画线方式显著提醒的条款占据了协议的大量篇幅，实质上并未起到“显著提醒”的效果，应认为视频平台实质上未尽到提示义务，进而认定单方变更合同条款并未纳入合同，故无须再讨论条款效力的问题。

视频平台享有单方变更权的同时，基于权利义务一致的原则，应设置实际具有操作性的消费者退出通道。案涉协议第 10.2 条：“双方同意，解决争议时，应以您同意的最新《会员服务协议》为准。”该条款目的即赋予了视频平台单方变更格式条款的权利。从文义解释出发，消费者在订立合同时，可选择是否接受格式条款变更，但实际中往往是消费者基于对平台服务的需要而“被迫”接受变更条款。视频平台相较于消费者而言处于优势地位，平台并未实质上提供对等的退出机制，事实上架空了消费者选择终止合同的权利。依据《中华人民共和国电子商务法》第三十四条规定，网络平台经营者在合同条款中应当明确用户退出平台时，对其在平台内个人数据的处理、付费服务的退费等与消费者切身权益相关的内容进行约定，保证消费者行使退出合同的权利的同时受到“公平原则”的保护，否则应当认为但刚变更格式条款对消费者不发生效力。

若视频平台提供的格式条款已符合前述条件，则被订入合同内容，此时可以对该条款进行解释，明确变更条款的含义。本案中，讨论“付费超前点播”条款和吴某威享有的“热剧抢先看”条款变更条款属于合同变更，或是双方订立新的合同，需要这两项条款对进行解释，明确条款的真实含义。二审法院认为，视频科技公司也认可“特权展示页面”的53字的权益说明系黄金会员权益内容的组成部分，双方争议实质在于实际提供服务时的具体剧集页面中的文字说明是否为合同内容。本案中，53字的权益说明是关于合同的基本的、原则性规定，之后更新的文字说明是进一步对合同内容的解释，不应该违反基本原则。吴某威与视频科技公司缔约时，并未出现关于超前点播的情形，之后视频科技公司推出的超前点播服务实质上对吴某威拥有的服务进行了分级，超出了缔约时吴某威的合理预期。作为视频播放平台，视频科技公司与消费者之间订立合同，不仅遵循合同自由原则的指引，享有单方变更权，更需要尊重合同公平原则，合理规定双方的权利义务。一审法院以不得损害相对方利益作为单方变更权行使的前提，是对缔约后形成的缺乏合意性的格式条款进行必要的规制，其目的是在尊重互联网产业发展的前提下，对用户权益进行更加周延的保护，互联网服务提供者作为格式合同的提供方可以制定符合法律规定的单方变更条款，但是单方变更权的行使应以基于提升用户体验、适应技术革新等实现互联网服务提供者与用户之间共赢为目的，而非限制或者减损用户的实质权益。

编写人：最高人民法院司法案例研究院与湖南大学

联合培养实习生　何之婕

246 电子商务平台对虚拟财产交易的安全保障义务

——张某强诉信息技术公司网络服务合同案

【案件基本信息】

1. 裁判书字号

广州互联网法院（2020）粤0192民初28060号民事判决书

2. 案由：网络服务合同纠纷

3. 当事人

原告：张某强

被告：信息技术公司

【基本案情】

2019年8月14日17时6分，张某强在信息技术公司的平台购买游戏账号，支付7272元。17时6分至18时50分，卖家假冒平台客服要求张某强提供换绑手机号及验证码，张某强将相关信息提供给卖家。后张某强发觉上当，向信息技术公司的平台客服寻求帮助。客服提示张某强重新登录信息技术公司的平台刷新验证码并帮其登记反馈处理。张某强重新登录多次。19时26分，张某强的账号被操作确认收货，价款被转移给卖家。信息技术公司确认该平台账号可以在不同类的设备端同时登录，张某强即使重新登录也无法强制在另一台设备已经登录的平台账号退出。张某强主张信息技术公司存在不作为等过错，导致卖家骗取其款项，遂起诉要求信息技术公司赔偿7272元。

【案件焦点】

信息技术公司是否对张某强的损失承担赔偿责任。

【法院裁判要旨】

广州互联网法院经审理认为：首先，张某强将涉案交易的验证码发送给了卖家，未根据平台用户协议妥善保管验证码，存在过错。其次，张某强发觉有问题向信息技术公司的平台客服反映，信息技术公司的平台客服未根据平台用户协议及时采取冻结交易、要求重置密码、限制资金支付等措施保障交易安全，错误指引张某强重新登录交易猫账号，存在过错。信息技术公司违反了交易安全保障义务，构成违约，但张某强亦违反协议约定。当事人双方都违反合同的，应当各自承担相应的责任。

广州互联网法院依照《中华人民共和国电子商务法》第三十条，《中华人民共和国合同法》第一百零七条、第一百二十条，《中华人民共和国民事诉讼法》第六十四条第一款之规定，作出如下判决：

一、被告信息技术公司于本判决生效之日起五日内，赔偿原告张某强3636元；

二、驳回原告张某强的其他诉讼请求。

判决后，双方当事人均未上诉，本判决现已生效。

【法官后语】

一、安全保障义务核心在于危险防范

根据“看门人”理论，安全保障义务只适用于特定主体。这些主体面对不特定的公众开启或持续了某些特定的危险，故法律上对上述主体提出了特别要求，要求其根据具体情况采取必要的、具期待可能性的防范措施，以保护第三人免受损害。

安全保障义务规则的创设，以线下物理空间为调整的对象。但是，随着平台经济的发展，诸多商品和服务由传统的经营场所转移到虚拟的网络空间。电商平台也属于面对不特定消费者的公共场所，网络交易媒介的复杂性还加大了消费者的交易风险，如在平台交易时，用户需要注册、使用平台的账户。若作为交易介质的网络存在漏洞，一旦遭受攻击，泄露个人信息，将极大侵犯用户的个人隐私，并时刻威胁着消费者的人身和财产安全。因此，可以说平台开启了某些特定的危险。安全保障义务的核心在于危险防范，具有公共属性的电商平台，根据“危险防范”的理论，同样应赋予其安全保障义务。

本案所涉及的信息技术公司系典型的电商平台经营者，该公司运营的信息技术公司的平台面向广大用户开放，利用信息网络提供网络游戏虚拟财产交易服务，在为用户提供交易机会的同时也开启了虚拟财产交易的风险，从防范危险的安全保障义务法源出发，可以作为负担安全保障义务的民事主体。

二、虚拟财产的人身依附性及平台优势

电商平台由于技术优势，适用安全保障义务该制度也具有天然优越性。

（1）网络游戏虚拟财产交易的人身依附性。通过电商平台进行的网络游戏虚拟财产交易依附于买卖双方的手机号码、身份证号等解绑、换绑等具有强烈人身依附性的行为，而换绑则意味着交易完成，故如无正规交易平台的介入，则会引发交易乱象，如交易的真实性难以保证、游戏装备未实际转移、交易后玩家无法登录等风险。

（2）平台承担安全保障义务的天然优越性。首先，电商平台制定交易规则，掌握着交易技术。平台可以通过设定特定的保护程序，如防漏洞、查杀木马等程序保护虚拟财产不被恶意盗取，也可以通过程序设置向交易方发出各种安全提醒，以保障交易的正常进行。同时，发生第三人侵权时，有能力采取冻结交易、强制用户下线等方式及时制止损害的发生。因此，由平台来维护虚拟财产交易的安全，无可厚非。

其次，根据收益与风险一致的原理要求，在网络交易中，电商平台能够从交易中获利，或者是收取商家入驻商务平台的入驻费用，或者是收取买卖交易双方一定比例的服务费用。因此，根据利益平衡的原理，平台从危险中获利亦负有减少危险产生的正当性。

三、电商平台安全保障义务的内容

对于安全保障义务的内容具体包括哪些方面，法律并未给出明确的规定，结合审判实践，电商平台安全保障义务的内容应考虑以下三个方面。

(1) 根据平台特点确定义务形态。电商平台保障义务应根据自身特点以及引发风险的可能性大小予以判断。本案中，信息技术公司提供虚拟财产交易服务，其安全保障义务体现在财产保护方面。信息技术公司的平台在买家寻求帮助后，未能通过人工干预给予正确的指引和技术阻断，漠视用户的账号和财产安全，背离了作为交易平台保障用户财产安全的宗旨，违反了安全保障义务。

(2) 根据法定要求判定义务内容。是否按照法定义务的要求而为，是判断网络平台是否履行安全保障义务的一个重要指标。《中华人民共和国网络安全法》第二十一条至第三十九条、《中华人民共和国电子商务法》第三十条对安全义务的形态作出了一般规定，包括在技术上对网络运行状态进行检测和记录，在管理上针对可能的网络安全危险制订应急预案等。电商平台的网络安全主要表现为交易安全，包括用户的账号安全、资金安全、交易过程的全程记录与可追溯等，这种交易安全的保障可以通过交易模式的设置、技术筛查、异常情况警示等机制落实。本案中，信息技术公司的平台存在账号可以在不同设备中同时登录，且无警示、无强制中断措施，属于明显的交易安全漏洞，从保障网络安全法定义务的角度，可以认定信息技术公司的平台未能履行法定安全保障的义务。

(3) 根据技术状态判断履行能力。电商平台的救助义务，必须与技术发展的现实相结合。用户在交易平台遭遇第三人侵权的情况下，平台根据侵权的具体情况在技术可及的范围内及时采取措施，即视为履行了保障义务。电商平台在不同情形中应当负担的安全保障义务的内容不能完全等同，应根据案件的具体情况，以动态、发展的眼光予以审视。本案中，张某强向信息技术公司的平台反映交易问题后，信息技术公司的平台客服指引其重新登录了数次账号，显然采取了不匹配的救助手段，信息技术公司的平台完全可以通过强制另一账号用户下线、指引原告修改交易密码、冻结交易、限制资金支付等措施及时制止损失，信息技术公司的平台未能在其能力所及的范围内积极救助，违反了安全保障义务的应有之义。

四、责任认定：契约责任与法定侵权责任的辨析

笔者认为，平台安全保障义务属于法定义务。安全保障义务作为一种防范危险的制度安排，是人们对人身、财产安全获得保护的一项基本需求，法定性正符合这一义务的本质要求。将交易安全保障义务确定为法定义务，并不阻碍当事人适用合同法来主张权利。本案中，信息技术公司未采取技术措施填补交易猫账号存在可以在不同设备中同时登录却不可控的风险，可以认定违反了法定的安全保障义务。信息技术公司的平台在用户协议中也明确约定了信息技

术公司负有保障交易安全的具体义务，张某强以网络服务合同纠纷诉请信息技术公司的平台对其损失承担违约责任，并无不当。不论是法定义务还是约定义务，信息技术公司的平台均未能充分履行，应对张某强的交易损失承担法律责任。

用户在交易过程中亦应按照“一般理性人”的标准防范危险的发生。根据“过失相抵”的理论，用户的行为对于损害结果的发生或扩大可归责地共同发挥作用时，要相应地减轻甚或免除赔偿义务人的赔偿责任。本案中，张某强未能尽到必要的谨慎义务，共同造成了损害结果的发生，应在损失赔偿额处予以相应抵扣。

编写人：广州互联网法院 朱晓瑾 冯立斌

247 电子商务平台经营者依据平台规则对滥用退货权利消费者采取中断、终止服务措施具有合法性

——吴某岩诉 W 公司网络服务合同案

【案件基本信息】

1. 裁判书字号

广东省广州市中级人民法院（2019）粤 01 民终 19541 号民事判决书

2. 案由：网络服务合同纠纷

3. 当事人

原告（上诉人）：吴某岩

被告（被上诉人）：W 公司

【基本案情】

W公司是网络购物平台A网络商城的经营者，吴某岩是商城会员、超级会员。

2018年4月7日，吴某岩在“A网络商城”举行的“生鲜大卖场”活动中购买了1852.08元的商品，下单后订单页显示“订单中的商品在不同库房或属不同商家，故拆分为以下订单分开配送……订单状态：已拆分……”在商品配送过程中，吴某岩对“商品拆分为4个订单配送，并由其支付全部快递费用”不满，拒收了其中商品“厄瓜多尔白虾”（订单页显示“生鲜商品不支持七天无理由退货……该订单需承担23元运费”）的快递，并申请办理退货退款手续。

吴某岩于2015年5月1日至2018年4月12日在该商城共购买537件商品，其中退货、拒收共454件，退货、拒收率高达84.54%。

根据“A网络商城”规则，消费者在该平台购物须注册为会员。在用户注册A网络商城会员时，须同意《A网络商城服务条款》。该条款包含的第15条“用户守则”的第15.8款约定：“您同意在符合法律法规及本条款规定的情况下使用个人账户，A网络商城有可能在某些情况（包括但不限于您违反有关法律法规规定或本协议和/或其他公开规则，或者您严重违背社会公德、提供虚假注册身份信息、经A网络商城判定认为存在恶意退货或不合常理的高退货率等情形，或其他损害或经本平台判定认为可能损害A网络商城利益的不正当行为等）下暂时冻结、永久冻结、修改、删除您的个人账户或者采取其他处理措施。”其中“A网络商城有可能在某些情况（包括但不限于您违反有关法律法规规定或本协议和/或其他公开规则，或者您严重违背社会公德、提供虚假注册身份信息、经A网络商城判定认为存在恶意退货或不合常理的高退货率等情形或其他损害或经本平台判定认为可能损害A网络商城利益的不正当行为等）下暂时冻结、永久冻结、修改、删除您的个人账户或者采取其他处理措施。”的文字内容在条款中是加粗和加下画线的。A网络商城超级会员是A网络商城为用户提供的增值服务，吴某岩购买了该服务。超级会员享有“无限免邮”和“免费退货”等权利，在相应的“规则说明页”载明“无限免邮”的规则为“超级会员可获得有效期内无限次购物免邮资格：(1) 超级会员可享受不限次数的免邮特权；(2) 免邮特权仅适用于A网络商城自营商品，第三方商家销售的商品暂不支持。在商品详情页面显示‘A网络商城发货’即A网络商城自营商品，显示‘合作商家发货’即第三方商家销售的商品；(3) 免邮特权仅适用于金额不为零的订单，免费领商品暂不支持，请以购物车页面显示为准”等。“免费退货”的规则包括“退货免费上门取件仅支持普通商品，特殊商品（易碎品、贵重商品、大件商品等）暂不支持，请以退货页面展示为准”等。

2018年7月18日，W公司向吴某岩退回了超级会员服务费，冻结了其A网络商城账户。

吴某岩认为，其是享受“免费退货”服务的超级会员，其退货率高不违反合同约定，认为W公司违约、欺诈而将其作为被告诉至广州互联网法院，提出诉讼请求：(1) 判决W公司停止侵害，立即恢复吴某岩注册的A网络商城账户的完整使用权限，恢复该账户的超级会员等级及所有购买、使用功能；(2) 判决W公司立即向吴某岩支付赔偿金500元；(3) 判决W公司通过书面的形式（登报）向吴某岩进行赔礼道歉；(4) 判决W公司支付吴某岩主张权利所产生的合理费用共计3.08万元（其中律师费3万元，公证费800元）；(5) 案件受理费由W公司承担。

【案件焦点】

W公司是否有权冻结作为用户的吴某岩的账户。

【法院裁判要旨】

广州互联网法院经审理认为：本案为网络服务合同纠纷，W公司作为网络购物平台应当依法、依约提供服务，吴某岩作为用户也应遵守合同约定和法律规定，不应滥用自身权利。

吴某岩作为“A网络商城”的会员，虽然购买了超级会员服务，但从权利的名称和规则看，超级会员享有的“免费退货”权利只是对部分商品可以由W公司免费上门取件，但不等于“无限退货”。吴某岩于2015年5月1日至2018年4月12日在该商城共购买537件商品，其中退货、拒收共454件，退货、拒收率高达84.54%，结合日常生活经验判断，此确属不合常理的高退货率。

网络购物的用户虽然依法享有退货的权利，但吴某岩较长时期内如此高的退货率反映其在购物时未能尽到起码的谨慎义务，在行使退货权利时又过于随意，这种做法不合理地增加了企业和社会的成本，有悖于诚实信用原则，是对自身权利的滥用。W公司根据用户注册会员时须同意的《A网络商城服务条款》中“经A网络商城判定认为存在恶意退货或不合常理的高退货率等情形……A网络商城有可能……永久冻结……您的个人账户或者采取其他处理措施”的约定，冻结了吴某岩的A网络商城账户，有合同依据。吴某岩认为此系不合理的格式条款，经审查，该条款虽为格式条款，但并无提供格式条款一方免除其责任、加重对方责任、排除对方主要权利的情形，也无其他违反法律规定的情形，故属于有效条款。W 公司依此约定行使管理权利，维护该平台的正常交易秩序并无不当。

因本案中没有证据证明 W 公司存在欺诈或者其他违约的情形，W 公司的行为符合合同约定，故吴某岩起诉要求 W 公司恢复账户权限、支付赔偿金、赔礼道歉、承担合理费用均缺乏依据，法院不予支持。广州互联网法院依照《中华人民共和国合同法》第六条，《中华人民共和国民事诉讼法》第六十四条第一款之规定，作出如下判决：

驳回原告吴某岩的全部诉讼请求。

吴某岩不服一审判决，提起上诉。

广东省广州市中级人民法院经审理认为：根据吴某岩作为用户注册“A 网络商城会员”时确认同意的《A 网络商城服务条款》中第 15 条第 15.8 款约定，A 网络商城有权在其判定认为 A 网络商城会员存在恶意退货或不合常理的高退货率，或可能损害 A 网络商城利益的不正当行为的情况下，暂时冻结、永久冻结、修改、删除会员的个人账户或采取其他处理措施。鉴于吴某岩在 2015 年 5 月 1 日至 2018 年 4 月 12 日在 A 网络商城购买商品 537 件，其中退货、拒收 454 件，退货、拒收率高达 84.54%，W 公司冻结吴某岩的 A 网络商城账户，符合前述服务合同的约定，合法合理，并无不当。况且，吴某岩亦未就其异乎寻常的高退货、拒收率举证证明其合理性和正当性，W 公司主张该高退货、拒收率行为损害其合法利益的理由成立。对于吴某岩向 W 公司基于 A 网络商城账户购买的超级会员服务，W 公司已作退款处理，并无不当。因此，吴某岩以其未仔细阅读前述服务条款为由，请求恢复其会员账号和超级会员等级，并主张 W 公司予以赔偿和赔礼道歉的理由不充分，不予支持。

原审法院根据双方当事人的诉辩、提交的证据对本案事实进行了认定，并在此基础上依法作出原审判决，合法合理，且理由阐述充分，予以确认。综上所述，原审认定事实清楚，判决并无不当，予以维持。广东省广州市中级人民法院依照《中华人民共和国民事诉讼法》第一百七十条第一款第一项之规定，作出如下判决：

驳回上诉，维持原判。

【法官后语】

随着互联网技术的迅猛发展，网络购物逐步取代实体门店购物成为人们生活消费的主要方式。2010年网络购物在我国取得了第一次销售高峰。《中华人民共和国消费者权益保护法》第二十五条对“七天无理由退货规则”的确立，使消费者购物安全得到保障的同时，消费者违反诚实信用原则，滥用退货规则恶意退货现象也层出不穷，造成销售者、电子商务平台经营者合法利益受损。部分电子商务平台通过与消费者签订格式服务条款方式制定平台自治规则，对恶意退货、畸高退货率等滥用权利的用户采取中止、停止服务等限制措施。在司法实务中，因电子商务平台经营者对平台用户采取中止、停止服务措施引发的纠纷尚不多见，对该措施的合法性问题值得探讨。

电子商务平台经营者依据平台规则对滥用权利消费者采取中止、停止服务措施具有合法性，理由如下：

一、电子商务平台经营者通过用户协议制定平台规则是网络空间治理的重要方式

实践中，多数网络购物平台包括本案的W公司、天猫商城、小红书等，通常具备两种经营模式：第一种模式是作为买卖合同的销

售者提供自营商品，此时该平台直接参与到买卖交易当中，同时扮演着销售者与平台管理者两种角色，与消费者之间在交易层面成立网络购物合同关系，在平台管理层面成立网络服务合同关系；第二种模式是平台不直接参与到买卖交易中，而是作为独立第三方为平台上的交易双方提供网络经营场所等服务，此时平台内经营者、消费者之间成立网络购物合同关系，平台与平台内经营者、消费者之间均是网络服务合同关系。

无论是上述哪一种模式，电子商务平台作为经营者、管理者，都有权要求在该平台实施法律行为的主体须注册成为用户，并同意与平台签订用户协议。《中华人民共和国电子商务法》第三十二条对电子商务平台经营者制定平台自治规则的权利予以确定。实践中，用户协议一般是由平台提供的格式合同，条款涵盖注册及解除会员关系的途径、在平台内的行为准则、与平台之间、平台内其他用户之间的权利义务关系、个人信息保护、争议解决途径等细则。用户协议作为平台内所有用户均须签订的同一合同，其效力不仅及于平台与用户之间，也及于平台内进行交易的用户之间，成为解决平台内各主体争议的普遍规则。换言之，平台通过与用户签订用户协议，获得用户知情同意的方式，实现了整个平台内的管理与自治。用户协议也得以成为平台内的自治规则，在平台内具有普遍约束力，并实际具有了规则的效力和功能，成为网络空间治理的一个重要方式。

当前，电子商务市场的规模正在不断扩大，《中华人民共和国民法典》《中华人民共和国消费者权益保护法》《中华人民共和国电子商务法》等针对电子商务平台治理的法律法规虽在不断健全与完善，但立法的滞后性难以避免，而各大电商平台如本案的 W 公司通过与用户签订协议的方式制定自治规则，使之成为有效的、低成本的平台治理措施。较之法律法规，平台自治规则由于植根于电子商务土壤之中，更能顺应电子商务市场的更新、发展而不断完善，为平台内各主体提供了全新的、高效的、低成本的纠纷解决途径。

因此，应充分尊重平台的自治权，对于平台与用户签订的服务条款，虽然为格式合同，在不违反法律法规的情况下，应该得到切实遵守。平台根据其自治规则对平台内用户作出的管理性措施，依法应予以支持。

二、对滥用退货权利消费者采取限制措施符合诚实信用原则

诚实信用原则是民法中的“帝王条款”，被作为民法基本原则贯穿民事法律法规始终。我国台湾地区民法学者史尚宽先生认为，诚实信用原则的本质应定位于当事人及其与社会一般公共利益的平衡，是掌握在法官手里的衡平法。《中华人民共和国民法典》第七条对诚实信用原则作了一般规定：“民事主体从事民事活动，应当遵循诚信原则，秉持诚实，恪守承诺。”

在电子商务活动中，诚实信用原则一样须得到恪守和尊重。《中华人民共和国消费者权益保护法》虽将“七天无理由退货”确立为网络购物方式下消费者行使“后悔权”的依据，但其并未赋予消费者滥用退货规则的权利。“七天无理由退货”规则是《中华人民共和国消费者权益保护法》为保护在交易一方处于弱势地位的消费者，根据网络购物的特点，对消费者收到不符合购物预期的商品得以以退货的方式予以保障，同时督促网络销售者提升自身商品质量，不在平台上作出虚假承诺或欺诈行为。此规则的出发点依然是诚实信用原则。对于滥用退货规则，法律法规并未禁止电子商务平台通过制定平台规则的方式予以规制。只要平台规则不违反法律法规，就应该认可平台根据该规则对平台内用户作出的管理性措施。从诚实

信用原则的角度来说，允许平台在保障消费者退货权的同时，根据自治规则对用户进行管理，对具有恶意退货、畸高退货率等情形被列入“诚信评价体系黑名单”的消费者进行限制性措施，也有利于实现消费者与电子商务平台之间的利益平衡。

本案中吴某岩作为消费者，虽是《中华人民共和国消费者权益保护法》等法律法规的保护对象，但不代表其可以滥用自身权利，其享有的“超级会员”无限免邮、免费退货权利亦并不等同于无限退货权。其在“A 网络商城”购物期间，退货、拒收率高达 84.54%，结合日常生活经验判断，此确属不合常理的高退货率。根据其在加入“A 网络商城”时与 W 公司的用户协议，W 公司有理由判定其存在恶意退货或不合常理的高退货率等情形，从而对其个人账户采取冻结等中断、终止服务措施。

三、电子商务平台在用户协议中约定修改、中断、终止服务的格式条款并非当然无效

格式条款是当事人为了重复使用而预先拟定，并在订立合同时未与对方协商的条款。电子商务平台经营者与用户签订的平台自治规则虽然是电子商务平台单方提供的格式合同，但并非当然无效。《中华人民共和国民法典》第四百九十六条第二款规定：“采用格式条款订立合同的，提供格式条款的一方应当遵循公平原则确定当事人之间的权利和义务，并采取合理的方式提示对方注意免除或者减轻其责任等与对方有重大利害关系的条款，按照对方的要求，对该条款予以说明。提供格式条款的一方未履行提示或者说明义务，致使对方没有注意或者理解与其有重大利害关系的条款的，对方可以主张该条款不成为合同的内容。”第四百九十七条规定：“有下列情形之一的，该格式条款无效：（一）具有本法第一编第六章第三节和本法第五百零六条规定

的无效情形；（二）提供格式条款一方不合理地免除或者减轻其责任、加重对方责任、限制对方主要权利；（三）提供格式条款一方排除对方主要权利。”据此，只要有证据证明已采取合理的方式对免除或者限制责任的条款尽到必要的提示、说明义务，并且不属于法律规定的无效情形，该格式条款应认定为合同的一部分并且对双方当事人具有拘束力。

本案中，《A网络商城服务条款》约定在恶意退货或不合常理的高退货率等情形下W公司有权暂时冻结、永久冻结、修改、删除用户的个人账户或者采取其他处理措施，并对该部分条款的文字内容加粗和加下画线。应当认为，W公司已对该部分条款尽到必要的提示、说明义务，且该部分条款是基于对平台自身合法利益的需要对滥用权利的用户暂停、停止服务，并不存在免除自身责任、加重对方责任排除对方主要权利的情形，应认定为有效条款。

综上，对电子商务平台用户协议的效力审查不能一概而论，需要在考虑互联网行业现状、维护互联网行业健康持续发展、平衡网络服务商和用户利益、兼顾公共利益的前提下，具体问题具体分析。对于在用户协议中赋予网络平台单方随时修改服务协议权利的条款，此类条款实质上限制了相对人的选择权和知情权，排除了相对人的主要权利，影响了用户对条款内容的合理预期并增加了未知风险，应认定为无效条款；对于用户协议中约定网络平台可以中断、终止服务协议的条款，需要审查适用这一条款所设定的条件，特别在社交网络、游戏网站等涉及虚拟财产、人格权保护的领域，用户协议中涉及中断、终止服务条款如果是基于维护用户利益、网络秩序与安全的原因而设定，那么，此类条款因符合诚实信用原则和实质公平而有效；如果为网络运营商自身可以任意适用而设定，相当于赋予一方任意解除权而应归于无效。

编写人：广州互联网法院　曹钰

248 网络游戏虚拟财产被盗后游戏运营商的责任认定

——崔某波诉 Y 公司网络服务合同案

【案件基本信息】

1. 裁判书字号

广州互联网法院（2019）粤 0192 民初 271 号民事判决书

2. 案由：网络服务合同纠纷

3. 当事人

原告：崔某波

被告：Y 公司

【基本案情】

A 游戏是由 Y 公司运营的一款网络游戏。崔某波在 Y 公司注册了游戏账号 qiu××××01 以及 ya××××××10228 进行游戏。崔某波用于关联账号 qiu××××01 的手机号码是 134××××0563。崔某波作为玩家与 Y 公司签订了《邮箱账号服务条款》《A 游戏服务条款、玩家守则》等系列网络服务合同，双方约定：用户需保管好账号和密码，发现异常情况应及时告知 Y 公司处理，如用户未尽妥善保管和及时通知义务造成损害，用户负全部责任，Y 公司接到通知后应及时采取必要措施。2018 年 10 月 6 日，盗号者使用账号和密码，登录崔某波账号的相关页面。登录后，盗号者用非账号绑定手机获取短信验证码。在输入手机号和验证码后，进入密保管理页面，并操作将旧“将军令”（一种动态密码保护器）升级替换成新“将军令”。Y 公司向手机 134××××0563 发送短信验证码，盗号者输入短信验证码后绑定新“将军令”成功。Y公司后通过系统给崔某波发送“将军令”绑定提醒。2018年10月6日、7日，崔某波仍正常登录游戏。2018年10月10日1时41分至7时0分，盗号者输入账号和密码登录账号qiu××××01、ya××××××10228，通过摆摊出售和无偿给予游戏币、购买垃圾物品的方式，将账号内的游戏道具变现成游戏币后，连同账号内原有的游戏币一并转移到若干游戏账号。7时53分，崔某波致电Y公司客服，告知Y公司其账号和物品被盗。后Y公司找回被盗游戏装备，但要求崔某波支付价值2000多元的游戏币赎回装备，用于补偿以正常物价购买被盗装备的善意第三方玩家。崔某波称，Y公司因游戏漏洞，导致其游戏账号被他人绑定密保，在异地登录并被盗游戏装备，请求法院判令Y公司直接恢复被盗游戏装备。

【案件焦点】

Y公司在履行服务合同中是否存在违约行为，应否向崔某波直接返还案涉的网络游戏道具。

【法院裁判要旨】

广州互联网法院经审理认为：首先，本案中，盗号者能通过崔某波的账号密码登录账户，并能知悉崔某波手机号收取验证码，进而绑定“将军令”，并无证据能够证明此情况是Y公司存在漏洞所致。至于第一次验证码可以用任意手机获取的问题，虽然该步骤可能被他人恶意使用，但是该步骤属于整个验证程序中的一环，结合输入账号密码、输入第二次验证码两步程序，并不会因此步骤而对账号的安全问题产生实质性影响。在绑定将军令的过程中，Y公司向崔某波发送了验证码短信，并在绑定将军令后发送了信息，可以认定Y公司及时通知崔某波其账号存在异常情况。综上，可以认定Y公司采取了合理措施保障用户账号的安全。其次，从崔某波首次告知Y公司其账号和物品被盗后，到Y公司查证并帮崔某波追回涉案的网络游戏道具，时间不足10小时，可以认定Y公司及时采取必要措施。最后，《最高人民法院关于民事诉讼证据的若干规定》第九条规定，根据法律规定或者已知事实和日常生活经验法则，能推定出的另一事实，当事人无须举证证明，当事人有相反证据足以推翻的除外。根据盗号者的盗号过程可知，盗号者知晓崔某波两个账号的账号和密码。因账号的密码由崔某波保管，故在无相反证据的情况下，可以推定崔某波账号被盗系其未妥善保管其账号及密码所致。因此，因盗号给他人的民事权利造成损害的，崔某波应当承担由此产生的法律责任。第三方玩家购买的涉案网络游戏道具，Y公司收回该道具后，须返还第三方玩家为购买该道具而支付的合理对价，故Y公司要求崔某波支付与游戏道具交易时数额相同的游戏币，具有合同依据，崔某波的诉请缺乏依据。

广州互联网法院依照《最高人民法院关于民事诉讼证据的若干规定》第二条、第九条之规定，判决：

驳回崔某波的全部诉讼请求。

判决后，双方当事人均未上诉，本判决现已生效。

【法官后语】

一、网络游戏账号和装备的法律性质及权利保护

在网络游戏中，游戏账号是网络游戏用户进入游戏的身份凭证，且与账号中的游戏角色、虚拟装备等具有唯一的对应关系，游戏运营商通过比对游戏账号、密码的方式，对网络游戏用户的身份进行

确认，从而为其提供个性化的游戏服务。游戏装备是网络游戏用户在网络游戏过程中，其游戏虚拟人物所使用的物品，在游戏运行过程中表现为宝物、武器、工具等，实际是存储在计算机服务器中数据在网络游戏中的表现形式。网络游戏账号和装备均依附于虚拟、特定的网络游戏而存在，具有一定的使用价值和交换价值，属于虚拟财产的范畴。

《中华人民共和国民法总则》第一百二十七条规定："法律对数据、网络虚拟财产的保护有规定的，依照其规定。"① 据此，虚拟财产被正式纳入了法律保护范围。《中华人民共和国民法典》施行后，延续了这一规定。该规定仅为引致性规定，实际是将虚拟财产的保护引致于其他法律规定，并未作出具体规定。在立法尚不明确的情况下，司法实践对于涉及网络游戏账号、装备纠纷的处理应遵循私法尊重意思自治的原则，根据用户与游戏运营商之间签订的网络游戏服务协议确定彼此的权利义务范围，基于合同法的规定调整双方的法律关系。

二、网络游戏服务协议的法律性质和法律效力

通常来说，网络游戏服务协议包含两类条款。一类为服务型条款，主要约定游戏运营商在向用户提供网络游戏服务过程中，两者作为平等主体相互之间的权利义务，如本案中崔某波的身份信息提供义务和Y公司对登录用户身份的审查权利。另一类为管理型条款，主要约定用户有遵守法律、法规和游戏秩序的义务，游戏运营商有管理并对违反上述义务用户采取必要措施的权利，如本案中崔某波有报告账户异常、安全漏洞的义务，Y公司有调查账号、冻结账号

① 《中华人民共和国民法典》第一百二十七条："法律对数据、网络虚拟财产的保护有规定的，依照其规定。"

和回收虚拟物品的权利。虽然此类协议多由游戏运营商预先拟定，且在订立合同时未与用户协商，属于典型的格式合同，但是用户在进入游戏时已经确认了运营商设置的条款，只要游戏服务协议不存在违反法律、法规强制性规定的情形，即应基于合同意思自治的原则，对协议效力予以认可。

三、网络游戏装备被盗情况下游戏运营商的责任界定和责任承担

鉴于用户与游戏运营商之间的基础法律关系为合同关系，因账号丢失、被盗现象引发的纠纷，用户首先可基于运营商负有的保障网络游戏环境安全的义务要求其承担违约责任。此外，《中华人民共和国侵权责任法》第三十六条第二款和第三款规定："网络用户利用网络服务实施侵权行为的，被侵权人有权通知网络服务提供者采取删除、屏蔽、断开链接等必要措施。网络服务提供者接到通知后未及时采取必要措施的，对损害的扩大部分与该网络用户承担连带责任。网络服务提供者知道网络用户利用其网络服务侵害他人民事权益，未采取必要措施的，与该网络用户承担连带责任。"① 据此，如果游戏运营商对于其他用户的侵权行为未采取必要措施，存在过错的，被侵权用户也可向运营商主张侵权责任。具体来说，游戏运营商可能因以下三种情形需要承担民事责任：一是因技术安全措施不到位导致的用户虚拟财产丢失、被盗的；二是监测到用户账户异常

① 《中华人民共和国民法典》第一千一百九十五条第一款和第二款："网络用户利用网络服务实施侵权行为的，权利人有权通知网络服务提供者采取删除、屏蔽、断开链接等必要措施。通知应当包括构成侵权的初步证据及权利人的真实身份信息。网络服务提供者接到通知后，应当及时将该通知转送相关网络用户，并根据构成侵权的初步证据和服务类型采取必要措施；未及时采取必要措施的，对损害的扩大部分与该网络用户承担连带责任。"

但怠于通知，导致用户无法及时防损、止损的；三是用户履行账户异常报告义务后，怠于采取保护性措施，导致虚拟财产无法被追回或损失扩大的。不同侵权行为的表现形态、侵权行为的外在明显程度会存在差异，决定了网络服务提供者需要相应的证明材料判断是否构成侵权。必要时，网络服务提供者还需要核实权利人的身份和与其取得联系沟通处理通知事宜。《中华人民共和国民法典》在沿袭原《中华人民共和国侵权责任法》规定的基础上，吸收了《信息网络传播权保护条例》的相关内容，对“通知”的要求作出了更为细致的规定，要求权利人在通知时，提供构成侵权的初步证据及权利人的真实身份信息，与网络服务提供者相互配合，实现制止侵权行为、治理网络空间的良好目标。

司法实践中，无论用户通过违约之诉还是侵权之诉向运营商主张权利，如果运营商实际并不存在上述违约、侵权情形，则无须承担相应的民事责任。鉴于本案Y公司已经采取了合理的技术安全措施，故无须承担相应赔偿损失的责任。

编写人：广州互联网法院　冯立斌　李佳

249　网络服务合同中电子签名法律效力的审查判定

——成某文诉R公司网络服务合同案

【案件基本信息】

1. 裁判书字号

北京互联网法院（2018）京0491民初1579号民事判决书

2. 案由：网络服务合同纠纷

3. 当事人

原告：成某文

被告：R 公司

【基本案情】

2018 年 8 月 9 日，原告成某文（乙方）通过被告 R 公司（丙方）与马某倩（甲方）签署了二手车买卖合同，签署时间为 2018-8-9 17：34：42，被告 R 公司于当日 17：35 分向原告发送手机短信“您已于 2018-8-9 17：34：43 成功购买本田-思铂睿 2015 款 2.0L 尊贵版。合同链接：t.renrenche.com/55CWt，基于安全考虑，本链接 1 天后失效，请你及时将文本保存到您本地”等内容，后原告以自己的手机进行了实名认证并填写验证码。原告继续完成电子合同签署流程，最终生成涉案合同，合同明确约定了车辆的基本信息以及车辆价款、费用及支付期限、方式，其中服务费一栏约定原告成某文同意向人人车支付居间服务费 3552 元；并由原告成某文和马某倩各向被告 R 公司预先缴存 1000 元的履约保证金；原告成某文分别于 2018 年 8 月 9 日 13：08：21 和 13：10：03 通过微信转账方式向被告 R 公司缴纳了服务费 3552 元和保证金 1000 元，后在履行合同的过程中单方违约，不再购买车辆，被告 R 公司依据合同条款将 1000 元保证金划付马某倩，并不予退还原告成某文的 3552 元服务费。原告称缴费后，并未收到任何被告公司发出的通知，未收到签署合同的网址，虽然收到了验证码，但并未将其透漏给任何人。因此被告冒用原告签名，伪造合同，对此要求被告返还原告定金和服务费 4552 元。被告称原告签署的电子合同确为其本人签署，真实有效。原告单方违约，无权要求返还履约保证金和服务费。

【案件焦点】

电子合同中的电子签名是否为原告本人亲笔签名。

【法院裁判要旨】

北京互联网法院经审理认为：依法成立的合同，对当事人具有法律约束力。原告成某文与马某倩和被告 R 公司签署的合同，虽合同名称为二手车买卖合同，但合同明确约定了买卖双方通过被告 R 公司购买二手车，并同意向被告 R 公司支付居间服务费，其性质应为居间服务合同。原告成某文虽否认被告 R 公司提交的电子合同文件签署技术报告书的内容，但未提出有力的证据予以反驳。该报告书明确记载了其防篡改功能，且原告成某文也认可其收到了验证码，未发生验证码泄露和透漏的情形。根据该技术报告所载内容可知，没有合同链接和验证码不可能生成涉案合同，因此，对原告成某文的意见，法院不予采纳。原告成某文与被告 R 公司和马某倩签订的二手车买卖合同系各方当事人真实意思表示，内容不违反法律、行政法规的强制性规定，应为有效，各方均应依约定履行各自义务。本案中，被告 R 公司作为居间人，已履行了相关义务，促成了原告成某文与马某倩之间买卖车辆合同的成立，原告成某文在合同订立后无故放弃购车，属于单方违约，其要求被告 R 公司退还服务费的诉讼请求不应予以支持。

北京互联网法院依照《中华人民共和国合同法》第六条、第四百二十四条、第四百二十六条，《中华人民共和国民事诉讼法》第六十四条第一款之规定，作出判决如下：

驳回原告成某文的全部诉讼请求。

判决后，双方当事人均未上诉，本判决现已生效。

【法官后语】

当前，乘着信息技术和网络技术的东风，互联网电子商务领域迅速发展并普及，其中电子签名的出现和逐渐规范为互联网电子商务中实现突破传统物理空间、实现远程交叉验证提供了关键的基础手段，确保电子信息和交易身份相联系。而如何确保电子签名真实并且当然具有法律效力，是一个技术问题，更是一个复杂的法律问题。

虽然电子签名可以实现传统手写签名相同的功能，即识别签名人的身份、表明签名人对文件内容的确认、签名人对文件内容正确性和完整性负责，从而实现线上与线下权利义务关系的完整统一，顺利完成数字世界的确权功能。但电子签名作为数字签名，其生成过程完全不同于传统签名，对其法律效力的审查一直是网络服务合同中的审查重点。当前普遍使用的基于公开密钥基础设施（PKI）的数字签名技术，是一个融合了公开密钥算法、原文加密技术和第三方认证机构（CA）认证等多重手段的技术，其中公开密钥算法用以确认签名人真实身份，原文加密技术保证传输文件不被篡改，CA认证用以实现身份的可查性和签名人对传输信息的不可抵赖性。在上述案例中，原告在第三方平台实名认证，其登录平台所用的账号、密码、验证码为其专有和控制，涉案第三方平台所使用的相关技术能够发现任何对电子签名及数据电文内容和形式的任何改动，确与案件事实相关，取证程序合法，可以作为法定证据进而被采纳。所以，为了确保电子签名与传统签名具有等同的功能并产生一定的法律效力，在进行最后一步签名之前，就需要通过技术手段保障两方面的关联关系的实现：一是确保能对签名人的身份真实性予以核实；二是确保电子签名与特定数据电文之间的关联关系。

对签名人的身份真实性的核实，需要在网络和软件平台进行相应的注册和实名认证，并提交上述有关核验材料，进而实现身份的核验和认证；而对电子签名与特定数据电文之间的关联关系的核实，则是通过CA证书指纹、数字时间戳、哈希值校验、短信验证码、语音验证码甚至是人脸识别等多重防抵赖防篡改技术与程序的交融，实现防抵赖、防篡改和防伪造的功能，最终确保和确认最后一步的电子签名的有效性，并可以以上述技术本身的安全性能以及记录部分签名过程中操作数据电文作为审查电子签名法律效力的依据。《中华人民共和国电子签名法》第十三条第一款①明确规定了电子签名视为可靠的电子签名必须同时符合的条件，当事人也可以选择使用符合其约定的可靠条件的电子签名。本案中原告和马某倩在签署合同前已经在被告平台进行了实名认证，绑定了邮箱和手机号，在签名时用发送到自己手机的验证码进行验证方可签署，因此相关电子签名制作数据在用于电子签名时属于电子签名人所有并由其本人控制，在法大大第三方技术平台生成的电子合同签署报告经过数字签名技术处理，具有防篡改、防抵赖功能，任何对该电子数据、电子签名和其数据电文内容形式的修改都可通过技术被发现，原告亦没有证据证明电子数据被修改（经法院询问鉴定机构当时不具备电子签名鉴定的技术条件），因此，原告所主张的意见没有被法院所采信，法院也依据上述法律规定驳回了原告的诉讼请求。

编写人：北京互联网法院　袁建华　喻航

---

① 《中华人民共和国电子签名法》第十三条第一款规定：“电子签名同时符合下列条件的，视为可靠的电子签名：（一）电子签名制作数据用于电子签名时，属于电子签名人专有；（二）签署时电子签名制作数据仅由电子签名人控制；（三）签署后对电子签名的任何改动能够被发现；（四）签署后对数据电文内容和形式的任何改动能够被发现。”

250 网络直播中"打赏"行为的法律性质

——俞某华诉H公司等网络服务合同案

【案件基本信息】

1. 裁判书字号

广州互联网法院（2018）粤0192民初3号民事判决书

2. 案由：网络服务合同纠纷

3. 当事人

原告：俞某华

被告：H公司、王某戎、X公司、刘某琪

【基本案情】

某直播平台是由H公司运营的互联网直播平台，俞某华是在该直播平台注册的用户，刘某琪是在该平台频道号为24064的直播间进行直播的直播发布者。

X公司是对直播发布者进行管理、培训、包装的机构，在该直播平台的名称为公会，王某戎是X公司的法定代表人。刘某琪是受X公司管理的直播发布者，上述频道号为24064的直播间是使用某账号开通的，该某账号在2017年4月前实名认证的用户是王某戎。

任何浏览该直播平台的人均可观看该频道号为24064的直播间的全部直播内容。用户在观看直播内容之余，如需与直播发布者进行互动，则需要注册账号。注册账号时需同意《用户注册协议》，注册后，可以用真实货币充值换取虚拟货币，用于购买虚拟货币“红钻”或者开通“公爵”“守护”等身份标志（以与一般的用户相区别，用户购买后会有不同的标记）。用户在观看直播过程中不需要为观看支付对价，而是在其对直播发布者的直播内容感到满意或者赞赏的情况下，可以自愿用虚拟币或“红钻”为直播发布者购买各种虚拟的礼物，即“打赏”，在购买后的短时间内直播间的屏幕会因礼物不同而呈现各种不同的特效。用户“打赏”后，直播发布者可能会对“打赏”者以语言或专门表演方式表示感谢，但该语言或表演是该直播间的所有观众都可以看到、听到的。因用户购买礼物的行为，直播发布者的账号内会增加一定数值的虚拟货币“蓝钻”，“蓝钻”可在直播平台兑换成真实货币（换得的真实货币通常少于用户购买虚拟币时花费的真实货币）。兑换完成后，H公司会向直播发布者使用的直播平台账号的实名认证用户绑定的银行账户支付款项。庭审中，X公司与刘某琪陈述，他们对该获得的款项以3：7的比例分成。

VP在该直播平台的含义为频道管理员，拥有协助直播发布者管理某个直播间的权限，确认或取消直播间的VP是该直播间创设者、直播发布者的权限之一，对于谁担任VP及担任VP的期限，没有限制性的规定。

刘某琪用自己的网名、自己的形象和声音在该频道号为24064的直播间直播，进行歌舞等表演。

俞某华自2015年4月开始观看某直播，在该平台消费约409509.06元。其中，俞某华自2017年2月开始观看刘某琪的直播，并向刘某琪“打赏”一百次以上，每次金额在0.1元至数千元不等，至2017年4月，俞某华在刘某琪的直播间消费共计44294.28元，另开通“公爵”花费1.2万元、开通“守护”花费2997元。刘某琪曾向俞某华返还1万元。

2017年3月19日，俞某华于当天向刘某琪“打赏”了较大金额的礼物，成为当天打赏礼物最多的人，被刘某琪设置为该直播间的VP。俞某华在诉讼中提交了一段视频，刘某琪在直播中说“这里作一个承诺吧，这个VP给他卡上了就永远不能下了，除非你自己脱网，除非你自己脱这个VP外，永远都不能下，从此以后你就要成为我某直播路上的人生导师，你准备好了吗?”

俞某华在诉讼中另提交了一段视频，显示一名女子称“我们家的规矩就是榜首给VP”，但不能证明说话人的身份、说话时间、说话背景等。

2017年4月7日，刘某琪取消了俞某华的VP权限，原因是刘某琪不认可俞某华私下通过微信转账、赠送礼物的行为，双方的价值观产生分歧。后俞某华以刘某琪为被告向黑龙江省哈尔滨市南岗区人民法院提起诉讼，以刘某琪未经其同意擅自撤销其VP为由，提出诉讼请求：(1)因刘某琪合同违约故要求解除合同，并让刘某琪返还礼物，价值61368.6元；(2)判令刘某琪承担本案诉讼费用。黑龙江省哈尔滨市南岗区人民法院于2018年5月2日对该案作出(2018)黑0103民初2019号民事判决，驳回俞某华的诉讼请求。俞某华不服该判决提起上诉，黑龙江省哈尔滨市中级人民法院于2018年9月10日作出(2018)黑01民终5591号民事判决，驳回俞某华的上诉，维持原判。

2018年9月28日，俞某华以H公司、王某戎、X公司、刘某琪为被告在广州互联网法院起诉，提出诉讼请求：(1)判令原告在被告H公司的某直播间24064消费礼物的合同撤销；（2）判令被告H公司退还原告在某直播间24064消费款项49291.28元（含24064直播间数据作假四被告共同按50%过错比例退赔、24064直播间VP网络虚拟价值2万元），被告王某戎、被告X公司、被告刘某琪承担连带责任；（3）判令被告H公司、被告王某戎、被告X公司、被告刘某琪对欺诈原告的行为作出公开的赔礼道歉；（4）判令被告H公司立即对被告刘某琪过去两年违反平台协议直播的行为在直播平台予以公告，公告中向原告道歉；（5）法院对被告刘某琪违背对消费者承诺的行为、低俗直播的行为和辱骂消费者的行为予以训诫，并责令其具结悔过；（6）本案鉴定费用、证据提取和保全费用由四被告承担；（7）判令被告刘某琪因在微信辱骂原告，侵害原告内心安宁权的行为向原告赔礼道歉，并赔偿原告精神损害抚慰金1元；（8）判令被告刘某琪因违约，赔偿原告拥有某直播间24064永久VP的信赖利益损失1元；（9）判令四被告侵害原告的消费者知情权，赔偿原告侵权损失1元；（10）本案诉讼费由四被告承担。庭审中，原告明确以网络服务合同纠纷作为本案案由。

【案件焦点】

1. 俞某华提起本案诉讼是否属于重复起诉；2. 俞某华与各被告之间的法律关系。

【法院裁判要旨】

广州互联网法院经审理认为：第一，本案中俞某华的主要诉讼请求是撤销其在24064直播间消费礼物的行为，而俞某华在黑龙江省哈尔滨市南岗区人民法院起诉的主要诉讼请求是解除合同，俞某华在本案与（2018）黑 0103 民初 2019 号案中的诉讼请求不同，不是重复起诉。

第二，关于俞某华与 H 公司之间的法律关系。H 公司是提供网络直播服务的平台，俞某华通过 H 公司提供的某直播平台观看直播、进行充值和“打赏”，俞某华与 H 公司之间成立网络服务合同关系。

关于俞某华与刘某琪之间的法律关系。《中华人民共和国合同法》第一百八十五条规定：“赠与合同是赠与人将自己的财产无偿给予受赠人，受赠人表示接受赠与的合同。”第一百九十条规定：“赠与可以附义务。赠与附义务的，受赠人应当按照约定履行义务。”任何浏览该直播平台的人均可观看该频道号为 24064 直播间的全部直播内容，刘某琪的直播表演不需要支付对价。俞某华基于观看直播后对刘某琪表演的满意、赞赏，向刘某琪以“打赏”的方式赠与金钱，在“打赏”的同时没有向刘某琪设定义务，是无偿、单务的合同，由此形成的是赠与法律关系。俞某华在诉讼中提交的视频显示一名女子称“我们家的规矩就是榜首给 VP”，但不能证明说话人的身份、说话时间、说话背景等，不能证明这是刘某琪在俞某华“打赏”前对俞某华发出的要约，应由俞某华承担举证不能的不利后果，法院对该证据不予采信。

《中华人民共和国合同法》第三百九十六条规定：“委托合同是委托人和受托人约定，由受托人处理委托人事务的合同。”VP 是一种管理身份，据以行使的是一定的管理权限，刘某琪向俞某华授予 VP 身份，形成的是委托合同法律关系。

刘某琪向俞某华授予 VP 身份虽然发生在俞某华向刘某琪赠与礼物之后，但在俞某华赠与之前，刘某琪或俞某华均未向对方发出“赠送礼物换取永久 VP”的要约或承诺，俞某华赠与礼物与刘某琪授予 VP 不是同一合同关系中的对价，而是各自在履行赠与合同和委托合同的义务，两个合同的权利义务之间没有对应的关系。

至于俞某华与 X 公司、王某戎之间，没有证据表明他们之间存在任何法律关系。

俞某华诉请撤销其在频道号为 24064 直播间消费的合同。《中华人民共和国合同法》第五十四条第一款、第二款规定："下列合同，当事人一方有权请求人民法院或者仲裁机构变更或者撤销：（一）因重大误解订立的；（二）在订立合同时显失公平的。一方以欺诈、胁迫的手段或者乘人之危，使对方在违背真实意思的情况下订立的合同，受损害方有权请求人民法院或者仲裁机构变更或者撤销。"第一百九十二条规定："受赠人有下列情形之一的，赠与人可以撤销赠与：（一）严重侵害赠与人或者赠与人的近亲属；（二）对赠与人有扶养义务而不履行；（三）不履行赠与合同约定的义务。赠与人的撤销权，自知道或者应当知道撤销原因之日起一年内行使。"如上所述，俞某华与 H 公司之间形成服务合同关系，俞某华与刘某琪之间形成赠与合同关系。在这两个合同关系订立前或订立时，没有证据表明俞某华对该服务合同或赠与合同的内容存在重大误解，或者该合同显失公平，或者 H 公司、刘某琪对俞某华进行了欺诈、胁迫或乘人之危，且如上所述，没有证据表明该赠与合同附有义务。由于俞某华向刘某琪赠与礼物与刘某琪向俞某华授予 VP 身份分属不同的法律关系，故俞某华 VP 身份的获得或失去与俞某华向刘某琪赠与礼物的赠与合同没有关系，俞某华不能因其被刘某琪撤销 VP 身份而要求撤销该赠与合同。因此，俞某华诉请撤销其消费礼物的合同缺乏事实和法律依据，法院不予支持。

俞某华称其因刘某琪使用他人账号直播、该直播间观众数据作假而受到欺诈，但刘某琪系用自己的网名、自己的形象和声音在该直播间直播，俞某华的“打赏”行为显然是基于对刘某琪本人直播表演的评价而不是因其对刘某琪直播账号的实名认证人的认识而作出，直播平台数据显然也不是俞某华“打赏”的主要因素，即俞某华并不是基于这些原因而陷入错误认识，进而作出“打赏”的行为，俞某华称刘某琪因这些行为而构成欺诈，不符合法律规定的欺诈的构成要件，法院不予采纳。

《中华人民共和国合同法》第四百一十条规定：“委托人或者受托人可以随时解除委托合同。因解除合同给对方造成损失的，除不可归责于该当事人的事由以外，应当赔偿损失。”委托关系成立后，委托合同双方均享有任意解除权，可以任意解除。在俞某华与刘某琪之间信任基础已经丧失的情况下，刘某琪取消了俞某华的 VP 身份，解除了委托关系，行使了任意解除权，不受刘某琪对俞某华承诺的“永远不下 VP”的限制。同时，俞某华与刘某琪没有对担任 VP 约定报酬，属于无偿委托关系。解除该委托关系，俞某华没有任何损失，故刘某琪不需向俞某华赔偿损失。

综上所述，对于俞某华基于撤销合同而要求各被告退还消费款项或赔偿损失的诉讼请求，法院亦不予支持。

广州市互联网法院依照《中华人民共和国合同法》第一百八十五条、第三百九十六条、第四百一十条，《中华人民共和国民事诉讼法》第六十四条第一款的规定，作出如下判决：

驳回原告俞某华的全部诉讼请求。

判决后，双方当事人均未上诉，本判决现已生效。

【法官后语】

网络直播已经发展成为互联网经济中不可忽视的重要组成部分。网络直播中，用户的“打赏”是直播平台、直播发布者（俗称“主播”）获得收入的重要途径。“打赏”后，用户要求退回“打赏”款项而诉至法院的案件时有发生。此类案件在审理中，应当首先对“打赏”的法律性质作出明确认定。以往的司法实践较少直接对此作出认定，学术界对此也存在广泛争议，而本案判决对此作出了正面回应，具有典型意义。

通过对案件的审理和对网络直播生态的大量观察，得出以下结论：

第一，用户与直播平台之间成立网络服务合同。用户通过直播平台观看直播和进行“打赏”等，直播平台为用户提供相应服务，直播平台通过用户购买和使用虚拟货币收取服务费，两者间形成双务、有偿的服务合同。

第二，用户与直播发布者之间一般成立赠与合同，除非有证据证明直播发布者接受“打赏”前后须履行具体、明确的合同义务。理由如下：

1. 将一般情况下的“打赏”归类为赠与合同符合法律规定。《中华人民共和国合同法》第一百八十五条［《中华人民共和国民法典》（以下简称《民法典》）第六百五十七条内容相同］规定：“赠与合同是赠与人将自己的财产无偿给予受赠人，受赠人表示接受赠与的合同。”在任何浏览直播平台的人均可观看直播间的全部直播内容、不需要为表演支付对价的情况下，用户基于观看直播后对表演的满意、赞赏，以“打赏”的方式向直播发布者赠与金钱，在“打赏”的同时没有向直播发布者设定义务，此时形成的是无偿、单务的合同，符合赠与合同的法律特征。在这一行为中，“满意、赞赏”本身并不必然等于双务合同中的对价，因为赠与往往是出于各种动机和目的，为获得精神上的愉悦、满足而赠与财物也符合赠与行为的通常表现。

2. 当有证据证明直播发布者接受“打赏”前后须履行具体、明确的合同义务时，用户与直播发布者可能成立服务合同或者其他相应的双务合同。有的直播发布者在直播过程中会向用户发出特定的要约，如直播发布者在直播过程中口头表示，当收到用户“打赏”达到特定的数额，其将表演一段特定的舞蹈；有的射击游戏的直播发布者在直播间以字幕公示，“打赏”金额前三名的用户可以“上车”（即有资格作为该直播发布者的队友一起玩该游戏）；还有部分直播平台推出与普通直播不同的服务，即支付一定的费用后可以与直播发布者单独聊天、互动等。在以上情形中，“打赏”或付费用户因与直播发布者之间约定了具体、明确的合同义务，故可以成立相应的服务合同或者其他双务合同。

3. 对“打赏”性质单纯的“服务合同说”存在明显缺陷。有的学者认为直播中的“打赏”应一概认定为履行服务合同，该观点看到了“打赏”行为与直播发布者的行为之间的相互影响、促进，但其不能很好地解释“打赏”行为在一般情况下的自愿性、非对价性和用户的非固定性。一般情况下，在观看同一个直播发布者直播时，用户可以选择“打赏”，也可以不“打赏”，“打赏”的金额不统一、没有固定的标准，甚至可能有巨大的差异，直播发布者接受“打赏”后也没有因此而负有明确的合同义务，即使直播发布者接受“打赏”后对相应用户用言语或者行动表示感谢，也属受赠者的情感表达，在无约定的情况下不应视为合同的对价。另外，观看直播的用户流动性强，把某个直播间的全体用户视为合同一方看待的观点也难以自圆其说。可见，双务、有偿的服务合同特征难以解释和涵括“打赏”行为的特点。如果认定“打赏”用户与直播发布者之间一概成立服务合同，可能会导致部分用户因对直播发布者不满意而动辄要求解除“打赏”合同、退还“打赏”款项或不适当地要求继续履行，在该“服务合同”的对价不明确的情况下，相关主体义务的边界将是难以确定的。因此，不宜将“打赏”用户与直播发布者之间的法律关系一概认定为服务合同关系。

4. 将网络直播中的“打赏”归类为赠与合同不影响符合法定条件时“打赏”款项的退还。赠与行为是一种民事法律行为，可以适用《中华人民共和国民法典》第一百四十三条和第一百五十七条关于民事法律行为的效力和民事法律行为无效的法律后果的规定，未成年人的直播“打赏”可以循此途径得到处理；赠与合同是《中华人民共和国民法典》规定的有名合同之一，受合同法总则和分则关于合同、赠与合同效力规定的约束；在自身合法权益受到侵害时，用户也可选择依据《中华人民共和国民法典》的有关规定要求追究直播平台、直播发布者的侵权责任。因此，相关主体权利的保护有法可依，相关主体的权利义务并不失衡。

综上所述，用户与直播发布者之间一般成立赠与合同，除非有证据证明直播发布者接受“打赏”前后须履行具体、明确的合同义务。

本案中，俞某华虽然向刘某琪多次“打赏”，但俞某华所举证据不足以证明刘某琪接受“打赏”前后须履行何种合同义务，故根据现有证据仅能认定俞某华向刘某琪的“打赏”均属赠与行为。刘某琪向俞某华授予VP身份虽然发生在俞某华向刘某琪赠与礼物之后，但在俞某华赠与之前，刘某琪或俞某华均未向对方发出“赠送礼物换取永久 VP”的要约或承诺，俞某华赠与礼物与刘某琪授予 VP 不是同一合同关系中的对价，而是各自在履行赠与合同和委托合同的义务，两个合同的权利义务之间没有对应的关系。因此，俞某华 VP 身份的获得或失去与俞某华向刘某琪赠与礼物的赠与合同没有关系，俞某华不能因其被刘某琪撤销 VP 身份而要求撤销该赠与合同。

不难发现，大部分直播发布者和平台在用户使用直播平台的过程中会采用各种方式吸引用户“打赏”，“打赏”行为在直播行业发展中起到了十分重要的推动作用，“打赏经济”中也存在不少值得规范之处，如不良内容的过滤、税收制度的相应调整等。作为用户，在使用直播平台的过程中应当保持清醒的头脑，不宜冲动“打赏”，同时也要增强证据意识，特别是在可能与平台、直播发布者之间成立服务合同等双务合同的情况下应注意保留相关证据，避免可能的举证困难。直播平台、直播发布者应采用包括技术、合同在内的各种手段加强管理和自律，尤其是直播平台作为网络直播的组织者和直接监管者，应保持和增强企业的社会责任感，不断加强识别和制止平台内违法行为的能力，在互联网商业模式的创新中不能踩踏法律的红线。有关行政机关等管理部门应持续改进监管，对各类新型网络服务及时予以规范，对各类违法行为及时予以惩戒。

实际上，“打赏”的互动模式不仅存在于网络直播中，也广泛存在于各类互联网应用中。明确“打赏”在一般情况下的赠与合同性质，有利于明确互联网经济中各方的权利义务，平衡各方的利益，鼓励劳动和创新，促进互联网经济健康、有序发展。

编写人：广州互联网法院　曹钰

（五）教育培训合同纠纷

251 预付式消费服务合同中消费者能否单方解除

——戴某杰诉H学校服务合同案

【案件基本信息】

1. 裁判书字号

江苏省徐州市中级人民法院（2019）苏03民终2449号民事判决书

2. 案由：服务合同纠纷

3. 当事人

原告（被上诉人）：戴某杰

被告（上诉人）：H学校

【基本案情】

2018年4月28日，戴某杰在H学校处报名英语培训课程，填写了注册报名表、并在报名制度上签名，注册报名表备注："刷卡3万元送2000元课程+2000元店庆礼物 1对1 基础100课时 剩余学费可转其他课程……"报名制度载明："……四、退款须知：（一）不可办理退款的情形（即学员不得单方解除合同的情形）：1. 所有享受报名优惠（含连报优惠）、双方协商一致，包括但不仅限于优惠报名……2. 3—5人班……一对一……由不同的课程构成的各种套餐班……课前课后均不退班，套餐连报学员一律不退费，也不可退任一单项课程。3. 预交定金概不退款。以上所有情况，报名后学员不得单方解除合同，一律不可退班退款。（二）无第（一）款情况者可办理退款，办理退款的，双方应按照下列规定处理：1. 开课前退款：（1）需提前 10 个工作日给予办理退款（如不遵守，则不具备退款条件），每人每次每种班级学费中均含 500 元报名手续费……（2）刷卡交费学员：如使用各类信用卡则须扣除所交学费 2%的银行刷卡手续费……2. 由于学员自身的原因或过失及延误上课造成退费的，学校在扣除其所缴纳的学费的 30%费用作为违约金，并去除税金、报名手续费、退款手续费、银行卡手续费和其他相关费用后予以办理……”同日，H 学校向戴某杰出具金额为 3 万元的收据一张，内容为“1 对 1　100 课时　店庆充值 3 万元　送 2000 元课程+2000 元礼物”。同时，H 学校在该收据上备注“刷卡　特别活动　专属定制课程　不退班　不退费”。

2018 年 5 月 2 日，戴某杰向 H 学校邮寄两份内容一致的要求退款通知函，原告以被告有泄露个人隐私之嫌为由要求被告在 3 日内退还其本人充值会员卡内的 3 万元。H 学校认可上述两份通知函均于 2018 年 5 月 3 日收到。

H 学校陈述戴某杰充值了 3 万元会员卡，课程是一对一，该 3 万元只能用 100 课时，不能转其他课程，也不允许退时退课。但戴某杰一节课未上，未消费过。

【案件焦点】

1. 涉案服务合同能否解除；2. 戴某杰应否承担相应的违约责任。

【法院裁判要旨】

江苏省徐州市鼓楼区人民法院经审理认为:《中华人民共和国合同法》第九十四条规定:“有下列情形之一的,当事人可以解除合同:(一)因不可抗力致使不能实现合同目的;(二)在履行期限届满之前,当事人一方明确表示或者以自己的行为表明不履行主要债务……(五)法律规定的其他情形。”据此,“法律规定的其他情形”是当事人可以解除合同的情形之一。《中华人民共和国消费者权益保护法》第二条规定:“消费者为生活消费需要购买、使用商品或者接受服务,其权益受本法保护;本法未作规定的,受其他有关法律、法规保护。”《江苏省消费者权益保护条例》第二十八条第一款规定:“经营者以发行单用途预付卡方式提供商品或者服务的,消费者有权自付款之日起十五日内无理由要求退款,经营者可以扣除其为提供商品或者服务已经产生的合理费用。”本案中,戴某杰在H学校处充值3万元会员卡,且根据H学校的陈述,该会员卡属于单用途预付卡,根据相关法律、法规的规定,戴某杰享有15日内无理由要求退款的权利。同时,报名制度中的条款系H学校为了重复使用而事先拟定的格式条款,H学校未提交充分、有效证据证明其已就不得退款(解除合同)的情形向戴某杰履行了提示及明确说明义务。戴某杰已在充值会员卡后的15日内向H学校提出了退款要求,故戴某杰的诉请有事实及法律依据,应予以支持。H学校抗辩戴某杰的行为构成违约,其有权主张戴某杰承担30%的违约金责任。一审法院认为,虽然报名制度中载明“由于学员自身的原因或过失及延误上课造成退费的,学校将扣除其所缴纳的学费的30%费用作为违约金”,但该条款属于报名制度中可办理退款情形中的条款,且报名制度中载明无不可办理退款情形的可办理退款,而戴某杰报名的一对一班属于报名制度中载明的不可办理退款的情形，同时戴某杰在其陈述的事实与理由中亦对该条款不认可，故即使该条款真实、有效，H 学校的抗辩亦不能成立，对 H 学校提出的该项抗辩，不予采信。

江苏省徐州市鼓楼区人民法院依照《中华人民共和国合同法》第九十四条、《中华人民共和国消费者权益保护法》第二条、《中华人民共和国民事诉讼法》第六十四条、《最高人民法院关于适用〈中华人民共和国民事诉讼法〉的解释》第九十条之规定，作出如下判决：

一、解除戴某杰与 H 学校于 2018 年 4 月 28 日签订的英语培训合同；

二、H 学校于判决生效之日起十日内向戴某杰退款 3 万元。

H 学校不服一审判决，提出上诉。

江苏省徐州市中级人民法院经审理认为：首先，根据《中华人民共和国消费者权益保护法》第二十六条第二款的规定，经营者不得以格式条款、通知、声明、店堂告示等方式，作出排除或者限制消费者权利、减轻或者免除经营者责任、加重消费者责任等对消费者不公平、不合理的规定，不得利用格式条款并借助技术手段强制交易。第三款规定，格式条款、通知、声明、店堂告示等含有前款所列内容的，其内容无效。H 学校报名制度中的条款系 H 学校为了重复使用而事先拟定的格式条款，其中关于学员不得单方解除合同等条款属于限制消费者权利、减轻或者免除经营者责任、加重消费者责任等对消费者不公平、不合理的规定，该内容无效。格式条款无效，并不影响当事人的合同解除权。因此，根据法律、法规的规定，涉案合同可以解除。其次，根据《江苏省消费者权益保护条例》

第二十八条规定："经营者以发行单用途预付卡方式提供商品或者服务的，消费者有权自付款之日起十五日内无理由要求退款，经营者可以扣除其为提供商品或者服务已经产生的合理费用。经营者未按照约定提供商品或者服务的，应当按照消费者的要求履行约定或者退回预付款……"本案中，戴某杰在H学校处充值3万元办理会员卡，根据H学校的陈述，该会员卡属于单用途预付卡，根据上述规定，戴某杰享有15日内无理由要求退款的权利。戴某杰的行为，亦不符合H学校报名制度中可办理退款的情形，因此不适用30%违约金条款。且H学校未提供证据证明其因此产生实际损失，故H学校要求戴某杰承担违约责任的主张，法院不予支持。

江苏省徐州市中级人民法院依照《中华人民共和国民事诉讼法》第一百七十条第一款第一项之规定，作出如下判决：

驳回上诉，维持原判。

【法官后语】

预付款消费模式在教育培训中非常普遍。培训合同中往往含有限制消费者权利的条款，对上述条款应依法认定为无效。但格式条款无效并不能阻却消费者解除合同的权利。本案裁判者正是以地方性法规为主要依据支持了原告单方解除服务合同的请求。

从国家立法层面，《中华人民共和国消费者权益保护法》等仅对购买商品的消费者一定期限内的任意解除权作了规定，但并未明确赋予服务合同类消费者的上述解除权。鉴于服务的无形性及返还困难性等具有与一般商品买卖可直接退货不同的特性，需要对该类消费者任意解除权进行探究。同时，预付式消费服务合同基于信赖关系形成，具有预付性、持续性、不可替代性及人身专属性等特征，后续合同的履行也有赖于双方的信赖关系，这些特征也需要对该类规则加以思考分析。

第一，任意解除权，亦称随时解除权，是指合同一方或双方可无须任何理由无条件地解除合同。由法律直接规定的为法定任意解除权，由合同当事人约定的为约定任意解除权。后者属于当事人意思自治范畴受制于个人意愿，在本文中不再予以赘述。法学理论对于预付式消费服务合同中消费者是否享有法定任意解除权存在争议，因此，本文仅针对法定任意解除权进行讨论。《江苏省消费者权益保护条例》，其中规定单用途预付卡的消费者有权自付款之日起15日内无理由要求退款，赋予了消费者一定期限内的任意解除权。本案司法裁判者也正是以此为主要依据支持了原告戴某杰主张的单方解除预付式消费服务合同的请求。但从国家立法层面，《中华人民共和国消费者权益保护法》等法律并未赋予预付式消费服务合同中消费者一定期限内的任意解除权。而赋予该类消费者一定期限内的任意解除权是非常有必要的。原因在于，不少消费者往往禁不住商家优惠政策的诱惑，非理性考虑自身消费需求，在对相关商品服务信息尚不充分了解的情况下盲目冲动地办理预付卡。服务类产品一般系非基本生活消费的必需品，属于较高层次消费，且这类预付卡充值金额往往较大，一旦交付预付款，消费者则面临大额消费资金被套牢的风险。在我国当前预付式消费服务合同制度尚不健全的架构下，消费者仅以不需要为由请求解除合同并返还预付款并不必然获得支持，也容易加剧合同双方之间的利益冲突，不利于预付式消费模式良性发展。如建立预付式消费服务合同的冷静期制度，赋予消费者一定期限内的任意解除权，即能保证消费者在商家限定“促销”期限内办理预付卡享受特定优惠，又能保证消费者在冷静期内审慎思考所需，促进理性消费，减少消费者与经营者之间的矛盾冲突。

第二，预付式消费服务合同中消费者应有的法定解除权。预付式消费服务合同属于无名合同，当然适用《中华人民共和国民法典》第五百六十三条关于合同法定解除的规定，消费者得以在不可抗力、预期违约、迟延履行、其他违约行为、法律规定的其他等情形下行使法定解除权。同时，消费者也能够依据《中华人民共和国消费者权益保护法》第五十三条之规定，经营者未能按照约定提供商品或者服务的，有权要求经营者退回预付款及其他损失。从上述条款可以看出，通常需以经营者存在根本违约行为，或者存在不可抗力及其他违约行为致使合同目的无法实现情况下，方可赋予消费者法定解除权。

第三，对于服务合同中的消费者应赋予期限外的任意解除权。如前所述，在预付式消费服务合同中，消费者应享有一定期限内的任意解除权，及法定事由的解除权，但除上述两种情形外，是否有适用其他事由甚至是“无条件”任意解除合同的空间。实践中，有的司法裁判者会以未能举证证明服务质量不符合约定为由不支持消费者单方解除合同的请求。但由于服务质量具有一定的主观性，经营者提供的格式合同中往往难以对服务质量量化明确的标准。对于消费者而言，举证证明具体服务质量的约定标准存在较大难度，证明服务质量不符合约定或下降亦存在困难。因此，消费者能否基于对服务质量不满意甚至无正当理由地拒绝继续受领服务等主观原因请求“无条件”地单方解除合同，对此理论界及司法实践存有争议。虽然任意解除权违反了合同严守的基本原则，对合同的秩序价值追求造成极大冲击，一定程度上损害经营者的利益，但基于预付式消费服务合同的特殊性及出于对合同更高价值追求的保护，应赋予消费者“无条件”的任意解除权，并可通过配套合同解除之损害赔偿规则在合同自由、效率与合同秩序等不同价值追求之间寻求最佳平衡点。

第四，对于消费者的任意解除权应有必要的限制。法律赋予预付式消费服务合同中消费者的任意解除权无疑对合同严守原则追求的秩序价值造成巨大冲击，若不加以适当规制，该项规则将沦为消费者任意撕毁合同滥用权利的“工具”，容易导致合同双方利益严重失衡。因此，消费者享有的任意解除权并非绝对的解除权，消费者必须在对经营者的损失进行赔偿后方可从双方的合同关系中解脱出来。因此，还应配套建立相应的损害赔偿制度，以缓解因消费者行使任意解除权给经营者造成的损害。

第五，格式条款也不能阻却消费者的单方解除权。从《中华人民共和国民法典》第四百九十七条和《中华人民共和国消费者权益保护法》第二十六条可以看出，符合《中华人民共和国民法典》第五百零六条的情况，或提供格式条款一方免除其责任、加重对方责任、排除对方主要权利时会导致格式条款无效。“一经售出，不予退款”“非本公司原因引起顾客退卡的，原则上不予退款”等“霸王”条款表明，消费者只要是预先支付了服务期内的所有费用，即使消费者对服务效果不满意也要继续履行合同，而不能放弃。该类格式条款不仅排除了消费者无正当理由主张的单方解除合同，甚至排除了经营者根本违约情况下消费者享有的法定解除权，显然上述条款粗暴地排除了经营者应承担的服务瑕疵担保责任，明显加重了消费者的义务，限制其权利的行使，同时也免除了经营者相应的义务以及责任，有悖于平等互惠的原则，导致合同双方地位不平等，该类条款应认定无效。而如果预付式消费服务合同中的其他条款与“霸王”条款在内容和效果上明显不同，“霸王”条款无效不会导致其他合同条款无效，其他条款始终保持着原始的效力，消费者仍享有单方任意解除合同的权利。

编写人：江苏省徐州市中级人民法院　王超　黄伟

252　消费者公益诉讼主体资格的认定

——张某新诉通信集团北京公司电信服务合同案

【案件基本信息】

1. 裁判书字号

北京市第二中级人民法院（2013）二中民终字第15379号民事判决书

2. 案由：电信服务合同纠纷

3. 当事人

原告（上诉人）：张某新

被告（被上诉人）：通信集团北京公司

【基本案情】

2013年5月19日，张某新（听力残疾）购买通信集团北京公司动感地带入网卡一张，支付现金10元，同时，购买预付费吉祥号码预存1张，支付现金50元。

张某新认为，依据《中华人民共和国残疾人保障法》和《北京市实施〈中华人民共和国残疾人保障法〉办法》的规定，国家鼓励和支持提供电信、广播电视服务的企业对盲人、听力残疾人给予优惠，采取措施为残疾人无障碍信息交流创造条件。外地某些城市均有关于残疾人电信资费的优惠政策。故为维护全体听力残疾人的合法权益，原告提起诉讼，要求通信集团北京公司返还 30 元，并判令通信集团北京公司制定北京地区残疾人电信资费优惠政策。

【案件焦点】

1. 通信集团北京公司是否应对听力残疾人给予优惠；2. 张某新是否具备消费者公益诉讼的主体资格。

【法院裁判要旨】

北京市东城区人民法院经审理认为：张某新从通信集团北京公司处购买动感地带入网卡，双方形成电信服务合同关系，该合同关系应受法律保护。张某新依据《中华人民共和国残疾人保障法》和《北京市实施〈中华人民共和国残疾人保障法〉办法》提出诉请，但该规定旨在鼓励和支持提供电信服务的企业对听力残疾人给予优惠，其并非强制性规定。故张某新要求通信集团北京公司返还现金 30 元的请求，依据不足，法院不予支持。张某新要求通信集团北京公司制定北京地区残疾人电信资费优惠政策的请求，属于公益诉讼，其主体不适格。

北京市东城区人民法院依照《中华人民共和国民事诉讼法》第六十四条之规定，判决如下：

驳回张某新的全部诉讼请求。

张某新不服一审判决，提起上诉。

北京市第二中级人民法院经审理认为：张某新与通信集团北京公司之间形成的电信服务合同关系是双方真实意思表示，内容不违反法律、行政法规的强制性规定，合法有效，双方应按照合同约定行使各自的权利、履行各自的义务。张某新主张因其听力残疾，通信集团北京公司应返还其30元电信资费，但没有就该主张提供合同依据，又因张某新主张应依据的《中华人民共和国残疾人保障法》和《北京市实施〈中华人民共和国残疾人保障法〉办法》之相关规定并非强制性规定，故法院难以支持。张某新主张通信集团北京公司应制定北京地区残疾人电信资费优惠政策，因其主体不适格，不予支持。原审判决并无不当，予以维持。

北京市第二中级人民法院依照《中华人民共和国民事诉讼法》第一百七十条第一款第一项之规定，作出如下判决：

驳回上诉，维持原判。

【法官后语】

本案争议焦点为消费者公益诉讼的主体资格认定问题。

公益诉讼是以法治方式维护社会公共利益的重要制度安排，对推动国家治理体系和治理能力现代化，推动政治、经济、社会、行政、司法的发展发挥了重要作用。公益诉讼入法以来，完善了我国在维护生态环境和资源保护、消费者权益、食品药品安全、国有资产保护、国有土地使用权出让等领域的法治框架，走出了一条具有中国特色的公益司法保护道路，激活了法定的社会组织维护公共利益的积极性，营造了全社会维护公共利益的制度环境。

同时，公益诉讼制度框架庞大，涉及原告资格、案件范围、受理标准、诉讼费用、财产保全、调查取证、审查与裁判范围、裁判效力、执行、滥诉禁止等一系列内容，其中原告主体资格是确立公益诉讼制度首要、核心的问题。原告主体资格确认后，公益诉讼的其他问题可以迎刃而解。由于公益诉讼较私益诉讼更为复杂，被告通常是具有较强经济实力的法人或其他组织，其实施的损害行为往往具有损害结果严重但又难以量化的特点，因此就需要原告有一定的经济实力和较强的诉讼能力。

本案涉及的主要争议在于张某新是否享有公益诉讼的主体资格。根据《中华人民共和国民事诉讼法》（2021修正）第五十八条的规定，只有“法律规定的机关和有关组织”享有公益诉讼的主体资格，也意味着公民并不是公益诉讼的适格主体。2014年3月15日起施行的《中华人民共和国消费者权益保护法》也明确消费者公益诉讼的主体不包括公民。因此根据相关法律规定，本案原告作为公民，并不享有公益诉讼的主体资格。因此张某新无法通过提起公益诉讼的方式主张返还现金30元。

随着经济社会的发展，直接或间接侵犯公民权益的行为层出不穷。由于成文法的局限性，新型侵权行为很可能无法及时被纳入现有的法律保护框架，导致某些利益主体难以获得相应的司法救济。民事公益诉讼的性质决定了它所代表的是不确定多数人的公共利益，其中也必然包含相应个人一定程度上的公共利益。本案中，张某新作为残障人士，其个人利益也包含在了不特定多数人的公共利益中。

对原告主体资格的扩张有可能出现诉讼程序上新的难题，公益诉讼的主要特征是将起诉主体从传统的直接利害关系人扩大到无直接利害关系人，诉的利益强调对起诉主体诉权的保障，同样具有防止滥诉的功能。若不加以适当限制，很容易导致诉权滥用，浪费司法资源，也有可能带来一定消极社会影响。公益诉讼政策不是把民事诉讼目的完全局限于争议的相对解决或个别解决，而是应当顾及争议的整体解决。诉讼程序作为保障实体权利得到救济的形式，最理想的状态就是用最低的司法成本最高效地保证权利救济的公正性、及时性。在公益诉讼日渐成熟的当下，更应当重视司法资源的合理分配，避免恶意诉讼、无理缠诉的情况发生，提高司法效率，保障公民权利。

编写人：北京市东城区人民法院　王静　龙琨

最高人民法院司法案例研究院与复旦大学联合培养实习生　刘静然

（六）电信服务合同纠纷

253　电信服务合同中价格条款的认定

——刘某祥诉通信公司潮州分公司电信服务合同案

【案件基本信息】

1. 裁判书字号

广东省潮州市中级人民法院（2015）潮中法民一终字第42号民事判决书

2. 案由：电信服务合同纠纷

3. 当事人

原告（上诉人）：刘某祥

被告（被上诉人）：通信公司潮州分公司

【基本案情】

刘某祥拥有电话卡1套，于2012年5月9日激活开通，选用大众卡套餐。2012年10月14日，刘某祥通过自行发送短信的方式，重新选用畅聊卡套餐，并申请停机。11月14日，畅聊卡套餐生效，至2013年6月18日因欠费停机，刘某祥没有进行充值，至

2013年9月18日进入欠费销户状态，后该号码被通信公司潮州分公司回收。

之后，刘某祥先后向潮州市消费者委员会、广东省电信企业服务质量监督中心投诉。2014年3月31日，通信公司潮州分公司回复潮州市消费者委员会称“客户号码为欠费被回收，不存在申请停机而无故被我公司回收号码的情况，回收符合流程”“故客户申请停机期间，每月需收取20元的最低消费费用，并非客户申诉信中所理解的扣取停机保号费”及“经核查来电受理记录，客户2012年5月至9月没有致电10086的来话记录。客户在2012年10月24日致电10086办理停机并咨询保号费，客服代表按号码当月的大众卡套餐来解答，告知客户申请停机需扣除5元停机保户费，客服代表解答正确，但客户的畅聊卡套餐在11月14日生效后，就应该按该新套餐的业务规则执行，不存在10086向客户承诺畅聊卡申请停机按5元收取”等。2014年4月8日，广东省电信企业服务质量监督中心回复刘某祥称“关于停机后收费问题移动员工存在解释有误的情况”。

广东省通信管理局广东省物价局电信资费备案通知［备案号（2007）J015号］附件—广东通信公司潮州分公司调整停机保号业务资费方案规定：“一、自2007年7月1日起，移动电话停机保号业务资费标准由20元/号/月下调为5元/号/月。二、在停机保号期间，对于附加在移动电话上的其他业务功能，不再向客户收取费用。”

电信资费优惠备案［优惠备案序号（C2012）001号］附件—中国移动广东公司延续资费营销方案规定：“畅聊卡资费方案—最

低消费 20—30 元/月”。

电话卡说明书规定：“激活首月不设最低消费。激活次月起按照最低消费收取费用，停机状态最低消费照常收取”“关于申请停机：凭密码可以申请停机，停机期间，我公司将收取每月 5 元的停机保号费，若您的账户上有余额时，可通过网站、10086 验证密码后重新开机”“关于欠费停机：指因账户余额不足以支付相关费用而被停机的状态。请您及时购买手机充值卡进行充值，充值成功后，系统将自动为您重新开机。若您欠费停机状态持续超过 90 天，您的号码将被我公司收回”。

通信公司潮州分公司网上营业厅宣传网页显示：新畅聊卡在潮州地区每月 20—30 元，“每月承诺最低消费为 20—30 元，全月停机需按最低消费收取”。通信公司潮州分公司市场部在 2014 年 3 月 31 日回复潮州市消费者委员会的报告显示，2012 年 12 月，涉案号码账户余额大约 140 元。

刘某祥以通信公司潮州分公司提供服务期间侵犯其消费者权利提起诉讼，请求判决通信公司潮州分公司在媒体报纸上向其道歉、书面答复其处理结果。

【案件焦点】

1. 涉案服务合同中关于价格条款的约定是否有效；2. 刘某祥请求通信公司潮州分公司承担民事责任的方式是否符合法律规定。

【法院裁判要旨】

广东省潮州市湘桥区人民法院经审理认为：刘某祥与通信公司潮州分公司之间的电信服务合同关系合法、有效，依法应受法律保护。由于通信公司潮州分公司为刘某祥提供电信服务期间回收刘某祥拥有的卡号码，没有侵害刘某祥的人格尊严或人身自由，依照《中华人民共和国消费者权益保护法》第五十二条“经营者提供商品或者服务，造成消费者财产损害的，应当按照消费者的要求，以修理、重作、更换、退货、补足商品数量、退还货款和服务费用或者赔偿损失等方式承担民事责任。消费者与经营者另有约定的，按照约定履行”的规定，刘某祥请求通信公司潮州分公司承担民事责任的方式不符合法律的规定，因此，对其所提请求应依法予以驳回。

广东省潮州市湘桥区人民法院依照《中华人民共和国消费者权益保护法》第五十二条规定，作出如下判决：

驳回刘某祥的诉讼请求。

刘某祥不服一审判决，提起上诉。

广东省潮州市中级人民法院经审理认为：广东通信公司潮州分公司停机保号业务资费标准自2007年7月1日起由20元/号/月下调为5元/号/月且停机保号期间对于附加在移动电话上的其他业务功能，不再向客户收取费用。通信公司潮州分公司向消费者提供的电话卡说明书载明“激活首月不设最低消费。激活次月起按照最低消费收取费用，停机状态最低消费照常收取”，该条款违反其主管部门规定，且明显加重消费者负担，系显失公平的格式条款。根据《中华人民共和国合同法》第三十九条第一款“采用格式条款订立合同的，提供格式条款的一方应当遵循公平原则确定当事人之间的权利和义务，并采取合理的方式提请对方注意免除或者限制其责任的条款，按照对方的要求，对该条款予以说明”、第四十条“格式条款具有本法第五十二条和第五十三条规定情形的，或者提供格式条款一方免除其责任、加重对方责任、排除对方主要权利的，该条款无效”及《最高人民法院关于适用〈中华人民共和国合同法〉若干问题的解释（二）》第十条“提供格式条款的一方当事人违反合同法第三十九条第一款的规定，并具有合同法第四十条规定的情形之一的，人民法院应当认定该格式条款无效”的规定，该格式条款无效。在刘某祥办理停机保号业务后，通信公司潮州分公司只能按照上级部门的规定向刘某祥收取费用5元/号/月，对于附加在移动电话上的其他业务功能，不得再向刘某祥收取费用。而刘某祥持有的电话卡至2012年12月时的余额（约140元）足够扣除其自2012年12月至2013年9月（10个月）的停机保号费（5元/号/月×10月）。通信公司潮州分公司以刘某祥欠费为由收回其购买的号码，侵害了刘某祥的财产权利。刘某祥以通信公司潮州分公司的行为侵犯其作为消费者的权利提起诉讼，而《中华人民共和国消费者权益保护法》是维护全体公民消费权益的特别法，原审法院适用该法对本案进行处理是正确的。根据《中华人民共和国消费者权益保护法》第五十二条“经营者提供商品或者服务，造成消费者财产损害的，应当按照消费者的要求，以修理、重作、更换、退货、补足商品数量、退还货款和服务费用或者赔偿损失等方式承担民事责任。消费者与经营者另有约定的，按照约定履行”及第五十条“经营者侵害消费者的人格尊严、侵犯消费者人身自由或者侵害消费者个人信息依法得到保护的权利的，应当停止侵害、恢复名誉、消除影响、赔礼道歉，并赔偿损失”的规定，通信公司潮州分公司在提供电信服务的过程中虽有不当，侵害了刘某祥的财产权利，但没有侵害刘某祥的人格尊严、人身自由或者个人信息等权利，故刘某祥请求通信公司潮州分公司在媒体报纸上向其道歉及书面答复其处理结果，该请求缺乏事实和法律依据，原审法院不予支持并无不当。原审判决认定事实清楚，适用法律正确。

广东省潮州市中级人民法院依照《中华人民共和国民事诉讼法》第一百七十条第一款第一项规定，作出如下判决：

驳回上诉，维持原判。

【法官后语】

本案关键在于如何认定服务合同中价格条款的效力。在2015年审理本案时，根据原《中华人民共和国合同法》（以下简称《合同法》）第三十九条第一款、第四十条及《最高人民法院关于适用〈中华人民共和国合同法〉若干问题的解释（二）》第十条的规定，法院认定该格式条款加重了消费者的责任，不符合公平原则，因此该格式条款无效。

关于格式条款的效力，《中华人民共和国民法典》（以下简称《民法典》）合同编第四百九十六条规定："采用格式条款订立合同的，提供格式条款的一方应当遵循公平原则确定当事人之间的权利和义务，并采取合理的方式提示对方注意免除或者减轻其责任等与对方有重大利害关系的条款，按照对方的要求，对该条款予以说明。"此处基本沿袭了原《合同法》第三十九条关于格式条款需要符合公平原则的内容，同时要求格式条款提供方履行说明义务。

《民法典》格式条款规则的重大创新之一就是新增"与对方有重大利害关系"的条文，认定该条款是否属于"重大利害关系条款"应当根据具体情况来判断。在判断是否属于"与合同相对方有重大利害关系的条款"时，需要考虑多方面的因素，包括但不限于合同的主要条款、与合同目的有关的其他条款以及影响合同当事人权利义务平衡的条款。《民法典》第四百九十六条明确了提示及说明义务的适用范围，有利于合同相对方更加全面地获取合同重要信息、缩小与格式条款提供者之间信息获取、认知能力的差距，保障交易安全，基于此合同缔约方也可更加关注合同签订中重要条款的提示及说明，有助于节省交易成本，提高交易效率。

本案中电信服务商承担合理的提示义务。其内容也要符合维护电信用户和电信业务经营者的合法权益、促进电信业的健康发展的目的，并有效告知对方注意免除或者限制其责任的条款并向其释明。由于通信公司潮州分公司的无效格式条款，导致刘某祥购买的电话卡号码因欠费被收回，通信公司潮州分公司侵害了刘某祥的财产权利。但是通信公司潮州分公司的行为并没有侵犯到刘某祥的人身权，不属于侵犯人格尊严和人身自由的侵权行为，因此不满足《中华人民共和国消费者权益保护法》第五十条的规定，刘某祥主张赔礼道歉没有相应的依据。

编写人：广东省潮州市中级人民法院　张晓霞

最高人民法院司法案例研究院与复旦大学联合培养实习生　刘静然

254 被告为维护移动通信市场秩序，关闭原告的短信功能，是否违反电信服务合同

——李某章诉通信公司电信服务合同案

【案件基本信息】

1. 裁判书字号

上海市第二中级人民法院（2010）沪二中民一（民）终字第1081号民事判决书

2. 案由：电信服务合同

3. 当事人

原告（上诉人）：李某章

被告（被上诉人）：通信公司

【基本案情】

原告李某章系被告通信公司的通信服务用户。2009年11月26日晚10时59分，原告为庆祝“感恩节”通过被告提供的手机短信业务向朋友发送祝福短信，第一批向100人群发成功，但第二批的群发未成功，经反复尝试未能成功，此状态持续至次日下午。原告遂致电被告的服务热线投诉、查询原因。被告在原告投诉后，即行查询原因，告知原告其短信发送功能被暂时关闭及原因，并为其恢复了发送功能。原告对于被告所作的原因说明不满意，并认为被告违约，故起诉来院，要求判令被告履行如实告知关闭短信功能的理由及依据之义务；赔偿其因无法享受短信发送服务造成的经济损失人民币1元；赔偿其因知情权受侵害造成的精神损失1元；因知情权受侵害向其赔礼道歉，并由被告承担本案诉讼费用。

审理中，被告就其维护移动通信市场秩序的情况及相关技术措施的局限向法庭和原告作了说明，对因此而影响原告正常的短信发送表示歉意，并愿减免其短信发送受影响期间的通信费用，原告未予接受。

【案件焦点】

通信公司为维护移动通信市场秩序，关闭李某章的短信功能，是否违反电信服务合同。

【法院裁判要旨】

上海市黄浦区人民法院经审理认为：原告使用被告提供的移动通信号码，并向其支付费用，故原被告之间存在电信服务合同关系。现原告因短信发送功能受影响而起诉，系合法表达自身诉求，并无不当。被告作为移动通信服务运营商所实施的维护移动通信市场秩序的行为，系承担企业的社会责任，合乎社会公共利益，原告作为移动通信用户对被告实施上述行为过程中给其造成的不便之处宜予一定的理解，且被告也已及时恢复了原告的短信发送功能，故被告的答辩意见应属合理，法院予以采纳，原告认为被告违约并要求赔偿损失的主张，法院不予支持。被告于事发后及本案审理过程中已向原告告知其短信发送功能受限的原因并表示歉意，故原告再要求被告履行告知义务及赔礼道歉的主张，法院不予支持。本案系合同纠纷，原告关于精神损失的主张，因于法无据，法院亦不予支持。被告为再表歉意，自愿减免原告短信发送受影响期间的通信费用，法院当尊重当事人的选择。被告今后当进一步完善工作流程，提高服务水平，力求避免对用户造成不便，使用户得到优质服务。

上海市黄浦区人民法院依照《中华人民共和国合同法》第七条、第六十条之规定，判决：

对原告李某章的诉讼请求不予支持。

李某章持不服一审判决，提起上诉。上海市第二中级人民法院经审理认为：本案双方当事人之间存在电信服务合同关系，对此双方均无异议。上诉人在法院审理期间陈述在短信功能被关闭后其致电查询，客服人员给其九种解释而非特定的具体的一种解释；被上诉人则辩称该九种解释均为系统对短信进行拦截的设置，且在目前技术条件下无法做到拦截短信的百分之百精确率。对此，法院认为被上诉人的辩称应属合理。被上诉人作为电信服务合同的一方，有义务依照合同的约定全面履行合同义务，为用户提供优质的服务。当然对全面履行合同义务含义的理解，亦将随着科技的进步而有相应的发展。同时，被上诉人作为移动通信服务的运营商，也负有维护移动通信市场秩序的社会责任。

上海市第二中级人民法院根据《中华人民共和国民事诉讼法》第一百五十三条第一款第一项之规定，作出如下判决：

驳回上诉，维持一审判决。

【法官后语】

本案系因原告李某章不满其短信发送功能被被告通信公司关闭而起，具有较强的新颖性，且涉及移动通信产业开展垃圾短信整治活动。本案从肯定企业承担社会责任系合乎社会公共利益的角度出发，层层说理，原告作为个人用户合法表达自身诉求虽无不当，但也有一定的理解和容忍义务，本案的裁判较好地平衡了社会公共利益和个人利益的关系，说理部分做到了合情、合理、合法，最终顺利处理了该起纠纷。同时在判决后，法院针对审理中发现被告存在工作流程不够规范，客户服务不够到位等问题提出了司法建议，通信公司及其上级公司对此予以了高度重视，认真研究，采取多项措施进行积极整改，并向法院回复了长达三页的回复函。本案的研判，不仅为今后同类案件的处理提供了参考，做到社会公共利益与个人利益的平衡，同时也充分发挥了法院的司法能动性，促进通信产业的健康发展，取得了社会和法律双重效果的统一。

本案涉及企业的社会责任。按照世界可持续发展商业委员会对企业的社会责任的定义，其是指企业做出的一种持续承诺，按照道德规范经营，在为经济发展做贡献的同时，既改善员工及其家人的生活质量，又帮助实现所处社区甚至社会的整体生活质量的改善。就其性质来说，企业的社会责任主要是道德领域的角色责任。在本案中，被告为开展垃圾短信整治活动，对在短时间内的短信数量及设置关键词两方面对短信发送服务进行限制。在现实生活中，每个人都收到过垃圾短信，有些是广告，有些是非法信息。被告正是为履行一个企业的社会责任，开展垃圾短信整治活动，从长远来看，这一活动也有利于短信行业的健康发展。本案原告在“感恩节”当天的某时段内集中发送了大量祝福短信，但由于被告无法将国外所有的传统节日统计在案，导致该数量、该批次的短信被系统认为是“垃圾短信”，导致原告手机的短信发送功能被关闭。从被告行为的目的来看，其是着眼于整个社会的利益，且在事后向原告说明了原因、表达了歉意并及时恢复了原告手机的短信发送功能。从平衡各方利益的角度出发，原告应对被告的行为予以理解。当然，被告在承担企业的社会责任上也要注意方式、方法，提高自己的服务质量。

《中华人民共和国民法典》自2021年1月1日起施行后，《中华人民共和国合同法》同时废止。原《中华人民共和国合同法》第七条、第六十条分别被《中华人民共和国民法典》第八条、第五百零九条规定所替代。《中华人民共和国合同法》第七条与《中华人民共和国民法典》第八条均规定了守法与公序良俗原则，立法精神与规定内容一脉相承，仅在立法用语上有所调整，《中华人民共和国民法典》用语更简洁。《中华人民共和国合同法》第六十条与《中华人民共和国民法典》第五百零九条规定内容完全一致，没有作任何调整。

编写人：上海市黄浦区人民法院　王连国　张弢

（七）法律服务合同纠纷

255　法律服务合同解除后的责任

——科技公司诉律师事务所法律服务合同案

【案件基本信息】

1. 裁判书字号

北京市东城区人民法院（2014）东民初字第03372号民事判决书

2. 案由：法律服务合同纠纷

3. 当事人

原告：科技公司

被告：律师事务所

【基本案情】

2012年11月2日，原、被告签订《专项法律服务委托代理合同》，被告就专利侵权及技术秘密纠纷等法律服务事项为原告提供专业法律服务。被告指派了该所刘英姿、王卫东律师为原告提供法律服务，并约定了服务费的支付方式和时间。合同签订后，原告通知被告启动相关服务工作，并依约支付被告律师代理费80万元。

原告认为，被告在一年多的时间里并没有对上述工作取得实质性进展；被告在签订协议的过程中，没有对原告的陈述及提供的材料作出专业的判断，向其说明相应的诉讼风险，违背了律师职业道德及执业行为规范的基本准则，并违反了诚实信用原则，直接导致了双方签订的合同目的无法实现。由于被告不能完全履行原告委托的事项，故原告依合同约定于2014年1月26日发函给被告，通知其解除合同，并要求被告退还已经收取的律师代理费70万元。被告回函给原告表示同意解除合同，但仅同意退还代理费40万元。因双方未能达成一致意见，原告起诉要求解除《专项法律服务委托代理合同》，并要求被告向原告返还已支付的委托服务费70万元。

被告辩称：在签订协议的过程中，原告向被告承诺可以提供相关人员侵权的证据，被告是根据原告的陈述对委托事项进行的判断。在双方签订合同后，被告按照合同的约定已经全部完成了原告委托被告的第一项工作，故并不存在退还此部分费用的问题。被告已经就原告委托的第二、三部分事项做了大量工作，因原告迟迟不能提供最基本的证据，才导致委托立案工作无法全部完成，故被告在该起合同争议中并无过错。因原告委托事项不能完成，被告亦同意解除合同，并退还部分服务费，但被告要求原告退还70万元服务费，显然并没有考虑原告已经完成的工作及付出的劳动。考虑到被告实际的工作量，现被告同意退还原告已经收取的第二项服务费中的15万元，其余的款项均不同意退还。

【案件焦点】

法律服务合同因履行不能而解除后的责任认定。

【法院裁判要旨】

北京市东城区人民法院经审理认为：原、被告签订的《专项法律服务委托代理合同》系双方真实意思表示，内容不违反法律、行政法规的强制性规定，应属有效。按照合同约定，被告的义务包括：1. 对原告的专利技术、技术秘密与涉嫌侵权方的相关技术进行对比分析作出相关分析报告及后续工作建议，2. 原告专利侵权案件的诉讼代理，3. 原告离职员工涉嫌侵犯原告商业秘密罪的刑事立案，4. 原告商业秘密保护规划和相关规章制度的进一步完善，5. 原告委托的其他事项。被告根据双方约定已经启动了其中三项工作，并收取了相关费用。因第二、三项工作未能完成，现原告根据合同约定要求与被告解除合同，被告亦表示同意解除，对此不持异议。现双方争议的焦点是在于被告是否依约履行合同全部或部分义务，原告主张被告退还服务费 70 万元是否合理。从被告提交的证据来看，其已经对原告的专利技术、技术秘密进行分析，并作出相关分析报告及后续工作建议，原告在收到被告的报告后并未提出异议，且又启动了合同约定的第二、三项工作并支付了相应服务费，故确认原告已经认可被告完成了第一项工作，故对于原告要求被告退还因该项工作收取的部分服务费的诉讼请求，法院不予支持。原告向被告支付了由被告代理专利侵权案件的一审代理费 20 万元，但该案件最终并未立案，现原告要求被告退还服务费理由正当。但考虑到被告亦曾经为此项工作提供过一定劳动，故原告亦应根据被告所付出的劳动向其支付适当的报酬，具体金额由法院酌定。合同约定被告代理原告办理案外人涉嫌商业秘密罪的刑事立案工作，原告按约定向被告支付了第一期费用 40 万元，虽然公安机关并未对此正式立案，但从被告提供的证据来看，被告已经对原告委托的此项事务付出了一定的劳动，被告应向其支付适当的报酬，具体金额由法院酌定。

北京市东城区人民法院依照《中华人民共和国合同法》第六十条、第九十三条、第一百零七条的规定，判决如下：

一、确认原告科技公司与被告律师事务所于2012年11月2日签订的《专项法律服务委托代理合同》于2014年1月29日解除；

二、被告律师事务所于本判决生效后十日内返还原告科技公司服务费人民币34万元；

三、驳回原告科技公司的其他诉讼请求。

判决后，双方当事人均未上诉，本判决现已生效。

【法官后语】

现实中，经常会出现当事人委托律师或法律服务工作者提供诉讼法律服务，但因各种原因最终诉讼无法继续推进而导致合同解除的情形。此类案件中，当事人往往会主张全额退返已经支付的服务费。那么，法律服务提供者是否应当全额退还法律服务费用呢？笔者认为，主要判断标准应当是法律服务提供者在合同签订后是否实际履行了合同。根据《最高人民法院关于适用〈中华人民共和国民法典〉时间效力的若干规定》第一条，本案系《中华人民共和国民法典》施行前的法律事实引起的民事纠纷案件，应适用当时的法律、司法解释，即《中华人民共和国合同法》。《中华人民共和国合同法》第九十七条明确了合同解除后双方的权利义务，该项权利义务在2021年1月1日起施行的《中华人民共和国民法典》第五百六十六条中亦有明确的规定。以本案为代表，如果法律服务在尚未正式进入法律程序的情况下就履行不能，法律服务提供者接受委托后，只是进行了口头法律咨询和简单的诉讼材料收集准备工作，并未向当事人提交为该委托事项而撰写的诉讼文书、分析意见、调查取证方案等实质的法律服务文件，那么应当认定为其尚未实质履行义务。如果法律服务提供者接受委托后，已经开展了调查取证、诉讼文书撰写等诉讼实质性法律准备工作，应当视为已经提供了法律服务，此时，就应当根据法律服务提供者的实际履行情况，对部分履行法律服务合同的行为应得的合理报酬进行酌定。

本案的关键在于解决法律服务合同因履行不能而解除后的责任认定。双方争议的焦点在于法律服务合同第二项和第三项工作约定的权利义务的履行。关于第二项工作，代理专利侵权诉讼代理费 20 万元，主要有两种意见。一种认为，应当全额退还，合同约定“每件专利侵权案件一审代理费用 20 万元”，被告为原告代理案件诉讼，虽做了一些前期准备，但其辩称原告提供证据不充足的理由并不能作为其未启动法律程序的充分理由，并非法院因未能提交充足证据为由而不予受理，而是被告不作为，应当认定被告未履行诉讼代理的义务，而导致合同目的不能实现。另一种认为，应当部分退还。律师代理诉讼案件为当事人提供法律服务，前期诉讼准备与参加诉讼均是提供法律服务的重要组成部分，不宜以未启动法律程序为由否定前期法律服务工作。该案中，根据双方就该义务履行的举证质证可以发现，被告确已介入诉讼准备，并向原告提供了前期法律服务，应当认定为诉讼前法律服务行为的部分履行。故法院最终采纳第二种意见，对被告所付出的劳动应得的适当的报酬依法进行了合理酌定。关于第三项工作，原告离职员工涉嫌侵犯原告商业秘密罪的刑事立案问题，法院同样是肯定了本案被告的律师在委托事项办理中所付出的劳动，尤其是对被告为实现帮助原告完成刑事立案目的，而向有关单位撰写汇报材料的劳动付出予以认可，对该部分应得报酬亦进行了合理酌定。

编写人：北京市东城区人民法院　冯晓光

（八）其　他

256　电视频道常年播放广告合同中不必提供"各频道、每天、每时段的广告视频"载体证实合同义务充分履行
——传媒公司诉投资发展公司某家居广场、投资发展公司合同案

【案件基本信息】

1. 裁判书字号

广东省广州市中级人民法院（2020）粤01民终9780号民事判决书

2. 案由：合同纠纷

3. 当事人

原告（反诉被告、上诉人）：传媒公司

被告（反诉原告、上诉人）：投资发展公司某家居广场

被告（被上诉人）：投资发展公司

【基本案情】

某家居广场（甲方）与传媒公司（乙方）于2018年6月6日签订了《2018年数码EPG广告发布协议书》，约定甲方委托乙方在多媒体信息公司上发表甲方及其属下或关联家居卖场的广告。该协议约定广告发布形式为标清逐台切换广告一套（另赠送高清逐台切换广告一套），发布时间为2018年6月1日至2019年5月31日，广告发布总价款为224.4万元。付款方式为：刊后分批付款，2018年7月31日前支付6月至7月的广告款37.4万元，其后

第二个月再支付两个月的广告款，以此类推。约定甲方无正当理由不按时交付发布费用超过十五个工作日，乙方有权要求甲方每迟延一日交纳相当于合同总金额万分之一的迟延履行金。甲方付款前，乙方必须提前按甲方指定抬头提供合法有效的广告业增值税专用发票，播出完毕后乙方须提供出具加盖报告专用章的《监播证明》及加盖乙方公章的《广告播放证明》，如乙方拒绝提供上述任一材料或者提供材料存在瑕疵的，甲方有权拒绝付款。双方约定：每季度广告播出完毕后30天内，乙方有义务提供具有监播放资质的加盖报告专用章的《监播证明》及乙方加盖公章的《广告播放证明》。甲方因经营调整等原因有权在提前30日通知乙方的前提下解除本合同而不构成违约，本合同自甲方发出通知之日起满30日即自动终止，双方按实际发布情况结算费用。该协议后附有2018年、2019年多媒体信息公司数字电视广告上刊排期表，载明发布2018年6月至2019年5月的广告套装。

协议签订后，投资发展公司某家居广场仅支付了2018年6月的广告费18.7万元，其后于2019年1月31日向传媒公司发出通知，因经营调整等原因提前30日通知解除协议书。传媒公司多次主张投资发展公司某家居广场未清偿广告费，引致诉争。

【案件焦点】

传媒公司是否完全履行了合同义务。

【法院裁判要旨】

广东省广州市海珠区人民法院经审理认为：本案中所约定的广告发布形式为：以多个电视台组合成套餐，在多媒体信息公司数字电视中标清和高清频道逐台切换广告，因此，合同义务的履行涉及套餐中的电视频道是否均已播放、广告天数是否完全按照下单广告播放、投放的频次、时长、每一次切台是否均有播出等诸多内容，双方未明确约定判断是否全面履约的具体标准时，往往容易产生争议。

传媒公司提供了加盖其公章的《播出证明》以及由共同指定的监播机构出具的《监播报告》，但该证明内容均只是载明当月在标清、高清频道播放套餐广告，并附上几张截图。因此，投资发展公司某家居广场提出异议，认为播出证明和监播报告过于简单，无法证明是否如约全面履行了合同义务。该抗辩具有一定的合理性。作为待查事实，一审、二审法院根据传媒公司的申请，均向多媒体信息公司发函，该公司回函均确认已经播放了家居广场的全部广告，并提供了案涉合同实际履行期间共九个月的《播出证明》。经与排期表比对，九份播出证明中均分别标明上下刊的时间以及对应标清、高清逐台切换广告的具体套餐并附该时段内播放广告的屏幕截图，符合双方在案涉协议中所约定的广告发布形式以及附件中的广告上刊排期表内容。经二审法院向多媒体信息公司现场调查，了解到该公司制作并播放广告的工作流程，主要包括客户下单、审核广告、制作符合播放系统要求的码流文件、监拍（将当天报纸中有大字号日期的页面放置于播放广告的电视屏幕下方进行拍照）、制作成《播出证明》，与多媒体信息公司、传媒公司提供的《播出证明》的内容相吻合。因此，某投资发展公司家居广场坚持认为监播报告应当包括对投放广告的全部电视平台、电视台标、全部广告画面、投放的频率、投放的具体时段、投放的天数、切播过程等完整的监播过程，并通过视频、光盘等载体保存广告播放的完整过程，仅是其在本案中单方提出的意见，并非合同约定的监播要求。故其以此为据要求传媒公司提供上述监播视频，缺乏合同依据。加之案涉协议中还约定了投资发展公司某家居广场有权进行监播，即其若对监播机构资质、监播过程有疑问，其可自行监播或另行聘请其他监播机构进行监播。在本案中，法院给予其充足的举证时间，仍未见投资发展公司某家居广场提供任何反驳的证据。投资发展公司某家居广场在履行合同过程中从未对传媒公司履行合同提出过异议，其在本案中所作抗辩实属拖延付款的行为，有违合同诚信履行原则。

结合传媒公司与投资发展公司已经不是第一次合作的事实来看，双方在 2017 年 5 月签订的协议书所约定的广告发布形式、监播机构、合同期限、合同价款等内容与案涉协议内容均一致，投资发展公司某家居广场、投资发展公司也确认合同款项已经全部支付。按照双方交易习惯和常理可判断，其对传媒公司的上一年度合同履行方式予以认可。

综上所述，对于双方争议的广告发布义务是否完全履行的认定，一方面，从双方并未约定传媒公司应当提供合同期间所有播出广告的完整视频，且该履行方式明显会提高交易成本，不符合商事活动经济性特点；另一方面，传媒公司的提供的证据证明其履行义务的情况亦符合双方的交易习惯。

广东省广州市海珠区人民法院依据《中华人民共和国合同法》第四十四条、第六十条、第一百一十四条，《中华人民共和国民法总则》第七十四条第二款的规定，作出如下判决：

一、家居广场在判决生效之日起七日内，向传媒公司支付广告费 74.8 万元，并自 2019 年 5 月 10 日起按每日 224.4 元的标准向传媒公司计付迟延履行金直至款项付清之日止；

二、投资发展公司对判决主文第一项所涉的投资发展公司某家居广场应承担的支付广告费及迟延履行金的义务的不能清偿部分承担补充清偿责任；

三、驳回传媒公司其他诉讼请求；

四、驳回投资发展公司某家居广场的反诉请求。

传媒公司、投资发展公司某家居广场不服一审判决，提起上诉。

广东省广州市中级人民法院经审理认为：《中华人民共和国民法总则》第七十四条规定，法人可以依法设立分支机构。法律、行政法规规定分支机构应当登记的，依照其规定。分支机构以自己名义从事民事活动，产生的民事责任由法人承担；也可以先以该分支机构管理的财产承担，不足以承担的，由法人承担。一审法院认定，投资发展公司对家居广场应承担的支付广告费及迟延履行金的义务不能清偿部分，承担补充清偿责任，符合法律规定，法院予以认可。

广东省广州市中级人民法院依照《最高人民法院关于适用〈中华人民共和国民法典〉时间效力的若干规定》第一条第二款、《中华人民共和国合同法》第四条、第六十条、第一百零七条，《中华人民共和国民法总则》第七十四条，《中华人民共和国民事诉讼法》第一百七十条第一款第二项之规定，作出如下判决：

一、维持广东省广州市海珠区人民法院民事判决第四项；

二、撤销广东省广州市海珠区人民法院民事判决第三项；

三、变更广东省广州市海珠区人民法院民事判决第一项为：投资发展公司某家居广场在本判决生效之日起七日内，向传媒公司支付广告费 149.6 万元，并支付迟延履行金（迟延履行金应从 2018 年 9 月 30 日起，按每日 168.3 元的标准计至款项付清之日止）；

四、变更广东省广州市海珠区人民法院民事判决第二项为：投资发展公司对上述第一项判决确定的投资发展公司某家居广场付款的义务承担补充清偿责任；

五、驳回传媒公司的其余诉讼请求。

【法官后语】

本案裁判解决的是：在以多个电视频道组合的逐台切换广告套餐的常年广告合同中，如何公平合理地分配双方的举证责任。

虽然双方合同对于全面履行广告播放义务的判断标准曾协商约定指定第三方机构对广告播放进行监播，但对监播证明的内容未作明确具体的要求，因此对于合同义务是否充分全面履行仍会发生争议。广告主在怠于给付对价时，常常以广告公司未能提供每天、每个频道、每段广告的完整播放过程，没有证据显示具体广告播放的时间、电视频道、上刊天数、时长、时段等诸多履行细节，故不能证实已全面、充分履行其合同义务作为抗辩理由。因此，司法裁判中，如何公平、合理地分配双方的举证责任，确立负有履行义务的一方的举证责任规则，应当是很考究司法智慧的问题。本案裁判时主要适用了以下几个规则：

第一，优先尊重双方的约定。投资发展公司某家居广场坚持认为监播报告应当包括对投放广告的全部电视平台、电视台标、全部广告画面、投放的频率、投放的具体时段、投放的天数、切播过程等完整的监播过程，并通过视频、光盘等载体保存广告播放的完整过程。但这仅是其在本案中单方提出的意见，并非合同约定的监播要求。故其以此为据要求传媒公司提供上述监播视频，缺乏合同依据。况且，案涉协议中还约定了投资发展公司某家居广场有权进行监播，即其若对监播机构资质、监播过程有疑问，其可自行监播或另行聘请其他监播机构进行监播。本案中，法院给予其充足的举证时间，仍未见投资发展公司某家居广场提供任何反驳的证据。

第二，交易成本作为分配举证责任的考量因素之一。因每天不同频道、不同时段广告播出过于频繁、密集，通过以通常录制视频的方式将广告播放的证据进行固定往往不具有客观可操作性，且采集数据必然加大交易成本。也不符合双方的交易习惯。且将全年所有广告播放过程录制保存，明显提高交易成本，也不符合商事活动经济性的特点。

第三，加大法院调查取证的力度，强化对案件事实的证据。为了实现贴近客观真实和促进诉讼的民事诉讼基本目标，在考虑到广告公司已经提供的第三方出具过于简单的《监播报告》和《监播证明》确有薄弱之处，法院根据传媒公司的申请认为确有必要进行补充性收集证据。经过向广告发布载体的多媒体信息公司调查，其虽然亦未能将其后台数据完整地予以外在载体呈现，但是其陈述了到该公司制作并播放广告的工作流程，主要包括客户下单、审核广告、制作符合播放系统要求的码流文件、监拍（将当天报纸中有大字号日期的页面放置于播放广告的电视屏幕下方进行拍照）、制作成《播出证明》，与多媒体信息公司、传媒公司提供的《播出证明》的内容相吻合。该公司还根据被告这一“客户”的后台播放记录，出具了书面的函件，作出了最终的“结论”，即确认已经播放了家居广场的全部广告，并分别出具了2018年6月至2019年3月3日各月的《播出证明》（共九份），九份播出证明中均分别标明上下刊的时间以及对应标清、高清逐台切换广告的具体套餐并附该时段内播放广告的屏幕截图，符合双方在案涉协议中所约定的广告发布形式以及附件中的广告上刊排期表内容。虽然投资发展公司难免质疑原告与多媒体信息公司存在利益共同体的关系，但是两家公司正好同时正在诉讼。因此，这一质疑在一定程度上得以消解。

第四，交易习惯也是裁判中考虑的重要因素。经过查明的事实发现，传媒公司与投资发展公司已经不是第一次合作，而且在2017年5月签订的协议书所约定的广告发布形式、监播机构、合同期限、合同价款等内容与案涉协议内容均一致，投资发展公司某家居广场、投资发展公司也确认合同款项已经全部支付。

第五，定案并非仅根据直接证据或单一证据加以判断，而是需要根据全案证据所证明的事实予以综合判断。本案中，一是从投资发展公司某家居广场于2019年1月31日向传媒公司通知提前解除的事由来看，其并非以传媒公司未履行合同、提供的《播出证明》《监播报告》不符合要求等为由主张解除合同，而是以其自身需经营调整等原因为由主张解除合同。二是从传媒公司职员张某双与投资发展公司某家居广场陈某强的微信对话内容可见，张某双在微信中多次向陈某强催促支付款项时，陈某强再三以要求在走流程、要求提供收款账户信息、月底封账、传媒公司面谈的内容拖延付款，也未对传媒公司履行合同义务存在瑕疵而提出异议。三是在合同解除后长达半年的时间内，未见投资发展公司某家居广场向传媒公司主张过对方履行不符合合同约定构成违约的事实。直到在传媒公司提起诉讼中，投资发展公司某家居广场才一再以传媒公司不能提供全部播放视频进行抗辩，显然不符合常理。按照双方交易习惯和常理可判断，其对传媒公司的上一年度合同履行方式予以认可。故其对传媒公司未履行播放广告的合同义务所作抗辩显属无理，法院不予采纳。

综上，法院并未采纳投资发展公司某家居广场的抗辩意见，亦未赋予传媒公司应当提供“每个频道、每天、每时段广告的完整视频”作为其举证的义务，而是综合全案以及从高度盖然性的角度判断传媒公司已经提供充分的证据形成完整的证据链，从而作出法律事实的判断即传媒公司的合同义务完全履行。

笔者相信，本案的裁判对于该行业的同类案件中广告发布者的举证义务分配和举证程度的把握均具有积极的裁判指引，具有一定的样本参考价值。

编写人：广东省广州市中级人民法院　邓娟

257　预付式服务合同的法律认定及单方解除权

——李某诉美发设计室服务合同案

【案件基本信息】

1. 裁判书字号

北京市第三中级人民法院（2018）京 03 民终 3178 号民事判决书

2. 案由：服务合同纠纷

3. 当事人

原告（上诉人）：李某

被告（被上诉人）：美发设计室

【基本案情】

2016 年 9 月，李某到美发设计室做身体护理，其间工作人员向李某推荐一种保健药物，并在护理中使用了该产品，工作人员称该产品配合按摩手法，经过 10 次治疗会达到最佳治疗效果。李某于当日分四次刷卡支付 12 万元，并在“巨邦”会员的单据上签字。此后，在工作人员的多次推销下及劝说下，李某又分别于2016年9月16日、9月17日、9月25日在该美容美发设计室刷卡支付16000元、6万元、98000元用于其他疗程，累计花费294000元，共包含菲洛1号系列套盒、菲洛3号系列套盒、菲洛9号系列套盒各1套，购买菲洛10号系列套盒2套，每套按照疗程分10组使用。其间，李某曾6次到该美容美发设计室接受按摩等治疗。后李某以美发设计室存在强迫消费、宣传误导、价格不合理为由，要求美发设计室退费。美发设计室称其销售价格为统一售价，李某长期多次在该美容美发设计室消费，不存在被误导情形，拒绝退还剩余金额。

双方无法达成一致意见，李某起诉至法院，要求美发设计室返还购买医疗保健用品及相关服务的金额294000元。

【案件焦点】

1. 双方之间的合同性质如何认定；2. 李某是否有权单方解除合同并要求退还已付金额。

【法院裁判要旨】

北京市朝阳区人民法院经审理认为：根据美发设计室提交的证据，涉案商品有检验报告、生产日期、厂名厂址、保质期。李某自2012年起即在美发设计室多次消费，其购买涉案商品前即知晓该商品价格，亦非一次性购买，有充足的考虑时间，购买后多次使用，故其主张强迫交易及价格不合理，缺乏依据。北京市朝阳区人民法院判决：

驳回李某的全部诉讼请求。

李某不服一审判决，提起上诉。

北京市第三中级人民法院经审理认为：从法律关系来看，美发设计室一审中提交的客户档案及所附客户跟踪表所载内容包含身体状况、专家建议、护理效果及反馈等，并无产品购买内容。买卖合同是出卖人转移标的物的所有权于买受人、买受人支付价款的合同，一审中，美发设计室认可产品放在美发设计室，李某每次到店使用，李某称没有告知产品情况，不知道每次使用的是什么，也没有看过产品，故现无证据证明双方存在标的物的实际交付行为。对于李某支付的价款，虽然美发设计室在一审中提交了价格表拟证明系购买产品金额，但综合考虑双方所陈述的李某到店消费情况，该价格表所载套盒价格中应包含了相当部分的服务内容。因此，本案更符合服务合同法律关系的特征，李某与美发设计室之间构成由李某预付款项并接受服务、美发设计室提供服务的服务合同关系。

美发设计室按次为李某提供服务，对于服务合同的履行时间和期限均无明确约定，且双方合同的履行需要李某同意并接受服务，具有人身专属性。现李某明确表示不再继续接受服务，本案合同关系事实上已经不能继续履行，李某要求退还支付款项具有合理性，但其已经认可消费的部分应予扣除。李某虽对美发设计室提交的价格表不予认可，但未对其所消费部分对应的价格举证证明。另外，价格表所列明套盒价格中包含了相当部分的服务内容，故依据该价格表计算李某所接受服务的价格具有合理性。二审庭审中，双方一致认可李某各套盒的使用量，经核算，李某已消费金额共计 106600 元，美发设计室应将剩余款项 187400 元予以退还。北京市第三中级人民法院判决：

一、撤销北京市朝阳区人民法院（2016）京 0105 民初 64109 号民事判决；

二、美发设计室于本判决生效之日起七日内退还李某187400元；

三、驳回李某的其他诉讼请求。

【法官后语】

《中华人民共和国消费者权益保护法》将消费界定为购买使用商品和接受服务，将商品与服务两个概念区分开，但在现实中存在商品与服务混同的情形，可能造成在法律性质上买卖合同与服务合同的混淆。《中华人民共和国合同法》第一百三十条①定义买卖合同为出卖人转移标的物的所有权于买受人，买受人支付价款的合同。买卖合同以转移标的物所有权为目的，这是买卖合同与服务合同等相区别的本质特征。在一些法律关系中，商品本身涵盖在服务过程中，商品是为服务提供手段或条件，服务者为了完成服务使用商品，其本质仍为服务合同关系。

对于本案存在的买卖合同关系与服务合同关系的争议问题，从合同内容、合同目的、支付价款三个方面进行判断。若合同包含了商品和服务双重内容，但不以商品所有权转移为主要目的，消费者支付价款相对于商品对价而言可能存在畸高等缺乏合理性依据，考虑到商品与服务在消费中的紧密性，能够认定支付价款大部分系服务对价，则合同性质应认定为服务合同而非买卖合同。

一般合同的法定解除权体现在《中华人民共和国合同法》第九十四条②，在此基础上，《中华人民共和国合同法》第二百六十八

---

① 现为《中华人民共和国民法典》（以下简称《民法典》）第五百九十五条，内容无更改。

② 现为《民法典》第五百六十三条，除增加第二款“以持续履行的债务为内容的不定期合同，当事人可以解除合同，但是应当在合理期限之前通知对方”外，其余内容无变更。

条[1]、第三百七十六条[2]、第四百一十条[3]分别规定了承揽合同、保管合同、委托合同特有的任意解除权。对于服务合同,《中华人民共和国合同法》未做专门规定,在服务者无过错的情形下,消费者单方解除服务合同的行为本身违背了双方合同约定,但考虑到服务合同的特殊性,第一,在服务合同中,服务者有提供服务的义务,消费者有支付价款的金钱给付义务,也有配合接受服务的非金钱义务。服务合同具有协作性及人身专属性,在消费者一方明确表示不再接受服务的情形下,提供服务一方无法继续完成服务并强迫消费者接受,服务合同事实上已经不能履行,应允许消费者单方解除合同。第二,在持续性的服务过程中,受服务提供者或消费者因素的影响,造成服务内容、质量存在差异,或服务效果无法达到预期时,消费者的合同目的无法实现,应赋予其自主选择合同是否继续履行的权利。

预付式消费具有一次付款、分次履行、合同的完全履行具有时延性的特点,本案中,消费者以预存一定金额的方式消费,符合预付式消费的特征。在服务类合同中,《中华人民共和国旅游法》第六十五条及《最高人民法院关于审理旅游纠纷案件适用法律若干问题的规定》第十二条明确了旅游者在旅游过程中单方解除旅游服务合同的法律后果,该规定对于预付式的服务合同具有参考意义。在预付式服务合同中,往往会有"不予退款"的相关条款,该类条款排除或限制了消费者的权利,免除了经营者自身应当承担的义务,根据《中华人民共和国合同法》第四十条[4]及《中华人民共和国消费

---

① 现为《民法典》第七百八十七条,将定作人的任意解除权限定为完成工作前。

② 现为《民法典》第八百九十九条,内容无变更。

③ 现为《民法典》第九百三十三条,对造成损失的后果承担进行了细化规定。

④ 现为《民法典》第四百九十七条。

者权益保护法》第二十六条规定进行判断，应属无效。结合预付式消费及服务合同的特点，预付式服务合同解除后，预付款项中扣除已消费部分的余款应予退回，同时保留非违约一方要求赔偿损失的权利。

编写人：北京市第三中级人民法院　程磊　武菁

258　预付卡消费纠纷中的法律适用规则

——邵某青诉美发公司服务合同案

【案件基本信息】

1. 裁判书字号

北京市第三中级人民法院（2018）京03民终3898号民事判决书

2. 案由：服务合同纠纷

3. 当事人

原告（上诉人）：邵某青

被告（被上诉人）：美发公司

【基本案情】

2013年10月，邵某青在美发公司门店通过陈某敏办理了涉案会员卡。该卡正面有："造型护肤中心　铂金卡"字样；背面有："使用说明：（1）在本店消费时请出示此卡，凭此卡获得4.5折优惠；（2）本卡同时具有储值功能，本卡不得与其他优惠同时使用；（3）本卡限本人使用，他人使用须本人授权；（4）若此卡丢失，请速到本店办理补卡手续。"现涉案会员卡余额为351118元。陈某敏系公司控股股东并担任公司监事，2014年，美发公司法定代表人由孔某亮变更为余某。2014年6月，余某接手美发公司时与陈某敏约定，在陈某敏经营期间售出的销售卡可以继续在店内使用，余某负责销售卡的消费，但不负责退卡。出现退卡问题由陈某敏出面解决。邵某青之所以要求退卡，其主张美容店离家远，服务质量下降，存在损害消费者权益情形，但未能提交证据证明。美发公司认为邵某青要求退还会员卡余额主张的理由没有事实依据，离家远是其自身原因。而且根据余某与陈某敏签订的协议，退卡应直接找陈某敏，不应由美发公司承担退卡责任。

【案件焦点】

邵某青是否有权向美发公司主张退还涉案会员卡卡内余额。

【法院裁判要旨】

北京市朝阳区人民法院经审理认为：邵某青要求退还剩余款项，美发公司不予认可，邵某青没有提供充分有效的证据来证明其在美发公司的消费及未消费情况，故邵某青应承担举证不能的不利后果。北京市朝阳区人民法院依据《中华人民共和国民事诉讼法》第六十四条之规定，作出如下判决：

驳回邵某青的全部诉讼请求。

邵某青不服，提起上诉。北京市第三中级人民法院经审理认为：邵某青在美发公司门店办理了会员卡，该卡背面约定有“使用说明”条款，即与该店的经营主体美发公司之间形成了服务合同关系，该合同不违反法律、法规的效力性强制性规定，应认定为有效合同。《中华人民共和国消费者权益保护法》第九条规定明确规定了消费者依法享有“自主选择权”。本案中，邵某青作为接受美容美发服务的消费者，有权自主选择向其提供美容美发服务的经营者，有权自主选择所接受美容美发服务的内容及方式，有权决定是否继续接受美发公司提供的美容美发服务，有权在选择服务时对其质量、价格等进行同类比较、鉴别、挑选，因此，邵某清选择不再接受美发公司提供的美容美发服务，要求美发公司退还涉案会员卡卡内的余额，具有法律依据。关于退卡主体，2014 年 6 月，《协议书》约定由陈某敏承担退卡责任，该协议书是美发公司经营管理人员发生变更后其内部对公司原债务的承担作出的具体安排，不具有对外的法律效力，亦不影响美发公司对外应当承担的合同义务和法律义务，因此，承担退还涉案会员卡余额责任的应当是美发公司。美发公司认可涉案会员卡卡内余额为 351118 元的事实，故其应当向邵某清退还涉案会员卡卡内的金额为 351118 元。北京市第三中级人民法院依照《中华人民共和国消费者权益保护法》第九条，《中华人民共和国民事诉讼法》第一百七十条第一款第二项之规定，作出如下判决：

一、撤销北京市朝阳区人民法院（2017）京 0105 民初 74883 号民事判决；

二、美发公司于本判决生效后七日内退还邵某青会员卡（卡号：NO. 30××09）卡内余额 351118 元。

【法官后语】

本案邵某青因为美容美发的需求，在美发公司办卡消费，与该公司形成服务合同关系，此时邵某青不仅是合同一方当事人，也是消费者。消费者为生活需要接受经营者提供的服务而订立的合同是一类特殊合同，应当优先适用《中华人民共和国消费者权益保护法》。

《中华人民共和国消费者权益保护法》第九条赋予了消费者有自主选择消费的权利。该条款明确规定了消费者依法享有“自主选择权”，其内容实质上包含两个方面的因素：一是主观上的自愿性；二是客观上的自由性。第一，主观方面的自愿性是从消费者的主观方面出发，强调消费者的行为是基于主观自愿作出选择的结果，而欠缺真实意思表示的行为不产生民事法律行为的后果。第二，客观上的自由性，即不受他人的诱导、强迫、威逼、欺骗等非法干涉。消费者自主选择权的行使是受到自身判断能力、信息筛选能力和诸多外界因素影响的。因而，结合主、客观因素消费者的自主选择权应理解为：消费者根据自己的实际需要，从自身的主观愿望出发，在不存在经营者或其他市场主体诱导、胁迫、欺诈、隐瞒等不正当干涉的情况下，自由选择商品或服务的提供商及商品或服务种类的一种权利。在市场经济条件下，自主选择权不仅是对消费者物质利益的基本保障，更是对消费者人格尊严等精神利益的尊重和保护，是社会文明的象征。其权利具体表现在消费者：1. 有权自主选择提供商品或服务的经营者。任何企业或国家机关不得利用其自身影响和国家权力，限定消费者购买其指定的经营者的商品或者服务，也不得要求消费者不要购买某经营者的商品或者接受某项服务；2. 有权自主选择所要购买的商品品种和接受服务的内容及方式；3. 有权决定是否购买任何一种商品和接受任何一种服务，其他人不得干涉和阻挠；4. 有权在选择商品或服务时对其质量、规格、样式、价格进行同类比较、鉴别，有权对欲购商品或服务进行挑选。因此，邵某青选择不再接受美发公司提供的美容美发服务，要求美发公司退还涉案会员卡卡内的余额，具有法律依据。

本案邵某青所办的预付卡享有 4.5 折优惠，判决退款范围并未扣除其消费时享有的折扣优惠，基于以下两点考虑：1. 美发公司未就退款范围提出折扣抗辩。2. 邵某青事先在预付卡中存入的 10 万余元，该笔钱由美发公司实际占有控制，占有期间的资金收益为该公司所获取。

一般而言，预付卡享有的优惠折扣是按照预存金额的大小而享有不同的折扣标准。经营者提出折扣抗辩时，从公平角度出发，法官应考虑预付卡已经使用部分的折扣金额并结合预付金额的孳息以及经营者是否存在违约行为综合认定退款范围是否应该扣除折扣优惠。如果经营者在合同履行中并无不当行为，因考虑到消费者在经营者处按照优惠价格接受了相应服务的事实，返还消费者剩余款项时应该扣除消费者接受服务项目的原价与优惠价格之间的差价。如果经营者在合同履行过程中违反合同约定，那么应对守约方的信赖利益予以保护，对于经营者提出的应当扣除折扣的答辩不予支持。

编写人：北京市第三中级人民法院　蒋巍　吴可加

259　美容服务合同中消费欺诈的认定

——盛某某诉美容设计中心服务合同案

【案件基本信息】

1. 裁判书字号

北京市第一中级人民法院（2018）京 01 民终 4638 号民事判决书

2. 案由：服务合同纠纷

3. 当事人

原告（上诉人）：盛某某

被告（被上诉人）：美容设计中心

【基本案情】

2015年10月8日，盛某某在美容设计中心花费1980元办理一张美容体验卡，并预约于10月14日到店体验。10月14日当天，盛某某到该店体验，当天另做下颌肌（标价79800元）、颧肌光纤海融（标价69800元）及颈部（标价88000元）项目，因钱款不足，盛某某当天付款7600元，次日转账付款剩余23万元。

盛某某称当天未做1980元的项目，做完其他项目三个之后美容设计中心的张医生和肖某说两个项目冲突，不用做1980元的项目了；美容设计中心称当时做了1980元的项目。盛某某提出做下颌肌、颧肌光纤海融及颈部项目之前，自己并不清楚具体要做的是什么，也不清楚价格，只听美容设计中心说会达到医疗美容的效果，且7天之内会有效果，美容设计中心采用了欺诈和虚假宣传手段；美容设计中心称盛某某体验完1980元的项目后，感觉效果很好，就询问有无其他项目可做，故中心员工向其出示了报价单，盛某某当时感觉优惠幅度很大，并且体验效果很好，便自愿要求继续做其他项目，该中心并未承诺7天之内出效果，并不存在欺诈行为；盛某某称其未见过报价单，结算的时候才知道价格。盛某某提出做完项目后，未达到美容效果，并提供照片为证；美容设计中心提出美容效果是内在的个人感受，做完项目后应该达到面部提升、紧致的效果，现盛某某已经达到了预期效果，并提供美容前后的照片为证。盛某某认为其应知晓做美容的仪器设备的具体产地、价格、检验合格证、规格、性能、有效期、使用说明等。

盛某某提出其花费23万多元做的生活美容价格过高，并申请对美容设计中心提供的下颌肌（标价79800元）、颧肌光纤海融（标价69800元）及颈部（标价88000元）三项服务的价格合理性进行鉴定。2017年10月11日，法院依法委托司法鉴定所进行鉴定，该机构称其没有对价格合理性鉴定的业务，中心费用合理性的审查只是针对治疗项目所花费用是否与被告方的致伤行为相关，至于治疗费用的价格无法鉴定；2017年10月18日，法院依法委托北京博大司法鉴定所进行鉴定，该鉴定机构于2017年10月25日出具《不予受理告知书》，称机构缺少能明确评估其价格合理性的鉴定人，以目前机构的技术条件对鉴定项目的要求无法完成；2017年11月6日，法院依法委托中衡司法鉴定所进行鉴定，该所于2017年11月14日出具《终止鉴定告知书》，称目前美容价格尚无统一标准，故将案件退回法院。

【案件焦点】

美容设计中心提供的服务是否构成欺诈。

【法院裁判要旨】

北京市海淀区人民法院经审理认为：针对盛某某要求退还1980元美容体验费的诉讼请求，盛某某称美容设计中心未提供该项服务，美容设计中心称其已经提供服务，作为服务的提供方，该中心理应提供相应的证据予以证明，现其并未提供充分的证据证明对盛某某提供了该项服务，故法院对盛某某的该项诉讼请求依法予以支持。针对盛某某要求退还下颌肌、颧肌光纤海融及颈部项目共计237600元的诉讼请求，盛某某称做之前自己并不清楚具体是什么，也不清楚价格，亦不知晓美容仪器的相关情况，美容设计中心承诺7天内产生效果，但之后并无效果，且该中心采取了欺诈和虚假宣传等手段。

首先，盛某某作为一名成年人，具有完全的民事行为能力，按照日常生活经验法则，在进行消费之前，理应问清楚消费项目及价格，盛某某称其接受服务之前并不清楚具体项目及价格，不符合正常消费习惯；其次，盛某某接受完服务后，当时并未提出异议，并于次日支付完毕剩余的大部分款项，其称美容设计中心承诺 7 天内出效果，但未提供相应证据，盛某某的上述行为，理应视为对其已接受服务的确认；再次，就美容效果的问题，由于人们的审美认知和身体状况存在的差异性，以及对效果的认知具有一定的主观性，致使双方对服务效果的认识不一致，美容设计中心认为已经达到了面部提升、紧致的效果，而目前对该类美容的效果并无明确、具体的规范标准，也无法通过鉴定程序进行鉴定，故盛某某称其未达到预期效果，不能成为退费的理由；最后，就盛某某提出的价格过高的问题，法院已依法委托三家鉴定机构对价格合理性进行鉴定，但最终因目前美容价格尚无统一标准，故而终止了鉴定程序。故盛某某要求退还 237600 元无事实与法律依据，法院依法不予支持。北京市海淀区人民法院依照《中华人民共和国合同法》第八条、第一百零七条，《中华人民共和国民事诉讼法》第六十四条之规定，作出如下判决：

一、美容设计中心于本判决生效后七日内退还盛某某 1980 元；

二、驳回盛某某的其他诉讼请求。

盛某某不服原审判决，提起上诉。

北京市第一中级人民法院经审理认为：消费者享有知悉其购买、使用的商品或者接受的服务的真实情况的权利。消费者有权根据商品或者服务的不同情况，要求经营者提供商品的价格、产地、生产者、用途、性能、规格、等级、主要成分、生产日期、有效期限、检验合格证明、使用方法说明书、售后服务，或者服务的内容、规格、费用等有关情况。本案中，美容设计中心称为盛某某提供了下颌肌、颧肌光纤海融及颈部三项美容服务，并达到了预期效果，所以盛某某应当按照事先告知的服务价款支付费用。但是，根据美容行业管理相关办法的规定，美容美发经营者在提供服务时，应当询问消费者的要求，向消费者提供与服务有关的真实信息，对消费者提出的有关产品、服务等方面的问题，应当作出真实明确的答复，不得欺骗和误导消费者；美容美发服务所使用和销售的各种洗发、护发、染发、烫发和洁肤、护肤、彩妆等用品以及相应器械，应当符合国家有关产品质量和安全卫生的规定和标准，不得使用和销售假冒伪劣产品。根据《中华人民共和国产品质量法》第二十七条的相关规定，产品或者其包装上的标识必须真实，有产品质量检验合格证明，有中文标明的产品名称、生产厂厂名和厂址，根据产品的特点和使用要求，需要标明产品规格、等级、所含主要成分的名称和含量的，用中文相应予以标明；需要事先让消费者知晓的，应当在外包装上标明，或者预先向消费者提供有关资料，限期使用的产品，应当在显著位置清晰地标明生产日期和安全使用期或者失效日期。本案中，美容设计中心虽然不销售美容仪器产品，也不能证实是美容仪器产品的生产者，但是，作为提供美容服务的经营者，其有义务按照法律法规的规定、主管部门制定的规章提供服务。经审查，美容设计中心为盛某某提供美容服务所使用的仪器，直至本案诉讼中，不能提供准确的产品名称、无生产厂厂名和厂址，该仪器的用途、性能、规格、等级、工作原理、生产日期、有效期限、检验合格证明、使用方法说明书均不能予以出示或提交相关资料，故不能认定美容设计中心提供美容服务所使用的仪器属于符合国家有关产品质量和安全卫生规定和标准的产品。根据双方实际履行的行为，已经形成服务合同法律关系，由于美容设计中心在合同履行中使用的产品无品名、技术功能、相关许可等资料，其利用该仪器产品所承诺的服务目的，不能提供证据证实能够实现或得到，属隐瞒相关事实，构成欺骗和误导盛某某进行消费的行为。依据《中华人民共和国消费者权益保护法》的规定，经营者提供商品或者服务有欺诈行为的，应当按照消费者的要求增加赔偿其受到的损失，增加赔偿的金额为消费者购买商品的价款。盛某某要求美容设计中心退还服务费237600元的上诉请求，符合法律规定，法院予以支持；一审法院驳回盛某某该部分诉讼请求，属于认定事实及适用法律有误，法院予以纠正。一审法院判令美容设计中心退还盛某某1980元美容体验费的处理，美容设计中心对此未提起上诉，盛某某予以认可，故法院对该判决内容予以维持。

综上所述，盛某某的上诉理由成立，法院予以支持。北京市第一中级人民法院依照《中华人民共和国消费者权益保护法》第八条、第十八条第一款，第二十条第一款和第二款、第二十三条第一款、第五十五条第一款，《中华人民共和国民事诉讼法》第一百七十条第一款第二项规定，作出如下判决：

一、撤销北京市海淀区人民法院（2015）海民初字第45592号民事判决第二项；

二、维持北京市海淀区人民法院（2015）海民初字第45592号民事判决第一项；

三、美容设计中心于本判决生效后七日内退还盛某某237600元。

【法官后语】

随着社会经济的不断发展，我国消费市场正在以前所未有的速度不断扩大，但同时各类不正当经营行为和消费欺诈现象也愈演愈烈，欺诈的表现形式也呈现多样化和复杂化的特征，对司法认定提出了更高的挑战。

《中华人民共和国消费者权益保护法》第五十五条第一款的规定，经营者提供商品或者服务有欺诈行为的，应当按照消费者的要求增加赔偿其受到的损失，增加赔偿的金额为消费者购买商品的价款或者接受服务的费用的三倍；增加赔偿的金额不足五百元的，为五百元。法律另有规定的，依照其规定。《侵害消费者权益行为处罚办法》第六条规定，经营者向消费者提供有关商品或者服务的信息应当真实、全面、准确，不得有下列虚假或者引人误解的宣传行为：(一）不以真实名称和标记提供商品或者服务；（二）以虚假或者引人误解的商品说明、商品标准、实物样品等方式销售商品或者服务；(三）作虚假或者引人误解的现场说明和演示；（四）采用虚构交易、虚标成交量、虚假评论或者雇佣他人等方式进行欺骗性销售诱导；（五）以虚假的“清仓价”、“甩卖价”、“最低价”、“优惠价”或者其他欺骗性价格表示销售商品或者服务；（六）以虚假的“有奖销售”、“还本销售”、“体验销售”等方式销售商品或者服务；(七）谎称正品销售“处理品”、“残次品”、“等外品”等商品；(八）夸大或隐瞒所提供的商品或者服务的数量、质量、性能等与消费者有重大利害关系的信息误导消费者；（九）以其他虚假或者引人误解的宣传方式误导消费者。从上述规定可以看出，构成消费欺诈，需要经营者为了缔结消费合同而诱使消费者犯错误的作为或者不作为，此种行为使得消费者在受干扰的情况下作出意思表示，即该意思表示具有瑕疵，非自由之意思表示，这种行为构成对消费者的欺诈。

在司法实践中，认定构成欺诈主要需从主客观两个方面进行。主观方面主要包括一方具有欺骗或隐瞒他人，并使他人陷入错误的故意，另一方确因对方行为陷入错误的认知。客观方面主要包含一方作出了欺骗、隐瞒等的行为，另一方因错误认知而作出相应行为。因主观方面属于内心活动，实践中主要通过客观表现予以判断，因此欺诈行为的客观方面通常是认定是否构成欺诈的关键。在理论上，欺诈行为可分为“积极作为欺诈”和“不作为的欺诈”，前者主要是实施“劝诱行为”，如故意告知对方虚假情况，以假充真、以次充好等。后者主要为根据特别的法律规定、诚实信用原则或者交易习惯的要求，一方负有对所销售产品或服务的告知义务。

本案中，美容设计中心的行为即构成了不作为的欺诈。根据美容行业管理相关办法的规定，美容美发经营者在提供服务时，应当询问消费者的要求，向消费者提供与服务有关的真实信息，对消费者提出的有关产品、服务等方面的问题，应当做出真实明确的答复，不得欺骗和误导消费者，并且其提供服务使用的产品应当符合国家有关产品质量与安全卫生的规定和标准，但美容设计中心作为提供美容服务的经营者，并未按照法律法规的规定使用符合国家有关产品质量与安全卫生的规定和标准的产品，并且向消费者隐瞒服务的真实信息，未履行应有的告知义务，因此在行为表现上已属于“不作为的欺诈行为”。

综上所述，经营者的作为或者不作为都有可能构成对消费者的欺诈。对“不作为的欺诈”的判断应当重点考察相关行为是否违反了法律法规的强制性规定，是否符合诚实信用原则或交易习惯，是否符合合同的性质目的等，综合各方面因素作出合理判断。

编写人：北京市第一中级人民法院　张永钢　何悦

ISBN 978-7-5216-2983-5

9 787521 629835 >

图书在版编目（CIP）数据

合同纠纷裁判规则理解与适用 / 国家法官学院，最高人民法院司法案例研究院编 . —北京：中国法制出版社，2023. 3

（中国法院年度案例集成丛书）

ISBN 978-7-5216-2983-5

Ⅰ. ①合… Ⅱ. ①国…②最… Ⅲ. ①合同纠纷-审判-案例-中国 Ⅳ. ①D923. 65

中国版本图书馆 CIP 数据核字（2022）第 193748 号

策划编辑：李小草　韩璐玮（hanluwei666@163. com）
责任编辑：孙　静　白天园　　　封面设计：李　宁

合同纠纷裁判规则理解与适用

HETONG JIUFEN CAIPAN GUIZE LIJIE YU SHIYONG

编者/国家法官学院　最高人民法院司法案例研究院
经销/新华书店
印刷/三河市紫恒印装有限公司
开本/880 毫米×1230 毫米　32 开　　　印张/ 50. 25　字数/ 1135 千
版次/2023 年 3 月第 1 版　　　2023 年 3 月第 1 次印刷

中国法制出版社出版
书号 ISBN 978-7-5216-2983-5　　　定价：199. 00 元

北京市西城区西便门西里甲 16 号西便门办公区
邮政编码：100053　　　传真：010-63141600
网址：http：//www. zgfzs. com　　　**编辑部电话：010-63141787**
市场营销部电话：010-63141612　　　**印务部电话：010-63141606**

（如有印装质量问题，请与本社印务部联系。）